회계학의 해석적 방법론

김석웅 저

교육과학사

* 이 저서는 2012년도 정부재원(교육부 인문사회연구역량강화사업비)으로
한국연구재단의 지원을 받아 연구되었음(NRF-2012S1A6A4018872).

사회과학방법론의 삼 대 분야라고 할 수 있는 실증적 방법론, 비판적 방법론, 해석적 방법론 중에서 실증적 방법론의 경우는 거의 대부분의 우리나라 (회계학을 포함한) 사회과학에서 주류를 차지하고 있지만, 회계학에서 비판적 방법론이나 해석적 방법론의 경우는 다소 생소한 측면이 없지 않으며, 전공자도 매우 희박한 실정이다.

실증적 방법론을 양적 방법론이라고도 하며, 비판적 방법론이나 해석적 방법론을 질적 방법론이라고도 하는데, 해석적 방법론이 많은 비중을 차지하고 있어서, 좁은 의미로는 질적 방법론이 해석적 방법론을 의미하기도 한다. 해석적 방법론의 경우는 비판적 방법론의 경우보다는 이해하기가 다소 쉬울 것이며, 독자들이 인내심을 가지고 현상학이나 해석학 등의 전공자부터 도움을 받는다면 큰 도움이 될 것이다.

우리나라의 회계학계는 지난 1980년대 이후 실증적 방법론을 본격적으로 도입하여 연구를 실시하고 있으며, 이제는 대부분의 회계연구자들이 실증적 방법론에 익숙해 있고, 실증적 방법론을 유일무이한 방법론으로 간주하고 있는 실정이다.

그러나 오늘날까지 실증적 방법론을 적용한 회계학연구의 기여한 바가 무엇인가를 고민해 보아야 할 것이다. 극히 한정되고 대동소이한 이론적 배경과 대부분의 회계학자들의 회계학설이 동일하며, 연구자가 자신의 회계관이나 회계학설을 가지고 있지 않다는 점을 파악할 수 있을 것이다. 회계학계가 스스로 정립한 회계이론이나 연구방법이 없으며, 회계학계는 신고전파 경제학이나 재무론, 심리학 등 다른 다양한 학문분야의 연구성과를 인용만 할 뿐, 회계학의 연구성과가 다른 학문분야에서 인용되는 경우는 매우 드물다. 즉, 다른 학문분야에 영향을 거의 주지 못하며 그렇다고 해서 회계실무계에 긴밀하게 영향을 주는 것도 아니다. 따라서 이러한 점을 비판해서 호주의 Brownell(1995, p.2)과 같은 회계학자는 회계연구자를 기생충에 비유한 바 있다(Accounting researchers are parasites which prey on the works of others such as finance, economics, psychology et cetra).

이러한 이유 중의 하나는 필자의 소견으로는 회계학방법론이나 회계이론, 연구방법 등이 다양하지 못하다는 것이다. 다양한 회계현상을 하나의 방법론이나 이론, 연구방법으로 살펴보기보다는 다양한 방법론이나 이론, 연구방법으로 살펴보아서 다양하게 회계현상을 파악하는 것이 회계학의 발전에 도움이 될 것이다.

영국에서는 지난 1980년대부터 회계학에 사회학을 본격적으로 도입하기 시작하여 다양한 사회학이론을 특히 (관리)회계분야에 적용하고 있는바, 비실증적 접근방법을 사회학적 접근방법이라고도 한다. 여기서는 다양한 이론과 연구방법을 이용하여 회계현상을 파악하고 있다. 특히 해석적 방법론의 경우에는 연구실의 책상에서 컴퓨터와 책을 통해 연구하는 것이 아니라, 구체적인 사례가 발생하는 현장에 가서 체험을 주요한 연구방법으로 하는 현장연구를 실시하고 있다. 실증적 방법론의 경우는 주로 연구실에서 연구가 이루어지는 데 반하여, 해석적 방법론의 경우는 회계현상이 발생하는 현장에서 연구가 실시된다는 것이 큰 특징이다.

필자는 지난 1990년대부터 회계학방법론을 공부하기 시작하여 그중 일부를 회계학의 비판적 방법론이라는 제목으로 2010년에 한국연구재단의 도움을 받아 2014년에 책을 출간한 바 있으며, 회계학의 해석적 방법론의 경우에는 지난 2000년대부터 공부를 하기 시작하였는데, 지난 2012년에 한국연구재단으로부터 저술과제로 선정되어 이제 책을 출간하게 되었다. 지난 2010년부터 2017년까지 약 8년 동안 저서를 집필하기 위해 회계학의 질적 방법론 공부에 집중하면서, 비판적 방법론의 경우에는 주로 철학을 공부하는 데 많은 시간을 소비하였지만, 해석적 방법론의 경우에는 사회학을 공부하는 데 많은 시간을 소비해야 했다. 회계학의 해석적 방법론에서 다루는 이론과 연구방법의 대부분이 사회학에서 나온 것이기 때문이다. 물론 해석적 방법론의 철학적 배경을 이루는 현상학, 해석학, 실용주의를 알아보기 위해 철학을 공부해야 했다.

본서를 집필하는 동안 여러분의 도움을 받았다. 2000년대 이후, 일부 논문을 학회에서 발표하거나 학회지에 게재할 때, 논평을 해주신 토론자와 심사자 등에게 고마움을 전하며, 특히 2016년 가을에 경북대에서 개최된 한국국제회계학회의 추계국제학술발표대회에 기조연설(질적 연구와 현상학)을 해 주신 이남인(서울대, 철학) 교수님, 본서의 제3장 부분인 해석적 방법론의 철학적 배경과 가정 부분을 읽어준 친구 정상모(신라대, 과학철학) 교수, 원고 전체를 읽고 조언을 해준 공경태(동의대, 회계학) 교수 등에게도 고마움을 전하고 싶다. 그리고 저술비를 지원해 준 한국연구재단과 저술과제를 호의적으로 심사를 해서 평가해 준 심사자 여러분, 시장성이 제한되어 있음에도 불구하고 연구서를 출간해 준 교육과학사의 한정주 사장님과 편집에 수고해 주신 이정호 편집실장, 이주표 부장 등에게 고마움을 전하고자 한다.

끝으로 요양병원에서 하염없이 시간을 보내시는 어머님의 건강을 빌면서, 지난 8여 년간 저서 집필을 핑계로 집안일에 무심하였음에도 묵묵히 내조를 해준 집사람과 미국에서 열심히 논문을 작성하고 있는 아들에게 소식을 자주 못 전한 그동안의 미안함을 이 책으로 대신하고자 한다.

2017년 8월 중순, 연구실에서,

동의대 김석용.

제1부 서 론

제2부 해석적 방법론의 이론

제3부 해석적 방법론의 연구방법

제4부 자료수집 · 분석방법

제5부 결 론

부 록

제1부의 제1장 서론에서는 회계학에서 해석적 방법론의 필요성, 효과 등을 살펴보고, 제2장 회계학방법론에서는 연구의 의의와 회계학방법론의 종류를 살펴본다. 제3장 해석적 방법론에서는 이의 의의, 역사, 철학적 배경, 철학적 가정, 연구설계와 과정, 특징 등을 살펴본다. 제4장 해석적 회계학연구에서는 회계현상에 회계적 방법론을 적용한 해석적 회계학의 의의, 특징 등을 살펴본다.

제1부 서 론

제1장

서 론

회계학은 사회과학으로서 다양한 회계현상을 규명하기 위해 다양한 방법론을 사용하고 있다. 그러나 우리나라의 회계학계는 여전히 실증적 방법론으로 대표되는 양적 방법론을 주로 사용하고 있는데 반하여, 영국을 비롯한 여러 나라에서는 해석적 방법론, 비판적 방법론 등과 같은 질적 방법론이 활발하게 이용되고 있으며, 간호학, 교육학, 사회학 등과 같이 우리나라의 다양한 학계에서도 오늘날 질적 연구가 활발하게 실시되고 있다.

회계는 실무가들에 의해 실시되는 실천적인 활동으로, 가축이나 기타 자산형태에 관한 기록들이 고대 문명에서 발견되고 있는 바와 같이, 선사시대까지 거슬러 올라갈 수 있지만, 영미계통의 대학에서 학자들이 회계실무를 학문의 대상으로 인식해서 연구하기 시작한 것은 19세기이었다.[1] 그러나 그 이후 회계학연구가 항상 회계실무에 초점을 둔 것은 아니었다. 20세기 중반 이후에 회계실무계와 학계가 분리되기 시작하여 회계실무가들은 회계학자들의 논문을 더 이상 읽지 않고 무관심하게 되었다(Tucker・Lowe, 2014를 참조). 특히 북미의 유명한 회계학술지들은 회계현장에서 발생하는 회계현상을 직접 목격하고 체험한 결과를 바탕으로 하는 경험적 연구를 게재하지 않았다(Burchell et al., 1980). 이들은 회계현장에서 벗어나서 연구실에서 컴퓨터를 통해 회계정보를 이용하면서 매우 추상적인 회계기법의 이용과 통계적으로 정당화 가능한 결과에 초점을 두고, 자본시장분석 등을 통해 연구한 결과에 관심을 두었다. 그리하여 이러한 연구들은 경제적 합리성과 실증적 방법론과 같은 자연과학적 방법론을 통해서 회계정보의 설계, 관리, 이용에 관한 모형을 중심으로 하고 있다. 이와는 대조적으로 유럽, 특히 영국의 회계학계는 회계학을 사회학, 문화인류학, 철학, 언어학 등 다양한 사회과학에서 유래한 학문으로 간주하고자 하였으며, 특히 회계현상의 직접 체험을 중심으로 하는 경험적 연구를 학술지에 집중적으로 발표하여 영국의 회계학계에서는 다양한 사회과학방법론이 이용되고 있다(제2장 참고).

영국에서는 1970대에 Sheffield 대학교의 Tony Lowe, Tony Tinker 등과 같은 일단의 회

1) F. W. Cronhelm(1787-1871)의 자본주이론에 관한 책(*Double Entry by Single*)이 1818년에 런던에서 출간되었다.

계학자들이 사회학의 이론과 방법론 중에서 비판사회학과 해석사회학을 회계학에 도입하기 시작하여, 비판사회학에서 이용하는 비판적 방법론과 해석사회학에서 이용하는 해석적 방법론을 적용한 회계학연구[2)]가 발표되었으며, 특히 1976년에 *Accounting, Organizations and Society*가 창간되면서 회계를 사회적 · 조직적 · 제도적 현상으로 간주하기 시작하였다.

Hopwood(1983)는 회계가 작용하는 맥락에서 회계를 검토하는 현장연구가 별로 실시되지 않고 있다는 것을 오랫동안 관찰한 후, 회계학연구가 회계실무로부터 점차적으로 분리되고 있으며, 너무 신중하고 보수적이며, 너무 엄격하고 전통적이며, 새로운 것을 파악하고 새로운 통찰력과 지식체계를 포용하는데 불충분하다고 주장한 바 있다(Hopwood, 2007, p.1365, 1370). 그는 이에 대처하기 위해 질적, 자연주의적 연구방법론을 채택하고 사회학의 이론을 이용하면서 혁신적인 현장연구를 실시해야 한다고 주장하였다(p.1372).

Webster영어사전에서는 사회학을 “사회, 사회제도, 사회관계의 과학: 집단행동의 조직적 양상으로 또는 상호작용의 과정으로 간주된 인간행동의 개발, 구조, 기능에 관한 체계적인 연구”로 정의한 바 있다. 따라서 회계에 관한 사회학적 관점은 조직과 제도의 사회적 구성에서 회계가 수행하는 역할을 검토하는 것에 초점을 두거나, 회계가 객관적, 경제적 실재를 충실하게 표현한다는 정통적인 견해보다는 회계의 사회적 구성에 초점을 두고 있다(Covaleski · Dirsmith, 2012, p.131).

회계학계에서는 1980년대부터 사회학의 다양한 방법론과 이론을 이용하여 회계를 연구하고자 하는 시도가 있었으며(Dillard · Becker, 1997), 이때부터 회계연구자들이 이용하는 방법론의 범위와 연구범위도 확대되었다. 제도적 구조와 과정, 이들의 회계실무와의 관계 등에 관심이 증가하였고, 사회학적인 해석적 방법론에 기초한 새로운 회계역사에 관한 논의도 등장하기 시작하였다(Miller et al., 1991). 회계의 사회학적 분석은 회계학 내에 그 비중이 증가하였으며, 사회학에서 이용되는 다양한 방법론과 이론들이 도입 · 적용되어 회계학의 발전에 이바지하게 되었다(Miller, 2007, p.291).[3)]

원래, 객관적인 자연현상을 파악하기 위해 실증적 방법론이 자연과학에서 개발되어 주로 사용되어 왔지만, 이 실증적 방법론만이 주관적인 인간사회의 경험세계를 파악하기 위해 이용된다는 것은 바람직하지 않다. 인간의 경험세계는 객관적인 측면보다 주관적인 측면이 매우 많기 때문에 객관적인 측면을 대상으로 하는 실증적 방법론보다는 주관적인 측면을 대상으로 하는 다양한 방법론을 이용해야 할 것이다. 인간사회의 경험세계는 주관적

---

2) 비판적 방법론을 적용한 회계학연구를 비판회계학이라고 하는바, 상세한 것은 다음을 참조. 김석웅(1999, 2014).

3) 사회학의 다양한 방법론과 이론을 이용하기 때문에 비실증적 회계학의 방법론을 사회학적 방법론이라고도 한다(Roslender, 1992). 해석적 방법론을 회계학에 적용할 경우 이용되는 이론은 주로 사회학에서 개발된 이론들을 이용하고 있다. 회계학에 대한 사회학의 영향을 살펴본 것으로는 김석웅(2014, pp.457-460)을 참조.

인 측면이 강할 뿐만 아니라 모든 연구논문도 본질적으로 주관적이다(Hopper et al., 1995, p.517). 이것은 연구자가 무엇을 연구하고, 어떤 자료를 수집하고, 어떻게 분석할 것인가에 관해서 선택해야 하며, 따라서 이러한 선택과정에 연구자의 가치판단이 개입하기 때문이다.

회계현상도 회계담당자를 비롯한 다양한 이해관계자들의 주관적인 요소가 만나서 이루어지는 사회적 실재(social reality)이며, 회계현상에 추정, 판단 등과 같은 많은 주관적인 요소가 개입되어 있다는 사실을 고려할 때, 사회현상 중의 하나인 회계현상의 주관적인 측면을 연구하기 위해서는 해석적 방법론을 적용해야 할 것이다.

그러나 해석적 방법론을 적용한 해석적 연구가 모두 주관적 측면만을 가지고 있는 것은 아니다. 회계학자인 Hopper · Powell(1985)은 Burrell · Morgan(1979)을 이용하여 해석적 회계학연구를 객관적 패러다임과 주관적 패러다임 사이에 걸쳐있는 것으로 식별하고 있다. Kakkuri-Knuuttila et al.(2008)은 특히 해석적 회계학연구가 주관적인 연구특징과 객관적인 연구특징을 모두 가지고 있다고 주장하고 있다. 그들은 Burrell · Morgan (1979, p.267)이 주장한 바와 같이 연구패러다임이 상호배타적이라고 믿지 않으며, 주관적 방법이 객관적인 실재거울(objective mirror of reality)과 어울릴 수 있다고 주장한다. 그러므로 이러한 연구들은 두 패러다임의 특징을 간직할 수 있으며, 실무에서 해석적 회계학연구는 주관적 특징과 객관적 특징을 모두 가지고 있다(Kakkuri-Knuuttila et al., 2008, pp.276-277).

모든 학문분야는 나름대로 (연구)방법론을 가지고 있으며, (연구)방법론이 다양할수록, 연구성과도 다양할 것이다. 실증적 방법론도 회계학에서 이용할 수 있는 다양한 방법론 중의 하나이며, 여기서는 실증적 방법론 이외에 해석적 방법론을 살펴봄으로써 앞으로 우리나라 회계학계에서 해석적 방법론에 대한 이해와 연구를 촉진할 수 있을 것이다.

아직 우리나라의 회계학계에서는 질적 방법론에 속하는 해석적 방법론을 적용한 연구나 소개가 매우 부족하다. 국내의 회계학에서 해석적 방법론을 일부 소개한 것으로는 Puxty (1993)를 번역한 것(김영규, 1999)과 Lehman(1992)을 번역한 것(구치모 외, 1996)이 있으며, 학술지의 논문으로, 김영규(2002)에서는 구조화이론에 의해서 관리회계와 6시그마를 살펴보고 있고, 김석웅(2007, 2008, 2009, 2013)에서는 각각 근거이론, 상징적 상호작용론, 구조화이론, 제도이론을 다루고 있다. 김석웅(2007, 2008)에서는 각각 근거이론과 상징적 상호작용론을 회계학방법론으로 소개하고 있는데, 근거이론은 연구방법에 속하고, 상징적 상호작용론, 구조화이론, 제도이론 등은 해석적 방법론을 적용할 때 이용되는 사회학 이론들이다. 김석웅(2011)에서는 해석적 방법론의 (존재론적) 가정을 중심으로 살펴보고 있고, 김석웅(2016)에서는 해석적 방법론에서 주로 이용하는 연구방법을 살펴보고 있다.

이도희 · 이동규(2007)에서는 질적 연구방법론으로 근거이론과 Q방법론[4]을 다루고 있고, 이동규 · 이도희(2007)에서도 근거이론을 질적 연구방법론으로 소개하고 있지만, 근거이론은 연구방법에 속하며, Q방법론은 양적 방법론과 질적 방법론을 혼합한 방법(triangulation)에 속한다. 그리고 염성수 · 이도희(2014)에서는 질적 연구방법론으로 현상학적 분석방법, 내러티브탐구, 근거이론, Q방법론을 다루고 있지만, 내러티브(narrative)탐구는 자료해석방법에 속하며, 근거이론은 연구방법, Q방법론은 혼합방법에 속한다. 해석적 방법론에서 이용하는 이론인 제도이론을 우리나라의 회계제도에 적용해서 살펴본 것으로는 김정민(2009, 2015)이 있다. 김정민(2009)에서는 제도이론을 이용한 한국회계기준의 변화를 분석하고 있으며, 김정민(2015)에서는 제도이론을 이용하여 주로 우리나라의 결합재무제표 도입을 둘러싼 회계제도의 변화를 체계적으로 검토하고 있다.

이상과 같은 우리나라 회계학계의 상황을 감안해서 본 저술에서는 국내외 회계학자들의 연구성과를 반영해서 비실증적 방법론에 속하는 해석적 방법론의 연구현황과 시사점 및 문제점을 파악하여 해석적 방법론을 적용한 회계학연구와 교육을 촉진하고자 한다.

일반적으로 어떤 연구를 실시하기 위해서는 먼저 연구분야와 연구문제를 정해야 하며, 연구문제를 해결하기 위해서는 어떠한 철학적 가정하에 연구를 실시해야 하는가를 명확히 하고 나서, 연구를 실시하기 위한 이론적 배경과 연구방법 등을 정한 후, 구체적으로 자료수집기법과 자료분석방법을 정해야 할 것이다.

본서는 모두 19장으로 구성되어 있다. 제1부에는 서론, 회계학방법론, 해석적 방법론, 해석적 회계학연구 등을 간단히 살펴본다.

제1장 서론에서는 해석적 방법론을 도입할 필요성, 저술의 목적 등을 살펴본다. 제2장 회계학방법론에서는 연구의 본질을 살펴보며, 연구의 본질에 비추어 회계현상을 살펴보기 위한 방법론으로서 양적 방법론인 실증적 방법론과 질적 방법론인 해석적 방법론을 간단히 살펴본다. 제3장 해석적 방법론의 의의에서는 해석적 방법론의 의의 및 역사, 철학적 배경과 가정, 연구설계와 과정, 특징 등을 살펴본다. 제4장 해석적 회계학연구에서는 해석적 방법론을 적용한 회계학연구인 해석적 회계학연구의 의의와 공통적인 특징을 살펴본다.

제2부에서는 해석적 방법론에서 이용하는 다양한 사회(학)이론을 살펴볼 것이다. 주로

4) Q방법론은 상관관계와 요인분석 등의 통계적 방법을 적용하여 인간의 주관성을 체계적으로 그리고 엄밀한 수량적 방법으로 연구하는 독특한 심리측정학적 조작적 원리이다. 이것은 개인적으로 또는 사회적으로 중요한 것에 대한 사적 견해를 연구하는 것이다(김현수 · 원유미, p.14). 이 방법론은 참여자가 순위를 매기는 것을 필요로 하는 자료를 수집하고 처리하는 양적 방법과 질적 방법을 혼합한 방법인데(Massingham et al., 2012, p.66), 우리나라에서는 한국주관성학회에서 관련학자들이 모여 이를 중점적으로 연구하고 있다. 이에 관한 회계학논문으로는 이도희 · 이동규(2007), 이도희 · 왕현선(2015)이 있고, Massingham et al.(2012), Byrch et al.(2015) 등이 있다.

사회학자들에 의해 개발되어 적용되고 있는 이론에는 상징적 상호작용론, 일상생활방법론, 행위자연결망이론, 구조화이론, 제도이론(구제도경제학과 신제도사회학) 등이 있다.

제5장에서는 해석적 방법론에서 이용하는 이론의 의의를 살펴보고 제6장에서는 상징적 상호작용론(symbolic interactionism)의 이론적 배경을 살펴보며, 회계학에서의 연구현황을 분석하고 이 방법론의 문제점과 시사점을 살펴본다. 제7장에서는 일상생활방법론(ethnomethodology)을 살펴본다. 민속방법론이라고도 하는 일상생활방법론의 이론적 배경과 회계학에서의 연구현황을 분석하고 이 방법론의 문제점과 시사점을 살펴본다. 제8장에서는 행위자연결망이론(actor-network theory)의 이론적 배경과 회계학에서의 연구현황을 살펴보고 이 방법론의 문제점과 시사점을 살펴본다. 제9장에서는 구조화이론(structuration theory)의 이론적 배경과 회계학에서의 연구현황을 분석하고 이 방법론의 문제점과 시사점을 살펴본다. 제10장에서는 구제도경제학과 신제도사회학을 중심으로 제도이론(institutional theory)의 이론적 배경과 회계학에서의 연구현황을 분석하고 중요한 특징을 신제도경제학과 비교하면서 이 방법론의 문제점과 시사점을 살펴본다.

제3부에서는 해석적 방법론에서 주로 이용하는 연구방법(research method)을 살펴본다. 여기에는 실행연구, 민속지학, 근거이론, 사례연구 등이 있다.

제11장에서는 해석적 방법론에서 이용하는 연구방법의 의의를 살펴보고, 제12장에서 실행연구(action research)를 살펴본다. 실행연구는 지식을 생성하면서 현재의 실무적 문제를 해결하고자 한다. 여기서는 실행연구의 역사적 배경, 종류, 연구과정을 살펴보고, 연구현황을 분석하고 이 연구방법의 문제점과 시사점을 살펴본다. 제13장에서는 민속지학(ethnography)을 살펴본다. 문화기술지라고도 하는 민속지학은 연구의 대상이 되는 사람들의 삶에 일정한 시간 동안 참여하여 필요한 자료를 수집하는 연구방법으로 정의된다. 여기서는 민속지학의 역사적 배경, 종류, 연구과정을 살펴보고, 오늘날까지의 연구현황을 분석하며, 이 방법의 문제점과 시사점을 살펴본다. 제14장에서는 근거이론(grounded theory)이라는 연구방법의 역사적 배경, 종류, 연구과정을 살펴보고, 연구현황을 분석하며, 이 방법의 문제점과 시사점을 살펴본다. 제15장에서는 사례연구(case study research)의 역사적 배경, 종류, 연구과정을 살펴보고, 연구현황을 분석하며, 그 문제점과 시사점을 살펴본다. 해석적 방법론을 적용하는 대부분의 해석적 회계학연구는 사례연구를 실시하고 있다고 볼 수 있다.

제4부에서는 자료수집·분석방법을 살펴본다. 제16장에서는 자료수집·분석방법의 의의를 살펴보고, 제17장에서 자료수집방법으로 면접과 관찰, 문서수집 등을 살펴보며, 제18장에서는 자료분석방법으로 대화분석, 담론분석, 서사분석, 내용분석 등을 살펴본다.

제5부의 제19장 결론에서는 회계학의 해석적 방법론의 연구성과와 특징을 살펴보면서,

이의 시사점 및 문제점, 앞으로의 연구방향 등을 살펴본다.

부록에서는 해석적 회계학연구가 현장연구를 주로 이용하기 때문에, 현장연구를 살펴본다.

참고문헌*

김석웅(1999), "회계학방법론의 비교연구", **회계학연구**, 24(4), pp.29-59.

_____(2007), "회계학방법론으로서의 근거이론에 관한 탐색적 연구", **회계정보연구**, 25(3), pp.77-102.

_____(2008), "회계학방법론으로서 상징적 상호작용론에 관한 연구", **회계정보연구**, 26(4), pp.287-312.

_____(2009), "구조화이론과 회계학연구", **회계정보연구**, 27(4), pp.59-89.

_____(2011), "회계학의 해석적 방법론에 관한 연구", **회계저널**, 20(1), pp.293-323.

_____(2013), "제도이론과 회계학연구", **국제회계연구**, 51, pp.449-474.

_____(2014), **회계학의 비판적 방법론**, 교육과학사.

_____(2016). "질적 방법론과 회계학연구", **국제회계연구**, 65, pp.89-119.

김영규(2002), "6시그마와 관리회계 : 구조화 이론에 의한 접근", **경상논집**(고려대학교 산업개발연구소), 제22권, pp.53-86.

김정민(2009), "제도이론을 이용한 한국회계기준 변화 분석", **회계저널**. 18(2), pp.79-100.

*_____(2015), **회계제도 변화의 이해**, 계명대학교출판부.

김현수 · 원유미(2000), **Q방법론**, 교육과학사.

염성수 · 이도희(2014), "관리회계연구에서의 질적연구방법론 활용 방안", **회계연구**, 19(5), pp.1-36.

이도희 · 이동규(2007), "질적연구방법론을 활용한 비영리회계 인식의 가설 발견적 접근", **회계연구**, 12(1), pp.281-308.

_____ · 왕현선(2015), "Q방법론을 활용한 회계윤리 인식에 대한 연구", **회계저널**, 24(6), pp.107-132.

이동규 · 이도희(2007), "근거이론을 활용한 가설정형화 과정: 비영리조직 회계인식을 중심으로", **회계논집**(충남대 회계연구소), 7(2), pp.1-18.

*Burchell, S., Clubb, C., Hopwood, A.G, Huges, J. and J. Nahapiet(1980), "The Roles of Accounting in Organizations and Society", *Accounting, Organizations and Society*, 5(1), pp.5-27.

Burrell, G. and G. Morgan(1979), *Sociological Paradigms and Organizations Analysis*, London: Heineman; 윤재풍 역(1990), **사회과학과 조직이론**, 박영사.

Byrch, C., M. Milne, R. Morgan and K. Kearins(2015), "Seeds of hope? Exploring business actors' diverse understandings of sustainable development", *Accounting, Auditing and Accountability Journal*, 28(5), pp.671-705.

Covaleski, M.A. and M.W. Dirsmith(2012), "Introduction: Special Forum on Sociological Perspectives of Accounting", *Behavioral Research in Accounting*, 24(1), pp.131-134.

* 각 장의 참고문헌에 *를 표시한 것은 저자가 독자의 편의를 위해 회계학의 해석적 방법론에 관한 문헌 중에서 중요하다고 생각한 것을 나타난 것이다. *표시가 없더라도 중요한 문헌이 있을 수 있다.

Dillard, J. F. and D.A. Becker(1997), "Organizational sociology and accounting research or understanding accounting in organizations using sociology", *Behavioral accounting research: foundations and frontiers*, AAA, pp.247-275.

Hopper, T., M. Annisette, N. Dastoor, S. Uddin & D. Wickramasinghe(1995), "Some challenges and alternative to positive accounting research," in Jones, S., C. Romano & J. Ratnatunga (eds), *Accounting Theory: A Contemporary Review*, Sydney: Australian Harcourt Brace & Company, pp.517-550.

________. and A. Powell(1985), "Making Sense of Research into the Organizational and Social Aspect of Management Accounting: A review of its underlying assumptions", *Journal of Management Studies*, 22(5), pp.429-465.

*Hopwood, A.G.(1983), "On Trying to Study Accounting in the Contexts in Which it Operates", *Accounting, Organizations and Society*, 8(2/3), pp.287-305.

____________(2007), "Whither accounting research", *The Accounting Review*, 82(5), pp.1365-1374.

Kakkuri-Knuuttila, M., K. Lukka and J. Kuorikoski(2008), "Straddling between Paradigms: A naturalistic philosophical case study on interpretive research in management accounting", *Accounting, Organizations and Society*, 33(3), pp.267-291.

*Lehman, C.R.(1992), *Accounting's Changing Role in Social Conflict*, New York: Markus Wiener Publishing; 구치모 · 김동률 · 서수덕 공역(1996), **회계의 사회적 역할**, 석정.

Massingham, P., R. Massingham and K. Diment(2012), "Q methodology: is it useful for accounting research?", *Qualitative Research in Accounting and Management*, 9(1), pp.66-88.

*Miller, P.(2007), "Management Accounting and Sociology", in Chapman, C.S., A.G. Hopwood and M.D. Shields(eds), *Handbook of Management Accounting Research,* New York: Elsevier, pp.285-295.

Miller, P., T. Hopper and R. Laughlin(1991), "The new accounting history: An introduction", *Accounting, Organizations and Society*, 16(5/6), pp.395-403.

*Puxty, A.G.(1993), *The Social and Organizational Context of Management Accounting*, London: Academic Press; 김영규 역(1999), **관리회계의 사회적 맥락과 조직적 맥락**, 석정.

*Roslender, R.(1992), *Sociological Perspectives on Modern Accountancy.* London: Routledge.

Tucker, B.P. and A.D. Lowe(2014), "Practitioners are from Mars; Academics are from Venus?: An investigation of the research-practice gap in management accounting", *Accounting, Auditing and Accountability Journal*, 27(3), pp.394-425.

제2장

회계학방법론

제1절 연구의 의의

방법론을 연구방법론(research methodology)이라고도 한다. 연구를 하기 위해 이용하는 방법론을 의미하므로 우선 연구의 의의를 살펴보자.

연구(research)란 무엇인가? 왜 연구하는가? 연구자는 어떤 연구형태를 취하는가? 이러한 질문은 첫째, 연구형태를 연구방법론과 혼동하는 지속적인 경향이 있고, 둘째, 연구방법론의 선택은 상당한 정도로 연구의 형태와 목적에 의해 결정되며, 셋째, 이러한 질문들은 회계담당자가 직면하는 실무문제에 대한 회계학연구의 관련성을 둘러싼 논쟁의 중심에 있기 때문에 중요하다(Olalere, 2011, pp.3-4).

연구(research)는 다양하게 정의된다. Merriam · Simpson(2000, p.5)에 의하면, 연구는 우연히 이루어지는 발견과는 다르게 어떤 목표를 달성하기 위해서 계획에 맞추어 연구대상을 반복적으로 탐구(re-search)하는 과정이다. 한편, Kinney(1986, p.339)에 의하면, 연구는 세계가 어떻게 작용하는가에 관한 새로운 이론의 개발, 검정이거나 기존이론의 반박이며, Inanga · Schneider(2005, p.229)에 의하면, 기존지식에 관한 비판이나 새로운 사실을 발견하기 위한 목적으로 특정한 현상에 관해 이론에 입각한 체계적인 조사나 탐구로 정의된다. Merrium-Webster online 사전에 의하면, 이것은 조심스럽고 성실한 탐색, 꼼꼼한 탐구나 검토이다; 특히 사실의 발견과 해석, 새로운 사실에 비추어 기존이론이나 법칙의 수정, 또는 그러한 새롭거나 수정된 이론이나 법칙의 실무적 적용을 목표로 한 조사나 실험이다. 이러한 정의는 회계학연구를 포함한 연구가 ① 활동과 과정이며, ② 사실/자료의 검토나 순수논리에 근거하고 있으며, ③ 새로운 이론을 생성하고, 기존이론을 반박하거나 수정하며, 이론의 실무적 적용을 목표로 한다는 것을 드러내고 있다. 본질적으로 연구의 중심적인 목표는 이론이다(Zimmerman, 2001). 이러한 연구의 결과는 대개의 경우 지식에 기여하고 적극적인 변화를 초래할 것으로 기대된다. 그리하여 연구의 역할은 회계실무에 대한 영향을 고려하고, 회계환경에 관한 우리의 이해를 개선하는 것이다(Scott, 2015, pp.21-22). 그러나 실증적 방법론을 주로 이용하는 회계학연구가 회계의 관점에서 우리가 사는 세계에 관한 이해를 개선하였는지에 관해서는 여전히 분명하지 않으며(Dyckman · Zeff, 2015, p.519), 이를 타개하기 위한 방안 중의 하나로 다른 학문들을 회계학연구에 도입하는 것이 권고되고 있다(*ibid.*, p.521).

성공적인 연구는 기존연구를 수정하거나 변경하는 데 필요한 증거를 생성시킨다. 이러한 주장은 다시 좋은 증거에 입각해서 기존이론을 수정할 수 있을 것이며, 그리하여 경합적인 아이디어 간의 건전한 경쟁이 더 좋은 설명, 예측, 권고, 해석, 비판(변화) 등을 유도할 것이다.

회계학연구는 의료연구의 목표가 의료실무를 개선하는 것과 동일한 방식으로 회계실무를 개선하는 것을 목표로 해야 한다. 오늘날 의료실무의 많은 발전은 의료연구가 없었다면 불가능하였을 것이다. 의학에서는 의료연구, 의료교육, 의료실무(임상의학) 사이에 긴밀한 관계가 있다. 이 모습은 회계의 모습과는 다르다. 회계연구, 회계교육, 회계실무 사이에 있는 광범위한 격차로 이 세 개의 관계는 긴밀하지 못하고 흩어져 있다(Inanga · Schneider, p.239).

Ijiri(1975)는 연구결과가 지식에 기여할 수 있기 전에 가져야 하는 세 가지 속성을 식별한 바 있다. 첫째는 연구에 본질적인 창조활동을 생산활동과 구별하기 위한 참신성(novelty)이다. 예를 들면, 생산활동은 일상적인 활동에 종속될 수 있지만, 창조활동은 불확실성으로 가득 차며, 가끔 비관습적인 접근방법을 필요로 한다. 그리하여 실험을 반복하는 연구는 일반적으로 원래의 실험보다 훨씬 낮게 평가된다. 왜냐하면, 이러한 반복의 결과는 원래의 실험보다 지식에 훨씬 적게 기여하는 경향이 있기 때문이다. 나아가, 반복된 실험은 원래의 노력에 의해 프로그램화되는 절차를 따라갈 수 있을 것이다. 예를 들면, 두 명의 스코틀랜드 과학자가 양 Dolly를 성공적으로 복제한 이래로, 이후의 유사한 동물복제는 첫 번째만큼 많은 주목을 받지 않았다. Polanyi(1964)가 관찰한 바와 같이, 만약 어떤 해결책이 확립된 절차를 따라감으로써 해결된다면, 그 해결책은 발견으로 인증될 수 없을 것이다.

Dolly의 복제가 참신하고 중요한 연구발전이지만, 대부분의 연구는 기껏해야 기존지식의 한계적 증분이다. 어떤 증분이 가치 있고 참신한 연구를 구성하기 위해 얼마나 클 필요가 있는가는 논쟁의 여지가 있다. 그리하여 유능한 연구자들이 개인적인 편향이나 현재의 연구풍토 때문에 동일한 연구에 관해 매우 상이한 관점을 취할 수도 있을 것이다.

둘째의 특징은 연구결과가 또한 논리적 증명이나 경험적 검증을 통해서 방어 가능할 것으로 기대된다는 것이다. 이 속성은 Ijiri에 의하면, 연구결과가 다른 연구자에 의해 재생산되고 검증될 수 있어야 한다. 재생산과 검증은 연구결과를 원래의 연구자와는 독립적으로 모든 사람에 의해 이용 가능하게 한다. 그리하여 연구결과는 개인의견과는 구별되는데, 개인의견은 의견을 표명하는 사람들을 준거하지 않고는 평가될 수 없다.

그러나 실제로, 자료접근의 한계, 데이터베이스에 대한 재산권, 연구를 반복할 유인 등이 부족하고, 특히 학술지들이 반복된 연구를 게재하지 않기 때문에, 연구는 반복하기가 어려울 것이다. 많은 연구자들은 일정한 분야에서 그들의 광범위한 데이터베이스를 개발하는데 귀중한 시간과 많은 자금을 투자한다. 즉, 이러한 연구자들은 데이터베이스를 비교우위로 간주하며, 다른 사람과 그들의 데이터베이스를 공유하기를 매우 꺼려한다. 회계에서 더욱 근본적인 문제는 이후의 연구자들이 원래의 연구에서 이용한 회계자료와 비교 가능한 새로운 회계자료를 개발하는 것이 거의 불가능하다는 것이다. 그러므로 원래 보고된 결론과 결과를 독립적으로 확증하는 것은 불가능할 것이다.

연구결과의 세 번째 특징은 보급을 통한 이용가능성이다. 보급되지 않거나 보급될 수 없는 연구결과는 지식에 기여할 수 없다. 그 발견이 아무리 중요할지라도, 연구자가 그 결과를 봉쇄하거나 체계적으로 결과를 보고하는 것이 방해받는다면, 그것은 지식에 영향을 주지 않거나 도움을 주지 않을 것이다. 그러므로 연구결과는 널리 보급되어 지식에 기여해야 한다. 연구자들과 발표를 통제하는 사람들(말하자면, 학술지 편집위원과 심사자)은 그 결과를 가능한 한 널리 알게 하도록 적절하게 동기유발되어야 한다. 연구자와 학술지 편집위원, 심사자 등(말하자면, 연구보급의 문지기)이 연구결과의 중요성에 관해 상이한 인식을 하는 경우 문제가 발생할 수 있다. 실증적 방법론을 주로 게재하는 학술지의 문지기들이 비판적 방법론이나 해석적 방법론을 이용한 연구를 거부하는 것이 이러한 예일 것이다(Lee, 2001을 참조).

연구결과의 이상과 같은 특징은 연구가 관찰된 현상이 기존이론에 의해서 검정되거나 관찰된 현상에 의해서 검정되는 이론에 기초한 사회활동이라는 것을 시사한다. 결과가 무엇이든지 결과는 지식에 기여한다. 그러나 이 기여는 유의적일 수도 있고 유의적이지 않을 수도 있다. 그러므로 이론은 연구에서 본질적인 요소라고 볼 수 있다. 이론에 기초한 사회활동으로서 연구의 목적은 현상에 관한 지식을 생성하고 논증하는 것이다. 그러고 나서 연구는 조사를 위한 준거로서 이론을 이용하기 위해 설계되고 시도된다(Inanga · Schneider, pp.229-230).

특정한 연구를 위해서 선택한 이론, 연구문제, 연구방법, 자료수집 · 분석방법, 결과의 일반화가능성이나 보편적 적용가능성 간에는 논리적 연관이 있다. 즉, 특정한 연구과제의 경우, 이론선택, 연구문제의 개발, 연구방법의 선택, 자료수집 · 분석방법의 선택 등과 같은 것들을 독립적으로 고려해서는 안 될 것이다. 이들은 〈도표 2-1〉과 같이 상호의존적이다.

〈도표 2-1〉 연구과정에서 다양한 요소의 상호의존성

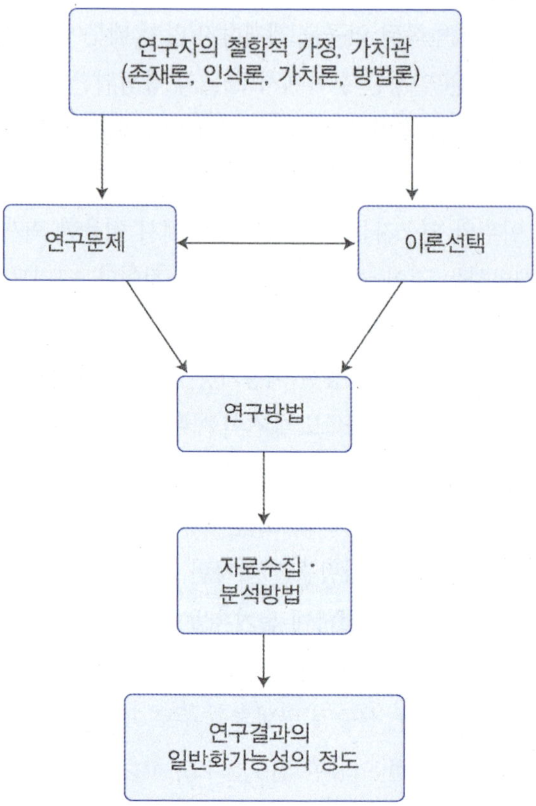

자료원: Deegan(2014, p.25)을 일부 수정.

모든 연구는 본질적으로 자료의 수집과 분석이 의미를 발견하기보다는 기본적으로 의미를 생성하기 위한 메커니즘인 해석적 과정이라는 것을 인식하는 것이 중요하다(Ravitch · Riggan, 2012). 연구자가 연구대상인 어떤 현상과 참여자로부터 생산된 자료를 이해하는 방식이 그 연구자에 의해 본질적으로 영향을 받는다. 이 연구자의 본질은 개인적인 경험과 연구맥락에 의해 형성된다(O'Reilly · Kiyimba, p.21).

실증적 방법론을 이용하는 회계연구자의 경우와는 달리, 모든 개인이 동일한 동기에 의해 추진된다는 것은 비현실적이고 아마도 순진한 것이라고 생각하는 다른 회계연구자들도 있을 것이다. 예를 들면, 연구자들은 모든 경영자가 자신의 부를 최대화함으로써만 동기유발된다고 생각하기보다는 일부 경영자는 부의 최대화에 의해 동기유발되지만 다른 일부 경영자들은 지역공동체의 복지를 최대화하거나 그 조직에 의해 야기되는 부정적인 환경영향을 최소화하는 것을 선호할 것이라고 생각할 것이다. 이것은 모든 경영자가 다 합리적으로 행동할 것으로 기대되지는 않는다는 것을 의미하는 것이 아니라, 그들이 상이한 선호를 한다는 것을 의미한다. 경영자들은 상이한 동기유발을 하는 것으로 간주되기 때문에 실증적 회계이론이 아닌 다른 이론이 선택될 수도 있다. 나아가 경영자의 동기들이 상호교환 가능한 것으로 취급되지 않을 것이며, 이것은 이용되는 연구방법의 유형에 시사점을 가질 것이다. 이러한 연구결과는 또한 연구자에 의해 모든 경영자의 모집단에 일반화 가능한 것으로 간주되지 않을 것이다.

연구자가 (이용되는 연구방법을 포함해서) 연구를 어떻게 실시하는가는 많은 요소에 의해 영향을 받을 것이다. 특히 회계학을 포함한 사회과학의 연구활동은 다른 인간조직의 경우처럼 관리문제와 (연구비 지급기관, 연구관리자, 연구비 수혜자, 연구대상, 연구기관 등이 연구에 미치는 영향과 같은) 사회적 과정도 포함하고 있으므로(Tomkins et al., 1980), 연구의 사회성을 고려해야 할 것이다(김석웅, 2014, pp.103-108을 참조).

회계학에도 연구의 성격을 반영한 다양한 (연구)방법론과 연구방법이 있다. 회계학에서 이용되고 있는 방법론을 먼저 살펴보자.

제2절 회계학방법론

회계학을 비롯한 사회과학은 자연과학과 같은 객관적인 현상이 아닌 (간)주관적인 현상을 다루므로 다양한 학설, 현상을 보는 다양한 방식(the various ways of seeing)(Roslender, 1996, p.542)이 존재할 수 있다. 따라서 다양한 학설, 방식을 확보하기 위해서는 다양한 연구방법론과 다양한 연구방법이 전제되어야 할 것이다. 본서에서는 회계학연구분야에서 지금까지 제대로 살펴보지 못한 질적 방법론 중에서도 특히 해석적 방법론을 살펴보고자 한다.

방법론(methodology)은 방법과 가끔 혼동되거나 구별되지 않고 사용되기도 하지만, 일반적으로 지식을 획득하는 수단(방법)의 체계를 말한다. 사실상 Popper(1902-1994)와 같은 철학자들이 방법론을 의미할 때 과학적 방법이라는 용어를 이용하는 것과 동일한 방식으로 방법론과 방법이라는 용어는 상호교환해서 이용되기도 한다. 방법론은 탐구의 방법을 조사하고 평가하며, 지식의 한계를 설정하기도 한다. 방법은 자료와 정보를 수집하기 위해 이용하는 기법이나 절차를 가리킨다(Blaikie, 1993; Bryman・Bell, 2011). 엄격하게 구별하자면, 방법론은 철학이나 논리학과 관련이 있고, 방법은 구체적인 자료수집・분석의 기법을 의미한다. 방법론은 연구가 어떻게 진행되는가 또는 진행되어야 하는가에 관한 것이며, 이것은 이론이 어떻게 개발되고 검정되는가? 즉, 어떤 종류의 논리가 이용되고 그것이 어떤 기준을 충족해야 하며, 이론이 어떤 모습이며, 특정한 이론적 관점이 특정한 연구문제와 어떻게 관련될 수 있는가에 관한 논의를 포함한다(Blaikie, 1993, p.7). 방법은 방법론의 필수적인 부분이며, 방법론에 종속적이다(Olalere, p.12).

Tomkins · Groves(1983)에 의하면, 사용되는 방법은 방법론에 의해 결정되고, 방법론은 다시 사용되는 인식론에 의존할 것이며, 인식론은 연구대상인 실재의 본질(존재론)에 의존한다.[1] 즉, 사람이 존재(세계)를 어떻게 보는가가 지식을 어떻게 인식하는가를 결정할 것이며, 이것은 다시 이 지식이 어떻게 획득될 것인가(방법론)에 대한 체계를 가리킬 것이며, 이것은 다시 그 지식을 결정하는 데 이용될 기법과 수단을 가리킬 것이다(Gaffikin, 2008, pp.7-8). 그리하여 이 과정은 존재론 → 인식론 → 방법론 → 방법으로 표현될 수 있을 것이다. 따라서 적절한 방법의 선택은 방법론에 의해 영향을 받으며, 방법론의 선택은 연구에 내재하는 인식론적 · 존재론적 가정을 고려해야 한다. 존재론적 가정의 차이는 상이한 연구유형을 의미하며, 질문되고 조사되는 연구문제에 영향을 준다. 따라서 다양한 방법론을 고려할 때, 우선 상이한 존재론적 가정들을 살펴보아야 할 것이다(Ryan et al., 2002; 구치모 외, 2006, p.60).

Kuhn(1962)은 연구자들이 하나의 널리 인정되는 신념, 가치, 가정, 기법의 체계 내에서 문제해결에 관심이 있다고 주장한다. 이러한 공유된 체계, 가치관을 그는 패러다임(paradigm)이라고 하였다. 패러다임의 변경은 기존의 체계와 이론이 많은 반대증거에 더 이상 대처할 수 없는 곳에서 혁명에 상응하며, 이는 종교의 개종만큼이나 어렵다.

따라서 회계학에서는 방법(론)의 논쟁이 매우 희박한 것 같다. 지난 1960년대의 물가변동회계와 관련해서 규범적 회계이론들(현행원가회계, 순실현가능가치회계, 일반물가수정역사적 원가회계 등)을 둘러싼 일련의 논쟁이 있었고, 1990년대 초에 Tinker(1985)를 비판한 Solomons(1991a)와 이를 반박한 Tinker(1991), 이를 재반박한 Solomons(1991b) 등이 있었다. 이들의 논쟁은 회계를 회계실무자와 기준제정자들이 경합하는 이해관계에서 중립적이어야 하고 중립적일 수 있는 기술적인 것으로 보는 패러다임과 회계실무와 기준이 지배적인 기득권에 의해 형성되는 것으로 간주하는 패러다임의 공약불가능성(incommensurability)을 보여주고 있다. 이것은 또한 우리가 방법론적 쟁점과 가정에 관한 이해가 부족할 때 발생할 수 있는 혼란을 보여주고 있다.

피상적으로 재무회계는 경제학처럼 과학적이고 기술적이어서 중립적이고 객관적이며 가치중립적인 것 같은 오도된 이미지를 보여주고 있다. 그러나 동시에 이익과 부를 분배하

1) 인식론전략에 대한 존재론적 의존에 대해 회계학자가 논한 것으로는 Wickramasinghe(2011)을 참조.

고 자원을 배분하는 것에 관한 의사결정에서 회계의 유의성을 공유하는 학문은 별로 없는 것 같다. 객관성과 중립성의 이미지와 경제적·정치적 이해관계의 현실 사이의 이러한 긴장은 회계규제, 기준제정, 감사, 국제분야 등의 분야에서 분명하게 나타난다(van Mourik, 2014, p.45).

방법론에 관한 이해와 논쟁으로 주류회계학과 그 연구에서 은폐된 가치판단을 인식할 수 있을 것이며 또한 해석적 연구가 모든 것을 맥락의존적인 것으로 간주하기보다는 복합적인 맥락을 넘어서서 일반원리를 탐색하도록 도와줄 것이다. 이것은 또한 비판회계학연구가 비판적일 뿐만 아니라 건설적일 수 있도록 도와줄 것이다. 전 세계적으로 이익과 부의 배분 및 재무자원, 자연자원, 인간자원, 지식자원 등의 배분을 개선하도록 도와주는 인식적(epistemic) 지식에 관해 독점을 행사하는 하나의 방법론적 패러다임이 있을 가능성은 없다(*ibid.*).

일반적으로 국내 회계학계의 논문(특히 한국회계학회의 학술지인 회계학연구의 논문)은 대부분 실증적 방법론을 사용하고 있으며(최원석 외, 2015), 국내 경영학 연구의 대부분도 인식론적 차원에서 실증주의, 그리고 자료수집의 방법론적 차원에서 양적 방법론, 연구 시차적 관점에서는 단일 횡단적 연구에 편중되어 있는데(김효근 외, 2003, p.57), 실증적 방법론의 철학적 가정, 배경 등을 전혀 인식하지 않은 채, 거의 무비판적으로 이용하고 있는 실정이다. 회계학계에서도 다른 방법론의 존재 가능성조차 전혀 인식하지 않으며, 오로지 실증적 방법론이라는 한 가지 방법론만을 이용할 뿐이다.

사회과학에는 방법론이 분류방식에 따라 다양하게 분류되며, van Mourik(2014)는 방법론적 전체론의 특징을 가진 자연주의적 패러다임(실증적 방법론), 방법론적 전체론의 특징을 가진 반자연주의적 패러다임(비판적 방법론), 방법론적 개체론의 특징을 가진 자연주의적 패러다임(실증적 방법론에 의한 행동과학 접근방법), 방법론적 개체론의 특징을 가지는 반자연주의적 패러다임(해석적 방법론) 등의 네 가지로 분류하고, Bhimani(2002)도 관리회계의 방법론을 전통적, 해석적, 급진적, 포스트모던적 관점 등 네 가지로 분류하고 있지만, 일반적으로 양적 방법론과 질적 방법론으로 구분[2]하기도 하며, 질적 방법론은 다시 비판적 방법론과 해석적 방법론으로 구분하기도 한다. 질적 방법론은 좁은 의미에서 주로 해석적 방법론을 가리킨다.[3] 회계학을 포함한 사회과학의 방법론은 〈도표 2-2〉와 같이,

2) 양적 방법론과 질적 방법론을 각각 옹호하는 연구자들 사이의 대립은 사회과학에서 오랫동안 지속되어 왔다. 논쟁의 쟁점은 단순히 연구의 방법에 한정되지 않고 사회연구와 관련된 존재론, 인식론, 방법론, 가치론 등의 문제들을 포괄하였다. 그리고 이러한 요소들은 패러다임을 형성하는 것으로 간주되었기 때문에 논쟁은 공약 불가능한 실증주의 패러다임과 구성주의 패러다임 사이의 패러다임 전쟁으로 규정된다. 그러나 두 패러다임 사이의 경계가 모호하며, 두 패러다임의 구성요소들은 서로 배타적인 대립쌍이 아니라 서로를 전제하거나 포함하는 관계에 있다. 양/질 이분법의 경계선 자체가 불분명하고 허구적인 것이다. 이 구분은 유의미하지도 않고 유용하지도 않은 반생산적인 것이며 이론적으로 근거 없는 것이다(이기홍, 2013, p.1).

3) 질적 방법론을 이용하여 질적 연구를 하는바, Shank(2002)는 질적 연구를 연구자가 현상에 의미를 부여하

실증적 방법론, 비판적 방법론, 해석적 방법론으로 분류된다(Chua, 1986을 참조).

〈도표 2-2〉 회계학의 방법론

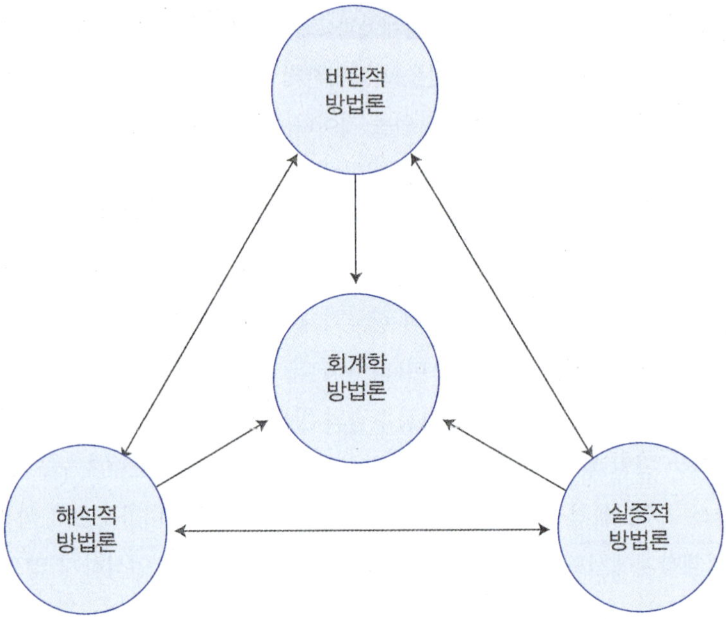

실증적 방법론의 경우에는 대상을 설명, 예측하고자 하며, 해석적 방법론의 경우에는 대상을 이해하고 그 의미를 해석하고자 하며, 비판적 방법론의 경우에는 대상의 문제점을 비판해서 더 좋은 방향으로 변화시키고자 하여, 규범적인 성격이 강하다.

양적 방법론은 실증적 방법론을 의미하는바, 귀납에 의한 문제점을 가지고 있다. 과학철학에 의하면, 관찰이 이론의존적이고, 관찰자의 선호와 동기에 의해 영향을 받는다. 예를 들면, Hopwood(1987)는 관리회계에서, 그리고 Hines(1988)는 재무회계에서 회계가 보고하고 있다고 생각되는 사실들(facts)을 구성하는 것을 도와준다고 주장한다. 더욱 급진적인 방법론(예를 들면, Tinker · Neimark, 1987)은 회계가 체계적인 방법으로 실무를 왜곡한다고 주장한다.[4] 이러한 실증적 방법론의 문제점으로 해석적 방법론과 비판적 방법론이

고자 하는 자연스러운 상황에서 과정과 행동에 관한 연구로 정의하고 있다. 그래서 질적 분석의 초점은 사회적, 제도적, 정치적, 경제적, 기술적, 조직적 맥락에서 현상에 관한 해석과 이해이다. 이와 같은 질적 연구의 정의와 질적 분석의 초점을 살펴볼 때, 질적 방법론은 좁은 의미에서 해석적 방법론이라는 것을 유추할 수 있을 것이다.

4) 자연과학에서 주로 사용한 실증적 방법론을 사회학자들이 사회현상을 연구하는 데 도입하였지만, 사회학자들이 경험적 사회세계를 조사하기 위해 이용하는 자연과학모형에 맞도록 경험적 사회세계를 왜곡하게 되었다는 비판이 있었고(Filstead, 1970, p.3), 또한 Blumer(1969, p.23; 박영신 옮김, p.59)는 실재가 경험세계

라는 질적 방법론이 발전하게 되었다.

오늘날 살아 있는 경험인 체험(lived experience)의 고유성과 의미에 도달하고자 하는 사회과학분야에서 현상학적 · 해석학적 토대에 근거한 질적 방법론이 대두되고 있다. 계량화된 양적 연구가 인간 경험이 가지고 있는 다면성과 고유성을 충분히 돌보지 못하고, 기획된 연구가설과 그 검증의 체계적 실현이 일반화된 설명의 구조 안에서 경험의 내용을 섬세하게 포착하지 못한다는 인식으로부터 개별 경험에서 출발해 그 경험의 본질을 이해하고자 하는 질적 방법론의 시도는 설득력을 갖는다(김애령, 2010, p.44).

질적 방법론은 통계적 수량화와 그 분석에 의존하는 실증주의적인 양적 방법론에 대비되는 인문학적 방법론을 말한다. 질적 방법론은 연구대상자의 관점을 이해하고, 연구대상자의 체험 이야기를 통해 세계와 경험현실을 해석하고 재구성하는 방법론을 말한다(이희영, 2005). 그리하여 질적 방법론에서는 인간행동을 외부로부터 관찰해서는 적절하게 이해할 수 없으며, 현상학적 관점[5]에 따라, 사회현상이 행위자 자신의 관점으로부터 가장 잘 이해된다는 점을 인식하고 있다.

실증적 방법론으로 대표되는 양적 방법론과는 상반되는 방법론인 질적 방법론은 20세기 초까지 거슬러 올라가며 사회과학(특히 사회학과 인류학)에서 오랜 역사를 가지고 있다.

회계가 사회학자들의 관심을 끌기 시작한 것은 19세기 말과 20세기 초 사이에 Karl Marx, Joseph Schumpeter, Werner Sombart, Max Weber 등에 의해서이다. Marx(1885)는 자본주의적 사회관계의 발전과 재생산과정에서 회계의 역할에 주목하였으며(김석웅, 2003), Sombart(1902)는 복식부기의 발전이 자본주의 등장의 전제조건이라고 주장하였고, Weber는 그의 저서 <u>경제와 사회</u>(1956)[6]에서 회계를 자본주의적 경제활동에서 합리화(rationalization)와 관련하여 살펴본 바 있으며, Schumpeter(1950)도 회계(부기)를 자본주의적 경제활동에서 합리성(rationality)과 관련해서 살펴본 바 있다. Marx, Sombart, Weber 등의 저술 이후에, 회계에 대한 사회학자들의 관심은 그 후 1950년대까지 거의 없다가, 1950년대 이후에 다시 등장하였는데, 주안점은 합리화와 자본축적의 과정에 관한 거시적 관심으로부터 예산편성과 관련해서 회계가 사람들에게 주는 영향(Argyris, 1952;

에만 존재하지 그것을 연구하기 위해 사회학자가 이용하는 방법에는 실재가 존재하지 않는다고 비판한 바 있다. 이외에 실증적 방법론에 관한 문제점은 김석웅(2014, pp.87-108)을 참조.

5) 현상학적 관점에 의하면, 사람이 말하고 행동하는 것은 그가 자신의 세계를 어떻게 정의하는가의 산물이다. 질적 방법론의 과제는 개인의 해석과정을 파악하는 것이다(Atkinson · Shaffir, 1998, p.43).

6) 원래 독일에서 1930년대에 집필되었지만, 사후인 1956년에 독일어로 발간되었다. Weber(1930)는 자본주의의 기원을 프로테스탄트 윤리의 가치 및 신념과 연관시키면서 자본주의사회의 발전에 관한 그의 분석은 합리화를 강조하였으며, 회계를 합리화의 수단으로 간주한 것이다. Weber의 사상이 회계학에서 널리 적용될 것으로 예상되었지만 이를 직접 적용한 회계학연구는 Colignon · Covaleski(1991)을 제외하고는 별로 없다.

Dalton, 1959)과 같은 집단(group)에서 회계의 역할에 관한 미시적 관심으로 변화하였다. 예산편성과 관련해서 실시된 이러한 분야를 회계학에서는 행동과학회계(behavioural accounting)라 하였는바, 1950년대, 1960년대, 1970년대에 많은 연구가 있었다. 이러한 과정에서 회계를 조직적 · 행동적 측면에서 살펴보게 되었다.[7)]

1970년대부터 회계학은 규범적인 측면이 강한 전통적인 관심사와 방법으로부터 기능적 · 실증적이고, (신고전파)경제학에 기초하며, 통계적으로 정교한 패러다임을 포함한 새로운 사회과학적 준거체계로의 전환을 겪었다(Reiter, 1998; Williams · Rodgers, 1995). 이것은 미국, 영국, 호주 등을 포함한 많은 나라의 연구환경의 변화에 의해 수반되었는데, 이 변화들은 연구자들에게 저명한 학술지에 신속하고도 많이 발표하기 위한 강력한 유인을 제공하는 효과가 있었다(Guthrie · Parker, 2014; McCarthy, 2012). 이러한 유인은 다시 생산효율성을 극대화하고 관련학술지의 기대에 부응하기 위한 연구설계의 변경을 포함하는 연구전략을 촉진하였다(de Villiers · Dumay, 2013; Gendron, 2015). 연구자의 입장에서 공식적인 방법을 매력적이게 한 것, 즉 그것들이 경제적으로 생산되고, 쉽게 처리되는 자료를 획득하기 위한 방식을 제공한 것(이 경우에, 대리이론을 통해 경제학으로부터 도출된 통계적으로 정교하고 사회과학적으로 나아가는 모형으로 반영하는 것)과 특정한 동기유발모형의 추구를 지속적이게 하는 것이 매력적인 것으로 여겨졌다. 즉, 미국이나 한국의 회계학계에서는 강력하게 지배적인 연구패러다임과 결부되어, 발표하거나 사라지라는(publish or perish) 압력으로 주류회계학의 방법론인 실증적 방법론을 주로 이용하게 되었고, 비판적 방법론이나 해석적 방법론과 같은 비실증적 방법론을 회계현상에 적용하여 발표된 경우는 매우 희박하였다.

그러나 1976년에 Hopwood가 영국에서 *Accounting, Organizations and Society*를 창간한 이후, 미국의 경우와는 달리 해석적 방법론을 포함한 다양한 방법론을 적용한 회계학연구가 발표되기 시작하였다.[8)] Hopwood는 이익, 원가 등과 같은 기본용어와 기초적인 계산은 인간의 의식과 행위에 심오한 영향을 주며(1976, p.1), 회계는 다소 정태적이고 기술적인 현상으로 간주되었지만, 회계의 목적, 과정, 기법, 인간적 · 조직적 · 사회적 역할 그리고 정보와 이용되는 방식 등은 결코 정태적이지 않다고 주장하였다(*ibid.*).

1970년대 후반부터 Hopwood의 연구(예를 들면 Burchell et al., 1980)는 회계학연구에서 사회학적 · 사회이론적 전환을 위한 조건을 생성하여, 조직과 사회에서 회계의 역할을

---

7) Weber, Schumpeter, Sombart 등의 회계에 관한 논지를 최근에 다시 재음미한 사회학자의 논문으로는 Carruthers · Espeland(1991)를 참조.

8) 영국에서 관리회계연구의 발전에 관해서는 Hopper et al.(2001), 재무회계연구의 발전에 관해서는 Rutherford (2010)을 참조. 특히 후자의 경우는 방법론 측면에서 철학적, 사회학적으로 분석하고 있다.

살펴보기 위해 사회이론가의 저술과 제도이론(Covaleski · Dirsmith, 1981, 1983, 1988), 정치경제(Bryer, 1999; Puxty et al., 1987) 등의 새로운 사상의 적용을 촉진하였다(Miller · Power, 2013, p.569).[9] 그리하여 회계는 역사적 상황에서 변하기 쉬운 동태적이고, 사회적 · 제도적인 실무[10]로 간주되어야 하고(Miller, 1994, 2007; Potter, 2005; Hopper et al., 2001, 2015), 회계는 기술적인 것으로 보일지라도 사회적으로 구성된다는 관점과 방법론을 가지게 되었다. 그리고 이와 같은 관점과 방법론을 적용한 회계학연구는 1988년에 *Accounting, Auditing and Accountability Journal*, 1990년에 *Management Accounting Research*, 2004년에 *Qualitative Research in Accounting and Management* 등이 창간된 이후 더욱 촉진되었으며, 이러한 학술지의 창간으로 사회학, 철학 등에 관심이 있는 새로운 회계학연구기반이 등장하고 제도화되었다(Justesen · Mouritsen, 2011, p.162).

사회학의 도입으로 회계학연구에서 사회적 구성과 사회적 권력이라는 주제를 중심으로 연구가 실시되는 계기가 되었으며, 사회적 구성은 해석적 방법론, 사회적 권력은 비판적 방법론[11]에서 주로 이용하는 주제가 되었다.

다음 장에서 해석적 방법론에 관해 좀 더 상세히 살펴보자.

---

9) Walker(2016)는 사회에서 회계의 역할을 살펴보면서 통제를 회계의 중요한 역할로 간주하였다.

10) 특히 Miller(1994, pp.1-5)는 회계가 중립적인 기술적 실무가 아니라, 다양한 행위자, 행위, 제도, 과정 등에 영향을 주고받는 방식에 관심을 두고 회계를 사회적 · 제도적 실무로 간주할 때, 세 가지 측면을 식별할 수 있다고 주장하였다. 첫째, 세계가 변화될 수 있는 방식으로 활동, 개인, 대상에 작용하기 위한 도구, 개입하는 방식을 강조하는 기술로서의 회계의 측면이 있다. 여기서 연구자는 활동, 사건, 과정을 재무용어로 계량화하기 위한 도구로서 회계를 탐구하며, 이는 다시 사람의 행동을 변경할 수 있는 방식을 생성하며, 자산, 부채, 수익, 비용, 재무성과, 재무상태 등과 같이 추상적이고 복잡한 현상에 대해 외관상 객관적이고 중립적인 기록을 구축하는 방식을 생성한다(Potter, 2005, pp.267-268).

둘째, 회계에 본질적인 복잡한 언어와 의미에 대한 주안점이 있는데, 이론적 근거(rationale)가 사회적 제도적 실무로서 회계의 이러한 측면을 가리키기 위해 이용될 수 있다(Miller, 1994, p.3). 이러한 이론적 근거는 수익, 비용, 이익, 손실 등을 반영하는 재무제표의 작성이 회계책임, 투명성, 효율 등의 개념과 복잡하게 연결되어 있을 때 분명하게 된다. 회계를 사회적 · 제도적 실무로 간주하는 것은 이러한 이론적 근거를 이해할 필요성을 시사한다. 그리하여 정당화하는 도구로서의 회계와 언어적 도구로서의 회계를 연구할 필요성이 있게 된다(Potter, pp.269-271).

셋째, 회계를 사회적 · 제도적 실무로 간주하는 것은 회계실무가 적용되는 영역(domain)이 어떻게 구성되고 재구성되는가를 이해할 필요성을 생성한다(Miller, 1994, p.4). 회계영역의 인식은 회계영역을 변경하는 것의 시사점에 초점을 두는 연구와 이 영역이 특별한 상황에서 변화할 수 있는 과정을 검토하는 연구를 생성할 수 있다(Potter, pp.271-275).

11) 이에 관해서는 김석웅(2014)을 참조.

참고문헌

김석웅(2003), "Marx주의의 방법론이 회계학연구에 미친 영향", **회계정보연구**, 20, pp.23-48.

_____(2014), **회계학의 비판적 방법론**, 교육과학사.

김애령(2010), "인문학 연구 방법론의 경계넘기: 현상학과 해석학의 방법론적 적용", 이화인문과학원 편, **경계짓기와 젠더의식의 형성**, 이화여자대학교 출판부, pp.44-70.

김효근 · 이현주 · 문윤지(2003), "한국 경영현상 분석을 위한 연구방법론의 제고-질적연구 방법론을 중심으로", **경영교육연구**, 6(2), pp.47-66.

이기홍(2013), "양-질 구분을 다시 생각한다", **한국사회학**, 47(2), pp.1-30.

이희영(2005), "사회학 방법론으로서의 생애사 재구성: 행위이론의 관점에서 본 이론적 의의와 방법론적 원칙", **한국사회학**, 39(3), pp.120-149.

최원석 · 윤성만 · 윤소라(2015), "한국 회계학 연구의 40년 회고와 전망", **회계저널**, 24(1), pp.305-350.

Argyris, C.(1952), *The Impact of Budgets on People*, New York: Controllership Foundation.

Atkinson, A.A. and W. Shaffir(1998), "Standards for Field Research in Management Accounting", *Journal of Management Accounting Research*, 10, pp.41-68.

Bhimani, A.(2002), "European management accounting research: traditions in the making", *European Accounting Review*, 11(1), pp.99-117.

Blaikie, N.(1993), *Approaches to Social Enquiry*, Cambridge: Blackwell Publisher.

Blumer, H.(1969), *Symbolic interactionism: Perspective and method*, Englewood Cliffs, New Jersey: Prentice Hall, Inc.; 박영신 옮김(1990), **사회과학의 상징적 교섭론**, 민영사.

Bryer, R.A.(1999), "Marx and Accounting", *Critical Perspectives on Accounting*, 10(3), pp.683-709.

Bryman, A. and E. Bell(2011), *Business Research Methods*, 3rd ed., Oxford University Press.

*Burchell, S., Clubb, C., Hopwood, A.G, Huges, J. and J. Nahapiet(1980), "The Roles of Accounting in Organizations and Society", *Accounting, Organizations and Society*, 5(1), pp.5-27.

*Carruthers, B.G. and W.N. Espeland(1991), "Accounting for Rationality: Double-Entry Bookkeeping and the Rhetoric of Economic Rationality", *The American Journal of Sociology*, 97(1), pp.31-69.

*Chua, W.F.(1986), "Radical Developments in Accounting Thought", *The Accounting Review*, 61(4), pp.601-632.

Colignon, R. and M. Covaleski(1988), "An Examination of Managerial accounting Practices as a Process of Mutual Adjustment", *Accounting, Organizations and Society*, 13(6), pp.559-579.

Covaleski, M.A. and M.W. Dirsmith(1981), "Budgeting in the Nursing Services Area:

Management Control, Political and Witchcraft Uses", *Health Care Management Review*, 6(3), pp.17-24.

*________________(1983), "Budgeting as a Means for Control and Loose Coupling", *Accounting, Organizations and Society*, 8(4), pp.323-340.

________________(1988), "An Institutional perspective on the rise, social transformation, and fall of a university budget category", *Administrative Science Quarterly*, 33(4), pp.562-587.

Dalton, M.(1959), *Men who manage: Fusions of Feeling and Theory in Administration*, New York: John Wiley and Sons.

De Villiers, C. and J. Dumay(2013), "Construction of research articles in the leading interdisciplinary accounting journals", *Accounting, Auditing and Accountability Journal*, 26(6), pp.876-910.

Deegan, C.(2014), *Financial Accounting Theory*, 4th ed., Sydney: McGraw-Hill.

Dyckman, T.R. and S.A. Zeff(2015), "Accounting Research: Past, Present, and Future", *Abacus*, 51(4), pp.511-524.

Filstead, W.J.(ed.)(1970), *Qualitative methodology: Firsthand involvement with the social world*, Chicago: Markham Publishing Company.

Gaffikin, M.(2008), *Accounting Theory: Research, regulation and accounting practice*, Sydney: Pearson Education Australia.

Gendron, Y.(2015), "Accounting academia and the threat of the paying-off mentality", *Critical Perspectives on Accounting*, 26, pp.168-176.

Guthrie, J. and L.D. Parker(2014), "The global accounting academic: what counts?", *Accounting, Auditing and Accountability Journal*, 27(1), pp.2-14.

*Hines, R.D.(1988), "Financial Accounting: In communicating reality, we construct reality", *Accounting, Organizations and Society*, 13(3), pp.251-261.

*Hopper, T., J. Ashraf, S. Uddin, and D. Wickramasinghe(2015), "Social theorisation of accounting", in Jones, S.(ed.), *The Routledge Companion to Financial Accounting Theory*, London: Routledge, pp.452-471.

________, D. Otley and B. Scapens(2001), "British Management Accounting Research: Whence and Whither: Opinions and Reflections", *British Accounting Review*, 33, pp.263-291.

Hopwood, A.G.(1976), "Editorial: The path ahead", *Accounting, Organizations and Society*, 1(1), pp.1-4.

__________(1987), "The archaeology of accounting systems", *Accounting, Organizations and Society*, 12(3), pp.207-234.

Ijiri, Y.(1975), *Theory of Accounting Measurement*, American Accounting Association.

*Inanga, E.L. and W.B. Schneider(2005), "The failure of accounting research to improve accounting practice: a problem of theory and lack of communication", *Critical Perspectives on Accounting*, 16(3), pp.227-248.

*Justesen, L. and J. Mouritsen(2011), "Effects of actor-network theory in accounting research", *Accounting, Auditing & Accountability Journal*, 24(2), pp.161-193.

Kinney, W.R.(1986), "Empirical accounting research for PhD students", *The Accounting Review*, 61(2), pp.338-350.

Kuhn, T.(1962), *The Structure of Scientific Revolutions*, Chicago: University of Chicago Press: 개정판(1970)의 번역본으로는 조형 역(1980), 과학혁명의 구조, 이화여자대학교출판부.

Lee, T.A.(2001), "Sustaining a Habitus in U.S. Accounting Research", *Advances in Public Interest Accounting*, 8, pp.177-194.

McCarthy, W.E.(2012), "Accounting craftspeople versus accounting seers: exploring the relevance and innovation gaps in academic accounting", *Accounting Horizons*, 26(4), pp.833-843.

Merriam, S.B. and E.L. Simpson(2000), *A guide to research for educators and trainers of adults*, 2nd ed., Malabar, FL: Krieger.

Miller, P.(1994), "Accounting as social and institutional practice: An introduction", in Hopwood, A.G. and P. Miller(eds.), *Accounting as social and institutional practice*, Cambridge: Cambridge University Press, pp.1-39.

*________(2007), "Management Accounting and Sociology", in Chapman, C.S., A.G. Hopwood and M.D. Shields(eds), *Handbook of Management Accounting Research*, New York: Elsevier, pp.285-295.

*________ and M. Power(2013), "Accounting, Organizing, and Economizing", *The Academy of Management Annals*, 7(1), pp.555-603.

Olalere, T.(2011), "Methodology in accounting research: A critique of taxonomy", Available at: http://dx.doi.org/10.2139/ssrn.1921192. Accessed: 6 June 2014.

O'Reilly, M. and N. Kiyimba(2015), *Advanced Qualitative Research*, London: Sage.

Polanyi, M.(1964), *Personal Knowledge: towards a post-critical philosophy*, Harper and Row Publishers.

Potter, B.N.(2005), "Accounting as a Social and Institutional Practice: Perspectives to Enrich Our Understanding of Accounting Change", *Abacus*, 41(3), pp.265-289.

Puxty, A.G, H.C. Willmott, D.J. Cooper and T. Lowe(1987), "Modes of regulation In advanced capitalism: Locating accountancy in four countries", *Accounting, Organizations and Society*, 12(3), pp.273-291.

Ravitch, S. and M. Riggan(2012), *Reason and Rigour: How Conceptual Frameworks Guide Research*, Thousand Oaks, CA: Sage.

Reiter, S.A.(1998), "Economic imperialism and the crisis in financial accounting research", *Critical Perspectives on Accounting*, 9(2), pp.143-171.

Roslender, R.(1996), "Relevance lost and found: critical perspectives on the promise of management accounting", *Critical Perspectives on Accounting*, 14(3), pp.325-351.

*Rutherford, B.A.(2010), "The social scientific turn in UK financial accounting research: a philosophical and sociological analysis", *Accounting and Business Research*, 40(2), pp.149-171.

Ryan, B., R. Scapens, M. Theobald and V. Beattie(2002), *Research Methods and Methodology in Finance and Accounting*, 2nd ed., London: Thomson; 구치모 · 최종서 · 박기정 옮김(2006), 회계학과 재무론의 연구방법론, 신영사.

Schumpeter, J.(1950), *Capitalism, Socialism and Democracy*, New York: Harper Torchbooks; 변상진 옮김(2011), 자본주의 · 사회주의 · 민주주의, 한길사.

Scott, W.R.(2015), *Financial Accounting Theory*, 7th ed., Toronto: Pearson.

Shank, G.D.(2002), *Qualitative Research: A Personal Skills Approach*, Upper Saddle River, NJ; Pearson.

Solomons, D.(1991a), "Accounting and Social change: A neutral view", *Accounting, Organizations and Society*, 16(3), pp.287-295.

___________(1991b), "A rejoinder", *Accounting, Organizations and Society*, 16(3), pp.311-312.

Tinker, T.(1985), *Paper Prophets – A Social Critique of Accounting*, New York, NY: Praeger.

_________(1991), "The accountant as partisan", *Accounting, Organizations and Society*, 16(3), pp.297-310.

Tinker, A.M. and M.D. Neimark(1987), "The role of annual reports in gender and class contradictions at General Motors: 1917-1976", *Accounting, Organizations and Society*, 12(1), pp.71-88.

*Tomkins, C. and R. Groves(1983), "The Everyday Accountant and Researching his Reality", *Accounting, Organizations and Society*, 8(4), pp.361-374.

___________, D. Rosenberg and I. Colville(1980), "The Social process of research: some reflections on development a multi-disciplinary accounting project", *Accounting, Organizations and Society*, 5(2), pp.247-262.

van Mourik, C.(2014), "Methodology in Financial Accounting Theory", in van Mourik, C. and P. Walton(eds), *The Routledge Companion to Accounting, Reporting and Regulation*, Abingdon: Oxon, UK; Routledge, pp.34-53.

Walker, S.P.(2016), "Revisiting the roles of accounting in society", *Accounting, Organizations and Society*, 49(1), pp.41-50.

Weber, M.(1930), *The Protestant ethic and the spirit of capitalism*, Lodon: Allen & Unwin; 박성수 역(2010), 프로테스탄티즘의 윤리와 자본주의 정신, 문예출판사.

Wickramasinghe, D.(2011), "Ontological Dependency on Epistemology Strategy: Interpretive Management Accounting Research Revisited", in Abbdel-Kader, M.G.(ed.), *Review of Management Accounting Research*, Hampshire, UK.: Palgrave Macmillan, pp.543-566.

Williams, P.F. and J.L. Rodgers(1995), "The Accounting Review and the production of accounting knowledge", *Critical Perspectives on Accounting*, 6(3), pp.263-287.

Zimmerman, J.L.(2001), "Conjectures regarding empirical managerial accounting research", *Journal of Accounting and Economics*, 32(1/3), p.411-427.

제3장 해석적 방법론

제1절 해석적 방법론의 의의

오늘날 해석적 방법론을 적용한 질적 연구는 사회학, 행정학, 정치학, 경영학, 교육학, 사회복지학, 간호학 등과 같은 응용사회과학에도 도입되어 성공적이고 보편적인 형태로 실시되고 있으며(Atkinson, 1995, p.117), 다른 사회과학들과 마찬가지로 회계학도 해석적 방법론을 도입해서 회계현상에 적용하는 연구가 실증적 방법론만큼 일반적이지는 않지만, (주로 영국에서) 비교적 활발하게 이용되고 있다.

해석적 방법론은 질적 방법론에 속하면서도 질적 방법론을 직접 가리키기도 하는데, 비계량자료에 주로 의존한다. Kerlinger · Lee(2000, p.588)는 질적 연구방법을 "수치나 통계치를 사용하지 않고 분석될 수 있는 현장관찰에 입각한 사회적 · 행동적 연구"로 공식적으로 정의하고 있다. 실증적 연구와 비교해 볼 때, 해석적 연구는 인과관계를 평가하기 보다는 의미(meaning)를 이해하는데 더 많은 초점을 두는 해석적 방법론을 이용한다. 그리하여 질적 연구는 어떻게(how)와 왜(why)의 연구문제를 조사하기 위해 이용된다.

해석적 방법론의 가장 큰 장점은 자연스러운 환경(naturalistic environments)을 분석할 수 있는 능력에 있다(Merchant · van der Stede, 2006). 이러한 연구들은 자연환경의 풍부성(richness)이나 복잡성을 희생하지 않으면서 복잡한 연구문제를 검토할 수 있다. 해석적 연구를 실시하는 과정도 높은 수준의 유연성을 가지고 있다. 즉, 대부분의 질적 연구에서 연구문제와 연구방법이 연구과정에서 변할 수 있다. 연구자는 또한 자신의 자료수집 기간중 기초보다는 기말에 어떤 표본을 제시할 것인가를 선택할 수 있다(Kerlinger · Lee, 2000). 이러한 해석적 연구의 특징은 연구를 강화하는데 도움을 줄 것이다. 대부분의 해석적 연구의 목표는 설명하고 예측하기 보다는 이해하는 것이다(Llewellyn, 2003).

질적 또는 해석적 연구는 사회학, 인류학, 교육학 등과 같은 분야에 연구전통을 가지고 있다(Kerlinger · Lee, 2000). 회계학에 이용되는 바와 같이, 질적인 자료연구는 특히 현장연구(참여관찰, 체험)나 대회분석, 담론분석, 서사분석, 내용분석과 같은 언어분석(일차자료나 이차자료의 비수치적 분석)을 통해 실시된다. 이 연구방법은 북미의 회계학계에서는 일반적이지 않으며, 박사학위과정에서도 일반적으로 수용되지 않지만(Merchant・van der Stede, 2006), 유럽과 호주에서는 일반적으로 수용되고 있다.

행동을 관찰할 때 이용되는 방법, 제기되는 질문, 질적 연구의 구성요소 등은 미리 공식화된 이론이 아닌 사회적 맥락에 따라 연구를 추진하기 위해 선험적으로 개발되기 보다는 주로 연구현장의 한가운데서 고안된다. 질적 연구는 일차적으로 사회과정을 나타내기 위해 검토되는 사회적 맥락을 서술하고 이차적으로 이후의 해석과 분석에 기준을 제공하기 위해 이용하는 사회구조를 서술하고자 한다(Covaleski et al., 2017b, p.387).

질적 연구는 특정한 사례를 중심으로 실시된다. 질적 연구는 복잡한 사회현상을 단순화시키지 않고 있는 그대로 전체를 파악하고자 한다. 그리하여 이로 인한 질적 자료의 특징은 복잡성을 드러내기 위한 강력한 잠재성을 가지면서 풍부성과 전체성으로 확장할 수 있다. 이러한 자료는 실재의 맥락에 근거하여 생생하고도 충실한 서술(thick description)을 제공한다는 것이다. 그리고 질적 연구가 진행함에 따라 자료의 수집기간과 방법이 변할 수 있다는 유연성은 무엇이 현장에서 진행되고 있는가를 실제로 이해하고 있다는 자신감을 줄 수 있다(Miles・Huberman, 1994, p.10).

해석적 연구의 성질을 인식한다는 것은 모든 자료가 연구자의 구성에 의해 영향을 받는 것으로 간주된다는 것을 의미한다. "사회과학에는 해석만이 있다, 어떠한 것도 스스로 말하지 않는다"(Denzin, 1998, p.313). 연구자는 경험적 자료를 생산하기 위해 적극적인 어떤 것을 실시한다. 관찰은 즉각적인 해석을 필요로 한다. 어떤 사람이 정보를 요구하거나, 계획을 세우거나 농담을 하거나, 가르치는 것도 평범한 사실이 아니라 해석이다. 최소한 질적 성질을 가지는 면접도 응답자와 상호작용을 하는 동안에 지속적인 해석을 필요로 한다. 응답자의 해석이 없다면, 사회적 상호작용은 일어나지 않을 것이다. 그리하여 면접은 집중적인 해석의 특징을 가지는 사건이다(Alvesson・Deetz, p.113).

이러한 해석적 연구는 주로 사례연구나 현장연구를 실시하기 때문에 번잡하고 시간이 많이 소모된다. 즉, 관련이론을 식별하고, 연구목적을 설정하고, 현장에 접근하고 연구대상자를 발견해서 관찰하고, 자료를 구하고, 해석을 실시하며, 이론적인 의미를 파악하고자 하는 새롭고도 호기심을 자아내는 신뢰가능한 논지를 전개하고자 한다(Vaivio, 2008, p.64).

그리하여 회계학에서도 연구문제가 연구자에게 부과되기 보다는 실제사례로부터 생성할 수 있게 되면서(Hopper・Powell, 1985, p.447), 연구자는 회계현상이 발생하는 회계현장의 연구참여자에게 가까이 접근하여, 그들의 내부논리를 파악하고, 그들의 주관적인 이해를 해석할 수 있고(Shaw, 1999, p.60), 회계제도가 진화하는 방식에 관한 이해를 도울 수 있고, 회계와 조직의 문화적·기술적 시스템 사이의 상호작용을 나타낼 수 있고(Dent, 1991, p.707), 회계의 의미가 어떻게 사회적으로 생성·유지되는가를 더 잘 이해할 수 있다(Irvine·Gaffikin, 2006, p.115).

질적 연구는 인과관계를 평가하기 보다는 의미를 이해하는데 초점을 더 많이 두는 해석적 방법론을 주로 이용한다(Hageman, 2008, p.16). 즉, 해석적 방법론은 인간의 주관적 의미에 부여한 것을 기초로 하여 사회현상은 전부 현실에서 행동하는 인간행위자들[1)]에 의한 의미의 해석과정으로 나타난다는 인식론적 입장에서, 객관주의와 기능주의를 거부하는 방법론이다. 그리하여 해석적 연구자들은 주어지거나 사회적으로 구성된 실재에 대한 접근은 언어, 의식, 공유의미, 도구 등과 같은 사회구성물을 통해서만 가능하다고 가정한다. 해석적 연구자들은 상황이 나타남에 따라 인간의 의미생성(sense-making)의 복잡성에 초점을 둔다(Kaplan·Maxwell, 1994). 즉, 해석적 연구자는 상황이 연구자에게 부여하는 의미를 통해 현상을 이해하고자 한다(Boland, 1991; Myers, 2009, p.38). 그리하여 해석적 연구자들은 맥락속의 의미에 초점을 두는 경향이 있다. 맥락은 상황을 정의하고 그것을 현재의 모습으로 만들기 때문에, 그들은 현상의 맥락을 이해하는 것을 목표로 한다.[2)] 사회현상의 의미는 연구대상자의 사회적으로 구성된 실재인 그 맥락에 의존한다.

사회과학에서는 현장연구, 사례연구, 실행연구, 민속지학, 근거이론, 상징적 상호작용론, 일상생활방법론, 행위자연결망이론, 구조화이론, 제도이론 등과 같은 다양한 방법과 이론이 해석적 방법론에서 이용되고 있다. 방법론적 원칙이나 분석 절차에서의 강조점은 각기 다르지만, 해석적 방법론에서는 구체적인 개인의 경험과 그 체험 이야기를 근거로 세계와 경험현실을 해석하고 재구성하는 방법론을 통칭하는데 이러한 방법론의 출발점을 철학의 현상학과 해석학에서 찾고 있다(신경림 외, 2004; 김애령, 2010). 현상학의 '사물 그 자체'라는 지침과 이해의 '해석학적 순환구조'[3)]는 해석적 방법론이 실증적 연구의 객관성과는 다른 경험 세계에 근거한 질적 내용을 확보하고 있음을 주장하는 근거로 제시된다. 그러나 현상학적·해석학적 방법론에 대한 논의와 그 적용이 현상학과 해석학의 개념들

---

1) 세상의 어떤 대상에 의미(의미에서 관해서는 Jönsson, 1996을 참조)를 할당하는 것처럼, 인간행위자들이 상식적인 해석을 할 수 있는 능력으로서 지식에 관한 믿음과 인간의 의도성에 대한 믿음을 감안하면, 우리는 해석적 접근방법이 어떤 종류의 의식(consciousness)의 존재를 가정한다고 말할 수 있다(Pihlanto, 2003, p.161).

2) 예를 들면, 어떤 사람이 어제 밤에 축구(football)을 보았다고 했을 때, 축구가 무엇을 의미하는가? 이때 말하는 사람의 말의 전후맥락을 파악해서 그가 영국인이고 맨체스터 유나이티드의 팬이라면, 이것은 Soccer를 의미할 것이고, 그가 미국인이고 시카고베어스의 팬이라면 American football을 의미할 것이다. 즉, 특정 단어의 의미가 문장, 문단, 문화 안에서 그 맥락에 달려있다는 것이다. 전후맥락에 대한 이해가 없다면 하나의 자료에 관한 정확한 의미를 이해하는 것은 불가능하다.

3) 해석학적 순환구조에 관해서는 본서 p.68을 참조.

에 대한 피상적 이해에서 출발하고 있음을 발견하게 되는 경우 또한 적지 않다. 철학적 개념에 대한 피상적 이해 또는 오해는 해석적 방법론의 해석 정당성을 위협할 수 있으며, 해석적 방법론의 고유한 의의를 손상해 실증적 방법론과 별반 다르지 않은 연구결과를 만들어 내는 오류를 범할 수 있다. 실제로 직접 경험 그 자체에 접근하기 위해 수집된 구술자료들이 해석학적 깊이 안에서 분석되지 못하고, 직접 경험의 본질적 의미에 대한 탐구 역시 현상학적 엄밀성의 두께를 확보하지 못하는 현장연구의 실제 예들을 발견하게 되는 일도 적지 않다(김애령, p.45).

사회과학에 도입된 과학적 실증주의의 이상은 인간행위도 다른 물리현상과 같이 인과관계의 구조안에서 설명할 수 있다고 전제한다. 통계적 수량화를 근거로 사회현상을 설명하고 변화를 예측할 수 있다는 것이다. 그러나 실증주의 도입의 위험을 경고하는 현상학적 반성은 이러한 설명과 예측의 구조는 특정한 '이론적 구성물'이라는 사실을 인식한다. 해석학은 사회과학 뿐만 아니라 자연과학도 주관적 연구관점과 이미 주어진 개념체계 및 이론에 근거해 출발하고 있으므로 불편부당하고 투명한 객관성은 불가능한 이상에 불과함을 간과하고 있다고 주장한다. 인간의 행위와 선택은 인과적 구조만으로 설명할 수 없는 다양한 의미화의 요소들을 내포하며, 우리가 살고 있는 세계는 정적인 사물들의 집합이 아니라 이미 다양한 의미로 구성된 세계라는 것이다. 해석적 방법론은 이러한 현상학적·해석학적 인간이해를 바탕으로 일반화된 설명의 구조가 포착하지 못하는 개별성, 구체성, 차이를 통해 인간행위의 본질적 의미와 이유를 이해하고자 한다.

여기서 이해는 행위자들의 심리상태 속으로 들어가 그들의 생각 즉, 행위의 합리성을 이해하려고 하는데(신일철, p.276), 이를 위해 감정이입적(empathetic) 방법이나 자기투영의 방법을 이용한다. 즉, 연구자가 연구대상인 사건이나 현상을 일으킨 인간의 내면 행위, 즉, 사상을 내 마음을 미루어 남의 마음을 이해하자는 것이다(상게서, p.277).

현상학과 해석학에서 출발한 해석적 방법론에 의한 연구는 사회과학적 탐구가 불가피하게 가질 수 밖에 없는 편향성을 인정하고, 그 인정의 토대 위에서 지속적인 성찰을 촉구한다. 연구자의 가설, 상식적 선입견, 추측과 가정, 전반성적 믿음을 괄호치는 판단중지(epoch)는 해석적 연구의 첫 원칙이다. 이는 또한 연구자와 연구대상자 사이에 개입하는 권력관계에 대한 반성을 요구한다. 연구자는 타인의 경험을 가설적 이론으로 채우기 위해 대상화할 수 있다. 연구자의 권력과 욕심은 경험 자체가 가지고 있는 다양한 의미 층위를 모른척하거나 왜곡할 수 있다. 따라서 해석적 연구에서 철학의 역할은 연구과정 전반을 관통하는 성찰(reflection)을 촉구하는 것이다. 그것은 연구대상에 대한 민감성을 지속하기 위한 성찰이자, 연구자 자신의 예단과 연구과정의 오류를 최소화하기 위한 노력이기도 하다.

해석적 방법론은 또한 Max Weber, George Mead, Charles Cooley, Thomas Blumer

등과 같은 해석적 사회학자들의 사상과 이론에 기초하였는데, 이들은 사람들의 일상실무에 영향을 준 상징, 이미지, 인간상호작용의 역할 등을 강조하였다. 이들에 관한 개척적인 연구는 사회구조보다는 사회행위의 중요성을 강조하고, 그러한 행위와 이들의 기본적인 합리성을 연구한 Max Weber(1927, 1981)로부터 나왔다. Weber의 뒤를 이은 다른 사회학자들(예를 들면, Mead · Morris, 1962; Blumer, 1969; Schütz, 1967)은 상징적 상호작용론의 사상을 촉진하면서 해석적 방법론을 계속 이용하였다(Wickramasinghe, 2011, p.550).

해석적 방법론은 사건과 사물에 관한 해석의 유의성을 강조하기 위해 발전하였다. 해석적 방법론의 기본원칙은 사물을 성찰하여 의미와 가치를 생성하는데 인간의식(consciousness)의 구성적 역할이 있다는 것이다. 기능주의자들은 조직, 회계정보시스템 등과 같은 사물이 인간과는 독립적으로 존재한다고 믿는다(Hopper · Powell, 1985; Chua, 1986을 참조). 이와는 대조적으로 해석적 연구자들은 그러한 것들이 그러한 사물에 대한 일상생활의 경험을 통해 인간에 의해 생성된 의미와 표지(label) 때문에 존재할 뿐이다. 그 결과, 그러한 의미와 표지가 없다면, 사람은 그러한 사물들이 존재하는지를 말할 수 없다. 존재는 항상 의미와 표지와 연관되어 있으며, 의미와 표지는 인간의 구성물(constructions)이다. 그리하여 생활경험, 이해, 의미생성(sense-making), 그러한 의미를 생성하기 위한 사물이용 등은 모두 인간의 해석적 행위이다. 조직, 통제시스템, 회계기능 등은 해석적 행위를 통해 인간에 의해 해석되는 사물들이다(Wickramasinghe · Alawattage, 2007, p.421). 따라서 언어, 의식, 의미공유, 서류, 도구, 기타 인공물(artefact) 등과 같은 사회구성물을 통해 실재에 관한 지식을 획득한다고 가정된다면, 그 연구는 해석적인 것으로 간주할 수 있을 것이다. 해석적 연구는 독립변수와 종속변수를 미리 정하는 것이 아니라, 상황이 나타남에 따라 의미생성의 복잡성에 초점을 둔다. 해석적 연구의 목적은 특정한 실체가 규범, 의례(rite), 의식(ritual), 일상활동 등을 통해 어떻게 사회적으로 생산되고 유지되는가를 보여주는 것이다(Alvesson · Deetz, p.34). 그리하여 해석적 연구는 인간이 현상에 부여하는 의미를 통해 현상을 이해하고자 한다(Deetz, 1996).

해석적 방법론을 적용하기 위해서는 사회과학이 성찰해야 할 윤리적 요청이 필요하다. 해석학에 근거한 방법론은 실증주의적 전통의 객관주의와는 달리, 연구자 자신이 벗어나기 어려운 편향성을 인정하고, 그것을 반성적으로 성찰하는 데서 출발한다. 그리고 그러한 인정과 성찰의 토대가 되는 것이 연구참여자의 관계, 연구주제의 설정 등과 관련된 윤리적 태도이다. 이러한 윤리에 대한 요청이 전제하는 바는 학문적인 이론화 작업과 윤리적 성찰은 서로 분리된 영역이 아니라 인간과학이 다루는 살아있는 체험의 해석과정에서 상호작용하는 영역이라는 사실이다. "특정 상황에 대한 정확하고 적합한 평가, 즉, 특수한 것에 대한 판단이나 지각은 일반규칙이나 궁극적 원리를 적용해 도출되는 것이 아니기 때문에, 무엇보다 중요한 것은 도덕적 판단의 능력이다"(허라금, 2004, p.109).

해석적 연구의 적극적인 수용은 연구대상에 대한 배려(care)인 윤리적 태도를 포함하고 있다. 취약한 위치에 있는 대상자를 경험주체나 행위자로 받아들이고 대상화하지 않으려는 반성적 노력, 과학적 관찰이 아닌 연구자와 연구대상자의 상호관계에 근거한 이해에 도달하려는 시도를 해석적 연구가 지지해 주기 때문이다(김애령, 2010, p.48).

연구참여자를 대상으로 할 때에는 이러한 방법론적 관심의 전환은 더 큰 의의를 갖는다. 그것은 첫째, 수량화되지 못하는 개인의 고유한 경험실재를 향한 관심을 증가시킨다. 그것은 기존의 사회이론이 과학주의와 실증주의적 객관성이라는 설명의 구조안에서 외면해 온, 행위자 자신의 '주관적 의미'를 파악하려는 노력이다. 둘째, 이 방법론이 유지하고자 하는 연구대상을 향한 열린 태도는 단순히 '연구참여자'의 경험의 본질에 가까이 다가가고자 하는 진리탐구의 시도와 노력 이상으로, 연구과정에 내재하는 권력관계에 대한 연구자의 자기 반성, 나아가 스스로를 정당화할 수 없는 연구참여자의 취약한 현실을 이해하고자 하는 소망을 포함한다.

이것은 또한 자신의 체험을 의미화할 수 있는 언어를 가지지 못한 존재에 대한 배려이기도 하다. 이는 곧 일반화된 이론의 구조안에서 개별적이고 구체적인 자신의 체험을 기입하지 못하는 모든 예외적 존재에 대한 관심이다. 주류역사의 서술에서 배제되었던 소수자의 체험적 현실, 사회과학의 거대담론 안에서 간과된 차이들, '생활세계의 자연적 태도' 안에서 반성하지 못한 체험의 다면적 본질에 다가가려는 노력은 해석적 방법론이 '인간에 대한 이해'를 하는 사회과학연구에 도입되어야 할 이유다(상게서, pp.48-49).

요컨대, 어떤 연구가 ① 그 연구목적이 회계실무에서 사회적 성격 및 변화, 인간의 의도를 서술하고 이해하며 해석하거나(Ryan et al., 2002, p.42; 구치모 외 공역, p.70), ② 그 연구가 예를 들어, 행동적·조직적·제도적 관점에 의해 영향을 받았거나(*ibid.*, pp.68-93; 구치모 외 공역, p.125-134), ③ 경험적 분석이 사회적 실재가 새로이 등장하고, 주관적으로 생성되며, 인간의 상호작용을 통해 객관화되었다는 기본가정에 기초하였거나(Chua, 1986, p.615), ④ 결론이 행위자의 일상생활에 관한 해석일 경우(*ibid.*), 해석적 방법론을 적용한 연구라고 볼 수 있다(Kihn·Ihantola, 2015, p.241).

사회현실과 인간행위의 의미를 이해하고자 하는 해석적 방법론에서 철학의 역할은 연구과정전반을 관통하는 성찰을 촉구하는 데 있다. 결국 해석적 방법론을 적용하는 연구는 현상태를 확인하여, 개인의 관점에 근거해서 지각(perception)의 실재를 믿는다. 이것은 개인들이 믿고 행동하는 것을 선택할 능력을 가지고 있다는 것을 의미하는 자유의지에 관한 Kant의 믿음에 기초하고 있다(Burrell·Morgan, 1979). 그러므로 하나의 주어진 입장이라기 보다는 현상에 관해 다양한 설명이 있으며, 해석적 연구자들은 특정한 현상이 관련행위자에 대해 가지는 의미를 찾고자 한다. 그러므로 연구자는 어떤 상황내에서 행위자의 지각이 무엇인가를 결정하고자 한다(Alberti-Alhtaybat · Al-Htaybat, pp.208-209).

제2절 해석적 방법론의 역사

해석적 방법론을 이용하는 해석적 연구는 질적 연구와 같은 의미로 사용되고 있다. 질적 연구는 주로 참여관찰과 심층적 면접의 자료수집기법과 비계량적인 자료분석기법을 이용하며, 가장 기본적인 의미에서 질적 연구는 자연스러운 상황에서 사건을 관찰하고 체계적인 방식으로 사건을 보고하는 것에 관한 것이다(Atkinson · Shaffir, p.43). 양적 연구와 대비되는 질적 연구에는 해석적 연구 이외에도 비판적 연구도 포함되지만, 일반적으로 질적 연구는 주로 해석적 연구를 의미한다. 따라서 해석적 방법론의 역사는 주로 질적 방법론의 역사와 거의 같으며, 실증적 방법론을 비판한다는 점에서는 비슷하다고 볼 수 있다(그러나, 비판적 방법론이 현상을 비판해서 변화를 추구하는데 반해서, 해석적 방법론은 변화를 추구하지 않고 사회현상을 있는 그대로 살펴보고 해석하고 이해하고자 한다는 점에 주요한 차이가 있다).

질적 방법론 또는 해석적 방법론은 사람에 따라 다양한 의미로 사용되지만, 연구대상에 대한 자연적 · 사실적 · 해석적 접근방법을 취한다는 것과 기존의 실증적 방법론을 비판한다는 두 가지 특성으로 요약될 수 있다(Denzin · Lincoln, 2011).

지식을 생성하기 위해 전문적으로 확립된 방법론으로서 질적(해석적) 방법론은 두 가지 사회과학영역인 사회학과 인류학에서 1900년대초부터 시작되었다. 집단생활의 연구에 대한 Chicago학파[4]의 질적 방법론을 가지고 있는 사회학과 Bateson, Boaz, Pritchard, Radcliffe-Brown, Malinowski 등과 같은 유명한 학자들에 의해 확립된 현장연구[5]의 전통을 가진 인류학(Denzin · Lincoln, 2011)이다. 1950년대까지 사회학과와 인류학과는

4) 20세기 초반에 Chicago대학교에서 등장한 사회학의 한 전통을 사회학의 Chicago학파 또는 Chicago 사회학파라고 하는데, 여기서는 실용주의 철학과 문화기술지(민속지학적) 현장연구가 그 지식기반과 방법론적 원칙을 이루고 있다. 이 학파는 상징적 상호작용론에 기반한 사회심리학, 문화기술지(민속지학) 및 질적 연구라는 풍부한 전통을 낳았다. Chicago 사회학파는 해석과 행위 간에 역동적이고 호혜적인 관계가 있음을 가정한다. 사회적 삶은 상호작용적이고, 발현적이며 어느 정도는 비확정적이다. Chicago의 민속지학(문화기술지)학파는 세상에 대한 개방성과 호기심을 강조하며, 상징적 상호작용론은 연구자와 그들에 세계에 대한 공감적 이해(empathetic understanding)를 개발할 것을 강조하였다(Charmaz, 2006; 박현선 외 공역, 2013, p.386).

5) 이에 관해서는 본서의 말미에 있는 부록을 참조.

한 명의 관리자 밑에서 동일한 Chicago 대학내의 사회학과에서 실천되었다. 이 당시, Chicago 대학의 사회학과 인류학에서는 사회과학연구자들이 현장에 입각한 질적 절차를 통해 연구된 사회집단에 관한 타당하고 객관적인 해석을 생성하는 것에 관심이 있었다(Locke, 2001, p.3).

1900년대 이후 질적 연구 또는 해석적 방법론을 적용하는 해석적 연구의 역사를 여덟 개의 시기로 구분하기도 한다(Denzin・Lincoln, 2005, pp.14-20).

첫 번째 시기는 전통적 시기(the Traditional period, 1900-1950)로 인식론적으로 실증주의적, 토대주의적 패러다임과 관련이 있다. 이 시기동안 질적 연구자는 실증주의적 과학 패러다임을 반영하여 현장경험을 식민지 개척자의 입장에서 객관적으로 서술하였다. 질적 연구자는 저작을 통하여 타당하고 믿을만하며 객관적인 해석을 제공하려고 노력하였다. 이 시기에 질적 연구자들의 연구대상인 타자는 낯선 외국의 이방인(식민지인)이었다.

이 시기는 전통적 인류학이 확립된 시기로 1920년대에 Malinowski가 New Guinea와 Trobriand 섬에서 1914-1918 사이에 현장연구를 실시한 이후에 시작되었다. 현지조사는 인류학의 정통적인 방법으로 정착된다. Malinowski에 이르러서야 현지조사가 체계적이고 기술적으로 서술되기 시작하였다. 이 단계에서도 현지조사에 대한 기술은 주로 연구자와 참여자의 관계를 강조하고, 자료분석과 해석에 대해서는 최소한의 지침만 제공하였다. 현지조사에 대한 설명에서도 성공적인 현장작업만 강조하고, 문제점이나 실패가능성에 대한 논의는 거의 언급하지 않았다. 이 시기는 Margaret Mead[6], Ruth Benedict[7] 등을 포함하여 외로운 민속지학자의 시기로 불리기도 한다. 과학자로서 멀리 떨어진 지역의 원주민을 찾아 나선 질적 연구자는 자신의 문화나 사회와는 완전히 다른 현지에서 현장연구라는 극단적인 시련을 극복하는 통과의례를 거친 뒤에 자료를 가지고 집으로 돌아와서 연구한 문화에 대하여 객관적인 설명을 하게 된다. 전통적 민속지학이 추구한 규범으로는 객관주의에 대한 신뢰, 제국주의와의 공모, 연구한 문화에 대한 기념비적 저술 제작 등이다. 이러한 관점에서 볼 때 연구되는 타자는 기록물로 보존되어야 할 대상이었다(Myers, 2009, pp.147-148).

한편 1920년대와 1930년대에 인류학자들(주로 Chicago 대학 출신)이 현장연구 기법으로 탐구하고 있을 때, 민속지학과 매우 유사한 것으로 Chicago 대학의 사회학자들은 자신들과 친숙한 도시공동체의 삶을 기록하기 위해 현지조사를 활용하였다. 원래 이러한 현지조사방법은 1800년대 후반, 학자들이 낙후된 도시상태의 가난과 밀집으로 인한 위생, 건강, 교육, 복지 문제 등을 대중에게 가시화시킴으로써 사회변화를 촉구하면서 시작되었으며, 그후 1920년대의 사회학자들에 의해 사회현상연구에서 광범위하게 이용되었다(신경

6) Margaret Mead(1901-1978)는 인류학자이다. M. Mead에 관해 상세한 것은 조혜정(1981)을 참조.

7) 외국인이 집필한 최고의 일본문화비평서인 국화와 칼의 저자이며 인류학자이다.

림, 1994, p.174). 그들은 참여관찰의 기법을 적용하여 그들 문화속의 소집단들을 연구하였다. 인류학자와 마찬가지로 이들 사회학자는 현장에서 사람들 속에 거주하면서 연구하고, 표본을 수집하고, 규칙성을 찾고, 분류체계를 개발하고, 그들이 발견한 것에 대하여 가설을 생성하였다. 대도시 등 주류사회의 안에서 발견되는 소수의 이문화 집단에 대한 연구에서 연구자는 장기간 일정한 공동체에 머물면서 참여관찰을 통해 자료를 수집하는 등 인류학자의 방법을 차용하여 사회학과 인류학의 경계를 넘나들었다(곽영순, p.21; Myers, 2009, p.148).

Chicago 학파로 대표되는 첫 번째 기간에는 민속지학적 접근을 통해 삶의 단편을 들여다보고 서술된 삶의 역사를 해석적 방법론을 활용하여 그려내는 것을 목표로 하였다. 여기서 질적 연구자는 저자로서 연구대상의 이야기를 표현하는 권위를 갖게 되었다. 직설적이고 감정이입을 하지 않은 사회적 실재론의 관점에서 작성된 이러한 질적 연구 텍스트[8]는 일반인들의 언어로 재구성되어 표상되었다. 이러한 질적 연구자의 이미지는 오늘날에도 어느 정도 남아 있으며, 객관주의에 대한 신념은 흔들리고 있으며, 식민지주의와의 영합은 공개적으로 비판되고 있다(Denzin · Lincoln, 2005, pp.14-16).

두 번째 시기는 근대주의 또는 황금기(Modernist phase, 1950-1970)로 후기실증주의 관점의 출현과 더불어 성서해석학, 구조주의, 기호언어학, 현상학, 문화연구, 페미니즘(feminism) 등과 같은 다양한 새로운 해석주의, 질적 연구의 관점들이 등장하기 시작하였다. 이 기간동안 텍스트들은 질적 방법론을 공식화 · 체계화하여, 양적 연구처럼 엄밀한 질적 연구를 만들기 위해 노력하였다. 근대적 민속지학자와 사회적 참여관찰자는 사회에서 발생하는 중요한 사회적 과정과 사회적 통제현상에 대하여 엄격한 질적 연구를 시도하였다. 두 번째 시기동안 후기실증주의는 강력한 인식론적 패러다임으로 기능하였다. 이 시기에는 인과관계 서사(narrative)가 중심이 되었으며, 비구조화면접이나 반구조화면접과 참여관찰 등과 같은 다양한 방법을 활용하여 자료를 수집하고[9], 수집한 자료를 통계적 방식으로 분석하였다(*ibid.*, pp.16-17).

세 번째 시기는 장르간 경계가 무너지는 시기(Blurred Genres, 1970-1986)로, 이 시기의 질적 연구자는 패러다임, 연구방법과 전략 등 연구에 동원할 수 있는 장비를 모두 갖추고 있었다. 이 시기동안 기존의 기능주의적 · 실증주의적 · 행동주의적 · 전체주의적 접근방법에서 서서히 벗어나 보다 다원적 · 해석적 · 개방적 관점으로 변화되어갔다. 이러한 새로운 관점에서는 문화적 표상과 그 의미를 출발점으로 하여, 특정한 시간, 의식, 전통 등을 심층적으로 서술할 것을 요구하였다. 모든 인류학적 글쓰기는 해석에 대한 해석에 불과하며,

8) 텍스트(text)의 의미에 관해서는 제16장을 참조.
9) 자료수집방법에 관해서 보다 상세한 것은 제17장을 참조.

이론생성의 핵심과제는 국지적 상황을 이해하는 것이었다(*ibid.*, p.17).

나아가 이 시기에 사회과학과 인문학 사이의 경계가 흐려지기 시작하였다. 사회과학자들은 모델, 이론, 분석방법(기호학, 성서해석학) 등을 인문학에서 빌려가는 장르간 이산현상이 일어나고 있었다. 동시에 후기구조주의, 신실증주의, neo-marxism, 해체주의 등과 같은 새로운 방법론이 출현하였다. 이 시기에는 자연주의적・후기실증주의적・구성주의적 패러다임이 우세하였다. 텍스트에 대한 엄밀한 규칙이나 평가기준, 텍스트 내의 저자의 자리 등이 사라진 시기를 맞아서 더 이상 연구자가 권위를 갖고 말할 수 없게 된 것이다. 특히 장르간 경계가 무너지는 제3기에는 인문학이 비판적・해석학적 이론의 주요 이론적 자원이 되었으며, 질적 연구과제가 폭넓게 고안되었다. 연구자는 다양한 학문영역으로부터 방법을 빌려오는 것을 배우게 되었다. 이러한 장르간 경계허물기와 혼합은 표상의 위기로 연결된다.

네 번째 시기는 표상의 위기(Crisis of Representation, 1986-1990)로 대변되며, 연구자는 반성적 텍스트 안에 자신과 그들의 연구대상을 자리매김하기 위해 고민하였다. 여기서 일종의 방법론적 이산현상이 발생하였다. 인문학은 새로운 사회이론과 유행하는 문화와 그를 둘러싼 지역적 상황을 연구하는 새로운 방법을 찾기 위해 사회과학에 의지하고, 사회과학은 사회적 텍스트의 복잡한 후기구조주의적 특징을 읽어내는 방법을 배우려는 희망에서 인문학에 의지하게 되었다. 인문학의 영향을 받아서, 사회과학자는 단순하게 논쟁의 여지가 없는 용어로 읽히기를 거부하는 텍스트를 생산하는 방법을 배울 수 있었다. 그 결과 텍스트와 맥락의 경계가 무너지기 시작하였다. 이러한 과정에서 연구와 글쓰기는 성찰적으로 되었으며, 성별・계급・인종과 관련된 현안에 대하여 질문을 제기하기 시작하였다. 아울러 질적 연구자는 인류학의 전통적 규범을 대체할 진리・방법・표상의 새로운 모델을 추구하였다. 이 시기에는 비판이론, 페미니즘 및 유색인종의 인식론이 자신의 목소리로 주장되기 시작하였다(*ibid.*, pp.18-19).

다섯 번째의 시기는 실험적인 민속지학의 포스트모던시기(1990-1995)로 연구자는 토대주의와 준토대주의적 준거를 벗어나기 위해 계속 노력하였다. 연구에 대한 대안적인 평가기준을 추구한 결과, 연구참여자의 의식을 환기시키는 역할을 하는 도덕적이고 비판적인 역할이 평가기준으로 탐색되었다. 오늘날에는 민속지학자의 권위가 공격을 받으면서 질적 연구자는 재현・합법화・실천이라는 세 가지 위기에 직면해 있다(*ibid.*, p.20).

이러한 움직임은 질적 연구의 주요 전제에 대해 문제를 제기한다. 먼저, 질적 연구자는 더 이상 삶의 경험을 직접 포착할 수 없으며, 그러한 삶의 경험은 연구자가 작성한 사회적 텍스트안에서 창조된다는 것이다. 이는 표상의 위기(representational crisis)로서 경험과 텍스트 사이의 직접적 연결에 대하여 문제를 제기한다. 나아가, 질적 연구를 평가하고 해석하는 전통적인 준거에 대하여 문제를 제기하면서, 실증주의에서 정착된 타당성, 일반화가능성, 신뢰성 등의 용어를 재고할 것을 주장하였다.

따라서 실험적 민속지학 글쓰기로 대변되는 포스트모던 시기에는 이러한 위기 인식에서 출발하여 새로운 민속지학 구성방법을 탐색하였다. 이론은 현장으로부터의 이야기로 읽혔으며, 저자들은 타자를 표상할 수 있는 다양한 방법을 시도하였다. 초월적인 관찰자라는 개념은 포기되고, 보다 참여적이고 실천을 지향하는 연구가 부각되었다. 아울러 거대담론은 구체적인 문제상황에 적합한 보다 국지적인 소규모의 이론으로 대체되었다.

여섯 번째의 시기인 후기실험연구의 시기(postexperimental inquiry, 1995-2000)에서는 사회과학과 인문학의 경계가 무너지면서 민속지학의 대안들이 탐색되었다. 질적 연구 글쓰기에서는 문학, 시, 자서전, 대화적, 시각적, 공동 저작 등과 같은 새로운 양식들이 실험되었다. 이러한 시도는 어떠한 방법이나 이론에도 특권을 부여하기를 거부하는 데서 비롯된 것이다(*ibid.*, p.20).

일곱 번째의 시기(2000-2004)는 질적 연구에 관한 새로운 학술지(*Qualitative Inquiry*, *Qualitative Research*)가 성공적으로 창간되었다. 이 시기를 방법론적으로 경합적인 시기(methodologically contested period)라고 부르기도 한다. 이 시기는 갈등, 긴장, 긴축의 시기이기도 하다(*ibid.*).

여덟 번째의 시기(2005-)는 미래(the future)의 시기이다. 이 시기에 질적 연구자들은 증거에 입각한 사회운동과 관련되어 방법론적으로 반격에 직면해 있다((*ibid.*).

2000년대에 접어들면서 질적 연구는 안팎의 복잡한 정치적 상황으로 인해 수치화된 자료의 중요성이 부각되면서 지난 30여 년간의 긍정적인 발전이 위기에 직면해 있다(Denzin · Lincoln, 2005).

요컨대, 질적 연구가 거쳐온 다양한 역사적 순간들과 전통은 아직도 여러 곳에 영향을 주고 있다. 지금의 질적 연구의 특징은 활용하거나 동원할 수 있는 패러다임은 물론 연구전략과 자료분석방법이 다양해서 무엇을 선택할지 모른다는 것이다. 질적 연구활동은 중립적이거나 객관적인 실증주의자의 관점에서 실시하기는 어렵다. 질적 연구는 그 자체로 다문화적 과정이다(곽영순, p.28).

한편, 우리나라의 질적 연구의 역사는 매우 짧은 편이다. 지난 1980년대에 일부 유학파들에 의해 질적 연구가 소개되기 시작하여, 오늘날 적지 않은 분야에서 질적 연구가 실시되고 있다. 우리나라에서는 간호학, 교육학, 인류학, 사회학, 사회사업학, 언론학 등에서 질적 연구가 활발하며, 오늘날 경영학, 스포츠학, 무용학, 의학, 건축학 등에서도 질적 연구가 실시되고 있다. 특히 간호학의 경우, 전국의 많은 간호대학에는 질적 방법론에 관한 연구소가 있으며, 질적 연구방법 중의 하나인 근거이론이 본격적으로 적용되고 있다.

제3절 해석적 방법론의 철학적 배경

사회과학방법론의 철학적 배경은 〈도표 3-1〉과 같이 살펴볼 수 있다. 일반적으로 사회과학방법론의 철학적 배경은 Comte의 실증론과 Kant의 관념론으로 대별된다.

주류회계학의 방법론으로는 불란서 철학자 Comte의 실증론에 입각한 실증주의에 의한 방법론을 들 수 있으며, 이의 대체적 방법론은 독일 철학자 Kant의 관념론에 입각한 비판적 방법론과 해석적 방법론이 있을 수 있는데, 비판적 방법론은 Kant/Hegel 노선에 의한 방법론이며, 해석적 방법론은 Kant/Fichte노선에 의한 방법론이다.

〈도표 3-1〉 **방법론사상의 노선 개관**

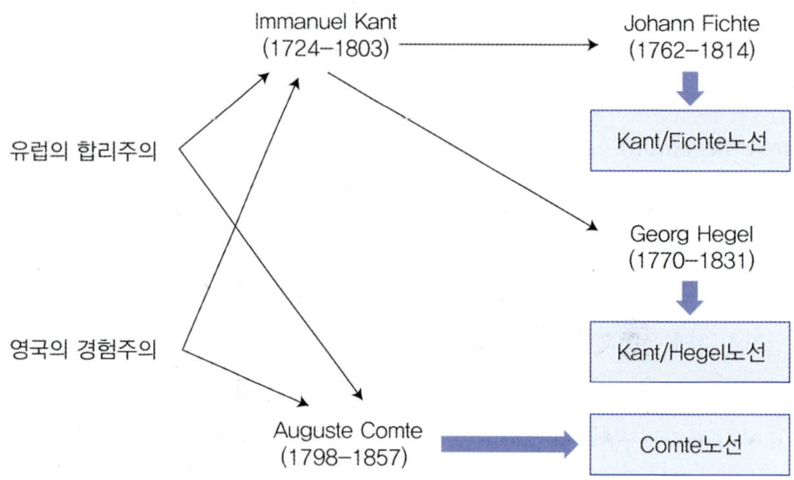

자료원: Broadbent · Laughlin(2013, p.41). 이것은 Laughlin(1995, p.71)을 수정한 것이다.

해석적 방법론은 〈도표 3-2〉처럼, Kant/Fichte의 노선이 Dilthey와 Weber로 나아가고 있는 것을 보여주고 있다. Fichte는 Kant의 사상에서 주관적인 노선을 취하였다. 그리하여 Husserl(1859-1938)과 같은 철학자들을 통해 Fichte의 철학으로부터 주관적인 상징적 상호작용론[10)]과 일상생활방법론(ethnomethodology), 근거이론 등으로 나아가는 직접적인 노선도 있다. 그러나 Dilthey와 Weber는 Fichte의 주관적인 노선에 다소 객관적인 사고를 도입하였다. 이러한 경향은 Fichte의 사상에서 주관적인 요소를 제거하고자 한 것은 아니지만, 〈도표 3-2〉에서 보는 바와 같이 다양한 학파를 있게 하였다(Laughlin, 1995, pp.74-75; Broadbent · Laughlin, 2013, p.45). 이러한 해석적 방법론은 특히 회계

10) 이 이론은 미국 Chicago대학의 Blumer교수가 주도한 학파의 사회학이론이다.

현상을 직접 경험(참여관찰), 면접한 것을 바탕으로 하기 때문에 회계실무자들도 이해하기가 쉽다.

〈도표 3-2〉 Kant/Fichte의 노선

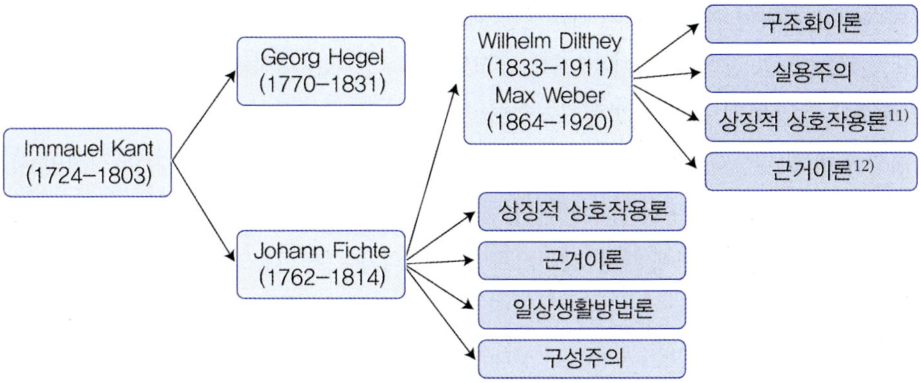

자료원: Broadbent · Laughlin(2013, p.44)를 일부 수정.

해석적 방법론은 Kant가 시작하였고 Fichte를 거쳐 Wilhelm Dilthey, Max Weber, Edmund Husserl, Alfred Schütz 등이 재생시킨 사회학자들의 사회사상에 관한 독일의 관념적 전통에서 나온다(Chua, 1988, p.60; Laughlin, 1995, p.72). 이러한 해석적 방법론은 Edmund Husserl에 기원을 가진 Schütz의 현상학적 사회학, Garfinkel의 일상생활방법론, Blumer의 상징적 상호작용론 등을 포함한 다양한 해석사회학을 사회현상에 부분적으로 적용한다.

해석적 방법론의 경우. 〈도표 3-2〉에서는 해석적 방법론에서 주로 이용하는 사회학의 이론들인 구조화이론, 상징적 상호작용론, 일상생활방법론 등을 보여주고 있다. 이외에도 오늘날 제도이론(특히 구제도학파경제학, 신제도학파사회학), 행위자연결망이론 등이 해석적 방법론에서 이용되고 있다.

이들에 관해서는 본서의 제2부 해석적 방법론의 이론에서 구체적으로 살펴볼 것이다. 이들의 관심사는 경험세계에서 외부과정의 조사를 강조하는 자연과학으로부터 인간마음의 내부과정의 조사를 강조하는 정신(문화)과학으로 전환되었다. 이해(verstehen)라는 개념은 다른 사람들의 경험을 재생시킴으로써 인간세계를 연구하는 방법으로 이용되었다. 그리하여 해석적 방법론을 이용하는 사람들은 사회현상이 자연현상과는 다르게 그 개별성과 특수성에 의하여 파악해야 하기 때문에 일반적인 자연과학의 방법론을 적용시킬 수 없다고

11) 이 상징적 상호작용론은 미국의 Iowa학파의 Kuhn교수가 주도한 것인데, 회계학에서는 잘 이용하지 않는다.
12) 근거이론 중에서 Glaser학파의 근거이론을 의미한다. 제14장을 참조.

주장하고는 사회현상의 의미와 이해를 강조하면서 자연과학적 방법론의 주요한 목적인 설명, 예측과 구별하고자 하였다(김석웅, 1999. p.43).

여기서는 회계학분야에서 적용되고 있는 해석적 방법론의 철학적 배경을 좀 더 구체적으로 살펴보고자 한다. 해석적 방법론은 가능한 한 직접 경험이야기를 연구자료로 하며, 과학적 분석이나 설명이 아닌 이해와 해석을 통해 접근한다. 그리고 이야기를 해석함으로써 생생한 인간의 직접 경험 그 자체의 이해에 도달할 수 있다는 해석적 방법론의 배경은 현상학, 해석학, 실용주의 등의 철학에 근거한다.

해석적 방법론은 최소한 그리스와 로마 철학까지 추적할 수 있는 두 가지 본질적인 사상을 결합하고 있다. 하나는 감각의 경험(경험주의)이 항상 어떤 것을 아는 최상의 방법은 아니라는 것이다. 경험주의에 대한 대안으로 합리주의가 수천년동안 이용되고 있다(Willis, 2007, p.48).

두 번째는 상대주의(relativism)다. 상대주의는 우리가 지각하는 실재는 항상 우리의 경험과 문화에 의해 제약을 받는다는 것이다. 우리는 우리가 실제적이라고 생각하는 것이 그곳에 있는 실재의 진실한 반영이라고 확신할 수 없다. 인간은 사회적 동물이며, 따라서 인간은 집단으로 자신들의 실재관을 구축한다. 각 개인은 자신의 실재 형태를 구축하지만, 개인들은 자신의 문화와 맥락에 의해 영향을 받는다. 상대주의를 서술하기 위해 공통적으로 이용되는 또다른 용어는 반토대주의(antifoundationism)다. 이것은 인간의 진실한 것과 아닌 것을 결정하기 위해 이용할 수 있는 확고한 토대는 없다고 주장한다(*ibid.*, p.49).

사회과학의 구조적 설명은 사회현장과 삶의 현실에 주의를 기울임으로써, 인간이해를 바탕으로 풍부해질 것이다. 즉, 해석이론에 관한 철학적 메타 담론들의 추상성은 살아있는 체험과 만나면서 구체성을 획득하며, 인간행위에 대한 사회과학적 탐구는 실증주의적, 과학적 설명이 포착하지 못하는 체험의 고유성을 이해하고자 하는 해석적 방법론을 매개해야 할 것이다.

해석적 방법론과 같은 질적 방법론은 1800년대 후반부터 사회학자들에 의해 이용되기 시작하다가 1920년대에 광범위하게 이용되었다. 그러나, 그후 논리실증주의에 근거를 둔 자연과학적 방법론이 학문 전반에 걸쳐 이용되었기 때문에 질적 연구방법론은 그 빛을 잃었다. 1960년대에 와서 사회 소수그룹의 질적 방법론에 대한 관심이 다시금 새로워졌으며, 질적 방법론에 대해 학계에서 본격적인 관심을 보이기 시작한 때는 1970년대인데, 이때부터 여성학, 교육학, 사회학, 심리학 분야에서 질적 방법론을 이용하게 되었으며(신경림, 1994, p.186), 회계학도 기존의 실증적 방법론의 문제점에 대한 지적과 함께 1980년대부터 해석적 방법론에 관심을 갖기 시작하였다.

해석적 방법론을 주장하는 자들은 인간 주체의 모든 표현들을 학문 활동의 근본으로 받아들이고 그들이 이미 누리고 있는 그들의 삶을 학문적 작업 속에 함께 넣어 고려하고 있다는 데에도 공통된 특징을 가지고 있다. 그래서 이들은 인간 사회의 삶 자체를 이중의 방식, 즉 학문의 전제이자 동시에 학문의 대상으로 삼고 있다. 다시 말하면, 실증주의자들이 주관적 감정은 결코 학문의 대상이 될 수 없다고 주장하고 있는 것과는 달리 해석학자, 현상학자, 구성주의자 등으로 부르는 해석적 방법론자들은 그들이 이미 일정한 삶을 누리고 있다는 사실을 학문적 작업 속에 함께 고려해 놓고 있다고 할 수 있다. 해석학자, 구성주의자, 현상학자들은 그들의 연구대상과의 끊임없는 대화를 통해 그들의 연구 및 학문적 작업을 계속해 가며, 이런 관점에서 그들은 해석적 방법론과 같은 질적 연구의 이론적 근거를 제시해 줄 수 있는 정당성을 가지고 있다고 할 수 있다.

이상에서 논의된 학문연구 논리 및 방법론에 대한 실증주의자들의 주장과 그것에 반대하는 자들 사이의 방법론적 논쟁은 19세기 후반과 20세기 초에 걸쳐 독일의 경제학자, 역사가들, 그리고 사회학자들 사이에서 일어났던 일련의 논쟁으로 거슬러 올라간다. 이 논쟁은 실증주의적 자연과학을 옹호하는 사람과 (인문과학과 사회과학을 포함한) 정신과학에 대한 해석학적 주장을 하는 사람들[13] 사이에서 일어났다. 실증주의자들은 자연과학과 정신과학은 본질적으로 차이가 없기 때문에 정신과학도 자연과학의 방법론을 적용해야 한다고 주장한다. 이에 반해서 정신과학의 주된 관심은 대상의 수량적 취급보다는 오히려 본질적으로 수량적 취급에 저항하는 서술(description)에 있기 때문에, 그 대상이 사물이 아니라 사람이다. 다시 말하면 정신과학은 인간의 문화현상과 사회현상이며 무엇보다 양보다는 질이나 의미가 문제가 되며, 수량이라는 일원적인 조작으로는 환원될 수 없는 다원적이며 다의적 공간을 그 대상으로 하고 있다. 그래서 정신과학자들은 정신과학이 자연과학과 질적으로 다르므로 자연과학적인 실증적 방법론과는 다른 방법론이 필요하다고 주장한다. 정신과학적 방법론은 사전에 설정된 보편성 혹은 진리와 그것을 향해 나아가는 과정 자체도 이미 정해져 있다고 주장하는 실증적 방법론과 다르다. 그것은 본질적으로 인식의 다양한 주체성을 인정하고 창조적인 다양성을 허용하여 고유한 주체성에서 출발하며 스스로의 행위

13) 정신과학과 자연과학을 체계적으로 구분한 철학자 중 대표적인 자가 Dilthey(Diltey)라 할 수 있다. 그는 자연은 설명하는 것이고 정신은 이해하는 것이라고 주장하면서, 더 나아가 자연과학 역시 정신의 역사적 산물이며 정신의 역사적 현상이기 때문에 자연도 정신과학의 하나의 대상이 될 수 있다고 주장한다. 그는 자연과학의 대상을 정신에 대해서는 타자라고 생각했다. 왜냐하면, 자연과학은 그 대상을 외부로부터 관찰하고 그 현상의 외부적인 상호관계를 통해서 파악하기 때문에 그 자체를 안으로부터 즉 그 자체의 본질에서 이해할 수 없기 때문이다. 반면에 정신과학은 그 대상을 "있는 그대로" 파악하려는 것이다. 이렇게 있는 그대로 대상을 이해하는 수단과 방법을 개발하려는 작업이 Dilthey에서의 해석학이고, 이것은 모든 과학의 기초학문으로서의 정신과학을 위한 해석학이다. 여기서의 주제는 삶이 이해의 대상이고 삶이 학문연구의 주체에 있다. 즉, 우리의 삶이 그리고 나의 삶이 탐구의 대상이고 탐구의 주체가 되는 것이다(이규호, 1999, pp.155-162을 참조).

를 보편성의 방향으로 개척하고 구성해 나가는 과정이기 때문에 인간의 문화활동 전반의 바람직한 자세에 대한 근본적인 문제를 제기해 나가고 있으며 경우에 따라서는 새로운 과정을 계속 창출해 가는 과정이라고 할 수 있다.

이와 같은 실증적 방법론 적용에 대한 반대 입장을 견지하고 있는 것으로는 사회과학에서는 지식사회학[14]의 입장이, 인문과학 특히 철학에서는 현상학과 해석학적 입장이 같은 맥락의 선상에 놓여 있으며 그 연장선상에서 지금까지 논의가 계속되고 있다.

현상학과 해석학은 실증적 방법론에서 야기된 문제점들을 해결하는 대안적 철학을 이해하는 데 있어 기초를 제공해 준다는 의미에서 방법론으로 이해할 수도 있다. 이 두 철학은 모두 철학적 방법론이라는 유사성을 지니지만, 현상학이 주체의 의식에 의해서 경험된 대상의 의미를 밝히는 반면, 해석학은 보편적인 언어를 통해 언어를 활용하는 사람이 어떠한 의미를 전달하고자 하는지를 분석한다는 점에서 차이가 발견된다(강진숙, 2016, p.259). 이하에서 해석적 방법론의 철학적 배경인 현상학, 해석학, 실용주의를 간단히 살펴보자.

1. 현상학

1) 현상학의 의의

오늘날 현상학(phenomenology)이라는 단어는 일반적으로 20세기 초의 독일 철학자 Husserl이 제창한 철학적 입장과 그것을 기점으로 시작된 사상운동을 가리킨다. 그러나 Phänomenologie라는 단어 자체는 18세기 중반에 J.H. Lambert가 그리스어의 “드러남”(Φαιμσμενον)과 “논리”(λσγοε)를 합성하여 만든 것으로 Lambert와 Kant, Fichte 등에 의해 ‘가상 이론’이라는 의미로 사용되었다. Hegel도 첫 저서인 정신현상학(1807)에서 이 단어를 정신이 절대정신으로 생성되는 도중에 드러나는, 풍부한 현상상태를 관통하는 필연적 순서 즉, 그 논리를 기술하는 학문이라는 의미로 사용했다(木田 元; 김신재 외 공역, p.35).

14) 지식사회학은 실증주의적 사회과학에 대한 비판과 그 대안적 관점에서 성립한 사회과학의 하위분야 혹은 중추적 역할을 하는 특수분야라 할 수 있는데, 이의 입장은 Marx, Comte, Durkheim, Weber 등이 주장하였으며, 더 거슬러 올라가면, Mannheim에 이르러 그 체계적인 모습을 갖추게 된다. 반실증주의적 관점을 가지고 있는 자들이 지식사회학을 옹호하고 있는 것은 실증주의자들이 계몽주의적 입장에서 벗어나지 못하고 있다는 데 그 원인을 찾을 수 있다. 계몽주의자들이 주장하는 것처럼 객관적이고 과학적인 지식이 모든 역사적, 문화적 왜곡을 배제한 것이라면 그러한 지식은 사회과학에는 결코 적합하지 않다는 것이 반실증주의자들의 주장이다. 따라서 반실증주의자의 입장에 서있는 지식사회학자들은, 진리는 전적으로 과학적 방법을 통해서 얻어지고 자연과학이야말로 그러한 객관적 진리를 확보할 수 있는 권리를 갖고 있다는 실증주의자들의 인식론에 반기를 들고 있다(Hekman, 1986; 윤병희 옮김, 1993, pp.9-21).

그러나 Husserl은 현상학이라는 단어를 이러한 독일 관념론 철학자들이 아니라, 동시대의 오스트리아 물리학자인 Ernst Mach(1838-1916)에게서 빌려왔다. Mach는 19세기 후반에 지배적이던 '역학주의적 물리학'(모든 물리현상을 절대 시공간 내에서의 질점 운동[15]으로 환원하고자 하는 Newton역학을 중심에 놓고 광학・전자기학・열학 등 그 밖의 물리학적 학문 분야를 그것에 종속시키려는 물리학 사상)에 대항하여 '현상학적 물리학'을 주장했다. Mach는 실증과학인 물리학이 현실계의 배후에 있는 우리가 직접 경험할 수 없는 절대 시공간이나 그 안에서의 질점운동과 같은 일종의 형이상학적인 실재를 상정해, 원인이나 결과 같은 신화적 사고의 흔적이 남은 개념에 의존해 사물을 생각하는 것은 이상하다고 비판하고, 물리학을 어디까지나 현실계 내부 현상의 함수적 상호의존관계를 기술하는 것에 한정해야 한다고 하였다. 그리고 물리학의 모든 분야는 현상의 그 함수적 상호의존관계를 기술하는 다양한 방식에 불과하기 때문에, 역학의 특권만을 인정할 수는 없다면서 '현상학적 물리학'을 주장한다. 이렇게 배후의 형이상학적 '실재'를 부정한 이상 우리가 경험하는 이 세계를 더 이상 '현상'이라고 부를 필요는 없지만, 그는 지금까지 그러한 실재의 단순한 현상이라고 멸시되어온 이 세계만을 궁극의 소여로서 인식하고, 그것을 철저히 기술하기 위해 '현상학'이라는 이름을 붙였다(상게서, p.36).

Husserl도 당시의 실험심리학이 우리의 의식현상(예를 들면, 감각)의 배후에 물리적 자극과 그것이 불러일으키는 감각기관의 생리적 흥분처럼 직접 경험되는 것이 아닌 물리적・생리적 과정이 있다고 상정하고, 이러한 발상에 근거해 의식현상을 인과적으로 설명하려는 방식에 대항하여 어디까지나 우리가 의식하는 현상 자체의 내적 구조를 철저히 기술하는 새로운 심리학을 구상했다. Husserl은 논리학연구 제2권(1901)에서 이 심리학을 '기술적 심리학 또는 현상학'이라고 불렀다.

일반적으로 현상학이 지칭하는 바를 크게 다음과 같은 두 가지로 나누어 생각할 수 있다. 하나는 Husserl이래로 다양한 학자들과 사상가들에 의해 논의되어 온 특정한 철학 내용체계로서의 현상학이다. 이것은 Husserl, Heidegger, Merleau-Ponty, Sartre 등에 의해 발전해 온 철학이다.[16] 다른 하나는 그러한 논의가 가능하게 했던 현상학만의 독특한 관점과 태도 혹은 그러한 관점과 태도를 바탕으로 하는 탐구방식으로서의 현상학이다. 이를 응용현상학 또는 실천현상학(phenomenology of practice)이라고 한다. 이들의 일차적 관심은 현상학의 방법론적 측면을 규명하고 확립함으로서 보다 많은 사람들이 직접 참여하고

15) 질량은 있으나 크기는 무시할 수 있는 물체로서 그 위치(3개의 좌표)를 시간의 함수로 표시하면 운동상태가 결정된다.

16) 현상학은 인간존재의 구조를 상세히 검토하는 Heidegger에 의한 실존주의와 결합하였으며, 인간의 행동을 의도적으로 지시된 것으로 간주하는 Merleau-Ponty에 의해 발전되었다(Moss, 2001). 그리하여 현대현상학은 실재를 구체화된 경험을 통해 이해되는 것으로 간주한다(Starks・Trinidad, 2007).

실시하는 것으로서의 현상학 정립에 있다. 그리하여 현상학은 철학으로서의 현상학과 응용 현상학(현상학적 질적 연구)으로 구분할 수 있다(이남인, 2014).

현상학적 질적 연구란 인간의 체험을 있는 그대로 살펴보고, 그 체험을 바로 그 체험이게 만드는 본질적인 구성요소를 파악하여 이를 분명하게 기술하고, 이를 통해 체험의 본질을 탐구하는 것이다(김영천, 2013, p.90). 여기서 체험(lived experience)이란 경험의 특수한 유형으로 우리가 겪고 인식하는 대로의 경험을 말한다. 체험의 가장 기본적인 형식에는 직접적·전반성적 생활의식이 있다. 즉, 의식이기는 하지만, 그것을 의식하지 못하는 형태로 주어진 의식이 있다. 이러한 체험은 그 순간의 현현에서는 포착할 수 없고 지나간 후 단지 성찰적으로만 포착할 수 있는 것이다. 따라서 체험의 의미는 항상 지나간 어떤 것에 대한 것이다. 이러한 체험은 현상학적 연구의 출발점이자 종착점이다(van Manen, 1990, pp.56-61). 현상학적 질적 연구의 대상은 이러한 체험이고 그 목적은 체험의 본질을 밝히는 것이다. 본질이란 그 어떤 대상들이 바로 그러그러한 의미를 지닌 대상들로 존재할 수 있도록 해주는 그 무엇이다.[17] 그렇다면 현상학적 질적 연구의 탐구대상이 되는 체험의 본질이란 바로 그 체험을 그것으로 부를 수 있게 만드는 무엇이라고 할 수 있다(김영천, 2013, p.90). 현상학적 질적 연구는 하나의 개념이나 현상에 대한 여러 개인들의 체험적 의미를 기술한다. 현상학자들은 모든 연구참여자들이 현상을 경험하면서 공통적으로 갖게 된 것을 기술하는데 초점을 둔다. 현상학의 기본적인 목적은 현상에 대한 개인의 경험들을 보편적 본질에 대한 기술로 축소하는 것이다(Creswell, 2007; 조흥식 외 공역, p.91). 즉, 인간의 체험을 살피고 그 체험 속에 존재하는 본질적인 요소나 구조를 밝히는 것이 현상학적 질적 연구의 목적이라는 것이다.

van Manen(1990, p.24-39)에 의하면, 현상학적 질적 연구의 특징은 첫째, 그것이 체험을 연구하는 것이다. 둘째, 그것은 의식에 나타나는 대로의 현상을 해명하는 것이다. 셋째, 그것은 현상의 본질을 연구하는 것이다. 넷째, 그것은 체험적 의미를 우리가 겪은 대로 기

17) 예를 들어, 우리가 의자를 의자라고 의식할 수 있는 것은 의자라는 대상 속에는 우리가 그것을 의자라고 부를 수 있는 본질이 내재하고 있기 때문이다. 만약 의자라는 대상 속에서 그러한 본질이 내재하지 않는다면 우리는 그것을 더 이상 의자라고 부를 수 없다. 이렇게 무엇을 무엇일 수 있게 하는 것이 바로 본질이다. 이처럼, 본질이란 무수히 많은 개별적인 대상들을 어떤 하나의 이름으로 부를 수 있도록 해 주는 보편적이며 일반적인 요소이다. 그리고 기존의 다양한 현상학적 체험연구에서는 단지 사실적인 구조를 연구할 경우에도 이러한 사실적인 구조를 지칭하기 위해 본질이라는 표현을 사용하고 있는 경우도 있는데, 현상학적 체험연구에서도 본질직관의 방법은 어떤 체험의 본질적인 구조를 해명하기 위한 방법적 절차로 유용하게 활용될 수 있다(이남인, 2005, p.108). 본질에는 다양한 차원의 본질이 존재하며, 이러한 다양한 차원의 본질은 철학으로서의 현상학적 심리학적 체험연구와 경험과학으로서의 경험적 현상학적 체험연구가 공동작업을 통해 해명될 수 있다. 이 경우 경험과학으로서의 현상학적 체험연구는 다양한 유형의 개별적인 체험을 수집하면서 철학으로서의 현상학적 심리학에게 본질직관의 자료를 제공해주는 역할을 할 수 있을 것이다.

술하는 것이다. 다섯째, 그것은 현상에 대한 인간과학적 연구이다.

2) 현상학의 발전

현상학은 Husserl의 기술적 현상학으로부터 Heidegger의 해석학적 현상학을 거쳐 Schütz의 사회적 현상학으로 발전해 왔다.

(1) 기술적 현상학

Husserl은 당초에는 심리학의 내부에서 당시 실험심리학의 요소환원주의적인 방향에 대한 방법론적 개혁의 시도로 현상학을 상정했지만, 곧 그는 이러한 개혁이 심리학 내부의 사건에 머무르는 것이 아니라, 생명, 인간과학의 보편적이고 통일적인 혁신운동으로 추진되어야 한다고 생각하게 됐다. 그후 그는 그 혁신을 철학적으로 기초짓는 일에 전념하여 현상학을 '초월적인 관념론'으로 전개한다. 나아가 <u>유럽학문의 위기와 선험적 현상학</u>(1937)으로 대표되는 후기에 이르러 그는 19세기 후반부터 철학에 본격적으로 밀려들기 시작한 과학주의와 실증주의를 비판하면서(박순영, 2003, p.20), 근대과학에 의해 구축된 객관적 세계의 기저이면서 또한 은폐되었던 '생활세계'를 부활시켜 그것을 기술하는 것을 현상학의 과제로 삼았다(木田, 2000; 김신재 외 공역, pp.37-38).

Husserl은 현대학문, 특히 유럽 학문의 위기에 대한 현상학적 위기의식이 그의 현상학을 출발시켰으며, 구체적으로 그의 최초의 논문이라 할 수 있는 '산술의 철학'(Philosophie der Arithmetik)에서 시작한다고 주장한다. 이것은 산술의 모범에 따라서 모든 주체적인 요소와 주관적인 요소를 과학의 영역에서 배제하고, 객관화하는 데서 시작한 위기 상황에 대한 철저하고 성실한 회의를 말한다. 이러한 위기상황은 모든 과학과 학문이 산술화되면서 보편화되고, 사회과학과 인문과학까지도 과학화를 위해 산술화되었을 때 그 절정에 달하게 되었다(이규호, p.83). 다시 말하면, 이런 경향도 자연의 수학화를 초래하여 자연 인식의 힘을 증가시키는 데는 도움을 주었지만, 구체적이고 역사적인 인간의 삶까지도 추상화시키는 결과를 초래하게 되었다(최신일, p.266).

Husserl의 현상학적 방법론은 처음부터 완벽하고 철저한 방법론으로 출발했다기 보다는 그 당시 유럽의 과학주의적 사고방식으로 인해 정신적인 위기에 처해 있는 철저한 위기의식으로부터 시작했다. 그리고 그러한 위기의식을 극복하려는 시도는 그의 학문세계에서 지향성의 개념을 낳게 되었고 그것을 통해서 자연과학적 방법론으로는 불가능했던 인식의 대상과 주체를 연결시키고, 그 전체를 파악할 수 있게 되었다. 여기서 지향성(intentionality)은 대상을 향한 자아의 의식적 관계를 말한다(이남인, 2004, p.62). 우리는 의식활동을 할 때 항상 무엇에 대한 의식활동을 한다. 다시 말해, 우리의 지각, 느낌, 사고는 반드시 어떠한 대상에 관한 것이다. 우리의 의식은 항상 어떤 것을 향해 있다. 의식의 이러한 성질이 바로 지향성이다. Husserl은 이러한 지향성의 본질을 규명함으로써 각각의 학문의 정초를 수립하려고 하였다. Husserl은 이를 위해 두 가지의 지향성에 주목하며 이를 통해 두 가지의 현상학을 발전시키게 되는데 이것은 현상학적 심리학과 초월론적 현상학이다(이남인, 2014, pp.7-13). 현상학적 심리학은 다양한 유형의 심리현상에 들어있는 다양한 유형의 지향성의 본질적 구조를 탐구함을 목표로 한다. 이에 비하여 초월론적 현상학은 지향성을 본질적 속성으로 하는 다양한 유형의 심리현상이 지닌 대상 및 세계 구성적 기능 탐구를 목표로 한다. 전자의 지향성은 우리의 의식과 대상이 관계를 맺고 있는 구조를 말하며, 후자의 지향성은 우리의 의식이 우리의 내부에 그 대상이나 세계를 구성하는 구조를 말한다. 즉 전자의 지향성은 우리의 의식이 대상을 지각, 기억, 예상하는 것과 같이 의식이 대상을 향하고 그것을 받아들이는 것에 대한 것이며, 후자의 지향성은 우리의 의식 내부에 그 대상이나 세계를 구성하는 것에 대한 지향성이다.

지향성의 관점에서 본다면, 의식하는 인식의 주체는 지향성의 원리, 즉 '본질직관'에 따라 대상을 '나타난 그대로' 또는 '지향된 그대로'의 현상을 파악하게 된다. 여기서 본질직관이란 이렇게 대상에 대한 자유변경을 통해 산출된, 본질을 구현하고 있는 개별적 대상을 살피며 그 대상의 본질을 직관을 통해 파악하는 과정이다(이남인, 2004, pp.53-60).

Husserl에서의 지향은 의식이 대상을 대상으로서 성립하게 되는 의식작용, 즉 대상의 의식이라는 진리의 이념을 목표로 하는 지향작용이다. 그래서 그의 현상학은 심적 현상을 심리학적으로 분류, 기술하는 경험심리학이 아니라 인식론적 견지에서 대상을 형성하는 의식의 지향작용을 분석하고 기술하기 때문에 기술적 현상학(descriptive phenomenology)이라고도 부른다. 여기서의 의식은 선험적 주관의 성격을 띠게 되는데, 이것은 선천적이라는 의미, 즉 단순한 표상작용이라기 보다는 인식을 가능하게 되는, 대상을 형성하는 지향작용으로서의 생산적 기능을 가지고 있다(최신일, p.267).

그렇다면 선험적 주관에서 대상은 어떻게 형성되는가, 즉 인식은 어떻게 이루어지는가? 먼저 주관이 대상을 형성하는 작용을 Husserl은 노에시스(noesis)라고 부르는데, 이것은 감성적으로 받아들여진 질료에 의미를 부여하는 작용이다. 그리고 그 결과 이루어진 의미 형성체를 노에마(noema)라고 부른다. 이렇게 노에시스가 노에마를 형성시켜가는 과정을 Husserl은 구성(konstrucktion)이라고 부른다. 따라서 모든 대상 혹은 존재는 주관에 의해 구성된 의미로서만 그 존재타당성을 가지게 된다. 그러나 여기서 선험적 주관의 능동적인 대상의 구성작용(noesis)에 앞서서 수동적으로 주어져 있는 질료를 인정하지 않을 수 없는데, 이 질료는 그 자체의 질서정연한 구조를 지니고 있고, 그것대로의 역사를 가지고 있다. 그렇다면 Husserl의 구성작용에는 질료의 선구조의 제약성을 인정하지 않을 수 없다. 이러한 세계는 신체적 주관에 의해 직접 체험되는 세계로서 Husserl은 이것을 생활세계(lebenswelt)라고 부른다. 이 세계는 일상생활에서 자연과학주의에 물들기 이전에 직접 체험할 수 있는 것이다. 넓은 의미로 이 세계는 역사적 · 현실적 세계로서 나 개인에게 나타나는 세계인 동시에 타인도 가지고 있는 즉, 간주관성에 의한 역사적 공동체로서의 세계이다. 이러한 세계가 위기에 처하게 된 것은 자연과학적 방법의 영향이며 그런 세계에서 벗어나고 그 위기를 극복하려는 시도가 Husserl의 현상학을 형성시키는 계기가 되었다(상게서).

Husserl에 의하면, 생활세계에서 체험을 하여 현상의 본질을 파악하기 위해서는 현상학적 환원(reduction)을 해야 한다. 여기서 현상학적 환원이란 어떠한 대상을 바라보는 데 있어서 우리의 판단에 영향을 미칠 수 있는 일체의 선입견에 대해 판단을 보류하는 것을 말하는데, 이를 판단중지[18]라고 한다. Husserl이 이러한 현상학적 환원의 필요성을 주장한 이유는 현상을 있는 그대로 보는데 우리의 선입견이 이를 방해하기 때문이다. 그에 의하면, 탐구하고자 했던 지향성의 본질을 밝히기 위해서는 일체의 선입견을 벗어나 '사태 자체로'로 되돌아 가야 한다. 하지만, 선입견을 가지고 사태를 바라보면 그것의 진면목을 확인할 수 없다. 그것의 참 모습을 확인하기 위해서는 일체의 선입견을 버리고 사태 자체로 돌아가 있는 그대로의 현상을 살펴보아야 한다. 그리고 이러한 사태 자체로 돌아가는 작업을 가능하게 해 주는 것이 바로 현상학적 환원이다(이남인, 2004, pp.38-47).

현상학적 환원에는 어떠한 현상을 바라볼 때, 믿음 및 편견 등을 배제하는 것과 더불어 외적으로 나타나는 객관적인 사실과 의식의 내적 작용을 있는 그대로, 보는 그대로 텍스트적인 언어로 기술하는 것도 포함된다. 그러므로, 이러한 작업 속에는 보고 기록하고, 보고 기록하고, 또 보고 기록하는 작업이 반복되며 판단중지를 통해 선개념 등에서 해방된 상태에서 사태나 현상을 바라보고 그것들을 있는 그대로 기술하는 것이 바로 현상학적 환원이다(김영천, 2013, p.96).

현상학적 환원에는 다시 현상학적 심리학적 환원과 초월론적 현상학적 환원이 있다. 현상학적 심리학적 환원은 인과관계에 대한 믿음에서 벗어나는 것이고, 초월론적 현상학적 환원은 존재하는 모든 것의 총체로서의 세계에 대한 믿음에서 벗어나는 것이다. 그리고 이

18) 이와 유사한 용어로 괄호치기(bracketing)가 있다. 괄호치기는 이러한 판단중지를 위해 우리가 가진 모든 믿음을 괄호 안에 집어넣는 것을 말한다. 우리가 우리의 믿음으로부터 벗어나기 위해 할 수 있는 일은 우리의 그러한 믿음을 밝히고 그것을 괄호 속에 묶어 둠으로서 그것이 우리가 취할 수 있는 여타의 태도에 영향을 미치지 않도록 하는 것이다. 다시 말해, 괄호치기는 이러한 괄호 안에 우리의 이해, 믿음, 편견, 가정, 전제, 이론 등을 명백하게 밝히는 것이며, 이를 통해 우리는 주장을 해체하고 공개성(openness)을 다시 찾음으로써 세계와의 직접적인 관계를 다시 회복하는 것이다. 단순히 잊어버리거나 무시하기 보다 이렇게 그런 것들을 명백히 밝히고 그것들을 괄호 안에 넣는 과정을 통해 우리는 그것들과 거리를 유지할 수 있다(van Maanen, 2011).

러한 믿음에서 벗어나는 방법은 그것에 대한 판단을 보류하는 것 즉, 판단중지를 하는 것이다(이남인, 전게서, pp.53-89).

현상학적 탐구에서 판단중지는 새로운 지식이나 경험 그 자체를 이끌어내기 위한 준비로서 편애, 편견, 경향성을 배제시키고 사물과 사건, 그리고 사람들을 의식으로 다시 들어가게 하여 그것들을 마치 처음 보는 것처럼 다시 보고 살피는 단계이다. 판단중지를 통해 우리가 알고 있던 그리고 믿고 있는 당연하게 받아들이던 선개념, 선지식, 선이해 등이 우리의 의식에 영향을 미치지 않도록 거리를 두어야 한다(Moutakas, 1994, pp.85-97; 김영천, 2013, p.95).

실증주의에 의해 야기된 학문의 위기 그리고 인간소외 현상을 극복하려는 Husserl의 현상학은 우리를 둘러싸고 있는 생활세계와 그 안에 있는 사물과 타자에 대해서 우리의 인식이 더 근원적이고 본격적이기 위해서는 어떤 태도를 취해야 하는가의 문제이며, 어떻게 하면 선입견과 편견없이 사상 혹은 현상 그 자체로 돌아갈 수 있는가하는 인식론적 물음으로 귀착된다. 따라서 Husserl은 그의 인식론을 통해서 객관적으로 쌓아올린 과학주의적 인식론은 실패했다고 주장한다. 이런 Husserl의 현상학은 Heidegger에게는 해석학적 현상학으로, Sartre에게는 현상학적 존재론으로, 그리고 Merleau-Ponty에게는 신체의 현상학으로 이어진다. 이들이 공유하고 있는 현상학의 공통적 특징은 '현상'이라는 말의 의미를 살펴볼 때 두드러지게 드러난다(이규호, pp.132-138을 참조). 이 말은 사물을 관찰하는데 있어 자연주의적 태도를 극복하자는 의미인데, 여기서는 실증과학적 방법론의 도그마로부터 극복하자는 의미이다. 물론 여기서의 현상은 주관적인 의식 자체도 아니며, 객관적인 실체 자체도 아닌 주관과 객관의 대립을 극복한 관계개념으로 드러난 현상을 가리킨다. 여기에는 자연현상 뿐만 아니라 인간의 삶의 모든 영역이 속한다. 이러한 개념으로부터 철학의 원래 모습을 되찾아 주는 것 뿐만 아니라 전혀 다른 성격을 가진 철학, 혹은 타학문과의 대화가능성도 제공해 주고 있다.

(2) 해석학적 현상학

Husserl의 제자인 Heidegger는 현상학을 존재론을 위한 방법론이라고 생각했다. 그가 생각하기에 고전 서양철학은 존재의 의미를 묻는 것을 근본적 과제로 삼아왔지만, 그 질문은 항상 존재하는 것에 관한 의식을 자성하는 형태로 추구되어 왔다. Heidegger는 왜 존재의 의미를 묻기 위해 의식으로 회귀해야만 하는지, 그 필연성을 원리적으로 해명하고 그 회귀를 방법적으로 행하는 것, 나아가 그 회귀로 인해 전개되는 의식의 영역을 체계적으로 답사하는 것이야말로 '현상학'의 과제라고 주장했다(木田, 2000; 김신재 외 공역, p.39).

해석학적 현상학은 생생한 체험 그 자체가 본질적으로 해석적 과정에 존재한다고 간주한다. 현상학적 과제는 존재론적 자기 해석을 명백히 하는 데 있다. 해석학적 현상학을 정립한 Heidegger는 해석학 개념을 존재론적으로 곧 존재의 의미를 규명하기 위해 사용한다. 해석학에서 현존재가 자기 자신에 대하여 이해할 수 있는 가능성이 형성되는 것은 이러한 맥락에서 성립한다. 즉, 해석학은 자기에 대한 이해와 비판에서 출발한다. 해석학은 파괴라는 길에서만 그 과제를 수행한다(김영한, p.177: 강진숙, 전게서, p.261). 현존재는 완벽한 자아가 아니라, 이 세계안에서 얽매여 자기 오해나 자기 오류에 사로잡혀 있는 존재이기 때문이다(김영한, 상게서: 강진숙, 상게서). 해석학에서 비판적인 태도를 중시하는 것도 이러한 맥락에 기인한다.

이러한 맥락에서 해석학적 현상학은 이해와 가능성을 해석의 결과로서 도출해내는 분석과정을 수행한다. 즉, 해석학적 연구방법론은 체계적으로 존재의 의미에 대한 해석 작업을 수행하는 방법이다(Bolton, 1987). 해석학적 접근을 통한 구조분석은 의식 속의 현상 상태를 관찰하는 게 아니라 해석 속에서 나타나는 전경의 구조(figure-structure)를 연구하는 데 있기 때문에, 이러한 해석작업과정에서 중요하게 제기되는 것이 문화적 규범이다. 즉, Heidegger의 해석학적 현상학은 Husserl과 같은 직관적 의식분석이 아니라 사실적인 삶의 기술이고 사실성의 현상학이다(김영한, 2009). 따라서 Heidegger는 보여지는 것에 대한 단순한 파악이 아니라 은폐된 구조를 드러내는 데 천착한다(이정복, 1994). 이를 위해 필요한 것이 역사적 접근을 통해 현존재의 의미를 해석하는데 있다(Langan, 1970). 해석학적 조사과정에서 주체개념은 맥락과 함께 의미를 획득하게 된다. 해석학적 방법은 의미를 해석함에 있어서 명료하고 체계적인 이해에 초점을 둔다. 왜냐하면, 해석은 사물들과의 맥락 속에서 발생하는 것을 이해하는 것이고, 의미의 해석은 명료하고 체계적인 이해를 통해 이루어지기 때문이다(Cohen · Omery, 1994, p.149).

인식론적 문제나 과학을 향한 변화 속에서 현대 해석학연구자들은 Heidegger의 존재론적 현상학에서 이동하였다. 그들은 해석학적 방법에서 중요한 과제인 존재의 의미에 대한 철학적 탐구를 포기했기 때문이다. 이러한 점을 고려할 때, 단지 해석학적 방법론의 체계화를 위한 과제는 정교한 분석뿐 아니라 그에 타당한 철학적인 존재의 의미에 대한 관심을 필요로 한다(강진숙, pp.261-263).

(3) 사회적 현상학

마지막으로 현상학적 접근의 이론유형으로서 현상학적 상호작용론이라고도 하는 Schütz의 사회적 현상학을 들 수 있다(Holstein · Gubrium, 1994, pp.262-264). Schütz(1964,

1967, 1970)의 학문적 기여는 Husserl의 현상학을 Weber의 행위이론과 미국의 상호작용론에 혼합시켜 발전시킨 데 있다(Turner, 1997; 정태환 외 공역, pp.444-445). 그는 Husserl의 관심을 사회구성원들이 일상생활의 세계를 구성하거나 재구성하는 방식에 적용하였다. 현상학적 민속방법론, 그리고 구조주의 이론과 경험적 연구 등에 영향을 미친 Schütz의 사회적 현상학이 초점을 두는 것은 의식의 구조적 속성과 상호작용에 있다. Schütz가 주장하는 바, 사회과학의 초점은 생활세계, 즉 모든 사람들이 당연한 것으로 여기는 경험세계가 사회구성원들에 의해 생산되고 경험되는 방식을 파악하는데 있다. 주관적 관점의 안전장치가 보증하는 것은 사회적 현실세계가 과학적 관찰자에 의해 구성된 허구적인 세계로 대체되지 않을 것이라는 점이다(Schütz, 1964, p.8). 이러한 관점에서 주관성은 사회적 대상들을 의미있게 만들 방법을 다루는 과학적 관찰자에게 중요하다. 여기서 제기되는 문제는 경험의 주체와 대상을 어떻게 연관시킬 것인지, 그리고 주관성의 관찰자와 분리된 사물로서의 대상에 어떠한 영향을 준 것인지 하는 것이다. 이것은 자연적 태도(Schütz, 1970)의 경험적 가정으로부터 도출된 급진적 논점이다. 그러면, 자연적 태도란 무엇을 의미하는가? 원칙적으로 저기에(out there) 있는 세계를 취하는 일상생활의 자연적 태도는 지각이나 해석의 행위로부터 분리되고 구별된다. 자연적 태도에서 가정하는 것은 사람들이 지금 존재하기 이전에도 생활세계가 존재했고 사후에도 여전히 존속할 것이라는 확신과 믿음의 논리에서 비롯된다. Schütz의 의도는 생활세계를 괄호치기(bracketing)함으로써 자연적 태도 내에서 취하는 사회적 행위를 연구하는 데 있다(Holstein · Gubrium, 1994). 즉, 당연한 것으로 여기는 태도를 떼어 놓는 것이다. 사물과 사건들의 속성과 본질에 대한 존재론적 판단을 중지할 때 자명성의 유혹에 빠지는 자연적 태도에서 벗어나 현상학적 태도로의 변화가 가능하기 때문이다(유혜령, 2015). 이 경우, 연구자가 초점을 두는 것은 생활세계의 구성원들이 실재인 것처럼 오인할 수 있는 형태가 어떻게 해석을 통해 자명한 것으로 생산되는가 하는 점에 있다. 중요한 문제는 생활세계의 구성원들이 근거없는 신념과 행위에 의미를 제기하지 않고 당연한 것으로 간주하는 상식과 자연적 생활양식의 생산과 재생산 방식에 있다(김광기, 2005, p.52).

Schütz(1970)가 주장하는 생활세계의 주관성에 대한 입장은 사회적 형태들을 객관화하기 위해 사회구성원들이 이용하는 상식과 실천의 논리를 검토하는 것을 지향하는 데 있다. 이러한 상식과 실천의 논리는 사회적인 것을 구성하고 범주화하는 다양한 방법들을 통해 나타난다. 예컨대, 이미지, 이론, 아이디어, 태도 등은 경험영역에 적용되면서 의미들을 창출하는 사회적인 것들의 대표적 사례다. 특히 재고적 지식(stock of knowledge)(Holstein · Gubrium, 1994, p.263)은 사람들이 경험을 해석하고 다른 사람들의 의도와 동기를 이해하며, 간주관적인 이해를 획득하고 행동들을 조화시키는 자원이다.[19] 여기서 문제는 지식이 서로 결합하고 연결되면서 당연하다고 여기는 전형적인 방식을 만들어낸다는 점에 있다. Schütz(1970)가 강조하듯이, 인간의 의식이 불가피하게 전형화될 경우 이를 가능케하는 중심 매체는 언어다. 이것은 언어의 이용과 경험대상 사이의 관계와 관련된 사회적 생활의 현상학을 위한 방법론적 지향점을 제공한다(강진숙, p.264).

결국 Schütz가 지적하듯이, 자명한 것으로 간주되는 언어의 이용과 전형화 방식은 생활세계의 중요성을 환기시킨다. Schütz의 사회적 현상학이 목적하는 바는 자연적 태도 속에 유지되고 있는 자명한 것처럼 보이는 실재의 기본구조를 서술함으로써 인간의 행위와 사고를 해석하고 설명하는 데 있다(Schütz · Luckmann, 1973, p.3). 이러한 작업은 일상의 주관적 의미와 경험에 초점을 두면서 일상생활의 세계에서 대상과 경험이 어떻게 의미있게 구성되고 소통되는지 해명하는 데 초점을 두었다.

이상과 같은 Schütz의 사회적 현상학은 다양한 사회학자들의 방법론 정립에 영향을 미쳤다. 예컨대, Garfinkel(1967)의 일상생활방법론(ethnomethodology)은 Schütz의 이론과 사상에 많은 빚을 지고 있다. 특히 Schütz의 이론은 사회적 실천을 형성하는 관심과 현상학적 민감성의 연계작업을 통해 질서와 명령의 원리를 분석할 수 있도록 하는 데 기여하였다. 특히 일상생활방법론의 견지에서 Schütz의 사상은 발전적으로 적용되는데 그것은 사회적 사실세계가 사회구성원들의 해석 작업을 통해 완성된다는 주장이다(Garfinkel, 1967; Holstein · Gubrium, 1994, p.264). 즉, 해석작업은 Schütz의 사유처럼 행위자가 일상생활의 환경을 생산하고 조직하는 것을 통해 이루어지는 활동이다(강진숙, p.265).

3) 소결

현상학은 인간의 정신활동의 의도성을 강조한 Edmund Husserl이 제창하였다. Husserl은 실증주의의 가치에 관해 회의적이었고, 현상학을 통해 실증주의의 객관성을 초월하는 방식에서 객관적인 것이 가능할 것이라고 믿었다(Rennie, 1999). 현상학은 연구자가 참여자의 관점에서 참여자의 세계에 관한 이해를 할 필요성을 강조하는 사고방식이고, 그러한

19) Schütz가 강조한 재고적 지식(stock of knowledge)의 특징은 다음과 같다. ① 사람들의 실재는 그들의 재고적 지식이다. 사회구성원에게 재고적 지식은 주요한 실재를 구성한다. ② 사건에 대해 실재감을 부여하는 재고적 지식의 존재는 당연한 것으로 간주되는 성격을 사회세계에 부여한다. ③ 재고적 지식은 학습되는 것이다. 이것은 공통의 사회문화적 세계 내에서 사회화를 통해 획득된다. ④ 사람들은 그들로 하여금 관점의 호혜성 의미를 창출하도록 하는 수많은 전제에서 움직인다. 즉, 행위자가 관계하는 다른 사람들은 행위자의 가용한 재고적 지식을 공유하고 있다고 간주한다. ⑤ 재고적 지식의 존재, 사회화를 통한 이것의 획득, 그리고 관점의 호혜성을 증진시키는 능력 등 이러한 모든 것들은 특정한 상황의 행위자에게 세계란 모두에게 동일한 것이며, 동일한 속성으로 나타난다는 의미 혹은 전제를 부여한다. ⑥ 공통의 세계라는 전제는 행위자로 하여금 유형화 과정에 참여하도록 한다. 대부분의 상황에서 행위는 상호적 유형화를 통해 진행될 수 있다(Turner, 1997; 정태환 외 공역, p.446).

참여자가 자신을 둘러싼 세계에 의미를 생성하는 방식이다. 현상학의 목적은 즉각적인 경험의 일상적인 생활세계의 타당성을 강조하는 Husserl과 더불어 개인의 체험에 관한 이해에 기여하는 것이었다(Starks・Trinidad, 2007). Husserl은 지각이 기대, 가정, 예상, 감각적 투입 등의 영향을 받으며, 현상학에 의해 연구자는 갈호치기를 통해 실재를 객관적으로 지각하고 달성하도록 자연적 태도를 초월해서 움직일 수 있어야 한다고 주장하였다(Rennie, 1999).

이렇게 20세기 초 Husserl에게서 시작된 현상학은 20세기 전반에 실로 다양하게 전개되었으며, 오늘날 현상학의 반실증주의적이고 반실체론적인 사고방식은 정신의학, 사회학, 언어학, 미학, 과학사, 과학철학 등 다방면에 거대한 영향을 끼쳤으며(木田 元; 김신재 외 공역, p.40), 우리나라에서도 간호학, 교육학, 인류학, 사회학 등에 많이 적용되고 있고, 특히 전반적인 연구절차의 관점에서 볼 때, 현상학적 체험연구 방법론[20]은 생애사연구, 사례연구, 민속지학적(ethnographic) 연구, 근거이론(grounded theory), 해석학적 연구 등과 다르지 않으며(이남인, 2014, p.23; pp.280-294를 참조), 회계학에서도 현상학의 영향을 받은 일상생활방법론(제7장), 민속지학(제13장), 근거이론(제14장), 사례연구(제15장) 등에서 연구가 활발하게 발표되고 있으며, 특히 현상학적 질적 연구방법 중의 하나인 체험연구(lived experience research)의 방법론을 회계학에서 직접 적용한 것으로는 Ahrens・Khalifa(2013)가 있다.[21] 이것은 기업지배구조실무에 대한 미래 해석학적 연구의 설계를 지지할 수 있는 질적 기업지배구조연구를 위한 이론체계를 개발하기 위해 암흑상자[22]로서 기업지배구조의 과정을 실제로 체험하여 살펴보고 있다.

---

20) 체험연구 방법론은 생활세계에서의 살아있는 일상경험으로부터 출발하여, 그 경험의 본질 탐구로 나아가는 것을 목적으로 하는 인문학적 방법론이다. 이 연구방법론이 기초하고 있는 현상학은 체험의 구조, 체험의 내적 의미구조를 드러내고 기술하려는 체계적인 시도로 이해된다(van Manen, 1990; 신경림・안규남 옮김, 1994, p.26). 체험연구가 목적하는 바, 경험본질의 탐구는 유일한 것의 이론(theory of the unique)에 도달하고자 한다. 그것은 이 탐구가 대체될 수 없는 경험의 고유성에 대한 관심에서 출발하며, 일반화를 통한 경험적, 분석적 과학을 지향하지 않는다는 것을 의미한다. van Manen은 이러한 탐구의 방향을 "현상학은 경험의 일반화, 법칙적 진술들의 생산이나 기능적 관계의 확립 등을 허용하지 않는다. 현상학이 허용하는 유일한 일반화는 결코 일반화하지 말라"라고 정식화한다(van Manen, 1990; 상게서, p.39).

21) 이외에 현상학을 적용한 것으로는 Lowe・Shaw(1968), Hopwood(1974), Otley(1978) 등이 있다. 현상학은 조직에서 경영자에 의한 회계시스템의 이용이라는 현상의 구조와 경험의 본질(essence)과도 관련이 있는데, 예산편성의 편향에 관한 Lowe・Shaw(1968)가 초기 연구의 예이며, 회계의 이용에 관한 Hopwood(1974), Otley(1978)의 연구가 있다. 이 두 가지 연구는 설문지 반응을 분석하였지만, 경영자가 상이한 두 개의 대규모 조직에서 실제로 회계와 예산정보를 어떻게 이용하는가에 관한 면접에 기초한 이해에 의존하고 있다.

22) 현상학의 영향으로 사람이 사회질서를 어떻게 구축하고 사회세계에 의미를 생성하는가에 관한 연구인 일상생활방법론이 발전하였으며, 이로부터 대화분석과 담론분석이 등장하였고(Ormston et al., 2014), 사회구성주의적 관점도 채택하였다(O'Reilly・Kiyimba, p.15).

2. 해석학

1) 해석학의 의의

해석학(hermeneutics)은 기본적인 철학이면서 특정한 분석양식으로 취급될 수 있다(Bleicher, 1980). 인간이해에 대한 철학적 접근방법으로서 해석학은 해석주의에 철학적 근거를 제공한다(Klein·Myers, 1999). 원래 해석학은 텍스트(성경)의 해석이었으며, 해석의 순환과정에서 텍스트의 어느 부분의 의미는 전체로서 의미의 이해를 필요로 한다(Smith, 1983). 분석양식으로서 해석학은 질적 자료분석에 대한 접근방법이다. 여기서는 질적 자료 특히 텍스트와 유사텍스트(text-analogue)[23]의 의미에 초점을 두고, 이를 분석하고 해석하는 것에 대한 접근방법으로서 해석학을 이용하는 것과 주로 관련이 있다. 이것은 질적 연구자가 텍스트의 의미를 이해하고 해석하도록 도와준다. 그리하여 질적 연구체계내에서, 해석학의 의미는 해석의 신뢰성을 확보하기 위해 자료가 수집되는 맥락을 고려하는 것의 중요성을 강조하는 자료해석과정을 가리킨다. 질적 연구의 맥락에서 연구자는 전체론적 방법을 취해야 하며, 사회역사적 맥락을 고려해야 한다(Bryman, 2008).

해석학(hermeneutics)이란 표현되거나 전달된 것에서 표현자나 발신자의 의도, 체험, 의미하는 바를 해석하고 이해하는 방법을 철학적으로 다루는 학문을 가리킨다. 이 말은 그리스 신화에서 신의 말씀을 전달하는 사자로 여겨졌던 헤르메스(Hermes)의 이름에서 유래한 희랍어동사 hermeneuein(생각을 표현하다)에서 파생되었다(신승환, p.38). 이 말은 신의 사자인 헤르메스, 또는 신탁이나 신의 소명, 예언 등을 이해하고 해석한다는 의미를 지녔다. 또한 이해를 통해 신탁을 수용하는 인간의 태도와도 관계되었다.

신탁은 인간이 이해할 수 없기에 인간에게 전달되기 위해서는 언제나 해석을 필요로 한다. 신들의 말은 인간의 지혜로는 받아들일 수가 없다. 그래서 헤르메스는 신탁을 인간이 이해할 수 있는 말과 상황으로 새롭게 옮겨주는 역할을 한다. 해석학은 이처럼 단순한 번역이 아니라, 그 의미와 맥락을 이해할 수 있는 언어로 옮겨놓는 데서 시작된다. 해석에는 전달받는 자와 전달하는 자의 두 세계, 즉 다른 세계가 전제되어 있다. 그래서 해석학은 불가피하게 이러한 세계의 해석과 함께 그 토대에 대한 이해를 필요로 하며 이를 통해서야 올바

23) 여기서 유사텍스트라는 개념은 조직이나 문화와 같이 텍스트로 취급될 수 있는 것을 가리킨다. 텍스트에는 글로 작성된 서류 뿐만 아니라, 대화나 몸짓이나 얼굴표정과 같은 비구술적 의사소통도 포함된다(Diesing, 1991, p.183). 즉, 모든 인간행동도 텍스트로 취급된다(Eriksson·Kovalainen, 2008, p.89). 해석학적 과업은 특정한 텍스트가 의미하는 것을 이해하는 것에 있다. 해석학은 연구자가 텍스트가 의미있도록 텍스트를 해석하는 것을 도와준다. 해석학은 믿을 수 있는 이야기를 연구자가 만드는 것을 도와준다(Myers, 2009, pp.183-184).

르게 정립된다. 그래서 해석학은 존재론적 특성을 지니는 것이다(상게서, p.39).

2) 해석학의 발전

계보학적 관점에서 해석학의 발전을 살펴보면, 철학적 해석학의 여러 유형이 시대순으로 발전하였다는 것을 간파할 수 있을 것이다. 철학적 해석학은 우선 고전해석학과 성서해석학, 문헌해석학, 이어 존재론적 해석학과 현상학적 해석학, 해체론적 해석학으로 발전하였다(신승환, p.41). Schleiermacher(1768-1834)와 Dilthey(1833-1911)가 고전적 의미에서 해석학의 문을 열었다면, 이것은 곧 서구의 신학적 해석학 내지 문헌해석학과의 상호 영향하에서 가능했으며, 이러한 조류와 밀접히 연관되어 있다. 그 뒤를 Heidegger(1889-1976)와 Gadamer(1900-2002)에 의한 존재진리의 해석학이 일정 부분 Dilthey의 영향에 힘입어 이어졌다. 이렇게 형성된 존재진리의 해석학은 현상학적이며 존재론적인 관점에서 해석학의 전환에 결정적인 역할을 하게 된다(신승환, pp.41-42).

(1) 성서해석학

해석학이 해석과 의미에 관한 하나의 학문으로 발달하기 전에 해석술(Hermeneutike)의 상태로 있었던 바, 해석술은 원래 꿈이나 점을 해석하는 기법을 의미했다. 그후 해석술은 그리스·로마 고전문헌, 법조문, 성경 구절 등 다양한 텍스트(text)의 의미를 해석하는 기술로서 개별적으로 발달했다.

고전해석학은 성서에 빈번히 나타나는 비유에 대한 우의적 해석(allegoria)과 문자적이며 문법적인 해석 사이의 긴장 관계와도 관련된다. 여기에는 유형적 해석이나 해석을 위해 중요한 역사적 맥락과 실존적 조건, 존재론적 의미 등이 해석학의 잠정적 주제로 암시되었다(신승환, p.40).

공식적 학문으로서 성경을 해석하는 성서해석학은 1654년 Danhauer의 <u>해석학</u>에서 신학적이며 문헌학적 맥락에서 사용되면서 시작되었다고 볼 수 있다(상게서, p.41). 이것은 일차적으로 신과 성서에 대한 올바른 해명을 의미하며, 이미 교부(Church Fathers)시대부터 이어져온 전통을 계승한 것이기도 하다. 이처럼 해석학은 이미 신학분야에서는 오랜 기원을 지니고 있지만 철학에서 거론되기 시작한 것은 17세기 이후의 일이었다.

(2) 철학적 해석학

철학적 해석학은 성서해석학의 역사에서 보듯이 텍스트에 대한 이해와 해석의 문제를 다루면서 시작되었다. 해석에 관한 일반 이론이 17-18세기에 이르러 철학의 영역으로 수용되었다. 철학적 해석학은 일차적으로 이해의 기술, 번역의 기술, 또는 올바른 해석의 기술이라는 의미로 쓰였다. 먼저 텍스트를 정확히 이해해야 철학적 작업을 올바르게 이끌어갈 수 있을 것이다(상게서, p.77).

철학적 해석학이 대상으로 삼는 것은 텍스트(text)다. 여기에는 쓰여진 문헌은 물론, 사건과 명제, 발언과 생각 등의 이차적 의미의 텍스트가 있으며, 나아가 텍스트와 텍스트가 연결된 문맥(context)까지도 해석학의 대상으로 자리한다. 문맥은 해석하는 주체와 해석의 대상 사이의 관계에 의해 그 성격이 결정된다. 따라서 해석학은 모든 텍스트를 문맥에 따라 텍스트로 설정한다. 해석학은 결코 독립적이고 객관적인 대상에 대한 인식의 문제가 아니라 그 텍스트를 문맥과의 연관에 따라 이해하는 문제를 다룬다(상게서, p.79).

근대에 이르러 그 모두를 통일하는 일반적 해석이론을 세우고자 했던 것이 19세기의 Schleiermacher다. Schleiermacher는 성서해석학과 고전문헌학의 해석기술을 통합하는 일반해석학을 구상했는데, 이것이 오늘날 철학적 해석학의 출발점이 됐다. 어떤 분야의 텍스트라도 그 해석에는 언제나 해석하는 쪽의 주관이 개입된다. 이에 Schleiermacher는 텍스트 해석을 통해 어떻게 저자의 자기이해에 다가가야 하는가라는 문제와 씨름했다. 결국 그는 저자 자신보다도 텍스트 그 자체를 중시하여, 저자가 스스로를 이해하는 것 이상으로 저자를 이해한다는 입장에 도달했다(木田, 2000; 김신재 외 공역, pp.22-23).

19세기 말에서 20세기 초에 걸쳐 활약한 Dilthey[24]는 Schleiermacher의 이러한 일반이론을 계승하고 발전시켰다. (독일에서 문화과학이나 정신과학, 인간과학이라고도 하는) 사회과학의 확립을 도와준 독일역사가이자 철학자인 Dilthey는 과학을 자연과학과 정신과학으로 나누고, 해석학을 정신과학의 방법론으로 자리매김하였다. 그가 말하는 '정신과학'이란 인간 · 사회 · 역사에 관한 학문 즉, 오늘날의 인문사회과학을 가리킨다. Dilthey에 의하면, 자연과학은 '설명'(ërklaren)을 수단으로 삼는 학문이며, 정신과학은 '이해'(verstehen)를 중심으로 하는 학문이다. 실제로 지진이나 번개를 설명할 수는 있으나 이해할 수는 없다. 또한 역사의 사료는 삶의 표현이므로, 역사학은 문헌(넓은 의미의 텍스트)을 통해 타인의 삶이나 체험을 이해하는 학문이다. Dilthey는 합리주의자와는 달리 인간의 본질을 이성적인 것이 아니라 감정이나 의지와 같은 비합리적인 부분도 포함하는 전체로서의 삶이라고 본다. 여기서 삶은 Sophenhaur의 '삶에 대한 의지'와는 달라서 그 나름의 내적인 질서와 구조를 갖추고 있는데, Dilthey는 그러한 질서체계를 '구조연관'이라 부르면서 자연과학의 대상인 인과관계와 구별했다(木田, 2000; 김신재 외 공역, p.23).

---

24) Dilthey(1833-1911)의 사회과학이론에 관해 상세한 것은 박순영(1978)을 참조.

Dilthey는 1883년에 인간과학서설(*Introduction to the Human Sciences*)에서 역사학을 논하면서 사회과학에서 경험적 접근방법의 무관련성(irrelevance)을 다루었는데, 그의 사회과학철학의 핵심은 다음과 같이 요약될 수 있다(Willis, pp.52-53).

① 그는 자연과학으로부터 수입하고자 한 진부한 객관주의를 거부한다.
② 그는 이해가 맥락에서만 발생할 수 있다고 주장한다. 역사는 상세한 부분에서 감정이입적인 몰입에 의해서만 부분적으로 이해된다.
③ 그는 진실한 이해가 원자론적 과정보다는 전체론적 과정이라는 점을 강조한다.
④ 그는 경험적 사실이 우리의 심적 또는 의식적 활동으로부터 분리해서 존재하지 않는다는 점을 강조한다. 경험주의에 의해 요구되는 객관주의는 단순히 가능하지 않다. 합리주의적 전통에 따라 우리는 실재를 알기 위해 생각해야 한다는 것을 주장하였다.

정신과학, 특히 역사학은 삶의 표현을 규정하고 있는 다양한 구조연관을 전체로서 추체험[25)]하고 재구성함으로써, 다른 시대, 다른 삶이 표현한 작품이나 제도, 문화(Dilthey는 Hegel에 따라 이를 객관정신이라고 부른다)를 이해하고 해석하는 것이다. 그러나 그러한 추체험이 가능한 것도 개인이 매번 삶의 연관을 스스로 체험하고 있으며, 또한 역사적 존재로서 스스로 삶을 표현할 수 있기 때문이다. Dilthey는 "나 자신이 역사적 존재라는 것, 역사를 탐구하는 자가 역사를 만드는 자와 동일하다는 것이 역사학 가능성의 첫 번째 조건이다"라고 말했는데, 이는 정신과학의 방법 전체에도 적용할 수 있다. Dilthey에게 해석학이란 "삶을 삶으로부터 이해하는" 것이다.

현상학을 통해서 우리의 삶을 있는 그대로 그리고 직접적으로 파악할 수 있는 학문적 방법론의 근거가 제시되었다. 현상학자들 역시 체험가능한 삶의 상황을 바로 자신들이 기술할 대상으로 삼고 있다. 이러한 현상학적 방법론을 설명하는 가운데 '해석학'이라는 의미가 이미 사용되고 있었다. 언제나 이미 존재하고 있는 우리의 삶의 상황을 있는 그대로 이해하여 파악한다는 말속에 그 의미가 내포되어 있다. 해석학자인 Dilthey는 그가 이해하려는 대상이 삶이고 이해하는 주체 역시 정신과학으로서의 삶이라고 주장한다. Dilthey가 정신과학 방법론의 근거로 삼는 것은 삶의 세 가지 범주인 체험, 표현, 이해 등이다(Dilthey, 1990: 이한우 옮김, 2002). 그리고 이러한 정신과학의 방법론을 해석학이라고 주장한다. 그러나 여기서 Dilthey의 철학은 이율배반에 빠지게 된다. 한편에서는 일체의 추상과 사변을 배제하고 역사적 세계, 즉 인간의 삶을 파악한다고 하면서, 다른 한편에서는 보편타당성

25) 추체험은 다른 사람의 체험을 자기의 체험처럼 느끼는 것을 의미한다.

을 보장하는 학문성을 정신과학이라는 이름으로 요구했던 것이다. Dilthey는 한 평생 이 문제를 해결하기 위하여 고민했다.

Dilthey는 자연과학과 정신과학을 구별하여, 자연은 설명하고 정신은 이해하는 것이라고 주장하면서 이해를 지향하는 방법론이 해석학이라고 생각했다. 더 나아가 Dilthey는 자연과학 역시 정신의 역사적 산물이며 정신이 역사의 현상이기 때문에 자연도 정신과학의 한 대상이라고 주장한다. 고전적 과학의 패러다임에 서 있는 자연과학은 그 대상을 외부로부터 관찰하고 있기 때문에 그 자체의 본질을 이해할 수 없을 뿐만 아니라 그것의 대상을 계량화하고 수학적으로 정리하여 파악하고 있다는 것이다. Dilthey는 자연과학이 이룩한 성과나 과학자들의 업적 자체를 문제삼지 않고, 이런 학문의 배후에 숨겨진, 혹은 이런 과학적 성과를 잘못된 형이상학적 체계로 만든 어떤 전제를 비판하는 데서는 Husserl과 다르지 않다. 이런 과정 역시 인간경험의 총체성을 산산이 무너뜨리는 결과를 초래시켰다는 것이 Dilthey의 주장이다. 결국 Dilthey가 주장하는 해석학으로서 정신과학은 역사의 외부에서서 사태를 객관적 입장에서 관찰하는 방관자의 입장, 즉 외부실재를 인과적 적용방식으로 설명하는 귀납적 방법에 의한 추상화 작용이 아니라, 불가피하게 정신운동에 참여하여 관찰하는 참여자가 되는 것이며, 이것이 해석학적 이해의 본질이라 할 수 있다.

(3) 존재해석학

Husserl과 Dilthey는 이러한 시대적 분위기에 의해 점차적으로 영향을 받게 된 학문적 경향에 대한 진단을 위기로 보고, 그 원인을 생활세계의 생각과 삶의 연관성의 왜곡으로 보고 그것을 새롭게 주목하여 왜곡 이전의 세계로 돌아감으로써 그런 위기를 극복하려는 데 학문의 축적을 가지고 있다. 그리고 이런 일의 모색에는 새로운 접근방법이 필요하게 되었고, 그것이 현상학과 해석학이다.

이러한 입장은 Heidegger에 와서 "현존재의 현상학" 혹은 "현상학적 해석학"이라는 이름으로 확대된다. 이것은 현상학과 해석학을 연결시켜주는 철학의 새로운 길을 보여주고 있다(이규호, p.164). Heidegger가 이해하려는 대상은 존재이며, 이해하는 주체는 현존 곧 존재론으로서의 실존이기 때문에, 그의 존재론은 현존, 즉 실존에서 해명하려고 한다. Heidegger에 있어서의 현상학이란 존재의 진리를 묻는 방법론이며, 이것은 스스로 현전(現前)해 있는 존재 자체를 존재가 현전해 있는 존재의 편에서 드러나게 하는 것이다. 세계내 존재로서의 인간 현존재는 그 의미가 개인과 상황의 교류에서 발견되며, 개인은 상황에 의해 구성되고 상황은 개인을 구성한다. 따라서 인간존재와 세계는 서로 분리될 수 없는 상호관계에 의해 함께 존재한다. 여기서는 주체와 객체, 이론과 실천, 앎과 삶의 분리가 극복된다. 즉 인식이 곧 행동이며 그렇게 안다는 것이 곧 그렇게 산다는 것이 된다. 이런 삶의 현실성을 존재 근거로 보고 있는 철학자가 Gadamer이고, 그는 Heidegger의 입장을 긍정적으로 수용하고 있다.

'해석을 통해 삶을 이해한다'는 생각을 한층 더 밀고 나간 사람이 Heidegger다. 그의 주저 존재와 시간(1927)은 철학의 세계에서 해석학의 이름을 굳건하게 했다. 모든 학문은 인간이 어떻게 존재를 이해하는가로부터 비롯된다고 생각한 Heidegger는 그 근본이 되는 존재이해를 이 책에서 해명했다. 그것이 '기초적 존재론'인데, 이 때 사용하는 방법론이 해석학이다. 인간은 사물이나 동물처럼 그저 존재하고 있는 것이 아니라, 자신의 존재를 이해하면서 존재하고 있다. 더욱이 그 이해의 방식이 존재의 방식을 결정짓고 있다. 말하자면 인간(현존재)은 항상 이미 자신의 존재를 이해하고 그 이해에 근거해 살아가고 있는 것이다. 이러한 무자각적이고 선행적인 존재이해를 자각하여 실시하는 것이 Heidegger가 생각하는 해석학이다. 따라서 그의 해석학이 대상으로 삼는 것은 텍스트(표현)라기 보다는 오히려 인간이며, 인간의 존재방식 그 자체이다. 혹은 반대로 표현하는 것이 좋을지도 모른다. Heidegger의 경우, 먼저 해석학이라는 학문적 방법이 있고 그 대상인 인간존재가 있는 것이 아니다. 이해한다는 행위가 인간 존재(실존)의 구조계기로서 속해 있기 때문에 비로소 해석이나 해석학이라는 학문적 방법이 가능해진다. 역사적 정신과학의 방법인 해석학은 인간의 역사성(인간의 존재가 역사적이라는 것)을 전제로 하는데, 역사성은 인간 존재의 의미인 시간성에서 비롯된다. 그러므로 Dilthey류의 해석학은 실존분석(근원적인 해석학)에서 비롯되는 파생적인 해석학이다. 이와 관련하여 Schleiermacher나 Dilthey가 지적하는 이른바 '해석학적 순환'[26]도 존재이해의 선행구조에서 설명되어야 한다. 모든 학문적 탐구는 이제부터 탐구하려는 것으로부터 이미 선행적인 지시를 받고 있다. 이제부터 해석(이해)해야 하는 것을 이미 이해하고 있다는 이러한 순환은 현존재의 존재에 대해 전(前)존재론적인 존재이해가 구조로서 깔려있는 데서 발생하는 방법론적으로 해결하기 어려운 상황(아포리아, aporia)이다. 따라서 Heidegger는 이것을 '순환논증'이라 하여 회피하고 제거하고자 하는 태도는 방법적인 착오라고 생각했다(木田, 2000; 김신재 외 공역, pp.24-25).

또한 Heidegger는 존재이해의 선행구조를 성립시키는 세 가지 계기, 즉 ① 사전에 미리 이해의 시야를 열고 이해되어야 할 것을 그 시야에 집어넣어버리는 미리 가짐(Vorhabe),

26) 이 말에는 두 가지 의미가 있다. 간단하게 말하면 해석학적 순환(hermeneutic circle)은 텍스트의 일부와 전체 텍스트 사이의 관계를 말한다. 각 부분의 해석은 전체의 해석에 의존하며, 그 역도 성립한다. 우리가 어떤 텍스트를 읽기 시작하려면 그 언어는 전체 맥락 속에서 의미를 가진다는 것을 알아야 한다. 즉, 전체 맥락을 알아야 텍스트를 읽을 수 있는데 전체 맥락을 알려면 텍스트를 읽어야 한다. 이렇게 우리의 이해과정은 지속적으로 부분과 전체의 순환속에서 이루어진다. 해석은 근본적으로 부분과 전체의 순환의 과정이다(곽영순, p.122). 관리회계연구에서 해석학적 순환의 의미를 살펴본 것으로는 Llewellyn(1993)을 참조.

② 이해되어야 할 것을 어떤 착안점에서 볼 것인가를 앞질러 결정하는 미리 봄(Vorsicht), ③ 주제화된 것을 사전에 어떤 형태로 개념적으로 규정하는 미리 잡음(Vorgriff)이라는 계기를 도출하여, 이러한 세 계기로 이루어지는 이해의 선구조(Vorstruktur) 전체를 '해석학적 상황'이라고 했다(상게서).

Heidegger의 제자 Gadamer는 존재론으로 급선회해버린 해석학을 다시 정신과학의 방법론과 연결하고자 한다. Gadamer의 주저 진리와 방법(1960)은 제목에서 이미 Heidegger가 말하는 의미에서의 '진리' 즉 존재의 노정을 과학의 수단인 '방법'과 연결짓는다. Gadamer는 Heidegger의 존재론적인 해석학을 근거로 하여 Dilthey적인 해석학으로 돌아가고 있는 것이다. Gadamer에 따르면 Dilthey해석학의 기본은 기존의 표현에서 표현자의 내면을 추체험한다는 방법적 태도였기 때문에, 과거에 대한 분석적 해명과 재구성에 해석의 역점이 놓여 있다고 할 수 있다. 그러나 해석학에서 중요한 것은 해석자가 지닌 현재의 문제의식이다. 해석자가 스스로 자신의 현재 문제에 대한 답을 텍스트 속에서 찾는다는 현실성이 없다면, 해석은 단순히 과거 표현자의 입장이 되어 느끼는 심리주의일 뿐만 아니라 해석대상을 자신과는 무관한 역사적 사건으로 간주하는 객관주의(역사주의)로 끝나버린다. 그러나 이해는 단순히 재현하고자 하는 행위가 아니라 항상 창조적인 행동이다(Gadamer, 1960). 물론 해석주체가 갖고 있는 현재의 문제의식도 이미 역사적으로 규정되어 있다. 현실적인 문제 또한 과거나 전통과 무관하게 설정할 수는 없다. 해석주체가 항상 이미 그 안에 던져져 있는 이러한 '해석학적 상황'을 Gadamer는 '선입견'(Vorurteil)이라고 부른다. 보통 선입견은 객관적이고 엄밀한 진리를 획득하기 위해 배제해야 할 것이라고 생각된다. 그러나 정신과학에서는 선입견이야말로 인식의 틀을 제공한다. 항상 이미 부여되어 있는 역사적 상황, 즉 전통적인 기존의 해석에 젖어서 살아가는 우리는 진공상태에서 아무런 전제없이 선행적 이해를 할 수는 없기 때문이다. 현재의 해석이 들어 있는 이러한 '선입견'을 확실히 자각하는 것을 Gadamer는 '영향사적 의식'이라고 부른다. 이러한 의식과 함께 현재의 문제의식에서 과거의 텍스트를 미래로 향해 해석하는 것, 이것이야말로 Gadamer가 말하는 정신과학의 진정한 방법이다. Gadamer의 철학적 해석학은 1960-70년대 독일에서 화제를 낳았고, 이후에 다양한 학문 분야에 영향을 미쳤다(木田, 2000; 김신재 외 공역, pp.25-27).

Gadamer는 해석학의 출발점을 인간적 삶의 표현에 대한 이해에 두고, 이해는 언어와 대화하는 기초적인 토대를 가정해야만 가능하다고 주장함으로써, 언어를 통하여 세계경험의 통로가 열리며 이해가 성취된다고 주장한다. 인간의 현실적 삶을 철저히 왜곡시켜 전통적 언어관에서 벗어난 Gadamer는 과학적 방법이 삶의 경험을 왜곡하고 있었던 시대에 Heidegger를 만나게 되었고, 그를 통해서 해석학적 근본 경험의 토대로서 이해의 개념을 획득하게 되었다. 특히 언어의 대화적 구조를 부각시키고 있는 Gadamer는 누구든지 진정으로 대화하려고 하고 대화를 통해서 서로 합의하려고 애쓴다면 어떤 편견이나 선입관도 극복할 수 있으며 참된 진리의 길을 대화를 통해서 얻을 수 있고, 대화 속에서 만나게 되는 타자는 자신의 어딘가 붙들려 있음과 자신의 협소함을 노출시키고 해소하도록 만든다고 주장한다. 그리고 이 대화는 의미의 교환과 합의에 도달할 때까지 계속된다. 대화한다는 것은 자신을 뛰어넘는 것이며 타자와 함께 생각한다는 것을 의미하기 때문에 서로 다른 지평이 융합하는 새로운 세계로의 길을 모색하게 해준다.

Gadamer에 있어서의 이해(vestehen)개념은 Dilthey의 해석학의 전통에 따른 "문자로 고정된 삶의 표현에 대한 이해"라는 개념에서 출발하지만, 그의 해석학의 범위를 확장시켜 인간과 인간의 관계 나아가 세계와의 관계까지 포괄하고 있다. 독일어의 이해(verstehen)란 단어가 사태를 인지적으로 안다는 것 뿐만 아니라, "무엇에 대해 양해한다(verstaendnis)"는 의미를 함축하고 있듯이, 인간적인 관계양식으로까지 확대되어 있는 것으로 보기 때문에 여기서의 이해는 상호적인 대화까지도 포함되고 있는 것으로 보아야 한다. 다시 말하면, 인간이 산출한 모든 삶의 표현에 대한 이해는 언어와 대화라는 기본적 토대를 상정할 때 가능하며, 그런 의미에서 해석학은 보편성을 가지고 있다. 독일 관념론 이후 여전히 방법의식이 뿌리내리고 있던 철학적 상황에서 Gadamer가 그의 철학적 해석학의 주제인 이해의 개념을 얻게 된 것은 전적으로 Heidegger의 도움 때문이다. Gadamer는 이해의 개념을 방법의식에서 파악한 것이 아니라 실존 범주, 즉 인간 현존의 범주적 근본 규정으로 심화시킨 Heidegger를 만남으로 방법의식에 얽매이지 않고 예술경험과 역사경험을 해석학적 고찰의 대상으로 삼게 되었다(최신일, p.270).

Gadamer가 비판하고 있는 실증주의적 방법의식이라는 것은 지금까지 서구문명을 밑받침하고 있는 "진리"와 그 진리를 "방법"을 통해서만 달성될 수 있다는 것이었다. 과학주의 인식론에 맹종하고 있는 전통적 인식론은 주체와 객체가 엄밀히 분리되어 있다. 그리고 다른 그 무엇에 의해서도 좌우되지 않는 부동의 지주로서의 주체와 그 주체와는 독립적으로 존재하는 객체를 연결시키는 수단을 방법이라고 하며, 이 방법이 확립되면 다른 사람들 역시 진리로 인도할 수 있다는 것이다. Gadamer는 이러한 주객이원론과 객관화의 문제를 예술작품의 경험 혹은 이해로부터 해명하고 있다. 예술작품과 독자의 관계는 분리된 주체와 객체와의 관계에서 이루어 질 수 없으며, 또한 양자 사이에는 방법이라는 것이 존재하지 않는다고 주장한다. 결국 예술작품과 그것을 이해하려는 독자의 관계는 개성적이며 그 작품이 때로는 우리를 당황하게 만들기도 하고, 우리의 낡은 관점과 입장을 동요시키기도 한다. 이와 같이 이해의 대상이 우리를 당황하게 만드는 것을 Gadamer는 해석학적 경험이라고 말한다. 물론 여기서의 경험은 근대 경험과학에서의 경험을 말하는 것이 아니라, 예술적・

종교적 체험을 포함한 일상생활 전체 영역에서의 경험을 말하는 것이다. Gadamer가 강조하고 있는 경험이란, 그런 경험으로 지금까지의 관점이 동요되고 입장이 바뀐다는 의미이다. 따라서 해석학적 경험이란 자신의 유한성에 대한 경험이며 자기 세계관의 불완전성에 대한 경험을 말한다. 그리고 이러한 경험의 장을 Gadamer는 대화에서 찾고 있다. 그러므로 Gadamer에 있어서 이해란 이런 의미의 경험에 의한 것이며, 이러한 경험이 일어나는 장이 바로 대화이다.

Gadamer가 대화를 강조하고, 그리고 그런 대화를 위해 필요한 것은 우리가 타자의 생각을 이해하고, 타자가 그런 생각을 가져온 관점과 입장을 승인하고, 타자를 이해하기 위해 그의 위치, 즉, 그의 생각을 낳게 한 지평과 선입견 속으로 들어가는 것이 중요하다. 그래서 Gadamer 해석학에서 중요한 개념들이란, 사람의 생각과 입장과 관점을 좌우할 수 있는 사회적 · 역사적 · 문화적 지평, 인간의 생각을 이끌어 가는 선입견, 이해의 역사성을 고려한 전통의 의미들이 중요하다.

3) 소결

해석적 방법론의 철학적 배경인 해석학은 사회과학에서 언어의 역할, 해석, 이해을 강조하는 독일철학에서 발견된다(Chua, 1986, p.613). 우리는 언어를 통해 세계를 해석한다. 그러나 언어는 특정한 시간과 공간의 사회적 · 역사적 조건에 외부적인 구체적인 객관적 실재를 표상하는 수동적 거울이 아니다. 오히려 언어는 우리가 살고 있는 환경을 구성하는데 적극적으로 도와주기도 하고 억제하고 제한하기도 한다(Chwastiak · Young, 2003, p.534). 회계는 기업의 언어이며, 해석학(hermeneutics)은 언어의 해석에 관한 연구이다.[27]

해석학은 19세기 중엽에 자연과학적 방법을 인간과학에 적용하는 것을 비판하기 위한 학문으로 되었다. 텍스트와 기타 작품(예를 들면, 예술작품)의 의미를 해석하는 것으로서 해석학은 하나의 방법론으로 되었으며, 20세기에 해석학은 인식론적 입장으로부터 존재론적 입장으로 확대되었다. 즉, 지식에 초점을 둔 것으로부터 존재에 초점을 두게 되었으며, 회계와 같은 사회현상을 이해하기 위한 주요한 접근방법으로 되었다. 이러한 확대된 해석학적 견해를 철학적 해석학으로 부르게 되었다. 그러나 이의 초점은 여전히 언어, 의미, 해석에 있다. 해석은 언어를 통한 이해를 불가피하게 필요로 하며, 언어가 시간의 경과에 따라 전개되기 때문에 해석자는 역사적 이해로 문제에 접근하기 때문에 해석학적 순환(hermeneutic circle)이 있게 된다. 즉, 새로운 이해는 과거의 이해에 입각하게 된다. 의미는 과거의 해석으로부터 파악된다. 따라서 가치중립적 탐구는 불가능하며, 진리는 공유된

27) Francis(1994)는 감사에서 주관성과 해석학의 의미를 살펴보고 있다.

해석으로서만 존재한다. 지식은 청중으로부터 수용될 때 지식으로 간주될 수 있을 뿐이다 (Gaffikin, 2008, p.160).

철학적 해석학은 객관성의 비판을 통해 발생하였으며, 문화, 이데올로기, 언어, 기대, 가정 등의 주관적 영향을 벗어나는 것이 불가능하다고 주장하였다(Rennie, 1999). 그러므로, 해석학적 방법은 인간활동에 관한 해석적 이해를 달성하기 위해 필요하며(Smith, 1983), 해석학은 인식론으로서 해석주의의 형성에 영향력이 있었다(Bryman, 2008). 모든 질적 연구는 해석학적이라고 볼 수 있다.

사회과학에서도 해석학적 전환(hermeneutic turn)이라고 하는 해석에 대한 관심이 증가하고 있었다. Boland(1989)는 해석학적 전환도 회계학연구에 반영되고 있다고 주장한다. 그의 경우에 이것은 유익한 회계이해를 위한 잠재력을 상당히 많이 가진 것으로서 이론에 대한 주관적인 접근방법에 대한 관심을 엿본 주관주의자/객관주의자의 이분법을 파괴하고자 하는 연구자들의 연구에서 명백하였다.

이상과 같은 해석학의 개념과 유형을 중심으로 해석학의 일반적 특징을 살펴보면 다음과 같다(최신일, pp.271-272).

첫째, 해석학은 인간 주체가 살아있는 철학이다.

물론 여기서의 주체는 근대적 의미의 의식이나 이성의 주체가 아니라, "세계내 존재"로서의 주체를 가리킨다. 해석학이 출발점으로 삼고 있는 주체는 전인적 존재이며, 역사와 사회 안에서 살아가는 삶의 주체로서의 인간이다. 이러한 인간 존재의 삶은 인간과 인간의 만남, 예술의 아름다움과 종교의 성스러움을 이해하고, 이것들을 작품과 창작으로 표현하는 삶을 살아간다. 또한 여기서의 인간 주체는 해석학의 종착점과 그 과정에서도 중요한 역할을 한다. 자기 자신을 만들고 자기 자신을 변화시키고 자기 자신을 수련해 가는 것을 목표로 삼고 있는 존재이다. 결국 인간 주체는 언제나 살아 움직이고 있다.

둘째, 해석학은 이해의 철학이다.

종래의 객관주의 인식론적 입장에서의 협의의 이해보다는 더 넓은 의미를 가지고 있는 해석학적 이해의 개념은 삶의 범주로써 삶에 접근하기 위해서 더 근원적인 인식을 지향하고 있다. 해석학적 이해는 단지 사태나 사물을 아는 것에서 그치지 않고 사물을 지각하고 있는 현존재자까지 이해하는 데로 나아간다. 객관주의 인식론에서 인식의 주체는 절차와 방법에 따라 객관적 대상을 파악하고 나면 더 이상의 존재가치를 가지지 못하지만, 해석학적 이해 주체는 자신을 정확하게 이해하고 나아가 자신의 유한성을 부정할 수 있는데 까지 나아간다. 그래서 해석학적 이해의 개념은 합리주의적 인식이 배제해 버린 가치나 의미의 영역에 대해서도 관심을 기울인다. 따라서 자연을 설명하는 것과 정신을 이해한다는 것이 각각 구별된 방법이 아니라 모두 더 근원적인 인식의 형태로서 이해에 속하는 것이다. 다시 말하면, 해석학적 이해의 개념은 자연과학의 성격을 변화시켰을 뿐만 아니라 정신과학의 기반을 마련해 줌으로써 인간 존재의 새로운 변화를 지향하고 있다.

셋째, 해석학은 역사성의 철학이다.

해석학에서는 인간의 이해와 그 이해를 가져오는 해석이 언제나 역사적 지평에 의존해 있고 역사적 전승에 의해 유도된다는 것은 하나의 보편적 사실로 되어 있다. 해석학에서는 세계와 삶을 구체적이고 개별적인 사건과 행위에 의해 충족되어지며, 새로운 변화를 겪는 데서 그 본래성이 있기 때문에, 그 세계와 삶은 인식에 의해 파악가능한 고정된 존재 자체가 아니라 형성과 소멸의 형태로 나타나는 삶의 과정이고 흐름이다. 이것이 Husserl의 세계이고 Dilthey의 삶의 연관성이다. 물론 Gadamer는 역사의식을 강조하기는 하지만 역사주의로 치우치는 것은 반대한다. 이것은 우리의 이해가 공동의 이해라 할지라도 사회적 제도나 권력 그리고 전통 혹은 어떤 절대적인 힘에 의해 결정되어서는 안된다는 말과 통한다. 그렇기 때문에 해석학은 언제나 모든 사태를 현재화할 수 있는 힘을 가지고 있고, 과거와 현재의 지평을 융합할 수 있다. 그래서 독자가 텍스트를 저자보다 더 잘 이해할 수 있다는 해석학적 명제가 자연스럽다.

넷째, 해석학은 언어의 철학이다.

전통적 언어관에 의하면, 언어는 객관적인 사물을 표현하고 전달하는 단순한 도구에 불과하지만, '언어학적 전환'을 이룩한 언어관은 언어가 사물을 형성하고 특수하게 만들어 가고 특수하게 단장해 간다는 것이다. 언어를 매개로 해서 객관적인 대상과 주관적인 의식을 연결시킬 수 있으며, 언어가 매개해 주는 대로 세계를 알 수 있다.

다섯째, 해석학은 대화의 철학이다.

해석학의 해석은 해석 주체인 인간과 해석 대상인 텍스트와의 대화이며, 지평융합을 위한 저자의 지평과 독자의 지평의 대화이며, 언어를 통한 자아와 타자의 대화이며, 연구자와 연구대상자와의 대화이다. 따라서 역사와 세계에 대한 해석의 다양성과 해석 주체의 제한성을 인정할 수 밖에 없으면서도 대화를 통한 간주관적 차원에서 합의된 진리에 접근하려는 것이 해석학의 과제이다. 여기서 해석학적 순환을 통해 역사와 세계와 인간 주체를 더 깊이 이해하려는 대화에서 나선형적 순환의 원리가 작용한다.

한편, 질적 자료를 분석하고 해석하는 데서 해석학을 이용하는 주요한 장점은 이것으로 사회적 상황에서 사람에 관해 더욱 심층적인 이해를 할 수 있다는 것이다. 이것은 연구자에게 다양한 관점과 다양한 이해관계자의 눈을 통해 회계현상을 비롯한 사회현상을 바라보게 한다. 해석학으로 질적 연구자는 사회현상의 복잡성을 나타낼 수 있으며, 사회현상을 예를 들면, 사회적·문화적·정치적 관점과 같은 다양한 각도에서 바라볼 수 있다.

해석학을 이용하는 또다른 장점은 해석학이 일반적으로 사회과학과 철학에 잘 근거하고 있다는 것이다. 이것은 해석학에 익숙치 않은 사람에게 해석학의 이용을 정당화하기가 상대적으로 쉽다는 것을 의미한다(Myers, 2009, p.194).

해석학의 단점 중의 하나는 해석학이 체험보다는 텍스트에 주로 초점을 둔다는 것이다. 그러나 이것은 연구결과를 작성하고 발표하기를 기대하고 있다면 좋은 것으로 간주될 수 있다. 작성한다는 관점에서, 경험을 텍스트로 변경할수록 더 좋다.

해석학의 또다른 단점은 해석학이 연구결론을 내릴 시기를 아는 것이 어려울 수 있다는 것이다. 해석학적 해석자는 텍스트에 관한 또다른 텍스트를 단순히 창조하고 있고, 이러한 순환적 창조가 잠재적으로 무한하기 때문에, 해석적 과정은 언제 끝날 것인가? 이 질문에 대한 쉬운 답은 없다. 그러나 회계학에서 질적 연구자의 경우, 이야기에서 분명한 모순이나 문제의 전부는 아니더라도 대부분을 만족할만하게 설명하였다고 생각할 때 해석학적 분석이 멈출 수 있을 것이다. 혼란스럽고 불확실한 텍스트가 분명하게 될 때, 텍스트의 작성을 시작할 수 있다(*ibid.*).

3. 실용주의

1) 실용주의의 의의

실용주의(pragmatism)는 본래 인간의 지적인 활동이 의심으로부터 시작된다고 보는 데서 시작한 철학운동이다.[28] 의심되는 문제를 해결하기 위한 가설을 생각해 내고 그 가설을 실제로 검증해 봄으로써 문제해결에 도달할 수 있다고 주장하였는데, 이러한 실천적 과정을 거쳐 문제가 해결되면 전보다 더 나은 상황에서 살 수 있다는 것이다. 이런 의미에서 실용주의는 인간의 지식이 가지고 있는 실천적 유용성을 중시하는 철학적 태도라고 할 수 있다(이유선, pp.3-4).

실용주의의 원어인 pragmatism은 그리스어 pragma에서 유래한 것이다. 이 단어는 실제, 실천 등의 의미를 가지고 있다. pragmatism이라는 용어를 만든 것은 C.S. Peirce (1839-1914)였는데, 그는 이 단어를 Kant의 저서에서 발견하고 자신의 입장을 실용주의라고 명명한 것이다. Kant는 pragmatisch(실용적)보다는 praktish(실천적)를 더 중요시하였지만, Peirce는 pragmatisch한 것을 더 중요한 것으로 여기고 이 용어를 사용한 것이다(박준택, p.176).

28) 우리가 일상적으로 사용하는 실용주의는 특정한 태도를 일컫는 단어가 되었다. 대개의 경우 어떤 목적을 효율적으로 달성하는 것을 최우선적인 가치로 삼으면서 이념이나 원칙 같은 것은 부차적인 것으로 보는 태도를 말한다(이유선, p.4).

실용주의는 19세기 말에 미국의 매사추세츠주 북동부지역인 캠브리지에서 철학자, C.S. Peirce, W. James, 변호사인 O.W. Holmes, N.J. Green, 과학자이자 철학자인 J. Fisk 등 일단의 지식인들의 토론모임(형이상학 클럽)이 모태가 되어 발전한 철학이다.

실용주의는 논리학, 형이상학, 과학철학, 정신철학, 윤리학, 미학 등에 정통한 잘 발달된 철학이다. 철학으로서의 실용주의는 Peirce(1839-1914), James(1842-1910), Rorty(1931-2007), Bernstein, Shusterman 등과 같은 미국의 학자들에 의해 탐구되었다. 이러한 미국학자들은 미국이 20세기 전환기에 급속하게 산업화되었고, 유럽과는 경제적, 문화적으로 독립하게 되었기 때문에, 실용주의를 미국의 국민에게 힘을 부여하기 위해 작용한 미국의 시대정신(zeitgeist)의 일부인, 미국의 철학으로 만들었다(Barnes, 2008). 원래 실용주의 사상은 지식이 무한하고 선재하는 완전한 형태로 존재하는 것이 아니라, 사람이 특정한 시간과 공간에서 그들의 삶을 살아가기 때문에 특정한 욕구에 반응하여 우연적으로 그리고 실험적으로 형성된다는 믿음인 반토대주의 개념에 기초해서 발달되었다(*ibid.*). 이 방식으로 사상은 특정한 과업을 달성하기 위한 도구이다. 그리하여 초기의 실용주의자들은 모두 의미와 진리가 표상적이기보다는 담론적이라는 인식론적 입장을 공유한다. 즉, 의미는 대상과의 표상적 관계보다는 다른 표현과의 관계에서 나온다.

2) 실용주의의 발전

실용주의는 크게 Perce, James, Dewey, Rorty 등에 의해 발전해 왔다. 우선 Perce와 James의 실용주의를 살펴보자.

(1) Peirce와 James의 실용주의

Peirce는 어떤 개념의 의미에 대해서 말하기 위해서는 그 개념을 가지고 어떤 실천을 했을 때 생길 수 있는 실제적인 결과를 고려해야 한다고 생각했다. 이것을 실용주의의 격률(pragmatism maxim)이라고 부른다. 실용주의의 격률은 어떤 단어의 의미를 알고자 할 경우 그 단어의 의미를 담지하고 있을 것이라고 생각되는 대상에 대해 실험을 하거나 조작을 가했을 경우에 발생할 수 있는 실제의 결과들을 생각해 보고 그 결과들을 그 개념의 의미로 간주할 수 있다는 것이다.

이러한 실용주의의 격률은 실천적인 과정을 통해서 얻어진 결과를 두고 어떤 대상에 대해 이야기해야 한다는 실천주의적이고 경험주의적인 측면을 포함하고 있다. 이것은 전통적인 철학적 관점이 보여주었던 관념론적, 형이상학적, 선험론적 논의를 거부하는 데서 비롯되고 있다고 볼 수 있다.

이러한 Peirce의 이론에 행동적 요소를 도입함으로써 실용주의를 진리의 이론으로 전개한 사람은 James이다. Peirce의 경우, 대상에 관한 우리의 사고가 명확한 판단에 도달하기 위해서는 다만 우리의 사고 안에 일정한 신념을 확립하면 되었지만, James에 의하면, 우리의 관념이 참이냐 거짓이냐 하는 문제는 그것이 우리의 실생활에서 어떠한 실천적 차이를 나타내는가에 따라서 결정되어야 한다는 것이다. 즉, 어떤 관념의 진위는 그 자체로서는 결정되지 않으며, 다만 그것이 사실에 적합한지 아닌지를 보아서 결과가 유효하다고 검증된다면 그것은 참인 것이다. 그러므로 시간과 공간을 초월한 절대적 진리는 없으며, 진리의 기준은 오로지 우리의 실생활에서의 유용성에 두어야 한다는 것이다. 따라서 진리는 상대적이며 변화하는 것이다. 그리하여 James는 현금가치(cash vlaue)를 주장하였다. 여기서 현금가치란 배금주의적인 사상이 아니라 우리의 지식과 신념이 그 자체로서 가치를 갖는 것이 아니라 우리의 삶을 향상시키는 역할을 할 때에만 비로소 가치를 갖게 된다는 것을 말하는 것이다(이유선, p.29). 따라서 James가 말하는 현금가치는 지식의 유용성에 대한 은유적 표현이라고 할 수 있다. 지식이 가진 현금가치란 삶에서 직면하게 되는 다양한 문제를 해결해 줄 수 있는 유용성이며, 절대적인 진리를 부정함으로써 가치의 다양성을 주장한다(상게서, p.30).

(2) Dewey의 실용주의

실용주의는 미국인 교육학자 Dewey에 의해서 그 행동적 요소가 더욱 강조되었고 개인적 관심에서 사회적 관심으로 발전하였으며, 명실상부하게 미국의 철학으로 자리 잡게 되었다. Dewey의 철학은 보통 도구주의(instrumentalism) 또는 실험주의[29]라고도 한다. 우리의 모든 관념이나 사상은 우리의 현실생활에서 일어나는 문제해결을 위한 도구에 지나지 않다고 보는 것이다. 인간은 유기체의 일종인 까닭에 환경과 상호작용하지 않고는 살아갈 수가 없다. 경험이란 곧 이러한 상호작용에 지나지 않으며, 우리의 경험이 순탄하지 못할 때 그것을 타개하기 위한 기능이 사고작용인 것이다. 생활경험의 한 가지 기능으로서 발달하여 장래를 예상할 수 있는 지성을 특히 창조적 지성(creative intelligence)이라고 부른다. 이것은 결국 인간이 장래에 더 잘 살기 위한 불가결의 방법이며 도구에 지나지 않는 것이다. Dewey는 지식을 환경에 적응하기 위한 도구로 보았으며, 인간의 생각, 지식, 이론 등은 절대진리를 직관하기 위한 것이 아니라 인간의 생존을 위한 환경적응의 도구라고 보았다(상게서., p.33).

---

29) 도구주의가 관찰에서 가설을 내세우고, 그 가설을 실험에 의해서 확인하고 개량하여 간다고 하는 과학적 인식의 진행방식을 일반화하는 데서 이 Dewey의 학설을 실험주의라고 한다(박준택, p.183).

Dewey의 도구주의적 관점에서 보면, 진리란 단순히 참된 언명이나 지식을 일컫는 것이 아니다. 이것은 탐구의 과정을 거쳐서 얻은 지식이 실제로 문제를 해결해 주고 우리가 처한 상황을 더 나은 쪽으로 개선시켰다고 사람들이 생각하게 될 때 그런 지식을 사람들은 믿을 만한 지식이라고 주장할 수 있다는 것이다. 이것은 진리의 문제를 James처럼 개인적인 관점에서 뿐만 아니라 사회적 유용성의 차원에서 다루고 있다는 것을 뜻하며, 동시에 상황이 달라지면 문제 해결을 위한 대안도 달라질 수 밖에 없다는 진화론적이고 관점주의적인 태도를 포함하는 것이다(상게서, pp.33-34).

(3) Rorty의 실용주의

실용주의에 대한 관심은 1952년에 John Dewey의 죽음이후에 하락하였다. 이것은 실증주의와 같은 보다 분석적인 철학형태의 상승과 상응하였다. 논리실증주의는 실용주의와 정반대이었다. 즉, 그것은 토대적이었으며, 하나의 진리를 발견하기 위한 하나의 방법을 신봉하였다. 그러나 실용주의는 Bernstein(1965, 1966), Shusterman(1997)과 철학과 자연의 거울(*Philosophy and the Mirror of Nature*)이라는 제목의 저서를 발표한 Richard Rorty(1979)에 의해 상당한 정도까지 부활되었다.

20세기 후반에 실용주의 철학자 Rorty는 신실용주의를 표방하였는데, 그의 철학의 입장은 반표상주의라고 할 수 있다. 반표상주의란 Plato식 현상과 본질의 구분을 인정하지 않겠다는 입장을 말한다. 이것은 철학적으로는 실재론과 반실재론의 논쟁, 주관과 객관의 인식론적 구분, 사실과 가치의 이분법적 구분 등을 모두 부정하는 입장으로 볼 수 있다. 이런 입장은 진화론적인 관점에서 인간을 환경에 적응해 가는 동물로 간주하면서 지식의 현금가치와 도구적 유용성을 인정하는 고전적인 실용주의 철학자들의 입장을 현대적인 맥락에서 재서술한 것이다(이유선, p.37).

Rorty의 반표상주의의 요점은 공적인 실천의 문제와 사적인 이론관심을 중재하고 통합하는 것을 포기해야 한다는 것이다. 철학적인 이론을 만들어내는 일은 사적인 관심에 해당하는데, 공적인 실천이 사적인 이론보다 더 중요하며, 실천의 영역은 궁극적인 진리나 보편적인 진리의 영역이 아니라 현실적인 차선책을 찾는 타협과 연대의 장이 되어야 한다는 것이다.

영국의 경험론 전통과 Darwin의 진화론에 강하게 영향을 받아 태동한 실용주의는 미국의 고유한 철학으로, 생활의 철학이요, 상식의 철학이라고 할 수 있다. 이것은 진실을 실생활의 유용성에 의해 결정한다는 점에서 공리주의이며, 진리는 경험에 의해서 검증되고 변화한다고 보는 점에서 경험주의적이며, 지식보다는 행동을 중시한다는 점에서 반주지주의적이라고 할 수 있다(http://ko.wikipedia.org/w/index.php?title=실용주의).

지난 150년간 실증주의가 발전하는 동안, 실용주의에도 많은 도전이 있었다. 이의 비판자인 반증주의자 Karl Popper는 실용주의적 지식이나 진리개념을 애매한 것으로 간주하였으며, 지식이 반박가능하고 시행착오를 통해 진보한다는 사상을 선호하였다(Popper, 1963, 1994). 이와 유사하게, Bertrand Russell(2004, p.210)은 "실용주의가 현실세계의 속박으로부터 해방시키는 창조적 상상에 자유를 주는 것"으로 실용주의를 비판하였다. 그러나 신실용주의자들은 이러한 보편적인 실용주의개념들이 부정확한 묘사이며, 그것은 (모든 견해는 다른 모든 견해처럼 좋다는) 인식론적으로 상대주의적이거나 존재론적으로 상대주의적이지 않다고 주장하였다(Barnes, 2008). 타당하고 일관성있는 철학으로서 실용주의의 자리는 도전받고 있지만, 분명하게 남는 것은 그것이 여전히 어떤 목적(그리고 우리의 목적)에 유용하다는 것이다. 특히 "우리의 목적을 추구하는 수단 뿐만 아니라, 목적 그 자체에 관한 충분히 합리적이고 비판적인 논의가 있을 수 없다"(Pihlstrom, 2008, p.60)는 실용주의의 입장은 사회환경적 문제를 다룰 때도 필요해 진다(Baker・Schaltegger, 2015, p.267).[30)]

30) 실용주의는 사회학에서 상징적 상호작용론에 영향을 주며, 이는 다시 연구방법인 근거이론에도 영향을 주게 된다. 실용주의 자체가 회계학연구에 적용된 경우를 살펴보면 다음과 같다.

실용주의의 철학적 발전은 많은 난관을 겪었지만, 이의 문화적 영향은 특히 미국에서 강력하다(Devine, 1985). 여기서 전문적인 회계단체의 발전과 이들의 각자의 윤리강령은 특히 실용주의가 미국의 후기자본주의에서 견인력을 가질 수 있게 하는데 영향력이 있었다(Preston et al., 1995). 회계전문직에서 이의 직접적 영향에도 불구하고, 실용주의는 회계학계내에서 실질적인 철학적 논의를 촉발하지 않았다. 다음과 같은 용어들, 즉 실용주의, 실용적, 실용적으로, 실용주의자 등이 지난 20년동안 다음과 같은 학술지에서 다양한 빈도로 등장하고 있다(〈도표 3-3〉).

〈도표 3-3〉 **회계학술지에서 실용주의와 이와 유사한 단어의 빈도**

학술지	언급 회수
Abacus	28
Accounting Business Research	17
Accounting, Organizations and Society	106
Accounting, Auditing and Accountability Journal	118
The Accounting Review	13
British Accounting Review	21
Contemporary Accounting Research	6
Critical Perspectives on Accounting	144
Journal of Accounting and Economics	5
Management Accounting Research	28

자료원: Baker・Schaltegger(2015, p.267).

그러나, 실용주의와 기타 관련용어에 대한 이러한 언급의 부분은 철학적 의미라기 보다는 구어체적 의미로 실시되었으며, 그렇게 하는데서 이들은 그들 자신의 연구(다음을 참조. Beattie, 2005; Dambrin・Lambert, 2012; Spence et al., 2010)나 다른 사람의 연구(다음을 참조, Lehman, 2006; Norreklit et al., 2006; Alexander・Jermakowicz, 2006; Dey, 2007; Carnegie・O'Connell, 2012)를 실용적 접근방법을 가진 것으로 언

3) 소결

이상과 같은 실용주의는 다음과 같은 특징을 가진 것으로 요약할 수 있을 것이다.

첫째, 실용주의 철학자들은 모두 Charles Darwin의 영향을 강하게 받고 있다. Charles Darwin의 진화론은 생물학 뿐만 아니라 사상사적인 면에서도 큰 영향을 준 관점이다. 인간도 다른 동물과 마찬가지로 오랜 진화의 결과 살아남게 된 하나의 생물종으로 간주하는 자연주의적인 관점이라고 할 수 있는데, 이것은 인간에 대한 반본질주의적인 관점이라고 할 수 있다. 그런데 진화란 우연성의 결과물이라는 점에서 인간의 존재 역시 우연한 산물이다. 이러한 우연성에 대한 강조는 거의 모든 실용주의 철학자들에게 있어서 중요한 요소로서 등장한다. 우리는 보편적인 원리에 입각해서 우리의 삶을 영위하는 것이 아니라 불확실한 세계 속에서 살고 있으며, 생존이 일차적인 목표이다. 이를 위해 인간에게 지식이 필요하다. 지식이란 인간이 불확실하고 우연적인 환경에 적응하기 위한 도구이다. 모든 탐구의 목표는 영원불변한 초역사적이며 초시간적인 진리를 발견하는 것이 아니라, 사람들로 하여금 환경에 적용하여 잘 살 수 있게 하는 것이다. 실용주의 철학자들은 Darwin의 자연주의를 수용하며 인간에 대한 반본질적인 관점, 지식과 진리에 대한 도구주의적인 관점을 수용하고 있다고 할 수 있다.

둘째, 실용주의 철학자들이 공통으로 보여주는 두 번째 특징은 역사주의다. 인간자신이

급하였다. 나아가, 다른 학자들도 계산적 실용주의자와 같이 그들의 사례기업에서 개인들을 언급하거나(다음을 참조. Mikes, 2009; Power, 2007, 2010; Jordan・Messner, 2012), 실용적 정당성의 경우와 같은 다른 용어에 실용적이라는 용어를 고정시켰다(다음을 참조, Raar, 2009; O'Dwyer et al., 2011; Nicholls, 2010; Durocher et al., 2007; Hrasky, 2012; Carnegie・O'Connell, 2012; Shafer・Gendorn, 2005; Mobus, 2005; Georgiou・Jack, 2011).

실용주의 철학을 언급한 회계학자는 소수이었는데, 이들 중에서 첫 번째는 Carl Devine(1985)이다. Devine은 회계과정에 본질적인 관찰과 판단이라는 인식론적 개념을 탐구하기 위해 Dewey의 사상을 이용하였다. Merino(1993)도 Dewey의 연구를 이용하고 특히 진보시대(1890-1920)에 재산권의 역사적 평가를 실시하는 수단으로서 심사숙고(deliberation)라는 그의 사상을 이용하고 있다. Shapiro(1997)와 McKernan(2007)은 회계내에서 객관성에 관한 다양한 이해의 가능성을 논하고 있다. 이들은 아무도 실용주의를 그들의 연구의 초점으로 삼지 않았지만, 그들은 특히 진리와 관련해서 회계학연구내에서 실용주의적 인식론적 입장을 전개하기 위해 신실용주의 철학자 Richard Rorty의 연구를 상당히 언급하고 있다. Modell(2009)은 상이한 연구접근방법들을 혼합하는 방식으로 실용주의를 탐구하고 있다. 그러나 그의 관점에서, 실용주의는 선호하는 비판적 실재론 철학보다 철학적으로 준비가 되어 있지 않다. 이것은 Modell의 눈에서 접근방법으로서 실용주의가 너무 애매모호해서 혼합방법의 타당성을 평가하기 위한 특정한 규칙을 제공할 수 없기 때문이다. Shapiro, McKernan과 마찬가지로 Lukka・Modell(2010)은 해석적 연구에서 전개된 설명이 그 목적과 일치하는 방식으로 어떻게 정당화되는가를 탐구하기 위해 실용적 인식론을 이용한다.

Baker・Schaltegger(2015)는 회계학연구내에서 그리고 더 광범위하게 전개된 바와 같이 실용주의의 사상이 어떻게 사회환경회계 연구의 방향을 수정하였는가를 탐구하고 있다. 실용주의는 또한 사회적으로 그리고 환경적으로 책임있는 조직의 발전을 유발하고, 평가하고, 지지하는 것과 같은 실천적인 추구를 동기유발하는 것을 도와줄 수 있을 것이다.

역사적인 진화의 산물이기 때문에, 인간이 가진 모든 지식은 역사적인 우연성의 결과물이라는 것을 부정할 수가 없다.

인간의 지식이 역사적인 우연성의 산물이라는 것은 모든 철학자들이 탐구의 목표로 삼았던 영원불변의 진리, 궁극적이며 필연적인 진리의 개념을 획득하는 것이 탐구의 일차적인 목표가 아니라는 것을 주장하는 것이다. 즉, 주관적인 인식이 어떻게 그곳에(over there) 존재하는 객관적인 세계를 올바르게 인식하는가이었는데, 이러한 진리대응설은 우리의 인식이나 의식과는 독립적으로 존재하는 그곳에 객관적인 진리의 세계가 있다는 것을 형이상학적으로 전제함으로서 정당화된다.

이와는 달리 진리의 문제를 단지 명제적 내용들간의 정합성의 문제로 바라보고자 하는 철학자들이 있다. 여기서 진리정합설은 진리의 기준을 사람들 사이의 합의의 문제로 볼 수 있다는 것이다. 수학이나 논리학을 만약 규약적인 시스템으로 간주한다면 수학적 진리나 논리학적 지식은 정합적인 진리의 대표적인 예라고 할 수 있다. 어떤 주장을 공통의 합의에 비추어 수미일관된 내용을 담고 있으면 참이라고 간주할 경우, 여기서는 불가피하게 상대주의의 문제가 발생한다. 즉, 만약 합의하는 당사자들이 모인 공동체마다 합의의 내용이 다르다면 진리의 문제는 곧바로 상대주의에 관한 논쟁을 야기한다는 것이다. 규약적인 지식의 체계가 여러 개가 존재하고 그것들 사이에 공통의 기반이 없다면 어떤 체계를 택할 것인지가 문제가 될 것이다.

실용주의자들에게 있어서 지식이 중요한 이유는 그것이 우리의 삶을 개선시키는데 있어서 중요한 도구의 역할을 하기 때문이다. 그리하여 실용주의자들에게 있어서 중요한 물음은 어떤 지식이 참인가?라는 물음이 아니라 어떤 지식이 어떤 상황에서 유용한가?라는 것이다. 여기서 중요한 것은 우리가 삶에서 소중하게 여기는 가치는 매우 다양하며, 맥락의존적이라는 점이다. 이 점에서 회계학에서 회계정보기준의 일차적인 기준이 정보의 유용성이라고 할 때, 미국 실용주의의 영향을 받은 것이라고 생각된다.

실용주의자들은 영원불변하고 초역사적인 진리는 존재하지 않는다고 생각한다. 인간의 지식은 역사적으로 주어진 상황에서 물질적으로나 정신적으로나 그것이 얼마나 인간의 삶을 풍요롭게 하는가의 문제와 관련해서 그것이 모든 실용주의자들이 주장하는 현금가치(cash value)를 가지고 있다고 여겨질 때 의미를 갖는다. 이것을 실용주의적 진리관이라고 할 수 있으며, 이런 태도는 실용주의자들이 가진 역사주의적인 관점에서 비롯된 것이다.

셋째, 실용주의자들은 천상의 진리보다는 세속의 삶을 중요하게 여기는 현실주의자라는 점이다. 이것은 철학적으로 반형이상학, 반선험론의 태도와 관련이 있다.

서양철학자의 주류는 눈에 보이지 않는 피안의 세계가 본질의 영역이며, 진리의 세계인 반면, 우리가 살고 있는 이 경험의 세계는 단지 현상에 불과한 거짓의 영역이라는 관점을 견지해 왔다. 실용주의자들은 진화론적인 자연주의자이며 영원한 진리를 부정하는 현실주의자이기 때문에, 형이상학적 본질의 세계에 대한 주장을 할 수 없다. 실용주의자들은 현실의 삶을 의미있게 만들기 위해 노력하는 세속주의자들이라고 볼 수 있다.

넷째, 실용주의자들은 모두 진화론을 지지하고 있다. 절대적인 진리를 부정하면서 역사주의적이고 세속주의적인 입장을 택한다는 것은 현실적인 문제의 해결에 있어서 절대적으로 옳은 최상의 대안은 없다는 것을 인정하는 것이다. 실용주의자들은 하나의 문제에 대해 한 가지 해결책만 있다고 생각하지 않는다. 그리고 최선책을 찾기 보다는 주어진 상황에서 적용할 수 있는 차선책을 중요하게 생각한다. 실용주의자들은 다양한 대안의 존재를 인정하고 그 대안들 간의 우위를 판단할 수 있다고 주장한다는 점에서 상대주의자가 아니다. 실용주의자들은 이러한 판단의 기준을 역사적인 경험과 거기서 얻어지는 교훈으로부터 끌어오고자 한다(이유선, pp.10-19).

연구의 목적에 관한 경험주의자와 해석주의자의 불화는 Dilthey시대 이전부터 발생하였지만, 이 현안들은 해결되지 않고 있으며, 오늘날에도 여전히 많은 논쟁과 토론의 핵심에 있다. 20세기에 대부분의 사회과학연구는 경험주의적 전통에서 과학적 방법을 통해 검정되는 이론으로부터 도출되는 법칙과 같은 일반화를 발견하려고 하였다. 사회과학연구의 목적이 연구되는 대상을 이해하는 것이라는 사상은 해석주의의 기본기조이다. 여기서 이해는 역사적이고 현대적인 상황의 이해를 의미한다. 19세기후반과 20세기에 많은 철학운동들이 이 전통을 따랐는데, 이에는 실존주의, 현상학, 구성주의 등이 있다(Willis, 2007, pp.53-54).

제4절 해석적 방법론의 철학적 가정

질적 연구자가 연구를 시작할 때, 지식의 구성과 생산에 관한 자신의 가정과 실재의 본질에 관해 자신이 가지고 있는 많은 선입관을 잘 알지 못하는 경우가 있다. 따라서 학계는 연구자가 연구활동을 착수하기 전에 문화적으로 배태된 가정과 자신의 세계관에 관해 성찰할 기본적인 필요성을 평가하고 표현하는 문화를 촉진하는 것이 중요하다. 모든 연구자에게는 전제가 존재하고 성찰성과 투명성의 과정을 통해 이들이 관찰될 수 있다는 것을 인식하는 것이 중요하다. 이 성찰과정의 일부는 연구자 자신의 존재론적, 인식론적, 가치론적 입장에 관한 주의깊은 고려를 수반한다. 이러한 기본적인 이해로부터 연구자는 자신의 연구과제를 더 좋은 위치에서 착수할 수 있다. 이러한 개념체계에 관한 사고를 정리하기 위해 시간을 가지는 것의 장점 중의 하나는 연구가 진행됨에 따라 연구과정을 명확히 할 수 있다는 것이다. 실무적으로 말하자면, 연구과정은 연구자 자신의 존재론적, 인식론적, 가치론적 관점을 성찰적으로 검토하는 것이 필요하다(O'Reilly · Kiyimba, pp.21-22).

어떠한 방법론을 회계학에 적용할 것인가는 회계연구자가 자신의 관심, 그 시대의 연구 유행, 주제 등에 따라 다를 수 있지만, 다른 사회과학처럼 회계학도 연구자의 의식유무에 관계없이 사회과학의 성격과 사회의 성격에 관한 철학적 배경과 가정에 입각해서 그 연구가 실시된다고 볼 수 있다.[31)]

Burrell · Morgan(1979)은 사회과학의 본질에 관한 철학적 가정(존재론, 인식론)과 사회의 본질에 관한 철학적 가정(규제와 급진적 변화)으로 나누어 살펴보고 있지만, 여기서는 가장 핵심적인 존재론, 인식론, 가치론, 방법론 등을 중심으로 살펴보기로 한다(본서 pp. 25-26 참조).

1. 존재론적 가정

존재론(ontology)은 모든 연구에서 중요한 출발점이다. 존재론이라는 개념은 실재와 존재의 본질이 개념화되는 방식을 가리킨다. 존재론적 탐구는 실재의 본질과 관련이 있으며, 우리가 현실세계에 관해 알 수 있는 것에 관한 질문이 제기되는 것을 필요로 한다(Hesse-Biber · Leavy 2004). 존재론은 인간의 해석 및 개념과는 독립적으로 존재하는 (사회적) 실재가 있는지의 여부이다(Ormston et al., 2014).

Morgan · Smircich(1980)와 Tomkins · Groves(1983)는 사회세계의 본질에 관해 주관성과 객관성의 정도에 따라 ① 구체적인 구조로서의 실재, ② 구체적인 과정으로서의 실재, ③ 맥락적 정보분야로서의 실재, ④ 상징적 담론으로서의 실재, ⑤ 사회적 구성으로서의 실재, ⑥ 인간상상의 투영으로서의 실재 등 여섯 가지로 분류하고 있다(김석웅, 2011, pp.303-310을 참조).

회계현상의 본질에 관한 존재론적 가정은 사회적 실체(entities)나 실재(realities)의 본질과 관련이 있다.[32)] 많은 연구자들은 자연현상과 사회현상이 근본적으로 다르기 때문에 자연과학과 사회과학을 구별한다. 자연과학의 이론은 일반적으로 자연현상을 서술, 분류, 설명, 예측하고자 한다. 자연과학의 이론은 실재론(realism)에 관한 존재론적 가정에 기초하고 있다. 이러한 실재론은 순진한(naive) 실재론, 비판적 실재론, 미묘한(subtle) 실재론, 물질론(materialism)[33)] 등으로 구분할 수도 있다(O'Reilly · Kiyimba, p.6).[34)]

---

31) 김석웅(2014, pp.33-50)이나 Chua(1986)를 참조.
32) 회계현상의 실재(reality)를 존재론적 관점에서 심도있게 논한 것으로는 Mattessich(2014)를 참조.
33) 유물론으로 번역되기도 한다.

이와는 달리 사회과학의 이론은 상대론(relativism)에 관한 존재론적 가정에 기초하고 있다. 상대론은 실재가 근본적으로 마음에 의존적이라고 주장한다. 즉, 세계는 인간의 마음과 사회적으로 구성된 의미를 통해서만 알 수 있으며, 어떠한 실재도 이들과 독립적으로 존재하지 않는다(Smith, 1983).

사회과학의 경우에 "사회세계에 무엇이 있는가"라는 문제가 존재론의 주요한 쟁점이다. 사회에 구조라는 독자적인 실재가 있다고 상정하거나 사회구조의 존재를 부정하고 개별 행위자만 존재한다고 상정한다(이기홍, 2014, p.33). 그리하여 구조를 강조하는 구조주의자와 개별행위자의 행위를 강조하는 상호작용론자가 대립하게 된다. 여기서 구조주의자는 실재론에 입각하고 상호작용론자는 상대론에 입각하고 있다.

물질론은 세상의 모든 것이 물질(matter)로 이루어져 있다는 견해를 말한다. 그에 반해서 관념론(idealism)은 실재적인 것은 마음에 달려있다는 견해이며, 물질세계가 마음의 밖에서는 존재하지 않는다는 주장에 해당한다(Cardinal et al., 2004, p.106).

한편, 이원론(dualism)은 실재가 마음과 물질로 구성되어 있다고 주장한다. 실재론은 객관적으로 자연현상을 관찰할 수 있다는 연구자와는 독립적으로 자연현상이 존재한다는 믿음에 근거하고 있다. 이러한 관점들은 〈도표 3-4〉에 요약되어 있다.

〈도표 3-4〉 실재의 본질에 관한 존재론적 가정

구분	자연과학	사회과학
물질론	실재는 물질로 구성된다 → 실재론	궁극적으로, 사회발전을 촉진하는 것은 물질적 욕구이다. → 실재론
관념론	실재는 실재를 지각하는 마음의 밖에는 존재하지 않는다 → 상대론	궁극적으로, 사회발전을 촉진하는 것은 가치와 관념이다. → 상대론
이원론	실재는 물질과 관념으로 구성되어 있다. → 실재론과 상대론의 사이에.	사회발전은 물질적 욕구와 가치 및 관념에 의해 촉진된다 → 실재론과 상대론의 사이에.

자료원: van Mourik(2014, p.37).

34) 순진한 실재론은 실재를 정확하고 직접 관찰할 수 있다는 것을 지지하고, 비판적 실재론은 실재가 감각을 통해 경험으로 구성되는 경험적 영역, 관찰되는지의 여부에 관계없이 존재하는 실제적 영역, 기본적인 기제와 과정을 가리키는 실재영역 등을 포함하여 상이한 수준으로 구성된다고 주장한다(Ormston et al., 2014). 그리고 미묘한 실재론은 외부의 실재가 존재하지만, 인간의 마음과 사회적으로 구성된 의미를 통해서만 알려질 수 있다고 주장하며, 물질론은 실재론의 변형이며, 세계의 물리적 특징이나 경제관계를 포함해서 물질적 특징만이 실재를 가진다는 것을 인정한다. 가치 경험, 믿음은 물질세계(material world)에서 발생하지만, 물질세계를 형성하지는 않는다(Ormston et al. 2014).

자연과학은 우리가 자연의 보편법칙을 추구하는 두 가지 현상간의 규칙성(regularities)과 관련이 있다(Benton・Craib, 2011, p.89). 연구방법은 예측할 목적으로 인과성을 통계적 규칙성으로 가끔 추정하고 귀납적 추론을 이용할 것이다. 즉, 일반화는 관찰된 규칙성을 근거로 이루어진다. 자연주의적(naturalistic) 입장을 취하는 사회과학연구자들은 자연과학의 연구방법(자연주의적 방법)과 설명의 논리가 일반적으로 사회과학문제에도 적용하기에 적합하다고 생각한다. 다른 연구자들도 반자연주의적 방법의 이용을 비과학적인 것으로 단순히 거부하고, 자연주의적 방법 말하자면, 과학적 방법을 이용하여 답할 수 있는 것으로 간주되는 문제에 자신들을 국한시킬 것이다.

반자연주의적 입장을 취하는 사회과학연구자들은 관찰자도 신념과 가치를 가지는 개인이며, 사회의 일부라는 사실에 의해 사회와 개인을 관찰하는 것이 복잡해진다고 생각한다. 나아가, 관찰자(사회과학자)와 관찰대상(행위자)은 그들이 관찰과정에서 서로간에 영향을 주는 경향이 있는 성찰성[35)]을 유도할 수 있는 이중의 해석학(double hermeneutic)[36)]을 생성하면서, 자의식을 가진다(Benton・Craib, 2011, p.76). 따라서, 관찰자와 관찰대상의 행위의 목적과 의미 뿐만 아니라 사회과학현상의 배후에 있는 이유를 이해하는 것이 중요

---

35) 성찰성(reflexivity)개념은 사회과학의 질적 연구에서 오랫동안 널리 이용되고 있다. 성찰성은 연구자가 자료수집과 자료해석 뿐만 아니라, 연구과정 자체에도 관심을 기울이는 것을 의미한다. 즉, 연구자가 연구과정, 연구방법, 연구자 자신의 편견과 관점에 대한 논의 등에 대하여 끊임없이 스스로 질문을 던지고 점검하는 것이다. 이러한 자기성찰은 연구의 과정과 결론에 영향을 끼칠 수 있는 연구자의 잠재적 편견이나 관점을 연구자가 스스로 인식하고 비판적으로 성찰함으로서 연구를 보다 진실되고 과학적인 것으로 승화시키는 역할을 한다(곽영순, pp.359-360; Siti-Nabiha, 2009: Haynes, 2017을 참조). 성찰성은 질적 연구 및 양적 연구와 관련이 있지만, 양적 연구에서는 적게 이용되고 있는데, 이것은 개념으로서 성찰성은 지식의 본질에 관한 고려에서 중심적이기 때문에 현대의 질적 회계학연구에 성찰성의 유의성이 더 많이 관련되어 있다는 것을 시사한다(Haynes, *ibid.*, p.284).

성찰성이란 연구의 실무에서 연구자의역할과 이것이 연구대상에 의해 영향을 받는 방식에 관한 인식인데, 이로 인해 연구자는 자신이 연구과정과 결과에 영향을 주는 방식을 알 수 있다(*ibid.*, pp.284-285). 성찰성은 연구자가 연구에서 되돌아보고 자신을 고려하며(Alvesson et al., 2008), 연구자와 연구대상이 연구과정에서 지속적으로 그리고 상호간에 영향을 준다는 인식을 연구자가 보여준다는 것으로 가끔 개념화된다(Alvesson・Skoldburg, 2009).

36) Giddens의 이중의 해석학은 사회과학의 연구대상인 행위자와 사회과학자(연구자) 사이의 상호해석적인 상호작용을 가리키는데 사용된다. 사회과학자는 행위자들의 관념과 의미를 해석하기 위해 연구대상인 행위자들과 늘 상호작용해야 한다. 그렇지만 의식적 주체로서 행위자들도 사회과학자와의 상호작용을 통해 그들 자신의 일상적 관점과 의미를 변경하고 그것에 의해 그들 자신의 사회세계를 변화시킬 수도 있다는 것이다(이기홍, 2014, p.265). 이중의 해석학이 인식하는 것은 사회연구자가 주체라는 것이며, 연구대상자만큼 많은 사회상황에 관한 해석이 있다는 것이다. 따라서 해석적 연구자들은 맥락속의 의미에 초점을 두는 경향이 있다(Myers, 2009, p.39). 원래 이중의 해석학은 대상 자체의 해석학적 성격과 그 대상을 이해하는 과정의 해석학적 성격을 동시에 포착하는 개념이다. 사회과학자는 연구를 수행하면서 사회적인 것의 개념과 의미를 해석한다. 그런데 사회적인 것에 관련된 행위자들은 이미 특정한 개념과 의미를 가지고 그것에 참여하고 있다. 그러므로 사회과학연구는 행위자가 세계를 해석하고(1차 해석), 다시 행위자의 해석을 사회과학자가 해석하는(2차 해석) 이중의 해석학을 포함한다. 이것은 사회과학의 중요한 특징 중의 하나라고 할 수 있다(이기홍, 전게서).

하다. 존재론으로서 상대론(relativism)은 이론이 가끔 가치의존적(value-laden)이고, 객관적 관찰이 항상 가능하거나 바람직한 것은 아니라는 것을 고려하는 논리와 연구방법을 필요로 한다. 상대론에 의하면, 지식으로 간주되는 것은 문화적・역사적 맥락에 의존적이다(Boumans・Davis, 2010, p.126). 〈도표 3-5〉를 참조.

〈도표 3-5〉 **사회과학의 자연주의와 반자연주의**

	자연주의	반자연주의
연구자	실재론: 현상은 객관적인 관찰자가 될 수 있고 또한 객관적인 관찰자이어야 하는 연구자와는 독립적으로 존재한다(객관주의).	상대론: 연구자는 현상을 객관적으로 지각할 수 없다. 연구자는 자신이 관찰하는 실재를 어느 정도까지 구성할 것이다(구성주의). 관찰은 이중해석의 여지가 있다.
과업	연구자는 현상을 설명, 예측하기 위해 경험적 규칙성을 발견해야 한다.	연구자는 개인행위자의 의도와 개인행위의 의미를 이해하기 위해 행위자와 행위를 해석해야 한다.
패러다임	실증적 패러다임	해석적 패러다임

자료원: van Mourik(2014, p.38).

사회과학에서 존재론의 핵심은 사회적 실재가 사회적 행위자의 외부에 실재를 가지는 객관적 실재로 간주될 수 있고 간주되어야 하는가 또는 사회적 실재가 사회적 행위자의 지각과 행위로부터 만들어진 사회적 구성으로 간주될 수 있고 또한 간주되어야 하는가의 문제이다. 이러한 입장을 각각 객관주의(objectivism)와 구성주의(constructionism)[37)]라고 할 수 있는데, 연구자가 실재는 구조처럼 독립적으로 또는 객관적으로 존재하다고 가정한다면, 연구자의 존재론은 법칙정립적(nomothetic)이며, 연구자가 세계는 사회적으로 구성되고, 참여자나 행위자의 지각을 검토함으로써만 이해된다고 생각한다면, 이들의 존재론은 개성기술적(ideogrphic)이다(Farquhar, 2012, p.17). 이러한 차이는 사회과학에서 가장 공통적이고 중심적인 조직과 문화에 의해 예시될 수 있다.

객관주의(또는 실재론)는 사회적 실재가 독립적인 연구자의 의해 연구될 수 있는 선재하는(pre-existing) 사회적 실재의 형태를 가정하는데, 여기서 연구대상은 대상에 관한 연구자의 서술과는 독립적으로 존재한다. 이러한 객관주의적 실재관은 실재가 연구자의 실재(또는 현상)와의 상호작용으로부터 독립적으로 실재(또는 현상)으로서 존재하는 것으로 간주된다. 즉, 연구자와 연구대상이 독립적인 실체로 간주된다. 이로부터 연구자는 시간 및

37) 구성주의 회계학연구에 관해서는 Morgan(1988), Quattrone(2000), Bisman・Highfield(2012), Covaleski et al.(2017a)을 참조.

공간과는 관계없이 일반지식을 생성할 수 있다(Haynes, 2017, p.286).

문화의 경우도 마찬가지다. 문화와 하위문화는 사람이 완전한 참여자나 좋은 시민으로 기능하기 위해 사회화되는 널리 공유되는 가치와 관습의 저장소로 간주될 수 있다. 우리는 문화와 하위문화의 믿음과 가치를 내재화하기 때문에 이들은 우리에게 제약을 가한다. 조직과 문화의 경우에, 해당 사회적 실재는 행위자의 외부에 있는 것으로 이해되며, 그 자체가 거의 유형적인 실재를 가지는 것으로 이해된다. 그것은 객체의 특징을 가지며, 따라서 객관적인 실재를 가진다(Bryman · Bell, 2011, p.21).

한편, 구성주의는 사회현상과 그 의미가 사회행위자에 의해 지속적으로 달성되고 있다고 주장하는 존재론적 입장이다. 그것은 사회현상과 범주가 사회적 상호작용을 통해 생산될 뿐만 아니라 지속적인 수정상태에 있다는 것을 의미한다(*ibid.*, p.22).

최근에 구성주의는 사회세계에 관한 연구자 자신의 설명이 구성이라는 개념을 포함하게 되었다. 즉, 연구자는 항상 결정적인 것으로 간주될 수 있는 것보다는 특정한 사회적 실재 형태를 제시하며, 지식은 불확정적인 것으로 간주된다. 이 구성주의의 의미는 이 용어의 존재론적 형태와 항상 결부되어 있다. 즉, 이들은 연결된 의미이다. 두 의미는 객관주의에 반대적이지만, 두 번째 의미는 실재론에 반대적이다. 첫 번째 의미는 사회세계와 관련해서 구성주의로 유용하게 간주될 것이다. 두 번째 의미는 사회세계에 관한 지식의 본질과 관련해서 구성주의로 간주될 것이다.

점차적으로 사회세계에 관한 지식의 본질과 관련한 구성주의의 의미가 구성주의의 개념에 반영되고 있다. 여기서는 첫 번째 의미와 관련해서 살펴볼 것이다. 구성주의가 사회적 객체 및 범주와 관련해서 존재론적 입장으로 제시된다. 즉, 이들을 사회적으로 구성된 것으로 간주한다. 그리하여 해석적 연구는 실재가 구성된다고 가정하며, 하나의 관찰가능한 실재는 없으며, 오히려 하나의 사건에 관해 복수의 실재와 해석이 존재한다고 가정한다(Merriam, 2009, p.8). 여기서 연구자는 지식을 발견하는 것이 아니라 구성하며, 구성주의는 해석주의와 상호교환해서 이용된다.

구성주의는 실재적인 것은 무형적이고 정신적으로 구성되며, 따라서 사회적이고 경험적으로 기초한다고 주장한다(Guba · Lincoln, 1994, p.110). 그리하여 실재는 마음에 의해 창조되며, 따라서 상이한 사회영역, 조직, 문화, 경험 등이 복수의 사회실재를 창조할 수 있다. 실재적인 것은 개인에게 고유하며, 개인들과 개인집단 간에 유사점이 존재할 수도 있다. 실재는 고정적 · 객관적 · 불변적인 것이 아니며, 주관적 · 다원적 · 탄력적이며, 개인, 집단, 사회내에서 그리고 서로간에 차이와 변화가 발생하기 쉽다. 인식론적으로 구성주의자의 경우, 연구는 가치중립적이 아니라 가치의존적이고, 연구대상과 연구자가 가치판단을 한다고 가정한다(Bisman · Highfield, p.5).

구성주의에서는 사람들이 자연세계와 사회세계를 이해하도록 도와주는 데서 채택하는 범주도 사실상 사회적 산물이라고 주장한다. 이들의 의미는 상호작용속에서 상호작용을 통해 구성되며, 그 의미는 시간과 공간에 따라 변할 것이다.

사회적으로 구성되는 사회세계의 성질을 간주관성(intersubjectivity)의 측면에서 살펴보자. 사회세계가 간주관적으로 구성되었다는 것을 Berger · Luckmann(1967)이 주장한 바 있다.

Berger · Luckmann(1967)은 사회적 실재가 사회적 상호작용을 통해 구성되며, 사회적 상호작용이 반복과 안정적인 예상을 통해 습관적인 양상으로 정착할 때, 사회세계는 객관적인 형태를 가지게 된다는 것이다(Covaleski et al, 2017a, p.17), 이것은 두 가지 주요한 시사점을 가진다. 첫째, 회계정보는 우리가 다른 사람에게 객관적인 것으로 가끔 보고 나타내는 재무보고의 기초와 우리의 전문기술의 기반이 주관적 판단이라는 것을 회계담당자가 항상 상기해야 한다는 것이다. 그리하여, 회계정보는 사회적으로 구성된다. 둘째, 우리가 다른 사람과 사회적 상호작용 속에서 그리고 우리 주위의 물질세계의 맥락을 기초로 한다는 입장에서 사회세계가 객관적인 것으로 구성된다는 것이다. 그리하여 회계정보는 사회적으로 구성될 뿐만 아니라, 사회적으로 구성하고 있다고 주장된다(Tomkins · Groves, 1983; Hines, 1988, 1991; Kasanen et al., 1993).

이제 사회적으로 구성된 회계의 성질을 살펴보자. 연구자로서 우리는 세계가 주관/객관과 같이 단순한 이분법이 나타내는 것보다 훨씬 더 복잡하다는 것을 알고 있다. 연구자로서 우리는 재무제표나 경영보고서에서 회계수치가 많은 주관적 판단과 가정을 항상 포함하는 과정의 산출물이라는 것도 알고 있다. 이러한 주관적 판단과 가정은 상이한 수준에서 이루어진다.

회계수치내에 주관성이 있지만, 대부분의 회계담당자들은 최종회계수치가 의미하는 것을 여전히 이해할 수 있다. 우리가 회계수치를 이해할 수 있는 이유는 최종회계수치에 도달하는데 이용된 주관적 판단의 적용에 관해 '간주관적 합의'(inter-subjective consensus)라는 것이 있기 때문이다. 이러한 간주관적 합의로 인해서 우리는 회계수치를 도출하기 위해 이용되는 과정에 반영된 주관성에 관해 사회내에서 광범위한 합의를 한다고 말할 수 있다. 모든 사람이 이 합의과정에 동의하지는 않을 것이지만, (재무제표를 예시로 이용하는) 회계기준을 제정하는 정치과정을 통한 합의의 정도가 있으며, 최종이익수치에 도달하기 위해 거래가 어떻게 처리되는가에 관한 합의의 정도가 있다. 그래서 우리는 최종이익수치에 도달하는데 이루어지는 많은 주관적 판단이 있다는 것을 알고 있지만, 회계정보이용자와 함께 일할 수 있도록 충분한 (간주관적으로) 합의된 의미를 최종이익수치가 가진다는 것도 알고 있다(Ansari · McDonough, 1980을 참조)

사람들은 그들이 만나는 현상을 객관적인 것으로 간주하는 성향을 가진다. 그러나 단순히 사람들이 어떤 것을 객관적인 것으로 간주하기 때문에, 그것이 과학적 사실이라는 것을 의미하지는 않는다.

사회과학에서는 자연과학에서 발견되는 것과 동일한 정도의 객관성이 있다고 말하기는 매우 어렵다. 그럼에도 불구하고, 일상의 거래와 상호작용에서, 우리는 동일한 수준의 확실성을 기초로 서로간에 상호작용할 필요가 있다. 우리는 당연한 것으로 간주되는 사실이 객관적이지 않다는 것을 알면서도, 당연한 것으로 간주되는 사실을 통해 이 확실성을 생성한다. 이러한 객관화된 사실은 사회적으로 구성되며 간주관적 합의의 결과이다.

(간주관적 합의를 통한) 주관적인 것의 이러한 객관화는 회계담당자의 힘(power)의 중요한 측면이다. 회계담당자의 힘의 이 측면은 원래 주관적인 현안을 추정하여 객관적인 수치로 번역하는 것으로부터 나온다. 회계에 전문가가 아닌 사람은 이러한 주관적인(또는 간주관적인) 수치를 취하는 경향이 있으며, 이들을 객관적인 사실로 간주한다. 회계담당자로서 우리는 그러한 수치가 무엇인가를 변경할 힘을 가지며, 기초적인 경제적 실재에 관한 사람의 지각을 변경하고, 그들의 행동을 변경하고, 따라서 회계정보에 대한 반응을 변경할 수 있는 힘(권력)을 가진다는 것을 간파할 수 있을 것이다(Hines, 1988).

제시된 회계수치가 기초적인 경제적 실재(economic reality)에 관한 지각을 변경할 힘(power)을 가진다는 사실은 회계가 사회적으로 구성된다는 성질의 근원이다(Broadbent · Unerman, 2011, pp.8-10).

사회적으로 구성되는 예를 들면, 이익, 소유자의 지분 등과 같은 용어들이 현실세계에서는 경험적 준거를 가지고 있지 않다(Lukka, 1990). 그리고 이것들은 객관적 · 외부적 실재를 가지고 있는 것 같지 않다(Archer, 1998, p.303). Arthur(1993)와 같은 연구자들은 "이익이 사회적으로 구성된다"는 것의 세 가지 가능한 해석을 제시하고 있다.

① 모든 대상은 사회적으로 구성되며 이익도 별 차이가 없다.
② 이익은 경제적으로 활동적인 인간사회의 맥락에서 존재할 수 있다.
③ 이익은 특정한 집단의 이해관계를 촉진하고 유지하기 위해 구성된 사회적 허구(fiction)다.

Alexander · Archer(2003)가 제기한 문제는 (외부적 실재를 포함한) 사회적 실재가 우리의 집합적 표상과는 무관하게 존재할 수 있는지의 여부이다. 이익과 같은 회계대상은 우리의 개념적 표상체계(scheme of representation)와는 무관하게 존재하지 않는다. 이것은 회계대상이 실재적이지 않다는 것을 의미하지 않는다. 오히려 회계대상은 사회적으로 구성된 경제적 실재의 일부이다(Alexander・Archer, 2003, p.6). 그러나, Mouck(2004)는 다른 견해를 가지는 것 같다. 그는 실재가 독립적으로 존재한다고 주장한다. 나아가 그는 "우리가 경제적 실재의 보고서를 만들 때 경제적 실재를 창조하지 않는다... 경제적 활동은 회계제도 이전에 존재하였다"고 주장한다(Mouck, 2004, p.533).

실재를 형성하고 구성하는 데서 회계의 역할은 많은 회계연구자들에 의해 조사된 바 있다. Dent(1991)는 조직변화에 관한 장기간의 사례연구를 실시하였다. 그는 회계가 조직행위를 위한 특별한 합리성을 생성하면서, 문화적 지식을 구성하기 위해 조직상황에 어떻게 들어갈 수 있는가와 이것이 권위와 영향의 새로운 양상을 어떻게 유도할 수 있는가를 보여주었다. Chua(1995)는 세 개의 호주병원 조직내에서 어떻게 그리고 왜 새로운 회계시스템이 실험되었는가를 연구하였다. 그녀는 회계담당자인 제조자(fabricator)가 새로운 회계수치의 구성을 시작할 수 있게 한 사회적 연결과 실무를 탐구하였다. Perren・Grant(2000)는 네 개의 서비스부문사업내에서 통제와 의사결정과정의 전개를 검토하였다. 즉, 그들은 종업원들이 관리회계일상(routines)을 생성한다고 주장하였다. 사업이 성장함에 따라, 이러한 일상은 국지화된 관리회계"사실"로 객관화된다. Graves et al.(1996)는 미국의 연례보고서의 시각적(visual) 설계를 연구하였다. 그들은 연례보고서에서 그림과 삽화(artwork)가 그러한 보고서와 그것들이 표상하는 사회적 구성의 진리요구를 주장하는 수사학적 목적에 이바지한다고 주장하였다. Sinclair(1995)는 호주의 공공부문조직에서 15명의 최고경영자를 면접하여 회계책임(accountability)개념을 연구하였다. 즉, 그녀는 회계책임이 주관적으로 구성되고 맥락에 따라 변한다는 결론을 내렸다. Buhr(2002)는 두 개의 캐나다회사가 실재를 재형성하기 위해 환경보고서를 어떻게 이용하였는가에 관한 증거를 제시하였다.

요컨대, 사회적으로 구성되고 또한 사회적으로 구성하는 회계의 본질이 해석적 방법론의 적용을 통해 연구될 수 있다. 연구자의 존재론적 가정이 지식을 어떻게 도출하는가와 어떤 지식이 타당한가를 이해하는 방식에 관한 사상을 유도하는데, 지식에 관한 연구 특히 지식의 본질, 원천, 한계에 관한 연구를 인식론이라고 한다. 이하에서 인식론적 가정을 살펴보자.

2. 인식론적 가정

인식론(epistemology)은 지식을 의미하는 그리스어 episteme로부터 유래한다. 이것은 지식에 관한 가정과 지식이 획득될 수 있는 방법을 가리키며(Hirschheim, 1992), 지식이론 및 지식인과 지식대상 사이의 근본적인 관계와 관련이 있는 철학분야이다(Guba・Lincoln, 1994). *Concise Oxford English Dictionary*에서는 인식론이 특히 방법, 타당성, 범위 등에 관한 지식의 이론으로 정의된다(Soanes・Stevenson, 2004). 인식론은 지식의 본질 뿐만 아니라 지식이 어떻게 정당화되고 사회를 파악하는가에 관한 것이며(Schwandt, 2000), 지식생산의 수단 뿐만 아니라 지식이론을 가리킨다(O'Reilly・Kiyimba, p.7). 인식론은 지식이 획득되는 방식과 무엇이 적절한 연구방법을 구성하는가에 관한 개념이다. 이것은 우리가 세계를 어떻게 알아낼 수 있는가에 관한 주장으로, 단순한 믿음과 대비되는 것으로서 지식이란 무엇인가, 우리는 지식을 가지고 있다는 것을 어떻게 확신할 수 있는가 등의 질문에 대한 견해와 정당화를 제시한다(이기홍, 2014, p.34). 궁극적으로 인식론적 논의는 어떤 학문에서 무엇이 수용가능한 지식으로 간주되는가의 문제와 관련이 있다. 특히 여기서의 중심적인 문제는 사회세계가 자연과학과 동일한 원칙, 절차에 따라 연구될 수 있고, 연구되어야 하는가의 여부이다(Bryman・Bell, p.15). 자연과학을 모방하는 것의 중요성을 지지하는 입장은 실증주의로 알려진 인식론적 입장과 항상 관련이 있다.

지식의 근원과 지식의 본질에 관한 인식론적 가정은 실증주의와 반실증주의(해석주의)로 나눌 수 있다. 연구자의 존재론이 실재론이라면 그의 인식론은 실증적이다. 실증주의자는 현상이 실재적이며, 정확하다(예를 들면, 측정가능하다)고 생각하며, 따라서 그들이 조사하고 있는 것을 측정할 수 있게 하는 연구설계를 채택할 것이다. 연구현상과 밀접한 관계를 선호하는 연구자의 경우, 그의 인식론은 해석적, 현상학적이거나(Remenyi et al., 1998), 사회구성적이다(Easterby-Smith et al., 2008).[38)]

실증주의는 자연과학적 방법을 통해 모든 진리를 파악할 수 있다고 생각하는 일종의 철학적 입장을 뜻한다(이남인, 2014, p.101). 따라서 실증주의는 사회세계에서 일어나는 바를 그 규칙성이나 사회세계의 구성요소간의 인과관계를 탐구함으로써 그것을 설명하거나 예측하기 위한 인식론상의 특성을 표시하는 데 이용된다. 실증주의적 인식론은 본질적으로 자연과학을 지배하는 전통적 접근방법에 기초를 두고 있다.[39)] 여기서의 지식의 성장은 새로운 통찰이 기존의 축적된 지식에 부가하며 잘못된 가설이 제거되는 본질적으로 일종의 지식의 누적과정임을 주장한다.

모든 연구자는 타당한 지식을 획득하는 수단을 설계해야 하며, 방법은 그 인식론적 가정과 일치해야 한다. 실증적 방법론을 이용하는 연구자들은 자연과학에서 사용되는 바와 같

38) 본서에서는 해석적, 현상학적, 사회구성적이라는 용어를 반실증적이라는 의미에서 유사한 것으로 간주한다.

39) 실증주의가 비판되는 이유는 실증주의가 많은 문제점이 있는 철학이기 때문이다. 예를 들어, 물리학적 실증주의는 물리학적 방법을 통해서 파악될 수 있는 인간의 측면에만 주의를 기울이면서 이 방법으로 파악될 수 없는 인간의 다양한 측면을 무시하고 있기 때문이다. 실증주의는 인간을 일종의 기계로 파악하면서 인간의 존엄성을 무시하고 인간경시, 인간소외의 풍조를 낳은 주범이라고 할 수 있다. 현재 전 세계적으로 확산되고 있는 실증주의는 인간의 종말을 부채질하면서 인류를 심각한 위기 속으로 몰아넣고 있다(이남인, 2014, p.101).

이 가설연역적 모델의 이용을 통해 이론의 경험적 검증가능성을 신봉한다(Thomas, 1981; Ryan, 1982; Tomkins · Groves, 1983; Whittington, 1987).

한편, 실증주의적 인식론과는 대조적인 반실증주의적 인식론이 해석주의다. 해석주의는 오랫동안 지배해온 실증주의적 전통에 대한 대안을 가리킨다. 이것은 사회과학자가 사회행위의 주관적 의미를 파악하는 것이 필요하다는 견해에 근거하고 있다.

해석주의는 직접 관찰를 통하는 것 이외에도 세계에 관해 아는 방식이 있다고 주장한 Kant의 연구로부터 시작하였다. 그는 지각(perception)이 감각과 관련이 있을 뿐만 아니라 그 감각이 우리에게 말하는 것에 관한 인간해석과도 관련이 있으며, 따라서 세계에 관한 지식은 경험만이 아니라 무엇이 발생하는가에 관한 성찰로부터 발생하는 이해에 기초하고 있다고 주장하였다(Ormston et al., 2014). 이러한 사고를 합리주의(rationalism)라고도 하는데, 경험주의의 대안으로 제시되어 왔다(구치모, 2008, p.67). 해석주의내의 다양한 전통은 인간해석을 사회세계에 관한 지식을 생성하기 위한 출발점으로 간주하고 있다 (Prasad, 2005).

Kant 이후, 이의 지적 유산에는 Max Weber의 이해(verstehen)개념, 해석학/현상학의 전통, 상징적 상호작용론 등이 있다(Bryman · Bell, p.17). 해석주의는 사회세계의 연구에 과학적 모형을 적용하는 것을 비판하는 학자들과 실증주의와는 다른 지적 전통의 영향을 받는 학자들의 견해를 가지고 있다. 그들은 사회과학의 대상(사람과 제도)이 근본적으로 자연과학의 대상과 상이하다는 견해를 공유하고 있다. 따라서 사회세계의 연구는 상이하므로 자연질서와는 다른 인간의 특이성을 반영할 필요가 있다. 그리하여 인간행동의 이해를 필요로 한다. Weber는 사회학을 그 원인과 결과의 인과적 설명에 도달하기 위해 사회적 행동의 해석적 이해를 시도하는 과학(Weber, 1947, p.88)으로 서술한 바 있다. Weber의 정의가 여기서는 설명과 이해를 모두 포용하는 것 같지만, 중요한 점은 사회행동에 포함된 사람들에게 어떠한 의미도 가지지 않는 외부적 힘보다는 사회행동의 해석적 이해에 의해서 인과적 설명의 과업이 시도된다는 것이다.

해석주의자는 사회실재에 관해 더욱 완전한 설명을 하기 위한 방식으로서 실재에 관한 개인의 주관적 해석이 사회실재의 형성에 어떻게 영향을 주는가를 이해하는 것이 필요하다고 주장한다(Chen et al., 2011). 해석주의자는 사람이 사회세계를 어떻게 지각하고 느끼고 경험하는가를 발견하고 이해하고자 하며, 개인의 행동과 동기에 관한 심층적 의미를 파악하고자 한다(*ibid.*). 그리하여 해석주의자는 사회세계를 이해하고자 하는 데서 관찰 뿐만 아니라 해석의 중요성을 강조한다(Ormston et al., 2014).

실증적 연구와 해석적 연구의 인식론적 가정의 차이는 〈도표 3-6〉에 요약되어 있다. 이 〈도표 3-6〉은 Bernstein(1983)에서 대부분 채택되었다. 원래의 맥락에서, Bernstein

은 자연과학과 사회과학 사이에 공통적으로 가정되는 차이를 검토하고는 인간과학을 구별한다고 생각되는 인식론적 가정의 전부가 자연과학에도 마찬가지로 적용된다고 주장하였다. Bernstein은 모든 과학에는 필요한 해석학적 차원이 있다는 점을 지적하고 있다. 과학에서 패러다임 변화의 본질에 관한 Kuhn의 역사적 분석이 이 견해를 지지하였다(Kuhn, 2012).

〈도표 3-6〉에서 살펴보는 바와 같이, ①은 경험적 실재 및 객관성의 본질과 관련이 있다. 실증주의에서 경험적 자료(사실)은 객관적인 것으로 가정된다. 즉, 자료는 이론을 검정하기 위해 이용된다. 그러나 해석주의에서는 자료의 정확한 의미가 맥락(이론)에 의해 결정된다.

〈도표 3-6〉 실증적 인식론과 해석적 인식론의 차이

실증주의의 인식론적 가정	해석주의의 인식론적 가정
① 경험은 객관적이고 검증가능하며 이론적 설명과 무관하다. ② 이론은 가설연역의 의미에서 설명을 생성하면서, 인공적인 구성물이거나 모형으로 간주된다(만약 T가 진실하다면, 현상 X가 뒤따른다). ③ (법칙과 같은 관계) 일반화가 경험으로부터 도출되며, 조사자, 그의 방법, 연구대상 등과는 무관하다. ④ 과학언어는 정확하고, 공식화가능하며 사실에 충실할 수 있다. ⑤ 의미는 사실과는 별개이다.	① 자료는 이론으로부터 분리할 수 없다. 왜냐하면 자료로 간주되는 것은 어떤 이론적 해석에 비추어 결정되기 때문이며, 사실 그 자체는 해석에 비추어 재구성되어야 한다. ② 인간과학에서, 이론은 사실 그 자체의 모방적 재구성이며, 좋은 이론의 기준은 연역적 설명의 미와 의도의 이해이다. ③ 경험에서 도출한 일반화는 연구자, 연구자의 방법, 연구대상과의 상호작용 등에 달려있다. 일반화의 타당성은 통계적 추론에 의존하는 것이 아니라 사례의 결과를 서술하고 이들로부터 결론을 도출하는데 이용되는 논리적 추론의 설득가능성에 달려있다(Walsham, 1993, p.15). ④ 인간과학의 언어는 다의적이고 새로운 의미가 등장하기 때문에 애매모호하며, 지속적으로 변화하는 환경에 적응한다. ⑤ 인간과학에서 의미는 자료가 문서, 의도적인 행동, 사회규칙, 인공물 등으로 구성되기 때문에, 사실을 구성하는 것들이다. 그리고 이들은 행위자에 대한 이들의 의미로부터 분리할 수 없다.

자료원: Bernstein(1983); Myers(2009, p.40).

〈도표 3-6〉에서 ②는 이론의 본질과 관련이 있다. 실증주의에서 이론은 가설연역적 논리의 형태를 취하고 있다. 좋은 이론은 가설이 검정되고 자료에 의해 지지되는 것으로 발견

되는 이론이다. 해석주의에서 좋은 이론은 연구자가 연구되고 있는 사람의 의미와 의도를 이해하도록 도와주는 이론이다.

③은 과학적 일반화의 본질과 관련이 있다. 실증적 연구자는 맥락과는 무관하게 적용되는 법칙과 같은 일반화를 개발하고자 한다. 이와는 대조적으로 해석적 연구자는 연구자와 연구자의 연구방법에 더욱 밀접하게 관련되는 맥락지향적인 일반화를 개발하고자 한다(일반화에 관해 더욱 상세한 논의로는 다음을 참조. Lee · Baskerville, 2003). 맥락지향적인 사고를 상대주의라고도 한다. 상대주의(relativism)는 우리가 지각하는 실재가 항상 우리의 경험과 문화에 의해 조건지워진다는 사고이다. 인간 사회의 문화와 맥락에 의해 영향을 받는다는 것이다(구치모, 2008, pp.67-68).

④는 과학의 언어와 관련이 있다. 실증적 연구자는 어떤 현상에 관해 정확한 공식적인 사실 그대로의 정의를 개발하고자 한다(예를 들면, 변수나 구성물). 이러한 정의는 가능한 한 정확한 것이 중요하다. 한편, 해석적 연구자는 정확한 정의에 관해 관심이 없는 것 같다. 오히려, 그들은 의미가 등장하며 맥락에 의존한다고 가정한다. 즉, 그들이 명확하게 설명하고자 하는 것이 이러한 새로운 의미이다.

⑤는 자료의 본질과 관련이 있다. 실증주의에서 사실은 사실이다. 즉, 사실은 중립적이고 사실은 스스로 말한다고 가정된다. 해석주의에서 사실은 어떤 의미를 이미 새기고 있다는 것이 가정되고 있다. 사실은 어떤 특정한 사회공동체가 현재의 그것들을 말하고 있는 것이다.[40)]

40) 이와 관련해서 경제적 실재개념을 살펴보자. 경제적 실재는 보고실체의 경제활동으로부터 발생하는 자원, 의무, 매출, 비용 등과 같은 보고가능한 경제현상을 식별하기 위해 회계담당자가 이용하는 일반용어이다. 실체의 자산, 부채, 지분의 회계인식과 관련해서 인식할 필요가 있는 것은 경제적 실재이다.

Moore(2009)는 회계담당자가 실재를 인식하고 표현할 때, 물리학자 및 철학자와 유사한 문제에 직면한다고 생각한다. Moore(2009, p.331)는 물리학자가 원자보다 양자이론으로 물리현상의 불확정적, 확률적, 무작위적, 비존재적 본질을 이해하기 시작한 것은 최근이라고 주장한다. 회계는 일정한 과거기간과 법적으로 구축된 실체내에서 자산, 부채, 수익, 비용, 이익, 자본 등과 같은 상호관련되고, 상호의존적인 경제현상을 회계처리할 때, 이와 유사한 문제를 가진다(pp.328-330).

경제적 실재에 대한 회계처리개념을 다룰 때, 회계기준제정자들은 Searle(1995)과 같은 철학자와 Mattessich(2003, 2014), Alexander · Archer(2003), Mouck(2004), Baker(2006), Lee(2006) 등과 같은 연구자의 실재론 주장을 묵시적으로 수용하고 있다(Lee, 2015, p.122). Searle의 실재인지는 관찰, 합의, 의사소통을 통해 인간에 의해 구성되는 주관적인 사회적 사실, 인간과는 독립적이며, 자연법칙에 의해 지배되는 객관적인 물리적 사실들의 결합으로 세계가 구성된다는 것이다. 사회적 사실은 가끔 다층적(multi layered), 다차원적이며, 그 진실에 관한 지식은 사실과 표현간에 언어학적 상응성(correspondence)을 필요로 한다. Searle에 의하면, 제도적 사실은 사회에서 그 기능에 관한 집단합의에 의해서 시장, 정부, 회사, 직업협회 등과 같은 인간제도내에서 창조된 사회적 사실의 부분집합이다. 따라서 인간창조로서 제도적 사실은 존재론적으로 주관적이다. 만약 구성적 표현규칙에 관한 합의가 있다면, 이들은 또한 인식론적으로 객관적이다.

경제적 실재가 객관적인 물리적 실재에 관한 기반을 가지고 있을지라도(Mattessich 2003; 2014의 제5장을 참조), 경제적 실재는 화폐, 교환, 자산, 부채, 수익, 비용, 이익, 자본 등과 같은 제도적 사실로 구성된다. 회계의 본질을 조사하기 위해 Searle의 실재론주장을 채택한 Alexander · Archer(2003), Mouck(2004), Baker

이상과 같이, 세상을 구성과 해석의 관점에서 인식한다는 점에서 해석주의는 구성주의와 혼용될 수 있다. 질적 연구(또는 해석적 연구)는 다수의 학문적 전통 속에서 형성되었으며, 따라서 그 배경적 인식론도 한결 같지는 않다. 철학에서는 현상학, 해석학, 실용주의가 질적 연구의 방법론 기초를 제공했다. 사회학에서는 Weber의 이해의 사회학과 그 전통을 물려받은 Mead와 Blumer의 상징적 상호작용론, Goffman의 연극사회론, Garfinkel의 일상생활방법론 등이 질적 연구의 인식론을 공유하고 있다. 또한 인류학의 문화상대주의와 참여관찰의 논리 역시 질적 연구의 인식론적 전통을 수립하는데 중요한 기여를 하였다. 이러한 인식론적 입장들은 다소간에 차이점은 있지만, 하나의 패러다임 속에 묶을 수 있으며,

---

(2006), Lee(2006) 등과 같은 연구자들에 의하면, 후자는 주관적인 제도적 사실을 인식하고, 합의된 규칙에 의해서 가능한 한 인식론적 객관성으로 이들을 수치적으로 표현하는 기술적 기능이다. 달리 말하자면, 이러한 연구자들에 의하면, 관련된 경제적 실재는 존재론적으로 주관적이지만, 이의 표현은 표현규칙에 관한 합의의 정도에 따라서 인식론적으로 객관적이거나 주관적이다. 회계수치는 충분한 정확성으로 관련된 경제적 실재와 상응할 때 충실한 표현이 된다(Lee, 2015, p.123).

Alexander・Archer(2003)는 이익, 자본 등과 같은 주요한 회계대상은 그 회계표현에 의존적이며, 그러므로 외부적으로 실재적이지 않는 사회적으로 구성된 제도적 사실이라고 존재론적으로 주장한다. 따라서 인식론적으로 Alexander・Archer는 만약 외부적 실재론이 없다면, 객체와 표현 사이에 상응성과 진실하고 공정한 견해 규정과 같은 강제에 의한 회계기준의 지배도 있을 수 없다고 주장한다. 그러나 그들은 경제적 실재에 관한 실용적, 간주관적, 합의 견해를 채택함으로써 회계목적상, 경제적 실재는 존재론적으로 사회적으로 구성된 객체로 구성되는 내부적 실재론의 형태로서 그리고 인식론적으로 사회적으로 구성된 객체에 관한 믿음에서 합리적인 일관성(coherence) 수용이 있는 일관성있는 표현으로 간주될 수 있다(Alexander・Archer, 2003, p.6, 7, 13).

Mouck(2004)은 회계수치가 인식론적으로 객관적으로 보일 수 있지만, 존재론적으로 주관적인 경제적 실재를 표현할 수 있다는 것을 관찰할 때, Alexander・Archer와 유사한 추론을 따르고 있다.

Macintosh et al.(2000)는 회계가 수탁책임, 정보경제학, 투명한 표현 등의 논리에 따라 기능하지 않으며, 어떤 회계수치가 실제적인 객체를 가리키지 않는다는 것을 관찰할 때, Alexander・Archer, Mouck 보다 더 나아가고 있다. 그들은 회계모형이 기호, 이미지, 모형, 구실(pretences), 희미한 초상(shadowy likenesses) 등이 점차적으로 합치고 존재론적・인식론적으로 주관적인 초현실로 집중하는 포스트모던 사회와 일치하는 모형일 뿐이라고 주장한다(Macintosh et al., 2000, pp.14-16). 이것은 회계가 그 주안점을 수세기 동안 물리적 실재로부터 초현실로 변경하였다는 역사적 증거에 입각한 주장이다. 이것은 객관적인 실재를 더 이상 가리키는 것이 아니라, 일상의 인간행동에 영향을 주는 이익, 자본 등과 같은 인간구성물을 자기준거하는 초현실을 가리킨다(*ibid.*, pp.16-39).

Mattessich(2003: 2014의 제5장)는 존재론적으로 그리고 인식론적으로 회계가 객관적인 실재에 일부 준거물을 가지는 이익, 자본과 같은 사회적으로 구성된 사실을 표현한다고 주장함으로써 이 견해에 도전하고 있다. Mattessich(2003, p.466-469)는 이익, 자본과 같은 사회적 사실의 목적지향적인 표현을 생산하는 일반적 합의와 정직한 의도에 입각한 회계실무에 대해 실용적 근거가 있다고 생각한다.

Lee(2006)는 FASB가 사회적으로 구성된 경제적 실재의 존재론과 인식론을 다루지 않는다면, 재무회계를 개선하는데 진보가 거의 이루어지지 않을 것이라고 주장한다. 그는 사회적으로 구성된 경제적 실재의 이해를 추구하기 보다는 일치성과 비교가능성을 달성하기 위해 선택안들을 감소시키는데 FASB의 과제가 할 일이 많다고 생각한다.

회계용어로 표현된 경제적 실재는 오늘날까지 그 의미와 기능에 관해 공통적인 합의 없이 식별되고 있는 주로 사회적으로 구성된 제도적 사실로 구성된다. 이 점에서 주요한 사회적 구성물은 이익, 자본이며, 그 본질에 의해서 이들은 자기준거적(self-referencing)이다(Lee, 2015, p.125).

그 패러다임의 이름은 현상학, 구성주의, 해석주의 중에서 어느 것을 붙여도 무방하다(조용환, p.17).

3. 가치론적 가정

가치론(axiology)은 인생, 실재구조, 자연질서, 자연 속에서 인간의 공간 등에 대한 인간 성찰과 관련이 있다(Hart, 1971). 가치론은 가치에 관한 철학적 연구를 가리키며, 윤리학 및 미학과 관련이 있으며, 인간의 가치는 무엇이 좋고, 나쁜지, 무엇이 아름답고 추한지의 판단과 관련이 있다(*ibid.*).

이기홍(2014)에 의하면, 가치론은 목적과 목표의 합리적인 선택을 지배하는 요건들에 관한 이론이다(p.47). 가치론의 질문은 과학의 맥락에서 "무엇이 가치있는 지식인가"이다. 이 질문은 과학이 추구하는 목표나 과학지식의 가치에 관한 것으로, 두 가지 입장이 있다. 하나는 지식의 쓰임새와 무관하게 지식탐구 그 자체가 목적이라는 입장이며, 다른 하나는 지식을 어떤 가치를 실현하기 위해 필요한 수단으로 보는 입장이다. 사회과학은 구체적으로 이해, 설명, 예측, 통제, 생산, 해방, 정의, 평등, 효율, 진보 등을 목표로 삼을 수 있다. 지식탐구 그 자체를 목적으로 하는 사회과학에서는 이해와 설명을 추구하는 반면, 다른 입장은 지식을 다른 가치의 실현수단으로 삼는다(상게서).

방법론의 체계안에서 가치론은 연구과정에서 연구자의 가치관의 영향과 관련이 있거나 연구자의 개인적인 도덕적 관점이 연구자가 연구를 실시하는 방식과 연구자들의 세계관에 어떻게 영향을 주는가와 관련이 있다(Ponterotto, 2005). 따라서, 가치론의 중요한 측면은 가치가 연구자의 세계관과 관점에 배태되어 있다는 사실을 가리킨다(Hill, 1984). 이외에 윤리적·도덕적 현안도 이러한 세계관에 배태되어 있다는 것을 인정하는 것이 중요하다(Morgan, 2007).

예를 들면, 연구자 자신의 개인적인 도덕체계와 도덕적으로 적절하다고 연구자가 생각하는 것에 관한 이해는 연구에 접근하는 방식에 궁극적으로 영향을 줄 것이다.

가치론적 주장은 양적(또는 실증적) 연구자가 연구는 가치중립적이어야 타당하다고 주장하기 때문에 연구에 중요하다. 그러나 질적 연구자는 편향(bias)이 연구의 문화에 정착되어 있으며, 전면에 있지 않다면 주목되지 않기 때문에, 개인적인 가치에 중립적인 것은 불가능하다고 주장한다(Arneson, 2009). 이와 마찬가지로, 연구자의 가치체계는 연구과정 전체에서 이루어지는 선택에 불가피한 영향을 준다. 이러한 가치는 알 수 있는 것 및 진리와 관련해서 연구자의 존재론적 입장에 연결된다. 인식론과 가치론은 분리되어 논의되는 것이 아니라, 이데올로기적 영역내에서 설정된다. 그러므로 연구가 실시되는 폭넓은 이데올로기와 문화적 상황이 영향을 줄 것이다(Hill, 1984).

4. 방법론적 가정

방법론(methodology)은 과학을 특징짓는 과학적 방법에 대한 논의로서 경험적 증거를 확보하는 방법, 경험과 이론을 논리적으로 연결하는 적절한 추론방법, 증거를 기초로 경쟁하는 이론들을 비교하는 방법 등을 해명하고자 한다(이기홍, 2014, p.40).

질적 연구에서 이용하는 방법론은 특정한 존재론적, 인식론적, 가치론적 가정에 의해 지지되며, 이러한 가정으로부터 탄생한다. 연구자가 특정한 방법론적 접근방법에 도달하는데 두 가지 방식이 있다.

* 연구자가 알 수 있는 것 및 실재와 관련하여 강력한 개인적인 존재론적 입장을 가지며, 특정한 가치론적 관점을 가진다. 이 개인적인 관점은 연구자의 방법론 선택에 강력한 영향을 줄 것이다.
* 특정한 연구문제나 관심분야가 특정한 방법론을 지적한다. 연구자가 존재론적, 인식론적, 가치론적 기반과 강한 개인적 유대를 가지지 않을 수도 있다. 그럼에도 불구하고 이러한 영향력있는 요소들은 설명하는데 중요할 것이다(O'Reilly · Kiyimba, p.22).

방법론은 연구자가 알 수 있는 것이라고 생각하는 것을 어떻게 발견할 수 있는가와 관련이 있다(Guba · Lincoln, 1994). 방법론은 사회생활과 인간행동의 탐구에서 연구자를 지도하기 위해 설계되는 절차적 규칙이다(Hill, 1984). 모든 방법론은 존재론적 · 인식론적 가정에 의해 제약을 받기 때문에 그 주어진 방법론내에서 이용하기에 적절한 방법의 선택은 제약을 받는다(Hesse-Biber · Leavy, 2004). 즉, 개별적인 방법이 그 방법론적 · 인식론적 체계에 연결되어 있다면, 의미가 생성될 수 있다(Staller, 2013).

방법론의 중요한 측면은 연역적 추론 및 귀납적 추론과 관련이 있다. 양적/질적이라는 이분법에서 본질적인 것은 양적 연구가 (가설)연역적 과정을 채택하는데 반하여, 질적 연구는 귀납적 과정을 채택한다는 것이다. 그러나 모든 질적 연구가 귀납적 과정을 채택하는 것은 아니다. 방법론들은 연역적 방법을 선호하기도 하지만, 귀납적 방법을 선호하는 경우도 있다. 〈도표 3-7〉이 이들의 차이점을 요약하고 있다.

〈도표 3-7〉 연역적 추론과 귀납적 추론

귀납적	연역적
귀납적 추론은 상향식이다.	연역적 추론은 하향식이다.
특정한 관찰에서 광범위한 일반화로 이동한다.	일반적 관찰로부터 구체적인 것으로 이동한다.
양상과 규칙성을 발견하기 시작한다.	가설이 검정될 수 있도록 좁혀진다.
일반적인 결론이나 이론을 개발한다.	원래의 이론이 확증되거나 반증된다.

자료원: O'Reilly · Kiyimba(2015, p.23).

5. 철학적 상호의존성

위에서 존재론, 인식론, 가치론, 방법론, 방법 사이의 관계와 기본적인 가정 등을 간단하게 살펴보았다. 이들이 서로 관련이 있으며, 지식생산에 기여하는 과정은 순환적이다. 이들의 상호관계는 〈도표 3-8〉과 같다.

〈도표 3-8〉 지식의 원인론(aetiology)

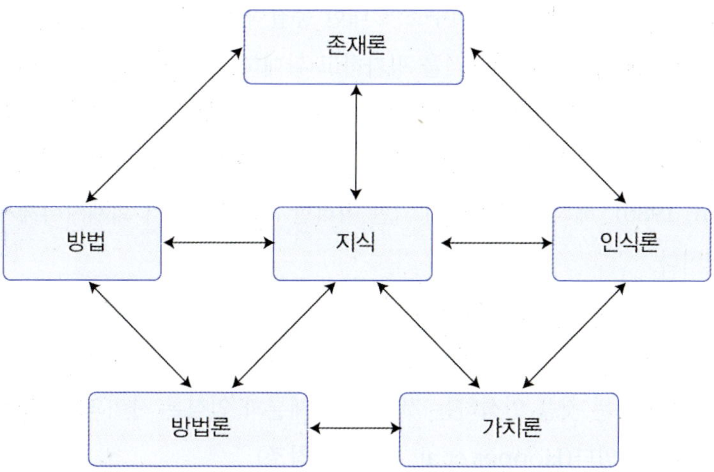

자료원: O'Reilly · Kiyimba(2015, p.23).

질적 연구의 과정은 본질적으로 반복적이지만, 연구과제의 이러한 요소들에 주목할 필요가 있다. 여기서는 서로간에 연구체계내부에서 이러한 개념을 맥락화하고자 하였다. 존재론, 인식론, 방법론, 방법 등이 관계되고 이러한 관계가 반복적이지만, 연구자는 논리적으로 자신의 인식론적 입장을 성찰해야 한다(Staller, 2013). 이렇게 실질적으로 연결된 각 개념이 어떻게 모든 의사결정의 기초를 이루는가와 이들이 연구문제와 어떻게 연결되는가에 관해 이해를 하는 것이 중요하다. 연구자는 실재와 지식의 본질에 관한 자신의 가정과 그 지식이 채택된 방법을 통해 어떻게 가장 잘 평가될 수 있는가를 성찰적으로 고려할 시간을 가져야 한다(O'Reilly · Kiyimba, pp.23-24).

해석적 방법론에서는 사회세계를 인간이 상호작용과 협상의 과정을 통해 각 개인의 인상을 형성하는 세계로 간주한다. 그들은 사회행동과 상호작용이 사람, 사물, 상황에 관한 공유된 해석의 교환을 통해서만 가능하다고 믿는다. 실재는 해석 그 자체의 규칙에서 구체화되는 것이 아니라, 사람들이 경험하는 사건과 상황에 관한 해석으로부터 나오는 의미에서만 구체화된다. 사람들의 해석을 연구하는 데서 '과학적' 방법은 개인들이 간직한 의미가 안정적이라고 가정되는 그러한 분야에서 대규모의 통계적 연구를 통해 그러한 규칙을 명확하게 한다. 이와는 대조적으로, '해석주의자'는 문제를 이해하기 위해 '행동자의 경험 내부에서 그 사람의 방식을 느끼는 것'을 강조하면서 문제를 연구할 것이다. 이 과정은 안정적인 의미를 가지는 일부 잘 규정된 변수와 관련될 수 있는 것이 아니라 사람집단간에 상호작용의 본질로부터 나올 수 있는 많은 중요한 사회적 행동형태를 식별할 것이다(Wickramasinghe, 2011, p.544).

해석적 방법론과 같이 개인의 의미구조에 대한 통찰력을 구하려는 시도는 조직적 · 사회적 맥락에서 회계에 관한 우리의 지식을 평가하고 확대하기 위한 새로운 질문을 제기할 수 있다. 개인과 개인들간의 주관성을 반영하는 연구들은 회계에 관한 개인 자신의 주관성과 개인들간의 간주관성을 고려함으로서 회계의 이해를 확대할 기회를 표상한다(Ansari · McDonough, 1980). 해석적 방법론에 의한 이러한 회계학연구가 회계지식체계의 발전에 도움을 줄 것이다.

우리가 진공상태에서 연구를 시작할 수 있도록 연구방법이 주어진다고 생각하는 것은 현명치 않다. 필요한 것은 우리의 상황과 기회 뿐만 아니라 우리의 신념과 사고체계가 우리의 방법선택을 지배한다는 것을 인식하는 것이다. 존재론과 인식론 사이의 연결에 관한 논의가 이것을 예시할 수 있다(Hopper et al., 1995를 참조).

존재론은 실재를 가리킨다. 예를 들면, 사회와 조직의 존재에 관한 이해. 그리하여 존재론적 질문은 우리가 사회적 실재, 범주의 존재와 이들의 상호관계를 어떻게 보고 이해하는가를 가리킨다. 회계연구자는 사회적 · 제도적 · 조직적 실재를 탐구하며, 수많은 회계와의 연관성을 탐구한다. 극단적으로, 어떤 회계연구진영은 객관적 실재를 신봉한다. 이에 의해서, 그들은 해당현안에 관한 사람들의 해석인 주관적 판단과는 독립적인 편향되지 않은 자료를 찾는다. 그들에게 조직은 예를 들면, 일원적인 목표를 가지며, 그들은 조직의 사람들이 예산편성시스템과 같은 경영도구를 통해 이러한 목표를 달성하는지의 여부를 검토한다.

이와는 정반대로, 다른 연구진영은 주관적 실재를 신봉한다. 이에 의해서 그들은 개별적 가치와 판단을 강조하며 회계실무에 대한 이들의 영향을 강조한다. 그들에게는 조직이 어떻게 경영되는가를 지배하는 세계관이 있으며, 회계가 어떻게 실천되는가를 이해하기 위해 객관적 자료보다는 이러한 세계관을 반영한 자료를 수집하고 분석해야 한다. 여기서 우리가 보는 것은 존재론적 입장이 연구에서 실시하는 방식과 수집하는 자료의 유형과 그러한 자료를 분석하는 방식과 직접적인 관계가 있다는 것이다(Chua, 1986을 참조).

존재론은 절차를 규정하기 때문에 영향력이 분명히 있다. 인식론은 이것을 서술한다. 그것은 존재론적 입장과 연관된 지식을 어떻게 얻는가를 가리킨다. 또다시 존재론적 입장의 경우처럼, 하나의 극단에서 '지식을 획득하는 방식'중의 하나는 실증주의적 절차의 채택이다. 여기서 실증주의는 계량경제학과 같은 통계학적 도구와 수학적 도구에 의존하는 ('과학적 방법론'으로 알려진) 가설연역적 탐구방법의 이용을 가리킨다. 이 진영의 연구자들은 가설을 개발하고 검정하며 널리 인정된 이론을 반증하고자 한다. 이렇게 함으로써, 그들은 새로운 가설이 개발되고 추가 검정이 요청되기 때문에 지식이 진보한다고 주장한다.

이와는 대조적으로, 다른 연구진영은 해석적 방법론에 의존하면서, 반실증주의적 절차를 따른다. 이 연구자들은 가설을 검정하기 보다는, 복수의 행위, 사건, 사고와 이것들에 대한 사람들의 견해 등을 찾는다. 적절한 사회이론을 이용하고 그 이야기를 의미있게 하면서, 그들도 다른 방식으로 과학적 지식에 기여한다. 여기서 강조할 점은 지식을 획득하는 방식을 형성하는 것이 존재론이라는 것이다. 즉, 방법론 그 자체보다는 세계에 관한 우리의 이해가 연구방법에 어떻게 접근하고 자료를 어떻게 수집하고 설명을 어떻게 하는가를 결정한다.

연구자는 존재론과 존재론에서 도출되는 인식론을 고려해야 한다. 이외에 연구자는 그의 연구를 도출할 가치를 인식할 필요가 있을 것이며, 이것을 가치론(axiology)이라고 한다. 가치론적 가정은 다시 연구자의 존재론에 따라 다르다. 그 존재론이 법칙정립적인 실증적 연구자는 과학과 연구과정이 가치중립적이며, 이들이 그의 관찰로부터 매우 동떨어져 있다는 견해를 가질 것이다. 이 연구자는 모든 연구단계에서 편향을 제거하는 것에 관심이 있다. 한편, 해석적 연구자는 가치가 사실과 이 사실로부터 도출되는 해석으로 간주되는 것의 결정을 도와준다고 생각한다. 해석적 연구자는 자신의 연구가 편향을 가질 것이라는 점을 인정하지만, 이것이 그가 설명하고 다루는 특징이라고 주장한다(Farquhar, p.17).

그런데, 존재론, 인식론, 가치론 사이에 반드시 선형관계가 있다고 간주해서는 안 될 것이다. 실무에서 발생하는 것은 방법론적 선택이 우리의 존재론, 인식론적, 가치론적 입장에 의해 이루어진다는 것이다. 따라서 존재론·인식론·가치론·방법론 사이에는 불가피한 상호의존성이 있다. 이 때문에, 우리는 접점 사이에서 오가고 과학공동체에 수용가능한 그럴듯한 설명을 전개하는데, 이러한 조치가 사회적 영향도 가진다는 점을 알 수 있다(Tinker et al., 1982). 예를 들면, 회계에서 1970년대와 1980년대에 실증적 회계이론의 확대(Jensen · Meckling, 1976; Watts · Zimmerman, 1978)는 객관적 존재론과 실증주의적 인식론에 대한 연구자들의 신뢰에 의한 것이다. 1960년대에 회계정보역할에 관한 규범적인 선험적 이론화를 대신하면서, 실증적 회계이론은 신고전파경제학과 자본자산가격결정모형, 효율적 시장가설, 대리이론, 거래비용경제학 등과 같은 이들의 확장에 근거한 '핵심'(hard core)(말하자면, 이론적 가정)을 개발하였다(Neimark · Tinker, 1986). Hopper et al.(1995)는 실증적 회계이론의 발생이 말하자면, 과학주의의 발생, 재무이론, 경험주의, Friedman과 보수적 개혁의 시대, 수사학의 역할 등과 같은 상호관련된 많은 요소들에 기인한다는 것을 보여주었다.

그렇게 발전한 실증주의적 전통은 실증적 회계학연구에도 영향을 주었다. 연구자들은 신고전파경제이론에 영향을 받아서, (관리)회계를 조직과 사회에 의해 제약받지 않고 사회적 가치나 이데올로기와는 독립적인 사실적 · 객관적 정보를 제공하는 과정으로 간주하였다. 이 전통에 속하는 연구자들은 Jensen · Meckling(1976), Baiman(1982, 1990)의 대리이론, Spicer · Ballew(1983)의 거래비용이론, Demski · Feltham(1978)의 정보경제학 등과 같이 신고전파 경제학체계를 뒤따랐다. 따라서, 이 연구프로그램은 (주로 북미에서) 지배적으로 되었으며, (관리)회계의 전통적인 지식을 구성하였다(Scapens, 1984). 이후에, 주류회계학은 상당한 비판을 받게 되어, 사회학적 (관리)회계연구진영이 등장하였다(예를 들면, Tinker et al., 1982; Tomkins · Groves, 1983; Hopper · Powell, 1985; Chua, 1986; Wickramasinghe, 2011, p.546).

제5절 해석적 방법론의 연구설계와 과정

1. 연구설계와 과정의 의의

연구(research)는 우연히 이루어지는 발견과는 다르게 어떤 목표를 달성하기 위해서 계획에 맞추어 연구대상을 반복적으로 탐구(re-search)하는 과정이다(Merriam · Simpson, 2000, p.5). 한 주제에 대한 반복적인 탐구를 위해서는 체계적인 준비가 필요하며, 이것이 해석적 연구의 첫 번째 단계인 연구설계의 단계이다.

연구과제를 설계할 때, 관심을 갖게 된 연구주제의 아이디어로 시작한다. 연구주제를 발견하는 것이 중요하지만, 마찬가지로 연구과제의 전체 계획을 구성하는 연구설계를 그리는 것도 중요하다. 실제연구를 시작하기 전에 연구과정과 관련해서 여러 가지 차원으로 생각할 필요가 있을 것이다.

연구설계는 연구과제 전체를 위한 계획이다. 이 계획은 연구제안에 포함되어야 한다. 연구설계는 연구과제의 모든 다양한 요소들에 관해 결정한다. 즉, 연구주제(문제)의 확정, 이론적 배경, 철학적 가정, 연구방법, 자료수집방법, 자료분석방법, 최종작성법, 연구결과를 발표할 계획으로 구성된다.

연구설계의 주요한 목적은 전체연구과제의 진행계획(road map)을 세우는 것이다. 그것은 하고자 하는 것과 시기에 관해서 명확한 지침과 절차를 포함해야 한다. 그러나 대부분의 해석적 연구는 반복적이기 때문에, 연구설계를 최종적인 것으로 간주해서는 안 된다. 연구과제가 진행됨에 따라 연구계획이 수시로 변경되기도 하고 연구과정은 순환할 수도 있다는 것이 실증적 방법론을 적용하는 실증적 연구와 다른 점이다.

연구설계의 또다른 목적은 연구를 실시할 수 있고, 연구과제가 중요하다는 것을 관련당사자들에게 설득하는 것이다. 연구제안은 본질적으로 그 제안연구가 중요하고, 관련있고, 흥미로운 것이며, 연구설계가 건전하고, 연구자가 그 연구를 성공적으로 실시할 수 있다는 것을 독자에게 설득하고자 하는 주장이다(Marshall · Rossman, 1989, p.12).

2. 연구설계의 요소

해석적 연구는 잘 짜여진 계획을 그대로 따르지는 않는다. 철학적 · 방법론적 가정 때문에, 대부분의 해석적인 연구설계는 연구과정에서 계획변경과 연구상황의 변화를 허용한다. 실제의 연구과정에서 연구설계를 따르지 않더라도, 이 연구과정이 사전에 계획되어야 하는 일부 핵심요소를 인식하는 것은 도움이 될 것이다. 연구계획을 작성할 때, 다음과 같은 연구설계의 요소가 필요하다.

1) 연구주제선정

가장 중요한 기본원칙은 연구를 위한 아이디어가 적합하고 연구가능한지의 여부와 같은 연구가능성(researchability)이다. 모든 연구문제가 본질적으로 경험적이지는 않을지라도, 연구주제가 경험적으로 연구될 수 있는가의 여부를 생각해서 연구주제를 스스로 결정해야 한다(de Vaus, 2001; Flick, 2002). 주제를 선정하기 위한 좋은 기준은 관심과 우선성(priority)이다. 주제에 관심을 가져야 한다. 모든 주제에 관한 문헌검토도 그 주제의 연구가능성에 관해 알려줄 것이다. 연구주제를 선정할 때 고려해야 할 세 가지 요소는 ① 최근

문헌과 좋은 논문이 많이 있어야 한다. ② 자료를 구할 수 있어야 한다. ③ 연구주제가 관심이 있는 분야이어야 한다(Eriksson · Kovalainen, 2008, pp.26-27).

2) 연구문제확정

연구문제는 탐구하고자 하는 현안을 더욱 정확하게 정의한다(*ibid.*, p.27). 일단, 주제를 선택하였다면, 다음 과제는 한 가지 이상의 연구문제를 개발하는 것이다. 연구문제는 말하자면, 자료를 획득함으로써 경험적으로 해결할 수 있는 방식으로 만들어야 한다. 문제는 또한 선택한 분야의 특정한 현안과 관련이 있어야 한다. 연구문제는 해결할 수 있도록 설계해야 한다. van Manen(2000)은 인간 과학의 다양한 접근방법에서 어떤 한 가지 연구방법이 어느 특정한 문제를 탐구하는 유일한 길이 아니라고 강조하면서, 중요한 출발점은 문제 자체와 그 문제를 이해하는 방식이지 방법이 아니라고 한 바 있다(p.26).

연구문제를 확정한다는 것은 연구를 구체적으로 시작하기 전에 자신이 연구하고자 하는 바를 명확히 하고, 연구하고자 하는 구체적 주제에 대해서 기존연구가 어떻게 진행되었으며 앞으로 어떤 연구가 진행되는 것이 바람직한지를 확정하는 것이다(유기웅 외, 2012, p.165).

일반적으로 문제라는 단어는 해답을 필요로 하는 물음, 해결하기 어렵거나 난처한 대상을 뜻하지만, 연구에서 문제는 일정한 주제에 대해서 알려진 지식과 알고자 하는 지식 사이의 차이를 뜻한다(Merriam, 2009, pp.58-64). 다시 말해, 연구문제란 본 연구를 통해서 기존연구에서 밝혀내지 못한 새롭게 밝혀질 지식이 무엇인지를 명확히 하는 것이다. 연구의 문제를 선정한다는 것은 구체적으로 무엇을 연구할지를 확정하는 것이므로, 연구의 필요성, 중요성, 과정 등에 대한 종합적 검토 이후에 결정한다. 연구문제 안에는 연구를 통해 밝혀내고자 하는 바가 드러나게 된다. 즉, 연구문제를 통해서 독자들은 본 연구가 어떠한 이론적 틀을 통해 이루어질 것이며, 연구의 결과를 어떻게 활용할 수 있을지 유추해 볼 수 있다. 잘 서술된 연구문제는 이 연구가 어떻게 학문분야에서 이론적으로 그리고 현실 속에서 실질적으로 기여를 할 수 있는지를 발견할 수 있다(Marshall · Rossman, 1989).

기업의 실무로부터 연구문제를 개발하는 것도 가능하지만, 대부분의 연구자는 연구문헌으로부터 연구문제를 개발한다. 논문을 작성하고 있을 때나 특정한 주제에 관해 문헌검토를 하고 있을 때, 대부분의 논문이 추가연구를 위해 제안하는 부분을 가질 것이다. 달리 말하자면, 특정한 연구과제는 일부 연구문제에 답하였지만, 일부 새로운 문제를 제기할 것이다. 추가로 제안되는 연구문제는 연구과제에 귀중한 연구문제가 될 수도 있을 것이다.

Collis · Hussey(2003)는 〈도표 3-9〉와 같이 연구설계과정을 시작하기 위한 유용한 절차를 제안하고 있다.

첫 번째 단계는 특정한 주제에 관한 연구문헌을 읽는 것이다. 잠재적 연구문제의 목록을 생성하는 것과 같은 다른 단계들을 겪은 후에, 연구설계의 다음 단계로 이동할 준비가 된다.

연구문제는 전체연구과제, 연구방법과 이론의 선택 등과 연결되어 있다. 처음에는 개략적인 연구아이디어나 연구주제를 가지고, 연구주제를 연구가능한 문제로 재정의하고는 문헌분석을 통해 원래의 아이디어를 더욱 정확한 연구문제로 만들 것이다. 이 과정은 사실상 반복적이다(Eriksson · Kovalainen, p.27).

〈도표 3-9〉 **연구문제를 식별하는 방법**

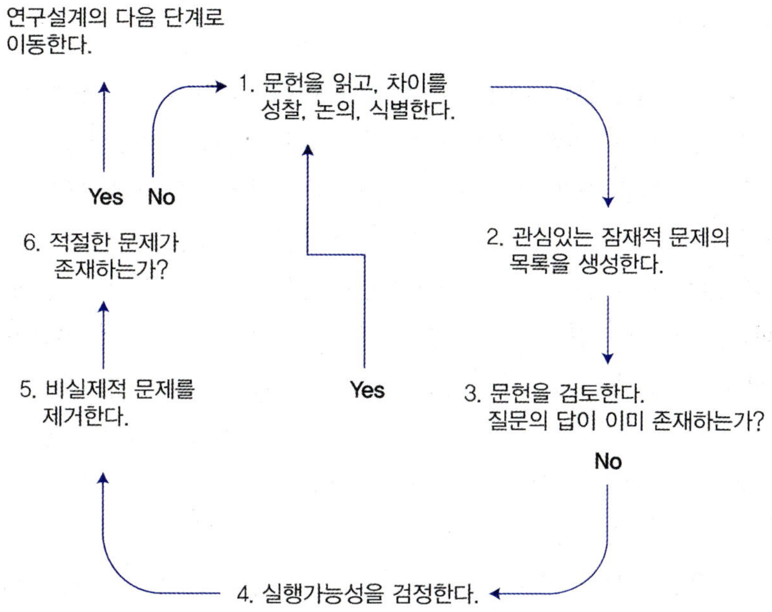

자료원: Myers(2009, p.22), 원전: Collis · Hussey(2003).

연구자가 문제를 확정할 때 고려해야 할 점은 다음과 같다(Marshall · Rossman, 1989).

첫째, 실행가능한 연구인지를 살펴보아야 한다. 연구자가 갖고 있는 연구의 능력, 시간과 자원의 제약, 연구할 대상의 접근용이성, 연구의 윤리적 딜레마 등을 종합적으로 고려해서 연구문제의 적합성을 살펴보아야 한다.

둘째, 연구할만한 가치가 있는 문제인지 살펴보아야 한다. 관심을 갖고 있는 연구문제이고, 연구를 실시하는데 시간과 자원이 충분할지라도, 연구의 가치가 없다면 실행하지 않는 것이 더 바람직하다. 아무리 훌륭한 연구문제라 할지라도, 무엇보다 해결하려는 연구문제가 기존의 연구에서 다루어지지 않았던 것이 밝혀져야 한다. 아울러 연구문제를 통해 밝혀질 결과가 해당 학문분야에 이론적으로 혹은 실천분야의 실무자와 정책자들에게 어떠한 기여를 할 것인지가 확실해야 훌륭한 연구주제가 될 수 있다.

셋째, 연구자가 원하는 문제인가를 고려해야 한다. 다른 연구에서도 마찬가지지만, 질적 연구에서는 특히 연구자가 자료수집과 분석에서 직접 도구가 되어서 현장에 참가하는 특성을 갖고 있다. 따라서 연구자가 연구하기를 원하는 주제이고 연구자가 이 연구를 하고 싶은 충분한 관심과 에너지가 있는지를 고려해서 연구주제를 정하는 것이 필요하다(유기웅 외, p.167).

3) 철학적 가정

모든 연구과제는 기본적으로 세계의 본질(존재론)과 세계에 관한 지식을 어떻게 획득할 수 있는가(인식론)에 관한 철학적 가정에 기초하고 있다. 이러한 가정은 암묵적으로 당연한 것으로 간주되어 논의를 하지 않는다. 그러나 해석적 방법론을 적용하는 연구자들은 이러한 철학적 가정을 분명히 언급해야 할 것이다. 이러한 철학적 가정은 모든 연구설계의 기초를 형성하게 된다. 회계학을 포함한 사회과학에서는 세 가지 철학적 관점 또는 패러다임이 있는데, 이들은 실증적 관점, 해석적 관점, 비판적 관점이다. 일반적으로 우리나라에서는 실증적 방법론에 익숙하기 때문에, 실증주의를 당연한 것으로 간주하여 이를 잘 언급하지 않는다.

해석적 방법론에서는 주로 해석학과 현상학을 철학적 배경으로 하고 있으며, 해석적 방법론의 철학적 가정에 관해서도 제3장 제4절에서 살펴본 바 있다.

만약 실증적 연구를 실시하려고 한다면, 연구설계는 한 가지 이상의 가설을 검정해야 할 것이다. 만약 해석적 연구를 실시하려고 한다면, 연구설계는 가설의 검정보다는 연구주제나 이론을 탐구해야 할 것이다.

4) 이론선정

어떤 주제를 선택하고 잠재적 연구문제를 확정하고, 철학적 가정을 고려한 후, 연구설계의 다음 단계는 이론을 선택하는 것이다. 그러나 실무에서 많은 연구자들은 연구도중에 이론체계를 변경하기도 한다. 이것은 특히 근거이론과 같이 해석적 연구의 반복성을 강조하는 연구방법의 경우에 특히 그러하다.

적절한 이론의 선택처럼, 적절한 연구방법의 정확한 선택도 중요하다. 그리고 그 선택의 적절성은 연구문제를 통해 생각할 필요가 있다. 그것은 경험적으로 연구가능한가? 연구문제를 해결하기 위해 경험적 자료를 얻는 것이 가능한가? 그것은 너무 광범위하거나 협소한가? 연구과정에서 생각할 필요가 있는 이러한 문제에 대한 답을 발견하는데 도움이 되는 이론을 선정해야 한다(Eriksson · Kovalainen, p.28). 따라서 질적 연구의 설계에서 핵심적인 의사결정은 이론이 연구문제와 자료수집을 알려주는 정도와 관련이 있다(Eisenhardt, 1989). 일부 개념화와 선험적인 이론적 경향은 올바른 맥락과 특정한 관심분야로 경험적 관찰을 유도하기 위해 필요하다. 이것은 면접주제를 정하고 많은 연구증거를 여과하는데 도움이 될 것이다. 연구자는 자신이 포착하기를 원하는 사실에 대해 그물망을 던지면서 보기를 기대하는 것에 관한 일부 묵시적 가정을 가지고 현상에 접근한다(Vaivio, 2008, p.74).

해석적 연구에서 이론의 역할은 가설검정의 목적으로 이론이 이용되는 가설연역적 연구와는 달리, 예측을 하는 것이 아니다. 연구에서 이론의 선택과 이용은 연구목적과 연구문제에 달려있다. 연구방법의 철학적 기초는 연구를 위해 선택하는 이론 및 이들을 이용하는 방식과 관련성을 가질 것이다.

해석적 방법론에서는 상징적 상호작용론, 일상생활방법론, 행위자연결망이론, 구조화이론, 제도이론 등과 같은 사회(학)이론들이 많이 이용되고 있다.

5) 연구방법선정

모든 연구자는 사회현상을 어떻게 조사할 것인가를 결정할 필요가 있다. 질적 연구에 다양한 철학적 관점이 있는 것처럼, 다양한 질적 연구방법도 있다. 연구방법은 기본적인 철학적 가정으로부터 연구설계와 자료수집까지 이동하는 탐구의 전략(strategy of enquiry)으로 정의할 수 있다. 연구방법은 현상에 관한 경험적 자료를 발견하는 방식이다. 각 연구방법은 일단의 기본적인 철학적 가정(실증적 · 비판적 · 해석적 방법론의 철학적 가정)을 기초로 구성되며, 연구방법의 선택은 연구자가 자료를 수집하는 방식에 영향을 준다. 특정한 연구방법은 상이한 기술(skills)과 연구실무를 의미한다(Myers, 2009, p.24). 따라서 모든 상황에서 최상으로 간주될 수 있는 하나의 연구방법은 존재하지 않는다(Smith, 2017, p.72).

해석적 방법론에서는 (관여주의적 연구를 포함한) 실행연구, 민속지학, 근거이론, 사례연구 등의 연구방법이 많이 이용되고 있다.

6) 자료수집방법

일단 연구방법을 결정하였다면, 다음 단계는 이용하려는 자료의 수집방법을 결정하는 것이다. Wolcott(1992)에 의하면, 질적 방법론에서 주로 이용하는 자료수집방법에는 비참여관찰, 참여관찰, 면접, 문서수집 등이 있다. 비참여관찰방법에는 인성학(human ethology), 관찰자연구 등이 있고, 참여관찰방법은 다시 민속지학과 현장연구로 분류하고 있으며, 민속지학은 다시 공동체연구, 민속학, 인류학적 생애사, 미시민속지학, 의사소통의 민속지학 등으로 분류하고, 후자는 일상생활방법론, 대화분석, 현상학, 후기구조주의 등으로 분류하고 있다. 이외에 면접방법으로는 탐색적 저널리즘, 전기, 구술사로 분류하고, 문헌방법에는 역사, 문헌비평, 철학, 내용분석 등으로 분류하고 있다(Guercini, 2014, pp.665-666). 사회과학에서 주로 이용하는 자료수집방법은 면접(interview), (참여)관찰, 문서수집 등이다. 면접의 주목적은 면접대상자의 관점을 이해하기 위한 것이며, 자신이 직접적으로 관찰하지 못하는 다른 사람의 자연스러운 환경을 알 기회를 제공한다. 면접은 면접자와 면접대상자 사이에 일어나는 복합적이고 역동적인 과정이다(김귀분 외, p.90). 따라서 연구자는 피면접자의 배경을 알아야 하고, 피면접자에게 적합한 주제를 다루어야 한다. 어려운 용어의 사용을 피하고, 피면접자의 언어로 말해야 한다. 연구자는 면접하는 동안 자신의 의견을 피력하거나 어느 한 쪽을 지지해서도 안된다. 그렇지 않다면 현장연구가 정치화될 위험이 있게 될 것이다(Vaivio, *op cit.*, p.75).

7) 자료분석방법

일단 자료를 수집하였다면, 다음 단계는 자료를 분석하는 것이다. 대부분의 해석적 연구가 많은 자료를 생성하기 때문에, 자료의 분석방법에 관한 계획을 세울 필요가 있다.

해석적 자료를 분석하는 방법에는 코딩(coding)[41], 메모[42], 분석적 귀납(analytical induction)[43], 일련의 사건(series of events)[44], 중요한 사건(critical incidents)[45], 해석

---

41) 해석적 자료를 분석하는 가장 간단한 방법 중의 하나가 자료에 부호(code)를 부여하는 것이다. 부호는 문장, 문단, 또는 면접전체를 서술하거나 요약하기 위해 이용되는 단어일 수 있다(Myers, 2009, p.167).

42) 메모도 자료를 분석하는 유용한 방법이다. 메모는 연구기간에 무엇이 발생하는가 또는 연구자가 실행하는 것에 관한 연구자 자신의 논평이다(*ibid.*, p.168).

43) 분석적 귀납은 하나 이상의 사례에서 어떤 현상에 관한 인과적 설명을 전개하기 위한 방법이다(*ibid.*, p.168).

44) 일련의 사건은 시간순서대로 사건들을 편성하는 것이다. 사건은 범주로 분류될 수도 있으며, 사건은 서사형태로 서술될 수 있고 도표나 흐름도로 요약될 수 있다(*ibid.*, pp.168-169).

45) 중요한 사건은 사람들에게 연구자가 매우 중요하게 간주하고 연구에 적절한 것으로 간주하는 사건을 논하도록 요구한다. 이것은 사실상 일련의 사건 방법보다 더 간단한 형태이다(*ibid.*, pp.169-170).

학(hermeneutics)[46], 기호학(semiotics)[47], 내용분석[48], 대화분석(conversation analysis)[49], 담론분석(discourse analysis)[50], 서사분석(narrative analysis)[51], 은유적 분석(metaphorical analysis)[52] 등이 있다. 회계학에서 가장 일반적으로 이용되는 해석적 자료분석방법은 해석학, 서사분석, 담론분석, 내용분석 등이다.

자료수집과 자료분석은 논리적으로 상이한 단계이지만, 실제의 해석적 연구에서 이들은 동시에 진행된다. 자료수집과 분석은 (특히 근거이론의 경우처럼, 반복적인 방법을 이용하고 있다면) 반복적인 방식으로 진행되기도 한다.

자료분석후에는 최종적으로 보고서(또는 논문)을 작성하게 된다. 자료분석방법에 관해 상세한 것은 제18장에서 살펴본다.

3. 연구과정의 순환성

해석적 방법론의 연구과정은 상기의 연구설계에서 본 바와 같이 실증적 방법론의 연구과정과 다르다. 실증적 방법론을 실시하는 과정은 일반적으로, ① 연구참여, ② 연구주안점을 이해하기(선행연구와 이론적 배경, 문제진술), ③ 연구실시의 계획세우기(연구설계), ④ 자료수집(주로 기존자료의 표본추출, 면접, 설문지 등), ⑤ 자료의 이해(통계처리), ⑥ 연구결과 등의 순서로 이루어지지만, 해석적 방법론을 실시하는 과정은 ①, ②, ③이 동시에 이루어지며, 그 다음으로 자료수집과 자료의미를 이해하기 위한 분석절차에 들어가고, 최종적으로 보고하게 된다(Morris, 2006, pp.191-237).

해석적 연구과정은 실증적 연구과정의 경우처럼 일방적인 연구과정이 아닌 순환적인 과

---

46) 해석학은 기본적인 철학으로 취급될 수도 있고, 해석적 자료분석의 방법일 수도 있다. 이것은 주로 텍스트(자료)의 의미와 관련이 있다(*ibid.*, pp.170-171).

47) 기호학은 주로 기호(sign), 상징, 이들의 의미 등과 관련이 있다(*ibid.*, pp.171-172).

48) 내용분석은 문서나 시각적 자료의 내용을 미리 결정된 상세한 범주에 체계적으로 배분하고는 그 결과를 계량화하고 해석함으로써 그 의미를 나타내고자 한다(*ibid.*, p.172). 본서 제18장 제4절을 참조.

49) 대화분석은 행동의 유형으로서 또는 유능한 행위자의 성과로서 사람들에 의한 언어의 이용을 살펴본다(*ibid.*, pp.172-173). 본서 제18장 제1절을 참조.

50) 담론분석은 텍스트가 구성되는 방식을 살펴보며, 텍스트가 내재되어 있는 사회적 맥락과 관련이 있다. 담론은 논쟁이나 토론처럼 서로 오가는 의사소통을 가리킨다. 모든 언어는 사회적 상호작용으로 취급될 수 있지만, 담론분석은 주로 자연적으로 발생하는 사용언어에만 초점을 둔다. 따라서 담론분석은 의사소통에서 이용되는 실제언어사용과 관련이 있다(*ibid.*, p.173). 본서 제18장 제2절을 참조.

51) 서사란 연결된 사건에 관한 구어적 설명이나 문어적 설명 즉 이야기(story)로 정의된다. 서사분석은 해석적 자료의 해석과 분석에 대한 해석적 분석방법이다(*ibid.*, p.174). 방법(론)측면에서 서사방법을 논한 것은 Llewellyn(1999), Beattie(2014)를 참조. 본서 제18장 제3절을 참조.

52) 은유적 분석으로 우리가 지각하고, 말하고, 생각하고, 행하는 은유에 관한 체계적인 성찰이 가능하다. 은유분석의 첫 번째 단계는 텍스트에 있는 은유를 발견하는 것이고, 두 번째 단계는 이 은유들을 소수의 개념하에서 분류하는 것이다(*ibid.*, pp.174-175).

정의 모습을 가지고 있는데, 여기서는 연구과정의 상이한 국면에서 앞뒤로 이동한다. 연구과정은 앞에서 소개한 바와 같이 연구분야를 공식화하고, 관심있는 주제나 아이디어에 초점을 두고, 점차적으로 연구문제를 정의하고, 연구문제를 분명하게 표현하는 것으로부터, 그 연구현장에 진입한 후, 경험적 자료수집, 방법선택, 분석, 결과의 작성 및 문헌검토까지 많은 요소를 가지고 있으며, 그리하여 연구보고서를 작성하는 것은 연구자의 연구, 지식, 기술을 보여준다.

전통적으로 그리고 오늘날까지도 연구를 일반적으로 선형적인 과정인 것처럼 간주한다. 연구에 관한 이 사고방식은 연구를 가설연역적인 것으로 간주하는 것이다. 가설연역적 모형에 의하면, 연구자는 문헌, 주제에 관한 선행연구, 이론적 배경 등에 기초한 이론모형을 구성함으로써 연구를 시작하는데, 이 모형에는 여러 가지 관계와 조건이 자료에 존재할 것이다. 이 모형설정은 선행연구와 이론적 문헌에만 기초한다. 이 모형설정은 항상 가설설정을 유도하는데, 이것은 실태조사나 예를 들면 통계치를 통해 연구목적으로 수집한 경험적 자료에 대해 조작화되고 검정된다. 경험적 자료는 연구과정에 앞서 전개된 모형설정을 통해 분석되고 살펴보게 되며, 가끔 변수관계, 인과관계가 중요한 가설의 도움을 받는다. 경험적 자료의 분석으로부터 이 모형을 수정하게 되더라도, 분석후에 연구과정을 작성하는 연구보고서는 상대적으로 간단하다. 원인과 결과, 그리고 간단하거나 복잡한 인과적 명제 등은 특히 설명적인 연구설계가 문제로 될 때 자료를 분석하는 방식이다(de Vaus, 2001).

해석적 연구는 위에서 서술한 바와 같이 부분적으로만 전통적인 실증적 연구와 상응한다. 해석적 연구상황은 변수, 변수들의 상관관계, 인과관계 등에 관한 현재의 모형설정에 관해 작동하는 것이 아니라, 일상적인 순환성과 경험적 분석을 다양한 문헌검토와 이론에 연결하는 것에 관해 더 많이 작동한다. 선행문헌에서 관계의 존재보다는 경험적 자료의 연구문제와의 관련성이 중요하다. 해석적 연구에서 연구자가 경험적 자료를 통해 자신의 문제를 연구하는 방식은 변수간에 사전에 설정된 기존관계에 기초하는 것이 아니라, 연구의 초점 뿐만 아니라 연구의 맥락도 고려한다. 이것은 불가피하게 연구의 복잡성을 증가시킨다.

연구과정의 순환성의 일부는 성찰성(reflexivity)의 과정이다. 즉, 연구과정의 순환성 때문에, 해석적 연구자는 연구과정이 실증적 연구모형의 경우처럼 사전에 결정되지 않아서 연구과정을 전체로서 성찰하고 각 단계를 이전의 단계와 관련시켜야 한다.

지식은 정태적인 객관적 실체가 아니라 공동으로 생산된 유동적인 현상이기 때문에, 지식생산의 과정은 본질적으로 해석적 노력이다. 그러므로, 질적 연구에서 성찰성은 연구의 필수적인 부분이다. 이것은 질적 연구자가 연구의 시작부터 모든 지식의 번역이나 적용까지 성찰적이어야 한다는 것을 의미한다(O'Reilly・Kiyimba, pp.173-174).

성찰성은 반복적 과정이며, 그 기본형태는 연구자들이 연구과정에 대한 자신들의 영향을 가시적이게 하며, 연구자 자신에 대한 연구과정의 영향을 가시적이게 한다는 것을 의미한다. 양적 연구에서, 이 영향은 통제될 필요가 있는 편향으로 가끔 간주되지만, 질적 연구자의 경우 이것은 정보적인(informative) 연구부분으로 간주된다(Gough, 2003). Mauthner · Doucet(2003, p.414)가 말한 바와 같이, 대부분의 방법은 자료에 적용되는 일련의 중립적 · 기계적 · 탈맥락적 절차로 계속해서 제시되고 있다. 실시되는 모든 연구는 불가피하게 특정한 사회적 · 문화적 · 경제적 환경내에서 특정한 참가자집단과 더불어 발생하며, 이러한 맥락적 정보를 지식주장으로부터 인위적으로 추출할 수 없다. 의미는 궁극적으로 연구자와 참가자 사이의 협상된 상호작용의 산물이다(Finlay, 2002). 그리하여 새로운 지식에 대한 모든 주장은 성찰적으로 상황적인(situated) 것으로 인정할 필요가 있다(O'Reilly · Kiyimba, p.174).

분명히 성찰성은 질적 연구에 중심적이며, 연구자 자신의 견해와 가치가 연구결과의 생산에 어떻게 영향을 주는가를 성찰하는 과정은 연구에 신뢰성을 더한다(Jootun et al., 2009). 사회연구자는 연구되고 있는 사회세계의 필수적인 부분이라는 것을 인식하는 것이 중요하며(Mauthner · Doucet, 2003), 따라서 연구자의 의미구성은 이것에 의해 불가피하게 영향을 받는 것으로 인정되어야 한다(Willig, 2008). 연구자는 성찰적이기 위해 자신과 그 연구와 관련해서 비판적 관점을 취할 필요가 있다(Finlay, 2002). 본질적으로 연구자의 태도와 행동은 참여자가 어떻게 반응하는가와 생산된 결과의 본질에 궁극적으로 영향을 줄 것이다(*ibid*.).

성찰성은 현장연구를 실시하는 방식과 특히 관련이 있다. 즉, 연구자들은 연구대상과 관련해서 자신의 편향, 편견, 입장을 반영한다. 일반적으로, 성찰성은 연구과정, 취해진 입장에 따른 해석과 관련이 있다. 성찰성은 연구과정 전체를 비판적으로 조사하는 수단이다. 그리고 성찰성은 이러한 방식으로 이해되어 연구되는 현상의 설명타당성을 확립하기 위한 중요한 절차이다(Schwandt, 1997).[53)]

연구과정의 순환성은 소위 해석학적 순환[54)]과도 관련될 수 있다. 해석학적 순환은 연구활동의 해석적 과정에서 의미를 심화하고, 이해하고, 구축하는 방법론적 과정을 가리킨다. 선행지식은 연구자에 의해 해석되며, 그 과정에서 전통(선행지식)은 수정되고 변경될 수 있

53) Willig(2008)는 성찰성을 질적 연구에 전념하는 연구자의 경우, 개인적(personal) 성찰성과 인식론적 성찰성이라는 두 가지 주요한 유형으로 개념화하였다. Willig는 연구가 연구자에 의해 어떻게 영향을 받고 변경되는가에 의해서 태도, 가치, 믿음, 경험, 정치적 연루, 사회적 정체성 등이 연구를 형성하는 방식에 관해 성찰하는 것을 포함하기 위해 개인적 성찰성을 제안하였다. 인식론적 성찰성은 연구자에게 연구와 그 이후의 결과에 대한 가정을 성찰하도록 촉구하면서, 연구자에게 연구문제가 어떻게 정의되고 제한되며, 연구의 설계가 어떻게 자료를 구축하는가를 고려하도록 요구하는 것으로 서술되었다.

54) 원래 Schleiermacher(1768-1834)에 의해서, 그리고 나중에 Heidegger과 Husserl의 연구에서 발전되었다. 제3절의 철학적 배경을 참조.

다. 해석학적 순환은 언어와 의미의 중심성이 중요한 독일의 이해(verstehende)사회학에 가깝다. 해석학에서 대상은 고정되거나 주어지지 않는다. 오히려, 대상은 해석되며, 조건부(contingent) 사물이다. 해석과정은 해석학적 순환의 과정으로 들어가는 것을 포함한다. 그리하여 해석학적 순환은 의미를 드러내는 방법으로 엄격하게 간주되는 것이 아니라, 연구자로서 우리가 참여하고, 우리가 처해있는 해석의 과정과 이해를 개념화하는 방식이다. 우리가 해석할 때, 그것은 우리 자신의 성, 경험, 문화, 기대가 없는 것이 아니다. 우리는 사물을 진공상태가 아니라 해석학적 과정에서 해석한다(Eriksson · Kovalainen, p.33).[55)]

제6절 해석적 방법론의 특징

해석적 방법론에서는 사회세계를 인간이 상호작용과 협상의 과정을 통해 자신들 개개의 인상을 형성하는 세계로 간주한다. 그들은 사회행동과 상호작용의 사람, 사물, 상황에 관해 공유한 해석의 교환을 통해서만 가능하다고 믿는다. 실재는 해석 그 자체의 규칙에서 구체화되는 것이 아니라, 사람들이 경험하는 사건과 상황에 관한 해석으로부터 나오는 의미에서만 구체화된다. 일반적으로 (자연)과학적 방법은 개인들이 간직한 의미가 안정적이라고 가정되는 분야에서 대규모의 통계적 절차를 통해 규칙을 명확하게 한다. 그러나 해석주의자는 문제에 관한 이해를 하기 위해 행동자의 경험 내부에서 그 사람의 방식을 느끼는 것을 강조하여 문제를 연구할 것이다. 이 과정은 안정적인 의미를 가지는 일부 잘 규정된 변수와 관련될 수 있는 것이 아니라 사람집단간에 상호작용의 본질로부터 나올 수 있는 많은 사회적 행동형태를 식별할 것이다(Wickramasinghe, 2011, p.544).

해석적 방법론은 질적 연구로부터 나온다. 원래 질적 또는 양적이라는 용어는 연구에서 자료의 성질을 가리켰다. 예를 들면, 양적 자료는 일반적으로 어떤 형태의 측정을 통해 획득되는 자료이다. 이러한 용어들이 자료를 수집하는 방법 이상을 점차적으로 의미하게 되었다. 양적 자료 대신에 양적 연구는 가끔 실증적 전통을 따르는 결과이다. 한편, 질적 연구는 해석적 연구와 더 일치한다. 연구가 실증적 · 해석적 인식론과 이들이 배태되어 있는 패러다임들에 국한되지 않지만, 이들은 거의 모든 연구에 보편적이다(Farquhar, pp.17-18).

김영천(2011)에 의하면, 질적 연구의 특징은 ① 내부자(emic) 관점의 포착, ② 특정사례연구, ③ 목적표본추출(purpose sampling), ④ 현장작업, ⑤ 유연한 연구설계, ⑥ 자료수집과 자료분석의 순환성, ⑦ 연구자와 연구대상 간의 친밀도, ⑧ 점진적 주관성, ⑨ 서술적

55) 더욱 상세한 것은 Giddens(1976)를 참조.

형태의 자료표현, ⑩ 투명성, ⑪ 연구도구로서의 연구자, ⑫ 반성적 연구활동 등 12가지를 열거하고 있고(pp.150-176), Yin(2011; 박지연 외 공역, pp.35-36)은 질적 방법론을 적용하는 질적 연구의 특징을 다음과 같이 다섯 가지로 간단하게 설명하고 있다.

① 인간 삶의 의미를 현실세계의 조건하에서 연구한다. ② 사람들(연구참여자)의 견해와 관점을 연구를 통해 제시한다. ③ 사람들이 살고 있는 맥락적 조건을 다룬다. ④ 인간의 사회적 행동을 설명하는데 도움이 될 만한 기존개념 또는 새로 등장하는 개념에 대한 통찰력을 제공한다. ⑤ 단일한 자료출처에 의존하기 보다는 다양한 자료출처를 확보하려고 노력한다.

〈도표 3-10〉 **양적 연구와 질적 연구의 강조점**

	양적 연구	질적 연구
과학적 방법	확증적, 하향식(연역), 자료를 사용하여 이론과 가설 시험	탐색적, 상향식(귀납), 자료에서 가설·근거이론·지식산출
존재론	객관적, 물질적, 구조적, 동의적	주관적, 정신적, 개인적, 구성적
인식론	과학적 실재론, 진리추구, 가설의 경험적 확증에 의한 정당화, 보편적인 과학적 기준	상대주의, 개인적 및 집단적 정당화, 다양한 기준
인간행위에 대한 견해	규칙적, 예측가능	상황적, 사회적, 맥락적, 개인적, 예측불가능
연구목표	양적/숫자적 서술, 인과설명, 예측	질적/주관적 서술, 공감적 이해, 탐색
관심	일반적인 과학법칙 판별	특정 집단과 개인에 대한 이해
초점	협소한 시각, 특정 가설시험	광범하고 심층적인 시각, 현상의 넓고 깊은 조사
관찰의 특성	통제된 조건 속의 행위 연구, 단일변수들의 인과적 효과 분리	자연적 상황 속의 개인과 집단 연구, 내부자 관점, 의미, 견해에 대한 이해 추구
자료의 형태	구조적이고 인증된 자료수집 도구 사용, 엄격한 특성에 기초한 양적 자료 수집	심층면접, 참여관찰, 현지조사, 개방형 질문지 등을 통한 자료 수집, 연구자 자신이 자료수집의 주요 도구
자료의 특성	변수	단어, 이미지, 범주
자료 분석	변수들 사이의 통계적 관계 판별	서술 자료 이용, 유형·전체적 특성의 탐색, 차이/변이 파악
결과	모집단에 대한 외부자의 객관적 관점에서의 재현을 제공하는 일반화 가능한 발견	내부자 관점을 제공하는 개별주의적 발견
최종 보고형태	형식적인 통계적 보고(상관관계, 평균의 비교, 발견의 통계적 중요성)	비형식적인 서사적 보고(맥락적 서술, 연구참여자에 대한 직접 인용)

자료원: 이기홍(2013, p.9). 원전: Johnson · Christensen(2012, pp.4-35).

한편 회계학자 Parker(2012)는 질적 연구와 양적 연구를 구별하는 주요한 세 가지 특징을 식별하고 있다. ① 회계가 독립적인 객관적 실재가 있다고 가정하는 대신에, 실재의 구성에 기여한다는 인식(예를 들면, Hines, 1988), ② 자료수집과정이 이론에 영향을 주고 그 반대도 될 수 있다는 인식(예를 들면, Ahrens · Chapman, 2006), ③ 복수의 이론이 과정과 관계에 풍부한 이해를 제공할 수 있다는 인식(예를 들면, Irvine · Gaffikin, 2006)

〈도표 3-10〉은 실증적 연구로 대표되는 양적 연구와 해석적 연구로 대표되는 질적 연구의 강조점을 보여주고 있다.

해석적 방법론을 적용한 질적 연구에서 수집된 자료는 사람, 장소, 대화 등을 묘사한 풍부한 비수치적 자료이기 때문에 통계적 절차를 통하여 쉽게 처리될 수 없을 것이다. 연구문제는 조작가능한 변수들로 진술되기 보다는, 복잡성을 지닌 그대로 주어진 상황 속에서 연구주제가 탐구될 수 있도록 진술된다(Glesne, 2006, p.224). 세부적이고 상세한 설명을 추구하는 까닭에, 대부분의 질적 연구는 표본규모가 작다.

회계학에서도 해석적 연구의 현황과 미래방향에 관한 논의가 있는데, 특히 Ahrens et al.(2008)과 이와 관련된 다양한 논평들 그리고 Kakkuri-Knuuttila et al.(2008a, b)와 Ahrens(2008)에서 활발하게 전개되고 있다. Ahrens et al.(2008)과 Scapens(2008)에서는 두 가지 핵심적인 관심사가 해결되지 않고는 분명한 방도는 없다는 주장되고 있다. 즉, 첫째, 해석적 연구는 실무와의 관련성을 가질 필요가 있다는 것과 둘째, 우리의 기존지식을 확대하는 이론적 이해에 확고하게 근거할 필요가 있다는 것이다. 해석적 연구에 관한 논쟁에 참여한 다양한 학자들은 해석적 연구가 방대하고도 다양한 범위의 연구를 다루고 있다는 점에 동의하고 있지만, 해석적 연구의 공통특징은 〈도표 3-11〉과 같다.

〈도표 3-11〉 **해석적 연구의 공통특징**

공통특징	
자연주의적	목적은 실무의 당위가 아니라 현재의 그대로의 모습을 연구하는 것이다.
해석학적	해석과 이해는 예를 들면, 개인적, 사회적, 문화적, 정치적 등의 다양한 관점을 통합하는 주안점에 의해 확립된다
사회적 구성	일상적인 실무의 이해 - 인간행동과 상호작용의 분석
절충주의(다원론)	다양한 이론, 연구방법, 학문의 성찰적 이용
설명	주관성과 이론적 관련성 사이의 균형(내부자 관점과 외부자 관점의 균형)
다양성	상이한 맥락, 문화, 배경 등에 대한 주안점.

자료원: Elharidy et al.(2008, p.141).

대부분의 해석적 연구들은 다음과 같은 특징을 가진다.

① 해석적 연구는 자연주의적이다.

해석적 연구의 가장 큰 특징 중의 하나는 자연스러운(naturalistic) 환경을 분석할 수 있는 능력에 있다(Merchant・Van der Stede, 2006). 이러한 질적 연구는 자연환경의 풍부성과 복잡성을 희생시키지 않으면서 연구문제를 파악하고자 한다.

해석적 연구는 현실세계의 실무, 의사결정, 상황을 분석・해석・이해하기 위해, 이들을 연구하고, 실용적 문제에 대한 해결책을 식별하는데 관심이 있다. 이의 주안점은 존재하는 그대로의 조직의 일상생활이지, 추상적 문제를 탐구하고 인위적인 해결책을 제시하고, 원격조정하고, 연구자가 현장에서 격리되어 원격렌즈를 이용하는 것이 아니다. 따라서 해석적 연구는 실무가 어떠해야 한다는 당위가 아니라, 있는 그대로의 모습을 연구하고자 하는 자연주의적 과학철학의 일부이다(Hopper・Powell, 1985; Kakkuri-Knuuttila et al., 2008b).

해석적 연구에서는 연구자가 현장 속으로 들어가서 참여관찰하고 면접하여 연구자료를 직접 수집하고, 연구자 스스로가 주된 연구도구가 된다(김영천, 2011, p.174). 즉, 실험실이나 연구자가 통제하고 조절한 상황 속에서 자료를 수집하는 것이 아니라, 연구자는 관심을 가진 사건이나 현상이 실제로 일어나고 있는 장소에 출입하기 때문에, 질적 연구는 종종 자연주의적이라고 일컬어진다. 나아가 연구자료는 이야기, 방문, 관찰 등의 현실 그대로의 자연스런 행동에 직접 참여하는 사람에 의해 수집된다. 그리고 여기서의 자료분석은 연구자가 직접 분석의 도구가 되어야 한다. 수집된 자료를 심층적으로 읽고, 이해하고, 그 의미를 추론해 나가면서 새로운 주제와 숨겨진 이해를 찾으려고 노력한다. 따라서 기계적인 해석이나 절차가 아니라 인간이 가지고 있는 다양한 탐구 기술(이해력, 공감력, 분석력, 상상력, 창의력 등)이 개인적으로 발휘되어야 한다(상게서).

해석적 연구에서는 연구자가 연구상황을 조작하지 않고 연구현상의 본질을 그대로 유지하려고 한다. 따라서 자연주의적 탐구는 실험연구와 대조된다. 실험연구는 연구자가 외적 영향을 억제하고 변경, 조작하여 상황을 완전히 통제하고 극히 한정된 수의 변수만을 측정한다. 해석적 연구는 자연스럽게 발생하는 현상을 자연 그대로의 상태에서 이해하는 데 목적이 있다. 해석적 연구에서의 연구상황은 자연스럽게 발생하는 사건, 프로그램, 지역사회, 관계, 연구자가 그 과정을 미리 정해놓지 않는 상호작용 등이다. 현실세계의 인간현상은 실험세계로 통제하고 조작할 수 있을 만큼 고정되어 있지 않다. 인간과 사회를 대상으로 하는 중재는 상당히 포괄적이고 변화무쌍하므로 정적인 처치란 있을 수 없다. 처치나 중재는 연구자가 연구를 진행하는 과정에서, 그 우선순위가 변화함에 따라 자주 변화한다. 해석적 연구는 실재의 복잡성과 역동성을 받아들인다(신경림 외, 2004, p.79).

② 해석적 연구는 서술적이다.

해석적 연구는 연구의 대상이 되는 어떤 사회적 혹은 자연적 현상에 대해 당위나 이념을 바탕으로 한 규범적 접근보다는 있는 그대로를 탐색하고 해석하는 서술적인 접근을 바탕으로 한다(박휴용, p.6). 해석적 연구에서는 연구결과가 서술 형식의 다양한 글쓰기 양식(서술적인 문장, 이야기, 시, 전기, 자서전, 소설적 표현, 희곡적 표현, 여행문적 표현 등)을 통하여 표현된다(김영천, 2011, p.172).

여기서의 자료수집은 수치보다는 말이나 그림의 형태를 띠게 된다. 질적 연구자료의 예에는 면접내용을 전사한 것, 현장 관찰일지, 사진, 비디오테이프, 사적인 문서, 메모, 공식적인 기록물 등이 있다. 수집된 자료를 분석하고 이해하는 과정에서 질적 연구자는 연구대상자의 진술물이나 다른 자료를 수치자료로 변형하거나 축소하려고 시도하지 않는다. 질적 연구자는 자료를 기록하고 옮겨 적은 그대로의 형식에 가장 가깝게 모든 자료의 풍부함을 그대로 간직한 채 분석하고자 한다. 질적 연구논문이나 보고서는 일화적(anecdotal)이라고 한다. 이는 질적 연구논문이 인용문을 포함하고 있으며, 이야기체로 특정한 상황이나 세상에 대한 관점을 기술하고 있기 때문이다. 모든 것이 연구참여자에 대한 보다 완전한 이해를 위해 필요한 잠재적인 단서가 된다고 생각하는 질적 연구자는 자료를 수집할 때 어떠한 사소하고 미세한 것도 놓치지 않으려고 노력한다.

해석적 연구는 조사되고 있는 상황에서 무엇이 진행되는가에 관해 상세한 설명을 제공한다.

해석적 연구는 더욱 광범위한 맥락에서 포괄적이고 맥락에 근거한 해석 뿐만 아니라 경영과정의 변화에 관한 상세한 설명을 제공한다(Elharidy et al., p.142). 그러나 이러한 상세한 것들은 사람의 행동이 발생하는 맥락에 관한 설명을 제공하기 때문에 질적 연구자에게 중요하다. Geertz(1973)는 사회적 상황과 가끔 개인에 관한 충실한 서술(thick description)을 권고한 바 있다. 서술에 관한 이러한 강조의 결과로, 질적 연구는 검토되고 있는 사회세계에 관해 상세한 정보가 풍부하다. 표면상으로는 이러한 상세한 정보의 일부는 무관한 것처럼 보인다.

③ 동태적인 실재와 과정 자체에 대하여 관심을 가진다.

해석적 접근을 이용하는 연구자는 인간이나 사회적 현상을 동태적인 것으로 간주한다. 세계는 끊임없이 변화한다. 변화는 자연스럽고, 인간경험의 속성이다. 질적/자연주의적 접근은 이 동태적 과정과 총체적 영향을 이해하고 서술하는 데 관심을 둔다. 질적 연구자는 일상생활의 실재를 반영하는데 관심을 두고 있으므로 당연히 단순한 산물이나 결과보다는 과정을 강조할 수밖에 없다. 그러므로 해석적 연구자는 변화를 통제, 제한하거나 방향을 인위적으로 조절하려고 하지 않고, 오히려 변화를 기대하고 변화의 가능성을 예상하면서 변화의 흐름을 따를 준비를 한다.

해석적 연구자는 결과나 산물보다는 과정을 중시한다. 즉, 해석적 연구는 실무를 실행하는 사람과 그 실무로 인하여 영향을 받는 사람들의 다양한 반응, 해석, 사람들이 상대방의 관점에 대하여 어떻게 상호 반응하는가, 어떻게 시각이 변화하는가 등을 강조한다. 사람들이 어떻게 의미를 교섭해 나가는지, 특정한 표현이나 용어가 어떻게 적용되는지, 특정한 의견이 왜 상식적인 것으로 수용되는지 등 현재의 결과를 초래하게 된 과정을 중시한다. 해석적 연구는 사회생활을 과정으로 보는 경향이 있다. 이러한 경향은 많은 방식에서 드러난다. 주요한 방식 중의 하나는 사건과 양상이 시간의 경과에 따라 어떻게 전개되는가를 보여주려는 관심이다.

민속지학적(ethnographic) 연구방법에 기초하는 해석적 연구는 특히 과정에 대한 이러한 강조와 관련이 있다. 민속지학자들은 오랜기간동안 사회적 상황에 몰입한다. 따라서 그들은 사건이 시간의 경과에 따라 전개되는 방식 또는 사회시스템의 상이한 요소들(가치, 신념, 행동 등)이 상호연관되는 방식을 관찰할 수 있다(Bryman · Bell, p.404).

④ 귀납적이다.

해석적 연구자는 자료를 귀납적으로 분석하는 경향이 있다. 해석적 연구자는 연구를 시작하기 전에 미리 지니고 있던 가설을 증명 또는 반증할 자료나 증거를 찾아나서는 것이 아니라, 수집된 구체적인 사례나 사항을 분류하는 과정에서 추상적 개념을 만들어 나가게 된다. 이러한 과정을 거쳐 개발된 이론은 수집된 독립적인 많은 증거자료로부터 상호관련성을 파악하여 밑에서부터 위로 도출된 것이다. 즉, 이론은 자료에 기초하고 있다. 질적 연구자는 중요한 문제점이 무엇인지를 파악할 수 있을 만큼 충분한 것이 알려지지 않은 상태에서 연구를 시작하기도 하며, 연구가 진행되면서 연구문제가 구체화되기도 한다. 해석적 연구자의 경우, 개념과 이론은 수집되는 자료로부터 귀납적으로 생성된다(*ibid.*, p.406).

⑤ 해석학적이다.

해석적 연구는 해석학에 뿌리를 두고 있는데(Llewellyn, 1993), 이것은 행위자가 (재)구성된 실재에 관한 실질적 이해에 도달하기 위해 주관적 실재를 비교 · 대조 · 재정의한다는 것을 강조한다(Guba, 1990; Klein · Myers, 1999). 그리하여 이는 복수의 주관/실재 사이의 의미와 상호작용을 재구성하고자 한다. 이러한 맥락에서 일부 회계연구자들(Kakkuri-Knuuttila et al., 2008b)은 해석적 연구가 객관적 이해(외부자 관점)의 요소 뿐만 아니라 주관적 해석(내부자 관점)의 요소를 반영해야 한다고 주장한다. 해석적 연구는 그 분석을 위한 출발점으로서 현장자료를 취하는 귀납적 접근방법에 기초하고 있지만, 이의 목적은 회계실무의 이론을 개발하는 것이다(Humphrey · Scapens, 1996). 해석적 연구는 행위자가 일상적인 행위에 기인하는 주관적 의미로부터 시작하지만, 이것이 배타적인 주관적 접근방법은 아니다. 해석적 연구는 행위자의 상식적인 해석과 논리적 일치를 통해 인간행동에 관한 설명을 제공하기 위해 이론을 이용한다(Ryan et al., 2002, p.42; 구치모 외 공역, p.70). 그리하여 해석적 연구는 (내부자 관점과 외부자 관점을 결합함으로서) 주관성과 이론적 관련성 사이의 균형을 추구한다.

⑥ 내부자 관점을 중시한다.

해석적 연구의 가장 기본적인 특징은 사건, 행동, 규범, 가치 등을 연구참여자나 내부자 관점, 연구대상자의 관점[56]에서 본다는 것이다. 질적 연구에서 관심을 갖고 있는 것은 의미이다. 해석적 연구자는 사람들이 그들의 삶에 의미를 두는 방식, 즉, 내부자 관점에 관심을 가진다. 내부자 관점에서 그들이 세상을 어떻게 이해하고 행위하고 있는지를 기술하는 데 질적(해석적) 연구의 목적을 둔다(김영천, 2011, p.150). 여기서 내부자 관점이란 내부자의 시각에서 바라보았을 때 정확한 해석이 가능하다는 말이고 이것은 주관적인 연구방법을 의미한다. 이는 질적 연구를 의미하며 정해진 틀에서 움직이는 것이 아니라 언제든지 자료가 변할 수 있다는 것이다(상게서, p.152).

연구대상자의 관점을 취하는 전략은 "연구대상자의 눈을 통해서 본다"는 말로 표현된다. 연구자가 연구대상자의 관점을 취한다는 것은 다양한 세계에 주의를 기울여야 한다는 의미이기도 하다.

해석적 연구자들은 연구대상의 의미가 어떤 거리를 두고 연구대상을 단순히 측정하거나 관찰하는 사람에게는 접근가능한 것이 아니며, 더욱 격리되고 중립적인 외부자 관점과는 대조적으로 내부자 관점의 채택을 필요로 한다고 주장하고 있다(Headland, 1990). 그리하여 해석적 연구는 생활세계와 그 의사소통이 검토되고 있는 사람들의 사회규칙시스템에 대한 심층적인 탐사를 필요로 한다(Kakkuri-Knuuttila et al., 2008a). 이러한 내부자 관점의 채택은 해석적 연구의 핵심적인 특징이다(Lukka · Modell, 2010, p.464).

내부자 관점을 중시하는 것은 필연적으로 내부자와 공감할 준비가 되어 있어야 하며, 내부자들이 가지는 의미를 파악할 수 있는 능력을 갖추어야 한다. 이 능력은 내부자가 사용하는 언어를 이해할 수 있는 능력을 필요로 한다. 공감대를 형성하여 유리한 입장을 확보하기까지 어느 정도 지속적으로 내부자들에게 연루되어야 한다. 이러한 관점은 철학적으로 현

56) 질적 연구문헌에서는 연구참여자 대신에 구성원(member), 내부자(emic), 연구대상자나 피험자(subject)라는 용어를 이용하기도 한다.

상학과 이론적으로 상징적 상호작용론을 기반으로 한다. 이로 인해 주로 이용하는 자료수집방법은 장기간의 참여관찰과 사전에 준비된 면접질문을 보다 융통성있게 활용하는 반구조화(semi-structured)면접이나 응답자의 이야기를 있는 그대로 기록하는 서사(narrative) 면접을 위주로 한 후, 이를 다양한 방식으로 코딩하여 분석하는 방법을 주로 활용한다(신경림 외, 2004, p.76; 박휴용, p.9).

많은 해석적 연구자들의 기본전제는 사회과학의 대상(사람과 그들의 사회세계)이 자연과학의 대상과 다르다는 것이다. 핵심적인 차이는 자연과학의 분석대상(원자, 분자 등)은 사건과 그 환경에 의미를 귀속시킬 수 없다. 그러나 사회과학의 대상(사람과 사회세계)은 의미를 사건과 그 환경에 귀속시킬 수 있다. 따라서 많은 해석적 연구자들은 자연과학의 대상과 사람 사이의 이러한 차이를 반영하는 방법론이 사람을 연구하기 위해 필요하다고 주장한다. 그 결과, 해석적 연구자들은 사건과 사회세계를 그들이 연구하는 사람(연구대상자)의 관점에서 보고자 한다. 사회세계는 연구대상자의 관점에서 해석되어야 한다(Bryman · Bell, p.402).

그런데, 연구참여자[57]의 관점에서 현실세계의 사건이 갖는 의미를 포착하려는 질적(해석적) 연구의 목표에 비추어 동일한 현상이나 사건에 대해 다양한 해석이 가능하다. 이러한 목표하에서는 연구참여자가 사건에 부여한 의미를 연구자가 조사하고 기록할 경우 동일한 사건에 대한 두 번째 의견, 즉, 연구자 자신의 의견이 불가피하게 반영하게 된다(Yin, 2011: 박지연 외 공역, p.41).

내부자(emic) 관점과 외부자(etic) 관점이라는 두 용어는 동일한 사건이 가질 수 있는 의미의 이중성을 명확하게 보여준다. 내부자 관점은 연구참여자가 현실세계에서 일어난 사건에 부여한 고유의 의미를 포착하는 것을 말한다. 한편, 외부자 관점은 동일한 사건에 대한 외부의 견해(주로 연구자 자신의 견해)를 말한다.[58]

내부자 관점과 외부자 관점은 서로 다른 경우가 많은데, 이는 관찰자의 가치체계, 입장, 성별, 연령, 인종, 민족 등이 내부자들과 다르기 때문이다.

가치체계의 차이는 사고과정에 서서히 스며든다. 이러한 차이는 질적 연구가 실시되고 기록되는 방식에 영향을 미친다. 이러한 현상은 심지어 현실세계의 여러 사건을 묘사할 때

57) 연구참여자와 연구대상자는 동일한 의미다.

58) etic과 emic이라는 용어는 연구에 대한 다른 관점(방법)을 가리키며, 1950년대와 1960년대에 언어학과 문화인류학에서 개발되었다(Headland, 1990). 이들은 언어학의 용어인 음성론(Phonetics)과 음소론(Phonemics)이라는 단어의 접미어에서 따왔다(Yin, 2011; 박지연 외 공역, p.41). 외부자 관점(때로는 연역적 방법, 하향식 방법)은 이론, 가설에서 시작한다. 한편 내부자 관점(때로는 귀납적 방법, 상향식 방법)은 참여자의 관점을 중요시한다. 여기서는 연구자가 자신의 선험적인 이론이나 가정을 고려하지 않고, 참여자의 관점을 우선시한다(O'Reilly · Kiyimba, 2015, pp.4-5). 회계학분야에서는 Bhimani(1999)가 처음으로 내부자(emic) 관점과 외부자(etic) 관점이라는 용어를 사용하였다.

도 나타난다. 불가피한 취사선택의 과정으로 인해 사건의 묘사라는 명백하고 간단한 일이 해석에 따라 좌우되는 문제가 되는 것이다(Lawrence-Lightfoot • Davis, 1997). 묘사과정에서는 현장상황에서 관찰된 모든 사건을 빠짐없이 다룰 수는 없다. 사회적 행동을 녹화하거나 녹음하면 사건을 완벽하게 설명할 수 있을 것 같지만, 사실은 이마저도 연구자가 정한 기본 틀(언제, 어디서, 무엇을 녹화하거나 녹음할 것인가)의 제약을 받는다. 그리고 사건과 그 본질에 의미를 부여하기 위해 연구자가 이전부터 사용해 왔던 범주 때문에 취사선택이 발생하기도 한다(예를 들면, Becker, 1998, pp.76-85).

이를 해결하기 위해 Geertz(1973)는 충실한 서술(thick description)를 주장하기도 하였다. 충실한 서술은 취사선택과 미리 형성된 범주에 대해 연구자가 인식하고 있음을 드러내거나 이에 대한 연구자의 경각심을 높이는 한 방법이다(Becker, 1998). 서술이 깊이있게 이루어질수록 임의적인 취사선택이 줄어들 것이다.

그러나 아무리 취사선택이 줄어들더라도 연구자가 최종 분석을 하기 위해 현실을 설명할 때 연구자로서 가진 자신만의 렌즈(관점)을 피하기는 어렵다. 따라서 연구자는 다양한 해석의 가능성을 지각하고, 자기도 모르는 사이에 연구자(etic) 자신의 해석을 연구참여자(emic)의 해석에 강요하는 상황을 방지하기 위해 최선을 다 해야 한다.

이러한 점에서 현장연구에 대한 서술은 구성되는 것이다(Guba, 1990). 현장의 환경조차도 미리 주어진 자연 그대로의 실체가 아니라 구성된 그 무엇이다(Emerson, 2001, p.43). 사람이나 지역의 문화를 연구할 때 연구자의 묘사는 2순위 또는 3순위의 해석으로 간주되는데, 이는 이러한 서술이 연구참여자가 자신과 그 동료들이 처한 상황에 대해 해석한 것을 연구자가 재구성한 것(Geertz, 1973, p.9, 15)이기 때문이다.

따라서 이러한 논리에 의하면, 현장연구자는 질적 연구에서 자료 수집을 위한 연구도구라 할 수 있다. 중요한 현실세계의 현상은 외적인 도구로는 측정할 수 없으며, 관찰된 행동에 대한 추론이나 사람들과의 대화를 통해서만 밝혀낼 수 있기 때문에, 대부분의 경우 연구자는 연구도구의 역할을 할 수밖에 없다(Spradley, 1979, p.7).

질적 연구를 하는 사람은 내부자 관점과 외부자 관점 간의 구별이나 동일한 사건에 대한 해석가능성을 속박이 아닌 기회로 본다. 질적 연구에 깔려있는 공통된 주제는 연구참여자의 관점이 외부자 관점과 얼마나 다른지를 보여주는 것이라 할 수 있다.

동일하거나 유사한 사건에 대한 다양한 해석가능성을 인정하는 것은 질적 연구를 사실주의보다는 상대주의로 특징짓게 하며, 대부분의 질적 연구는 이 두 가지 철학적 극단을 잇는 연속선상에 위치한다(Yin, 2011; 박지연 외 공역, p.44).

⑦ 총체적 관점에서 바라본다.

해석의 일차적인 목적은 현장에서 사람의 행동과 상호작용에 관한 총체적 이해를 개발하기 위해 개인의 경험과 집단의 경험을 탐구하는 것이다(Elharidy et al., 2008, p.142).

해석적 연구자는 현상을 하나의 전체로 이해하고자 한다. 연구자는 특정한 상황의 종합적인 본질을 추구한다. 총체는 부분의 합 그 이상의 복합적인 체계이다. 총체적 접근에서는 관찰된 것을 전반적으로 이해하기 위해서 인간의 사회적 환경이나 조직의 정치적 맥락에 대한 이해가 반드시 필요하다고 가정한다.

이러한 해석적 연구의 총체적 시각은 양적 연구의 시각과 극단적인 대조를 이룬다. 양적 연구에서는 통계적으로 분석될 수 있는 독립변수와 종속변수를 조작해야 한다. 연구결과는 구체적 변수로 확인·측정되어야 한다. 연구대상의 특성 역시 표준화되고 수량화된 차원으로 묘사되어야 한다. 이러한 변수들을 통계적으로 조작하거나 일률적으로 가설을 검정하거나 변수들을 통계처리하여 다른 집단과의 유의적인 차이를 밝히고자 한다.

해석적 연구자들은 이러한 양적 논리에 대해, 현실세계의 경험을 지나치게 단순화시키고, 쉽게 수량화할 수 없는 중요한 요인들을 간과하며, 진정한 의미와 전체로서의 영향을 전달하는데 실패한다고 비판하고 있다. 총체적 접근은 특정한 상황의 사회적 역동에 대한 포괄적이고 완전한 모습을 제시하기 위하여 연구상황의 모든 차원에 대하여 자료를 수집한다. 개개의 사례와 사건, 상황은 각기 나름대로의 의미를 지니고 있고 맥락과의 관계나 사례들 간의 관계 역시 고유하다는 것이다(신경림 외, 2004, p.81).

⑧ 맥락중심이다.

해석적 연구는 사건, 형태 등을 그 맥락에서 이해하기 위하여 맥락(context)을 중시한다. 이 특성은 해석적 연구의 또다른 특성인 총체성(holistic)과 뚜렷하게 분리하기가 어렵다. 맥락중심주의와 총체주의의 특성은 사람들이 그들 자신과 타인의 형태에 부여하는 의미를 가치와 관행, 그리고 연구사회의 내면적 구조를 정초해야 하는 연구양식을 낳게 되었다. 여기서 질적 연구자가 전하고자 하는 기본 메시지는 자료가 어떤 측면에서 수집되었는가에 관계없이, 그 사건을 보다 넓은 사회적·역사적·제도적·환경적 맥락에서 자리매김할 때 비로소 이해할 수 있는 것이다. 연구자가 관심을 두고 있는 자료가 참여자가 만들어 낸 것일 때, 이 자료가 어디서 어떻게 그리고 어떤 상황에서 만들어지게 되었는가를 알고자 할 것이다. 어떤 역사적 환경과 운동이 그 안에 포함되고 있는가? 질적 연구자에게서 행동과 몸짓, 단어를 그 맥락과 분리시키는 것은 중요한 시력을 잃는 것과 같다(상게서).

해석적 연구자가 상당히 상세한 정보를 제공하는 주요한 이유 중의 하나는 그가 특히 맥락적인 사회적 행동 이해의 중요성을 강조하기 때문이다. 이것은 행동과 가치가 맥락으로 이해되어야 한다는 것을 의미한다. 사회집단 구성원의 행동은 그가 활동하는 특정한 환경을 고려하지 않고는 그의 행동을 이해할 수 없을 것이다. 비합리적으로 보이는 행동도 그 행동이 발생하는 특정한 맥락을 이해할 때 완전한 의미를 가질 수 있다(Bryman · Bell, p.404).

사회적 상황의 맥락에 대한 서술을 바탕으로 일상생활방법론이나 구성주의를 기반으로 하는 연구가 있다. 이 연구들은 민속지학적(ethnographic)방법과 구성주의(constructivism)에 기반하여 매일의 일상적 삶의 모습들이 어떻게 사회적 실재를 구성하게 되는가에 관심을 갖는다. 즉, 해석적 연구의 목적은 어떤 개인의 의식에 직접 접근할 수 없기 때문에, 개인성향의 재구성이 아니라, 사회적으로 양식화된 일상적인 실무에 매몰되어 있는 개인의 일상적인 경험과 행동의 재구성이다(Myers, 2009). 그러므로 해석적 연구는 인간의 상호작용을 통해 등장하고, 주관적으로 생성되며 객관화되는 사회적 실재를 이해하고, 설명하고, 서술하고자 한다(Chua, 1986, p.615). 따라서 해석적 연구는 사회세계의 구성원들의 작용과 상호작용을 통해 생산되고 재생산되는 즉, 사회적으로 재구성되는 세계에 관심이 있다(Orlikowski · Baroudi, 1991).

여기서 주로 활용하는 자료수집방법은 민속지학적(문화기술적) 기록, 참여관찰을 통한 사회적 상호작용의 기록, 그리고 일상적 문서를 수집하는 것이고, 이렇게 영상, 음성기록, 문서 등의 형태로 수집된 자료는 대화분석(conversation analysis)이나 담론분석(discourse analysis)의 방법을 통해 분석된다(박휴용, p.10).

⑨ 연구자의 주관성이 있다.

양적 연구에서 연구자의 주관성(subjectivity)은 가능하면 배제하여야 할 문제점으로 인식된다. 그러나 해석적 연구에서 연구자의 주관성은 연구의 중요한 측면을 이룬다. 해석적 연구에서 연구자는 관찰 · 질문하고, 연구참여자와 상호작용하는 과정에서 연구자 스스로가 일차적인 연구도구가 된다. 따라서 연구자의 객관성에 대한 관심이 해석적 연구에서는 연구과정에서 연구자의 주관성의 역할에 대한 관심으로 대체된다(Schwandt, 1997).

Burrell · Morgan(1979)에 의하면, 해석적 연구는 주관성과 관련이 있다. 이 입장은 정반대의 존재론적 · 인식론적 가정을 분명히 할 목적으로 전통적인 기능적 · 실증적 접근방법과는 전형적인 대조를 이루며 이용되고 있다(Laughlin, 1995; Tomkins · Groves, 1983).

해석적 연구에서 연구자의 주관적인 관점은 자료에 입문하는 하나의 방법으로 간주된다. 연구자 자신의 자아의식, 정체성, 관점 등이 주어진 자료를 해석함에 있어서 특정한 시각에서 바라볼 수 있게 한다는 것이다. 해석적 연구자는 자신의 경험, 지식, 이론적 성향, 수집된 자료 등에 기초하여, 연구참여자의 세상과 경험에 대한 나름대로의 이해를 제시하는 해석자이다(Glesne, 2006). 여기서 해석적 연구자는 연구참여자와 함께 공유한 삶의 경험 속의 상호작용으로부터 의미를 파악해내는 의미생산자로 간주된다. 해석적 연구자는 연구참여자와 서로 대화를 통해 상호관계를 형성하므로 주관성은 불가피한 것으로 인정된다. 해석적 연구자의 목적은 과학적 설명이며, 설명의 적절성은 논리적 일관성, 주관적 해석, 행위자들의 상식적인 해석과의 일치 등의 기준에 비추어 평가된다. 이것은 연구자가 일상적인 상식과 관련된 세계에서 행위자들을 다루는 주관적 해석자이기도 하다는 것을 가리킨다(Pihlanto, p.163). 특히, 이 목적은 연구자의 주관성을 배제하려고 노력할 것이 아니라, 자신의 주관성과 정체성이 연구활동 자체를 어떻게 형성하고, 풍부하게 만들 수 있을지를 파악하여 성찰적으로 사고하는 것이다. 즉, 연구자의 주관성의 역할 및 중요성이 실증적 연구와 해석적 연구에서 상당히 다른 의미로 받아들여진다(Denzin · Lincoln, 2011).

전형적인 주관적 입장은 실재가 주로 인간마음의 투영이며, 그리하여 본질적으로 개별적인 인간에 의해 해석된다는 존재론적 가정에 기초하고 있다(Morgan · Smircich, 1980). 따라서, 개인들의 해석간에 수렴이 존재한다는 보증은 없다. 거의 무한한 수의 해석이 있을 것이며, 연구자들은 이들 중의 일부만을 파악하고자 할 뿐이다. 이러한 견해를 따르는 연구는 특별한 의미를 발생시킨 것을 설명하려는 연구자의 시도보다는 연구대상인 개인의 의미를 특권화하게 된다(*ibid.*를 참조). 모든 연구자가 실제로 할 수 있는 것은 주관적 의미를 충실하게 기록하고, 서술하고, 표상하는 것이다. 과학적 지식을 확대하는 수단으로서 이러한 의미를 추상화하고자 하는 모든 시도는 개인의 생활세계에 관한 연구자의 이해의 편파성과 그 해석이 무한할 수 있는 이유로 실패하게 될 것이다(Lukka · Modell, 2010, p.464). 따라서 회계학에서 해석적 연구를 적용할 때, 순수한 주관성을 파악한 경우는 거의 없다. 실제의 연구는 의미의 주관성보다는 간주관성을 강조하는 것 같다(*ibid.*, p.465).

⑩ 연구과정의 순환성이 있다.

여기서의 연구는 연구절차가 실증적 연구(양적 연구)에 비해 덜 구조화되어 있고 자료수집 및 분석과정이 유연하고 직관적이다. 그리고 연구자의 경험이나 직감 등에 의존하여 조사단계나 절차를 결정하고, 자료를 수집하며, 자료수집과 분석단계가 동시에 상호작용하며 이루어지는 경우가 많다(박휴용, p.7). 따라서 실제로 연구과정은 거의 명확하지 않다. 이것이 연구를 매우 자극적인 것으로 만드는 것이다. 즉, 연구자는 연구를 하는 동안에 새로운 것을 배운다. 연구자가 연구과제에 관한 생각을 시작하는 순간부터, 이 연구의 일부 심지어 연구자가 원래 선택한 방법을 수정하거나 변경하지 않고, 그리고 최종적으로는 연구과제의 최종형태를 작성할 때 원래의 연구문제와 공식을 수정하지 않고, 연구자가 최초의 생각을 간단한 연구보고서로 직접 전개할 수 있는 경우는 드물다. 연구계획의 수정과 연구설계를 재공식화할 가능성은 질적 연구의 장점 중의 하나이다(Eriksson · Kovalainen, p.31).

선형적인 연구모형 대신에, 더욱 현실적인 연구과정의 모습은 순환적인 과정의 모습인데, 여기서는 연구과정의 상이한 국면에서 앞뒤로 이동하는 것이 필요하다. 연구과정은 앞에서 소개한 바와 같이 연구분야를 공식화하고, 흥미로운 주제나 아이디어에 초점을 두고, 점차적으로 연구문제를 정의하고, 연구문제에 옳고 정확한 표현을 발견하는 것으로부터, 그 현장으로 진입한 후, 방법선택, 경험적 자료수집, 분석, 결과의 작성 및 문헌검토까지 많은 요소를 가지고 있으며, 그리하여 연구보고서를 작성하는 것은 연구자의 연구, 지식, 기술을 보여준다.

이외에 해석적 연구는 연구실이 아닌 현상이 발생하는 현장에서 사례를 중심으로 장기간 연구가 실시된다는 특징이 있다. 그리고 실질적인 연구현상을 설명하거나 이해하기 위해 다양한 연구방법, 이론체계, 관점을 이용하기 때문에 절충적(ecletic)이다. 해석적 연구자들은 이해를 하기 위해 다양성을 연구한다. 말하자면, 그들은 전통적인 상황에서 벗어나고, 상이한 맥락, 문화, 배경에 통찰력을 제공하여, 새로운 방식으로 지식을 생산함으로써 지식을 구축하고 확대하고자 한다(Elharidy et al., p.142).

요컨대, 해석적 연구는 사람에 따라 다양한 의미로 해석되고 있지만, 그 근본을 이루고 있는 두 가지 특징은 실증적 방법론과 연구동향에 대하여 지속적인 비판을 가한다는 점과 연구주제에 대하여 자연주의적 · 해석적인 접근방법을 취한다는 점이다(Denzin · Lincoln, 2011).

제7절 소결

해석적 방법론을 적용하는 해석적 연구는 민속지학적, 자연주의적, 해석적, 서술적, 현상학적, 참여관찰, 사례연구, 현장연구, 상호작용, 내부자 관점 등의 용어를 이용한다는 특징이 있다. 해석적 연구는 실재가 사회적으로 구성되는 본질을 가지고 있다는 것을 인식하고, 연구자와 연구대상자 사이의 친밀한 관계, 연구에 영향을 주는 상황적 제약 등을 강조한다. 따라서 해석적 연구에 연구자의 가치가 개입될 수 밖에 없다. 해석적 연구자는 사회적 경험이 만들어지고 의미가 부여되는 과정을 질문하고 그 답을 찾아내고자 한다.

해석적 연구자에 의하면, 실증적 방법론은 사회나 사회세계에 대해 이야기하는 하나의 방법론에 불과하다. 즉, 이러한 실증적 방법론은 다른 방법론에 비하여 더 우수하지도 열등

하지도 않으며, 단지 다른 종류의 이야기들을 표현할 뿐이라는 것이다. 나아가 사회변화와 삶의 다양한 경향으로 인해서 사회과학자는 점차적으로 귀납적인 방법을 사용하도록 요구되고 있다. 즉, 일반화된 이론에서 출발하여 그러한 이론을 검정하는 (가설)연역적 방법 대신에, 지식과 실재는 국지적인 지식과 실천으로 연구되어야 한다는 것이다(Bogdan・Biklen, 2006).

이러한 맥락에서 해석적 연구자들은 자신들의 연구성과를 평가할 때, 실증주의의 평가기준을 적용하기를 거부한다. 해석적 연구자들은 실증주의에 입각한 평가기준이 그들의 연구와는 관련성이 없으며, 실증주의의 기준은 특정한 유형의 과학만을 재생산할 뿐이라고 주장한다. 따라서 이러한 해석적 연구자들은 자신의 연구를 평가하기 위해 개인적 책무성, 연구참여자와의 대화, 다양한 목소리를 반영한 글쓰기, 감정과 정서의 반영, 진실성 등을 포함한 다른 대안적인 방법들을 추구한다.

질적 연구 특히, 해석적 연구의 목적은 특정한 맥락이나 상황을 이해하는 것이다(비판적 연구의 목적은 사회변화를 촉진하는 것이다). 이해는 맥락적 이해, 상황적 이해, 해석학적 이해, 개성기술적(ideographic) 이해, 사회학적 이해(verstehen)라고도 하지만, 그 본질은 동일하다.

해석적 연구에서는 그 목적은 독자가 연구된 특정한 현상을 이해하는 것을 도와주는 관점을 제시하는 것이다. 해석적 연구자를 비롯한 질적 연구자들은 자신의 분석 결과 자체에 대하여 연구참여자와 의견을 교환하고 연구참여자가 이러한 분석과정을 직접 경험하게 하며, 연구자가 연구대상의 상황에 직접 참여하여 감정이입을 할 수도 있다. 개발된 이론은 유사한 상황에 적용될 수도 있고 안 될 수도 있다. 다른 맥락을 고려할 때, 이 이론에 얼마나 주목을 해야 하는가를 결정하는 것은 저자가 아닌 독자에 달려있다. 법칙과 같은 일반화가 아닌 상황적(situated) 이해, 개성기술적 이해가 해석적 연구의 목적이다. 전통적인 사회과학은 법칙정립적(nomothetic)이다. 법칙정립적인 연구는 인간행동에 관한 일반규칙이나 법칙을 세우기 위해 특정한 것을 살펴본다. 그러나 개성기술적 연구는 법칙에 도달하기 위해 이러한 일반경험을 확증하거나 확대하지 않지만, 특정한 것들이 어떠하며, 무엇인가를 이해하고자 한다(Willis, p.189).

해석적 연구자는 연구참여자가 느끼는 내부자(emic) 관점이나 개별 사례에 입각한 입장 등에 초점을 두기 때문에, 특정한 사례의 구체적인 특성이나 세부사항에 관심을 둔다. 해석적 연구자가 사회적 현상 및 세상에 대한 풍부한 기술 및 묘사에 가치를 두는 반면에, 객관적이고 보편적인 일반화에 초점을 둔 양적 연구자들은 그러한 세부사항에 별다른 관심을 두지 않는다. 양적 연구자는 자세한 세부사항들이 일반화된 결과의 도출을 방해하므로 풍부한 세부사항에 의도적으로 무관심하게 된다(Denzin・Lincoln, 2011).

질적 연구에서는 내부자의 고유한 사례에 기초한 진술을 추구하므로, 특정한 사례의 상세한 세부사항에 주목하게 된다. 나아가 양적 연구에서 주장되는 초연한 관찰자로서의 연구자의 역할이 질적 연구에서는 보다 실천적이고 참여적인 역할로 대체된다. 양적 연구에서는 보편적이고 일반화될 수 있는 일반적인 연구결과를 추구한다면, 질적 연구에서는 특정한 문제와 상황에 적용할 수 있는 보다 지엽적인 소규모의 이론으로 대체되고 있다(곽영순, p.36).

양적 연구에서는 실증적 방법론이라는 하나의 방법론이 있는데 반하여, 질적 연구에서는 다양한 방법론이 있다. 양적 연구의 방법론은 실증적인 자연과학적 유형의 방법론으로 가설연역적인 형태를 가지는데 반하여, 질적 연구의 경우에는 많은 유형의 방법론이 존재하며, 각각의 상황에서 가장 적절한 것을 선택해서 이용할 것이다(김석웅, 2014, p.52).

양적 연구를 채택할지 질적 연구를 채택할지의 여부를 판별하는 기본적인 가정은 믿음이며, 결과적인 지식의 중립성이나 객관성에 있는 것이 아니다. 양적 연구자들은 객관성이 바람직할 뿐만 아니라 가능하다고 생각하는데 반하여, 질적 연구자들은 객관성이 가능하지 않으며 따라서 연구자는 자신의 주관성을 지각해야 한다고 생각한다.

주류회계학에서 양적 연구는 객관주의적 입장을 채택하고 있다. 이 연구를 법칙정립적(nomothetic)이라고 하는데, 이것은 법칙과 같은 일반화를 확립하려고 시도한다는 것을 의미한다. 이와는 반대로 주관주의적 접근방법은 개성기술적(ideographic)이라고도 하는데, 이것은 그 주안점이 문화적 · 역사적 특수성에 있으며, 연구자의 해석을 기초로 해서 서술이 이루어지는 것(예를 들면, 사례연구)을 의미한다. 주관적인 해석적 연구에서는 어떤 방법이 다른 방법보다 더 우월한 것이 없기 때문에 다양한 방법이 존재한다(상게서, p.53).

결국 연구자는 연구문제, 이론적 배경, 연구자 자신의 가치관(철학적 가정) 등에 따라 연구방법(론)을 결정하게 될 것이다.

한편, 연구설계는 연구과제 전체를 위한 계획이다. 이 연구설계에는 다양한 연구설계의 요소를 포함해야 한다. 이러한 요소에는 연구주제의 선정 → 연구문제의 확정 → 철학적 가정 → 이론선정 → 연구방법선정 → 자료수집방법 → 자료분석방법 등을 확정해야 하며, 이러한 연구과정은 실증적 방법론을 적용할 때처럼 순차적으로 발생하는 것이 아니라, 연구가 진행됨에 따라 변경되거나 순환할 수도 있다는 것이 해석적 방법론의 특징이다.

연구주제와 연구문제를 확정하는 것은 연구를 실시할 때, 모든 방법론에서도 해당하는 연구과정이다.

모든 연구과제는 세계의 본질(존재론)과 세계에 관한 지식을 어떻게 획득할 수 있는가(인식론)에 관한 철학적 가정에 기초하고 있다. 이러한 가정은 묵시적으로 당연한 것으로 간주되어 논의를 하지 않는다. 이러한 철학적 가정은 모든 연구설계의 기초를 형성하게 된다.

실무에서 많은 연구자들은 연구도중에 이론체계를 변경하기도 한다. 이것은 특히 근거이론과 같이 해석적 연구의 반복성을 강조하는 연구방법의 경우에 특히 그러하다.

적절한 이론의 선택처럼, 적절한 연구방법의 정확한 선택도 중요하다. 그리고 그 선택의 적절성은 연구문제를 통해 생각할 필요가 있다. 그것은 경험적으로 연구가능한가? 연구문제를 해결하기 위해 경험적 자료를 얻는 것이 가능한가? 그것은 너무 광범위하거나 협소한가? 연구과정에서 생각할 필요가 있는 이러한 문제에 대한 답을 발견하는데서 도움이 되는 이론을 선정해야 한다(Eriksson・Kovalainen, p.28).

해석적 방법론에서 주로 이용하는 이론은 사회학에서 주로 정립된 것으로 상징적 상호작용론, 일상생활방법론, 행위자연결망이론, 구조화이론, 제도이론 등이다.

모든 연구자는 사회세계를 어떻게 조사할 것인가를 결정할 필요가 있다. 연구방법에 관해서는 다양한 정의가 있지만, 여기서는 연구방법을 탐구의 전략(strategy of enquiry)으로 정의한다. 연구방법은 세계에 관한 경험적 자료를 발견하는 방식이다. 각 연구방법은 일단의 기본적인 철학적 가정(실증주의의 철학적 가정, 비판적 방법론의 철학적 가정, 해석적 방법론의 철학적 가정)을 기초로 구성되며, 연구방법의 선택은 연구자가 자료를 수집하는 방식에 영향을 준다. 특정한 연구방법은 상이한 기술(skills)과 연구실무를 의미한다(Myers, 2009, p.24). 해석적 방법론에서 주로 이용하는 연구방법은 실행연구, 민속지학, 근거이론, 사례연구 등이다.

연구방법을 정한 후에는 구체적으로 자료를 수집하는 방법과 자료를 분석하는 방법을 정해야 한다. 자료를 수집하는 방법에는 면접(구조화면접, 반구조화면접, 비구조화면접), 관찰, 문헌조사 등이 있는데, 해석적 방법론의 경우에는 반구조화면접과 비구조화면접, 그리고 참여관찰을 주로 이용한다.

자료를 분석하는 방법에는 해석학, 대화분석, 담론분석, 서사분석, 내용분석 등의 많은 방법론이 있다. 회계학의 해석적 방법론에서는 담론분석, 서사분석 등이 많이 이용된다.

자료수집과 자료분석은 논리적으로 상이한 단계이지만, 실제의 해석적 연구에서 이들은 동시에 진행되며, 자료수집과 분석은 반복적인 방식으로 진행되기도 한다. 자료분석후 최종적으로 보고서(또는 논문)을 작성하게 된다.

해석적 방법론을 적용하는 경우, 연구과정은 실증적 연구의 경우처럼 순차적으로 실시되지 않는다. 연구과정의 순환성으로 인해, 해석적 연구를 실시하는 동안 연구계획을 수정하기도 하고, 연구설계를 변경, 반복하기도 하는데 이것이 해석적 연구의 특징이기도 하다.

사회과학에 적용하고자 하는 해석적 방법론은 사회과학에서 그 객관성과 일반성에 대해 비판을 받고 있다. 해석적 연구가 구체성과 차이의 관점에서 경험을 유일한 것으로 받아들이고 해석대상으로 삼는데 대해, 주관적 경험은 개인적 체험이야기를 어떻게 일반화할 수 있는지를 문제삼는다. 더욱이 해석은 아무리 자기 반성적 거리두기와 무전제적 판단중지로부터 출발한다고 해도, 자의성과 주관성을 벗어날 수 없다는 비판도 피할 수 없다. 대표성을 갖지 못하는 부분에 대한 연구, 객관성을 확보하지 못하는 자의적 해석이라는 오명으로부터 벗어나기 위해, 해석적 연구는 방법론적 절차와 장치를 정교화함으로써 타당성을 획득하고자 노력해 왔다. 해석적 연구는 우연적 대상에 대한 자의적 해석이 아니라 섬세하고 과학적인 장치를 통해 객관화된 탐구라는 것이다.

해석적 연구의 분석방법에 도입된 과학적, 객관적 장치들로 인해 오히려 방법론의 본질을 놓칠 수 있다. 중요한 것은 방법론적 절차 너머에 있는 해석방향이다. 체험 이야기 뿐만 아니라 양적 통계자료도 해석적 연구의 대상이 되어야 하고, 연구자, 연구대상자, 관계, 언어, 권력 뿐만 아니라 연구방법의 절차도 철학적으로 해석되어야 한다.

현상학과 해석학은 해석적 방법론의 철학적 배경을 이루고, 연구윤리와 반성을 촉구할 수는 있지만, 구체적인 방법을 제공하지는 못하는 것 같다. 그러나 현상학과 해석학은 사회과학 방법론의 지평, 특히 한국의 회계학계가 오랫동안 안주해 온 실증적 방법론의 지평을 옮겨준다. 이것은 자연과학 제일주의적 규범에서 벗어나 이해와 설명은 하나라는 사실을 새롭게 발견하게 된다(김애령, 2010).

한편, 해석적 방법론의 시사점은 다음과 같을 것이다.

특히 현상학과 해석학에서 다루어진 주된 개념의 의미를 해석적 방법론과 연관시켜 살펴보면 다음과 같은 시사점을 얻을 수 있다(최신일, pp.272-274).

첫째, 현상학이나 해석학적 방법에서 언급되고 있는 "사물 그 자체로 돌아가라"는 의미이다. 이 말은 연구자가 어떤 사물이나 경험의 의미를 들여다 볼 때, 그 사물이나 사태 자체를 있는 그대로 보기 보다는 그것들의 축소된 변형물 혹은 추상화된 부분을 연구의 대상으로 삼기가 쉽다는 것이다. 다시 말하면, 해석적 방법론은 사람이나 사태 혹은 사물에 수량화나 범주화가 가해지기 이전의 상태, 즉 "있는 그대로"의 상태에 최대한 접근하고자 한다. 현상학과 해석학에서 주장하는 것은 어떤 현상들을 쉽게 분류해 버리는 것을 지양하고 사물이나 사태를 그의 전후관계나 상황을 통해서 파악하는 사물 자체의 맥락적 연구를 강조하고 있다.

둘째, 현상학과 해석학에서는 우리의 일상적이고 현실적인 삶의 문제를 연구의 출발점으로 삼고 있다. 이것은 삶의 실재성으로부터 시작해야 한다는 Dilthey의 주장과 사태로부터 출발해야 한다는 Husserl의 입장이다. 우리가 너무나 당연하게 받아들이는 우리의 일상적 삶의 모습들이 우리의 연구대상에서 배제되어버린 연구의 현실을 지적했다고 할 수 있다. 학문의 세계가 앎의 영역에 머물러 있을 경우, 그 앎의 토대인 삶의 구체적인 모습을 간과하기 쉽다. 해석적 방법론 역시 삶의 구체적 영역을 그들의 연구대상으로 생각한다.

셋째, 현상학과 해석학에서는 대화의 힘을 빌어 우리가 느끼고 생각하고 경험한 세계를 상대방에게 간주관적인 기술의 형태로 그 의미를 전달해 줌으로써 서로가 공유하고 있는 세계를 이해하고 승인할 수 있게 해준다. 현상학과 해석학에서 주된 방법으로서 대화가 가지고 있는 적절성이란, 사물의 대상의 성격에 일방적으로 의존하기 보다는 인식주체와의 삶의 연관성 속에서 파악할 수 있는 것이다. 여기에 개별화와 전체적 삶의 해석학적 순환을 주장하는 Dilthey와 간주관성을 주장하는 Husserl의 입장이 있다. 그렇기 때문에, 해석적 방법론에서는 연구자, 즉 연구주체와 연구대상(연구참여자) 사이의 부단한 대화의 과정에서 이루어지는 것이라 할 수 있다.

넷째, 현상학과 해석학에서는 어떤 사태나 사물을 파악할 때, 그것을 객관적인 상태에서 관찰하기 보다는 그들의 간주관적인 의식과 입장을 인정하고 그들의 관점에서 경험을 기술하는 일이 우선되어야 한다고 주장한다. 이것은 주관과 객관의 이원론적 태도에서 사물을 인식하려는 전통적 실증주의적 관점에 대한 비판적 견해로서 이런 현상은 연구과정에서 연구자와 연구대상자가 소외되는 경우를 종종 볼 수 있다. 연구자들이 자신의 현지적응에만 주로 관심을 기울이기 때문에, 연구대상자들이 연구자들에게 어떻게 적응해 가는지의 문제는 등한시 되었다. 이것은 연구대상자들이 연구의 객체로 취급하는 경우에 발생하게 된다. 그리고 연구자 자신을 소외시켜 버리는 경우도 있다. 연구주체와 연구대상이 철저히 소외되어 버린 연구과정에서는 조사의 절차를 최대한 객관화함으로써 연구과정 속에 객관적인 연구자만이 존재할 뿐 연구주체자로서의 사람이 배제되어버린 경우가 종종 발생한다.

다섯째, 현상학과 해석학은 인간의 일상적 삶의 맥락에서 출발하기 때문에 그들이 처해 있는 상황에 따라 선입견을 배제할 수 없다. 이러한 선입견은 대상과의 상호작용을 통해서 충분히 수정되고 보완될 수 있는 생산적 선입견이라 할 수 있다. 각자의 삶의 맥락이 다르다고 해서 단지 사적이거나 개인적인 것으로 판단해서는 안된다. 해석적 방법론에서는 사람들의 눈과 마음이 다를 수 있다는 전제에서 출발한다. 그렇기 때문에 서로 다른 눈과 마음을 맞추어 가는 해석학적 대화가 확보될 수 있다. 따라서 해석적 방법론에서는 보편타당한 진리보다는 합의의 과정을 통한 진리의 확보에 관심을 기울이고 있다.

여섯째, 현상학이나 해석학에서는 이해와 해석의 과정이 생생하고, 직접적이고 즉각적인 체험을 공유하고 있다. 이것은 진리를 입증하기 보다는 의미를 구성하고, 앎보다는 느낌을 강조하며, 과학적 엄밀성보다는 공감을 선호한다. 물론 여기서는 주관성이 강조되는 듯하지만, 단지 주관성에 머물지 않는다. 누가 보아도 그렇게 볼 수 밖에 없는 것이 아니라 내가 본 것을 타인도 보고 공감할 수 있는 형태로 구성해 가는 대화의 창구를 열어갈 때 일반성이 확보될 수 있다. 다시 말해서, 맥락 속에서 그 의미를 충분히 파악할 수 없는 자료를 양적으로만 늘려 가는 것이 곧 일반화의 길이라고 볼 수 없다는 것이 해석적 방법론의 견해이다.

일곱째, 현상학과 해석학은 전통 철학에 대한 하나의 대안적 패러다임이다. 이것은 전통 철학 혹은 학문 그리고 삶의 위기의식으로부터 발생하게 되었다. 즉, 삶의 세계에 대한 망각에서 해석학이 출발하였고 삶의 세계에 대한 방법적 전환에서 현상학이 출발하였다. 마찬가지로 해석적 방법론 역시 실증적 방법론에 대한 대안적 형태로써, 하나의 고정된 방법론이나 기법이라기 보다는 하나의 대안적 패러다임으로 발생하게 되었다.

참고문헌

강진숙(2016), 커뮤니케이션과 미디어교육 연구의 주사위: 질적연구방법론, 지금.

곽영순(2009), 질적 연구—철학과 예술 그리고 교육—, 교육과학사.

구치모(2008), 회계학 연구의 인식론과 방법론, 경성대학교 출판부.

김광기(2005), “알프레드 슈츠와 자연적 태도: 철학과 사회학의 경계를 넘어서”, 철학과 현상학연구, 25, pp.47-70.

김귀분 외(2005), 질적 연구방법론, 현문사.

김석웅(1999), “회계학방법론의 비교연구”, 회계학연구, 24(4), pp.29-59.

_____(2011), “회계학의 해석적 방법론에 관한 연구”, 회계저널, 20(1), pp.293-323.

_____(2014), 회계학의 비판적 방법론, 교육과학사.

김영천(2011), 질적연구방법론 I: Bricoleur, 제2판, 아카데미프레스.

_____(2013), 질적연구방법론 II: Methods, 아카데미프레스.

김영한(2009), “하이데거의 존재론적 해석학에 대한 성찰”, 철학논총, 58, pp.173-196.

김애령(2010), “인문학 연구 방법론의 경계넘기: 현상학과 해석학의 방법론적 적용”, 이화인문과학원 편, 경계짓기와 젠더 의식의 형성, 이화여자대학교출판부, pp.44-70.

박순영(1978), “행위하는 인간-빌헬름 딜타이의 사회과학이론”, 현상과 인식, 2(1), pp.98-116.

_____(2003), “질적 연구방법의 철학적 배경”, 간호학 탐구, 12(1), pp.7-37.

박준택(1975), 철학—역사와 이론—, 증보판, 박영사.

박휴용(2014), 초보연구자를 위한 질적연구방법론, 전북대학교 출판문화원.

신경림(1994), “질적연구방법의 철학적 배경”, 성인간호학회지, 6(2), pp.174-190.

_____외(2003), 질적연구용어사전, 현문사.

_____외(2004), 질적 연구 방법론, 이화여자대학교출판부.

신승환(2016), 해석학: 새로운 사유를 위한 이해의 철학, 아카넷.

신일철(1987), 현대철학사상의 새흐름, 집문당.

유기웅・정종원・김영석・김한별(2012), 질적 연구방법의 이해, 박영사.

유혜령(2015), “현상학적 질적 연구의 논리와 방법: van Manen의 연구방법론을 중심으로”, 가족과 상담, 5(1), pp.1-20.

이규호(1999), 대화의 철학, 시공사.

이기홍(2013), “양-질 구분을 다시 생각한다”, 한국사회학, 47(2), pp.1-30.

_____(2014), 사회과학의 철학적 기초, 한울.

이남인(2004), 현상학과 해석학, 서울대학교출판부.

_____(2005), “현상학과 질적 연구방법”, 철학과 현상학연구, 24, pp.91-121.

_____(2014), 현상학과 질적 연구, 한길사.

이유선(2008). 실용주의, 살림지식총서 324, 살림.

이정복(1994), "후설의 현상에 대한 하이데거의 비판", 해석학연구회(편), **현대 해석과 철학 1**, 지평문화사, pp.27-46.

조용환(1999), **질적 연구방법과 사례**, 교육과학사.

조혜정(1981), "마가렛 미드", **현상과 인식**, 5(4), pp.236-264.

최신일(2001), "질적 연구의 철학적 배경", **초등교육연구논총**, 17(2), pp.263-275.

허라금(2004), **원칙의 윤리에서 여성주의 윤리로**, 철학과 현실사.

木田 元(2000), *現代思想フォーカス８８*. 東京: 新書館; 김신재・심정명・윤여일 공역(2005), **현대사상지도**, 산처럼.

Ahrens, T.(2008), "Overcoming the Subjective-Objective Divide in Interpretive Management Accounting Research", *Accounting, Organizations and Society*, 33(2/3), pp.292-297.

*________, Becker, A., Burns, J., Chapman, C., Granlund, M., Habersame, M., Hansen, A., Khalifa, R., Malmi, T., Mennicken, A., Mikes A., Panozzo, F, Pibre, M., Quattrone, R. and T. Scheytt(2008), "The future of interpretive accounting research - A polyphonic debate", *Critical Perspectives on Accounting*, 19(6), pp.840-866.

__________ and C.S. Chapman(2006), "Doing Qualitative Field Studies: Positioning data to contribute to theory", *Accounting, Organizations and Society*, 31(8), pp.819-841.

__________ and R. Khalifa(2013), "Researching the lived experience of corporate governance", *Qualitative Research in Accounting and Management*, 10(1), pp.4-30.

Alberti-Alhtaybat, L. and K. Al-Htaybat(2010), "Qualitative accounting research: an account of Glaser's grounded theory", *Qualitative Research in Accounting & Management*, 7(2), pp.208-226.

Alexander, D. and S. Archer(2003), "On Economic Reality, Representational Faithfulness, and 'True and Fair Override'", *Accounting and Business Research*, 33(1), pp.3-17.

____________ and E. Jermakowicz(2006), "A true and fair view of the principles/rules debate", *Abacus*, 42(2), pp.132-164.

Alvesson, M. and S. Deetz(2000), *Doing Critical Management Research*, London: Sage.

__________, C. Hardy and B. Harley(2008), "Reflecting on Reflexivity: Reflexive Textual Practices in Organization and Management Theory", *Journal of Management Studies*, 45(3), pp.480-501.

___________ and K, Skoldberg(2009), *Reflexive Methodology*, 2nd ed., London: Sage.

*Ansari, S.I. and J. J. McDonough(1980), "Intersubjectivity-the Challenge and Opportunity for Accounting", *Accounting, Organizations and Society*, 5(1), pp.129-142.

Archer, S.(1998). "Mattessich's critique of accounting: a review article", *Accounting and Business Research*, 28(4), pp.297-316.

Arneson, P.(2009), "Axiology", in Littleton, S. and K. Foss(eds.), *Encyclopaedia of Communication Theory*, Thousand Oaks, CA: Sage, pp.70-74.

Arthur, A.(1993), "Critical Accounting Theory and Practical Philosophy: applying the tools", *Critical Perspectives on Accounting*, 4, pp.209-224.

Atkinson, A.A. and W. Shaffir(1998), "Standards for Field Research in Management Accounting", *Journal of Management Accounting Research*, 10, pp.41-68.

Atkinson, P.(1995), "Some perils of paradigms", *Qualitative Health Research*, 5(1), pp.117-124.

Baiman, A.(1982), "Agency research in managerial accounting: a survey", *Journal of Accounting Literature*, 1(1), pp.154-213.

__________(1990), "Agency research in managerial accounting: a second look", *Accounting, Organizations and Society*, 15(4), pp.341-371.

Baker, C.R.(2006), "Epistemological objectivity in financial reporting: does internet accounting require a new model?", *Accounting, Auditing and Accountability Journal*, 19(5), pp.663-680.

*Baker, M. and S. Schaltegger(2015), "Pragmatism and new directions in social and environmental accountability research", *Accounting, Auditing and Accountability Journal*, 28(2), pp.263-294.

Barnes, T.J.(2008), "American pragmatism: towards a geographical introduction", *Geoforum*, 39(4), pp.1542-1554.

Beattie, V.(2005), "Moving the financial accounting research front forward: the UK contribution", *The British Accounting Review*, 37(1), pp.85-114.

*_________(2014), "Accounting narratives and the narrative turn in accounting research: Issues, theory, methodology, method and a research framework", *The British Accounting Review*, 46, pp.111-134.

Becker, H.S.(1998), *Tricks of the trade: How to think about your research while you're doing it*, Chicago: University of Chicago Press.

Benton, T. and I. Craib(2011), *Philosophy of Social Science-the philosophical Foundations of Social Thought*, 2nd ed., London: Palgrave Macmillan; 이기홍 옮김(2014), 사회과학의 철학, 한울.

Berger, P.L. and T. Luckmann(1967), *The social construction of reality: a treatise in the sociology of knowledge*, London: Penguin: 하홍규 옮김(2013), 실재의 사회적 구성, 문학과지성사.

Bernstein, R.J.(1983), *Beyond Objectivism and Relativism*, Pittsburgh: The University of Pennsylvania Press.

Bhimani, A.(1999), "Mapping methodological frontiers in cross-national management control research", *Accounting, Organizations and Society*, 24(5/6), pp.413-440.

*Bisman, J. and C. Highfield(2012), "The road less travelled: An overview and example of constructivist research in accounting", *Australasian Accounting, Business and Finance Journal*, 6(5), pp.3-22.

Bleicher, J.(1980), *Contemporary Hermeneutics: Hermeneutics as Method, Philosophy and*

Critique, London: Routledge & Kegan Paul.

Blumer, H.(1969), *Symbolic interactionism: Perspective and method*, Englewood Cliffs, New Jersey: Prentice Hall, Inc.; 박영신 옮김(1990), 사회과학의 상징적 교섭론, 민영사.

Bogdan, R.C. and S.K. Biklen(2006), *Qualitative research for education: An introduction to theories and methods*, 5th ed., Boston: Pearson.

Boland, R.J.(1989), "Beyond the objectivist and the subjectivist: learning to readaccounting as text", *Accounting, Organizations and Society*, 14(6), pp.591-604.

__________(1991), "Information system use as hermeneutic process", in Nissen, H.E., H.K. Klein and R.A. Hirschheim(eds.), *Information Systems Research: Contemporary Approaches and Emergent Traditions*, Amsterdam: North-Holland, pp.439-464.

Bolton, N.(1987), "The programme of phenomenology", in Costall, A.(eds.), *Cognitive Psychology in Question*, New York, NY: St Martin's Press, pp.234-254.

Boumans, M. and J.B. Davis(2010), *Economic Methodology: Understanding Economics as a Science*, Basingstoke: Palgrave Macmillan.

Broadbent, J. and R. Laughlin(2013), *Accounting Control and Controlling Accounting: interdisciplinary and critical perspective*, London: Emerald.

*__________ and J. Unerman(2011), "Developing the relevance of the accounting academy: the importance of drawing from the diversity of research approaches", *Meditari Accountancy Research*, 19(1/2), pp.7-21.

Bryman, A.(2008), "Of methods and methodology", *Qualitative Research in Organizations and Management*, 3(2), pp.159-168.

__________and E. Bell(2011), *Business Research Methods*, 3rd ed., Oxford University Press.

Buhr, N.(2002), "A Structuration View on the Initiation of Environmental Reports", *Critical Perspectives on Accounting*, 13(1), pp.17-38.

Burrell, G. and G. Morgan(1979), *Sociological Paradigms and Organizations Analysis*, London: Heineman; 윤재풍 역(1990), 사회과학과 조직이론, 박영사.

Cardinal, D., J Hayward and G. Jones(2004), *Epistemology: The Theory of Knowledge*, London: Hodder Education.

Carnegie, G.D. and B.T. O'Connell(2012), "Understanding the response of professional accounting bodies to crises: the case of the Australian profession in the 1960s", *Accounting, Auditing and Accountability Journal*, 25(5), pp.835-875.

Charmaz, K.(2006, 2014), *Constructing Grounded Theory: a practical guide through qualitative analysis*, London: Sage.; 박현선・이상균・이채원 공역(2013), 근거이론의 구성: 질적 분석의 실천 지침, 학지사.

Chen, Y.Y., D. Chek and F.F. Bu(2011), "Applications of interpretive and constructionist research methods in adolescent research: Philosophy, principles and examples", *International Journal of Adolescent Medicine and Health*, 23(3), pp.129-139.

*Chua, W.F.(1986), "Radical Developments in Accounting Thought", *The Accounting Review*, 61(4), pp.601-632.

__________(1988), "Interpretive Sociology and Management Accounting Research-A critical review", *Accounting, Auditing and Accountability Journal*, 1(2), pp.59-79.

__________(1995), "Experts, networks and inscriptions in the fabrication of accounting images: a story of the representation of three public hospitals", *Accounting, Organizations and Society*, 20(2/3), pp.111-145.

Chwastiak, M. and J.J. Young(2003), "Silences in Annual Reports", *Critical Perspectives on Accounting*, 14, pp.533-552.

Cohen, M.Z. and A. Omery(1994), "Schools of phenomenology: Implications for research", in Morse, J.M.(eds.), *Critical Issues in Qualitative Research Methods*, Thousand Oaks, CA: Sage, pp.136-156.

Collis, J. and R. Hussey(2003), *Business Research: A practical guide for undergraduate and postgraduate students*, New York: Palgrave Macmillan.

*Covaleski, M.A., M.W. Dirsmith and S. Samuel(2017a), "Social Constructionist Research in Accounting: A reflection on the Accounting Profession", in Hoque, Z., L.D. Parker, M.A. Covaleski and K. Haynes(eds.), *The Routledge Companion to Qualitative Accounting Research Methods*, London: Routledge, pp.17-35.

______________________________(2017b), "Analyzing and Interpreting Qualitative Data in Management Accounting Research", in Hoque, Z., L.D. Parker, M.A. Covaleski and K. Haynes(eds.), *The Routledge Companion to Qualitative Accounting Research Methods*, London: Routledge, pp.387-404.

Creswell, J.(2007), *Qualitative Inquiry and Research Design: choosing among five traditions*, 2nd ed., London: Sage; 조흥식・정선욱・김진숙・권지성 공역(2010), **질적 연구방법론: 다섯가지 전통**, 학지사.

Dambrin, C. and C. Lambert(2012), "Who is she and who are we? A reflexive journey in research into the rarity of women in the highest ranks of accountancy", *Critical Perspectives on Accounting*, 23(1), pp.1-16.

de Vaus, D.(2001), *Research Design in Social Research*, London: Sage.

Deetz, S.(1996), "Describing Differences in Approaches to Organization Science: rethinking Burrell and Morgan and their legacy", *Organization Science*, 7(2), pp.191-207.

Demski, J.S. and G.A. Feltham(1978), "Economic incentives and budgetary control systems", *The Accounting Review*, 53(2), pp.336-359.

*Dent, J.F.(1991), "Accounting and Organizational Cultures: A field study of the emergence of a new organizational reality", *Accounting, Organizations and Society* 16(8), pp.705-732.

Denzin, N.K.(1998), "The art and politics of interpretation", in Denzin, N.K. and Y.S. Lincoln(eds), *Collecting and Interpreting Qualitative Materials*, Thousand Oaks, CA: Sage, pp.313-344.

__________ and Y.S. Lincoln(eds.)(2005), *The Sage Handbook of Qualitative Research*, 3rd ed., Thousand Oaks, CA: Sage.

______________________________(2011), "Introduction: The Discipline and Practice of Qualitative Research", in Denzin, N.K. and Y.S. Lincoln(eds), *The Sage Handbook of Qualitative Research*, 4th ed., Thousand Oaks, CA: Sage, pp.1-32; 박종원 역(2014), "들어가기-질적 연구의 학문분야와 실제", 최욱 외 공역, **질적 연구 핸드북**, 아카데미프레스, pp.19-45.

Devine, C.T.(1985), *Essays in Accounting Theory*, Sarasota, FL: American Accounting Association.

Dey, C.(2007), "Social accounting at Traidcraft Plc: a struggle for the meaning of fair trade", *Accounting, Auditing and Accountability Journal*, 20(3), pp.423-445.

Diesing, P.(1991), *How does Social Science work? Reflections on Practice*, Pittsburg: University of Pittsburgh Press.

Dilthey, W.(1990), 이한우 옮김(2002), **체험·표현·이해**, 책세상.

*Durocher, S., A. Fortin and L. Cote(2007), "Users' Participation in the accounting standard-setting process: a theory-building study", *Accounting,Organizations and Society*, 32(1/2), pp.29-59.

Easterby-Smith, M., K. Golden-Biddle and K. Locke(2008), "Working with pluralism: Determining quality in qualitative research", *Organizational Research Methods*, 11(3), pp.419-429.

Eisenhardt, K.(1989), "Building Theories from Case Study Research", *The Academy of Management Review*, 14(4), pp.532-550.

*Elharidy, A.M., B. Nicholson and R.W. Scapens(2008), "Using grounded theory in interpretive management accounting research", *Qualitative Research in Accounting & Management*, 5(2), pp.139-155.

Emerson, R.M.(2001). *Contemporary Field Research: Perspectives and formulations*, 2nd ed., Waveland Press Inc.

Eriksson, P. and A. Kovalainen(2008), *Qualitative Methods in Business Research*, London: Sage.

Farquhar, J.D.(2012), *Case Study Research for Business*, London: Sage.

Finlay, L.(2002), "'Outing' the researcher: The provenance, process and practice of reflexivity", *Qualitative Health Research*, 12(4), pp.531-545.

Flick, U.(2002), *An Introduction to Qualitative Research*, London: Sage.

Francis, J.R.(1994), "Auditing, Hermeneutics and Subjectivity", *Accounting, Organizations and Society*, 19(3), pp.235-269.

Gadamer, H.G.(1960), *Truth and Method*, New York: Seabury; 한동원 · 임호일 · 이선관 · 이길우 옮김(2000), 진리와 방법, 문학동네.

Gaffikin, M.(2008), *Accounting Theory: Research, regulation and accounting practice.* Sydney: Pearson Education Australia.

Garfinkel, H.(1967), *Studies in Ethnomethodology*, Englewood Cliffs; Prentice-Hall.

Geertz, C.(1973), *The Interpretations of Culture*, New York: Basic Books; 문옥표 역(1998), 문화의 해석, 까치글방.

Georgiou, O. and L. Jack(2011), "In pursuit of legitimacy: a history behind fair value accounting", *The British Accounting Review*, 43(4), pp.311-323.

Giddens, A.(1976), *New rules of sociological method: a positive critique of interpretive sociologies*, London: Hutchinson.

Glesne, C.(2006), *Becoming qualitative researchers: an introduction*, N.Y.: Addison Wesley Longman, Inc.

Gough, B.(2003), "Deconstructing reflexivity", in Finlay, L. and B. Gough(eds.), *Reflexivity: A Practical Guide for Researchers in Health and Social Sciences*, Oxford: Blackwell Publishing, pp.21-36.

Graves, F., Flesher, D. and R. Jordan(1996), "Pictures and the Bottom Line: the television epistemology of U.S. annual reports", *Accounting, Organizations and Society*, 21(1), pp.57-88.

Guba, E.G.(1990), "The Alternative paradigm dialogue", in Guba, E.G.(ed.), *The Paradigm Dialogue*, London: Sage, pp.17-27.

__________ and Y.S. Lincoln(1994), "Competing Paradigms in Qualitative Research", in Dezin, N.K. and Y.S. Lincoln(eds.), *Handbook of Qualitative Research*, London: Sage, pp.105-117.

Guercini, S.(2014), "New qualitative research methodology in management", *Management Decision*, 52(4), pp.662-674.

Hageman, A.M.(2008), "A Review of the Strength and Weakness of Archival, Behavioral, and Qualitative Research Methods: Recognizing the Potential Benefits of Triangulation", *Advances in Accounting Behavioral Research*, 11, pp.1-30.

Hart, S.(1971), "Axiology - theory of values", *Philosophy and Phenomenological Research*, 32(1), pp.29-41.

*Haynes, K.(2017), "Reflexivity in Accounting Research", in Hoque, Z., L.D. Parker, M.A. Covaleski and K. Haynes(eds.), *The Routledge Companion to Qualitative Accounting Research Methods*, London: Routledge, pp.284-297.

Headland, T.N.(1990), "Introduction: a dialogue between Kenneth Pike and Marvin Harris", in

T.N. Headland, K.L. Pike and M. Harris(eds.), *Emics and Etics: The insiderloutsider debate*, Newbury Park: Sage, pp.13-27.

Hekman, S.J.(1986), *Hermeneutics and Sociology of Knowledge*, University of Notre Dame; 윤병희 옮김(1993), 해석학과 지식사회학, 교육과학사.

Hesse-Biber, S. and P. Leavy(2004), "Distinguishing qualitative research", in Hesse-Biber, S. and P. Leavy(eds.), *Approaches to Qualitative Research: A Reader on Theory and Practice*, Oxford: Oxford University Press, pp.1-17.

Hill, M.(1984), "Epistemology, axiology and ideology in sociology", *Mid-American Review of Sociology*, 9(2), pp.59-77.

*Hines, R.D.(1988), "Financial Accounting: In communicating reality, we construct reality", *Accounting, Organizations and Society*, 13(3), pp.251-261.

__________(1991), "The FASB's conceptual framework, financial accounting and the maintenance of the social world", *Accounting, Organizations and Society*, 16(4), pp.313-331.

Hirschheim, R.(1992), "Information systems epistemology: an historical perspective", in R. Galliers(ed.), *Information Systems Research: issues, methods and practical guidelines*, Oxford: Blackwell Scientific, pp.28-60.

Holstein, J.A. and J.F. Gubrium(1994), "Phenomenology, ethnomethodology and interpretive practice", in Denzin, N.K. and Y.S. Lincoln(eds.), *Handbook of Qualitative Research*, Thousand Oaks, CA: Sage, pp.262-272.

*Hopper, T., M. Annisette, N. Dastoor, S. Uddin & D. Wickramasinghe(1995), "Some challenges and alternative to positive accounting research," in Jones, S., C. Romano & J. Ratnatunga(eds), *Accounting Theory: A Contemporary Review*, Sydney: Australian Harcourt Brace & Company, pp.517-550.

*__________ and A. Powell(1985), "Making Sense of Research into the Organizational and Social Aspect of Management Accounting: A review of its underlying assumptions", *Journal of Management Studies*, 22(5), pp.429-465.

Hopwood, A.G.(1974), "Leadership climate and the use of accounting data In performance evaluation", *The Accounting Review*, 49(3), pp.485-495.

Hrasky, S.(2012), "Visual disclosure strategies adopted by more and less sustainability-driven companies", *Accounting Forum*, 36(3), pp.154-165.

*Humphrey, C. and R. Scapens(1996), "Methodological themes: theories and case studies of organizational accounting practices: limitation or liberation?", *Accounting, Auditing and Accountability Journal*, 9(4), pp.86-106.

Husserl, E.(1937), *Die Krisis der Europaischen Wissenschaften und die Transzendentale Phanomenologie*; 이종훈 옮김(1993), 유럽학문의 위기와 선험적 현상학, 한길사.

*Irvine, H. and M. Gaffikin(2006), "Getting in, getting on and getting out: reflections on a qualitative research project", *Accounting, Auditing and Accountability Journal*, 19(1), pp.115-145.

Jensen, M.C. and W.H. Meckling(1976), "The Theory of the firm: Managerial behavior, agency costs and ownership structure", *Journal of Financial Economics*, 3, pp.305-360.

Johnson, R.B and L.B. Christensen(2012), *Educational Research: Quantitative, Qualitative and Mixed Approaches*, 4th ed., London: Sage.

Jootun, D., G. McGhee and G. Marland(2009), "Reflexivity: Promoting rigour in qualitative research", *Nursing Standard*, 23, pp.42-46.

Jordan, S. and M. Messner(2012), "Enabling control and the problem of incomplete performance indicators", *Accounting, Organizations and Society*, 37(8), pp.544-564.

Kakkuri-Knuuttila, M., K. Lukka and J. Kuorikoski(2008a), "Straddling between Paradigms: A naturalistic philosophical case study on interpretive research in management accounting", *Accounting, Organizations and Society*, 33(2/3), pp.267-291.

__________________________________(2008b), "No premature closures of debates, please: A response to Ahrens", *Accounting, Organizations and Society*, 33(2/3), pp.298-301.

Kaplan, B. and J.A. Maxwell(1994), "Qualitative research method for evaluating computer information systems", in Anderson, J.G., C.E. Aydin and S.J. Jay(eds.), *Evaluating Health Care Information Systems: Methods and Applications*, Thousand Oaks, CA: Sage, pp.45-68.

*Kasanen, E., K. Lukka and A. Siitonen(1993), "The constructive approach in management accounting research", *Journal of Management Accounting Research*, 5, pp.243-264.

Kerlinger, F.N., and H.B. Lee(2000), *Foundations of behavioral research*, 4th ed., Fort Worth, TX: Harcourt.

Kihn, Lili-Anne and Eeva-Mari Ihantola(2015), "Approaches to validation and evaluation in qualitative studies of management accounting", *Qualitative Research in Accounting and Management*, 12(3), pp.230-255.

Klein, H.K. and M.D. Myers(1999), "A Set of Principles for Conducting and Evaluating Interpretive Field Studies in Information Systems", *MIS Quarterly*, 23(1), pp.67-93.

Kuhn, T.(2012), *The Structure of Scientific Revolutions*, 4th ed., Chicago: University of Chicago Press.

Langan, T.(1970), *A Primer in Phenomenological Psychology*, Lanham, MD: University Press of America.

*Laughlin, R.(1995), "Methodological themes: Empirical research in accounting: Alternative approaches and a case for 'middle-range' thinking," *Accounting, Auditing and Accountability Journal*, 8(1), pp.63-87.

Lawrence-Lightfoot, S. and J.H. Davis(1997), *The art and science of portraiture*, San Francisco:

Jossey-Bass.

Lee, A.S. and R.L. Baskerville(2003), "Generalizing generalizability in information system research", *Information Systems Research*, 14(3), pp.221-243.

Lee, T.A.(2006), "The FASB and Accounting for Economic Reality", *Accounting and the Public Interest*, 6(1), pp.1-21.

________(2015), "Accounting and the decision usefulness framework", in Jones, S.(ed.), *The Routledge Companion to Financial Accounting Theory*, London: Routledge, pp.110-128.

Lehman, G.(2006), "Perspectives on language, accountability and critical accounting: an interpretative perspective", *Critical Perspectives on Accounting*, 17(6), pp.755-779.

*Llewellyn, S.(1993), "Working in Hermeneutic Circles in Management Accounting Research: some implications and applications", *Management Accounting Research*, 4(3), pp.231-249.

__________(1999), "Narratives in Accounting and Management Research," *Accounting, Auditing and Accountability Journal*, 12(2), pp.220-236.

*_________(2003), "What counts as theory in qualitative management and accounting research? Introducing five levels of theorizing", *Accounting, Auditing & Accountability Journal*, 16(4), pp.662-708.

Locke, K.(2001), *Grounded Theory in Management Research*, London: Sage.

Lowe, A. and R.W. Shaw(1968), "An Analysis of Managerial Biasing: Evidence of a Company's Budgeting Process", *Journal of Management Studies*, 5(3), pp.304-315.

*Lukka, K.(1990), "Ontology and Accounting: the concept of profit", *Critical Perspectives on Accounting*, 1(3), pp.239-261.

_________ and S. Modell(2010), "Validation in Interpretive Management Accounting Research", *Accounting, Organizations and Society*, 35(4), pp.462-477.

Macintosh, N.B., T. Sherer, D.B. Thornton and M. Welker(2000), "Accounting as simulacrum and hyperreality: perspectives on income and capital", *Accounting, Organizations and Society*, 25(1), pp.13-50.

Marshall, C. and G.B. Rossman(1989), *Designing Qualitative Research*, Newbury Park, CA; Sage.

Mattessich, R.(2003), "Accounting representation and the onion model of reality: a comparison with Baudrillard's orders of simulacra and his hyperreality", *Accounting, Organizations and Society*, 28(5), pp.443-470.

*___________(2014), *Reality and Accounting: Ontological explorations in the economic and social sciences*, London: Routledge.

Mauthner, N. and A. Doucet(2003), "Reflexive accounts and accounts of reflexivity in qualitative data analysis", *Sociology*, 37(3), pp.413-431.

McKernan, J.F.(2007)), "Objectivity in accounting", *Accounting, Organizations and Society*, 32(1/2), pp.155-180.

Mead, G.H. and C.W. Morris(1962), *Mind, Self and Society from the Standpoint of a Social Behaviorist*, Chicago: University of Chicago Press.

*Merchant, K.A. and W.A. van der Stede(2006), "Field-Based Research in Accounting: Accomplishments and Prospects", *Behavioral Research in Accounting*, 18, pp.117-134.

Merino, B.D.(1993), "An analysis of the development of accounting knowledge: a pragmatic approach", *Accounting, Organizations and Society*, 18(2), pp.163-185.

Merriam, S.B.(2009), *Qualitative Research: A guide to design and implementation*, San Francisco: Jossey-Bass.

___________ and E.L. Simpson(2000), *A guide to research for educators and trainers of adults*, 2nd ed., Malabar, FL: Krieger.

Mikes, A.(2009), "Risk management and calculative cultures", *Management Accounting Research*, 20(1), pp.18-40.

Miles, M.B. and A.M. Huberman(1994), *Qualitative data analysis: An expanded sourcebook*, Beverly Hills: Sage Publications.

Mobus, J.L.(2005), "Mandatory environmental disclosure in a legitimacy theory context", *Accounting, Auditing and Accountability Journal*, 18(4), pp.492-517.

Modell, S.(2009), "In defence of triangulation: a critical realist approach to mixed methods research in management accounting", *Management Accounting Research*, 20(3), pp.208-221.

Moore, L.(2009), "Economic 'reality' and the myth of the bottom line", *Accounting Horizons*, 23(3), pp.327-340.

Morgan, D.(2007), "Paradigms lost and pragmatism regained: Methodological implications of combining qualitative and quantitative methods", *Journal of Mixed Methods Research*, 1(1), pp.48-76.

Morgan, G.(1988), "Accounting as Reality Construction: Towards a new epistemology for accounting practice", *Accounting, Organizations and Society*, 23(5), pp.477-486.

*_________ and L. Smircich(1980), "The Case for Qualitative Research", *Academy of Management Review*, 5(4), pp.491-500.

Morris, T.(2006), *Social Work Research Methods*, London: Sage.

Moss D.(2001), "The roots and genealogy of humanistic psychology", in Schneider, K., J. Bugental and J. Pierson(eds.), *Handbook of Humanistic Psychology*, Thousand Oaks, CA: Sage, pp.5-20.

Mouck, T.(2004), "Institutional Reality, Financial Reporting and the Rules of the Game", *Accounting, Organizations and Society*, 29(5/6), pp.525-554

Moutakas, C.(1994), *Phenomenological Research Methods*, Thousand Oaks, CA: Sage.

Myers, M.D.(2009), *Qualitative Research in Business and Management*, London: Sage.

Neimark, M. and T. Tinker(1986), "The social construction of management control systems", *Accounting, Organizations and Society*, 11(4/5), pp.369-395.

Nicholls, A.(2010), "Institutionalizing social entrepreneurship in a regulatory space: reporting and disclosure by community interest companies", *Accounting, Organizations and Society*, 35(4), pp.394-415.

Norreklit, L., H. Norreklit and P. Israelsen(2006), "The validity of management control topoi: towards constructivist pragmatism", *Management Accounting Research*, 17(1), pp.42-71.

O'Dwyer, B., D. Owen and J. Unerman(2011), "Seeking legitimacy for new assurance forms: the case of assurance on sustainability reporting", *Accounting, Organizations and Society*, 36(1), pp.31-52.

O'Reilly, M. and N. Kiyimba(2015), *Advanced Qualitative Research*, London: Sage.

Orlikowski, W.J. and Baroudi, J.J.(1991), "Studying information technology in organizations: research approaches and assumptions", *Information Systems Research*, 2(1), pp.1-28.

Ormston R., L. Spencer, M. Barnard and D. Snape(2014), "The foundations of qualitative research", in Ritchie, J., J. Lewis, C. McNaughton-Nicholls and R. Ormston(eds.), *Qualitative Research Practice: A Guide for Social Science Students and Researcher*, London: Sage, pp.1-26.

Otley, D.(1978), "Budget Use and Managerial Performance", *Journal of Accounting Research*, 16(1), pp.122-149.

*Parker, L.D.(2012), "Qualitative management accounting research: Assessing deliverables and relevance", *Critical Perspectives on Accounting*, 23(1), pp.54-70.

Perren, L. and P. Grant(2000), "The Evolution of Management Accounting Routines in Small Businesses: a social construction perspective", *Management Accounting Research*, 11(4), pp.391-411.

Pihlanto, P.(2003), "The Role of the Individual Actor in Different Accounting Research Perspectives: The holistic individual image as a tool for analysis", *Scandinavian Journal of Management*, 19, pp.153-172.

Pihlstrom, S.(2008), "How (not) to write the history of pragmatist philosophy of science?", *Perspectives on Science*, 16(1), pp.26-69.

Ponterotto, J.(2005), "Qualitative research in counseling psychology: A primer on research paradigms and the philosophy of science", *Journal of Counseling Psychology*, 52(2), pp.126-136.

Popper, K.(1963), *Conjectures and Refutations: The Growth of Scientific Knowledge*, London: Routledge and Kegan Paul; 이한구 옮김(2001), 추측과 논박1,2, 민음사.

________ and M.A. Notturno(1994), *The Myth of the Framework: In defence of Science and Rationality*, London: Routledge.

Power, M.K.(2007), *Organized Uncertainty: Designing a World of Risk Management*, New York, NY: Oxford University Press.

__________(2010), "Fair value accounting, financial economics and the transformation of reliability", *Accounting and Business Research*, 40(3), pp.197-210.

Prasad, P.(2005), *Crafting Qualitative Research: Working in the Post Positivist Traditions*, New York: ME Sharpe.

Preston, A., D.J. Cooper and D.P. Scargrough(1995), "Changes in the code of ethics of the US accounting profession, 1917 and 1988: the continual quest for legitimation", *Accounting, Organizations and Society*, 20(6), pp.507-546.

*Quattrone, P.(2000), "Constructionism and accounting research: towards a trans-disciplinary perspective", *Accounting, Auditing and Accountability Journal*, 13(2), pp.130-155.

Raar, J.(2009), "The new global accounting community: rationale for dialogue to establish its accountability?", *Critical Perspectives on Accounting*, 20(4), pp.509-527.

Remenyi, D., B. Williams, A. Moneyand E. Swartz(1998), *Doing Research in Business and Management*, London: Sage.

Rennie, D.(1999), *Using Qualitative Methods in Psychology*, Thousand Oaks, CA: Sage.

Rorty, R.(1979), *Philosophy and the Mirror of Nature*, Princeton, NJ: Princeton University Press.

Russell, B.(2004), *Power: A New Social Analysis*, London: Routledge.

Ryan, B., R. Scapens, M. Theobald and V. Beattie(2002), *Research Methods and Methodology in Finance and Accounting*, 2nd ed., London: Thomson; 구치모・최종서・박기정 옮김(2006), 회계학과 재무론의 연구방법론, 신영사.

Ryan, R.J.(1982), "Capital Market Theory-A Case Study in Methodological Conflict", *Journal of Business Finance and Accounting*, 9(4), pp.443-458.

Scapens, R.W.(1984), "Management accounting: a survey", in Scapens, R.W., D.T. Otley and R.J. Lister(eds), *Management accounting, organizational behavioural and capital budgeting*, London: Macmillan, pp.15-95.

____________(2008), "Seeking the relevance of interpretive research: A contribution to the polyphonic debate", *Critical Perspectives on Accounting*, 19(6), pp.915-919.

Schütz, A.(1964), *Collected Papers Vol.III: Studies in Phenomenological Philosophy*, The Hague, Netherlands: Marinus Nijhoff.

________(1967), *The Phenomenology of the Social World*, Evanston, IL: Northwestern University Press.

________(1970), *On Phenomenology and Social Relations*, Chicago: University of Chicago Press.

________ and T. Luckmann(1973), *The Structures of the Life World*(translated by Zaner, R. and H.T. Engelhardt), Chicago: Northwestern University Press.

Schwandt, T.A.(1997), *Qualitative Inquiry, A Dictionary of Terms*, Thousand Oaks, CA: Sage.

____________(2000), "Three Epistemological Stances for Qualitative Inquiry, Interpretivism, Hermeneutics and Social Constructionism", in Denzin, N.K. and Y.S. Lincoln(eds.), *Handbook of Qualitative Research*, 2nd ed. Thousand Oaks: Sage, pp.189-214.

Searle, J.R.(1995), *The construction of Economic Reality*, New York, NY: The Free Press.

Shafer, W.E. and Y. Gendorn(2005), "Analysis of a failed jurisdictional claim: the rhetoric and politics surrounding the AICPA global credential project", *Accounting, Auditing and Accountability Journal*, 18(4), pp.453-491.

Shapiro, B.P.(1997), "Objectivity, relativism and truth in external financial reporting: what's really at stake in the disputes?", *Accounting, Organizations and Society*, 22(2), pp.165-185.

Shaw, E.(1999), "A guide to the qualitative research process: evidence from a small firm study", *Qualitative Market Research*, 2(2), pp.59-70.

Sinclair, A.(1995), "The Chameleon of Accountability: forms and discourses", *Accounting, Organizations and Society*, 20(2/3), pp.219-223.

*Siti-Nabiha, A.K.(2009), "Reflexivity in Qualitative Accounting Research", *Journal of Financial Reporting and Accounting*, 7(2), p.81-95.

Smith, J.(1983), "Quantitative versus qualitative research: An attempt to clarify the issue", *Educational Researcher*, 12(3), pp.6-13.

Smith, M.(2017), *Research Methods in Accounting*, 4th ed., London: Sage.

Soanes, C. and A. Stevenson(eds.)(2004), *Concise Oxford English Dictionary*, 11th ed., Oxford: Oxford University Press.

Spence, D., J. Husillos and C. Correa-Ruiz(2010), "Cargo cult science and the death of politics: a critical review of social and environmental accounting research", *Critical Perspectives on Accounting*, 21(1), pp.76-89.

Spice, B.H. and V. Ballew(1983), "Management accounting systems and the economics of internal organization", *Accounting, Organizations and Society*, 8(1), pp.73-96.

Spradley, J.P.(1979), *The ethnographic interview*, New York: Holt, Rinehart & Winston.

Staller, K.(2013), "Epistemological boot camp: The politics of science and what every qualitative researcher needs to know to survive in the academy", *Qualitative Social Work*, 12(4), pp.395-413.

Starks, H. and S. Trinidad(2007), "Choose your method: A comparison of phenomenology, discourse analysis, and grounded theory", *Qualitative Health Research*, 17(10), pp.1372-1380.

Thomas, T.(1981), "Towards a Value-Neutral Positive Science of Accounting", *Journal of*

Business Finance and Accounting, 8(4), pp.549-572.

Tinker, A.M., B. D. Merino and M. D. Neimark(1982), "The Normative origins of positive theories: ideology and accounting thought", *Accounting, Organizations and Society*, 7(2), pp.167-200.

*Tomkins, C. and R. Groves(1983), "The Everyday Accountant and Researching his Reality", *Accounting, Organizations and Society*, 8(4), pp.361-374.

Turner, J.T.(1997), *The Structure of Sociological Theory*, 6th ed., Thomson Publishing; 정태환 외 공역(2002), 현대사회학 이론, 나남출판.

*Vaivio, J.(2008), "Qualitative Management Accounting Research: rationale, pitfalls, and potential", *Qualitative Research in Accounting and Management*, 5(1), pp.64-86.

van Maanen, J.(2011), *Tales of the Field: On Writing Ethnography*, 2nd ed., Chicago: University of Chicago Press.

van Manen, M.(1990), *Researching Lived Experience: human science for an action sensitive pedagogy*, 2nd ed., State University of New York Press; 신경림・안규남 옮김(1994), 체험연구: 해석학적 현상학의 인간과학 연구방법론, 동녘.

_____________(2000), "Moral language of pedagogical experience", *Journal of Curriculum Studies*, 32(2), pp.315-327.

*van Mourik, C.(2014), "Methodology in Financial Accounting Theory", in van Mourik, C. and P. Walton(eds), *The Routledge Companion to Accounting, Reporting and Regulation*, Abingdon: Oxon, UK; Routledge, pp.34-53.

Watts, R.L. and J.L. Zimmerman(1978), "Towards a Positive Theory of the Determination of Accounting Standards", *The Accounting Review*, 53(1), pp.112-134.

Weber, M.(1927, 1981), *General economic history*, New Brunswick, NJ: Transaction.

_________(1947), *The Theory of Social and Economic Organization*, New York: Free Press.

Whittington, G.(1987), "Positive Accounting: a review article", *Accounting and Business Research*, 17(68), pp.327-336.

*Wickramasinghe, D.(2011), "Ontological Dependency on Epistemology Strategy: Interpretive Management Accounting Research Revisited", in Abbdel-Kader, M.G.(ed.), *Review of Management Accounting Research*, Hampshire, UK.: Palgrave Macmillan. pp.543-566.

*_________________ and C. Alawattage(2007), *Management Accounting Change: Approaches and perspectives*, London: Routledge.

Willig, C.(2008), *Introducing Qualitative Research in Psychology*, 2nd ed., Maidenhead: Open University Press.

Willis, J.W.(2007), *Foundations of Qualitative Research*, London: Sage.

Wolcott, H.F.(1992), "Posturing in qualitative inquiry", in Le Compte, M.D., W.L. Millroy and

J. Preissle(eds.), *The handbook of qualitative research in education*, New York: Academic Press, pp.3-52.

Yin, R.K.(2011), *Qualitative Research from Start to Finish*, The Guilford Press; 박지연 · 이숙향 · 김남희 공역(2013), 질적 연구: 시작부터 완성까지, 학지사.

제4장

해석적 회계학연구

제1절 해석적 회계학연구의 의의

해석적 회계학연구(Interpretive Accounting Research, IAR)를 단순하게 정의하자면, 해석적 방법론을 적용한 회계학연구라고 할 수 있을 것이다. 해석적 방법론에 관해서는 앞에서 살펴본 바 있다.

1970년대 중반부터 회계학연구 특히 관리회계연구내에서 사회학적 전환의 결과로 해석주의적 전통이 등장하였는데, 이러한 사회학적 전환의 두 가지 요소에는 회계학문헌의 요소와 사회학문헌의 요소가 있다(Roslender, 2016, p.425).

우선 회계학문헌의 요소를 살펴보면, 1980년대초부터 해석적 회계학연구가 독특한 연구전통으로 발전되기 시작하는 데는 영국 회계학자 Hopwood와 그가 1976년에 창간된 *Accounting, Organizations and Society* 가 핵심적인 역할을 하였고 그후, Burchell et al.(1980)의 논문도 해석적 회계학연구를 촉진하는데 중요한 역할을 하였다. 이외에 해석적 회계학연구의 발전에 영향을 많이 준 사회학문헌의 요소로는 우선 조직사회학자의 Burrell · Morgan(1979)의 연구서(*Sociological Paradigms and Organizational Analysis*)[1]가 있다. 이 연구서는 출간 후, Hopper · Powell(1985), Chua(1986), Laughlin · Lowe · Puxty(1986) 등에 영향을 주어 실증적 방법론이외에 해석적 방법론, 비판적 방법론 등과 같은 다양한 회계학방법론의 체계를 세우는데 도움을 주었다. 그리고 사회학자인 Berger · Luckmann(1967)의 *Social Construction of Reality*[2]도 많은 영향을 준 바 있는데, 실재가 사회적으로 구성된다는 사회구성주의는 회계학을 포함한 많은 사회과학분야에 영향을 주었다. 질적 연구를 사회구성적 연구라고도 하는데. 이는 이 저서의 영향으로 인한 것이다.

---

1) 윤재풍 역(1990), 사회과학과 조직이론, 박영사.

2) 이 책은 국제사회학자들이 선정한 20세기에 가장 영향력있는 사회학저서 중에서 5위를 차지한 바 있다. 1위는 Weber의 경제와 사회이다. 하홍규 역(2013), 실재의 사회적 구성, 문학과지성사.

이러한 사회적 구성은 세 가지 측면에서 이용되었는데, 첫째, Berger · Luckmann(1967)의 기념비적 연구에서 도출한 사회적 구성개념은 회계가 조직과 사회에서 어떻게 구성되고 이용되는가를 분석하기 위해 이용되었다. 이 관점에서 회계는 불변의 진리를 반영하는 것이 아니라, 특정한 기능에 봉사하기 때문에 사회에서 수행하는 특별한 형태를 취한다. 둘째, 회계가 취하는 형태와 목적은 사회적 구성과정의 결과라는 것을 인식하면서, 회계학연구의 근간이 되는 핵심가정의 본질과 이러한 가정을 비판적으로 보는 사회정치적 회계관을 가지게 되었다. 셋째, 회계가 사회적으로 구성된다는 것으로부터 전통적인 회계사상과 실무에서 수치에 대한 거의 배타적인 주안점을 재고할 필요가 있다는 것이다. 수치이외에도 서사(narrative), 담론(discourse)과 같은 것이 어떻게 사회적 현상을 강화하는 효과를 가지는가에 관해서도 이해할 수 있게 되었다(Boyce et al., pp.49-51).

회계학자 Hines(1988)가 재무회계에 이러한 사회구성주의를 적용한 바 있으며, 관리회계에서는 Kasanen et al.(1993)이 적용한 바 있다.

그리하여 해석적 회계학연구는 회계를 본질적으로 주관적이고 사회구성적인 것으로 간주하였으며, 해석적 회계학연구는 회계의 행동적 · 문화적 차원에 주목하고, 조직내에서 국지적 · 맥락적 성질에 주목하였다(Dey, 2017, p.147).

해석적 사회학과 사회(학)이론인 상징적 상호작용론 등은 회계연구자가 기능적(주류) 회계학연구를 비판하는 방식에 영향을 주었다. 회계연구자들은 주류회계학연구의 기능주의(실증주의)와 이 연구노선을 구별하기 위해, 회계실무에서 인간행위의 역할을 강조하기 위해 약간 다른 용어를 이용하기도 하였다. 예를 들면, Gambling(1977)은 회계마술(magic of accounting), Colville(1981)은 행동회계, Tomkins · Groves(1983)는 일상회계(everyday accounting), Chua(1986)는 해석적 대안(interpretive alternative), Hopper et al.(1987)은 자연주의(naturalism) 등으로 서술한 바 있다. 이들의 분석은 모두 회계가 측정, 통제 등과 같은 다양한 회계행위에 특정한 의미를 부여함으로써 사회적으로 구성된 기능이라는 점에 동의하고 있다(Wickramasinghe · Alawattage, p.423).

Willmott(2008)는 해석적 회계학연구를 정의하는데 어려움을 강조한 바 있다. 해석적 회계학연구는 비판적 · 도덕적 추론을 이용하여 경영전략에 대한 태도와 관련이 있으며, 이를 성찰한다. 해석적 회계학연구는 우리가 세계에 속하고 있다는 직관적 느낌을 강조하며, 이 사고방식은 (관리회계도 한 요소인) 사회과학에 대한 전통적인 접근방법과 모순을 이루고 있다고 주장한다(Lehman, 2011, p.76).

여기서는 회계와 같은 학문들이 우리가 살고 있는 세계를 어떻게 관리하고 해석하는가를 탐색하기 시작해야 한다는 것을 주장한다. 이 주장은 현재의 회계와 회계정책을 단순히 비판하는 것에 관한 것이 아니다. 현재의 질서를 문제시하고 자연세계의 확실한 과정으로 우리의 맥락, 관계, 전략을 재조정하는 것이다(*ibid.*).

해석적 회계학연구는 회계학이 단순히 하나의 학문이 아니라 사회과학내에서 많은 차원을 반영하는 사고과정을 포함한다는 것을 보여주고 있다. 이러한 상호작용은 조직과 자연환경에서 다른 것들과 더불어 발생한다. 회계, 특히 관리회계를 해석적 회계학연구의 맥락에서 고려할 때, 다른 문화와 자연세계에 대한 상호작용과 영향을 고려할 필요가 있다. 나아가 해석적 회계학연구는 이해와 지식의 이론에서 부정하고자 하는 것을 설명하는 것을 포함한다. Willmott(2008)에 의하면, 해석적 회계학연구는 조직과 사회에 대한 개방적인(open-ended) 접근방법이다. 그러나 사회과학 연구에서, 해석적 회계학연구는 문화적·환경적 가치를 어떻게 해석하고 지각하는가를 제한하는 절차적 과정에 대한 의존성을 분석하고 문제시하는 것과 관련이 있다. 따라서 해석적 회계학연구의 해석은 지속가능성의 관리에 관한 인식을 확대할 수 있는 방식으로 회계와 관련이 있다. 이 견해에서 해석적 회계학연구는 더 좋은 관계와 해석을 연구하고 개발하는 수단을 제공한다. 〈도표 4-1〉은 회계에 적용되는 회계학연구의 이러한 요소로부터 일부 통찰력을 제공하고 있다(Lehman, 2011, p.76).

근거이론(제14장을 참조)은 이해에 대해 해석학적으로 강조하지만, 설명에 대한 역할도 있다. 해석학적 원칙에 기초한 해석적 연구패러다임은 필수적인 요소로서 연구자, 연구대상자, 사회문화적 연구맥락 사이의 상호작용을 가지고 있다. 설명과 이해는 연구대상의 특정한 맥락과 관련있는 자료로부터 추구되어야 한다. 이러한 기초위에, 더욱 일반적인 설명이론이 선형적 가정과 이후의 실증적 연구의 설명과 검증과 선형적 가정을 초월해서 나아가야 하는 것에 기초하고 있다. 〈도표 4-1〉은 해석학적 연구와 실증적 방법론에 근거이론 차원을 더하고 있다(Parker·Roffey, 1997).

해석적 회계학연구는 Parker·Roffey(1997)의 견해를 확대하면서, 문화적·환경적·사회적 현안을 우리의 사고와 실무의 필연적 특징으로 하는 것이라고 주장할 수 있다. 해석은 세계에 관한 지각에서 처음으로 처리되는 도덕적 감정과 제도를 반영한다. 회계학이라는 학문은 우리가 회계학을 교육하고 연구하고 가르치는 데서 이러한 사상을 이용할 수 있다(Lehman, 2011, p.77).

해석적 회계학연구의 도래는 회계학연구가 기술적이고 규범적인 강조에 의해 지배되는 것으로부터 조직적·사회적 맥락을 고려함으로서 회계실무의 역할을 이해하는 것으로 방향을 정한 장기적인 발전의 일부로 이해되어야 한다. 인간행동에 대한 예산의 효과에 관한 Argyris(1952)의 기념비적인 연구로 시작하면서, 심리학과 사회심리학을 이용하는 일단의 행동회계학연구가 1960년대와 1970년대에 전개되었다. 이러한 연구의 발전은 상이한 예산성과 평가유형이 경영자의 태도와 행동에 어떻게 영향을 주는가에 관한 Hopwood(1973)

〈도표 4-1〉 해석적 회계학연구의 요소

실증주의	해석학	근거이론
세상을 대상으로 정의한다.	객관화에 반대한다.	관찰된 현상의 의미를 변화시킬 수 있는 과정을 고려한다.
객관화는 설명을 추구한다.	이해를 추구한다.	조건, 의미, 작용 사이의 관계에 입각해서 이해를 추구한다.
객관화는 부분을 추구한다.	전체를 추구한다.	환원주의[3]를 회피한다.
진리는 검증에 의한 합의에서 발견된다.	진리는 현상학적으로 드러난다.	진리는 체계적, 반복적 자료수집, 분석, 확인에 대한 연구자의 창조적 노력에 의해 근접하게 된다.
의미는 한정된 정의에서 발견된다.	의미는 해석을 통해 발견된다.	의미는 해석과 설명을 가능하게 하는 해석을 통해 발견된다.

자료원: Parker · Roffey(1997, p.220).

의 고전적 연구로 절정에 달하였다. 1970년대에 이 회계학연구노선은 관리회계와 통제시스템의 설계와 효과성이 조직의 환경, 구조, 기술에 따라 어떻게 변하는가를 검토하기 위해 조직의 상황적합이론에서 상당히 도입함으로써 더 발전하였다(Otley, 1980을 참조). 이러한 초기의 연구가 확실히 이후의 해석적 회계학연구의 등장에 초석을 깔았지만, 이들의 야심은 경험적 연구를 발전시킴으로써 순수하게 규범적인 이론화로부터 회계학연구를 격리시키는 것이었다. 그들은 그렇게 하는데서, 경영학과 더욱 광범위한 범위의 사회과학들로 향하는 문을 공개함으로서 순수하게 기술적인 것으로서 회계의 관점에 도전하였다(Lukka · Modell, 2017, p.37).

원가계산, 예산편성 및 관련평가메카니즘의 행동과학적 측면에 관한 약 20년간에 걸친 영미회계학계의 연구는 회계학을 변화시켜서, 회계와 조직의 역동성 사이의 상호관계에 관한 사회심리학적 이해가 1970년대 중반까지 확고하게 확립되었다. 그때부터 얼마동안 회계연구자들은 조직내에서 회계의 역할을 분석하기 위해 사회학과 정치학에서 도출한 개념을 점차적으로 이용하기 시작하였다(Covaleski et al, 2003). 1970년대 후반에 Hopwood (1978)는 회계연구자들이 더욱 광범위한 사회적 · 경제적 환경이 회계에 영향을 준 방식에 더 많이 주목할 필요가 있다고 주장하기도 하였다(Hopwood, 1976). 즉, 그는 조직적 · 사회적 현상으로서 회계를 검토하도록 촉구하여, 권력, 영향, 통제 등에 관한 연구가 조직내에서 회계의 행동과학적 측면에 관한 연구를 보완해야 한다고 주장하였다(Miller · Power,

3) 환원주의(reductionism)는 관찰이 불가능한 이론적 개념이나 법칙을 직접적으로 관찰이 가능한 경험명제의 집합으로 바꾸어 놓으려는 실증주의적 경향을 가리킨다.

2013, p.569).

이러한 질적 연구의 대부분에 대한 핵심적인 출구는 1976년에 Hopwood가 창간한 학술지 *Accounting, Organizations and Society*와 질적 회계학연구를 발표할 수 있는 다양한 학술지의 창간으로 질적 회계학연구가 활성화되기 시작하였다고 볼 수 있다. 이외에 질적 연구가 활성화하게 된 중요한 계기 중의 하나는 회계학에서 사회학과 같은 다른 학문으로부터의 방법(론)과 이론의 유입이었다(Gendron · Baker, 2005; Roslender · Dillard, 2003, p.329).[4] 이것은 Morgan · Willmott(1993)가 새로운 회계학연구로 서술한 것에 자극을 주는데 일조하였다. 새로운 연구는 회계가 실재를 단순히 반영하는 일단의 중립적 기법으로 간주하는 입장에서 출발하기 보다는 회계가 관여하는 사회적 · 조직적 관계로 그리고 그 관계에 의해 구성되는 것으로 인식하였다(*ibid.*, p.4). 질적 연구는 특히 특정한 역사적 · 사회적 · 조직적 맥락에서 회계의 기원과 역할을 이해하고자 하는 연구에 적합하다(Lee · Humphrey, 2006, p.182).

조직적 맥락에서 회계를 이해하려는 노력에서 학제적인 일단의 회계연구자들은 비판적 사회학보다는 해석적 사회학을 먼저 이용하기 시작하였다. 회계가 조직에서 실제로 어떻게 기능하는가 또는 회계시스템이 행위에서 어떻게 기능하는가(Hopwood, 1978)에 관한 상세한 지식들의 부족은 그 당시 회계학연구의 가장 심각한 결함중의 하나로 Burchell et al(1980)이 인식한 바 있다. 이러한 인식은 질적 연구방법이 제시한 가능성에 대한 인식증가 및 정당한 탐구전략으로서 사례연구의 이용(예를 들면, Hägg · Hedlund, 1979)과 일치하였으며, 새로운 해석적 회계학연구전통과 들어맞았다. 이러한 해석적 회계학자들은 주로 사회학적 관점에 입각한 상세한 사례연구의 광범위한 프로그램을 요청하였다(Roslender · Dillard, 2003, p.331).

> "예를 들면, 행동과학회계학자들은 오늘날까지 자신들의 탐구를 지배해온 사회심리학적 관점을 초월할 준비가 되어 있어야 할 것이다. 인간의 기술이용보다는 조직적 · 사회적 유의성에 대해 탐색하는 데서, 그들은 조직행동과 사회행위에 관한 지식을 여전히 특징짓는 그러한 불확실성에 기꺼이 직면해야 할 것이다. 조직적 · 사회적 생활을 특징짓는 정치적 과정에서 정보와 회계가 수행하는 역할, 회계에서 사회와 조직이 서로 연루되는 방식, 우리가 조직을 아는 대로 조직을 구성한 동력(forces) 등을 고려해야 할 것이다(Burchell et al., 1980, p.23)."

---

4) 종교학, 언어학, 사회학, 신경과학 등과 같은 다양한 학문의 이론과 방법(론)을 회계학연구에 도입하자는 주장은 여전히 유효하다(Barton et al., 2014; Dyckman · Zeff, 2015, pp.521-522).

이러한 탐구와 회계학연구의 사회화의 경우는 Tomkins et al(1980)과 행동과학회계 전통에 관한 Colville(1981)의 비판에 의해 강화되었으며, 다시 해석적 회계학연구를 위한 Tomkins · Groves(1983)의 호소가 뒤따랐다.

회계학에서는 Tomkins · Groves(1983)가 자연스러운 상황(natural setting)에서 사회행동을 발견하고 이해하기 위한 자연주의적 연구방법(naturalistic research approach)의 이용에 주목한 이래로(p.364), 일부 연구자들도 회계가 실행되는 상황 안에서 회계를 연구할 필요가 있다고 주장하였다.[5] 이러한 견해는 사회적 회계구성에 관한 우리의 이해를 풍부하게 하기 위한 변화의 맥락 내에서, 보다 광범위한 사회적 · 경제적 · 정치적 환경 내에서, 일상생활(everyday life)안에서 연구하는 방법이 필요하다는 것을 인정한다(Hines, 1989). 회계는 기술적 요소와 사회적 요소의 상호작용뿐만 아니라 이들의 거래를 수반하는 사회적 · 기술적 활동이다(Perera, 1994).

해석적 회계학연구에 대한 이러한 인식은 해석적 회계학연구라는 용어를 처음 사용한 Hopper · Powell(1985)과 Chua(1986)에서도 발견된다. Burrell · Morgan(1979)이 상당한 영감을 준 해석적 회계학연구를 정의하려는 초기 시도의 특징 중의 하나는 기능주의적 패러다임내에 해당하는 주류회계학연구에 대한 대안으로서 자리매김하려는 시도이다(특히 Chua, 1986을 참조). 기능주의적 방법들과는 반대로 해석적 전통을 정의하려는 이러한 경향은 오늘날까지도 지속하고 있다(Ahrens et al., 2008; Ahrens · Chapman, 2006; Parker, 2012). 독특한 연구전통으로서 해석적 회계학연구를 비판적 회계학연구와 명확하게 분간할 수 있는 가능성은 학제적 회계학연구와의 밀접한 관계에 의해 강화되었다(Roslender · Dillard, 2003을 참조).

Vaivio(2008)는 구체적으로 회계학에서 해석적 연구와 같은 질적 연구가 필요한 이유로 ① 교과서 견해(textbook view)라고도 하는 회계현상의 협소하고도 기능주의적인 견해를 초월할 수 있고, ② 모든 회계를 단순한 경제적 선택으로 환원하고자 하는 경제적 견해(economic view)를 초월할 수 있고, ③ 상담견해(consultancy view)라고도 하는 회계를 개선하기 위한 규범적 처방을 비판적으로 살펴볼 수 있기 때문이라고 주장한 바 있다(p.65).

교과서 견해에 의하면, 회계는 실무적이고 기능적인 기술로서 합리적 의사결정과 통제를 통해 조직의 경영목적에 이바지하는 수단으로 간주된다. 그러나 실제의 의사결정과 통제는 그렇게 합리적이거나 선형적이지도 않다. 다양한 의견, 이해관계, 편견 등을 표상하는 많은 행위자들이 있으며 회계는 합리적 선택과 통제를 도와주기 위한 기능적 기법과 중립적 시

5) 예를 들면, 다음을 참조. Chua(1986), Hopper · Storey · Willmott(1987).

스템의 간결한 도구상자가 아니다(Burchell et al., 1980; Hopwood, 1983). 그리고 이것은 광범위한 범위의 조직과정과 상황내에서 다수의 행위자가 방법의 다양성 속에서 선택적으로 이용하는 계산실무의 느슨한 조립(assembly)이다(Vaivio, *op cit.*, p.67). 그리하여 질적 연구는 (관리)회계의 주제에 관한 심층적 관점을 제공함으로써 중요한 교육적 목적에 이바지한다. 이것은 교과서의 관념화(idealization)를 초월하여 사실상 조직실재가 되기 위해 다양한 방식으로 이용되는 불완전한 실무로서 회계를 노출시킨다.

상기와 같은 교과서 견해는 경제적 견해로부터 이론적 배경을 가져왔다. 특히 신고전파 경제학과 기업이론에 관한 미시경제학에 그 이론적 배경을 가진 경제적 견해는 주류회계학의 강력한 연구관점을 제공하였다. 여기서 기업은 이익을 극대화하기 위해 투입물을 효율적으로 산출물로 변경시키는 암흑상자(black box)로 간주되며, (관리)회계는 합리적 도구로 간주된다. 그러나 질적 연구에 의하면 회계는 하나의 주어진 경제실재를 그대로 반영하지 않는다. 회계는 경제조건의 수동적인 결과가 아니라 능동적이고 구성적인 현상이며, 회계가 실재를 형성한다(Hopwood, 1983). 그리고 질적 연구는 관리회계가 역동적·조직적으로 배태된 사회현상이라는 증거를 제공한다. 조직행위자는 주관적 의미를 생성하면서 관리회계를 지속적으로 재해석한다(Vaivio, *op cit.*, p.68).

상담 견해에 의하면 회계 특히 관리회계는 급진적으로 수정되어야 할 실무적 기법이지만, 현실적으로 관리회계의 변화는 느리게 진보하고 있다. 즉, 관리회계변화는 상담 견해에서 가정되는 것보다 훨씬 더 비유의적인 것으로 간주되고 있다. 변화에 대한 저항으로 새로운 관리회계기법의 실시에 상당한 장애가 있는 것으로 확인되고 있다(Scapens·Roberts, 1993). 그리하여 질적 연구는 관리회계변화의 성공이 논란의 여지가 있고 위험하고도 비선형적인 과정이라는 점을 보여주고 있다(Baxter·Chua, 2003; Andon et al., 2007).

해석적 방법론에서는 기본적으로 지식이 인간사회에 의해 생산된다고 생각한다. 즉, 지식을 실증적 방법론의 경우처럼 발견하는 것이 아니라, 생산하거나 구성한다는 것이다. 우리는 우리의 경험을 유의미하게 하기 위해 개념, 모형, 시스템을 창조한다. 회계는 물론 구성된 지식의 하나의 예이다. 그러나 우리의 경험은 끊임없이 변화하고 있으며, 따라서 우리의 구성도 변해야 한다. 19세기의 회계는 오늘날의 회계와는 매우 다르다. 그러므로 우리의 이해는 우리의 변화된 경험을 어떻게 해석하는가에 달려있다. 이러한 해석은 분리되어 존재하는 것이 아니라, 사회적 규범, 사회적 요구, 언어 등에 달려있다. 해석을 강조하는 방법론들은 많이 있다. 이러한 방법론들은 필연적으로 학제적이며, 따라서 해석의 정치적·사회적·법적·경제적·언어적·문화적·역사적 맥락을 이해하는 것이 중요하다. 지식에 대한 이러한 해석적 방법론에는 많은 종류가 있는 바, 일부는 Max Weber(고전사회학자), Edmund Husserl(현상학의 창시자)의 연구처럼 20세기 전환기의 전후까지 거슬러 올라간다. 회계학에서 해석적 방법론은 실재를 사회적으로 구성하는 데서 회계의 역할에 공통적으로 초점을 두는 다양한 접근방법에 대한 포괄적인 우산(umbrella)용어로 이용되고 있으며(Bhimani, 2002, p.104), 해석적 방법론은 자아이해를 통해 자신들의 세계를 변화시키기 위해 자신들의 행동 의미에 관한 사람들의 이해를 풍부하게 하려는 목적을 공유하고 있다(Gaffikin, pp.153-154).

해석적 방법론을 적용한 해석적 연구는 현상태를 확인하여, 개인의 관점에 근거해서 지각(perception)의 실재를 믿는다. 이것은 개인들이 믿고 행동하는 것을 선택할 능력을 가지고 있다는 것을 의미하는 자유의지에 관한 Kant의 믿음에 기초하고 있다(Burrell · Morgan, 1979). 그러므로 해석적 연구자들은 하나의 주어진 입장 보다는 현상에 관한 다양한 설명이 있을 수 있다고 간주한다. 해석적 연구자들은 특정한 현상이 관련행위자에게 대해 가지는 의미를 찾고자 한다. 그러므로 연구자는 어떤 상황에서 행위자의 지각이 무엇인가를 결정하고자 하며, 이러한 연구가 회계에서 실시되고 있다(Alberti-Alhtaybat · Al-Htaybat, p.209).

해석적 연구가 기여할 수 있는 것은 회계시스템의 설계자와 이용자가 특정한 과제를 추구하면서 구성적 잠재력을 가지고 일을 하는 특정한 방식과 그들의 시스템과 과제가 그 과정에서 어떻게 변하는가를 보여주는 수단이다(Parker · Roffey, 1997, p.215). 말하자면, 해석적 연구는 기본적인 경제이론으로 선점되기 보다는 실무적 시사점과 상호작용할 수 있는 잠재력을 제공한다(Ahrens et al., 2008; Parker · Roffey, 1997, p.215). Ahrens · Chapman(2006), Parker · Roffey(1997), Chua(1986) 등은 회계학의 일부 연구방법론이 실무적 현실로부터 너무 벗어나서 지나치게 과학적인 접근방법에 열중하여 회계학연구가 질식되지 않는지의 여부를 묻고 있다. 한편, 대안적 접근방법은 실무가들과 관련을 맺을 기회를 제공한다. 대안적 접근방법이 보완하는 것은 양적 연구가 탐구할 수 없는 일부 현상을 다룰 수 있는 능력이다(Cooper, 2008).

회계학의 해석적 방법론은 회계실무와 관련이 있다. 실무에 의해서 그것이 적용되는 방식과 그러한 적용의 결과를 의미한다. 이러한 관심은 실무자보다는 연구자들에 의해 항상 제기된다. 일부 연구자들, 예를 들면 실증적 방법론을 이용하는 R. Kaplan과 그의 동료들은 실무에 관해 서술적으로 설명을 하고 일반적인 문제를 식별하며 해결책을 공식화한다. 일부 해석적 연구자 예를 들면, R. Scapens는 실무를 더욱 밀접하게 연구하고 이론적으로 설명한다.

Scapens(1984, 1994, 2006)는 회계의 (주요한 교재에서 전개된) 이론과 (영미세계에서 보편적인) 실무 사이의 격차를 지적하고 있다. Scapens의 경우, 회계실무는 이론과 실무 사이의 격차와 관련되기 보다는 실제로 발생하는 것을 통해 연구되고 해석되어야 한다. 더욱 중요한 것은, 만약 필요한 사회적 · 문화적 규범이 이러한 일상화와 제도화의 과정을 지지한다면, 회계가 인정된 실무로서 일상화되고 제도화될 수 있는 일단의 규칙이라는 것이다. Scapens와 그의 동료들은 이러한 조건을 구체화하고 사회학적 의미를 제공함으로써, (구제도경제학의) 제도이론이라는 이론체계를 전개하였는데, 이 이론은 이제 관리회계의 현상태를 설명하기 위한 도구로 널리 이용되고 있다. 추종자들은 특히 관리회계실무를 연구하고 어떤 조직상황내에서 관리회계의 제도화를 가능하게 하거나 제약하는 많은 요소를 식별하는 경향이 있다(Wickramasinghe · Alawattage, 2007, p.8).

회계학에서 해석적 방법론의 주된 취지는 회계실무가 행위자들이 공유한 의미(지각)의 결과라는 믿음과 관련이 있다. 예를 들면, 조직목표는 조직의 효과성을 달성하기 위해 합리적으로 개발된 도구일 수 없으며, 조직목표는 잠재적으로 논쟁의 여지가 있는 다양한 행위를 정당화하기 위해 이용되는 상징적 자원으로 간주된다. 그리하여 회계변화는 객관적인 현상이 아니다. 이것은 공유한 의미에 의해 정당화되는 그러한 논쟁의 여지가 있는 행위의 결과이다. 회계변화는 외부자에 의한 고의적인 행위에 의존하기 보다는 간주관적인 의미와 경합적인 행위로 강화된 자연스러운 조직과정을 통해 발생한다. 해석적 방법론을 적용한 회계학연구의 가장 유명한 예는 Berry et al.(1985)이다. 이것은 특별한 생산문화가 노동통제를 유도하는 공유한 의미를 통해 어떻게 두드러지게 되었는가를 보여준다(*ibid.*, p.17).

그리하여, 해석적 방법론은 회계실무를 설명하기 위해 이용되는 연구수단이다. 합리적 이론가와는 달리, 해석적 연구자들은 합리성이 경영자와 종업원과 같은 조직참가자의 주관적 해석을 통해 설명될 수 있다고 믿는다. 그리하여 합리성은 모든 조직에서 볼 수 있는 보편적 실재라기 보다는 해석적 과제이다. 이러한 해석은 개별조직의 사례연구를 실시함으로써 논증될 수 있다. 해석적 연구자들은 1980년대부터 이러한 사례연구를 실시하기 시작하였으며, 관리회계시스템이 합리적 경제이론가에 의해 보여지지 않는 상이한 결과들을 어떻게 생산하는가에 관해 보고하였다.

해석적 연구자들은 사회(학)이론들(본서의 제2부를 참조)을 이용함으로써 자신들의 관점을 전개하였다. 그러나 해석적 연구가 이론의 발달에 따라 발전해 왔다는 것을 강조하고자 하며, 사례연구증거를 제공함으로써 관리회계실무의 해석을 풍부하게 하였다. 한편으로 연구자들은 (관리회계실무에 관한) 자료를 설명하기 위해 이러한 이론을 이용하고, 다른 한편으로 이론들을 설명하고 수정하기 위해 이러한 이론을 이용한다. 그리하여 해석적 방법론은 이론적용과 이론개발에 포함된다(*ibid.*, p.18).

1980년대에 일단의 연구자들이 회계가 상징적 · 사회적 행위에 어떻게 연루되는가를 조사하기 시작하였을 때 회계학연구에서 해석적 방법론을 적용하려는 계기가 증가하기 시작하였다(Colville, 1981; Hopwood, 1983; Tomkins · Groves, 1983; Berry et al., 1985).

그들은 해석적 사회학의 원칙을 따랐다. 즉, 사건과 사물의 의미와 가치를 생성하는 데서 인간의식의 구성적 역할이 있으며, 그들은 이러한 사건과 사물의 해석에 주안점을 두었고, 관리회계의 기술적 과정을 단순히 인식하기 보다는 그들의 의미를 묘사하였다. 기능주의자들이 회계시스템을 현재 그대로 구축하는데 반하여, 해석적 연구자들은 이러한 사물들이 인간이 부여한 의미와 표지(labels)를 가지고 존재할 뿐이라는 점을 보여주었다. 따라서 이들의 인식론적 전략은 회계행위(acts)와 연관된 일상생활경험을 이해하고 그러한 회계행위에 부여된 사회문화적·제도적 의미를 제공하는 것이었다(Wickramasinghe, 2011, p.551).

제2절 해석적 회계학연구의 특징

해석적 연구와 같은 질적 연구는 다음과 같은 다양한 요소에 의존하면서 회계학에서 중요한 역할을 하였다. 첫째, 질적 연구의 일반적인 주안점이 있다. 재무학은 주로 자본시장에 초점을 두지만, 회계학은 조직, 제도, 실무의 다양한 형태에 주안점을 두고 있는데, 질적 연구를 적용하기에 적합하여, 공공부문에서 회계의 역할과 영향에 관한 사례연구(이에 관해서는 Broadbent·Laughlin, 2004를 참조), 재무보고나 사회환경회계 분야에서 보고서의 의미를 파악하기 위한 내용분석(예를 들면, Bebbington, 2001) 등과 같은 회계학연구가 있다.

둘째, 다른 학문 특히, 사회학의 다양한 이론(상징적 상호작용론, 일상생활방법론, 행위자연결망이론, 구조화이론, 제도이론 등)과 연구방법(실행연구, 민속지학, 근거이론, 사례연구 등)의 유입이 있었다.

셋째, 실증적 연구문제와는 다른 종류의 연구문제가 있다. 실증적 연구에서는 맥락(context)을 주어진 현상으로 간주하여, 연구대상으로 삼지 않는다. 질적 연구는 특정한 역사적·사회적·조직적 맥락에서 회계의 역할을 이해하려는 연구에 적합하다. 특히, 해석적 연구에서는 회계의 기능과 맥락의 상호작용에 관한 이해에 초점을 두고 사례연구를 실시한다. 회계현상이 발생하는 상황, 실무 등을 직접 살펴보는데 관심이 증가하고 있다.[6)]

해석적 방법론을 회계학에 적용하는 해석적 회계학연구는 실무가들에게 관련성(relevance)을 가질 필요가 있으며, 기존지식을 확대하는 이론적 이해에 확고하게 기초할 필요가 있다고 주장되고 있다(Ahrens et al., 2008; Scapens, 2008; ter Bogt·van Helden, 2012).

6) 다음을 참조. Rosenberg et al.(1982), Hopwood(1983), Berry et al.(1985), Ansari·Jan(1991), Ahrens·Chapman(2007a,b), Baxter·Chua(2009), Ohlson(2011).

해석적 회계연구자들이 다양한 이론, 연구방법, 범위 등을 다루고 있는데, 이들 중에서 일부 공통적인 특징을 〈도표 3-9〉에서 살펴본 바 있다.

해석적 회계학연구는 현실세계의 실무, 의사결정, 상황을 분석, 해석, 이해하는 목적과 더불어 이들을 연구하는데 관심이 있다. 이에 의해서 실용적 문제에 대한 해결책을 식별한다. 이들이 추상적인 문제를 탐구하고 인위적 해결을 제공하며, 현장으로부터 격리된 연구자가 소유한 원격장치를 이용하기 보다는 현장(ground)에 존재하기 때문에, 이의 주안점은 조직의 일상생활이다. 따라서 해석적 회계학연구는 있어야 할 모습보다는 있는 그대로의 실무를 연구하는 것을 목적으로 하는 자연주의적 과학철학의 일부이다(Hopper · Powell, 1985; Kakkuri-Knuuttila et al., 2008b).

해석적 연구는 해석학에 기초하고 있는데(Llewellyn, 1993), 해석학은 행위자가 (재)구성된 실재의 실질적 이해에 도달하기 위해 주관적 실재를 비교하고, 대조하고, 재정의하는 것을 강조한다(Guba, 1990). 그리하여, 그것은 다수의 주관성/실재 사이의 상호작용과 의미를 재구성하고자 한다. 이러한 맥락에서, 회계연구자들(Kakkuri-Knuuttila et al., 2008b)은 해석적 회계학연구가 객관적 이해의 요소[연구자(etic)의 관점] 뿐만 아니라 주관적 해석의 요소[연구대상자(emic)의 관점]를 반영해야 한다고 주장한다. 해석적 연구가 현장자료를 분석하기 위한 출발점으로 간주하는 귀납적 접근방법에 기초하고 있지만, 이의 목적은 회계실무의 이론을 개발하는 것이다(Humphrey · Scapens, 1996). 해석적 회계학연구는 행위자들이 자신들의 일상행위에 기인하는 주관적 의미로부터 출발하지만, 그럼에도 불구하고 그것은 배타적으로 주관적인 접근방법이 아니다. 해석적 연구는 논리적 행위자의 상식적 해석과의 일치와 일관성을 통해 인간행동에 관한 설명을 제공하기 위해 이론을 이용한다(Ryan et al., 2002, p.42; 구치모 외 공역, p.70). 그리하여 해석적 회계학연구는 (연구자의 관점과 연구대상자의 관점의 요소를 결합함으로써) 주관성과 이론적 관련성의 균형을 추구한다.

해석의 일차적인 목적은 현장에서 인간의 행동과 상호작용에 관한 전체론적 이해를 전개하기 위해 개별적인 경험과 집단적인 경험을 탐구하는 것이다. 따라서 그 목적은 다른 사람의 의식에 직접 접근할 수 없기 때문에 개인 성향의 재구성이 아니라, 사회적으로 확립된 실무내에서 개인의 일상경험과 행동의 재구성이다(Meyer, 2006). 그러므로 해석적 회계학연구는 "인간의 상호작용을 통해 등장하고, 주관적으로 생성되고 객관화되는 사회적 실재"를 이해하고, 설명 · 서술하고자 하는 것으로 간주될 수 있다(Chua, 1986, p.615). 따라서, 해석적 연구는 구성원의 행동과 상호작용을 통해 (재)생산되는 사회적으로 구성된 세계와 관련이 있다.

한편, Ahrens · Chapman(2006)과 Kakkuri-Knuuttila et al.(2008a)에 의한 해석적

회계학연구에 관한 논의는 해석적 회계학연구의 다양성에 관한 통찰력을 제공하였는데, 해석적 연구를 객관적인 패러다임과 주관적인 패러다임 사이에 걸쳐있는 것으로 식별하고 있다.

이외에, 해석적 회계학연구는 실질적인 연구현상에 관해 더 나은 이해나 설명을 제공하기 위해 다양한 연구방법, 이론체계, 관점을 이용하기 때문에 절충적이다. 해석적 연구자들은 이해하기 위해 다양성을 연구한다. 말하자면, 그들은 전통적인 상황을 파괴하고, 상이한 맥락, 문화, 배경으로 통찰력을 제공함으로써 지식을 구축하고 확대하고자 한다. 이에 의해서 새로운 방식으로 지식을 생산하고자 한다.

Demski et al.(2002)는 회계의 지적 토대를 탐색하는 것이 중요하다면서 지적 토대의 탐색기회에 대해 두 가지 견해를 강조하고 있는데, 그 중에서 하나가 실증적 방법론에서 주로 이용하는 환원주의적(reductionistic) 견해이고, 다른 하나는 비실증적 방법론(특히 해석적 방법론)에서 주로 이용하는 맥락의 중요성을 강조하는 맥락주의적(contextualistic) 견해이다. 회계원칙의 탐색은 중요하지만 맥락주의는 그 원칙이 적용되는 맥락도 중요하다고 주장한다. 특히 맥락주의는 두 가지 이상의 본질적인 물질이 상호작용할 때 발생하는 이전에는 없었던 현상의 등장을 강조한다(Demski et al, 2002, p.165). 이러한 등장은 환원주의로는 설명할 수 없다. 많은 진화적 현상이 이 범주에 해당한다. 이러한 의미에서, 맥락주의적 견해는 상호작용주의라고 할 수도 있다. 회계는 토대를 탐색하면서 내부로 향해서 나아가기도 하고, 사회의 다른 부분과 상호작용할 때 생성되는 새로운 현상을 탐색하면서, 외부로 향해 나아갈 잠재력을 가지고 있다. 회계가 모든 기회를 탐색해야 한다면, 이 둘 모두가 필요하다. 회계는 세계의 소우주(microcosm)를 다룬다. 회계는 본질(essence) 탐색의 경우처럼 토대적일 수 있거나, 그 핵심이 나타나는 맥락의 다양성을 제공하면서 상호작용적일 수 있다(*ibid*., p.166).

해석적 회계학연구는 광범위한 맥락에서 경영과정의 상호작용에 관한 포괄적이고 맥락적으로 기초한 해석 뿐만 아니라 경영과정의 변화에 관한 풍부한 설명을 제공한다. 예를 들면 Ahrens et al(2008)에서 Mennicken은 해석적 회계학연구가 상이한 맥락에서 유사한 쟁점을 다루는 연구들과 상이한 관점들 사이의 연결을 찾음으로써 격리된 국지적 연구발견사항을 통합할 필요가 있다고 주장하였다(p.861). 해석적 회계학연구는 서로간에 대화하는 경우를 만들 수 있다면 이 목적을 달성할 수 있을 것이다(Lukka · Kasanen, 1995). 그리고 이론들은 발견사항을 통합하고 지식을 축적할 수 있을 때에만 유용할 수 있을 것이다. 그러나 해석적 회계학연구에서 이론개발에 관한 이러한 견해는 연구전략으로서 성찰성과 애매성(vagueness)을 포기[7]해야 한다는 것을 의미하지 않는다. 그리하여, 해석적 회계학

7) Ahrens et al.(2008)에 있는 Hansen, A.와 Granlund, M.의 논평을 참조.

연구의 기여는 실무가의 목소리에 귀를 기울이고 그들에게 말하는 이론을 개발하는데 있다(Scapens, 2008). 이외에, Ahrens · Chapman(2006)은 연구대상인 현상의 보다 완전한 이해(해석)을 개발한다는 목표로, 상이한 이론에 대한 자료를 지속적으로 반영할 필요가 있다고 주장한다.

해석적 연구자들의 개별적인 연구노력의 더 큰 통합이 바람직하지만, 이것이 위에서 언급한 절충주의와 다양성의 개념과 모순되는 것으로 간주되지 않는다. 한편, 절충주의로 인해서 연구자들은 (이전의 연구자나 다른 경우의 그것들을 포함해서) 복수의 목소리에 귀를 기울임으로써 현장으로부터 이해를 추구할 수 있는 유연성을 가질 수 있다. 한편으로, 이론은 이론과 실무에서 이러한 복수의 목소리에 귀를 기울임으로써 실무의 이해를 높이기 위해 개발된다. 이론화의 목적은 기존이론으로부터 도출된 일부 가설을 증명하기 보다는 실무의 이해를 증진하는 것이어야 한다. 이러한 목표는 해석적 관리회계연구자들이 그들의 발견사항을 축적하고, 미래연구를 위한 기초를 제공하고, 실무의 이해를 개선할 수 있는 이론적 지식의 일관된 체계를 생성할 수 있도록 격려해 준다(Elharidy et al., p.143).

요약하면, 해석적 회계학연구들이 다양한 이론, 연구방법 등을 이용하여 동질적인 패러다임은 아니지만 그것은 집단적으로 회계가 사회적 행동과 상호작용을 타협한다는 점을 인식하며, 현장에서 다양한 목소리(및 복수의 관점)의 중요성을 인식하고 있다.

해석적 회계학연구의 특징을 비판적 회계학연구와 실증적 회계학연구와 비교해 보면 〈도표 4-2〉와 같이 간단히 나타낼 수 있을 것이다.

〈도표 4-2〉 **세 가지 방법론의 비교**

	실증적	해석적	비판적
목적	효율적이고 효과적인 조직경영을 보장하기 위해 회계수단과 기법을 개발한다	현재 실천되고 있는 것을 서술, 해석, 이론화한다.	회계기법과 도구의 이용에서 사회문제와 현안을 강조한다.
초점	조직/기법	인간의식	사회
이론적 근거	신고전파경제학 시스템이론 산업심리학 등	인간행동의 사회학적 분석 (예를 들면, 상징적 상호작용론, 제도이론 등)	사회학이론(거시이론) (예를 들면, Marx주의, 비판이론, 후기구조주의 등)

자료원: Wickramasinghe · Alwattage(2007, p.10).

제3절 소결

회계학연구에 해석적 방법론을 적용한 해석적 회계학연구는 1980년대이후 주로 영국에서 실시되기 시작하였다. 회계학계에서 해석적 방법론으로의 변화는 해석적 실재의 존재론에 특별한 의미를 주면서, 연구자에게 회계를 상징으로 취급하고 회계가 실천되는 방식에 관한 의미를 생성하게 하면서, 특별한 인식론적 전략을 지지한다. 실증적 방법론자들은 제한적인 표본추출논리전략과 해당변수를 계량화하려는 경향을 보이는데 반해서, 해석적 연구자들은 민속지학적(ethnographic) 전통과 현장연구전통이 수반하는 사례연구방법과 같은 대안을 모색하였다. 회계학연구가 실시되는 방식을 변경하면서, 초기의 많은 연구들이 상당한 자극을 가하였다. 예를 들면, Rosenberg et al.(1982)는 지방정부의 민원부서를 연구하였으며, 직업가치, 목표, 정체성을 대조함으로써 회계통제에 문제점이 있다는 것을 예시하였다. Berry et al.(1985)는 사용중인 경영통제시스템의 도표적 표현의 유명한 사례인데, 탄광의 생산문화가 재무통제의 장점을 어떻게 뒷받침하는가와 역동적인 회계역할의 존재에 대한 정당성 뿐만 아니라 애매성을 어떻게 생성하는가를 보여주었다. 그렇게 등장한 선구적인 연구들이 특이한 통제형태를 생성한 세 명의 소유자 사이의 권력관계와 조직의례에 관한 Ansari · Jan(1991)의 연구와 회계통제행위에 연루된 정치적 혼란을 묘사한 Hoque · Hopper(1994)의 연구와 같은 초기의 많은 해석적 회계연구자들을 동기유발하였다. 객관적 존재론과 실증주의적 인식론이 이러한 해석적 전통의 축구를 통해 불안정하게 되었지만, 회계사례연구의 실시에 대한 강조는 Scapens(2006)와 같은 학자들에게 많은 자극을 주었다.

그러나, 인식론적 문제도 있다. 사례연구와 이들의 본질적 이야기를 어떻게 의미있게 할 수 있는가의 문제가 있는데, 이 문제는 적절한 사회(학)이론을 이용함으로서 해결될 수 있을 것이다. 적절한 사회(학)이론은 연구자들이 제도적 구조와 과정, 그곳에서 사람의 행위, 회계실무와의 상호관계를 이해하는 방식을 의미하였다. 그리하여 이론들은 분석적 범주와 민감한 도구를 제공하였다. 회계연구자 특히 관리회계연구자들은 이러한 이론을 탐구하였으며, 회계행위와 이들의 관계규모를 이론화하면서 이들을 이용하기 시작하였다(Wickramasinghe, p.551).

해석, 상징, 상호작용에 연루된 인간의 주관성이 시스템, 방법, 기법 등에 연루된 비인간의 객관성보다 더 중요하다고 해석사회학자들은 믿고 있다. 여기서는 인간의 상호작용이 어떻게 이루어지는가를 탐구함으로써 회계현상을 검토할 수 있을 것이다. 그리하여 해석적 방법론을 적용하는 연구자의 역할은 무엇이 발생해야 하는가를 처방하기 보다는 무엇이 발생하는가를 서술하고 설명함으로써 이러한 상호작용을 표현하는 것이다. 이론들은 절대적 진리를 가진 궁극적 모형이라기 보다는 설명도구로 이용된다.

회계학연구와 관련해서 해석적 방법론은 Puxty(1993)가 서술한 바 있는 여러 가지 의미(consequences)를 가진다(Vicencio, p.733).

① 인간은 사물이 인간에 대해 가지는 의미에 따라 사물(대상, 인간, 조직, 추상적 사상, 활동, 상황 등)에 작용한다.
② 이러한 의미는 사회적 상호작용의 결과이다.
③ 이러한 의미는 각 개인이 이용하는 해석적 과정을 통해 취급되고 수정된다.

제2부에서는 해석적 방법론에서 주로 이용하는 사회(학)이론들을 살펴보고, 제3부에서는 해석적 방법론에서 주로 이용하는 연구방법들을 살펴보며, 제4부에서는 자료수집・분석방법을 살펴보기로 한다.

참고문헌

*Ahrens, T., Becker, A., Burns, J., Chapman, C., Granlund, M., Habersame, M., Hansen, A., Khalifa, R., Malmi, T., Mennicken, A., Mikes A., Panozzo, F, Pibre, M., Quattrone, R. and T. Scheytt(2008), "The future of interpretive accounting research - A polyphonic debate", *Critical Perspectives on Accounting*, 19(6), pp.840-866.

__________ and C.S. Chapman(2002), "The structuration of legitimate performance measures and management: Day-to-day contests of accountability in a UK restaurant chain", *Management Accounting Research*, 13, pp.151-171.

____________________________(2006), "Doing Qualitative Field Studies: Positioning data to contribute to theory", *Accounting, Organizations and Society*, 31(8), pp.819-841.

____________________________(2007a), "Theorizing practice in management accounting research", in Chapman, C.S., A.G. Hopwood & M.D. Shields(eds), *Handbooks of Management Accounting Research*, London: Elsevier, pp.99-112.

____________________________(2007b), "Management Accounting as Practice", *Accounting, Organizations and Society*, 32(1), pp.1-27.

Alberti-Alhtaybat, L. and K. Al-Htaybat(2010), "Qualitative accounting research: an account of Glaser's grounded theory", *Qualitative Research in Accounting & Management*, 7(2), pp.208-226.

*Andon, P., J. Baxter and W.F. Chua(2007), "Accounting change as relational drifting: A field study of experiments with performance measurement", *Management Accounting Research*, 18, pp.273-308.

Ansari, S.I. and B. Jan(1991), "Symbolism, collectivism and rationality in organisational control", *Accounting, Auditing and Accountability Journal*, 4(2), pp.4-27.

Argyris, C.(1952), *The Impact of Budgets on People*, New York: Controllership Foundation.

Barton, J., G.S. Berns and A.M. Brooks(2014), "The Neuroscience behind the Stock Market's Reaction to Corporate Earnings News", *The Accounting Review*, 89(6), pp.1945-1977.

*Baxter, J. and W.F. Chua(2003), "Alternative management accounting research-whence and whither", *Accounting, Organizations and Society*, 28, pp.97-126.

______________________(2009), "Studying Accounting in Action", in Chapman, C.S., D.J. Cooper and P. Miller(eds), *Accounting, Organizations and Institutions*, London: Oxford University Press, pp.65-84.

Bebbington, J.(2001), "Sustainable development: A review of the international development, business and accounting literature", *Accounting Forum*, 25(2), pp.128-157.

Berger, P.L. and T. Luckmann(1967), *The social construction of reality: a treatise in the sociology of knowledge*, London: Penguin: 하홍규 옮김(2013), 실재의 사회적 구성, 문학과지성사.

*Berry, A.J., T. Capps, D. Cooper, P. Ferguson, T. Hopper, and E.A. Lowe(1985), "Management Control in an Area of the NBC: Rationales of Accounting Practices in a Public Enterprise", *Accounting, Organizations and Society*, 10(1), pp.3-28.

Bhimani, A.(2002), "European management accounting research: traditions in the making", *The European Accounting Review*, 11(1), pp.99-117.

Boyce, G., S. Greer, B. Blair and C. Davids(2008), "Integrating sociological concepts into the study of accounting: Yielding the benefits of team teaching", *Asian Social Science*, 4(3), pp.48-58.

Broadbent, J. and R. Laughlin(2004), "Public private partnerships: Nature, development and unanswered questions", *Australian Accounting Review*, 14(2), pp.4-10.

*Burchell, S., Clubb, C., Hopwood, A.G, Huges, J. and J. Nahapiet(1980), "The Roles of Accounting in Organizations and Society", *Accounting, Organizations and Society*, 5(1), pp.5-27.

Burrell, G. and G. Morgan(1979), *Sociological Paradigms and Organizations Analysis*, London: Heineman; 윤재풍 역(1990), 사회과학과 조직이론, 박영사.

*Chua, W.F.(1986). "Radical Developments in Accounting Thought", *The Accounting Review*, 61(4), pp.601-632.

*Colville, I.(1981), "Reconstructing 'Behavioral' Accounting", *Accounting, Organizations and Society*, 6(2), pp.119-132.

Cooper, D.J.(2008), "Editorial: Is there a future for interpretive accounting research ?", *Critical Perspectives on Accounting*, 19, pp.837-839

Covaleski, M.A., M.W. Dirsmith and S. Samuel(2003), "Changes in the Institutional Environment and the Institutions of Governance: Extending the Contributions of Transaction Cost Economics within the Management Control Literature", *Accounting, Organizations and Society*, 28(5), pp.417-441.

Demski, J.S., J.C. Fellingham, Y. Ijiri and S. Sunder(2002), "Some Thoughts on the Intellectual Foundations of Accounting", *Accounting Horizons*, 16(2), pp.157-168.

Dey, C.(2017), "Ethnography, Ethnomethodology and Anthropology Studies in Accounting", in Hoque, Z., L.D. Parker, M.A. Covaleski and K. Haynes(eds.), *The Routledge Companion to Qualitative Accounting Research Methods*, London: Routledge, pp.147-162.

Dyckman, T.R. and S.A. Zeff(2015), "Accounting Research: Past, Present, and Future", *Abacus*, 51(4), pp.511-524.

*Elharidy, A.M., B. Nicholson and R.W. Scapens(2008), "Using grounded theory in interpretive management accounting research", *Qualitative Research in Accounting & Management*,

5(2), pp.139-155.

Gaffikin, M.(2008), *Accounting Theory: Research, regulation and accounting practice*, Sydney: Pearson Education Australia.

Gambling, T.(1977), "Magic, accounting and morale", *Accounting, Organizations and Society*, 2(2), pp.141-151.

*Gendron, Y. and C.R. Baker(2005), "On interdisciplinary movements: the development of a network of support around Foucaultian perspectives in accounting research", *European Accounting Review*, 14(3), pp.525-569.

Guba, E.G.(1990), "The Alternative paradigm dialogue", in Guba, E.G.(ed.), *The Paradigm Dialogue*, London: Sage, pp.17-27.

Hägg, I. and G. Hedlund(1979), "'Case Studies' in Accounting Research", *Accounting, Organizations and Society*, 4(1/2), pp.135-143.

Hines, R.D.(1989), "The sociopolitical paradigm in financial accounting research", *Accounting, Auditing and Accountability Journal*, 2(1), pp.52-76.

Hopper, T. and A. Powell(1985), "Making Sense of Research into the Organizational and Social Aspect of Management Accounting: A review of its underlying assumptions", *Journal of Management Studies*, 22(5), pp.429-465.

__________, J. Story and H.C. Willmott(1987), "Accounting for Accounting: Towards the Development of a Dialectical View", *Accounting, Organizations and Society*, 12(5), pp.437-456.

Hopwood, A.G.(1973), *An Accounting System and Managerial Behaviour*, London: Saxon House.

____________(1976), "Editorial: The path ahead", *Accounting, Organizations and Society*, 1(1), pp.1-4.

____________(1978), "Towards an Organizational Perspective for the Study of Accounting and Information Systems", *Accounting, Organizations and Society*, 3(1), pp.3-13.

*___________(1983), "On Trying to Study Accounting in the Contexts in Which it Operates", *Accounting, Organizations and Society*, 8(2/3), pp.287-305.

Hoque, Z. and T. Hopper(1994), "Rationality, accounting and politics: a case study of management control in Bangladeshi jute mill", *Management Accounting Research*, 5(1), pp.5-30.

*Humphrey, C. and R. Scapens(1996), "Methodological themes: theories and case studies of organizational accounting practices: limitation or liberation?", *Accounting, Auditing and Accountability Journal*, 9(4), pp.86-106.

*Kakkuri-Knuuttila, M., K. Lukka and J. Kuorikoski(2008a), "Straddling between Paradigms: A naturalistic philosophical case study on interpretive research in management accounting",

Accounting, Organizations and Society, 33(3), pp.267-291.

_______________(2008b), "No premature closures of debates, please: A response to Ahrens", *Accounting, Organizations and Society*, 33, pp.298-301.

*Kasanen, E., K. Lukka and A. Siitonen(1993), "The constructive approach in management accounting research", *Journal of Management Accounting Research*, 5, pp.243-264.

Laughlin, R.C., E.A. Lowe and A.G. Puxty(1986), "Designing and Operating A Course in Accounting Methodology: philosophy, experience and some preliminary empirical tests", *The British Accounting Review*, 18(2), pp.17-42.

*Lee, B. and C. Humphrey(2006), "More than a number game: qualitative research in accounting", *Management Decision*, 44(2), pp.180-197.

Lehman, G.(2011), "The Management of Sustainability: the art of interpretation", *Journal of Applied Management Accounting Research*, 9(1), pp.75-80.

*Llewellyn, S.(1993), "Working in Hermeneutic Circles in Management Accounting Research: some implications and applications", *Management Accounting Research*, 4(3), pp.231-249.

Lukka, K. and A. Kasanen(1995), "The Problem of Generalizability: anecdotes and evidence in accounting research", *Accounting, Auditing and Accountability Journal*, 8(5), pp.71-90.

*_______ and S. Modell(2017), "Interpretive Research in Accounting: Past, Present and Future", in Hoque, Z., L.D. Parker, M.A. Covaleski and K. Haynes(eds.), *The Routledge Companion to Qualitative Accounting Research Methods*, London: Routledge, pp.36-54.

Meyer, R.E.(2006), "Visiting Relatives: current developments in the new sociology of knowledge", *Organizations,* 15(3), pp.725-738.

*Mill, P. and M. Power(2013), "Accounting, Organizing, and Economizing", *The Academy of Management Annals*, 7(1), pp.555-603.

*Morgan, G. and H. Willmott(1993), "The 'New' Accounting Research: On making accounting more visible", *Accounting, Auditing and Accountability Journal*, 6(4), pp.3-36.

*Ohlson, J.A.(2011), "On successful research", *European Accounting Review*, 20(1), pp.7-26.

Otley, D.(1980), "The contingency theory of management accounting: Achievement and prognosis", *Accounting, Organizations and Society*, 5(4), pp.413-428.

*Parker, L.D.(2012), "Qualitative management accounting research: Assessing deliverables and relevance", *Critical Perspectives on Accounting*, 23(1), pp.54-70.

*_________ and B.H. Roffey(1997), "Back to the Drawing Board: revisiting grounded theory and the everyday accountant's and manager's reality", *Accounting, Auditing and Accountability Journal*, 10(2), pp.212-247.

Perera, M.H.B.(1994), "Culture and international accounting: Some thoughts on research issues and prospect", *Advances in International Accounting*, 7, pp.267-285.

*Puxty, A.G.(1993), *The Social and Organizational Context of Management Accounting*, London: Academic Press; 김영규 역(1999), 관리회계의 사회적 맥락과 조직적 맥락, 석정.

Rosenberg, D., C. Tomkins and P. Day(1982) "A Work Role Perspective of Accountants in Local Government Service Departments", *Accounting, Organizations and Society*, 7(2), pp.123-138.

*Roslender, R.(2016), "Accountancy", in Bevir, M. and R.A.W. Rhodes(eds.), *Routledge Handbook of Interpretive Political Science*, London: Sage, pp.425-439.

__________ and J.F. Dillard(2003), "Reflections on the Interdisciplinary Perspectives on Accounting Project", *Critical Perspectives on Accounting*, 14(3), pp.325-351.

Ryan, B., R. Scapens, M. Theobald and V. Beattie(2002), *Research Methods and Methodology in Finance and Accounting*, 2nd ed., London: Thomson; 구치모·최종서·박기정 옮김(2006), 회계학과 재무론의 연구방법론, 신영사.

Scapens, R.W.(1984), "Management accounting: a survey", in Scapens, R.W., Otley D.T. and R.J. Lister(eds), *Management accounting, organizational theory and capital budgeting*, London: Macmillan, pp.15-95.

*__________(1994), "Never mind the Gap: towards an Institutional Perspectives on Management Accounting Practice", *Management Accounting Research*, 5(3/4), pp.301-321.

*__________(2006), "Understanding management accounting practices: a personal journey", *British Accounting Review*, 38(1), pp.1-30.

__________(2008), "Seeking the relevance of interpretive research: A contribution to the polyphonic debate", *Critical Perspectives on Accounting*, 19(6), pp.915-919.

__________ and J. Roberts(1993), "Accounting and control: A case study of resistance to accounting change", *Management Accounting Research*, 4, pp.1-32.

ter Bogt, H. and J. van Helden(2011), "The role of consultant-researchers in the design and implementation process of a programming budget in a local government organization", *Management Accounting Research*, 22, pp.56-64.

*Tomkins, C. and R. Groves(1983), "The Everyday Accountant and Researching his Reality", *Accounting, Organizations and Society*, 8(4), pp.361-374.

__________, D. Rosenberg and I. Colville(1980), "The Social process of research: some reflections on development a multi-disciplinary accounting project", *Accounting, Organizations and Society*, 5(2), pp.247-262.

*Vaivio, J.(2008), "Qualitative Management Accounting Research: rationale, pitfalls, and potential", *Qualitative Research in Accounting and Management*, 5(1), pp.64-86.

Vicencio, E.R.(2012), "Foucault: His Influence over Accounting and Management Research, Building of a Map Foucault's Approach", *International Journal of Critical Accounting*,

4(5/6), pp.728-756.

Wickramasinghe, D.(2011), "Ontological Dependency on Epistemology Strategy: Interpretive Management Accounting Research Revisited", in Abbdel-Kader, M.G.(ed.), *Review of Management Accounting Research*, Hampshire, UK.: Palgrave Macmillan, pp.543-566.

*________________ and C. Alawattage(2007), *Management Accounting Change: Approaches and perspectives*, London: Routledge.

Willmott, H.C.(2008), "Listening, interpreting, commending: A commentary on the future of interpretive accounting research", *Critical Perspectives on Accounting*, 19, pp.920-925.

오늘날 해석적 방법론의 적용을 선호하는 회계학자들은 상징적 상호작용이론, 일상생활방법론(민속방법론), 행위자연결망이론, 구조화이론, 제도이론(특히 신제도사회학, 구제도경제학), 등과 같은 다양한 사회(학)이론들을 적용하고 있다. 이하에서 우선 이론의 의의를 살펴보자.

제2부 해석적 방법론의 이론

제5장
이론의 의의

이론(theory)이란 세계를 추상적으로 표현한 것이라기 보다는 세계를 보고 생각하는 방식이다. 따라서 자연의 거울(mirror)보다는 사람이 관찰에서 사용하는 렌즈(lens)로 더 잘 간주된다(Rorty, 1979; Alvesson · Deetz, p.37). 현상을 어떻게 보고 생각하는가는 렌즈에 따라 다를 수 있다. 따라서 이론은 보는 방식이면서 또한 보지 않는 방식일 수도 있다(Dobson, 2001, p.285). 특정한 이론적 관점은 적용의 순간에 연구자에게 다른 관점을 보지 못하게 할 것이다. 연구자는 다양한 이론에 노출되어 있고 이러한 이론에 의해 영향을 받고 있기 때문에, 다양한 이론을 이용하여 회계현상을 다양하게 파악할 수도 있을 것이다. 연구자는 이론을 선호하는지의 여부에 관계없이 이론에 의해 제한을 받는다(Walsham, 1993, p.6).

이론은 다양하게 정의되기도 하는데, Oxford영어사전에서는 "일단의 사실이나 현상에 관한 설명으로 간주되는 언명이나 아이디어의 체계"[1)]로 정의하고, Macquarie 사전에서는 "일단의 현상에 대한 설명의 원칙으로 이용되는 일관성있는 일단의 일반명제"[2)]라고 정의하고 있다.

Popper(1959)는 "이론은 자연현상을 이해하고, 설명하고, 예측하는 데서 언어나 수리적 용어로 표현된 추측이다. 이론은 우리가 세계라고 부르는 것을 낚기 위해 던지는 그물이다: 그것을 합리화하고, 설명하고, 정복하기 위하여, 그물눈을 보다 촘촘히 하기 위해 우리는 열성을 다한다"(pp.37-38; 박우석 옮김, p.75)라고 주장하고 있다.

Llewellyn(2003)은 회계에서 이론이라는 용어가 물리학의 중력법칙과 같이 일반화가능한 거대이론에 적용할 뿐만 아니라, 우리가 살아가는 사회세계의 다양한 측면들을 의미있게 하는 것을 도와주고, 우리의 사회경험을 이해하기 위한 구조를 제공하는 것을 도와주는 체계에도 적용된다고 지적하고 있다. 다양한 회계이론은 다양한 목적을 가진다.[3)] Llewellyn

1) a scheme or system of ideas or statements held as explanation or account of a group of facts or phenomena.
2) a coherent group of general propositions used as principles of explanation for a class of phenomena.
3) Llewellyn(2003)은 회계학의 질적 연구에서 이론을 은유이론, 차별화이론, 개념이론, 상황이론, 거대이론 등

(2003)은 이론을 구성하는 것에 관해 다음과 같은 견해를 제시하고 있다.

> "이론은 응집(cohesion)과 안정을 부여한다(Czarniawska, 1997, p.71). 그래서 생활이 애매할 때마다, 사람은 이론화를 통해 이러한 애매성에 대처하면서 일을 할 것이다. 생활과 상황이 공통적으로 다중의 의미를 가지고 상이한 유의성평가를 발생시키기 때문에, 모든 사람은 이론이 그들의 일상사를 다룰 필요가 있다. 이론은 학자가 먼지터는 것을 기다리면서 도서관에 머물고 있는 것이 아니다. 이론은 사람들이 다음 번에 할 바를 결정하기 위해 애매, 모순, 역설 등을 다룰 때마다 이용된다. 이론은 세계에 관한 예측을 생성한다"(p.663).

이론은 성찰 뿐만 아니라 연구하고 실행하기 위한 것이며, 이론은 학자의 영역만을 위한 것이 아니다. 이론은 사회현상의 의미와 유의성을 표현하며, 이론은 사람의 일상경험을 협상하고 사회세계에 관한 예측을 생성한다. 이론과 자료는 사회과학에서 상호의존적이다. 자료의 의미는 이론 없이는 평가될 수 없으며, 이론은 자료를 통해 단순한 방식으로 정당화될 수 없다. 진리보다는 효용의 기준이 이론의 적절성에 관해 판단하는데 이용되어야 한다. 질적인 경험적 연구에서 이론은 연구자의 이론과 연구자가 연구하는 연구대상자의 이론을 포함한다.

연구자는 연구방법과 관련이 있는 이용가능한 이론들을 검토해야 한다. 선행이론의 검토는 연구자가 연구방법에 접근하는 방식을 결정할 것이다. 때로는 연구자가 근거이론(grounded theory)의 경우처럼 선행이론에 구애받지 않고 연구를 시작해야 한다고 주장되기도 하지만, 대부분의 경우에 이것은 현실적으로 거의 불가능하다. 연구자는 자신의 과거경험, 선행연구 등에 의해 영향을 받을 것이다. 그리하여 대부분의 연구에는 고려할 만한 선행이론이 있을 것이다. 연구가 다른 사람들에게도 유의미하기 위해서는 연구자가 가능한 한 이론을 분명히 해야 한다. 선행이론의 검토 이외에도, 연구가 진행됨에 따라 이론이 추가로 도입될 것이며, 새로운 이론이 개발될 수도 있다. 연구자는 이러한 이론개발이 발생할 수 있도록 충분히 유연해야 할 것이다(Scapens, 1990, p.274).

이론은 질적 연구자에게 크게 두 가지 방향에서 영향을 미친다. 첫째, 세상을 어떻게 보려하는가의 방식을 결정하는 데서 이론이 관여한다. 연구자의 이론은 무엇을 문제로 보려고 하는가로부터, 이 문제를 어떻게 개념화해 갈 것인가, 또는 이 문제가 왜 중요한지에 대

5개의 수준으로 나누어 설명하고 있으며, 질적(해석적) 연구에서는 은유이론, 차별화이론, 개념이론들이 주로 이용된다고 주장하고 있다. 여기서 엄밀하게 말하자면 이론이 아니라 이론화라고 표현하고 있으며, 이러한 이론화(또는 개념적 체계화, conceptual framing)의 세 가지 유형이 행위, 등장, 변화 등을 이해하고 설명하는데 본질적이라고 주장하고 있다(p.699).

한 기초적 정보들을 제공한다(고미영, pp.95-96).

이론은 연구자가 연구목적과 문제의 선정, 참고문헌의 탐구, 수집할 자료의 종류, 자료분석의 과정 및 결과를 명확히 하는데 도움을 준다(Maxwell, 2005). 연구자는 이론의 토대위에 시행하고자 하는 연구가 왜 필요하며, 연구가 어떻게 가능한지, 그리고 이 연구의 결과가 학문적으로 어떠한 결과를 가져다주는지를 보여주게 된다. 일반적으로 이론이 없는 연구는 학술적 가치를 별로 가지지 않는다.

둘째, 이론은 새로 발견된 정보의 조각들을 꿰맞추어 전체적으로 통합시키는 역할을 해준다. 즉, 연구자가 수집한 자료로부터 의미를 만들어가는 데서도 이론은 중요한 역할을 한다. 이론은 이미 알려져 있는 것들을 정리하거나 요약해 주고, 현재 연구되는 현상에 대한 전반적인 설명을 제공한다(Merriam, 1998). 특히 질적 연구에서는 특정 환경에서 적용되는 실질적인 이론들이 생성되거나 그러한 이론들이 선호된다. 이러한 실질적인 이론은 거대이론과는 달리 실제 생활의 구체적 상황 속에서 더 잘 적용될 수 있는 이론이다(고미영, p.97).

이론은 연구자가 연구하고자 하는 현상에 대해 가지고 있는 생각이나 태도를 보여준다. 해석적 연구에 대해서 갖고 있는 오해 중의 하나는 해석적 연구를 시작하기 전에 하나 이상의 이론을 연구자가 이용할 경우, 연구의 결과가 미리 선택한 이론이 결정해 놓은 방향으로 나올 것이라는 생각이다. 하지만, 해석적 연구에서 이론을 갖지 않는다면, 연구자는 무엇을 연구문제로 선정할지, 연구참여자를 면접할 때 어떠한 질문을 해야 할지, 연구참여자들을 관찰할 때 어떠한 행동들을 관찰할지, 그리고 어떠한 결과를 발견하기 위해서 자료를 분석해야 할지 모르게 된다(유기웅 외, p.169).

그러나 해석적 연구에서는 귀납적 연구과정의 특성을 가지고 있기 때문에 근거이론방법의 경우처럼 이론이 없는 상태에서 연구를 할 수도 있고, 사례의 풍부하고도 상세한 묘사를 목적으로 삼는 사례연구의 경우도 이론이 없을 수 있지만, 해석적 방법론을 이용하는 대부분의 연구에서는 이론을 가지고 연구를 시작한다.

일반적으로 해석적 방법론을 포함한 질적 방법론에서는 조직의 행위, 사건, 구조, 과정 등에 관한 정보를 수집하기 위해 현장연구(fieldwork)를 포함한 경험적 연구를 주로 한다. 현장연구를 실시해서 자료를 수집한 후, 연구자들은 조직의 행위와 사건을 어떻게 이해해야 하는가? 조직구조와 과정을 어떻게 설명해야 하는가? 등과 같은 조직의 문제를 해결하기 위한 기본적인 반응은 이러한 조직현안의 설명에 이론을 반영하는 것이다(Llewellyn, 2003, p.662).

회계는 인간활동이기 때문에 회계이론은 사람이 조직내에서 특정한 이해관계자집단에게 특정한 정보를 제공하기 위해 선택하는 이유나 회계정보에 관한 사람의 행동과 사람의 필요와 같은 것을 고려할 것이다(Deegan, 2014, p.4).

회계학연구에서 이론의 역할과 입장에 관해 두 가지 상이한 견해가 있다. 첫 번째 견해는 연구자간에 널리 알려지고 채택되며, 일관성있고 안정적인 거대이론(grand theory)의 관련성을 강조하는 것이다. 이 이론관은 경험적 연구의 주요한 목적이 기존이론을 검정하며, 그것을 확증하고 재정의하는 과정에 합류하는 것이라는 사상에 기초하고 있다. 이 유형의 이론개발은 가설과 명제의 설정들을 통해 발생한다(Eriksson · Kovalainen, p.41). 이 경우는 특히 주류회계학의 실증적 방법론에서 이론을 이용하는 경우이다.

실증적 이론은 특정한 현상을 설명 · 예측하고자 한다. 사회과학과 철학에서 실증주의는 다양한 의미로 이용되는 용어이다. 이것은 자연과학과 개략적으로 동일한 형이상학적 가정에 기초하고 있으며, 유사한 경험적인 과학적 방법을 적용한다. 좁은 의미에서 실증주의는 1930년대에 비엔나학파에서 등장한 철저한 경험주의인 논리실증주의에 근거한다(Hollis, 2002, p.42).

주류회계학의 실증석 방법론에서 회계이론의 역할은 관찰된 실무를 설명하고 관찰되지 않는 실무를 예측하는 일단의 원칙과 관계를 제공하는 것이다. 즉, 실증적 회계이론은 기업조직이 특정한 회계방법을 선택하고 다양한 회계방법을 선택하는 기업의 속성을 예측하는 이유를 설명할 수 있어야 한다. 회계이론은 회계학연구를 통해 검증가능해야 한다(Schroeder *et al.*, 2001, p.1). 그러나 이 견해는 특정한 연구문제를 선택하는 데서 이론의 해석적 역할을 무시하고 있다. 이것은 모든 학문의 경우처럼, 회계이론이 기본적인 방법론, 목적, 범위 등에 의존하면서 본질적으로 변할 것이기 때문에 다소 제한적이다. 요컨대, 하나의 유일한 회계이론의 목적은 존재하지 않을 것이다(van Mourik, p.45).

주류회계학의 이론목적과는 다른 이론목적(이해, 변화)은 과학적 활동의 사회성(the socal nature)을 강조한다. 여기서 이론은 더욱 유연한 방식으로 정의된다. 즉, 그것은 연구를 실시하는 방식을 지도하는 예비적이고 변화하는 가정으로 구성된다. 이론에 관한 이러한 이해는 이론구성에서 새로운 요소의 채택, 아이디어의 유입, 점진적인 변화 등의 가능성을 열어놓고 있다. 이 이론개념은 이론이 연구과정의 반복성을 통해서 항상 도전받고 있기 때문에, 이론이 가설을 통해 검정될 필요가 없다는 것을 시사한다. 이 견해로부터, 이론은 안정적이고 엄격한 검정가능한 공식화 대신에 지속적인 재정의하에서 아이디어의 집합으로 이해될 수 있다.

해석적 회계이론은 특정한 현상을 설명, 예측하기보다는 이해하고자 한다. 이의 목적은 회계정보의 작성, 전달, 검증, 이용에서 개인의 주관적 경험을 이해하는 것이다(Riahi-Belkaoui, 2004, p.317). 해석적 연구는 객관적인 행동원인을 설명하고자 하는 대신에, 어떤 행위가 행위자에게 의미하는 것, 즉 어떤 행위의 주관적인 의미를 이해하고자 한다

(Hollis, 2002, p.17).

질적인 회계학연구에서는 질적 연구가 경험적 자료, 해석, 이론 사이의 일정하고 밀접한 상호작용에 자주 의존하기 때문에 아이디어의 집합으로서 이론개념이 선호된다. 이 이론개념은 또한 이론체계를 작성하고, 이론, 개념, 방법 사이의 연결을 통해 연구자에게 연구자 자신의 방식으로 연구할 수 있는 재량을 많이 제공한다.

질적 연구에서 전형적인 연구순서는 그 시작 시점에서 구체화된 이론의 검정보다는 이론의 생성을 수반한다는 것이다. 구체화되기 전의 이론들이 질적 자료와 검정될 수 있고 또한 가끔 검정되기도 하지만, 이론의 생성이 선호되기도 한다.

질적 연구에서 이론의 이용방법에 관한 문제는 연구의 첫 번째 단계에서 양적 연구에 비하여 분명하지 않다. 이론은 가끔 자료수집, 분석, 작성의 단계에서 귀납을 통해 등장한다. 이론, 방법, 자료 사이의 상호작용적·반복적 관계 때문에, 질적 회계학연구에서 이론부분들은 가끔 자료가 분석되고 자료와 방법에 관한 부분이 작성된 후에 최종형태를 가질 수도 있다.

그러나 일부 질적 연구자들은 질적 자료가 이론의 검정과 관련해서 중요한 역할을 가질 수 있고 또한 가져야 한다고 주장한다. Silverman(1993)은 특히 최근에 질적 연구자들이 이론의 검정에 점차적으로 더 관심을 가지게 되었다고 주장한 바 있다. 질적 연구가 자료수집 이전에 구체화되는 이론을 검정하기 위해 채택될 수 없는 이유는 없다. 어떠한 경우에도 많은 질적 연구는 그 연구진행의 과정에 이론의 검정을 수반한다. 이론을 검정하기 위해 수시로 자료의 추가수집도 촉구될 것이다. 등장하는 이론을 검정하는 것과 자료를 수집하는 것 사이의 반복은 특히 근거이론의 두드러진 특징이다(Bryman·Bell, p.393).

질적연구의 전통으로 연구자는 귀납적 이론도출이나 이론적 비교와 비판을 통해 새로운 이론을 정립하거나 기존이론을 수정할 수 있다(Humphrey·Scapens, 1996; Llewellyn, 2003; Parker·Roffey, 1997). 그리고 기존이론의 적용을 위해 기존이론을 재검토할 수도 있다(Hammersley·Atkinson, 1995).

질적 연구자의 경우에 이론과 자료는 지금까지 은폐된 의미와 이해를 탐구하는데 다양한 길을 제공하는 상호적인 관계내에서 고려되어야 한다. 이로 인해서 우리는 행위자들의 세계에 관한 그들 자신의 내부견해와 그들의 세계가 어떻게 작동하는가에 관한 그들의 이론을 도출하면서, 귀납적으로 현장자료로부터 새로운 이론을 개발하고, 기존의 이론체계를 통해 현장을 조사하는 것으로 확대하며, 그에 의해서 기존이론을 더 정제하면서 우리가 거의 모르는 현상을 탐구할 수 있게 한다(Parker, 2014, pp.23-24).

한편, 회계에는 독특한 이론적 기초가 없다고 주장되고 있다. 회계는 실무가의 시행착오와 경험 및 실용주의를 통해 생성되는 기법이나 시스템으로 가끔 교육되거나 실천된다. 그러나 기법들은 이론에 의존하며, 이론은 실무가들이 원하거나 필요로 하는 것에 관한 이해나 원인과 결과의 것이다. 회계에 독특한 회계이론의 부재를 감안하면, 실무에 의미를 생성하기 위해서는 다른 사회과학에 의존해야 한다(Hopper · Powell, 1985; Hopper et al., 2015, p.452).

그리하여 회계학의 실증적 방법론에서 주로 사용하는 이론은 경제학이나 재무론, 심리학 등에서 개발된 이론을 이용하고 있으며, 회계학의 해석적 방법론에서 주로 사용하는 이론은 사회학자들이 개발한 사회(학)이론들[4]이다. 사회학자들은 오래전부터 회계학분야에 관심을 두고 있었지만, 그후 상당한 기간동안 사회학자들은 우리 생활을 형성하는 다양한 형태의 경제계산과 회계에 관심을 거의 두지 않았다. 19세기말, 20세기 전반기까지 Marx, Sombart, Weber 등이 회계에 상당한 관심을 가지고 있었다. 그후 1950년대에 비로소 회계에 대한 사회과학자들의 관심이 재등장하였으며, 1960년대에 행동과학회계가 등장하였는데, 이것은 주로 조직내부의 현안에 주안점을 두었으며, 사회심리학적인 용어로 이들을 표현하였다. 20세기 중반이후 사회학적 탐구의 대상으로서 회계의 재발견은 주로 사회학이 아닌 회계학 자체 내에서 발생하고 있다(Mennicken et al., 2008, p.3). 그리하여 부분적으로 회계의 사회학적 차원을 탐구하는데 중요한 계기가 된 회계학술지 *Accounting, Organizations and Society*가 발간된 것이 1976년이었다. 이후 다양한 사회이론이 회계학에 도입되어 이용되기 시작하였다.

사회이론의 기반은 사람과 사회 사이의 연결(link)이다. 사람을 사회와 연결하는데서 사회이론은 그 강조점이 각각 다르다. 이것은 사회분석의 주안점, 연구의 내용과 방법, 설명의 종류에 영향을 준다. 일부 사회이론은 사회를 강조하며, 사회시스템, 사회구조, 사회과정이 특별한 종류의 사회적 존재를 생산하며, 이들의 기회와 제약조건을 묘사하는 방식에 관심이 있다. 다른 이론들은 사람으로 시작하고는 인간의 행위수행과 사회적 상호작용의 역할을 강조하면서 사람들이 살아가는 사회를 사람들이 생성하는 방식에 관심이 있다. 그리고 이들의 중간영역을 차지하면서 집단, 제도, 조직, 담론 등과 같이 특별한 사회형태를 연구의 초점으로 취하는 이론도 있다. 사회시스템을 다루는 (거시적 사회)이론들은 사람이 생각하고 행동하는 것이 가능한 방식에 관한 가정을 포함하고 있으며, 사람의 의미를 해석

4) 사회(학)이론은 사회에서 관계, 사회적 존재로서 인간의 역할 또는 사회에서 개인의 공간에 관한 지식을 체계화하는 실무이다. 이것을 확대하면, 모든 사회이론의 핵심적 관심사는 사회구조와 개인행동(또는 행위수행)간의 관계, 거시사회와 미시사회의 관계, 권력의 본질, 불평등의 원인, 변화의 기원 등이다. 모든 인간활동 심지어 회계도 이러한 용어로 분석될 수 있다(Jack, 2017, p.11). 사회이론은 회계를 소통하기 위해 이용하는 방식에 관한 해석과 비판을 위해 회계연구자에 의해 이용된다. 그 정보는 중립적인 것이 아니라 사회의 관계에 영향을 준다. 즉, 계층, 권력, 불평등, 사회변화 등은 회계정보가 생산되고, 주어지고, 수령되는 방식에 영향을 준다(*ibid.*, p.17).

하는 것을 강조하는 (미시적 사회)이론들은 그들의 존재를 유지하는 사회를 전제한다. 오늘날 많은 사회이론들이 이러한 하향식과 상향식의 접근방법이 사회분석에서 결합될 수 있는 방식에 관심이 있는데, 가장 유명한 것이 Giddens의 구조화이론(제9장을 참조)이다. 사회이론을 이용하는 회계학연구는 다양한 이론들의 상이한 강조점을 반영하고 있다(Jones, 1995, pp.247-248).

Bryman(2008)은 사회이론을 이용하는 질적 연구자에게 두 가지 주요한 현안이 있다고 지적하고 있다. 즉, 어떤 형태의 이론을 말하고 있는가와 이론을 검정하거나 정립하기 위해 자료가 이용되고 있는가의 여부이다. Mouzelis(1995)는 수단이나 도구로서의 이론(개념체계)과 최종산물로서의 이론을 구별하고 있다(Jack, 2017, p.14).

1980년대에 사회적·제도적 맥락에서 회계를 연구하기 시작한 Lowe, Hopwood 등과 같은 회계연구자들은 고의적으로 이론을 정립하려고 하지 않았다. 그들은 이론을 검정(test)한 것이 아니라 회계가 이용되고 있는 기존이론에 어떻게 첨가하였는가를 예시하고 있었다. 그리하여 그들은 회계가 현재 방식으로 실시되는 이유를 이해하기 위해 일단의 개념도구로서 사회이론을 이용하고 있다. 따라서 회계를 이해하는 것에 대해 해석적/비판적 접근방법을 적용하는 일단의 문헌은 주로 세 가지 유형으로 구성되어 있다. 첫 번째 종류의 논문은 특정한 이론이나 이론가의 소개인데, 이 이론은 회계와 어떻게 그리고 왜 관련되는가에 관한 새로운 사례에 의해 예시되는 설명을 하고 있다. 두 번째는 수집된 자료를 해석하고 지식에 기여할 뿐만 아니라 이론의 확장이나 어떤 통찰력을 제공하고자 하는 기준으로서 하나 이상의 이론가로부터 도출한 개념체계를 이용하는 경험적 연구이다. 세 번째는 한 명의 이론가의 연구나 개념을 이용한 다양한 연구자들에 의해 실시된 연구의 문헌검토이다(*ibid.*, pp.14-15).

회계학에서 주로 이용하는 사회이론을 미시사회학과 거시사회학으로 나누어 살펴보면, 거시사회학의 경우에는 주로 조직, 제도, 문화 등과 같이 일반적인 사회특징에 초점을 두며, 사회구조적 측면을 주로 다룬다. 여기서는 Marx, Habermas, Foucault, Giddens, Bourdieu 등의 학설을 이용하고 있는데, Giddens를 제외하고는 모두 비판적 사회학자들이고, 이들의 이론(학설)은 김석웅(2014)에서 살펴본 바 있다.

한편, 미시사회학 또는 일상생활이론의 경우에는 Herbert Blumer, Erving Goffman, Harold Garfinkel 등의 이론(학설)이 이용되고 있다. 이들은 일상생활에서 사회적 상호작용의 개인적인 측면을 강조하며, 개인의 행위적 측면을 다룬다. 미시사회학은 개인들이 일상생활을 어떻게 영위해 가는가와 그들 자신과 다른 사람들의 사회적 정체성을 어떻게 이해하는가에 관한 이론이다. 여기서는 세 가지 유형의 연구를 식별할 수 있다(Jack, 2017, p.26).

① 회계담당자의 일상업무와 정체성 및 회계가 발생하는 문화에 관한 연구.
② 일상회계업무와 회계의 역할에 관한 연구.
③ 회계담당자와 타자(예를 들면, 고객 등) 사이의 대화와 일상수준에 관한 다른 의사소통형태에 관한 연구.

이러한 연구는 그 목적이 일상생활과 실무의 상세하고도 충실한 서술을 제공하는 질적 연구와 사실상 동일하다는 의미에서 민속지학(ethnography)이다. 이들은 문화에 관해 이해하고, 존재하는 것에 관한 서술적 설명을 제공하며, 풍부하고도 충실한 생활방식묘사, 공동체 밖의 사람들이 읽고 이해할 수 있는 서사를 제공한다.

회계학이 사회이론을 이용하여 회계현상을 구조(structure)와 행위(action)으로 나누어 살펴볼 때, 세 가지 관점에서 접근할 수 있다(*ibid.*, p.50).

① 구조와 개인의 행위/행위수행(agency)은 분리해서 관찰할 수 있다(구조주의, 이원론).
② 구조와 행위/행위수행은 분리할 수 없으며, 함께 연구되어야 한다(이중성)
③ 구조는 도움이 되지 않으며, 초점은 행위/행위수행에 있다(상징적 상호작용론, 일상생활방법론, 행위자연결망이론 등).

회계학연구에서 해석적 방법론을 적용할 때 주로 사용되는 상징적 상호작용론, 일상생활방법론, 행위자연결망이론, 구조화이론, 제도이론(구제도경제학, 신제도사회학) 등은 사회적 실재가 단순한 경제적 합리성과 시장균형보다는 인간행동의 사회적 측면을 강조함으로써 연구될 수 있다는 공통적인 사회학적 명제를 공유한다.

사회이론을 적용한 회계학연구의 현황을 살펴본 선행연구로는 Chua(1988), Roslender(1990, 1992), Puxty(1993), Covaleski et al.(1996), Baxter · Chua(2003, 2006), Hopper et al.(2015) 등이 있다.

Chua(1988)은 상징적 상호작용론과 일상생활방법론을 살펴보고 있으며, Roslender(1990, 1992)는 상호작용이론, 노동과정이론, 비판이론, Foucault의 이론 등을 살펴보고 있다. Puxty(1993)는 주류회계학에서 이용하는 패러다임과 시스템관점을 소개한 후, 상징적 상호작용론, 현상학적 사회학, 민속방법론, 급진주의이론(고전적 정치경제이론, 노동과정이론, 비판이론), 후기구조주의의 이론(Foucault)을 살펴보고 있다. Covaleski et al.(1996)은 상황적합이론, 해석적 관점, 비판적 관점 등으로 분류하고는 해석적 관점으로 제도적 관점, 자원의존관점, 정치적 관점, 전문직(profession)관점 등으로 나누어서 살펴보고 있다. Baxter · Chua(2003, 2006)는 주류관리회계연구의 대안으로 비합리적 설계학파, 자연주의적 접근방법, 급진적 대안, 제도이론, 구조화이론, Foucault의 접근방법, Latour의 접근방법 등으로 나누어서 살펴보고 있다. Hopper et al.(2015)는 해석주의, 후기구조주의, 정치경제, 제도이론 등으로 나누어 연구현황을 살펴보고 있다. 해석주의에서는 상징적 상호작용론과 행위자연결망이론을 다루고 있으며, 후기구조주의에서는 Derrida, Foucault, Baudrillard 등의 이론을 다루고 있다. 정치경제에서는 고전적 마르크스주의, 노동과정이론, 비판이론 등을 다루고 있다. 제도이론에서는 신제도사회학과 구제도경제학을 다루고 있다.

본서에서는 주류회계학이나 비판적 방법론에서 사용하는 관점이나 이론을 제외하고, 개인의 행위에 주안점을 두는 상징적 상호작용론, 일상생활방법론, 행위자연결망이론 등을 먼저 살펴보고나서, 행위와 구조를 모두 고려하는 구조화이론과 구조에 주안점을 두는 제도이론 등을 살펴볼 것이다.

참고문헌

고미영(2009), 질적사례연구, 청목출판사.

김석웅(2014), 회계학의 비판적 방법론, 교육과학사.

유기웅 · 정종원 · 김영석 · 김한별(2012), 질적 연구방법의 이해, 박영사.

Alvesson, M. and S. Deetz(2000), *Doing Critical Management Research*, London: Sage.

*Baxter, J. and W.F. Chua(2003), "Alternative management accounting research-whence and whither", *Accounting, Organizations and Society*, 28, pp.97-126.

________________________(2006), "Reframing management accounting practice: a diversity of perspectives," in Bhimani, A.(ed.), *Contemporary Issues in Management Accounting*, Oxford University Press, pp.42-68.

Bryman, A.(2008), *Social Research Methods*, 3rd ed., Oxford University Press.

__________ and E. Bell(2011), *Business Research Methods*, 3rd ed., Oxford University Press.

Chua, W.F.(1988), "Interpretive Sociology and Management Accounting Research-A critical review", *Accounting, Auditing and Accountability Journal*, 1(2), pp.59-79.

Covaleski, M.A., M.W. Dirsmith and S. Samuel(1996), "Managerial Accounting Research: the contributions of organizational and sociological theories", *Journal of Management Accounting Research*, 8, pp.1-35.

Czarniawska, B.(1997), *Narrating the Organization*, Chicago: The University of Chicago Press.

Deegan, C.(2014), *Financial Accounting Theory*, 4th ed., Sydney: McGraw-Hill.

Dobson, P.J.(2001), "Longitudinal Case Research: A Critical Realist Perspective", *Systemic Practice and Action Research*, 14(3), pp.283-296.

Eriksson, P. and A. Kovalainen(2008), *Qualitative Methods in Business Research*, London: Sage.

Hammersley, M. and P. Atkinson(1995), *Ethnography: principles and practices*, New York: Routledge.

Hollis, M.(2002), *The Philosophy of Science: An Introduction*, rev. edn, Cambridge: Cambridge University Press.

Hopper, T. and A. Powell(1985), "Making Sense of Research into the Organizational and Social Aspect of Management Accounting: A review of its underlying assumptions", *Journal of Management Studies*, 22(5), pp.429-465.

*__________, J. Ashraf, S. Uddin, and D. Wickramasinghe(2015), "Social theorisation of accounting", in Jones, S.(ed.), *The Routledge Companion to Financial Accounting Theory*, London: Routledge, pp.452-471.

*Humphrey, C. and R. Scapens(1996), "Methodological themes: theories and case studies of organizational accounting practices: limitation or liberation?", *Accounting, Auditing and Accountability Journal*, 9(4), pp.86-106.

*Jack, L.(2017), *Accounting and Social Theory: An Introduction*, London: Routledge.

Jones, T.C.(1995), *Accounting and The Enterprise: A social analysis*, London: Routledge.

*Llewellyn, S.(2003), "What counts as theory in qualitative management and accounting research? Introducing five levels of theorizing", *Accounting, Auditing & Accountability Journal*, 16(4), pp.662-708.

Maxwell, J.A.(2005), *Qualitative research design: An interactive approach*, 2nd ed., Thousand Oaks, CA: Sage.

Mennicken, A., P. Miller and R. Samiolo(2008), "Accounting for Economic Sociology", *Economic Sociology: the european electronic newsletter*, 10(1), pp.3-7.

Merriam, S.B.(1998), *Qualitative research and case study application in education*, San Francisco: Jossey-Bass.

Mouzelis, N.P.(1995), *Sociological Theory: What went wrong? Diagnosis and remedies*, London: Routledge.

*Parker, L.D.(2014), "Qualitative perspectives: through a methodological lens", *Qualitative Research in Accounting and Management*, 11(1), pp.13-28.

*__________ and B.H. Roffey(1997), "Back to the Drawing Board: revisiting grounded theory and the everyday accountant's and manager's reality", *Accounting, Auditing and Accountability Journal*, 10(2), pp.212-247.

Popper, K.(1959), *The Logic of Scientific Discovery*, London: Hutchinson and Co.; 박우석 옮김(1994), 과학적 발견의 논리, 고려원.

*Puxty, A.G.(1993), *The Social and Organizational Context of Management Accounting*, London: Academic Press; 김영규 역(1999), 관리회계의 사회적 맥락과 조직적 맥락, 석정.

Riahi-Belkaoui, A.(2004), *Accounting Theory*, 5th ed., London: Thomas Learning.

Rorty, R.(1979), *Philosophy and the Mirror of Nature*, Princeton, NJ: Princeton University Press.

Roslender, R.(1990), "Sociology and Management Accounting Research", *The British Accounting Review*, 22(4), pp.351-372.

*__________(1992), *Sociological Perspectives on Modern Accountancy*, London: Routledge,

*Scapens, R.W.(1990), "Researching Management Accounting Practice: the role of case study methods", *British Accounting Review*, 22(3), pp.259-281.

Schroeder, R.G., M.W. Clark and J.M. Cathey(2001), *Financial Accounting Theory and Analysis*, 7th ed., New York: John Wiley and Sons.

Silverman, D.(1993), *Interpreting Qualitative Data: methods for analysing talk, text and interaction*, London: Sage.

*van Mourik, C.(2014), "Methodology in Financial Accounting Theory", in van Mourik, C. and P. Walton(eds), *The Routledge Companion to Accounting, Reporting and Regulation*, Abingdon: Oxon, UK; Routledge, pp.34-53.

Walsham, G.(1993), *Interpreting Information Systems in Organizations*, Chichester: Wiley.

제6장 상징적 상호작용론[1]

제1절 상징적 상호작용론의 의의

상징적 상호작용론(symbolic interactionism)[2]은 해석적 이론 중의 하나이며 오늘날 사회학에서 기능론, 갈등론 등과 함께 삼 대 사회사상을 이루고 있다. 기능론이나 갈등론은 사회 전반이나 집단에 대하여 초점을 맞추는 거대이론 또는 거시이론(grand theory 또는 macro theory)이다. 이에 비하여 상호작용론은 사람이 다른 사람과 매일의 일상생활에서 맺는 상호관계에 관심이 있고, 그들의 행동이 갖는 주관적인 의미를 중요시하고 이를 분석하는데 초점을 두는 미시적인 해석적 이론이다. 여기서는 어떤 것을 상징하는 것과 인간행동의 관계에 관심이 있기 때문에 이를 상징적 상호작용론이라고 한다.

개인간의 상호작용 및 개인과 사회의 관계 등의 문제에 관심이 증대된 것은 19세기말 무렵부터였으며, 유럽에서는 Zimmel, Weber 등이, 미국에서는 G.H. Mead(1863-1931)가 초기의 대표적인 학자들이었다. 이러한 상징적 상호작용론은 해석적 방법론을 적용할 때 이용하는 이론 중에서 회계학에 가장 큰 영향을 준 이론이었다(Puxty, 1993, p.60; 김영규 옮김, p.107). 상징적 상호작용론은 사회과학의 많은 분야에 영향력이 큰 기본적인 사회학적 패러다임이다.

상징적 상호작용론은 Mead에 의해 처음 전개되었고 이후에 Blumer 등에 의해 발전된 사회학의 이론으로, 많은 사회학자들의 관심의 대상이 되고 있다. 상징적 상호작용론에서는 거대한 사회구조나 제도에 초점을 맞추는 것이 아니라 사람들이 서로 얼굴을 맞대고 상호작용을 할 때 일어나는 매일매일의 의사소통을 주로 다룬다. 이 이론은 개개인이 매일 행하는 것을 자기들이 해석하는 사회생활의 의미에 초점을 두고 있다.

상징적 상호작용론의 방법론적 의의는 그것이 구조기능주의나 기타 사회제도나 전체사

1) 이 글은 2008년 12월, 회계정보연구(제16권 제4호, pp.287-312)에 발표한 "회계학방법론으로서 상징적 상호작용론에 관한 연구"를 수정・보완한 것이다.

2) 사회학자 박영신은 symbolic interactionism을 상징적 교섭론으로 번역한 바 있다.

회를 대상으로 하는 전망에서 흔히 보이는 바와 같이 개인을 사회에서 요구하는 또는 문화적으로 규정된 규범에 따라 행동하는 사회의 산물이 아니라, 자기의 주관에 따라 대상과 상황을 규정하고 거기에 의미를 부여함으로써 자기의 세계를 능동적으로 이끌어가는 주체로 본다는 것이다(김채윤 외 1986, p.30).

제2절 이론적 배경

상징적 상호작용론은 두 개의 상호관련된 노선인 실용주의와 행동주의를 표방한다(Wickramasinghe · Alawattage, 2007, p.422). 실용주의의 경우에, '그곳에'(out there) 실재가 존재한다고 믿지 않는다. 오히려 사람들이 일상적 행위를 통해 실재를 생성한다(Shalin, 1986). 따라서, 지식이 사람에게 유용하는 한, 사람이 지식을 믿는다는 점에서 지식은 실용적인 현상이다. 이와 마찬가지로 실용주의자들은 물리적 대상을 그 유용성에 의해서 정의한다. Ritzer(2004)는 이러한 사상을 결합하여 실용주의가 세 가지 원칙 즉, 행위자와 세계 사이의 상호작용, 행위자와 세계의 역동적 성질, 행위자가 세계를 해석할 수 있는 능력을 포함한다고 주장하였다. 그리하여, 실용주의에 의하면, 연구자는 사회현상을 이해할 때, 사람의 이해와 해당상황이나 사건에 대한 적극적인 연루(involvement)에 초점을 두고 지식을 축적하게 된다(Wickramasinghe · Alawattage, *op cit.*; Wickramasinghe, pp.550-551).

행동주의(Behaviourism)도 이러한 존재론적 · 인식론적 경향을 지지하였다. 여기서의 주안점은 예를 들면, 사람의 자극이나 반응같은 인간행동의 사회심리적 측면에 있었다. 행동주의는 사회학자들이 특정한 상황에서 인간행동 즉, 다수의 행위를 이해하는 것의 중요성에 초점을 두도록 촉구한다. 행위(act)에서 행위자는 창조적이고 적극적으로 마음과 사물사이의 상호작용을 통해 역동적인 이미지를 전개한다(Wickramasinghe, p.551).

실용주의와 행동주의는 상징적 상호작용론의 발전에 영향을 주었으며, '언어'와 같은 상징에 함축되는 작용(action)과 상호작용에 의해 '태도'가 어떻게 형성되는가를 연구하는 것의 중요성을 강조한 사람은 Blumer(1969)이었다(Wickramasinghe · Alawattage, *op cit.*). 그에 의하면 이러한 행위의 결과는 상징에 함축되어 있다. 예를 들면, 사람이 언어와 (상징적으로) 상호작용하고, 의미, 감정을 등을 생성할 때, 언어는 강력한 상징이 되면서 의미를 제공하고 소통할 수 있다. 그러나 이 의미생성과정은 단순히 심리적이지 않고 사회적이다. Blumer는 이것이 사회시스템, 사회역할, 고객, 제도, 사회규범, 가치 등과 같은 많은 사회문화적 요소가 그 행위에 영향을 줄 때 발생한다는 것을 보여주었다(*ibid.*, p.423).

Mead(1934)로부터 발전한 상징적 상호작용론은 그후 상대적으로 더욱 강조되는 점들을 중심으로 다양한 학파가 발전된 바 있으나, 주된 학파로는 H. Blumer를 중심으로 Chicago대학교 사회학에서 발생한 Chicago학파와 M. Kuhn을 중심으로 Iowa대학교의 사회학에서 발생한 Iowa학파가 병존하면서 분화·발전되고 있다.[3)]

특히 Chicago학파의 상징적 상호작용론은 미국의 실용주의자인 Dewey와 Cooley, Thomas, Mead 등에 의해 발전하였는데, Cooley는 거울영상자아(looking-glass self)라는 개념을 창안하였는 바, 우리 자신을 지각하는 방법은 타인이 우리를 어떻게 지각한다고 우리가 믿는가에 의해 결정된다는 것이다. 한편, Thomas는 상황의 정의(definition of the situation)의 중요성을 강조하였다. 그는 "만일 우리가 어떤 상황을 사실(real)이라고 정의하면, 그 결과로 그 상황은 실제로 사실이 된다"고 주장하였으며, Mead는 특히 사람의 자아는 사회적 산물이지만, 이러한 자아들은 또한 의도적이고 창조적이라고 주장하였다(Puxty, 1993). Mead의 제자이면서 Mead의 해석자인 Blumer는 상징적 상호작용론(symbolic interactionism)이라는 용어를 처음으로 만들어 사용하였으며,[4)] 사람은 사람들이 인간을 위해 가지고 있는 의미에 근거하여 그 사물에 대해 행동하며, 이러한 의미는 사회적 상호작용으로부터 유래하며 해석을 통해 수정된다고 주장하였다(Blumer, 1969).

상징적 상호작용론의 관점에서 볼 때, 사회적 상호작용은 인간이 단지 상대방의 행동에 반응하는 것이 아니라, 서로의 행위를 해석하거나 정의한다는 것을 의미한다. 사람들은 다른 사람들의 행동, 몸짓, 언어 등의 상징[5)]에 관한 해석에 기반해서 이들에게 반응한다. 인간의 상호작용은 상징을 사용하거나, 해석을 하거나, 서로 상대방의 의미를 확인함으로써 매개된다(*ibid.* p.79; 박영신 옮김, p.138).

상징적 상호작용론은 상이한 사회적 행위자들의 의미의 존재와 상호작용의 결과에 의해서 사회적 질서를 이해하고자 한다. 상징적 상호작용론의 의도는 사람을 특정한 자극에 대한 반응이 예측가능할 것이라고 가정하는 불변적인 합리성과 행동과학적으로 일관성이 있는 것으로 취급하지 않고 오히려, 다양한 행동과 의미가 사회적 상호작용을 통해 어떻게 나타나는가를 탐구하고자 한다. 여기서는 유의미한 결과를 추구하는 데서 사회현상에 자연과

3) 회계학에서는 주로 Chicago학파의 상징적 상호작용론을 이용하고 있다.

4) Emerson P. Schmidt가 편집한 *Man and Society*(New York: Prentice Hall, 1937)에서 H. Blumer가 처음으로 사용한 용어이다. 물론 Blumer 이전에 많은 사회학자와 심리학자들이 상징적 상호작용론의 입장을 가지고 있었다.

5) 상징적 상호작용론자들은 인간사회에 적응하고 생존하기 위해 상징을 만들어 사용하는 인간의 능력을 매우 강조한다. 인간사회의 상호작용은 상징이 지닌 의미와 의도를 해석함으로써 이루지는 것이다. 즉, 사람들 사이의 상호작용에는 행동, 몸짓, 손짓 나아가 언어와 같은 상징(symbol)이 개입되며, 이것을 대상으로 하는 한 해석이 필요하게 된다.

학의 방법을 적용하는 것을 목적으로 하지 않는다는 점에서 실증적이지 않다. 여기서는 연구의 반복가능성이 쟁점이 아니다(Bhimani, 2002, p.104). 해석(학)적 연구의 본질은 상황을 이해함에 있어 보다 좋은 수단이 사용된다는 점이며, 일단 이것이 사용되면, 정상적인 과학규칙이 적용된다는 점이다. 상황 그 자체 속에 객관성이 부여된 상태를 감안하면, 그로부터 미래의 유사한 상황에 대하여 외연이나 처방도 가능하다고 주장되기도 한다(Puxty, 1993, p.70; 김영규 옮김, p.125). 그러나 일반적으로 상호작용론의 연구는 외연, 처방이나 서술보다는 이해를 높이고자 한다.

상징적 상호작용론자들은 인간의 상호작용이 자료의 중심적인 원천을 형성한다는데 동의하며, 참여자의 관점과 타자의 역할을 맡을 수 있는 그들의 능력(감정이입)이 상징적 상호작용론의 공식화에 핵심적인 문제이며, 상징적 상호작용론은 어떤 상황의 거주자들이 그들의 상황을 어떻게 정의하는가가 상황 그 자체와 그들의 작용의 본질과 의미를 결정한다는 견해에 동의하고 있다(Berg · Lune, 2012, p.10).

1. 상징적 상호작용론의 기본개념

여기서는 상징적 상호작용론의 기본개념을 살펴보자. 이러한 개념에는 자아개념("I"와 "Me"), 대상[대상으로서의 자아, 역할담당, 거울영상자아(looking-glass self)], 상황의 정의 등이 포함된다(Aldiabat · Navenec, pp.1064-1067).

1) 자아개념

여기서의 목적은 자아개념과 그 구성요소("I"와 "Me")의 소통과정에 관한 논의를 살펴보는 것이다. 자아는 상징적 상호작용론의 관점에서 I와 Me 사이의 지속적인 소통을 포함하는 복잡한 해석적 과정으로 정의된다. 즉, I는 작용하고, Me는 타자에 의해 반영되는 자아를 옹호하고, 평가하고, 해석한다(Mead, 1934). 다음의 논의는 내부 자아소통의 이러한 과정을 예시하고 있다.

Mead(1934)에 의하면, I는 타자의 태도에 대한 인간의 반응이다. 이것은 충동적이고, 자발적이고, 비조직적이고, 완전히 사회화되지 않으며, 따라서 인간 그 자신의 통제받지 않는 부분이다. I 때문에, 인간은 항상 자신들의 행위(action)에 의해 자신을 놀라게 하지만, 그들의 작용은 I와 Me 사이의 내부소통이 끝날 때까지 경험으로 되지 않는다. 그리하여 I는 인간에게 자유의 느낌을 주며, 그들의 행동에 대한 주도권을 준다.

Mead(1934)는 I를 인간주체로 간주하였으며, Me를 타자와의 상호작용을 통해 발생하는 인간대상과 사회적 자아로 간주하였다. Me는 타자의 조직화된 일단의 태도, 정의, 이해, 기대 등이다. 상징적 상호작용론의 관점에서, Me는 인간행동을 통제하고 지시하는 일반화된 타자를 표상한다.

일반화된 타자는 인간의 태도와 행동에 관한 인간의 지각에 영향을 주는 사람들이다(Cardwell, 1971). Mead(1934)에 의하면, 일반화된 타자는 개인, 사회집단, 하위집단, 조직화된 공동체, 사회계급 등이 될 수 있다(p.154; 나은영 옮김, p.244). 일반화된 타자는 사회적 상호작용으로부터 발생한다. 따라서 인간은 한 명의 일반화된 타자보다 많은 타자를 가지고 있기 때문에, 복잡할 것으로 기대된다(Lauer・Handel, 1977), Mead는 일반화된 타자의 태도는 공동체의 태도와 유사하다는 점을 지적하였다. 그러므로 일반화된 타자는 인간들이 일반화된 타자들의 관점에서 자신들의 행동을 통제할 수 있기 때문에, Mead의 Me로 간주된다(Aldiabat・Navenec, pp.1064-1065).

결론적으로 인간은 내부대화의 형태로 그들 자신과 상호작용할 수 있게 하고 생각할 수 있게 하는 자아를 가지고 있기 때문에, 다른 생물체와 구별될 수 있다. 인간과 그들 자신의 이러한 상호작용은 많은 형태를 취한다. 때때로 인간은 자신에게 작은 소리로, 큰 소리로 또는 휘파람 형태로 말한다. 인간은 자신을 평가하고, 미래행위의 계획을 세우며, 자신을 처벌하고 보상한다. 인간은 이러한 내부적 상호작용에 기초하여, 자신 뿐만 아니라 타자와 관련해서 작용한다. 말하자면, 만약 인간이 타자와의 상호작용을 이해해야 한다면, 그는 먼저 자아개념의 의미를 이해해야 한다(*ibid.*, p.1064).

2) 대상과 의미

Blumer(1969, p.10; 박영신 옮김, p.40-41)에 의하면, 대상(object)은 지시될 수 있는 것, 지적될 수 있거나 언급될 수 있는 것을 말한다. 그는 대상을 세 집단으로 분류하였다. ① 의자, 나무, 자전거와 같은 물리적 대상, ② 학생, 어머니, 친구와 같은 사회적 대상, ③ 도덕적 원리, 정의, 열정과 같은 추상적 대상. 인간세계는 대상 뿐만 아니라 이러한 대상에 관한 인간 자신의 사회적 의미에 기초하여 일반화된 타자와 상호작용하는 인간으로도 구성되어 있다. 이러한 대상의 사회적 의미는 인간행동의 가장 중요한 예언자이다(Chenitz・Swanson, 1986). 이러한 대상의 의미는 인간사이의 사회적 상호작용의 산물이다. 말하자면, 인간은 이러한 대상의 사회적 의미에 기초해서 서로간에 사회적으로 상호작용한다(Aldiabat・Navenec, p.1065).

사회적 상호작용은 인간행동을 형성・표현하는 방법으로 정의될 수 있다. 상징적 상호작용론에 의하면, 인간은 사회적 상호작용에서 서로간의 몸짓을 적극적으로 해석하며, 이러한 해석에 기초하여 행위를 한다(Shibutani, 1955). 사회적 상호작용을 통해, 인간은 타자가 행하고 있는 것 또는 그들이 하려고 하는 것을 알게 된다. 다시 우리가 연합행동(joint action) (Blumer, 1969, p.17; 박영신 옮김, p.50)이라고 한 과정을 통해 상호작용하는 타자의 행동을 고려하면서 우리의 행동을 맞춘다.

나아가, 사회적 상호작용은 건강한 자아개념의 발전에 기여하고, 인간이 개인가치를 위반하는 행동에 저항하도록 촉구하며, 자기확신적인(self-confirming) 행동노선을 촉진한다(LaRossa · Reitzes, 1993). 그러나 이것은 사회적 상호작용이 항상 인간의 복지에 긍정적인 영향을 준다는 것을 의미하지는 않는다. 사회교환이론에 의하면, 사회적 상호작용은 보상과 비용을 수반하며, 이것은 사회적 상호작용이 인간복지에 긍정적이거나 부정적으로 영향을 줄 수 있다는 것을 의미한다(Homans, 1958).

사회적 대상에 영원한 의미는 없으며, 이러한 의미는 인간의 상호작용을 통해서 (재)정의되기 때문에 지속적으로 변한다(Charon, 1985). 대상의 정의는 인간사회집단의 대상용도에 따라서 한 인간사회집단에서 다른 인간사회집단까지 다양하다. Blumer(1969)는 대상의 의미가 인간이 상징에 대해 작용하기 위해 스스로 준비하는 방식에서 발생한다고 주장한다. 나아가 인간은 특정한 상황에서 목표를 달성하기 위해 자신쪽으로 취하고자 하는 작용의 유형에 근거하여 대상을 정의하며, 그들은 그들의 변하는 목표에 따라 대상을 변경할 것이다(Charon, 1985). 그러므로 의미는 대상에 고유하지 않으며(Blumer, 1969, p.11; 박영신 옮김, p.41), 각 대상은 대상이 변하기 때문이 아니라, 개인이 대상의 정의를 변경하기 때문에 개인에 따라 변한다(*ibid.*).

인간은 이러한 대상의 의미를 개발한 후에 그들의 상호작용에서 대상을 이용한다. Mead(1934)는 인간의 사회관계 밖에서 대상의 상징화는 없다고 주장하였다. 즉, 인간의 의사소통이 의미를 가지기 위해 필요한 대상의 표시를 대상에게 부여하는 것은 인간집단간의 의미에 대한 합의이다(Cardwell, 1971). 인간은 또한 스스로를 대상으로 취급할 수 있는 능력을 가진다(Aldiabat · Navenec, p.1066).

① 대상으로서의 자아

인간에게는 사고능력이 부여되어 있기 때문에, 인간은 스스로를 대상으로 간주한다. Charon(1985)은 자아의 설명에서 인간은 자아를 벗어나고, 타자들이 하는 것처럼 스스로를 되돌아 보기 위해 상상을 이용할 수 있다고 주장하였다. Blumer(1969)에 의하면, 대상으로서 자아의 중요성은 과소평가될 수 없다. “단지, 인간은 자기 자신의 행동의 대상이 될 수 있음을 의미할 뿐이다. ...그리고 그는 그가 그 자신에 대하여 어떠한 종류의 대상인가에 바탕을 두고 다른 사람에게 행동할 때 자기 자신에 대해 행동하고 또 자기 자신을 지도한다....우리는 우리라는 대상을 그러한 역할 담당의 과정을 통해 형성한다"(pp.12-13; 박영신 옮김, pp.43-44).

자아를 대상으로 간주하는 것은 타자의 역할을 담당하는 것에 달려있으며(Mead, 1934), 거울영상자아(looking-glass self)라고 부르는 과정을 포함한다(Cooley, 1902). 자아를 대상으로 간주하는 것은 자신을 타자의 주관적인 관점에서 보는 것을 의미한다. 거울영상자아는 거울 속에서 자신의 반영을 보는 사람보다는 타자의 인식속에서 자아를 보는 사람의 생각을 촉구함으로서 이러한 자아준거(self-reference)를 명확히 한다. Michener · DeLamater(1999)에 의하면, 인간 자신은 성찰적 인간행동의 원천과 대상으로 간주된다. 즉, 인간 자신은 자신을 대상으로 간주하는 과정에서 적극적이고도 수동적이다. 이 과정의 적극적인 측면은 사고와 행동을 시작하는 자아의 적극적인 부분인 Mead가 "I"라고 하는 것인데, 이것은 성찰적 인간행동을 생성하거나 발생시키는 원천이다. 수동적인 측면은 인간의 성찰적인 행동이 지시받거나, Mead가 "Me"라고 하는 대상이다(Michener · DeLamater, 1999). 그리하여 "I"와 "Me"사이의 내부대화에 따라서, 인간은 자신의 행동을 결정할 수 있다(Aldiabat · Navenec, p.1066).

② 역할담당

상징적 상호작용론자의 경우, 인간이 대상 그 자체로 되는 상호작용의 과정을 역할담당(role-taking)이라고 한다. Mead(1934)가 지적한 바와 같이, 역할담당은 사람이 타자에 의해 보여지는 자신을 상상하는 것을 포함한다. 그러므로 역할담당은 그 자신을 일반화된 타자의 관점에서 보는 것을 포함한다. 앞에서 지적한 바와 같이, 일반화된 타자는 개인에게 자아라는 단일체(unity of self)를 제공하는 조직화된 공동체나 사회집단으로 이해된다(Mead, p.154; 나은영 옮김, p.244).

③ 거울영상자아

상징적 상호작용론자인 Cooley(1902)는 Mead(1934)처럼 인간 자아의 발전에 흥미가 있었지만, 그의 견해는 Mead의 견해와는 상당히 달랐다. Mead는 인간 자아를 상징적 세계에서 상호작용의 객관적인 요소의 결과로 보았는데 반하여, Cooley는 인간 자아를 다른 각도에서 보았다. 즉, 자아는 인간의 주관적인 과정의 결과로 간주되었다(Lauer · Handel, 1977). Cooley는 자아를 "우리가 자아느낌이라고 하는 적절한 태도와 관련있는 사상이나 사상체계"(p.244)로 정의하였다. Cooley에 의하면, 인간은 모든 상황에서 Cooley가 거울영상자아라고 한 것을 통해 타자의 태도를 반영하기 위한 상상적인 과정과 감정(emotions)의 결과로 모든 상황에서 스스로를 정의하고 개발한다.

3) 상황의 정의

Thomas(1978)는 "상황의 정의"라는 개념을 개발하였는데, 그는 이것을 다음과 같은 방식으로 상세히 설명하였다. 즉, "스스로 결정한 모든 행동양상에 앞서서 상황의 정의라는 검토와 심사숙고의 단계가 항상 있지만, 점차적으로 개인 그 자신의 개성과 전체 생활정책은 일련의 그러한 정의에서 나온다"(pp.58-59). Thomas는 발전을 통해 인간이 환경의 상징을 통해 상황을 정의하고 구성할 수 있는 능력을 획득한다는 것을 지적하였다. 그러나 상황을 정의하는 과정은 그 상황을 정의하는 것이 반응을 공식화할 수 있도록 그 환경을 상징적으로 자아에게 표상하는 것이기 때문에 강력한 과정이다(Lauer · Handel, 1977). 말하자면, 인간은 어떤 상황이 자신에게 어떻게 객관적으로 나타나는가 보다는 그 상황을 어떻게 정의하는가를 통해서 그 상황에 반응한다. 그러므로, 인간이 상황을 어떻게 정의하는가에 관해 이해함으로써 인간이 그 상황에서 행하기 때문에 인간이 행동하는 이유를 더 완전하게 이해할 수 있을 것이다(Aldiabat · Navenec, p.1067).

2. 상징적 상호작용론의 기본원칙

Blumer[6](1969, p.2; 박영신, pp.28-29)는 상징적 상호작용론의 기본전제를 다음과 같이 설정한 바 있다.

① 인간은 사물들이 인간에 대하여 지니고 있는 의미를 바탕으로 하여 그 사물에 대해 행동한다.
② 이러한 사물들의 의미는 사람이 그의 동료들과 갖는 사회적 상호작용으로부터 연유되거나 사회적 상호작용의 과정에서 나온다.
③ 이러한 의미들은 사람이 맞부딪히는 사물들을 다루어 나가면서 쓰는 해석과정 속에서 처리되고 변형된다.

Blumer에 의하면, 인간들이 서로간에 관련을 맺을 때, 그들은 해석적 상호작용에 포함

6) H. Blumer(1900-1987)는 1900년 미국 Missouri의 St. Louis에서 태어났다. 그는 1922년부터 1925년까지 Missouri대학에서 강사로 재임하였으며, 1927년 Chicago대학교에서 상징적 상호작용론의 창시자인 George Herbert Mead의 제자로 박사학위를 받았다. 1936년에 Michigan대학교, 1939년에 Hawaii대학교, 1947년에 Chicago대학교, 1952년에 Berkeley대학교 사회학 교수를 역임하였다. 그는 Mead 교수의 제자 중에서 중심적인 위치에 있었으며, 1969년에 Mead 교수의 학설을 *Symbolic Interactionism*이란 책으로 집필하여 널리 전파하기도 하였다.

된다. 이 상호작용은 다음과 같이 설명된다(Annells, p.381).

> "일반적으로, 대화를 할 때처럼, 서로의 행위나 말을 해석하고, 그 해석에 근거하여 반응(react)함으로써 인간은 서로간에 반응한다. 따라서 반응은 자극에 직접 이루어지는 것이 아니라, 해석에 따라 나온다. 반응은 자극적인 행위와는 본질적으로 다르며, 이러한 자극적인 행위에 대한 수정이다."

상징의 개념은 Blumer의 기본전제에서 본질적이며, 상징적 상호작용론에 의하면 사회생활은 상징을 통해 표현된다(Blumer, 1969). 언어는 오늘날 상징적 상호작용론자들에 의해 가장 상징적인 시스템으로 간주된다(Annells, *op cit.*).

Blumer 이외에도 다양한 상징적 상호작용론자들이 상징적 상호작용론의 기본원칙을 정립하고자 시도하였으며, 대략적으로 다음과 같은 일곱 가지의 원칙이 포함된다(Ritzer, 2004; 김왕배 외 역, pp.500-501).

① 인간은 하등동물과는 달리 사고능력을 갖고 있다.
② 사고능력은 사회적 상호작용에 의해 형성된다.
③ 사회적 상호작용을 통해서 사람들은 인간 고유의 사고능력을 가능하게 해주는 의미와 상징을 배운다.
④ 의미와 상징은 인간 고유의 행위 및 상호작용을 실시하게 해 준다.
⑤ 사람들은 상황에 대한 그들의 해석에 근거해서 행동하고 상호작용할 때 사용하는 의미와 상징을 수정, 변경할 수 있다.
⑥ 사람들은 부분적으로 자기 자신과 상호작용할 수 있는 능력을 가졌기 때문에 의미와 상징을 이와 같이 수정, 변경할 수 있다. 이와 같은 수정, 변경의 능력 덕분에 사람들은 가능한 여러 가지 행위의 경로를 검토하고, 그 유리함과 불리함을 평가하며, 그리고 나서 그 중 하나의 행위를 선택할 수 있다.
⑦ 행위와 상호작용이 뒤얽힌 유형이 집단과 사회를 구성하는 것이다.

1) 사고능력

인간이 사고능력을 가지고 있다는 핵심적인 사상은 상징적 상호작용론을 그 근원이 되는 행동주의로부터 구분시켜 준다. 이 가정은 또한 상징적 상호작용론의 전체적인 이론적 경향을 위한 기초를 제공해 준다. 인간이 사고능력을 갖고 있다는 가정이야말로 James, Dewey,

Thomas, Cooley, Mead와 같은 초기 상징적 상호작용론자들의 중요한 공헌 중의 하나이다. 사고능력은 사람들로 하여금 생각없이 마구잡이로 행동을 하기보다는 생각하면서 행동하도록 해준다. 사람은 제멋대로 행동하는 것이 아니라 자신이 하는 일을 구성하고 관리해야 한다.

사고능력은 정신 속에 간직되어 있다. 그러나 상징적 상호작용론자들은 정신에 관해서 특이한 견해를 갖고 있다. 그들은 정신을 생리학적 두뇌로부터 구별하고 이는 의식의 사회화 과정에서 기원한다고 정의한다. 정신을 발전시키기 위해서는 두뇌를 갖고 있어야 한다. 그러나 두뇌가 반드시 정신을 만들어 내는 것이 아님을 우리는 하등동물의 경우에서 분명히 알 수 있다. 또 상징적 상호작용론자들은 정신을 하나의 사물 또는 물리적 구조로 보는 것이 아니라 지속적인 과정으로 생각한다. 이 과정은 자극과 반응이라고 하는 더 큰 과정의 일부인 것이다. 정신은 사실상 사회화, 의미, 상징, 자아, 상호작용, 사회와 같은 상징적 상호작용론의 모든 측면과 연결되어 있다(Ritzer, 2004; 김왕배 외 역, pp.501-502).

2) 사고능력과 상호작용

인간의 사고능력은 사회적 상호작용의 과정속에서 틀이 잡히고 또 다듬어져야 한다. 이러한 견해에 따라 상징적 상호작용론자들은 상호작용의 구체적 형태인 사회화에 관심을 기울이게 된다. 인간의 사고능력은 유년시절의 사회화 과정을 통해 발전하며 훗날 성인으로서 겪는 사회화과정을 통해 다듬어지게 된다. 상징적 상호작용론자들은 사회화 과정에 대해 대부분의 사회학자들과는 다른 견해를 갖고 있다. 상징적 상호작용론자들에게 있어서 사회화는 인간이 사고능력을 발전시키고 인간다운 독특한 방법을 발전시키는 역동적인 과정이다. 나아가 사회화는 행위자가 단순히 정보를 받는 일방적인 과정이 아니라 오히려 자신의 욕구에 따라 정보를 형성하고 적용하는 동적인 과정이다(Manis · Meltzer, 1978, p.6).

상징적 상호작용론자들은 단순히 사회화에 관심이 있는 것이 아니라 상호작용 일반에 관심이 있다. 상호작용은 사고능력이 발전되고 표현되는 과정이다. 사회화과정에서의 상호작용 뿐만 아니라 모든 형태의 상호작용은 우리의 사고능력을 다듬는다. 또한 사고는 상호작용 과정을 형성한다. 대부분의 상호작용에서 행위자들은 타자를 염두에 두어야 하며 자신들의 활동을 타자에게 맞출 것인지, 맞춘다면 어떻게 맞출 것인지를 결정해야 한다. 그러나 모든 상호작용이 사고를 동반하는 것은 아니다. 비상징적 상호작용은 사고를 포함하지 않는데 반하여, 상징적 상호작용은 정신적 과정을 요구한다(Ritzer, 2004; 김왕배 외 역, p.502).

상징적 상호작용론자들에게 있어서 사고의 중요성은 대상에 대한 그들의 견해에 반영되어 있다. Blumer는 대상을 물리적 대상, 추상적 대상, 사회적 대상 등의 세 집단으로 구분하였는데(본서 p.184를 참조), 이러한 대상들은 현실세계 안의 어느 곳에 존재하는 것처럼 보이지만 가장 중요한 것은 그것들이 행위자들에 의해 정의되는 방식이다. 이러한 견해는 서로 다른 대상들은 서로 다른 개인들에 대하여 각기 다른 의미를 갖는다는 상대주의적 견해로 연결된다. "나무는 식물학자, 목재상, 시인, 정원사에게 각기 다른 대상이 될 것이다"(Blumer, 1969, p.11; 박영신 옮김, p.41).

개인들은 사회화 과정 속에서 대상의 의미를 학습한다. 우리들 대부분은 공통된 의미를 학습한다. 그러나 많은 경우에 우리는 같은 대상에 관하여 상이한 의미를 가지고 있다. 그것이 비록 극단적인 예가 될지는 모르지만 상징적 상호작용론자들은 현실세계에 있는 대상의 존재를 부인할 필요가 없다. 그들이 해야 할 일이란 대상에 대한 정의의 핵심적인 본질을 밝히는 일, 그리고 여러 행위자들이 같은 대상에 대해서 서로 다른 정의를 내릴 가능성이 있음을 지적하는 일이다. 대상의 본질은 대상이 그 자체를 대상으로 하는 사람에 대해 지니고 있는 의미로 이루어진다(*ibid*; 상게서).

3) 의미와 상징의 학습

의미는 상호작용의 과정으로부터 나온다. Mead는 인간행위와 상호작용에 초점을 맞추었다. 일반적으로 상징적 상호작용론자들의 중요한 관심사는 인간이 의미와 상징을 정신적으로 어떻게 만들어내는가가 아니라, 일반적으로 상호작용하는 동안 그리고 사회화를 겪는 동안 그들이 어떻게 의미와 상징을 학습하였는가이다.

인간은 사회적 상호작용을 통하여 의미 뿐만 아니라 상징들도 학습한다. 사람들은 아무런 생각없이 어떤 신호에 반응하는가 하면 신중하게 상징에 반응하기도 한다. 신호는 그 자체로서 성립한다. 그러나 상징은 그것이 관례적으로 대변하는 것을 나타내는 사회적 대상이다(Charon, 1985, p.30). 모든 사회적 대상이 다른 대상들을 나타내 주지는 않는다. 그러나 상징은 다른 것들을 대변해서 나타낸다. 사람은 종종 자신에 관해 무엇인가를 남에게 알리기 위해 상징을 사용한다.

상징적 상호작용론자들은 언어를 광범위한 상징체계로 생각한다. 단어는 대상을 나타내는 데 사용된다는 점에서 상징이다. 단어는 다른 모든 상징들을 가능하게 한다. 행위라는 단어, 대상이라는 단어 그리고 여러 가지 다른 단어는 그것들이 단어의 사용을 통해서 묘사되어 왔고 또 묘사될 수 있다는 이유 때문에 존재하며 그런 점에서 의미를 갖는다.

상징은 사람들로 하여금 인간에게만 가능한 독특한 방식으로 행동하게끔 해준다는 점에서 중요하다. 상징 덕분에 인간은 위압해 오는 현실에 수동적으로 반응하지 않고 오히려 능동적으로 행위의 장이 되는 세계를 창조하고 재창조한다(*ibid.*, p.62). 이러한 일반적인 효용성 외에도 상징은 특히 언어는 행위자에 대하여 여러 가지 특수한 기능들을 가진다.

① 상징은 인간이 물질적·사회적 세계에서 부딪치는 대상에 이름을 붙이고, 그것들을 범주화하고 기억할 수 있게 한다. 그리하여 인간은 물질적·사회적 세계를 다룰 수 있게 되는 것이다.

② 상징은 환경에 대한 지각능력을 향상시킨다. 분간할 수 없는 만큼 많은 자극의 홍수에 파묻히는 대신 행위자는 환경의 특정 부분에 신경을 집중할 수 있게 되는 것이다.

③ 상징은 사고능력을 향상시킨다. 그림을 통한 상징이 제한된 사고능력을 허용하는 반면, 언어는 이 능력을 더 확장시켜 준다. 이런 의미에서 사고는 자아와의 상징적 상호작용으로 인식될 수 있다.

④ 상징은 문제 해결능력을 증가시켜 준다. 하등동물들은 시행착오를 거듭해야 하지만 인간은 실제로 어떤 행위를 하기 전에 상징을 통해 여러 가지 행위의 대안들을 심사숙고할 수 있다. 그 덕분에 큰 대가를 요구하는 실수를 범할 기회가 줄어들게 된다.

⑤ 상징을 사용함으로써 행위자들은 시간과 공간, 심지어는 자기 자신까지도 초월할 수 있다. 상징을 사용함으로써 행위자들은 사람들이 과거에는 어떻게 살았으며 미래에는 어떻게 살 것인지를 상상할 수 있다. 게다가 행위자들은 상징을 동원하여 자기 자신까지도 초월할 수 있으며 다른 사람의 관점은 어떤지를 상상할 수 있다.

⑥ 상징으로 인해서 천국이나 지옥과 같은 형이상적 현실을 상상할 수 있다.

⑦ 가장 일반적으로 상징은 인간이 환경의 노예가 되는 것을 피할 수 있게 해준다. 인간은 수동적이기 보다는 오히려 능동적일 수 있다. 즉, 인간은 자신의 행동에 있어서 스스로 방향을 정립할 수 있는 것이다(Ritzer, 2004; 김왕배 외 역, pp.504-505).

4) 행위와 상호작용

Blumer(1969)에 의하면, 인간은 의미에 기초하여 행동하며 그 의미는 사회에서의 상징적 상호작용을 통해 나타난다. 즉, 인간의 행위나 상호작용은 상징을 만들고 사용하는 인간의 능력을 강조한다. 인간과 인간이 창조하는 세계의 본질은 인간의 상징능력을 통해서 나오게 되는데, 이러한 능력으로 인해 사회조직의 유형이 창조·유지·변화된다. 또한 인간들은 서로 의사를 소통하기 위해 상징을 사용하며 상징을 통해 서로 읽고 서로의 반응을 예상하며 서로 적응하게 된다.

상징적 상호작용론은 실재가 다른 사람들과의 상호작용을 통해 적극적이고 창조적인 행위자에 의해 어떻게 구축되는가에 초점을 두고 사회생활을 이해하려고 하는 사회구성주의적 접근방법이다. 즉, 사회적 실재는 자기성찰적인 개인들의 상호작용을 통해 만들어진다는 것이다(Denzin, 1983).

상징적 상호작용론자들은 의미와 상징이 인간행위와 상호작용에 미치는 영향이 무엇인가에 우선적인 관심을 갖고 있다. 여기서는 감추어진 행동과 드러난 행동간의 구별을 살펴보는 것이 도움이 된다. 감추어진 행동은 상징과 의미를 포함한 사고과정이다. 드러난 행동은 행위자에 의해 실시된 실제의 행동이다. 겉으로 드러난 행동 중에서 어떤 것은 감추어진 행동과 관련되지 않는다. 그러나 대부분의 인간행위는 두 가지를 모두 포함한다. 감추어진 행동은 상징적 상호작용론자들에게 가장 큰 관심거리인 반면, 드러난 행동은 일반적으로 교환이론가와 전통적인 행동주의자에게 가장 큰 관심사라 할 수 있다.

의미와 상징은 한 사람의 행위자에 의한 사회적 행위와 두 사람 이상을 포함하는 쌍방적인 사회적 상호작용에 독특한 성격을 부여해 준다. 사회적 행위는 개인들이 정신 속에 있는 타자와 함께 하는 행위다. 다시 말해서 행위를 실시할 때 사람들은 상대방에게 주는 영향을 동시에 평가하려고 한다. 사람들은 때때로 아무 생각없이 습관적인 행동을 하기도 하지만 그럼에도 불구하고 그들에게는 사회적 행위에 참여할 수 있는 능력이 있다.

사회적 상호작용의 과정 속에서 사람들은 거기에 관련된 타인들과 상징적으로 의미를 교환한다. 상대방은 그 상징을 해석하면서 자신의 해석에 기초해서 스스로 어떻게 반응할 것인지를 결정한다. 다시 말해서 사회적 상호작용에서 행위자들은 상호영향을 주는 과정에 참여하게 되는 것이다(Ritzer, 2004; 김왕배, 외 역, p.505).

5) 해석

사람이 인간, 사물이나 제도에 대해 갖는 의미가 상징적 상호작용론의 핵심이며, 이에 대한 적절한 분석방법은 해석이다. 그러나 이것은 상호작용을 다루는 학자에게만 적절한 것은 아니다. 상호작용에 참여하는 개인에게서도 상호작용과정은 해석과정이다.

사회적 상호작용 즉, 행위자 사이의 상호작용은 독특한 의미를 지닌다. 개인의 행위는 언제나 사회 속에서 다른 사람들과의 관계 속에서 상호작용으로 이루어진다. 인간이 사회적인 연관 속에 있다는 것은 개체적인 인간위에 늘 사회적인 관계가 설정되어 있다는 것이고 비록 자기 혼자서 생각하고 행동한다고 해도 언제나 공통적인 기반위에 있다는 것을 뜻한다.

사회는 사람들끼리의 상호작용이 지속되는 과정으로 이해해야 마땅하다. 그러므로 상호작용은 기계적으로 인과법칙에 얽매여 연쇄반응하는 것으로 이해되어서는 안 된다. 인간의 행위는 상대방의 반응에 따라 움직이기 때문에 서로 상호작용적인 관계에 있다(박순영,

1978, pp.106-107). 이 점에서 상징적 상호작용론은 행동주의(behaviorism)와 차이가 있다. 행동주의는 실증적 방법론에 속한다고 볼 수 있으며, 겉으로 드러난 현상을 객관적으로 파악해서 인과법칙적으로 설명과 예측을 하는 것이 목적인데 반하여, 상징적 상호작용론은 발생하는 현상에 직접 참여해서 체험하면서 주관적으로 느끼면서 그 상황을 이해하는 것이 목적이다.

6) 선택

인간은 하등동물과는 달리 의미와 상징을 조절할 수 있는 능력 덕분에 자신의 행위를 선택할 수 있다. 인간은 외부로부터 자신에게 강요된 의미와 상징을 그대로 받아들일 필요가 없다. 상황에 관한 자기 자신의 해석에 기초해서 인간은 새로운 의미를 형성할 수 있다(Manis · Meltzer, 1978, p.7). 따라서 상징적 상호작용론자들은 행위자가 적어도 약간의 자율성을 가진다고 생각한다. 행위자들은 단순히 구속되거나 규제받지 않고 독특하고 독립적인 선택을 할 수 있다.

7) 집단과 사회

상징적 상호작용론자들은 일반적으로 거시구조에 관심을 갖고 있는 다른 사회학자들의 경향에 대해서 매우 비판적이다. 상징적 상호작용론은 대부분의 거시사회학적 사상이 매우 불확실하고 지나치게 형이상학으로서 지적인 연구에 받아들일 수 없다고 간주하여 이를 배제한다.

Blumer에게 있어서 사회는 거시적인 구조로 구성되는 것이 아니다. 사회의 본질은 행위자와 그의 행위 속에서 발견될 수 있는 것이다. 인간사회는 행동하는 사람들로 구성된 것으로 인식되어야 하며 그 사회의 생활은 그들의 행동으로 구성된 것으로 인식되어야 한다(Blumer, 1969, p.85; 박영신 옮김, p.146). 인간사회는 곧 행위다. 집단생활은 "계속되는 행위의 복합체"다. 그러나 사회는 고립된 행위의 배열로 구성된 것은 아니다. 집합적 행위 또한 존재한다.

인간사회의 조직과 같은 거시구조는 상징적 상호작용론에 있어서 극히 제한된 역할을 담당하고 있을 뿐이다. 즉, 거시구조는 사회생활의 정말로 중요한 측면인 사회적 행동(행위와 상호작용)이 발생하는 틀에 불과하다고 주장한 바 있다(*ibid.*, p.87; 박영신 옮김, p.150). 거시구조는 인간행위의 조건이며, 그 한계를 설정하기는 하지만 그것을 결정하지는 않는다. Blumer에 의하면, 인간은 사회로 일컬어지는 그러한 구조 속에서 행위하는 것이 아니라 상황 속에서 행위한다. 거시구조는 개인이 행동할 수 있는 상황을 만들어준다는 점과 행동을 가능하게 하는 고정된 상징들을 공급해 준다는 점에서 중요하다.

상징적 상호작용론에 입각한 연구자들은 사람들이 사회적 상호작용을 하는 동안에 의미를 어떻게 생성하는가, 그들이 자아(정체성)을 어떻게 구성하는가, 그리고 이들이 다른 사람들과의 공동존재의 상황을 어떻게 정의하는가를 조사한다. 즉, 상징적 상호작용론에 입각한 연구의 대부분은 ① 사회적 상호작용과 ② 개인의 자아에 관한 측면을 연구하며, 이를 위해 심층면접, 참여관찰과 같은 질적인 연구방법을 이용하고 있다.

상징적 상호작용론의 특징은 연구대상인 사회시스템의 일상적인 측면, 특히 일상적인 행위자의 일상적인 사회적 상호작용과 일상적인 대화를 강조한다는 점이다. 사회적 실재는 상징적으로 상호작용하는 동안에 지속적으로 확립되는 것으로 간주되기 때문에 상호작용론의 관점을 가진 연구자는 행위자가 의미를 구성하는 형태가 아닌 과정에 초점을 둔다. 상호작용주의자는 사회적 행위자의 관점을 취하며 그들이 공유하는 의미와 시간에 대한 그들의 상호작용의 특징을 서술한다.

3. 상징적 상호작용론의 인식론적 특징

상징적 상호작용론은 주관적 의미와 인간의 상호작용을 강조하지만, 주제의 범위는 광범위하며, 심리학, 사회학, 인류학, 교육학 등에서 광범위한 범위의 주제에 관한 연구가 있다. Willis(2007, pp.178-179)에 의하면, 상징적 상호작용론의 일곱 가지 인식론적 특징은 다음과 같다.

① 일반이론은 유용하지 않다.

그들은 사회나 개인에 관한 거대이론이나 세계적 이론을 주장하지 않는다. 그들은 사회를 상호작용처럼, 새로운 현상으로 사회적 작용의 다양한 형태의 구성체계로 본다. 따라서 상호작용주의자는 사람들이 스스로 자리매김한 사회형태를 어떻게 생산하는가를 연구한다.

② 국지적 이해가 중요하다.

사회의 총체적인 거대이론을 거부하면서, 많은 후기구조주의나 포스트모던의 이론가들처럼 상호작용론자들은 사람이 함께 어떻게 일을 하는가에 관한 국지적 서사를 집필한다고 생각한다. 이러한 서사는 영화, 소설, 대중음악 등에 주어진 것으로 대중문화의 단편들에 관한 텍스트읽기, 역사분석, 소규모 민속지학, 생활이야기, 심층면접, 실험실 연구 등의 형태를 가진다.

③ 객관성과 계량화는 바람직하지 않다.

상호작용론자는 인간경험을 객관화하고 계량화하는 이론을 좋아하지 않는다. 그 대신에 그들은 그들이 집필하고 있는 사람의 실제경험에 밀접해 있는 텍스트의 집필을 선호한다. 그들은 사회과학자의 해석으로 조정되지 않은 경험의 직접성을 표현하는 텍스트를 좋아한다. 이것은 상호작용론자의 서사가 집필대상자의 낭만적 식별, 정념(pathos), 감상주의 등을 가끔 전달한다는 것을 의미한다. 상호작용론자는 일상생활에서 무력하고, 소외되며, 불행하고, 외롭고, 낙인찍히고, 비정상적인 사람을 가끔 연구한다.

④ 자연과학에서 수입한 이론은 바람직하지 않다.

상호작용론자는 자연과학보다는 인문학과 더 많이 교류하면서, 서사, 텍스트의 입장에서 자료에 접근하며, 그들의 텍스트가 그들이 집필하는 주제(subject matter)를 생성한다는 것을 이해한다.

⑤ 비역사적 이론은 부적절하다.

상호작용론자는 역사를 무시하는 이론을 좋아하지 않는다. 그러나 그들은 역사적 결정론자는 아니다.

⑥ 개인을 무시하는 이론은 너무 많은 것을 놓친다.

상호작용론자는 상호작용하는 개인의 체험과 전기(biographies)를 무시하는 이론을 좋아하지 않는다. 그들은 개인의 전기가 특정한 역사적 순간을 설명한다고 생각한다. 각 개인은 역사적 시대의 일반적·구체적 특징을 그 생애동안 표현하는 보편적인 단독자이다. 따라서 상호작용론자는 사람들이 그들의 생활경험에 관해 서로 말하는 이야기를 무시하는 사회학과 심리학을 좋아하지 않는다.

⑦ "왜"가 아닌 "어떻게"의 질문을 한다.

상호작용론자는 왜라는 질문을 하는 것을 믿지 않는다. 그 대신에 그들은 어떻게라는 질문을 한다. 예를 들면, 일정한 경험이 어떻게 구조적이고 생생하며, 일정한 의미를 가지는가?

상징적 상호작용론의 기초는 우리가 해석주의라고 하는 패러다임과 본질적으로 동일하다. 많은 경우에, 어떤 것을 해석주의나 상호작용론의 예라고 부르기로 하는 결정은 해석적 연구패러다임과 상호작용주의적 연구패러다임 사이의 실제적인 차이보다 어떤 용어가 청중에게 가장 편안한가에 더 많이 달려있다. 해석주의는 더 광범위한 용어이지만, 상징적 상호작용론에서 전부는 아닐지라도 대부분의 연구는 해석적 연구이다.

해석주의의 경우처럼, 상호작용론자들이 이용하는 연구방법들은 매우 다르다. 이 유형의 연구도 전통적 연구로부터 시(poetry)에 이르기까지 수많은 방식으로 보고된다(Willis, p.179).

상징적 상호작용론을 실시하기 위한 구체적인 방법으로는 사례에 입각한 현장연구방법[7]을 이용하는데, 이러한 방법을 자연주의적(naturalistic)[8], 민속지학적(ethnographic) 방법[9]이라고 한다. 현장연구는 현장에서 실제로 참여하여 연구대상자와 함께 생활하면서 연구대상자의 관점(emic view)에서 장기간의 관찰(참여관찰)이나 심층면접의 형태 또는 생애사(life history)나 개인적인 설명(personal account)을 분석한다.[10] Denzin(1970)은 개념을 조작화하기 위해 삼각측정(triangulation), 면접, 서류증거, 관찰 등과 같은 다차원적인 자료원천의 이용을 권고한 바 있다(Chua, 1988).

제3절 상징적 상호작용론과 회계학연구

상징적 상호작용론은 1930년대에 Chicago대학교 사회학과의 일단의 교수들이 만든 사회학 이론으로 1960년대까지 사회과학에 많은 영향을 끼친 이론이다. 이 이론으로부터 직·간접적인 영향을 받아서 파생된 방법과 이론으로는 근거이론(grounded theory)[11], 연극사회학(dramaturgical sociology)[12], 일상생활방법론(ethnomethodology)[13], 구조

7) 본서의 부록: 현장연구를 참조.

8) 자연주의적 방법이라는 것은 인위적인 것을 배제하는 자연스러운 상황이라는 의미를 내포하고 있다. 즉, 자연스럽게 일어나는 맥락과 관련짓거나 맥락 내에서 현상에 대해 조사하는 것을 자연주의적 탐구라고 한다. 이것은 매일의 복잡한 삶을 지나치게 단순화시키는 방법을 사용하는 것을 거부한다(신경림 외, 2003, p.325).

9) 제13장 민속지학을 참조.

10) 질적 연구방법에 관한 논의로는 김귀분 외(2005)를 참조.

11) 제14장 근거이론을 참조.

12) 연극사회학(dramaturgical sociology)은 미국의 사회학자 Erving Goffman(1959)이 정립한 이론이다. 그는 개인들의 일상생활에서 나타나는 여러 가지 사회적 상호작용에 관한 많은 연구들을 하였다. 특히 일상생활의 사회학과 관련을 가지고 있는 개인들의 우연한 만남, 순간적인 만남, 일상적인 만남에 대해 많은 연구를 하였다. Goffman은 개인들의 만남 속에 있는 규칙을 이해하기 위해서 사회적 만남의 무대에 관한 비유로서 연극(drama)을 이용하였다. 예를 들면, 사회적 역할(social role)은 연극적 장치에서 만들어진 것이다. 역할이란 특정한 사회적 위치(social position)에 있는 사람이 따르는 사회적으로 규정된 기대다. 의사가 되기 위해서는 일정한 위치가 필요하다. 의사는 환자 앞에서 특정한 방법으로 연극을 하듯이 역할을 수행한다. 이러한 생각은 그리스 연극이나, 셰익스피어, 마키아벨리가 말했듯이 "세상은 일종의 무대이고 모든 사람은 연기자이다"라는 사고와 비슷하다. Goffman은 사회생활이 무대 위에서 연기를 하는 일종의 연극과 같은 것이고 보았다. 이러한 Goffman의 방법은 연극적 방법(dramaturgy)이라고 부르기도 한다. 이러한

화이론(structuration theory)[14] 등이 있다.

1960년대와 1970년대에 미국 사회과학계에 널리 펴진 상징적 상호작용론은 1980년대에 회계현상에도 적용되기 시작하였는데, 대표적인 회계연구문헌으로는 Colville(1981), Rosenberg et al.(1982), Berry et al(1985), Preston(1986), Colignon · Covaleski (1988), Nahapiet(1988), Rosenberg(1989), Roberts(1989), Bougen(1989), Goddard (1992), Roslender(1992), Gendron et al.(2006), Kosmala(2007), Hudaib · Haniffa (2009), Russell · Fusilier(2014), Abrahamsson et al.(2016) 등이 있다. 이 중에서 Colville(1981)은 상징적 상호작용론을 이론적으로 최초로 소개하고 있다. 그 외는 대부분이 경험적인 사례연구들이다.[15] 일부의 내용을 간단히 살펴보면 다음과 같다.

Colville(1981)은 상징적 상호작용론을 이론적으로 소개한 첫 번째 연구로 간주되고 있다. 여기서는 종래의 행동과학회계연구에 관한 자연과학적 방법론인 실증적 방법론에 대해 비판적인 입장을 취하고는 상징적 상호작용론을 이용한 해석적 방법론을 이용하면 결실이 더욱 풍부할 것이라고 주장하고 있다. 이 논문이 발표된 후에 Tomkins · Groves(1983)이 발표되었는 바, 이들은 이론적으로 자연주의적 연구양상을 지지하고 있으며, 이를 촉매로 하여 해석적 방법론에 관한 연구가 활발히 전개되었고, 특히 상징적 상호작용론을 적용한 일련의 경험적 연구들이 발표되기 시작하였다.

Berry et al.(1985)는 국립석탄위원회(National Coal Board, NCB)의 사례를 분석한 초기의 대표적인 해석적 회계학연구이다. 이 연구는 경영자가 회계정보를 어떻게 구성하고, 해석하고, 이용하였는가를 연구하였는데, 국립석탄위원회의 지역사업부에 관해서 심층면접과 문헌분석 및 이 조직의 역사와 환경에 관한 연구에 입각하고 있다. 이 논문의 목적은 작성자와 이용자의 관점에서 회계를 이해하는 것이었다. 여기서의 존재론은 회계가 주체와는 무관한 가시적이고 유형적인 사실로 구성된다는 믿음에 의존한 것이 아니라 회계가

시각에서 보면 사회생활은 일종의 연극 드라마와 같다. 사람들은 다른 사람들이 자신을 어떻게 보느냐에 따라 행동하고, 계산된 방법으로 다른 사람들이 자신에게 기대하는 대로 반응하도록 인상관리(impression management)를 한다. 이러한 행동은 의식하는 경우도 있지만 대개는 자기 자신도 모르는 사이에 그런 행동을 하는 경우가 많다. 의사들은 하얀 옷을 입고 환자들과 대화한다. 회사의 면접에 응시하는 지원자는 정장에 넥타이를 매고 가서 최대한 정중하게 말하려고 노력한다. 이러한 행동도 일종의 인상관리다. 이와 같이 인간들은 서로 다른 개인들과 집단에 대한 일정한 인상을 형성하고 이들에 대한 자신들의 가치판단과 사회적 태도를 보여준다(김윤태, 2006, pp.140-141).

13) 제7장 일상생활방법론을 참조.

14) 제9장 구조화이론을 참조.

15) 상징적 상호작용론을 비롯한 질적 방법론에서는 사용하는 구체적인 연구방법에는 심층면접, 참여관찰 등이 있다. 상징적 상호작용론의 경우는 참여관찰방법이 주로 이용되고 있다. 참여관찰방법은 연구자가 실제로 회계현상이 발생하는 현장에 참가해서 장기간 연구현상을 체험하면서 관찰하고 느끼는 바를 주관적으로 실시하는 방법이다(제17장 제2절을 참조).

사회적으로 구성되며 시간의 경과에 따라 안정적이지도 않고 사람에 따라 일치하지도 않는 사람들의 믿음과 주장에 따라 의미가 부여된다는 가정에 의존하였다. 그러나 지식은 무작위적이거나 형태가 없는 것이 아니다. 즉, 때때로 지속적인 양상이나 구조가 사람들이 상호작용하는 동안에 생성되고 유지된다. 따라서, 경영자를 면접할 뿐만 아니라 막장에서 돌아오는 광부와 감독자를 관찰하는데 상당한 시간이 소비되었다. 사전에 어떠한 가설도 만들지 않았고, 질적인 코딩(coding)방법을 이용하면서 풍부한 서술과 설명을 하였다(Strauss · Corbin, 1990).

여기서는 실무에서 경영통제시스템을 이해하고자 한 것으로, 두 종류의 별개의 통제시스템이 전통적으로 탄광의 지역(local)수준과 전국(national)수준에서 존재하고 있다는 것을 발견하였다. 지역수준은 예산편성이 생산량목표에 입각해서 채탄이나 생산에 근거하고 있지만, 개별적인 탄광이나 지역 전체의 자본투자수준을 거의 고려하지 않는다. 탄광이나 지역의 대차대조표가 없다는 것은 채탄현장에서는 실물적인 생산이 더 중요하지 재무계획과 통제가 별로 중요하지 않다는 것을 의미하며 이 산업에서 채탄문화의 지배를 반영하고 있다. 그러나 전국수준에서는 정교한 재무계획과 통제시스템이 최소한 이론적으로 존재하였다. 이 시스템으로 인해 국립석탄위원회는 정부에 재무보고서를 산출한다. 지역수준에서는 재무계획 · 통제시스템보다 생산이나 채탄광부가 수행한 역할이 더 중요시 되었다.

그들은 탄갱부가 채굴장으로부터 지역을 통해, 궁극적으로 런던의 본부까지 회계책임시스템을 통한 예산을 통해 공식적으로 통제되는 이익중심점이었다는 것을 발견하였다. 본부의 고위경영자들은 지역경영자와 결과를 논할 때, 재무기준을 강조하였지만, 다른 곳에서 회계자료는 거의 이용되지 않았으며 의심스러운 것으로 간주되었는데, 이의 이유는 다음과 같다. 첫째, 광산이 가끔 상대적으로 격리되고 폐쇄적이며 응집력이 있는 지역공동체를 지배하였다. 광산은 국유화된 독점이었기 때문에, 경영자는 광부들과 더불어 생활하였으며, 평생동안 석탄위원회에서 일할 것으로 기대되었다. 강력한 광산문화가 이익보다는 생산, 기술, 안전을 강조하였다. 둘째, 미래 이용가능한 석탄저장량을 추정하는 것에 수반한 불확실성, 이들을 채굴하는 비용과 변동이 심한 세계석탄가격 때문에, 재무예측이 너무 많았다. (채굴장 수준에서 비용과 수익의 자의적인 배정에 과도하게 의존하는) 단기재무계획과 보고서는 미래광산의 규모와 위치에 관한 의사결정에 믿을 수 없는 지침이라는 광범위한 믿음이 있었다. 정부관리자, 공무원 등과 같은 외부기관원들은 재무자료를 객관적이고 믿을 수 있는 것으로 간주할 것이며, 그들이 그것에 의존하였다면 부정확한 결정을 할 것이라는 우려가 있었다. 그러므로 의사결정은 재무적인 기준보다 공학과 물리적인 기준에 우선권을 두었다. 즉, 회계는 작동하지 못하게 되었다. 재무제표가 재무지속성과 안정성의 외관을 강화하고, 외부의 간섭으로부터 산업을 보호하기 위해 의도적으로 유연화되었다. 공식적으로, 미래예산과 예산성과는 회계책임의 시금석이었지만, 이들은 광부들의 경영문화에 적응되었다. 깊숙한 광산에서, 경영자는 작동을 관찰할 수 없으며, 지질은 복잡하고 불확실할 수 있다. 그래서 경영자들은 위로 전달된 정보에 의존해야 한다. 경영자는 필요한 어떠한 수단에 의해서라도 업무에 관해 정통해야 한다. 따라서 예산은 성과를 평가하기 위한 회계책임모임에서 문제시되지 않았다. 오히려, 상급자들은 부하들이 업무에 관해 상세한 지식을 가졌는지의 여부와 그들의 정보가 신뢰가능하고 상호검토되었는지의 여부를 검정하기 위해 상세한 것들을 파악할 것이다.

Nahapiet(1988)는 영국의 국립보건원(National Health Service, NHS)에서 자원배분에 관한 연구의 결과를 살펴봄으로써 조직생활에서 회계가 어떻게 함축되어 있는가를 이해하고자 한다. 연구방법으로는 국립보건원의 경영에서 정보의 역할에 관한 연구의 일부로서 자료가 수집되었으며, 관찰에 입각하였다. 국립보건원이 재무자원들을 지역적으로 재배분하기 위한 기제(mechanism)로서 새로운 공식을 도입할 때인 1970년대 후반에 실시하여, 영국 국민건강보험 분야에서의 자원배분문제를 다루었다. 여기서는 새로운 회계제도가 조직의 현실을 어떻게 형성하고 또한 조직의 현실에 의하여 새로운 회계제도가 어떻게 형성되고 있는가를 살펴보고 있는 바, 회계제도와 조직과정 간의 관계가 서로를 정의하면서 상호작용한다는 결론을 내리고 있다. 여기서는 조직구성원들이 조직체 내에서 회계변화의 의미를 어떻게 이해하게 되는가를 탐구하기 위한 기초로써 보건원의 자원배분에 관한 사례연구를 제시하고 있으며, 회계가 조직실재를 형성하면서 또한 그 조직실재에 의해 형성되는 시간의 경과에 따라 새로운 계산과정의 유의성이 어떻게 등장하는가를 서술하고 있다. 이 논문은 회계가 담론을 위한 언어, 행위지침을 위한 규칙, 제도화된 조직에서 정당성을 확립하기 위한 방법을 제공하는 방식들을 검토하면서 회계의 수사(rhetoric)와 실재 사이의 상호작용을 논하고 있다.

Rosenberg(1989)는 영국지방정부의 재정담당자와 예산담당자가 그들의 임무를 바라보고 실시하는 방법을 회계가 어떻게 재구성하는가와 예산편성시에 정치적 전략이 어떻게 연간 예산 자체를 구성하는가를 담당자들을 면접해서 분석하고 있다. 이 논문은 예산담당자들이 적절한 자원을 배분할 필요성에 기초하고, 정부의 제약범위 내에서 예산목표를 준수할 필요성 등에 기초하여 수립하여야 할 어떤 실질 예산도 멀리 외부에 존재하는 것이 아니라는 것을 제안하는 것으로 해석할 수 있다. 여기서는 예산편성기간 동안에 드러나게 되는 협상에 의하여 형성된 현실이 존재할 뿐이다. 일반적으로는 예산편성시에 관련당사자들이 서로의 상이한 권력의 위치를 인식하고 그러한 관점에서 상호작용적으로 협상을 한다는 것이다.

Roslender(1992)는 회계감사를 실시한다는 것은 사회적 · 조직적 · 행동적 활동이기 때문에, 회계감사를 연구하는 경우 이의 기술적인 측면 뿐만 아니라, 감사인이 되는 데 포함되는 사회적·조직적·행동적 과정에 관한 연구도 필요하다고 주장하고 있다. 감사인은 다른 사람의 활동을 감사하기 때문에, 이것은 지속적인 교섭과정을 포함하는 상호작용적인 활동으로 볼 수 있다. 감사업무를 완전히 이해하기 위해서는 관습적인 감사에 관한 지식의 대부분을 차지하는 기술적인 측면 뿐만 아니라 사람들 간의 상호작용적인 측면을 인식하는 것이 필요할 것이다. 여기서는 회계감사를 이론적으로 살펴보면서 상호작용론에 입각해서 해석하고 있다. 즉, 회계감사팀에는 파트너(partner), 감사매니저(audit manager), 선임감사인(audit senior), 후임감사인(audit junior), 수습회계사(trainee) 등이 있는데, 각 구성원들의 역할과 역할갈등 등을 상호작용론의 관점에서 분석하고 있다(pp.180-199).

Kosmala(2007)는 의미가 민간(개인)과 공공(집단)의 분야에 동시에 반영되는 문화에 대한 Geertz(1973)의 접근방법을 이용하면서, 감사인 독립의 구축이 개인의 자유, 경제적 실재, 정치적·경제적 자유 등의 사상과 같이 보다 일반적인 독립개념에 관한 개인적 해석과 문화적 특수성에 의해 어떻게 영향을 받는가를 보여주고 있다.

Russell·Fusilier(2014)는 조직에서 비판적 민속지학(critical ethnography)[16] 연구에 상징적 상호작용론을 적용하고 있다. 이 논문은 민속지학에 대한 상징적 상호작용적 접근방법을 서술하고, 이의 존재론적·인식론적 기초를 논하며, 신뢰성(trustworthiness)의 문제를 다루고 있다. 여기서는 또한 상징적 상호작용론이 이해관계, 권력, 이데올로기들을 어떻게 반영할 수 있는가를 보여주고 있다. 이러한 문제에 관한 논의는 다양한 개념과 논지에 관한 일련의 예시에 의해 지지되었다. 이들 중에는 연구초점과 과정에 관한 민속지학적 연구와 행동과학적 연구의 기본적인 차이와 상징적 상호작용적 민속지학방법의 본질을 보여준 도표를 이용한 모형에 관한 서술도 있었다. 모형을 통한 논의와 예시는 Chua(1988)가 요청한 관리회계분야에서 민속지학적 연구에 대한 더욱 간결하고, 정통하며 엄격한 접근방법의 발전을 표상한다. 상징적 상호작용적 민속지학은 현대의 경합적인 직장구조조정분야의 맥락에서 회계를 검토하기 위한 설득력있고 비판적인 체계의 기초를 제공할 것이다.

Abrahamsson et al.(2016)은 사회적 상호작용에서 관리회계수치와 척도(metrics)의 가동화를 검토하고자 한다. 이의 목적은 대면적인 상호작용에서 시간의 경과에 따라 변화하는 방식으로 관리회계수치와 척도를 경영자가 왜 그리고 어떻게 지각하고 가동화하는가에 관한 모형을 개발하는 것이다. 여기서는 대규모 제조기업에서 변화과제에 관해 관찰에 입각한 질적인 현장연구를 분석의 기초로 이용하고 있다.

이상에서 살펴본 바와 같이 상징적 상호작용론의 경우는 지방자치단체, 국립석탄위원회,

16) 제13장 민속지학 제3절 민속지학의 종류를 참조(p.258).

국립보건원, 회계담당자, 감사인 등과 같은 다양한 연구대상을 심층면접과 참여관찰을 통해 실시한 자연주의적(naturalistic)이며, 민속지학적(ethnographic)인 사례연구이었으며, 주로 관리회계영역을 다루고 있다는 것을 알 수 있다. 여기서 회계감사를 상호작용적으로 살펴본 Roslender(1992)는 예외적으로 이론적인 연구이다.

이러한 연구는 회계의 이론과 실무에 어떤 기여를 할 것인가? 첫째, 그것은 공동체, 산업, 직업문화 등이 교과서에서 합리적이고 기술적인 묘사와는 다른 회계정보, 그 구성, 그것에 부착된 의미 등의 사회적·경제적 가치의 지각에 어떻게 영향을 주는가를 보여준다. 국립석탄위원회(NCB)연구에서 회계에 부착된 의미는 직업집단으로 사회화되는 동안과 동료와 사회적 상호작용을 하는 동안에 도출되었다. 둘째, 기술적 회계의 활동표현은 주관적이고 자의적인 선택에 의존한다. 권력을 가지는 사람들은 그들의 관심과 공유한 믿음에 따라 이러한 선택에 영향을 줄 것이다. 가끔 회계자료에 부착된 객관성과 중립성의 분위기는 특히 고도로 불확실한 미래 의사결정에 적용될 때 신화적일 것이며, 즉각적인 작동을 관리하는 것에 한계적으로만 관련이 있을 것이다(Hopper et al., 2015, p.456).

상징적 상호작용론은 1980년대부터 회계학에서 이를 이용한 연구가 진행되고 있으며, 상징적 상호작용론으로부터 파생된 근거이론(grounded theory)을 이용한 회계학연구도 활발하게 진행되고 있다. 상징적 상호작용론을 적용한 회계학연구들은 처방적이거나 기술적이라기 보다는 우리의 이해를 높이고자 한 해석적 연구이다(Bhimani, 2002, p.105).

제4절 소결

여기서는 이해를 목적으로 하는 해석적 방법론 중에서도 상징적 상호작용론과 이를 회계현상에 적용한 일부 선행연구를 살펴보았다. 사회현상을 인간들의 상호작용에 의해 발생하는 것으로 간주하는 상징적 상호작용론은 실용주의, 행동주의 등의 영향을 받아 1930년대에 Chicago대학에서 발전하였는데, 미국의 사회학자 Mead가 사회현상을 파악하는데 이용하기 시작하였으며, 1960년대에 Blumer가 정립한 중요한 사회(학)이론 중의 하나이며, 이 이론으로부터 다양한 이론과 방법이 파생되어 발전하였다. 회계학에서는 1981년에 Colville이 상징적 상호작용론을 행동과학회계분야에 적용할 것을 이론적으로 주장한 이래, 1980년대에 다양한 경험적 사례연구들이 관리회계분야를 중심으로 실시되었다. 이들은 주로 심층면접, 참여관찰 등의 자료수집방법을 이용하여 장기간 현장연구를 실시하였으며, 자연주의적(naturalisitic)이고, 민속지학적(ethnographic) 방법을 이용하였다.

이러한 상징적 상호작용론은 행동주의가 보여주는 심리학적 환원주의와 구조기능주의와 같은 거시적 사회학이론과는 대조적으로 행위자의 정신적 능력, 행위, 상호작용 등에 대한 이들의 관계에 관심을 주며, 이 모든 것이 과정이라는 차원에서 이해되고 있다. 즉, 행위자를 내면적인 심리상태나 거시적인 구조의 힘에 의해 강제당하는 존재로 보지 않는다.

오늘날의 상징적 상호작용론은 다음과 같은 기본적인 원리들에 의해 요약될 수 있다.

① 인간은 사고능력을 가지고 있다.

② 그 사고능력은 사회적 상호작용에 의해 형성된다.

③ 사회적 상호작용을 통하여 인간은 인간 고유의 사고능력을 행사하도록 해주는 의미와 상징을 습득한다.

④ 의미와 상징은 인간만이 갖는 인간의 행위와 상호작용을 실시하도록 해준다.

⑤ 인간은 상황에 관한 해석을 토대로 행위와 상호작용 속에서 그들이 사용하는 의미와 상징을 수정 또는 변경할 수 있다.

⑥ 인간은 자기 자신과 상호작용할 수 있는 능력을 갖추고 있기 때문에 인간은 가능한 행동 경로들을 검토하고 그 상대적인 이익과 불이익을 평가할 수 있게 된다. 바로 이와 같은 능력 때문에 인간은 의미와 상징을 수정, 변경할 수 있다.

⑦ 행위와 상호작용의 뒤얽힌 여러 유형이 집단과 사회를 구성한다(Ritzer, 2004; 김왕배 외, pp.533-534).

상징적 상호작용론은 Mead, Blumer 등의 Chicago학파를 중심으로 하여 형성, 발전하였다. 이들의 문제점을 살펴보자.

① 상징적 상호작용론의 주류가 너무도 쉽게 전통적인 과학적 기법을 포기하였다는 것이다. 즉, 의식의 내용이 질적인 것이라고 해서 그 외부적 표현이 코딩되고 분류되고 계산될 수 없는 것은 아니라는 것이다. 과학과 주관주의는 배타적인 것이 아니다.

② 여러 학자들이 정신, 자아 등과 같은 Mead의 기초개념들의 모호성을 비판하였다. 상징적 상호작용론의 많은 기초개념들이 혼동스럽고 부정확하며 그 때문에 이론과 조사를 위한 확고한 기초를 제공해 줄 수 없다고 비판하였다. 이 개념들이 부정확하기 때문에 이들을 조작화하는 일이 불가능하지는 않더라도 매우 어려우며, 그 결과 검증가능한 가설이 정립될 수 없게 된다는 것이다.

③ 거시적인 구조가 무시되거나 경시된다는 것이다. 상징적 상호작용론의 미시적 관념이 사회구조와 거시적 조직사회가 행동에 미치는 영향을 최소화하거나 부인한다는

것이다. 그리고 특정한 경영현상은 현상 그 자체만으로 이해하는 것이 아니라, 사회문화적 맥락속에서 포착해야 하므로 경영현상을 구성하는 부분들을 전체적인 맥락에서 바라보아야 한다는 주장은 질적 연구의 관점에서 핵심인 해석과도 연관된다(김효근 외, p.60).

④ 상징적 상호작용론이 충분히 미시적이지 못하다는 것이다. 즉, 상징적 상호작용론이 의미, 상징, 행위, 상호작용 등에 초점을 두고, 무의식이나 감정과 같은 요인들의 중요성을 무시한다는 것이다. 마찬가지로, 상징적 상호작용론은 욕구, 동기, 의도, 열망과 같은 심리적 요인들을 무시하였다고 비판받아 왔다. 그리하여 상징적 상호작용론은 일상생활을 물신화한다는 비판을 받고 있다. 상징적 상호작용론의 일상생활에 대한 초점은 즉각적인 상황을 지나치게 강조하며, 일시적인 현상, 화제거리, 변화무쌍한 일들에 대해 강박관념에 가까운 관심을 갖고 있다는 것이다(Ritzer, 2004; 김왕배 외 역, 2006, pp.522-523).

⑤ 상호작용론자의 연구는 본질적으로 특정성(particularistic)을 지닌다. 상호작용론자의 연구에 대한 비판에 의하면, 이 연구들은 두 사람 또는 세 사람 이상의 사람들 사이에서 이루어지는 개별적인 상호작용으로부터 사회의 밑그림을 그리고 있다는 의미에서 환원주의라고 지적된다. 그리하여 사회란 개인들에 의하여 이해되고 합의에 의하여 성립된 상호작용적 협상의 총화에 불과하다는 것을 시사한다고 비판받고 있다(Puxty, 1993, p.74; 김영규 옮김, p.131).

⑥ 실재구성에 관해 특정해서 설명한다는 의미에서 관심의 초점이 매우 협소하고 분석이 부분적이다. 과학철학의 관점에서 볼 때, 사례연구의 개성기술적(ideographic) 강조로 인해서 모든 과학이 이론정립이나 법칙정립적(nomothetic)인 것을 어느 정도 채택할 필요성이 쉽게 애매모호하게 될 수 있다. 실무에서 특정한 사례연구로부터 중범위이론(middle-range theory)과 같은 좀 더 높은 일반화수준으로 이동한다는 것은 매우 어렵다. 그것은 사회과학에서 문제점이 매우 많다고 볼 수 있는 오랜 기간동안 광범위한 반복이 수반되어야 하고 일련의 유사한 사례연구를 실시해야 할 것이다. 이것은 결국 이 방법론의 비용과 효익을 인식하는 문제로 볼 수 있다(Roslender, 1990, pp.356-357).

⑦ 이것은 주어진 현실을 그대로 해석만 할 뿐, 비판하지 않는다는 것이다. 따라서 기존의 사회질서를 그대로 수용해서 해석만 할 뿐, 사회를 비판해서 변화를 모색하지 않기 때문에 보수적이라는 것이다(김석웅, 2008, pp.297-298).

이상과 같은 상징적 상호작용론을 이용한 일련의 회계학연구에서 그 시사점을 다음과 같이 정리해 볼 수 있을 것이다.

① 상징적 상호작용론을 비롯한 해석적 방법론은 조직과 행위자의 생생한 경험(lived experience)인 체험과 과정에 관한 현장조사로부터 귀납적 이론의 구성을 위한 보다 튼튼한 기반을 갖춘 접근방법의 전망을 제시함으로써 일반화가능한 후속의 실증적 조사를 위한 기초를 제공하거나 실증적 연구에서 발견된 통계적으로 유의적인 상관관계가 어떻게, 왜 나타난 것인가를 조사할 수 있는 길을 제공할 수 있다(Parker, 2003, p.26).

② 회계학의 방법론은 주로 신고전파경제학에 입각해서 실증주의를 적용하고 있다. 따라서 이러한 연구에서는 비경제적인 요인들에 대한 고려가 미흡하다. 즉, (균형이론과 같은) 가정의 비현실성 뿐만 아니라 비경제적 요인을 "다른 것들이 일정하다면"이라는 조항에 포함된 제약조건으로만 파악함으로써, 역사적 제조건, 문화풍토, 정치사회적 환경이 경제현상에 미치는 영향에 대한 분석에서는 대단히 취약한 면을 보인다. 이에 반해서 해석적 방법론을 이용함으로써 이러한 한계점을 극복할 수 있다.

③ 연구자의 견해(etic view)와 연구대상자의 견해(emic view)가 다를 수 있는 바, 이는 연구대상자가 처해 있는 경영환경을 어떻게 보아야 할 것인가에 대한 적절한 견해없이는 그들의 행위를 통해서 표현되는 경영의 실제를 제대로 파악하기 어렵기 때문이다. 이는 경영현상이 왜 그 시기에 그 장소에서 그런 식으로 나타나는지를 이해하는 출발점이 된다. 연구자는 연구대상의 상황 속에 들어가 해석학적 인식론에 근거한 참여관찰방식으로 경영의 실제를 관찰할 수 있다(김효근 외, p.59: 김효선, p.147).

④ 참여관찰을 통한 연구기간 중 자료수집과 함께 연구자에게 부각되는 발견을 통하여 연구의 방향이 전개된다. 이와 같이 경영현상의 이면에 얽힌 요소들의 프로세스 메커니즘을 파악하기 위해서는 구체적인 이론의 편견없이 연구진행 과정상 순환적으로 연구질문을 재설계하고 연구자료를 재정립하는 질적 연구방법론이 필요하다.

⑤ 상징적 상호작용론을 적용한 회계학연구의 경우에도 상징적 상호작용론의 한계점을 그대로 가지고 있으며, 특히 Baxter · Chua(2003)는 추구되는 연구문제의 확산, 이론적으로 흥미있는 조직에 대한 접근가능성의 어려움 등으로 인해 연구결과들이 매우 단편적(fragmented)이고 체계적이지 않다고 주장한다. 그리하여 각 연구들이 관리회계실무의 독특한 측면을 다루고 있지만, 연구성과가 누적되어 일관성있는 결과를 보여주는 경우는 거의 없다(Baxter · Chua, 2003, p.99).

본장에서는 기존의 실증적 방법론과는 다른 철학적 배경과 가정에 입각하고 있는 해석적 방법론 중에서도 상징적 상호작용론과 이를 적용하여 학술지에 발표된 선행연구 중에서 8편의 논문을 간단하게 살펴보았다. 이들은 지난 1980년대부터 발표되었으며, 해석적 방법론의 전통에서 경험적 연구의 특징(사례연구, 현장연구, 참여관찰, 심층면접, 자연주의적 방법, 민속지학 방법 등)을 가지고 있었다. 1990년대 이후에는 상징적 상호작용론 보다는 이로부터 파생된 다른 이론이나 방법들이 많이 적용되고 있다. 본장에서는 상징적 상호작용론과 상징적 상호작용론을 적용한 일련의 선행연구의 내용을 살펴보고 있을 뿐, 상징적 상호작용론을 우리나라의 회계현상에 적용한 것은 아니다. 우리나라에서는 실증적 방법론을 제외하고 상징적 상호작용론을 포함해서 해석적 방법론을 적용한 경우가 별로 없다. 앞으로 우리나라에서 상징적 상호작용론을 적용한다면, 공인회계사나 세무사와 같은 현직에 있는 사람으로서 회계현상을 연구하고자 하는 사람들이 상징적 상호작용론을 적용하는 것이 상대적으로 적합하다고 생각된다. 이들은 회계현장에서 회계현상을 직접 체험하고 있기 때문에 자신들이 경험하고 있는 회계현상을 연구의 대상으로 취급한다면 상징적 상호작용론에 입각한 연구가 이루어질 수 있을 것으로 생각된다. 앞으로 상징적 상호작용론을 비롯한 다양한 방법론들을 적용한 논문들을 적극적으로 장려하고 촉구해서 실증적 방법론에 의한 회계연구를 보완하여 우리나라의 회계학발전과 회계현상에 대한 이해를 풍부하게 해야 할 것이다.

참고문헌

김귀분 외(2005), **질적 연구방법론**, 현문사.

김석웅(2008), "회계학방법론으로서 상징적 상호작용론에 관한 연구", **회계정보연구**, 26(4), pp.287-312.

김윤태(2006), **사회학의 발견**, 새로운 사람들.

김채윤·권태환·홍두승(1986), **사회학개론**, 서울대학교출판부.

김효근·이현주·문윤지(2003), "한국 경영현상 분석을 위한 연구방법론의 제고-질적연구 방법론을 중심으로", **경영교육연구**, 6(2), pp.47-66.

김효선(2005), "현장연구시의 연구자의 역할", **경영교육연구**, 8(2), pp.145-158.

박순영(1978), "행위하는 인간-빌헬름 딜타이의 사회과학이론", **현상과 인식**, 2(1), pp.98-116.

신경림 외(2003), **질적연구용어사전**, 현문사.

Abrahamsson, G., H. Englund and J. Gerdin(2016), "On the (re)construction of numbers and operational reality: A study of face-to-face interactions", *Qualitative Research in Accounting & Management*, 13(2), pp.159-188.

Aldiabat, K.M. and C.L. Navenec(2011), "Philosophical Roots of Classical Grounded Theory: Its Foundations in Symbolic Interactionism", *The Qualitative Report*, 16(4), pp.1063-1080.

Annells, M.(1996), "Grounded Theory Method: philosophical perspectives, paradigm of inquiry, and postmodernism", *Qualitative Health Research*, 6(3), pp.379-393.

*Baxter, J. and W.F. Chua(2003), "Alternative management accounting research-whence and whither", *Accounting, Organizations and Society*, 28, pp.97-126.

Berg, B.L. and H. Lune(2012), *Qualitative Research Methods for the Social Science*, 8th ed., Boston: Pearson.

*Berry, A.J., T. Capps, D. Cooper, P. Ferguson, T. Hopper, and E.A. Lowe(1985), "Management Control in an Area of the NBC: Rationales of Accounting Practices in a Public Enterprise", *Accounting, Organizations and Society*, 10(1), pp.3-28.

Bhimani, A.(2002), "European management accounting research: traditions in the making", *The European Accounting Review*, 11(1), pp.99-117.

Blumer, H.(1969), *Symbolic interactionism: Perspective and method*, Englewood Cliffs, New Jersey: Prentice Hall, Inc.; 박영신 옮김(1990), **사회과학의 상징적 교섭론**, 민영사.

Bougen, P.D.(1989), "The emergence, roles and consequences of an accounting-industrial relations interaction", *Accounting, Organizations and Society*, 14(3), pp.203-234.

Cardwell, J.D.(1971), *Social Psychology: A symbolic interaction perspective*, Philadelphia, PA: F.A. Davis.

Charon, J.M.(1985), *Symbolic Interactionism: An Introduction, An Interpretation, An Integration*,

2nd ed., Englewood Cliffs; Prentice Hall.

Chenitz, W.C. and J.M. Swanson(1986), "Qualitative research using grounded theory", in Chenitz, W.C. and J.M. Swanson(eds.), *From Practice to Grounded Theory: Qualitative Research in Nursing*, Menlo Park, CA: Addison-Wesley, pp.3-15.

Chua, W.F.(1988), "Interpretive Sociology and Management Accounting Research-A critical review", *Accounting, Auditing and Accountability Journal*, 1(2), pp.59-79.

Colignon, R. and M. Covaleski(1988), "An Examination of Managerial accounting Practices as a Process of Mutual Adjustment", *Accounting, Organizations and Society*, 13(6), pp.559-579.

*Colville, I.(1981), "Reconstructing 'Behavioral' Accounting", *Accounting, Organizations and Society*, 6(2), pp.119-132.

Cooley, C.H.(1902), *Human nature and the social order*, New York, N.Y.: Charles Scribner's Sons.

Denzin, N.K.(1970), "Symbolic Interactionism and Ethnomethodology", in Doughlas, J.(ed.), *Understanding everyday life*, Chicago: Aldine, pp.261-286.

__________(1983), "A Note on emotionality, self amd interaction", *American Journal of Sociology*, 89(2), pp.402-409.

Geertz, C.(1973), *The Interpretations of Culture*, New York: Basic Books; 문옥표 역(1998), 문화의 해석, 까치글방.

Gendron, Y., R. Suddaby and H. Lam(2006), "An Examination of the Ethical Commitment of Professional Accountants to Auditor Independence", *Journal of Business Ethics*, 64(2), pp.169-93.

Goddard, A.(1992), "Perspectives on Management Control in a Multiple Agency,Community Service", *Financial Accountability & Management*, 8(2), pp.115-128.

Homans, G.C.(1958), "Social behaviour as exchange", *American Journal of Sociology*, 63(6), pp.597-606.

*Hopper, T., J. Ashraf, S. Uddin, and D. Wickramasinghe(2015), "Social theorisation of accounting", in Jones, S.(ed.), *The Routledge Companion to Financial Accounting Theory*, London: Routledge, pp.452-471.

*Hudaib, M. and R. Haniffa(2009), "Exploring auditor independence: an interpretive approach", *Accounting, Auditing & Accountability Journal*, 22(2), pp.221-246.

Kosmala, K.(2007), "(Un)realised Independence in the CEE region: insights from interpretive cultural theory", *Critical Perspectives on Accounting*, 18(3), pp.315-342.

LaRossa, R. and D.C. Reitzes(1993), "Symbolic interactionism and family studies", in Boss, P.G. and W.J. Doherty, R. LaRossa, W.R. Schumm and S.K. Steinmetz(eds.), *Sourcebook of family theories and methods: A contextual approach*, New York, NY: Springer Science, pp.135-166.

Lauer, R. H., and W.H. Handel(1977), *Social psychology: The theory and application of symbolic interactionism*, Boston, MA: Houghton Mifflin Harcourt.

Manis, J.G. and B.N. Meltzer(1978), *Symbolic Interaction: reader in social psychology*, 3rd ed., Allyn & Bacon.

Mead, G.H.(1934), *Mind, Self and Society*, Chicago: University of Chicago Press; 나은영 옮김 (2010), 정신・자아・사회, 한길사.

Michener, H.A. and J.D. DeLamater(1999), *Social psychology*, 4th ed., Orlando, FL: Harcourt Brace College.

Nahapiet, J.(1988), "The Rhetoric and Reality of an Accounting Change: a Study of resource allocation", *Accounting, Organizations and Society*, 13(4), pp.333-358.

Parker, L.D.(2003), "Qualitative Research in Accounting and Management: The Emerging Agenda", *Journal of Accounting and Finance*, 2, pp.15-30.

*Preston, A.(1986), "Interactions and Arrangements in the Process of Informing", *Accounting, Organizations and Society*, 11(6), pp.521-540.

*Puxty, A.G.(1993), *The Social and Organizational Context of Management Accounting*, London: Academic Press; 김영규 옮김(1999), 관리회계의 사회적 맥락과 조직적 맥락, 석정.

Ritzer, G.,(2004), *Sociological Theory*, 5th ed. McGraw-Hill; 김왕배 외 역(2006), 사회학이론, 한올출판사.

Roberts, J.(1989), "Authority or Domination: alternative possibilities for the practice of control", in Chua, W.F., T. Low and T. Puxty(eds.), *Critical Perspectives in Management Control*, Basinstoke:: Macmillan, pp.293-321.

Rosenberg, D.(1989), *Accounting for Public Policy: Power, Professionals and Politics in Local Government*, Manchester: Manchester University Press.

____________, C. Tomkins and P. Day(1982), "A Work Role Perspective of Accountants in Local Government Service Departments", *Accounting, Organizations and Society*, 7(2), pp.123-138.

Roslender, R.(1990), "Sociology and Management Accounting Research", *The British Accounting Review*, 22(4), pp.351-372.

*____________(1992), *Sociological Perspectives on Modern Accountancy*, London: Routledge.

*Russell, J.D. and M. Fusilier(2014), "A Symbolic Interactionist Framework for Critical Ethnographic Research in Management Accounting", *International Journal of Business and Social Science*, 5(10), pp.103-112.

Shalin, D.N.(1986), "Pragmatism and social interactionism", *American Sociological Review*, 51,

pp.9-29.

Shibutani, T.(1955), "Reference groups as perspectives", *American Journal of Sociology*, 60, pp.562-569.

Strauss, A. and J. Corbin(1990), *Basics of Qualitative Research: Grounded theory procedures and techniques*, London: Sage; 김수지 · 신경림 옮김(1996), 근거이론의 이해, 한울아카데미.

Thomas, W.I.(1978), "The definition of the situation", in Hass, J. and W. Shaffir(eds.), *Shaping identity in Canadian Society*, Scarborough, Ont.: Prentice-Hall, pp.58-60.

*Tomkins, C. and R. Groves(1983), "The Everyday Accountant and Researching his Reality", *Accounting, Organizations and Society*, 8(4), pp.361-374.

Wickramasinghe, D.(2011), "Ontological Dependency on Epistemology Strategy: Interpretive Management Accounting Research Revisited", in Abbdel-Kader, M.G.(ed.), *Review of Management Accounting Research*, Hampshire, UK.: Palgrave Macmillan, pp.543-566.

*__________________ and C. Alawattage(2007), *Management Accounting Change: Approaches and perspectives*, London: Routledge.

Willis, J.W.(2007), *Foundations of Qualitative Research*, London: Sage.

제7장

일상생활방법론

제1절 일상생활방법론의 의의

민속방법론이라고도 하는 일상생활방법론(ethnomethodology)은 1960년대 중반 이후 Parsons의 구조기능주의적 패러다임(실증주의가 이 패러다임에 속한다)이 비판되던 시기에 나타난 이론으로서 Harold Garfinkel의 저서 *Studies in Ethnomethodology*(1967)에서 처음으로 제시되었다.

일상생활방법론(ethnomethodology)의 어원을 분석하면, ethnos는 folk, people 또는 member(of group)로 상식적인 지식을 활용할 수 있는 사회구성원이며, method는 그들이 일상생활을 꾸려나가는 방법을 의미하고, ology는 논리, 연구, 학문을 의미한다. 즉, 사람들(구성원)이 일상생활을 꾸려나가는 방법에 관한 연구를 뜻하게 된다. 이는 사람들이 자기가 몸담고 있는 사회세계를 뜻이 통하도록 하는데 사용하는 방법에 관심을 두고 이를 다룬다는 것이다. 다시 말해서, 사회의 구성원들이 일상활동에 대한 의미를 해석하는 데 사용하는 방법에 주로 관심을 둔다는 것이다(신경림 외, 2004, p.421).

일상생활방법론을 주장한 Garfinkel에 따르면, 우리가 알고 있는 사람들의 사고나 행위 가운데 많은 부분이 민속방법(ethno-method)에 기반을 두고 있다. 그는 인류학자들의 민속학(ethnoscience)으로부터 아이디어를 얻어 민속방법론(ethnomethodology)이라는 이름을 만들었다. Garfinkel은 민속학이 현지인들의 이해방식을 추구한다는 점에 착안하여 일반 사람들의 일상적인 행위와 이해방식을 탐구한다는 의미에서 자신이 새롭게 제시하고자 한 연구프로그램을 민속방법론이라고 명명하였다(손민호 · 조현영, p.71).

인간의 기본적인 생활의 장이며, 실제적 상황인 일상적인 생활세계에 대한 이해가 인간에 대한 모든 사회학적 이해의 전제이다. 일상적인 생활세계는 사회학적 지식이 구성되는 터전이며 자원인 동시에 그 자체로 연구를 필요로 하는 하나의 독특하고 독립된 영역이다. 이와 같이 일상생활 영역을 그 주요한 탐구영역으로 하는 일상생활방법론은 일상적인 삶이 어떻게 영위되는가, 일상생활 속에서 사람들이 그들의 삶을 꾸려 가는 방식은 무엇인가를 연구하는 이론적 작업이다(신경림 외, 전게서, p.426).

생활세계가 사회과학의 탐구대상으로 부각되기 시작한 것은 독일의 Frankfurt학파의 철학자 Habermas의 비판이론이다. Habermas에 의하면, 근대 이후 자본주의의 발달과 더불어 경제시스템이나 관리시스템 등과 같은 사회시스템이 생활세계를 침식해 들어가면서 근대 이후의 세계를 사회시스템이 생활세계를 식민지화하는 과정으로 간주하였다.[1] 그러나 Habermas의 비판이론 이후에 민속방법론을 비롯한 질적(해석적) 연구는 생활세계가 그 자체로 합리적이고 그 자체로 존립한다고 볼 수 있는 진정성을 담고 있다는 의미에서 생활세계의 내재적 가치를 발견하고자 한다(손민호・조현영, pp.15-16).

일상생활방법론자들은 상호작용하는 개인들을 연구하기 위해 관찰과 참여방법을 적용하지만 그들의 관심은 구성원들이 어떻게 규칙, 정의, 가치와 같은 것들이 존재한다는 것에 합의하게 되었는가이다. 일상생활방법론들은 어떤 유형의 방법을 통해 사람들이 규칙과 정의가 존재한다는 것을 파악하고 묘사하며 주장하는가? 사람들은 정의와 규칙이 존재한다는 자신들의 신념을 사용하여 서로에 대해 사회질서를 어떻게 묘사하는가와 같은 근본적인 질문이 존재하기 때문에, 어떤 유형의 규칙과 정의가 출현하는가는 일상생활방법론자들의 핵심적인 관심이 아니다. 즉, 일상생활방법론의 방법은 상징적 상호작용론자들의 경우와 같이 사람들의 상황정의와 사회구조의 규범에 대한 보다 엄밀한 묘사를 유도하기 위해 새롭게 개발된 과학적 사회학의 기술을 언급하지 않았다. 일상생활방법론자들은 연구대상인 사람들이 사회적 실재가 실제세계에 존재한다는 자신들의 전제를 창출하고 유지하며 변경할 때 사용하는 방법에 강조점을 두었다(Turner, 1997; 정태환 외, p.517).

일상생활방법론은 시대적으로 1950년대-60년대에 사회학의 주류이었던 구조기능주의에 대한 비판이 고조되고 새로운 사회학이론이 등장하던 시기를 배경으로 하며, Payne et al.(1981)이 지적한 바와 같이, 그 지적 기원을 인류학, Talcott Parsons의 초기연구(사회학의 구조기능주의), 현상학(Schütz와 Husserl의 연구), 언어철학 등에 두고 있다(Chua, 1988, p.62).

1950년대-60년대에는 인간 상호간의 상호작용이라는 측면과 의사소통에 대한 관심이

---

1) Habermas의 비판이론에서 생활세계의 식민지화에 관해서는 김석웅(2014, pp.342-352)을 참조. Habermas에 의하면, 사회시스템은 합리적인 이성의 산물이고, 생활세계는 비합리적인 감각의 산물이어서 후자는 전자에 의해 관리되고 길들여져야 할 대상이다. 사회시스템의 발달과 더불어 근대 과학주의 이데올로기는 좁은 의미의 과학만이 합리적인 지식의 원천이고 생활세계는 이러한 지식에 의해 관리되고 지배되어야 할 대상이라고 보았다. Habermas는 근대주의 이데올로기로 점철된 실증주의는 생활세계의 경험이나 행위가 시스템의 재생산과 확대를 위한 도구적 합리성의 속성을 가질 뿐, 그 자체로는 어떠한 합리성도 갖지 못한다고 파악하였다. 이처럼 많은 사회과학자들이 근대 이후의 세계를 사회시스템이 생활세계를 관리・식민지화하는 과정으로 보았다(손민호・조현영, pp.15-16).

일어났다. 즉, 사람들의 상호간의 관계가 의사소통양식에 의해 어떻게 창출되고 영향받는가에 관심이 증가하였다. 이러한 사회적 상황과 관심의 변화가 새로운 사회학의 등장을 낳았는데, 이것이 구조기능주의를 대신하는 일상생활방법론이다.

일상생활방법론은 인간의 사회가 사회구성원의 상호관계로 구성되는 간주관적(inter-subjective) 세계이며, 상식의 범주에서 해석된다고 보는 현상학적 관점을 전제로 하고 있다. 일상생활방법론의 기원은 현상학적 사회학뿐만 아니라 언어철학의 전통에서도 발견된다. 물론 상황적인 일상생활방법론과 언어학적인 일상생활방법론을 구분하는 것이 보편적이지만 일상생활방법론의 중심적인 통찰이 상황을 안정되게 만드는 우리들의 언어 사용과 관련이 있기 때문에 이와 같은 구분은 의미가 없다(신경림 외, p.424).

Garfinkel(1967)이 관심을 갖고 다루는 주요한 첫 번째의 쟁점은 일상생활방법론의 관심영역을 규정하는 것이다. 사회적으로 행동하는 인간인 사회구성원들이 그들의 생활세계로부터 의미를 창출하는 방법이 무엇인가에 대한 연구이다(Attewell; 김동일 외저, p.239).

사회구성원은 수동적인 존재가 아니라 그들의 상식적인 지식과 실제적 사고에 입각해서 그 상황에 적절한 행위규칙을 마련해가며 적극적으로 활동하는 주체적인 존재이며, 모두에게 당연한 것으로 수용되는 상식적인 차원 그 자체를 연구대상으로 한다.

두 번째의 쟁점은 의미 및 언어와 관련이 있다. 일상생활방법론은 일상적인 실제적 사고가 인간의 모든 활동을 구성한다는 관점에서 실제적 사고를 연구하는 것으로 파악되며 기본적으로 고려해야 할 점으로 사람들은 그들의 경험과 활동이 사실임을 나타내기 위해 일상적 대화 내지 설명(accounts)을 사용한다는 점을 강조한다.

제2절 이론적 배경

1. 철학적 가정

일상생활방법론의 철학적 가정 중에서 실재관은 상징적 상호작용론과 유사하지만, 두드러진 특징은 Mehan・Wood(1975)에 의하면 다음과 같다.

① 실재는 성찰적으로 생성되고 유지된다. 즉, 실재는 무엇이 발생하든간에 거짓이 허용되지 않고, 지속적으로 재확증되는 자기보존적인 교정불가능한 명제에 기초한다. 이러한 명제는 그 실재의 필수적인 부분으로 항상 존재하는 실재를 생성한다.

② 실재는 일관성있는 지식체계이다. 이러한 일관성은 연구자의 분석에 기초하고 있다.
③ 실재는 상호작용을 통해 사회적으로 구성된다.
④ 실재는 허약하다. 즉, 실재는 혼란하고, 불안하며, 분해되기 쉽다.
⑤ 실재는 특정한 실재내에서 생존을 위해 필요한 규칙과 상징을 배우는 외부자에 의해 파악될 수 있다.

이러한 실재에 관한 가정은 사회구성원이 생활세계에서 질서를 어떻게 보고, 서술하고, 설명해 가는가에 관한 관심을 불러일으킨다. 여기서의 주안점은 사람들이 자신들의 일상적인 삶을 구성하고 유지하기 위해 이용하는 개념모형과 의미결합물(sense-assembly equipment)에 있다. 상징적 상호작용론은 사회행동(action)이 안정적이고, 공유한 규범이나 의미를 그 행위자가 준수한 산물이라고 가정한다. 그리하여 상징적 상호작용론자의 과업은 행위자의 상황정의를 채택함으로써 이러한 안정적인 상징적 의미를 발견하는 것이다(Chua, *op cit.*, p.63).

이와는 대조적으로 일상생활방법론자는 사회행위(conduct)가 규칙의 지배를 받는다는 가정을 보류한다. 사회질서가 반드시 공유한 의미와 규범에 대한 행위자의 인지적 경향이나 행위자가 준수한 산물은 아니다. 사회활동의 질서정연함과 일관성은 어떤 의미결합절차를 통해 생산된 외관이다. 일상생활방법론자의 업무는 구성원이 그들의 일상적인 활동을 자신들과 타자들에게 책임을 지고, 인식가능하게 하는 이러한 당연시되는 의미결합절차를 서술하고 그리하여 질서와 구조의 의미(sense)를 전달하는 것이다.

의미결합절차의 예가 기타 조항(et cetera clause)(Garfinkel, 1967, pp.210-223)이다. 모든 사회규칙은 그 규칙의 불완전성을 메꾸는 실천적 환경내에서만 이용되고 이용가능하다. 예를 들면, 회계담당자는 “재무제표가 일반적으로 인정된 회계원칙(GAAP)을 준수하지 않는다면, 항상 그 재무제표를 한정(qualify)하라”고 규정하는 규칙으로 GAAP를 이용하지는 않는다. 회계담당자는 재무제표가 한정되어야 하는지의 여부를 결정할 수 있는 기타 조항이 이러한 원칙내에 삽입되어 있다. Garfinkel(1967)은 모든 규칙은 특정한 행위자가 그 당시 그들의 실무적 관심에 따라 메꾸어야 하는 이러한 외적지평(outer horizons)을 가진다고 주장한다(p.41).

상징적 상호작용론자처럼 일상생활방법론자는 사회적으로 구성된 실재를 가정하며, 이 실재에 관해 이유(why)보다는 방법(how)을 질문한다. 그러나 일상생활방법론자의 사회규칙에 대한 관심은 상징적 상호작용론자의 의미와 상징에 대한 관심과는 다르다.

일상생활방법론자의 관심은 참여자가 당연시하는 규칙과 의례를 드러내기 위해 정상적인 상호작용상황을 파악하는 것이 아니라 구성원들의 행위를 현재의 일관된 모습으로 배치하는 데서 자신들의 행위를 통제하였고, 통제하고, 통제할 규칙이 있다는 것을 주장하는 방식이다. 그들은 상황이 어떻게 정의되는가?, 상호작용적 규칙이 어떻게 나타나는가? 안정적인 사회작용은 어떻게 가능한가? 등에 관심이 없다. 그들은 사람들이 어떻게 상황을 보고, 서술하고, 상황의 정의를 제안하는가?, 사람들은 규칙을 등장하게 하고 규칙을 어떻게 이용하는가? 사람들은 사회작용을 어떻게 안정적인 것으로 보고, 서술하는가?에 관심이 있다(Zimmerman · Wieder, 1971, p.294).

일상생활방법론자가 상징적 상호작용론자보다 의미결합물에 더 많은 초점을 두는 데서, 사회질서가 생성되는 일반절차를 경험적으로 식별하고자 한다. 상징적 상호작용론은 특정한 상황의 초상황적(trans-situational) 특징에 초점을 두지 못하였기 때문에 비판받고 있다(Payne et al., 1981, pp.125-126). Denzin과 같은 상징적 상호작용론자들은 상호작용론자가 보편적인 행동양상을 발견하고자 한다고 주장하지만, 상호작용론을 적용한 많은 연구들은 일화와 대서특필의 대상과 같은 저널리즘과 유사하다고 일상생활방법론자들이 비판하고 있다(*ibid.*, pp. 129-135).

이러한 상징적 상호작용론의 단점은 부분적으로 행위자의 관점을 상호작용론자들이 채택하였기 때문이다. 이것은 두 가지 단점을 가진다. 행위자가 자신들의 의미결합물을 당연한 것으로 간주하기 때문에, 행위자와 같은 연구자는 행위자가 의미를 부여할 수 있는 이러한 절차를 주제화하지 못할 것이다. 이외에, 연구자는 행위자의 상황정의를 채택하고자 하는 데서 행위에 의미를 부여하기 위해 이러한 의미결합물에 대한 그들 자신의 의존성을 의식하지 않을 수도 있다. 행위자의 설명(accounts)이 가지는 이러한 어려움을 피하기 위해, 일상생활방법론자들은 보편적인 해석적 절차를 서술하기 위해 행위자의 관점을 채택하기보다는 분석하는 것을 지지한다.

일상생활방법론적 분석을 하기 위해서는 일상생활방법론의 주요한 방법론적 원칙을 이해해야 한다. 즉, 연구자는 다른 사람의 걸음을 따라 걸을 수 있기 위해서 이러한 방법의 내부자적 요건과 외부자적 요건을 알 필요가 있다. 일상생활방법론의 위험은 거리두기(distantiation)의 부재와 낮은 이론화이기 때문에, 이러한 현안과 이들을 극복하기 위한 방법을 아는 것이 중요하다(Joannides, 2017, p.464).

일상생활방법론은 인간관계, 상이한 집단들이 서로를 지각하는 방법, 일상의 행위에 대한 이러한 지각의 영향 등을 나타내는데 특히 적절하다(Garfinkel, 1996). Garfinkel (1967)은 일상생활방법론이 일상의 활동과 집단적인 의사결정과정을 연구하는데 특히 적절하다고 설명하고 있다. 이에 따라, 일상생활방법론은 연구자가 현장행위자의 공식적 및 비공식적 언어를 획득하고 이에 의해 내부자의 견해와 외부자의 견해를 파악하고 자신의 보고서에서 이들을 생산할 수 있다는 것을 의미한다. Garfinkel(1967)이 지표화라고 하는 이러한 과정을 통해, 연구자는 서서히 관찰된 공동체의 일원이 되며, 이에 의해서 자신이 관찰을 우선 개념화할 수 없을지라도 실재를 다른 현장행위자가 행하는 것으로 지각한다(내부자적 관점). 연구자가 사람들간의 관계와 상호작용을 이해하기 위해 공동체의 암묵적 "유래와 전망"(whence and whither)을 파악하는 것은 이러한 사회화를 통해서 가능하다. 사회화는 일상생활방법론을 연구과제에 특히 부적합하게 하는 장기간의 잠입(immersion)을 필요로 한다. 사회화를 완수하는데 필요한 기간은 불확실하며 연구과제의 정해진 기간을 초과한다(Garfinkel, 1996).

현장행위자의 사고양식과 의사결정양식을 획득하는 것은 연구자의 거리부재와 궁극적으로 연구를 신뢰할 수 없을 위험에 의해 제약을 받는다. 일상생활방법론이 직면하는 또다른 주요한 위험은 이론화가 거의 없이 풍부한 경험적 상황서술인 이야기(story)를 말하는 위험이다. 이론화과정은 일정한 학문공동체내에서 수용가능하고 청취가능한 개념으로 내부자적 견해를 변경함으로써 가능하다. 즉, Berry(1989)가 말한 바와 같이, 이론화는 추가연구가 의존할 수 있는 외부자적 관점으로 내부자적 관점을 변경하는 것으로 구성된다(Joannides, *op cit.*).

이러한 방법론적 원칙은 일반화된 유형의 예처럼 인식가능한 독특한 상황으로 구성되고, 유연하면서도 동시에 양상이 있으며, 주관적으로 경험되고 외부적으로 객관적이고, 불확실하면서도 확실하고, 서술가능하면서도 서술할 수 없는 사회세계를 인식하려는 시도를 대표한다(Atkinson · Drew, 1979, p.20). 일상생활방법론은 상이한 맥락간에 적용되는 일반절차의 통찰력을 잃지 않고 잠재적으로 무한하고 맥락적으로 다양한 세계를 인식하고자 한다.

2. 핵심개념과 주요한 연구분야

여기서는 일상생활방법론의 주요한 내용을 핵심개념과 연구분야로 나누어 살펴본다.

1) 핵심개념

일상생활방법론에서는 현상학적 전통을 바탕으로 사회속의 구성원들의 실천적 행위(언어와 행동)를 통해서 생성되는 사회 현실의 질적인 속성에 대한 경험적 연구의 초석을 마련하였는데, 연구대상이 실천적 행위에 기반을 둔다는 것이 일상생활방법론의 기본전제다. 그리하여 연구자가 탐구를 전개해 가는 현장에서 실제로 진행되는 과정에 주목하며, 일상생활방법론의 연구방향은 사람들의 행위형태에 대한 탐색이다(박휴용, p.107).

실천적 행위에 대한 분석을 위해 일상생활방법론에서 주목하는 실천적 행위의 중요한 개념으로 (상황)지표성(indexicality)과 (상황)성찰성(reflexivity)을 들 수 있다. Garfinkel이 제시한 문서화 방법(documentary method) 혹은 설명(accounts)은 바로 이 두 개념 축을 바탕으로 하고 있다. 여기서는 일상생활방법론에서 중요하게 다루어지는 핵심개념인 설명, 사건, 사회적 행위의 구조, 성찰성, 지표성 등에 관해 살펴보자.

일상생활방법론에 관한 Garfinkel의 핵심적인 사상 중의 하나는 성찰적으로 설명할 수 있다(reflexively accountable)는 것이다. 우선 설명(account)을 살펴보자.

(1) 설명

설명(accounts)은 행위자들이 세계를 이해하는 방식이다. 즉, 행위자들이 특정한 상황을 서술하고 분석하고 비판하고 이상화하는 방식들이다. 여기서 설명하기(accounting)는 사람들이 세상을 이해하기 위해 설명을 해 나가는 과정이다(Ritzer, 2004; 김왕배 외 역, p.537). 그리고 설명가능한(accountable)이라는 것의 의미는 각 사회구성원의 설정된 상황에서의 경험과 전달과정을 관찰, 보고, 분석이 가능하다는 것을 의미한다(신경림 외, p.427). 즉, 설명가능하다는 것은 다른 구성원들에게 행위의 의미가 납득가능하고 그런만큼 그 행위가 서로에게 가시적(intelligible)일 수 있다는 것이다(손민호 · 조현영, p.75). 무엇인가를 설명하는 것은 그것을 이해하게 되고 그 이해를 표현하는 것이다. 사회구성원이 자신의 행위를 설명하는 것이 바로 일상생활을 구성하는 것이라고 본다. 사람들의 일상적인 활동은 실제적 사고에 의해 이루어지며, 사고는 언어를 통하여 이루어지므로 설명이란 곧 언어적 사고를 의미한다고 볼 수 있다. 설명은 관찰가능하고 보고가능한 것이므로 설명을 통한 언어적 사고는 실제적 사고라 할 수 있다.

일상생활방법론에 의한 연구는 일상활동 그 자체를, 구성원들이 바로 그 일상생활을 모든 실체의 목적을 위해 자기 자신과 타인에 대해 인식가능하게 하고, 합당하게 보이게 하며, 보고가능하게 하는, 즉 설명가능하게 하는데 사용하는 방법으로 분석한다(Garfinkel, p.vii).

(2) 사건

상식세계 속에서 발생하는 사건의 개념은 다음과 같은 것들을 포함한다(박휴용, pp.107-108).

① 사건을 객관적인 사실로 여긴다.
② 사건의 의미를 한 개인의 지속적인 경험이 명명, 구체화, 그리고 이상화를 통해 사회적으로 일반화되는 과정을 거쳐 나타난 결과로 이해한다.
③ 과거의 사건의 결정요인들을 현재나 미래의 유사한 사건에 적용한다.

④ 그러한 사건들을 달리 묘사하는 것을 참여자들을 통제하는 것으로 여기고자 한다.

이러한 일상생활방법론자들은 일상적인 상호작용 상황 속에 들어가 거기서 이루어지는 당연시되는 규칙들이 무엇인지 찾아내고자 한다. 따라서 가정이나 카페와 같은 일상적이고 비제도적 장소속에서 사람들의 상호작용을 분석하고자 한다. 이를 위한 연구방법으로 개방적, 심층적 면접, 참여관찰, 영상기록, 문서자료 수집, 일탈실험(breaching experiments)과 같은 일상생활방법론적 실험을 통해 자료를 수집한다(박휴용, p.108).

(3) 사회적 행위의 구조

Garfinkel(1967)은 사회학자들의 관심은 사람들의 일상적 이해가 무엇인지를 파악하는 것이므로, 일상생활방법론은 다음 네 가지의 요소를 통해 사회적 행위의 구조를 분석해야 한다고 보았다(박휴용, p.108-109).

① 행위자(an actor): 행위의 주체.
② 목적(an end): 행위자가 행위를 통해서 초래하고자 하는 사건의 미래적 상태.
③ 행위(action): 행위자가 자신의 행동을 통해 변화시키고자 하는 현재의 상태.
④ 수단(means): 정향성의 모드(a mode of orientation)

요컨대, 일상생활방법론은 사회 속에서 행위자가 어떤 목적을 바탕으로 어떤 수단을 통해 행위를 수행하는가를 그 과정과 결과의 차원에서 분석하여 이를 설명하려는 것이다.

(4) 성찰성

성찰성(reflexivity)[2)]은 연구자가 현재 연구대상으로서 주목하고 있는 상황이나 맥락을 그 자체로만 다루지 않고 더 나아가 연구대상이 연구되는 바로 그 상황, 즉 관찰대상과 관찰자의 관계, 보인 것과 본 것 사이의 관계, 혹은 피면담자의 성찰성과 나아가 연구자 자신의 개인적 상황까지도 탐구대상으로 한다(손민호・조현영, p.89).

성찰성은 행위자들이 자신들의 행동에 대하여 자의식(self-conscious)을 갖는다는 것을 의미한다. 이는 주요한 개념으로 우리는 어떻게 의미가 분명한 행동을 할 수 있는가 하는 문제에 접근한다. 대부분의 인간상호작용은 성찰적이다. 사람들은 상대방으로부터 나온 신호, 몸짓, 단어 및 기타 정보들을 하나의 특정한 실재관을 뒷받침하고 있다는 식으로 해석

---

2) 제3장 각주35(p.84)를 참조.

한다. 배치되는 증거조차도 성찰적으로 해석되어 하나의 믿음과 지식을 지속시켜 준다.

성찰성의 개념은 상호작용 중인 사람들이 자기들이 하나의 특정한 실체에 의해서 인도되고 있다는 가정을 어떻게 유지해 나가는가에 초점을 두고 있다. 일상생활방법론적 연구는 성찰적인 상호작용이 어떻게 일어나는가의 문제를 제기하고 있다. 우리가 하나의 상황을 기술할 때 우리는 동시에 상황을 창조하며 그 상황을 견고하고 합리적이고 의미있는 것처럼 보이게 만들고 있다는 것이다. 서술과 설명이라는 일상세계의 활동은 바로 그 일상활동을 구성하고 반영하는 부분이 된다(신경림 외, p.430).

사람들이 무슨 일을 하고 있는지를 설명하면서 우리는 그들이 하는 일의 성질을 변화시킨다. 일반 사람과 마찬가지로 이는 사회학자에게도 적용된다. 사회생활에 대해 연구하고 보고하면서, 사회학자들은 자신들이 연구하고 있는 대상을 변화시키는 과정에 있게 된다. 즉, 주체는 관찰주체가 된 결과로 그리고 자신의 행동에 대한 설명에 반응하면서 행동을 변화시킨다(Ritzer, 2004: 김왕배 외 역, p.538).

(5) 지표성

지표성(indexicality)은 언어의 고유한 속성을 나타내는 개념이다. 지표성은 단어가 그것이 사용되는 모든 상황에 적용되는 의미를 갖지만, 반면에 그것이 사용되는 특수한 상황에 관련되는 의미도 갖는다는 사실을 가리킨다. 의미의 지표성이란 일상생활에서 상호작용 당사자들끼리 주고받는 몸짓, 신호, 언어 및 기타 속성들이 특정한 맥락에서 의미를 지니고 있음을 말한다(신경림 외, p.430).

지표성은 특정한 맥락의 행위자가 어떻게 그러한 맥락에서 실재에 대한 통찰력을 구성하는가의 문제에 관심을 갖는다. 행위자들은 자신들의 상황에서 실재적인 것에 대한 공통의 통찰력을 환기시키는 표현들을 개발한다. 그리하여 지표성의 개념은 특정한 실재성이 행위자들을 지배한다는 전제를 창출, 유지하기 위한 지시적인 표현 즉, 단어, 표정, 신체적인 동작, 기타 단서들을 행위자 자신들이 어떻게 창출하는가를 살펴보기 위해 조사자들로 하여금 실제적인 상호작용의 맥락으로 안내한다(Turner, 1997; 정태환 외 공역, p.518).

우리의 행위나 말, 표현이 상황에 내재화되어 상황 내에서 지표역할을 한다는 점에서 지표성을 상황지표성이라고도 한다(손민호 · 조현영, *op cit.*).

상황지표성은 일상생활방법론에서 상황이나 맥락이 일어난 사건과 동일한 의미로 통용되기도 하고 현장(setting)을 의미하는 공간과 동일한 의미로 파악되기도 하는 이유는 사람들이 지각하는 현상학적 장이 상황지표적 표현과 행위로 구성되어 있기 때문이다(손민호 · 조현영, p.85).

상호작용적 삶의 사실은 지표성 개념에 의해 표현된다. 어떤 표현이 지표적이라는 것은 그 표현의 의미가 어떤 맥락에 결부되어 있다는 것을 강조하는 것이다. 한 언어에서 각 용어의 뜻은 그 맥락, 즉 그 용어가 쓰여진 상황과 그 용어가 함께 쓰인 말에 비추어 파악된다(신경림 외, 2004, p.431).

사회적 상호작용은 맥락과 밀접히 연관되며, 그러므로 맥락내에서만 해명될 수 있다고 간주되기 때문에, 지표적, 맥락적이라는 개념은 일상생활방법론 연구에서 주요한 초점이고 주요한 개념이다.

지표성, 맥락성이 시사하는 바는 어떤 상황에서도 설명과 의미는 이것들이 그 일부를 이루는 상황의 성격에 매우 의존적이라는 것이다. 즉, 사람들이 설명을 통하여 언어적 사고를 할 때 그것은 주어진 상황을 고려하여 성찰적으로 이루어지며, 설명의 의미는 지표적으로 맥락적 지식에 입각하여 이해된다. 이러한 설명의 기본적인 속성인 성찰성과 지표성으로부터 사회적 지식은 사회적 환경과 상호영향을 주는 관계에 있다고 볼 수 있다.

이러한 점에서 볼 때 사람들의 일상적인 실제적 활동을 구성하는 실제적 사고는 성찰적이고 지표적이며, 실제적 사고의 이러한 기본적 특성이 정상적으로 일상생활이 이루어질 수 있는 기반을 제공한다고 할 수 있다. 따라서 일상생활은 사회구성원들이 실제적 사고를 통하여 그들의 환경을 조성, 변화시키는 그러한 실제적 행위를 통하여 정상적으로 유지되는 것이다(신경림 외, p.432).

상황지표성은 우리의 사고와 행위가 얼마나 상황이나 맥락에 몰입되어 그와 구분하기 어렵게 전개되는지를 잘 나타내 주는 개념이라고 할 수 있으며, 상황지표성은 우리의 모든 행위에서 그리고 말에서 찾아볼 수 있는 중요한 속성이다. 이는 모든 말, 심지어 어떤 상태나 사건을 진술하는 말조차도 그 정확한 뜻이나 지시내용은 그것이 사용되는 국지적 상황에서만 이해가능하다는 것을 말한다.

발화(utterance)가 상황지표적 속성, 즉 상황에 내재화되어 있는 것은 어떠한 발화든지 그 의미는 발화 주체의 개인적인 의도 내지는 그의 마음속에서만 확인 가능하다고 보기 어렵고 그 발화가 일어난 상황 자체에 있다는 것을 지적하기 위해 일찍이 언어학자들에 의해 제기되었다. 그리하여 지표성은 대화분석에서 본질적으로 구어(spoken words)나 발화(utterance) 또는 행위의 의미는 고정된 해석규칙에만 의거해서는 결정될 수 없고, 그러한 행위와 발화가 배태돼 있는 국지적-사회적 맥락을 참조해야 결정될 수 있다는 것이다(김경만, 2005, p.62).

일상생활방법론은 행위자가 상황지표적 지식을 관리하고 운영하는 방식으로서의 실천적 행위의 활용방식에 관해 서술하고자 한다.

2) 연구분야

일상생활방법론은 일상생활의 다양한 모습을 연구대상으로 하고 있지만, 특히 제도적 환경과 대화분석에 관한 두 가지 유형의 연구가 현저하게 나타나고 있다.

(1) 제도적 환경

초기의 일상생활방법론자들은 집(house)처럼 일상적이고 제도화되어 있지 않은 환경에서 연구를 실시하였지만, 나중에 법정이나 경찰서와 같이 다양한 제도적 환경에서 일어나는 일상적 실천에 관한 연구로 전환하였다. 이러한 연구의 목적은 제도적 환경에서 어떻게 사람들이 공적인 업무를 실시하고 이 실시의 과정을 통해 업무가 실시되는 제도들이 만들어지는가를 이해하는데 있었다.

제도적인 환경을 연구하는 기존의 전통적인 사회학적 연구들은 주로 그 환경 안에서 사람들이 무엇을 하는가를 설명하기 위해서 구조나 공식적인 규칙 및 절차들에 초점을 맞추었다. 일상생활방법론자들은 이러한 외부적 제약들만으로는 제도 내부에서 실제로 어떤 일이 일어나는가를 설명할 수 없다고 느낀다. 인간들은 이러한 외부적 힘에 의해서 좌우되는 것이 아니라 오히려 업무를 완수하고 자신들이 속한 제도들을 창조해 내기 위해 외부적 힘들을 이용한다. 사람들은 실천적인 절차들을 실시함으로써 그들의 일상생활을 영위할 뿐만 아니라 제도적인 산물들을 만들어낸다(Ritzer. 2004; 김왕배 외 역, p.540).

(2) 대화분석

일상생활방법론의 상황적 추론과 실제적 행위에 대한 관심은 일상의 대화와 같은 사회적 상호작용에 대한 분석으로 이어진다. 그리하여 일상생활방법론자들은 다른 사람들에 의해 설명이 주어지고 그것을 받아들이거나 거부되는 방식들 뿐만 아니라 설명 그 자체를 분석하는 데 많은 관심을 기울인다. 이 때문에 일상생활방법론자들은 대화분석을 하는데 몰두한다.[3] 사람들의 일상적 경험과 일상의 실천 가운데 많은 부분은 말을 주고 받는 행위가 차지하고 있을 뿐만 아니라 말은 일단 그것이 관찰 기록되면 누구든 반복해서 검토할 수 있는 매력적인 연구자료이기 때문이다(손민호 · 조현영, p.133).

일상생활방법론적 관점에서 대화는 일종의 상호작용적 행위로서 대화자들이 만들어내는 성취이며 안정적이고 규율에 의한 자원들로서 분석이 가능하다(Zimmerman, 1988, p.406). 그리하여 대화분석의 목표는 대화적인 상호작용의 근본적인 구조에 대해 구체적으

3) 대화분석에 관해 상세한 것은 본서의 제18장 제1절을 참조.

로 이해하는 것이다(*ibid*., p.429). 대화에는 규칙들과 절차들이 존재하지만, 이러한 규칙들은 말의 내용을 결정짓는다기 보다는 대화를 완성하는데 사용된다. 대화분석의 초점은 대화를 한계짓는 외적인 힘이 아니라 대화 그 자체에 내재하여 말하여지는 것을 한계짓는 것이다.

방법론적으로 대화분석가들은 자연스러운 상황에서 일어나는 대화를 연구하고자 녹음기나 비디오를 이용한다. 이러한 방법을 통해 연구자는 연구자에 의해 강요되지 않은 일상생활에서의 자연스러운 흐름에 접하게 된다. 연구자들은 노트에 의지하기 보다는 아주 자세하게 녹음된 실제적인 대화를 연구하고 검토한다. 이를 통해 연구자들은 자세하게 대화를 분석해낸다.

대화분석은 대화가 인간관계의 근저라는 점을 전제로 한다. 대화는 가장 충만한 형태의 인간 상호작용이며 한편의 대화는 사회적으로 조직화된 의사소통의 실천과 절차들을 보여주는 완전한 모형으로 구성되어 있다(Ritzer, 2004; 김왕배 외 역, pp.541-542).

일상생활방법론에서 이용하는 대화분석에서는 대화의 구조 자체보다는 실천적 행위와 추론이 어떻게 일상의 대화나 상호작용 속에서 작동하는지를 살펴본다(손민호 · 조현영, p.135). 그리하여 여기서의 대화분석은 말의 행위에 대한 분석으로, 상호작용에서 나타나는 비교적 안정적이며 반복되는 행위의 패턴들을 묶어 일련의 규칙으로 밝혀 왔다(상게서, p.146).

제3절 일상생활방법론과 회계학연구

일상생활방법론을 적용한 회계학연구는 상대적으로 드물다. 여기서는 Tomkins · Groves (1983), Jönsson(1982, 1992, 1996, 1998), Westerdahl(2001), Sopanah et al.(2013) 등을 살펴본다.

일상생활방법론에서는 회계실무에서 회계의 의미를 탐색하고자 한다. 조직은 조직을 가시적이게 하고 이해하게 하는 사명을 가지고 있다. 조직은 조직을 가시적이게 하기 위해 회계를 생산한다. 따라서 회계책임(accountability)은 회계를 공시하는 기술적 측면으로부터 조직 정체성의 형성을 회계가 어떻게 촉진하고 이해되고, 배우게 되는 것을 강조하는 개념으로 이동시킨다.

일상생활방법론을 초기에 적용한 유명한 연구로는 Jönsson(1982)이 있는데, 그는 3년 동안 지방정부내에서 예산의 이용을 검토하였다. 그는 조직에서 핵심적인 행위자에 의해 수행되는 일상의 예산게임을 구축하고 유지하기 위해 공식적인 예산을 의미결합물(sense-assembly equipment)로 이용하는 것에 초점을 두었다. 그의 연구는 부서관리자의 과제를 촉진하기 위해 게임이 실시되는 방식과 게임에 규칙이 어떻게 조작되는가를 조명하였다. 예산협상은 선거운동기간전후에 정치적 영향을 받기 쉽다. 3년동안의 연구기간동안, 그는 행위자들이 예산게임을 실시하는데 자신들의 기술을 개발하였지만, 이것이 어떠한 유의적인 의미에서도 더 좋은 예산을 유도하지는 않는다는 것을 발견하였다.

Tomkins · Groves(1983)는 이론적으로 일상생활방법론을 도입하자고 주장하고 있다. 일상생활방법론은 Tomkins · Groves(1983)의 연구제목, "The everyday accountant and researching his reality"이 시사하는 바와 같이, 사람들이 그들의 일상적인 실무에 관해 어떻게 하는가와 그들의 행위로부터 의미를 도출하기 위해 어떠한 규칙이 그들을 유도하는가를 결정하고자 한다. 그들은 회계연구자들이 자연과학에서 채택한 방법에 의해 지배당하고 있다고 주장한다. 실무자의 관심사에 더욱 밀접하게 집중하고 회계담당자들의 실무와 회계의 일상적인 효과에 더 큰 통찰력을 부여하기 위해서 기존과는 매우 다른, 자연스러운(또는 해석적) 이론인 일상생활방법론의 이용에 주목할 때라고 주장한다. Tomkins · Groves(1983)는 회계담당자들이 그들의 세계를 어떻게 의미생성(make sense)하는가를 결정하고자 한다고 주장한다. 저자들은 회계가 타자의 행위나 사건에 관한 그들의 이해에 어떻게 영향을 주었는가를 결정하는 것에 일상생활방법론이 적용될 수 있을 것이라고 주장하였다. 회계규칙은 회계실무로부터 결정되었다. 즉, 규칙의 유의성과 의미가 회계담당자(및 타자)들이 그것을 어떻게 해석하고 작용하였는가로부터 나타났다는 것이다(Gaffikin, 2008, p.154).

Jönsson(1992, 1996, 1998)은 일련의 연구에서 이론적 배경으로 일상생활방법론을 이용하고 있는데, 일상생활방법론에서는 대화분석을 주로 이용한다. 이와 같이 Jönsson은 언어학적 도구로서 회계의 역할과 실재를 재구성할 수 있는 회계의 능력에 초점을 두는 해석적 회계학방법론을 대표하는 학자 중의 한 사람이다(Bjurklo, 2008, p.31).

Jönsson(1992)은 일상생활방법론을 이용하여, 최일선의 운영단위인 원가중심점을 개선하기 위해 운영정보와 회계정보를 적극적으로 이용하는 신뢰(trust)중심점으로 변형하기 위한 두 개의 장기간 현장연구에 관해 보고하고 있다. 대부분의 대규모 조직에서, 경영조직수단은 중앙계획에 의해 조정이 달성된 초기 Taylor시대의 잔재들이다. 이 형태의 조정은 모든 관련정보가 조직의 최고위층까지 전달될 수 있다는 가정에 기초하고 있다. 이 가정이 조직의 밑바닥에서 독특한 운영지식의 누적으로 인해서 더 이상 타당하지 않을 때, 통제의 분산화가 실시된다. 이로 인한 차별화는 정보의 표준화에 의한 중앙시스템으로 적절하게 취급될 수 없다. 다음 단계는 운영단위가 신뢰받는 책임있는 파트너의 경영통제대화의 확립이다. 이 대화에서 신뢰는 학습태도를 취하도록 집단을 공개하는 매체로 작용한다. 이것

은 국지적인 자기관리에 대한 지지를 통해 달성될 수 있다.

Jönsson(1996)은 일상생활방법론이 회계학연구에서 어떻게 이용될 수 있는가에 관해 살펴보고 있다. 일상생활방법론은 인간의 상호작용에서 당연시 되는 것과 관련이 있다. 가끔 인용되는 Garfinkel(1967)의 예에서, 이것은 그 자신의 학생들로 예시되고, 그들의 가족에게 되돌아가서 숙제를 하도록 촉구되며, 잘 처신하고 예의바른 이방인처럼 행동한다. 이 연구는 사람들을 결합하는 것이 분명히 어렵게 설명될 수 있을 뿐이지만, 실제 행동에서는 즉시 인식되는 기대를 어떻게 형성하는가를 보여주었다. 학생들은 숙제를 끝내고 실험현장에 자신들의 행동을 설명하기 전에, 숙제를 하고 있을 때, 분노, 공포, 증오 등과 같은 반응을 만났다. 이러한 결론은 조직실무로 전환하고, 회계에 동일하게 중요한 시사점을 가지는 것이 가능하다. Jönsson에 의하면, 그들은 하나의 중심개념, 신뢰(trust)에 초점을 두고 있다.

사람들이 정상적인 상황에 실제로 어떻게 파악해 들어가는가와 의례와 규칙을 어떻게 발견하게 되는가에 대한 설명은 이러한 기본적인 개념에 근거하고 있다. 신뢰와 조직생활일반과 특히 회계에 대한 신뢰의 시사점은 Jönsson의 저서에서 강조되고 있다. 그는 신뢰를 전통적인 경제학에서 나타나는 것처럼 효용의 극대화와 기회주의에 대한 분명한 존재론적 대비책으로 단정하고 있다. 측정될 수 없거나 개인들간에 비교나 거래의 대상으로 전환될 수 없는 것을 근본적이게 하는 Jönsson(1996)에 신뢰가 있다.

Jönsson(1998)은 관리회계연구가 관리업무와 더욱 조정되어야 한다고 주장한다. 관리자들은 말(words)로 일을 한다. 이것은 관리자의 대화와 그러한 대화에서 회계정보의 이용이 연구되어야 한다는 것을 의미한다. 여기서는 이와 같이 대화를 관찰해서 분석하는 바, 이것은 일상생활방법론에 해당한다. 간결성, 다양성, 파편성 등의 특징을 가지는 관리적 업무는 회계정보가 이용되는 맥락을 제공한다. 그리하여 경영관리는 의사소통이 문제해결 뿐만 아니라 집중할 방향에 중심적인 협동적인 게임으로 서술된다. 경영적 적합성으로 나아가기 위해서 관리회계연구에 필요한 것으로 간주되는 연구종류의 예가 주어진다.

Westerdahl(2001)은 중부 스웨덴의 인구가 드문 Byssbon지역(130명의 거주민과 3개의 마을)에서 소비조합(60명의 회원) 부서를 서술하고 있다. 이 조직은 소집단으로부터 기업으로 성장하는 상당히 성공적인 것을 판명되었다. 여기서는 시골의 소비소합을 회계실무로부터 어떻게 이해할 수 있는가와 이익을 극대화하기 위해 설립되지 않고 시골에서 좋은 삶을 가능하게 위해 설립된 소비조합과 같은 조직에서 회계의 역할은 무엇인가와 같은 두가지 문제를 일상생활방법론을 적용하여 살펴보고 있다. 본고는 회계가 조직에서 어떻게 취급되는가에 집중하였다. 소비조합이 직업, 서비스, 좋은 교통 등으로 마을에서 좋은 삶을 가능하게 하였지만, 소비조합은 오랫동안 매우 광범위한 경제활동을 전개하였으며, 회계를 그 업무의 중심적인 부분으로 만들었다.

여기서의 결론은 Byssbon 소비조합에 손익계산서가 대차대조표처럼 필요하다는 것이다. 이들은 조직활동의 순수한 재무측면의 회계에 기여하며, 화폐거래간에 주문을 생성하고 있다. 이들은 또한 정체성에도 중요한 기여를 하고 있다. 그러나 그 활동들의 중심적인 속성은 이러한 회계에서 포착될 수 없다. 신뢰(trust)에 입각한 공동체는 공식적인 회계를 초월해서 삶을 살고 있으며, 이것을 측정하는 것을 불가능하고 아마도 무의미할 것이다. 이것은 수치에 입각한 재무제표에 보완의 필요성을 나타낸다. 신뢰가 어떻게 시골발전으로 가시화될 수 있는가를 공식적인 회계가 아닌 서사(narratives)가 필요할 것이다.

Sopanah et al.(2013)는 인도네시아의 동자바, Bromo산에 있는 원시공동체의 Tenggeresse 사람들의 경우에 관한 것이다. 지방예산편성에 참여할 때, Tenggeresse사람의 (타자의 복지를 보살피고, 평화롭게 사는 것을 중심으로 하는) 지방가치의 존재를 나타내기 위해 일상생활방법론을 이용한 해석적 방법론을 채택하였다. 여기서는 지방정부예산편성에 대한 공개참여가 사람들에 의해 완전히 실천될 수 있으며, 이 과정이 단순히 의례과정이 아니라는 것을 보여준다. 선행연구에 의하면, 지역수준에 초점을 두고 지방정부예산편성에 대한 참여가 어떤 지방정부의 의무를 이행하기 위해 필요한 의례의 일부로 실시되는 단순히 형식적인 것으로 여전히 가정된다는 것이었다. 그러나, 소규모 공동체의 수준에서, 이 논문은 공개참여가 전체적이고, 단순한 의례적 형식을 초월해서 실천된다는 것을 보여주고 있다. 지방정부예산편성에서 공개참여의 계획, 실시, 투명한 책임측면에서 이러한 지방적 지혜의 가치가 내재화되어 있다.

제4절 소결

일상생활방법론은 전통적인 상징적 상호작용론자들이 개념화하는데 실패한 일련의 상호간의 과정을 밝혀냈다. 사람들이 사회질서의 감각을 소통하기 위해 사용하는 암묵적인 방법들은 사회적 상호작용과 조직의 결정적인 차원이다. 이러한 일상생활방법론은 사회학 내에서 발전하고 있으며, 대화분석의 영역에서 잘 드러나듯이 일상생활세계에 대한 지식을 축적시키는 데 어느 정도의 역량을 보여왔다. 그러나 이 일상생활방법론이라는 이론의 문제점도 회계학연구와 관련해서 존재한다.

① 일상생활방법론이 과거에 비해 오늘날 많이 수용되고 있지만, 여전히 많은 사회학자

들은 상당히 미심쩍은 눈으로 일상생활방법론을 바라보고 있다. 그들은 일상생활방법론이 사소한 문제들에만 초점을 맞추고 있으며 현대 사회가 직면하고 있는 정말로 중요한 쟁점들을 무시하고 있다고 본다(Ritzer, 2004; 김왕배 외 역, p.566).

② 일상생활방법론자들(특히 대화분석가들)이 의식과정에 초점을 맞추는 대신에 말 그 자체의 구조적인 특성들에 초점을 맞춰왔으며, 이 과정에서 동기들과 행위를 가능케 하는 내적인 동기들이 무시되었다. 이러한 관점은 일상생활방법론이 점점 부적절하게 제한적으로 되어가고 있고 행동주의적이며 경험주의적인 것으로 되어가고 있다는 것이다. 그리하여 일상생활방법론자들이 행위자를 판단력이 없는 꼭두각시로 다루지 않고자 했던 그들의 희망이며 기본적인 원칙에서 퇴행한 것처럼 보인다는 것이다(*ibid.*, p.567).

③ 일상생활방법론자들은 사회의 사소한 부분들에 대한 그들의 연구관심사로 인해서 좀 더 거대한 사회구조와 연결지을 수 있는 방안이 분명하지 않다.

④ 일상생활방법론이 본래의 급진적 성찰성을 잃어가고 있다고 비판되고 있다. 급진적 성찰성이란 일상생활방법론자들의 활동을 포함해서 모든 사회적 행동은 성취되어진 것이라고 본다. 그러나 일상생활방법론자들은 점점 더 사회학에 수용되면서 그들 자신의 연구를 분석할 필요성을 잃어가는 경향을 보이고 있으며, 결과적으로 일상생활방법론은 그 자체의 분석적이고 비판적인 측면을 상실하고 기존의 제도권 이론의 한 특화 분야가 될 위험에 처해 있다(*ibid.*, p.568).

⑤ 일상생활방법론과 대화분석이 같은 주제 아래 취급되기는 하지만 둘 사이의 긴장감이 증가하고 있다. 중요한 것은 최근에 대화분석이 사회학에서 큰 진전을 보여주었다는 점이다. 일상생활방법론과 대화분석 사이의 긴장은 제도에 관한 일상생활방법론 연구가 좀 더 주변에서 머물고 있고 대화분석이 중요시 되고 있다는 것이다(*ibid.*).

요컨대, 일상생활방법론은 일반인들이 세상으로부터 의미를 찾기 위해 사용하는 방법들을 탐색함으로써 인간행동을 이해하기 위한 이론적 관점으로써, 사람들의 일상생활을 연구대상으로 삼았다. 이러한 일상생활방법론은 사회구성원들의 미시적 상호작용을 분석하느라 거시적 구조요인들을 경시함으로써 주류사회학적 연구방법으로 인정받지 못했지만, 대화분석의 발전에 큰 영향을 끼친 바 있다.

전반적으로 일상생활방법론이 사회학이론체계에서 차지하는 비중은 그리 크지 않으며, 회계학에서도 이 이론이 적용되는 경우가 매우 적다.

참고문헌

김경만(2005), 담론과 해방, 궁리.

김석웅(2014), 회계학의 비판적 방법론, 교육과학사.

박휴용(2014), 초보연구자를 위한 질적연구방법론, 전북대학교 출판문화원.

손민호 · 조현영(2014), 민속방법론: 현상학적 사회학과 질적 연구, 학지사.

신경림 외(2004), 질적 연구 방법론, 이화여자대학교출판부.

Atkinson, J.M. and P. Drew(1979), *Order in court: the organization of verbal behavioral in judicial settings*, London: Macmillan.

Attewell, P.(1974), "Ethnomethodology Since Garfinkel", *Theory and Sociology I*, pp.179-210; 김동기 역(1983), "민속방법론", 김동기 외저, 사회과학 방법론 비판, 청람, pp.235-258.

Berry, J.W.(1989), "Imposed etics-emics-derived-etics: the operationalization of a compelling idea", *International Journal of Psychology*, 24, pp.721-735.

Bjurklo, M.(2008), "Narrative Accounting: A New Form of Management Accounting?", *International Studies of Management and Organization*, 38(2), pp.25-43.

Chua, W.F.(1988), "Interpretive Sociology and Management Accounting Research-A critical review", *Accounting, Auditing and Accountability Journal*, 1(2), pp.59-79.

Gaffikin, M.(2008), *Accounting Theory: Research, regulation and accounting practice*, Sydney: Pearson Education Australia.

Garfinkel, H.(1967), *Studies in Ethnomethodology*, Englewood Cliffs; Prentice-Hall.

___________(1996), "Ethnomethodology's Program", *Social Psychology Quarterly*, 59(1), pp.5-21.

*Joannides, V.(2017), "Etics, Emics and Ethnomethodology in Accounting Research", in Hoque, Z., L.D. Parker, M.A.Covaleski and K. Haynes(eds.), *The Routledge Companion to Qualitative Accounting Research Methods*, London: Routledge, pp.463-482.

Jönsson, S.(1982), "Budgetary Behaviour in Local Government-A case study over 3 years", *Accounting, Organizations and Society*, 7(3), pp.287-304.

___________(1992), "Accounting for Improvement: action research on local management support", *Accounting, Management & Information Technology*, 2(2), pp.99-115.

*___________(1996), *Accounting for Improvement*, Oxford: Pergamon.

___________(1998), "Relate Management Accounting Research to Managerial Work", *Accounting, Organizations and Society*, 23(4), pp.411-434.

Mehan, H. and H. Wood(1975), *The reality of ethnomethodology*, New York, NY: John Wiley & Sons Inc.

Payne, G., R. Dingwall, J. Payne and M. Carter(1981), *Sociology and Social Research*, London:

Routledge and Kegan Paul.

Ritzer, G.,(2004), *Sociological Theory*, 5th ed. McGraw-Hill; 김왕배 외 역(2006), **사회학이론**, 한올출판사.

Sopanah, A., Sudarma, M., Judigdo, U. and A. Djamhuri(2013), "Beyond Ceremony: the impact of local wisdom on public participation in local government budgeting", *Journal of Applied Management Accounting Research*, 11(1), pp.65-77.

*Tomkins, C. and R. Groves(1983), "The Everyday Accountant and Researching his Reality", *Accounting, Organizations and Society*, 8(4), pp.361-374.

Turner, J.T.(1997), *The Structure of Sociological Theory*, 6th ed., Thomson Publishing; 정태환 외 공역(2002), **현대사회학 이론**, 나남출판.

*Westerdahl, S.(2001), "'Between Business and Community': A rural co-op and its accounting practice", *Financial Accountability and Management*, 17(1), pp.59-72.

Zimmerman, D. H.(1988), "On conversation: The conversation analytic perspective", *Communication yearbook*, 11, Berverly Hills: Sage Publications, pp.406-432.

____________ and D.L. Wieder(1971), "Ethnomethodology and the Problem of Social Order: Comment on Denzin", in Douglas, J.D.(ed.), *Understanding Everyday Life*, London: Routledge and Kegan Paul, pp.287-295.

제8장

행위자연결망이론

제1절 행위자연결망이론의 의의

과학사회학자 Latour(1987)는 서양의 학문이 자연, 사회, 인간만을 다루어왔다는 것을 강하게 비판한다. 자연과학은 자연을 대상으로 하고, 사회과학은 (자연의 일부로서) 사회를 다루고, 철학과 같은 인문학은 인간을 탐구했는데, Latour에 따르면 여기에는 모두 기술과 같은 비인간이 빠져 있다. 과학은 자연을 탐구하기 위해서 인간이 만든 기기와 실험실에 의존한다. 사회를 구성하는 요소들 중에서 가장 중요한 것이 기술인데, 사회과학자들은 기술에는 관심이 거의 없다. 철학자들은 주체/객체의 이분법에 빠져서, 기술을 저급하고 수동적인 대상으로만 취급한다.

기술과 같은 비인간이 빠져버린 자연과 사회가 근대성의 골자이다. 결국 Latour는 기술의 목소리를 복원하고 행위자로서의 이들의 능동적인 역할을 드러내는 것은 서구의 근대적 과학과 철학이 범했던 자연/사회, 주체/객체, 인간/비인간의 이분법을 극복하는 실마리를 제공한다고 주장한다. Latour에게 근대를 극복하는 방법은 탈근대에 있는 것이 아니라, 근대가 시작되던 시점부터 자연과 사회 모두에 기술과 같은 비인간이 엄청난 속도로 번식했음을 인식하는 것, 즉, "우리가 근대인 적이 없었다"는 것을 깨닫는 것부터 시작한다(홍성욱, 2008, pp.147-148).

행위자연결망이론(Actor-Network Theory, ANT)의 힘은 "인간과 비인간, 사회적 요소와 기술적 요소를 동일한 분석적 견해에서 함께 가져오는 접근방법"(Lee · Hassard, 1999, p.388; Lowe, 2001a, p.328에서 인용)인 "열린 해석적 접근방법"(Lowe, 2001a, p.39)에서 나온다.

행위자연결망이론은 행위자연결망이론에 영향을 받은 이론가와 연구자들이 그들의 연구에서 인간주체의 사회적 영역과 인간에 대한 일상적인 사회과학적 주안점으로부터 비인간의 유의성에도 직접 주목한다. 이것은 인간과 비인간의 사회관계가 분리되어 보여져야 하는 것이 아니라, 인식되고 가시적으로 될 필요가 있는 인간사회와 비인간사회의 모든 종류의 특별한 사회연결망과 관련해서 항상 존재하는 것으로 보여져야 한다는 것을 시사한다(Latour, 1993; Nimmo, 2011, p.109). 행위자연결망이론의 경우에, 인간주체들간의 관계는 객체, 물질, 기술, 동물, 생태시스템 등의 다양한 종류의 비인간에 의해 항상 조정되고, 변경되고, 가능하게 되기 때문에 인간주체들간의 관계로만 구성되는 그러한 사회는 없다. 사회와 자연, 주체와 객체라는 이원론적 개념 대신에, 행위자연결망이론은 인간과 비인간이 함께 혼합되어 있는 이질적인 결합체인 사회와 자연의 혼종(hybrids)을 가정한다. 그러므로 행위자연결망이론을 이용한 연구는 우리가 자율적인 사회영역과 자연영역으로 생각하는 경향이 있는 것 사이의 복잡한 상호관계를 추적한다. 이러한 사회이상(more than social) 또는 인간이상(more than human)의 접근방법은 사회과학적 시선의 확대로 상정되어 사회생활에서 비인간의 심오한 여러 가지 유의성을 인정하고 있다(*ibid.*).

오늘날 행위자연결망이론은 처음 만들어졌던 과학기술학분야를 뛰어넘어 철학, 사회학, 조직이론, 리더십연구, 금융이론, 정보기술론, 지리학, 위험연구, 생태학, 예술이론과 같은 넓은 분야에 그 영향을 미치고 있을 뿐만 아니라(홍성욱, 2010, p.17), 경제학, 경영학, 회계학 등과 같은 사회과학에서도 광범위한 주목을 받고 있다. 과학과 기술의 연구로 탄생한 행위자연결망이론은 점차적으로 사회생활에서 비인간의 역할을 심각하게 받아들이기를 원하는 사람에게 중요한 준거점으로 간주되고 있다(Nimmo, p.108).

오늘날까지 회계학연구에서는 비인간행위자(개념, 도구, 방법)와 인간행위자의 관심들 사이의 연계(linkages)에는 주목하지 못하였는데(Rutherford, 2016, p.78), 행위자연결망이론은 인간행위자 뿐만 아니라 비인간행위자들을 모두 포함해서 현상을 살펴보고자 한다. 특히 새로운 기술의 도입을 통한 사회 변화는 인간의 행위뿐만 아니라 기술을 구성하고 있는 비인간적 요소간의 상호작용을 통해서도 이루어질 수 있다.

1970년대에 B. Latour, M. Callon, J. Law 등에 의해 "과학의 사회적 구성을 이해하기 위한 수단"(O'Connell et al., 2011, p.2)으로 개발된 행위자연결망이론은 지식생산을 암흑상자나 구조화된 제도로 고려하지 않고 다양한 유형의 행위자들이 지식의 확립, 발전, 개발에서 서로 상호작용하는 연결망으로 간주한다(Joannides · Berland, 2013, p.513). 그리하여 행위자연결망이론은 강력한 분석체계를 제공한다(Rutherford, *op cit.*, p.58).

행위자연결망이론은 기본적으로 사회학에서 발전해온 이론이다. 사회학은 자연과학관과 세계가 어떠한 실체로 이루어져 있다고 보는가와 같은 기본적 관점인 존재론에 따라 〈도표 8-1〉과 같은 변화의 궤적을 보여 왔다. 이것은 실증주의 → 해석주의 → 과학지식사회학(SSK) → 행위자연결망이론(ANT)로 변해 왔다(김환석, 2001, p. 205).

〈도표 8-1〉 사회학의 자연과학관과 존재론

		자연과학의 이미지	
		확실성	불확실성
실체들의 성격 (인간 vs 비인간)	구분	해석주의	과학지식사회학
	비구분	실증주의	행위자연결망이론

행위자연결망이론을 국내에 최초로 구체적으로 소개한 학자는 과학사회학자인 김환석(1997a,b, 2001)이다. 이후 홍성욱(2008), 송성수(2008) 등이 이 이론을 소개하고 있으며, 이후 다양한 분야에서 이를 적용한 논문과 저서가 발표되었다. 행위자연결망이론을 본격적으로 소개한 저서로는 홍성욱 엮음(2010)이 있고, 논문으로는 지리학분야(김기혁, 2003; 김숙진 2010), 정보시스템(문용갑・류자현, 2006), 생명공학(강운재, 2007), 우주인(안형준, 2009) 등의 논문이 있지만, 우리나라의 경영학분야나 회계학분야에서는 전무하다.

본장은 Bruno Latour의 행위자연결망이론이란 무엇이며, 이것이 회계학연구에 어떤 영향을 주었으며 이 연구의 시사점은 무엇인가를 살펴보고자 한다.

본장은 다음과 같이 구성된다. 첫째, ANT의 이론적 배경에 관해 살펴본다. 둘째, 이 분야에 대한 선행연구를 주제별로 구별하여 ANT에 의한 회계학연구의 중심적 측면을 검토한다. 그 다음으로 회계학연구에 대한 ANT의 시사점과 문제점을 살펴본다.

제2절 이론적 배경

1. 행위자연결망이론의 성립배경

행위자연결망이론은 과학기술학(Science and Technology Studies, STS) 또는 과학, 기술과 사회(Science, Technology and Society, STS)에서 발전하였다. 이는 과학기술과 사회의 관계를 살펴보는 분야로서 과학기술과 사회의 관계에 관한 학설에는 과학기술결정론, 과학기술중립론, 과학기술의 사회적 형성론, 과학기술의 사회구성주의 등이 있다(송성수, p.99).

과학기술과 사회의 관계에 관한 가장 강력한 관점이 기술결정론(technological determinism)이다. 이것은 기술이 그 자체의 고유한 발전적 논리, 즉 공학적 논리를 가지고 있기 때문에, 기술의 발전은 구체적인 시간과 공간에 관계없이 동일한 경로를 밟는다고 가정한다. 이러한 관점에 의하면, 사회구조는 기술의 논리 자체에 영향을 미치지 않으며, 단지 기술발전의 속도를 조절할 수 있을 뿐이다. 사회와 무관하게 발전한 기술은 사회의 변화에 막대한 영향을 미치며, 심지어 사회의 변화가 모두 기술의 속성과 영향력으로만 설명되기도 한다. 이 기술결정론은 기술의 중립성과 기술중심적인 사고를 주요한 특징으로 삼고 있다. 기술결정론의 대표적인 예로는 Daniel Bell의 정보사회론과 Alvin Toffler의 제3의 물결론이 그 대표적인 예다(상게서, p.100).

기술중립론(technological neutralism)은 기술자체는 가치중립적인데, 그것을 어떻게 사용하느냐에 따라 기술의 효과가 달라질 수 있다는 주장에 해당한다. 기술의 사용과정에 사회구조가 커다란 영향을 미친다는 점에 본격적으로 주목한 선구자는 Karl Marx이었다. 기술이 모든 사회집단에게 혜택을 주는 것이 아니라 특정한 집단에게 이익이 되는 방향으로 사용된다는 점을 강조하였다. 여기서는 특정한 기술이 개발, 선택, 사용되는 사회적 양식을 분석했다기 보다는 기술 자체와 기술의 사용을 구분한 후, 후자와 관련해서만 기술의 사회적 성격을 밝히려고 시도한 것이다. 여기서는 기술 자체가 내적인 논리에 따라 발전한다고 간주하고 있다(상게서, pp.104-108).

기술의 사회적 형성론(social shaping of technology)에서는 기술이 자체의 논리에 의하여 단선적으로 발전하지 않으며, 기술이 중립적이거나 인류의 행복을 보장해 주는 것도 아니다. 오히려 기술변화의 과정은 정치적, 경제적, 조직적, 문화적 요소와 같은 사회적 요인들이 개입되는 복합적인 과정이며, 이에 따라 기술변화의 속도와 방향, 기술의 형태, 기술의 결과는 사회구조의 성격에 따라 달라질 수 있다고 본다. 여기서는 거시사회의 구조적 관계를 중시한다. 즉 기술변화와 관련된 사회집단들 사이에 존재하는 계급관계, 권력관계 등의 구조적 관계를 중시한다. 기술의 사회적 형성을 설명하기 위해서는 사회적 맥락의 짜임새와 그 작용을 살펴보는 것이 중요하다(상게서, pp.109-115).

기술의 사회구성주의(social constructivism of technology)에서도 기술변화의 사회적 성격을 강조하고, 기술의 효과 뿐만 아니라 기술의 내용까지 논의의 대상으로 삼은 관점은 기술의 사회적 형성론과 마찬가지지만, 사회구성주의에서는 미시사회의 행위자나 집단의 활동에 주목하고 있다. 기술의 사회구성주의는 다시 기술의 사회적 구성론(social construction of technology)과 행위자연결망이론으로 구분된다. 기술의 사회적 구성론은 Pinch · Bijker(1984)가 주로 주장한 것으로, 과학적 사실과 기술적 인공물이 사회적으로 구성된다고 주장한다. 즉, 그들은 기술의 사회적 구성과정을 다음과 같이 분석하고 있다. 특정한 기술과 관련된 사회집단은 해석적 유연성을 가지고 있어서 자신의 이해관계에 따라 기술이 지니고 있는 문제점을 서로 다르게 파악한다. 이에 따라 각 사회집단은 문제점에 관한 해결책으로써 상이한 기술적 인공물을 제시하며 그것을 둘러싼 논의가 확산되는 과정에서 사회집단들 사이에는 문제점과 해결책에 관한 갈등이 발생한다. 이러한 갈등은 집단적이고 사법적, 도덕적, 정치적 성격을 가지는 협상이 진행되는 매우 복잡한 과정을 거쳐 결국 어느 정도 합의에 도달한 기술적 인공물의 형태가 선택된다(상게서, pp.115-119).

이상과 같이 과학이나 기술의 내용이 사회적 요인에 의해 구성된다는 과학사회학의 주장은 과학지식의 사회학(sociology of scientific knowledge), 과학의 사회적 구성론, 사회구성주의 등의 다양한 이름으로 불리기 시작하였다(이영희, 2003).

한편, 행위자연결망이론은 Latour, Callon, Law 등이 주장한 것으로, 민속지학적(ethnographic) 연구방법을 활용하여 특정한 기술 과제의 일생을 탐구함으로써 기술과 사회가 고정된 실체가 아니라 항상 변화를 경험하고 있다고 주장한다. 그들은 기술과 사회의 특성을 알기 위해서는 이미 만들어져 암흑상자(black box) 속에 갇힌 기술과 사회 대신에, 작용하고 있는(in action) 기술과 사회를 탐구해야 한다고 주장한다. 기술과 사회가 작용하는 과정에서는 사회가 기술변화를 규정하는 측면과 기술이 사회변화를 유발하는 측면이 동시에 나타나며, 이러한 과정에서 기술과 사회는 동시에 구성되고 진화하게 된다. 그들은 행위사연결망이론이란 개념을 통해 기술과 사회의 동시 진화를 설명하고자 한다.

2. 행위자연결망이론의 내용

Latour[1)]의 행위자연결망이론은 과학기술학(Science and Technology Studies, STS)(과학기술사회학)에서 유래하였는 바(Callon, 1986; Latour, 2005), 과학기술학은 과학기술분과들의 내용과 역사를 연구하는 과학지식사회학,[2)] 사회제도로서의 과학과 기술이 지

1) Bruno Latour(1927-)는 프랑스의 과학자, 인류학자, 철학자, 사회학자이다. 그는 그의 책, *Laboratory Life*, *Science in Action*, *We have never been modern*, *Pandora's Hope*, *Politics of Nature* 등으로 유명하다.
Latour는 그의 초기 저작 실험실 생활(*Laboratory Life*, 1979)에서 실험실에서 기입도구(inscription device)를 통해 물질적 대상을 기입을 통해 기록으로 치환시키고, 이 기입들이 축적되고, 과학자 공동체에 의해 적극적 양식(positive modalities)이 지속적으로 부가되면서 과학적 사실이 생산된다는 것을 보여주었다. 그는 이 사고를 발전시켜 그의 책 프랑스의 파스퇴르화(*The Pasteurization of France*, 1988)에서 파스퇴르와 미생물에 관한 논의를 행위자, 번역, 그리고 연결망의 확장이란 용어만으로 설명하였고, 젊은 과학의 전선(*Science in Action*, 1987)에서 이를 보다 체계화하여 과학적 사실 뿐만 아니라 사회적인 것 역시 이질적인 연결망건설의 효과라는 것을 보여주고, 어떻게 실험실과 과학자가 사회에서 강력한 권력을 갖게 되는지를 드러내었다. 이와 같은 연결망 건설의 사고를 보다 철학적으로 발전시킨 우리는 근대인이었던 적이 없다(*We have never been modern*, 1993)에서 Latour는 자연과 사회라는 대상이 이질적 연결망의 건설에 의해 구성된 것이라고 주장하며, 현대 사회의 정치적 문제와 자연적 문제를 분리해서 보지 말고, 행위자연결망의 관점(비근대주의의 관점)을 통해 하나로 보기를 제안한다. 자연의 정치(*Politics of Nature*, 2004)에서는 구성주의적 관점을 견지하면서 특정 대상이 실재로 구성되는 과정에 주의를 기울여, 대상에 대한 보다 좋은 재현(representation)을 만들어내는 것을 목표로 하는 정치적 생태학을 하자고 주장한다. http://etroyj.blog.me/110172012858

2) 과학지식사회학에 관해서는 김경만(1994), 윤정로(1994)를 참조. 회계학방법론의 차원에서 과학지식사회

닌 역동성을 연구하는 과학학(또는 과학사회학) 그리고 과학기술 지식의 철학적 기초를 탐구하는 과학철학 등을 포함하며, 과학과 기술, 사회에 대한 사회적 연구로 정의할 수 있다(Hess, 1997). 행위자연결망이론은 과학과 기술이 사회적으로 구성된다는 과학기술학의 사회구성주의(social constructivism)의 흐름속에서 성장한 이론이다.

행위자연결망이론의 핵심적 요소는 과학지식의 생산과 전파 그리고 뒤따르는 발전 과정을 이해하기 위해서는 관련 과학자나 이해집단과 같은 사람 혹은 집단만이 아니라, 병원균[3]이나 전동차와 같은 인간이 아닌 생명체나 사물도 행위자로 분석에 포함시켜야 한다는 주장이다(이상욱, p.252). 특정한 과학지식이 사회 전체로 퍼져 나가기 위해서는 잘 조직된 행위자연결망이 필수적이라는 것이 Latour의 주장이다(상게서).

여기서는 기술과 같은 비인간을 행위수행(agency)을 가진 행위자(actor) 또는 행위소(actant)[4]로서 인간과 대칭적으로 본다. 그리하여 행위자연결망이론에서는 인간과 비인간을 차별하지 않는 자신들의 특징을 일반화된 대칭성(generalized symmetry)이라고 부른다(홍성욱, 2010 p.22). Latour는 나의 행동이 다른 사람에게 영향을 미쳐서 다른 사람들의 행동을 바꾸듯이 기술도 사람에게 영향을 미쳐서 우리들의 행동을 바꿀 수 있다고 보며, 이러한 의미에서 기술을 수동적인 존재가 아니라 어느 정도의 능동성을 가지고 있는 존재로 간주해야 한다고 주장한다. Latour가 처방 혹은 직권위임(delegation)이라고 명명한 역할의 이전 때문에 기술은 훌륭한 행위자가 된다(Latour, 1988; 홍성욱, 2008, p.135).

과학기술과 관련해서 볼 때 행위자연결망이론은 과학과 사회의 동시 형성을 주장하였지만, 더 근본적으로 사회를 혁신적으로 새롭게 이해하는 것을 도모했던 이론이었다. 이 이론은 자연과 사회, 문화와 자연, 과학과 사회, 인간과 비인간, 목적과 수단, 사실과 가치, 주체와 객체라는 이분법을 거부하고, 사회를 인간행위자와 비인간행위자가 연결되어 형성된 연결망(network)에 다름 아니라고 파악했다.

Latour가 사회라고 하는 것은 인간행위자와 비인간행위자의 집합체로 구성되는데, 여기서 비인간행위자들도 행위수행(agency)을 가지고 권력이 특정한 인간행위자로 집중되고 사회질서가 유지되는데 중요한 역할을 한다. 기술과 같은 비인간행위자들은 다양하며 이를

학의 시사점을 살펴본 것으로는 Lowe(2004b)가 있다.

3) Latour는 1988년에 출간한 프랑스의 파스퇴르화라는 책에서 루이 파스퇴르가 세균에 대한 자신의 이론을 프랑스 전역에 확장시킨 사건은 단순히 세균에 대한 연구를 열심히 실시하고 동료 연구원들을 생산적으로 조직화해 낸 것만으로 설명될 수 없다고 주장했다. 파스퇴르의 이론이 프랑스 전역에서 믿어지고 그 이론에 따른 예방 접종이 실시되는 등의 전면적인 변화가 일어나기 위해서는 인간만이 아니라 관련 세균이나 물류 수송체계, 통신망 등과 같은 다른 행위소(actant)들을 적절히 동원하고 설득할 필요가 있었다는 것이다(이상욱, pp.252-253).

4) 행위자(actor)란 인간에만 국한되기 때문에, 인간과 비인간을 함께 가리키기 위해서 행위소(actant)라는 용어가 이용되었다.

이질적 공학자(heterogeneous engineer)라고도 한다. 권력의 차이는 누가 더 강력한 연결망을 구축하는가에서 나온다.

행위자연결망이론은 권력의 문제와 관련해서 비인간행위자에 주목했다. 비인간행위자는 자연에 존재하는 인간이 아닌 자연물도 포함한다. 비인간행위자 중에 가장 중요한 존재는 인간이 만든 기술이나 기술과 같은 인공물은 연결망에서 가장 오래 지속되며, 다른 행위자를 자신의 연결망으로 끌어들이는 과정에서 중요한 역할을 한다.

행위자연결망이론에서 과학과 기술이 만들어지는 것은 여러 이질적인 요소들이 소수의 강력한 대표들(대개 과학자와 엔지니어)에 의해 긴밀한 연결망으로 서로 결합되는 과정을 통해서인데, 행위자연결망이론에서는 이를 번역이라고 부른다(김환석, 2012, p.10). 즉, 한 행위자가 다른 행위자와 결합해서 연결망을 형성하는 과정을 번역(translation)이라고 하고, 행위자연결망이론을 번역의 사회학(sociology of translation)이라고도 하였다.

번역의 과정은 문제화, 이해관계부여(관심끌기), 역할부여, 동원화의 네 단계를 거쳐서 이루어진다(김환석, 2006, pp.79-82).

1. 문제화(problematizaiton): 문제화란 어떤 주어진 문제에 대하여 한 행위자가 수사적(담론적) 수단을 통해 그 문제의 해결을 자신의 자원으로 하자고 제안하는 것에 해당한다. 이것에 성공하면 그 행위자는 해당 연결망에서 의무통과지점(obligatory passage point, OPP)이라는 전략적 위치를 차지하게 된다. OPP는 동맹의 형성을 가능하게 하고 행위자가 자신의 목표를 성취하는데 필요한 자원에 대해 통제권을 갖게 한다. 이 의무통과지점을 만드는 것이 번역의 핵심 과정이다.
2. 이해관계부여 또는 관심끌기(interessement): 이해관계부여는 해당 연결망에서 다른 행위자의 관심을 끌고 새로운 협상을 진행하는 단계이다. 일단 문제화를 통해서 행위자들과 OPP의 정체성(목표, 지향, 성향, 기획, 동기, 이해관계 등을 포함)이 규정되면, 해당 문제를 겪고 있는 행위자들이 다른 경쟁적 연결망에서 고립되어야 한다. 행위자들에 대한 이해관계부여는 해당 OPP의 정당성에 도전할 수 있는 다른 동맹이나 간섭의 가능성을 막는 다양한 수단으로 이루어진다. 다른 행위자의 이해관계를 유발한다는 것은 곧 그 행위자의 정체성을 다르게 규정하기를 원하는 다른 모든 실체들과 그 행위자 사이를 가로 막는 어떤 장치를 구축하는 것이다. 이러한 이해관계부여의 과정을 통해 다른 행위자는 속성이 공고화되거나 재규정되며, 그 결과 비로소 그 정체성이 확정되는 것이다.
3. 역할부여 또는 등록하기(enrollment): 각 행위자에게 새로운 역할을 부여하고 각 행위자가 수용할 때 비로소 동맹이 실현된다. 여기서 역할부여란 일단의 상호 연관된 역

할들이 규정되고 그것을 수용하는 행위자들에게 귀속되는 과정과 수단을 의미한다. 만일 이해관계부여가 성공적이라면 그것은 등록도 성취할 것이다. 따라서 등록과정을 묘사한다는 것은 곧 이해관계부여를 수반하고 그것을 성공하게 만드는 다자간 협상, 힘겨루기(trials of strength), 그리고 속임수들을 묘사하는 것이다. 이 단계가 성공적이면 협상과 양보의 과정을 통해 해당 동맹이 공고화된다.

4. 동원화(mobilization): 동원화는 어떤 행위자가 자신이 대표한다고 주장하는 집단들의 대변인(spokesperson)이 되는 것이다. 그리고 이 단계는 이러한 대변인의 정당성을 결정하는 것으로 이루어진다. 어떤 과제가 성공하려면 이러한 동원화가 반드시 성공적으로 이루어져야 한다. 왜냐하면 사실상 어떤 연결망에 실제로 포함되는 것은 소수의 행위자들이지만 이들 각각은 자신이 속한 집단의 대표(우두머리)로 간주되기 때문에, 이러한 소수의 행위자들을 대표하는 대변인이 됨으로써 곧 전체 관련 집단들의 대변인이 될 수 있기 때문이다. 동원한다는 것은 이전에는 움직일 수 없었던 실체들을 이제는 움직일 수 있게 되었다는 것을 의미한다. 처음에는 각각 떨어져 있고 쉽게 접근할 수 없었던 실체들이 점진적인 치환의 과정을 거쳐 종국에는 한 대변인이 이들 실체가 무엇이고 원하는 바가 무엇인지를 말하게 된다. 이 모든 실체들은 일단 치환되었다가 나중에는 특정한 장소와 시간에서 재조립되는 것이다. 따라서 이러한 동원화는 일련의 치환을 통해서 구현되는 분명한 물리적 실재성을 지니는 것이다(상게서, pp.81-82).

결론적으로 우리가 사회적, 자연적 실재(reality)라고 부르는 것들은 위와 같은 대변인들의 대표성에 대한 일반화된 협상의 결과이다. 번역의 과정이 모두 완료되면 행위자연결망이 구축되는 것이다.

번역의 과정에서는 물질이나 현상을 기호, 기록, 문서, 논문, 숫자, 도표로 변형하는 것이 있는데 이를 기입(inscription)[5]이라고 한다. 모든 행위자는 매개자(intermediary, mediator)[6]

5) 연결망을 건설하는 행위자는 다른 행위자들에게 이렇게 하라, 저렇게 하라는 역할을 부여한다. 이렇게 한 행위자가 다른 행위자에게 시키는 일의 목록은 문서로 기록될 수도 있고, 기계의 구조 속에 체화될 수도 있고, 연결망의 배열에 숨겨질 수도 있다. 이러한 일의 목록을 행위자연결망이론에서는 기입(inscription)이라고 한다. 행위자연결망이론에서는 과학자의 연구를 분석할 때 과학자의 기입(inscribe)행위와 그 결과에 주목하는 것은 과학자가 무엇을 기입하는 과정이 결국에는 실험실 안팎의 행위자들에게 나름대로의 역할을 부여하는 과정이라고 보기 때문이다. 과학자의 논문에는 과학자가 이종적인 인간행위자와 비인간행위자를 적절하게 연결한 결과가 기록되어 있다고 할 수 있으며, 비슷한 의미로 엔지니어나 디자이너가 혁신적인 인공물을 만드는 행위는 그 인공물을 구성하는 여러 요소들을 자신의 목표에 따라서 원하는 방식대로 배열(조립)하는 일종의 기입행위로 볼 수 있다(홍성욱, 2010, p.27).

6) 매개자(intermediary 또는 mediator)는 행위자들을 연결망에 연계시키고 해당 연결망 자체를 규정하는 고리를 말한다. 연결망의 언어. 매개자의 네 가지 유형은 다음과 같다. 1. 논문, 보고서, 저서, 특허, 연구노트, 매

에 기입함으로써 자신의 의지를 다른 행위자에게 번역하려고 시도한다. 이렇게 해서 만들어진 새로운 인간/비인간의 집합체(사회)가 기존의 집합체가 지향했던 방향과는 다른 새로운 방향을 지향하는 것을 치환(displacement)이라고 하는데 이것이 번역의 마지막 단계이다(Latour, 1999, p.194). 이러한 번역의 전략을 관장하는 지점이 한 곳에 있을 수 있는데 이때 이 지점은 계산의 중심 또는 번역의 중심이라고 한다. 번역의 중심에 위치한 행위자는 멀리 떨어져 있는 행위자들에 대해 장거리 지배력을 행사(원격통제)하는데, 이럴 때 지리적으로 먼 거리를 쉽게 돌아다니면서 번역의 중심의 지배력을 유지하는데 사용할 수 있는 물건들을 불변의 가동물(immutable mobiles)이라고 한다.

하나의 연결망이 충분히 안정화되면 이는 다른 행위자들에게 하나의 개체로 보이는데, 이를 암흑상자화(back-boxing)라고 하며, 이렇게 하나의 개체로 작동하는 연결망을 암흑상자(black-box)라 한다. 그리고 이질적인 연결망이 하나의 행위자나 대상으로 축약되는 것을 결절(punctualization)이라고 한다. 암흑상자는 그 내용물이 이제 무관심의 대상이 되어버린 사물들을 담고 있다. 이제 매우 안정되고 확실해서 단지 그것의 투입과 산출만 생각하면 되는 하나의 사실로 취급될 수 있다. 의무통과점, 치환, 암흑상자는 기술의 형태를 띠는 경우가 대부분이다. 이렇게 행위자연결망이론에서 과학기술은 사회(연결망)를 구성하고, 이를 유지시켜주는 핵심적인 요소로 간주되는 것이다(홍성욱, 전게서).

이러한 행위자연결망이론의 명확한 특징 중의 하나는 이 행위자(actor)개념이 비인간을 포함하고 모든 행위자는 행위수행(agency)의 특징을 가진다는 것이다(Justesen・Mouritsen, 2011, p.165). 비인간행위자에는 사상(idea)과 이론도 포함되는데, 이들은 특정한 대변인(Latour, 2005), 연구방법(Latour, 1993, 1994) 등과도 분리된다. 즉, 연구자들이 동원화 방법들 보다는 이들에 의해 등록된다(Joanides・Berland, 2013, p.517). 비인간행위자의 역할은 주장의 운명(fate of the claim)을 많은 결집된 요소들에 연결시킴으로써, 해체시키려고 하는 모든 시험에 저항케 하는 것이다(Latour, 1987, p.122; 황희숙 옮김, p.246). 지금까지 비인간요소는 회계학연구에서 상대적으로 주목을 받지 않았다(Lowe, 2001a, p.332; O'Connell et al., 2011, p.17).

연결망을 구축하고 저항을 극복하기 위해서는 대변인이 힘겨루기(trials of strength)를 통해 주관적(subjective) 개인이 될 수도 있고 객관적(objective) 대표자가 될 수도 있다[7]

뉴얼 등의 텍스트(text). 2. 과학장비, 기계, 로봇, 소비재 등의 기술적 인공물. 3. 인간과 그들이 체화하고 있는 숙련(지식, 노하우 등). 4. 모든 형태의 화폐(김환석, 2006, p.74).

7) 여기서 객관적이라는 것은 누군가와 그들이 대변하는 것들 간의 연관을 아무리 끊어 내려 해 봐도 저항을 이겨 내지 못한다는 뜻이며, 주관적이라는 것은 당신이 다른 사람들 또는 사물들을 대신 말한다 해도 듣는 사람들은, 당신은 오직 당신 자신만을 대표하고 있다고 받아들인다는 뜻이다(Latour, 1987, p.78; 황희숙 옮김, p.160).

(Latour, 1987, p.78; 황희숙 옮김, p.160). 만약 긍정적인 양상이 결국 부정적인 양상을 압도한다면, 동맹자의 광범위한 망은 이 연결망과 관련이 있고, 보급하고, 연결하고, 지지하여, 상대적으로 안정적인 구조를 만든다. 지식은 이제 널리 수용되며, 의심의 여지가 없는 것으로 지각되고 제도화되며, 당연한 것으로 간주되는 암흑상자를 형성하고, 원래의 연구는 더 이상 인용되지 않을 것이다(Rutherford, 2016, p.60).

연결망의 두 번째 특징은 모든 변수/실체가 동일하게 취급되어야 한다는 일반화된 대칭의 원리이다(Latour, 1993; Justesen · Mouritsen, 2011, p.180). 일반화된 대칭을 유지하기 위해서는 동일한 어휘와 레퍼토리(repertoire)가 모든 행위자에게 이용되며, 분석영역 내에서 모든 지식주장에 채택된 동일하게 회의적인(sceptical) 입장에 이용된다(Gendron · Baker, 2005, p.537; Latour · Woolgar, 1986). 즉, 행위자연결망이론에서는 인간과 비인간, 사회적 요소와 기술적 요소 등을 동일한 분석적 견해에서 함께 가져오는 사회철학적 접근방법을 지지한다. 그리하여 행위자연결망이론에서는 인간과 비인간, 사회적 요소와 기술적 요소의 분리를 거부한다(Lee · Hassard, 1999, p.388).

행위자연결망이론은 상기와 같이 일반화된 대칭으로 과학적 성과와 인공물이 어떻게 실현되거나 실현되지 않는지를 추적하여, 실패에도 관심이 있으며, 성공적으로 재안정화된 지식뿐만 아니라 명확한 결과가 없는 번역사슬에도 관심이 있다[(Latour, 1996b; Rutherford, 2016을 참조). Latour(1996b)는 파리 지하철의 전자자기에 의한 운송시스템의 실패를 다루고 있다. 한편, Rutherford(2016)은 교육심리학의 가독성(readability)개념의 번역에 초점을 두면서, 연결망의 실패를 분석하고 있다].

인간/비인간의 경계 허물기를 통해서 Latour가 보여주는 것은 인간과 인간사회가 기술없이는 구성될 수도 없고 유지될 수도 없다는 사실이다. 사람은 사람들과의 관계(인간관계, 권력관계) 속에서만 살아가는 것이 아니라, 물건과 기술, 무생물 같은 비인간과도 관계를 맺으며 살아가며, 전자는 후자를 조건지우고, 후자는 전자를 조건지운다. 우리가 더 민주적이고 더 바람직한 사회를 만들기 위해서는 기술의 기능과 역할, 즉 사물의 정치학(politics of things)에 큰 관심을 기울여야 함은 분명하다(홍성욱, 2008, pp.152-153), 우리가 세상에서 인간만이 아니라 비인간이 중요한 역할을 한다는 것을 인식하고, 세상을 끊임없이 변하고 자신을 재구성하는 것으로 파악하면서, 이 세상이 본질적으로 불안정한 잡종적인 연결망으로 만들어져 있음을 인식하는 것은 지배적인 연결망에 맞서서 대안적인 연결망을 구축하려는 사람들에게 문제를 해결하는 첫 걸음을 제공하는 것이다(홍성욱, 2010, pp.31-32).

제3절 행위자연결망이론과 회계학연구

비실증적 방법론을 이용하는 회계연구자들간에 Latour의 연구에 대한 관심은 1980년대 초부터 회계학분야에서 사회학에 대한 관심증가와 관련이 있다.[8)]

1980년대에, 사회학이론의 영향을 받은 회계학문헌은 마르크스주의, 독일의 비판이론(특히 Habermas), 프랑스의 후기구조주의(또는 포스트모더니즘, 특히 Foucault) 등과 같은 비판적 방법론과 제도이론, 구조화이론, 일상생활방법론, 상징적 상호작용론 등과 같은 사회(학)이론을 이용한 해석적 방법론 등의 다양한 방법론을 이용하였다.[9)]

회계학문헌에서, Latour의 연구를 처음으로 언급한 것은 1980년대 후반에 나타났다(Hines, 1988, Pinch et al., 1989). 그러나, 1990년대초에 Latour의 영향을 받은 회계학연구가 특히 *Accounting, Organizations and Society*에서 게재되기 시작하였는데, 행위자연결망이론을 적용한 회계학논문은 Miller(1990)가 최초로 발표한 이후, Miller(1991), Robson(1991, 1992), Preston et al(1992) 등이 AOS에 발표하였으며, 이후에 다른 회계학술지(예를 들면, AAAJ, MAR, CPA)에도 나타났다. 이들은 회계를 하나의 과학기술로 간주하여 행위자연결망이론을 적용한 연구가 최근에 활발하게 진행되고 있다.

영국 London School of Economics의 회계학교수인 Power 교수의 편저인 *Accounting and Science*(1996)에 Latour의 서문[10)]이 게재되어 회계연구자들은 과학사회학과 회계학 사이의 잠재적 유사성을 알게 되었다. 회계연구자들이 Latour에 주목한 관심은 증가하는 것 같으며, 〈도표 8-2〉와 같이 오늘날 프랑스 학자들 중에서 Foucault 다음으로 Latour가 많이 인용되고 있다. 그리하여 오늘날 행위자연결망이론은 회계학연구에서 핵심적인 이론 중의 하나로 서술되고 있다(Lounsbury, 2008, p.356; Whittle · Mueller, 2010, p.630).

〈도표 8-2〉 **회계학논문의 수(2008년까지)**

학술지, 창간년도	Foucault	Latour	Bourdieu	Derrida	Baudrillard	Barthes	합계
	1926–1984	1947–	1930–2002	1930–2004	1929–2007	1915–1980	
AOS 1976	139	91	48	31	20	13	342
CPA 1990	114	33	41	21	17	9	235
AAAJ1988	82	40	24	22	10	12	190

8) 이에 관해 상세한 것은 김석웅(2014, pp.458-460)을 참조.
9) 다른 관리회계문헌에 관한 광범위한 검토로는 다음을 참조. Baxter · Chua(2003)과 Puxty(1993).
10) 이의 제목은 "The flat-earthers of social science"이다. Latour(1996a)를 참조.

학술지, 창간년도	Foucault	Latour	Bourdieu	Derrida	Baudrillard	Barthes	합계
	1926–1984	1947–	1930–2002	1930–2004	1929–2007	1915–1980	
EAR 1992	18	6	4	6	2	6	42
MAR 1990	10	17	6	0	0	0	33
합계	363	187	123	80	49	40	842

자료원: Chiapello · Baker(2011, p.149).

해석적 회계학연구는 일반적으로 문화적 해석을 강조하는 경향이 있다. 그리하여 회계가 어떻게 생성되는가에 관해서는 거의 주목하지 않는데 반하여, 행위자연결망이론에서는 회계시스템의 생성현상을 이해하고자 한다.

학계의 연결망에서는 일부 행위자(학자)들이 관심을 가지게 되어 연구를 시작하였기 때문에, 회계지식의 확립, 발전, 확대가 가능하게 되었다는 것은 Scapens, Otley, Laughlin 등과 같은 영국회계학자(행위자)들의 성찰적 설명에서 드러나고 있다. 이들은 문제를 강조하고, 관심을 모으고, 동료를 동원할 수 있었으며, 그들은 미래연구세대들을 등록할 수 있었다. 이들은 해석적 회계학연구 연결망에서 새로운 동맹자들을 등록시키는 것을 목표로 한 전략을 개발하였는데, 토론과 논쟁의 핵심과 지식의 매개자로서 학술지를 이용하였다. 여기서 행위자연결망이론은 연결망을 구성하는 주제, 학술회의, 학술지 등의 경우처럼, 연구자들이 서로간에 상호작용을 이해하는 유용한 이론적 렌즈를 제공하고 있다(Joannides · Berland, 2013, p.515).

Latour의 행위자연결망이론에서는 문제화, 등록, 기입, 번역 등과 같은 중심개념을 포함하고 있는데, 이러한 개념들은 "문제로 간주되는 것에 영향을 주는 것, 문제로 간주되는 것을 형성하는 것, 믿을 수 있는 해결로 간주될 수 있는 것, 그리고 가장 중요한 것은 이들의 선택에서 이용되는 기준..."(Burchell et al., 1980, pp.5-6)에서 회계의 역할에 관한 우리의 이해를 증가시킬 큰 잠재력을 가지고 있다.

본장에서는 행위자연결망이론(Actor-Network Theory, ANT)을 이용하여 회계현상을 재해석한 일단의 회계학연구를 살펴보고자 한다. Latour가 개발한 개념적 도구가 활동기준원가계산의 실행(Briers · Chua, 2001), 지적 자본보고서의 형성(Mouritsen · Larsen, 2005), 기준의 구축(Llewellyn · Northcott, 2005), 감사전문기술의 개발(Power, 1996; Gendron et al. 2007), 관리회계통제와 통합(Quattrone · Hopper, 2005; Dechow · Mouritsen, 2005), 관리회계혁신의 확산(Alcouffe et al., 2008; Hopper et al., 2008) 등과 같은 다양한 주제에 초점을 둔 회계학연구가 많이 있는데, 특히 오늘날까지 관리회계연구에 많은 영향을 주고 있다. 여기서는 다음과 같은 목적으로 행위자연결망이론을 적용한 회계학연구를 살펴본다. 첫째 목적은 ANT에 의한 회계학연구의 기여를 검토하고 논하는 것이다. 둘째, ANT의 이용이 어떻게 상이한 가정위에 세워지며, 어떻게 다양한 개념, 은유, 방법을 이용하며 따라서 어떻게 새로운 통찰력과 결론을 유도하는가를 살펴보기 위해 회계학문헌에서 다른 방법들과 ANT의 관점을 비교해서 살펴본다. 셋째, Latour의 저서, *Science in Action* (Latour, 1987)에 주로 근거하여, Latour의 저서가 회계학연구의 분야에서 ANT의 방법을 지배하였다는 것을 살펴본다.

이러한 연구목적은 다음과 같은 이유로 관련성이 있다. 첫째, ANT에 의한 회계학연구는 오늘날 단일의 사례연구와 역사적 연구로 주로 실시된다. 이로 인해서 회계학연구에 대한 이 관점의 기여를 더욱 일반적인 수준에서 명확히 말하는 것은 어렵다. 이 접근방법에 기인할 수 있는 회계현상에 관한 새로운 통찰력을 구성하고 논하기 위해서 이 연구결과가 더욱 누적적으로 서술될 수 있을 것이다. 특히, 회계현상이 행위자라는 급진적 명제는 회계가 어떻게 작용하고 회계가 조직과 사회에서 어떠한 효과를 가지는가에 관한 새로운 통찰력을 어떻게 생산하는가를 보여주는 것이 중요하다. 이 기여가 명확하게 정의되어야 한다. 둘째, Latour 자신의 연구를 포함한 행위자연결망이론은 시간의 경과에 따라 변하였으며, 그것은 "실행"(in action)의 지식체계이다. 그 결과, ANT의 어떤 부분이 영향력이 있는가와 어떤 부분이 영향력이 적은가를 묻는 것은 관련성이 있다. 이것은 ANT로부터의 착상에 관해 새로운 공식화에 주목하는 일종의 격차분석(gap analysis)을 실행하는 것을 가능하게 할 것이다(Justesen・Mouritsen, p.162).

Latour의 1980년대 저술들은 1990년대이후의 회계학문헌에 많은 영향을 주었으며, Latour의 저술을 이용하는 대다수의 회계학연구는 *Science in Action*(Latour, 1987)[11]과 그곳에 제시된 개념적 도구와 방법론적 규칙을 참고하였다. Justesen・Mouritsen(2011, p.166)에 의하면, Latour의 저서 중에서 *Science in Action*(1987)을 회계학연구에서 제일 많이 이용하였으며, 그 다음은 *Pandora's hope*(1999), *Laboratory Life*(1979), *We have never been modern*(1993), *Aramis*(1996b), *Pasteurization of France*(1988), *Reassembling the Social*(2005), *The Politics of Nature*(2004) 등의 순서로 이용하였다.[12]

11) 이 책에서 그는 행위자연결망이론(ANT)을 정립하였다. 행위자연결망이론을 통해 그는 사회과학/철학의 주관/객관이라는 이분법적 도식을 문제삼고 모든 대상들을 여러 행위자들의 결합으로 이루어진 이질적인 연결망(heterogeneous network)으로 보기를 제안한다. 자연/사회, 주관/객관이란 도식은 모두 이질적 연결망이 안정화됨에 따라 만들어진 결과이다. 그리고 번역의 관점에서 인간행위자와 비인간행위자가 모두 동등한 행위수행능력(agency)을 갖고 있다는데 주목하여 이 둘을 대칭적으로 다룰 것을 주장한다.

12) 이 중에서 *Science in Action*(1987), *We have never been modern*(1993), *Cogitamus*(2010) 등이 한글로 번역되어 있다.

〈도표 8-3〉 Latour의 *Science in Action*을 주로 이용한 회계학연구

논문	핵심개념	회계현상	연구유형	경험적 증거
Miller(1990)	연결망, 계산의 중심,	회계일반	역사적 분석	역사적 문헌
Miller(1991)	번역, 원격행위, 축적주기	할인현금 흐름기법	역사적 분석	역사적 문헌
Robson(1991)	번역	회계기준과 기준제정기관	역사적 분석	문헌
Robson(1992)	원격행위, 기입, 번역	회계일반	이론적 연구	문헌
Preston et al (1992)	구성, 암흑상자, 연결망, 번역	예산시스템	사례연구	질적 면접 문헌, 관찰
Chua(1995)	구성, 동맹, 연결망 행위자, 행위자연결망 비인간자원, 기입, 관심도구	관리회계시스템	민속지학 사례연구	관찰
Mouritsen et al. (2001):	수행성, 가동성 기입도구, 비인간, 번역	지적자본	17개기업 장기연구	면접, 설문지 관찰
Jones and Dugdale(2002)	연결망, 동맹, 비인간 암흑상자, 번역, 기입	활동기준 원가계산	사건의 재구성	문헌, 과학적 논문
Llewellynn and Northcott(2005)	계산중심점, 동맹, 등록, 축적주기	벤치마킹	비판적 담론분석	문헌, 면접
Gendron et al (2007)	번역, 사실구축 동맹, 연결망	성과감사 측정	사례연구	면접
Quattrone and Hopper(2005)	번역, 기입 계산중심점	ERP	두 개의 사례연구	면접, 문헌
Lowe and Koh(2007)	기입	표준원가계산	사례연구	관찰

자료원: Justesen · Mouritsen(2011, p.193)에 일부 첨가.

〈도표 8-4〉 Latour의 *Pandora's Hope*(1999)를 이용한 회계학연구

Dechow and Mouritsen(2005)	연결망, 인간행위자 비인간행위자, 사실의 생성	ERP	두 개의 사례비교	참여관찰 면접, 문헌

자료원: Justesen · Mouritsen(2011, p.193)

〈도표 8-5〉 Latour의 *Reassembling the Social*(2005)을 이용한 회계학연구

MacKenzie(2009)	번역, 수행성 암흑상자	탄소배출 권기준	신흥실무의 일반연구	면접, 문헌

자료원: Justesen · Mouritsen(2011, p.193)

행위자연결망이론(ANT)은 주로 Bruno Latour, Michel Callon, John Law의 이론들을 가리키지만, Latour의 연구가 회계학문헌에 가장 직접적인 영향을 주었으며, 이러한 이유로 여기서는 회계학연구에 대한 Latour의 영향을 중심으로 한다.

ANT에 의한 일부의 회계학연구들은 민속지학적(ethnograpahic) 사례연구(예를 들면, Preston et al. 1992; Briers · Chua 2001; Whittle · Mueller, 2010)이고, 상이한 회계현상의 등장을 추적하는 역사적 분석(예를 들면, Miller, 1991; Quattrone, 2004a, b, 2009; Preston 2006)이며, 새로운 연구과제, 방법론, 어휘들을 설명하기도 한다(예를 들면, Robson, 1991, 1992; Lowe, 2001a, 2004a). 이에 반해, 일부 논문들은 ANT와 회계학연구 사이의 관계에 관한 자기성찰적 논의에 해당한다(Lowe, 2004b, c; Chua, 2004).

Latour의 연구에 의해 영향을 받은 대부분의 회계학연구는 회계변화에 초점을 둔다.[13] 상이한 인간집단, 상이한 어휘, 상이한 기술 등과 같은 이질적인 요소들이 일시적으로 특정한 시점에서 함께 연결되어 있기 때문에, 구성적 관점에서 변화는 변화하는 환경에서 새로운 수요에 대한 기능적 적응이나 선형적, 합리적 개선의 결과로 이해되지 않고, 회계역동성이 새로운 회계성운(constellations)(Miller, 1991)이 등장하는 역사적, 우연적 과정의 결과로 간주된다. 1980년대 이후로 Latour의 연구에서 핵심적 개념으로 남아있는 번역(translation)개념에 의해서 이러한 과정이 분석된다(Callon · Latour, 1981; Latour 1987, 1999, 2005). Latour의 구성주의적 방법은 회계학연구에 적용되어, 기능주의적, 실증적, 비판적, 상황적합성 관점과 그 차원을 달리한다.

Latour의 연구를 이용한 회계학연구를 여기서 전부 상세히 검토하는 것은 불가능하다. 따라서 행위자연결망이론(ANT)을 적용한 일부 연구만을 살펴본다. Joannides · Berland (2013, p.515)는 행위자연결망이론을 이용한 회계학연구를 크게 세 가지로 구분한 바 있다. 첫째, 조직과 사회내에서 회계혁신이 암흑상자의 상태에 도달하였을 때, 그 회계혁신이 실행한 역할을 연구하기 위해 이용하는 경우. 이 연구는 회계기술이 일단 생성되면, 기입을 통해 어떻게 원격행위를 할 수 있는가에 관심이 있다(예를 들면, Bloomfield · Vurdubakis,

13) 조직 및 회계와 관련한 변화의 개념에 관해 ANT에 의한 이론적 논의로는 Quattrone · Hopper(2001)와 Andon et al.(2007)을 참조.

1997; Ogden, 1997; Robson, 1994). 둘째, 관리회계혁신이 어떻게 생산되고, 수정되고, 전파되는가를 살펴보는 경우(Alcouffe et al., 2008; Chua, 1995; Lowe et al., 2012; Quattrone · Hopper, 2005; Hopper et al., 2008). 셋째, 행위자연결망이론은 회계학연구에서 이용된 이론체계와 방법이 어떻게 회계학내에서 독자를 설득하는 것을 목적으로 하는 수사적 도구로 이바지하는가를 이해하기 위해 이용된다(Lowe, 2004b; Gendron · Baker, 2005; Mouritsen, 2011, Persson · Napier, 2014).

여기서는 Latour의 개념들과 회계주제 사이의 특별한 연결을 강조하면서, 각 주제하에서 일부 전형적인 연구를 살펴본다(Justesen · Mouritsen, 2011, pp.167~176).

1. 회계혁신의 역사: 원격행위, 기입, 프로그램, 기술의 연결

Miller(1990, 1991)는 Latour의 연구에 의해 명시적으로 영향을 받은 첫 번째 회계연구자중의 한 명이었다. 그는 1980년대에 회계학연구에 중요한 영향을 준 회계현상에 대한 Foucault식 역사적 접근방법[14]을 전개하기 위해 이 이론을 이용하였다. Miller는 회계현상에 관한 Foucault의 계보학을 *Science in Action*(Latour, 1987)에 있는 핵심개념인 번역, 기입, 계산중심점, 원격행위 등의 Latour사상과 결합하였다. 이러한 새로운 개념으로 Foucault식 접근방법을 보완함으로써, 기술로서의 회계라는 사상을 확대하고 다양한 회계기술에 의해 생성, 유지, 도전받는 특별한 상황적합적 연결에 초점을 두는 것이 가능하게 된다.

Miller(1990)는 현대국가의 성공원인을 과거로 추적하고 현대국가의 등장이 정부의 회계기법과 회계실무에서 동시적이며 뒤얽힌 혁신과 어떻게 연결되는가를 보여준다. 그는 회계와 국가가 선천적이고 별개의 본질을 가지는 독특한 현상이라기 보다는 우발적, 역사적 과정의 효과라고 주장한다. 이 견해는 Foucault의 계보학적 접근방법과 일치하지만, 새로운 점은 특정한 기술이 이 과정에서 실시하는 구성적 역할에 대한 Latour의 강조이다. 기술분석을 더 전개하기 위해, Latour(1987)의 기입(inscription)개념을 살펴보면 다음과 같다.

> 작성된 보고서, 계산책, 그림, 도표 등은 모두 영역을 대표하며, 그것을 관리하기 위한 시도에서 배치될 수 있다. 기술로서 이들은 실재를 기록하는 중립적 기능을 가지고 있는 것이 아니라, 문자 그대로 평가, 계산, 관여를 할 수 있게 하는 방식으로 재표시한다(Miller, 1990, p.318).

14) Foucault의 방법론 중에서 계보학을 가리키는데, 이에 관해서는 김석용(2014)를 참조.

Miller에 의하면, 기입(inscription)은 현대국가 및 현대국가와 국민과의 관계의 특징을 이루는 원격통치(government at a distance)[15]를 가능하게 하기 때문에, 이러한 세속적인 중요한 기술들이 정보의 프로그램적 아이디어를 실천으로 번역하는 것을 가능하게 한다. 기입은 계산중심점(centers of calculation)에서 부재중인 사물과 사람을 동원하고 존재하게 하는 것을 가능하게 한다(Miller, 1990; Latour, 1987). 현대 정부는 그 국민의 대표에 의존한다는 통찰력이 새로운 것이 아니지만, 특정한 Latour식 보완이 계산중심점을 작동할 수 있게 하는 특정한 계산기법의 중요성에 대한 상세한 주안점을 보여주고 있다.

이와 유사한 사고방식은 Miller(1991)에도 나타난다. Miller(1991)에서 특정한 회계혁신의 등장이 분석된다. 즉, 1960년대에 투자의사결정을 하기 위한 도구로서 할인현금흐름기법의 채택과 정부, 학자, 기업 등에 실시한 역할들을 조사하였는데, 할인현금흐름의 역사분석에서 행위자연결망이론의 핵심개념인 원격행위, 문제화 등이 이용되었다. 할인현금흐름은 특히 본질적이고 불변적인 본질(essence)을 가진 기법이 아니라, 특정한 시점에서 우발적 회계성운(constellation)의 모습을 가지는 계산적 실무이고 기술이다. Miller는 회계성운이라는 개념을 이용하는데, 이 개념이 논문에서 Latour의 핵심개념에 속하는 것으로 생각되지 않지만, 이것은 복잡하고, 역사적 과정의 특정한 결과로서 이질적 효과의 연계라는 사상을 암시한다는 의미에서 Latour의 행위자연결망과 매우 유사하다.

Miller(1990, 1991)의 연구가 특정한 회계혁신의 역사와 관련이 있지만, Robson(1991)은 영국에서 회계기준의 발생을 검토하면서 회계와 이의 사회적 맥락과의 관계를 연구하였는데, 회계문헌에 행위자연결망이론을 본격적으로 처음 소개하고 적용하였다. 여기서 그는 번역, 문제화 등의 개념이 회계변화의 정치적, 사회적, 경제적 과정을 어떻게 설명할 수 있는가를 상세히 논하였다.

한편, Robson(1992)은 회계실무에서 수치의 이용이 원격통제를 가능하게 한다는 것을 거론하면서, 회계기입이 원격행위나 권력의 잠재력을 어떻게 소유하는가를 검토하고 있다. 그는 Latour의 기입이라는 용어가 회계의 이해에 어떻게 이바지하는가에 관한 이론적 논의를 일반화한다. Robson은 회계역사에도 관심이 있으며, Miller처럼 그는 Foucault의 유산과 Burchell et al.(1985)이 설정한 안건(agenda)도 인식하고 있다. 그러나, Robson(1991, p.550)은 Burchell et al.의 접근방식에 대한 Latour의 보완을 지지함으로써 Burchell et al.에 명시적으로 반응하고 있다.

---

15) Miller · Rose(1990, 2008)는 회계시스템이 원격통치를 어떻게 가능하게 하는가에 관한 이해를 하기 위해 행위자연결망이론을 적용하였다

"Burchell et al.(1985)의 분석양식의 개요는 매우 간결하고 부분적이지만, 회계와 그 맥락 사이의 연결이 역사적으로 어떻게 분석될 수 있는가는 여전히 불분명하다. 회계와 사회적인 것(the social)이 상호관련되는 과정은 상대적으로 저개발된 채로 있다" (p.550).

이의 요지는 회계와 사회적인 것이 상호관련되어 있다는 것은 충분하게 확립되어 있다는 것이다. 그러나 그러한 연계가 실무에서 어떻게 이루어지는가는 검토되지 않았다. Robson에 의하면, 이것은 적절한 분석도구의 부재에 기인하며, 이들을 제공하기 위해서 그는 과학사회학(sociology of science)으로부터 Latour의 연구와 기타 관련된 이론에 의존하고 있다.[16] 회계와 과학은 중립적, 기술적 노력의 담론으로 표현된다(Robson, 1991, p.550). 그러나 실무에서 연구될 때, 두 실무는 매우 정치적이고 수사적이라는 것이 분명하게 된다. 나아가, 회계와 과학의 실무는 그들이 말하고자 하는 상이한 대상의 다양한 표현(representation)에 의존하고 생산된다. 그러나, 모든 표현은 항상 지시대상(referent)의 부재에서 생산되기 때문에(*ibid.*, p.551), Robson의 Latour식 견해에서는 부분적이다. 이와 동시에, 표현은 범주화하기, 측정하기, 기입하기의 특별한 기법에 밀접하게 연결된다. Robson(1991)은 회계, 기술, 사회적인 것 사이의 상호관계와 회계변화의 과정을 더 잘 이해하기 위해서, Latour의 번역개념이 특히 유용하다고 주장하며, 회계변화의 분석과 관련해서 번역을 "현재의 목적상, 번역은 가끔 선재하는 회계기법, 이들의 관련역할 등이 그러한 회계기법에서 개인들의 관심과 집단의 관심을 구성하고, 이후에 회계변화를 생성하는 동기를 제공하는 방식으로, 담론적으로 설명되는 과정을 가리킬 것이다"로 정의하고 있다(*ibid.*, p.550).

Robson(1991)은 이를 기초로 하여, 영국에서 회계기준운영위원회(Accounting Standards Steering Committee)의 등장을 역사적으로 분석하였다. Robson이 Latour의 접근방법에 영향을 받았지만, 제도이론도 그의 주장에서 발견할 수 있다. Robson은 제도적 행위자(institutional actors)(Robson, 1991, p.557)와 회계전문직의 제도적 분야(Robson, 1991, p.563)의 존재를 가정한다.

행위자연결망이론에서는 회계시스템을 기술적 객체로 간주하고, 회계정보를 기입으로 간주할 수 있을 것이다. 회계정보의 광범위한 이용에 핵심을 제공하는 재무수치로 조직환경의 여러 측면을 번역하고 표상하는 것이 회계의 능력일 것이다. 이 방법으로 정보를 기입할 수 있는 회계능력의 결과는 시스템의 통제자(controller)와 본인(principal)들을 중심점

16) 행위자연결망이론은 그 당시에 이용된 개념이 아니었다. 그러나 과학사회학이라는 표현하에서 Robson은 Latour와 더불어 나중에 고전적 행위자연결망이론의 주요한 인물로 간주될 Michel Callon과 John Law를 언급하고 있다.

(center)에서 지식을 축적할 수 있게 하는 것이다(Lowe, 2001a, p.331). 기입의 권한은 다른 사람들을 설득하고, 등록하고, 통제하고자 하는 사람들에 의해 높이 평가되는 원격행위(action at the distance)를 가능하게 하는 것이다. 회계에서는 Robson(1991, 1992, 1993, 1994). Lowe(2001b) 등이 Latour(1987)가 제시한 이러한 사상을 전개하였다.

Robson의 논문(1991)은 경험적 예를 가지면서도 매우 이론적인데, Latour의 개념적 도구인 번역과 기입(문제화)이라는 두 개념에 주목함으로써 회계분야에서 새로운 종류의 연구에 영감을 주고 새로운 연구안건를 설정하려는 시도로 읽혀질 수 있다. 이후의 논문에서 Robson (1992)은 명시적으로 인식론적 전환을 하고 있으며, 회계의 지배적인 은유(metaphor)로서 수치(number)에 관한 논의에 몰두하고 있다(Robson, 1992, p.685). Latour(1987)와 마찬가지로, Robson은 수치가 실재에 상응하는 특권화된 표상(representation)이 아니라, 원격행위를 포함해서 어떤 종류의 작용을 가능하게 하는 특정한 종류의 도구이라고 주장한다. 수치는 중요성, 결합가능성, 비교적 높은 수준의 안정성에 의해 정의된 특정한 종류의 번역인 다양한 기입을 통해 작용되었다(Latour 1987; Robson, 1992, pp.691-700). Robson은 수치와 기입에 관한 이러한 일반적 논의를 회계의 실무와 기술에 관련시키고 있는데, 회계가 원격통제를 제공하기 위한 메카니즘으로 간주될 수 있는 측면을 살펴보고 있는 것이다.

Miller(1990, 1991)와 Robson(1991, 1992)의 기념비적인 논문들은 Latour의 연구를 Foucault식 회계역사에 대한 강조와 일치하는 방식으로 회계분야에 도입하였다. Latour는 Foucault의 방법론(주로 Miller의 논문)과 어느 정도까지, 제도주의적 방법론(주로 Robson의 1991년도 논문)을 통해 읽혀진다고 주장될 수 있다. 즉, 그들은 Latour의 연구를 새로운 회계분야에 가져올 뿐만 아니라, Latour의 일부 개념을 Foucault식/제도주의적 개념도구와 결합함으로써 Latour의 연구를 번역하고 있다. Latour는 Foucault와 더불어 반본질주의자이며, 현재 현상의 존재가 단일원인으로 추적될 수 있다는 믿음에 도전하기 때문에 Foucault를 보완하는 학자로 간주될 수 있다. 이것은 Miller와 Robson이 할인현금흐름 및 회계기준과 같은 회계현상에 접근하는 방식이다. 특정한 Latour의 방식은 특정한 기술과 기입도구가 새로운 연계를 어떻게 형성하고 어떤 종류의 행위와 새로운 실무를 어떻게 가능하게 하는가에 관한 문제를 강조하고 있다.

이론적 수준에서, Miller와 Robson이 ANT를 적용한 연구는 상황적합이론과 기능주의적 설명 뿐만 아니라, Marx주의의 회계역사설명을 포함해서 지배적인 회계학설에 도전하였다. 회계실무는 환경요구에 수동적으로 적용하는 것으로 간주되기 때문에, 이들의 접근방법은 상황적합이론과 상당히 다르다. 오히려, 기술로서 회계가 맥락에 의해 영향을 주고 받고 있다. 동시에, 유력한 공시적인(synchronic) 상황적합이론은 회계실무에 관한 역사적 견해에 의해 도전을 받고 있다(예를 들면, Robson, 1991, p.547). 또한, 기능주의적 접근방법은 "실무의 증거가 그 궁극적 기능에 의해서 설명되지 않는다, 실무의 효과는 의도한 것이 아니다"(Robson, 1991)라고 주장되기 때문에 도전을 받는다. 이 Robson의 주장은 원인과 결과의 급진적 분리를 지적하고 있으며, 실무수준에서 어떤 결과를 유도하는 이질적 과정과 부수적 효과에 대한 연구관심을 제거하고 있다(Justesen · Mouritsen, pp.167-170).

2. 실무에서 새로운 시스템을 번역하기

관리회계학연구의 고전적 주제인 "실시과정"(implementation processes)에 관해 상이한 설명을 하기 위해서 여러 가지 회계학연구가 행위자연결망이론에 의존하고 있다. 여기서 Latour의 번역개념은 합리주의적 접근방법과 기능주의적 접근방법에 도전하기 위해 이용되고 있다.

이러한 연구에서 가장 많이 인용되는 예는 Preston et al.(1992)이다. 그는 그 당시의 특정한 상황에서 관리회계시스템의 구성(fabrication)을 검토하였다. 이들의 일차적인 ANT 원천은 *Science in Action*이지만, Miller와 Robson이 기입, 원격행위, 계산중심점에 초점을 두는 데 반하여, Preston et al(1992)은 Latour의 조립, 연결망, 암흑상자 등의 개념을 강조하였다.

그러나, Preston et al.은 Miller와 Robson처럼 특히 번역개념에 관심이 있지만, Miller의 역사적 연구와 대조적으로 그들의 연구는 역사적 문헌에 의존할 뿐만 아니라, 질적 면접과 현장관찰에 의존하는 사례연구이다. Preston et al.(1992)은 영국 보건부문에서 새로운 예산시스템의 도입에 주안점을 두면서, 편성중에 있는 회계를 뒤따라가고 있다.

방법론적으로 주된 아이디어는 새로운 시스템이 (Latour의 용어에서 통합된 전체로 작용하고 당연한 것으로 간주되는 것으로 정의되는) 암흑상자로 전환되기 전에, 경험적 장면에 도달하는 것이다. 혼란스러운 생성과 이질적인 연결망같은 구성에도 불구하고, 성공적으로 구성된 암흑상자는 하나로 작용한다(Latour, 1987, p.131; 황희숙 옮김, p.264). Miller (1990, 1991)가 Foucault의 역사계보학적 접근방법과 일치하는 방식으로 Latour의 접근방법을 채택하고 있지만, Preston et al(1992)은 여전히 생성중에 있는 사물을 연구한다는 Latour의 방법론적 특징을 수용하고 있다(Latour, 1987, p.258; 황희숙 옮김, p.507-508). 그들은 명확한 구성주의적 단어선택으로 특정한 경영예산시스템의 생성을 요청하는 과정에 주안점을 두고 있다. Latour를 밀접하게 따르면서, 그들은 시스템의 운명이 항상 다른 것들의 손에 있다고 주장한다(Preston et al. 1992, p.577). 이 견해에 의하면, 관리회계시스템은 실행될 기성(ready-made)패키지가 아니라, 하나의 상황에서 다음 상황으로 이동할 때, 항상 형성되고 재형성되는 느슨하게 결합된 아이디어와 기술의 집합이다. 이것은 해당예산시스템이 그것에 반응하고 특별한 방식으로 그것을 이용하는 전문가들에 의해 재형성된다는 것을 의미한다. 또는 더욱 상세하게 말하자면, 설계국면과 실행국면 사이의 전통적인 구분이 적합하지 않거나 오도적이라는 것을 의미하면서, 이 시스템의 생성은 지속적인 번역과정이다.

이러한 방식으로, 행위자연결망이론의 접근방법은 변화의 확산모형에 도전한다. 예산시스템과 같은 회계기술은 고정된 객체로서 보내고 전한다는 의미로 단순히 확산되지 않는다. 경영예산안은 그 과정에서 수정되고, 강화되며, 훼손된다(Preston et al. 1992, p.578). 그러므로, 분석되는 이 과정의 한 부분은 이 시스템의 효익에 관해서 잠재적 회의론자를 설득하기 위한 시도가 어떻게 이루어지는가와 사람의 관심이 형성되는 방식이다. 확산모형에 관한 비판은 *Science in Action*의 영향을 직접 받은 바(Latour, 1987, p.132; 황희숙 옮김, pp.266-267), 여기서 Latour는 실무의 전파가 번역에 의해서 분석되고 이해되어야 한다고 주장한다.

Chua(1995)도 유사한 방식으로, 새로운 회계수치의 분석에서 의료부분의 사례연구를 이용하고 있다. 그는 사례의 수치와 유형에 의해서 병원의 산출을 측정할 새로운 사례혼합 회계시스템의 실시를 고려하고 있었던 호주의 병원 세 개에 관한 민속지학적 연구를 실시하면서 번역의 예를 보여주고 있다. Miller(1990, 1991)와 Robson(1991)은 회계변화를 설명하기 위해 거시수준, "프로그램적" 담론을 포함하고 있지만, Chua의 분석은 조직의 미시수준에 초점을 두고 있으며, 다양한 조직의 이해관계가 어떻게 변경되며 궁극적으로 허약하지만, 상이한 설득기법의 이용을 통해 어떻게 함께 결부되는가를 보여준다. Chua는 관리회계시스템이 그 관리회계시스템을 번역하는 더욱 큰 연결망의 일부인 것처럼 작동할 수 있을 뿐이라고 주장한다.

또다른 예는 행위자연결망이론이 Star·Griesemer(1989)의 경계대상(boundary object) 개념과 연결되는 제조기업에서 활동기준원가계산의 실시에 관한 Briers·Chua(2001)의 연구이다. 경계대상이라는 개념은 그것이 복수의 집단에 공통적이지만 그들안에서는 상이한 의미를 취할 수 있기 때문에, 다양한 목표로써 행위자들을 함께 묶는 것으로 정의된다(Briers·Chua, 2001, pp.241-242). 따라서 이것은 행위자들간에 일관성있는 정의가 부족한 개념들이 연결망내에서 번역과 조정의 주안점일 때 발생한다고 볼 수 있다(Hopper et al., 2015, p. 457). 그들의 분석에서 Briers·Chua는 조직에 ABC라는 신기술을 도입할 때, 성공과 실패의 취약한 성질을 강조하였으며, 다양한 이해관계를 안정화시키고 조정하는 과정에서 경계대상의 중요성을 강조하였는데, 국지적 행위자와 세계적 행위자 등 상이한 행위자들이 참가하는 실시과정에서 상이한 행위자세계(actor worlds)를 연결하는 것을 도와주는 경계대상(boundary object)으로 어떻게 기능하는가를 보여주고 있다.

Hopper et al.(2008)은 세계수준급 제조(world class manufacturing, WCM)가 국가에서 기업에 이르기까지 다양한 기관들의 연결망과 영국의 중소기업으로 어떻게 확산되었는가를 살펴보고자 하였다. 여기서는 영국의 교육훈련위원회가 세계수준급 제조원칙에 입각해서 중소기업을 위한 교육훈련프로그램을 생성하고 적용하는 것을 상담사가 어떻게 도와주었는가를 검토하고 있다. 본 연구에서 WCM, 회계, 경쟁성 등과 같은 개념들은 복잡하고 확대된 연결망내 번역의 산물이었으며, 행위자연결망이론에서 사용하는 경계대상이라는 개념이 분명하게 되었다.

여기서 논의된 연구는 상세한 경험적 수준에서 추상적 사상들이 새로운 관리회계기술에서 어떻게 가시화되고, 시스템들이 그 시스템에 도전하고, 수정하거나 심지어 훼손하는 실무와 실무자들을 만날 때 예기치 않은 결과가 어떻게 나오는가를 보여준다. 동시에, 그들은 개인과 조직의 관심이 실무가들이 새로운 연결망에 가입될 때, 어떻게 변하는가를 보여준다. 전통적인 의미에서, 이러한 종류의 연구는 실시연구(implementation studies)와 유사점을 가지고 있지만, 그들은 설계국면과는 다른 특정한 국면으로서 실행관점과 다르다. 만약 어떤 주어진 시스템이 실무에서 성공한다면, 그것은 그것을 지지하는 동맹(allies)의 연결망이 확립되어 있기 때문이다(Latour, 1987). 앞에서 논한 Miller와 Robson의 논문처럼, 이러한 연구는 Latour의 접근방법과 다른 이론을 결합하기도 한다. 예를 들면, Chua는 명시적으로 비인간이 행위수행을 가진다는 Latour의 견해를 거부한다(Chua, 1995, p.117). 그리고 이에 의해서 사회구성주의와 공통점이 있는 방식으로 ANT를 번역하고 있다.

이론적 수준에서, 회계변화에 관한 신제도학파적 설명[17]과 실시과정에 대한 주류의 합리적 접근방법이 도전받고 있다. 후자는 모든 혁신을 설계국면 탓으로 돌리면서, 설계국면과 실시국면 사이의 구분을 설정하는 것은 무의미하다는 주장으로 거부되고 있다. 그 대신에, 어떤 시스템이 새로운 상황에서 행위자에 의해 영향을 주고 받는 그 새로운 상황으로 여행할 때 창조성과 생성이 지속한다. 신제도학파적인 관점은 동형이질적인(isomorphism) 은유에 관한 묵시적 비판을 통해 도전받고 있다(DiMaggio · Powell, 1991). 동형이질은 표면상으로 보편적인 것 같지만, 실무에서 회계시스템의 실행은 그 시스템들이 가입되고 동원되는 특정한 상황에 의존하면서 상이하게 번역되기 때문에 동질화과정이 아니다(Latour, 1987). 동일하게 보이는 회계현상(암흑상자)이 실무에서 번역될 때, 어떻게 상이한 것으로 되는가가 보여진다. 회계현상이 이동할 때, 이들은 확산되기 보다는 번역된다(Justesen · Mouritsen, pp.170~172).

17) 본서의 제10장에서 신제도학파 사회학을 참조.

3. 회계시스템, 기준, 전문가: 확립된 경영기술의 암흑상자 다시 열기

앞에서 논한 연구는 특별한 상황에서 상대적으로 추상적인 사상이나 시스템이 번역될 때 어떻게 변형되고 다양화되는가를 검토하고 있다. 다른 연구들은 상이한 출발점을 가지며, 당연한 회계현상으로 되는 과정을 추적함으로서 구성된 암흑상자를 재공개하기 시작한다.

Lowe(2004b)는 하나의 학술적인 논문에서 이용된 수사(rhetoric)의 분석이며, 이 자체는 실질적인 연구논문이라기 보다는 독일철학자 Habermas의 방법론인 중범위사고(middle range thinking)의 수사를 분석하고자 한 시도이었다.

Gendron・Baker(2005)는 학제적 움직임을 이해하고자 하여, 회계학연구에서 Foucault의 관점을 지지하는 연결망의 등장을 분석하고 있다. 여기서는 Foucault의 사상을 둘러싼 지지연결망이 사회학적이고 조직학적인 회계학연구흐름에서 원래부터 발전한 과정에 초점을 두고 있다. 번역의 사회학을 이용하면서, 지지연결망이 회계학술지인 AOS를 중심으로 어떻게 등장하였는가를 검토하였다. 그리고나서 AOS가 창간된 후 Foucault의 사상이 영국에서 일단의 회계학자들의 주목(여기서 AOS의 편집위원장이 주요한 행위자다)을 어떻게 받게 되었는가에 초점을 두었다. 그리고 Foucault의 사상을 중심으로 한 지지연결망이 이후에 어떻게 더 큰 회계학계에서 발전하였는가를 검토하고 있다. 여기서의 분석은 인식론적 불확실성을 완화하거나 증가시키는데 있어서 힘겨루기(trials of strength)[18]의 역할, 학술지와 사상을 중심으로 한 지지연결망의 구성에서 인식론적 불확실성의 역할을 강조하였다.

Joannides・Berland(2013)는 회계지식이 어떻게 확립되고, 발전하고, 확대되는가를 다루면서, 회계문헌의 과학사회학유형에 기여하고자 한다. 이 연구는 회계와 종교 간의 연계에 관한 연구의 예를 통해 연구문제에 답하고자 한다. 이 연구는 행위자연결망이론을 이용하여, 행위자들이 지식을 발전시키기 위해 관련되는 논쟁을 통해 학문으로서 회계의 구축에 포함되는 행위자를 따라가고 있다.

Persson・Napier(2014)는 1950년대에 주로 미국과 영국의 회계학계로 진입하려고 한 호주 회계학자인 R.J. Chambers가 직면한 도전을 살펴보고자 하였다. 회계학계의 연결망에서 지리적으로 그리고 지적으로 외부에 있는 학자로서, 자신의 회계학연구를 진행하고 발표하는데 상당한 장애가 있었는데, 이러한 장애가 어떻게 극복될 수 있었는가를 살펴보고 있다. 계속현시회계(CoCoA)[19]의 주장자인 그의 노력을 추적하기 위해 행위자연결망이

18) 행위자연결망이론에서 하나의 객체에 관련하거나 분리된 객체를 하나의 새로운 객체를 만들기 위해 함께 가져오는 행위자를 중재자(mediator)라고 하며, 두 개 이상의 객체를 함께 가져오는 과정을 중재자와 객체 사이에 힘겨루기(trial of strength)라고 한다.

론 그리고 특히 힘겨루기(trials of strength)[20]라는 개념을 이용하고 있다. 여기서 Chambers가 중재자(mediator)이고 세 가지 다른 객체(일반물가상승, 회계문헌, *Accounting Research*라는 호주의 회계학술지)와 힘겨루기에 몰두하고 있는데, 이러한 힘겨루기로부터 최초의 논문(Blueprint for a Theory of Accounting)이 1955년에 등장하였다.[21] Persson・Napier(2014)는 학술적인 논쟁에 참여하고, 인정을 받는데서 국제적인 연구연결망의 외부에 있는 연구자인 Chambers가 직면한 도전에 대한 통찰력을 제공하고 있다.

Jones・Dugdale(2002)은 Briers・Chua(2001)처럼, 활동기준원가계산(ABC)시스템에 초점을 두고 있지만, 실시과정을 분석하는 대신에, 시스템 자체가 대개 망각된 말하자면, 암흑상자로 된 복잡하고도 비선형적인 구성과정의 결과라고 주장한다(Latour, 1987). 그들은 구성과정에서 중심적인 인간행위자와 비인간행위자를 추적하고 따라감으로써 ABC 암흑상자를 재공개하기 시작하였다. 이들의 논문은 ABC의 구성이 원래의 저자에게 귀속될 수 있는 것이 아니라 경영컨설턴트와 컴퓨터시스템이 원래의 발명가보다 ABC의 형성에 더 많은 영향을 준 복잡하고도 우발적인 번역과정의 결과이라고 주장한다(Jones・Dugdale, 2002, p.156). 따라서, 출처(authorship)와 행위수행(agency)이 구분된다.

Llewellyn・Northcott(2005)도 병원부문에서 비교와 통제를 가능하게 하는 표준을 생성하기 위해 영국에서 평균비용의 병원이 어떻게 구성되는가에 관한 분석에서 암흑상자를 공개하고 있다. 이들의 논문은 원가를 측정하기 위해 표준의 구성을 유도한 복잡한 과정을 추적하여, 상이한 병원에서 일상업무의 증가된 표준화와 모방하기(benchmarking)를 가능하게 한다.

Gendron et al.(2007, p.103)은 감사인들이 신공공관리(NPM)이라는 일반아이디어를 타당한 특정성과척도와 어떻게 연계시키는가와 (캐나다 Alberta의 회계감독국)의 행정실이 정부성과를 측정하는 데서 전문기술을 어떻게 획득하였는가를 검토하고 있다. 전문기술은 지원연결망의 확립과 사실구축과정에 기반하는 것으로 간주된다. 여기서 일차적 참고문헌은 Latour(1987)의 *Science in Action*이다. 이것은 사실구축의 세 가지 특징, 즉, 사실적 주장의 운명은 다른 사람들의 수용에 있다는 관찰, 실험실, 연결망에 대한 주안점을 가

---

19) University of Sydney의 회계학교수이었던 R.J. Chambers(1917-1999)는 순실현가능가치회계를 계속현시회계(Continuously Contemporary Accounting, CoCoA)라고 하였다. 호주의 회계학술지 *Abacus*를 창간하였다.

20) 여기서는 세 개의 힘겨루기, 즉 연구를 자극하는 진실한 연구문제를 식별하는 것, 관련문헌을 찾아내는 것, 국제적으로 인정된 학술지에 발표하는 것 등이 있다.

21) 이 논문은 이후 *The Accounting Review*(1957, 4월호, pp.206-215)에 "Details for a Blueprint"라는 제목으로 그 내용이 반영되었고, 1966년에 발간된 저서, *Accounting, Evaluation and Economic Behavior*, Prentice Hall에 반영되었다.

진다(Gendron et al., 2007). 일반적인 이론적 요지는 전문기술이 어떤 전문직으로부터 저절로 전개되지 않는 구성이라는 것이다. 그러나, 전문기술의 구축이 필요한 발전노선을 따라가지 않을지라도, 그것은 쉬운 과업이 아니다. 그것은 전문기술의 상태를 구성, 유지, 정당화하는데 이바지하는 사실의 구축과 반대의 극복이나 전환과 연결망의 확립에 달려있다. 이 의미에서, 사무실은 전문기술의 구축에 비용이 들며 잠재적으로 허약한 실험실에 비유될 수 있다.

위에서 언급한 연구의 기여는 잘 확립된 회계암흑상자를 재공개하는 데 있다. 앞 절에서의 논문들이 실시연구에 대한 새로운 접근방법으로 읽혀질 수 있는데 반하여, 이 절에서 논한 연구들은 상이한 목적을 가지고 있다. 이들은 번역의 문제와 관련있지만, 암흑상자로 되었기 때문에 이제는 대개 망각된 생성(becoming)과정을 이해하기 위해 이 개념을 이용한다. 진행중인 회계를 따르기 보다는, 실제시간에 그들은 공공부문에서 성과측정에 관한 자연스러운 전문가로 정부감사인을 인식하거나, 단독으로 ABC에 관해 이야기하는 것을 가능하게 하는 복잡한 과정을 역추적한다.

ABC 또는 "평균병원"과 같은 현상을 유도하는 과정이 사회의 필요에 근거하여 선형적으로 전개되지 않는다는 것이 보여지기 때문에, 이론적 수준에서 합리주의적·기능주의적 설명에 대한 도전이 있다. 필요성과 관심이 해당 기술에 의해 구축된다. 한편으로, 일부 연구는 ABC, 전문기술, 모방이 이제는 당연한 것, 말하자면 그들의 "사회적 구성"이 망각된 것으로 여겨지는 제도로 어떻게 간주될 수 있는가를 보여준다는 의미에서 제도적 연구와 유사하다. 다른 한편으로, 제도적 연구와의 차이점은 비인간행위자와 동맹의 중심적 역할과 관련이 있다(Justesen·Mouritsen, pp.172-173).

4. 거리, 통제, 통합: 공간과 시간의 구성

일부 회계학연구는 기술이 통제와 통합을 안정화시키는지 또는 확장시키는지의 여부를 살펴보기 위해 ANT를 이용한다. 사실상 이 연구들은 통합이 항상 위험상태에 있다고 말한다. Quattrone·Hopper(2005)는 다국적 대기업에서 전사적 자원관리(ERP)를 실시하면서 특정한 관리회계기법인 시스템응용프로그램(SAP)이 거리, 통합, 통제의 조직 및 경영관계를 어떻게 조정하는가를 검토하고 있다. 그들은 SAP가 실행되어야 할 일단의 고정된 해결이나 고정된 실체가 아니라는 점을 보여준다. 두 개의 상이한 사례연구에 입각해서, 그들은 통제자와 피통제대상 사이의 시공간상의 거리가 기술적 투입으로부터 단순하거나 선형적 방식으로 따르지 않는 구성물이라는 것을 보여주면서, 두 개의 매우 상이한 SAP 실행효과를 분석하고 있다. Quatrrone · Hopper(2005, p.760)는 "통제자와 선형적이고 고정불변적인 시공간 사이의 분리라는 근대주의적 가정에 입각한 원격행위를 하는 특정한 중심점을 식별하려고 하기 보다는 통제의 중심점에서 지속적인 변화를 추적하는 것이 더 적절하다"고 주장한다.

Dechow · Mouritsen(2005)은 ERP시스템을 통해 경영과 통제의 통합을 추구하는 두 기업을 검토하고 있다. 그들은 권력 연결망의 이질성을 연구하고 인간행위자와 ERP시스템이 통합을 탐구하는 과정에서 서로간에 어떻게 영향을 주고, 서로간에 어떻게 발생하는가를 분석하고자 한다. 존재하는 것과 의미있도록 만들어져야 하는 것은 행위자들이 다양한 종류의 행위자와 어떻게 관련되며, 권한을 어떻게 교환하는가를 탐색함으로써 추적될 수 있는 관계이다(Dechow · Mouritsen, pp.695-696). ERP는 고정된 대상이 아니다. ERP시스템의 기술적 특징은 모형화될 수 있고 가시적으로 될 수 있는 것을 제약하고 또한 가능하게 하며, ERP시스템을 지원하기 위해 이용되는 기술의 하부구조는 ERP시스템에 대한 차별적 접근을 개발한다. ERP시스템은 제어하기 어렵지만, Dechow · Mouritsen이 주장한 바와 같이, ERP시스템은 기술 이상의 것이다. 프로그래밍 전략은 데이터베이스를 기업미래에 대한 전략적 주장으로 변경하는 가시적 대상에 의해 알려진다.

이 연구는 기술과 경영에서의 유연성과 유동성이 어떻게 경영안건을 놀라운 방식으로 이동시키는가를 보여줌으로써 통합의 불안정성을 나타내고 있다. 유동성과 이질성으로 기업경영에 포함된 기술적 대상은 예상보다 확실성의 정도가 적게 된다. 기술은 안정적이지 않다. 즉, 기술은 안정적인 조직실무를 생산하지 않는다. Quattrone · Hopper의 연구가 Preston et al.(1992)과 Chua(1995)의 실시연구를 닮고 있지만, 중요한 차이점은 Quattrone · Hopper가 통합과 관리회계의 문제를 시간과 공간의 문제에 관한 이론적이고 매우 복잡한 논의와 연결하는 방식과 관련이 있다. 이 논의에서, 그들은 Latour의 원격행위라는 개념이 회계문헌에서 가끔 이해되고 이용되는 방식에 명시적으로 도전하고 있다. 활동의 연결망은 안정적일 때라도 예를 들면, 가끔 개인보다 더 강력한 ERP의 힘에 도전하는 국지적 정보시스템을 보완함으로써 계속해서 그것에 덧붙일 수 있지만, ERP시스템은 효율적 과정보다는 오히려 적응에 대한 저항을 생성할 수도 있다(Justesen · Mouritsen, pp.173-174).

5. 매개도구의 역할과 연결망, 조직경계

ANT에 의한 연구는 시스템이론에서 정의된 것처럼 조직경계가 복잡한 결과라는 것을 시사하고 있다. 전형적인 시스템이론은 첫째, 기업간에 경계가 있다는 것을 주장할 것이다.

즉, 어떤 것이 기업내에 있고 나머지는 기업의 경계 밖에 있다. 이와는 대조적으로 ANT에 의한 연구는 효과적인 경계로 간주되는 것은 회계시스템이 하나의 중요한 범주인 상호작용하는 행위자의 결과라고 주장한다.

Mouritsen(1999)은 경합적인 회계계산이 전략의 실재론에 관한 경영자 사이의 대화를 지배한다고 주장하였다. 공간을 상이하게 분할하였기 때문에 통제할 수 있도록 만들어진 대상에 따라 상이한 활동기준원가계산과 공헌회계(contribution accounting)라는 두 종류의 기업경제 사이의 경쟁이 중심적이었다(Mouritsen, 1999, p.49). 직접비와 간접비에 대한 경제적 가시성을 구별하는 공헌회계는 경영자를 설득하여 간접비를 직접비로 변형시켜서 활동의 외주를 추구한다. 제품원가의 간접비부분을 가시적이게 한 활동기준원가계산은 경영자를 설득하여 내부원가를 가시적이게 하고 제품의 직접통제에 의해 경합하며 그리하여 가능한 한 많은 생산활동을 자체에서 해결하고자 한다. 공헌회계는 납품업체에게 외주된 활동의 수를 증가시켰는데 반하여, 활동기준원가계산은 생산활동을 기업경계내에서 직접통제를 통해 통제가능하게 하는 경향이 있었던 이 두 계산은 진혀 다른 방식으로 조직경계의 발전을 유발하였다. 기업과 환경의 경계는 기업내외에 생산활동을 배치하기 위한 자극을 제공한 계산유형에 의존하면서 가변적으로 되었다(Mouritsen et al. 2009).

Chua · Mahama(2007)는 회계현상이 대상기업과 하청기업 사이의 관계를 공식화하고 재공식화하는데 포함된다는 것을 보여준다. 회계계산이 복잡한 계약의 결과를 가시적으로 하였을 때, 기업간의 관계는 재협상될 것이다. 계약은 약정가격과 규칙을 규정할 것이며, 다른 당사자의 행위에 관해 각 당사자에 의해 이루어지는 어떤 가정에 의존할 것이다. 이러한 가정은 항상 공개적이고 잘 이해되지는 않을 것이며, 어떤 당사자가 예측불가능한 방식으로 출발할 때, 계산된 경제적 효익은 빈약한 것으로 종료할 것이다. 계약과 회계 사이의 상호작용은 새로운 속성을 얻는 어떤 관계에 대한 당사자들 간의 관계에 극적으로 영향을 준다.

계약은 회계계산에 의해 생성된 지식 때문에 변화하게 된다. 이 변화는 당사자간의 관계와 계약에 성찰적으로 영향을 준다. 이와 같은 에피소드에서, 당사자들간의 관계는 변화를 겪으며, 한 당사자의 행동과 다른 당사자의 행동 사이의 경계는 역동적이다.

이외의 연구들은 조직경계의 협상에서 회계의 역할에 관한 유사한 유형의 설명을 전개한다. Mouritsen · Thrane(2006)은 연결망관계에서 메카니즘을 스스로 규제하고 조직화하는 것을 예시하고 있으며, Miller · O'Leary(2007)의 조정수단의 분석은 진행계획(road map)이 집단적 혁신으로 향한 기업전체를 어떻게 조직화하고 조정하는가를 예시해준다. 두 경우에, 계산은 이들의 상호작용을 조정하면서, 복수기업들의 "고위층"(on top)에 존재한다.

이 연구의 기여는 계산이 기업간의 경계를 형성하는데 구성적(constitutive) 역할을 한다는 것을 보여주는 것이다. 계산은 내부인 것과 외부인 것 사이의 새로운 경계를 개발하는데 참여한다. 말하자면, 무엇이 기업이고 무엇이 환경인가?. 둘째, 조직은 그 전제라기 보다는 계산의 결과로 되는데, 전제는 관습적으로 회계시스템의 발전과 관련해서 상황적합이론과 거래비용이론의 특징이었다. ANT에 의한 회계학연구는 조직경계가 회계계산에 의해 조정되고 부분적으로 구성되며, 그 회계계산이 다시 조직행위자에 의해 번역된다는 것을 주장하고 있다(Justesen · Mouritsen, pp.174-175).

6. 신흥시장: 회계의 수행성

일부회계학연구(MacKenzie, 2009; Callon, 2009; Miller · O'Leary, 2007)는 신흥시장에 행위자연결망이론을 적용하고 있다. 이들은 온실가스배출을 허용하는 탄소시장이 상품화되는 것과 같이 신흥시장을 생성하는 과정에서 회계의 수행적(performative) 역할에 초점을 둔다. MacKenzie(2009)는 온실가스배출충당금이 경제계산의 틀안으로 어떻게 들어오게 되었는지, 그리고 시장에서 매매의 대상으로, 가격을 가진 대상으로 되었는지를 분석하고 있다. 탄소시장을 만드는 프로젝트는 그 목적이 오염배출기업이 배출과 관련된 일부 비용을 부담하게 하는 정치적 프로젝트다. 그러나 MacKenzie가 주장한 바와 같이, 정치적 결정은 시장을 생성하는데 충분하지 않다. 시장이 실제로 작동하기 위해서는 기술적으로 정의되어야 하며, 이 목적으로 과학자와 회계담당자가 포함되어야 한다. 과학자가 다양한 종류의 온실가스를 동일기준으로 계량화하는 교환율을 계산하는데 반하여, 회계담당자는 이러한 새로운 항목들을 가시적이게 한다(*ibld.*, p.447). 그러나 그들이 그렇게 하기 위해서는 많은 분류작업을 해야 한다. 전문기술성(technicalities)은 사소한 것이 아니며, 신흥시장이 결국에는 기능을 수행하게 될 방법의 구성에 참여한다. 이것이 회계의 수행성(performativity)이다. 기술적 측면과 과학자와 회계담당자의 토론이 일단 해결되면, 결과는 암흑상자로 된다.

이러한 연구의 기여는 신흥시장의 생성에서 회계의 역할과 관련이 있다. 이것은 이것은 정치와 경제가 어떻게 얽혀있는가와 회계담당자와 기타 전문가들의 분류와 특정한 계산이 신흥시장의 특정한 기능과 구성을 어떻게 차별화하는가를 보여줌으로써 시장메카니즘의 자율적인 작동에 대한 자유주의적 믿음에 도전하고 있다(Justesen · Mouritsen, 2011, pp.175-176).

제4절 소결

번역의 사회학이라고도 하는 행위자연결망이론(ANT)은 행위자(인간행위자나 비인간행위자)가 어떤 사상을 중심으로 연결망에 어떻게 등록되는가를 이해하기 위한 방법론으로 과학사회학에서 처음 개발되었다. ANT는 과학이론과 같은 어떤 사상을 진리로 간주하게 하는 이질적 공학의 과정을 통해 얼마나 견고한 연결망이 만들어지는가를 살펴본다. 과학 실험실에서 이질적 공학은 성공적인 연구프로그램을 형성하기 위해 예를 들면, 기금조달, 연구논문, 과학시설, 도표, 연구보조원, 과학적 동맹군 등의 복합체를 함께 가져온다(Latour, 1987). 그리하여 과학적 진리로 간주되는 것은 어떤 특정한 사상을 중심으로 가장 견고한 연결망을 조립할 수 있는 사람에 기초하고 있다(Whittle · Mueller, p.629).

행위자연결망이론은 과학적 성과와 인공물이 어떻게 실현되거나 실현되지 않는지를 추적한다. 기계, 과학적 발견, 회계시스템 등을 선형적 · 결정적 방식으로 발전한다고 가정하는 것이 아니라, 우발적 · 사회적으로 협상되는 지식생성과정의 산물로 가정한다. 행위자연결망이론은 정부, 기술, 지식, 화폐, 사람 등을 포함한 행위자(또는 행위소)의 연결망내에서 기술이 어떻게 전개되는가를 보여주기 위해 기술의 암흑상자를 공개한다. 일부 행위자들은 다른 행위자보다 영향력이 더 많은 것으로 판명되겠지만, 각 행위자는 영향력을 가진다. 행위자가 연결망에서 다른 요소들에게 권한을 어떻게 행사하고 다른 요소들과 어떻게 협동하며, 다른 사람들이 이것과 과제들을 생생하게 유지하기 위해 수단과 목적의 조정을 인식하게 하고, 협력자들을 등록시키고 동원하면서 쟁점들이 어떻게 문제화되는가를 다루는 번역은 행위자연결망이론의 인식론에서 중심적이다. 기술은 필연적으로 안정적이지 않다. 즉, 기술은 연결망이 역동적이고 투과성이 있기 때문에, 대체되거나, 수정되거나, 저항되거나, 실패할 수도 있다. 행위자연결망이론은 지식을 사회과정에서 생성되는 것으로 간주하며, 이것은 주관적 믿음보다는 결과와 부수적인 실무에 더 많은 초점을 둔다는 점에서 사회구성주의적 연구와 유사하다(Hopper et al., 2015, pp.456-457). 행위자연결망이론의 주요한 존재론적 특징은 기술이 행위자라는 논쟁의 여지가 있는 주장이지만, 비판가들은 무생물적인 객체가 인간의 중재없이는 번역에 영향을 줄 수 없다는 것을 주장하기도 한다.

홍성욱(2010)에 의하면, 행위자연결망이론은 다음과 같이 간단히 정리할 수 있다.

① 행위자연결망이론은 사회/자연의 경계 넘기를 꾀한다.[22)]

22) 특히 이 이론은 사회/자연의 경계를 거부한다. 행위자연결망이론에서는 세상을 기술하면서 이종적, 잡종적(heterogeneous)이라는 단어를 자주 사용하며, 유사객체, 유사주체, 매개자 등과 같은 개념을 만들거나 채용해서 사용하는데, 이러한 단어와 개념은 경계를 가로지르거나 무력화하는 효과를 위해 고안된 기구

② 행위자연결망이론은 비인간(nonhuman) 행위자에 적극적인 역할을 부여한다.
③ 행위자연결망이론의 행위자는 곧 연결망이다.[23)]
④ 연결망 건설과정이 번역이며, 번역을 이해하는 것이 행위자연결망이론의 핵심이다
⑤ 연결망을 잘 기술(description)하는 것이 가장 좋은 이론이다.
⑥ 행위자연결망이론은 권력(power)의 기원과 효과에 대해서 새로운 통찰을 제공한다.[24)]
⑦ 행위자연결망이론의 '사물의 정치학'은 민주주의를 위해 열려 있다.

행위자연결망이론의 이론적 발전은 Latour와 그 동료들에 의해 이루어졌다. 여기서의 기본노선은 기술적 규칙보다는 연결망관계가 (관리)회계의 기술을 제정하는 경향을 결정한다는 것이다. 관리회계는 순응적이라고 주장되며, 따라서 행위자와 그 연결망은 관리회계가 제정되고 운영되는 것을 보증하면서 관리회계를 국지적 상황에서 번역한다(Wickramasinghe, p.555).

많은 개념들이 이 목적으로 개발되었다. 첫째, 과학과 기술은 순수한 공학 및 기술적 측면과 관리회계와 같은 소프트시스템을 모두 포함하도록 광범위하게 정의되었다(Jones · Dugdale, 2001을 참조). 둘째, 과학과 기술의 경우처럼, 행위자들은 인간행위자와 비인간행위자를 모두 포함하는 것으로 광범위하게 간주되고 있다. 예를 들면, Jones · Dugdale (2001)은 *Harvard Business Review*를 (비인간)행위자로 간주하였다. 셋째, 행위자의 연결망은 (신회계기술과 같은) '경계대상'(boundary objects)(보다 상세한 것은 Briers · Chua, 2001을 참조)을 이용하고 국지적 이용으로 기술을 번역하거나 제조할 수 있는 가능성을 생성한다고 간주되고 있다. 신회계기술은 '이미지제조' 또는 '기술의 기입과 표상'으로 등장할 수 있을 것이다(Preston et al. 1992). 따라서, 연구자들은 이제 ANT가 은유적인 도구를 가지는 바, 이것은 신관리회계기술이 어떻게 등장하고 보급되고 확산되는가를 설명한다는 점에 동의하고 있다(Wickramasinghe · Alawattage, 2007, pp.435-437).

들이다.

23) 지금의 "나"라는 행위자는 내게 연결되어 있는 숱한 인간행위자, 비인간행위자의 이종적인 연결망 그 자체에 다름 아니다. 나의 행위수행(agency)이란 나와 연결망으로 연결되어 있는 숱한 행위자들의 상호작용에서 비롯된 관계적 효과로 볼 수 있다.

24) 통상적으로 권력이란 한 행위자가 자신이 바라는 대로 다른 행위자를 움직일 수 있는 힘을 의미한다. 행위자연결망이론은 이러한 권력이 이종적인 연결망 건설의 결과로 생겨난 것임을 보여준다. 여기서 권력은 인간들 사이의 관계에서만 발생하지 않는다는 것이 중요하다. 권력이 나오는 연결망은 인간/비인간의 연결망이고, 어떤 의미로는 인간은 다양한 비인간을 어떻게 조직하고 통제하는가에 따라서 더 큰 권력을 가질 수 있다. 이 이론에서는 행위자가 많은 수록 권력이 강력해진다.

ANT의 인식론적 입장을 따라서, 연구자들은 이제 관리회계변화가 인간행위자(예를 들면, 학자, 상담자, 동료, 독자)와 비인간행위자(예를 들면, 개념, 사상, 이론, 도구, 모형)를 등록하고 통제하는 것 그리고 새로운 사상을 가동화하고 집행하는 것으로부터 유래한다는 것을 고려하고 있다(Jones・Dugdale, 2001을 참조). 이 점에서 Latour의 입장은 기술이 사실과 기계 또는 암흑상자로 될 때까지 행위자들이 등록되고 통제된다는 것이었다. 달리 말하자면, ① 문제화하기(기존기술), ② 관심가지기, ③ 등록, ④ 가동화, ⑤ 암흑상자 등의 전체과정은 선재하는 자연질서 또는 인공물이 사회적으로 인정되는 과학/기술로 되기까지 진행된다(Callon et al. 1986). 신관리회계를 촉진하는 것에 관해서 인간행위자와 비인간행위자들은 연결망을 구축하는데, 행위자들은 중간매체, 즉, 텍스트, 문자기입, 기술적 인공물, 인간, 화폐 등을 통해 연결망에서 서로간에 영향을 준다. 따라서 Law(1991)가 설명한 바와 같이, 연결망은 중간매체의 산물이며, 사실과 기계는 그러한 연결망의 산물이다. (위에서 언급한) 관리회계연구자들은 관리회계의 본질 즉, 그 존재론을 드러내기 위해 이러한 인식론적 전략을 이용하였다.

기본적인 존재론은 관리회계실무가 연결망효과를 통해서만 발달하였다는 것이다. 인식론적 전략으로서 이들은 행위자를 따랐으며 이러한 연결망효과를 연구하였다. 그 당시에 많은 관리회계연구가 번성하였다. 예를 들면, Miller(1991), Preston et al.(1992), Briers・Chua(2001)는 회계의 기술이 경계대상으로부터 어떻게 번역되고 제조되는가를 보여주었다. Ogden(1997)과 Preston(2006)은 관리회계실무가 어떻게 다양한 국지적 목적에 이용되는가를 보여주었다. Wickramasinghe et al.(2007)는 이러한 실무가 어떻게 독특한 사회적・정치적 조건하에서 문제로 되는가를 보여주었다(Wickramasinghe, pp.556-557).

행위자연결망이론에서 Latour의 추종자들은 인간행위자와 비인간행위자의 연결망 맥락에서 회계기술을 이해하는 것에 관심이 있다. 따라서, 관리회계수치들은 구성(fabrication)(Preston et al., 1992, p.561) 또는 사실의 외양을 가지기 위해 만들어진 기입(inscription)이라고 주장된다. 사례연구는 조직내의 다양한 이해관계를 조정하고 설득하기 위해 관리회계수치가 어떻게 만들어지는가를 예시하고 있다. 예를 들면, Pinch et al.(1989), Preston et al.(1992), Chua(1995) 등의 연구는 각각 영국, 북미, 호주의 병원시스템내에서 예산수치의 구성이 이러한 분야에서 의료실무자, 병원관리자, 정책결정자등의 이해관계를 흡수(co-opt)하는 것을 포함한다고 주장한다. 그 결과, 우리는 관리회계수치의 허약성을 인식하기 시작한다. 이러한 수치는 수치의 위상(positioning)(Latour, 1987, p.50; 황희숙 옮김, pp.106-107)을 지속적으로 유지하고 조직기능에 영향을 주기 위해 일하는 조직참가자의 상이한 집단들의 변화무상한 이해관계위에 세워진다(Baxter・Chua, 2003 p.102).

이 연구는 또한 관리회계실무의 특성에 번역(translation)이라는 독특한 개념을 도입하였다. Latour(1987)는 사실구축자(fact builder)의 이해관계와 그들이 연결망내에서 이용하는 이해관계가 어떻게 사실로 전환되는가를 반영하기 위해 번역이라는 용어를 이용한다(p.108; 황희숙, p.216). 관리회계수치의 세속성이 조직기능과 일과에 파당적 가치의 내재화를 촉진한다고 주장되고 있다. 예를 들면, Miller(1991)는 할인현금흐름(DCF)분석이 1960년대에 영국에서 경제성장의 문제에 관심있던 정부정책수립자의 이해관계를 조직과정과 활동으로 번역하기 위해 이용되었다고 주장한다. 이와 마찬가지로, (영국에서) 민영화된 수자원회사에 관한 Ogden(1997)의 논의는 새로운 회계성과척도가 어떻게 이러한 특별한 기업내에서 보수당정부의 정치목적을 확립하였는가를 논하고 있다.

한편, ANT는 회계현상을 분석하는 방식에 영향을 주었다.

첫째, 번역 개념의 이용은 회계변화에 새로운 관점을 부여하였다. 다양한 회계학연구들이 (ABC시스템이나 예산편성시스템과 같은) 회계대상이 하나의 상황에서 다른 상황으로 이동할 때 무엇이 발생하는가를 분석하기 위해 이 영향을 어떻게 이용하는가를 보여주었다. 공통적인 전제는 회계시스템이 고유한 본질을 가지고 있는 것이 아니라, 말하자면 번역될 때 새로운 속성을 가진다는 것이다. 하나의 주요한 결론은 회계현상이 결코 단순히 확산되거나, 채택되거나, 실행되지 않는다는 것이다. 즉, 이들은 적응되고 번역되며 동시에 다른 행위자의 관심을 바꾸는 행위자연결망에 등록된다. 이 측면은 예를 들면, Briers・Chua(2001)과 Preston et al.(1992)의 연구에 분명하게 전개되어 있다(Justesen・Mouritsen, pp.176).

둘째, 각 논문에서, 회계기술과 계산수단에 새롭고 현저한 역할이 부여된다. 왜냐하면 이들은 조직활동의 형성, 구성, 안정화에 참여하는 행위자로 간주되기 때문이다. 이들은 Latour가 비인간행위자라고 말한 것이 하나의 예이다(Latour, 1987). 그러나, 어떠한 행위자도 혼자 행위하지 않으며, 행위자연결망의 개념은 행위가 분포된다는 아이디어를 가리킨다. 행위자는 원자가 아니라, 다른(인간 및 비인간)행위자와의 관계를 통해 정체성과 행위자정신(actorhood)을 가진다. 이것의 중요한 시사점의 하나는 그것을 특별한 방식으로 번역하고 중요하게 하는 특정한 연결망에서 회계현상의 완전성이 기본적인 경제적 실재와의 관계에 의해 그 역할과의 관계보다 약하게 결정된다는 것이다. 이것은 기술의 중요성에 대한 강조를 시사한다. 회계계산은 다소 정확한 세계거울이라기 보다는 특정한 절차의 우발효과인 기입(inscriptions)으로 이해된다. 기입은 말하는 것 때문이 아니라, 기입이 중요하고, 유동가능하고, 결합가능함으로써, 기입이 할 수 있는 행위의 종류 때문에 흥미롭다(Justesen・Mouritsen, pp.176-177).

셋째, ANT에 의한 회계학연구는 미시/거시, 객체/주체, 구조/행위, 기술/사회 등과 같은 전통적인 사회학적 이분법을 거부한다. ANT는 설명을 이러한 이중성의 한 측면으로 환원하는 대신에, 경험적 수준에서 과정과 행위의 상세한 서술을 복원하고 있다. Latour(2005, p.165)는 "천천히 가라", "뛰지 마라", "모든 것을 단조롭게 유지하라" 등의 방법론적 슬로건에 입각한 '느림학'(slowciology)이라고 부르는 접근방법을 주장하고 있다(Latour, 2005, p.190). Dechow·Mouritsen(2005)과 Quattrone·Hopper(2005)는 이 방법론적 충고를 심각하게 받아들이는 연구의 예이며, 상세한 경험적 분석을 통해, 회계변화와 실무를 설명하기 위한 놀라운 후보군들을 찾아내는 연구의 예들이다. 번역에서 각 요소가 고려될 때, 단순한 선험적 모형을 통해 과정을 파악한다는 추정은 오도적일 수 있다는 것이 분명하다(Justesen·Mouritsen, p.177).

이러한 세 가지 주요한 특징이 회계학연구에 대한 ANT의 연구를 다른 방법과 구별하게 한다. ANT에 의한 회계학연구는 행위가 특정한 에피소드에서 나타나기 때문에 특정한 행위에 관심이 있다.

한편, 행위자연결망이론의 문제점은 다음과 같다.

① 기술이 개인의 경험과 사회적 관계에 커다란 영향을 미치고 있는데도 불구하고, 기술의 사회구성주의는 기술의 형성 연구에만 주의를 기울이고 기술의 영향에 대한 연구는 너무 소홀히 하고 있다.

② 관련 사회집단이나 주요 행위자들이 기술변화에 대해 자유로운 선택을 하고 있는 것이 아니라, 역사적으로 구조화된 거시적인 사회관계에 의해 강하게 제약당하고 있다.

③ 기술의 사회구성주의가 기존의 기술론을 해체하기 위하여 채택하고 있는 상대주의적 관점이 정치적, 도덕적 불가지론으로 귀결되고 있다(송성수, 2008, p.119).

④ Latour가 비인간행위자인 과학기술이 자기 목소리를 내는 존재처럼 서술하고 있지만, 이러한 서술은 Latour라는 분석가가 기술에게 부여한 목소리에 불과하다.

⑤ Latour의 행위자연결망이론은 인식론이 아니라 존재론에 국한된다. Latour는 존재론의 대상인 자연과 인식론의 대상인 자연에 대한 지식을 구별하지 못했고, 따라서 자연에 대한 지식이 어떻게 사회적으로 구성되었는가라는 문제에 관심을 기울이는데 실패했다는 것이다. 사회구성주의의 방법론이 의미있는 이유 중의 하나는 과학이 발전할 수 있었던 여러 가지 가능성(해석적 유연성)을 보여줌으로써 전문지식을 소유한 과학기술자의 인식론적 권위를 문제시하는데 유효하기 때문이다.

⑥ 비인간에게 행위수행(agency)을 부여하는 것은 책임을 질 수 없는 비인간에게 책임을 부여하고, 역으로 책임을 져야 하는 인간에게 책임의 면죄부를 제공한다는 것이다.

이외에, Walsham(1997)은 ANT에 대해서 네 개의 핵심적인 비판이 있다고 주장한다. 즉, ① ANT는 사회구조의 한정된 분석을 제공한다. ② 정치적 편향과 도덕성의 문제를 무시한다. ③ 인간과 비인간 사이의 구별을 적절히 개념화하지 못한다. ④ 연결망분석에서 실체들을 어떻게 따라갈 것인가를 검토하는데서 문제점을 가진다. 그리고 McLean・Hassard(2004)는 ANT설명이 ① 행위자와 연결망의 포함/제외(연결망에 특정한 행위자를 포함하거나 배제하는 과정이 상세하게 설명되고 있지 않다), ② 인간행위자와 비인간행위자의 취급(인간행위자와 비인간행위자를 대칭적으로 간주하여 동등하게 취급하고자 하지만, 논자에 따라 인간행위자와 비인간행위자를 비대칭적으로 취급하기도 한다), ③ 사회적/기술적 특권과 지위의 역할(행위자연결망이론에서는 연결망인간행위자와 비인간행위자에게 동일한 특권과 지위를 주지만, 논자에 따라 (비)인간행위자에 더 높은 특권과 지위를 주기도 한다), ④ 행위수행과 구조의 구분(거시보다는 미시를 강조하며, 따라서 국지적인 것에 영향을 주는 광범위한 사회적 현안을 고려하지 않는다), ⑤ 이질적 공학의 본질과 역할(기술의 배후에 있는 정치적 및 도덕적 현안을 평가하지 않는다) 등에 관해 일단의 논란을 일으킨다고 주장한다(O'Connell et al., pp.11-24를 참조).

여기서는 Bruno Latour의 행위자연결망이론이 1980년대 후반부터 회계학연구에 어떻게 영향을 주었는가를 예시해서 살펴보고 있다. 이 영향은 매우 다양한 연구를 유도하였지만, 하나의 주된 관심분야는 번역과정으로 보여지는 회계변화의 분석에 집중되었다. 이 견해는 변화가 안정적인 외부변수집합에 의해서는 설명되지 않기 때문에, 상황적합이론이나 제도주의적 접근방법과는 매우 다른 변화설명을 제시하고 있다. 그것은 이질적인 행위자들이 결합될 때 예상치않게 가끔 전개되는 우발적・역사적 과정으로 보여진다(Miller, 1991).

ANT에 의한 회계학연구를 관련짓는 또다른 중요한 측면은 비인간행위자에 주어지는 비중이다. 엄밀하게 기술로써 회계기술에 중심역할이 주어진다. 회계기술이 인간과 비인간으로 구성되는 더욱 큰 연결망의 일부가 될 때, 회계기술은 특정한 종류의 행위를 가능하게 한다. 예를 들면, 회계기입은 보이지 않는 객체에 가시성을 부여하면서(예를 들면, MacKenzie, 2009), 원격행위(action at a distance)를 가능하게 한다(예를 들면, Robson, 1992).

회계학연구에 대한 ANT의 영향이 매우 분명하며, Latour의 *Science in Action*은 회계학연구에서도 지배적인 참고문헌이었으며, 이 책에서 발견된 어휘는 회계학분야에서 대부분의 행위자연결망분석에 이용되고 있다.

여기서는 ANT에 의한 회계학연구에서 중심적인 관심주제는 회계변화의 연구, 경계형성의 연구, 회계현상의 구성적 역할, 회계와 감사전문가의 발전, 실무와 변화를 생성하는데 포함되는 행위자/행위소(actant)로 이해되는 회계현상의 정체성을 창조하기 위해 필요한 요소의 결합(assemblage) 등이었다는 점을 언급하고 있다. 여기서는 ANT에 의한 연구가 모든 환경조건이나 정치적 영향이 가정되기 보다는 보여져야 한다는 것을 주장함으로써, 다른 유형의 연구와는 다르다는 것도 언급하고 있다. 환경을 회계실무와 연결시키는 것이 중요할 뿐만 아니라, 불확실성, 정치성, 기술이 회계의 구성에 실제로 영향을 준다는 것이 어떠한가를 이해하기 위해 그 연결이 논증되어야 하고 가시적으로 되어야 할 것이다.

참고문헌

강운재(2007), "황우석과 파스퇴르 그리고 ANT", **과학기술학연구**, 7(1), pp.67-90.

김경만(1994), "과학지식사회학이란 무엇인가", **과학사상**, 10, pp.132-154.

김기혁(2003), "부산 김해평야 농업지역 친환경농업의 행위자-연결망 연구", **한국지역지리학회지**, 제9권 제3호, pp.276-296.

김석웅(2014), **회계학의 비판적 방법론**, 교육과학사.

김숙진(2010), "행위자-연결망 이론을 통한 과학과 자연의 재해석", **대한지리학회지**, 45(4), pp.461-477.

김환석(1997a), "과학기술에 대한 사회학적 이해", **과학사상**, 20, pp.223-238.

______(1997b), "과학사회학의 행위자-연결망이론", **사회과학연구**, 10, pp.293-307.

______(2001), "STS(과학기술학)와 사회학의 혁신: 행위자-연결망이론(ANT)을 중심으로", **과학기술학연구**, 1(1), pp.201-234.

______(2006), **과학사회학의 쟁점들**, 문학과 지성사.

______(2012), "라투르는 누구이며 왜 중요한가?", 이세진 옮김, **브뤼노 라투르의 과학인문학편지**, 사월의 책, pp.8-13; Latour, B.(2010), *Cogitamus*, Berlin: Suhrkamp Verlag.

문용갑・류자현(2006), "번역으로서 정보시스템: 교육정보시스템을 중심으로", **한국사회학**, 40(3), pp.183-219.

송성수(2008), "기술과 사회의 암흑상자 열기: 기술결정론과 사회구성주의의 기술철학", 이중원・홍성욱외 지음, **필로테크놀로지를 말한다**, 해나무, pp.99-123.

안형준(2009), "이소연은 우주인인가 관광객인가? ANT의 관점에서 본 한국최초우주인논쟁", **과학기술학연구**, 9(1), pp.89-127.

윤정로(1994), ""새로운 과학사회학: 과학지식사회학의 가능성과 한계", **과학과 철학**, 5, pp.82-110.

이상욱(2007), "구성주의를 넘어 정치생태학으로", 이상욱・황성욱・정대익・이중원 지음, **과학 속 사상, 사상 속 과학: 과학으로 생각한다**, 동아시아, pp.250-261.

이영희(2003), "과학전쟁을 넘어서: 과학사회학의 발전방향모색", **경제와 사회**, 60, pp.195-217.

홍성욱(2008), "기술은 인간처럼 행동한다", 이중원・홍성욱 외 지음, **필로테크놀로지를 말한다**, 해나무, pp.124-153.

______ 엮음(2010), **인간・사물・동맹**, 이음.

Alcouffe, S., Berland, N. and Y. Levant(2008), "Actor-networks and the diffusion of management accounting innovations: A comparative study", *Management Accounting Research*, 19(1), pp.1-17.

*Andon, P., J. Baxter and W.F. Chua(2007), "Accounting change as relational drifting: A field study of experiments with performance measurement", *Management Accounting Research*, 18, pp.273-308.

*Baxter, J. and W.F. Chua(2003), "Alternative management accounting research-whence and whither", *Accounting, Organizations and Society*, 28, pp.97-126.

Bloomfield, B.P. and T. Vurdubakis(1997), "Visions of organization and organizations of vision: the representational practices of information systems development", *Accounting Organizations and Society*, 22, pp.639-668.

*Briers, M. and W.F. Chua(2001), "The role of actor-networks and boundary objects in management accounting change: a field study of an implementation of activity-based costing", *Accounting, Organizations and Society*, 26(3), pp.237-269.

Burchell, S., C. Clubb, A.G. Hopwood(1985), "Accounting in its Social Context toward a history of value added in the United Kingdom", *Accounting, Organizations and Society*, 10(4), pp.381-414.

*________________, J. Huges and J. Nahapiet(1980), "The Roles of Accounting in Organizations and Society", *Accounting, Organizations and Society*, 5(1), pp.5-27.

Callon, M.(1986), "Some elements of a sociology of translation: domestication of the scallops and the fisherman of St Brieuc Bay", in Law, J.(ed.), *Power and Action and Belief: A New Sociology of Knowledge*, London: Routledge and Kegan Paul, pp.196-229; 심하나・홍성욱 옮김(2010), "번역의 사회학의 몇 가지 요소들", 홍성욱 엮음, **인간・사물・동맹; 행위자네트워크 이론과 테크노사이언스**, 이음, pp.57-94.

________ (2009), Civilizing markets: carbon trading between *in vitro* and in vivo experiments", *Accounting, Organizations and Society*, 34(3/4), pp.535-548.

________ and B. Latour(1981), "Unscrewing the Big Leviathan: how actors macro-structure reality and how sociologists help them to do so", in Cetina, K. and A. Cicourel(eds), *Advances in Social Theory and Methodology: Toward an Integration of Micro and Macro-Sociologies,* London: Routledge & Kegan Paul, pp.277-303.

________, J. Law and A. Rip(1986), *Mapping the Dynamics of Science and Technology: Sociology of Science in the Real World*, Basinstoke: Palgrave Macmillan.

*Chiapello, E. and C.R. Baker(2011), "The introduction of French theory into English language accounting research", *Accounting, Auditing and Accountability Journal*, 24(2), pp.140-160.

Chua, W.F.(1995), "Experts, networks and inscriptions in the fabrication of accounting images: a story of the representation of three public hospitals", *Accounting, Organizations and Society*, 20(2/3), pp.111-145.

________(2004), "Translating social theory – a critical commentary", *Critical Perspectives on Accounting*, 15(2), pp.255-260.

________ and H. Mahama(2007), "The Effects of Network Ties on Accounting Controls in a Supply Alliance: Field Study Evidence", *Contemporary Accounting Research*, 24(1), pp.47-86.

Dechow, N. and J. Mouritsen(2005), "Enterprise resource planning systems, management control and the quest for integration", *Accounting, Organizations and Society*, 30, pp.691-733.

DiMaggio, P. and W. Powell(1991), "Introduction", in Powell, W. and P. DiMaggio(eds.), *The new institutionalism in organizational analysis*, Chicago: The University of Chicago Press, pp.1-38.

Ezzamel, M.(1994), "Organizational change and accounting: understanding the budgeting system in its organizational context", *Organization Studies*, 15(2), pp.213-240.

*Gendron, Y. and C.R. Baker(2005), "On interdisciplinary movements: the development of a network of support around Foucaultian perspectives in accounting research", *European Accounting Review*, 14(3), pp.525-569.

____________, D.J. Cooper and B. Townley(2007), "The Construction of auditing expertise in measuring government performance", *Accounting, Organizations and Society*, 32, pp.101-129.

Hess, D.J.(1997), *Science Studies: An Advanced Introduction*, New York University Press; 김환석 역(2004), 과학학의 이해, 당대.

*Hines, R.D.(1988), "Financial Accounting: In communicating reality, we construct reality", *Accounting, Organizations and Society*, 13(3), pp.251-261.

*Hopper, T., J. Ashraf, S. Uddin, and D. Wickramasinghe(2015), "Social theorisation of accounting", in Jones, S.(ed.), *The Routledge Companion to Financial Accounting Theory*, London: Routledge, pp.452-471.

Hopper, T., M. Jazayeri and C. Westrup(2008), "World class manufacturing and accountability: how companies and the state aspire to competitiveness", *Journal of Accounting and Organizational Change*, 4(2), pp.97-135.

*Joannides, V. and N. Berland(2013), "Constructing a research network: accounting knowledge in production", *Accounting, Auditing and Accountability Journal*, 26(4), pp.512-538.

Jones, T.C. and D. Dugdale(2001), "The Concept of an Accounting Regime", *Critical Perspectives on Accounting*, 12(1), pp.35-63.

____________________(2002), "The ABC bandwagon and the juggernaut of modernity", *Accounting, Organizations and Society*, 27(1/2), pp.121-163.

*Justesen, L. and J. Mouritsen(2011), "Effects of actor-network theory in accounting research", *Accounting, Auditing & Accountability Journal*, 24(2), pp.161-193.

Latour, B.(1987), *Science in Action*, Cambridge, MA: Harvard University Press; 황희숙 옮김(2016), 젊은 과학의 전선: 테크노사이언스와 행위자-연결망의 구축, 아카넷.

________(1988), *The Pasteurization of France*, Cambridge, MA: Harvard University Press.

________(1993), *We Have Never Been Modern*, Cambridge, MA: Harvard University Press; 홍

철기 옮김(2009), 우리는 결코 근대인이었던 적이 없다, 갈무리.

________(1994), "Pragmatogonies: A Mythical Account of How Humans and Non- humans Swap Properties", *American Behavioral Scientist*, 37, pp.791-808.

________(1996a), "The flat-earthers of social science", in Power, M.(ed.), *Accounting and Science: natural inquiry and commercial reason*, Cambridge University Press, Cambridge, pp.xi-xvii.

________(1996b), *Aramis or the Love of Technology*, Cambridge, Mass: Harvard University Press.

________(1999), *Pandora's Hope*, Harvard University Press, Cambridge, MA.

________(2004), *The Politics of Nature*, Harvard University Press, Cambridge, MA.

________(2005), *Reassembling the social: An introduction to actor-network-theory*, Oxford: Oxford University Press.

________(2010), *Cogitamus*, Berlin: Suhrkamp Verlag; 이세진 옮김, 브뤼노 라투르의 과학인문학 편지, 사월의 책.

________ and S. Woolgar(1979), *Laboratory Life: the Social Construction of Scientific Facts*, Los Angeles and London, Sage.

____________________(1986), *Laboratory Life: The Construction of Scientific Facts*, 2nd ed., London: Sage.

Law, J.(1991), "Introduction: Monsters and Socio-Technical Relations", in *A Sociology of Monsters: Essays on Power, Technology and Domination*, London: Routledge, pp.1-23.

Lee, N. and J. Hassard(1999), "Organization unbound: actor network theory, research strategy and institutional flexibility", *Organization*, 6(3), pp.391-404.

Llewellyn, S. and D. Northcott(2005), "The average hospital", *Accounting, Organizations and Society*, 30(6), pp.555-583.

*Lounsbury, M.(2008), "Institutional rationality and practice variation: new directions in the institutional analysis of practice", *Accounting, Organizations and Society*, 33, pp.349-361.

*Lowe, A.(2001a), "After ANT-an illustrative discussion of the implications for qualitative accounting case research", *Accounting, Auditing and Accountability Journal*, 14(3), pp.327-351.

________(2001b), "Action at a distance: accounting inscriptions and the reporting of episodes of clinical care", *Accounting Forum*, 25(1), pp.1-25.

________(2004a), "Post-social relations: toward a performative view of accounting knowledge", *Accounting, Auditing and Accountability Journal*, 17(4), pp.604-628.

________(2004b), "Methodology choices and the construction of facts: some implications from the sociology of scientific knowledge", *Critical Perspectives on Accounting*, 15(2), pp.207-231.

________(2004c), "The spacing and timing of a [chic] critique", *Critical Perspectives on Accounting*, 15(2), pp.279-291.

________ and B. Koh(2007), "Inscribing the organization: representations in dispute between accounting and production", *Critical Perspectives on Accounting*, 18(8), pp.952-974.

________, J. Locke and A. Lymer(2012), "The SEC's retail investor2.0: interactive data and the rise of calculative accountability", *Critical Perspectives on Accounting*, 23(3), pp.183-200.

Macintosh, N.B.(2002), *Accounting, Accountants and Accountability: poststructural positions*, London; Routledge.

*____________and P. Quattrone(2010), *Management Accounting and Control Systems*, 2nd ed., Chichester, UK: John Wiley and Sons.

MacKenzie, D.(2009), "Making things the same: Gases, emission rights and the politics of carbon markets", *Accounting, Organizations and Society*, 34, pp.440-455.

McLean, A. and J. Hassard(2004), "Symmetrical Absence/Symmetrical Absurdity: Critical Notes on the Production of Actor-Network Accounts", *Journal of Management Studies*, 41(3), pp.493-519.

*Miller, P.(1990), "On the Interrelations Between Accounting and the State", *Accounting, Organizations and Society*, 15(4), pp.315-338.

*________(1991), "Accounting innovation beyond the enterprise: problematizing investment decisions and programming economic growth in the U.K. in the 1960s", *Accounting, Organizations and Society*, 16(8), pp.733-762.

________ and O'Leary(2007), "Mediating instruments and making markets: Capital budgeting, science and the economy", *Accounting, Organizations and Society*, 32(7/8), pp.701-734.

________ and N. Rose(1990), "Government economic life", *Economy and Society*, 19(1), pp.1-31.

____________________(2008), *Governing the Present: Administering Economics, Social and Personal Life*, Cambridge: Polity Press.

Mouritsen, J.(1999), "The flexible firm: strategies for a subcontractor's management cotntrol", *Accounting, Organizations and Society*, 24(1), pp.31-55.

__________(2011), "The operation of representation in accounting: a small addition to Dr. Macintosh's theory of accounting truths", *Critical Perspectives on Accounting*, 22(2), pp.28-235.

__________, A. Hansen and C.O. Hansen(2009), "Short and long translations: management accounting calculations and innovation management", *Accounting, Organizations and Society*, 34(6), pp.738-754.

__________and H.T. Larsen(2005), "The 2nd wave of knowledge management: re-centring knowledge management through intellectual capital information", *Management Accounting Research*, 16(3), pp.359-383.

____________________ and P.N.D. Bukh(2001), "Intellectual capital and the 'capable firm': Narrating, visualizing and numbering for managing knowledge", *Accounting, Organizations and Society*, 26(7/8), pp.735-762.

__________ and S. Thrane(2006), "Accounting, network complementarities and the development of inter-organization relations", *Accounting, Organizations and Society*, 31, pp.241-275.

Nimmo, R.(2011), "Actor-network theory and methodology: social research in a more-than-human world", *Methodological Innovations Online*, 6(3), pp.108-119.

O'Connell, B.O., S. Ciccotosto and P. De Lange(2011), "Actor-Network Theory's contribution to the accounting literature: A critical appraisal", Paper presented at the Critical Perspectives on Accounting Conference, Clearwater Beach, FL.

Ogden, S.(1997), "Accounting for organizational performance: the construction of the customer in the privatized water industry", *Accounting, Organizations and Society*, 22, pp.529-556.

*Persson, M. and C.J. Napier(2014), "The Australian accounting academic in the 1950s: R.J. Chambers and networks of accounting research", *Meditari Accountancy Research*, 22(1), pp.54-76.

Pinch, T. J. and W.E. Bijker(1984). "The social construction of facts and artefacts: Or how the sociology of science and the sociology of technology might benefit each other", *Social studies of science*, 14(3), pp.399-441.

________, M. Mulkay and M. Ashmore(1989), "Clinical Budgeting: Experimentation in the Social Sciences-A drama in Five Acts", *Accounting, Organizations and Society*, 14, pp.271-301.

Power, M.K.(1996), "Making things auditable", *Accounting, Organizations and Society*, 21(2/3), pp.289-315.

*Preston, A.(2006), "Enabling, enacting and maintaining action at a distance: a historical case study of the role of accounts in the reduction of the Navajo herds", *Accounting, Organizations and Society*, 31(6), pp.559-578.

__________, D.J. Cooper, and R. Coombs(1992), "Fabricating budgets: a study of the production of management budgeting in the National Health Service", *Accounting, Organizations and Society*, 17(6), pp.561-593.

__________ and J.J. Young(2000), "Constructing the global corporation and corporate constructions of the global: a Picture essay", *Accounting, Organizations and Society*, 25(4/5), pp.427-449.

*Puxty, A.G.(1993), *The Social and Organizational Context of Management Accounting*, London: Academic Press; 김영규 역(1999), 관리회계의 사회적 맥락과 조직적 맥락, 석정.

Quattrone, P.(2004a), "Commenting on a commentary? Making methodological choices in accounting", *Critical Perspectives on Accounting*, 15, pp.232-247.

____________(2004b), "Accounting for God: accounting and accountability practices in the Society of Jesus", *Accounting, Organizations and Society*, 29(7), pp.647-683.

____________(2009), "Books to be practiced: Memory, the power of the visual, and the success of accounting", *Accounting, Organizations and Society*, 34(1), pp.85-118.

____________ and T. Hopper(2005), "A 'time-space odyssey': management control systems in two multinational organizations", *Accounting, Organizations and Society*, 30(7/8), pp.735-764.

*Robson, K.(1991), "On the arenas of accounting change: the process of translation", *Accounting, Organizations and Society*, 16(5/6), pp.547-570.

*__________(1992), "Accounting numbers as "inscription": action at a distance and the development of accounting", *Accounting, Organizations and Society*, 17(7), pp.685-708.

__________(1993), "Accounting policy making and 'interest': accounting for research and development", *Critical Perspectives on Accounting*, 4(1), pp.1-27.

__________(1994), "Inflation accounting and action at a distance: the Sandilands episode", *Accounting, Organizations and Society*, 19(1), pp.45-82.

*Rutherford, B.A.(2016), "The struggle to fabricate accounting narrative obfuscation: An actor-network theoretic analysis of a failing project", *Qualitative Research in Accounting and Management*, 13(1), pp.57-85.

Star, S.L. and J.R. Griesemer(1989), "Institutional ecology, 'translations' and boundary objects: amateurs and professionals in Berkeley's museum of vertebrate zoology 1907-39", *Social Studies of Science*, 19(3), pp.387-420.

Walsham, G.(1997), "Actor-network theory and IS research: current status and future prospects", in Lee, A.S., J. Liebenau and J. I. DeGross(eds.), *Information Systems and Qualitative Research*, New York: Springer US, pp.466-480.

Whittle, A. and F. Mueller(2010), "Strategy, enrolment and accounting: the politics of strategic ideas", *Accounting, Auditing and Accountability Journal*, 23(5), pp.626-646.

*Wickramasinghe, D.(2011), "Ontological Dependency on Epistemology Strategy: Interpretive Management Accounting Research Revisited", in Abbdel-Kader, M.G.(ed.), *Review of Management Accounting Research*, Hampshire, UK.: Palgrave Macmillan, pp.543-566.

*__________________ and C. Alawattage(2007), *Management Accounting Change: Approaches and perspectives*, London: Routledge.

__________________, T. Gunaratne and J.A.S.K. Jayakody(2007), "Interest lost: the rise and fall of a balanced scorecard project in Sri Lanka", *Advances in Public Interest Accounting*, 13, pp.237-271.

제9장

구조화이론[1]

제1절 구조화이론의 의의

구조화이론(structuration theory)[2]은 해석적 방법론을 적용할 때 이용하는 이론 중의 하나이다. 구조화이론은 교육학, 관광학, 가정학, 사회학, 경영학, 회계학 등 다양한 사회과학에서 널리 이용되고 있다.

구조화이론은 영국의 사회학자 Anthony Giddens(1938-)[3]가 제안한 것으로, 특히 사회구성론(*The Constitution of Society*, 1984)에서 기능/구조, 주관적/객관적, 미시/거시 관점 등과 같은 사회시스템의 이론적 이분법을 조정하고자 하였다. 그는 개인/행위자(상징적 상호작용론)나 사회/구조(구조기능론)를 다루는 이론들을 광범위하게 검토하고는 이들을 모두 포괄하는 이론인 구조화이론을 제시하였다. 여기서는 사회과학의 기본적 연구영역이 개별행위자의 경험이나 사회전체가 아니라, 시간과 공간을 가로질러 질서지워진 사회적 관행에 초점을 둔다(Giddens, 1984, p.2; 황명주 외 옮김, p.45). 이 이론의 핵심은 행위

1) 이 글은 2009년 12월에 회계정보연구(제27권, 제4호, pp.59-89)에 발표한 "구조화이론과 회계학연구"를 대폭적으로 수정・보완한 것이다.

2) Giddens의 구조화이론을 비판하고 이를 개선한 강한 구조화이론(strong structuration theory)을 Stones(2005)가 제안한 바 있으며, 이를 회계학에 이론적으로 소개한 것으로는 Jack・Khollief(2007)가 있고, 회계현상에 적용한 것으로는 Jack・Kholeif(2008), Coad・Herbert(2009)가 있으며, *Accounting, Auditing and Accountability Journal*의 2016년도 특집호(vol.29, no.7)에서 강한 구조화이론을 적용한 회계학논문을 게재하고 있다. 본서에서는 강한 구조화이론을 다루지 않는다.

3) London School of Economics and Political Science의 교수. 사회이론과 계층론 분야에서 널리 알려져 있는 영국의 대표적인 사회학자이다. 특히 사회이론분야에서 유럽의 지적 전통과 현대적 흐름을 반영한 구조화이론으로 독자적인 이론체계를 구성하였으며, 최근 사회주의의 경직성과 자본주의의 불평등을 극복하는 새로운 모델로 영국노동당 토니 블레어 정권의 이론적 기반이 되어 더욱 유명해진 제3의 길을 주창한 바 있다. 주요저서로는 자본주의와 현대사회이론(1971), 선진사회의 계급구조(1973), 사회학 방법의 새로운 규칙들(1976), 사회이론의 주요쟁점(1979), 사적 유물론 비판(1981), 사회구성론(1984), 국민국가와 폭력(1985), 근대성의 결과들(1990), 근대성과 자아정체성(1991), 친밀성의 변동: 현대 사회의 성・사랑・에로티시즘(1992), 좌파와 우파를 넘어서(1994), 사회학의 변론(1996), 제3의 길: 사회민주주의의 쇄신(1998), 현대사회학(2001), 노동의 미래(2002) 등이 있다.

와 구조의 이중성과 둘 사이의 변증법적 상호작용을 다루고 있다. 그는 관행적 실천, 구조, 의식이 생산하는 변증법적 과정[4]에 관심을 두고 있다(Turner, 1997; 정태환 외 공역, 2002, p.604). 구조화이론의 지지자는 구조와 기능의 영향을 동일하게 취급하면서 균형된 입장을 채택한다.

구조화이론은 프랑스의 구조주의, Goffman의 사회심리학, 일상생활방법론(ethnomethodology) 등에 의존하고 있다(Tucker, 1998, p.127; 김용규 · 박형신 옮김, p.127). Goffman의 사회심리학으로부터 미시사회학적 관점을 사용하고 있고, 존재론적 안전, 사회적 관례의 중요성, 사회적 삶의 재생산에서 사회적 관행의 중심성 등은 Garfinkel의 일상생활방법론에 의존하고 있으며, 사회생활이 모든 미시수준활동의 합은 아니고, 사회활동은 거시관점에서 완전히 설명될 수도 없으며, 개별적인 사람들의 행위의 반복이 구조를 재생산한다는 것을 기본가정으로 하고 있다.

모든 사회행위는 구조를 포함하고 있으며, 모든 구조는 사회행위를 포함하고 있다. 행위와 구조는 지속되는 인간의 활동이나 실천 가운데 서로 얽혀 있다. Giddens의 구조화이론은 구조적 설명과 행위적 설명을 비판적으로 절충하고자 한다. 행위자들은 구조주의자들의 주장처럼 주어진 상황을 기계적으로 받아들여 행동하는 존재가 아니다. Giddens는 행위자들의 성찰성을 주목한다. 그리고 행위적 설명처럼 구조로부터 자유로운 존재도 아니다. 행위자들의 행위는 특정한 구조 속에서 행해지고, 행위의 가능성은 권력에 의해 제약받는다. Giddens에게 구조는 행위(자원)에 의해 구성되지만, 또한 행위는 구성되어 있는 구조(규칙)의 영향을 받는다고 간주하는데, 이러한 구조적 성격을 구조의 이중성이라고 한다.

구조화 개념은 구조의 이중성을 표현하기 위해 만들어진 용어이다. Giddens에 의하면 구조와 행위는 서로 독립적인 현상이 아니다. 구조는 사회적 실행의 매체인 동시에 산물이다. 다시 말해서 구조는 행위자가 상호작용의 맥락에서 이용하는 규칙과 자원인 동시에 행위자에 의해 유지되고 재생산되는 규칙과 자원이다. 행위자는 행위를 통해서 사회적 실행(제도)을 재창출하고 그렇게 만들어진 제도는 개인의 행위를 구속한다. 따라서 사회체계의 구조적 속성은 사회적 행동의 형태가 재생산될 때만 존재한다.

이하에 구조화이론의 내용을 좀더 상세히 살펴보자.

---

4) 변증법(dialectic)의 원어인 dia-lektike가 의미하는 바는 서로(dia), 말하다(lektike)라는 뜻(혹은 logos로써 말하다)이다. 원래 그리스 철학자 소크라테스의 대화법(서로간의 대화를 통해서 보다 확실한 진리를 이끌어내는 방법)과 헤라클레이토스의 만물유전(모든 것은 변한다)을 근대 철학자 헤겔이 철학적으로 정립시킨 것이 변증법이다. 헤겔은 모든 것이 변화하는데, 그 변화가 어떤 일정한 법칙에 따라 변한다는 것이며, 이 법칙을 변증법이라고 하였다. 긍정적인 입장인 정(these)이 있으면, 이에 대립하는 입장인 반(anti-these)이 있고 이 모순 대립하는 두 입장을 지양하여 새로운 통일된 입장인 합(synthese)으로 발전한다는 것이다(최홍순, pp.120-122).

제2절 이론적 배경

1. 구조와 행위수행

구조화이론에서는 구조(structure), 행위수행(agency), 시스템을 구분하고 있다. 사회시스템은 사회행위를 위한 규약인 구조를 가지고 있는데 반하여, 행위수행은 그 시스템의 개별구성원의 행위이다. 행위자(agent)는 사회행위를 하는 동안 구조에 의지하기 때문에, 시간과 공간 속에서 식별가능한 유사한 사회실무를 생산하고 재생산한다. 그래서 다른 사회이론들과는 대조적으로 구조화이론은 구조와 행위수행 모두를 포함하고 있다. 그리하여 이것은 근본적으로 상반되는 입장을 가정하고 있다. 즉, 사회생활이 비인간적이고 객관적인 사회구조에 의해 결정된다는 구조주의적 입장과 사회생활이 개별행위자의 주관적이고 존재론적인 선택결정의 산물이라는 존재론적 인본주의적 입장을 가정한다.

구조는 사회상황에서 우리의 행동을 안내하는 추상적인 규약이나 판형(template)이다. 구조는 행위자의 사회행동과 상호작용을 위한 DNA로 간주될 수 있다. 이러한 규약은 생물시스템의 경우처럼 동일한 내부일관성을 보여주지는 않는다. 인간사회시스템은 그렇게 결정적이지 않다. 구조는 사회시스템의 조직화(구조화)속성을 제공하고, 시간과 공간에 걸쳐서 유사한 사회실무의 배열과 분류를 촉진하는데 반하여, 인간사회시스템은 경우에 따라서 점차적으로, 때로는 매우 신속하고도 급진적인 방법으로 변화할 수 있다(Macintosh · Quattrone, 2010, p.216).

구조는 특정한 행위자와는 무관하게 외부에 존재하지만, 특정한 시간/공간의 상황에서 행위의 청사진으로 행위자가 이용할 수 있다. 구조는 가상의 시간과 공간상에 존재하며 특정한 시간/공간 상황에서 사회적 상호작용의 기간에 행위자에 의해 실증될 수 있다. 그러나 구조도 인간발명의 산물이며, 생물학적으로 저절로 주어진 것이 아니다. 구조는 사회적 상황에서 인간에 의해 생산되고 재생산되며 잠재적으로 변화할 수 있다.

이에 반해서 행위수행(agency)은 사회시스템의 또다른 주요한 속성이다. 이것은 자의식적인 개인들이 사회적 상황에서 다른 사람들과 상호작용하기 때문에 자의식적인 개인의 의도적인 행동으로 정의된다. 행위자는 사회적 상황 속에서 선택할 수 있다. 행위자는 때때로 사회규약이 수정되거나 극적으로 변경되는 방식으로, 적극적으로 행동할 가능성을 제시하는 방식으로 사회적 상호작용에 참가한다(*ibid.*, p.217).

그러나 대개의 경우 그리고 편의상, 우리는 깊은 생각을 하지 않고 사회적 상황에서 성찰적으로(reflexively) 반응한다. 우리는 어떻게 행동할지에 관해서 단순히 우리의 암묵적인 재고적 지식(stock of knowledge)에 의지한다. 사실상, 우리가 이용가능한 모든 선택을 생각하고, 감시하고, 성찰하는 것은 비실제적이다. 행위자는 의도적으로 사회적 상호작용에 참가하며 Giddens가 관행적(practical) 의식수준과 담화적(discursive) 의식수준이라고 한 것으로 실행하기 때문에 행위자들은 행위하는 이유에 관해서 많은 것을 알고 있다(*ibid.*).

관행적 의식수준에서 행위자는 어떻게 행위하고 다른 사람의 행위와 사건을 어떻게 해석할 것인가에 관해 재고적 지식을 묵시적으로 따라감으로써 자신과 다른 사람의 사회행동을 감시한다. 담화적 수준에서, 행위자는 사회적 상황에서 자신들이 행하는 것을 합리화하고 이유를 제공할 수 있다. 행위자는 사회적 상호작용과의 연루를 성찰하기 위해 언어적 기술을 이용한다. 대부분의 경우 개인들은 자동적으로 반응하지만, 그들은 압박을 받으면 우리 자신의 사회적 행동에 대한 설명을 제공할 수 있다.

구조화이론은 이러한 두 가지 수준이 무의식속에 있는 존재론적 안전(ontological security)에 대한 행위자의 일차적인 욕구에 의해 영향을 받는다.[5] 무의식속에 있는 존재론적 안전은 나중에 사회적 상황에서 행위와 상호작용에 대한 본질적인 요소로 간수된다. 이것은 행위자가 지나치게 강압적이라고 쉽게 인식하는 경우에도 상당한 정도까지 사회시스템을 관례적으로 재생산하는 이유를 설명해준다(*ibid.*).

2. 구조화와 구조의 이중성

구조화이론은 행위자와 구조 사이의 상호작용을 검토하는 수단이다. 구조화와 구조의 이중성은 구조화이론에서 중심적인 개념이다. 구조화(structuration)는 구조와 행위수행이 반복적인 관계에서 존재한다는 것을 가리킨다. 이것은 사회시스템이 때로는 현상태를 거의 자동적으로 재생산하는 기능을 하면서 때로는 급진적인 변화를 겪는 과정이다(*ibid.*, p.218).

구조의 이중성(duality of structure)은 구조화개념과 밀접하게 관련있다. 이것은 구조가 반복적으로 조직하는 행위자의 행위의 결과이면서 매체이라는 것을 가리킨다. 사회적 상황의 행위자로서 구조를 (재)생산하지만, 동시에 구조의 영향을 받는다. 행위수행과 구조는 서로를 전제하고 있다. 행위수행은 구조에 함축되어 있고, 구조는 행위수행 속에 포함되어 있다.

5) 존재론적 안전은 산모의 정기적인 자리비움과 되돌아옴에 의해 초래되는 불안에 대처하기 위해 유아의 언어이전단계에서 개발된 방법에 근거하고 있다. 이 단계에서 유아에게는 자아와 타자(말하자면, 산모)에 관한 개념이 없다. 정신적으로 건강한 유아는 산모가 보이지 않을 때, 과도한 불안을 겪지 않고, 일반적인 신뢰상태를 전개하며 점차적으로 외부제공자의 지속성과 동일성을 확신하게 된다. 역으로 신뢰의 결여는 평생동안 신뢰불안의 강박관념을 유도할 수 있다(Erikson, 1963, p.248).

구조화이론은 구조적 결정론이나 기능적 결정론의 극단을 피하는 것을 목적으로 한다. 기능(행위수행)과 구조의 균형을 구조의 이중성이라고 한다. 즉, 사회구조는 사회행위를 가능하게 하며, 동시에 사회행위는 바로 그 사회구조를 창조한다. 행위자는 자신들이 사회적 상호작용에 관련될 때, 목표를 달성하기 위한 설비, 해석적 틀, 규범 등을 채택한다. 이 과정으로 인해서 구조가 재생산되며 구조가 재강화되거나 수정된다.

요컨대 구조화이론은 사회질서의 생산, 재생산, 규제에서 행위자의 행위와 사회구조의 상호작용과 관련있다. 사실상의 시간과 공간에 존재하고, 행위자들이 특정한 시간과 공간에서 행위하고 상호작용함에 따라 행위자가 이용하는 구조는 그 자체가 그러한 행위와 상호작용의 결과이다. 행위자는 의도적이며 그들이 행하는 방식으로 행동하는 이유에 관해서 많은 것을 알고 있다. 그들은 자신들의 행위와 상호작용의 이유를 제시할 수 있다. 행위자들은 사회적 상황에서 자신들의 성찰적 행위감시에 존재론적 안전에 대한 무의식적인 욕구에 의해 동기유발되는 담화적 의식과 관행적 의식에 의지한다(*ibid.*). 행위자의 심리적 구성과 구조화, 사회구조, 행위수행 등과의 관계는 〈도표 9-1〉과 같다.

〈도표 9-1〉 **구조화와 행위수행**

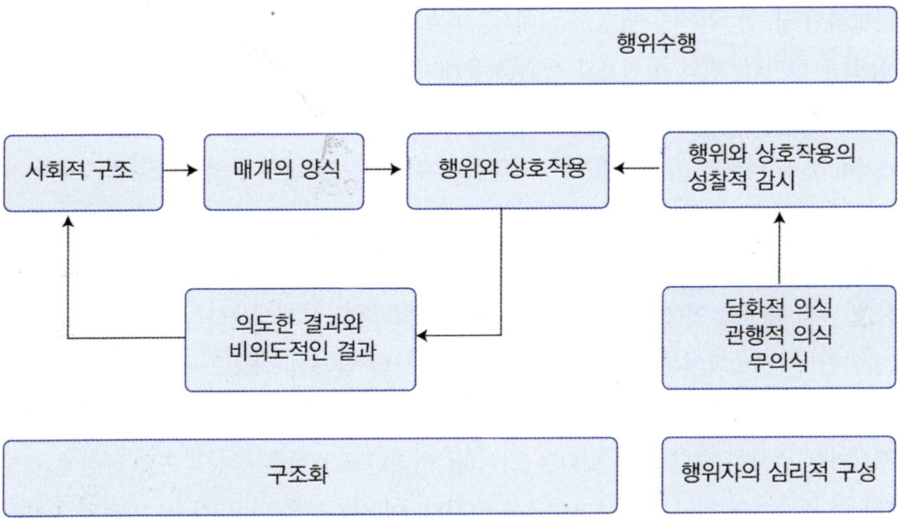

자료원: Macintosh · Scapens(1990, p.459).

〈도표 9-1〉에서 사회적 구조는 행위자가 즉시 이용가능한 것이 아니라, 행위자가 이용하는 조정(mediation)의 양식을 통해 조정되며, 구조화는 기존의 사회적 구조의 관례적인 재생산이나 위기기간에 매우 다른 사회적 구조의 생산을 가리킨다. 그리고 행위수행은 사회적 상황에서 행위자의 행위와 상호작용을 가리킨다(*ibid.*, p.459).

Giddens는 행위자의 행위수행(agency)과 관련하여 행위자의 심리적 구성모형(psychological makeup model)을 제시하고 있다(1984, p.5; 황명주 외 옮김, p.48). 이 모형에 의하면, 행위자는 자신의 행위와 타인의 행위를 성찰적으로 감시(reflexive monitoring of actions)하고 자신의 행위를 합리화하며, 특별한 상황에서 무의식에 의해 동기유발된다. 그리고 행위자의 행위는 무의식(unconscious)과, 미인식조건(unacknowledged conditions)과 비의도적인 결과(unintended consequences)에 의해 항상 제한을 받는다. 성찰적인 행위감시는 행위의 결과에 관심을 기울이고, 그 결과를 계산하고 평가하는 과정을 의미한다. 행위의 합리화는 행위자가 자신의 활동근거를 계속해서 이론적으로 이해하고 있다는 것을 의미한다(*ibid.*). 성찰적 행위감시와 행위의 합리화는 담화적 의식(discursive consciousness)과 관행적 의식(practical consciousness)의 두 가지 수준의 의식에 의하여 영향을 받는다(*ibid.*, pp.5-6; 황명주 외 옮김, pp.49-50). 담화적 의식은 말하기, 쓰기 등 언어적 능력을 사용하여 명시적으로 행위에 대한 이유를 말하거나 합리화할 수 있는 능력이며, 관행적 의식은 행위자가 행위를 할 때와 타인의 행위를 해석하기 위해서 묵시적으로 이용하는 재고적 지식(stock of knowledge)을 말한다. 행위자의 행위에 동기를 유발시키는 것은 대부분 무의식에 의해 제약을 받는다.

성찰적인 감시는 목적을 달성하는 데서, 그 효과성을 판단하기 위해 행위를 살펴볼 수 있는 능력을 살핀다. 만약 행위자가 행위를 통해 구조를 재생산할 수 있다면, 행위자도 구조를 만들 수 있다.

Giddens에 의하면, 상호작용에서 신뢰감을 쌓아가는 일련의 무의식적 과정을 행위자의 존재론적 안전시스템이라고 하였다. 이와 같이 Giddens는 심리적 구성모형에서는 존재론적 안전에 대한 욕구가 무의식에 잠재해 있는 기본적인 욕구가 된다. 그리고 이 시스템에 대한 인간의 욕구로 인해 우리는 기존구조를 비의도적으로 재생산하는 관례적인 행동양상을 반복한다. 구조화이론에 반영된 이러한 행위자의 심리적 구성도 관리회계에 시사점을 가진다. 중요한 하나의 시사점은 관리회계시스템이 존재론적 안전에 대한 행위자의 욕구를 충족시키는 주요한 수단일 수 있다는 것이다. 이러한 시스템은 정상적으로 사전에 결정된 시간표를 준수하며 정규적인 보고리듬을 가진다. 이 시스템은 일반적으로 인정된 관리회계원칙에 따라 정보가 제시되는 규정된 절차를 따른다. 이들은 주어진 것으로 인정되는 당연한 목적, 정책, 지침의 중요한 체계내에서 정상적으로 작성된다. 존재론적 안전에 대한 경영자의 무의식적인 욕구를 제공하는 것이 거의 이상적인 수단인 것 같다(Macintosh · Scapens, 1990, p.461). 관행적 의식수준과 담화적 의식수준에서 관리회계시스템에 대한 시사점도 있다(*ibid.*, p.462).

3. 구조화차원

〈도표 9-2〉는 Giddens의 구조화이론의 차원을 나타내고 있다. 이 이론의 일차적인 기여는 인간행위와 사회구조 사이의 역동적인 상호작용을 인식하고 있다는 점이다. 사회학에 입각해서, Giddens의 이 이론은 사회시스템의 세 가지 주요한 속성(구조, 양식, 상호작용)을 제안하고 있다. 구조(structures)는 사회시스템의 속성으로서 조직되는 규칙과 자원이고, 양식(modalities)은 구조가 행위로 전환되는 수단이며, 상호작용(interaction)은 사회시스템에서 작용하는 행위자의 행동이나 활동이다.

Giddens는 세 가지 유형의 구조(의미화, 지배, 정당화)를 제안하고 있다. 각 구조와 관련되는 것이 조정(mediating)요소들인 해석적 틀, 목적달성을 위한 설비와 규범들인데, 이들에 의해서 구조에 내재되어 있는 개념들에게 사회적 행위자들의 재고적 지식의 적용을 통해 그들이 구체성(specificity)을 부여한다. 행위자와 구조의 상호작용으로 인해서 의사소통, 권력, 제재 등으로 나타나는 작용이나 상호작용으로 된다. 구조화이론은 구조의 이중성에 근거하고 있는 바, 이것에 의해서 사회구조가 인간행위에 맥락을 제공하고 또한 재창조되며 실시되고 있는 행위의 결과로서 변화된다. 아래에서 세 가지 종류의 구조를 우선 살펴보자. 이들은 서로간에 독립적이지도 않고 가끔 중복되기 때문에, 이들을 구별하는 것은 쉽지 않다.

〈도표 9-2〉 구조화이론의 차원

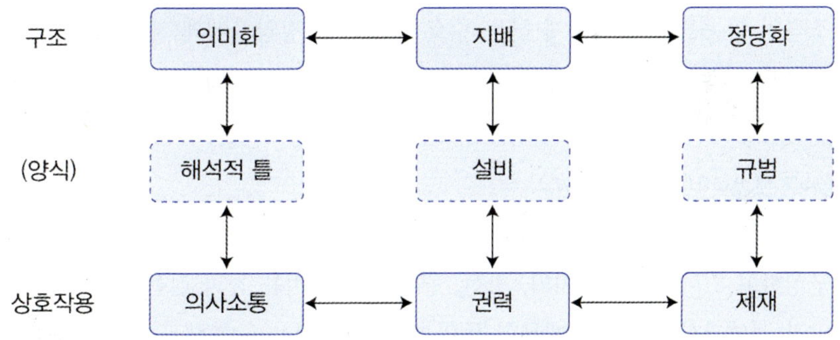

자료원: Giddens(1984, p.29); 황명주 외 옮김(p.79).

1) 의미화구조

의미화(signification)는 행위자가 서로 소통하고 이해하는 사회생활에 관한 추상적인 인지차원이다. 의미화는 추상적 구조, 해석적 틀, 담화적 관행으로 구성되어 있다. 의미화구조는 의미론적 부호(semantic code)의 조직망이다. 해석적 틀은 서로간에 소통하기 위해 행위자가 의미화구조를 이용하기 위해 이용하는 재고적 지식, 기술, 규칙 등이다. 해석적 틀은 구조와 상호작용 사이를 조정하는 절차를 구성하고 있다. 담화적 관행은 사회적 상호작용중에 이용하는 말하기, 쓰기, 기타 담화형태로 구성된다. 예를 들면, 우리의 가장 중요한 의미화구조인 언어는 다른 행위자와 말하고, 읽고, 쓰고 그리하여 소통하기 위해 언어의 규칙과 구문론에 관한 지식을 이용하는 것에 의존하는 의미론적 부호(단어와 어휘)로 구성되어 있다(Macintosh · Quattrone, 2010, p.219).

일상의 상호작용에서 인간행위자는 의미와 이해를 소통하기 위해 해석적 틀에 의존한다. 해석적 틀은 각 행위자가 다른 사람이 말하고 행하는 것을 의미있게 하는 인지수단이다. 상호지식의 체계내에서 이러한 인지적 틀의 이용은 의미화구조에 의존하고 의미화구조로부터 이끌어내면서도 이것은 그 구조도 재생산한다. 예를 들면, 개인의 말하기 행위에서, 언어(의미화구조)는 이해(의미의 소통)를 생성하기 위해 의미론과 구조론의 인지체계(해석적 틀)을 통해 이용된다. 그러나 언어 그 자체는 이러한 개인의 말하기 행위의 결과이다(*ibid.*, p.220).

의미화구조는 행위자에게 그들의 조직에 관해 생각하고 합리화하는 방식과 조직내에서 의사소통의 기초를 제공한다. 공유한 의미화구조는 행위자가 조직의 환경, 조직, 자신의 업무 등에 관한 이미지를 공유하기 때문에 다른 행위자가 말하는 것, 의미하는 것을 이해하도록 도와준다(Yuthas · Dillard, 1999, p.342).

관리회계시스템은 주요한 의미화양식(modality)으로 간주될 수 있다. 예를 들면, 관리회계는 조직의 활동을 유의미하게 하는 주요한 수단을 경영자에게 제공하며 이로 인해서 경영자는 그러한 활동에 관해서 유의미하게 소통할 수 있다. 따라서 관리회계시스템은 경영자간의 소통형태에서 사회적 상호작용과 의미화구조 사이를 조정하는 해석적 틀이다(Macintosh · Quattrone, *op cit.*).

이 경우에 의미화구조는 조직활동을 유의미하게 하기 위해 이용되는 공유된 규칙, 개념, 이론을 구성하고 있다. 이들은 이익, 자산, 원가, 수익, 비용 등과 같은 중심적인 회계개념뿐만 아니라 경영과학, 경제학, 재무학 등의 다양한 개념을 포함하고 있다. 나아가 이러한 회계개념들은 해석적 틀에 앞서서 의미화를 가지고 있다. 경영자들은 이들의 의미에 관해서 공유된 이해를 가질 것이며, 이들의 의미는 관리회계시스템에 의해 조정되지만, 이 해석적 틀에 의해 전제되어 있다.

예를 들면, 이익개념은 회계시스템을 통해 특정한 시간-공간상의 위치에 주어져 있다. 그러나 이것은 시간과 공간의 외부에 존재한다. 이것은 실무에서 그러한 시스템의 이용을 통해서만 실체화되며, 그러한 이용을 통해서 변경될 수 있다. 회계는 경영자가 행하는 것을 유의미하게 하기 위해 경영자들이 공유하는 중요한 인지적 질서이다. 회계는 말하자면 기업의 언어이다(*ibid.*).

의미화구조의 또다른 예에는 조직의 사명(mission), 목표, 경영자보고서, 훈련프로그램, 성과평가 등이 있다. 조직의 사명은 조직과 조직내에서의 행위자의 역할을 의미있게 하는데 지침을 제공하기 때문에 의미화구조이다. 사명과 전략은 종업원에게 우리가 행하는 것(what we do) 또는 우리가 무엇인가(what we are about)를 이해하기 위한 기초를 제공한다. 사명은 다른 종업원들이 채택하고 관찰할 가능성이 있는 최고경영자의 철학에 관한 강한 지표를 제공한다. 목표는 그 사명을 추구하는데 필요한 기대치를 구체화한다. 조직이 만든 경영자보고서는 조직의 전략을 반영한다. 조직은 외부당사자들이 요구한 재무정보 이외에, 무엇이 중요한지, 조직이 무엇을 달성하려고 하는지, 그리고 조직의 실재가 스스로 선택한 이미지에 어떻게 비유되는지를 보여주는 경영자보고서를 제공한다. 훈련프로그램과 성과평가시스템은 조직의 목표를 더욱 분명하게 하며, 개별종업원수준으로 분석해준다. 이들은 종업원에게 조직내에서 자신들의 역할을 이해할 수 있는 메카니즘을 제공한다. 성과평가는 또한 최고경영자가 회사에서 활동하는 종업원의 행위와 인지의 이해를 개발하기 위한 방법을 제공한다(Yuthas · Dillard, *op cit.*).

2) 지배구조

지배(domination)는 결과를 달성하고, 권력을 생산할 수 있는 사회시스템의 능력과 관련이 있다. 정상적으로 권력은 유연하게 흐르며, 권력의 광범위한 효과는 사회적 재생산의 과정에서 거의 눈에 띄지 않는다. 그러나 때로는 노조원의 파업기간이나 복지의 경우처럼 이의 효과가 명확하게 가시적이며, 이해된다. 권력은 개인을 억제하고 개인의 협조를 얻기 위해 작용하지만, 해방적 노력을 위한 매체이기도 하다(Macintosh · Quattrone, p.221).

권력은 자율과 종속의 관계를 위한 청사진인 지배구조를 이용하여 생성된다. 봉건시대에는 지배관계의 조직은 신으로부터 왕, 왕족, 신하, 기사, 농노 등에게로 내려오면서 운영되었다. 학교에서 권력은 국가당국으로부터 교장, 교사, 학생에게로 간다. 이러한 계층적인 질서와는 대조적으로, 미국정부의 지배구조는 입법부, 사법부, 행정부간에 균등한 권력을 가진 구조이다. 이러한 청사진이 헌법에 있다(*ibid.*).

지배구조는 배분적 자원과 권위적 자원의 수단에 의해 이용된다. 배분적 자원은 물질적 대상(공장, 무기, 농장 등)을 작동하는 방법에 관한 지식 뿐만 아니라, 이들에 대해 통제할 수 있는 사람의 권리를 포함한다. 이들은 일부 개인이 이러한 자원에 대해 가지는 재산권이다. 그러나 권위적 자원은 이와는 다르다. 권위적 자원은 어떤 행위자가 타자를 명령할 수 있는 권리이다. 이것은 물리적 인공물이 아니라 인간의 제복(harnessing)이다. 이것은 어떤 사람이 타자를 지배할 수 있는 권리와 관련이 있다. 권력과 자원은 사회시스템내에서 사물과 사람의 협조와 통제를 제공한다(*ibid.*, p.222).

관리회계통제시스템은 지배관계에 깊게 연루되어 있다. 이 시스템은 고위경영자의 손에 있는 귀중한 권위적 자원이다. 관습적 관리회계의 기초인 책임중심회계는 단순히 원가, 수익, 자본을 추적하는 것보다 훨씬 더 많은 것을 포함한다. 관리회계시스템은 누가 누구에게 무엇 때문에 책임이 있는가에 관해 내규를 실행한다. 이 시스템은 일부 참여자가 타자에게 회계책임이 있는 지배구조를 위한 주요한 담론이다(*ibid.*).

나아가 회계시스템은 지배구조에서 중요한 역할을 할 수 있다. 예를 들면, 이것은 중요한 차이에 관한 설명을 포함해서 책임중심점 경영자의 예산성과에 관한 관례적인 월별검토에서 발생한다. 이것은 또한 상급자가 하급자의 성과를 평가하는 데서 중요한 기준으로 예산성과를 이용할 때 발생한다. 이것은 책임중심점 경영자가 그 중심점의 예산을 편성하는데 참여할 때 발생한다. 각각의 경우에, 이 과정이 대부분 눈에 띄지 않더라도 관리회계시스템은 지배구조의 재생산에 포함된다(*ibid.*).

관리회계시스템은 지배와 권력의 관계에 사실상 포함되어 있다. 이들에 대한 명령은 조직의 물리적·기술적 자원에 대해 지배하기 위해 고위경영자가 이용하는 주요한 배분적 자원이다. 예를 들면 종합예산은 조직전체에 대한 자원배분을 위한 상세한 청사진을 포함하고 있으며, 조직을 지배하고, 사물을 실행하고, 차이를 낼 수 있는 능력에 의한 강력한 지렛대이다(*ibid.*).

지배구조의 또다른 예는 보상시스템, 자원에 대한 배분적 통제와 권위적 통제를 포함하는 조직구조, 경영통제시스템 등이다. 최고경영자는 조직의 목적을 촉진하는 방법으로 조직구성원의 행동을 통제하기 위해 자원을 소유하고 배분한다. 계층적 지위와 예산통제는 조직행위자가 권력을 가지는 것을 결정하는 것을 도와준다. 보상시스템은 그 권력을 공식화하는 것을 도와준다. 이들은 최고경영자의 기대와 일치하는 행동을 동기유발하고 지지하는 정보를 제공한다. 경제조직에서 지배구조는 어느 정도까지 지배하는 양식을 대표한다. 기업내에서 작용하는 지배구조는 다른 구조에 영향을 준다(Yuthas·Dillard, *op cit.*).

3) 정당화구조

정당화(legitimation)는 사회적 행동의 도덕적 구성을 포함한다. 정당화구조는 사회시스템의 규범적 규칙과 도덕적 의무로 구성된다. 이것은 도덕적 합의나 집합적 양심이다. 이것은 미덕(virtue)으로 간주되는 것, 중요한 것으로 간주되는 것, 사회적 상황에서 발생해야 하는 것 등에 관한 공유된 일단의 가치와 이상(ideal)을 구성한다. 이것은 또한 비도덕적인 것으로 간주되는 것, 사소한 것으로 처리되어야 하는 것, 발생해서는 안 되는 것 등을 지적한다. 행위자는 규범적인 행동규칙의 수단에 의해서 사회적 상호작용동안 이러한 규약을 이용한다. 행위자는 이렇게 하는데서 규약과 규범의 준수여부에 따라 타자와 자신을 제재한다(Macintosh · Quattrone, p.220).

정당화구조는 어떠한 행동이 정당한지, 수용가능한지, 도덕적인지를 결정하는 것을 도와주는 구조이다. 정당화구조는 종업원들이 자신들의 일상적인 활동을 행할 때 그들이 지지하는 종업원행동과 비공식업무의 규범을 지배하는 공식적인 규칙을 포함할 수 있다. 정당화구조는 조직문화의 도덕적 차원을 대표하는 것으로 간주될 수 있다. 정당화구조는 어떠한 활동이 적절하고 어떤 행동이 수용가능한가 또는 특별한 상황에서 제재를 받을 것인가를 행위자가 결정하는 것을 도와준다.

가치와 이상은 직장, 학교, 도서관, 교회, 쇼핑몰 등을 포함해서 광범위한 범위의 상호작용적 맥락에서 행위자에게 기대되는 상호 권리와 의무를 정의한다. 규범은 가치를 조작화하는 방법을 구체화하는데 반하여, 제재는 행위자에게 그 행동에 대해 도덕성을 책임지게 한다(*ibid.*).

정당화차원은 조직정책, 사회화과정, 업무관례, 의사소통망 등과 같은 조직에 의해 대표된다. 조직정책은 항상 준수되는 것은 아니지만, 정당한 행동을 평가하기 위한 일단의 명확한 지침을 제공하는 규칙을 대표하다. 조직사회화는 경영자의 기대를 표현하는 윤리강령, 종업원지침서, 방침 등과 같은 공식적인 과정을 포함할 수도 있다. 조직내에서 종업원들이 비공식적인 정당화구조를 보여줄 수 있다. 비공식적인 업무관례는 종업원이 자신들이 매일 업무관례를 어떻게 실행하는가를 이해하는 것을 도와준다. 업무규범은 종업원들이 도착하고, 떠나고 휴식하는 시기와 업무시간에 소모된 노력수준에 관해서 규정한다. 비공식적인 의사소통규범과 연결망(networks)은 종업원들이 어떠한 정보를 어떻게 공유하는가를 결정하는 것을 도와준다(Yuthas · Dillard, *op cit.*, p.343). 그리하여 정당화차원은 사회질서 구성원의 상호 권리와 의무를 제도화한다.

관리회계시스템은 경영자의 작용과 상호작용의 도덕적 구성에 사실상 포함되어 있다.[6] 이 시스템은 조직활동의 규범을 구체화하며, 의미화구조에 도덕적 기초를 제공하고 있다. 예를 들면, 대부분의 대규모 기업들의 경우에 이익을 보는 것은 최고의 도덕적 이상이다.[7] 관리회계시스템은 또한 일부 참여자가 타자의 행동에 대해 재무적으로 책임지게 할 수 있는 권리를 정당화하고 있다. 이것은 책임중심점개념으로 널리 인식되고 인정되고 있다

6) 이 점에 관해 통찰력있는 논의로는 Roberts · Scapens(1985)를 참조.
7) 사회적으로 구성된 이익의 의미에 관해 좋은 논의로는 Lukka(1990)을 참조.

(Macintosh · Quattrone, p.221).

회계시스템은 구조화체계의 관점에서 보면, 경제적 의미를 의사결정자에게 전달하기 위한 단순히 객관적, 중립적 수단이 아니라, 오히려 가치와 도덕의 생산과 재생산에 깊이 연루되어 있다. 회계시스템은 정당화구조가 조직참여자에게 도덕적으로 유의미한 행동을 생산하기 위해 경영자가 이용할 수 있는 중요한 매체이다.

구조화체계는 시스템이 조직에서 경영자의 작용과 상호작용에 정당성을 어떻게 제공할 수 있는가를 보여준다. 이것은 회계시스템이 중요한 것으로 생각되는 것, 공정한 것으로 간주되는 것, 발생해야 하는 것, 계산해야 하는 것에 관한 가치와 이상을 제정하기 때문이다. 시스템은 조직에서 경영자의 상호 권리와 의무를 제도화한다. "행위에 대해 설명을 한다는 것을 행위에 책임지는 것과 밀접하게 결부되어 있다"(Giddens, 1979, p.85). 회계와 통제 시스템은 조직의 도덕적 구성을 정의하는데 중요한 역할을 할 수 있고 또한 하고 있다. "회계가 행위와 가치 사이의 사상(mapping)을 조정하는 정도까지 회계는 정당화하는 제도로 간주될 수 있을 것이다.....회계는 통제가 행사되는 매체로 작용하고 행위자들간에 관계를 구조화함으로써 이 역할을 수행한다"(Richardson, 1987, p.343).

4. 구조화의 양식

〈도표 9-2〉는 Giddens가 개인의 일상적인 상호작용의 활동에서 도출하는 사회구조의 세 가지 차원을 나타내는 구조화의 양식(modality)을 보여주고 있다. 이 구조화의 양식은 상호지식의 핵심인 의미화구조에 관한 해석적 틀(Giddens, 1979, p.83; 윤병철 · 박병래 역, p.115), 지배구조내에서 설비, 이것은 사회적 상호작용에서 자율과 의존의 재생산관계를 보여주는 지배구조내의 설비(*ibid.*, p.93; 윤병철 · 박병래 역, p.127), 의무의 수행과 권리의 실현화인 정당화구조에 의한 규범(Giddens, 1976, p.86)으로 구성된다. 따라서 Giddens의 견해에 의하면, 이러한 구조 및 관련된 구조화양식에 의존하여 사회적으로 구성된 질서의 제도화가 달성된다. 말하자면, 상호이해체계가 소통되고, 권위와 권력의 시스템이 확립되며, 도덕적 행동강령이 인식된다(Busco, 2009, p.251).

5. 권력개념

Giddens는 제도의 구조적 속성에 지식행위자의 잠재력을 연결하기 위해 양식개념을 이용하고 있다. 해석적 틀(interpretive schemes)은 (의미화구조내에서) 공유이해와 상호의미의 체계를 소통하기 위해 개인이 이용하고 있는데 반하여, (정당화구조내에서) 규범(norms)

과 도덕적 강령(code)은 이들의 상호간의 권리와 의무를 제도화하기 위해 행위자들이 이용하고 있으며, 지배구조와 연결된 구조화의 양식인 조직의 설비(facilities)는 권력개념과 관련되어 있다. 넓은 의미에서 권력은 세계에서 차이를 만들고 사물을 실행하게 할 수 있는 능력으로 간주되지만, 좁은 의미에서 권력은 단순히 지배를 의미한다. Giddens의 이론에서 행위수행(agency)은 넓은 의미와 좁은 의미 모두에서 권력과 더불어 포함되는 것으로 개념화되고 있다. 이 점에서 개인이 권력행사에서 이용하는 설비로서 조직 자원의 역할을 인정할 필요가 있다(Busco, p.252).

6. 통제의 변증법

통제의 변증법(dialectic of control)은 권력(통제로서의 권력)의 분배적 측면이 갖는 양방적 성격으로 기존의 권력관계에서 적은 권력을 가진 사람들이 많은 권력을 가진 사람들을 통제하기 위해 자원을 이용하는 방법을 의미하는데, 구조화이론의 중요한 요소이다. 통제의 변증법에 관한 Giddens의 연구는 조직실무가 조직내외의 다양한 권력구조하에서 하급자와 상급자 사이의 복잡한 권력관계를 어떻게 형성하고 어떻게 형성되는가를 가리킨다(Giddens, 1984). 이것은 의존과 자율의 관계가 항상 양방향업무(two-way affair)라는 것을 알려준다. 상급자가 하급자에 대해 권력을 행사할 배분적 자원과 권위적 자원에 대한 접근권을 분명히 가지지만, 하급자는 상급자에 대해 자의적으로 이용할 약간의 권력자원을 항상 가진다. 상급자가 하급자에게 얼마나 많은 자유재량의 여지를 부여하는가에 관계없이 상급자는 어느 정도까지 하급자에게 항상 의존적이며 하급자는 절대적으로 자율적이지 않다(Macintosh · Quattrone, p.222).

통제의 변증법은 모든 사회시스템의 본질적인 구성측면인 사회시스템의 일차적인 모순과 연결되어 있다. 이것은 논리적 모순이라기 보다는 일부 기본적인 구조적 원리가 다른 원리와의 관계 속에서 작동하지만, 그들은 서로에 대해 여전히 모순적이다(Giddens, 1984, p.193; 황명주 외 옮김, p.274). 각자는 타자에 의존하지만 동시에 타자를 부정한다는 이러한 점은 그들간의 긴장이 그 시스템통합에 기본적이라는 점에서 사회시스템의 본질적인 측면이다.

예를 들어 살펴보자. 자본주의생산시스템의 민간부문조직에서, 사회질서의 일부 구성원(소유자)는 이 시스템에 의해 생산된 잉여가치의 사적 소유에 대한 권리가 있다. 이것은 기본적인 구조적 원리이다. 이와 동시에, 이 잉여는 그 구성원들의 나머지에 의해 수행된 사회화된(또는 공적) 생산의 수단에 의해 생산된다. 그리하여 모든 자본주의조직은 본질적으로 모순적이다. 자본주의적 생산양식(사적 소유)의 운영은 사회화된(공적) 생산을 부정하는 구조적 원리를 가정한다(Giddens, 1984, p.142; 황명주 외 옮김, p.213). 이러한 기업들은 서로 얽힌 두 세력이 항상 서로에 대해 반대하는 사회실체의 모순적인 형태로서 존재할 뿐이다(Macintosh · Quattrone, p.223).

통제의 변증법은 일차적인 모순의 결과가 발생하는 이차적인 모순이다. 최고수준의 경영자들은 사적 소유의 구조적 원칙에 의해서, 잡다한 기업요소들에서 부하 종업원과 관리자를 지배하는데 반하여, 부하 종업원과 관리자는 사회화된 생산의 구조적 원칙에 의해서, 통제의 변증법내에서 그들 자신의 상당한 권력자원을 가진다(*ibid.*).

7. 관례와 위기상황

일상적인 사회활동의 기본요소인 관례(routine)는 시간/공간 영역을 통하여 습관적으로 행하여지는 것으로 정의된다. 관례적 상황에서 취해지는 활동은 매일매일 유사한 방식으로 반복된다. 그래서 행위자는 활동에 관해서 의식적으로 말하거나 생각할 필요가 없으며, 그들이 매일 만나는 새로운 사회규약을 고안하고 협상할 필요가 없다. 사회구조는 중요하다. 관례화(routinization)는 구조화이론의 기초개념의 하나이며, 사회생활의 일상적인 행동에서 신뢰나 존재론적 안전의 느낌을 유지하는데 필요불가결한 심리적 기제이다(Giddens, 1984, p.xxiii; 황명주 외 옮김, p.28).

사회적 관례의 제정에서, 개인은 존재론적 안전감을 유지한다. 이것은 그들이 일상업무를 실행하는 데서 신뢰감을 개발하는데 도움을 준다. 관례적인 조건하에서 사회구조의 재생산을 포함한 사회행위는 지속적으로 흘러간다. 관례화는 기능적이고 경제적이다(Macintosh · Quattrone, p.224).

위기상황(critical situations)[8]은 익숙한 일상생활의 일상성을 갑자기 혼란스럽게 하는 일련의 상황(Giddens, 1979, p.124; 윤병철 · 박병래 역, p.171) 또는 많은 개별행위자들에게 예측불가능하고 급격한 분열의 상황, 제도화된 관례의 확실성을 위협하거나 파괴하는 상황(Giddens, 1984, p.61; 황명주 외 옮김, p.116)으로 정의된다. 위기상황에서 구조화는 다르게 작동한다. 위기상황에서 행위수행은 일반적인 사회구조를 가끔 변경하면서 전면에 등장한다. 예를 들면 조그만 마을의 일반상점에서 질서정연한 군중이 갑자기 폭도로 변하고, 전통적인 구조를 무시하며, 법과 질서를 자경단원의 정의로 대체한다. 이러한 상황에서 군중의 구성원은 지도자에 의해 쉽게 착취될 수 있다. 전통적인 사회적 판형이 포기되고, 새로운 판형이 즉석에서 등장하거나 억압된 사회적 판형들이 강력하게 재등장한다. 하

8) critical situations을 황명주 외의 번역서에서는 임계상황으로 번역하고 있다.

나의 예는 소연방의 붕괴시기에 기독교의 재등장이다. 위기상황에서 행위수행이 기존과는 다른 구조를 가져왔다(Macintosh · Quattrone, p.224).

관례와 위기상황의 구분은 사회시스템의 변화가능성을 행위자의 의식수준 및 구조와 관련시켜 설명하는데 유용하다. 관례적 상황에서 사회구조는 행위자의 행위수행을 지배하는 경향이 있으며, 상호작용에 대한 행위자의 성찰적 감시는 많은 부분에서 관행적 의식수준에서 이루어진다. 이러한 경우 행위자의 행위수행을 통한 기존시스템의 변화가능성은 매우 작다고 볼 수 있다. 그러나 위기상황에서는 행위자의 행위수행이 전면에 나타나며, 기존의 사회구조는 다른 형태로 변화하게 된다. 급진적인 위기상황에서는 담화적 의식수준에서 이루어지는 개별행위자의 행위수행을 통하여 사회시스템이 변화될 가능성이 크다. 이 경우에 새로운 사회구조가 지속적으로 재생산되며, 구조화의 과정를 통하여 새로운 사회시스템이 등장할 것이다(*ibid.*).

그러나 이러한 극단적인 위기상황이 없어도 변화가 발생할 수 있다. 담화적인 의식수준에서 취해지는 인간행위자의 의도적인 행위도 점차적인 사회변화를 초래할 수 있다. 구조의 재생산에 기여하는 모든 행동도 생산행동이고, 새로운 시스템도 재생산하는 것과 동시에 그 구조를 변경함으로써 변화를 초래할 수 있다. 우리들 각자는 사회변화를 초래할 잠재력을 가지고 있지만, 개별적인 행동들이 사회시스템의 제도화된 특징으로 될 때까지 사회구조를 변화시키지 않을 것이다. 이후에 새로운 구조가 등장할 것이다(*ibid.*, pp.224-225).

Giddens의 연구는 시간과 공간을 관통하는 사회실무(또는 조직실무)의 생산, 재생산, 급진적 변화를 사회구조(규칙과 자원)와 행위자의 행위 사이의 상호작용의 결과로 간주한다(Giddens, 1984). 그리하여 변화는 행위와 구조에 대해 상호 의존적이다. 이로 인해서 우리는 일상적인 상황보다는 위기상황 하에서 변화가 발생할 것으로 예상하게 된다(Conrad, 2005).

제3절 구조화이론과 회계학연구

지난 1985년에 Roberts · Scapens(1985)가 Giddens의 구조화이론을 회계학에 도입한 이래로, 오늘날까지 약 30여년동안 Giddens의 구조화이론은 회계학연구 특히 관리회계연구를 실시하기 위한 유용한 수단으로 주장되어 왔다(Baxter · Chua, 2003; Englund et al., 2011; Englund · Gerdin, 2014). 특히, 회계시스템 자체를 연구하는 것으로부터 회계책임(accountability)시스템으로 주안점을 변경하는 것을 지지함으로써, 구조화이론은 회계를 조직적 · 사회적 실무로서 탐구하기 위한 유용한 체계로 시작되었다(Roberts · Scapens, 1985; Macintosh · Scapens, 1990). 따라서 구조화이론은 많은 주류회계학의 특징을 이룬 회계에 관한 정태적이고 비맥락적이며, 경제적으로 합리적인 관점을 비합리적, 해석적, 비판적 관점에 의해 대체할 필요가 있다고 주장하는 대체적 회계연구경향의 일부가 되었다(Baxter · Chua, 2003). Englund et al.(2011)에 의하면, 구조화이론은 주로 *Accounting, Organizations and Society*(12편), *Critical Perspectives on Accounting*(10편), *Management Accounting Research*(9편), *Accounting, Auditing and Accountability Journal*(6편) 등에 집중적으로 게재되었다. 그리고 이러한 논문들을 개념중심적인 논문(15편), 경험중심적인 논문(43편), 선행문헌 검토(7편)로 나누어 살펴보고 있다. 개념중심적인 논문들은 구조화이론 그 자체를 논하고 있는데, 이들의 일차적인 목적은 조직적 · 사회적 · 정치적 현상으로서 회계실무를 연구하기 위한 접근방법으로 구조화이론의 잠재성을 나타내는 것이었다. 한편, 이들의 이차적인 목적은 특별한 개념에 주안점을 두기도 한다. 예를 들면, 구조와 행위수행사이의 조정(mediating)개념이 회계문헌에서 어떻게 이용되는가를 논한 경우(Englund · Gerdin, 2008)와 회계체제(accounting regime)가 탈귀속(disembedding)과 재귀속(reembedding)의 과정을 포함하는 사회실무로서 어떻게 이해될 수 있는가를 분석한 경우(Jones · Dugdale, 2001)가 있다.

경험중심적인 논문들의 주된 목적은 실제 상황의 분석을 통해 회계실무에 관한 이해를 증가시키는 것이다. 이 경우에는 주로 사례연구방법을 이용하고 있다.

선행문헌 검토의 경우, 이들은 특별한 경험적 현안이나 영역에 주안점을 두었다(예를 들면, Ahrens · Chapman, 2007; Meira et al., 2010). 즉, 이들은 거의 대부분, 목표에 의한 관리와 같은 통제문제(Alam et al., 2004; Dirsmith et al., 1997), 원가계산시스템(예를 들면, Granlund, 2001; Hyvonen et al., 2006; Jack, 2005; 2007), 예산(예를 들면, Collier, 2001; Seal, 2003), 성과평가(Cowton · Dopson, 2002; Scapens, 2006), 관리회계를 중심으로 하고 있으며, 일부의 경우에 재무회계를 연구하기 위해 구조화이론을 이용하고 있다(Buhr, 2002; Granlund, 2002; Tollington, 2006을 참조).

우선 어떤 핵심적인 구조화개념이 인용되는가를 검토하고 나서 구조화과정을 연구하기 위한 연구방법을 살펴본 후, 회계가 어떻게 개념화되고 있는가를 살펴본다. 그리고나서 회계가 조직적 · 사회적 실무에서 시사되는 것으로 어떻게 발견되는가를 살펴보고(회계의 모형화), 회계의 지속과 변화가 어떻게 이론화되는가를 분석한다.

1. 구조화개념과 연구방법

Englund・Gerdin(2014, p.168)에 의하면, 전반적으로 회계학자들은 구조화이론의 근간을 이루는 많은 핵심개념들을 폭넓게 이용하지만, 이 개념들이 회계맥락에 어떻게 적용되는가에서 차이가 있다.

첫째, 대부분의 연구자들은 사회구조를 행위자가 사회시스템의 (재)생산에서 이용한 (상호)작용을 위한 인식적 판형(template)으로 개념화하고 있지만, 예외도 있다(*ibid.*, p.169).

둘째, 사회구조와 사회시스템 사이의 이중성관계라는 핵심사상이 대부분의 구조화이론에 입각한 회계학연구의 골격을 형성하지만, 이 개념의 의미와 시사점이 명확하지 않다(*ibid.*)

Englund・Gerdin(2014)에 의하면, 대부분의 연구자는 사회구조/시스템, 이중성, 행위수행, 권력 등과 같은 핵심적인 구조화이론을 명시적으로 언급하고 있지만, 이들이 회계에서 어떻게 적용되는가는 큰 차이를 보이고 있다(p.169). 그리고 회계학연구에서 구조화이론을 적용할 때, 다음과 같은 다섯 가지 연구유형이 있다고 한다(p.170). ① 구조화이론을 적용해서 회계에 관한 이해를 높이고자하는 일반적 적용(이의 예로는 Caglio, 2003; Conrad, 2005; Hassan, 2010 등이 있다), ② 통제의 변증법, 근대성, 전문가시스템 등과 같이 구체적인 구조화이론의 개념에 초점을 둔 선택적 적용(이의 예로는 Jack, 2005; Seal et al., 2004 등이 있다), ③ 특정한 구조화이론개념을 적용하지만, 회계문헌보다 다른 문헌에 기여하고자 하는 비판적 이용(이의 예로는 Free, 2008; Saravanamuthu・Tinker, 2003 등이 있다), ④ 사회실무로서 회계에 관한 이해를 높이기 위해 다른 이론과 무비판적으로 결합하는 이론결합(이의 예로서, Collier(2001), Cowton・Dopson(2002), Dirsmith et al.(1997), Gurd(2008) 등이 있다), ⑤ 구조화이론의 한계를 식별하고 원래의 사상을 확대하고자 하는 비판적 관여(이의 예로는 Coad・Herbert, 2009; Jack・Kholief, 2007, 2008 등이 있다).

한편, 구조화과정을 연구하기 위해 적용된 연구방법으로는 한 개 또는 복수의 사례조직(예를 들면, Ahrens・Chapman, 2002; Ouibrahim・Scapens, 1989), 특정한 산업(예를 들면, Jack, 2007), 공동체(예를 들면, Jayasinghe・Thomas, 2009) 등을 포함한 장기간의 사례연구(Boland, 1993을 참조)를 실시하며, 구체적인 자료수집방법으로는 주로 면접에 기초하며 다양한 사례의 특정한 문서(예를 들면, 연례보고서, 예산, 내부훈련자료, 조직도표, 명세서), 관찰 등에 의해 보완되고 있다(Englund・Gerdin, 2014, p.171).

2. 회계의 개념화

회계 그 자체가 구조화이론의 문헌에서 이론적으로 어떻게 개념화되었는가에 관한 문제에 관해서, 세 가지 주요한 접근방법을 식별할 수 있다(〈도표 9-3〉을 참조)(Englund et al., 2011, pp.497-499).

〈도표 9-3〉 회계의 개념화

1. 구조로서의 회계	연구의 주요한 측면; 회계는 (의미화, 정당화, 지배의 구조에 의해서) 사회시스템의 구조화속성이라고 한다. 연구문헌: Jack(2005), Lawrence · Doolin(1997), Lawrence et al.(1997), Macintosh · Scapens(1991), Scheytt · Soin · Metz(2003).
2. 인공물로서의 회계	연구의 주요한 측면; 회계는 전산시스템, 보고서, 공식규칙, 특정기법(예를 들면, ABC시스템)을 포함하는 공식시스템이라고 한다. 연구문헌: Barrett et al.(2005), Cowton · Dopson(2002), Granlund(2001), Hyvonen et al.(2006), Laughlin(1990).
3. 구조와 인공물의 상호작용으로서의 회계:	연구의 주요한 측면; 회계는 상호교환적으로 구조화속성과 공식시스템이라고 한다. 연구문헌: Ahrens · Chapman(2002), Alam et al.(2004), Busco et al.(2006), Caglio(2003), Capps et al.(1989), Conrad(2005), Dirsmith et al.(1997), Granlund(2002, 2003), Gurd(2008), Moilanen(2008), Roberts(1990), Scapens · Roberts(1993), Seal(2003), Uddin · Tsamenyi(2005).

자료원: Englund · Gerdin · Burns(2011, p.499).

한 가지 공통 접근방법은 초기의 연구인 Roberts · Scapens(1985)와 Macintosh · Scapens(1990)를 이용하고 회계를 주로 사회구조로 간주하는 것이다(〈도표 9-3〉에서 1을 참조). 여기서 연구자들은 공공부문조직에서 새로운 기업언어의 도입에 주안점을 두고 있다(예를 들면, Lawrence et al., 1997; Lawrence · Doolin, 1997; Macintosh · Scapens, 1991도 참조). 그리하여 이 접근방법의 전반적인 특징은 그것이 공식적인 시스템/기법 그 자체를 중요시하지 않으며, 구조화의 양식으로서 회계의 반영(incorporation)을 강조한다(Macintosh · Scapens, 1990).

문헌에서 두 번째 접근방법은 회계시스템 그 자체에 대해 명확한 주안점이 있는 곳, 말하자면 연구자가 전산화된 시스템(예를 들면, Granlund, 2001; Hyvonen et al., 2006)이거나, 그러한 시스템과 연결된 편람, 규칙, 보고서(예를 들면, Barrett et al., 2005)라는 곳이다. 그리하여 이 접근방법의 전반적인 특징은 회계가 인공물(artefact)로 개념화된다는 것이다(〈도표 9-3〉에서 2). 이러한 논문의 많은 것들이 근대성에 관한 Giddens의 후기저술(예를 들면, Giddens, 1990a를 참조)과 회계시스템이 추상적 (전문가)시스템(예를 들면, Barrett et al., 2005; Hyvonen et al., 2006)으로 해석될 수 있는 방식을 이용한다는 것도 언급해야 한다.

구조화이론의 문헌에서 식별된 세 번째 접근방법은 회계인공물에 대한 일부 초점을 그대로 두면서 회계를 사회구조로 개념화하는 것이다(〈도표 9-3〉의 3을 참조). 예를 들면, 일부 연구자들은 정보시스템이 순수한 행위나 순수한 구조가 아니라 구조화의 양식으로(Caglio, 2003, p.127) 간주되는 회계시스템과 구조적 속성을 같은 뜻으로 가리킨다(예를 들면, Caglio, 2003; Moilanen, 2008). 그러나 대부분의 경우에, 연구자들은 다양한 방식으로 이 둘 사이의 상호작용에 관여하면서, 사회구조로서의 회계와 공식시스템으로서의 회계를 명확하게 구분한다. 예를 들면, 일부 연구자들은 회계구조의 변화가 어떻게 공식회계시스템의 변화에 대한 인지된 필요성을 유도할 수 있는가를 보여주고 있다(예를 들면, Alam et al., 2004; Gurd, 2008) 그리고 그 반대도 보여주고 있다(Busco et al., 2006; Granlund, 2003). 이에 반해서 다른 연구자들은 일상적인 실무에서 이들이 어떻게 상호작용하는가를 보여주고 있다(예를 들면, Ahrens · Chapman, 2002; Roberts, 1990).

사회구조가 인간행위의 결과와 인간행위의 매체로 어떻게 작용하는가를 개념화하는 Giddens의 방식(구조의 이중성)은 사회적 맥락에서 회계를 연구할 때 중요한 출발점으로 강조되어 왔다. 예를 들면, 구조적 요소가 회계실무를 어떻게 형성하는가(Roberts · Scapens, 1985), 많은 관리회계연구자들이 회계가 사회구조의 일부를 구성하는 것으로 어떻게 간주될 수 있는가(예를 들면, Macintosh · Scapens, 1990: Scapens · Macintosh, 1996) 등에 관한 초창기의 연구를 따르면서, 개념적 · 이론적 연구(예를 들면, Burns · Scapens, 2000; Dillard et al., 2004) 뿐만 아니라 경험적 연구(예를 들면, Ahrens · Chapman, 2002; Conrad, 2005; Dirsmith et al., 1997; Granlund, 2001; Jack, 2005; Scapens · Roberts, 1993; Seal et al., 2004; Soin et al., 2002)에서 구조의 이중성이라는 개념을 이용하였다.

회계학자들은 사회구조와 인간행위의 관계에 관해 오랫동안 지속되고 있는 사회학적 논쟁[9]에서 Giddens의 구조화이론을 지지하고 있다. 즉, 회계연구자들은 Giddens의 구조의 이중성이라는 개념에 의지하여, 행위자들이 행위할 때 구조적 요소에 의지한다는 사고를 채택하였다. 이것은 다시, 사회구조와 인간행위가 두 개의 독립적으로 주어진 현상으로 간주되지 않는다는 것을 의미한다(Macintosh · Scapens, 1990; Scapens · Macintosh, 1996).

9) 대부분의 사회학이론서에서 이러한 논쟁을 다루고 있다. 구조를 중요시 하는 구조(결정)론자와 행위를 중요시하는 상징적 상호작용론을 위시한 행위론자들간에 치열한 논쟁과 다양한 이론들이 전개되고 있다.

Giddens는 구조가 인간과는 분리된 것으로 개념화되는 구조와 행위의 이원론(dualism)을 극복하려고 노력하고 있지만, 구조와 행위는 근본적으로 상이한 속성을 가지고 있다고 주장하고 있다. 사회구조와 인간행위 사이의 조정개념이 어떻게 이용되는가는 분명하지 않다. 예를 들면, 관리회계시스템이 양식(modalities)(Giddens, 1984)으로 간주되기도 하지만, 경영자들 사이에 의사소통의 형태로 사회적 상호작용과 의미화구조(Macintosh · Scapens, 1990, p.460) 사이에 또는 권력과 지배의 구조(Mouritsen, 1990, p.74) 사이에 조정하는 해석적 체계로 작용한다. 따라서 관리회계시스템을 행위자들이 일상적인 행위에서 의지하는 규칙과 자원으로서의 특징을 가지는 양식으로 칭함으로써, 관리회계개념은 사회구조의 속성을 가리킨다는 것이 분명한 것 같다.

전반적으로, 회계는 구조화이론의 문헌에서 상이한 방식으로 개념화되고 있다. 그리고 아래에서 논의되는 바와 같이, 이러한 상이한 개념화는 근본적으로 상이한 이론적 시사점을 가진다. 이러한 이론적 시사점을 살펴보기 전에 먼저 두 번째 주제, 즉, 회계가 구조화이론 문헌에서 어떻게 모형화되고 있는가를 살펴보자.

3. 회계의 모형화

전반적으로, 연구자들은 회계실무를 모형화하기 외해 Giddens가 규칙(의미화와 정당화)과 자원(지배)의 집합으로서 구조를 특징화하는 것을 이용하고 있다. Giddens와 회계연구자들(예를 들면, Ahrens · Chapman, 2002; Roberts, 1990)은 이러한 세 가지 구조적 차원이 사회적 상호작용의 형태로 서로 얽혀 있으며, 그리하여 분석적으로 분리될 수 있다는 것을 일반적으로 강조한다(Englund et al., 2011, p.499).

첫 번째 구조적 차원은 의미화구조의 일부로서 회계에 초점을 두고 있으며 따라서 의사소통에서 이용되고 있는 중요한 해석적 틀(scheme)로 그것이 어떻게 작용하는가에 초점을 두고 있다. 〈도표 9-4〉는 회계가 사회생활의 (재)생산에서 함축되는 두 가지 방식을 시사한다. 첫째, 많은 학자들이 회계가 일단의 개념(Capps et al., 1989; Jayasinghe · Thomas, 2009). 의미론적 부호(semantic codes)의 망(Macintosh · Scapens, 1991), 그리고 이론(Macintosh · Scapens, 1990) 등에 의해서 언어로 어떻게 이해될 수 있는가를 보여주고 있다. 경험적 연구에서, 이익, 손실, 수익률, 원가 등에 의해 표현되는 자본주의나 기업이라는 이러한 언어(Macintosh, 1995; Roberts · Scapens, 1985)는 행위자들이 사건을 습관적으로 해석하고, 조직의 활동과 결과(Macintosh, 1995) 및 회계기입(Boland, 1993을 참조)을 의미있게 할 때 이용하는 중요한 인지적 렌즈로 작용하는 것으로 판명되었다(Englund et al., *op cit.*).

〈도표 9-4〉 **회계의 모형화**

1. 의미화구조로서 회계	i. 인지적 렌즈: 연구의 주요한 측면; 회계는 실재를 해석하기 위한 인지적 구도로 모형화된다. 참고문헌; Boland(1993), Jack(2005) ii. 구성적 렌즈: 연구의 주요한 측면; 회계는 실재가 사회적으로 구성되는 언어로 모형화된다. 참고문헌; Macintosh · Scapens(1990), Roberts(1990)
2. 정당화구조로서 회계	i. 분식도구: 연구의 주요한 측면; 회계는 조직과 사회의 기대를 반영하는 수단으로 모형화된다. 참고문헌; Granlund(2002), Granlund et al.(1998), Lawrenson(1992), Macintosh · Scapens, 1991), ii. 제재도구: 연구의 주요한 측면; 회계는 어떤 (상호)작용형태를 제재하는 수단으로 모형화된다. 참고문헌; Conrad(2005), Lawrence et al.(1997), Macintosh(1995).
3. 지배구조로서 회계	i. 지배를 위한 자원; 회계는 권력의 행사에 이용될 수 있는 자원으로 모형화된다. 참고문헌; Collier(2001), Cowton · Dopson(2002), Jack(2007). ii. 이데올로기 기제; 회계는 사회관계에 내재하고 사회관계를 구성하는 이데올로기적 기제로 모형화된다. 참고문헌; Alam et al.(2004), Jayasinghe · Thomas(2009), Jones · Dugdale(2001)

자료원: Englund · Gerdin · Burns(2011, p.500).

둘째, 일부 연구들은 또한 회계의 구성력(constituting power)을 나타내는데, 이에 의해서 회계가 실재를 적극적으로 생성하고 형성하는 것으로 보여진다(Macintosh · Scapens, 1990; Roberts, 1990을 참조). 즉, 언어구조로서 그 특징을 통해, 회계는 조직의 경계, 구조, 계층의 정신적 이미지를 생성하는 사회활동을 보고 이해하는 특별한 방식을 생성하는 것으로 보여진다. 예를 들면, Roberts(1990, pp.107-108)는 회계가 차가운 실재이미지를 제공하는 것 이상으로 많은 것을 어떻게 실행하는가를 보여준다. 조직내에서 통제기술의 일부로서, 회계는 회계가 보고하는 활동과 관계를 형성한다는 것을 보여준다.

〈도표 9-4〉의 두 번째 구조적 차원은 회계가 정당화구조의 일부로서 어떻게 이해될 수 있는가를 탐구하며, 따라서 그것이 어떤 행위형태를 제재하는 규범으로서 어떻게 작용하는가를 탐구한다. 이 범주에서 회계실무가 그러한 사회구조를 (재)생산하는 두 가지 주요한 방식이 식별되었다. 첫째, 많은 연구들이 회계실무가 합리성을 신호하기 위해 어떻게 작동하는가와 따라서 중요한 타자들의 기대를 어떻게 충족하는가를 주로 보여주고 있다(예를 들면, Granlund, 2002; Lawrenson, 1992; Hopwood, 1983; Richardson, 1987). 예를 들면, Lawrenson(1992)은 새로운 관리회계실무의 도입과 다소 의례적 이용을 통해 (비회

계사에 의해) 환경압력이 구축되고 취급되는 조직과정을 분석하였을 때 회계의 분식역할을 주장하였다. 이와 유사하게, Capps et al.(1989, p.234)는 "회계책임모임을 둘러싼 기술시스템과 자료로 인해서 경영자는 기술적 효율성과 합리성의 이미지를 외부기관과 어느 정도까지 자신에게 투사할 수 있었다"는 결론을 내린 바 있다. Macintosh · Scapens(1991)는 관리회계시스템이 외부관계자에게 시스템이 통제중이라는 것을 나타내는 수단으로 이용될 수 있다고 주장하였다.

둘째, 회계는 무엇이 옳고 중요한 것으로 간주되어야 하는가와 누가 다른 사람에게 그들의 행동에 (재정적으로) 회계책임을 지게 할 권리를 가지는가에 의해서 사회적 기대를 명확히 하는 것을 도와주는 중요한 제재도구로 작용할 수 있을 것이다(예를 들면 다음을 참조. Macintosh, 1995; Macintosh · Scapens, 1990; Roberts · Scapens, 1985). 예를 들면, 회계가 낭비를 제거하고 생산량을 높이고(Lawrence et al., 1997), 고객선택과 원가절감을 가능하게 하는 것(Conrad, 2005)과 같은, 공공부문조직에서 무엇이 정당한가를 (재)정의하는 것을 어떻게 도와줄 것인가를 보여주고 있다. 그러나 다른 연구에서는 회계가 사조직의 도덕석 기초를 장기간의 이윤형성(Macintosh · Scapens, 1991), 또는 단위원가의 지속적인 감소(Roberts, 1990)라는 개념으로 형성하는 것을 어떻게 도와주는가를 보여주고 있다.

〈도표 9-4〉에서 세 번째의 구조적 차원은 지배구조의 일부로서 회계에 초점을 두고 있는데, 이에 의해서 회계는 권력의 행사를 촉진하는 것으로 이해된다. 구조화이론에 관한 여기서의 분석은 회계가 실무에서 시사되는 두 가지 주요한 방식을 주장한다. 첫째, 일부 학자들은 회계를 타인에 대한 권력(Macintosh · Scapens, 1990; Roberts · Scapens, 1985를 참조)의 행사에서 일부 분파적 집단에 의해 가동되는 정보기계로 묘사하면서, 다원론적(pluralistic) 입장을 가진다(Hopper · Powell, 1985). 일부 연구는 상급자가 하급자를 억압하기 위해 회계정보를 어떻게 가동할 수 있는가를 예시하고 있다(예를 들면, Macintosh · Scapens, 1991; Roberts, 1990). 그러나 피지배 또는 피통제 당사자들이 어떤 형태의 자율을 행사하거나 통제에 반격하기 위해서 어떻게 자원을 이용할 수 있는가를 보여주고 있다. 예를 들면, Cowton · Dopson, 2002; Saravanamuthu · Tinker, 2003; Uddin · Tsamenyi, 2005). 이러한 권력행사가 다양한 형태를 취할 수도 있지만(예를 들면 다음을 참조, Cowton · Dopson, 2002), 선행연구의 결과들은 기존의 구조에 대한 지각된 위협이 저항을 가끔 초래한다는 것을 보여준다(예를 들면, Lawrence · Doolin, 1997; Ouibrahim · Scapens, 1989; Scapens · Roberts, 1993). 자본주의적 구조이외의 다른 구조적 기초에 의해 지배되는 사회시스템에 회계실무가 도입되는 곳에서 이러한 저항이 나타나는 것 같지는 않다(Whittington, 1992를 참조).

둘째, 많은 연구자들은 비판적 입장을 취하며, 회계가 이데올로기적 체제로 작용할 수 있는 방식을 탐구하였다(Jones・Dugdale, 2001). 예를 들면, Alam et al.(2004)은 Fiji국의 개발은행내의 관리통제 가동화가 인종과 민족관계의 재구성에 기여하였다는 것을 발견하였다. 이와 유사한 방식으로, Sri Lanka에서 계급구분이 심한 어촌에 관한 Jayasinghe・Thomas(2009)의 연구는 Kalametiya어촌에서 고유의 사회회계시스템이 시간의 경과에 따라 불평등한 권력양상과 이러한 양상의 구조화를 어떻게 촉진하였는가(p.371)와 이러한 시스템이 Kalametiya어촌의 비호정치의 배후에서 추진력으로 작용한다(p.372)는 것을 보여주었다.

전반적으로, 연구자들은 Giddens의 사회구조에 관한 세 가지 견해에 근거하여, 회계가 상이한 방식으로 일상의 실무에 함축될 수 있다는 것을 보여주고 있다. 그러나 구조화요소의 핵심적 특징은 세 가지 구조적 차원을 상호 얽힌 총체성으로 간주하는 접근방법이라는 점이다(Macintosh・Scapens, 1990; Roberts・Scapens, 1985를 참조). 사실상 Giddens의 구조개념을 연구하기 시작한 경험적 연구의 약 70%(27편중에서 19편)는 전형적으로 회계가 해석적 구도로 작용할 뿐만 아니라, 무엇이 도덕적으로 유의미한 것으로 간주되며, 누가 다른 행위자들을 조정하고 통제할 권리를 가지는가를 정의한다는 것을 예시하기 시작하였다. 예를 들면, Roberts(1990)는 반복적인 조직사건(회의)이 공유하는 (재무)이해와 지식을 구축하기 위해 어떻게 이용되었는가를 보여주었는데 반하여, 이와 동시에 정당화의 구조와 상호교환적인 권리와 의무의 강한 의미를 구성함으로써 지배와 정당화의 구조를 재생산하기 위해 어떻게 이용되었는가를 보여주었다(Ahrens・Chapman, 2002; Jayasinghe・Thomas, 2009; Macintosh, 1995도 참조). 따라서, 회계의 실제권력은 별도의 구조적 속성으로서 그것이 어떻게 (재)생산되는가에 있지 않고, 오히려 의미의 구조로서 그것이 조직내에서 무엇이 유의미한 것으로 간주되는가를 정의하게 되는 방식에 있다(Roberts・Scapens, 1985, p.450).

다음의 두 절에서 분명한 바와 같이, 회계연구자들은 또한 그러한 상호 얽힌 총체성이 회계실무에서 지속과 변화를 어떻게 수반하는가에 대한 상당한 통찰력을 제공하였다. 지속과 변화는 특히 동시적으로 발생하는 회계실무의 측면을 구성하며, 이들을 분석적인 이유로 분리해서 살펴본다.

4. 회계지속의 원천

위에서 주장한 바와 같아. 회계실무에서 지속성의 많은 잠재적 원천은 문헌에서 이미 소개되었다. 많은 연구들이 원천간의 경계가 애매하고, 그러한 원천의 다중성에 근거한 회계실무의 이해를 제공하였지만, 원천이 다음과 같은 다섯 가지 회계지속 문헌에서 발견되었다(〈도표 9-5〉를 참조)(Englund et al., 2011, pp.501-502).

〈도표 9-5〉 **회계문헌에서 설명된 회계지속의 원천**

1. 존재론적 안전	핵심측면: 회계실무는 기존의 관례의 재생산이 사람들의 존재론적 안전감을 향상시키기 때문에 지속할 수 있을 것이다. 참고문헌: Busco et al.(2006), Conrad(2005), Granlund(2001), Hassan(2010), Jayasinghe · Thomas(2009)
2. 당연성	핵심측면: 회계실무는 상당히 당연시되는 방법으로 일상의 조직실무의 구조화에 함축될 때 고도로 지속적일 수 있다. 참고문헌: Ahrens · Chapman(2002), Jack(2005), Laughlin(1990), Seal(2003)
3. 지식의 부족	핵심측면: 회계실무는 주안점이 되는 사회시스템의 행위자들간에 혁신적 회계전문기술의 부족 때문에 지속할 수 있다. 참고문헌: Jack(2005)
4. 구조적 분열	핵심측면: 기존구조와 도입구조 간에 인지된 분열 때문에 회계변화에 대한 상당한 노력이 저항받을 수 있다. 참고문헌: Hassan(2005), Lawrence · Doolin(1997), Ouibrahim · Scapens(1989), Scapens · Roberts(1993)
5. 원천비대칭	핵심측면: 회계변화에 대한 상당한 노력이 변화를 지지하거나 반대하는 행위자들간의 자원에 대한 비대칭적 접근 때문에 저항받을 수 있다. 참고문헌: Dirsmith et al.(1997), Jayasinghe · Thomas(2009), Macintosh · Scapens(1991), Ouibrahim · Scapens(1989), Scapens · Roberts(1993)

자료원: Englund · Gerdin · Burns(2011, p.502).

첫째, 많은 연구자들은 존재론적 안전에 대한 사람들의 필요성 때문에 어떤 회계실무가 보존된다고 주장하였다(Giddens, 1984를 참조). 예를 들면, Granlund(2001)는 사람들이 관례에 편안하며, 이 관례가 다시 존재론적 안전감을 높이기 때문에 사람들은 회계변화에 근본적으로 저항한다(p.160)고 주장하였다. 나아가, Jayasinghe · Thomas(2009)는 변화들이 기존의 권력관계로부터 벗어났다면, 기존의 회계형태에서 변화가 가질 잠재적 결과의 두려움을 통해 개인들이 그 변화를 어떻게 회피하는가를 설득력있게 보여주었다(Busco et al., 2006; Conrad, 2005도 참조).

둘째, 일부연구자들은 재생산(Giddens, 1984, p.60; 황명주 외 옮김, p.116)의 형태를 유도하는 관례화된 회계실무의 당연시되는 특징을 강조하였다(〈도표 9-5〉에서 두 번째 원천을 참조). 그러나 당연시되는 비회계구조의 재생산이 회계실무가 그 장면에 들어가는 것을 방해할 수도 있는 예도 있다. 예를 들면, Laughlin(1990)은 영국교회에서 이용된 의미화구조의 심오함으로 일부 당사자들간에 더 큰 재무회계책임에 대한 요청이 배척되었다는 것을 주장하였다.

셋째, Jack(2005)은 행위자들이 지식있는(knowledgeable) 행위자로 간주되고 있음에도 불구하고, 어떻게 지식가능성에 항상 한계가 있는가를 상세하게 설명하였다. 그러나 Giddens는 무의식적 그리고 인식하지 않은 행동조건/의도치 않은 행동결과가 그러한 한계성의 근거를 형성하는 것으로 간주하였지만, Jack은 행위자의 지식부재가 새로운 관리회계형태를 혁신할 수 있는 그들의 능력을 어떻게 제약하였는가를 탐구하였다. 즉, Jack(2005)은 농업의 매출총이익회계에 관한 연구에서, 산업 그 자체는 새로운 원가계산과 성과측정시스템을 혁신할 관리회계전문기술을 가지지 않는다(p.76)는 결론을 내렸다. 따라서, 회계실무는 관례의 반복성이 당연시되고, 안전감을 높이기 때문에 지속할 뿐만 아니라, 행위자들이 새로운 관례를 형성할 수 있는 능력에 한계가 있기 때문에 지속할 수도 있다.

넷째, 재생산되고 있는 것들(말하자면, 개념, 규범, 이론 등)의 기초를 이루는 구조적 속성들이 기존의 구조와 충돌하는 것으로 인지될 때 행위자들은 새로운 회계조치들에 노골적으로 저항할 수도 있을 것이다.(〈도표 9-5〉의 원천4를 참조). 예를 들면, Lawrence · Doolin(1997), Lawrence et al.(1997), Hassan(2005) 등은 병원에서 임상인들이 주로 의료적 관심사이었던 것으로부터 수용하면서, 새로운 회계언어와 경제언어에 어떻게 저항하는(Lawrence et al., 1997, p.673) 경향이 있는가를 암시하였다. 다른 맥락에서, Scapens와 그 동료들(Ouibrahim · Scapens, 1989; Scapens · Roberts, 1993) 등은 활동의 가시성을 증가시키고, 일부 행위자의 위치를 약화시키며, 생산언어를 대체하면서, 새로운 관리회계시스템의 인지된 위협이 저항을 위험에 빠뜨릴 것이라고 주장하였다.

다섯째, 많은 회계연구자들은 자원비대칭과 통제의 변증법이 어떻게 지속적인 회계실무를 설명할 수 있을 것인가를 탐구하고 있다. 이 문헌의 지배적인 부분은 하위자들이 기술적/국지적 지식과 같은 자원에 대한 접근(Scapens · Roberts, 1993; Uddin · Tsamenyi, 2005), 상급자로부터의 물리적 거리(Ouibrahim · Scapens, 1989), 명확하게 정의된 측정시스템의 부재(Macintosh · Scapens, 1991), 복잡한 명령구조(Macintosh · Scapens, 1991) 등을 통해, 회계변화를 위해 경영자가 시작한 다양한 시도를 회피할 수도 있다는 것을 보여주고 있다. 그러나, 이 문헌은 지배집단이 사회지위와 자산소유의 이용(Jayasinghe · Thomas, 2009)을 통해, 어떤 형태의 회계실무를 어떻게 보존하는가에 관한 통찰력도 제공하였다. 전반적으로, 많은 연구들이 다양한 변화압력에도 불구하고 일부 회계실무가 변화에 그렇게 저항적인 이유에 관한 이해에 기여하였다. 그러나 다음에 논의되는 바와 같이, 그러한 실무에 변화의 잠재적 원천에 관한 상세히 설명한 큰 연구흐름도 있다.

5. 회계변화의 원천

회계지속의 원천의 경우처럼, 개별적인 변화원천들 사이의 경계와 변화와 지속의 원천들 사이의 경계는 분명하지 않다. 그러나, 변화의 원천도 명확하게 하기 위해 개별적으로 제시된다(〈도표 9-6〉을 참조)(Englund et al., pp.502-503).

〈도표 9-6〉 회계문헌에서 설명된 변화의 원천

1. 시스템재생산을 지배하는 조건의 변화

핵심측면; 회계실무의 재생산을 지배하는 조건의 변화 때문에 회계실무가 변할 수 있다.

참고문헌; Busco et al.(2006), Granlund(2001), Macintosh · Scapens(1991)

(1) 금융위기

참고문헌: Alam et al.(2004), Cowton · Dopson(2002), Granlund(2002), Jack(2007) Lawrence · Doolin(1997), Lawrence et al.(1997), Macintosh · Scapens (1991), Roberts(1990), Seal et al.(2004).

(2) 소유권변화

참고문헌: Busco et al.(2006), Caglio(2003), Conrad(2005), Granlund(2003), Hyvonen et al.(2006), Seal et al.(2004).

(3) 일반사회조건변화

참고문헌: Dirsmith et al.(1997), Jack(2005, 2007), Lawrenson(1992), Seal(2003), Seal et al.(2004).

2. 성찰성

핵심측면: 회계실무의 기초를 이루는 조건에 관한 행위자들의 성찰적 이해와 비판적인 경향 때문에 회계실무가 변할 수 있다.

참고문헌: Collier(2001), Gurd(2008), Lawrence et al.(1997), Seal et al.(2004), Uddin · Tsamenyi(2005)

3. 구조적 모순

핵심측면: 내부의 불일치성이나 모순적인 원칙 때문에 회계실무가 변하는 경향이 있다.

참고문헌: Alam et al.(2004), Capps et al.(1989), Lawrence · Doolin(1997), Seal et al.(2004)

4. 일상의 회계실무의 일부로서 의도치 않은 변화

핵심측면: 회계실무의 본질적인 불확정성 때문에 회계실무가 의도치 않은 변화를 겪을 수 있다.

참고문헌: Ahrens · Chapman(2002), Lawrence et al.(1997).

5. 귀속탈피/재귀속 기제

핵심측면: 회계실무가 예를 들면, 공식회계시스템을 통해, 그 국지적 맥락에서 벗어나고, 무한한 시간과 공간상에서 재귀속되기 때문에 회계실무가 변할 수 있다.

참고문헌: Barrett et al.(2005), Hyvonen et al.(2006), Seal et al.(2004)

자료원: Englund · Gerdin · Burns(2011, p.503).

첫째, 〈도표 9-6〉에서 주안점은 시스템재생산을 지배하는 조건의 변화가 어떻게 회계변화를 촉진하는가, 말하자면, 기존의 사회질서의 지속적인 재생산을 위한 선결조건이 더 이상 충족되지 않는 상황을 탐색하는데 있다. 〈도표 9-6〉에 의하면, (1) 금융위기, (2) 소유권의 변화, (3) 일반사회조건의 변화 등의 세 가지 종류의 조건이 있다.

첫번째 종류는 회계변화가 전형적으로 수익성문제(예를 들면, Cowton・Dopson, 2002; Granlund, 2002; Macintosh・Scapens, 1991; Seal et al., 2004) 또는 정부기금의 감소와 같은 금융위기의 또다른 형태(예를 들면 다음도 참조. Alam et al., 2004; Lawrence・Doolin, 1997; Lawrence et al., 1997)로 간주되는 그러한 연구를 가리킨다. 두 번째 범주가 시사하는 바와 같이(〈도표 9-6〉에서 (2)항목을 참조), 많은 연구자들은 회계실무가 소유권의 변화에 따라 어떻게 변하는 경향이 있는가를 언급하였다. 전형적으로, 이러한 연구들은 다른 기업이 갖게 되는 결과로서 하나의 기업에 새로운 관리회계시스템의 도입에 주안점을 두거나(예를 들면, Busco et al, 2006; Caglio, 2003), 공공조직들이 민영화되기 때문에 회계논리와 공식시스템의 도입에 주안점을 둔다(예를 들면, Conrad, 2005). 연구의 세 번째 종류는 연구중인 사회시스템의 밖에서 발생하는 일반변화에 기초한 회계변화를 가리킨다(예를 들면, Jack, 2007; Lawrenson, 1992).

둘째, 일단의 연구자들은 성찰적 행위자들이 회계변화를 어떻게 초래하는가를 탐구하였다(〈도표 9-6〉의 2를 참조). 모든 형태의 사회변화는 필연적으로 구조화이론의 관점에서 행위자에 의해 초래되어야 하지만, 이 연구자들은 기존회계실무를 적극적으로 문제시하고 간파할 수 있는 일부 행위자들의 능력을 특히 강조하였다. 예를 들면, Lawrence et al.(1997)은 새로운 형태의 양식을 확립하려는 뉴질랜드 보건부문의 개혁자들의 시도가 구시스템을 지배하는 조건을 성찰적으로 이해할 수 있는 그들의 능력과 관련있다고 주장하였다(Gurd, 2008; Seal et al., 2004; Uddin・Tsamenyi, 2005 등도 참조).

셋째, 일단의 연구들은 회계변화가 본질적으로 가지고 있는 이해의 상충 때문에(Giddens, 1990b, p.304), 사회구조의 내부모순에서 나온다고 주장하고 있다. 예를 들면, Alam et al.(2004, p.154)은 광범위한 Fiji국가의 사회질서의 모순구조가 조직설계, 회계, 통제시스템에 어떻게 영향을 주고 다시 재구성되는가를 보여주고 있다(Capps et al., 1989; Lawrence・Doolin, 1997; Seal et al., 2004 등에서 모순에 관한 논의도 참조).

넷째, 독특한 소규모 연구집단도 사회적 재생산의 본질적 불확정성 때문에 변화가 어떻게 발생하는가를 언급하였다(〈도표 9-6〉의 4를 참조). Lawrence・Doolin(1997), Lawrence et al.(1997) 등이 주장한 바와 같이, 이러한 변화는 실무들이 서서히 조금씩 변하는 전형적으로 의도치않은 과정(이러한 측면에 관해서는 Jack(2005)도 참조)의 일부이다(Giddens, 1990b를 참조). 즉, 행위자들이 창조적으로 회계를 이용하며, 따라서 회계를 미묘하게 변경할 것이다(Ahrens · Chapman, 2002).

다섯째, Giddens(1990a)의 근대성에 관한 후기 저술도 일부 연구자들에게 영향을 주어서 회계변화의 원천으로서 귀속탈피(disembedding)/재귀속(reembedding)을 위한 메카니즘이 어떻게 작동하는가를 탐구하였다. 예를 들면, Jones · Dugdale(2001)은 회계를 포함한 사회실무가 상호작용의 국지적 맥락에서 어떻게 벗어나는가를 가리키는 귀속탈피(disembedding)는 시간/공간의 거리화(distanciation)의 범위를 확대하기 위한 중요한 메카니즘을 구성한다. 이와 마찬가지로, Hyvonen et al.(2006)은 표준화된 회계소프트웨어 그 자체가 귀속탈피/재귀속의 중요한 메카니즘을 구성하며, 따라서 관리회계변화를 위한 효율적인 추진체일 수 있다(p.156)고 주장하였다.

전반적으로 결과를 요약하자면, 회계가 상이한 방식으로 개념화 · 모형화되고 있다는 것을 알 수 있다(〈도표 9－3〉과 〈도표 9－4〉를 각각 참조). 여기서는 또한 구조화이론의 문헌이 회계의 지속과 변화의 원천 및 과정에 관한 여러 가지 재미있는 결과를 생성하고 있나는 것을 보여주고 있다(〈도표 9－5〉와 〈도표 9－6〉). 이러한 전반적인 결론에 근거하여, 제4징 소결에서는 구조화이론을 적용한 회계문헌의 주요한 성과와 회계에 관한 이해에 기여한 점. 둘째, 구조화이론요소의 문제점과 이러한 장단점을 고려하면서 앞으로의 발전방향 등을 살펴보기로 한다.

제4절 소결

구조화이론의 전반적인 기여는 이것이 주류회계학연구의 특징인 실증주의적/기능주의적 패러다임에 도전하였다는 것이다. 즉, 회계시스템 그 자체의 본질적인 기술적 효율성을 연구하는 것으로부터 회계책임시스템으로 주안점을 변경하여 패러다임의 변화를 지지함으로써, 이것은 조직적 · 사회적 현황으로서 회계를 살펴보고 이해하는 방식을 가능하도록 도와주었다. 특히 Macintosh · Scapens(1990)는 관리회계시스템을 Giddens의 구조화이론으로 해석하고 있다. 그들은 구조화이론을 회계가 사회관계의 제도화에 포함되는 방식을 가리키는 것으로 나타내고 있으며 관리회계시스템이 의미화, 정당화, 지배의 세 가지 차원에서 구조화의 양식을 표상한다고 주장한다(p.462).

구조화이론은 회계실무에 관한 비합리적(예를 들면, Burchell et al., 1980; Hedberg · Jönsson, 1978; Hopwood, 1983), 해석적(Boland · Pondy, 1983, 1986; Preston, 1986), 비판적(Chua, 1986; Tinker et al., 1982) 방법론들을 주장하는 비주류회계학에 속하며,

행위자연결망이론(ANT), 신제도사회학(NIS) 등 사회(학)이론 중의 하나이다.

Giddens의 구조화이론은 심오하고도 광범위한 영향을 미치고 있다. 서구의 연구자들은 구조화이론을 다양한 사회제도의 경험적 연구를 위한 개념체계로 이용해왔다. 그러나 구조화이론은 많은 학자들의 비판을 받아왔다.[10] 이러한 비판으로 다양한 관심사를 조명하게 되었는 바, 일부는 경험적 연구에 구조화이론을 이용할 때 적합하다.

구조화이론에 대한 비판들은 다음과 같다.

① Giddens의 연구의 절충적 성향이다. Giddens가 가끔 존재론적으로 불일치하고 인식론적으로 양립불가능한 일단의 학문들에 의존하고 있다고 주장된다. 그리하여 구조화이론은 상이한 이론측면에서 작용하고 그 불일치가 처리되지 않고, 단순히 일시적으로 억압되고 있는 합성적인 학문혼합체의 위험을 가지고 있다는 것이다(Macintosh · Scapens, 1990, p.470).

② 절충주의 보다 더욱 중요한 비판은 구조화이론이 사회적 객체로서의 인간 대 자유로운 존재론적 행위자로서의 인간이라는 수십년동안 사회이론을 괴롭혀 온 중요한 논쟁을 만족스럽게 극복하지 않았다는 것이다. 구조사회학자들은 사회구조를 그들의 입장에서 사회구조를 생산하는 인간행위자들로부터 분리된 것으로 묘사하면서 동시에 인간행위자를 다소 문화적으로 추동되는 허수아비로 묘사한다(Turner, 1986). 이와는 대조적으로 존재론적 현상학자들은 사회생활을 사회상황에서 널리 공유된 이해를 주관적으로 생산하는 개인들에 의해 적극적으로 구성된 것으로 간주한다. 우리가 사회구조에 의해 간섭받고 있는가? 그렇지 않으면, 우리가 우리 자신의 동기와 이해의 결과로 자발적으로 움직이고 있는가? 구조화이론에 의하면, 사회이론에서 행위와 구조의 개념은 서로를 전제한다(Giddens, 1979, p.53; 윤병철 · 박병래 역, p.79). Giddens는 이중성(duality)을 주장하면서 사회생활에서 구조와 행위를 동전의 양면으로 간주하여 동시에 파악함으로써 이 둘 사이에서 일어나는 상호작용을 분석할 수 있는 가능성을 막아버린다고 비판되고 있으며, 행위와 구조가 한 방향으로 흘러가는 것이 아니라 끝없이 순환하기 때문에 구조화이론이 아무런 최종결론을 내지 못한다는 것이다(Ritzer, 2004; 김왕배 외 역, pp.725-726).

③ 구조화이론은 사회적 구성에 있어서 경제적 결정론이나 계급투쟁에 대한 정치적 입장에 대해 명확한 언급을 하지 않는 무기력한 이론이라고 비판받고 있다(Willmott, 1986).

---

10) Giddens의 구조화이론에 관한 비판에 대한 Giddens의 반박에 관해서는 다음을 참조. Giddens(1982, 1983).

④ 무의식이 행위자에게 존재론적 안전을 추구하도록 동기부여하는 원천인가하는 점(Willmott, 1986)도 비판되고 있다(Macintosh · Scapens, 1990).

⑤ Giddenes는 추상적인 철학적 이론가(meta-theorist)이기 때문에 그의 이론을 경험적 연구에 적용하는 데는 문제가 있다는 점도 주장된다(Bauman, 1989).[11)]

한편, 구조화이론을 적용한 회계학연구 30여년간의 독자적인 경험적 성과의 부족은 구조화이론을 적용한 회계학연구의 주요한 문제점이다(Englund et al., p.506).

대부분의 회계학연구를 유도해 온 Giddens의 1984년도의 저서에 요약된 구조화이론의 핵심사상은 개념과 관계에 관한 구체적인 사상으로 특정한 이론을 보충하지 않고 있다.[12)] 오히려, 위에서 주장한 바와 같이, 그것은 더욱 일반적으로 회계실무의 재생산과 변화를 어떻게 이해하는가에 관한 존재론적 출발점을 구성한다(Giddens, 1991을 참조). 따라서, 그것은 연구자에게 상이한 맥락적 상황에서 특별한 실무를 연구하고 이론화하는 방법에 관해 더욱 상세한 지침을 제공하지도 추구하지도 않는다.

구조화이론은 조직의 사회생활을 생산, 재생산하는 데서 관리회계와 통제의 역할을 이해하는 유용한 방법일 수 있음에도 불구하고, 구조화이론은 구조와 행위가 이론에 포함되어 있지만 구조(structure)와 행위(agency)라는 오랫동안의 논쟁을 해결하지 못하고 있다. 이 문제는 구조화(structuration)와 구조의 이중성(duality of structure)이라는 개념에 포함되어 있다. 그러나 구조화이론으로 우리는 일상적인 상황에서 행위자가 사회구조에 의해 유발되는 경향이 있다는 것을 기대할 수 있지만, 행위의 실시는 특히 위기상황에서 사회구조를 변경할 수 있다. 또한 구조화이론은 의미화, 정당화, 지배 중에서 이들이 일차적인 것의 지배 때문에 발생한다는 점에서, 어떤 차원이 일차적(하부구조)이고 이차적(상부구조)인가를 가리키지 않는다. 그러나, 어느 한 차원을 일차적으로 것으로 단정하려는 욕망은 인간행위를 통해 사회구조를 변경할 수 있는 인간에 의해 그 사회구조가 창조되기 때문에 근거가 없을 것이다. 이들은 오늘날 우리의 상상을 초월하는 것들을 포함해서 새로운 형태에 잠재적으로 항상 열려있다. 따라서 사회질서의 보편적이고 절대적인 법칙은 영원히 도달할 수 없다. 이러한 한계점에도 불구하고, 구조화이론은 사회적 상호작용에서 회계의 역할에 관한 일방적인 이론들과 순전히 기술적이고 처방적인 경제모형개념들을 초월하여 관리회계연구에 잠재적으로 유용한 방식인 것 같다.

11) 이를 해결하기 위해 Stones(2005)는 강한 구조화이론을 제시한 바 있다. 각주 2를 참조.

12) 예를 들면, 추상적 시스템이 귀속탈피와 재귀속의 과정을 통해 시간과 공간을 어떻게 연결하는가에 관한 Giddens의 최근 연구(예를 들면, 1990a, 1991, 1994, 1999를 참고하라)가 회계실무를 연구하는 방법에 관한 더욱 구체적이고 혁신적인 사상을 표상할 것이다(예를 들면, Jones · Dugdale, 2001; Seal et al., 2004를 참조).

Boland(1996)는 예를 들어, 구조화이론에 관한 현존하는 관리회계해석은 잘못되었다고 주장하고 있다. 특히 Boland는 구조화이론이 관리회계연구자에 의해 행위수행(agency)이라기 보다는 행위의 이론(theory of action)으로 제시되어, 행위가 제도의 가치, 의미, 권력관계의 내부화로 부정확하게 표현되었다고 주장하고 있다. 이것에 관해서, Boland는 이 유형의 연구는 연구되는 회계책임의 미시적 과정을 노동분업, 세계화 등과 같이 제도적으로 자리매김된 양상과 연결하지 않았다고 주장한다. 그러나, Boland는 보다 일반적인 수준에서 Giddens의 사회학을 채택하고 있는 관리회계연구자에 동의하고 있다. 그도 역시 관리회계실무의 이러한 이론적 체계화가 조직기능의 이 측면에 관한 기술적으로 중립적이고 사회적으로 불연속적인 설명에 도전하면서 계획·통제시스템이 상황의존적이고, 지속적으로 성찰적(reflective)이고, 적응적인 성과물이라고 주장하고 있다(Baxter·Chua, 2006, pp.56-57).

구조화이론을 적용한 다양한 분야들이 연구되고 있으며, 회계학에서는 대부분이 관리회계측면에서 분석되고 있다는 것을 알 수 있다. 구조화이론은 사회구조가 어떻게 유지·재생산·변화되는가에 관해 생각하기 위한 체계를 제공해주며, 의미화, 정당화, 지배의 세 가지 차원에 따라 행위수행과 구조의 반복적 관계에서 중추적 역할을 하는 구조화의 양식으로 관리회계실무가 개념화되고 있다(Busco, 2009, p.257). 구조화는 의미화, 정당화, 지배의 세 가지 차원에 의지하면서 조직변화의 기간에 회계실무의 본질과 역할에 관한 상이한 통찰력을 제공한다. 지배의 관점은 권력도구로서 회계를 전면에 가져온다. 권력은 사회변화에 관한 Giddens의 이해에 중심적이다. 이것은 권력이 중요하지 않다는 것을 말하는 것이 아니라, Giddens가 주장하는 바와 같이, 구조화는 권력을 사회생활의 재생산에 중심적인 것으로 만든다. 정당화의 차원은 조직의 변화에 따라 도덕적인 것으로 간주되는 것에서의 변화를 식별하는 것을 도와준다. 이전의 연구에서처럼, 회계와 이익은 정당화의 수단이 될 수 있다. 구조화는 또한 변화의 시기에 의해 강조된 상대적인 조직안전성의 기간을 설명하기 때문에 유용하다.

관리회계시스템은 세 가지 차원에서 구조화의 양식을 대표한다. 의미화차원에서 관리회계시스템은 경영자가 과거의 결과를 해석하고, 행위를 취하고, 계획을 세우기 위해 이용하는 해석적 틀이다. 지배차원에서 관리회계시스템은 모든 수준의 경영자가 다른 참가자들을 통제하고 조정하기 위해 이용할 수 있는 설비(facility)이다. 정당화차원에서 관리회계시스템은 승인되는 것과 거부되는 것에 관한 일단의 가치와 사상을 의사소통한다. 그것들은 다른 참가자들을 책임지게 할 일부 참가자의 권리를 정당화한다. 그것들은 어떤 보상과 제재의 이용을 정당화한다. 관리회계는 양식을 통해서, 급진적 변화를 위한 상황 뿐만 아니라 시간과 공간을 통해 조직에서 사회적 상호작용의 구속을 제공한다.

관리회계와 통제를 실무에서 연구할 때, 세 가지 차원이 엉켜있는 방식을 인식하는 것이 항상 중요하다. 무엇이 중요한가를 표시함으로써, 관리회계는 일부 참가자가 다른 참가자에게 책임있는 지배구조에 담론[13)]을 제공하는 동시에 포함되는 사회적 과정에 정당성을 제공한다. 그리하여 관리회계에서 의미화는 정당화구조 및 지배구조와 연루되어 있으며, 이러한 것이 권력관계의 구조화에서 중요한 자원이다. 그러나 관리회계의 구조적 속성은 전반적으로 명백하지도 않고 불변적이지도 않다. 이들은 조직참가자들의 이용에 의해 재생산되면서 변화할 수 있다(Macintosh, 1994, p.179).

Giddens의 저술이 회계학문헌에서 지난 30여년동안 어떻게 이용되었는가에 관한 광범위한 검토로 ① 이 문헌의 주요한 성과는 무엇인가? 그리고 어떤 측면에서 그것은 다른 회계연구흐름과 관련해서 우리의 회계이해에 기여하였는가? 그리고 ② 구조화이론 요소의 한계점은 무엇인가 그리고 이들(및 그 상대적 장점)을 고려하면서, 그것이 미래에 어떻게 발전해야 하는가? 등과 같은 문제를 살펴보았다.

Giddens의 구조화이론을 이용한 관리회계연구는 경영계획, 통제시스템의 해석적, 도덕적, 징치적 차원을 전달하면서도 미시적 회계실무가 더욱 지속적인 제도구조와 연결되는 방식을 살펴볼 필요성을 제기하고 있다.

결론적으로, 구조화이론은 관리회계와 통제시스템의 역할을 분석하고 이해하는 질서정연하고, 포괄적이며 통합적인 방법이다. 회계는 공공조직과 민간조직에서 경영자에게 중요한 언어라는 점이 널리 인식되고 있고 회계가 가치, 권리, 의무 등에 관해 규범적으로 정의되고 있지만, 기업체내에서 권위시스템에 연루되는 방식은 회계연구자들에 의해 무시되는 경향이 있다. 사회적 실천으로서 관리회계와 통제에 대한 경험적 연구를 인도하고 실무가들이 관리회계와 통제가 조직에서 사회적 질서의 창조, 재생산에 연루되는 방식을 이해하도록 도와주는 체계가 부족하다. 구조화이론이 이러한 체계를 제공하며 Burchell et al (1980)이 관리회계와 통제에서의 연구로부터 관리회계와 통제에 관한 연구로 연구초점을 변경시킨다. 따라서, 이것은 조직에서 의미, 도덕성, 권력 등을 생산하고 재생산하는 데서 관리회계와 통제시스템의 역할을 포함하도록 연구초점을 확대할 수 있다. 회계연구자들은 지난 30년간 자신들의 분석을 기술적이고 경제적인 현안에만 한정할 수 없다는 것을 인식해왔다. 구조화이론은 회계학연구와 이론정립의 영역을 확대하는 하나의 방법이다(Macintosh · Scapens, 1991, pp.156-157).

우리나라에서도 구조화이론을 이용해서 사회현상을 연구한 경우가 일부 있지만, 회계현상을 연구한 경우는 김영규(2002)가 유일하다. 앞으로 6시그마, BSC, ABC, ERP 등 새로

13) 여기서 담론은 의미화의 결과라고 말할 수 있다.

운 기업혁신기법들을 도입하는 경우 새로운 기법도입으로 인한 조직구조의 변화과정과 그에 따른 저항 또는 수용과정에 대한 연구, 인수합병에 따른 새로운 지배주주 또는 경영자의 경영철학, 경영전략의 변경으로 인한 조직 및 제반 경영실무관행의 학습 및 변화과정에 대한 연구, 녹색성장과 같은 정치적, 사회적 지도이념의 확산이 조직구성원의 상호작용을 통하여 기업조직의 경영철학, 비젼, 목표 및 경영통제와 경영책임보고의무의 변화를 가져오는 과정에 대한 연구 등에 구조화이론을 적용해 볼 수 있을 것이다.

참고문헌

김석웅(2009), "구조화이론과 회계학연구", **회계정보연구**, 27(4), pp.59-89.

김영규(2002), "6시그마와 관리회계 : 구조화 이론에 의한 접근", **경상논집**, 고려대학교 산업개발연구소, 제22권, pp.53-86.

최흥순(2001), **마음을 여는 철학이야기**, 소피아.

*Ahrens, T. and C.S. Chapman(2002), "The structuration of legitimate performance measures and management: Day-to-day contests of accountability in a UK restaurant chain", *Management Accounting Research*, 13, pp.151-171.

____________(2007), "Theorizing practice in management accounting research", in Chapman, C.S., A.G. Hopwood & M.D. Shields(eds), *Handbooks of Management Accounting Research*, London: Elsevier, pp.99-112.

Alam, A., S. Lawrence & R. Nandan(2004), "Accounting for economic development in the context of post-colonialism: The Fijian expericnce", *Critical Perspectives on Accounting*, 15, pp.135-157.

Barrett, M., D.J. Cooper and K. Jamal(2005), "Globalization and the Coordination of Work in Multinational Audits", *Accounting, Organizations and Society*, 30(1), pp.1-24.

Bauman, Z.(1989), "Hermeneutics and modern social theory", in Held, D. and J.B., Thomson (eds.), *Social Theory of Modern Societies: Anthony Giddens and His Critics*, Cambridge: Cambridge University Press, pp.34-55.

Baxter, J. and W.F. Chua(2003), "Alternative management accounting research-whence and whither", *Accounting, Organizations and Society*, 28, pp.97-126.

____________(2006), "Reframing management accounting practice: a diversity of perspectives," in Bhimani, A.(ed.), *Contemporary Issues in Management Accounting*, Oxford University Press, pp.42-68.

Boland, R.J.Jr.(1993), "Accounting and the Interpretative Act", *Accounting, Organizations and Society*, 18(2/3), pp.125-146.

______.(1996), "Why shared meanings have no place in structuration theory: a reply to Scapens and Macintosh", *Accounting, Organizations and Society*, 21, pp.691-697.

______and L.R. Pondy(1983), "Accounting in Organizations: A union of natural and rational perspectives", *Accounting, Organizations and Society*, 8, pp.223-234.

____________(1986), "The micro dynamics of a budget-cutting process: Modes, models and structure", *Accounting, Organizations and Society*, 11, pp.403-422.

Buhr, N.(2002), "A Structuration View on the Initiation of Environmental Reports", *Critical Perspectives on Accounting*, 13(1), pp.17-38.

Burchell, S., Clubb, C., Hopwood, A.G, Huges, J. and J. Nahapiet(1980), "The Roles of Accounting in Organizations and Society", *Accounting, Organizations and Society*, 5(1), pp.5-27.

*Burns, J. and R.W. Scapens(2000), "Conceptualizing management accounting change: an institutional framework", *Management Accounting Research*, 11(1), pp.3-25.

*Busco, C.(2009), "Giddens' structuration theory and its implications for management accounting research", *Journal of Management and Governance*, 13(3), pp.249-260.

________, A. Riccaboni and R.W. Scapens(2006), "Trust for accounting and accounting for trust", *Management Accounting Research*, 17(1), pp.11-41.

Caglio, A(2003), "Enterprise Resource Planning Systems and Accountants: towards hybridization?", *European Accounting Review*, 12(1), pp.123-153.

Capps, T., T. Hopper, J. Mouritsen, D. Cooper and E.A. Lowe(1989), "Accounting in the production and reproduction of culture", in Chua, W.F., E.A. Lowe & A.G. Puxty(eds), *Critical Perspectives in Management Control*, London: Macmillan, pp.217-343.

Chua, W.F.(1986), "Radical Developments in Accounting Thought", *The Accounting Review*, 61(4), pp.601-632.

*Coad, A.F. and I.P. Herbert(2009), "Back to the future: New Potential for Structuration Theory in Management Accounting Research", *Management Accounting Research*, 20(3), pp.177-192.

Collier, P.M.(2001), "The power of accounting: a field study of local financial management in a police force", *Management Accounting Research*, 12, pp.465-486.

*Conrad, L.(2005), "A Structuration Analysis of Accounting Systems and Systems of Accountability in the Privatised Gas Industry", *Critical Perspectives on Accounting*, 16(1), pp.1-26.

Cowton, C.J. and S. Dopson(2002), "Foucault's prison? Management control in an automotive distributor", *Management Accounting Research*, 13, pp.191-213.

Dillard, J.F., J.T. Rigsby and C. Goodman(2004), "The Making and Remaking of Organization Context: Duality and the Institutionalization Process", *Accounting, Auditing and Accountability Journal*, 7(4), pp.506-542.

Dirsmith, M.W., J.G. Heian and M.A. Covaleski(1997), "Structure and agency in an institutionized setting: The application and social transformation of controls in the big six", *Accounting, Organizations and Society*, 22(1), pp.1-27.

*Englund, H. and J. Gerdin(2008), "Structuration theory and mediating concepts: Pitfalls and implications for management accounting research", *Critical Perspectives on Accounting*, 19, pp.1122-1134.

*______________(2014), "Structuration theory in accounting research: Applications and applicability", *Critical Perspectives on Accounting*, 25(2), pp.162-180.

*______________ and J. Burns(2011), "25 Years of Giddens in Accounting Research: Achievements, Limitations and the Future", *Accounting, Organizations and Society*, 36, pp.494-513.

Erikson, E.(1963), *Childhood and Society*, New York: W.W. Norton and Co.

Free, C.(2008), "Walking the talk? Supply chain accounting and trust among UK supermarkets and suppliers", *Accounting, Organizations and Society*, 33, pp.629-662.

Giddens, A.(1976), *New rules of sociological method: a positive critique of interpretive sociologies*, London: Hutchinson.

__________(1979), *Central Problems in Social Theory: Action, Structure and contradition in Social Analysis*, London: Macmillan; 윤병철・박병래 역(1993), 사회이론의 주요쟁점, 문예출판사.

__________(1982), "A Reply to My Critics", *Theory, Culture & Society*, 1, pp.107-113.

__________(1983), "Comments on the Theory of Structuration", *Journal for the Theory of Social Behavior*, 13(1), pp.75-80.

__________(1984), *The constitution of society: outline of the theory of structuration*, London: Polity Press: 황명주・정희태・권진현 옮김(1998), 사회구성론, 자작아카데미.

__________(1990a), *The consequences of modernity*, Cambridge: Polity Press; 이윤희 옮김(1991), 포스트 모더니티, 민영사.

__________(1990b), "Structuration theory and sociological analysis", in Clark, J., C. Modgil & S. Modgil(eds.), *Anthony Giddens: consensus and controversy*, London: Falmer Press. pp.297-315.

__________(1991), "Structuration theory: Past, present and future", in Clark, J., C. Modgil, and S. Modgil(eds), *Giddens's theory of structuration: A critical appreciation*, London: Routledge. pp.201-221.

__________(1994), "Living in a post-traditional society", in Beck, U., A. Giddens and S. Lash(eds.), *Reflexive modernization: politics, traditions and aesthetics in the modern social order*, Stanford: Stanford University Press, pp.56-109.

__________(1999), *Runaway world*, London: Routledge.

Granlund, M.(2001), "Towards explaining stability in and around management accounting systems", *Management Accounting Research*, 12, pp.141-166.

__________(2002), "Changing legitimate discourse: A case study", *Scandinavian Journal of Management*, 18, pp.365-391.

__________(2003), "Management accounting system integration in corporate mergers: A case study", *Accounting, Auditing and Accountability Journal*, 16, pp.208-243.

____________, K, Lukka & J. Mouritsen(1998), "Institutionalised justification of corporate action: Internationalisation and the EU in corporate reports", *Scandinavian Journal of Management*, 14, pp.433-458.

*Gurd, B.(2008), "Structuration and middle-range theory-A case study of accounting during organizational change from different theoretical perspectives", *Critical Perspectives on Accounting*, 19, pp.523-543.

Hassan, M.K.(2005), "Management accounting and organizational change: An institutional perspective", *Journal of Accounting and Organizational Change*, 1, pp.125-140.

___________(2010), "Understanding the behavioural aspects of costing systems in public health organizations", *International Journal of Behavioural Accounting and Finance*, 1, pp.207-223.

Hedberg, B. and S. Jönsson(1978), "Designing semi-confusing information system for organizations in changing environments", *Accounting, Organizations and Society*, 3, pp.47-64.

Hopper, T. and A. Powell(1985), "Making Sense of Research into the Organizational and Social Aspect of Management Accounting: A review of its underlying assumptions", *Journal of Management Studies*, 22(5), pp.429-465.

Hopwood, A.G.(1983), "On Trying to Study Accounting in the Contexts in Which it Operates", *Accounting, Organizations and Society*, 8(2/3), pp.287-305.

Hyvonen, T., J. Jarvinen and J. Pellinen(2006), "The role of standard software packages in mediating management accounting knowledge", *Qualitative Research in Accounting and Management*, 3, pp.145-160.

*Jack, L.(2005), "Stocks of knowledge, simplification and unintended consequences: the persistence of post-war accounting practices in UK agriculture", *Management Accounting Research*, 16, pp.59-79.

________(2007), "Accounting, post-productivism and corporate power in UK food and agriculture", *Critical Perspectives on Accounting*, 18, pp.905-931.

________ and A. Kholief(2007), "Introduction to strong structuration theory for informing qualitative case studies in organization, management and accounting research", *Qualitative Research in Organizations and Management*, 2(3), pp.208-225.

______________________(2008), "Enterprise Resource Planning and a contest to limit the role of management accountants: A strong structuration perspective", *Accounting Forum*, 32(1), pp.30-45.

Jayasinghe, K. and D. Thomas(2009), "The preservation of indigenous accounting systems in a subaltern community", *Accounting, Auditing & Accountability Journal*, 22, pp.351-378.

Jones, T.C. and D. Dugdale(2001), "The Concept of an Accounting Regime", *Critical Perspectives on Accounting*, 12(1), pp.35-63.

Laughlin, R.(1990), "A Model of Financial Accountability and the Church of England", *Financial Accountability & Management*, 6(2), pp.93-114.

Lawrence, S.L., M. Alam, D. Northcott and T. Lowe(1997), "Accounting systems and systems of accountability in the New Zealand health sector", *Accounting, Auditing and Accountability Journal*, 10, pp.665-683.

____________ and B. Doolin(1997), "Introducing system contradiction to effect change in the public sector: A New Zealand case study", *International Journal of Public Sector Management*, 10, pp.490-504.

Lawrenson, D.M.(1992), "Britain's railways: the predominance of engineering over accountancy during the inter-war period", *Critical Perspectives on Accounting*, 3, pp.45-60.

*Lukka, K.(1990), "Ontology and Accounting: the concept of profit", *Critical Perspectives on Accounting*, 1(3), pp.239-261.

Macintosh, N.B.(1994), *Management Accounting and Control Systems*, Chichester, UK: John Wiley and Sons.

____________(1995), "The Ethics of Profit Manipulation: A Dialect of Control Analysis", *Critical Perspectives on Accounting*, 6(3), pp.289-315.

____________ and R. Scapens(1990), "Structuration Theory in Management Accounting", *Accounting, Organizations and Society*, 15(5), pp.455-477.

____________________(1991), "Management Accounting and Control Systems: A structuration theory analysis", *Journal of Management Accounting Research*, 3, pp.131-158.

*____________ and P. Quattrone(2010), *Management Accounting and Control Systems*, 2nd ed., Chichester, UK: John Wiley and Sons.

Meira, J., N.D. Kartalis, M. Tsamenyi, and J. Cullen(2010), "Management controls and inter-firm relationships: a review", *Journal of Accounting and Organizational Change*, 6, pp.149-169.

Moilanen, S.(2008), "The role of accounting and an intermediate subsidiary in the management control systems", *Management Accounting Research*, 19, pp.252-269.

Mouritsen, J.(1990), *The social significance of accounts: Accounting practices in the Danish subsidiary of an international American corporation*, Fredriksberg: Samfundslitteatur.

Ouibrahim, N. and R. Scapens(1989), "Accounting and financial control in a socialist enterprise: A case study from Algeria", *Accounting, Auditing and Accountability Journal*, 2, pp.7-28.

Preston, A.(1986), "Interactions and Arrangements in the Process of Informing", *Accounting,*

Organizations and Society, 11(6), pp.521-540.

*Richardson, A.J.(1987), "Accounting as a Legitimating Institution", *Accounting, Organizations and Society*, 12(4), pp.341-355.

Roberts, J.(1990), "Strategy and Accounting in a U.K. Conglomerate", *Accounting, Organizations and Society*, 15(1/2), pp.107-126.

*Roberts, J. and R. Scapens(1985), "Accounting Systems and Systems of Accountability - Understanding accounting practices in their organizational contexts", *Accounting, Organizations and Society*, 10(4), pp.443-456.

*Saravanamuthu, K. and T. Tinker(2003), "Politics of managing: the dialectic of control", *Accounting, Organizations and Society*, 28(1), pp.37-64.

Scapens, R.W.(2006), "Understanding management accounting practices: a personal journey", *British Accounting Review*, 38(1), pp.1-30.

*__________ and N.B. Macintosh(1996), "Structure and Agency in Management Accounting Research: A Response to Boland's Interpretive Act", *Accounting, Organizations and Society*, 21(7/8), pp.675-690.

__________ and J. Roberts(1993), "Accounting and control: A case study of resistance to accounting change", *Management Accounting Research*, 4, pp.1-32.

Scheytt, T., K. Soin and T. Metz(2003), "Exploring notions of control across culture: A narrative approach", *European Accounting Review*, 12, pp.515-547.

Seal, W.(2003), "Modernity, modernization and the deinstitutionalization of incremental budgeting in local government", *Financial Accountability and Management*, 19, pp.93-116.

________, A. Berry and J. Cullen(2004), "Disembedding the supply chain: institutionalized reflexivity and inter-firm accounting", *Accounting, Organizations and Society*, 29(1), pp.73-92.

Soin, K., Seal, W., and J. Cullen(2002), "ABC and organizational change: an institutional perspective", *Management Accounting Research*, 13, pp.249-271.

Stones, R.(2005), *Structuration Theory*, Basingstoke: Palgrave Macmillan.

Tinker, A.M., B. D. Merino and M. D. Neimark(1982), "The Normative origins of positive theories: ideology and accounting thought", *Accounting, Organizations and Society*, 7(2), pp.167-200.

Tollington, T.(2006), "UK goodwill and intangible asset structuration: The FRS 10 rule creation cycle", *Critical Perspectives on Accounting*, 17, pp.799-826.

Tucker, Jr. K.H.(1998), *Anthony Giddens and Modern Social Theory*, London: Sage; 김용규 · 박형신 옮김(1999), 앤서니 기든스와 현대사회이론, 일신사.

Turner, J.T.(1997), *The Structure of Sociological Theory*, 6th ed., Thomson Publishing; 정태환

외 공역(2002), 현대사회학 이론, 나남출판.

Uddin, S. and M. Tsamenyi(2005), "Public sector reforms and the public interest", *Accounting, Auditing and Accountability Journal*, 18(5), pp.648-674.

*Yuthas, K. and J.F. Dillard(1999), "Teaching Ethical Decision Making: Adding Structuration Dimension," *Teaching Business Ethics*, 3, pp.339-361.

Whittington, R.(1992), "Putting Giddens into action: Social systems and managerial agency", *Journal of Management Studies*, 29, pp.693-711.

Willmott, H.C.(1986), "Unconscious Sources of Motivation in the Theory of the Subject: An Exploration and Critique of Giddens' Dualistic Models of Action and Personality", *Journal for the Theory of Social Behavior*, 16(1), pp.105-121.

제10장

제도이론[1]

제1절 제도이론의 의의

오늘날 회계학을 비롯한 사회과학계에서는 제도가 그 연구의 중심개념으로 등장하고 있다. 정치, 경제, 사회현상을 설명하는 데서 제도(institution)를 중심개념으로 설정하는 학문적 흐름을 포괄적으로 일컬어 제도주의(institutionalism)라고 부를 수 있으며, 경제학의 경우 1980년대 후반부터 2000년대에 노벨경제학상을 수상한 학자들이 신제도경제학[2]에 속하는 경제학자들이었다(송현호, 1998, p.5).[3]

제도주의는 인간행위를 설명하는데 있어서 사회적 맥락과 완전히 유리되어 존재하는 원자화된 개인으로부터 사회현상을 설명하려는 행태주의 등 기존의 지배적인 사회과학 이론에 대한 비판에서 출발한다. 그리하여 제도주의는 정치, 경제, 사회현상을 설명하는 데 있어서 맥락의 중요성을 강조하는데 그 특징이 있다. 이러한 맥락이 곧 제도를 의미하는 것이다. 구체적으로 제도는 개인행위에 영향을 미치는 구조적 제약요인이라는 의미를 지닌다(하연섭, pp.6-7).

제도는 사회를 구성하는 개인들 사이의 통합조정과 협력을 조정하기 위해 만든 규칙으로서, 사회질서를 지탱하는 제일차적인 버팀목이다. 사회질서를 떠받치는 주춧돌로서 제도는 다음과 같은 기본 특성을 가진다(송현호, pp.16-17).

첫째, 제도는 개인들에게 본원적인 사회적 유인체계로서 작용한다. 그것은 통합조정과 협력을 유도하기 위해서 규칙을 준수하는 개인에게 보상을 제공하고 그것을 어기는 개인에게는 제재를 가하는 장치다. 개인이 합리적인 사익추구자라면 규칙준수가 위반보다 유리한

1) 이 글은 2013년 2월, 국제회계연구(제47집, pp.41-70)에 발표한 "제도이론과 회계학연구"를 일부 수정・보완한 것이다.

2) 신제도경제학을 신제도주의경제학, 신제도학파경제학이라고도 한다.

3) 이에는 신제도경제학의 대표자인 Buchanan(공공선택이론, 1986), Coase(대리이론, 1991), Becker(비시장경제행위, 1992), North(신경제사, 1993), Williamson(거래비용이론, 2007) 등이 있다. 여기서의 연도는 노벨 경제학상 수상연도를 가리킨다.

만큼 그것을 지키려고 할 것이다.

둘째, 규칙을 만들고 집행하는 데는 비용이 든다. 비용이 많은 드는 제도는 그다지 큰 효능이 없다. 따라서 제도가 소기의 목적을 잘 성취하기 위해서는 비용을 줄일 수 있는 방법을 강구해야 한다. 유인설계이론이 목표로 하는 것처럼 유인체계를 잘 설계하여 합리적 사익추구자인 개인이 잘 따를 제도를 만드는 것도 물론 중요하지만, 더 좋은 방법은 개인이 스스로 규칙을 지키도록 유도하는 내면적 유인체계(양심이라는 도덕적 가치체계)를 만들어주는 것이다.

그러므로, 사회질서는 도덕성과 분리할 수 없으며, 모든 사회과학에서 공통적이며 중심적인 문제이고, 제도는 사회질서의 형성과 유지에서 본질적인 기능을 수행한다. 이것은 제도분석이 모든 사회과학에서 중심을 이룰 수 밖에 없다는 것을 말해준다(상게서, p.17).

최근에는 회계학에서도 특정한 조직상황내에서 시간의 경과에 따른 회계의 변화가 연구의 주제가 되고 있다. 조직과 그 환경의 사회적・제도적 차원을 고려함으로써 회계(특히 관리회계)제도변화의 상이한 결과와 과정을 설명하고자 제도이론(주로 신제도주의[4]와 구제도경제학)이 이용되고 있지만, 우리나라의 경우 새로운 회계제도의 도입으로 인한 회계변화의 결과나 정착화방안만을 다루고 있을 뿐, 이를 제도이론에 입각해서 특정한 상황에서 새로운 시스템, 실무, 제도의 채택이나 저항 또는 회계의 역할변화를 유도하는 과정에 관해 연구한 경우는 김정민(2009, 2015)이 유일하다.

관리회계분야에서 제도이론에 관한 연구는 R.W. Scapens와 Manchester 대학교의 동료들의 산물이다(Wickramasinghe・Alawattage, 2007, p.427). 이 연구는 Scapens(1984)가 관리회계의 이론과 실무상의 격차를 식별하였을 때인 1980년대로 거슬러 올라간다. Scapens(1984)에 의하면, 관리회계의 이론은 주로 신고전파경제학에 입각해서 1970년대부터 전개된 Horngren(1977)과 같은 회계교재의 기법을 의미하였다. 그들의 주장은 신고전파경제학이 조직내에서 관리회계를 이용하는 경영자의 행동을 설명하기 위한 도구라기보다는 오로지 원가, 가격, 판매량 등과 같은 산업과 시장수준의 시나리오를 계산하기 위한 이론적 도구라는 것이었다. 그러나 Scapens와 그의 동료들은 대리이론과 거래비용이론이 경영자가 관리회계기법에 반응하는 방식과 이유에 관한 적절한 설명을 제공하지 않았기 때문에 이들의 적용에 관해 회의적이었지만, 이 이론들은 관리회계학연구에서 주류의 이론체계로 되었다.

4) 회계학에서는 주로 신제도경제학과 신제도사회학을 의미한다. 그런데 신제도주의라고 할 경우에 정치학과 사회학에서는 역사적 제도주의, 사회학 특히 조직이론에서 출발한 사회학적 제도주의 혹은 조직론에서의 제도주의, 정치학에서의 합리적 선택 제도주의, 경제학에서의 신제도주의 경제학, 그리고 최근에 등장한 신제도주의 사회학 혹은 제약조건하에서의 선택이론 등이 거론된다(하연섭, 2011, p.4).

Scapens(1994)의 실태조사결과에 의하면, 대부분의 영국과 미국의 기업들이 합리적 행동, 시장에 의한 균형, 완전경쟁 등과 같은 신고전파경제학의 이론과 가정에 의해 설명되고 있지만, Horngren(1977), Shillinglaw(1977), Arnold · Hope(1983) 등과 같은 주류 관리회계교재에 제시된, 매우 정교하고 수리적인 경향의 의사결정모형을 이용하지 않았다. 이러한 교재들은 실제의 실무를 관찰하기 보다는 의사결정과 조직통제를 도와줄 것을 기대하면서 규범적 모형을 제공하였다. 그러나 경제학에 입각한 관리회계이론에 의한 이러한 모형화노력은 실무에서 실용적이고 복잡한 현안, 특히 의사결정과 통제기법에 대한 경영자의 반응을 설명하기에 충분할 정도로 견고하지 않았다. Tinker et al.(1982)은 이러한 이론들을 비판하면서, 이들을 실증적 이론의 규범적 기원으로 정의하였다. 달리 말하자면, 이러한 관리회계모형의 기초를 이루는 경제학적 가정은 이들이 실무에서 이용되는 것을 제한하였다. Scapens와 그의 동료들의 주 관심사는 이론과 실무의 격차(gap)이었다.[5)]

회계의 변화과정을 살펴보기 위한 제도적 관점에서, 회계시스템은 사회적 · 조직적 생활을 결정하는 보편적인 규칙 및 규범과 불가피하게 연결된 것으로 간주된다.

이상과 같이 이론과 실무상의 격차를 설명하고 회계의 변화과정을 살펴보기 위해 제도이론을 적용하기 시작한 바, 여기서는 이에 관한 다양한 제도이론의 이론적 배경과 이를 회계현상에 적용한 회계학연구의 연구현황을 살펴보고자 한다.

우리나라의 경우에도 행정학, 정치학, 정책학, 경제학 등에서 제도이론의 적용이 활발하지만, 회계학의 경우에는 주로 실증적 방법론을 이용하여 회계학연구를 실시해 왔으며, 이 경우에 제도이론 중에서 신제도경제학에 속하는 대리이론이나 거래비용이론을 주로 적용해 왔다. 그러나, 여기서는 해석적 방법론을 적용할 때 주로 이용되는 구제도경제학이나 신제도사회학에 관한 이론을 살펴보고자 한다.

따라서 본장에서는 제도이론에 속하는 구제도경제학과 신제도사회학의 이론적 배경과 회계학연구현황을 살펴봄으로써, 우리나라 회계학계에서 이의 이해와 적용을 촉진하고자 한다.

본장의 구성은 다음과 같다. 첫째, 서론에서 제도이론에 관한 연구의 필요성을 살펴본다. 제2장에서 오늘날까지 회계학연구에 가장 영향력이 큰 구제도경제학과 신제도사회학의 이론적 배경을 살펴본다. 제3장에서 각 제도이론을 적용한 회계학의 연구현황을 살펴보며, 마지막으로 결론에서 간단한 요약과 연구방향을 살펴본다.

---

5) 보다 상세한 논의로는 Scapens(2006)를 참조.

제2절 이론적 배경

회계를 거시적 맥락에서 연구하고자 하는 제도이론에는 최근에 다양한 유형이 있는데, 이들은 조직이나 회계의 변화에 대한 통찰력을 얻기 위해 이용되고 있으며, 회계학에서는 가장 일반적으로 구제도경제학(Old Institutional Economics, OIE), 신제도경제학(New Institutional Economics, NIE), 신제도사회학(New Institutional Sociology, NIS) 등의 세 가지 학파가 중심을 이루고 적용되고 있다(Roberts · Scapens, 1985). 구제도경제학(OIE)은 개별인간행위자의 행위와 사상을 형성하는 제도와 관련이 있으며, 신제도경제학(NIE)은 경제거래를 지배하기 위해 이용되는 제도구조와 관련이 있고, 신제도사회학(NIS)은 조직구조와 시스템을 형성하는 조직환경에서 제도가 어떻게 생성, 유지, 확산되는가를 살펴본다. 여기서 사회적 대상을 생성하는 것이 제도화이고 최종산물이 제도이다(Hopper et al. 2015, p.465).

신제도경제학이 전통적인 경제학접근방법을 확대하여 경제적 합리성과 시장의 가정을 조직의 지배구조에 적용하고 있지만, 구제도경제학은 신고전파경제학의 핵심을 거부하면서, 규칙, 관례(routines), 제도에 의해서 경제행위자의 행동을 설명하고자 한다. 그러나 신제도사회학은 조직이 유사하게 보이는 이유를 알고자 하여 조직을 형성하는 압력과 과정이 무엇인가를 살펴본다. 이러한 세 유형의 제도이론의 본질을 살펴보는 것이 도움이 될 것이다. 본서에서는 주로 해석적 방법론에서 이용하는 이론을 살펴보고자 하기 때문에, 실증적 방법론을 적용할 때 주로 이용하는 신제도경제학은 각주에서 간단히 살펴보기로 한다.[6]

---

6) 신제도경제학은 실증적 방법론에서 주로 이용하고 있다. 1960년대 이후부터 경제학자들간에 제도에 대해 관심이 다시 등장하였다(Hodgson, 1988). 그러나, 이러한 관심은 구제도경제학과는 다르다. 첫째, 통일된 패러다임이 아니라 여러 가지 이론이 있었는데, 이들을 집단적으로 신제도경제학((New Institutional Economics, NIE)이라고 한다(Langlois, 1986). 둘째, NIE의 등장은 그 당시 경제학자들간에 제도가 연구되어야 하지만, 신고전파경제학의 체계내에서 연구되어야 한다는 믿음의 증가로부터 등장하였다. 신제도경제학자 중에 Williamson(1975)은 제도이론의 목적을 경제조직의 연구에 대한 미시-분석적 접근방법 (p.1)이라고 하였다. 신제도경제학의 기여의 대부분은 제도환경과 제도구조(말하자면, 회계시스템을 포함해서 조직내의 지배구조와 기타 구조)의 연구를 통해 조직의 암흑상자를 공개하려는 시도를 대표하였다. 간단히 말해서, 신제도경제학은 일부 제도의 존재나 등장과 다른 제도의 부재나 소멸을 설명하고자 한다.

신제도경제학자인 North(1998, p.247)에 의하면, 제도란 법과 규정 등을 의미하는 공식적 제약요인 뿐만 아니라, 규범과 관행 등을 의미하는 비공식적 제약요인과 함께 거래의 당사자들 사이의 계약이 유지되도록 하는 강제집행메카니즘까지를 아울러 포함하는 것으로 정의된다. 기본적으로 신제도경제학의 제도이론들은 신고전파경제학의 기본가정을 그대로 받아들이면서도 합리성에 대한 가정을 수정하여 제한적 합리성과 최적화행동을 가정한다. 예를 들면, 신제도경제학 이론은 제한적 합리성(bounded rationality)을 연구에 반영하여, 인지한계, 불완전한 정보, 합의를 감시하고 집행하는 데서의 어려움 등의 맥락에서 제도를 설명하고자 한다. 신제도경제학 접근방법에 의하면, 제도는 본질적으로 이들의 효익이 이들을 생성하고 유지하는데 포함되는 비용을 초과하는 곳에서 존재한다.

Langlois(1986)는 신제도경제학이라는 하나의 우산하에 여러 이론들을 분류하려는 시도를 처음으로 하였

1. 구제도경제학

구제도경제학과 신제도사회학은 해석적 방법론에서 주로 이용하고 있으며, 신고전파경제학의 비판으로부터 구제도경제학(제도이론)이라는 관점이 등장하였다.

다. 기존의 연구에 가장 많은 영향을 준 것으로 대리이론(Coase, 1937, 1990)과 거래비용이론(Williamson, 1975, 1985)이 있다.

대리이론과 거래비용이론의 유사점 중의 하나는 대리문제가 두 이론에 존재한다는 것이다. 그러나, 이 두 이론은 대리문제를 다른 각도에서 접근한다. 이기심과 정보비대칭의 가정하에서, 본인/대리인모형은 대리문제를 대리인과 본인 사이의 Pareto 최적 계약관계로부터 이탈할 가능성으로 간주하는데, 이러한 이탈로 대리인의 실시동기부족 때문에, 경제적 효율의 총손실이 발생할 것이다. 그리하여 대리문제는 궁극적으로 동기문제로 된다. 한편, 거래비용이론은 기회주의와 제한합리성의 가정하에서, 대리문제를 거래와 그 거래를 통치하는데 이용가능한 대체적 구조 사이의 잘못된 대응(mismatch)으로 개념화한다. 그 의미에서, 대리문제와 관련된 경제적 손실은 부정확한 지배구조에 의한 거래의 지배구조 때문에 많은 거래비용에 의해 드러나게 된다.

본인/대리인 모형은 다소 규범적 이론의 입장을 취하는데 반하여, 거래비용경제학은 실증적 이론의 입장을 취한다. 본인/대리인 모형은 신고전파경제학의 합리성가정에 근거해서, 본인과 대리인 사이의 완전한 계약협정이 가능하다고 가정한다(Seal, 1993, p.61).

그리하여, 이의 분석초점은 관련된 이익 및 효용의 변수와 일치하도록 대리문제를 모형화하는데 있다. 한편, 거래비용경제학은 완전계약이 불가능하며, 모든 실행가능한 변수는 불완전하다고 가정한다. 따라서 이의 분석초점은 다소 실증적 방법으로 어떤 거래는 지배구조에 의해 통치되는데 반하여, 다른 것은 그렇지 않은 이유를 설명하는 것이다. 거래비용경제학의 경우, 문제는 거래들이 어떻게 통치되어야 하는 것이 아니라, 이들이 왜 그 방식으로 통치되는가이다(Wickramasinghe · Alawattage, 2007, p.372).

이 두 이론은 또한 분석단위도 다르다. 대리모형은 경제활동과 거래에 대해 당사자들(본인과 대리인)간의 미시수준관계를 다룬다. 따라서 이의 초점은 이들간에 최적 계약관계를 고안하는 것이다. 이것은 최적을 결정하기 위해 신고전파의 한계분석을 이용한다. 이와는 달리, 거래비용이론은 거래의 특징을 연구하고, 특정한 종류의 거래를 통치하기 위해 상대적인 장단점을 차별화하여 그 거래를 통치하는데 이용할 수 있는 다른 구조도 연구한다.

이러한 방식으로, 거래비용이론은 거래가 특별한 구조에 의해 통치되는 이유를 설명하기 위해 지배구조와 거래의 차별적 분석을 실시할 수 있다. 대리이론과 거래비용이론의 특징을 간단히 살펴보면 〈도표 10-1〉과 같다.

〈도표 10-1〉 대리이론과 거래비용이론의 특징 비교

	행동가정	분석단위	불확실성처리
거래비용이론	제한합리성 기회주의	거래	정보과잉 적응행동
대리이론	무제한합리성 도덕적 해이	개별행위자	비대칭정보 합리적기대

자료원: Seal(1993, p.60).

그리하여 이 두 이론이 미시수준관계와 거래에 각각 초점을 두기 때문에, 이들의 경험적 영역도 상이하다. 대리이론은 주로 상하관계나 사람간의 관계를 분명히 하는 경험적 맥락을 주로 강조한다. 그리하여 대리이론을 적용한 관리회계연구도 주로 예산편성, 대체가격결정, 표준원가계산, 업적보상구조 등과 관련된 동기부여나 유인문제를 강조한다. 한편, 거래비용이론은 조직경계간에 위치하는 지배구조를 분명히 하는 경험적 맥락을 더 강조한다. 그리하여 이의 경험적 영역은 대리이론의 경험적 영역에 비해서 다소 거시적이다(*ibid.*, p.373).

구제도경제학(OIE)의 기원은 약 100년전 Thorstein Veblen, John R. Commons, Wesley Mitchel, Clarence Ayres 등의 기념비적 연구로 거슬러 올라가며, 최근에도 Gunnar Myrdal, Allan Gruchy, John Galbraith 등이 구제도경제학에 영향을 주었다(유동운, 1999, pp. 23-26). 구제도경제학은 그 당시의 경제학에서 지배적인 이론인 신고전파경제학에 대한 반대로부터 등장하였다(Hodgson, 1988; 송현호, 1998). 그리하여 그것은 합리성, 최적화, 시장균형 등에 속하는 가정을 강조하는 신고전파경제학의 이론을 거부하였으며, 사회학, 정치학, 법학으로부터 영감을 이끌어낸 전체론적・학제적 접근방법을 제안하였다(Wilber・Harrison, 1978).

초기 구제도경제학의 연구는 사회나 거시경제수준에서 제도를 탐구하였다. 전형적인 제도 정의는 사람의 일반성에 공통적인 정착된 사고습관이라는 것이다(Veblen, 1919, p.239). 그리고 Hamilton(1932)은 제도를 사람의 관습이나 집단의 습관에 내재되어 있는 보편성과 영속성을 가진 사고나 행동의 방식(p.84)으로 정의하였다.

연구의 중심에 제도를 두는 경제학자들은 많은 특성을 공유하고 있는데, 제도경제학의 관섬을 통해서 회계를 살펴본다면 회계에서도 이러한 특징을 발견할 수 있다. 첫째, 제도경제학은 경제에서 특별한 권력자리를 남겨둔다. 회계학연구에서도 우리는 조직에서 권력구조를 위한 회계원칙의 의미와 권력관계가 회계원칙의 특징을 결정하는 방식에 관심을 엿볼 수 있다.[7] 둘째, 제도경제학자는 자신의 경제에서 제도에 관한 개혁적인 회의론(reforming skepticism)을 공유한다. 회계에서 이것은 다음과 같은 질문을 유도할 것이다. 즉, 우리가 Scapens의 제도관례를 어떻게 개선할 수 있는가? 그리고 조직에 대한 효익은 무엇인가? 이것은 제도와 회계원칙을 재설계하는 경향을 드러낸다. 셋째, 제도경제학자는 도움이 되는 활동과 도움이 되지 않는 활동(또는 기술적 활동과 의례적 활동) 및 제도 간의 분류를 논한다. 회계원칙의 의례적 의미(ceremonial meaning)는 우리가 이들을 포스트모던적인 수사학의 관점을 통해 볼 때 나타난다. 넷째, 제도경제학자는 경제를 최적조건에 의해서가 아니라 지속적인 역사적 발전의 과정으로 간주하는 진화적 접근방법에 의해 통일된다. 회계원칙을 수정하는 것은 이 관점에서 이들의 진화적 발전에 간섭함으로서 실시되어야 한다. 다섯째, 제도경제학자는 경제와 경제에서 활동하는 개인을 진화하는 문화적 실체(예를 들면, 사회나 기업)의 일부로 간주하기 때문에, 경제에 관해 전체론적 견해를 공유한다. 회계의 경우, 우리는 회계도구를 기업을 운영하는데 이용되는 계획과 통제메카니즘의 일부로 간주한다. 마지막으로, 제도경제학자는 실증적 아이디어와 규범적 아이디어를 사람의 복지를 자극할 목적으로 제도의 지속적인 적응속에서 변화하는 도구로 간주하기 때문에, 경제

7) 비판적 방법론을 적용하는 비판회계학에서 이러한 측면을 살펴볼 수 있다.

학자는 특별한 방식에서 전형적인 도구주의자이다. 그 점에서 이들은 관리회계담당자와 많이 다르지 않을 것이다(Duindam · Verstegen, pp.132-133).[8)]

구제도경제학자들은 최적의 상태에 관한 비교분석 보다는 안정성과 변화를 포괄하는 경제과정을 개념화하고자 하였다. 그리하여 구제도경제학의 이론은 단순히 어떤 구조가 특정한 시점에서 존재하는 것보다는 일반적으로 특별한 행동이나 구조가 시간의 경과에 따라 등장하고, 유지하고, 변화하는 이유와 방법을 살펴본다. 최근에 구제도경제학을 채택한 대부분의 회계학연구(예를 들면, Burns · Scapens, 2000; Scapens, 1994; Soin et al., 2002)의 기초를 이루는 것이 변화과정에 대한 이러한 주안점이다.

최근에 구제도경제학자들(Nelson · Winter, 1982)은 조직내의 제도가 변화하는 과정에서 기존제도의 역할을 분석할 뿐만 아니라, 시간의 경과에 따른 제도의 재생산이나 변화를 연구하였는 바, 그들은 회계실무를 포함해서 기업실무의 습관(habits)과 관례(routines)를 강조하였는데(p.482), 습관과 관례도 제도의 중요한 구성요소이다. 이 둘은 시간의 경과에 따라 규칙적으로 되는 사고방식과 실행방식으로 된다. 여기서 습관은 개인의 특징인데 반하여, 관례는 개인과 집단의 수준에서 정규적인 사고방식과 실행방식을 구성한다. 시간의 경과에 따른 습관과 관계의 반복적인 재생산은 특정한 사고와 행위의 양상들이 보편화되고 당연시되는 순차적이고 어떤 의미에서 자연스러운 과정인 제도화를 유도할 수 있다(Burns · Scapens, 2000; Scapens, 2006). 그리하여 구제도경제학에서는 조직의 변화과정과 변화에 대한 저항의 암흑상자를 공개하여, 변화에 따른 내부갈등과 권력배분의 문제, 이러한 반응을 유도하는 사건과 행위도 고려한다(Ribeiro · Scapens, 2006, p.97).

2. 신제도사회학

신제도사회학(New Institutional Sociology, NIS)은 오늘날 일반적으로 사회학분야에서 주류로 간주되지만(Scott, 1995, 2013), 그 당시 사회학에서 지배적인 합리적 행위자의 관점과는 반대로 등장하였다. 사회학에는 다양한 제도적 접근방법이 있다(DiMaggio · Powell, 1991). 이 중에서 신제도사회학은 최근의 회계학연구에 가장 큰 영향을 준 제도이론 중의 하나이다.[9)]

---

8) Atkinson et al.(1997)은 이 종류의 연구에 다중패러다임, 다중방법을 이용할 것을 권고하고 있다.

9) 신제도사회학은 구제도사회학과 대비된다. 구제도사회학의 분석대상은 개별조직인데 개별조직이 제도화되어 가는 과정에 초점을 두면서, 조직구성원의 자기이익 추구와 이러한 이익추구에서 파생되는 조직내의 갈등에 주목하는데 반하여, 신제도사회학은 조직의 장(organizational field)이다. 여기서는 조직의 장을 둘러싼 환경이라는 거시적 측면의 영향력에 주목한다. 구제도사회학은 조직의 규범적 측면에 초점을 두는데 반하여, 신제도사회학은 조직의 장을 둘러싸고 있는 당연시되는 가정, 상징, 의미체계 등에 주목한다.

신제도사회학은 제도가 어떻게 생성, 유지, 확산되는가를 검토하는데, 여기서 사회적 대상을 생성하는 것이 제도화이고 그 최종산물이 제도이다. Meyer · Rowan(1977)과 DiMaggio · Powell(1983)이 신제도사회학의 선구자라고 할 수 있는데, 이들은 사회적 · 정치적 환경이 국지적 사건을 어떻게 형성하는가에 관한 제도사회학자들의 연구를 조직이 일반적인 사회적 믿음에 반응함으로써 정당성을 어떻게 획득하는가에 연결하고 있다. 이것은 해석적 이론의 주관적 존재론을 사회적 · 조직적 수준으로 확대하며, 신고전파경제이론에 도전하는 독특한 이론을 생성하고 있다. 신제도사회학은 조직의 실무와 구조를 효율성과 경쟁에 귀속시키기 보다는 이것들이 사회적 · 정치적 환경내에서 규칙, 믿음, 관습에 대한 반응이라고 주장한다. 즉, 신화, 교육, 전문지식, 여론, 법률 등을 포함하는 제도적 동력(forces)들이 실무를 형성하며, 조직은 성공적인 것으로 판단되도록 준수하고, 자원을 획득하고, 궁극적으로 생존해야 한다는 것이다(Hopper et al, 2015, p.465).

신제도사회학에 정통한 연구를 위한 출발점은 회계를 포함해서 조직내부의 구조와 절차가 원가최소화의 목적보다는 외부요소에 의해 주로 형성된다는 가정이다. 그리하여, 유사한 환경에서 작용하는 조직은 내부구조와 절차의 선택과 설계를 포함해서 적절한 행동이라고 일반적으로 간주되는 것에 관한 비교가능한 요구에 좌우된다고 가정된다. 예를 들면, 내부구조와 절차는 사회내에서 옳은 것으로 일반적으로 인식되고 보편적인 규범, 규칙, 절차, 신화를 반영한다(Meyer et al. 1983). 그리고, 이러한 현상을 도입하고 유지함으로써, 조직은 정당성을 스스로에게 부여한다고 말해진다. 그리하여, 학자들은 특별한 회계시스템의 채택이 증가된 내부효율성을 위한 합리적인 최적화 추진과는 반대로 외부압력을 준수할 필요성에 의해 어떻게 이해될 수 있는가를 설명하기 위해 신제도사회학의 통찰력을 이용하고 있다(예를 들면, Collier, 2001; Covaleski · Dirsmith, 1988; Modell, 2003).

신제도사회학 이론에서 제도를 정의하는 것은 외부의 규제, 절차, 신화, 규범 등이다. 즉, 신제도사회학자들은 제도를 조직과 사회에 대한 의미와 규칙을 정당화하는 광범위한 사회정치적 · 문화적 실무로 정의하였다. 제도는 사회행동에 안정과 의미를 제공하는 인지적, 규범적, 규제적 구조와 활동을 구성한다. 제도는 문화, 구조, 관례 등 다양한 운반수단에 의해 이동되며 제도는 복수의 관할수준에서 작용한다(Scott, 1995, p.33).

제도는 인간활동으로부터 나오며, 인간활동에 영향을 주는 것으로 간주되지만, 반드시 의식적인 인간설계로부터 등장하는 것은 아니다(DiMaggio · Powell, 1991, p.8). 나아가

즉, 신제도사회학은 제도의 인지적 측면에 초점을 두고 있다. 구제도사회학은 개인의 행위에 대한 제도의 규범적 측면에서의 영향력에 주목하고, 제도가 개인행위에 영향을 미치는 메카니즘을 사회화과정에서 찾는데 반하여, 신제도사회학은 개인의 사회에 대한 인식과 개인 간 상호작용의 기초가 되는 인지과정 그리고 이를 둘러싼 의미체계와 상징체계의 영향력에 주목한다(하연섭, 2011, pp.29-31). 구제도사회학은 회계학에서 별로 이용되지 않고 있다.

실무에서, 실제의 조직구조와 절차가 그 외부의 기대나 상상과 반드시 일치할 필요는 없다. 외부의 이미지와 실제의 구조와 절차 사이의 이러한 의도적/비의도적 분리를 탈동조화(decoupling)라고 한다(Meyer · Rowan, 1977). 그리하여 대부분의 신제도사회학자들은 제도가 스스로 합리화한다고 주장한다(Carruthers, 1995, p.316). 그리고 일부 회계학자들은 기업이 외부의 모습(말하자면, 기술적인 것)과 실제의 회계구조 및 절차(제도적인 것) 사이를 어떻게 의도적으로 탈동조화하는가를 연구하였다.

제도이론에는 두 종류가 있다. 첫째는 동형화(isomorphism)[10]이고, 둘째는 탈동조화(decoupling)이다. 먼저 동형화를 살펴보자(Deegan, 2014, pp.386-392).

1) 동형화

동형화(isomorphism)라는 용어는 제도이론내에서 광범위하게 이용되며, DiMaggio · Powell(1983)은 이것을 "동일한 환경조건에 직면하는 어떤 모집단의 한 단위에게 다른 단위를 모방하게 하는 제약과정"(1983, p.149; 1991, p.66)으로 정의하고 있다. 즉, 다른 조직과 차이가 있는 구조나 (보고과정과 같은) 과정을 채택하는 조직은 그 차이가 비판을 초래한다는 점을 발견할 것이다. DiMaggio · Powell(1983)은 조직이 동일한 구조와 실무를 채택하는 경향이 있는 과정을 동형화라고 부르는데, 이들이 조직의 동질화로 서술하는 것이다. 동형화는 어떤 모집단의 한 단위를 동일한 환경조건에 직면하는 모집단의 다른 단위와 닮게 하는 과정이다. 동형화의 과정 때문에, 조직은 주어진 영역내에서 점차적으로 동질화될 것이며, 광범위한 제도환경의 기대에 부응할 것이다(Carpenter · Feroz, 2001, p.566).

Dillard et al.(2004)는 "동형화는 조직에 의한 제도적 실무의 적응을 가리킨다"(p.509)고 설명한다. 조직에 의한 자발적인 기업보고가 그 보고조직의 제도적 실무이기 때문에, 자발적 기업보고가 그 조직에서 적응하고 변화하는 과정이 동형화의 과정이다.

동형화에는 ① 경쟁적 동형화와 ② 제도적 동형화라는 두 요소가 있다. 전자는 경쟁력이 조직을 최소비용, 효율적 구조와 실무 쪽으로 어떻게 추진하는가를 정의한다. 그러나 대부분의 신제도사회학은 ①을 강조하지 않고, 문화적 · 정치적 과정으로서 그러한 침투를 나타내는 ②를 강조한다.

DiMaggio · Powell(1983)은 세 가지 동형화 과정(자발적 기업보고와 같은 제도적 실무가 적응하고 변화하는 과정)을 설명하고 있다. 이러한 세 가지 동형화 과정을 강제적 동형화, 규범적 동형화, 모방적 동형화라고 한다. 〈도표 10-2〉는 제도적 동형화의 세 가지 유

10) isomorphism = 제도적 동형화 = 이질동상 = 동형화 = 유질동상 = 유질동형 = 유형동질화. 질적으로 다르지만 외형이 비슷하게 닮아가는 것 또는 외형은 다르지만 질적으로 비슷하게 되어가는 현상을 말한다.

형과 각각의 동인을 보여주고 있다(김정민, 2015, p.118).

〈도표 10-2〉 **제도적 동형화의 세 가지 유형**

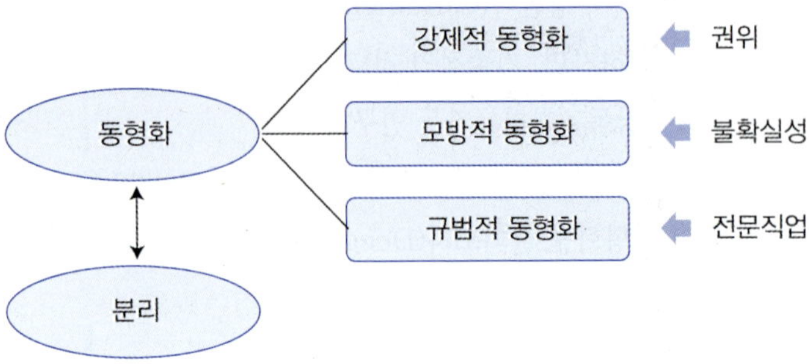

이러한 강제적, 규범적, 모방적 동형화는 제도적 질서의 세 가지 기둥(pillar)인 규제적 기둥, 규범적 기둥, 문화인지적 기둥과 연관된다. 규제적 기둥은 비공식적 관습으로부터 법률과 제재를 통해 행사되는 강제적 동형화라는 공식시스템에 이르기까지의 규칙을 포괄한다. 이것은 조직의 수렴을 촉진한다. 규범적 기둥은 목표와 목표를 달성하는 적절한 수단을 정의한다.

규범적 동형화는 특히 교육적이고 전문적인 제도인 도덕적 정당성을 가진 제도가 사회적 의무를 결속하는 것으로 인지되는 선언(예를 들면, 전문회계단체의 권고)을 할 때 발생한다. 문화인지적 기둥은 공통적인 행위논리와 믿음에 의존한다. 여기서 행동은 모방적이다. 가끔 무의식적으로 당연시되는 이해가 인간생활에 구조, 의미, 예측가능성을 부여한다. 모방적 동형화는 예를 들면, 불확실성이 많고 기업들이 광범위한 문화적 지지를 가지는 기술을 채택하고 성공적인 기업을 복제할 때 흉내내기에 의해 추진된다(Hopper et al., 2015, p.465).

2) 탈동조화

제도이론의 또다른 차원인 탈동조화(decoupling)을 살펴보자. 탈동조화는 경영자가 자신의 조직이 어떤 제도적 실무를 채택하고 있는 것으로 간주되는가의 필요성을 인지하고, 어떤 실무를 실행하는데 목표를 둔 공식과정을 제도화하더라도 실제의 조직실무는 이렇게 공식적으로 인가받고 공개적으로 선언된 과정 및 실무와는 매우 다를 수 있다는 것을 의미한다. 그리하여 실제의 실무는 제도화된 실무로부터 탈동조화될 수 있다.

“탈동조화는 공식적 조직구조나 실무가 실제적 조직실무와 구별되는 다른 상황을 가리킨다. 이상적으로, 조직은 경제적 효율을 추구하며 조직계층과 활동 간의 조정을 전개하고자 한다. 그러나 고도로 제도화된 환경에서 조직은 효율의 요구와 제도적 맥락의 의례상의 규칙과 신화를 준수할 필요 사이에 불일치와 갈등에 직면할 수 있을 것이다(Meyer · Rowan, 1977). 본질적으로, 제도화되고 합리화된 요소들은 조직의 공식경영시스템에 반영된다. 왜냐하면 이들은 외양을 유지하고 그리하여 경제적 효율을 직접 촉진하는지의 여부에 관계없이 정당성을 부여하기 때문이다"(Dillard et al., 2004, p.510).

Meyer · Rowan(1977)은 기존의 조직이론이 설명할 수 없는 공식구조/절차와 실제업무의 느슨한 동조화(loose coupling)와 탈동조화(decoupling)를 관찰하였으며, 조직이 제도적인 환경에 존재한다고 주장하였다. 여기서 환경은 조직의 특정한 공식구조와 절차에 반영되는 문화적 규칙과 사회적 규범을 포함하는데, 제도화된 조직은 그 생존에 필요한 자원을 확보하고 정당성을 얻기 위해 사회적 · 문화적 환경에서 평가받는 구조와 절차를 채택한다(Ribeiro · Scapens, 2006, p.96).

제도이론은 조직이 특별한 형태나 특별한 보고실무를 채택하는 이유를 설명할 광범위한 거시적 견해를 가지는 경향이 있다. 신제도적 접근방법을 지배한 이와 같은 전형적인 거시적 주안점은 최근에 많은 비판을 받았다. 따라서 많은 현대의 사회학적 제도주의자들은 제도의 등장, 지속, 포기를 이해하기 위해 더욱 완전한 설명을 요청하였다. 구체적으로, 이 이론은 제도과정의 상호작용적 성질에 관한 인정과 미시적 설명과의 통합을 요구한다. 행위자의 생성능력과 관심과 조직내의 과정을 이 관점에 반영하면서. 미시/거시의 격차를 줄이기 위한 연구에는 Greenwood · Hinings(1996), Selznick(1996), Hirsch · Lounsbury (1997) 등이 있다. Collier(2001), Modell(2003)을 포함한 여러 회계학연구들도 권력동원화(Hardy, 1996), 협상된 질서(Basu et al., 1999; Phillips et al., 2000), 목표지시관점 (Hyndman · Eden, 2000; Thompson, 1995) 등에 관한 문헌을 이용하면서 더욱 통합적이고 설명적인 체계를 제공하고자 하였다.

제도이론은 회계시스템을 사회적 · 조직적 생활을 구조화하는 규칙과 규범에 연결된 것으로 간주한다(Covaleski · Dirsmith, 1988). 그러나 기존의 연구들은 유사한 외부압력의 존재에서도 동일한 변화에 대해 상이한 반응으로 인한 조직의 이질성과 실무의 차이를 고려하지 않았다(Lounsbury, 2008).

최종적으로, 해석적 방법론에서 주로 이용하는 신제도사회학과 구제도경제학의 이론들은 조직에서 회계실무를 이해하기 위한 광범위한 범위의 적용가능성을 제공하고, 공통적인 여러 가지 특성을 공유하고 있다. 예를 들면, 이 둘은 인지과학, 문화연구, 심리학, 인류학 등으로부터 다양한 통찰력을 이용하며, 개별조직으로부터 사회에 이르기까지 복수의 분석수준에 주목한다(Scott, 2013). 이것은 전적으로 신고전파경제학의 패러다임에 기반하고 있는 대리이론과 거래비용이론을 중심으로 하는 신제도경제학과는 현저한 대조를 이룬다. 그리고 신제도사회학과 구제도경제학을 이용하는 학자들은 사례연구와 질적 연구방법을 주로 이용한다.

이상에서 살펴본 신제도경제학, 신제도사회학와 구제도경제학의 특징을 간단히 비교해서 살펴보면 〈도표 10-3〉과 같다.

〈도표 10-3〉 세 가지 제도이론의 특징

	신제도경제학	신제도사회학	구제도경제학
분석단위	거래	조직	사회집단
개인의 가정	제한합리성	제도결정론	사회구성론
변화대상	지배구조	제도화된 공식실무	행동규칙성
제도주안점	효율성	외적 정당성	행동규칙성

자료원: http://www.dissertations.ub.rug.nl/

3. 제도이론의 수렴

이상에서 제도이론이 각 학파에 따라 여러 가지 다른 가정과 접근방법을 사용해 왔다는 것을 알 수 있다. 그러나 최근의 연구에 의하면, 학파의 틀을 벗어나 다른 학파들이 전개해 온 가정이나 분석방법을 채용해 가며 보다 광범위한 경제현상을 설명하고 있다(김정민, 2015, pp.25-27).

경제합리성을 전제로, 제도를 효율적인 것으로 간주해 온 신제도경제학 내에서 경제적 선택에 사회적·문화적 요인의 영향을 고려한 연구도 있다(North, 1990; Walker, 1998). 예를 들면, North(1990)는 신제도경제학을 기본으로 하면서도 경제주제인 개인도 인간이기 때문에 여러 가지 상황과 환경을 해석하는데 자신의 인지능력의 영향을 받지 않을 수 없다고 말하고 있다. 그러므로 개인의 경제적 합리성이라는 것은 어느 정도 사회적으로 구축된 것이라고 지적하였다. 그것은 종래 신제도사회학이나 구제도경제학에서 주로 논의되어 온 요인이기도 하다. 또한 그는 구제도경제학이 전개해 온 역사적 경로의존성(historical path dependence)도 언급하며, 경제주체의 합리적 선택은 사회적인 선택이기도 하다고 주장하고 있다. Walker(1998)도 마찬가지로, 신제도경제학을 기본으로 하지만, 문화적 요인과 학습과정의 영향을 지적하고 있다(김정민, 전게서, p.26).

한편, 조직이 환경에 순응적이라는 것을 전제로 한 신제도사회학에서는 종래 조직의 구성원 또한 수동적인 존재로 가정해 왔다. 그러나 최근에는 그 순응에는 순응의 결과부터 발생할 것으로 기대되는 보상이 수반되기 때문이라는 가정이 자주 등장하고 있다. 예를 들면, 제도적 순응의 덕분에 조직은 평판, 안정성, 정당성(legitimacy), 사회로부터의 지지나 자원에 대해 접근할 수 있다는 것이다(Dimaggio · Powell, 1983; Meyer · Rowan, 1977, 1983). Oliver(1991, 1997)는 조직이 제도적 압력에 순응하지만, 그것은 순응에 의해서 증가하게 되는 정당성, 자원, 생존능력 등을 얻을 수 있기 때문이라고 지적하고 있다. 이것은 제도의 선택을 조직이나 개인의 이해관계가 작용한 결과로 보는 제도학파 경제학의 논리와 비슷한 것이다. Oliver(1991)에 의하면, 조직은 단순히 외부환경에 순응해서 동형화하는 수동적인 조직이 아니라 추정할 수 있는 기대에 반응하는 이기심을 가진 적극적인 주체이며, 때로는 변화를 재촉하는 외부환경에 대해서 적극적인 저항을 보이는 경우도 있다. 이러한 연구는 이제까지의 신제도사회학의 견해, 즉 조직이 생존하기 위해서 사회의 규범에 따르고, 그 행위가 조직이 속하는 더 큰 사회로부터의 용인이 중요하다(Covaleski · Dirsmith, 1988)는 견해와 다르다.

제3절 제도이론과 회계학연구

제도는 당연한 것으로 간주되는 사상이다. Chapman et al.(2009, p.1)이 요약한 바와 같이, 제도는 안정되고 정당화된 사상 및 분류이며, 만장일치로 권위가 부여되고 당연한 것으로 간주되며, 부수적인 지식체계와 분류방식을 가진다. 이러한 사상은 신화(myth)구조가 되며 조직과 사회의 발전을 형성하고 구속한다고 주장된다. 이 관점에서 보면, 관리회계는 광범위한 이해관계자의 공동체를 포함해서 조직구성원들에게 정당성을 제공하는 신화구조이다. 조직에서 관리회계실무의 존재는 실제노동과정의 내재적 필요성보다는 제도환경에 의해서 설명될 수 있다. 따라서 관리회계는 일상적인 작용과는 격리되는 의례적 역할을 수행한다(*ibid.*). 제도이론은 회계실무의 등장과 발전에 이러한 설명을 제공한다(Wickramasinghe, pp.552-553).

회계를 거시적 맥락에서 연구하는 제도이론이 조직분석시에 중요하고도 강력한 이론적 관점으로 되었으며, 이것도 일부 회계연구자들에 의해서 채택되었다. 제도이론은 주로 관리회계연구자들이 이용하였다. Antle(1989)은 회계제도가 조직내에서 그리고 조직간에 재무정보의 생산과 확산을 중심으로 하는 제도(p.103)라고 말한 바 있다. 제도이론은 Rollins · Bremser(1997)와 같이 회계감사의 측면을 조사하는 일부연구자에 의해서도 이용되었으며, Fogarty(1996)와 같이 회계전문가의 개발과 역할의 측면을 연구하는 연구자에 의해서도 이용되었다. 재무회계이론과 더욱 직접적으로 관련된 것으로 Fogarty(1992)는 회계기준제정과정의 분석에 제도이론을 적용하였다.

우리나라의 선행연구에는 김석웅(2013)과 김정민(2009, 2015)이 있는데, 김석웅(2013)에서는 제도이론과 외국의 선행연구의 현황을 소개하고 있으며, 김정민(2009, 2015)에서는 회계를 사회내에 공유된 회계실무와 관습의 제도로서 간주하여, 사회적 맥락내에 위치시키고 제도이론을 기초로 그 변화과정에서 작용하는 동력(forces)들을 검토하고 있다. 김정민(2009)에서는 1997년 금융위기 이후, 급변하는 우리나라의 회계기준의 변화를 사례로, 제도적 관점을 적용하고 있다. 회계제도의 변화를 둘러싼 정치적・경제적・사회적 요인을 확인하고, 제도이론을 연구의 기본이론으로 선택하여 논지를 전개하고 있으며, 김정민(2015)에서는 김정민(2009)의 내용을 제2장으로 하고, 제3장부터 제7장까지는 우리나라의 결합재무제표 도입을 둘러싼 회계제도의 변화를 체계적으로 검토하고 있고, 제8장은 외화환산회계기준 변경 사례를 가지고 살펴보고 있으며, 제9장과 제10장은 각각 회계제도 변화에서 회계책임개념의 전개와 재무보고의 목적과 이익개념의 이원화 구조의 전개를 살펴보고 있다. 김정민의 연구에서는 특정한 제도이론보다는 세 가지 제도이론을 모두 이용하여 분석하고 있다.

본서에서는 사회에서 회계의 역할을 이해하고 제도이론이 어떻게 적용되었는가를 파악하기 위해 회계학에서 구제도경제학, 신제도사회학을 회계학연구에 적용한 경우를 살펴본다. (대리이론, 거래비용이론 등을 포함하는) 신제도경제학의 경우는 실증적 방법론을 사용하는 주류회계학에서 주로 이용하므로 해석적 방법론을 살펴보는 여기서는 제외하지만, 신제도경제학을 구제도경제학이나 신제도사회학과 수렴해서 회계학연구에 적용한 경우는 간단히 살펴보기로 한다.

1. 구제도경제학과 회계학연구

구제도경제학은 회계에서 매우 유용할 수 있는 방법과 기법들을 포함하고 있다. 학제적 접근방법을 감안하면, 우리는 회계에 관해서 이론이 형성되는 방식의 변경을 모색할 수 있을 것이다. 우리가 다양한 방법을 정확하게 이용해야 하고 다양한 접근방법의 어떤 단점이 나타나는가를 알아야 하고, 이들이 다른 접근방법으로 보완되어야 할 때를 알아야 하지만, 학제적인 회계이론형성은 회계학연구의 발전에 중심적이어야 한다. 이러한 방식으로 회계분야에서 이론과 실무의 격차문제를 다루어야 할 것이다.

희소자원에 관한 사람들의 행위에서 사람과 사람간의 관계는 여기서도 매우 중요하다.

회계도구와 절차는 개인들의 행위를 조정하고 기업목표를 달성하기 위한 상호간의 시도에서 개인들을 조정하는 방법으로 간주될 수 있다. 회계학은 실무에서 회계도구의 기능을 연구해야 한다. 기업의 목표를 달성하는 데서 그러한 도구의 부가가치와 관련해서 경제적 측면을 발견할 수 있을 것이다(Scapens, 1994).

Scapens(1994)이 회계학에서 구제도경제학을 처음으로 적용하였다. 그는 회계 특히 관리회계의 연구초점이 관리회계실무 그 자체의 연구로 돌아가야 한다고 주장하여(p.301), 실무를 규범적 이론의 이용에 의해 예측하려고 노력하기 보다는 이론을 개발하기 위해 연구해야 한다고 주장하였다. 이 경우에, 이론은 연구자가 실무를 이해하고 이론화하는 것을 돕기 위한 도구로 작용한다. 실무를 예측하기 위해 이론을 이용한 신고전파 경제학자들과는 달리, Scapens는 경영자가 관리회계의 이용과 관련해서 어떻게, 왜 행동하는가를 이해하도록 도와줄 이론을 소개하는 것을 목적으로 하였다. 이러한 인식론적 필요에 의해서 Scapens는 제도적 관점을 주장하였다.

Scapens는 제도적 관점을 개발하면서 구제도경제학의 사상을 이용하였으며, 신고전파 경제학의 비판을 강조하면서(Drucker, 1981), 구제도경제학이 기업내에서 경제활동을 지배하는 사회제도와 과정을 분석하기 위한 수단이라는 점을 발견하였다. Scapens는 구제도경제학과 신제도경제학을 구별하여, 신고전파경제학에 속하는 신제도경제학은 합리성과 균형에 주안점을 두며 제도를 정태적이고 묵시적인 것으로 간주하는데 반하여, 구제도경제학은 회계실무를 이해하는 것을 도와줄 수 있는 제도의 적극적 역할과 역동성(변화)에 주안점을 둔다고 주장하였다. Scapens는 관리회계변화를 이해하기 위한 대체적 체계를 개발하기 위해 구제도경제학을 이용하였다. 여기서 두 가지 중요한 문제 즉, 제도란 무엇인가의 정의와 이들로 인해서 회계변화를 어떻게 이해할 수 있는가의 문제를 가질 수 있다.

Scapens는 Veblen(1994)과 Hamilton(1932)에서 제도의 정의를 도입하였다. 전자는 제도를 사람들의 일반성에 공통적인 정착된 사상습관(settled habit of thought common to the generality of man)(Veblen, 1994, p.239)으로 정의하였으며, 후자는 사람의 습관이나 집단의 관습에 내재되어 있는 보편적이고 영구적인 사고방식이나 행동방식(Hamilton, 1932, p.84)으로 정의하였다. Scapens에 의하면, 상기의 정의로부터 최소한 세 가지 속성을 식별할 수 있다. 첫째, 제도가 단순히 경제적 용어로 설명할 수는 없는 사람들의 습관적 행동으로부터 형성된다. 다른 식으로 표현하자면, 사람의 습관, 관습, 문화, 가치, 인간상호작용 등이 이러한 제도를 형성한다. 둘째, 경제행위는 합리적 균형분석으로 환원될 수 없다. 오히려, 더욱 완전하고 충분한 경제행위의 이해를 위해서는 그것이 제도인 사회적 차원으로 보완되어야 한다. 그리하여 우리가 여기서 인식하는 것은 제도가 반드시 경제적 행위라기 보다는 사람의 습관적 행동을 구성하는 것이며, 경제적 행동은 제도의 영향 때문에 순수하게 합리적일 수 없다는 것이다. 셋째, 제도적 설명과 더불어, 경제행위는 정태적 균형의 상태로 국한되어서는 안 되며, 사람은 균형이 어떻게 해체될 수 있는가를 볼 수 있으며, 다른 가능성들도 변화를 이해하는 것을 도와줄 수 있는 제도의 역동성을 통해 구축될 수 있다. 그리하여 사회적·문화적·역사적 차원을 이 분석에 가져옴으로써, 제도는 전통적인 경제학의 지식을 확대할 수 있다. 이러한 관점에서 Scapens는 세 가지 중요한 요소(관례, 규칙, 행위)를 가진 체계를 개발하였다. 여기서의 주장은 사람들이 자신의 행위로부터 관례를 정상적으로 전개하고, 행위는 제도로부터 나오며 다시 행위가 제도를 전개한다는 것이다. Burns·Scapens(2000)이 설명한 바와 같이, 이것은 제도영역과 행위영역 사이의 이중성이 역사적 변화에 따라 상호 작용하기 때문에 발생한다(Wickramasinghe·Alawattage, 2007, p.430).

이 이중성의 과정에 따라, 행위가 영구적인 제도로 되기 전에 사람은 관례를 전개하며 항상 규칙에 직면한다. 그리고 규칙을 반복해서 준수함으로써, 규칙에 더욱 친숙하게 되며 행위는 프로그램화된다. Burns·Scapens(2000)가 보여준 바와 같이, 이 프로그램화된 행위가 관례를 생산하고 사람의 행위는 이러한 관례의 지배를 받는다. 이들은 습관을 통해 작용한다. 프로그램화된 행위가 발생할 때, 제도이론에 의하면 관례는 제도화된다고 말해진다. 그러나 조직내의 행위는 규칙과 관례를 단순히 준수하지 않는다. 사람은 규칙이 부과될 때, 그들이 실행하기를 원하는 어떤 행위를 선택한다. 그리하여 제도화의 과정은 경제적이고 심리적이기 보다는 사회적이고 문화적이다. 이러한 사회적·문화적 과정에서, 인간상호작용, 간주관적 판단, 선택하는데 이용가능한 자원 등이 사람의 행위를 결정한다. 사회적·문화적 차원은 역사적 변화를 받기 쉽기 때문에, 현재의 행위가 상이한 미래의 행위를 유도한다. 그리하여 항상 현재의 행위가 과거행위의 결과이며, 미래행위는 현재행위의 결과이다. 이것은 Burns·Scapens(2000, p.9)가 설명한 바와 같이, 제도영역과 행위영역 사이의 이중성이 역사적 변화에 따라 상호 작용하기 때문에 발생한다(〈도표 10-4〉를 참조).

행위수행(agency)은 인간행위자의 능력을 가리키며, 구조는 제도의 구조적 속성을 가리킨다. 유의성, 지배, 정당화를 통해 행위수행과 구조 사이의 상호작용이 높아지며, 이후에 구조적 속성이 재구성된다. 재구성된 구조가 인간행위의 능력에 영향을 주며, 이것은 다시 구조를 재구성할 수 있다. 그리하여 구조화이론의 본질은 이러한 이중성 개념에 근거한다.

Burns·Scapens(2000)은 조직내에서 회계변화과정의 전개를 연구하였다. 특히 그들은 회계의 행위와 실무의 제도화에 의해서 변화의 과정에 초점을 두고 있다. 적소에 설정된 회계규칙과 관례는 제도적 영역과 상호작용하면서 새로운 것으로 변화하고 안정화할 수 있다. 이것은 제도화와 탈제도화, 법규화의 과정을 통해 발생한다. 이들은 계층적 권력을 가진 조직행위자들이 회계관례(routines)를 도입할 수 있다는 것에 유의하면서, 그들의 관례

〈도표 10-4〉 Burns · Scapens의 제도화 체계

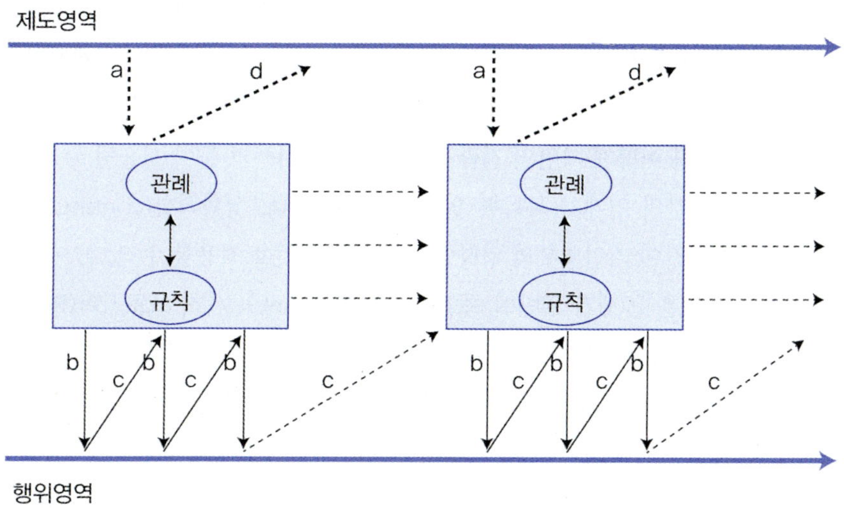

a=부호, b=집행, c=재생산, d=제도화

를 통해 권력과 갈등의 역할을 명시적으로 인식하고 있다. 강력하지는 않은 조직행위자는 관례에 저항할 것이지만, 회계관례의 지속적인 재규정은 이들을 수정하려는 시도를 방해할 것이다. 제도화된 실무의 급진적 변화는 조직구성원이 당연시되는 제도화된 실무를 의심하게 하는 내부나 외부의 충격이 있을 때 발생한다. 주요한 고객이나 수익원천을 상실하는 것은 외부충격의 예이며, 조직내의 집단간에 불화나 새로운 경영제도는 내부충격의 예아다. 회계관례의 변화는 인간의 탐구성향에 기인한다. 즉, 이들의 혁신은 조직관례가 일관성있게 규정될 때, 조직관례를 묵시적으로 그리고 비의도적으로 변화시킬 수 있다. 그러므로 안정성과 변화는 사회시스템과 조직에 고유한 현상이다(Hopper et al., 2015, p.467). Burns (2000)는 잉글랜드 북부에서 소규모 화학제조업체의 제품개발부서에서 회계변화를 탐색하면서 이것을 예시하고 있다.

그러나 이들의 모형은 그 특성과 조직 사이의 차이에 의해서 변화과정의 가능한 결과를 다루지 않는다. 주안점은 회계규칙과 관례 그 자체의 제도화에 있다. 그리하여 이들은 그러한 변화를 여과하는 조직의 역동성에 의해서 실시되는 역할을 간과한다. 제도화과정은 회계변화를 시도하는 상이한 조직에서 유사하게 작용할 것이다. 그 결과, 조직에서 유일한 차별적 측면은 변화과정의 명백한 단순화와 더불어 조직에서 이전에 존재하던 규칙 및 관례와 관련이 있다. 마지막으로, 이들의 모형은 혁신적 · 진화적 변화속에서 변화의 결과와 속도를 혼동하는 경향이 있지만, 변화와 속도의 과정의 최종결과는 다른 연구에 의해서 상이한

개념으로 간주되고 있다(Greenwood · Hinings, 1996). 이 모형은 또한 유사한 외부압력을 받는 조직수준에서 회계변화결과를 차별화하는 내부역동성을 충분하게 설명할 수 없다.

회계원칙이 기업내에서 어떻게 유래하고 변화하는 환경에서 전개하며, 회계원칙이 권력관계에 어떻게 영향을 주는가와 조직의 사회학적 측면, 회계원칙이 어떻게 문화적 영향의 대상인가, 회계원칙이 어떻게 기업의 전략적 방향을 확증하는가 등이 서술될 수 있다. 회계원칙과 다른 실체들간의 연계가 독특한 위치를 차지하는데, 상황적합(contingency)접근방식에서 보는 바와 같이 기업외부의 영향에서도 동일한 것을 적용할 수 있다. 이러한 측면에서 Hansen(1998)은 19세기 후반에 독일, 삭소니(Saxony), 특히 프로시아(Prussia) 지역에서 등장한 세무회계원칙을 서술하고 있다. 세무회계원칙에 의한 회계혁신이 조직에 의해 채택될 수 있거나 채택될 수 없는 이유나 계약파기활동의 조정이 계약서작성에 의해 달성될 수 없는 이유를 설명할 수 있을 것이다. 기업의 의사소통 분야에서 회계원칙의 역할을 살펴볼 수 있다. 계약관계나 지배구조처럼, 설계를 하여 실무가들에게 충고를 하거나, Mattessich (1995)가 주장한 조건부규범적(conditional normative) 회계방법론의 경우처럼 지침을 내리는 것을 포함하는 그 다음 단계를 만들 수 있을 것이다. 조직의 목적, 문화, 과거, 특정한 환경 등에 의존하면서, 회계관례와 절차에 의한 조정방식이 처방되거나 거부될 수 있다. 회계학은 맥락의존적인 진술을 생성하며 과학적 법칙으로 간주될 수 없다(*ibid.*). 이것은 회계원칙이 예를 들어, 효율성이나 부가가치와 같은 조직의 경제목표의 달성에 기여하는 정도가 분명한 논쟁점이기 때문에 당연하다. 이것은 회계원칙이 경제목표에 기여하거나 기여하지 않는 환경과 조건에 달려있다.

제도이론에 의해서 새로운 관리회계조치들이 규칙을 어떻게 가져오는가, 규칙이 어떻게 관례로 되는가, 관례가 어떻게 제도화되는가에 관해 관리회계변화를 연구할 수 있다. 관리회계의 변화를 설명하기 위해 일부 관리회계학연구가 실시되었다. 예를 들면, Soin et al. (2002)은 영국의 다국적 기업의 청소부서에서 최근의 원가회계조치에 초점을 두면서, 기본적인 변화를 분석하고 설명하기 위해 Burns · Scapens(2000)의 모형을 적용하였다. 여기서의 결론은 ABC의 이상적 기대에도 불구하고, 경영통제와 원가회계절차의 전략적 변화가 다소 어렵다는 것이다. 여기서 ABC는 전략적 변화의 분야가 아닌 제품원가계산의 분야에서 관례로 되었다. 이상적인 기대에도 불구하고, 새로운 ABC시스템은 전략적 사고방식을 혁신하는데 영향을 거의 주지 않았다는 것이다.

이러한 관점에서 회계는 기업내의 경제문제에 분명히 초점을 두고 있지만, 서술, 설명, 처방, 설계를 강조하기 위해 이용되는 메카니즘은 많은 학문(예를 들면, 사회학, 심리학, 시스템이론, 경제학 등)에서 유래한다. 예를 들면, 회계에서 사회이론을 이용한 Humphrey · Scapens(1996)나 경영자에 의한 회계도구의 선택을 분석하기 위해 사회경제적 패러다임을 서술한 Mangos · Lewis(1995)에서도 예를 발견할 수 있다.

최근의 연구에서 Siti-Nabiha · Scapens(2005)와 Lukka(2007)는 변화가 안정과 어떻게 연관되는가를 보고하였다. 특히 Lukka는 Burns · Scapens(2000)의 모형 이외에, '느슨한 동조화'(loose coupling)라는 개념을 이용하였다. 그의 사례에서 관리회계표준화의 조치가 있었는데 Burns · Scapens에 의해서, 이 표준화는 새로운 규칙을 표상한다. 문제는 이러한 규칙이 관례로 어떻게 변경될 수 있는가이다. Lukka는 느슨한 동조화의 개념을 통해 이 관계를 탐구하였다. 그는 규칙을 관례로 직접 변경하는 대신에, 이들을 비공식적 관례로 만들기 위해 일련의 비공식적 조정이 이루어졌다. 새로운 조치들이 직접 수용되지 않기 때문에, 촉진 뿐만 아니라 공식적 규칙과 비공식적 관례 사이의 복잡한 관계를 통해 저항이 가능하다. 그리하여, 그 관계들은 느슨하게 동조화된다. 따라서 변화나 안정이 발생하기 보다는 이 둘이 Lukka가 느슨한 동조화로 간주하였던 복수의 비공식적 조정을 통해 동시에 존재할 수 있다. 그것은 실제실무가 어떠한 모습인가에 관한 이해를 확대한다는 점에서 제도이론에 중요한 기여를 하였다.

회계는 법률, 지침, 관습, 규범, 가치, 사회시스템, 역사적 경로 등이 기업의 발전에서 어떤 효과를 가질 수 있는가를 보여줄 수 있다. 이 방식은 회계가 원가편익분석을 하고, 효율성과 효과성의 측면들 및 회계학과 경제학 사이의 연결을 보여주는 요소를 분명히 한다. 이러한 효율성과 효과성의 특징이 있는 분야에서는 회계가 검정될 수 있는 가설의 대상이 될 수 있을 것이다. 이러한 방식으로 회계는 다양한 대안들에게 명확성을 가져온다. 다양한 형태를 가질 수 있는 대안이지만, 특정한 환경에서는 투명하게 만들어져야 하며, 따라서 의사결정자의 의사결정의 기초로 간주되어야 한다. 사람간의 관계, 기업의 언어, 기업내의 법률과 규제, 규범과 가치를 제도화하는 이 모든 것은 회계의 연구에 중요한 분야들이다. 경제학에서 발생하는 서술, 설명, 설계에 이용되는 메카니즘과 원칙들이 회계이론의 핵심을 구성하지는 않지만, 이들은 확실히 기본요소들(buliding block)이다(Duindam · Verstegen, p.136).

구제도경제학을 이용하는 회계학은 회계원칙과 도구를 형성하는 과정과 제도를 강조한다. 이러한 다양한 과정과 제도를 보여주기 위해서는 학제적 방식으로 연구를 실시하는 것이 좋을 것이다. 인류학자, 법률가, 통계학자, 경제학자, 역사가들이 서로를 도와줄 수 있다. 경제학자의 경우, 사람들이 희소자원을 다루는 방식을 서술하는 과정과 제도를 조사하는 것이 흥미로울 것이다. 경제학자는 예를 들어 회계원칙과 같이 기업내의 조정메카니즘 뿐만 아니라 법률과 규제 등의 제도가 부가가치, 효과성, 효율성과 같은 목표를 연구하기 위해 설계되고 실시되어야 하는 방식을 살펴볼 수 있을 것이다. 이러한 방식으로, Humphrey · Scapens(1996)가 서술하는 것처럼, 가까운 미래에 학제적 방법에 입각하고, 사람들이 상호작용하는 방식에 의한 이론인 새로운 회계이론이 등장할 수도 있을 것이다.

2. 신제도사회학과 회계학연구

Carruthers(1995), Collier(2001), Lukka(2007), Powell · DiMaggio(1991) 등과 같은 신제도주의자들은 외부의 사회적 · 기술적 영향으로 인한 제도화와 변화확산에 초점을 두고 있다. 그 결과, 그들은 제도화된 규범과 가치가 이용가능한 변수집합에 어떻게 영향을 주는가를 살펴봄으로써 조직의 변화능력을 이해하고자 한다. 이 접근방법은 결국 시장, 규제적, 규범적, 인지적 압력에 의해 정의되는 동형화적 균형으로 수렴하는 변화과정을 가정하는데 반하여, 실제로 단일조직이 상이한 변화결과를 보여주는 결과를 설명할 수 없었다(Greenwood · Hinings, 1996). 신제도사회학을 적용한 회계문헌은 문화적, 환경적, 기술적 측면이 새로운 실무채택에 어떻게 영향을 주는가에 주로 초점을 두고 있다(Dillard et al., 2004). 대부분의 연구는 변화를 유도하는 사회경제적 맥락이나 제도적 확산의 과정 그 자체만을 다루고 있다. 새로운 실무는 조직가치와 연관된 미시적 역동성과 실현중인 조직가치에 관계없이 어떤 시점에서 고정된 결과로 가끔 간주된다(Fogarty, 1996). 주안점은 회계시스템의 안정성과 변화증가에 있었고, 파괴적인 변화와 이들의 조직맥락을 연구하는데 주목하지 않았다. 대부분의 연구는 미시적 관점을 무시하고, 거시적 수준만을 다루고 있다(Collier, 2001). 그러나 경험적 결과는 조직이 유사한 변화와 실무에 따라 변한다는 것을 보여준다(Lounsbury, 2008). 조직이 전략적으로 제도압력에 반응하는 상이한 방식에 주목하는 것이 중요하다(Oliver, 1991).

일부 회계연구자들은 조직의 회계선택이 어떻게 제도적 압력과 강력한 행위자(agent)의 관심에 대한 전략적 반응인가를 분석하였다. 예를 들면, Carpenter · Feroz(2001)는 제도적 압력이 네 개의 주 정부에 의한 재무보고에서 일반적으로 인정된 회계원칙의 채택에 어떻게 영향을 주었는가를 검토하였다. 제도요소들은 주정부의 재무상태, 의사결정자의 전문가환경순응, 핵심행위자의 관심 등에 의해 결정된다. 초기에 GAAP채택에 반대한 주정부는 강력한 재무상태를 가졌으며, 그 관료들은 GAAP를 촉진하는 전문가협회에 덜 노출되었지만, 핵심적 의사결정자들의 관심이 위협받는 주들은 채택초기에 더 저항할 가능성이 많았다. 강력한 제도적 압력에 직면한 행위자들은 제도환경내에서 협상하는 제도행위자(actor)들이 솔선할 수 있다는 것을 예시하면서 상이한 전략을 추구하였다. 이 연구는 의사결정이 경제적 고려사항만의 기능이 아니라, 기존의 경제적 · 제도적 환경과 제도화된 믿음의 결과라는 것을 나타내고 있다. (직업단체의 훈련, 구성원자격 등) 상이한 제도적 압력에 노출된 것에 입각한 상이한 인지적 · 규범적 믿음을 가진 행위자들은 이러한 요소들을 해석하고 조정해야 한다. 그러므로 회계원칙을 채택하는 것은 의사결정자들이 직면하는 역사적 · 경제적 · 사회적 압력에 영향을 받는 복잡한 현상이다.

회계에서 신제도사회학의 연구는 전통적으로 조직에 대한 외부압력이 회계선택에 어떻게 영향을 주는가에 집중하였다. 그러나 오늘날의 많은 연구는 갈등, 불공정한 준수, 권력과 변화의 현안, 규범적 판단, 행위자들이 제도환경에 반응할 뿐만 아니라 제도환경을 형성하는 창조적 방식 등의 내부요소를 반영하고 있다. 제도환경분석과 행위자가 복수의 제도에 대한 모순적인 기대들을 어떻게 관리하는가에 관한 미묘하고도 정교한 분석은 현대회계연구의 중요한 분야이다(Greenwood et al., 2011). 이의 예로는 Greenwood · Suddaby (2006)가 있다. 이는 캐나다 회계법인들이 주어진 제도를 어떻게 변경하였는가를 분석하고 있다. 캐나다에서 전문회계법인은 지역적 제도환경(회계전문직과 지역규제기관)의 비승인에도 불구하고, 특히 법, 회계, 상담 등의 다양한 전문분야에 걸친 복수의 업무를 제공하는 복수전문분야(multidisciplinary)의 실무가로 되었다. 5대 대형회계법인이 이 변화를 옹호하였으며, 이들의 규모로 인해서 이들은 제도에 도전하고 조직형태에 관한 다른 아이디어에 노출할 수 있게 되었다. 1980년대와 1990년대에 경제적 압력과 국제적 고객들의 수요로 인해서 5대 대형법인들은 국제적 대형법인으로 되어야 했으며, 이들의 제도적 환경은 소형회계법인의 제도적 환경과는 다르게 되었다. 5대 대형 회계법인들과 이들의 대형고객들은 이제 서로 정당성 단서를 찾고 있으며, 그들의 강력한 금융력으로 그들의 복수전문분야의 실무를 생성할 수 있게 되었다. Greenwood · Suddaby(2006)는 제도분야의 주변부보다 중심부에서 엘리트수행자가 어떻게 제도변화를 초래할 수 있는가를 설명하고 있다.

Hopper · Major(2007), Covaleski · Dirsmith(1988), Dillard et al.(2004), Modell(2003) 등과 같은 일부 회계연구자들은 분석체계로서 신제도사회학(NIS)를 이용하였다. 관리회계 변화의 연구에 관해서 NIS는 제도를 조직의 행위와 관리회계의 존재를 위한 정당성(의미와 규칙)을 생산하는 사회정치적 · 문화적 실무로 정의함으로써 시작하였다. 제도는 어떤 조직실무의 존재를 위한 기술적 정당성보다는 정치적 · 문화적 이유를 생산한다. 그러한 실무의 존재를 위한 정치적 · 문화적 이유는 용어, 절차, 관례 등의 기술적 겉치장 하에 은폐될 것이다(Carruthers, 1995). 그리고 조직은 그러한 실무가 실제기능에 기여하지 않음에도 불구하고 그러한 실무를 계속해서 채택할 것이다. 따라서, 많은 조직은 기법을 부분적으로 인공물과 의식으로 그리고 부분적으로 실제운영의 도구로 이용한다(Hopper · Major, 2007). 이들이 기능적일지라도 기본적인 기능은 제도적으로 정당화되는 경향이 있다.

제도는 법적 환경, 규제적 환경, 전문적 환경, 문화적 환경 등과 같은 제도환경에서 나온다. Weber(1978), Berger · Luckmann(1967), Meyer · Rowan(1977) 등에 따라, Scott (1995, 2013)도 제도의 기본요소(규범요소, 규제요소, 인지문화요소)를 정의하였다. 규범요소(normative element)는 조직이 준수해야 할 목표와 수단을 처방하는 어떤 규칙을 강조한다. 예를 들면, BSC모형은 그러한 시스템을 실시하기 위해 성과측정과 수단에 규칙을 제공한다(Kaplan・Norton, 1992). 그리고, 규제기관, 상담자, 경영자 등은 이러한 시스템이 성과측정의 현안에 해결책을 제공한다고 믿는 경향이 있다. 따라서 이러한 사회적 믿음이 그러한 시스템의 존재를 정당화한다. 규제요소(regulative element)는 국가와 규제기관이 부과한 규칙, 규제, 제재 등을 강조한다. 예를 들면, 정부는 기업이 성과측정에 연루하게 되는 규제산업의 어떤 규칙을 준수해야 한다고 요구한다(Major・Hopper, 2005). 인지문화요소(cognitive-cultural element)는 인간행동에 은폐된 논리로 되는 공통적 믿음과 개념을 구성한다. 예를 들면, 조직이 특별한 경쟁게임에서 어떻게 경제적으로 효과적으로 되는가를 판단할 수 없을 때, 조직은 게임에서 주요한 선수들을 부의식적으로 보방한다(Covaleski・Dirsmith, 1988). 이러한 상황하에서, 성과측정시스템은 경영목적으로 만들어지기 보다는 모방, 유행으로 된다(Malmi, 2001).

그리하여 제도는 기술적 정당화보다는 외부적(정치적・문화적) 이유를 생성한다. 예를 들면, ABC는 이제 조직이 '저가'로 '고품질'의 제품을 판매함으로써 고객을 만족시켜야 한다는 수사(rhetoric)에 직면하여 하나의 요건이 된다. 앞에서 언급한 바와 같이, 이러한 이유는 신화(myth)구조일 수 있다. 예를 들면, 고품질이나 저가의 제품이 무엇인가를 아무도 모르고 있지만, 고비용(costliness)의 언어는 이제 ABC 수사를 통해 촉진되고 있다(다음을 참조. Hopwood, 2008). 그러나, 조직은 ABC를 계속해서 채택하고 있으며, 다시 운영과는 분리된 어떤 의식을 생성한다(Hopper・Major, 2007). 기능적이지만, 이들은 제도적으로 정의되고, 전파되며, 확산되고, 정당화된다.

관리회계학에서 신제도사회학(NIS)은 관리회계기법의 채택과 이로 인한 관리회계실무의 존재에 관한 상기의 제도적 설명에 의존한다.

신제도사회학은 공공부문 회계연구에서 가장 공통적으로 이용되는 접근방법이다. Helden(2005)은 신제도사회학을 공공부문 관리회계연구에서 주요한 이론적 접근방법 중의 하나로 강조하였으며, 공공부문 회계연구 분야에서 신제도사회학의 이용은 공공부문분야에서 증가하는 회계역할에 관한 Hopwood(1984)의 논문에 의해 함축되었고, Meyer・Rowan(1977)과 Meyer(1979)의 연구를 참고하였다고 주장될 수 있다. 그러나 Covaleski et al.(1993)은 정당성을 도출하기 위해 사회의 기대실무의 기준과 규범을 준수하는 조직의 중요성을 주장한 Meyer・Rowan(1977)과 DiMaggio・Powell(1983)을 이용하였기 때문에, 제도이론사상의 주요한 적용을 제공하였다. 이 관점으로부터 조직구조의 많은 측면이 기대와 규범에 대한 준수를 나타냄으로써 정당성을 제공한다. Covaleski et al.(1993)는 제도가 Meyer・Rowan(1977)로부터 탈동조화의 사상과 Olsen・March(1976)와 Brunsson(1989)의 초비판적 행동의 사상을 반영하면서, 조직구성원이 자신들의 과업을 실시하는 더욱 복잡하고 애매한 실무와 과정으로부터 이러한 외부이미지 시스템을 탈동조화하는 경향이 있다고 주장하였다. Covaleski et al.(1993)도 신제도사회학에 분명하고도 확고하게 근거하고 있지만, 조직이론과 직업사회학을 포함한 많은 다른 이론적 관점에서 도출하였다.

Bealing(1994, p.556)도 미국의 증권거래위원회(SEC)의 기금조달에 관해 유사한 제도이론관점을 채택하였으며, 공공부문조직이 계속된 지지를 받고 기금조달을 유지하기 위해서는 정당성을 생성, 유지, 관리해야 한다고 주장하였다. 1990년대 중반부터, 회계학연구에서 신제도사회학의 이용은 확대되었다. Lapsley(1994)는 영국 국립보건원의 책임회계시스템이 외부통제환경의 주요한 요소에 대한 보건원의 조치를 정당화하는 신화로서 어떻게 작동하는가를 예시하기 위해 신제도사회학 체계를 이용하였다. Brunsson(1995)은 스웨덴의 국회 회계예산과정에 관한 논의에서, 정치이론인 Lindblom(1959)과 Wildavsky(1975)의 예산증분주의 사상과 신제도사회학을 혼합하여, 복수의 접근방법을 채택하였다. Edwards et al.(1995)도 영국의 학교조치의 국지적 관리에 관한 연구에서, 신제도사회학을 분명히 이용하고 있지만, 조직이론과 Wildavsky(1975)를 참고하였다.

이러한 문헌에 새로운 관점을 도입한 하나의 논문은 Brunsson(1994)이었다. Brunsson(1994)은 조직정당성의 필요성을 인정하면서도, 신제도사회학자로부터 통찰력을 설명한 것이 아니라 세 가지 유형(정치조직, 연합회, 기업)의 차이에 입각한 이론적 접근방법을 제시하였는데, 이들은 조직들이 그 환경 및 내부작용과 관련해서 어떻게 형성하고 작동하는가를 규제한다.

Pettersen(1995)은 예산정치, 느슨한 동조화(loose coupling), 의례(Ouchi, 1977), 초비판적 조치 등의 주제를 강조하면서, 신제도사회학자들을 더욱 광범위하게 이용하였다. Brunsson(1995)과 Pettersen(1995)은 일부학자들이 상이한 접근방법들을 함께 혼합하기 때문에, 조직이론, 신제도사회학의 이용과 정치이론의 여러 측면 사이를 구별하는 것이 얼마나 어려운가를 예시하고 있다. Petterson(1995)은 구체적으로 노르웨이 공립병원의 외부정당성을 생성하는데서 규칙, 가치, 합리화된 신화를 따르는 것의 중요성과 정당성을 생성하는데서 예산의 역할에 관해 논의하면서 신제도사회학을 강조하였다. 그러나, 이러한 신제도주의 이론의 이용이외에, Petterson(1995)은 Habermas(1984)의 이론에서 도출된 의사소통적 합리성의 개념도 도입하였다.

Covaleski · Dirsmith(1995)가 신제도적 접근방법이 공식조직의 다양한 예에 존재하는 권력과 이기심을 이해할 필요성을 강조하고 있다고 주장하였지만, 그들은 권력과 이해관계에 입각한 행동에 충분한 관심을 주지 않는다고 이 접근방법을 비판하였다. 그들은 정치이론의 요소와 더불어 인간경험을 형성하는 네서 은유와 수사의 역할에 초점을 두었다. Covaleski · Dirsmith(1995)도 Miller · O'Leary(1990)의 Foucault관점을 언급하고 있는데, 그들은 이러한 이론적 원천들을 혼합하고 있다.

대부분의 저자들이 신제도사회학을 적용하고 때때로 그것을 확대하는데 만족하였지만, Johnsen(1999)은 이 이론의 검정에 착수하였다. 그는 탈동조화의 실시과정이나 느슨한 동조화의 실시과정이 단순히 상징적 목적, 유행, 정당화보다는 도구적 목적에 이바지할 것이라고 주장하였다. Johnsen(1999)은 조직적·정치적 이론에서 도출하면서 성과지표와 조직목적의 탈동조화가 노르웨이 지방정부에서 성과측정의 실행을 증진할 잠재력을 가진다고 주장하였다.

최근에 Enron, World Com, Health South 등의 파산과 이로 인한 자본시장의 무결성과 보고절차의 신뢰성에 대한 손상때문에 사회수준에서 변화압력이 생성되었다. 하나의 분명한 사실은 공개기업에 대한 효과적인 기업지배구조의 기준을 제정하려고 하는 Sarbanes-Oxley 법안의 미의회 통과이었다. 결국에는 법안으로 된 정치적 과정이 증권거래위원회가 개발한 규제에 반영된 어떤 지배구조절차를 제도화한다. 조직현장수준에서, 직업조직(말하자면, 재무이사협회, 미국공인회계사회)과 전문가(말하자면, 컨설턴트, 변호사) 등이 규제가 어떤 산업과 어떤 유형의 기업내에서 어떻게 실시되어야 하는가에 관한 입장, 지침, 해석을 개발한다. 이 정보는 조직수준에서 책임있는 사람들에게 이용가능하게 만들어진다. 기업은 예를 들면 감사위원회 위원들이 외부감사인에게 직접 접근해야 하고, 회계법인은 감사위원회에 의해 보류될 것이며, 감사위원회의 위원들은 자신들의 책임을 완수하기 위해 충분한 전문기술과 경험을 가져야 하는 특정한 실무를 개발한다. 이들은 기업기배구조기능의 관례가 된다.

조직은 이러한 지배구조절차에서 경험을 하며, 절차들이 강화되거나 다른 절차들이 개발될 것이다. 어떤 실무는 전면에 나올 것이며 더 좋은 실무로 인식될 것이다. 예를 들면, 기업의 이해관계자들은 주주와는 반대로, 감사위원회에 포함된다. 이 혁신은 조직현장수준에서 인식될 것이며, 잘 운영되거나 사회적으로 책임있는 기업의 기대집합의 일부로 될 것이다. 이 실무가 사회수준에서 예를 들면, 통제규제에 그것을 포함함으로써 제도화될 가능성도 존재한다. 이 경우에, 그러한 결과는 부의 축적과 사유재산권처럼 어떤 자본주의적 기조와는 반대로 나타날 것이다. 따라서, 이 기본 수준에서 그 가능성은 변화를 위해 존재한다. 만약 그러한 변화가 발생한다면, 이의 영향은 조직실무에 또다시 보급되어 반영될 것이다.[11)]

한편, Tuttle·Dillard(2007)은 미국의 회계학연구에서 제도적 동형화를 살펴보고 있다. 이들은 미국의 회계학술문헌에서 연구주제의 다양성이 부족한 것을 신제도사회학을 이용

11) 신제도경제학이 신고전파경제학의 패러다임에 견고하게 근거하고 있기 때문에, 회계에 관한 신제도경제학의 관점은 신제도사회학이나 구제도경제학의 관점보다 더 협소하고 더 구체적이다. 대부분의 신제도경제학에 정통한 회계문헌은 원가최소화 또는 효율성의 용어로 특별한 회계형태의 존재를 서술한다.

하여 분석하고 치유책을 제시하고 있다. 제도적 동형화의 (모방적, 강압적, 규범적) 세 가지 과정이 회계학연구의 조직분야를 형성하지만, 이 분야는 주로 규범적 동형화에 의해 유발되는 단계에 도달하였다고 주장한다. 따라서 제도적 압력이 이론적 관련성, 개인의 연구선호, 실무적 적용가능성을 가끔 무색하게 한다고 주장한다. 제도적 압력이 회계학계에 가해지고 있다고 주장하고 회계학계내에 작용하는 제도적 압력을 상쇄하기 위한 처방으로서 다양성을 증가시키기 위한 조치를 제안하고 있다.

Higgins · Larrinaga(2014)는 제도이론 특히 신제도사회학을 간단히 살펴보고는 이것이 지속가능성보고를 어떻게 설명할 수 있는가를 살펴보고 있다. 그들은 조직현장(organizational fields)의 존재와 영향을 예시하기 위해 점증하고 있는 경험적 연구를 이용하고 있으며, 제도화되고 있는 지속가능성보고의 전망을 논하고 있다. 여기서는 지속가능성보고에서 증가하는 경험적 연구들이 이 문제를 둘러싼 조직현장의 존재를 가리키고 있다는 것을 관찰하였다. 나아가 그러한 조직현장들이 국지적인 경향이 있었지만, 세계의 다른 부분에서는 지속가능성보고의 다양성을 결정하면서, 일부 최근경향은 (특히 다국적기업사이에서) 지속가능성보고의 세계적 수렴을 이끌어내고 있는 하나의 세계적 지속가능성보고 분야의 등장을 시사한다. 본고는 계속해서 강압적, 규범적, 모방적 제도화메카니즘을 설명하였으며, 이들이 지속가능성보고에서 상이한 제도화과정을 어떻게 설명할 수 있는가를 예시하였다. 강압은 규제, 투자자 또는 소비자 압력 등에 대한 반응으로서 지속가능성보고를 설명할 수 있다. 규범적 메카니즘은 지속가능성보고를 사회적 책임의 이유로 자발적 조치에 대한 반응으로 설명할 수 있다. 마지막으로 모방은 지속가능성보고가 일정한 종류의 기업에 대해 당연한 것으로 간주되는 어떤 것으로 어떻게 변형될 수 있으며, 그러한 기업들이 조직현장에서 정통성을 단순히 따르기 위해 지속가능성보고에 어떻게 관련되는가를 분명히 할 수 있을 것이다. 지속가능성보고의 제도화의 상이한 단계와 상이한 맥락에서 상이한 가중치를 가지면서, 지속가능성보고는 이러한 세 가지 메카니즘의 혼합물의 결과일 가능성이 있다.

3. 회계학연구의 수렴

신제도사회학은 개인이 사회적으로 구축된 제도들로 구성된 세계에 살고 있다고 가정한다. 신제도사회학을 적용한 회계학연구에서 회계는 자원을 제공하는 자, 예를 들면 투자자에게 기업을 보다 좋게 보이려는 합리적인 절차의 구체화로서 파악한다. 경제적 합리성과 효율성이라는 외관을 만들어 주는 회계라는 제도를 통해서 조직을 정통화하는 장치로서 간주되어 온 것이다(김정민, 2015, pp.27-28).

최근의 회계학연구에서는 조직을 외부로부터 회계제도를 부여받은 것일 뿐이라고 여기는 수동적인 주체가 아니라, 정당성을 획득하기 위해 제도의 선택에 적극적으로 참여하는 존재로 보는 연구가 많아졌다. 이는 종래 신제도경제학이 주장해 온 것이다. 신제도경제학에서 전개되어 온 자기이익(이기심)을 가진 주체의 가정을 받아들여서, 이해와 의도의 두 가지를 가진 개인 및 조직을 가정한 후에 제도구축을 둘러싼 권력(power), 정치, 조직간의 대립을 분석하는 연구들도 있다(Carruthers, 1995; Dirsmith et al. 1997). 예를 들어 Dirsmith et al.(1997)은 신제도사회학을 기초로 하면서도 권력과 자기이해의 가정을 더하여, 제도변화에 있어서 조직내의 개인의 변화를 고려하고 있다. 종래의 제도사회학에 따르면 형식적인 규칙이나 시스템은 상징적인 것으로 실제의 것과는 다른 것이었다(Meyer · Rowan, 1977). 그러나 그들은 조직이 정당성을 부여하는 상징적인 구조를 따르는 것은 자기이해와 집단이해의 결과라는 결론을 내렸다(전게서, p.28).

이론적 체계를 개발하기 위해 제도적 설명이 어떻게 이용될 것인가는 논쟁의 여지가 있다. 구제도경제학(OIE)을 적용한 회계학연구(Burns · Scapens, 2000)에서 신제도사회학을 적용한 회계학연구(Greenwood et al., 2011)까지 여러 종류의 제도이론을 이용한 회계학연구가 있다. 전자는 조직수준의 분석을 채택하는데 반하여, 후자는 사회제도수준의 분석을 이용하고 있다. 두 접근방법의 흥미로운 통합은 〈도표 10-5〉와 같이 Dillard et al.(2004, p.512)가 제시한 모형인데, 이것은 NIS와 Burns · Scapens(2000)의 체계를 결합한 것이다.

〈도표 10-5〉 Dillard et al.의 제도화 체계

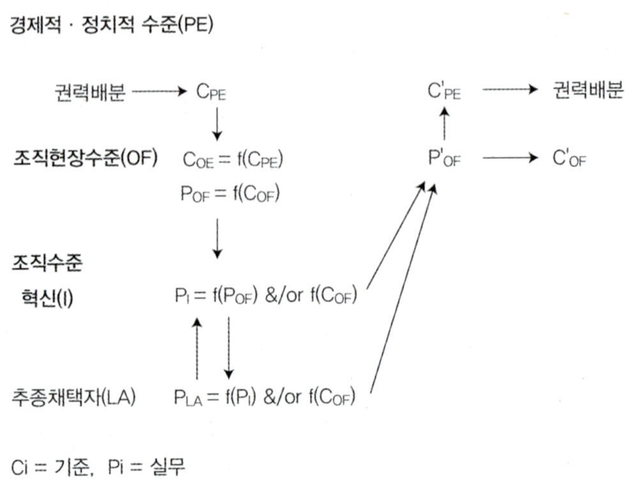

Dillard의 모형은 조직현장(organization field, OF)를 통해 조직수준과 정치경제(PE) 수준을 계층적으로 동조화함으로써, 제도화과정을 주장한다. PE수준은 회계기준, 법, 규제 등과 같이 정치적으로 개발된 상징적 기준(C_{PE})에 의해 영향을 받는 가장 일반적이고 널리 수용되는 규범과 실무를 제공한다. 이러한 일반규범과 실무가 조직현장(예를 들면, 산업, 직업단체)에 적용된다. 이것이 발생될 때, 그러한 규범은 조직현장에서 행위자의 기대에 의존하면서 약간 다른 형태로 변형된다. 이러한 기대가 C_{PE}의 기능인 어떤 조직현장(C_{OF})기준을 제공한다. C_{OF}는 OF수준에서 행위에 정당성을 제공하는데 반하여, C_{PE}는 C_{OF}의 존재에 정당성을 제공한다. OF수준내에, C_{OF}의 기능인 어떤 실무(P_{OF})가 있다. 조직수준에서 개별조직은 혁신자(I)이거나 추종채택자(LA)가 될 수 있다. 혁신자는 나중의 채택자가 채택하는 새로운 실무(P_I)를 가진다(P_{LA}). P_{LA}의 경우, 정당성은 OF와 P_I에서 나온다. 혁신자 실무를 채택하는 조직에서, P_{LA}와 느슨하게 동조화되거나 탈동조화되는 실제실무가 있을 수 있을 것이다.

Dillard모형은 세 가지 구조유형에 따라, 세 가지(표상, 합리성, 권력) 긴장의 축이라는 특징이 있는 이론적 근원을 가진다(Weber, 1930, 1978, 1981; Giddens, 1976, 1984). 사회적 행위는 제도화과정이 어떻게 작용하는가를 설명한다. 사회적 행위를 범주화하는 또 다른 방식인 구조유형은 의미화, 정당화, 지배이다. Dillard et al.(2004)는 긴장의 축과 구조유형이 서로 일치한다고 주장한다. 표상은 의미화, 합리성은 정당화, 권력은 지배. 이러한 사회적 행위의 쌍들은 모든 수준에서 발생한다. PE, OF, 조직, 따라서 제도화, 탈제도화, 또는 재제도화과정은 중요한 규범, 가치, 믿음 등을 선택하는 것(의미화의 표상)을 통해, 선택을 정당화하는 것(합리성이나 정당화)을 통해, 동일한 것의 유지(권력의 지배)를 통해 생성될 것이다. 유사한 제도화양상에서, 관리회계시스템이 상기의 사회적 행위과정을 통해, 제도화, 탈제도화, 재제도화될 것이다. 달리 말하자면, 관리회계시스템의 등장은 단순히 경제적 합리성을 통해 정당화될 수 없다. 즉, 이러한 실무는 제도화(또는 탈제도화와 재제도화)의 사회적·정치적 과정을 통해 제도화된다. 이 과정은 긴장의 축들이 발생할 때만 발생한다.

여기서의 목적은 관리회계변화가 상이한 관점에서 어떻게 이해될 수 있는가를 보여주는 것이다. 제도화과정은 새로운 실무가 개발되는 이유를 이해하기 위한 체계일 수 있지만, Dillard et al.(2004)는 경험적 사례가 복잡하고 가변적일 수 있다는 것을 보여준다는 점이 강조되어야 한다. 조직은 유사하게 제도화된 환경내에서 조차도 제도적 압력에 상이한 반응을 생성한다(Eden et al., 2001). 즉, 일부 조직은 저항하고(Colvaleski · Dirsmith, 1988), 일부 조직은 순응한다(Carruthers, 1995). PE수준에서 C_{PE}는 다른 규범, 가치, 믿음, 가정 등을 생성하는 경험적인 제휴의 존재를 통해 발전할 것이다. 이것은 개별조직내에서 제도화과정과 조직실무의 변화를 유도할 것이다. 그러나 결과는 조직저항과 순응의 본질에 따라 조직에서 복잡하고 가변적이다(Zucker, 1987). 그리하여 Dillard모형은 새로운 관리회계기법이 기업에 의해 채택되고 전개되는 이유를 설명할 수 있는 조직과 PE에서 역동성과 복잡성을 포착할 수 있다. 신제도사회학과 구제도경제학을 결합한 Dillard모형을 구제도이론과 비교할 때, 광범위한 관점을 제공한다는 점을 감안하면, 일부 연구자가 이제 새로운 관리회계기법에 의해 알려진 새로운 관리회계실무를 설명하기 위해 이것을 적용하기 시작하였다(예를 들면, Hopper · Major, 2007).

Hopper · Major(2007)는 포르투갈의 전자통신기업인 Marconi회사가 활동기준원가계산(ABC)를 채택한 이유를 조사할 때, 이 모형을 적용하였다. Marconi회사의 의사결정은 시장자유화와 기술변화의 기간에 모기업, 경영컨설턴트, 유럽연합과 개별국가의 규제기관, 금융시장, 소비자연합 등을 포함하는 복잡하고, 상호관련된 제도사슬에 달려있었다. 유럽연합 규제기관의 임원들은 기업에게 (나중에 대형 전자통신회사와 그뒤 Marconi회사에 고용되었을 때 유사한 충고를 한) 전문컨설턴트의 권고에 따라 ABC를 채택하도록 권고하였다. 유럽의 전자통신회사들과 Marconi회사에서 ABC의 확산과 채택은 모방적, 강압적, 규범적 동형화를 포함하였다. 그러나 ABC는 개선된 경쟁성과 효율성을 나타내기 위한 모두를 위한 수단과 상징이었다. 규제환경에서, 외부정당성과 효율성이 서로 얽혀있다. 결과들은 초기의 신제도사회학 연구가 동형화를 상호배타적이고 경제적 압력과 제도적 압력을 구분하는 것으로 취급하였다는 비판을 확증하였다. 그러나 회계상징을 이용하여 효율성을 나타내는 것은 Marconi회사내의 갈등 때문에 문제점이 있는 것으로 판명되었다(Major · Hopper, 2005). 생산기술자들은 ABC의 정확성과 유용성에 관해 회의적이었기 때문에 ABC를 이용하기를 꺼려하였다. 노동자들은 나중에 부정확한 자료를 투입하여 ABC에 저항하였으며, 생산관리자들은 이것을 묵인하였다. 생산부서의 사람들은 ABC를 이해하고 이것을 그들의 직무와 관련시키는데 어려움을 겪었으며, 그들은 이것이 직무강화와 중복에 이용될 것이라고 우려하였다. 이와는 대조적으로, 가격결정과 투자에 책임이 있는 영업관리자들과 상위관리자들은 ABC에 만족하였다. 그들은 이것이 이전의 시스템보다 더 정확하고, 규제기관과 금융시장의 요건을 충족하고, 재무제표의 연결을 용이하게 한다고 믿었다. 그들은 ABC자료를 결합원가 및 공통원가와 관련된 기술적 문제에도 불구하고 의사결정에 이용하였다. ABC시스템은 Noreen(1991)과 기타인들이 제시한 타당한 자료를 제공하기 위한 엄격한 조건을 충족하지 않았다. Hopper · Major(2007)는 Dillard et al.(2004)의 모형이 제도화의 많은 특징을 제공하고 있지만, 그것은 공익, 조직내부요소들이 수행한 역할, 번역과 실천을 따르는 기술의 속성 등을 반영하기 위해 확장을 필요로 한다. Hopper · Major(2007)는 자신들의 관찰을 풍부하게 하고 Dillard et al.(2004)의 모형을 확대하기 위해, 경제이론, 노동과정이론, 행위자 연결망이론 등의 측면들을 반영하기 위해 이론적인 혼합방법(triangulation)을 채택하였다.

많은 논문들이 신제도사회학의 핵심적 주제와 주요한 학자들, 특히 동형화와 정당성의 사상에 여전히 강하게 결부되어 있다(Gomes et al., 2008). 그러나 일부 학자들은 자원의 존성과 같은 광범위한 신제도사회학 문헌 및 사상(Tolbert, 1995; Oliver, 1997)과 경로의 존성의 역사적 제도주의개념(Modell et al., 2007)과의 연루를 확대하고자 하였다. 상징적 상호작용의 전통에서 도출된 협상질서관점에 대한 Modell(2006)의 적용과 Ezzamel et al.(2007)의 담론이용 등에서 반영된 바와 같이, 신제도주의의 거시적 주안점을 미시적 분석수준으로 보완함으로써 다중패러다임 접근방법을 채택하려는 노력도 있었다. 회계학연구에서 신제도적 관점의 이용은 적응하고 진화해야 하지만, 신제도사회학이 다른 관점과 어떻게 효과적으로 종합될 수 있는가의 문제는 미해결된 채로 있다. Hopper · Major(2007)는 제도이론, 경제학, 노동과정, 행위자연결망이론 등을 포함하는 이론적 혼합방법의 과정을 통해 제도분석을 확대하였지만, 행위자연결망이론 사상과 협동하는 Nor-Aziah · Scapens (2007)의 느슨한 동조화의 개념이용이 반영하는 것처럼, 신제도사회학이 다른 이론적 관점과 결합되는 혼합된 복수패러다임의 접근방법으로 향한 경향이 있는 것 같다.

신제도경제학자인 Williamson(1985)은 조직을 제한합리성을 가지고 기회주의적인 행동을 하는 개인의 집합이라고 가정하였다. 그리고 제도를 조직간의 계약으로 간주하였다. 그러나 이러한 설명만으로는 비효율적인 제도의 존재이유를 밝히기에는 불충분하다. 이러한 문제에 대해서 Covaleski ed al.(2003)은 구제도경제학자인 Commons(1931, 1934)의 연구를 인용하여, 구제도경제학과 신제도사회학의 양자를 받아들여서 조직은 효율성과 정당성을 동시에 추구한다는 조직의 이중성을 고려한 연구를 전개하고 있다. 그리하여 Covaleski ed al.(2003)은 미국의 캘리포니아에서 이루어진 에너지산업의 회계제도를 사례로 연구하여, 회계기준이 통제상의 효율성을 획득할 수 있는 선택과 사회의 정당성을 촉진할 수 있는 선택 간의 경쟁을 완화하는 역할을 한다고 보고하였다.

구제도경제학에서는 제도를 개인 또는 집단의 습관 및 관습에 엮어져서 보급된 사고 혹은 행동양식으로 정의하고 있다(Hamilton, 1932). 그리하여 조직내에서 장기간에 걸쳐서 일상화된 회계실무를 제도로 보는 연구들도 있는데(Burns · Scapens, 2000), 회계가 변화할 경우, 어떻게 해서 회계변화가 발생하는 가를 외부환경의 요인과 조직내부의 요인으로 나누어서 연구한 Tsamenyi et al.(2006)에서는 정당성을 획득하여 시장에서의 입장을 확보하고자 하는 신제도사회학의 외부환경의 요인을 중시하는 접근방법에 더하여 제도경제학에서 중시하는 조직내부의 요인으로 조직 간의 경쟁적 요인과 개인의 이해관계를 도입하고 있다(김정민, p.31).

제4절 소결

본장에서는 오늘날 회계학계에서 이용되고 있는 제도이론들을 살펴보고 이들을 회계현상에 적용한 연구현황을 살펴보았다. 회계학계에서는 회계제도를 연구할 때 실증적 방법론을 적용하는 경우에는 주로 신제도경제학(New Institutional Economics)에 해당하는 대리이론과 거래비용이론을 이용하고, 해석적 방법론을 적용하는 경우에는 주로 구제도경제학(Old Institutional Economics)과 신제도사회학(New Institutional Sociology)을 이용하고 있다.

회계가 특정한 조직상황내에서 시간의 경과에 따라 어떻게, 왜 변화하는가라는 회계변화를 연구하기 위해 제도이론을 이용하고 있다. 즉, 회계변화의 과정에서 유사한 외부환경압력에 직면하는 조직이 상이한 변화결과를 보여주는 이유를 제도이론을 이용하여 설명하고 있다.

구체적으로 신제도사회학은 조직을 형성하고 제약하는 데서 환경압력의 역할, 즉, 외부의 사회적・기술적 영향의 결과로 제도화와 변화확산에 초점을 두고 있다. 회계변화는 가끔 외부적으로 추진되는 것으로 식별되고 새로운 규제에 기인하는 것으로 식별된다.

구제도경제학은 조직내에서 회계변화의 과정을 연구한다. 특히 새롭게 당연시 되는 사상으로 회계의 행위와 실무의 제도화에 의해서 변화의 과정에 초점을 두고 있다. 적재적소에 설정된 회계규칙과 관례는 제도적 영역과 상호작용하면서 새로운 것으로 변화하고 안정화할 수 있다. 이것은 제도화와 탈제도화, 법령화의 과정을 통해 발생한다. 여기서의 주안점은 회계규칙과 관례 그 자체의 제도화에 있다.

제도이론의 문제점으로 구제도경제학의 경우는 변화의 과정을 형성하는데 내부규칙 및 관례의 중요성과 관련이 있다(Burns・Scapens, 2000). 구제도경제학의 학자들은 특히 회계변화가 제도화의 과정을 통해 어떻게 전개되는가에 초점을 두고 있다(Burns et al., 1999; Burns・Scapens, 2000; Scapens, 1994). 그러나 기존 연구들은 유사한 외부압력의 존재에 동일하게 실시된 변화에 대한 상이한 반응에 의해서 조직의 이질성과 실무차이를 고려하지 않는다(Lounsbury, 2008).

신제도사회학의 문제점은 ① 사회학적 측면에서 제도주의에 대한 비판의 핵심은 이론체계 내에 구체적인 행위와 행위자가 없으며, 이해관계의 갈등도 없고, 권력현상도 존재하지 않는다는 것이다. 무엇보다도 (신)제도사회학은 개인의 이익추구행위를 무시하고 있다.

② 이것은 미시적 수준의 행위를 무시하고 있다. 제도사회학(사회학적 제도주의)은 인지－문화적 접근과 거시적 수준에서의 분석을 결합한 것이 특징이다. 이러한 이유로 제도사

회학에서는 미시적인 수준에서 구체적인 행위자들 사이의 상호작용이 어떻게 제도의 형성과 유지에 영향을 미치는지에 대해서는 전혀 관심을 보이지 않는다는 문제점을 드러내고 있다(Hirsch・Lounsbury, 1997). 그리하여 조직형태의 다양성을 효과적으로 설명하지 못하는 동시에 조직구조가 형성되고 이것이 다시 개인행위에 영향을 미치는 구체적인 메카니즘과 과정을 제대로 설명하지 못하는 문제점을 드러내고 있다(하연섭, p.126).

③ 여기에는 권력개념과 정치현상이 존재하지 않는다. 제도사회학에서 나타내고 있는 세계적 차원의 문화적 가치의 확산은 아무런 걸림돌 없이 진행되는 확산과정이다. 이 과정에서는 갈등이나 충돌도 없고, 각 국가마다 특성도 없다. Powell・DiMaggio가 나타내고 있는 동형화의 과정에는 권력개념이나 갈등이 발붙일 틈이 없다. 그러나 문화적 패턴은 단순히 인지적 과정에 의해서만 형성되는 것이 아니라 권력을 바탕으로 인위적으로 조작될 수 있다는 점에 주목할 필요가 있다. 어떤 특정 개인이나 집단이 자신의 이익을 추구하기 위한 방편으로 문화적 가치를 조작하고 형성할 수 있는 가능성은 얼마든지 있다. 그리고 이렇게 인위적으로 만들어진 문화적 가치가 제도화되며 이것이 당연시되면서 사회구성원의 행위를 일정한 방향으로 유도하게 되는 것이다. 그러므로 어떤 문화적 가치가 지배적인 문화적 가치로 등장하는냐 하는 것은 물질적 자원을 통제하는 것만큼이나 중요한 권력자원이 되는 것이다. 이러한 문화적 가치를 둘러싼 권력현상에 대해서 사회학적 제도주의는 전혀 주목하지 않는다는 비판이 제기되고 있다(상게서, pp.126-127).

④ 제도사회학(사회학적 제도주의)의 적용범위가 제한되어 있다는 문제점이 있다. 사회학적 제도주의는 환경에 대한 개인과 조직의 영향력을 무시하고 있다. 여기서는 문화적 환경이 개인행위와 조직형태에 미치는 영향력에 대해서만 주목할 뿐, 개인의 구체적인 행위와 조직이 자신을 둘러싸고 있는 제도적 환경에 어떤 영향을 미치는가에 대해서는 관심을 두지 않는다. 이와 더불어 사회학적 제도주의자인 DiMaggio(1988, p.12)가 인정한 대로, 사회학적 제도주의는 성공적으로 제도화된 조직형태의 확산과 재생산에 대해서만 제대로 설명할 수 있을 뿐, 제도를 둘러싼 다른 현상, 예를 들면, 제도의 변화와 제도의 정당성이 약해지거나 사라지는 탈제도화 등의 현상을 제대로 설명하지 못하는 문제점을 드러내고 있다(상게서, pp.127-128).

오늘날 제도이론이 회계감사, 재무회계, 관리회계 등의 분야에서 회계학자들에 의해 널리 적용되고 있다. 첫째, 제도이론을 적용한 회계학연구들은 제도환경을 형성하는데 관련되는 광범한 범위의 기관들을 식별함으로써, 제도환경에 관한 이해를 개선하는 것을 도와준다. 둘째, 조직환경을 조작하기 위해 이용된 메카니즘을 이해하고 이들의 효과적인 정도는 조직반응을 전략적으로 관리하는데 중요하다. 셋째 그리고 아마도 가장 중요한 것은 이 연구들이 조직생활에서 회계규칙과 관례의 제도화를 증명하고 있다(Moll et al., 2006).

회계제도를 연구할 때, 방법론적 관점에서 검토한 많은 연구들은 대리이론과 거래비용이론을 포함하는 신제도경제학을 적용한 경우를 제외하고는 해석적 방법론을 이용하였다. 제도이론이 특정한 회계실무의 맥락을 이해하는데 초점을 두고 있기 때문에, 해석적 방법론이 특히 적절한 것 같다. 현장에 몰입하는 것은 연구자가 ① 이들에 포함된 사람들의 사건과 활동의 의미, ② 이러한 사건과 활동에 대한 물리적·사회적 맥락의 영향, ③ 회계실무가 생산되고, 경험되고, 포기되는 과정 등을 포함한, 제도부문을 더 잘 이해할 수 있게 하기 위해 필요하다. 제도과정의 절차적 성질도 장기적 접근방법을 채택할 필요성을 가리킨다.

앞으로 제도이론을 이용해서 조직효율성의 개선과 회계의 관계를 연구해 볼 필요가 있다. 이는 효율성과의 밀접한 연관성을 감안하면, 제도적으로 추진된 선택이 조직의 효율성에 영향을 주는가의 여부에 관한 것이다. 마지막으로, 대부분의 연구가 오늘날까지 회계과정의 탈제도화보다는 제도화에 주안점을 두는데, 회계실무의 대체를 유도하는 탈제도화과정은 여전히 미개척분야로 남아있다. 앞으로 이에 관한 연구도 필요할 것이다.

이론적 관점에서, 구제도와 신제도 사이의 격차를 연결하기 위한 이론적 발전의 여지도 있으며, 이로 인해서 변화를 제도화하기 위해 필요한 과정과 광범위한 사회적, 환경적, 정치적 압력에 반응한 조직의 선택을 포함해서 조직행동과 변화에 대한 광범위한 사회적, 환경적, 정치적 압력 사이의 상호작용에 관한 이해를 발전시킬 수 있을 것이다. 그리고 시간의 경과에 따라 제도변화의 역동성과 과정을 더 잘 이해하려는 시도에서, 안정성과 변형적 행위수행을 반영하는 회계변화의 장기적인 연구도 필요하다.

지난 30년동안, 많은 학자들이 제도이론을 채택해서 회계실무를 개념화하고 이해하고자 하였다. 제도이론은 제도가 중요하다는 공통적인 전제하에 전개되는 거대하고 복잡한 이론이다. 제도에 관한 각각의 정의에 차이점이 있으며, 하나의 이론의 채택은 연구자가 특정한 이론적 가정, 주안점, 분석수준을 채택한다는 의미한다. 이것은 다시 동일한 주제의 상이한 해석을 포함해서 연구주제의 다른 측면을 가리킬 가능성도 있다.

제도이론은 일반적으로 그리고 회계에서 점차적으로 다양한 공식이 적용되고 있는 생동감있는 분야이다. 따라서 정확하게 구체화하는 것은 어렵다. 그러나 그 선례들이 Max Weber의 사회학과 해석주의의 주관적 존재론에 여전히 남아 있다는 것을 상기하는 것이 중요하다. 전통적인 과학적 연구방법을 채택하는 연구에도 불구하고, 존재론은 실재론이 아닌 사회구성론에 있다. 그리하여 양적 연구는 전통적인 과학적 방법의 경우처럼 절대적 증명의 규범에 의하기 보다는 그 연구들이 얼마나 설득적인가에 의해 판단되어야 한다. 앞에서 지적한 바와 같이, 제도이론은 한계점과 어려운 점들을 가지고 있다. 즉, 그것은 규범적이기 보다는 서술적이며, 조직내외에서 권력과 갈등의 쟁점을 무시하며, 사회적·경제적 변화에 관한 부적절한 이론화일 것이다. 그러나, 오늘날의 연구는 이러한 현안들을 다루고 있으며, 이들이 성공적인지의 여부를 판단하는 것은 시기상조일 것이다. 제도이론은 신고전파경제학의 가정과 방법에 근거한 주류회계학연구에 주요한 도전을 대표한다. 조직내에서 거시적 구조요소와 과정을 통합하는 것에 대한 주안점의 증가는 많은 정치경제접근방법과 유사한 존재론을 부여한다.

본장에서는 지금까지 회계학연구에 많은 영향을 준 두 가지 제도이론과 회계학연구현황을 간단하게 살펴보았다. 주류회계학계에서는 실증적 방법론을 이용할 때, 신제도경제학에 해당하는 대리이론과 거래비용이론을 주로 적용하였지만, 앞으로 우리나라의 회계학계에서도 회계제도를 연구할 때, 김정민(2015)과 같이 구제도경제학과 신제도사회학을 적용하는 것도 필요하다고 생각된다.

참고문헌

김석웅(2013), "제도이론과 회계학연구", **국제회계연구**, 51, pp.449-474.

김정민(2009), "제도이론을 이용한 한국회계기준 변화 분석", **회계저널**, 18(2), pp.79-100.

*______(2015), **회계제도 변화의 이해**, 계명대학교출판부.

송현호(1998), **신제도이론**, 민음사.

유동운(1999), **신제도주의 경제학**, 선학사.

하연섭(2011), **제도분석: 이론과 쟁점**, 제2판, 다산출판사.

Antle, R.(1989), "Intellectual boundaries in accounting research", *Accounting Horizons*, 3(2), pp.103-109.

Arnold, J. and T. Hope(1983), *Accounting for management decisions*, Englewood Cliffs, N.J.: Prentice-Hall International.

Atkinson, A.A., R. Balakrishnan, P. Booth, J.M. Cote, T. Groot, T. Malmi, H. Roberts, E. Uliana, A. Wu(1997), "New Directions in Management Accounting Research", *Journal of Management Accounting Research*, 9, pp.79-108.

Basu, O.N., M. Dirsmith and P.P. Gupta(1999), "The Coupling of the symbolic and the technical in an institutionalized context: the negotiated order of the GAO's audit reporting process", *American Sociological Review*, 64, pp.506-526.

Bealing, W.E.(1994), "Actions speak louder than words: an institutional perspective on the securities and exchange commission", *Accounting, Organizations and Society*, 19(7), pp.555-567.

Berger, P.L. and T. Luckmann(1967), *The social construction of reality: a treatise in the sociology of knowledge*, London: Penguin; 하홍규 옮김(2013), **실재의 사회적 구성**, 문학과지성사.

Brunsson, K.(1995), "Puzzle pictures: swedish budgetary processes in principle and practice", *Financial Accountability & Management*, 11(2), pp.111-125.

Brunsson, N.(1989), *The organization of hypocrisy. talk, decisions and actions in organizations*, New York: Wiley.

__________(1994), "Politicizaion and 'company-ization' - on institutional affiliation and confusion in the organizational world", *Management Accounting Research*, 5(3/4), pp.323-335.

*Burns, J.(2000), "The dynamics of accounting change: inter-play between new practices, routines, institutions, power and politics", *Accounting, Auditing and Accountability Journal*, 13(5), pp.566-596.

________, Ezzamel, M. and R.W. Scapens(1999), "Management accounting change in the UK", *Management Accounting*, 77(3), pp.28-30.

*________ and R.W. Scapens(2000), "Conceptualizing management accounting change: an institutional framework", *Management Accounting Research*, 11(1), pp.3-25.

Carpenter, V.L. and E.H. Feroz(2001), "Institutional theory and accounting rule choice: an analysis of four US state governments' decisions to adopt generally accepted accounting principles", *Accounting, Organizations and Society*, 26, pp.565-596.

Carruthers, B.G.(1995), "Accounting, ambiguity, and the new institutionalism", *Accounting, Organizations and Society*, 20(4), pp.313-328.

Chapman, C.S., D.J. Cooper and P. Miller(eds.)(2009), *Accounting, Organizations and Institutions: Essays in honour of Anthony Hopwood*, Oxford: Oxford University Press.

Coase, R.H.(1937), "The nature of the firm", *Economica*, 4(16), pp.386-405.

__________(1990), "Accounting and the theory of the firm", *Journal of Accounting and Economics*, 12(1/3), pp.3-13.

Collier, P.M.(2001), "The power of accounting: a field study of local financial management in a police force", *Management Accounting Research*, 12, pp.465-486.

Commons, J.R.(1931), "Institutional Economics", *The American Economic Review*, 21(4), pp.648-652.

____________(1934), *Institutional economics*, Madison: University of Wisconsin Press.

Covaleski, M.A. and M.W. Dirsmith(1988), "An Institutional perspective on the rise, social transformation, and fall of a university budget category", *Administrative Science Quarterly*, 33(4), pp.562-587.

________________________________(1995), "The preservation and use of public resources: transforming the immoral into the merely factual", *Accounting, Organizations and Society*, 20(2/3), pp.147-173.

________________________________ and J.E. Michelman(1993), "An institutional theory perspective on the DRG framework, case-mix accounting systems and health-care organizations", *Accounting, Organizations and Society*, 18, pp.65-80.

________________________________ and S. Samuel(2003), "Changes in the Institutional Environment and the Institutions of Governance: Extending the Contributions of Transaction Cost Economics within the Management Control Literature", *Accounting, Organizations and Society*, 28(5), pp.417-441.

Deegan, C.(2014), *Financial Accounting Theory*, 4th ed., Sydney: McGraw-Hill.

Dillard, J.F., J.T. Rigsby and C. Goodman(2004), "The Making and Remaking of Organization Context: Duality and the Institutionalization Process", *Accounting, Auditing and Accountability Journal*, 7(4), pp.506-542.

DiMaggio, P.J.(1988), "Interest and Agency in Institutional theory", in Zucker, I.G. (eds.), *Institutional Pattern and Organizations: Culture and Environment*, Cambridge, MA:

Ballinger, pp.3-22.

___________ and W.W. Powell(1983), "The iron cage revisited: Institutional isomorphism and collective rationality in organizational fields", *American Sociological Review*, 48(1), pp.146-160.

___________________________(1991), "Introduction", in Powell, W. and P. DiMaggio(eds.), *The new institutionalism in organizational analysis*, Chicago: The University of Chicago Press, pp.1-38.

Dirsmith, M.W., J.G. Heian and M.A. Covaleski(1997), "Structure and agency in an institutionized setting: The application and social transformation of controls in the big six", *Accounting, Organizations and Society*, 22(1), pp.1-27.

Drucker, P.F.(1981), "Towards the next economics", in Bell, D. and I. Kristol(eds), *The crisis in economic theory,* New York: Basic Books, pp.4-18.

Duindam, S. and B. Verstegen(2000), "Theory for Accounting or Accounting Theory: An Essay on the Interaction between Economics and Accounting", *European Journal of Law and Economics*, 10, pp.125-138.

Eden, L., Dacin, M.T. and W.P. Wan(2001), "Standards across borders: crossborder diffusion of the arm's length standard in North America", *Accounting, Organizations and Society*, 26(1), pp.1-23.

Edwards, P., M, Ezzamel, K. Robson and M. Taylor(1995), "The development of local management of schools: budgets, accountability and educational impact", *Financial Accountability & Management*, 11(4), pp.297-315.

*Ezzamel, M., K. Robson, P. Stapleton and C. McLean(2007), "Discourse and institutional change: 'giving accounts and accountability'", *Management Accounting Research*, 18, pp.150-171.

*Fogarty, T.J.(1992), "Financial accounting standards setting as an institutionalized action field: constraints, opportunities and dilemmas", *Journal of Accounting and Public Policy*, 11(4), pp.331-355.

__________(1996), "The imagery and reality of peer review in the US: insights from institutional theory", *Accounting, Organizations and Society*, 21(2/3), pp.243-267.

Giddens, A.(1976), *New rules of sociological method: a positive critique of interpretive sociologies*, London: Hutchinson.

__________(1984), *The constitution of society: outline of the theory of structuration*, London: Polity Press: 황명주・정희태・권진현 옮김(1998), **사회구성론**, 자작아카데미.

Gomes, D., G.D. Carnegie and L.L. Rodrigues(2008), "Accounting change in central government: the adoption of double entry bookkeeping at the Portuguese Royal Treasury(1761)",

Accounting, Auditing & Accountability Journal, 21(8), pp.1144-1184.

Greenwood, R. and C.R. Hinings(1996), "Understanding radical organizational change: bringing together the old and new institutionalism", *Academy of Management Review*, 21(4), pp.1022-1054.

____________, M. Raynard, F, Kodeih, E.R. Micelotta and M. Lounsbury(2011), "Institutional complexity and organizational responses", *The Academy of Management Annals*, 5(1), pp.57-88.

____________ and R. Suddaby(2006), "Institutional entrepreneurship in mature fields: the Big Five accounting firms", *Academy of Management Journal*, 49(1), pp.27-48.

Habermas, J.(1984), *The theory of communicative action vol.1: reason and the rationalisation of society*, Pecan Press, Boston.

Hamilton, W.(1932), "Institution", in *Encyclopedia of social sciences*, 8th edn. E.R.A. Seligman and A. Johnson(eds), New York: Macmillan, pp.84-89.

Hansen R.(1998), "Assessing and Tax Accounting Principles in the German Civil and Commercial Code and the Impact on Tax Compliance", *European Journal of Law and Economics*, 7, pp.15-46.

Hardy, C.(1996), "Understanding power: bringing about strategies change", *British Journal of Management*, 7, pp.3-16.

Helden, G.J., van(2005), "Researching public sector transformation: the role of management accounting", *Financial Accountability & Management*, 21(1), pp.99-133.

Higgins, C. and C. Larrinaga(2014), "Sustainability reporting: Insights from institutional theory", in Beddington, J., J. Unerman and B. O'Dwyer(eds), *Sustainability Accounting and Accountability*, 2nd edition, London: Routledge, pp.273-285.

Hirsch, P.M. and M. Lounsbury(1997), "Ending the family quarrel: toward a reconciliation of 'old' and 'new' institutionalisms", *American Behavioural Scientist*, 40(4), pp.406-418.

Hodgson, G.M.(1988), *Economics and institutions: a manifesto for a modern institutional economics*, Cambridge: Polity Press.

*Hopper, T., J. Ashraf, S. Uddin, and D. Wickramasinghe(2015), "Social theorisation of accounting", in Jones, S.(ed.), *The Routledge Companion to Financial Accounting Theory*, London: Routledge, pp.452-471.

__________ and M. Major(2007), "Extending New Institutional Theory: a Case Study of Regulation and Activity based Costing in Portuguese Telecommunications", *European Accounting Review*, 16(1), pp.59-97.

Hopwood, A.G.(1984), "Accounting and the pursuit of efficiency", in Hopwood, A.G. and C. Tomkins(eds.), *Issues in Public Sector Accounting*, London: Philip Allan, pp.167-187.

_____________.(2008), "Changing pressures on the research process: On trying to research in an age when curiosity is not enough", *European Accounting Review*, 17, pp.87-96.

Horngren, C.T.(1977), *Cost Accounting; a managerial emphasis*, 4th ed., London: Prentice-Hall.

*Humphrey, C. and R. Scapens(1996), "Methodological themes: theories and case studies of organizational accounting practices: limitation or liberation?", *Accounting, Auditing and Accountability Journal*, 9(4), pp.86-106.

Hyndman, N. and R. Eden(2000), "A study of the coordination of mission, objectives and targets in U.K. executive agencies", *Management Accounting Research*, 11, pp.175-191.

Johnsen, A.(1999), "Implementation mode and local government performance measurement: a Norwegian experience", *Financial Accountability & Management*, 15(1), pp.41-66.

Kaplan, R.S. and D.P. Norton(1992), "The balanced scorecard-measures that drive performance", *Harvard Business Review*, 70(1), pp.71-79.

Langlois, R.(1986), *Economics as a process: essays in the new institutional economics*, Cambridge: Cambridge University Press.

Lapsley, I.(1994), "Responsibility, accounting revived? market reforms and budgetary control in health care", *Management Accounting Research*, 5(3/4), pp.337-352.

Lindblom, C.E.(1959), "The science of muddling through", *Public Administration Review*, 19, pp.79-88.

*Lounsbury, M.(2008), "Institutional rationality and practice variation: new directions in the institutional analysis of practice", *Accounting, Organizations and Society*, 33, pp.349-361.

*Lukka, K.(2007), "Management Accounting Change and Stability: Loosely Coupled Rules and Routines in Action", *Management Accounting Research*, 18(1), pp.76-101.

*Major, M. and T. Hopper(2005), "Managers divided; implementing ABC in a portuguese telecommunications company", *Management Accounting Research*, 16(2), pp.205-229.

Malmi, T.(2001), "Balanced scorecards in Finnish companies: a research note", *Management Accounting Research*, 12(2), pp.207-220.

Mangos, N.C. ad N.R. Lewis(1995), "A Socio-Economic Paradigm for Analysing Managers' Accounting Choice Behavior", *Accounting, Auditing and Accountability Journal*, 8(1), pp.38-62.

Mattessich, R.(1995), "Conditional-normative accounting methodology", *Accounting, Organizations and Society*, 20(4), pp.259-284.

Meyer, J.(1979), *The impact of the centralization of educational funding and control on state and local organizational governance*, Stanford, CA: Stanford University Press.

________and B. Rowan(1977), "Institutionalized organizations: Formal structure as myth and ceremony", *American Journal of Sociology*, 83(2), pp.340-363.

________, W. Scott and T. Deal(1983), "Institutional and technical sources of organization structure: explaining the structure of educational organization", in Meyer, J. and W.R. Scott(eds), *Organizational Environments*, New York: Russell Sage, pp.45-67.

Miller, P. and T. O'Leary(1990), "Making accounting practical", *Accounting, Organizations and Society*, 15(5), 479-498.

Modell, S.(2003), "Goals versus Institutions: the Development of Performance Measurement in the Swedish University Sector", *Management Accounting Research*, 14(4), pp.333-359.

________(2006), "Institutional and negotiated order perspectives on cost allocation: the case of the Swedish university sector", *European Accounting Review*, 15(2), pp.219-251

________, K. Jacobs and F. Wiesel(2007), "A process (re)turn? path dependencies, institutions and performance management in Swedish central government", *Management Accounting Research*, 18(4), pp.453-475.

Moll, J., Burns, J. and M. Major(2006), "Institutional Theory", in Hoque, Z.(ed.), *Methodological Issues in Accounting Research*, Geelong: Spiramus, pp.183-205.

Nelson, R. and S. Winter(1982), *An Evolutionary Theory of Economic Change*, Cambridge, MA: Harvard University Press.

Nor-Aziah, A.K. and R.W. Scapens(2007), "Corporatization and accounting change, the role of accounting and accountants in a Malaysian; public utility", *Management Accounting Research*, 18(2), pp.209-247.

Noreen, E.(1991), "Conditions under which activity-based cost systems provide relevant costs", *Journal of Management Accounting Research*, 3(4), pp.159-168.

North, D.C.(1990), *Institutions, Institutional Change and Economic Performance*, Cambridge University Press.

__________(1998), "Economic performance through time", in Brinton, M.C and V. Nee(eds), *The New Institutionalism in Sociology*, New York, Russell Sage Foundation, pp.247-257.

Oliver, C.(1991), "Strategic responses to institutional processes", *Academy of Management Review*, 16(1), pp.145-179.

________(1997), "Sustainable competitive advantage: combing institutional and resource-based views", *Strategic Management Journal*, 18, pp.697-613.

Olsen, J.P. and J.G. March(1976), *Ambiguity and choice in organizations*, Universitetsforlaget, Bergen and Norway.

Ouchi, W.G.(1977), "The relationship between organizational structure and organizational control", *Administrative Science Quarterly*, 22(1), pp.95-113.

Pettersen, I.J.(1995),"Budgetary control of hospitals-ritual, rhetorics and rationalized myths", *Financial Accountability & Management*, 11(3), pp.207-221.

Phillips, N., T.B. Lawrence & C. Hardy(2000), "Interor-ganizational collaboration and the dynamics of institutional fields", *Journal of Management Studies*, 37(1), pp.23-43.

Powell, W.W. and P.J. DiMaggio(eds.)(1991), *The New Institutionalism in Organizational analysis*, Chicago: University of Chicago Press.

*Ribeiro, J.A. and R.W. Scapens(2006), "Institutional theories in management accounting change", *Qualitative Research in Accounting and Management*, 3(2), pp.91-111.

Roberts, J. and R. Scapens(1985), "Accounting Systems and Systems of Accountability-Understanding accounting practices in their organizational contexts", *Accounting, Organizations and Society*, 10(4), pp.443-456.

*Rollins, T.P. and W.G. Bremser(1997), "The SEC's enforcement actions against auditors: An audit reputation and institutional theory perspectives", *Critical Perspectives on Accounting*, 8(3), pp.191-206.

Scapens, R.W.(1984), "Management accounting: a survey", in Scapens, R.W., D.T. Otley and R.J. Lister(eds), *Management accounting, organizational theory and capital budgeting*, London: Macmillan, pp.15-95.

*__________(1994), "Never mind the Gap: towards an Institutional Perspectives on Management Accounting Practice", *Management Accounting Research*, 5(3/4), pp.301-321.

__________(2006), "Understanding management accounting practices: a personal journey", *British Accounting Review*, 38(1), pp.1-30.

Scott, W.R.(1995), *Institutions and Organizations*, Thousand Oaks, CA: Sage.

__________(2013), *Institutions and Organizations*, 4th ed., Thousand Oaks, CA: Sage.

Seal, W.(1993), *Accounting, management control and business organization*, London: Avebury.

Selznick, P.(1996), "Institutionalism 'old' and 'new'", *Administrative Science Quarterly*, 41(2), pp.270-277.

Shillinglaw, G.(1977), *Managerial cost accounting*, 4th ed., Homewood, IL.: Irwin.

Siti-Nabiha, A.K. and R.W. Scapens(2005), "Stability and change: and institutionalist study of management accounting change", *Accounting, Auditing & Accountability Journal*, 18(1), pp.44-73.

Soin, K., Seal, W., and J. Cullen(2002), "ABC and organizational change: an institutional perspective", *Management Accounting Research*, 13, pp.249-271.

Thompson, G. D.(1995), "Problems with services performance reporting: the case of public art galleries", *Financial Accountability and Management*, 11(4), pp.337-350.

Tinker, A.M., B. D. Merino and M. D. Neimark(1982), "The Normative origins of positive theories: ideology and accounting thought", *Accounting, Organizations and Society*, 7(2), pp.167-200.

Tolbert, P.S.(1995), "Institutional environment and resource dependence: sources of administrative structure in institutions of higher education", *Administrative Science Quarterly*, 30, pp.1-13.

*Tsamenyi, M., J. Cullen and J.M. Gonzalez(2006), "Changes in accounting and financial information system in a Spanish electricity company: a new institutional theory analysis", *Management Accounting Research*, 17(4), pp.409-432.

*Tuttle, B. and J. Dillard(2007), "Beyond Competition: Institutional Isomorphism in U.S. Accounting Research", *Accounting Horizons*, 21(4), pp.387-409.

Veblen, T.(1919, 1994), *The place of science in modern civilisation and other essays*, reprint of 1st ed. London: Routledge/Thoemmes Press.

Walker, M.(1998), "Management Accounting and the Economics of Internal Organization", *Management Accounting Research*, 9, pp.21-30.

Weber, M.(1930), *The Protestant ethic and the spirit of capitalism*, Lodon: Allen & Unwin; 박성수 역(2010), **프로테스탄티즘의 윤리와 자본주의 정신**, 문예출판사.

_________(1956, 1978), *Economy and society: an outline of interpretive sociology*, Berkeley: University of California Press; 박성환 역(2003), **경제와 사회**, 문학과 지성사.

_________(1927, 1981), *General economic history*, New Brunswick, NJ: Transaction.

*Wickramasinghe, D.(2011), "Ontological Dependency on Epistemology Strategy: Interpretive Management Accounting Research Revisited", in Abbdel-Kader, M.G.(ed.), *Review of Management Accounting Research*, Hampshire, UK.: Palgrave Macmillan, pp.543-566.

*__________________ and C. Alawattage(2007), *Management Accounting Change: Approaches and perspectives*, London: Routledge.

Wilber, C. and R. Harrison(1978), "The methodological basis of institutional economics: pattern model, storytelling and holism", *Journal of Economic Issues*, 12(1), pp.61-89.

Wildavsky, A.(1975), *Budgeting: A comparative theory of Budgetary Processes*, Boston: Little Brown.

Williamson, O.E.(1975), *Markets and hierarchies: analysis and antitrust implications: a study in the economics of internal organization*, New York/London: Free Press/Collier-Macmillan.

_______________(1985), *The economics institutions of capitalism: firms, markets, relational contracting*, New York: The Free Press.

Zucker, L.G.(1987), "Institutional theories of organizations", *Annual Review of Sociology*, 13, pp.443-464.

본서에서 살펴보는 연구방법은 실행연구(action research), 민속지학(ethnography), 근거이론(grounded theory), 사례연구(case study research) 등 네 가지다(Myers, 1997도 참조). 다른 연구방법도 있지만 여기서 논하는 네 개의 연구방법은 사회과학 특히 회계학이나 경영학에서도(해석적 방법론을 이용할 경우) 가장 일반적으로 이용되는 연구방법들이다. 각 연구방법은 특정한 연구문제를 실시하기에 적합한 형태로 발전되어 왔다.

제3부 해석적 방법론의 연구방법

제11장

연구방법의 의의

연구방법(research method)은 기본적인 철학적 가정으로부터 연구설계와 자료수집까지 이동하는 탐구의 전략(strategy of enquiry)으로 정의할 수 있다. 연구방법은 세계에 관한 경험적 자료를 발견하는 방식이다. 각 연구방법은 일단의 기본적인 철학적 가정(실증적 방법론의 철학적 가정, 비판적 방법론의 철학적 가정, 해석적 방법론의 철학적 가정)을 기초로 구성되며, 연구방법의 선택은 자료를 수집하는 방식에 영향을 준다(본서 pp.104-106을 참조).

연구자는 해석적 회계학연구를 구체적으로 실시하기 위해 특정한 연구상황에서 개인과 회계실무간의 미시수준의 상호작용에 접근하고 해석할 수 있는 적절한 연구방법이 필요하다는 것을 인식한다(Colville, 1981; Tomkins · Groves, 1983). 이것은 회계학연구의 지평을 확대하고자 하는 개척적인 회계연구자들이 도전에 직면하게 되지만, 이와 동시에 그것은 사회학, 문화인류학, 조직학 등과 같은 다른 학문에서 등장하는 일련의 질적 연구방법의 이용을 포함해서 새로운 가능성의 수단을 열어주었다. 이러한 새로운 과제의 방향에서 아마도 가장 중요한 첫 단계는 사례연구의 이용이었겠지만(Hägg · Hedlund, 1979; Scapens, 1990), 이것은 회계학연구에서 이용가능한 연구방법들의 분류(Chua, 1988; Llewellyn, 1993; Jönsson · Macintosh, 1997; Parker · Roffey, 1997) 뿐만 아니라 회계학연구에서 광범위한 범위의 질적 연구방법의 역할에 관한 논쟁(Colville, 1981; Tomkins · Groves, 1983; Willmott, 1993)을 유도하였다(Dey, 2017, p.147).

질적 연구방법은 현대조직에서 회계 특히 관리회계의 다양한 역할에 관한 우리의 이해를 개선하기 위해 권고되고 있다(Simons, 1990). 질적 연구방법은 또한 사회세계에서 발생하는 사건이나 현상의 의미를 서술하고, 번역하고, 분석하고, 추론하는 것을 목적으로 하는 많은 해석적 기법에 적용되는 우산용어이다(Covaleski et al, 2017, p.387).

여기서는 실행연구(action research), 민속지학(ethnography), 근거이론(grounded theory), 사례연구(case study) 등 네 개의 연구방법[1]을 살펴본다. 여기서 논하는 네 개의 연구방법은 회계학이나 경영학에서 해석적 방법론을 적용할 때, 가장 일반적으로 이용되는 연구방법들이다. 각 연구방법은 특정한 연구문제를 실시하기에 적합한 형태로 발전되어 왔다. 실행연구는 연구자가 연구참여자와 같은 입장에서 연구참여자가 겪고 있는 문제를 해결할 수 있는 방법을 찾는 것을 목적으로 한다. 민속지학은 특정 집단의 문화를 찾아내고 해석하려는 연구주제에 적합하다. 근거이론은 연구하는 현상 특히, 현상을 이루고 있는 과정을 설명할 수 있는 실질적인 이론을 개발하는 목적에 적합하다. 사례연구는 다른 사례들과 구분지을 수 있는 독특한 현상을 갖고 있는 사례에 대한 심층적 이해를 목적으로 한다.

각 연구방법은 어떤 철학적 가정과 더불어 이용될 수 있다. 예를 들면, 사례연구가 실증적, 해석적, 비판적일 수 있는 것처럼, 실행연구도 실증적, 해석적, 비판적일 수 있다.

Royer・Zarlowski(1999, p.120)는 연구방법을 선택하기 위한 유용한 지침을 일부 제안하고 있다.

* 이 방법은 나의 연구문제에 적절한가?
* 이 방법으로 내가 원하는 결과유형에 도달할 수 있을 것인가?
* 이 방법의 이용조건은 무엇인가?
* 이 방법의 단점은 무엇인가?
* 이 방법은 어떠한 기술을 요구하는가?
* 나는 이러한 기술을 소유하는가 또는 내가 그것들을 획득할 수 있는가?
* 추가방법의 이용은 그 분석을 개선할 것인가?
* 만약 그렇다면, 이 두 번째 방법은 첫 번째 방법과 양립가능한가?

질적 연구설계에서 중요한 현안 중의 하나는 연구의 깊이와 폭의 딜레마와 관련있다(Vaivio, 2008, p.74), 이것은 분석단위를 결정하는 것과 관련있는 바, 단일조직이나 단일사례이거나 복수사례인지 또는 심층적인 연구인지의 여부를 결정해야 한다. 물론, 이것은 연구문제와도 관련이 있다. 분석단위가 개인, 사건, 객체(예를 들면, 서비스), 관계(예를 들면, 구매자와 판매자), 집단, 조직, 산업과 같은 총계치인지의 여부를 결정할 수 있어야 한다.

또다른 중요한 결정은 장소선택과 관계가 있다. 연구문제는 장소선택에 일차적 지침이어야 한다(Marshall・Rossman, 1989). 장소선택은 특히 현장연구(field research)에서 중요한 요소이다. 해석적 연구방법들의 공통점은 조직이나 사건들을 연구대상으로 할 경우, 회계현상이 발생하는 현장의 자연스러운 상황을 분석하고 질적인 증거자료를 수집한다는

1) 일부 학자들을 이 연구방법들을 연구방법론이라고 명명하기도 하지만, 철학과 확고한 연관이 있을 때만 방법론이라고 하므로 여기서는 연구방법이라는 용어를 이용하기로 한다.

점이다(Burgess, 1984). 따라서 질적인 증거자료를 수집하기 위해 이용할 수 있는 연구방법을 통칭하여 현장연구라고도 한다(Ferreira · Merchant, 1992, p.4).

현장연구를 다른 연구형태와 구별짓는 특징은 현장연구가 연구참여자와 직접 접촉해서 현실세계의 현상에 관해 심층적 연구를 한다는 점이다(Merchant · van der Stede, 2006, p.118).

현장연구의 목적은 회계실무와 같이 관심있는 현상이 발생되고 있는 맥락의 많은 측면을 포함하는 관련현상에 관한 풍부한(말하자면, 철저한) 이해를 제공하는 것이다(Ahrens · Dent, 1998). 현장연구는 무엇(식별)과 어떻게(설명)의 문제를 초월해서 어떤 현상이 왜 존재하는가를 이해하는 문제로 나아가기 위해 이용될 수 있다. 현장연구자는 문헌자료, 면접자료, 비망록, 회사내부기록, 종업원의 행동과 상호작용에 관한 관찰 등을 포함해서 다양한 형태의 증거를 검토한다(Yin, 2009). 일반적으로 현장연구자는 현실세계의 상황에 관한 연구에서 실험적 통제나 조작을 하지 않는다(Merchant · van der Stede, *op cit.*).

현장연구(field research)에는 세 가지 유형이 있는 바, 이들은 사례연구, 현장조사, 현장실험 등이다(Moll et al., 2006, p.382).

사례연구(case study)는 연구초점이 방법(how)과 이유(why)에 있을 때, 연구자가 조사중인 회계현상의 사건이나 상황을 거의 통제할 수 없을 때, 연구자가 실제로 경험을 하였을 때, 우선적으로 선호하는 연구방법이라고 할 수 있으며, 회계학에서 널리 이용되는 방법 중의 하나이다. 여기서는 문서, 심층면접, 설문지, 참여관찰 등과 같은 자료수집방법을 혼합(triangulation)해서 사용하기도 한다(Eisenhardt, 1989).[2)]

현장조사(field study)는 본질적으로 사례연구와 유사하지만, 두 가지 이상의 조직에 관한 제한적인 심층연구를 수반한다. 현장조사방법은 한 가지 사례연구보다 광범위한 자료를 수집하게 된다. 이 방법에 비교사례연구가 있다. 현장조사의 목적은 발견한 것의 일반화가능성을 개선하기 위해 사회적 맥락에서 특정한 현상을 관찰하고 비교하는 것이다.

현장실험(field experiments)은 연구자가 통제된 상황에서 사전에 엄격하게 정의된 행동범위를 관찰하여 변수간의 인과관계에 관한 증거를 찾고자 하며, 실무를 개선하고자 하는데, 실행연구를 비롯한 관여주의적 연구(interventionist research)가 여기에 해당한다.

선택되는 연구방법은 먼저 연구문제를 해결하는데 적절한 관련성이 있어야 한다. 그리하여 방법선택과 연구상황의 유형을 결정하는 것이 연구문제이다. 방법선택의 지도원리는 연구문제와 그 주안점이지만, 방법은 연구에 관한 이론과 밀접하게 관련되어 있다. 그러므로 연구과제에서 다른 방법을 혼합하는 것은 중요할 수 있으나, 연구과제의 이론적 측면과 관

2) 이에 관해서 보다 상세한 것은 본서 제15장 사례연구를 참조.

련되어야 한다.

모든 연구방법은 존재론적 · 인식론적 가정과 같은 방법론의 철학적 배경과 관련성을 가지고 있다. 그리하여 어떠한 방법도 연구와 무관하게 독립적으로 존재하는 것이 아니라, 철학적 배경 뿐만 아니라, 그 연구에서 이용되는 이론과 수집한 자료, 연구문제 등과 밀접하게 관련되어야 한다(Eriksson · Kovalainen, p.28).

해석적 방법론에서는 다양한 방법들간에 차이가 있으며, 다양한 방법들은 해석적 연구에서 자료, 방법, 방법론, 이론 사이의 관계가 설계되는 방식에서 그리고 이러한 요소의 관계를 강조하는 방식에서 서로간에 다르다. 자료, 방법, 이론 간의 관계가 연구에서 이해되는 방식에서의 차이는 해석적 분석과 연구를 실시하기 위한 매우 다양한 방식을 보여주며, 이것은 회계학연구에서도 볼 수 있다. 이러한 차이들은 연구에서 주어지는 상이한 강조점을 설명하는 다양한 방법들 사이의 인식론적 차이에서 나온다. 인식적 차이가 연구상황에서 항상 가시적인 것은 아니기 때문에 이들을 직접 다룰 수는 없다(*ibid.*).

참고문헌

Ahrens, T. and J. Dent(1998), "Accounting and Organizations: Realizing the richness of field research", *Journal of Management Accounting Research*, 10(1), pp.1-39.

Burgess, R.G.(1984), *In the Field: An Introduction to Field Research*, London: Routledge.

Chua, W.F.(1988), "Interpretive Sociology and Management Accounting Research-A critical review", *Accounting, Auditing and Accountability Journal*, 1(2), pp.59-79.

Colville, I.(1981), "Reconstructing 'Behavioral' Accounting", *Accounting, Organizations and Society*, 6(2), pp.119-132.

*Covaleski, M.A., M.W. Dirsmith and S. Samuel(2017), "Analyzing and Interpreting Qualitative Data in Management Accounting Research", in Hoque, Z., L.D. Parker, M.A. Covaleski and K. Haynes(eds.), *The Routledge Companion to Qualitative Accounting Research Methods*, London: Routledge, pp.387-404.

Dey, C.(2017), "Ethnography, Ethnomethodology and Anthropology Studies in Accounting", in Hoque, Z., L.D. Parker, M.A. Covaleski and K. Haynes(eds.), *The Routledge Companion to Qualitative Accounting Research Methods*, London: Routledge, pp.147-162.

*Eisenhardt, K.(1989), "Building Theories from Case Study Research", *The Academy of Management Review*, 14(4), pp.532-550.

Eriksson, P. and A. Kovalainen(2008), *Qualitative Methods in Business Research*, London: Sage.

*Ferreira, L.D. and K.A. Merchant(1992), "Field Research in Management Accounting and Control: a review and evaluation", *Accounting, Auditing and Accountability Journal*, 5(4), pp.3-34.

*Hägg, I. and G. Hedlund(1979), "'Case Studies' in Accounting Research", *Accounting, Organizations and Society*, 4(1/2), pp.135-143.

Jönsson, S. and N. Macintosh(1997), "CATS, RATS and EARS: Making the Case for Ethnographic Accounting Research", *Accounting, Organizations and Society*, 22(3/4), pp.367-386.

Llewellyn, S.(1993), "Working in Hermeneutic Circles in Management Accounting Research: some implications and applications", *Management Accounting Research*, 4(3), pp.231-249.

Marshall, C. and G. Rossman(1989), *Designing Qualitative Research*, Newbury Park, CA; Sage.

*Merchant, K.A. and W.A. van der Stede(2006), "Field-Based Research in Accounting: Accomplishments and Prospects", *Behavioral Research in Accounting*, 18, pp.117-134.

*Moll, J., Major, M. and Z. Hoque(2006), "The Qualitative Research Tradition", in Hoque, Z(ed.), *Methodological Issues in Accounting Research*, London: Spiramus, pp.375-398.

Parker, L.D. and B.H. Roffey(1997), "Back to the Drawing Board: revisiting grounded theory and the everyday accountant's and manager's reality", *Accounting, Auditing and Accountability Journal*, 10(2), pp.212-247.

Royer, I. and P. Zarlowski(1999), "Research design", in Thietart, R.A.(ed.), *Doing Management Research: A comprehensive guide*, London: Sage, pp.111-131.

*Scapens, R.W.(1990), "Researching Management Accounting Practice: the role of case study methods", *British Accounting Review*, 22(3), pp.259-281.

Simons, R.(1990), "The Role of Management Control Systems in Creating Competitive Advantage: New Perspectives", *Accounting, Organizations and Society*, 15(1/2), pp.127-143.

*Tomkins, C. and R. Groves(1983), "The Everyday Accountant and Researching his Reality", *Accounting, Organizations and Society*, 8(4), pp.361-374.

Vaivio, J.(2008), "Qualitative Management Accounting Research: rationale, pitfalls, and potential", *Qualitative Research in Accounting and Management*, 5(1), pp.64-86.

Willmott, H.C.(1993), "Breaking the Paradigm Mentality", *Organizations Studies*, 14(5), pp.681-720.

*Yin, R.K.(2009), *Case Study Research: Design and Methods*, 4th ed., Thousand Oaks, CA: Sage; 신경식 · 서아영 옮김(2011), **사례연구방법**, 한경사.

제12장

실행연구

제1절 실행연구의 의의

연구(research)란 소위 합리적이고 현실적인 문제의식을 바탕으로 체계적이고 과학적인 방법으로 문제의 원인과 대안, 즉 지식을 생산해 내는 활동이라고 할 수 있다. 그리고 연구의 가장 일차적인 기능은 실제 현상에 대한 이해, 그리고 실제의 개선을 위한 효과적 처방을 제시하는 것이다(유기웅 외 3, p.122).

실행연구(action research)는 역사적 순간에 등장하고 있다고 생각되는 참여적 세계관에 근거한 가치있는 인간목적을 추구하면서 실무지식을 개발하는 것과 관련된 참여적, 민주적 과정이다. 실행연구는 사람의 긴급한 현안에 대한 실무적 해결과 일반적으로 개인들과 그 공동체의 번영의 추구에 타자들과 참여하면서 실행과 성찰, 이론과 실무를 함께 가져오고자 한다(Reason · Bradbury, 2001, p.1). 그리고 실행연구는 실무의 맥락에서 발생하고 연구자에게 실무가와 함께 연구하도록 요구하는 지식창조를 지향한다. 이의 목적은 관습적인 사회과학과는 달리 사회현상을 주로 이해하는 것이 아니라 지식을 생성하고 이해관계자에게 권한을 주는 방식으로 원하는 변화에 영향을 주는 것이다(Huang, 2010, p.93).

실행연구자는 이해와 실행을 쉽게 분리하지 않는다. 실행을 통해서만 타당한 이해가 가능하다고 주장한다. 즉, 실천없는 이론은 이론이 아니라 억측이고, 실행연구가 사람에게 지식창조를 가져온다는 것이다(*ibid.*).

전통적으로 연구와 실무의 관계에서 연구는 연구자들이 하고, 그 연구결과를 바탕으로 현실의 문제를 개선하는 것은 실무자들이 한다는 이분법적 논리가 지배적이었다. 이러한 연구와 실무, 즉 이론과 실천에 대한 이분법적 논리는 언제나 객관적으로 검증된 사실에 입각하여 도출됨으로써 보편적이고 타당한 것으로 간주되는 내용을 중요시하는 실증주의 패러다임에 의해서 더욱 증폭되었다. 그래서 연구자와 실무자 모두를 절름발이 신세로 만들었다고 해도 과언이 아닐 것이다. 즉, 연구자로부터는 생생한 실천을 감각할 수 있는 능력을, 실무자로부터는 실무의 본질을 탐구할 수 있는 능력을 쇠퇴시킨 것이다. 결과적으로 연구자는 실제와 유리되어 현실적 적용가능성이 현저히 떨어지는 화석화된 지식의 생산자가 되었으며, 실무자는 자신의 문제들을 스스로 해결할 수 없는 단순 기능인으로 전락하게 되었다는 비판에 직면하게 된다(Kincheloe, 2003).

실행연구는 지식을 생성하면서 현재의 실무적 문제를 해결하고자 한다. 즉, 이론을 생성하고 조직의 특정한 문제를 진단하고 이에 대한 해결책을 제시하는 것이다. 그리하여 실행연구는 연구의 구체적 현장이라는 맥락에 주목한다. 하지만 실행연구에서 현장에 대한 강조는 단순히 연구의 국지적 맥락, 즉 특정한 물리적 현장에서 연구를 실시할 것을 강조하는 것이 아니다. 실행연구는 연구의 기능이 단순히 지식을 체계적으로 생산하는 것으로 정리될 것이 아니라, 체계적으로 어떤 지식을 생산하는가에 대한 물음에서 의미있는 기능을 가질 것을 제안한다. 그리고 여기에 어떤 지식이라 함은 현실의 구체적인 문제를 확인하고 해결할 수 있는 지식이라는 점에서 대부분 합의하고 있다. 이로부터 실천지식 혹은 상황지식(situated knowldege)의 생산자로서 실무자들의 역할이 증대되고 있다. 실천지식, 혹은 상황지식을 생산하는 과정은 실무자들의 행위와 사고를 통합하는 과정이며, 객관적인 지식 대신 구체적인 상황과 문제에 대해서 가치있는 지식을 추구하는 과정이라고 할 수 있다(*ibid.*).

지식의 실제적인 가치가 극대화되기 위해서는 연구를 통해서 지식이 만들어지는 맥락과 그 지식이 사용되는 맥락이 동일해야 한다. 실무의 구체적인 조건과 분리된 상황에서 만들어진 지식이 실무에 적용되기 위해서는 실무의 상황에 맞게 실무자에 의해서 재편되어야 하기 때문이다. 현장연구의 의의는 바로 이 점에서 찾아볼 수 있을 것이다. 이러한 현장연구의 구체적인 실천을 실시할 수 있는 연구방법으로서 실행연구가 있다. 실행연구는 근래에 들어서 학교 현장에서 실무자로서 교사의 연구방법으로 부각되고 있는 접근방법으로 연구자로서 교사의 역할을 재조명하는 과정에서 자주 언급되는 개념이다(유기웅 외, p.124).

실행연구의 기본적인 연구방법의 특징은 실제문제를 해결하기 위해 기존이론을 적용하고, 경험으로부터 학습하고, 나아가서 이 이론을 수정하거나 새로운 이론을 제안함으로서 지식체계에 더 하는 것이었다(상게서). 실행연구는 지식을 증진하고 실무를 개선한다는 이중목적을 가진다는 점에서 방법론적 특징이 있다(Baard, 2010, p.15; Locke, 2001, p.14).

이 목적을 달성하기 위해, 실행연구자들은 두 가지 분야에 기여할 것을 목표로 한다. 실행연구자들은 일시적으로 포함된 조직의 분야에서 개별조직행위자들의 조직능력을 개발하기 위해(Susman · Evered, 1978), 조직전체의 학습능력을 개발하기 위해(Argyris · Schon, 1978), 그리고 이에 의해서 사건의 과정에 영향을 주기 위해(Gummesson, 2000), 그들이 연구하고 있는 방식으로 현상에 적극적으로 참여한다. 그들은 연구자로서 조직의 변화과정과 조직의 가능성에 관한 이해를 개선하고자 한다(Locke, *op cit.*). 그리하여 연구자가 대상조직에 관여하는 정도에 따라 소박한 관여(modest intervention)와 강한(strong) 관여로 나누기도 한다. 소박한 관여의 경우, 대상조직의 시스템이나 작업과정을 재설계하기 보다는 맥락을 조작함으로서 개선과정을 시작하는 것이고, 강한 관여의 경우, 대상조직의 시스템의 변화나 작업과정 그 자체를 재설계하여 대상조직의 작업과정을 변경하는 것이다(Jönsson · Lukka, 2007, p.384).

Lewin(1946)은 "실행연구가 공통적으로 가지고 있는 사적인 문제를 해결하기 위하여 협동연구에 참여한 모든 사람들이 성찰적 사고, 논의, 의사결정, 그리고 실행의 힘을 개발하도록 보장하는 과정"이라고 정의한 바 있다(김미옥, 2009, p.181). 그리고 이후의 많은 실행연구 전문가들은 연구방법의 하나로서 실행연구를 발전시켜 나갔다. 그러면서 이들은 실행연구를 궁극적 관심이 연구대상에 대한 이해를 통한 지식의 창출에 머무르지 않고 연구대상에 대한 이해와 반성적 성찰과정을 통해서 연구대상 자체에 내재되어 있는 문제적 상황을 개선하고자 하는 연구설계로 정의하였다(이용숙 외, 2005; Mills, 2007; Stringer, 2004). 다시 말하면, 실행연구는 문제상황에 이해관계가 걸려있는 외부자인 연구자가 해당 문제상황을 해결함으로써 자신의 구체적인 현실조건을 개선하기 위해 문제상황에 내부자인 동료 구성원들과의 협력적 상호작용을 바탕으로 체계적으로 실시하는 탐구활동이다.

실행연구에서 연구자는 현장에서 실시간 연구흐름에서 적극적인 행위자이며, 따라서 연구자는 현안에 내부자 관점을 채택해야 하거나 최소한 고려해야 한다. 그리고 연구자는 자신의 연구결과를 이론체계와 연결할 필요가 있다. 외부자 관점은 모든 유형의 학술연구에서 필수적이므로 실행연구에서는 내부자 관점과 외부자 관점이 균형을 갖추어서 이용되어야 이 연구방법의 이용이 정당화될 것이다(Jönsson · Lukka, 2007, p.374).

실행연구는 조직을 위해 상담하면서 연구하는 형태를 취하기도 한다. Liu · Pan(2007)에서는 상담자이면서 연구자인 실행연구자가 대규모 중국제조기업을 위한 활동기준원가계산(ABC)을 성공적으로 개발하였지만, 명시적인 이론을 검정하거나 생성하지는 않았다. Baskerville(1999, p.13)은 상담자들이 독립적인 검토에 근거한 노련하고 신뢰가능한 해결책을 지시하여 보상을 받으며, 실행연구자들은 미검정 이론에 근거한 일련의 실험적 해결책을 공식화함으로써 조직 그 자체가 배우도록 도와주기 위해 과학적 관심에서 실행한다고 서술하여 상담과 실행연구를 구별하고자 하였다.

실행연구는 실증적 방법론에 입각하여 연구자와 실무자를 구분하는 종래의 접근을 지양하고 연구자와 연구대상자를 포함해서 협동과 변화를 강력하게 추구한다. 다시 말하면, 연구와 실무는 밀접하게 관련된 상호순환적인 요소이기 때문에 이 둘의 기능을 통합적으로 실시하는 역할이 강조된다. 그리고 실행연구는 연구와 실무의 통합적 실시라는 명제의 구체적인 실천양식이라고 할 수 있다. 실행연구의 이 특징은 연구자가 의도적으로 관여하면서 동시에 그 관여의 효과를 연구한다는 것이다. 이것은 실제 현장에서 실무자들과의 협동을 필요로 한다. 실행연구이외의 다른 방법을 이용하는 연구자는 대개의 경우 그들의 연구대상(subject matter)에 관여하거나 간섭하려고 하지 않는다. 실행연구에서는 연구자가 실무에 적극적인 참여자(실무자)로서의 역할도 수행하는 것이다. 그리하여 관여주의적 연구의 대표적인 형태가 실행연구이다. 오늘날 회계학 특히 관리회계에서는 거의 대부분의 관여주의적 연구가 실행연구이다.

이러한 실행연구(관여주의적 연구)는 현상이 발행하는 현장에 가서 사례를 연구하므로 사례연구의 한 가지 형태로 간주되며, 실행연구는 적극적인 참여관찰을 의도적으로 이용한다. 이러한 의미에서 실행연구는 연구자가 실험의 설계를 완전히 통제하지 않고 관찰을 통해 실험상황을 결정하고자 하며, 연구대상인 조직과 협력해서 그 상황에 작용하고, 과정과 결과를 관찰하고, 관련문헌에 비추어 결과를 분석하고자 하는 일종의 현장실험이다(Jönsson · Lukka, 2007, pp.373-374).

실행연구는 시스템개선, 변화관리, 혁신, 특정한 문제해결, 이론생성 등을 포함한 다양한 현안에 적용될 수 있다.

실행연구는 이론과 실무적 실행 사이에 더욱 직접적인 연결을 생성하고자 하며, 실무의 맥락, 이해, 적용을 개선하고자 하며, 변화를 실시하고 문제정의를 개발하는 데서 실무자를 포함하고자 한다. 그리하여 실행연구는 다음과 같이 다양하게 간주된다(Parker, 2004, p.172).

* 연구, 계획, 이론화, 학습, 개발 등의 지속적인 과정.
* 분석, 사실발견, 개념화, 계획, 집행의 과정과 반복.
* 국지적인 실무의 맥락에서 실무자의 문제를 식별하고, 연관된 서술과 이론을 정립하고, 이들을 관여실험을 통해 검정하는 것(Kemmis · McTaggart, 2005).

Lewin은 이론정립을 실무문제의 연구와 결합하도록 요구하였으며, 실행연구를 연구자와 행위자(실무자) 집단의 개선과 의사결정을 포함하는 것으로 생각하였다. 이것은 선택된 문제를 더욱 심층적으로 조사하는 것에 몰두하는 것을 필요로 하였다. Lewin의 실행연구는 다음을 포함한다(Parker, 2004, *op cit.*).

* 사회시스템의 변화와 실제문제에 관한 실험.
* 문제식별, 계획, 실행, 평가 등의 반복적 순환.
* 행위자들의 사고와 실행의 양상을 변경함으로써 행위자들의 재교육.

* 연구에 집단적으로 참여하여 현상태에 도전하는 것.
* 사회과학의 기본지식과 일상의 사회행동에 기여하는 것.

그리하여, Lewin의 경우 실행연구는 사실발견, 계획, 실행, 평가 등의 일련의 반복적 순환을 구성하는데, 각각의 연속적인 순환은 실행연구집단을 그 목적에 부합하게 한다. 이 과정에서 연구자는 행위자집단의 심사숙고를 촉구하고, 계획된 변화를 공식화하는 것을 도와주고, 조직변화를 실시하는데 협력할 것이다(Argyris, 1997).

제2절 실행연구의 역사적 배경

실행연구는 하나의 학문이 아니라, 광범위한 분야로부터 시간의 경과에 따라 등장한 연구접근방법이기 때문에 복잡한 역사를 가지고 있다(Brydon-Miller, 2003, p.11).

원래 실행연구라는 용어는 J.L. Moreno가 1913년에 비엔나에서 이 용어를 만들어 사용하였으며, 집단과 공동연구를 실시한 바 있다. 그리고 1929년에 교육학자 John Dewey가 실무에 기초한 탐구를 촉구하였으며, 1945년에 John Collier가 인종집단관계를 연구하는데 이 방법을 채택한 바 있다(Parker, 2004, p.171). 그러나 본격적인 사회현상의 연구방법으로서 실행연구는 제2차 세계대전 직후에 실시되었다. 원래 미국에서 실행연구는 인종주의와 사회불안 등과 같이 그 시대의 주요한 사회문제의 개선에 대한 과학적 접근방법을 지도하는데 관심이 있었던 Kurt Lewin의 연구와 주로 관련이 있다(Lewin, 1951). 사회심리학자인 Kurt Lewin이 미시간대학교의 집단역학연구소(Research Center for Group Dynamics)에서 이 방법을 개발하였는데, 그는 사회심리학의 이론을 실제사회문제에 적용하고자 하였다(Myers, 2009, p.57). 그리하여 그는 사회시스템의 이해는 먼저 그것에 변화를 도입하고 나서 그 효과를 관찰함으로서 가장 잘 달성될 있을 것이라고 주장하면서, 실행과 연구를 결합하는 것은 방법론적으로 좋다고 주장하였다. 영국에서도 거의 동일한 시기에 Tavistock임상연구소(나중에 Tavistock Institute로 되었다)를 결성하였던 정신과의사인 Eric Trist를 비롯한 일단의 학자들이 실행연구에 관심이 있었다(Elden · Chisholm, 1993). 이 연구소는 제2차 세계대전에 참전하고 난 후, 심리적 · 사회적 장애를 겪고 있었던 군인출신 등을 연구대상으로 하였다.

Lewin은 일반적으로 실행연구의 아버지로 간주된다. 독일의 사회 · 심리학자이며, 게스탈트(Gestalt)학교의 창설자 중의 한 명인 그는 사회문제에 관심이 있었으며, 일반적으로 조직내에서 갈등, 위기, 변화 등을 다루기 위한 참여집단과정에 초점을 두었다. 처음에 그는 미국 Boston의 MIT에서 집단역학센터(the Center for Group Dynamics)와 관련이 있었지만, 곧 그 자신의 국립훈련실험실을 설립하였다(O'Brien, 1998, p.7).

Lewin은 자신의 1946년 논문, "실행연구와 소수민족문제"(Action Research and Minority Problems)에서 실행연구(action research)라는 용어를 처음으로 만들었는데, 여기서 그는 각각이 계획, 실행, 그 실행의 결과에 관한 사실발견 등의 순환으로 구성되는 단계의 나선(spiral) 과정을 이용하면서, "사회행위를 유도하는 연구와 다양한 사회행위형태의 조건과 영향에 관한 비교연구"로 실행연구를 특징지었다.

Lewin과 Trist는 그들의 연구를 조직의 체계적 변화에 적용하였다. 그들은 직접적인 전문가/고객의 협동을 강조하였으며, 문제해결을 위한 기초로서 집단관계의 역할을 지지하였다. 이 둘은 의사결정하는 것을 도와주는 사람들에 의해 의사결정이 가장 잘 실시된다는 원칙의 지지자이었다.

Baker(2000, p.369)에 의하면, 일부는 실행연구가 100년이상의 사회과학연구에서 하나의 방법으로 이용되고 있다고 주장하고 있다. Masters(1995)와 McKernan(1991)은 교육 교과과정 개발에서 실행연구가 과학적 방법이 교육에 적용되었던 19세기 후반과 20세기 초반의 교육과학운동(the Science in Education Movement)까지 추적될 수 있다고 주장한다. 그들은 또한 미국인 철학자 John Dewey가 교육학, 심리학, 미학, 철학 등과 같은 분야에서 실무문제의 해결에 대한 귀납적인 과학적 방법의 적용을 통해 실행연구의 선구자라고 주장한다(McKernan, 1991).

McKernan(1991)도 20세기 전반기에 사회심리학에서 집단역학(the Group Dynamics) 운동이 질적인 사회조사를 통해 사회문제를 다루기 위해 채택된 실행연구의 형태이었다는 것을 지적하고 있다. 실행연구는 또한 1940년대의 다양한 사회문제를 다루기 위해 이용되었다(예를 들면, 제2차 세계대전, 집단간의 관계, 인종편견, 사회재구성). Kurt Lewin은 미국에서 1940년대와 1950년대에 실행연구의 중요한 인물이었다(Lewin, 1947). Lewin은 실행연구를 문제를 경험하는 사회집단에 초점을 두는 실험조사형태로 간주하였다. Lewin은 사회문제가 모든 사회과학연구의 일차적인 주안점이어야 한다고 주장하였다. 실행연구에 대한 Lewin의 접근방법은 분석, 사실발견, 개념화, 계획, 실시, 실행평가 등을 구성하는 일련의 실행순환과정을 구성하였다. 1950년대와 1960년대에, 실행연구는 기업과 기타 조직의 연구에 공통적으로 이용되었고, 미국의 MIT와 영국의 Tavistock연구소에서 후속연구가 실시되었다(Masters, 1995; McKernan, 1991).

1960년대 후반에 시작하여 1970년대와 1980년대를 거쳐 실행연구는 실증주의와 계량적 방법에 대한 강조로 인해 주류사회과학의 학술지에 일반적으로 보이지 않았지만(Baskerville ·

Wood-Harper, 1998), 실행과학(action science),[1] 설계과학(design science),[2] 임상연구(clinical research),[3] 구성적 연구(constructive approach),[4] 혁신적 실행연구(innovation action research),[5] 조건부규범적 연구(conditional-normative research approach)[6] 등의 다양한 명칭으로 실행연구가 조금씩 변형되면서 발전하였는데, 이들을 통틀어 관여주의적 연구(interventionist research)[7]라고도 한다. 그리하여 현장에서 변화실험을 행한다는 현장실험의 사고방식을 가정한 Lewin(1946, 1951)이 처음 시도한 실행연구가 사회과학분야에서 모든 관여주의적 연구의 기원으로 간주된다(Jönsson・Lukka, 2007, p.376).

Dumay・Baard(2017)는 관여주의적 연구를 실시하는 이유로 네 가지를 열거하고 있다.

첫째, 관여주의적 연구는 생경함과 과학적 가치와 미래영속성에 관한 학문적인 우려속에서도 회계학자 및 경영학자와 관련된 연구방법으로서 계속해서 관심을 얻고 있다(Baard, 2010). 이것은 효과적인 관여에 반영되는 결과의 이중성에서 명백해진 회계와 경영의 연구에 대한 실무적 관련성의 탐색 때문이다. 관여주의적 결과의 이중성을 달성하는 것은 학자가 조사중인 조직의 행위자, 시스템, 과정 등에 관해 심층적인 이해를 할 수 있는 유의미한 잠재력을 제공한다(Jönsson・Lukka, 2007).

---

1) 실행과학은 Argyris et al.(1985)가 주장하였다. 그들은 이것을 고객시스템에서 학습을 촉진하고 일반지식에 기여하는 것으로 정의하였지만, 이를 적용한 회계학연구는 별로 없다.

2) 설계과학은 van Aken(2004)이 주장하였다. 이것은 설명지향적인 방식에 대한 처방지향적인 방식을 주장하며, Mattessich(1995)의 조건부규범적 연구와 많은 유사점을 가지고 있다.

3) 임상연구는 Normann(1976)이 주장하였다. 이는 환자를 치료하는 의학으로부터 유추하여, 임상연구를 연구자와 실무자 사이의 대화로 등장하는 치료적 과정으로 간주하고 있다. 이것은 문제해결을 강조하고, 변화측면을 특히 강조하지만, 이를 적용한 회계학연구는 없로 없다.

4) 1990년대에 핀란드의 일부 회계학자들(Kasanen et al., 1993; Labro・Tuomela, 2003; Lukka, 2000)이 개발하였다. 이는 강력한 관여를 통해 목표조직의 구성원과 더불어 연구자가 새로운 구성을 개발하고, 그 이용가능성을 검정하며, 이 과정에 입각한 이론적 결론을 도출한다. 이를 이용한 회계학연구로는 Chiucchi(2013), Degraeve et al.(2004), Malmi et al.(2004) 등이 있다.

5) 혁신적 실행연구는 Kaplan(1998)이 주장하였고, 이를 실제로 현실에 적용한 것으로 Liu・Pan(2007)이 있다.

6) 조건부규범적 연구는 Mattessich(1995)가 주장하였다.

7) Jönsson・Lukka(2007)가 관여주의적 연구를 우산(umbrella)개념으로 채택한 바 있다. 그러나 Baard(2010)가 관여주의적 연구와 다른 연구들을 구별한 바 있다. 관여주의적 연구의 가장 큰 특징은 관여의 본질과 이론을 적용하고 있다는 것이다. 관여주의적 연구는 내부자적 및 외부자적인 이론적 접근방법을 필요로 하며, 관여주의적 연구를 적용할 때, 회계와 사회이론을 포함해야 한다. 여기서 내부자적 관점은 연구자가 사회시스템을 연구하는 조직이나 공동체내에서 실무적인 이성의 영역이며, 외부자적 관점은 연구자가 이론을 고려하고 이론체계를 자신들의 연구결과에 연결하여 이론에 기여하는 순수한 이성의 영역이다(Dumay・Baard, 2017, p.267).

대부분의 관여주의적 연구는 단일사례의 연구이지만, 전통적인 사례연구와 관여주의적 사례연구의 차이점은 연구자가 현실세계의 문제를 해결하는 것을 도와주는데 반하여, 전통적인 사례연구는 경영자가 해결하지 못하고 있는 문제를 경영자가 어떻게 다루고 있는가를 관찰한다는 점이다.

요컨대, 관여주의적 연구는 연구자가 관여를 통해 해결을 설계하고 실행하기 위한 이론을 배치하고 이론적 관점과 실무적 관점으로부터 결과를 분석하여 현실세계의 문제를 해결하기 위해 조직의 경영자와 직접 협력하는 것을 수반하는 사례연구에 입각한 연구방법이다(*ibid.*).

둘째, 이것은 실무자, 전문가, 기타 조직구성원과 관계를 맺을 기회를 제공하는데, 그들의 일상생활에서 이의 다양한 측면을 탐구하면서 의미있는 방식으로 그들에게 영향을 준다(Cullen et al., 2013). 나아가 이것은 비관여주의적 연구접근방법이 대개의 경우 달성하지 못할 조직의 결과에 영향을 주고 변화를 촉진하는 관여나 경영적으로 관련있는 해결의 생성을 자극한다(예를 들면, Campanale et al., 2014).

셋째, 관여주의적 연구는 중립적인 조직관망자의 위치(말하자면, 외부자적 영역)를 점하기 보다는 조직생활의 흥망성쇠내에서 직면하는 문제의 집중적인 협력적 탐구와 관련될 기회를 제공한다(말하자면, 내부자적 견해). 그렇게 하는데서, 학자들은 관련성과 엄격성 사이에 타협할 필요도 없이, 조직의 실무와 경영・회계의 실무와 기법이 이러한 문제를 해결하는데 어떻게 도와줄 수 있는가를 탐구한다(Jönsson・Lukka, 2007, p.389).

넷째, 관여주의적 연구로 인해서 회계담당자, 경영자, 기타 조직구성원의 실생활 전문기술을 이용하여 이론지식을 생성할 수 있으며, 그리하여 문헌과 이론에 상당한 기여를 한다. 관여주의적 연구가 생성하는 (이론적 및 실무적) 지식은 학자와 내부자적 행위자의 미래세대가 이용할 수 있는 혁신적인 지식체계를 만들 수 있다(Dumay・Baard, p.268).

실행연구는 교육학에서 활발하게 적용되고 있으며, 회계학분야에서는 1980년대에 연구방법으로 등장하였다. 회계학에서는 특히 회계교육분야와 관리회계분야에서 최근에 실행연구를 관여주의적 연구와 같은 의미로 사용하기도 한다.

제3절 실행연구의 종류

상당한 주목을 받은 실행연구의 한 형태는 협동적 조사(co-operative inquiry)이다(Reason, 1994). 협동적 조사는 조직변화보다는 주로 개인에 초점을 두며, 그것은 개인들이 자신들의 삶을 어떻게 사는가를 변형하는 것을 도움을 받고 선택할 수 있다는 인간주의적 심리학의 주장에 그 근원을 가지고 있다(*ibid.*). 연구와 변화과정에 조직구성원을 포함하는 것으로 실행연구의 확대는 연구와 변화과정에서 완전한 동반자들로서 이들을 포함한다. 이 실행연구형태는 실행연구자들이 관여하는 그러한 시스템에서 자기생성과정을 학습하고 변화하는 것을 목표로 한다. 그러므로 실행연구자의 목표는 특정한 문제를 다루는 것뿐만 아니라, 그들의 연구대상자들에게 높은 수준의 자기결정과 자기개발을 남겨두는 것이다(Elden・Chisholm, 1993).

회계학연구에 관한 Chua(1986)의 세 가지 분류와 유사한 방식으로, McCutcheon・

Jung(1990)는 세 가지 유형의 실행연구(실증적 실행연구, 해석적 실행연구, 비판적 실행연구)가 있다고 주장한 바 있다.

1. 실증적 실행연구

고전적 실행연구(Elden · Chisholm, 1993)라고도 하는 실증적 실행연구는 실행연구를 실증적 사회과학의 요건을 충족하기 위한 사회적 실험과 시도로 간주한다. 이 종류의 연구는 가끔 실증적 용어로 정당화된다. 실행연구는 현실세계에서 가설을 검정하고 개선하기 위한 방법으로 간주된다. 예를 들면, Payne · Payne(2004, p.9)은 실행연구가 가능한 해결책을 경험적으로 검정하기 위해 설계된다고 말한다. 즉, 실행연구는 어떤 새로운 정책을 도입하고는 그 효과를 감시하는 본질적으로 사회적 실험인 응용연구의 한 형태이다.

실행연구의 창시자 중의 한 사람인, Kurt Lewin은 실증주의에 입각한 과학적 방법론으로서 실행연구를 실시한다는 사상에 헌신하였다.

이 실행연구는 전통적 실행연구로서 조직내에서 Lewin의 연구로부터 유래하였으며, 현장이론, 집단역학 등의 개념과 실무를 포함하고 있다. 노사관계의 중요성 증가로 조직개발, 노동삶의 질, 사회기술시스템(예를 들면, 정보시스템), 조직민주주의 등의 분야에서 실행연구를 적용하게 되었다. 이 전통적 접근방법은 조직권력구조에 관해서 일반적으로 현상태를 유지하는 보수적 경향이 있다.

Lewin의 사상은 실행연구가 실무적인 사회문제의 해결에 초점을 둔 과학이라는 것이었다. 이 유형의 실행연구에서 연구자의 기본적인 목표는 사전에 규정된 이론체계에 기초한 특정한 관여를 검정하는 것이다. 연구자와 실무자간의 협동의 본질은 기술적이다. 연구자는 특정한 문제를 식별하고 관여를 제안한다. 조직참여자는 그 관여를 실시하는데 동의한다(Masters, 1995). 실증적 관점에 의해 지도되는 실행연구과제는 다음의 특징을 포함할 것이다. 이 과제는 전문가로서의 자격이나 경험에 기초한 사람이나 사람집단에 의해 시작될 것이다. 연구의 목적은 효과적이고 효율적인 실무를 촉진하는 것이다. 연구는 실무의 개선으로 나아갈 것이지만, 그것은 또한 개선의 과정에서 조직참여자측에 참여를 촉진할 것이다. 실행연구에 대한 실증적 접근방법은 일반적으로 예측지식의 누적으로 된다. 일차적인 주안점은 기존이론의 개선과 타당성이며, 그것은 본질적으로 연역적이다(Masters, 1995). 주류정보시스템과 관리회계학술지에서 최근에 보이는 실행연구의 종류는 이 범주의 실행연구에 해당하는 것 같다(Baskerville · Wood-Harper, 1998; Kaplan, 1998; Lau, 1999, Liu · Pan, 2007).

2. 해석적 실행연구

Elden · Chisholm(1993)이 현대의 실행연구라고 하는 해석적 실행연구는 사회적 실재가 사회적으로 구성된다는 기본적으로 해석적이고 구성주의적인 존재론에 의존하는 경향이 있다. 이의 예는 Greenwood et al.(1993)인데, 그들은 실행연구가 주로 국지적 조건에 의해 통제받기 때문에 항상 새로운 과정이라고 주장한다.

해석적 실행연구는 문제, 기본 원인, 해결방안 등을 식별하기 위해 함께 연구하는 조직참여자와 연구자를 포함한다. 그리하여 여기서는 실행연구선통내에서 가능한 한 공동체 관련 학습활동과 밀접하게 관련있기 때문에 실행학습(action learning)이라고도 한다(Eriksson · Kovalainen, p.197). 여기서는 사람들을 서로간의 경험으로부터 배우게 하는 것이다. 실행학습은 실행과학과 밀접한 관계가 있는데, 구체적으로 조직의 실무문제를 해결하기 위해 조직심리학이 이용된다(Argyris, 1990; Kemmis · McTaggart, 2005). 연구문제는 연구자와 조직참여자 간에 광범위한 토의 후에 정의된다. 연구의 목표는 참여자의 집단지식의 적용을 통해 실무를 개선하는 것이다. 이 유형의 실행연구는 질적 방법과 그 유연성에 대한 의존의 측면에서 실증적 실행연구와 다르다(Masters, 1995). McKernan(1991)은 해석적 실행연구가 실증적 실행연구와는 달리 해석, 상호작용적 의사소통, 심사숙고, 협상, 상세한 서술 등을 주로 한다는 점을 지적하고 있다. "해석적 실행연구자의 목표는 실무를 이해하고 현안을 해결하는 것이다"(McKernan, 1991). 조직참여자가 협동적 접근방법에 포함될 때, 그들은 그들의 실무를 더 잘 이해할 수 있다. 실행되는 모든 변화는 더욱 지속적인 효과를 가질 것이다. 이 실행연구 유형의 약점은 변화과정에 포함되어 있는 개인과 연결되어 있어서 관여는 개인이 조직을 떠나거나 새로운 사람의 유입이 있다면, 단기간이라는 점이다(Masters, 1995).

3. 비판적 실행연구

실행연구에 대한 비판적 접근방법의 일차적 목표는 사회문제를 설명하고 해결하기 위해 이용되는 기본 이론과 문제 사이의 연결에 관해서 참여자의 이해를 증가시키는 것이다. 비판적 접근방법의 지지자들은 Habermas의 연구에 의존한다. Habermas는 "이론과 실무의 조정은 비판의 발전을 통해서 가능하다. 실행지향적인 비판의 발전은 세 단계를 가진다. 즉, 이론, 계몽, 실행"(Habermas, 1974).

실행연구에 대한 비판적 접근방법에서, 실행계획은 비판적 의도로부터 나온다. 비판적 의도는 실행을 유발하고 문제와 문제를 개선하기 위한 수단을 설명하는 이론의 개발에 중요하다. 비판적 의도는 사회적 상황이 개선을 방해하는 정도를 평가하는 것을 도와준다. 비판적 실행연구는 이론으로 시작하지 않지만, 이것은 이론에 의해 알려진다. 개선을 시도하기 위한 주도권을 제공하는 것은 이론과 실무적 실행 사이의 상호작용이다. 이론과 실무 사이의 역동적인 관계는 과제를 실시하는 동안에 이 둘의 정교함을 필요로 한다. 비판적 의도로부터 투입을 가진, 성찰의 과정을 통한 이론과 실무적 실행의 상호작용은 문제와 사회적 상황에 관한 더욱 심층적인 이해를 유도한다(Masters, 1995; Grundy, 1982; Habermas, 1974).

교육분야에서는 Habermas(1984)의 비판사회이론과 실행연구를 결합하는 쪽으로 나아가는 강력한 움직임이 있었다. 예를 들면, Carr · Kemmis(1986)는 실행연구를 사회상황에서 참여자가 자신의 실무의 합리성과 정의, 이러한 실무의 이해, 이러한 실무가 실시되는 상황을 개선하기 위해 취하는 자기성찰적 조사의 형태로 정의한다(*ibid.*, p.162). 그들은 실행연구가 참여적이어야 하고 해방을 목표로 해야 한다고 주장한다. 그들은 실행연구가 "사회적으로 구성되고 역사적으로 내재되는 것으로서 진리와 실행에 관한 견해"(*ibid.*, p.182)에 기초하고 있다. 해석적 교육연구자들은 유사한 지식관을 채택하고 있지만, 그들은 실행연구자들이 그들의 역할에 관한 실행주의적 견해를 채택하는데 독특하다고 말한다. 현재에 대한 과거의 유의성을 이해하는 것을 목표로 하는 해석적 연구자와는 달리, 실행연구자들은 상이한 미래를 생성하기 위해 현재의 상황을 변화시키는 것을 목표로 한다. 그들은 실행연구가 사회적 정의 쪽으로 목표를 정하고, 현재의 실무에 대해 비판적 성찰을 포함하고, 그러한 실무의 기초를 이루는 당연시되는 가정을 의문시하고 집단적 행동으로 나아가는 것을 목표로 해야 한다고 주장한다.

이러한 세 가지 주요한 실행연구 유형이외에 다른 종류도 있다.

교육적 실행연구(education action research)는 1920년대와 1930년대 미국의 교육철학자인 John Dewey(1934, 1937)의 저술에 그 토대를 가지고 있다. 그는 교육전문가가 공동체의 문제해결에 관련되어야 한다고 생각하였다. 이 실무가들은 당연히 교육제도에서 주로 활동하고 있으며, 사회적 맥락에서 교과과정의 개발, 전문가개발, 학습적용 등에 초점을 두고 있다. 이러한 실행연구는 교사 업무의 실천과 업무에 관한 실천적 이해를 개선한다는 목표를 포함하는 교육연구에서 강력한 전통과 입장을 가지고 있다(Kemmis · McTaggart, 2005). 대학의 실행연구자들은 공동체 과제에 관해 초등학교 · 중등학교의 선생님 및 학생 등과 연구하는 경우가 있는데, 오늘날 실행연구가 활발하게 적용되고 있다.

참여적 실행연구(participatory action research)라는 형태의 실행연구도 있다(Whyte, 1991). 참여적 실행연구에서 실무자들은 연구대상자와 공동연구자로 포함된다. 공동연구자로서, 실무자들은 그들 자신의 연구과제를 설정하고, 자료를 수집하고 분석하는 것을 도와주고, 결과의 이용을 통제함으로써 연구과정을 통제한다. 이러한 참여적 실행연구는 사회의 주변집단을 강화하기 위해 사회변화를 추구하는 여성운동, 자유화운동 등에서 발견되기도 한다(O'Brien, 1998, p.8).

이외에 Gummesson(2000)은 경영을 위한 실행연구의 네 가지 유형인 사회적 실행과학(societal action science), 경영실행과학(management action science), 실시간실행과학(real time action science), 회고적 실행과학(retrospective action science)을 구별한 바 있고, O'Brien(1998)은 전통적 실행연구, 맥락적 실행연구(실행학습), 급진적 실행연구, 교육적 실행연구 등으로 구분한 바 있다.

제4절 실행연구의 연구과정

실행연구는 전통적인 연구방법과는 다른 모습을 보인다. 전통적인 연구와 비교해 보았을 때, 실행연구는 크게 세 가지 측면에서 구분된다. 첫째, 실행연구는 실행(action)을 필수적으로 전제하고 있다. 실행이란 말은 단순히 연구자가 자신의 관심주제를 탐구하는 연구절차의 실시를 지칭하는 의미가 아니다. 실행연구에서 강조하는 실행이란 일련의 체계적인 자료수집과 분석절차를 통해서 도출된 결과를 바탕으로 연구대상을 변화시키기 위한 구체적인 실천행위를 말하는 것이다. 〈도표 12－1〉에서 보는 바와 같이, 실행연구는 체계적인 방법으로 결과를 도출함으로써 연구가 종료되는 것이 아니라, 도출된 결과를 적용하는 과정을 연구의 중요한 부분으로 포함하고 있다. 아무리 좋은 연구결과라고 하더라도 그 자체가 현실을 바꿀 수는 없다. 현실은 현실의 문제를 명확히 진단하고, 문제를 개선할 수 있는 실제적인 대안을 적용하는 의식적인 활동을 통해서 개선될 수 있는 것이다.

〈도표 12－1〉 **실행연구 실시과정과 전통적 연구 실시과정의 비교**

전통적인 연구실시과정	문제규정 〉 자료수집 〉 자료분석 〉 결과도출
실행연구 실시과정	문제규정 〉 자료수집 〉 자료분석 〉 결과도출 〉 결과적용 〉 성찰

자료원: 유기웅 외3, p.125.

이처럼 실행연구에서 강조하는 실행이란 바로 이러한 의식적 실천을 말하는 것이며, 연구자는 결과의 적응과정으로서 실천에 대한 지속적인 관찰과 성찰을 실시함으로써 새로운 실행 대안을 도출하는 과정이 계속적으로 이어지는 것이다.

둘째, 실행연구는 다른 누군가의 문제를 해결하는 과정이 아니라, 바로 연구자 자신과 관련된 문제를 해결하는 과정이다. 그리고 실행연구는 연구자이자 실천가인 연구 주체가 탈맥락적이고 객관적인 조건에서 연구를 실시하기 보다는 문제 자체가 발생하는 현실 속의 맥락에서 문제진단과 해결을 도모하는 것을 지향한다. 실증주의 패러다임에서 시도되는 전통적인 연구흐름에서는 소위 이론적인 박식함과 문제를 체계적으로 분석할 수 있는 능력을 갖추고 있다고 믿어지는 전문연구자의 연구실시를 보다 정당하고 바람직한 것으로 강조하는 경우가 많았다. 또한 연구대상과 연구자간의 거리를 크게 고려하지 않았으며, 오히려 연구자와 연구대상간의 거리가 존재할수록 연구자는 연구대상을 객관적으로 바라볼 수 있다는 점에서 더 가치있게 여겨지기도 하였다.

반면에 실행연구에서 연구자는 자신이 현재, 그리고 실제로 당면하고 있는 문제에 대해서 다양한 자료수집과 분석을 실시하는 과정을 필연적으로 실시하게 된다. 문제는 연구자 자신과 밀접하게 관련되는 문제이며, 문제의 해결도 자신의 현실적 상황 속에서 이루어져야 할 것이다. 따라서 문제를 인식하고 해결하려는 노력을 점진적으로 실시하는 과정을 통해서 연구자는 자신이 관심을 가지는 현상에 대하여 다양한 시각에서 엄밀하게 점검해 볼 수 있는 기회를 가지게 된다. 그리고 이러한 과정을 통하여 현상에 대한 보다 심층적인 이해를 할 수 있게 되는 것이다. 이러한 경험을 통하여 연구자가 문제를 독자적인 시각에서 파악하고 스스로 해결할 수 있는 새로운 가능성의 개발을 기대할 수 있는 것이다.

셋째, 실행연구는 연구자와 연구참여자 간의 교류와 협력을 전제한다는 점에서 전통적인 연구와 구별된다. 연구자의 역할에 상당한 무게중심을 두는 전통적인 연구방법과 비교하였을 때, 실행연구는 연구참여자, 즉 자료수집·분석 대상의 협력적 역할을 강조한다. 전통적 연구에서 연구참여자들은 연구자가 요구하는 자료를 제공하거나 연구자가 독자적으로 수립한 연구설계에 따라 수동적 참여가 그들이 할 수 있는 역할의 전부였다고 해도 과언이 아니다. 그러나, 실행연구에서 연구참여자는 자료제공자 수준이 아닌, 자료의 공동분석가이며, 나아가서 도출된 결과를 바탕으로 현상을 개선하는 과정에 공동으로 참여하는 공동개선자로서의 역할을 부여받게 된다.

전통적인 연구와 구분되는 실행연구의 특징은 연구결과를 도출하는 수준에 머무르지 않고 결과를 적용하여 문제를 해결함으로서 현상을 개선하는 실행까지 동시에 지향한다는 점이다. 연구결과의 도출과정에서도 마찬가지겠지만, 결과를 적용하여 문제를 해결하기 위해서는 참여자들과의 공조가 필수적이다. 그렇게 때문에 실행연구의 효과적인 실시를 위해서는 연구자와 참여자 간의 긴밀한 관계성이 선제되어야 하며, 연구실시과정을 통해서 그 관계성은 더욱 강화, 발전할 수 있게 된다.

실행연구는 연구자 자신이 현실적 문제의 해결방안을 도출하고 그 방안을 실제로 적용함으로써 문제를 해결하는 과정이다. 이를 위해서 연구자는 자신이 당면하고 있는 문제와 구체적인 상황, 그리고 자신의 활동 및 참여자들의 활동에 대한 반성적 성찰이 필요하다. 그렇지만 실행연구는 연구자의 독자적인 노력으로만 이루어지는 것이 아니라, 참여자들의 협력과 공감적 자세가 필수적으로 요구되며, 문제의 해결방안을 함께 적용하는 공동 노력이 필요하다. 연구자와 연구참여자들은 자신들의 문제와 해결책을 외부자로부터 제공받는 것이 아니라, 내부자로서의 자신들의 역량에 따라서 생성해 내고 스스로 적용하는 모습을 보이게 되는 것이다.

연구방법으로서 실행연구는 일반적으로 순환적이고 다국면적인 조사과정으로 간주된다. 그것은 문제진단으로 시작하며, 실행단계의 계획과 설계로 진행하고, 그리고나서 이의 실행으로 나아가고, 추가진단을 알려줄 이후의 결과평가로 나아간다(Elden · Chisholm, 1993).

Baskerville · Myers(2004)에 의하면, 실행연구의 핵심은 두 단계의 과정이다. 첫째, 진단단계는 연구자와 연구대상자에 의해 실무상황에 관한 협동적 분석의 과정이다. 연구영역의 본질에 관해 이론이 공식적으로 도입된다. 둘째, 치유적 단계는 협동적 변화를 도입한다. 이 단계에서 변화가 도입되고 효과가 연구된다.

실행연구의 실시는 전통적인 연구와 크게 다르지 않다. 다만 연구결과의 도출에 그치지 않고 결과를 구체적인 현실의 개선에 활용할 수 있는 계획의 수립 그리고 실행효과의 극대화까지 고려한다는 점에서 차이가 있다. 실행연구의 실행과정은 학자에 따라 다양하게 설명되고 있다. 우리나라의 유기웅 등(2012)은 설계, 현장활동, 의사소통, 실행의 네 단계, Earl-Slator(2002)는 점검, 계획, 실행, 성찰과 수정 등의 네 단계, Sax · Fisher(2001)는 목표의 설정, 수집, 조직화의 분석, 자료해석, 실행의 다섯 단계, Bassey(1998)와 Paisey · Paisey(2005)는 문제정의, 자료수집, 교육변화 방법결정, 변화실시, 감시와 변화평가 등의 다섯 단계,

Dickens · Watkins(1999)는 분석, 사실발견, 재개념화, 계획, 실행, 관찰, 성찰, 재실행 등의 여덟 단계, Ziegler(2001)는 주제식별, 실무가와 연구자의 고용, 참여자의 초대, 문제선택, 정보수집과 분석, 계획활동, 실행과 결과, 결과분석 등의 여덟 단계 등 다양하게 실행연구의 실행과정단계를 구분하고 있다.

Susman(1983)은 〈도표 12−2〉처럼 실행단계를 다섯 단계로 나누어 살펴보고 있다. 제1단계에서 문제를 식별하고 상세한 진단을 하기 위해 자료를 수집한다. 제2단계에서 여러 가지 해결안을 모색하여 하나의 실행계획을 세운다. 제3단계에서 실행과정을 선택해서 구체적으로 실행한다. 제4단계에서 실행결과에 관한 자료를 수집하고 분석한다. 제5단계에서 이 실행이 얼마나 성공적이었는가에 비추어 결과를 해석한다. 이 단계에서 문제를 재평가하고 실행과정을 다시 시작한다. 문제가 최종 해결될 때까지 이 과정을 지속한다.

〈도표 12-2〉 **실행연구모형**

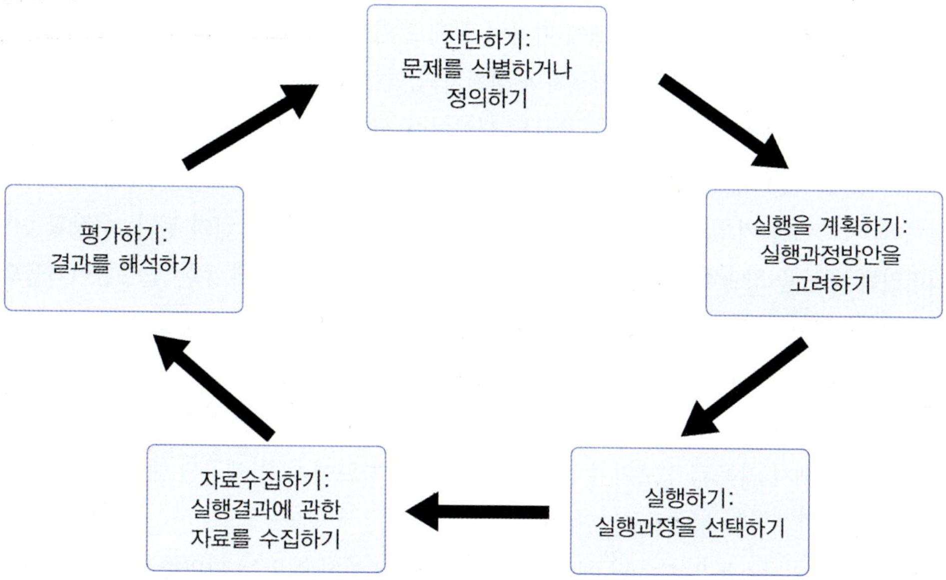

자료원: Susman(1983).

한편, 유기웅 등(2012)의 네 단계를 좀 더 상세히 살펴보면 〈도표 12-3〉과 같다.

〈도표 12-3〉 **실행연구의 실시과정**

설계	➔	현장활동	➔	의사소통	➔	실행
• 연구문제 • 연구대상 • 자료수집방법		• 자료수집 • 자료분석		• 결과발표 • 참여자이해 • 실행계획		• 적용 • 관찰 • 성찰

제1단계인 설계단계에서는 연구자의 문제의식에 기초해서 구체적인 연구주제와 목적을 결정하고 그에 합당한 연구대상의 범위와 자료수집의 방법과 내용에 대해서 결정한다. 실행연구는 현상의 구체적인 문제해결에 초점을 두는 것이기 때문에 문제가 정확히 무엇인지 문제를 명확히 하는 것이 필요하다. 해결하려는 문제가 명확하게 결정되어 있지 않는 것은 마치 표적물을 명확하게 결정하지 않은 채 조준하는 것과 마찬가지라고 할 수 있다. 따라서 설계단계에서 연구자에게 관건이 되고 있는 현재의 중요한 문제의 실체가 무엇인지 명확하게 규정하는 작업이 필요하다. 이를 바탕으로 누구에게 어떤 내용의 자료를 수집할 것인지를 결정할 수 있으며, 자료수집의 대상과 수집할 자료의 성격을 결정하는 가운데 자료수집

의 방법도 함께 합리적으로 결정할 수 있게 된다.

제2단계인 현장활동은 연구설계에 따라서 실제로 자료를 수집하고 수집한 자료를 분석, 정리하는 과정이다. 실행연구는 연구자와 실천가의 역할통합을 지향하며, 연구문제가 발생하는 구체적인 상황에서 가치있는 지식을 생산하여 현상의 개선을 위한 실질적인 행위를 하려는 노력이라고 할 수 있다. 그렇기 때문에 연구의 구체적인 맥락에 존재하는 실증자료를 수집하고 이를 기초로 대안을 모색하는 분석작업이 필수적인 요건이 된다. 현장활동이 의미있는 대안을 창출해 내는 데 기여하기 위해서는 정보를 제공해 주는 연구참여자들의 협력적이고 우호적인 참여자세가 중요하다. 연구참여자들이 연구의 주제를 명확하게 이해하고 연구자가 가지고 있는 문제에 대해서 공감함으로써 보다 실질적인 자료나 정보를 제공해 줄 수 있기 때문이다. 현장의 연구참여자들의 목소리와 시각을 반영함으로써 연구자의 편향에 의해서 왜곡된 정보의 수집, 그리고 수집된 자료에 대한 왜곡된 해석의 가능성을 방지할 수 있다.

제3단계인 의사소통은 도출된 결과를 연구상황에 관여하고 있는 다양한 참여자 집단에게 알리는 동시에, 이들의 의견을 수렴하는 단계이다. 그럼으로써 연구의 관심주제상황에 내포되어 있는 문제점을 공동으로 인식하고 이에 대한 합의된 개선방안에 도달하게 된다. 현상의 개선을 위한 실행은 연구자 혼자서만 구체적인 개선방안을 숙지하고 열정을 가지고 노력한다고 성과를 보이는 것이 아니다. 탐구의 대상으로서 현상에는 연구자도 어떤 역할을 가지고 참여하고 있지만, 다른 구성원들 역시 현상 안에서 일정한 역할을 가지고 참여하고 있는 것이다. 현상의 개선은 연구자와 참여자 모두가 자신의 역할수행을 적극적으로 변경함으로써 기대할 수 있기 때문에 참여자들의 이해와 공감, 그리고 합의의 과정이 중요한 요소로 부각된다.

제4단계는 실행의 단계이다. 연구대상의 변혁을 위한 구체적인 실행계획과 논리에 대하여 연구참여자와 일정한 합의를 이루게 되면, 이제 참여자와의 관계를 바탕으로 구체적인 실천을 하게 된다. 그러나 실행연구는 현상의 개선을 위한 실천이 애초의 계획에 따라서 맹목적으로 이루어지는 것을 강조하지는 않는다. 왜냐하면 아무리 객관적이고 체계적인 방법으로 문제를 진단하고 해결방안을 도출하였다고 하더라도 현상을 개선하려는 실제 과정에서는 원만하게 적용되지 않을 수도 있으며, 기대하는 방식으로 결과가 산출되지 않을 수도 있기 때문이다. 그렇게 때문에 실행연구는 실행과정에 대한 연구자의 지속적인 관찰과 성찰활동을 강조한다. 즉, 구체적인 문제해결을 위한 활동을 하면서 그 가운데 나타나는 상황외적 변화를 면밀하게 관찰할 수 있어야 한다. 그럼으로써 변화과정과 결과가 당초의 계획된 논리에 따라서 실제로 이루어지는지 확인할 수 있게 된다. 그리고 관찰을 통해서 확인된 실제 현상의 변화모습과 현장활동을 통해서 수립된 실행계획과 예상 결과를 비교하고 어떤 차이가 왜 나타났는지에 대한 반성적 성찰을 하는 것이 중요하다. 반성적 성찰을 통해서 연구자는 대안적 실천계획을 세울 수 있으며, 대안적 실천계획을 다시 적용하는 가운데 관찰이 이루어지고, 그 결과에 대한 성찰이 이루어지는 순환적 활동이 나타난다.

Lewin과 그후의 대부분의 연구자들은 실행연구를 문제상황을 진단하고, 실행단계를 계획하고, 실시하고, 결과를 평가하는 순환적 과정으로 간주하고 있다. 평가는 이전의 활동순환으로부터 학습에 기초한 새로운 상황의 진단을 유도한다. 실행연구의 특징은 연구과정이 문제를 경험하는 사람이나 그 대표들과의 협동으로 실시된다는 것이다. 주요한 아이디어는 실행연구가 조직이나 사회의 중요한 문제를 경험한 사람과 더불어 이러한 문제를 연구하기 위해 과학적 접근방법을 이용한다는 것이다(Elden・Chisholm, 1993, p.124).

Elden・Chisholm(1993)은 어떤 연구를 실행연구로 분류하기 위해 필요한 다섯 가지 요소를 제안하고 있다.

① 목적과 가치의 선택. 과학적 탐구의 목적이 일반지식에 기여하는 것이지만, 실행연구는 과학적 탐구와 실천문제해결을 목표로 한다. 실행연구는 변화지향적이며, 양(+)의 사회가치를 가지는 변화를 초래하고자 한다.

② 맥락적 주안점. 실행연구자는 현실세계의 실천문제를 해결하는데 관심이 있기 때문에, 실행연구는 사례연구와 민속지학적 연구와 같이 광범위한 맥락에 초점을 두어야 한다.

③ 변화에 입각한 자료와 의미부여. 실행연구는 변화지향적이기 때문에, 이것은 의도된 변화의 결과를 추적하는 것을 도와주는 자료를 필요로 한다. 실행연구자는 시간의 경과에 따라 자료를 체계적으로 수집하는 것을 필요로 하며, 이러한 자료를 해석하고 의미를 부여할 필요가 있다.

④ 연구과정에 참여. 실행연구는 연구자와 적극적으로 참여하는 현실세계의 문제를 경험하거나 소유하는 사람들을 필요로 한다. 이것은 최소한 문제를 선택하고 해결탐색을 확인하는데 포함되는 참여자를 포함한다. 참여자는 결과를 정당화하는데도 포함될 수 있다. 정의상 실행연구는 협동적이다.

⑤ 지식확산. 실행연구가 연구로 간주되기 위해서는 인정된 사회과학실무의 규범에 따라 작성되고 확산되어야 한다. 이것은 일반지식을 생성하려는 시도에서 기존연구문헌에 주제를 관련시키는 것을 포함한다. 이것은 특히 연구자 혼자만의 작업이다.

이상과 같은 다섯 가지 요소가 실행연구의 본질적인 특징으로 간주될 수 있다. 이하에서 실행연구를 적용한 회계학연구를 간단히 살펴보자.

제5절 실행연구와 회계학연구

실행연구는 오늘날 교육학분야에서 가장 활발하게 적용되고 있으며, 회계학의 경우에도 1990년대 이후 초기에는 회계교육과 관련된 연구가 많은 비중을 차지하고 있다가, 오늘날에는 관리회계에서 활발하게 적용되고 있다. 아래에서는 회계교육분야, 관리회계분야와 기타로 나누어 살펴본다.

1. 회계교육

1990년대에 실행연구가 회계학에 도입되기 시작하였는데, 회계교육에 관한 것으로는 Hand(1998), Kelly et al.(2000), Paisey · Paisey(2003, 2005), Cunningham(2008), Hazelton · Haigh(2010), Doran et al.(2011) 등이 있다.

Hand(1998)는 회계학의 첫번째 과목인 회계원리에 대한 경영대학 학부 1학년 학생의 반응을 이해하고자 한 비교적 초기의 연구이다. 그는 실행연구방법을 채택하였으며, 교과목을 수강하거나 수강한 후의 중요한 순간에 네 명의 학생과 심층면접을 포함해서 다양한 증거형태를 수집하였다. 여기서의 중요한 현안은 다음과 같았다. (1) 새로운 환경으로서 대학이 교과과정의 첫 주에 학습에 대해 가지는 영향과 2학기제 교과과정에서 분산된 학습성격, (2) 학생이 교과목상의 시간계획을 위해 개인의 전략과 이것이 교수의 기대와 달라진 방식, (3) 학생집단내에 표상된 학습방법의 다양성. 그는 이러한 현안들을 살펴보고, 저자의 실무와 다른 실무가들에 대한 시사점을 살펴보았다.

Kelly et al.(2000)은 강의역할을 개선하고 이 역할에 의미를 부여하고자 한다. 그들은 회계졸업생들이 현대사회에 더욱 잘 적응하게 위해 회계실무의 사회적 차원을 알 필요가 있으므로, 대학에서 회계교과과정과 관련해서 교육개발과 관련된 프로젝트에서 실행연구방법을 이용하고 있다. 학생들에게는 학습대상, 학습방식, 학습측정방식 등을 결정하는데 참여하고, 자신들의 학습목적을 설계하고 동료들과 공유하도록 촉구되었다. 교육연구에서 실행연구방법을 채택함으로서 교육의 현상태를 변화시키고 취업하는데 도움을 줄 수 있다고 주장하고 있다.

Paisey · Paisey(2005)에서는 실행연구방법을 적용하여, 학생들에게 수동적인 학습보다는 적극적인 학습을 촉진하기 위해 교재에 의지하기 보다는 회계기준, 공개초안 등과 같은 일차적인 문서를 읽도록 촉구하고자 하였다. 학생들과 논의하면서 설문지를 이용하였다. 본고에서 보고된 강의경험은 실행연구가 문제를 식별하고, 현상태와 관한 자료를 수집하고, 이를 성찰하고, 변화를 실시하며, 최종적으로 그 변화를 감시하고 평가하는 체계적인 수단을 제공할 수 있다는 것을 보여준다.

Cunningham(2008)은 교실의 상황에서 실행연구의 정교한 사례를 제시하고 있으며, 수동적인 학생의 행동을 치유할 문제라고 단정하고 있다. 실행연구의 반복성으로 인해서 교과과정에 변화를 시도하고 그 변화를 평가하며, 그 변화의 결과로 발생하는 새로운 문제에 주목하고, 이러한 문제를 관찰한 결과로서 변화를 수정하고는 수정된 변화를 재평가할 수 있다. 그리고 이 모든 순환과정에서 변화의 효과와 새로운 조정에 영향을 주기 위한 수정에 관한 새로운 정보를 계속해서 이용할 수 있다.

이 연구의 예는 실행연구가 특정한 교실문제를 다루는 것을 어떻게 도와주고 있는가를 보여준다. 이 예는 실행연구의 과정을 보여준다. 즉, 변화를 유도하는 현재교실환경에 관한 자료수집과 성찰의 순환과정은 문제를 다루는 것을 의미하였으며, 그리고나서 그 변화의 효과를 평가하고 미래수정을 결정하는데 자료수집과 성찰이 필요하였다. 나아가 이 예는 새로운 환경에 적응하는 데서 실행연구의 유연성을 예시하고 있다. 이 예는 또한 실행연구과제의 결과를 작성하는 전형적인 유형을 예시하고 있다.

Hazelton・Haigh(2010)은 지속가능개발의 원칙을 기법중심의 대학원 회계교과과정에 반영하고자 하여 두 가지 과제의 일정을 연대순으로 기록하고 있다. 이 과제의 설계와 전달은 비판적 권한부여와 실천의 원칙에 의해 알려졌다. Hazelton은 지속가능성과 관련된 자료를 핵심적인 회계단위에 도입하고는 선택단위를 만들었다. Haigh는 현재와 잠재적 고용주의 사회적 보고서를 비판적으로 평가하기 위해 학생과 참석하였다. 교실에 성찰성을 가져온다는 목적에 의해서, 두 과제는 일부 성공을 하였지만, 교과과정을 변화시키려는 노력은 학생들의 지배적인 직업지향에 의해 방해를 받았다. 이외에, 전통적으로 직업단체의 기술적 주안점과 (직업기술과 같은) 경합하는 교육개혁과제로 인해서 지속가능성이 이미 혼잡한 교과과정을 관통하는데 어려움이 증가하고 있다.

Doran et al.(2011)은 학생과의 새로운 상호작용형태나 새로운 교수법을 제시하지 않지만, 이들은 많은 학생들이 있는 사례방법을 이용하기 위한 전략을 제시하고 있다. 저자들은 학생을 중요한 이해관계자로 간주하고, 사례연구에 대한 학생들의 반응을 실행연구방법으로 증명하고자 한다.

실행연구를 대표하는 교육분야의 일부 논문들이 어떤 경향들을 공유하고 있다. 첫째, 예외없이 거의 대부분은 실행연구를 광범위하게 다시 정당화하고 있다. 저자, 편집자, 심사자 등이 이것은 여전히 필요하다고 느낀다는 것은 집단적 노력이 많은 매력을 얻지 않았다는 증거이어야 한다. 모든 저자들의 서술은 동일한 접근방법이 서술되고 있는지의 여부에 관한 질문을 도입할 정도로 매우 다르다. 그러나 더 큰 문제는 예시라고 가정되는 교실에서의 연구로 선택된 서술을 꿰맞추고 있다는 것이다(Fogarty, 2017, p.243).

마지막으로 전체교육의 기획이 실행연구가 추진할 것으로 가정되는 변화를 구성하기에 너무 단명하다는 것이다. 우리는 학습에 관해 많은 것을 모르며, 전통적인 방법(강의)로부터 다른 방법으로의 이동에 의해서 우리의 지식을 증가시키지 않는 경향이 있다. 어느 정도까지, 저자들은 적극적 학습의 지지로 실행연구를 반박하고 있다(*ibid.*).

2. 관리회계

관리회계분야에 적용한 것으로는 Jönsson(1992), Kaplan(1998), Liu · Pan(2007), Seal et al.(1999), Johansson · Baldvinsdottir(2003), Aranda · Arellano(2010), Beaubien (2013), Frezatti et al.(2014), Anderson et al.(2014), Ho et al.(2014) 등이 있다. 여기서 Kaplan(1998), Liu · Pan(2007)은 실증적 실행연구에 해당하므로, 나머지들을 간단히 살펴보자.

Jönsson(1992)은 이론적으로는 일상생활방법론에 바탕을 두고 있으면서 연구방법으로 실행연구를 적용하고 있다. 여기서는 현장의 운영단위(원가중심점)를 개선하기 위해 운영 · 회계정보를 적극적으로 이용하는 신뢰중심점(center of trust)으로 변경하고자 하는 두 개의 장기적인 현장연구에 관해 보고하고 있다. 대부분의 대형조직에서, 경영통제수단은 중앙계획에 의해 목적이 달성되는 초기 Taylor주의 시대의 잔재이다. 이 형태는 모든 관련 정보가 조직의 상층부에 전달될 수 있다는 가정에 기초한다. 조직의 하부에서 독특한 운영지식의 누적 때문에 이 가정이 더 이상 타당하지 않을 때, 통제의 분산화가 시도된다. 이후에 나오는 차별화는 정보의 표준화로 만들어진 중앙시스템으로 적절히 취급될 수 없다. 다음 단계는 운영단위가 신뢰받는 책임있는 파트너인 경영통제대화의 확립이다. 이 대화에서, 신뢰는 학습태도를 취하도록 집단을 공개하는 매체로 이용된다. 이것은 국지적인 자기관리에 대한 지지를 통해 달성될 수 있다.

Seal et al.(1999)은 관리회계에서 공급사슬에 초점을 두면서 실행연구과제를 실시하였다. 그들은 공급사슬성과에 관한 기존의 업무가 산업역학과 물류문헌에 의해 지배되고 있다는 것을 발견하였다. 공급사슬의 형성, 관리, 기능에서 회계정보의 본질, 유형, 역할을 살펴본 연구는 상대적으로 별로 없으며, 발표된 연구의 대부분은 회계담당자의 역할이 공학기사의 역할보다 전통적으로 두드러지지 않는 일본제조기업의 자료에 의해 강한 영향을 받고 있었다. 이러한 인식차이에 대한 반응으로, 저자들은 공급사슬경영에서 회계현안을 살펴보는 연구를 실시하였다. 결정적으로, 연구자들은 양자관계에서 두 당사자의 관점에 접근한다. 부분적으로 특정한 회계문제에 해결책을 제안하기 위해서 그러나 주로 연구자들은 정직한 중재자 말하자면, 주로 두 당사자가 관심있지만 비편파적인 참여자로 인식하게 되었기 때문에, 학문적 초점은 그러한 관계에서 관리회계의 역할에 있었지만, 연구자들은 협상과정에 포함되었다.

이 연구에서 기본적인 인식론은 해석주의이다. 연구는 제안된 전략적 제휴에 포함된 두 기업의 이사진들과 18개월동안 많은 경우에 실시된 모임, 방문, 면접 등에 기초하였다. 짧은 면접으로부터 하루종일 지속된 공장방문과 모임까지 이사진과의 접촉이 있었다. 협상의 지속적인 성질은 연구자에게 필요할 때, 정직한 조정자로 행동할 기회를 제공하였다. 연구자들은 그 합의가 성공하는 것을 보고자 하였지만, 연구를 촉진하고자 하는 희망과는 별도로, 그들은 기득권을 가지지 않았다. 연구자의 역할은 두 당사자의 신뢰와 신임를 얻는 것을 포함하였다. 적극적 참여자로서 연구자들은 모임을 위한 안건의 설정과 제휴협정안의 초안에 관해서 지속적인 대화에 포함되었기 때문에, 무엇이 발생하고 있었는가를 기록할 수 있었다.

Johansson・Baldvinsdottir(2003)는 스웨덴의 두 개의 소기업에서 성과평가의 관례(routines)에 관한 사례연구에 입각하고 있다. 상담회사에서 연구는 장기간의 사례연구로 실시되었다. 경험적 자료가 4년동안 수집되었으며, 상이한 유형의 면접, 비디오기록, 현장관찰 등으로 구성되었다. 이 기업에서의 연구는 실행연구로 실시되었다. 저자의 한명은 일년동안 회사의 실제생활상황에 참여하고 관찰하면서 회사에 있었다. 그는 회계시스템을 수정하는데 참여하였다. 성과평가를 조직성과의 개선을 보장하기 위한 도구로 간주하는 선행연구와는 달리, 여기서의 사례는 그러한 명확한 관계를 보여주지 않는다. 평가자와 평가대상자 사이의 작용/반작용에서 회계담당자의 부분에 초점을 둠으로써, 성과평가 관례의 생산과 재생산도 신뢰에 의존적인 것처럼, 성과평가도 신뢰(trust)에 의존적이라는 증거를 드러내는 것이 가능하다.

여기서의 중요한 논지는 회계정보를 신뢰하는 것 뿐만 아니라 회계담당자를 신뢰하는 것은 관련정보가 조직성과를 개선하는 방식으로 성과를 평가하는데 이용된다면 필요하다는 것이다. 회계수치에서 신뢰를 생성할 전망은 회계담당자가 조직에서 다른 사람으로부터 획득하는데 성공하는 신뢰와 연결되어 있다. 평가자와 평가대상자 사이에 상호신뢰가 없을 때 이것은 중요하다. 이러한 상황에서 회계담당자는 신뢰할 수 있는 방법으로 행동하고, 객관적으로 정보를 생성함으로써 신뢰부족을 보상하는 것을 도와줄 수 있다.

평가자의 신뢰를 얻기 위해, 평가대상자는 그 관계의 초기단계에서 통제받는 것을 수용해야 한다. 신뢰가 입증되는 즉시, 적극적인 통제가 은밀한 감시와 교체되어야 한다. 그렇지 않다면, 신뢰가 파괴될 위험이 있다. 만약 주어진 신뢰가 확증되지 않고, 평가대상자는 신뢰를 받을 가치가 없는 것으로 발견된다면, 통제가 다시 도입될 것이다.

요컨대, 여기서는 성과평가와 그 실시과정은 모두 관련당사자들 즉, 평가자, 평가대상자, 회계담당자 간의 신뢰에 의존적이라는 것을 보여주고 있다. 나아가 신뢰의 운반자가 신뢰의 생성, 확대, 보존에 필수적이다. 이 연구는 회계활동이 신뢰에 기본적인 공개성, 실현성, 상호의존성 등을 촉진할 수 있는 방식에 관한 미래연구에 시사점을 가진다.

Beaubien(2013)은 Krishnan et al.(2012)와 유사한 연구이다. 3년 간격으로 저자들은 금융기관이 전사적 자원관리시스템에 어떻게 잘 조정하는가를 연구하였다. 그들은 효과적으로 기대된 통제를 효과적으로 회피한 기술을 이용할 때 통제의 기만으로부터 참여자들이 고통을 받았다는 것을 발견하였다. 면접의 강도(depth)는 이 연구의 실시가 참여자의 행동을 변경하였고 그들을 정보시스템에 관해 더욱 정통한 태도로 유도하였다는 개념을 지지하고 있다. 그러나 이 변화는 전체조직의 정보시스템 실행의 최고조를 논평하려는 보다 명백한 목적에 부수적인 상대적으로 작은 부산물인 것 같다.

Frezatti et al.(2014)는 분류를 거부하는 것과 가까운 독특한 상황을 만났다. 저자들은 회계의 포기에 근접한 조직을 발견하면서, 다양한 질적 수단을 통해 회계가 항상 수행하는 기능을 무엇이 대체하는가를 발견하였다. 이 과정에서 저자들은 참여자들에게 무엇이 일어나고 있는가에 관해 많은 것을 가르치고 있다. 일단 저자들은 회계의 재구성이나 대체를 유발하지 않았다는 것을 확실하게 관찰할 수 있을 것이다. 그러나 그들은 발생한 것에 의미를 부여하는 데서 적극적인 역할을 하여, 이것은 실행연구에 접근하고 있다. 저자들은 회계가 기업실체에서 가능성이 있는 다른 담론을 억제하거나 조절하는 메타담론으로서 다소 대체 불가능하다는 결론을 내리고 있다.

관리회계에서 실행연구의 초상화는 매우 불완전하고 편파적이다. 만약 동일한 시기에 동일한 학술지에서 실행연구가 분명히 아닌 일부 논문을 우리가 검토한다면 그것은 더 나은 주안점으로 올 것이다. 심리적 자본의 조절능력을 확립하려는 시도에서 예산과정에 포함된 개인들을 실태조사한 Vankatesh · Blaskovih(2012)을 살펴보자. 이러한 개념의 광범위한 인식은 상황을 변경할 것이라고 주장할 수 있을 것이지만, 연구자들은 변화가 발생하는 방식을 확립하지 못하고 그들의 세계에서 무엇이 발생하고 있는가에 관해 참여자의 마음속으로 아무 것도 주입하지 못하였다. 유사한 노선에 따라, Ho et al.(2014)도 실행연구의 일부 표면적 속성을 공유하고 있다. 저자들은 전략적 실시효과성의 선구자로서 경영자와 종업원 사이의 합의의 정도를 찾으면서, 실태조사와 면접을 채택하고 있다. 그러나 이 노력의 대부분은 횡단면적 차이를 발견하는데 목적을 두고 있다. 그 결과, 결론은 매우 관습적이고 어떠한 것도 주장될 수 없었다. 마지막으로 Anderson et al.(2014)은 현장자료의 원천으로서 세 기업을 이용하여 횡단수준의 위험체계를 세우기 위한 야심찬 시도를 하고 있다. 그러나 이 연구는 기업내부의 상호작용 뿐만 아니라 구체적인 의사결정맥락을 초월하려는 미래의 연구자에게 유용한 것으로 판명된다면, 이 논문은 존재할 수 있었던 것으로 주목받으려는 노력보다는 존재하는 것에 관한 해석이다. 이 구체적인 연구도 실용적인 이해수준에 도달하지 않는 과도한 지식화로 비판받을 수 있다.

3. 기타

여기서는 회계정보시스템에 적용한 Baker(2000)와 건설과제에 적용한 Sunding・Odenrick(2010)를 간단히 살펴본다.

Baker(2000)에서는 실행연구가 회계와 정보시스템연구에서 더욱 널리 이용되어야 한다는 것을 주장하고 있다. 실행연구는 그 목표로서 사회변화를 위한 적극적 계획의 생성과 유용한 지식의 동시적 추구를 가지는 질적이고 해석적인 다양한 기법을 포함한다. 실행연구는 상담과 유사한 특징을 가지는데, 그 일부는 현장연구와 유사하다. 실행연구는 일반적으로, 순환적, 참여적, 질적, 성찰적, 반응적이다. 주류회계와 정보시스템연구가 엄격성과 과학적 지식의 이름으로 엄격한 일단의 방법론적 원칙을 따르고 있지만, 이러한 연구는 현실세계조직에 영향을 거의 주지 않는다. 실행연구는 유용한 지식의 달성 뿐만 아니라, 조직과 사회적 상황에서 효과적인 변화를 추구한다. 이것은 회계와 정보시스템연구에서 더욱 널리 이용되어야 한다.

Sunding・Odenrick(2010)은 특정한 스웨덴 건설과제에서 개발된 관여(intervention) 기법인 교육연구방법을 검정하고자 한다. 이 기법은 실천적 맥락에서 변화를 생성하고, 이 사례에서 건설과제의 운용팀에서 문제해결능력을 높임과 동시에 이 기법을 검정하고 마지막으로 문제분야에 관한 추가지식을 추출한다는 세 가지 목적을 가진 실행연구방법에 근거하여 만들어졌다. 이 연구과제의 전반적인 목적은 건설산업에서 많은 문제를 제거하기 어려운 이유를 이해하는 것이며, 그것에 근거하여, 문제해결과 인간기능에 관한 이론적 지식과 이해가 치유와 변화의 방법론을 설계한다.

개발된 관여기법은 운영팀에서 효율적인 학습과정을 생성하는 측면에서 효과적인 것으로 발견되었다. 연구결과는 초기의 건설과제로부터 참여자가 경험에 비교해서 변화가 발생하였다는 것을 보여주며, 관여가 부분적으로 그 변화의 이유라는 것을 가리키고 있다. 이 변화는 긍적적인 것과 부정적인 것으로 이해되었지만, 긍정적인 변화가 대다수를 차지하였다.[8)]

8) 이외에 체계적으로 실증적 실행연구의 연구현황을 분류한 것으로는 Malmi(2016, pp.38-40)가 있다. 여기서는 실증적 실행연구를 ① 관여기간의 학습에 기초하여 이론화를 목표로 하는 실행연구, ② 기존회계개념의 가치를 보여주는 실행연구, ③ 새로운 구성을 개발하지만 그 용도나 혜택을 보여주지 않는 실행연구,

제6절 소결

회계학에서는 실행연구(포괄적으로는 관여주의적 연구)가 1990년대 이후 본격적으로 적용되기 시작하였는데, 초기에는 회계교육분야에서 적용되다가 이후에 관리회계분야에 본격적으로 적용되고 있다. 오늘날 관리회계분야에서 실행연구의 대부분은 영국의 회계학술지인 *Management Accounting Research*에 주로 발표되고 있다. 초기에 회계학분야에서 이를 직극적으로 적용하기 시작한 학자는 스웨덴의 Sten Jönsson교수이었으며 많은 학자들을 교육시켰고, 터키의 K. Lukka교수와 더불어 실행연구(관여주의적 연구)를 적극적으로 적용하였다. 회계학에서 실행연구의 초기부터 북유럽(스웨덴, 핀란드 등)에서 연구가 활발하였다.

실행연구를 적용하는 연구자들은 회계변화의 과정에 초점을 두기 때문에, 우리는 원하는 결과를 확신하기 위해 변화를 어떻게 도모할 수 있는가 뿐만 아니라 작동하는 동력(forces)을 더 잘 이해할 수 있다. 이러한 종류의 정보는 경영적으로 관련있는 것으로 간주될 수 있다. 이와 마찬가지로 현장실험은 새로운 회계방법의 장점에 관한 규범적 주장에 대한 신뢰를 추가로 제공할 수 있다. 이러한 증거는 특히 다양한 상황에서 누적되었을 때, 경영적으로 흥미로우며, 잘 수행된 실행연구는 대상기업의 긴급한 경영문제를 해결하는데 도움을 줄 뿐만 아니라 경영적 및 이론적 통찰력을 제공할 수 있다(Malmi, 2016, p.40).

일반적인 사례연구에서는 자료를 수집할 때, 주로 면접에 초점을 두지만, 사례연구의 특징을 가지고 있는 실행연구(관여주의적 연구)에서는 자료를 수집할 때, 관찰의 기법을 강조하며, 특히 연구자가 조사과정에 관여한다. 실행연구에서는 실제문제해결을 개발하는데서 기업과 협력함으로써 사례연구방법을 확대하는 것이다. 그리하여 성공적인 실행연구(관여주의적 연구)는 조직(기업)의 변화과정에 기여하는 것으로 간주된다. 이 점은 학술적인 상아탑의 관찰자에 의해 실시되며, 조직에 영향을 주지 않으며, 다른 조직상황에도 일반화

④ 현장실험을 하는 실행연구 등의 네 가지로 분류하고 있다. ①에 속하는 실행연구에는 Jönsson · Solli(1993), Malmi(1997), Tuomela(2005), Wouters · Wildrerom(2008), Li · Tang(2009), ter Bogt · van Helden(2011), Suomala et al.(2010), Wouters · Roijmans(2011), Groen et al.(2012) 등이 있다. 여기서의 연구들은 관리회계에서 가장 공통적인 유형의 관여주의적 연구를 구성하는데. 이 주제들은 원가회계와 예산편성으로부터 성과측정까지 다양하지만, 여기서의 공통주제는 회계변화이며, 변화를 어떻게 관리해야 하는가이다. 이 연구들은 회계변화가 궁극적으로 원하는 결과를 생산하는가를 어떻게 확신하는가에 관한 우리의 이해를 증가시킨다. ②에 속하는 실행연구에는 Woods et al.(2012), Cullen et al.(2013), Campanale et al.(2014) 등이 있다. 여기서의 연구들은 회계방법과 결과에 초점을 두고 있다. 이들은 연구자가 기존의 회계개념을 적용하거나 새로운 것들을 개발하여 실무자를 위해 방법을 혁신하고 유도할 수 있다는 것을 보여주었다. ③에 속하는 실행연구에는 Abernethy et al.(2005)가 있다. ④에 속하는 실행연구에는 Davis · Albright(2004), Aranda · Arellano(2010)가 있다.

될 가능성이 별로 없는 사례연구와 특히 대조적이다(Dumay, 2010, p.48).

실행연구를 실시하는 주요한 장점 중의 하나는 그것이 연구자의 기업연구(business research)가 이론적, 실무적 관련성이 있다는 것을 확신시키는데 도움을 준다는 것이다. 기업연구는 너무 이론적이라고 가끔 비판받고 있다. 즉, 기업가는 연구결과가 유용하지 않다고 가끔 말한다. 최고의 학술지에 발표되는 대부분의 연구논문들은 극소수의 사람들만이 읽으며, 이들은 거의 대부분 학자들이라는 것이 사실이다. 그러나 실행연구는 실무적인 기업문제를 해결하고자 하며 처음부터 기업조직의 사람들과 함께 연구하는 것을 포함하기 때문에, 정의상 실행연구는 기업공동체내에서 기업연구의 영향과 이미지를 개선하는 데 도움을 줄 수 있다(Myers, *op.cit.*, p.62).

이외에 회계학연구 특히 관리회계연구에서 실행연구를 포함한 관여주의적 연구를 적용하는 것의 장점으로는 다음을 들 수 있다(Suomala · Lyly-Yrjanainen, 2012, p.xv-xvi).

① 관여가 아직 기업에 널리 확산되지 않은 상대적으로 새로운 관리회계기술의 실무적 의미와 영향에 초점을 두는 연구를 촉진할 것이다.
② 관여하는 연구자의 아이디어는 상이한 조직수준에서 실무에 접근하는 것을 도와줄 것이며, 경험적 연구과정은 비가시적이거나 논의불가능한 것으로 인식되는 것들을 설명하기 위한 도구로 이바지할 수 있다.
③ 관여주의적 연구는 학술연구의 실무적 효용을 본질적으로 다루고, 학계와 산업계의 협력을 지지하는 광범위한 프로그램으로 간주될 수 있다.
④ 관여주의적 연구는 연구자의 도구상자의 일부이다. 주제의 순환주기동안 관여주의적 연구는 새로운 현안을 비출 것이며, 대규모의 양적 연구의 실험설계와 나란히 현실검토를 수행하는데 도움이 될 것이다.
⑤ 많은 종류의 관여는 조직내에서 관리회계의 고려사항을 촉진할 것이며, 그리하여 실제환경에서 관리회계의 역할과 의미를 이해하기 위한 유익한 기회를 생성할 것이다.

이외에도 관여주의적 연구의 핵심적 장점은 전통적인 연구방법을 통해 수집할 수 있는 것보다 더 미묘하고 중요한 자료를 수집할 기회이다. 관여주의적 연구는 자료에 근거한 이론화가 아니라 실행에 근거한다는 것을 의미한다(Jönsson · Lukka, 2007, p.375).

한편, 실행연구를 실시하는 주요한 단점 중의 하나는 실행과 연구를 병행하는 것이 매우 어렵다는 것이다. 실무적인 기업문제를 해결하는데 기여하면서 동시에 학술지에 게재가능하고 이론에 기여하는 연구논문을 작성할 수 있는 연구를 실시하는 것은 어렵다. 많은 실행연구는 순수한 연구중심의 학술지보다는 실무중심의 학술지에 발표되는 경향이 있다.

실행연구의 또다른 단점은 실행연구자가 조직실무에 대한 관여와 학술연구에 대한 기여의 평가 중요성을 과대평가하는 경향이 있다는 것이다. Oates(2006)는 실행연구자들이 무의식적으로 그 실행이 유용하고 그들의 이론이나 방법이 타당하다는 것을 나타내기를 원한다고 말한다. 그녀는 이 현상을 자기기만(self-delusion)과 집단사고(group-think)라고 부른다.

실행연구를 실시하기 위해 실행과 연구를 결합하는 것이 필요하다. 연구가 없는 실행은 상담(consulting)이고 실행이 없는 연구는 또다른 연구방법이다. Baskerville・Wood-Harper(1996)가 지적한 바와 같이, 실행연구와 상담의 차이를 명확하게 이해해야 할 필요가 있다. 상담이나 응용문제해결은 실행연구가 아니다.

첫 번째 부분인 실행은 해결할 문제를 가지고 있는 기업이나 사람이 필요하다. 그는 자신의 문제가 중요하고 그것을 해결하는 것을 도와주기 위해 연구자가 필요하다는 것을 믿어야 한다. 그는 연구자가 질문하는 것을 원하고 있어야 하며, 연구자가 현재의 기업실무를 조사하도록 해야 한다. 그는 기업에서 연구를 기꺼이 후원해야 하다. 후원제도는 연구비용을 위해 금액, 장학제도 등을 포함해서 다양한 형태를 취할 수 있지만, 최소한 그는 기업(예를 들면, 사람, 문서, 과제)에 접근할 수 있게 하여야 한다. 이들의 완전한 후원이 없다면, 그 실행은 성공할 가능성이 없을 것이다. 이러한 완전한 후원의 가능성이 없을 때, 기업에서 떠날 것이 권고된다. 후원이 기꺼이 제공되는 다른 기업을 발견하는 것이 더 나을 것이다.

두 번째 부분인 연구는 해결할 실무문제가 연구자의 관심분야에서 다른 연구자에게도 흥미로울 것이라고 확신할 필요가 있다는 것을 의미한다. 즉, 실무의 현안문제는 단순히 현재의 연구문헌에서 흥미로운 훨씬 더 광범위한 현안과 문제의 한 가지 예이다. 실행로부터 배운 교훈은 연구자의 관심분야에서 관련이론으로 일반화되어야 한다. 즉, 실행연구의 이론적 기여를 확실히 해야 할 것이다. 기존이론을 단순히 예시하는가?, 기존이론을 검정하는가? 기존이론을 수정하는가? 새로운 이론체계를 생성하는가? 실행연구의 초기 연구자인 Lewin은 실행연구를 이론을 검정하기 위한 것으로 간주하였다(Lewin, 1946). 실행연구의 가장 큰 잠재력은 이론정립(theory building)에 있을 것이다(Jönsson・Lukka, 2007, p.390).

실행연구는 사례연구의 한 형태이기 때문에, 동일한 비판이 적용된다. 실행과 연구를 결합하는 것의 이중도전은 잠재적으로 과제통제의 일부 어려움을 유도할 수도 있을 것이다. 이러한 어려움은 각 과제가 상황적이며, 어느 정도까지 최소한 독특하다는 사실에 의해 복잡해질 수도 있을 것이다. 그러므로 이러한 과제를 어떻게 실시하는가에 관한 일반법칙을 설명하는 것은 어렵다(Hoque et al., 2006, p.368).

실행연구를 이용하는 단점 중의 하나는 학술적 결과(발표)에 관한 불확실성과 연결된 연구기간이 장기간일 수 있다는 것이다(Suomala · Lyly-Yrjanainen, 2012, p.xvi). 예를 들면, 어떤 과제는 몇 주, 몇 개월 또는 몇 년이 걸릴 수도 있으며, 특히 연구자 뿐만 아니라 조직참모의 실질적인 참여도 필요할 것이다.

이 방법의 또다른 비판은 수집된 자료를 정당화하고 그 결과를 일반화하는 것이 어렵다는 것이다(Coghlan, 2002). 실행연구는 전형적으로 맥락적이기 때문에, 각 상황이 독특할 수 있으며, 반복될 수 없을 것이다. 이러한 비판은 과학적 기준에 따라 연구를 평가하는 그러한 연구자로부터 나올 것이다. 그리하여 일부 기간에서는 실행연구과제를 착수하기 위한 연구기금을 모으기가 어려울 것이다. 그러나 이 접근방법은 만약 이 과제가 조직의 문제를 해결할 수 있다면, 그 연구는 신뢰가능하고 타당한 것으로 발견된다고 주장하는 연구자에 의해 지지되고 있다(Reason · Bradbury, 2001).

많은 비판가들은 연구자와 실무가들의 밀접한 관계가 연구자의 객관성에 영향을 줄 수 있으며, 이에 의해서 연구과제와 그 결과에 영향을 줄 수 있다고 주장하고 있다. 따라서, 그것은 상담의 형태(Mckay · Marshall, 2001) 또는 연구로 위장한 상담(Coghlan, 2002)으로 고려될 수도 있을 것이다. 이 비판은 연구자에 의해 심각하게 고려될 필요가 있다. 그러나 Gummesson(2000)은 네 개의 요소들이 실행연구와 상담을 명확하게 차별화한다고 주장하고 있다. ① 연구자는 상담보다 더 엄격한 문서를 수집한다. ② 연구자는 이론적 정당화를 요구하는데 반하여, 상담자는 경험적 정당화를 요구한다. ③ 상담자는 엄격한 시간과 예산의 제약하에 활동한다. ④ 상당자는 관여, 분석, 실행, 해약 등의 선형적인 양상으로 활동하는데 반하여, 실행연구과정은 순환적이다(Baskerville · Wood-Harper, 1996). 실제로, 설행연구는 개인과 조직내에서 변화를 초래하고 차이를 추구하는 사회과학연구를 실시하는 다른 많은 방법들과 더불어 이러한 문제들을 공유한다.

참고문헌

김미옥(2009), "사회복지학에서의 실행연구 적용과 유용성", **한국사회복지학**, 61(5), pp.179-204.

유기웅 · 정종원 · 김영석 · 김한별(2012), **질적 연구방법의 이해**, 박영사.

이용숙 · 김영천 · 이혁규 · 김영미 · 조덕주 · 조재식(2005), **실행연구방법**, 학지사.

Abernethy, M.A., M. Horne, A.M. Lillis, M.A. Malina and F.H. Selto(2005), "A multi-method approach to building causal performance maps from expert knowledge", *Management Accounting Research*, 16, pp.135-155.

Anderson, S.W., M.H. Christ, H.C. Dekker and K.L. Sedatole(2014), "The use of management controls to mitigate risk in strategic alliances: field and survey evidence", *Journal of Management Accounting Research*, 26(1), pp.1-32.

Aranda, C. and J. Arellano(2010), "Consensus and link structure in strategic performance measurement systems: a field study", *Journal of Management Accounting Research*, 22, pp.271-299.

Argyris, C.(1990), "The dilemma of implementing controls: the case of managerial accounting", *Accounting, Organizations and Society*, 15(6), pp.503-511.

__________(1997), Kurt Lewin Award Lecture 1997: "Filed Theory as a Basis for Scholarly Consulting"(Transforming Psychology: Interpretive and Participatory Research Methods), *Journal of Social Issues*, 53(4), pp.1-11.

__________, R. Putnam and D.M. Smith(1985), *Action Science: concepts, methods and skills for research and intervention*, San Francisco: Jossey-Bass.

__________ and D. Schon(1978), *Organizational Learning: a theory of action perspective*, Reading, MA: Addison-Wesley.

*Baard, V.(2010), "A critical review of interventionist research", *Qualitative Research in Accounting and Management*, 7(1), pp.13-45.

Baker, R.(2000), "Towards the increased use of action research in accounting information systems", *Accounting Forum*, 24(4), pp.366-378.

Baskerville, R.L.(1999), "Investigating information systems with action research", *Communications of the Association for Information System*, 2(19), pp.1-32.

__________ and M.D. Myers(2004), "Special issue on action research in information systems: Making IS research relevant to practice: Foreword", *MIS Quarterly*, 28(3), pp.329-335.

__________ and A.T. Wood-Harper(1996), "A Critical Perspective on Action Research as a method for information system research", *Journal of Information Technology*, 11, pp.235-246.

________________________________(1998), "Diversity in information systems action research methods", *European Journal of information systems*, 7(2), pp.90-107.

Bassey, M.(1998), "Action research for improving educational practice", in Halsall, R.(ed). *Teacher research and school improvement: Opening doors from the inside*, Buckingham: Open University Press, pp.93-108.

Beaubien, L.(2013), "Technology, change, and management control: a temporal perspective", *Accounting, Auditing and Accountability Journal*, 26(1), pp.48-74.

Brydon-Miller, M.(2003), "Why action research?", *Action Research*, 1(1), pp.9-28.

Campanale, C., L. Cinquini and A. Tenucci(2014), "Time-driven activity-based costing to improve transparency and decision making in healthcare: a case study", *Qualitative Research in Accounting and Management*, 11(2), pp.165-186.

Carr, W. and S. Kemmis(1986), *Becoming Critical: Education, Knowledge and Action Research*, London: Falmer Press.

Chiucchi, M.S.(2013), "Intellectual capital accounting in action: enhancing learning through interventionist research", *Journal of Intellectual Capital*, 14(1), pp.48-68.

Chua, W.F.(1986), "Radical Developments in Accounting Thought", *The Accounting Review*, 61(4), pp.601-632.

Coghlan, D.(2002), "Putting 'research' back into OD and action research: a call to OD practitioners", *Organizational Development Journal*, 20(1), pp.62-65.

Cullen, J., M. Tsamenyi, M. Bernon and J. Gorst(2013), "Reverse logistics in the UK retail sector: a case study of the role of management accounting in driving organizational change", *Management Accounting Research*, 24, pp.212-227.

*Cunningham, B.M.(2008), "Using Action Research to Improve Learning and the Classroom Learning Environment", *Issues in Accounting Education*, 23(1), pp.1-30.

Davis, S. and T. Albright(2004), "An investigation of the effect of balanced scorecard implementation on financial performance", *Management Accounting Research*, 15, pp.135-153.

Degraeve, Z., E. Labro and F. Roodhooft(2004), "Total cost of ownership purchasing of a service: the case of airline selection at Alcatel Bell", *European Journal of Operational Research*, Special Issue, pp.23-40.

Dewey, J.(1934), *Arts as Experience*, New York: Minton Baloch and Co.

________(1937), *Logic: The Theory and Inquiry*, New York: John Wiley.

Dickens, L. & K. Watkins(1999), "Action research: rethinking Lewin", *Management Learning*, 30(2), pp.127-140.

Doran, J., M. Healy, M. McCutcheon and S. O'Callaghan(2011), "Adapting case-based teaching to large class settings: an action research approach", *Accounting Education*, 20(3),

pp.245-263.

Dumay, J.C.(2010), "A critical reflective discourses of an interventionist research project", *Qualitative Research in Accounting and Management*, 7(1), pp.46-70.

*__________ and V. Baard(2017), "An introduction to interventionist research in accounting", in Hoque, Z., L.D. Parker, M.A. Covaleski and K. Haynes(eds.), *The Routledge Companion to Qualitative Accounting Research Methods*, London: Routledge, pp.265-283.

Earl-Slater, A.(2002), "The superiority of action research?", *British Journal of Clinical Governance*, 7(2), pp.132-135.

Elden, M. and R. Chisholm(1993), "Emerging varieties of action research: introduction to the special issue", *Human Relations*, 46, pp.121-142.

Eriksson, P. and A. Kovalainen(2008), *Qualitative Methods in Business Research*, London: Sage.

*Fogarty, T.J.(2017), "Action Research in Accounting", in Hoque, Z., L.D. Parker, M.A. Covaleski and K. Haynes(eds.), *The Routledge Companion to Qualitative Accounting Research Methods*, London: Routledge, pp.231-249.

Frezatti, F., D.B. Carter and M.F.G. Barroso(2014), "Accounting without accounting: informational proxies and the construction of organizational discourses", *Accounting, Auditing and Accountability Journal*, 27(3), pp.426-464.

Greenwood, D.J., W.W. Whyte and I. Harkavy(1993), "Participatory action research as a process and as a goal", *Human Relations*, 46(2), pp.175-192.

Groen, B.A.C., M.J.F. Wouters and C.P.M. Wilderom(2012), "Why do employees take more initiatives to improve their performance after co-developing performance measures? A field study", *Management Accounting Research*, 23, pp.120-141.

Grundy, S.(1982), "Three modes of action research", *Curriculum perspectives*, 2(3), pp.23-34.

Gummesson, E.(2000), *Qualitative Methods in Management Research*, 2nd ed. Thousand Oaks, CA: Sage.

Habermas, J.(1974), *Theory and Practice*, London: Heinemann.

__________(1984), *The theory of communicative action vol.1: reason and the rationalisation of society*, Pecan Press, Boston.

Hand, L.(1998), "Tackling an accounting coursework assignment action research on the student perspective", *Accounting Eduction*, 7(4), pp.305-323.

*Hazelton, J. and M. Haigh(2010), "Incorporating Sustainability into Accounting Curricula: Lessons Learnt From an Action Research Study", *Accounting Education: an international journal*, 19(1/2), pp.159-178.

Ho, J.L.Y., A. Wu, and S.Y.C. We(2014), "Performance measures, consensus on strategy implementation and performance: Evidence from the operational-level of organizations",

Accounting, Organizations and Society, 39(1), pp.38-58.

Hoque, Z., C. Adams, C. and P. McNicholas(2006), "Case Studies and Action Research", in Hoque, Z.(ed.), *Methodological Issues in Accounting Research: theories, methods and issues*, Geelong, Australia; Spiramus, pp.361-373.

Huang, H.B.(2010), "What is good action research?", *Action Research*, 8(1), pp.93-109.

*Johansson, I.L and G. Baldvinsdottir(2003), "Accounting for trust: some empirical evidence", *Management Accounting Research*, 14, pp.219-234.

Jönsson, S.(1992), "Accounting for Improvement: action research on local management support", *Accounting, Management & Information Technology*, 2(2), pp.99-115.

*__________ and K. Lukka(2007), "There and Back again: Doing Interventionist Research in Management Accounting", in Chapman, C.S., A.G. Hopwood and M.D. Shields(eds), *Handbook of Management Accounting Research*, Vol.1, Oxford: Elsevir, pp.373-397.

__________ and R. Solli(1993), "'Accounting talk'in a caring setting", *Management Accounting Research*, 4(4), pp.301-320.

*Kaplan, R.S.(1998), "Innovation action research: Creating new management theory and practice", *Journal of Management Accounting Research*, 10, pp.89-118.

*Kasanen, E., K. Lukka and A. Siitonen(1993), "The constructive approach in management accounting research", *Journal of Management Accounting Research*, 5, pp.243-264.

*Kelly, M., H. Davey and N. Haigh(2000), "Use of the action-research methodology in the development of accounting education", *The Accounting Educators' Journal*, 12, pp.1-11.

Kemmis, S. and R. McTaggart(2005), "Participatory action research", in Denzin, N.K. and Y.S. Lincoln(eds), *The Sage Handbook of Qualitative Research*, Thousand Oaks, CA.: Sage. pp.559-603.

Kincheloe, J.L.(2003), *Teachers as researchers: Qualitative inquiry as a path to empowerment*, New York: Routledge.

Krishnan, R., J. Mistry and V.G. Narayanan(2012), "A field study on the acceptance and use of a new accounting system", *Journal of Management Accounting Research*, 24(1), pp.103-133.

*Labro, E. and T.S. Tuomela(2003), "On bringing more action into management accounting research: process considerations based on two constructive case studies", *European Accounting Review*, 12(3), pp.409-442.

Lau, F.(1999), "Toward a framework for action research in information systems studies", *Information Technology & People*, 12(2), pp.148-176.

Lewin, K.(1946), "Action Research and Minority Problems", *Journal of Social Issues*, 2, pp.34-46.

__________(1947), "Frontiers in Group Dynamics", *Human Relations*, 1(2), pp.143-153.

________(1951), *Field Theory in Social Science*, New York: Harper & Row.

Li, P. and G. Tang(2009), "Performance measurement design within its organizational context-evidence from China", *Management Accounting Research*, 20, pp.193-207.

*Liu, L.Y.J. and F. Pan(2007), "The implementation of Activity-Based Costing in China: An innovation action research approach", *British Accounting Review*, 39, pp.249-264.

Locke, K.(2001), *Grounded Theory in Management Research*, London: Sage.

Lukka, K.(2000), "The key issues of applying the constructive approach to field research", in Reponen, T.(ed.), *Management Expertise for the New Millennium, In Commemoration of the 50th Anniversary of the Turku School of Economics and Business Administration*, Publications of the Turku School of Economics and Business Administration, Turku, pp.113-128.

Malmi, T.(1997), "Towards explainging activity-based costing failure: accounting and control in an decentralized organization", *Management Accounting Research*, 13, pp.459-480.

________(2016), "Managerialist studies in management accounting: 1990-2014", *Management Accounting Research*, 31(1), pp.31-44.

________, P. Jarvinen and P. Lillrank(2004), "A collaborative approach for managing project cost of poor quality", *European Accounting Review*, 13(2), pp.293-317.

Masters, J.(1995), "The history of action research", in Hughes, I.(ed), *Action research electronic reader*, 22, (on-line), http://www.behs.cchs.usyd.edu.au/arow/reader/

Mattessich, R.(1995), "Conditional-normative accounting methodology", *Accounting, Organizations and Society*, 20(4), pp.259-284.

McCutcheon G. and B. Jung(1990), "Alternative Perspectives on Action Research", *Theory into Practice*, 29(3), pp.144-151.

McKay, J. and P. Marshall(2001), "The dual imperative of action research", *Information Technology and People*, 14(1), pp.46-59.

McKernan, J.F.(1991), *Curriculum Action Research: A Handbook of Methods and Resources for the Reflective Practitioner*, London: Kogan Page.

Mills, G.E.(2007), *Action Research: a guide for the teacher researcher*, 3rd ed., Upper Saddler River, NJ.: Merril Prentice Hall.

Myers, M.D.(2009), *Qualitative Research in Business and Management*, London: Sage.

Normann, R.(1976), *Luova yritysjohto*, Espoo: Weilin+Goos.

Oates, B.J.(2006), *Researching Information Systems and Computing*, London: Sage.

O'Brien, R.(1998), *An Overview of the Methodological Approach of Action Research*, Faculty of Information Studies, Unviersity of Toronto. http://web.net/robrien /papers/arfinal.html.

Paisey, C. and N.J. Paisey(2003), "Developing research awareness in students: an action research project explored", *Accounting Education*, 12(3), pp.283-302.

*____________________(2005), "Improving accounting education through the use of action research", *Journal of Accounting Education*, 23(1), pp.1-19.

*Parker, L.D.(2004), "Qualitative research", in Burton, S. and P. Steane(eds.), *Surviving your thesis*, London: Routledge, pp.159-177.

Payne, G. and J. Payne(2004), *Key Concepts in Social Research*, London: Sage.

Reason, P.(1994), "Three approaches to participative inquiry", in Denzin, N.K. and Y.S. Lincoln(eds.), *Handbook of Qualitative Research*, Thousand Oaks, CA: Sage, pp.324-339.

________ and H. Bradbury(eds.)(2001), *Handbook of Action Research: participatory inquiry and practice*, London: Sage.

Sax, C., & Fisher, D.(2001), "Using qualitative action research to effect change: Implications for professional education", *Teacher Education Quarterly*, 28(2), pp.71-80.

*Seal, W., J. Cullen, A. Dunlop, T. Berry and M. Ahmed(1999), "Enacting a European Supply Chain: a case study on the role of management accounting", *Management Accounting Research*, 10, pp.303-322.

Stringer, E.(2004), *Action Research in Education*, Upper Saddler River, NJ.: Pearson Education.

Sunding, L. and P. Odenrick(2010), "A method for action research intervention to improve joint problem solving in operational teams in the Swedish construction industry", *Qualitative Research in Accounting and Management*, 7(1), pp.97-123.

Suomala, P., T. Lahikainen, J. Lyly-Yrjanainen and J. Paranko(2010), "Open book accounting in practice-exploring the faces of openness", *Qualitative Research in Accounting and Management*, 7(1), pp.71-96.

*__________ and J. Lyly-Yrjanainen(2012), *Management Accounting Research in Practice: lessons learned from an interventionist approach*, London: Routledge.

Susman, G.(1983), "Action Research: A Sociotechnical Systems Perspective", in Morgan, G.(ed.), *Beyond Method: Strategies for social research*, Newburry Park: Sage, pp.95-113.

_________ and R. Evered(1978), "An Assessment of the Scientific Merits of Action Research", *Administrative Science Quarterly*, 23(4), pp.582-603.

ter Bogt, H. and J. van Helden(2011), "The role of consultant-researchers in the design and implementation process of a programming budget in a local government organization", *Management Accounting Research*, 22, pp.56-64.

Tuomela, T.S.(2005), "The interplay of different levers of control: a case study of introducing a new performance measurement system", *Management Accounting Research*, 16, pp.293-320.

van Aken, J.(2004), "Management research based on the paradigm of the design science: The quest for field-tested and grounded technological rules", *Journal of Management Studies*, 41(2), pp.219-246.

Vankatesh, R. and J. Blaskovich(2012), "The mediating effect of psychological capital on the budget participant-job performance relationship", *Journal of Management Accounting Research*, 24(1), pp.159-175.

Whyte, W. F. E.(1991), *Participatory action research*, London: Sage.

Woods, M., L. Taylor and G.C.G. Fang(2012), "Electronics: a case study of economic value added in target costing", *Management Accounting Research*, 23, pp.261-277.

Wouters, M. and D. Roijmans(2011), "Using prototypes to induce experimentation and knowledge integration in the development of enabling accounting information", *Contemporary Accounting Research*, 28, pp.708-736.

__________ and C. Wilderom(2008), "Developing performance-measurement systems as enabling formalization: a longitudinal field study of a logistics department", *Accounting, Organizations and Society*, 33, pp.488-516.

Ziegler, M.(2001), "Improving Practice through Action Research", *Adult Learning*, 12(1), pp.3-4.

제13장

민속지학

제1절 민속지학의 의의

문화기술지, 문화서술지, 민족기술지, 기술민족학, 종족지학이라고도 하는 민속지학(ethnography)은 그리스어 ethno와 graphy의 합성어이다(유기웅 외, pp.57-58). 여기서 ethnos는 사람들 또는 문화집단을 의미하는 말이고, graphy는 기술하거나 기록한다는 의미이다. 따라서 이 두 단어의 합성어인 ethnography는 사람들 특히 그들의 삶의 방식과 문화적 배경에 대한 사회과학적 진술로 정의될 수 있으며(Patton, 2014), 특정한 사람이나 문화집단을 기술하고 설명하는 것을 의미한다. 특정한 현실을 살아가는 사람들이 구성해낸 실재(reality)를 해석하고 그들의 관점과 행동에서 패턴을 파악하려고 노력하는 연구를 지칭하기 위해 민속지학이라는 용어를 이용한다(곽영순, p.14). 그리고 민속지학은 문화인류학자나 민속학자들이 현지에서 수행한 연구결과를 정리하여 텍스트로 만든 것을 의미하기도 한다(김진희 외, p.187). 한편, 민속지학을 연구자가 공개적 혹은 비공개적으로 연구의 대상이 되는 사람들의 삶에 일정한 시간동안 참여하여 어떠한 일이 일어나는지, 무엇을 이야기하는지를 알려줄 수 있는 자료를 수집하는 연구방법으로 정의하기도 한다(Hammersley · Atkinson, 1995).

Hammersley(2006, p.3)는 사람들이 특정한 맥락에서 말하고 행하는 것을 직접적으로 연구하는 것의 중요성을 강조하는 사회적 · 교육적 연구의 형태를 가리키기 위해 민속지학이라는 용어를 이용하는데, 이것은 대개의 경우, 관련상황에서 참여관찰을 실시하고, 사람의 관점을 이해하기 위해 설계된 상대적으로 자유로운 면접을 통해 상당히 긴 기간의 접촉을 포함하며, 공식적인 문서, 공개적으로 이용가능한 문서, 개인적인 문서 등 다양한 종류의 문서의 연구에 의해 보완된다고 주장하고 있다.

민속지학은 특정한 사람들의 문화인 생활방식에 관한 서술적 설명이나 특수한 민족의 생활방식을 이해하고 해석하고자 하는 연구방법이다. 여기서는 일반적으로 현지조사를 강조한다. 여기서의 현지조사는 장기간의 현지 체류, 서술적 자료산출, 제보자와의 신뢰관계와 공감대 형성, 다양한 출처를 이용한 자료수집, 현지조사 노트작성 등을 포함한다(신경림 외, 2003, p.137).

민속지학은 일반적으로 해석적 연구와 동일한 존재론적 가정을 채택하면서, 경험적 영역에 관한 질문들을 다루기 위해 관습적인 방법론적 원칙으로부터 벗어나고 있다. 문화에 고유한 주관적 의미를 조사하고 해석하고자 하는 데서, 연구자는 경험적 영역에 장기간동안 몰입하게 된다. 이 몰입으로부터 생성된 서사(narrative)는 연구자와 연구대상의 주관성에 관한 해석학적 이해를 반영하고 구체화한다. 이 방식으로, 해석적 연구의 존재론적 원칙이 방법론적 수준에서 이행될 수 있다.[1)]

조직활동에 관한 이 기본적인 견해가 경험적 연구의 본질에 영향을 준다. 행위자가 의미를 구성하는 과정에 관해 가능한 한 상세하게 직간접적으로 수집하는 것은 현장연구의 중심적 요건으로 된다. 그러나, 모든 민속지학자들이 다 동일한 방식으로 그들의 경험에 몰입하거나 해석하는 것은 아니다. Rosen(1991, p.12)이 언급한 바와 같이, 민속지학은 서술자와 그의 청중의 언어와 이론에 던져진 구성이다. 따라서, 민속지학적 연구에서는 이용되는 방법이 중요하지만, 더욱 중요한 것은 민속지학자가 체험(lived experience)하는 것에 관한 질문이다. 즉, 자료가 어떻게 주관적으로 해석되는가에 관한 방법론적 질문. 그러나, 이 의미생성(sense-making)과정의 정확한 성질은 정의하기가 어렵다. 경험의 해석은 연구자가 연구에 가져오는 개념적 도구에 과도하게 의존한다. 이 개념적인 도구는 광범위한 이론범위로부터 도출하는 연구자의 개인적인 존재론적·인식론적 가정에 의존하기 때문에 일반화할 수 없다. 그럼에도 불구하고, 대부분의 연구는 연구의 광범위한 목적을 설명함으로서 시작하며, Jönsson·Macintosh(1997)에 의하면, 이것은 특정한 문화, 조직, 전문직, 공동체에서 행위자의 행동과 사상 시스템의 체계적 서사(narrative)를 생산하는 것이다.

이러한 광범위한 서사정의는 연구자의 체험의 즉각적인 맥락에서 그리고 사회적·경제적·정치적 환경의 광범위한 맥락내에서 연구대상을 해석하기 위해 연구자에 의해 선택된 개념적 기초에 의존한다. 그러므로 민속지학적 서사를 생산하기 위한 기초를 확립하기 위해서, 사실상 연구자 자신의 개인적인 준거체계인 연구자의 존재론적·인식론적 가정의 검

1) 민속지학은 실재가 사회적으로 구성된다고 가정하는 해석적 패러다임에 근거하기 때문에 관습적인 접근방법을 거부한다. 사회적으로 구성된 실재는 주체와 객체간의 구별이 사라지기 때문에 실증적 조사방식에 의해 표상될 수 없다. 사회구성주의자의 경우, 실재는 독립적으로나 객관적으로 존재하는 것이 아니라, 사회상황에서 행위자에 의해 주관적으로 의미가 주어진다. 조직의 맥락에서, 이 접근방법은 첫째, 주체로서 행위자가 그 실재를 어떻게 구성하는가를 이해하는 것이 필요하며, 둘째, 회계 및 정보기술과 같은 실무가 의미의 현시로서 스스로 실재를 어떻게 구성하는가를 이해하는 것이 필요하다(Chua, 1988; Llewellyn, 1993).

토와 명시적인 적용이 이루어져야 한다.

민속지학적 연구는 가장 심층적인 연구방법 중의 하나인데, 그 자료수집방법으로 참여관찰을 이용한다. 참여관찰은 현장연구의 전통에서 가장 오랫동안 지속적으로 이용되고 있는 자료수집방법이며, 연구자가 장기간동안 현장에서 사람들이 말하는 것 뿐만 아니라 그들이 행하고 있는 것을 자연스러운 상태로 관찰하기 때문에 민속지학은 연구자에게 연구대상의 인간적 · 사회적 · 조직적 측면에 대한 풍부한 통찰력을 제공하는데 적합하다. 이 연구방법의 일차적인 목적은 문화집단과 이들의 문화시스템을 서술하고 해석하는 것이다. 그러므로 민속지학은 연구자가 가설을 검정하거나 이론을 공식화하기 보다는 어떤 현상의 특징을 간파하고 해명하는데 주요한 관심을 가지는 사회현상학의 한 형태이다(Parker, 2003a, p.22). 민속지학은 연구자에게 행동이 존재하는 곳에 접근할 기회를 제공한다. 그것은 연구자에게 사람이 일하는 곳에서 광범위한 맥락을 이해할 수 있게 해 준다(Myers, 1999).

일반적으로 학자들은 일반화가능한 지식의 개발에 관심이 있는데 반하여(그리하여 비맥락적이고 비역사적인 지식), 실무가들은 특정한 문제의 맥락에서 즉시 이용가능한 지식의 개발에 관심이 많다. 따라서 현장관찰을 중심으로 하는 민속지학의 방법은 이러한 두 집단의 관점차이를 줄일 수 있을 것이다(Harvey · Myers, 1995, p.13),

Spradley(1980, pp.vii-viii; 신재영 옮김, pp.vii-viii)은 민속지학의 가치를 다음과 같이 서술하고 있다.

> "민속지학은 사람들이 생각하는 바를 드러내주고, 그들이 일상에서 사용하는 문화적 의미들을 우리에게 보여준다. 그것은 두 개의 다른 실체-다른 사람들이 수동적으로 학습해 온 것과 그들이 적극적으로 자신들의 세계를 의미있게 만드는 데 사용하는 것-로 우리를 이끌어 주는 사회과학의 체계적인 접근법이다....민속지학은 우리의 좁은 문화적 배경으로부터 한 발짝 물러나게 해주며, 우리가 사회로부터 물려받은 자민족중심주의를 잠시나마 접어두게 하는 기회를 제공해 주며, 다른 의미체계 속에서 살고 있는 사람들의 관점에서 세상을 이해하게 해준다."

만약 조직문화를 연구하기로 계획하고 있다면, 민속지학적 연구방법을 선택해야 할 것이다. 이것은 조직문화가 조직구성원의 명시적 가치와 행동 뿐만 아니라, 연구자가 짧은 기간동안 현장에 있다면 발견하기가 사실상 불가능한 당연시 되는 가정을 포함하기 때문이다. 만약 연구자가 사례연구의 경우처럼 면접을 통해 자료를 획득한다면, 조직문화의 표면만을 훑어보게 될 것이다. 따라서 민속지학적 연구의 필요성은 그것이 연구자가 사물이 작동하거나 작동할 것으로 가정되는 방법에 관한 비기록규칙을 구분하는 것을 시작할 수 있도록 현장에서 충분히 긴 시간을 보낼 수 있게 하는 방법이다. 이러한 비기록규칙은 잘 표현되지 않지만, 끈기있는 민속지학적 현장연구에 의해 발견될 수 있다.

이 발견방법은 모든 것을 맥락을 통해 파악하는 방법이다. 맥락은 민속지학자에게는 중요하다. 많은 양적 연구방법에서, 맥락은 통제를 필요로 하는 일단의 간섭(interfering)변수나 자료에서 소음으로 취급된다. 달리 말하자면, 맥락은 연구에 불필요한 방해요소이다. 그러나 민속지학적 연구에서는 맥락이 중요한 고려요소가 된다(Harvey · Myers, 1995). 적절한 맥락에서 행동과 믿음을 이해하는 것은 조직에서 드러나지 않는 규칙과 당연시되는 가정을 드러내는 관건을 제공한다. 어떤 의미에서, 맥락은 사회적으로 구성된 실재를 유지하는 접착제이다. 민속지학자의 핵심적인 업무는 맥락속의 의미가 획득될 수 있도록 이 맥락을 관찰하고 분석하는 것이다.

그리하여 기업상황에서 민속지학적 연구의 주요한 목적은 사람과 그들의 문화에 관한 심층적인 이해를 획득하는 것이다. 민속지학의 두드러진 특징은 현장연구(fieldwork)이고 참여관찰을 실시한다는 점이다. 민속지학자는 그가 연구하는 사람의 생활에 몰입하며(Lewis, 1985, p.380), 연구되는 현상을 그들의 사회적 · 문화적 맥락속에서 파악하고자 한다.

민속지학자들이 공통적으로 가지고 있는 중요한 일부 가정은 첫째, 인간의 행동은 의미에 기반하고 있다는 것이다. 이러한 점에서 인간의 행동은 단순히 기계적으로 이루어지는 움직임이 아니라, 상황과 맥락에 따른 행위자의 해석을 포함하는 것이다. 둘째, 상황과 맥락에 따른 해석을 기반으로 하는 행동을 통해 모든 인간 집단은 일정 시간이 지나면 그들의 상호작용 안에서 문화라는 것을 생산해 낸다는 점이다. 여기서 문화란 어떤 특정한 행동양식이나 신념들을 의미하며, 이러한 행동양식과 신념들을 토대로 인간은 현상에 대한 인식의 기준, 행위에 대한 기준, 감정에 대한 기준, 행위의 목적과 방법에 대한 기준을 구성한다고 할 수 있다(Punch, 2011).

이상과 같은 가정으로 민속지학은 다음과 같은 특징을 가지고 있다(Irvine · Gaffikin, pp.119-120). 첫째, 민속지학은 전체론적이고 맥락적이다(Boyle, 1994, p.162). 민속지학자는 행동을 서술하는 것으로 충분하지 않으며, 현장연구를 통해 행동의 맥락을 이해하고자 한다(Schwandt, 1997, p.44). 여기서 현장연구는 장기간동안 사람들과 더불어 연구하는 노력을 포함해야 한다(Boyle, *op cit.*, p.163). 질적 연구는 사람지향적이기 때문에, 감정이입은 자연스럽고도 필요한 부분이다(Baszanger · Dodier, 1997, p.12). 여기서는 자료를 분석하는 방법이 자료만큼 중요한 것은 아니며 자료가 다양한 실재의 모습을 반영하고, 그것이 조직의 다양한 이야기를 생산하기 위해 이용될 수 있어야 한다.

둘째, 민속지학은 민속지학자가 연구되는 세계의 일부가 되기 때문에 성찰적 과정을 포함하며 따라서 그것에 의한 영향을 피할 수 없다. 현장의 연구대상자들과 같이 어울려야 하며, 민속지학자와 연구대상자와의 올바른 거리를 유지하는 것은 민속지학자에게 딜레마이다(*ibid.*).

셋째, 올바른 거리가 무엇이건간에, 민속지학에 고유한 성찰성은 민속지학적 모습을 마무리하는 차원인 내부자와 외부자의 견해의 결합을 생성하며, 연구자가 진행되고 있는 것을 해석하는 것을 도와준다(Boyle, *op cit.*, p.166). 이 성찰성과정에서 이론의 역할은 연구자의 특별한 강조에 따라 변할 수 있다.

넷째, 민속지학은 결과물(product)이다. 이것은 인류학적 전통을 반드시 정확하게 준수하는 것은 아니지만, 자료수집과 분석 및 인류학적 문화개념에 의해 풍부하게 된다.

민속지학은 관찰에 열린, 특정한 맥락에 근거한 경험적 접근방법을 가진 인간활동에 관한 연구이다(Baszanger · Dodier, *op cit.*, p.19). 이것은 특별한 사회현상에 관한 가설을 검정하기 보다는 그 현상의 본질을 탐구하는 것을 강조하고 있다. 즉, 이것은 주로 비구조적 자료로 연구하는 경향이 있으며, 하나의 사례를 상세하게 살펴보고자 하며, 민속지학적 자료분석에서는 구어적 서술의 형태에 의한 의미의 해석을 강조하며, 계량화와 통계분석은 이차적 역할만 할 뿐이다(Atkinson · Hammersley, 1994, p.248).

이상과 같은 민속지학적 연구는 제15장에서 살펴보는 사례연구와 상당한 차이가 있다. 주요한 차이는 조사자가 현장에서 보낼 것으로 요구되는 시간의 길이이며, 연구자가 연구대상인 사회집단의 생활에 몰입하는 정도이다. 인류학에서는 민속지학자가 대개 현장연구를 실시하고, 그 사람들과 같이 살며, 그들의 생활방식을 배우면서 최소한 1년을 보낼 것으로 기대된다. 기업이나 조직상황에서 민속지학을 실시하는 사람의 경우, 연구자가 연구대상자들과 동일한 언어를 사용할 것이기 때문에, 현장연구에 필요한 시간은 일 년 이하인 것 같다. 그러나 연구자는 현장연구에 최소한 6개월을 보낼 것이다.[2] 이것은 한 개 이상의 기업을 조사하면서 몇 주나 몇 개월만을 보내는 사례연구자와 비교될 수 있을 것이다.

사례연구와 민속지학적 연구 간에 또다른 차이는 연구자의 경향이다. 사례연구자는 사람을 연구(study)하는데 반하여, 민속지학자는 사람으로부터 배운다. 민속지학자는 다른 사람이 보고, 듣고, 말하고, 생각하고, 행하는 방식을 배운다(Spradley, 1980, p.3; 신재영 옮김, p.3). 민속지학자는 다른 사람의 문화를 배우는 학생이 된다.

사례연구와 민속지학적 연구 간에 세 번째 차이는 수집자료의 유형이다. 사례연구에서 일차적인 자료원천은 면접이고, 연례보고서, 회의록 등과 같은 문서증거에 의해 보완된다. 민속지학에서 이러한 자료원천은 현장연구나 참여관찰을 통해 수집된 자료에 의해 보완된다. 민속지학은 연구자에게 현장에서 장기간을 보낼 것을 요구하며, 상세한 관찰증거를 요

2) 회계연구자가 민속지학의 방법을 사용하면서 회사에서 현장연구를 1년 동안 실시하고는 연구결과를 책으로 출간한 경우는 다음을 참조. Leung(2016).

구한다(Yin, 2009; 신경식 · 서아영 옮김, p.41).

사례연구와 민속지학의 차이는 연구문헌에서 예시될 수 있다. 심층적 사례연구방법을 이용한 Walsham · Waema(1994)가 사용한 주요한 자료수집방법은 일단의 참가자와 심층면접이었다. 연구자들은 참여관찰을 이용하지 않았다. Orlikowski(1991)는 민속지학적 연구방법을 이용하였는데, 8개월동안 참여관찰, 면접, 문서, 비공식적인 참여자와의 비공식적인 접촉 등을 통해 자료를 수집하였다.

제2절 민속지학의 역사적 배경

민속지학적 연구는 사회학과 문화인류학에 그 기원을 두고 있다. 민속지학자는 사회적 · 문화적 맥락에서 현상을 연구하고자 한다. 최근의 많은 경영학연구가 사회적 · 조직적 · 문화적 기업측면에 초점을 두고 있다는 것을 감안하면, 민속지학적 연구는 이러한 맥락을 연구하는 중요한 수단으로 등장하고 있다(Myers, 2009, p.94).

민속지학(ethnography)이라는 용어의 기원은 서구의 밖에 위치한 말하자면, 아프리카나 인도네시아와 같은 공동체나 문화의 서술적 설명인 19세기 서구의 민속지학에 있다. 그 시대에 민속지학은 비서구사회의 문화에 관한 역사적 · 비교적 분석을 가리킨 인종학(ethnology)과 대비되거나 이것에 보완적인 것으로 간주되었다. 인종학은 인류학적 연구의 핵심으로 취급되었으며, 여행자와 선교사들이 처음 생성한 개별적인 민속지학적 설명을 이용하였다. 시간의 경과에 따라, 인종학이라는 용어는 인류학자들이 그들 자신의 현장연구를 실시할 때 사용하기 시작하였고, 민속지학이라는 용어가 사회조직과 문화에 관한 일차적인 경험적 조사와 이론적 · 비교적 해석의 통합을 가리키게 되었기 때문에, 인종학이 인기를 잃게 되었다(Sukoharsono, 2014, p.2).

이러한 변화의 결과로, 민속지학의 뿌리는 20세기초 인류학자들의 원시문화에 관한 문화인류학 연구에 있으며, 20세기초 이후로, 민속지학적 현장연구는 (문화)인류학에 중심이 되었다. 대개의 경우 그 자신의 사회와는 매우 다른 사회의 현장에 들어가서 이러한 연구를 실시하는 것은 인류학자가 종족(tribe)에 진입하기 위해 필요한 통과의례(rite of passage)가 되었다. 현장연구는 사람들의 독특한 생활방식, 그것에 필수적인 믿음과 가치 등을 기록하고 해석하기 위해 상당한 기간동안, 가끔 일년이상 일단의 사람들과 생활하는 것을 요구하였다. 나아가, 20세기동안, 인류학적 민속지학은 서구사회학내에서 일부 연구모형 중의 하나로 되었다. 이들 중의 하나가 공동체연구운동이었다. 이것은 가끔 도시화와 산업화의 영향과 관련이 있는 미국과 서구에서 특정한 마을(village)과 읍(town)의 연구를 포함하였다(*ibid.*).

민속지학적 연구방법을 채택한 유명한 인류학자중의 한 사람은 Bronislaw Malinowski 이었는데, 그는 오늘날까지도 유명한 저서인 *Argonaut of the Western Pacific*을 1922년에 발간하였다. 이 책은 Trobriand 섬 사람에 대한 Malinowski의 현장연구에 기초하였다. Malinowski가 이 방법을 채택한 이유를 이해하는 것이 중요하다(Harvey・Myers, 1995, pp.17-18). 이외에 민속지학적 연구를 실시한 인류학자로는 오랫동안 Samoa 섬의 문화를 연구한 Margaret Mead가 있다. 그는 사모아섬에 장기간 체류하면서 연구한 결과를 1928년에 *Coming of Age in Samoa*라는 제목의 책으로 발표한 바 있다.

Malinowski이전에, 인류학자들은 전세계에서 비서구문화와 사회로부터 방대한 자료를 수집하였다. 그러나 이러한 방대한 자료의 수집에도 불구하고, 서구의 관찰자에게는 그것의 의미가 별로 없었다. 다른 나라의 사회적・문화적 실무는 놀라운 것은 아닐지라도, 이상하고 원시적인 것처럼 보였다. 인류학자는 전형적으로 특정한 문화실무(예를 들면, 마법)를 상세히 기록하고는 다른 문화에서 동일한 종류의 다른 실무와 비교하여 그것을 설명하고자 하였다. 그리하여, Frazer가 1890년에 처음 발간한 *The Golden Bough*는 전세계로부터 다양한 문화적 실무의 백과사전이었다(Frazer, 2013).

이전의 연구자들과는 달리 Malinowski는 다른 사회의 문화적 실무가 그것들이 발생한 맥락을 연구함으로써 이해될 수 있을 것이라는 점을 주장하고 있었다. 과거의 모든 연구는 맥락과는 무관하게 문화적 실무를 살펴보았으며, 그 점이 그것들이 이상하게 보인 이유이었다. 현지언어로 최소한 일년 이상을 그 사회에서 살아감으로써, 특정한 문화적 실무의 의미를 맥락속에서 이해하고자 함으로서만, 다른 사회와 문화가 서구관찰자에게 의미가 부여되기 시작할 것이다(Harvey・Myers, *op cit.*, p.18).

Malinowski의 연구이후에, 집중적인 현장연구를 포함하는 민속지학적 연구방법은 인류학에서 지배적인 연구형태로 확립되었다. 인류학자들은 대부분의 문화에서 가장 좋고 가장 감각적인 것으로 그들 자신의 문화에 관해 생각하는 경향을 가리키기 위해 자민족중심주의(ethnocentrism)이라는 용어를 만들었다. 그러나 좋은 민속지학은 독자들을 다른 사회에 속하는 현지인의 믿음, 가치, 실무에 민감하게 하는 것이었다. 만약, 민속지학을 읽은 후에, 이전에는 애매하거나, 이상하거나, 비합리적인 것으로 보여졌던 행위가 의미있게 된다면, 민속지학은 그 목적을 달성한 것이다(*ibid.*).

제3절 민속지학의 종류

민속지학의 종류나 민속지학의 학파들은 다양하다(Clifford · Marcus, 1986; van Maanen, 1988을 참조). Sanday(1979)는 민속지학을 전체론적, 기호론적, 행동주의적 학파로 구분하고 나아가, 기호학파를 충실한 서술(thick description)과 인종과학(ethnoscience)으로 구분한다. 각 학파는 민속지학을 실시하는 것에 대한 상이한 접근방법을 가지고 있다. Eriksson · Kovalainen(2008)은 비판적 민속지학, 여성주의적 민속지학, 자민속지학, 가상적 민속지학으로 분류하고 있고, Myers(2009)는 전체론적 학파, 기호론적 학파, 비판적 민속지학, 연결망 민속지학 등으로 분류하고 있다. 그리고 Denzin · Lincoln(2011)은 전통적 민속지학, 모더니스트 민속지학, 포스트모더니스트 민속지학으로 분류하기도 한다. 한편, Sukoharsono(2014)는 온라인 민속지학, 가시적 민속지학, 자민속지학, 민속고고학, 비판적 민속지학 등으로 분류하고 있다. 이외에 여성주의 민속지학도 있다. 여기서는 이들의 일부를 간단히 살펴본다.

1. 전체론학파

전체론학파(holistic school)에 속하는 대부분의 민속지학자들은 관찰되는 사회집단과의 감정이입과 일체화가 필요하다고 말한다. 즉, 그들은 인류학자가 현지에 가서 현지인과 같이 생활해야 한다고 주장한다(예를 들면, Evans-Pritchard, 1950). 여기서는 인류학자가 현지의 사회적 · 문화적 실무를 완전하게 이해하기 위해 백지상태로 되어야 한다는 가정한다. 인류학자는 연구대상자의 언어와 문화를 흡수하면서 스폰지처럼 행동한다(Harvey · Myers, 1995: Myers, *op cit.*, p.96).

2. 기호학파

기호학파(semiotic school)의 지지자로 충실한 서술(thick description)을 주장하는 Clifford Geertz는 인류학자들이 그들의 연구대상자와 감정이입을 할 필요가 없다고 말한다(Geertz, 1973; 1988). 오히려, 민속지학자는 상징형태 즉, 단어, 이미지, 제도, 행동 등의 서로에 관해서 그리고 이들이 구성하는 전체에 관해서 이들을 찾아서 분석해야 한다. Geertz는 인류학자가 다른 문화의 사람들과 감정이입을 할 필요도 없이 다른 문화를 서술하고 분석하는 것이 가능하다고 주장한다. 그는 인류학자가 사람이 문화적 맥락내에서 만들고 있는 유의성의 망을 이해할 필요가 있으며, 이러한 유의성의 망이 그 상황과 맥락을 충실하게 서술함으로써 타자에게 소통될 수 있다고 말한다(Harvey・Myers, 1995, p.19).

3. 비판적 민속지학

비판적 민속지학(critical ethnography)은 민속지학에 독일 Frankfurt학파의 비판이론[3]을 적용한다. 그것은 민속지학적 연구내에 표현된 묵시적 가치에 초점을 두며, 따라서 그러한 묵시적 가치로부터 유래할 수도 있는 인지하지 않은 편향에 초점을 둔다. 그것은 실무에서 비판이론이라고 한다. 비판이론의 정신에서, 이 방법은 행위에서 이데올로기를 추출하고, 역사적・문화적・사회적 체계내에서 연구대상의 인지(cognition)와 행동을 이해하기 위해 상징적 메카니즘을 결정하고자 한다. 비판적 민속지학은 그 연구방법에 성찰적 탐구를 반영한다. 이 방법을 이용하는 연구자는 자신을 연구대상과 본질적으로 연결되고 그리하여 맥락에서 분리할 수 없는 것으로 간주한다. 연구대상을 위해 말하는 것 이외에, 비판적 민속지학자는 또한 그들 자신의 한계, 역사, 제도적 관점이 그들의 연구에 영향을 주는 편향을 인지하는 수단으로서 그들 자신의 관점을 인식하고자 할 것이다. 나아가, 비판적 민속지학은 그 방법에서 본질적으로 정치적이고 교육적이다. 보고와 분석에서 순수하게 초연하고 과학적으로 객관적인 시도는 없다. 현재의 상황을 서술하는 관습적인 민속지학과는 대조적으로, 비판적 민속지학은 또한 인지된 사회적 불평등과 묵시적 권력관계를 붕괴시키기 위해 무엇을 할 수 있는가를 묻는다(Sukoharsono, p.4).

비판적 민속지학은 민속지학적 연구를 민속지학자와 연구대상자 간에 대화가 있는 새로운 과정으로 간주한다. 비판적 민속지학은 또한 사회생활을 권력의 맥락에서 구성된 것으로 간주한다(Noblit, 2004). 비판적 민속지학자들은 은폐된 과제, 권력중심점, 가정 등을 엄밀하게 조사하는 경향이 있다. 비판적 정신은 상식, 가정 등을 의문시해야 한다고 요구한다(Thomas, 1993, pp.2-3). 예를 들면, Forester(1992)는 비판적 민속지학이라는 연구방법의 전개에서 Habermas의 비판사회이론을 이용하였다. Forester는 자료획득의 문제를 협상하기 위해 어떤 시의 기획참모에 의해 이용된 담화수치를 검토하기 위해 비판적 민속지학을 이용하였다(Harvey・Myers, *op cit.*, p.19).

---

3) 이에 관해서는 김석웅(2014, pp.321-390)을 참조.

4. 연결망지학

Kozinets는 인터넷상에서 문화와 공동체의 연구를 서술하기 위해 연결망지학(netnography)이라는 용어를 주장하였다(Kozinets, 1997; 1998). 현실세계에서 현장연구를 실시하는 대신에, 연결망지학은 컴퓨터로 조정된 의사소통을 통한 문화연구를 포함한다. 자료는 온라인 공동체의 구성원과의 상호작용과 참여관찰을 통해 수집된다. Kozinet는 마케팅에서 소비자행동을 연구하기 위해 이 연구방법을 이용하였다(Kozinets, 1997; 1998; Myers, *op cit.*, p.96-97).

이것은 온라인(online) 민속지학이라고도 하는데, 컴퓨터로 조정된 사회적 상호작용을 통해 생성된 공동체와 문화의 연구에 민속지학을 적용하는 많은 온라인 연구방법을 가리킨다. 민속지학이라는 용어의 수정으로서, 온라인 민속지학과 가상적(virtual) 민속지학은 적응가능한 방법으로서 민속지학개념으로부터 나오는 온라인상의 현장연구를 가리킨다. 이 방법들은 개별연구자에게 적응의 상세한 사항 대부분을 맡겨두는 경향이 있다. Netnography는 구체적인 절차와 기준의 이용을 시사하며, 민속지학이라는 용어의 수정보다는 새로운 명칭의 이용을 정당화하면서, 특별한 합의에 의한 기법의 고려를 주장한다(Sukoharsono, p.3).

5. 가상적 민속지학

가상적 민속지학(virtual ethnography)은 많은 비대면적 방법을 통해 컴퓨터/장치로 조정된 문화를 관찰하고 참여할 수 있는 능력을 제공하는 상호작용적인 과정이다. 이것은 민속지학자가 연구대상자의 사회생활경험이 어떻게 조정되는가에 관계없이 연구대상의 사회생활을 경험해야 한다는 주장에 근거한다(Eriksson · Kovalainen, p.130). 이것은 그러한 문화에 대한 참여자의 행동과 지식을 더 잘 이해하기 위해 이용된다. 그것은 또한 이러한 문화가 생성하는 인공물과 이러한 문화가 공유하고, 이용하며, 반복하는 방법과 관련이 있다. 실제의 삶과 디지털의 삶은 동일한 삶에 속하고, 하나로 접근하였을 때, 전체적으로만 이해될 수 있기 때문에, 가상적 민속지학의 관건은 실제 삶으로부터 분리된 디지털 삶을 고려하는 것이 아니다(Sukoharsono, p.3).

6. 자민속지학

자문화기술지라고도 하는 자민속지학(autoethnography)은 연구자의 개인적 경험을 탐구하고 이 자전적 이야기를 광범위한 문화적 · 정치적 · 사회적 의미와 이해에 연결하는 글쓰기와 자기성찰의 한 형태이다. Marechal(2010)에 의하면, "자민속지학은 민속지학적 현장연구와 글쓰기의 맥락에서 자기관찰과 성찰적 조사를 포함하는 연구방법의 한 형태이다"(p.43). 유명한 자민속지학자인 Ellis(2004)는 이것을 다음과 같이 정의하고 있다. "자전적 및 개인적인 것을 문화적 · 사회적 · 정치적인 것에 연결하는 연구, 글쓰기, 이야기, 방법"(p.xix). 그러나, 이 용어의 정의에 합의하는 것은 쉽지 않다. 예를 들면, 1970년대에, 자민속지학은 연구자가 한 구성원인 집단(문화)에 관한 연구를 가리키는 "내부자 민속지학"(insider ethnography)으로 더욱 협소하게 정의되었다(Hayano, 1979).

자민속지학의 이론적 · 방법론적 가능성과 시사점의 내용을 개략적으로 정리하면, 첫째, 자서전과 민속지학의 결합을 통해서 사회문화적인 자아를 탐구한다. 둘째, 자민속지학은 인식론과 존재론적 측면에서 유아론적 자아보다는 사회적, 경제적, 역사적인 저자의 위치성과 상황성을 강조한다(이동성, 2012, p.2).

7. 민족고고학

민족고고학(ethnoarcheology)은 특정 민족의 문화를 연구하는 것이다. 이것은 Budiashih · Sukoharsono(2012)에 의해 인도네시아 발리의 Udayana왕의 통치 때 화폐의 이용과 회계실무에 관한 그들의 연구에서 매우 집중적으로 이용되고 있다. 민족고고학은 발리에서 역사의 분열을 구성하기 위해 전개되었다. 그것은 과거에 적용된 통화의 이용에서 회계실무의 구성에 관한 이해를 제공한다. 그것은 과거에 통화의 이용에 의한 회계실무의 구성에 관한 명확한 모습을 가지면서, 제기된 심층적 연구문제를 발견할 수 있는 연구방법을 필요로 한다(Sukoharsono, *op cit.*, p.4).

8. 여성주의 민속지학

여성주의 민속지학(feminist ethnography)은 남성중심, 서구중심의 시각을 상정하는 기존의 현장연구와 글쓰기 방식을 탈피하여 참여적이고 또 사적이면서도 정치적인 페미니스트의 의식을 바탕으로 한 글쓰기를 시도한다(김영찬, 2015, p.53).

이외에도 여러 세부 장르가 있을 수 있지만 결국 중요한 것은 민속지학이 인간의 삶에 대한 역사적/정치적/개인적으로 맥락화된 설명/기술/해석/재현을 만들어 내는 작업이란 것이고, 그 과정에서 연구자는 연구대상자보다 특권적인 위치를 차지해서는 안 된다는 것을 기억하고 실천하는 것이다(상게서).

제4절 민속지학의 연구과정

민속지학의 연구는 사전에 계획되거나 설계된 대로 진행되기 보다는 맥락에 따라 자연스럽게 변화하고 새롭게 진화하는 형태를 띠게 된다. 대부분의 민속지학에서 연구를 실시하기 전에 연구의 초점이 무엇인지 명확하게 하고 현장에서 연구를 실시하는 경우는 거의 없다. 왜냐하면 민속지학의 목적 자체가 연구자가 경험하지 못하고, 아직 잘 이해하지 못하는 특정한 문화집단의 행위와 삶의 방식들을 이해하려는 목적을 가지고 있기 때문이다. 따라서 민속지학에서는 연구설계 단계에서 설정한 연구의 목적이나 연구문제들은 현장에서 연구가 진행되고 연구자의 이해가 축적되면서 더욱 명확해질 수 있다. 자료수집에서도 사전에 계획된 특정한 종류의 자료수집방법만 적용하는 것이 아니라, 연구의 맥락과 상황에 따라서 더욱 다양하고 시의적절한 자료수집방법이 적용되므로 다른 질적 연구방법들과 비교하여 볼 때 연구실시에 있어서의 유동성이 상대적으로 큰 연구방법이라고 할 수 있다(유기웅 외, p.68)

민속지학의 연구과정은 먼저 접근장소를 선정하고, 그 이후 자료수집을 위해 참여관찰을 하면서, 필요한 (반구조화 또는 비구조화) 면접이나, 현장노트작성, 문서들을 구하게 된다. 그리고 자료를 분석해서 해석하여 최종 보고서를 작성하는 것이다(이와 같은 일련의 과정을 실제 현장연구를 바탕으로 상세히 논한 것으로는 Irvine · Gaffikin, 2006을 참조; 본서의 부록, 현장연구도 참조).

1. 현장접근

현장장소를 선택하고 난 후, 그 장소에 적절한 연구문제를 설정하는 것이 가능할 것이다. 어떤 문화과정에 관해 이론적으로 도출된 연구문제로 시작하고는 그 문제가 적절한 장소를 발견하는 것도 가능할 것이다. 연구문제와 연구장소가 서로 관련이 있는 한, 연구과제를 하기 위해 어느 방법도 무방할 것이다. 여기서는 연구자가 관심을 가지고 있는 현장에서 사회적 · 문화적 생활에 관해 중요한 것을 연구문제가 다루도록 유의해야 한다(Eriksson · Kovalainen, p.141).

일단 연구장소가 선정되면, 그 장소에 대한 접근을 은밀하게 할 것인지 아니면 정식으로 교섭을 해서 공개적으로 해야 할 것인지를 결정할 필요가 있다. 접근을 허용받는다는 것은 노조위원장이나 최고경영자를 설득하고, 연구문제에서 중요한 사람으로 간주되는 핵심적인 참여자를 발견할 필요가 있다는 것을 의미한다.

민속지학에서 핵심적이지만 가장 어려운 단계 중의 하나는 연구문제와 관련이 있는 현장상황에 접근하는 것이다. 접근이 이루어지는 방식은 그 상황이 상대적으로 공개적인가 폐쇄적인가의 여부에 따라 다르다(Bell, 1969). 민속지학의 대부분은 공장이나 사무실과 같이 거의 폐쇄되거나 비공개적인 다양한 종류의 상황에서 실시된다. 접근의 협상은 이렇게 사적으로 관리되는 공간이나 상황에 진입할 수 있는 허가를 얻는 것을 포함한다. 현장에 접근하는 방법 중의 하나는 연구자가 은밀한 역할을 하는 것이다. 즉, 연구자라는 사실을 공개하지 않는 것이다. 이 전략은 현장접근을 협상하거나 현장에 있는 사람들의 삶에 개입하거나 그 사람들을 연구대상으로 하는 이유를 설명할 필요가 없다. 이렇게 은밀하게 현장에 접근함으로써 연구자는 현장상황을 자연스럽게 파악할 수 있다.

그러나 현장사람들이 연구자를 모르기 때문에 연구자도 현장사람들과 동일한 행동을 해야 하므로 연구자가 현장노트를 작성하는 것이 어렵거나 거의 불가능할 수 있다. 따라서 일과후에 오로지 기억에만 의존할 수 밖에 없다. 그리고 신분노출의 위험이 있으며, 이로 인해서 참여관찰 이외에 면접과 같은 다른 방법을 사용하기가 거의 불가능하다. 가장 중요한 문제 중의 하나는 연구윤리의 문제이다. 현장사람들의 동의는 중요한 문제이다.

민속지학연구(참여관찰)의 과정은 다음과 같을 것이다(Myers, *op. cit.*, p.97).

첫째, 일반규칙으로서, 정규적인 규칙으로 현장노트를 작성해야 한다. 이러한 노트는 관찰, 인상, 느낌, 의문점 등을 포함할 수 있다. Hammersley · Atkinson(1995)은 상세한 노트작성의 중요성을 강조하면서, 기억에 의존해서는 안되며 좋은 격언은 의심스럽다면 기록해야 한다고 주장한다. 노트를 처리하는데 최신으로 유지한다는 것이 절대적으로 중요하다(p.150). 현장노트를 조심해서 기록하는 것은 좋은 실무이다. 그렇지 않다면, 연구의 초기단계에서 매우 흥미로웠던 것을 망각할 수 있을 것이다.

둘째, 민속지학자가 가능한 한 빨리 면접을 기록해야 한다는 것이다. 이것은 면접과 같은 날에 기록되어야 한다(Patton, 2014). 이것은 면접이 테이프로 기록되었다면, 그렇게 중요하지 않을 것이다. 그러나 그렇더라도, 면접의 간단한 요약은 좋은 아이디어다. 만약 그것을 하루 이상 방치한다면, 상세한 모든 것이 신속하게 망각될 것이다.

셋째, 연구가 진행됨에 따라 아이디어를 규칙적으로 검토하고 전개하는 것이 중요하다. Hammersley · Atkinson(1995)은 분석적 메모의 이용을 주장한다. 그들은 이러한 메모를 "정기적으로 노트를 작성함으로써, 진행이 평가되고, 새로운 아이디어가 식별되며, 연구전략이 구상된다. 현장노트와 기타 자료형태를 매일, 매주.... 모아두는 것은 매우 쉽다. 규칙적인 검토없이 이러한 것들을 모아두는 것은 심각한 오류이다"(*ibid.*, p.164)라고 서술하고 있다.

마지막으로, 민속지학자는 방대한 자료로 연구를 끝내기 때문에, 연구자는 처음부터 이

자료를 처리할 전략을 개발해야 한다. 이 방식의 모든 단계에서, 민속지학자는 자료를 적절하게 요약하고, 분류해야 한다. 이것을 실시하는 하나의 방식은 질적 자료를 분석하는데 이용가능한 많은 소프트웨어 도구중의 하나를 이용하는 것이다(Myers, 2009, p.97).

2. 참여관찰[4)]

접근방법이 결정된 후에는 자료수집을 해야 한다. 자료수집방법에는 참여관찰, 면접, 현장노트작성, 문서수집 등이 있는데 참여관찰이 가장 핵심적이다. 민속지학자들은 문화적 실무와 현상에 대한 통찰력을 구하기 위해 참여관찰에 몰두한다. 이러한 통찰력은 시간의 경과와 현장에서의 사회적 관계 및 현장의 많은 측면에 관한 반복적인 분석을 통해 전개된다. 이 과정을 촉진하기 위해, 민속지학자는 현장에서 사람들과 상호작용하는 방법과 연구맥락에서 발생하는 것의 상세한 사항들에 관해 유용한 노트를 작성하는 방법을 배워야 한다. 현장노트는 연구결론이 기초하는 경험적 자료의 중요한 부분을 구성한다.

민속지학적 전통에서 이러한 자료수집은 현장에서 자연스러운 상황에서 발생하며, 비구조적 수집형태를 취한다(Parker, 2017, p.341). 연구자는 현장의 행위자들과 상호작용하고 대면접촉을 하면서, 그들의 일상적인 생활에 참여하고, 의사소통의 코드와 행동의 양상을 배우며, 그들과 관계를 맺는다.

민속지학은 연구자가 외국에 방문하여, 어떤 집단(예를 들면, 부족이나 마을)에 접근하고, 그곳의 문화를 발견하는 것을 목표로 그 집단과 상당한 기간(가끔 몇 년간)을 보내고, 그 사람들이 말하고 행하는 것에 귀를 기울이고 주목하며, 특정한 현안을 조사하기 위해 대화속으로 들어가서 사람들에게 몰두하고, 많은 현장노트를 작성하며, 연구의 결과를 집필하는 인류학적 연구와 주로 관련되어 있었다. 이와 같이 민속지학은 집단에 참가하고, 무엇이 진행되는가를 목격하며, 노트를 적고, 그것을 모두 집필하는 과정으로 간주되는데, 이러한 과정을 참여관찰이라고 한다.

이와 같은 참여관찰은 동질적인 소규모 문화의 연구를 위한 민속지학적 현장방법으로서 19세기 후반에 생성되었다. 민속지학자들은 상당한 기간(이상적으로 2년)동안 사회과학적 연구를 위한 자료를 획득하는 방법으로서 어떤 사회에 살고, 그 구성원의 일상생활에 적극적으로 참여하고, 그들의 희로애락을 주의깊게 관찰하는 것으로 기대되었다. 이 방법은 사실일 뿐만 아니라 실재에 관한 원주민 자신의 견해를 반영한 문서정보를 생산하는 것으로 널리 간주되고 있었다(Tedlock. 2005, p.467).[5)]

4) 이에 관해 상세한 것은 제17장 자료수집방법의 제2절 참여관찰을 참조.
5) 다른 문화에 관한 경험적으로 획득한 지식에 의한 관념적인 민속지학(armchair ethnography)의 대체는 M.C.

실무에서는 참여관찰자가 단순한 관찰 이상을 하지만, 참여관찰이 오로지 관찰만을 의미하는 것처럼 보이기 때문에 민속지학이라는 용어가 선호되기도 한다. 특히, 참여관찰자와 민속지학자들은 면접과 문서수집을 통해 자료를 추가로 수집할 것이다. 그러므로 참여관찰이라는 용어에서 관찰에 대한 분명한 강조는 사실상 그 방법이 광범위한 자료수집방법을 수반한다는 것이 일반적으로 인식되고 있음에도 불구하고, 민속지학이라는 용어가 더 포괄적인 의미를 가진 것으로 간주되어 선호되기도 한다. 민속지학은 참여관찰이 보편적인 연구방법이지만 민속지학자가 스며들어가 있는 집단의 문화에 대한 구체적인 주안점을 가지는 연구를 가리키기 위해 이용되기도 한다.

민속지학이라는 용어는 추가적인 의미도 가지는데, 그것은 종종 동시적으로 위에서 설명한 종류의 연구방법과 집필된 연구결과를 가리킨다.

3. 민속지학자의 역할

지속적인 접근(또는 현장에서의 관계)의 문제와 관련된 것이 민속지학자가 사회적 상황 및 그 구성원과 관련해서 채택하는 역할 종류의 문제이다. 민속지학자가 채택해 왔고 채택할 수 있는 다양한 역할을 서술하기 위해 연구방법에 관해서 학자들이 여러 가지 방안을 고안해 왔다. 가장 널리 인용되는 방안 중의 하나는 사회적 상황의 구성원으로부터 포함과 분리의 정도의 연속체상에 배열될 수 있는 참여관찰자의 역할에 관한 Gold(1958)의 분류이다(〈도표 13-1〉을 참조하라). 여기에는 네 가지 역할이 있다.

〈도표 13-1〉 Gold의 참여관찰자 역할의 분류

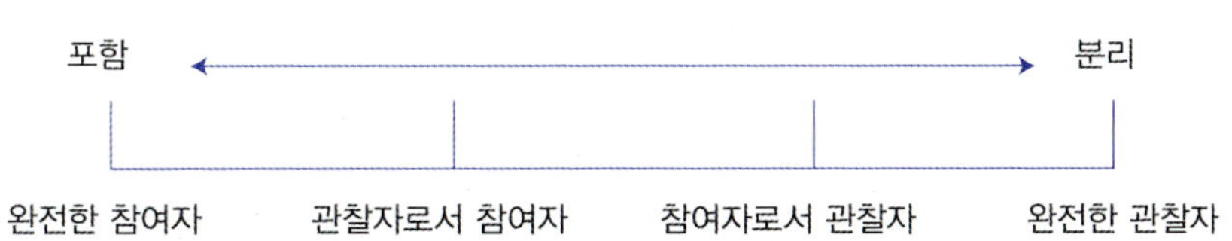

Stevenson, A. Fletcher, F. Boas, F.H. Cushing 등에 의해 개척되었다(Tedlock, 2005, p.456). 이 새로운 연구유형은 나중에 Bronislaw Malinowski 에 의해 공식적인 방법으로 주장되었다(Firth, 2011). Malinowski도 인류학이 원주민의 관점에서 다른 문화를 이해하는 것과 관련이 있다고 주장하였다(1922, p.25). 참여관찰의 역사와 실무에 관한 논의로는 다음을 참조. Tedlock(2005).

1) 완전한 참여자

Gold에 의하면, 완전한 참여자는 완전하게 기능하는 사회상황구성원이며, 그의 진정한 정체성은 구성원에게 알려져 있지 않다. 따라서 완전한 참여자는 Roy(1958) 및 Dalton (1959)과 같은 은폐된 관찰자이다.

2) 관찰자로서 참여자

이 역할은 완전한 참여자의 역할과 동일하지만, 사회상황의 구성원들은 연구자라는 연구자의 입장을 알고 있다. 민속지학자는 사람들과의 정규적인 상호작용에 관계하며 일상적인 생활에 참여하고 자신의 연구에 관해 공개적이다. 전사적 품질관리하에서 제조에 관한 Delbridge (1998)의 연구와 영국에 있는 자동차제조공장에서 일본식 노동실무에 관해 Sharpe(1997)의 연구가 한 것처럼, 조직의 민속지학에서 이것은 빈번하게 연구상황에서 임금지불에 관계없는 참여(고용)을 포함하고 있다.

3) 참여자로서 관찰자

이 역할에서, 연구자는 주로 면접자이다. 어떤 관찰이 있지만, 참여를 거의 하지 않는다. 업무의 전산화효과에 관한 Prasad(1993)의 연구는 특히 바쁠 때 접수부에서 가끔 도와주기만 하면서, 그녀가 업무에서 참모를 살펴보고 이러한 관찰을 기록하는 동안 구조화된 관찰기간에 의지하였기 때문에, Prasad(1993)의 연구도 이 범주에 해당한다.

4) 완전한 관찰자

연구자는 사람들과 상호작용을 하지 않는다. Gold에 의하면, 사람들은 연구자를 고려할 필요가 없다. 이 종류의 역할은 성격상 두드러지지 않는 관찰형태에 의지한다. 예를 들면, Western전기회사의 Hawthorne공장에서의 연구에서, 조사자는 은행배선 관찰실에서 종업원간의 비공식적 사회관계를 관찰하면서 6개월을 보냈다. 조사는 진행되고 있는 것을 관찰하고 서술하는 목표를 가진 무관심한 구경꾼으로서의 역할을 유지한 관찰자에 의해 실시되었다. 관찰은 어떤 일반규칙을 포함하였다. 즉, 조사자는 권위의 가정을 필요로 한 명령을 내리거나 답을 주어서는 안 된다. 그는 자발적으로 논쟁에 개입해서는 안되며, 일반적으로 가능한 한 초연해야 한다. 그는 대화속으로 자신을 개입시켜서는 안되며, 엿듣기 위해 노심초사한 것처럼 보여서도 안된다. 그는 신뢰를 벗어나서는 안되며, 감독자에게 정보를 제공해서도 안된다. 그리고 그는 자신의 말이나 행동의 태도에 의해서 자신을 집단으로부터 돋보이게 해서도 안된다(Roethlisberger · William, 1939, pp.388-389).

그러나, 대부분의 학자들은 민속지학이 상당히 긴 기간동안 현장상황에서의 몰입을 수반하기 때문에, 완전한 관찰자의 역할은 참여가 배제되므로 참여관찰이나 민속지학으로 고려되어서는 안된다고 주장한다. 일부 학자는 참여자로서 관찰자의 역할에 입각한 연구가 순수하게 민속지학으로 간주될 수 있지만, 어떤 상황은 이 방법의 핵심적인 요소인 몰입의 여지가 없을 가능성이 있기 때문에, 그것을 민속지학에 대한 접근방법으로 처리하는 것은 다소 제한적이라고 주장될 수 있을 것이다. Gold가 참여관찰이나 민속지학보다 더 광범위한 의미의 잠재성을 가지는 현장연구를 실시하는 것과 관련해서 네 가지 역할을 언급하는 것은 이러한 맥락에서 유의적이다.

각 역할은 그 자체의 장점과 위험을 가지고 있다. Gold에 의하면, 관찰자로서 참여자는 과다한 일체화(over-identification) 따라서 원주민화(going native)의 위험을 가지지만, 현지인에게 다가갈 기회를 제공한다. Gold는 참여자로서 관찰자의 역할은 현장상황과 그 속에서 사람을 충분하게 이해하지 못하며, 따라서 부정확한 추론을 할 위험을 가진다고 주장한다. 완전한 관찰자의 역할은 있을 수 있는 반응성(reactivity)의 문제제거를 완전참여와 공유하지만, 상황을 이해하지 못할 참여자로서 관찰자의 역할보다 위험을 더 많이 가진다.

Gans(1968)는 참여관찰자 역할의 분류를 고안하였지만, 그는 이것을 모든 과제에 공존하는 역할로 간주한다. 달리 말하자면, 그가 설명하는 세 가지 역할이 민속지학적 연구의 과정과 상이한 목적으로 상이한 시점에서 채택될 것이다. 이러한 세 가지 역할을 다음과 같다.

- 완전한 참여자(total participant). 여기서 민속지학자는 어떤 상황에 완전히 몰입하고 일단 그 상황이 펼쳐지고 나서 노트를 작성하는 연구자의 입장을 회복한다.
- 연구자–참여자(researcher-participant). 여기서 민속지학자는 어떤 상황에 참여하지만, 그 상황의 과정에서 연구자로서 완전하게 기능할 수 있도록 절반 정도만 몰입한다.
- 완전한 연구자(total researcher). 공공모임에서 참석하거나 법정에서 무엇이 진행되고 있는가를 살펴는 것처럼, 그는 상황에 대한 몰입없는 관찰을 수반한다. 이 역할에 있을 때, 연구자는 사건의 흐름에 참여하지 않는다.

Gans의 분류의 장점은 Gold의 분류처럼, 그것이 몰입과 분리의 정도를 반영하지만, 그것이 공개적인 관찰만을 다루며, 민속지학자들이 특히 그들의 처리에서 하나의 역할만을 채택하지 않는다는 것을 인식하고 있다. 예를 들면, Ram(1994)이 서술한 연구과정을 살펴보면, 하나의 의미에서 Ram은 기업을 운영하고, 의류산업을 직접 경험하는, 완전한 참여자이었다는 것이 분명하다. 그러나 여성매장 재봉틀직원과 관련해서, 그는 아시아 사회에서 성 관계의 관습적 규제 때문에 사건흐름에 참여할 수 없는 완전한 연구자이었다.

〈도표 13-2〉는 폐쇄된 상황에 대한 접근을 확보하기 위해 조직민속지학자가 취하는 실제역할의 일부를 설명하고 있다. 그러나 도표로부터 한 가지 이상의 역할이 특별한 상황에 포함될 수 있을 것이라는 점은 분명하다.

〈도표 13-2〉 **조직민속지학자의 세 가지 역할: 상담자, 도제, 친구**

상담자 역할의 특징:	유능하고, 지식이 많으며, 전문가이다. 경영자의 신뢰를 확보하는 믿을 수 있는 외부인. 보고서나 구두표현의 형태로 지식이나 정보를 위한 접근의 교환.
선행연구의 예:	Ram(1994), Watson(1994), Parker(2000)
도제 역할의 특징:	순진하고, 위협적이지 않고 품위가 있다. 자신을 조직내에서 유용하게 만들 수 있는 젊은 사람. 생산적인 노동을 위한 접근의 교환.
선행연구의 예:	Casey(1995), Freeman(2000), Parker(2000)
친구(confidant) 역할의 특징:	성숙하고 정중하고, 믿을 수 있다. 사람의 문제에 경청할 수 있는 비편파적인 외부인. 정신사회적 지원이나 치료를 위한 접근의 교환.
선행연구의 예:	Sharpe(1997), Delbridge(1998), Fletcher(2002)

자료원: Bryman · Bell(2011, p.439)

분명히 이러한 세 가지 조직역할이 중복되고 있으며, 한 가지 이상이 특별한 상황에서 채택되고 있을 것이다. 이들은 현장연구가 진행됨에 따라 변화할 가능성도 있다. 어떤 과제의 전체과정에서 하나의 민속지학적 역할을 채택하는 것이 가능하다고 하더라도, 그것은 바람직하지 않을 가능성이 있다는 것이 그 경우이다. 왜냐하면 사람과 상황을 다루는 데서 유연성의 부족이 있을 것이며, 과도한 몰입이나 분리의 위험이 크게 보이기 때문이다. 이것은 Beynon(1975)의 *Working for Ford*라는 민속지학적 연구서에서 제기된 비판이다. 그러므로 민속지학자가 채택하는 역할 종류의 문제는 상당한 유의성을 가지는데 이것은 그것이 직면하게 되는 다양한 상황에서 현장관계에 대한 시사점을 가지고 있기 때문이다.

나아가 민속지학자가 채택한 역할의 종류는 조직의 표면층을 관통할 수 있는 그의 능력에 대한 시사점을 가질 가능성이 있다. 조직민속지학의 장점의 하나는 그것이 자신을 공식적으로 어떻게 그리는 것과는 반대로, 조직이 실제로 어떤 것과 같은 것인가를 발견할 수 있다는 전망을 제공한다는 것이다. 예를 들면, Michael Humphreys는 익명으로 Credit Line이라는 미국은행의 영국지사에서 민속지학적 연구를 실시하였다(Humphreys · Watson, 2009). 그는 이 기업의 기업사회책임에 대한 헌신을 알고 있었지만, 조직에서 일하는 사람이 그 윤리적 입장에 관해 공적으로 열성적이었지만, 많은 사람들은 사적으로 이 기업의 실제헌신에 관해서는 회의적이었다는 것을 점차로 알게 되었다(Bryman · Bell, p.440).

제5절 민속지학과 회계학연구

경험적 및 방법론적 민속지학적 연구와 참여관찰의 연구가 최근에 회계문헌에서도 증가하고 있다. 방법론적 논의로는 Jönsson · Macintosh(1997), Dey(2002)가 있고, 경험적 연구의 예로는 Preston(1986), Dent(1991), Ahrens(1997), Covaleski · Dirsmith · Heian · Samuel(1998), Mouritsen(1999), Radcliffe(1999), Vaivio(1999), Collier(2001), Dey(2002), Jacobs · Kemp(2002), Parker(2003b), Mustafa(2009), Morales · Lambert (2013), Sukoharsono(2014) 등이 있다.

민속지학적 회계학연구는 1980년대에 등장하였다. 이 회계학연구의 관심사는 국지적 상황에서 회계실무를 개발하고 이용하는 행위자의 의미와 인지에 있었다(Miller, 2008, p.55). 그리하여 개별 행위자의 경험과 상호작용의 특별한 상황을 강조한다. 민속지학적 회계학연구는 공식화된 계산메카니즘이 실제로 어떻게 작동하는가를 검토한다. 경영통제시스템이 실제로 어떻게 기능하는가? 재무관리자의 일상적인 활동에 회계시스템이 어떻게 배태되어 있는가? 회계기법이 어떤 맥락에서 무슨 의미를 펼치는가? 민속지학적 회계학연구는 상세하고, 풍부한 사례연구를 중심으로 하고 있다. 이의 중요한 목적은 상이한 문화, 활동과 계산활동을 형성하고 구성하는 사람을 서술하고 이해하는 것이다(Mennicken, 2002, pp.21-22). 그리하여 개별행위자의 체험(lived experience)이 개인을 위한 회계의 상징적 이용을 강조한 사례분석을 통해 다루어졌다(Boland · Pondy, 1983). 즉, 회계실무는 조직생활의 생산에 이바지하는 것으로 보여졌고(Roberts · Scapens, 1985), 조업량과 원가 사이의 변화하는 관계가 국지적 행위자에 의해 국지적 상황에서 실시된 실무와 절차에 의해 분석되었다(Jönsson · Gronlund, 1988). 그리고 조직문화에 입각한 새로운 회계의 등장이 민속지학의 방법을 이용하여 분석되었다(Dent, 1991).

회계학분야에서 민속지학적 연구가 매우 다양한 유형의 연구상황에서 발생할 수 있고 또한 발생하였다. 즉, 마을, 읍, 도시내부이웃, 공장생산현장, 광산, 소매점, 다양한 종류의 사무실, 병동, 극장, 감옥, 대중술집, 학교, 대학교, 복지기관, 법원, 장례식장 등. 이러한 상황은 그곳에서 살고 일하는 사람과의 가능하고 바람직한 관계의 본질과 관련이 있는 측면의 모든 방식에서 서로간에 변한다. 나아가, 각 상황범주내에 많은 변형이 있다. 좋은 현장관계를 생성할 일단의 규칙이 고안될 수 없다. 제시될 수 있는 것은 현장에서 회계민속지학적 관계를 둘러싼 주된 방법론적·실무적 일부 고려사항에 관한 논의이다(Sukoharsono, p.3)

회계문헌 특히 관리회계문헌에서 회계학연구는 더욱 광범위한 해석적·비판적 방법론을 적용하고 있으며, 이러한 현안들을 탐구할 필요성으로 인해서 관리회계연구자들은 적절한 질적 연구방법론을 발견하기 위해 다양한 사회학적 문헌을 살펴보게 되었다. Broadbent·Laughlin(1997)이 언급한 바와 같이, 이것은 처음에는 사례연구흐름으로 나타났다. 사례연구의 이용은 다시 해석적 회계학연구의 기본적인 존재론적·인식론적 근원에 관한 탐색(Chua, 1986; Laughlin, 1995), 이용가능한 방법론의 분류(Chua, 1988) 뿐만 아니라, 회계학연구에서 질적 연구방법론의 역할에 관한 더욱 집중적인 논쟁을 유도하였다(Scapens, 1990). 이러한 논쟁으로부터 민속지학이라는 기본적인 사회학적 개념이 장기간의 회계학연구에서 방법론적 필요성을 충족시킨다고 주장되는 연구방법으로 등장하였다(다음을 참조, Power, 1991; Rosen, 1991; Forester, 1992; Laughlin, 1995; Jönsson·Macintosh, 1997).

경험적 연구방법으로서, 민속지학의 정확한 실체는 회계학문헌내에서도 논쟁의 여지가 있다. 그러나 민속지학적 연구의 정의에 관해 연구자들간에 상당한 의견차이에도 불구하고, 대부분의 민속지학에 공통적인 일부 특징이 추출될 수 있을 것이다. 구체적으로 일부 회계학연구를 살펴보자.

Preston(1986)은 이론적 배경으로는 상징적 상호작용론을 이용하고 있지만, 연구방법으로 민속지학을 적용하고 있다. 여기서는 민속지학적 측면을 살펴보자. 이 논문은 해당행위자의 관점을 확고하게 파악하고 공유의미와 상호작용을 서술하기 위해 민속지학을 이용하였다. 그의 연구는 다양한 정보처리에 포함된 메카니즘과 매체 그리고 이들이 그것들을 개발하고 이용하는 경영자를 위해 가지는 의미에 관한 탐구이었다(p.521). Preston은 이를 달성하기 위해 참여관찰자의 역할을 수행하기 위해 조직내에서 일 년을 보냈다. Preston은 심층적인 상호작용적 접근방법을 채택하여, 조직행위자들간에 의사소통의 비공식적 측면을 연구하였다. 그는 공식적인 정보시스템과는 별개인 이차적, 비공식적인 경영의사소통의 존재를 드러낼 수 있었다. 이러한 공식적인 시스템의 신뢰부재로 인해서 경영자는 비공식적으로 정보를 교환하기 위해 다른 방식을 발견하고자 하였던 것이다.

Ahrens(1997)는 동일한 기업의 영국과 독일의 맥주공장을 연구하였고, Mouritsen(1999)은 덴마크의 제조기업을 연구하였는데, 이 두 편의 연구는 관리회계실무가 구축되고 협상되는 방식을 형성할 수 있는, 이 실무가 경합적으로 해석되는 방식을 탐구하는 데서 특별한 관심을 공유하였다. 이러한 간주관적 의미는 변경되거나 영속화되는 방식에서 유연하지만, 허약한 것으로 간주되었다. 여기서는 영국과 독일의 맥주공장의 두 상황에서 관찰된 대화의 일부를 분석하고 있다.

Jönsson · Macintosh(1997)는 이론적으로 민속지학적 회계학연구(EARS)를 주장하고 있다. 여기서는 비판적 회계이론연구(CATS)와 합리적 회계이론연구(RATS)에 의해 주변부로 밀려나 있는 민속지학적 또는 해석적 회계학연구가 실제 조직상황에서 회계가 작동하는 방식을 이해하기 위한 중요한 방식이라고 주장한다. 신뢰(trust)와 신뢰의 회계와의 관계를 연구하는 문제는 EARS가 CATS와 RATS보다 더 우월한 예로서 이용된다. 이 논문은 EARS의 세 가지 중요한 유형(인지인류학, 상징적 상호작용론, 일상생활방법론)을 서술하며, 고전적 민속지학적 연구와 각 유형의 회계의 예를 서술하고 있다. 그리고나서 이 논문은 EARS, CATS, RATS의 중요한 차이점과 유사점을 드러내기 위해 이들 사이의 대화적 토론을 설정하고 있다. 이 논문 CATS와 RATS가 실제조직상황에서 실제 행위자의 이야기와 믿음에 더 주목할 것이며, EARS가 현재의 이론적 담론에 더욱 밀접하게 작용하도록 일종의 친선(rapprochment)관계가 작동할 것이라고 추정하여 결론을 내리고 있다. 이 결과는 일종의 비판적 민속지학일 수 있을 것이다. 신뢰와 회계가 근거(ground)와 수치로서 연구될 수 있는 상이한 분석수준상의 현상인지의 여부 또는 이들이 상호 구성적이고 그리하여 우리가 최소한 더 많이 알 때까지 말해서는 안 되는 어떤 것인지의 여부를 발견하는 것이 하나의 큰 도전일 것이다. 이 논문은 하나의 중요한 처리방식은 현장서사(field narratives)가 고전적인 민속지학적 노선에 따라 생산되고는 지배적인 비판적 회계학연구를 질문하고, 재해석하고, 심지어 수정하기 위해 이용되는 연구전략이라는 결론을 내리고 있다.

Radcliffe(1999)는 감사에서 효율성 개념을 살펴보고 있다. 그는 감사인이 정부활동을 효율적이거나 비효율적으로 분류하면서 광범위한 정부업무를 조사하고는 공개적으로 그들의 감사결과를 보고하도록 요구받는다고 말하고 있다. 그러나, 효율성 개념은 무형의 개념이다. 그것은 다양한 해석의 여지가 있을 수 있는 개념이다.

그러므로 Radcliffe는 효율성 감사가 실무에서 어떻게 실시되는가를 살펴보기 위해 캐나다, 앨버타주의 감사원이 실시한 의료분야의 세 가지 감사를 살펴보는 민속지학적 현장연구를 실시하였다. 그는 면접, 관찰, 문서분석을 포함한 다양한 자료수집기법을 이용하였고, 자료와 분석을 체계화하는 것을 돕기 위해 분석적 노트도 이용하였다.

Vaivio(1999)는 고객에 초점을 둔 보고에 관한 연구이며, Dent(1991)는 공공부문 철도에 관한 연구인데, 이 두 편의 연구도 의사소통과 회계의 간주관성을 검토하였다. Dent (1991)의 연구는 영국철도회사가 서비스지향적인 공학적 문화로부터 재무지향적인 경영학적 문화로의 변경에 관한 민속지학적 연구인데, 이 연구는 문화인류학의 개념을 명시적으로 이용한 방식으로 특히 유명하다. Dent의 연구는 상대적으로 두드러지지 않은 회계변화의 형태라도 조직문화에서 매우 큰 극적인 변화를 형성하는 것을 도와줄 수 있다고 주장하였다.

Collier(2001)은 민속지학적 연구를 이용하여, 영국 West Mercia 경찰서에서 재무관리의 형태로 관리회계변화를 도입하는 것을 서술하고 있다. 이 연구는 조직에 위임된 예산시스템 도입의 맥락, 과정, 결과를 이해하기 위해 제도이론을 적용하고 있다.

이 현장연구는 정당한 회계책임을 추구하는 사람과 경찰운영에 우선권을 두는 사람의 이해관계를 조정하는데 도움을 준 권력변경에 의해 West Mercia에서 예산의 위임이 어떻게 수반되었는가를 설명하고 있다.

이 논문은 제도이론에 두 가지 기여를 하고 있다. 첫째는 특히 이해관계가 일치하고 권력변경이 정당화과정의 부산물인 곳에서 권력관계에 관한 이해의 전개이다. 둘째는 위임된 예산이 제도적 수요와 기술적 수요를 충족할 수 있는 회계를 통해 느슨한 동조화(loose coupling)가 어떻게 발생할 수 있는가에 관한 설명이다.

Parker(2003b)는 Servo라는 대규모 공동체복지조직에서 중역회의실의 심의사항에 관한 4년동안의 참여관찰연구의 결과와 이로 인한 이 조직의 재무관리전략을 보여주고 있다. 이 연구는 완전한 참여자의 방식을 채택하고 근거이론분석을 이용하여, 그 중심적 현상으로서 전략적 재무경향에 초점을 둔 이론체계를 전개하였다. 이 경향은 전략적 목적, 핵심적인 조직서비스철학, 이사진의 상호작용 등의 경합된 공식에 의한 조건을 첨부하였다. 전략적 재무경향의 중요한 결과는 회계책임과 공시의 관리이었다. 이들은 재무통제의 실행과 관계관리의 실행이었다. 귀납적으로 도출된 결과적인 체계는 재무관리전략의 요소들과 비영리 공동체복지부문에서 이들의 상호관계에 신선한 통찰력을 제공한다.

Mustafa(2009)는 자신의 박사학위논문에서 주요한 연구를 살펴보고 있다. 이것은 합리적이고 객관적인 견해, 사회정치적이고 독재적인 견해, 제도적이고 집단적인 책임 견해를 포함하기 위해 회계를 다르게 예시하는 세 가지 다른 경험적 민속지학적 상황을 다루고 있다. 이 논문은 Malaysia가 1957년 독립이후 그 발전을 간단히 살펴본다. 이 논문은 Bumiputera, 다문화사회, 새로운 경제정책, 이슬람 등이 Malaysia의 진정한 실재라고 주장하며, 일반성과 구체성, 통일성과 대조성, 단순성과 복잡성 등의 양 측면에서 중요한 회계모습을 제시하고 있다. 이 논문은 Geertz(1973)의 해석인류학의 핵심(요소분리, 내부관계, 일반적 방법)을 재생하고 있다. 이 논문은 이론적으로 간주되는 연구를 실무에 적용할 수 있게 하는데서 논문의 관심사를 강조하고 있다.

Morales · Lambert(2013)는 정체성업무(identity work)가 회계와 조직실무에 영향을

주는 과정을 검토하고 있다. 민속지학적 자료를 분석하면서, 여기서는 이상적인 직업적 열망과 상황적 가능성 사이에 직면하여 긴장이 나타나는 맥락에서 인정을 위한 투쟁에 회계담당자가 어떻게 관련하는가를 연구한다. 이 투쟁을 이론화하기 위해, Hughes(1956)의 도덕적 노동분업의 개념을 이용한다. 추악한 업무(dirty work)라는 그의 개념에 입각해서, 오염된(polluted) 업무와 불량한(unclean) 업무를 구별한다. 회계담당자는 그들이 주장하는 정체성과 양립불가능한 업무를 실시해야 한다. 이러한 업무는 지겹다기 보다는 오인의 상징으로 된다. 이러한 업무를 불량한 업무라고 한다. 그러나 더욱 유리한 맥락에서 직무의 명예로운 측면과 연관이 있는 업무까지도 특정한 상황에서 하락할 수 있다. 이들을 오염된 업무라고 한다. 여기서는 적극적으로 예상되는 역할이전을 준수하려고 노력하는 것이 어떻게 불량한 업무를 피하고 더욱 오염된 업무를 생성하는 것을 도와줄 수 있는가를 살펴보고 있다. 여기서의 분석은 업무의 명예로운 측면과 부끄러운 측면 사이의 상징적 차별화에 주목하는 것이 회계, 정체성업무, 조직실무 등에 관한 이해를 개선할 수 있다는 것을 시사하고 있다.

Sukoharsono(2014)는 민속회계(ethnoaccounting)라는 용어를 이용하고 있는데, 이것은 회계현상이 사회와 조직에 맥락적으로 관계하는 곳을 명확하게 하기 위해 이용되는 용어이다. 이 논문은 민속회계(ethnoaccounting)문화에 대한 민속지학 연구방법의 실무모형을 서술하고 있다. 민속지학은 회계현상의 문화에 관해 이해되는 것에 관한 서술적 설명이다. 이 문화는 지속적으로 변화하는 맥락적 과정이다.

여기서는 회계연구자가 회계민속지학자가 되는 것에 관심이 있는 곳에 분명한 단계가 도입되고 있다. 단계들은 민속지학의 역사, 민속지학의 종류를 이해하고, 민속지학을 준비하는 것으로부터 자료를 분석하고 해석하며 성찰하는 것까지 걸쳐있다. 회계분야에서 민속지학의 이용을 설명하기 위해 두 개의 민속회계연구가 서술되고 있는데, 하나는 Nestle회사의 창조적인 공유가치이고, 또하나는 인도네시아의 Udaya 왕의 시대에 회계실무의 역사이다. 본질적으로, 민속지학은 회계현장에 은폐된 사회적 및 문화적 해석의 양식을 제공한다.

한편, 연구방법으로 민속지학을 적용하면서 이론으로는 Latour의 행위자연결망이론(ANT)를 적용한 연구도 있는데, 이에는 Preston et al.(1992), Chua(1995)의 의료에 초점을 둔 연구와 Briers · Chua(2001)의 제조기업에 관한 연구가 있다. Preston et al. (1992)은 예산편성을 탐구하였으며, 회계혁신이 당연시되는 과정을 식별하였는데 반하여, 다른 연구들은 병원(Chua, 1995)과 제조기업(Briers · Chua, 2001)의 회계실무와 시스템내에서 변화과정을 검토하였으며, 회계수치의 생산과 사실구축자(fact-builders)로서 특정한 집단의 중요한 역할에 관한 이해가 어떻게 변하였는가를 고려하였다. 그러나 이와 동시에, 이 연구들은 회계기술의 약점과 취약성 및 회계실험화와 변화가 비성공적일 수 있는 방식을 예시하고 있다.

이외에, 비판적 민속지학을 적용한 회계학연구로는 Forester(1992), Dey(2002) 등이 있으며, 여성주의(feminist) 민속지학을 적용한 회계학연구로는 Haynes(2013), Haynes · Fearfull(2008) 등이 있다. 한편, 자민속지학(autoethnography)을 적용한 회계학연구의 연구현황을 살펴본 것으로 Haynes(2017)[6)]가 있지만, 이러한 비판적 민속지학, 여성주의 민속지학, 자민속지학 등을 적용한 회계학연구는 상대적으로 적은 편이다.

제6절 소결

인류학과 사회학에서 사용하기 시작한 민속지학은 오늘날 사회과학의 질적 방법론에서 이용되는 중요한 연구방법의 하나이며, 회계학에서도 1990년대이후 널리 이용되고 있고 있는 연구방법이다.

민속지학은 사람들이 특정한 맥락에서 말하고 행하는 것을 직접적으로 연구하는 것의 중요성을 강조하는 사회적 · 교육적 연구의 형태를 가리키기 위해 이용하는데, 이것은 대개의 경우, 현상이 발생하는 연구현장에서 참여관찰을 실시하고, 사람의 관점을 이해하기 위해 설계된 상대적으로 자유로운 면접을 통해 상당히 긴 기간의 접촉을 포함하며, 공식적인 문서, 공개적으로 이용가능한 문서, 개인적인 문서 등 다양한 종류의 문서의 연구에 의해 보

6) 자민속지학은 회계학연구에서 아직 널리 이용되지 않고 있지만, 회계학술지 *Meditari Accountancy Research*의 특별호[2014, 22(1)]에서 Samkin · Schneider(2014)가 자민속기술지, 전기 등이 회계학연구에서 어떻게 이용되고 있는가를 설명하고 있다. Haynes(2006)는 회계의 사회문화적 맥락과 정체성이론 등과 관련해서 정체성을 탐구하기 위해 자신의 경험을 이용하여 여성주의(feminist)이론을 적용한 사회학적 연구를 실시하였는데, 이 논문은 자민속지학의 중심개념을 많이 이용하고 있다.

Davie(2008)는 박사학위논문을 작성하면서 연구주제와 이론체계가 어떻게, 왜 선정되었는가를 포함해서 회계지식생산에 관한 자신의 자민속지학에서 연구과정의 체험을 논하고 있다.

Harding et al.(2010)은 자신들이 작업현장에서 종업원을 이해하기 위해 습관적으로 이용하는 이론적 관점을 학자로서의 자신들에게 돌려서 살펴보고 있다.

Gibbon(2012)은 자민속지학을 적용하여, 비영리조직에서 두 종류의 사회회계의 생산기간과 생산이후에 개발된 회계책임 개념에 관한 자신의 이해변화를 탐구하였다.

Malsch · Tessier(2015)는 학교의 연구정책에서 주요한 변화의 결과와 변화에 대한 반응을 살펴보기 위해 자민속지학을 적용한 논문이다.

Komori(2015)는 국제회계학술지에 일본의 회계연구를 게재하는 것에 관한 부분적으로 자민속지학적 인 설명을 하고 있는데, 그녀는 지식의 생산과 분포에서 서구의 헤게모니에 대한 반대투쟁으로서 자신의 경험을 설명하고 있다. 그리고 Dambrin · Lambert(2012)는 회계학계와 회계전문직내에서 성적 지배구조를 식별하는 성(gender)학자로서 자신들의 경험을 설명하고 있다. 이 두 논문은 지민속지학적 요소를 포함하고 있으며, 사회적 · 문화적 맥락내에서 이것을 분석하고 있다(Haynes, 2017, pp.220-223).

완된다고 주장된다.

민속지학도 다른 연구방법처럼 장점과 단점을 가진다.

첫째, 민속지학적 연구의 가장 중요한 장점 중의 하나는 그 깊이이다. 연구자는 상당히 긴 기간동안 현장에 있기 때문에, 민속지학자는 연구하고 있는 동안 그들이 말하는 것 뿐만 아니라 사람이 하고 있는 것을 본다. 오랫동안 연구자는 사람, 조직, 그들이 일하고 있는 광범한 맥락에 관한 심층적 이해를 얻을 수 있다. Grills(1998)가 지적한 바와 같이, 행위가 있는 곳인 현장에 감으로써, 연구자는 일상생활의 일부인 위험, 관계, 일상, 좌절, 딜레마 등과 친숙하게 된다. 민속지학의 장점은 그것이 심오하거나 집중적인 연구방법이라는 것이다(Myers, 1999).

둘째, 현장에서 무엇이 발생하는가에 관한 지식은 우리의 가정에 도전할 중요한 정보를 제공할 수 있다. 민속지학은 가끔 연구자를 우리가 당연시하는 것을 문제시하도록 유도한다. 예를 들면, Hughes et al.(1992)는 그들의 민속지학적 연구가 시스템설계에 관해 널리 간직된 일부 가정을 문제시하도록 그들을 어떻게 유도하였는가를 보여주고 있다. 그들은 민속지학에 의해 제공된 정보가 문제영역에 관한 보다 심오한 이해를 제공하였으며, 좋은 설계로 일반적으로 생각되는 관습적인 원칙이 협동시스템에는 부적절할 수도 있다는 것을 발견하였다. 이와 마찬가지로 Orlikowski(1991)의 민속지학적 연구는 새로운 정보기술의 이용이 집중되고 혼합되는 하나의 전문가서비스조직에서 기존의 통제형태로 어떻게 유도하였는가를 보여주었다. 이것은 정보기술이 기존의 관료조직형태와 사회관계를 변형시킨다고 가정한 그 당시 정보시스템연구문헌의 대부분과 상치되었다.

이외에 이와 같은 민속지학은 ① 자료의 다양성확보가 가능하며, ② 항상 현상의 맥락화가 이루어지며, ③ 실천적/현실 개입적 연구의 성격을 띠며, ④ 과학성/객관성 신화에 매몰된 양적 연구의 한계를 넘어, ⑤ 풍부한 기술과 통찰력있는 해석을 제공할 수 있다는 데 그 장점이 있다(김영찬, p.54).

민속지학적 연구의 중요한 단점 중에 첫째는 그것이 대부분의 다른 종류의 연구보다 훨씬 더 긴 시간을 필요로 한다는 것이다. 그것은 현장연구를 실시하는데 긴 시간을 필요로 할 뿐만 아니라, 자료를 분석하고 그것을 작성하는데도 긴 시간을 필요로 한다. 대부분의 사람의 경우, 이것은 민속지학적 연구를 실행하기에 최적의 시간은 그들의 박사연구기간일 것이라는 것을 의미한다. 민속지학적 연구는 시간을 많이 필요로 하지만, 그럼에도 불구하고, 그것은 연구결과의 양과 실질(substance)을 고려하면, 매우 생산적인 연구방법이다(Myers, 1999). 그러나 오늘날 민속지학자들이 민속지학을 적용할 때, 현장연구가 장기간(몇 년)보다는 단기간(몇 달)만 실시되는 경향이 있다. 따라서 전후 맥락을 충분히 고려하지 못할 수도 있으며, 단기간에 발생하는 현상은 시간의 경과에 따라 변할 수도 있을 것이다(Hammersley, 2006, p.4).

둘째의 단점은 그것이 넓은 폭(breadth)을 가지고 있지 않다는 것이다. 실태조사와는 달리, 민속지학자는 대개의 경우 하나의 조직이나 하나의 문화만을 연구한다. 사실상, 이것은 민속지학적 연구에 관한 공통적인 비판이다. 즉, 이것은 오로지 특정한 맥락과 상황에 관한 심층적 지식으로 유도한다. 일부는 더 나아가서 단 하나의 민속지학적 연구로부터 더욱 일반적인 모형을 개발하는 것은 불가능하다고 주장할 것이다. 후자의 비판은 두 가지 방식 중에서 하나로 답해질 수 있다. ① 시간의 경과에 따라, 더 많은 민속지학이 완료되기 때문에, 기업조직의 다양한 측면에 관한 유의미한 맥락에 관한 더욱 일반적인 모형을 개발하는 것이 가능할 것이다. ② 하나의 사례연구로부터 이론으로 일반화하는 것이 불가능하지는 않기 때문에(Walsham, 1995; Yin, 2009; Llewellyn · Northcott, 2007), 하나의 민속지학으로부터 이론으로 일반화하는 것이 가능하다. 사례연구들로부터의 일반화를 선호하여 이루어진 논지는 민속지학에도 마찬가지로 적용된다(Klein · Myers, 1999; Myers, 1999).

셋째의 단점으로는 과거의 사건을 연구할 수 없다는 것과 국가와 같은 큰 단위/스케일의 연구를 하기 힘들다는 것이다(김영찬, p.54)

넷째의 단점은 학술지에 게재하기 위해 논문을 작성하는 것이 매우 어려울 수 있다는 것이다. 민속지학적 연구는 상당한 양의 자료수집을 유도하며, 그 모두는 특정한 맥락과 총체적으로 관련되는 경향이 있다. 이것은 민속지학을 이용하는 박사학위논문이 많은 관련된 점들을 가질 것이라는 것을 의미한다. 민속지학을 연구방법으로 이용하는 경우에 선호되는 결과물은 주로 저서이다.

민속지학적 회계학연구는 재무통제의 이상적이고, 공식적인 시스템과 실제 계산실무 사이의 관계에 관한 우리의 이해를 높여준다. 이것은 경제적 표상이 어떻게 생산되는가에 관한 중요한 통찰력을 제공하며 이에 의해서 우리가 상이한 경제적 질서가 경제생활의 미시수준에서 어떻게 달성되는가를 이해하도록 도와준다(Mennicken, 2006, p.4).

참고문헌

곽영순(2009), **질적 연구—철학과 예술 그리고 교육—**, 교육과학사.

김석웅(2014), **회계학의 비판적 방법론**, 교육과학사.

김영찬(2015), "질적 연구의 특성: 민속지학을 중심으로", 한국언론정보학회 엮음, **미디어 문화연구의 질적 방법론**, 컬처룩, pp.37-73.

유기웅・정종원・김영석・김한별(2012), **질적 연구방법의 이해**, 박영사.

신경림 외(2003), **질적연구용어사전**, 현문사.

이동성(2012), **질적연구와 자문화기술지**, 아카데미프레스.

*Ahrens, T.(1997), "Talking Accounting: an ethnographic of management knowledge in British and German Brewers", *Accounting, Organizations and Society*, 22(7), pp.617-637.

Atkinson, P. and M. Hammersley(1994), "Ethnography and participant observation", in Denzin, N.K. and Y.S. Lincoln(eds.), *Handbook of Qualitative Research*, Thousand Oaks, CA: Sage, pp.248-261.

Baszanger, I. and N. Dodier(1997), "Ethnography: relating the part to the whole", in Silverman, D.(ed.), *Qualitative Research, Theory, Method and Practice*, London: Sage, pp.8-23.

Bell, C.(1969), "A Note on Participant Observation", *Sociology*, 3, pp.417-418.

Beynon, H.(1975), *Working for Ford*, Wakefield: EP Publishing.

Boland, R.J. and L.R. Pondy(1983), "Accounting in Organizations: A union of natural and rational perspectives", *Accounting, Organizations and Society*, 8, pp.223-234.

Boyle, J.S.(1994), "Styles of ethnography", in Morse, J.M.(ed.), *Critical Issues in Qualitative Research Methods*, Thousand Oaks, CA: Sage, pp.159-185.

Briers, M. and W.F. Chua(2001), "The role of actor-networks and boundary objects in management accounting change: a field study of an implementation of activity-based costing", *Accounting, Organizations and Society*, 26(3), pp.237-269.

*Broadbent, J. and R. Laughlin(1997), "Developing empirical research in accounting : An example informed by a Habermasian approach", *Accounting, Auditing and Accountability Journal*, 10(5), pp.622-648.

Bryman, A. and E. Bell(2011), *Business Research Methods*, 3rd ed., London: Oxford University Press.

Budiashih, I. and E.G. Sukoharsono(2012), "Accounting Practices and the Use of Money in the Reign of King Udayana in Bali: an ethnoarcheological approach", *The Indonesian Journal of Accounting Research*, 15(3). pp.1-18.

Casey, C.(1995), *Work, Self and Society: After Industrialism*, London: Routledge.

Chua, W.F.(1986), "Radical Developments in Accounting Thought", *The Accounting Review*,

61(4), pp.601-632.

__________(1988), "Interpretive Sociology and Management Accounting Research-A critical review", *Accounting, Auditing and Accountability Journal*, 1(2), pp.59-79.

__________(1995), "Experts, networks and inscriptions in the fabrication of accounting images: a story of the representation of three public hospitals", *Accounting, Organizations and Society*, 20(2/3), pp.111-145.

Clifford, J. and G.E. Marcus(1986), *Writing Culture: The Poetics and Politics of Ethnography*, Berkeley, CA: University of California Press.

Collier, P.M.(2001), "The power of accounting: a field study of local financial management in a police force", *Management Accounting Research*, 12, pp.465-486.

Covaleski, M.A., M.W. Dirsmith, J. Heian and S. Samuel(1998), "The Calculated and the avowed: techniques of discipline and struggles over identity in Big Six public accounting firms", *Administrative Science Quarterly*, 43, pp.293-327.

Dambrin, C. and C. Lambert(2012), "Who is she and who are we? A reflexive journey in research into the rarity of women in the highest ranks of accountancy", *Critical Perspectives on Accounting*, 23(1), pp.1-16.

Dalton, M.(1959), *Men who manage: Fusions of Feeling and Theory in Administration*, New York: John Wiley and Sons.

*Davie, S.S.K.(2008), "An Autoethnography of Accounting Knowledge Production: serendipitous and fortuituos choices for understanding our social world", *Critical Perspectives on Accounting*, 19(7), pp.1054-1079.

Delbridge, R.(1998), *Life on the line in contemporary manufacturing: The workplace experience of Lean production and the Japanese model*, London: Oxford University Press.

Dent, J.F.(1991), "Accounting and Organizational Cultures: A field study of the emergence of a new organizational reality", *Accounting, Organizations and Society*, 16(8), pp.705-732.

Denzin, N.K. and Y.S. Lincoln(eds)(2011), "Introduction: The Discipline and Practice of Qualitative Research", in Denzin, N.K. and Y.S. Lincoln(eds), *The Sage Handbook of Qualitative Research*, 4th ed., Thousand Oaks: CA: Sage. pp.1-32; 박종원 역, "들어가기-질적 연구의 학문분야와 실제", 최욱 외 공역(2014), **질적 연구 핸드북**, 아카데미프레스, pp.19-45.

*Dey, C.(2002), "The Use of Critical Ethnography as an Active Research Methodology", *Accounting, Auditing and Accountability Journal*, 15(1), pp.106-121.

Ellis, C.(2004), *The Ethnographic I: A methodological novel about autoethnography*, Walnut Creek: AltaMira Press.

Eriksson, P. and A. Kovalainen(2008), *Qualitative Methods in Business Research*, London: Sage.

Evans-Pritchard, E.E.(1950), *Witchcraft, Oracles and Magic among the Azande*, Oxford: Clarendon Press.

Firth, R.W.(2011), *We, the Tikopia: A Sociological Study of Kinship in Primitive Polynesia*, New York, NY: Routledge.

Fletcher, D.(2002), "'In the Company of Men': A Reflexive tale of cultural organizing in a small organization", *Gender, Work and Organization*, 9(4), pp.398-419.

*Forester, J.(1992), "Critical ethnography: On fieldwork in a Habermasian way", *Critical management studies*, London: Sage, pp.46-65

Frazer, J.G.(1890, 2013), *The Golden Bough*, New York: Topbooks.Frazer,

Freeman, C.(2000), *High Tech and High Heels in the Global Economy: Women, Work and Pink-Collar Identities in the Caribbean*, Durham, NC: Duke University Press.

Gans, H.J.(1968), "The Participant-Observer as Human Being: Observations on the Personal Aspects of Fieldwork", in Becker, H.S.(ed.), *Institutions and the Person: Papers Presented to Everett C. Hughes*, Chicago: Aldine, pp.300-317.

Geertz, C.(1973), *The Interpretations of Culture*, New York: Basic Books; 문옥표 역(1998), 문화의 해석, 까치글방.

_________(1988), *Works and Lives: The Anthropologist as Author*, Stanford, CA: Stanford University Press.

Gibbon, J.(2012), "Understanding of accountability: an autoethnographic account using metaphor", *Critical Perspectives on Accounting*, 23(3), pp.201-212.

Gold, R.L.(1958), "Roles in Sociological Field Observations", *Social Forces*, 36(3), pp.217-223.

Grills, G.(1998), *Doing ethnographic research: fieldwork settings*, Thousand Oaks, CA: Sage.

Hammersley, M.(2006), "Ethnography: problems and prospects", *Ethnography and Education*, 1(1), pp.3-14.

Hammersley, M. and P. Atkinson(1995), *Ethnography: principles and practices*, New York: Routledge.

Harding, N., J. Ford and B. Gough(2010), "Accounting for Ourselves: are academics exploited workers?", *Critical Perspectives on Accounting*, 21(2), pp.159-168.

Harvey, L. and M. Myers(1995), "Scholarship and practice: the contribution of ethnographic research methods to bridging the gap", *Information Technology & People*, 8(3), pp.13-27.

Hayano, D.(1979), "Auto-ethnography: Paradigms, problems and prospects", *Human Organization*, 38(1), pp.99-104.

Haynes, K.(2006), "Linking Narrative and Identity Construction: using autobiography in accounting research", *Critical Perspectives on Accounting*, 17(4), pp.399-418.

_________(2013), "Sexuality and sexual symbolism as processes of gendered identity formation: An autoethnography of an accounting firm", *Accounting, Auditing and Accountability Journal*, 26(3), pp.374-398.

*__________(2017), "Autoethnography in Accounting Research", in Hoque, Z., L.D. Parker, M.A. Covaleski and K. Haynes(eds.), *The Routledge Companion to Qualitative Accounting Research Methods*, London: Routledge, pp.215-230.

__________ and A. Fearfull(2008), "Exploring ourselves: exploiting and resisting gendered identities of women academics in accounting and management", *Pacific Accounting Review*, 20(2), pp.185-204.

Hughes, E.C.(1956), "Social role and the division of labor", *Midwest Sociologist*, 17(1), pp.3-7.

Hughes, J. A., D. Randall & D. Shapiro(1992). "From ethnographic record to system design", *Computer Supported Cooperative Work(CSCW)*, 1(3), pp.123-141.

Humphreys, M. and T.J. Watson(2009), "Ethnographic practices: from 'writing-up ethnographic research' to 'writing ethnography'", in Ybema, S., D. Yanow, H. Wels, and F.H. Kamsteeg(eds.), *Organizational Ethnography: studying the complexities of everyday life*, London: Sage, pp.40-55.

*Irvine, H. and M. Gaffikin(2006), "Getting in, getting on and getting out: reflections on a qualitative research project", *Accounting, Auditing and Accountability Journal*, 19(1), pp.115-145.

Jacobs, K. and J. Kemp(2002), "Exploring accounting presence and absence: case studies from Bangladesh", *Accounting Auditing and Accountability Journal*, 15(2), pp.143-161.

Jönsson, S. and A. Gronlund(1988), "Life with a sub-contractor: new technology and management accounting", *Accounting, Organizations and Society*, 13, pp.513-534.

*__________ and N. Macintosh(1997), "CATS, RATS and EARS: Making the Case for Ethnographic Accounting Research", *Accounting, Organizations and Society*, 22(3/4), pp.367-386.

Klein, H.K. and M.D. Myers(1999), "A Set of Principles for Conducting and Evaluating Interpretive Field Studies in Information Systems", *MIS Quarterly*, 23(1), pp.67-93.

Komori, N.(2015), "Beneath the globalization paradox: Towards the sustainability of cultural diversity in accounting research", *Critical Perspectives on Accounting*, 26, pp.141-156.

Kozinets, R.V.(1997), "'I want to believe': A netnography of the X-Philes' subculture of consumption", *Advances in Consumer Research*, 24, pp.470-475.

____________(1998), "On netnography: Initial reflections on consumer research investigations of cyberculture", *NA-Advances in Consumer Research*, 25, pp.366-371.

*Laughlin, R.(1995), "Methodological themes: Empirical research in accounting: Alternative approaches and a case for 'middle-range' thinking", *Accounting, Auditing and Accountability*

Journal, 8(1), pp.63-87.

*Leung, D.(2016), *Inside Accounting: the Sociology of Financial Reporting and Auditing*, London: Routledge.

Lewis, I.M.(1985), *Social Anthropology in Perspective*, Cambridge: Cambridge University Press.

*Llewellyn, S.(1993), "Working in Hermeneutic Circles in Management Accounting Research: some implications and applications", *Management Accounting Research*, 4(3), pp.231-249.

___________ and D. Northcott(2007), "The 'singular view' in management case studies", *Qualitative Research in Organizations and Management: An International Journal*, 2(3), pp.194-207.

Malinowski, B.(1922), *Argonauts of the Western Pacific*, New York: E.P. Dutton & Co.; 최협 옮김(2013), **서태평양의 항해자들**, 전남대학교출판부.

Malsch, B. and S. Tessier(2015), "Journal ranking effects on junior academics: Identifying fragmentation and politicization", *Critical Perspectives on Accounting*, 26, pp.84-98.

Marechal, G.(2010), "Autoethnography", in Mills, A.J. and G. Durepos and E. Wiebe(eds), *Encyclopedia of case study research*, vol.2, Thousand Oaks, CA.: Sage, pp.43-45.

Mead, M.(1928), *Coming of Age in Samoa*, New York: William Morrow & Co; 박자영 옮김 (2008), **사모아의 청소년**, 한길사.

Mennicken, A.(2002), "Bringing Calculation Back In: sociological studies in accounting", *Economic Sociology: the european electronic newsletter*, 3(3), pp.17-27.

___________(2006), "Sociology of Accounting", in Beckert, J and M. Zafirovski(eds.), *International Encyclopedia of Economic Sociology*, London: Routledge, pp.1-5.

Miller, P.(2008), "Calculating economic life", *Journal of Cultural Economy*, 1(1), pp.51-64.

*Morales, J. and C. Lambert(2013), "Dirty work and the construction of identity, An ethnographic study of management accounting practices", *Accounting, Organizations and Society*, 38, pp.228-244.

Mouritsen, J.(1999), "The flexible firm: strategies for a subcontractor's management cotntrol", *Accounting, Organizations and Society*, 24(1), pp.31-55.

Mustafa, H.(2009), "The ethnography of 'Accounting, knowing and being': Malaysia, Accounting research and the production of knowledge", *International Journal of Critical Accounting*, 1(3), pp.262-286.

Myers, M.D.(1999), "Investigating information systems with ethnographic research", *Communications of the AIS*, 2(23), pp.1-20.

__________(2009), *Qualitative Research in Business and Management*, London: Sage.

Noblit, G.(2004), "Reinscribing critique in education ethnography: critical and postcritical ethnography", in deMarrais, K.B. and S.D. Lapan(eds.), *Foundations for Research: methods of inquiry in education and the social sciences*, Mahwah, NJ: Erlbaum, pp.181-201.

Orlikowski, W.J.(1991), "Integrated information environment or matrix of control? the contradictory implications of information technology", *Accounting, Management and Information Technologies*, 1(1), pp.9-42.

Parker, L.D.(2003a), "Qualitative Research in Accounting and Management: The Emerging Agenda", *Journal of Accounting and Finance*, 2, pp.15-30.

__________(2003b), "Financial Management Strategy in a Community Welfare Organization: a boardroom perspective", *Financial Accountability and Management*, 19(4), pp.341-374.

__________(2017), "Participant Observation at the Coalface", in Hoque, Z., L.D. Parker, M.A. Covaleski and K. Haynes(eds.), *The Routledge Companion to Qualitative Accounting Research Methods*, London: Routledge, pp.339-353.

Parker, M.(2000), *Organizational Culture and Identity*, London: Sage.

Patton, M.Q.(2001, 2014), *Qualitative evaluation and research methods*, 4th. ed., Thousand Oaks, CA: Sage.

*Power, M.K.(1991), "Educating Accountants: Towards a Critical Ethnography", *Accounting, Organizations and Society*, 16(4), pp.333-353.

Prasad, P.(1993), "Symbolic processes in the implementation of technical change: A Symbolic interactionist study of work computerization", *Academy of Management Journal*, 36(6), pp.1400-1429.

*Preston, A.(1986). "Interactions and Arrangements in the Process of Informing", *Accounting, Organizations and Society*, 11(6), pp.521-540.

*__________, D.J. Cooper, and R. Coombs(1992), "Fabricating budgets: a study of the production of management budgeting in the National Health Service", *Accounting, Organizations and Society*, 17(6), pp.561-593.

Punch, K.F.(2011), *Introduction to Social Research, Quantitative and Qualitative Approaches*, 3rd edition, London: Sage.

Radcliffe, V.S.(1999), "Knowing Efficiency: the enactment of efficiency in efficiency auditing", *Accounting, Organizations and Society*, 24, pp.333-362.

Ram, M.(1994), *Managing to Survive: Working Lives in Small Firms*, Oxford: Blackwell.

*Roberts, J. and R. Scapens(1985), "Accounting Systems and Systems of Accountability - Understanding accounting practices in their organizational contexts", *Accounting, Organizations and Society*, 10(4), pp.443-456.

Roethlisberger, F.J. and D. William(1939). *Management and the Worker*, Boston: Harvard University Press.

Rosen, M.(1991), "Coming to terms with the field: Understanding and doing organizational ethnography", *Journal of Management Studies*, 28(1), pp.1-24.

Roy, D.(1958), "'Banana time': job satisfaction and information interaction", *Human Organization*, 18, pp.58-68.

Samkin, G. A. Schneider(2014), "The accounting academic", *Meditari Accountancy Research*, 22(1), pp.2-19.

Sanday, P. R.(1979), "The ethnographic paradigm(s)", *Administrative Science Quarterly*, 24(4), pp.527-538.

*Scapens, R.W.(1990), "Researching Management Accounting Practice: the role of case study methods", *British Accounting Review*, 22(3), pp.259-281.

Schwandt, T.A.(1997), *Qualitative Inquiry, A Dictionary of Terms*, Thousand Oaks, CA: Sage.

Sharpe, M.(1997), "Outsourcing, organizational competitiveness, and work", *Journal of Labor Research*, 18(4), pp.535-549.

Spradley, J.P.(1980), *Participant Observation*, Orlando, FL: Harcourt Brace Jovanovich; 신재영 옮김(2006), **참여관찰법**, 시스마프레스.

Sukoharsono, E.G.(2014), "Interpretive Ethnoaccounting: Understanding Ethnography in the Accounting Research Fields", *International Journal of Accounting and Business Society*, 22(1), pp.1-15.

Tedlock, B.(2005), "The Observation of Participation and The Emergence of Public Ethnography", in Denzin, N.K. and Y.S. Lincoln(eds.), *The Sage Handbook of Qualitative Research*, 3rd ed., London: Sage. pp.467-481.

Thomas, J.(1993), *Doing Critical Ethnography*, London: Sage.

Vaivio, J.(1999), "Examining 'the quantifier customer'", *Accounting, Organizations and Society*, 24, pp.689-715.

van Maanen, J.(1988), *Tales of the Field*, Chicago: University of Chicago Press.

Walsham, G.(1995), "Interpretive case studies in IS research: Nature and method", *European Journal of Information System*, 4. pp.74-81.

__________ and T. Waema(1994), "Information systems strategy and implementation : a case study of a building society", *ACM Transactions on Information Systems*, 12(2), pp.150-173.

Watson, T.(1994), *In Search of Management: Culture, Chaos and Control in Managerial Work*, London: Routledge.

Yin, R.K.(2009), *Case Study Research: Design and Methods*, 4th ed., Thousand Oaks, CA: Sage; 신경식 · 서아영 옮김(2011), **사례연구방법**, 한경사.

제14장

근거이론[1)]

제1절 근거이론의 의의

근거이론(grounded theory)은 체계적으로 수집되고 분석되는 자료에 근거한 이론을 개발하고자 하는 해석적 연구방법이다. 근거이론은 자료로부터 이론을 발견하는 가장 일반적인 형태로 정의되고 있다(Glaser · Strauss, 1967, p.1; 이병식 외 공역, p.13). 근거이론은 실용주의와 상징적 상호작용론을 철학적 · 이론적 배경으로 하며, 자료로부터 이론을 개발하고, 국지적 목소리에 중요성을 부여하고, 현장참여자들 사이의 상호작용에 관해 설명하는 것을 강조한다는 점에서 해석적 연구에 속한다. Martin · Turner(1986)에 의하면, 근거이론은 연구자가 어떤 주제의 일반적인 특징을 이론적으로 설명할 수 있으면서 동시에 그 설명을 경험적 관찰이나 자료에 근거하는 귀납적인 이론발견방법이다. 근거이론과 그밖의 다른 질적 연구방법의 주요한 차이점 중의 하나는 근거이론이 이론개발을 목적으로 하면서, 자료수집과 분석 사이에 지속적인 상호작용이 있다는 점이다(Myers, 2009, p.106).

근거이론방법은 (사람, 조직, 기업 등에서 발생하는) 특정현상을 설명하는 개념이 지금까지 확인되지 않았거나 개념간의 관계가 제대로 이해되지 않았다는 입장을 전제로 시작한다. 여기서는 양적 연구와는 달리 연구하려는 변수나 개념이 충분히 확인되지 않은 상황이므로 모든 가능성을 포함할 수 있는 개방적이고 광범위한 질문으로 시작한다(김귀분 외, 2005, p.315).

근거이론에서 이론의 개발은 어떤 현상에 속한 개념을 발견하고, 발견한 개념들을 논리적이고 체계적으로 설명이 가능한 틀로 공식화하는 과정이며 활동이다. 따라서 연구자는 특정 문제나 현상에 대해 다각적으로 탐구하여 개념을 발견 · 확인하고, 또한 개념간의 관계를 발견 · 확인하는데 이 과정에서 귀납적, 연역적 방법을 고루 사용한다(상게서, p.316).

---

1) 이 글은 2007년 9월에 회계정보연구(제25권 제3호, pp.77-102)에 발표한 "회계학 연구방법론으로서의 근거이론에 관한 탐색적 연구"를 대폭적으로 수정 · 보완한 것이다.

근거이론은 원래 두 명의 사회학자인 Barney Glaser과 Anselm Strauss에 의해 개발되었는데, 이것은 사회현상에 관해 새로운 이론을 만들기 위한 방법이다. 근거이론은 가장 일반적인 형태로서 "자료로부터 이론의 발견"(Glaser · Strauss, 1967, p.1; 이병식 외 공역, p.13)으로 정의되고 있으며, 이론을 발견하기 위한 방법이라고 할 수 있다(Lye et al., 2006).

근거이론연구는 "좋은 이론"을 정립하기 위해 자료를 지속적으로 코딩(coding)하고 비교함으로써 문헌, 면접노트, 현장노트 등에 관한 체계적인 분석을 통해 자료분석에서 나타나는 많은 생각들을 조직화하고자 한다(Strauss, 1987, pp.22-23). 자료수집, 분석, 이론정립은 상호적 관계(reciprocal relationship)를 가진다. 연구자는 검증하고자 하는 이론으로부터 시작하기 보다는 연구분야에서 시작하며 관련된 이론이 그 연구과정으로부터 나타날 수 있다. 이론과 이 이론이 근거하는 자료는 본질적으로 상호관련이 있다. 즉, 근거이론을 이용하는 연구자들은 이론을 개발하고는 그것을 검증하기 위해 체계적으로 증거를 추구하기 보다는 자료를 수집하고는 그 자료에서 직접 도출되는 이론을 체계적으로 개발하기 때문에, 근거이론은 그 당시 지배적인 논리연역적인 이론화방식에 도전하였다(Dey, 1999).

근거이론방법에서는 이론이 자료로부터 생성되거나, 기존이론이 조사분야에 적절한 것으로 보이더라도 입수한 자료가 기존이론에 잘 맞지 않으면 기존이론이 수정되거나 더욱 정교하게 된다(Strauss · Corbin, 1998b, p.159).

근거이론방법의 가장 핵심적인 부분은 연구하고자 하는 현상의 맥락과 밀접하게 관련있는 이론을 개발하는 것이다. 예를 들면, Strauss · Corbin(1998b)에 의하면, 이론이란 개념 혹은 일련의 개념군들 간의 그럴듯한 관계다. 이렇게 연구자에 의해 개발된 이론은 연구의 마지막 부분을 향해 가면서 명료해지며, 서사적 진술(Strauss · Corbin, 1990), 시각적 그림(Morrow · Smith, 1995), 혹은 일련의 가설이나 명제(Creswell · Brown, 1992)의 형태를 가질 수 있다.

원래, 근거이론은 개발 당시에 사회학적 연구에서 이용되고 있었던 고도로 추상적인 이론화의 결과로 개발되었으며, 그것은 해석적인 사회학적 연구의 발전을 촉구하려는 시도로 간주될 수 있다. 그것은 현장자료를 수집하고 분석하기 위해 고도로 구조화된 접근방법을 통해 작업하고 선행이론화의 낮은 수준[2])으로부터 시작한다. 원래의 창시자들인 Glaser와 Strauss가 이제는 다소 다른 방법을 지지하지만, 일반적으로 근거이론으로 알려져 있는 것에는 공통적인 근거(ground)가 있다.

여기서는 주로 Strauss · Corbin(1990, 1998a)의 근거이론을 중심으로 해서 근거이론의 특징을 간단히 살펴보면 〈도표 14-1〉과 같다.

---

2) 이러한 의미에서, 그것은 Laughlin의 낮은/중간 이론화범주에 속한다(Llewellyn, 2003).

〈도표 14-1〉 근거이론의 주요한 특징

자료 수집	자료수집과 분석의 반복적 과정	실제로, 자료수집과 분석은 상호연결되어야 한다. 자료는 먼저 수집 되고 분석되며 그리고나서 연구가 완전하고 이론적 이해에 도달할 때까지 추가자료 수집과 분석을 유도해야 한다. Glaser・Strauss(1967, p.71)은 다음과 같이 설명하고 있다. 즉, 이론을 발견하는 것을 목적으로 한 연구는 세 가지 모든 절차(자료수집, 코딩, 분석)가 동시에 진행되어야 한다.
	지속적 비교방법	Glaser는 범주와 그 속성을 통합하기 위해 차이점과 유사점을 비교함으로써 이것을 엿본다. Strauss・Corbin(1990, p.67)은 그것을 자료에서 발견되어야 하는 양상에서 변이의 식별로 설명한다.
	이론적 표본추출	신흥이론은 연구가 자료를 수집하기 위해 다음으로 가야 할 곳을 지시한다. 근거이론가는 신생이론의 일부와 모순될 수 있고 따라서 이론개발을 충실하게 할 수 있는 반대사례를 가끔 찾고자 한다.
	절차	연구자가 상대적으로 장기간에 펼쳐지는 사건을 추적할 수 있고, 이에 의해서 연구되고 있는 현상을 이해할 수 있도록 장기간의 연구가 근거이론에서 중요하다. 근거이론에서 얻을 수 있는 풍부한 통찰력은 상당한 연구노력을 필요로 하며, 이론구성은 기능주의적인 접근방법보 다 더 긴 시간을 소요하는 경향이 있다.
자료 분석과 해석	코딩	자료를 코딩하는 것은 근거이론의 기본적인 분석수단이다. 이것은 현장으로부터 신흥이론을 발견하기 위해 이용된다. 그러나 코딩과 이론개발사이의 연계는 Glaser학파와 Strauss학파 사이에 차이가 있는 분야이다.
	핵심범주의 식별과 이론적 포화	선택코딩의 과정을 통해, 연구자는 참여자의 이야기를 재구성할 수 있으며, 이들에게 연구자 자신의 불가피한 해석의 맥락이지만 목소리를 할 수 있다(Strauss・Corbin, 1998a, p.281). 그러나 이것은 Glaser 학파와 Strauss학파 사이에 차이가 있는 또다른 분야이다.
	귀납적 이론개발	사회적 상호작용에 대한 주안점으로, 이론은 기존이론을 검정하거나 단순히 경험적 현상을 서술하기 보다는 면접과 관찰로부터 얻어진 자료에 근거하고 있다. 근거이론은 행위자들의 정상적인 일상세계에서 행위자들을 연구하며, 풍부한 서술과 통찰력을 개발한다는 목적으로, 그들이 그들 자신의 조직적 실재를 주관적으로 구성한다는 것과 자연스럽게 발생하는 맥락에서 관찰되고 있다는 것을 인식한다(Parker, 2001, p.323).
	이론적 민감성	Strauss・Corbin에 의하면, 이론화는 자료로부터 관계의 언명을 통해 다양한 개념을 체계적으로 통합하는 해설체계를 구성하는 행위이며(1998, p.25), 이론 그 자체는 연구자에 의해 채택되거나 연구되는 일정한 관점에서 만들어지는 해석이다(*ibid.*, p.279). 그러나 Glaser는 연구자가 빈 판(blank slate)을 현장에 가지고 가야 한다고 주장하였는데 반하여, Strauss는 선행이론을 위한 역할로 간주한다.
	메모와 도표	Strauss・Corbin(1998b)은 메모와 도표의 이용을 포함한 복잡한 코딩방법을 주장한다. 그러나 이론적 민감성을 높이기 위해 그들은 어느 정도의 유연성과 창조성으로 이러한 코딩방법이 이용될 필요가 있다고 주장한다.

	엄격성의 척도	성찰성이 이론생성의 귀납/연역 순환에서 강조된다. 그러나 많은 근거이론 연구는 엄격성의 개념이나 증거에 의해 정당화될 수 없는 귀납적으로 생성된 통찰력의 느슨한 집합을 보고하고 있다(Gurd, 2008). 엄격성은 연구자에게 그들의 코딩과정, 이론화, 결론을 설명하도록 요구함으로써 개선될 수 있다(McCann · Clark, 2003).

자료원: Elharidy et al(2008, p.144).

근거이론의 주요한 특징은 〈도표 14－1〉처럼 자료수집과 분석에서 귀납적, 반복적, 비교적, 체계적 방법이라는 것이다. 근거이론은 경험적 자료로 시작하고는 일단의 코딩절차을 이용하면서, 수집된 자료를 설명하기 위해 귀납적으로 이론을 개발한다. 실제로, 연구자들은 현장으로부터 다양한 관점(과 목소리)에 열려있어야 하며, 자료수집과 이론화 사이에서 왕복해야 한다. 따라서 근거이론에서 이론화는 자료로부터 명제를 도출하고 추가자료로 이러한 명제에 직면하며, 갱신하거나 새로운 명제로 유도하고는 다시 자료수집 등에 의해서 이론이 개발되는 반복적 과정이다. 근거이론의 목적은 새로운 명제를 검정하는 것이 아니라 새로운 방법에 열려있고 현장에서 특이현상에 대비하는 것이다. 이외에 이론화는 다른 맥락, 상황, 기존연구 등으로부터 자료를 수집하고 비교하여 확대될 수 있다(Elharidy et al., p.145).

근거이론을 다른 연구방법과 구별짓는 것은 자료수집과 분석의 체계적 과정이다. 즉, 자료로 시작하고는 개방코딩, 축코딩, 선택코딩이라는 세 가지 코딩과정을 통해 점진적으로 자료를 정제된 이론적 개념으로 변환한다(Strauss · Corbin, 1998b). 이러한 특징들이 근거이론을 해석적 연구에 적합하게 한다(*ibid.*).

제2절 근거이론의 역사적 배경

근거이론이라는 용어는 두 명의 사회학자 Bary Glaser와 Anselm Strauss가 처음으로 미국의 의료기관에 대한 연구의 결과로서 만들었다. 근거이론의 방법은 1960년대 병원의 직원들이 죽어가는 환자를 다루는 방식에 관해 현장연구를 통해 관찰하면서 자신들의 연구방법을 개발하였다(1965). 이 방법의 개념적 기초는 그들의 저서, *The Discovery of Grounded Theory: Strategies for Qualitative Research*(1967)에 소개되어 있는데, 그들은 사회연구에서 체계적으로 수집되고 분석되는 자료로부터 이론의 발견을 어떻게 추진할 수 있는가의 문제를 다루고자 하였다(Glaser · Strauss, 1967, p.1; 이병식 외 공역, p.13). Strauss ·

Corbin(1990)의 저서, *Basics of Qualitative Research: Grounded Theory procedures and techniques*에서도 근거이론의 방법에 관한 절차와 기법을 잘 소개하고 있다.

그러나 "질적 연구의 전략"이라는 1967년도 책의 부제목에도 불구하고, 전략이 불명확하여 이 방법을 해설하는 여러 가지 논문과 책의 출간으로 혼란이 초래되었다(Glaser, 1978; Strauss, 1987). 1990년에 근거이론에 관해 더욱 명확하게 정의된 시스템을 만들기 위해 Strauss가 간호연구자인 Corbin와 제휴하였을 때 근거이론분야에서 불화가 더욱 분명하게 나타나게 되었다(Strauss · Corbin, 1990). 이들의 근거이론정의는 "현상에 관해 귀납적으로 도출된 근거이론을 개발하기 위한 일단의 체계적인 절차를 이용하는 질적 연구방법"(*ibid*, p.23)이었다. Glaser는 더욱 처방적인 새로운 체계적 접근방법으로 변경한 것에 대해 반대하였다(Glaser, 1992). 그는 근거이론을 "실체영역(substantive area)에 관한 귀납적 이론을 생성하기 위해 체계적으로 적용된 일단의 방법을 이용하는 자료수집과 연결된 일반적 분석방법론"으로 재정의하기도 하였다(*ibid*., p.16; 김인숙 · 장혜경 옮김, p.108).

근거이론의 두 저자 중에서 Strauss는 19세기말부터 20세기중반까지 사회학의 영역을 지배한 (구조)기능주의적 패러다임을 비판하면서 질적인 연구의 전통을 가지고 있는 Chicago 대학 사회학과 출신으로, Mead, Blumer 등과 같은 상호작용론자와 Dewey와 같은 실용주의자의 영향을 받았다. Glaser는 1950년대에 Columbia 대학에서 공부하였으며, 이론개발과 관련해서 Columbia 대학의 경험적 연구 전통과 계량적인 방법의 영향을 받았다. 그리하여 근거이론은 Chicago대학 사회학의 영향을 받았는 바, 관찰과 면접을 중심으로 하는 현장연구방법과 복잡한 현상의 경험, 작용, 상호작용 등의 문서화를 강조하고 있으며, Columbia대학의 영향을 받아서 1940년대와 1950년대의 구조기능주의적인 전통인 과학적인 계량화 방법의 경향도 갖고 있다. 따라서 근거이론은 양적인 연구에 고유한 논리, 엄격성, 체계적 분석과 질적인 해석적 전통의 깊이와 풍부성을 결합하였다(Charmaz, 2000; Dey, 1999). 이러한 근거이론은 자료를 수집 · 분석해서 자료를 개념화하는 방법이라 할 수 있다.

근거이론의 핵심과 Glaser와 Strauss 논쟁의 핵심에는 자료분석과정이 있다. 이것은 연구자가 자료로부터 이론을 생성하기 위해 관계하는 단순하고 복잡하고, 엄격하면서도 자유방임적인 과정이다. 구체적으로 Glaser · Strauss(1967)는 근거이론을 두 가지 자료분석과정을 결합한 방법으로 설명하였다. 첫 번째 과정에서 분석가는 모든 자료를 부호화(coding)하고 일정한 명제를 검증하거나 증명하기 위해서 이러한 부호를 체계적으로 분석한다. 두 번째 과정에서 분석가는 자료 그 자체를 코딩하는데 관여하는 것이 아니라, 범주의 속성을 위해 자료를 단순히 검사하고 분석을 추적하기 위해 메모를 이용하고 이론적 아이디어를 개발한다. Glaser · Strauss(1967)는 이러한 과정의 어느 것도 자료로부터 이론을 생성한다는 목표를 적절하게 달성할 수 없을 것이라고 결정하였다. 그리하여 그들은 분석적인 지속비교(constant comparison)절차에 의해 첫 번째 방법의 명시적인 코딩절차와 두 번째 방법의 이론개발 유형을 결합하는 방법(p.102)인 혼합적 자료분석방법을 주장하였다. 두 과정의 최상의 것을 포착하기 위한 이러한 노력으로부터 지속비교의 방법으로도 알려진 근거이론이 탄생하였다(Walker・Myrick, 2006, p.548).

제3절 근거이론의 종류

1990년대에 근거이론을 원래 개발한 학자들간에 의견이 달라지기 시작하였는데, 이것은 Strauss・Corbin(1990)의 저서를 비판한 Glaser(1992)의 *Basics of Grounded Theory Analysis*의 출간으로 시작되었다. 이러한 분화는 두 개발자의 배경과 관련된 상이한 철학적 입장까지 추적할 수 있다. 1950년대에 계량적 방법의 전통이 있었던 Columbia대학교에서 공부한 Glaser는 양적 방법론의 영향을 받았는데, Columbia대학의 연구전통은 이론개발과 관련해서 경험적 연구를 강조하였다(Strauss・Corbin, 1990, p.25; 김수지・신경림 옮김, p.33). 그리하여 Glaser는 근거이론방법에서 양적 자료분석방법을 적용하고자 하였다.

근거이론은 Chicago대학교 사회학의 학풍인 상징적 상호작용론에도 뿌리를 두고 있다(Stern, 1994, p.215; Locke, 2001). 일부 근거이론을 이용하는 연구자들은 이 상징적 상호작용주의적 견해를 초월해서 근거이론연구에 더욱 비판적인 접근방법을 개발하고자 하였다(Annells, 1996).

Blumer는 상징적 상호작용론에서 사람들의 행동을 이해하기 위해서 객체, 대상을 사람이 그것을 보는 방식으로 다루어야 한다고 하였다. 다시 말하면 사회적 행위는 구성의 과정을 관찰하고 어떻게 행위자에게 상황이 보여지고, 행위자가 고려하는 것은 무엇이고 이것이 어떻게 해석되는지를 보아야 한다고 하였다(김소선, 2003. pp.70-71).

근거이론문헌의 분석에 의하면, 근거이론은 Glaser학파, Strauss학파, Charmaz학파, Clarke학파 등의 네 개 학파로 나눌 수 있다(이동성・김영천, 2012). 그러나 일반적으로는 세 번째와 네 번째를 독립적인 방법이나 학파로 간주하지 않고, Glaser의 방법(학파)과 Strauss의 방법(학파) 두 가지로 분류하는데(Jones・Noble, 2007, p.85), Strauss・Corbin(1990)의 접근방법은 Glaser와 Strauss 사이의 사고방식의 분화의 결과이다.

상이한 근거이론접근방법 사이의 차이를 비교하기 위해 다양한 노력이 있었지만, 주로

Glaser와 Strauss 사이의 차이에 초점을 두었다(Stern, 1994; Parker · Roffey, 1997, Walker · Myrick, 2006; Jones · Noble, 2007; Elharidy, 2008; Gurd, 2008).

Glaser와 Strauss의 학문적 배경으로부터 달리하여 나타난 차이는 1990년대부터 본격적으로 가시화하였다. Glaser는 연구절차와 기법을 강조하는 Strauss · Corbin(1990)의 근거이론방법이 Glaser · Strauss(1967)의 방법론적 의도인 사회적 실재에 대한 중범위 사회이론을 생성하고자 했던 초기의 목적을 상실하였다고 비판하였다. Glaser의 입장에서 볼 때, Strauss · Corbin(1990)의 근거이론방법은 사회적 실재의 복잡성을 하나의 선형적이고 형식적인 기법과 절차로 제한하였다(Schreiber, 2001, p.63). Glaser는 연구계획의 수립에서 글쓰기에 이르는 모든 과정(연구문제와 문제의 진술, 연구결과에 대한 검증방식, 연구결과에 대한 일반화, 문헌사용 여부와 방법, 근거이론에 대한 평가기준, 이론적 민감성을 높이기 위한 기술, 코딩유형과 방법, 과정, 상황모형 등)에 대한 Strauss · Corbin(1990, 1998a)의 근거이론방법을 조목조목 비판하였다. 특히 Glaser와 Strauss의 방법론적 논쟁은 코딩 패러다임으로 대표되는 축코딩과 핵심범주를 발견하는 선택코딩단계에서 더욱 가사화되었다. 1990년대에 촉발된 양자 사이의 방법론적 논쟁은 이후 북미에서 Strauss학파와 Glaser학파를 양산하였다(이동성 · 김영천, pp.9-10).

체계적인 분석적 절차는 근거이론의 가장 큰 장점 중의 하나이다. 그러나 이 과정의 엄격성은 또한 근거이론연구자와 다른 연구자 사이의 불일치의 원천이다. 이것은 근거이론에 대한 많은 상이한 접근방법의 발전을 유도하였다(Goddard, 2017, p.94).

첫 번째는 Glaser · Strauss가 네 가지 주요한 현안을 중심으로 근거이론이 무엇이라고 생각하는가에 관해 상이한 견해를 가진 그들로부터 나온다. 첫째, Strauss는 근거이론을 질적 연구를 실시하기 위해 이용되는 연구방법으로 간주하였다. Strauss의 근거이론 정의는 근거이론 접근방법을 이용함으로써 양적 연구를 실시할 가능성을 배제한다. 한편, Glaser는 근거이론을 질적 및 양적 연구에서 적용될 수 있는 일반적인 방법론으로 간주하였다. 둘째, Strauss는 연구될 현상이나 현안에 관한 선행지식을 가진 연구자를 선호하였다(Strauss · Corbin, 1990; 1998a). 이와는 대조적으로, Glaser는 연구자가 조직을 선택하고 연구과정에서 현안이나 현상이 등장할 수 있게 해야 한다고 권고하였다(Glaser, 1992). 셋째, Glaser는 관심현안이 현장에서 등장할 수 있게 하는 자료분석에 대한 일반적인 접근방법을 선호하였다(Glaser, 1992). 한편, Strauss는 더 구조적인 분석적 방법을 선호하였는데(Strauss · Corbin, 1990; 1998a), 이 방법을 Glaser는 연구과정에서 이들이 스스로 등장할 수 있게 하기 보다는 현안을 등장하도록 강제하는 것으로 간주하였다. 마지막으로, Strauss는 형식적인 근거이론을 이것이 더 광범위한 적용가능성을 가질 수 있지만 동시에 여전히 자료에 근거한 채로 있을 수 있는 더욱 추상적인 수준으로 격상한 것으로 간주하였다(Corbin · Strauss,

2008, p.102). 이와는 대조적으로, Glaser는 형식적인 근거이론을 실체적인(substantive) 이론으로부터 등장한 핵심범주의 일반적인 함의로 서술하였다. 실천적인 용어에서, Strauss · Corbin의 접근방법은 연구자에게 더욱 보편적인 것으로 판명되었다.

최근에, Charmaz(2006, 2014)는 해석적/사회구성적 접근방법내에서 Glaser, Strauss, Corbin의 실증적 근원인 것으로부터 근거이론을 개발하였다. 연구자가 이러한 전략에 가져 오는 가정과 연구자가 이들을 어떻게 이용하는가는 인식론적 · 존재론적 입장을 전제하지만, Charmaz는 코딩, 메모작성, 이론적 표본추출, 비교방법 등과 같은 근거이론의 전략은 인식론적 · 존재론적 차이간에 이동할 수 있다고 주장한다(Charmaz, 2014, p.12).

사회구성주의자가 근거이론에 가져오는 주요한 가정은 자료나 이론이 발견되는 것이 아니라 연구자와 연구참여자에 의해 구성된다는 것이다(Allen, 2010). 나아가 Charmaz는 참여자의 의미, 경험관, 연구자의 최종 근거이론 등이 실재의 구성이라는 해석적 접근방법을 강조한다. 전략이 어떻게 이용되는가에 의해서, 사회구성주의자는 언어의 중요성을 인지하고 의미를 뽑아내기 위해 면접의 목적과 실무를 더 많이 강조한다. Charmza도 코딩에 더욱 간단한 접근방법으로 자료분석에 대한 처방적 접근방법을 매우 적게 취하며, 코드성질이나 패러다임모형의 상세한 분석에 이용하지 않는다.

구성주의적 근거이론은 방법의 유연성을 강조하며, 이의 기계적 운영에 저항한다(Charmaz, 2014, p.13). 이것은 분석에 대한 매우 엄격하고, 실증주의적 접근방법과 관련있는 근거이론에 관한 일부 비판을 충족시킨다. 근거이론에 대한 Charmaz의 접근방법은 특히 사회구성주의적 · 해석적 연구자 그리고 회계연구자에게 매우 보편적인 것으로 판명되고 있다.

근거이론의 가장 최근의 발전은 Adele Clarke에 의해 이루어졌는데, Clarke는 포스트모던적인 관점을 가져오고자 하였다. Clarke(2003, p.559)는 근거이론에 대한 자신의 방법이 Charmaz의 사회구성주의와 일치한다고 주장하고 Charmaz가 의미생성에 대한 주안점은 해석적, 구성주의적, 상대주의적 이해를 촉진한다는 것을 강조한다(*ibid.*).

Clarke는 전통적인 근거이론이 보편성, 일반적 단순성, 영원성, 안정성, 전체성, 합리성, 정규성, 동질성, 충분성 등을 강조한 모더니즘과 관련있는 것으로 식별하고 있다. 그러나 포스트 모던주의는 국지성, 편파성, 복잡성, 일시성, 불안정성, 비규칙성, 모순, 이질성, 상황성 등으 로 주안점을 이동하였다. 근거이론이 포스트모더니즘을 포괄할 수 있게 하기 위해, 사회과정 /행위의 근원은유는 사회세계/분야/협상의 생태적 근원은유로 보완될 필요가 있다. 이것으로 개인수준분석 뿐만 아니라, 중시(meso)수준, 새로운 사회조직적/제도적 및 담론적 상황에서 상황분석을 가능하게 한다(*ibid.*, 2003). 실제의 용어로, 이것은 전통적인 근거이론분석을 상황분석으로 보완함으로써 달성된다.

요약하면, Strauss · Corbin에 의해 개발된 전통적인 근거이론은 확실히 오늘날까지 가장 보편적인 접근방법으로 판명되었으며, 근거이론이 대부분의 연구자에게 의미하는 것을 대표하게 되었다. 그러나 Charmaz와 Clarke는 시간이 경과함에 따라 많은 관심을 당연히 받았으며, Corbin · Strauss(2015)는 최소한 Charmaz와 Clarke가 제기한 일부 현안을 반영하고자 하였다.

제4절 근거이론의 연구과정

연구자는 범주들이 포화(saturate)될 때까지(또는 더 이상의 정보가 발견되지 않을 때까지 지속적으로 추가정보를 찾는 것) 면접 자료를 수집하기 위해 현장에 수차례 방문하며 통상 20회 내지 30회 정도의 면접을 하게 된다. 범주(category)란 정보의 한 단위로서 사건이나 우발적 사건, 사례 등으로 구성된다(Strauss · Corbin, 1990). 또한 연구자는 관찰결과와 문헌을 수집하고 분석하기도 하지만 이러한 자료 형태가 전형적인 것은 아니다. 연구자는 자료를 수집하면서 동시에 분석을 시작하게 된다. 실제로, 근거이론 연구에서 자료수집에 대한 이미지는 '반복'과정, 즉 현장으로 나가서 정보를 수집하고, 자료를 분석하고, 다시 현장으로 나가서 더 많은 정보를 수집하고, 자료를 분석하는 과정을 반복하는 것이다. 전개되는 이론에 대해 입증된 이론적 관련성을 가진 개념들을 근거로 표본을 추출하는 것을 이론적 표본추출(theoretical sampling)이라고 하는데 이것은 연역적 과정이다(신경림 외, 2004, pp.302-303). 현장을 몇 차례나 방문해야 하는가는 정보의 범주들이 포화되었는가, 그리고 복잡한 이론이 충분히 정교화되었는가의 여부에 달려 있다. 이렇게 자료수집에 의한 정보들을 가지고 비교하여 범주화시키는 과정을 자료분석의 지속적 비교(constant comparative) 방법이라고 한다.

근거이론에 의한 연구과정은 체계적이며 다음과 같은 표준적인 형식을 따른다(김귀분 외, pp.315-334).

1. 조사대상선정

근거이론 연구방법은 특정현상을 설명하는 개념이 지금까지 확인되지 않았거나 개념간의 관계가 제대로 이해되지 않았다는 입장을 전제로 시작한다. 이에 따라 양적 연구와는 달리 질적 연구는 변수나 개념이 충분히 확인되지 않은 상황이므로 모든 가능성을 포함할 수 있는 개방적이고 광범위한 질문으로 시작한다.

근거이론의 개발은 어느 한 현상에 속한 개념을 발견하고 발견한 개념들을 논리적이고 체계적으로 설명이 가능한 틀로 공식화하는 과정이며 활동이다. 따라서 연구자는 특정 문제나 현상에 대해 다각적으로 탐구하여 개념을 발견・확인하고, 또한 관계를 발견・확인하는 데 이 과정에서 귀납적, 연역적 방법을 고루 사용한다.

2. 자료수집

여기서 중요한 단계는 연구할 사람이나 장소를 찾아 접근하고 참여자가 좋은 정보를 제공할 수 있도록 관계를 형성하는 것이다. 이 과정과 밀접히 관련된 단계로 개인이나 장소를 의도적으로 표본추출할 전략을 결정하는 것이 포함된다. 이것은 통계적 추정이 가능한 확률적인 표본추출이 아니며, 연구 진행중인 문제를 가장 잘 연구하기 위한 표본추출이다.

다른 질적 연구와 마찬가지로 근거이론에서는 자료수집과 자료분석이 동시에 이루어지며, 자료수집 및 분석과 이론적인 지식이 상호 관계를 맺는다. 자료를 수집하고 분석하는 과정에서 연구자에게 분석적인 자세를 유지하기 위한 거리두기가 요구되는데, 거리두기란 연구자가 연구현장에 장기간 머물면서 몰입하지만 그와 동시에 연구자로서의 객관성을 잃지 말아야 한다는 것이다(상게서, p.316)

일단 연구자가 장소나 사람을 선택하고 나면, 가장 적절한 자료수집의 접근방법을 결정해야 한다. 일반적으로 하나 이상의 자료원을 포함한다. 이들 정보를 수집하기 위해, 연구자는 정보 기록을 위한 서면 양식 혹은 지침서를 개발하고 이러한 기록 과정의 구조를 평가할 필요가 있다. 마지막으로 연구자는 자료를 쉽게 검색하고 자료를 보호할 수 있는 자료저장 방법을 결정해야 한다.

질적 영역에서 수집되는 정보에는 네 가지 기본적인 유형, 즉 관찰(비참여관찰에서 참여관찰까지 포함), 면접(반구조화 면접에서 개방형 면접까지 포함), 문서, 시청각 자료(사진, CD, 비디오테이프) 등이 있다. 근거이론연구에서는 면접이 자료수집에서 중요한 역할을 수행한다. 면접 이외의 다른 자료형태, 이를 테면, 참여관찰, 연구자 반영 혹은 일지작성(메모하기), 참여자 일지작성, 표적집단 등이 이론 개발을 위해 사용될 수도 있다(상게서, p.154).

3. 문헌고찰

양적 연구에서 문헌은 개념적인 틀을 제공하며 전반적인 연구진행과 연구결과의 해석을 안내한다. 반면에 근거이론에서 문헌은 일차적으로 연구자의 이론적인 민감성을 향상시키면서 연구현상에 대한 분석의 눈을 제공한다. 또한 자료수집에서 이론적인 표본추출방향을 지시하며, 대상자와의 면접에서 면접질문을 제시하며, 분석한 자료를 확인하기 위한 보충 자료가 되기도 한다.

근거이론에서 문헌은 기능적인 문헌(technical literature)과 비기능적인 문헌(non-technical literature)이 있다. 기능적인 문헌은 연구보고서 등을 말하며 연구에 대한 배경지식을 제공한다. 그리고 비기능적인 문헌은 일기, 자서전, 소설. 시, 영화 등을 말하며 이론적인 민감성과 이론적인 표출을 자극한다(상게서, p.317).

4. 이론적 표본추출

근거이론에서는 연구대상자 즉 사람을 표본추출(sampling)하는 것이 아니라 연구 현상에 속해 있는 개념이나 범주를 나타내주는 사건을 표본추출하는 것이다. 따라서 관심있는 현상을 설명해 줄 수 있는 개념들을 모두 표본추출하는 대표성이 중요하다.

1) 표본추출과정

근거이론에서 표본추출과정은 자료분석 단계에 따라 세 가지로 볼 수 있다.

① 개방코딩(open coding)과정에서의 표본추출

이 단계에서의 자료수집과 표본추출은 가능한 많은 범주를 발견하는 것이 목적이며, 표본추출대상이 되는 사람, 장소, 상황에 대해 개방적인 태도를 가진다.

② 축코딩(axial coding)과정에서의 표본추출

이 단계는 관계와 변이 중심의 표본추출이라고 하며, 범주간의 관계를 발견하고 범주의 속성(properties)과 차원(dimensions)을 발견하는 것을 목적으로 하는 의도적인 과정이다.

③ 선택코딩(selective coding)과정에서의 표본추출

이 단계에서는 판별표본추출(discriminative sampling)이라고 하며, 이전 단계에서 발견한 범주 중에서 핵심범주를 규명하고 핵심범주를 중심으로 한 관계진술문을 확인하는 것을 목적으로 표본추출을 한다. 또한 선택코딩은 관심현상에 대한 이론을 개발하기 위한 목적을 가지고 좀 더 직접적이고 의도적인 표본추출을 실시한다.

2) 이론적인 포화(theoretical saturation)

근거이론에서 자료수집은 관심현상에 속해 있는 범주를 발견하고 개발하면서 더 이상 새로운 범주가 발견되지 않으며, 범주를 확인하는 과정에서 범주에 대한 새로운 원자료(raw data)가 나타나지 않을 때까지 하게 되는데, 이 시점을 이론적인 포화가 되었다고 한다.

3) 이론적 민감성(theoretical sensitivity)

이론적 민감성은 자료가 지닌 중요한 것을 발견하고 그것에 의미를 부여할 수 있는 연구자의 능력을 말한다. 이론적 민감성은 전문적인 경험 및 개인적인 경험과 학술적인 문헌에서 나온다. 즉, 연구자가 그 전문분야에서의 경험이 많을수록 연구에 활용할 수 있는 기본지식과 통찰력은 더욱 풍부해진다.

5. 자료분석

자료분석을 위한 여러 단계들이 있는데, 이 단계는 개방코딩, 축코딩, 선택코딩 등으로 구성된다. 근거이론은 정보의 범주를 만들어 내고(개방코딩), 범주들을 서로 연결시키고(축코딩), 범주들을 연결하는 이야기를 구성하고(선택코딩), 광범위한 이론적 명제로 종료하는 절차들을 제공한다.

개방코딩(open coding)에서 연구자는 정보를 구분함으로써 연구하고자 하는 현상에 대한 정보의 초기 범주들을 형성한다. 연구자는 각각의 범주(category) 내에서 몇 가지의 속성(properties) 또는 하위 범주들을 찾아내며, 차원화(dimensionalize)하기 위한 자료들을 찾거나 속성의 연속선 위에 있는 극단적인 가능성들을 보여준다.

축코딩(axial coding)에서는 연구자가 개방코딩 이후 새로운 방식으로 자료를 모은다. 이것은 코딩 패러다임이나 논리적 도표(logic diagram)를 사용하여 제시되는데, 연구자는 중심현상(즉, 현상에 대한 중심 범주)을 확인하고, 인과적 조건(즉, 현상에 영향을 미치는 조건들의 범주)을 탐색하며, 전략(즉, 중심현상의 결과로 나타나는 작용이나 상호작용)을 구체화하고, 상황적 맥락(context), 즉 중재적 상황(intervening conditions, 전략에 영향을 미치는 상황)을 확인하며 이 현상의 결과를 묘사한다. 그리하여 축코딩에서는 개방코딩을 통하여 도출된 범주들 간의 관계를 일련의 틀에 맞추어 즉, 인과적 조건, 중심현상, 상황적 맥락, 작용/상호작용 전략, 결과를 포함하는 패러다임 모형을 이용하여 범주들 간의 연결을 시도하는 것으로서, 가설 또는 이론적 관계 진술문을 찾는데 그 목적이 있다.

선택코딩(selective coding)은 핵심범주를 선택하는 과정으로서 핵심범주와 다른 범주와의 관계를 체계적으로 연결한 후 이러한 관계를 확인하고 수정 또는 보완하는 절차를 가진다. 핵심범주를 찾는 요령으로는 줄거리 쓰기(writing the storyline), 도표나 그림그리기, 메모 살펴보기 등이 있다. 줄거리는 해당 연구가 무엇을 말하고 있는지, 연구대상에 무엇이 일어나고 있는지를 이야기형식으로 서술해 보는 것이다.

선택코딩에서 연구자는 하나의 '이야기 줄거리'를 확인하여 축코딩 모델에 있는 범주들을 통합하는 이야기를 서술한다. 대개 이 국면에서 조건적 명제(또는 가설)들이 제시된다.

마지막으로 연구자는 중심 현상에 영향을 미치는 사회적, 역사적, 경제적 조건들을 밝히는 상황모형(conditional matrix)[3]을 개발하고 도식화한다. 이 단계의 분석은 근거이론 연구에서 자주 찾아보기는 어렵다.

실제로 자료수집과 분석은 상호연결되어야 한다. 자료가 먼저 수집, 분석되고 나서, 이것이 추가로 자료수집과 분석을 유도해야 하며, 연구가 완료되고 이론적으로 이해될 때까지 지속해야 한다. Glaser · Strauss(1967, p.71; 이병식 외 공역, p.104)는 이론발견을 목적으로 하는 연구는 자료수집, 코딩(coding), 분석의 세 가지 절차를 동시에 진행해야 한다고 주장하고 있다.

6. 최종이론의 특징

자료수집과 분석과정의 결과로서 이론이 나오는데, 이 이론은 연구자가 특정 문제나 연구대상자집단에 밀착하여 작성된 실체적 이론(substantive theory)이다. 한 이론의 개발이 연구의 합리적인 결과이기 때문에 연구는 이 시점에서 마칠 수도 있지만, 이제 막 현장에 기반한 자료로부터 변수들이나 범주들을 알게 되었기 때문에 이 이론은 이후의 경험적 검정을 필요로 한다.

한편, Goddard(2004)는 근거이론방법을 이용하는 형식적 이론(formal theory)[4]의 설계를 언급하고 있다. 근거이론연구가 형식적 이론을 개발하였다는 것을 주장하는 연구는 별로 없다. 이들은 모두 실체적 이론(substantive theory)들이다. 이들은 특정한 맥락에서 발생한 것을 설명하고, 그 의미에서 각 실체적 이론은 적합하게 작동하며, 그 맥락과 관련

3) 상황모형에서는 연구자가 상황 및 결과들간의 상호관계와 이에 의해 영향을 받는 작용/상호작용, 그리고 이러한 작용/상호작용에 의한 결과 등에 대한 연관성을 경로(path)로 그려봄으로써 연구대상에 대해 보다 설득력있고 완벽한 설명을 할 수 있게 만드는 장치라고 할 수 있다(김귀분 외, p.328).

4) 형식적 이론(formal theory)은 여러 실체적 영역을 관통할 수 있는 총괄적 이슈 과정에 대한 정제물이다. 형식적 이론에서 개념은 추상적이고 일반적이다. 이론은 이러한 개념간의 연결고리를 구체화한다(Charmaz, 2006; 박현선 외 공역, 2013, p.389).

이 있다. Glaser(1978)는 형식적 이론을 주장하지만, 이러한 이론을 생성하는 최상의 방법이 무엇인가에 관해서는 불분명하다.

최종이론인 실체적 이론은 다양한 특징을 가진다.

① 이론은 조사분야에 관해 상세한 설명을 제공함으로써 스스로 정당화한다. 즉, 이론은 이론을 발생시킨 자료에 항상 추적할 수 있다.
② 이 이론으로 연구자는 사전에 결정된 연구설계에 현상을 맞출 필요없이 현상을 연구할 수 있다.
③ 이론은 조사대상인 현상에 관한 연구자의 이해를 도와주며, 토론의 기초나 변화를 실시하기 위한 수단으로서 연구분야에서 연구자의 이해를 전달하는 수단을 제공한다.
④ 최종이론은 사전에 그곳에(over there) 존재하는 실재에 관해 일부 발견된 측면의 공식화가 아니라 그 연구자가 채택한 일정한 관점에서 이루어진 해석이다.
⑤ 이론은 관련자료에 대한 친밀성에 의존하고 이러한 자료로 체계적으로 검토되는 개념전개와 관계의 풍부성에 의해 개념적 밀도가 매우 높을 가능성이 있다(Strauss · Corbin, 1998b, p.161).
⑥ 이론은 이용가능한 일반이론이 새롭고, 확고하게 기반되며, 지엽적으로 근거한 이론에서 도출된 질문의 관점에서 평가될 수 있기 때문에 이용가능한 일반이론들을 풍부하게 유도할 가능성이 있다.

제5절 근거이론과 회계학연구

근거이론의 방법이 사회학자들에 의해 개발되어 간호학, 사회학, 심리학, 문화인류학, 교육학, 사회복지학, 경영학 등 많은 학문분야에서 이용되고 있지만, 회계학분야에서는 연구가 상대적으로 적다. Strauss · Corbin(1998a, pp.275, 283-284)은 다양한 분야의 연구자들에 의해 실시된 근거이론을 이용한 연구의 목록을 제시한 바 있다.

근거이론은 예를 들면, 참여관찰, 상호작용의 관찰, 사례연구자료 등으로부터 질적 회계학연구에 의해 생성된 많은 (메모지, 비구조적인 면접자료 등과 같은) 비표준자료를 취급하는 데 적합한 방법 중의 하나이다.

근거이론의 기법과 절차의 포괄적인 성격을 감안하면, 근거이론은 회계의 사회구성을 이해하는데, 특히 연구가 다음과 같은 곳에서 회계연구자가 이용할 수 있는 중요한 연구방법

중의 하나이다(Lye et al., 2006, p.148).

① 다면적이고 별로 알려지지 않은 현상. 예를 들면, 각 정부부처가 일반적으로 인정된 회계원칙을 이용하여 일단의 재무제표를 작성하게 하는 규정의 도입.
② 변화과정을 포함한 어떤 현상의 배후에 있는 사회과정을 다루는 것을 포함하는 문제. 예를들면, 현금기준에서 발생기준의 시스템으로 공공부문회계의 변화와 관련된 현안.
③ 기존의 이론으로는 설명될 수 없는 일단의 상황을 포함한 문제. 예를 들면, 예산편성과정과 관련해서 조직구성원의 행동양상이 기존이론하에서 가정되는 것과 다르게 보이는 상황.
④ 새로운 이데올로기의 영향을 다루는 문제. 예를 들면, 전문가의 이해관계를 지키기 위한 전략으로서 직업통제로부터 제품차별화까지 회계전문직내에서 주안점의 변화가 전문가의 활동에 미치는 영향.
⑤ 조직문화를 조사하고 조직문화와 더불어 일하는 것을 필요로 하는 문제. 예를 들면, 성과를 동기유발하는 데서 조직내에서 관리회계시스템의 효과성과 관련된 현안.
⑥ 회계 하위문화(accounting sub-culture)의 가치와 관련된 현안.
⑦ 회계 전문직내에서 성(gender)의 문제
⑧ 회계기준제정과 관련된 권력문제. 예를 들면, 회계기준안에 대한 로비활동에서 권력행사의 본질.

지난 30여년동안 질적 자료를 분석하기 위해 근거이론방법을 채택한 일단의 회계학연구가 있었다. 일부 회계학연구는 이론적으로 소개하여 근거이론방법의 유용성을 소개한 논문(예를 들면, Tomkins · Groves, 1983; Parker · Roffey, 1997; Elharidy et al., 2008, von Alberti-Alhtaybat · Al-Htaybat, 2010)도 있지만, 많은 회계학연구가 경험적이었다.

Tomkins · Groves(1983)가 이론적으로 근거이론을 소개한 이후에 회계학에서 근거이론을 이용한 이론적 · 경험적 연구가 등장하기 시작하였는데, 근거이론을 이용하는 최초의 경험적 논문은 Covaleski · Dirsmith(1983)이고 회계학 연구방법에 관한 저서인 Smith (2003)에서 처음으로 근거이론의 장(chapter)을 수록하고 있다. 보건과 간호분야에서 근거이론을 이용하는 연구가 우리나라를 포함해서 전세계적으로 매우 활발함에도 불구하고, Parker · Roffey(1997)는 회계학문헌에서 근거이론방법을 이용한 네 개의 논문[5)]만을 식

5) 이 중에서 두 개(Covaleski · Dirsmith, 1986, 1988b)는 저자들에 의해 근거이론이 아닌 민속지학적인 것으로 인식되고 있으며, 이들의 근거이론 논문의 하나는 Park · Roffey가 언급하지 않았다(Covaleski · Dirsmith, 1984).

별하였고, Gurd(2008)가 2006년까지 24편을 확인한 바 있는데, 대부분은 관리회계분야에 속하며, 재무회계나 감사에 속하는 것은 매우 드물다.

지난 30여년동안 근거이론에 입각해서 사례연구와 현장연구들이 영리기업과 비영리기관의 회계분야와 계획 · 통제분야에서 나타나기 시작하였다. 이의 예로는 Covaleski · Dirsmith(1983, 1984), Gibbins et al.(1990), Blank et al.(1991), Norris(1997), Nixon(1998), Abdul-Rahman · Goddard(1998), Lightbody(2000), Parker(2001, 2002), Goddard(2004) 등이 있다.

우리나라의 경우, 김석웅(2007)은 근거이론을 이용한 서구의 회계학연구현황을 일부 살펴보았으며, 이도희 · 이동규(2007) 및 이동규 · 이도희(2007)는 비영리기관의 회계인식에 관해 근거이론을 이용하여 탐색적으로 살펴보고 있다. 근거이론의 선행연구들은 근거이론의 전통에서 경험적 연구의 특징에 대한 다양한 접근방법의 예를 보여준다. 여기서는 근거이론연구의 전반적인 연구경향을 분석하고 있는 Gurd(2008)을 살펴보고 나서 연구대상이 영리기관인 경우와 비영리기관인 경우로 나누어 살펴보기로 한다.

1. 연구경향

Gurd(2008)가 실시한 근거이론을 적용한 회계학논문의 연구현황에 의하면, *Accounting, Auditing and Accountability Journal*이 근거이론을 이용하는 회계연구자에게 가장 공통적으로 선호하는 학술지이다.

Kakkuri-Knuuttila et al.(2008)은 Dent(1991)를 검토하여, 순수한 주관주의적 입장의 불가능성을 주장하였다. 근거이론을 언급하거나 참고하지는 않았지만, 그들은 근거이론의 기초인 사회구성주의적 입장을 주장하고 있다(Gurd, 2008, p.123).

Gurd(2008)는 Corbin · Strauss(1990)가 주장한 근거이론의 11가지 기준[6] 중에서 자료수집과 분석의 반복성, 이론적 표본추출, 지속적인 비교, 코딩과 이론구성과정의 설명 등 네 개의 기준을 근거이론을 이용하는 회계학연구의 분석에 적용하였다. Gurd(2008, p.124)의 연구현황분석에서 근거이론방법을 살펴보면, Gibbins et al.(1990), Barker(1998)와 같이 1980년대와 1990년대에 발표된 연구는 Glaser · Strauss(1967)를 참고한 경향이 있는데 반해서, Lightbody(2000), Beattie et al.(2004), Goddard(2004), Bowyer · Davis

6) 이는 다음과 같다. ① 자료수집과 분석이 상호관련된 과정이다. ② 개념들이 기본적인 분석단위이다. ③ 범주들이 개발되고 관련되어야 한다. ④ 표본추출이 이론적 근거로 진행된다. ⑤ 분석이 지속비교를 이용한다. ⑥ 양상과 변이가 고려되어야 한다. ⑦ 과정이 이론에 반영되어야 한다. ⑧ 이론적 메모를 작성하는 것은 필수적인 부분이다. ⑨ 범주간의 관계에 관한 가설을 연구과정에서 가능한 한 많이 개발하고 검증한다. ⑩ 근거이론가는 혼자 연구할 필요가 없다. ⑪ 광범위한 구조적 조건들이 분석에 반영되어야 한다.

(2012) 등을 포함해서 거의 대부분의 최근연구(2000년대)는 Strauss・Corbin(1990, 1998a)을 이용하여 발표되었으며, 실증적 경향이 많은 Glaser의 방법을 이용한 경우는 von Alberti-Alhtaybat・Al-Htaybat(2000)가 유일하다. Strauss・Corbin(1990)의 방법이 해석적 방법론을 신봉하는 회계연구자에게 더 적합하였을 것이다. 그것은 연구자를 단계적 접근방법으로 유도하는 경향이 있다. 이외에 Parker(2001, 2002), Lye et al.(2005) 등은 근거이론연구에 혼합적 접근방법을 이용하고 있다. 이러한 사실들은 실체적 이론(substantive theory)을 개발하기 위해 동일한 기본절차를 채택하는 이론을 생성하기 위한 일반적인 방법이 근거이론(Glaser, 1978)이라는 점에서 근거이론 개발자의 의도를 반영한다. 이 방법에서 더 많은 구체성을 가지려는 욕구나 복잡성의 수준도 선택된 접근방법을 지정할 수 있다. 예를 들면, Lye et al.(2005)는 회계의 광범위한 공공부문상황과 이러한 광범위한 상황의 많은 측면과 연결된 회계변화 때문에 혼합적 접근방법을 필요로 하였는데, 그들의 연구상황의 역동성을 포착하고자 하였다. 결국 중요한 것은 연구자가 연구상황내에서 자신들의 평가를 타당하게 하는 절차를 채택한다는 것이다.

근거이론의 연구방법을 적용한 회계학논문들 중에서, 9편은 *AAAJ*에 나타나며, *AAAJ*가 지원한 APIRA 학술회의에서 두 편이상이 발표되었으며, 2편 이상이 다른 학술지에 발표되었지만, *AAAJ*의 편집위원장에 의해 저술되었다. 이것은 Strauss・Corbin의 방식을 지지하는 학자들이다(Gurd, 2008, p.129).

한편, Corbin・Strauss(1990)가 주장한 근거이론방법의 11가지 기준 중에서 논쟁의 여지가 적은 네 가지(자료수집과 분석의 반복성, 이론적 표본추출, 지속적인 비교, 코딩과 이론구성과정의 설명 등)를 중심으로 살펴보면 다음과 같다(Gurd, 2008, p.127-128).

이들 중에서 첫째는 근거이론이 자료수집과 분석의 반복적 과정이라는 것이다. Corbin・Strauss(1990)는 이것을 기준(canon)과 절차의 첫째로 간주하였다. 이것은 Glaser・Strauss(1967)의 접근방법에 기본이었으며, Parker・Roffey(1997)도 선정하였다. 모든 자료를 수집하고 나서 그것을 분석하기 시작하는 연구자는 근거이론방법을 이용하지 않는 것이다. 진정한 근거이론에서 "자료수집과 분석은 동시에 진행된다"(Charmaz, 1994, p.96). Glaser・Strauss(1967, p.71; 이병식 외 옮김, p.104)도 "이론을 발견하는 것을 목적으로 한 연구는......모든 세 가지 절차(자료수집, 코딩, 분석)는 가능한 한 가장 완전한 정도까지 동시에 진행한다"고 주장하고 있다. Goulding(2002)도 "근거이론은 자료의 수집과 분석을 동시에 한다"(p.25)고 주장하고 있다.

두 번째 핵심적 기준은 이론적 표본추출(sampling)이다. 자료수집은 이론에 의해 추진된다. 이론적 표본추출의 개념은 근거이론에 대한 모든 방법에서 중요하다. 즉, 그것이 없다면, 근거이론가들이 이론구성에서 어떠한 종결도 있을 수 없다고 주장하기 때문이다. 이론적 표본추출은 이론이 발전하고 있기 때문에 비교집단을 모색하는 것을 포함하며(Locke, 2001), 등장하는 범주에 근거한 새로운 자료를 수집하는 것을 포함한다. 근거이론가는 가끔 현재의 이론개발의 일부와 모순되고 따라서 이론개발을 충실하게 하는 반증사례를 가끔 모색한다. 연구자가 그 과정에서 제한적인 최종점에 올 수 있는 것은 모든 모순점들이 드러날 때이다(Gurd, 2008, p.128).

세 번째는 지속적인 비교방법이다. Strauss・Corbin(1990)이 그것을 "자료에서 발견되는 양상변형의 식별"(p.67)로 설명하고 있다. Glaser는 범주와 그 속성을 통합하기 위해 차이점과 유사점을 비교함으로써 그것을 더 많이 본다. 이 비교과정은 이론이 더욱 풍부하도록 근거이론의 과정에서 발생한다(*ibid.*)

네 번째 기준은 코딩과 이론구성과정의 설명이다. 해석적 연구의 인정에 중요한 것은 "자료분석과 연관된 과정을 가능한 한 완전하게 설명하려는"(Bryman・Burgess, 1999, p.224) 연구자의 의지이다. 코딩과 이론생성은 Glaser주의자와 Strauss주의자 사이에 분명한 차이가 있는 영역이라는 점을 감안하면, 연구자들은 코딩과 이론개발에 대한 그들의 접근방법을 설명할 것이다.

코딩(coding)과 이론구성의 설명수준을 살펴보는 곳에서는 많은 연구자들이 그들의 이론구성과정을 잘 설명하지 않고 있다. 대부분의 논문은 최종학술지게재까지의 전개과정에서 이론생성과정에 관한 상세한 설명을 생략하는 것이 일반적이라는 것을 알 수 있다.

일부 회계연구자들은 자료분석과 이론구성의 과정에 관해 상세하게 설명하고 있다(Norris, 1997). Norris(1997)는 자료분석을 시작하기 전에 면접이 완료되기 때문에 자료수집과 분석의 반복과정을 따르지 않지만, 이용되는 방법을 알고 있으며, 그것이 신뢰가능한지의 여부를 선택할 수 있다. Lye et al.(2005)는 반복적 자료수집과 분석을 이용하였지만, 이론적 표본추출이 이용되었다는 증거는 없다. 즉, 표본은 면접이 시작되기 전에 선택되었던 것 같다.

근거이론의 중심기준들(자료수집과 분석의 반복과정, 이론적 표본추출, 비교분석)과 일치하는지의 여부를 분석해 본 바에 의하면, 근거이론이라는 용어는 어떻게 해도 좋다(anything goes)는 것을 의미하는 것으로 해석되었다. 이러한 것은 거부되어야 할 것이다. 24개 근거이론논문의 분석에 의하면, 많은 것들이 근거이론의 기준에 맞지 않으며 따라서 근거이론에 속하지 않는다고 주장될 수 있다(Gurd, *op cit.* p.130).

귀납법을 이용하는 Barker(1998)의 연구가 하나의 예이다. 그러나 그것은 Glaser・Strauss에 기초하지 않았다. Barker는 미리 결정된 모형으로 시작하고는 자료수집의 일부로서 순위항목척도를 이용하여 기금관리자 및 기타인들과 면접하였다. 이것은 근거이론기준과 일치하지 않는다. Suddaby(2006)는 이론적 표본추출과 포화가 이용되지 않을 때, 연구자는 현장에서 초기에 철수하는 것이 당연하며 단순화된 산출물을 생산한다고 주장한다. Holland

(2005)는 Barker와는 대조적으로 근거이론기준과의 관련성을 보여주고 있으며, 그 전통에 확고하게 기초하고 있다. Wickramasinghe et al.(2004)는 Barker와 유사하게 근거이론이라는 용어를 이용하지만, 이들의 연구는 민속지학인 것으로 보이며 근거이론과 관련이 없는 것 같다. 근거이론이라는 명칭이 그 연구의 정당성을 형식적으로 이용되고 있다고 생각할 수 있을 것이다(Gurd, *op cit.*, p.130).

일단의 면접과 문헌을 수집하고 근거이론이라는 것을 이용하여 이론을 구성하고자 하는 연구자들이 근거이론의 기준들을 포기하고 있다. 이론적 표본추출과 지속적인 비교방법을 수반하는 자료수집과 분석에 대한 반복적 방법은 근거이론을 이용하는 모든 연구에 매우 중심적이기 때문에(Suddaby, 2006), 연구자가 근거이론의 방법을 준수하지 않으면서 근거이론이라고 주장하는 논문을 근거이론으로 간주할 수는 없을 것이다. 현장의 근거이론가들은 지속적으로 새로운 이론을 개발하기 위해 비교하고 있다. 사후적 자료분석은 근거이론이 아니다. Gibbins et al.(1990)은 "분석적 해석과 발견으로부터 자료수집"(Charmaz, 1994, p.96)을 하기 보다는 전통적인 표본추출계획을 이용하는 또다른 사례이다. 이에 반해서, Covaleski · Dirsmith(1983)는 "자료가 수집되고, 코딩되고, 분석되며, 상호작용적 양상의 신생이론과 관련되기 때문에"(p.324) 근거이론전통을 따르고 있다.

Covaleski · Dirsmith(1988a)는 근거이론방법의 명칭을 이용하기 보다는 이용된 방법에 주안점을 두는 저자들의 예를 제시하고 있다. Covaleski · Dirsmith(1988a)는 근거이론의 많은 특징을 가지고 있다. 면접으로부터 이용된 결과는 다른 곳에서도 이용되어 이론개발의 반복과정이 이용되었지만, 이론적 표본추출의 과정은 이용되지 않았다. 저자들은 근거이론의 명칭을 이용하지 않았지만, 그것이 "질적, 자연주의적 연구"라고 주장하고 있으며, 근거이론의 연구방법을 상세하게 설명하고 있다.

Gurd(2008)의 연구현황분석은 근거이론방법을 이용하는 회계학연구가 근거이론방법을 제대로 준수한 회계학논문이 별로 없다는 것을 시사한다. 귀납적이지만, 근거이론방법의 중심기준을 따르지 않는 연구에 근거이론이라는 명칭을 사용하지 않았다면 더 좋았을 것이다(Suddaby, 2006). Suddaby는 이러한 연구가 저자들이 최소한 그들의 방법을 명확히 할 때까지 게재가 거부되어야 한다고 주장한다. 근거이론명칭은 그 자체가 정당성을 제공하지 않으며, 자료분석방법에 관해 연구자를 혼란하게 한다.

회계학문헌에서 불완전하지만 좋은 근거이론작성의 예는 Greenhalgh(2000)이다. 그것은 자료가 수집되고 분석되었으며, 새로운 면접유형이 개발되었다는 것을 분명하게 언급한 근거이론을 적용한 회계학연구의 하나이다. Greenhalgh는 연구자가 자신의 이전 편향과 지식을 상세히 설명하는 근거이론의 형태를 이용하고 백지상태인 것처럼 가장하지 않는다. 한편으로는 근거이론을 이용하고 있지 않다고 하면서도 근거이론에서 개발된 자료분석기법을 이용한 회계학논문(Efferin · Hopper, 2007)도 있다.

근거이론도 이론적 배경으로 선행이론을 이용하고 그러한 선행이론에 기여할 수 있다. 근거이론이 선행이론과 관련을 가져야 하는 정도와 방법은 논쟁의 여지가 있지만, 여러 연구들이 그들의 연구에 연구방법으로 근거이론을 이용하면서도 다양한 사회이론들을 광범위하게 이용하고 있다(Locke, 2001). 예를 들면, Coopey et al.(1998)은 조직의 혁신에 관한 연구에서 연구방법으로 근거이론을 이용하면서 이론적 배경으로 구조화이론을 이용하였으며, Covaleski et al.(1998)은 회계법인의 감사에 관한 연구에서 이론적 배경으로 Foucault의 이론을 이용하였다. 한편, Goddard et al.(2015)는 공공부문회계에 제도이론과 후기식민주의이론을 이론적 배경으로 이용하고 있다(Goddard, 2017, p.99).

2. 비영리기관의 연구

Covaleski · Dirsmith(1983, 1984)는 예산을 통제의 수단으로 검토한 바 있다. 1981년도의 논문은 예산편성이 전통적으로 조직활동을 계획, 조정, 통제하는데 이용되는 별도의 경영통제형태로 간주되고 있지만, 여기서는 예산편성이 특히 자원이 축소되는 조직에서는 정치적 도구로 이바지할 수 있다는 점을 보여주고 있다.

1983과 1984년도의 논문은 특히 병원관리에 의한 집중적인 통제를 달성할 수 없는 간호분야에서 예산의 이용은 전통적인 정의가 시사하는 것보다 더 복잡하다고 주장하고 있다. 이러한 상황에서는 예산이 중간관리자가 하위단위의 필요성을 상층부 조직경영자에게 주장하는 협상수단으로 당연히 이용된다. 이러한 예산이용은 정보의 상향흐름을 강조할 것이며, 이것은 다시 조직이 이해관계자에게 나타내고자 하는 이미지와 일치한다.

요컨대 이들 논문에서는 예산의 용도를 하위종업원을 통제하기 위한 용도와 병원관리자에게 영향을 주기 위한 용도로 나누고는 많은 연구참가자들과 심층면접을 실시하였는데, 간호사들이 자신의 분야에서 통제를 실시하기 위해 예산을 이용하는 것에 관심이 별로 없다는 점과 연구를 진행하면서 다양한 병원에서의 교육세미나와 토론의 과정을 거치면서 이러한 예산용도에 대한 이해력이 증가한다는 점을 발견하였다.

Blank et al.(1991)은 회계전문직을 선택하고자 하는 학생들을 교육시키는 과정의 한 단계에서 학생들의 태도를 면접을 통해 조사하였다. 구체적으로 이 연구는 어느 특정한 주립대학교에서 회계학을 전공하는 학부상급학생이 대형 국제회계법인에 입사하려는 강력한 경향의 결정요소를 조사하고자 하였다. 많은 학생들의 선택결정요소로서 자신들의 친구들이 사회화과정에서 그 누구보다도 중요한 정보를 제공하여 가장 영향력 있는 요소로 발견되었다.

Abdul-Rahman · Goddard(1998)는 말레이시아에서 두 개 종교기관의 회계실무에 관한 연구를 실시하였다. 이 연구는 회계의 역할과 잠재적 영향에 관한 건전한 인식이 특정한 상황에 의해서 개발될 수 있다는 생각에 근거하고 있다. 이 연구에서는 종교조직내에서 조직의 실재와 문화의 구조에 회계가 어떻게 연관되어 있는가를 이해하고자 하였다. 이 연구에서는 연구방법으로 근거이론과 민속지학(ethnography)을 모두 이용하고 있다.

Lightbody(2000)의 연구는 호주의 교회조직내에서 취해지는 감시활동을 검토하고 있다. 확인된 감시활동은 두 유형의 행동을 구성하는 것으로 발견되었다. 첫째, 공적 행위를 통한 자원의 저장(storing)은 장기간동안 교회의 자원기반을 구축하려고 하였으며, 둘째, 사적 행위을 통한 자원의 보호(shielding)는 다른 예산참가자들에게 보이지 않게 하고자 하였다.

Parker(2001, 2002)는 교회조직의 계획통제를 검토하였다. 2001년도의 논문은 호주 연합교회의 빅토리아주 본부에서 계획과 통제 및 이들의 환경조건에 대한 접근방법의 현장기반사례연구에서 도출되었다. 이것은 이 조직의 맥락, 구조, 경영과정, 계획지향 등에 관한 이해를 전개하고 있다. 핵심적인 외부 및 내부의 환경추진자, 공동체지향문화, 자문관료, 준수지향적인 회계시스템, 조직자원에 대한 압력증가 등이 확인되고 검토되었다. 이들은 주로 단기이고 자원지향적인 반응적 계획유형을 산출하는 것으로 발견되었다.

2002년도의 논문은 호주연합교회의 빅토리아 본부에서 채택하는 계획과 통제의 개념 및 과정에 초점을 두고 있다. 이것은 이 조직의 계획과 통제의 과정에 관한 미시적-이론적 체계를 개발하고 있다. 반응적 계획유형은 궁극적으로 타협에 의한 통제형태로 되는 증분적인 예산 혼합물을 생성한다. 발견되는 것들은 관련되는 이전의 전략선택과 비영리조직연구와 비교된다. 이 연구는 이러한 조직에서 합리적인 경영시스템의 잠재적 한계에 대한 맥락적인 통찰력을 제공한다. 복잡하고 역동적인 환경에 대처하는 조직접근방법에서 예산시스템의 역할에 대한 맥락적인 통찰력을 제공한다.

Goddard(2004)는 영국의 4개 지방자치정부의 예산과 회계, 지배구조, 회계책임 등의 사례에서 참가자들이 어떻게 인지하는가를 발견하기 위하여 근거이론을 이용하여 살펴보고 있다. 여기서는 예산시스템이 회계책임에 관해서 가장 중요한 조직과정으로 발견되었다.

Lye et al.(2005)은 뉴질랜드의 공공부문에서 현금기준회계로부터 발생기준회계로 변화가 어떻게 발생하였는가를 보여주고 있는데, 현장연구상황에서 근거이론을 적용하고 있다. 이 연구의 결과는 6개의 변화선례가 있었다는 것을 보여주면서 이 모든 것이 정책혁신을 유도한 종합적인 변화과정을 생성하도록 집중되었다는 것을 시사한다. 이 변화과정에서 회계변화는 경영의사결정에 관련있는 정보를 제공하기 위해 정부조직의 성과를 측정하고 행정통제를 달성하기 위해 발생주의회계가 도입된 곳에서 하나의 수단이었다는 것을 보여준다.

이도희 · 이동규(2007)는 근거이론(grounded theory)과 Q방법론(Q methodology)을 활용하여 비영리조직의 회계 인식에 대한 가설을 발견함으로써 향후 실증연구를 위한 탐색적 과정을 제시하였다. 분석결과, 근거이론에 의거하여 비영리조직 회계인식에 대한 총 34개의 진술문을 확보하고, 인식의 내용 간 과정분석을 통한 상호관련성을 발견하였다. 그리고 이동규 · 이도희(2007)는 질적연구방법인 근거이론을 활용하여 비영리조직의 운영자 및 회계실무자들이 직접 체감하고 있는 진술을 바탕으로 회계에 대한 인식을 파악하고 이론을 정형화하였으며, 분석결과 비영리조직에 대한 인식은 기관 운영목적, 체계화, 운영효율성, 신뢰성, 복식회계의 필요성 등으로 설명되었고, 인식간의 관계를 근거로 가설을 정형화하였다.

3. 영리기관의 연구

Gibbins et al.(1990)는 주요 회계책임자가 회계정책을 어떻게 결정하는가를 알아내기 위해 면접을 이용하였다. 그들은 면접자료의 분석으로부터 회계정책이 인식한 재무적 장점을 기회주의적으로 이용하기로 결정되는가 또는 확립된 관습에 따라 의례적으로 결정되는지를 가설로 설정하여 검정하였다. 따라서 이들은 먼저 근거이론에 입각해서 자료로부터 가설을 만들고 나서 이 가설을 실증적 방법론으로 이론에 입각해서 검정하였다. 그들은 기업의 재무공시를 설명, 예측하기 위해 경험적으로 도출되는 구조를 제시하고 있다. 외부이해관계자의 이용을 포함해서 관찰된 공시행동과 산출 및 공시에 관한 기업의 일반상태를 포함하여 기업의 재무공시와 관련있는 이론적 구성개념(constructs)을 개발하고 있다. 공시상태(position)는 기업의 역사, 재무성과, 최고경영자의 개성과 선호, 내부합의의 정도 등과 같은 다양한 내부조직요소에 의해 영향을 받는다. 그리고 이러한 요소들도 기업의 경영전략과 구조에 영향을 주고 받는다. 이것은 이러한 요소의 변화와 기업의 공시상태의 변화의 관계를 시사한다. 예를 들면, 최고경영자의 변화로 공시상태의 변화를 예상할 수 있을 것이다.

Norris(1997)는 관리회계정보와 기법을 이용하고자 하는 경영자의 의사결정에 무엇이 영향을 주며, 이러한 이용이 영향을 받는 방식에 대한 통찰력을 제공하고자 한다. 이 연구는 활동기준원가계산(ABC)에 관한 경영자의 견해에 대한 영향과 그러한 견해가 ABC법을 채택하는 기업의 경우 결과물에 어떻게 영향을 주는가를 살펴보고 있다.

Covaleski et al.(1998)의 대형회계법인에서 목적에 의한 경영과 지도(mentoring)에 관한 연구는 Foucault의 사상(규율력)을 이용하면서, 민속지학적 참여(involvement)원리와 일치하는 자료수집노력에 몰두하였다. 근거이론의 논리가 그들의 자료수집과 이론개발

노력 사이의 상호관계를 강조하기 때문에, 그들은 이 근거이론의 논리를 그들의 조사노력을 활기차게 하는 것으로 서술하고 있다.

Nixon(1998)은 연구개발의 성과측정을 검토하였다. 재무평가방법의 이용은 의사소통을 도울 수 있으며, 합의를 할 수 있고, 의사결정자가 과제의 주관적인 차원을 평가하기 위해 이용할 수 있는 맥락을 제공할 수 있다. 여기에 보고되는 사례연구는 좋은 성과측정과 일반적으로 관계있는 특징의 관련성을 예증하고 있다. 그것은 또한 관리회계, 특히 목표원가계산을 강조하고 있다. 이 사례에서 검토된 특정한 제품개발과제에 관한 장기적인 견해는 모든 과제팀참가자를 연결하는 통합적인 언어로서의 회계의 역할 뿐만 아니라 관리회계와 설계기법의 혼합(fusion)을 강조한다.

Kirk · Staden(2001)은 회계학연구에서 근거이론의 이용과 잠재적 한계를 보여주기 위해 전자상거래에 관한 연구에 근거이론을 적용하고 있다. 이 연구의 목적은 연구자 자신의 전자상거래에 관한 정의를 부과하기 보다는 무엇이 진행되고 있는가를 발견하는 것이었기 때문에, 각 면접대상자들은 잠정적인 정의를 검토하고 비판적으로 평가하도록 요구되었다. 초기의 잠정적인 정의는 너무 제한적인 것으로 판명되었다. 전자상이라는 용어는 상거래에서 전자기술의 이용에 대한 서술과 개념으로 이용되는 포괄적인 용어로 나타나서 정확한 정의가 거부되고 있었다. 이 논문은 근거이론을 이용하여 면접결과로 전자상거래에 관한 새로운 정의의 등장을 보여주고 있다.

Norris(2002)는 영국의 두 은행에서 활동기준원가정보의 도입과 이용에 관한 근거이론의 사례연구를 보여주고 있다. 이 두 사례는 조직과 산업환경의 공통성에도 불구하고, 경영자의 상이한 적용경험과 실시결과에 관한 통찰력을 보여준다. 이 논문은 이 두 사례연구를 보여주고, 이들간의 유사점과 차이점을 강조하며, 차이점의 단서에 관한 결론을 도출하고 있다. 이러한 관리회계기법을 이용하기 위해 관리될 수 있는 요소들과 이 기법들이 생성하는 정보 등이 드러나고 있다. 특히 결론은 은행의 내부부서들 간의 이전비용의 도입이 활동기준기법의 필요성을 강조하며, 교육, 의사소통, 실시자의 지지 등이 실시성공과 광범위하게 지속하는 이 기법의 이용에 중요하다는 것을 강조하고 있다.

Wickramasinghe et al.(2004)는 심층적인 현장연구, 민속지학적 방법과 근거이론방법을 이용하였다. 여기서는 저개발국가에서 생산과 관리회계 및 통제의 양식이 어떻게 관련되며, 문화적, 경제적, 정치적 요소들로 인해서 예측불가능한 양상으로 어떻게 변화되는가를 추적하고 있다. 전에는 관료적이고 정치적이고 법규의 적용을 받았던 정부의 공기업이었던 스리랑카의 통신기업이 부분적으로 민영화되면서 일본기업이 그 경영의 책임을 맡게 되었다. 장기간의 연구로 일본경영진의 카리스마적이고 세습적인 지도력이 관료적 통제를 어떻게 제거하였는가, 새로운 경영통제와 보상시스템을 어떻게 도입하였는가, 상업적 성공을 어떻게 달성하였는가를 보여주고 있다. 그러나 일부 정치인과 결탁하여 변화에 동조하지 않는 일부 종업원들은 일본 경영자를 제거하고 공식적인 관료체제로 복귀하려는 조직업무로부터 배제되었다. 이것은 직접적인 관여를 통해서가 아니라 주로 규제시스템에 대한 정치인들의 통제로 달성되었다. 경합적인 두 개의 경영통제 이데올로기 간의 갈등이 깊고 격렬하였다.

Tillmann · Goddard(2008)는 근거이론방법을 이용하여 독일에서 다국적기업의 전략적 관리회계를 조사하고 있다. 전략적 관리회계의 선행연구들은 어떤 회계기법이 어떤 상황에서 이용되는가를 강조하였지만, 여기서는 전략적 관리회계가 실무에서 어떻게 인지되고 이용되는가에 더 관심이 있다. 주요한 연구결과는 의미생성(sense-making)의 핵심현상과 관련이 있다. 이 논문은 의미부여(sense-giving)가 의미하는 것을 탐구하며, 관리회계가 그 과정을 도와주기 위해 어떻게 이용되는가를 탐구하고 있다. 전략적 관리회계와 의미부여에 관한 실질적인 근거이론이 개발되었다. 의미부여는 조직행위자들의 과거, 현재, 미래의 상황을 이해하고자 하는 그들의 노력을 중심으로 행해지는 기본적인 사회과정이다. 관리회계는 의식적으로나 무의식적으로 구조화와 조화의 전략을 통해 의미부여활동(연결하기, 맥락화하기, 타협하기, 균형잡기)을 실시한다. 의미부여는 내적 및 외적 맥락안에서 실시된다. 이외에, 의미부여활동에 영향을 주는 관여조건(intervening conditions)은 정보집합, 전문가의 노하우, 게임느낌 등이었다. 의미부여의 두 가지 결과인 전략을 세우기 위한 결과와 관리회계사를 위한 결과가 발견되었다. 이 모든 현상과 이들의 상호관계가 이 논문에서 논의되었으며, 더 광범위한 이론체계와 관련하여 실체적인 이론을 논함으로써 전략적 관리회계의 형식적인(formal) 이론이 제안되고 있다.

Bowyer · Davis(2012)는 전략적인 핵심자산인 항공기를 구입하려는 투자가 세계기준으로 볼 때 소규모인 호주의 지방항공 산업에서 소수의 임원들에 의해 어떻게 결정되는가를 검토하기 위해 근거이론방법을 적용하고 있다. 이 논문은 투자결정에 영향을 주는 맥락적 요소에 관한 이해에 기여하고 자본예산편성의 실질적인 실무모형을 도출하기 위해 근거이론방법을 이용하고 있다. 여기서는 설문지, 반구조화 면접 등을 이용하고, 공식적인 문서 등에서 자료를 수집하여, 자본예산편성결정에 책임이 있는 경영자의 산업실무에 기초한 실질적인 모형을 도출할 수 있었다.

이상에서 살펴본 바와 같이 근거이론을 이용한 연구들은 초창기에는 주로 비영리기관이었다가 이후에 영리기관도 연구대상으로 되고 있는 것을 알 수 있다.

제6절 소결

근거이론은 처음에는 사회학자인 Glaser와 Strauss에 의해 개발되었지만, 이후에 간호학, 교육학, 심리학, 문화인류학, 사회사업학, 경영학(Locke, 2001을 참조), 회계학 등 다양한 학문에서 이용되고 있으며, 특히 간호학에서는 주류의 방법(론)으로 이용되고 있다. 오늘날까지 우리나라의 회계학계에서 근거이론방법을 살펴본 것으로는 김석웅(2005), 이도희 · 이동규(2007), 이동규 · 이도희(2007)가 있다.

근거이론방법은 자료의 수집, 코딩, 분석을 동시에 진행한다는 특징을 가지며, 해석적 방법론에 속한다. 이 방법에 중요한 코딩, 이론적 표본추출, 지속적 비교, 메모작성, 분류 등과 같은 여러 가지 기법과 절차가 연구과정을 구성한다. 이론적 개념화의 포화가 달성될 때까지 신생이론이 등장하는 연구과정이 지속할 것이다. 즉, 참여자로부터 수령한 정보가 반복적이고 새로운 주제가 등장하지 않을 때 통제가 실시된다. 분류를 통해 자료에 적합한 통합된 이론체계가 등장할 것이다.

근거이론의 특징을 일반적인 해석적 방법론의 특징과 비교해 보면 〈도표 14-2〉와 같다.

〈도표 14-2〉 해석적 방법론과 근거이론의 특징비교

해석적 방법론의 특징	근거이론의 특징	적합도(the fit)
자연주의적	귀납적, 절차적, 비교적	참여자의 관점에서 현실세계현상을 조사하는데 주안점.
해석학적	귀납적, 이론적 민감성, 비교적, 코딩, 핵심범주와 포화	목적은 현장참여자의 다양한 관점을 통합하여 사회현상에 관한 이론적 이해를 개발하는 것이다.
사회적 구성	비교적, 절차적, 이론적 민감성.	사회적 실재의 이해는 현장행위자에 의해 구성되며, 기존지식으로 검정된다.
다양성	이론적 표본추출, 비교적, 코딩, 핵심범주와 포화.	사회실무의 치밀한 이론을 생성하기 위해서는 상이한 상황을 조사하는 것이 중요하다.
절충주의	이론적 표본추출, 이론적 민감성, 비교적, 메모와 도표, 엄격.	근거이론은 다양한 관점, 이론, 방법을 이용한다. 연구방법으로서 근거이론은 귀납(주관성), 연역(코딩), 검증(비교방법)의 요소들을 포함한다.
설명	귀납적, 이론적 표본추출, 이론적 민감성, 메모와 도표 핵심범주와 포화, 엄격.	목적은 일상실무를 설명할 수 있는 귀납이론을 정립하기 위해 경험적 자료를 재조직하여 달성되는 설명이다.

자료원: Elharidy · Nicholson · Scapens(2008, p.149).

해석적 방법론의 특징은 본서의 제3장 제6절 해석적 방법론의 특징(pp.110-122)에서 상세히 살펴보고 있다.

근거이론을 이용한 연구의 시사점은 다음과 같이 정리해 볼 수 있을 것이다.

① 근거이론을 비롯한 해석적 방법론은 조직과 행위자의 생생한 경험과 과정에 대한 현장조사로부터 귀납적 이론의 구성을 위한 보다 튼튼한 기반을 갖춘 접근방법의 전망을 제시함으로써 일반화가능한 후속의 실증적 조사를 위한 기초를 제공하거나 실증적 연구에서 발견된 통계적으로 유의한 상관관계가 어떻게, 왜 나타난 것인지를 조사할 수 있는 길을 제공할 수 있다(Parker, 2003, p.26).

② 기존의 이론이나 구체적인 가설이 없는 분야에 대한 연구를 실시할 수 있다. 연구자는 무작위로 관찰하고는 일련의 연구조사의 주제가 되는 어떤 것에 주목할 수도 있을 것이다(Henderson et al., 2004, p.19; 김석웅 역, 2005, p.36). 실증적 방법론에서는 우선 기존의 이론에 입각해서 선행연구를 참고하여 가설을 설정하고 관련자료를 수집해서 통계처리하여 기존의 이론을 검정(test)하는 절차를 가지지만, 근거이론에서는 기존의 이론이 없거나 기존의 선행연구가 거의 없는 분야 또는 연구가 많이 이루어진 분야라 할지라도 새로운 관점을 이끌어내는데 매우 유용한 방법이다. 본장에서 살펴본 선행연구에서도 기존의 이론적 배경이 미흡하거나 선행연구가 풍부하지 못한 병원이나 교회, 지방자치정부, 종교기관 등과 같은 비영리기관들이 연구대상이 되고 있다.

이외에 일반적으로 질적 방법론을 이용한 연구가 가지는 시사점은 근거이론도 가진다.

③ 회계학의 연구논문들의 방법론은 주로 신경제파 경제학에 입각해서 실증주의를 적용하고 있다. 따라서 이러한 연구에서는 비경제적인 요인들에 대한 고려가 미흡하다. 즉, (균형이론과 같은) 가정의 비현실성 뿐만 아니라 비경제적 요인을 ceteris paribus 조항("다른 것들이 일정하다면"이라는 조항)에 포함된 제약조건으로만 파악함으로써 역사적 제조건, 문화풍토, 정치사회적 환경이 경제현상에 미치는 영향에 대한 분석에 있어서는 대단히 취약한 면을 보인다. 이에 반해서 해석적 방법론을 이용함으로써 이러한 한계점을 극복할 수 있다.

④ 연구자의 견해(etic view)와 연구대상자(emic view)가 다를 수 있는데, 이는 연구대상자가 처해 있는 경영환경을 어떻게 보아야 할 것인가에 대한 적절한 견해 없이는 그들의 행위를 통해서 표현되는 경영의 실제를 제대로 파악하기 어렵기 때문이다. 이는 우리가 보고자 하는 경영현상이 왜 그 시기에 그 장소에서 그런 식으로 나타나는지를 이해하는 출발점이 된다. 연구자는 연구대상의 상황 속에 들어가 해석학적 인식론에 근거한 참여관찰 방식으로 경영의 실제를 관찰할 수 있다(김효근 외, p.59; 김효선, p.147).

⑤ 참여관찰을 통한 연구 기간 중 자료수집과 함께 연구자에게 부각되는 발견을 통하여 연구의 방향이 전개된다. 이와 같이 경영현상의 이면에 얽힌 요소들의 프로세스 메커니즘을 파악하기 위해서는, 구체적인 이론의 편견없이 연구진행 과정상 순환적으로 연구질문을 재설계하고 연구자료를 재정립하는 근거이론을 포함한 질적 연구방법이 필요하다.

⑥ 특정의 경영현상은 현상 그 자체만으로 이해하는 것이 아니라 사회문화적 맥락 속에서 포착되어져야 하므로 경영현상을 구성하고 있는 부분들을 전체적인 맥락에서 바라보아야 한다는 주장은 질적 연구 관점에서 핵심인 해석과도 연관된다(상게서, p.60).

한편, 근거이론도 다른 방법론과 마찬가지로 다양한 비판을 받고 있다.

① 근거이론의 본질이 명확하지 않다(Brown, 1973, p.6).

② 연구과정이 검정가능한 가설보다는 개념생성에 더 적합하다(Williams, 1976).

③ 연구자의 자료로부터 새로운 이론이 등장하기 이전에 기존의 연구와 이론을 무시하는 것이 불가능하다(Blumer, 1978).

④ 근거이론에 의한 생성된 이론이 다른 연구자들에 의해 검정된 경우가 별로 없다(Hammersley, 1989).

⑤ 근거이론은 상징적 상호작용론의 가정에서 출발하는데, 근거이론은 변수관계의 결정론을 가정(Glaser · Strauss, 1965, p.270)하는데 반하여, 상징적 상호작용론에서는 인간행위의 비결정론을 강조한다(Hammersley, 1989, p.204).

⑥ 근거이론은 사회현상이 발생하는 현장에서 자료를 수집하고 일정한 절차에 따라 자료를 처리하기 때문에 실증주의와 유사하다는 비판을 받고 있다(Roman, 1992).

⑦ 근거이론의 구성요소인 기본개념들의 일부 특히 범주, 속성, 차원 등의 관계가 명확하게 정의되어 있지 않다(Lonkila, 1995).

이러한 다양한 비판에도 불구하고 근거이론은 특히, 간호학분야에서 집중적으로 이용되고 있으며, 오늘날 회계학을 비롯해서 다양한 사회과학분야에서도 널리 이용되고 있다. 특히 회계학에서는 근거이론이 해석적 관리회계연구를 실시하는데 유용하다고 주장된다(Elharidy et al., 2008). 이것은 관리회계연구의 이론을 생산하고자 하는 해석적 관리회계연구의 핵심적 목적에 맞기 때문이다(p.149).

연구방법으로서 근거이론의 본질적 특성은 연구되고 있는 현상에 관한 다양한 통찰력을 인식하는 것이다. 근거이론방법의 절차와 기법이 잘 수행된다면, 근거이론방법은 앞으로 회계학에서 좋은 질적 연구와 풍부한 통찰력을 제공할 것이다.

참고문헌

김귀분 외(2005), **질적 연구방법론**, 현문사.

김석웅(2007), "회계학방법론으로서의 근거이론에 관한 탐색적 연구", **회계정보연구**, 25(3), pp.77-102.

김소선(2003), "근거이론 연구방법의 이론과 실제", **간호학탐구**, 12(1), pp.69-81.

김효근 · 이현주 · 문윤지(2003), "한국 경영현상 분석을 위한 연구방법론의 제고-질적연구 방법론을 중심으로", **경영교육연구**, 6(2), pp.47-66.

김효선(2005), "현장연구시의 연구자의 역할", **경영교육연구**, 8(2), pp.145-158.

신경림 외(2004), **질적 연구 방법론**, 이화여자대학교출판부.

이도희 · 이동규(2007), "질적연구방법론을 활용한 비영리회계 인식의 가설 발견적 접근", **회계연구**, 12(1), pp.281-308.

이동규 · 이도희(2007), "근거이론을 활용한 가설정형화 과정: 비영리조직 회계인식을 중심으로", **회계논집**(충남대 회계연구소), 7(2), pp.1-18.

이동성 · 김영천(2012), "질적 연구방법으로서 근거이론의 철학적 배경과 방법론적 특성에 관한 고찰", **열린교육연구**, 20(2), pp.1-26.

Abdul-Rahman, A.R. and A.Goddard(1998), "An interpretive inquiry of accounting practices in religious organisations", *Financial Accountability & Management*, 14(3), pp.183-201.

Allen, L.(2010), "A Critique of Four Grounded Theory Texts", *The Qualitative Report*, 15(6), pp.1606-1620.

Annells, M.(1996), "Grounded Theory Method: philosophical perspectives, paradigm of inquiry, and postmodernism", *Qualitative Health Research*, 6(3), pp.379-393.

Barker, R.G.(1998), "The market for information-evidence from finance directors, analysts and fund managers", *Accounting and Business Research*, 29(1), pp.3-20.

*Beattie, V., S. Fearnley and R. Brandt(2004), "A grounded theory model of auditor-client negotiations", *International Journal of Auditing*, 8, pp.1-19.

Blank, M.M., P.H. Siegel, and J.T. Rigsby (1991). "Determinants of International CPA Firm Orientation Among Accounting Students", *British Accounting Review*, 23(4), pp.281-300.

Blumer, H.(1978), "Social unrest and collective protest", in Denzin, N.(ed.), *Studies in Symbolic Interaction*, Vol.1, Greenwich; SAI Press, pp.1-54.

*Bowyer, D. and G. Davis(2012), "How to acquire aircraft? A grounded theory approach to case study research", *Qualitative Research in Accounting and Management*, 9(4), pp.363-397.

Brown, G.(1973), "Some thoughts on grounded theory", *Sociology*, 7, pp.1-16.

Bryman, A. and R.G. Burgess(1999), "Qualitative Research Methodology - A Review", in Bryman, A. and R.G. Burgess(eds.), *Qualitative Research*, 1, London: Sage. pp.IX-XLVI.

Charmaz, K.(1994), "The grounded theory method: an explication an interpretation", in Glaser,

B.(ed.), *More Grounded Theory Methodology: A Reader*, Mill Valley, CA: Sociology Press,

__________(2000), "Constructivist and objectivist grounded theory", in Denzin, N.K. and Y. Lincoln(eds.), *Handbook of Qualitative Research*, 2nd ed., Thousand Oaks, CA: Sage, pp.509-535.

__________(2006, 2014), *Constructing Grounded Theory: a practical guide through qualitative analysis*, London: Sage; 박현선・이상균・이채원 공역(2013), 근거이론의 구성: 질적 분석의 실천 지침, 학지사.

Clarke, A.E.(2003), "Situational Analyses: grounded theory mapping after the postmodern turn", *Symbolic Interaction*, 26(4), pp.553-576.

Coopey, J., O. Keegan & N. Emler(1998), "Managers' innovations and the structuration of organizations", *Journal of Management Studies*, 35(3), pp.263-284.

Corbin, J. and A. Strauss(1990), "Grounded theory research: procedures, canons and evaluative criteria", *Qualitative Sociology*, 13(1), pp.3-21.

__________________(2008), *Basics of Qualitative Research: techniques and procedures for developing grounded theory*, 3rd ed., London: Sage.

__________________(2015), *Basics of Qualitative Research: techniques and procedures for developing grounded theory*, 4th ed., London: Sage.

Covaleski, M.A. and M.W. Dirsmith(1981), "Budgeting in the Nursing Services Area: Management Control, Political and Witchcraft Uses", *Health Care Management Review*, pp.17-24.

*__________________________(1983), "Budgeting as a Means for Control and Loose Coupling", *Accounting, Organizations and Society*, 8(4), pp.323-340.

__________________________(1984), "Building Tents for Nursing Services Through Budgetary Negotiation Skills", *Nursing Administrative Quarterly*, 8(2), pp.1-11.

__________________________(1986), "The Budgetary Process of Power and Politics", *Accounting, Organizations and Society*, 11(3), pp.193-214.

*__________________________(1988a), "An Institutional perspective on the rise, social transformation, and fall of a university budget category", *Administrative Science Quarterly*, 33(4), pp.562-587.

__________________________(1988b), "The Use of Budgetary Symbols in the Political Arena: An historically informed field study", *Accounting, Organizations and Society*, 13(1), pp.1-24.

__________________________, J. Heian and S. Samuel(1998), "The Calculated and the avowed: techniques of discipline and struggles over identity in Big Six publi accounting firms", *Administrative Science Quarterly*, 43, pp.293-327.

Creswell, J. and M.L. Brown(1992), "How chairpersons enhance faculty research: A grounded theory study", *Review of Higher Education*, 16(1), pp.41-62.

Dent, J.F.(1991), "Accounting and Organizational Cultures: A field study of the emergence of a new organizational reality", *Accounting, Organizations and Society*, 16(8), pp.705-732.

Dey, I.(1999), *Grounding grounded theory: Guidelines for qualitative inquiry*, San Diego, CA: Academic Press.

Efferin, S. and T. Hopper(2007), "Management Control, culture and ethnicity in a Chinese Indonesian Company", *Accounting, Organizations and Society*, 32, pp.223-262.

*Elharidy, A.M., B. Nicholson and R.W. Scapens(2008), "Using grounded theory in interpretive management accounting research", *Qualitative Research in Accounting & Management*, 5(2), pp.139-155.

Gibbins, M., A. Richardson, and J. Waterhouse(1990), "The Management of Corporate Financial Disclosure: Opportunism, ritualism, policies, and processes", *Journal of Accounting Research*, 28(1), pp.121-143.

Glaser, B.G.(1978), *Theoretical Sensitivity*, California: Sociology Press.

__________(1992), *Basics of Grounded Theory Analysis*, California: Sociology Press; 김인숙·장혜경 옮김(2014), 근거이론분석의 기초: 글레이저의 방법, 학지사.

__________ and A.L. Strauss(1965), *Awareness of Dying*, Chicago: Aldine.

__________________________(1967), *The Discovery of Grounded Theory: Strategies for Qualitative Research*, New York: Aldine Publishing Company; 이병식·박상욱·김사훈 옮김(2011), 근거이론의 발견, 학지사.

Goddard, A.(2004), "Budgetary Practices and Accountability habitus: A grounded theory," *Accounting, Auditing and Accountability Journal*, 17(4), pp.543-577.

*__________(2017), "Grounded Theory Approaches to Accounting Studies: overview of principles, assumptions and methods", in Hoque, Z., L.D. Parker, M.A. Covaleski and K. Haynes(eds.), *The Routledge Companion to Qualitative Accounting Research Methods*, London: Routledge, pp.91-111.

__________, M. Assad, S. Issa, J. Malagila and T. Mkasiwa(2015), "The two publics and insitutional theory-A study of public sector accounting in Tanzania", *Critical Perspectives on Accounting*, 40(1), pp.8-25.

Goulding, C.(2002), *Grounded theory: A practical guide for management, business and market researchers*. London: Sage.

*Greenhalgh, R.W.(2000), "Information and the transnational SME controlled", *Management Accounting Research*, 11(4), pp.413-426.

*Gurd, B.(2008), "Remaining consistent with method? An analysis of grounded theory research in accounting", *Qualitative Research in Accounting & Management*, 5(2), pp.122-138.

Hammersley, M.(1989), *The Dilemma of Qualitative Method: Herbert Blumer and the Chicago Tradition*, London: Routledge.

Henderson, S., G. Peirson and K. Harris(2004), *Financial Accounting Theory*, Sydney: Pearson; 김석웅 역(2005), 재무회계이론, 대명.

*Holland, J.(2005), "A grounded theory of corporate disclosure", *Accounting and Business Research*, 35(3), pp.249-267.

Jones, R. and G. Noble(2007), "Grounded theory and management research: a lack of integrity", *Qualitative Research in Organizations and Management*, 2(2), pp.84-103.

Kakkuri-Knuuttila, M., K. Lukka and J. Kuorikoski(2008), "Straddling between Paradigms: A naturalistic philosophical case study on interpretive research in management accounting", *Accounting, Organizations and Society*, 33(3), pp.267-291.

*Kirk, N. and C. van Staden(2001), "The use of grounded theory in accounting research", *Meditari Accountancy Research*, 9, pp.175-197.

Lightbody, M.(2000), "Storing and Shielding: financial management behavior in a church organization", *Accounting, Auditing and Accountability Journal*, 13(2), pp.156-174.

Llewellyn, S.(2003), "What counts as theory in qualitative management and accounting research? Introducing five levels of theorizing", *Accounting, Auditing & Accountability Journal*, 16(4), pp.662-708.

Locke, K.(2001), *Grounded Theory in Management Research*, London: Sage.

Lonkila, M.(1995), "Grounded theory as an emerging paradigm for computer assisted qualitative data analysis", in Kelle, U.(ed.), *Computer Aided Qualitative Data Analysis: Theory, Methods and Practice*, London: Sage.

Lye, J., H. Perera and A. Rahman(2005), "The evolution of accruals-based Crown(government) financial statement in New Zealand", *Accounting, Auditing and Accountability Journal*, 18(6), pp.784-815.

*________________(2006), "Grounded Theory: a theory discovery method for accounting research", in Hoque, Z.(ed.), *Methodological Issues in Accounting Research*, London: Spiramus, pp.129-159.

Martin, P.Y. and Turner, B.A.(1986), "Grounded theory and organizational research", *The Journal of Applied Behavioural Science*, 22(2), pp.141-157.

McCann, T. and E. Clark(2003), "Grounded theory in nursing research: Part 3-application", *Nurse Researcher*, 11(2), pp.29-39.

Myers, M.D.(2009), *Qualitative Research in Business and Management*, London: Sage.

Morrow, S.L. and M.L. Smith(1995), "Constructions of survival and coping by women who have survived childhood sexual abuse", *Journal of Counseling Psychology*, 42, pp.24-33.

Nixon, B.(1998), "Research and Development Performance Measurement: A case study", *Management Accounting Research*, 9(3), pp.329-355.

*Norris, G.(1997), "The Formation of Managers' Views of ABC and Their Impact on the Outcome of its Use: a Grounded Theory Case Study", *Accounting Research Journal*, 10(2), pp.180-200.

*________(2002), "Chalk and Cheese: Grounded Theory Case Studies of the Introduction and Usage of Activity based Information in Two British Banks", *The British Accounting Review*, 34(3), pp.223-255.

Parker, L.D.(2001), "Reactive Planning in a Christian Bureaucracy", *Management Accounting Research*, 2, pp.321-356.

___________(2002), "Budgetary Incrementalism in a Christian Bureaucracy", *Management Accounting Research*, 13(1), pp.71-100.

___________(2003), "Qualitative Research in Accounting and Management: The Emerging Agenda", *Journal of Accounting and Finance*, 2, pp.15-30.

*__________ and B.H. Roffey(1997), "Back to the Drawing Board: revisiting grounded theory and the everyday accountant's and manager's reality", *Accounting, Auditing and Accountability Journal*, 10(2), pp.212-247.

Roman, L.(1992), "The Political Significance of other ways of narrating ethnography: a feminist materialist approach", in Le Compte, M. W. Millroy and J. Preissle Goetz(eds.), *The Handbook of Qualitative Research in Education*, New York: Academic Press, pp.555-594.

Schreiber, R.S.(2001), "The 'how to' of grounded theory: avoiding the pitfalls", in Schreiber, R.S. and P.N. Stern(eds.), *Using grounded theory in nursing*, New York, NY: Springer, pp.55-83; 신경림・김미영(역)(2003), 근거이론 연구방법론, 현문사, pp.63-88.

Smith, M.(2003), *Research Methods in Accounting*, London: Sage.

Stern, P.N.(1994), "Eroding grounded theory", in Morse, J.M.(ed.), *Critical issues in Qualitative Research Methods*, London: Sage, pp.212-223.

Strauss, A.(1987), *Qualitative Analysis for Social Scientists*, London: Cambridge University Press.

________ and J. Corbin(1990), *Basics of Qualitative Research: Grounded theory procedures and techniques*, London: Sage; 김수지・신경림 옮김(1996), 근거이론의 이해, 한울아카데미.

______________________(1998a), *Basics of Qualitative Research: techniques and procedures for developing grounded theory*, 2nd ed., London: Sage; 신경림 역(2001), 근거이론의 단계, 현문사.

________________________(1998b), "Grounded Theory Methodology: An Overview", in Denzin, N.K. & Y.S. Lincoln(eds), *Strategies of Quality Inquiry*, London: Sage, pp.158-183.

Suddaby, R.(2006), "From the Editors: What Grounded Theory is not", *Academy of Management Journal*, 49(4), pp.633-642.

Tillmann, K. and A. Goddard(2008), "Strategic Management Accounting and Sense-Making in Multinational Company", *Management Accounting Research*, 19, 80-102.

*Tomkins, C. and R. Groves(1983), "The Everyday Accountant and Researching his Reality", *Accounting, Organizations and Society*, 8(4), pp.361-374.

*von Alberti-Alhtaybat, L. and K. Al-Htaybat(2010), "Qualitative accounting research: an account of Glaser's grounded theory", *Qualitative Research in Accounting & Management*, 7(2), pp.208-226.

Walker, D. and F. Myrick(2006), "Grounded theory: An exploration of process and procedure", *Qualitative Health Research*, 16(4), pp.547-559.

Wickramasinghe, D., T. Hopper and C. Rathnasiri(2004), "Japanese cost management meet Sri Lankan politics: disappearance and reappearance of bureaucratic management controls in a privatised utility", *Accounting, Auditing and Accountability Journal*, 17(1), pp.85-120.

Williams, R.(1976), "Symbolic interactionism: the fusion of theory and method?" in Thorns, D.(ed.), *New Directions in Sociology*, Newton Abbot: David and Charles, pp.115-138.

제15장

사례연구

제1절 사례연구의 의의

최근에 사례연구는 회계학연구에서도 보편적인 연구방법으로 되었으며, 회계사례연구는 이제 다양한 회계학술지에서도 발견되고 있다. 한국회계학회의 학술지인 회계저널에서도 사례연구를 주된 대상으로 간주하여 게재하고 있으며, Tomkins · Groves(1983, p.364)에 의하면, 1976-79년 사이에 주요한 회계학지들에 게재된 650편의 논문 중에서 7편만이 사례연구이었는 데 반하여, 영국에서 발간되는 회계학술지인 *Management Accounting Research*는 창간해인 1990부터 1999년까지 10년동안 게재한 논문의 24%가 사례연구방법을 이용하였고, 13%가 현장연구를 이용하였다(Scapens · Bromwich, 2001; Scapens, 2004, p.257).

사례연구라는 용어는 논쟁의 여지가 있는 용어이며(Hägg · Hedlund, 1979, p.135), 통계적 일반화가 추구되는 광범위한 모집단의 일부라기 보다는 분석단위를 사례로 다루는 모든 연구형태를 포괄하는 것으로부터, 그 맥락에서 분리하기 어려운 특정한 현상을 이해하기 위해 상이한 증거원천들을 이용하고자 일단의 상이한 방법들을 이용하는 특정한 연구설계까지 다양할 수 있는데(Lee · Humphrey, 2017, p.163), 본장에서 채택하는 정의는 다소 제한적이지만 보편적인 후자의 정의이다(Llewellyn, 2007, p.197).

한 개 이상의 사례를 현장연구로 분류하는 경우(Kaplan, 1986, p.442)와는 달리, 일반적으로는 사례가 여러 가지 분석단위를 제공하는 곳에 사례연구라는 용어가 이용된다(Parker, 2012, p.56).

오늘날 회계연구자들도 회계실무에 관한 사례연구를 필요로 하고 있다. 이러한 필요성은 사례연구를 대규모 표본의 가설검정의 전단계로 간주하는 회계학자로부터 나오기도 하지만(Kaplan, 1986), 회계실무에 관한 이론적 설명을 개발하고자 하는 회계연구자로부터 나오기도 한다(예를 들면, Burchell et al., 1980; Hopwood, 1987: Otley · Berry, 1994;

Scapens, 1990; Smith et al., 1988). Kaplan(1986)은 사례연구를 촉진하여 새로운 관리회계기법을 지지하였지만, 이러한 사례연구는 기업의 운영관리에 관한 전통적인 경영자의 관심에 근거하는 경향이 있다. 그러나 Hopwood(1987)는 사례연구의 목적이 회계실무와 회계가 조직에서 행사하는 압력, 회계가 이바지하고 또한 손상시키는 이해관계 등을 포함해서 조직에서 회계의 역할과 기능에 관해 더 잘 이해하고, 회계실무의 성과와 결과를 회계의 잠재성과 비교하는 것이라고 주장한다.

자연과학에서 성공적으로 적용된 실증적 방법론을 이용한 회계학연구가 관련학문분야로 일반화되거나,[1] 실무와의 관련성[2]이라는 측면에서 성공을 기의 거두지 못하고 있는데, 지식생성, 검정, 이용 등에 대한 접근방법에 사례연구를 더함으로서 회계학연구가 더욱 성공적으로 될 수 있을 것이다. 사례연구는 문제를 제기하고, 현안을 강조하고, 이론을 개발하고 검정하며, 문제해결의 지침을 제공하는데 성공적이라고 주장되며(Cooper・Morgan, 2008, p.161), 사례연구의 역할은 기존회계이론에 도전하고 새로운 회계이론을 개발하기 위한 중요한 수단으로 간주되고 있다(Andrade, 2009; Humphrey・Scapens, 1996a, p.88).

사례연구는 질적 연구와 양적 연구 모두를 포함할 수 있지만, 질적 사례연구는 질적 연구가 가지고 있는 일반적인 성격들을 잘 이용해서 연구자들이 자연스럽게 수행할 수 있고 보편적으로 사용할 수 있는 연구방법이다.

질적 사례연구는 현장연구(fieldwork, field research), 민속지학(ethnography), 참여관찰(participation observation), 질적 연구(qualitative study), 자연주의적 탐구(naturalistic inquiry), 탐색적 연구(exploratory study) 등의 용어와 혼용되고 있다(Merriam, 1998; Yin, 2009).

사례연구를 둘러싼 개념적인 혼란과 이로 인한 사례연구의 신뢰성과 타당성에 대한 지속적인 문제제기는 사례연구가 도입된 이후 계속되고 있다. 이러한 이유로 사례연구는 연구방법의 독자성이 떨어지고, 정확하지 않거나, 객관성이 떨어지는 연구결과를 생산해 내고 있다는 비판에 직면하였으며, 사례연구를 실시하는 연구자들조차도 이러한 사례연구에 대한 연구방법론적인 비판에 혼란스러워하기도 한다(Yin, 2009). Merriam(1998)은 사례연구와 관련된 개념적인 혼란을 일으키는 원인으로 연구실시의 방법적인 절차, 연구의 대상, 그리고 최종 연구결과물이라는 서로 다른 범주에 속하는 요소들을 사례연구라는 하나의 범

1) Bricker et al.(2003)에 의하면, 회계학연구의 결과가 재무학이나 경제학에 영향을 거의 주지 못하고 있다고 주장한다. 즉, 회계학이 재무학이나 경제학의 연구결과에 영향을 많이 받고 있지만, 그 반대로 회계학의 연구결과가 이러한 학문에 영향을 거의 주지 못하고 있다는 것이다.

2) Reiter・Williams(2002)는 회계학연구가 실무에 영향을 거의 주지 못하고 있다고 비판하고 있으며, Demski et al.(1991)도 회계학연구가 실무에 대한 기여가 부족하다고 비판한 바 있다.

주로 인식하여 사용하기 때문이라고 설명한 바 있다.

한편, Yin(2009)은 사례연구에 대한 개념적인 혼란이 연구자들이 가지고 있는 사례연구에 대한 잘못된 인식 때문에 가중된다고 설명하였다. 그의 주장에 의하면, 많은 사회과학 분야의 연구자들이 사례연구의 방식은 전체적인 연구의 맥락에 대한 탐색단계에 적합하고, 그 이후 현상에 대한 기술단계를 위해서는 다른 연구방법이 필요하다는 것이다. 연구방법에 관한 이러한 생각 때문에, 사례연구는 최종적인 단계의 연구산출물을 생산하는데 적합한 것이 아니라 전초적인 단계에만 적용할 수 있는 방법이라는 시각을 갖게 되었다(유기웅 외, pp.94-95).

사례연구의 질적 성격에도 불구하고, 양적 자료도 사례를 만들기 위해 이용될 수 있다. 이것은 사례연구가 연구방법보다는 연구전략으로 이해되어야 한다는 것을 의미한다. 사례연구에 이용되는 경험적 자료에 대한 제한은 없지만, 사례연구자료를 분석하는 방법은 연구의 목적과 구체적인 연구문제에 따라 다를 수 있다.

일반적으로 실증적 방법론의 양적 방법이 먼저 제시된 후 해석적 방법론의 질적 방법이 제시된다. 이 논리에 따라, 사례연구는 양적 방법으로 연구하기가 어렵다고 생각되는 복잡한 조직현안, 경영현안, 기타 기업현안을 다룰 때, 연구전략으로 제시된다(Ghauri · Gronhaug, 2005, p.171). 이것이 일부 사례연구문헌이 양적 연구방법에 의한 사례연구와 대조되는 이유이다. 그러나 사례연구는 특히 연구자가 충실한 서술(thick description)(Geertz, 1973), 의미의 해석, 사례의 이해 등을 강조할 때 양적 연구의 이상을 충족시킬 필요는 없다(Eriksson · Kovalainen, pp.116-117).

사례연구는 "프로그램, 사건, 사람, 과정, 제도, 사회집단 등과 같이 특정한 현상의 검토"(Merriam, 1988, p.9)이다. 사례연구는 다음과 같은 특징을 가진다.

* 특정성(particularistic): 이들은 한 사람, 가족, 사무실, 회사, 교실, 아파트건물 등과 같은 특정한 맥락에 초점을 둔다.
* 자연성(naturalistic): 사례연구는 실제의 사람과 상황에 관한 것이며, 대부분의 자료수집은 실제환경에서 발생한다.
* 충실한 서술자료(thick descriptive data): 사례연구자료의 원천에는 참여관찰, 비참여관찰, 면접, 역사적 및 서사적 원천, 잡지, 일기 등과 같은 글쓰기, 텍스트를 포함한 양적 자료원천의 다양성, 그리고 상상할 수 있는 그 밖의 모든 것.
* 귀납(inductive): 대부분의 경우, 사례연구는 귀납적 추론에 의존한다. 일반화, 개념, 가설(맥락 그 자체에 근거한 자료) 등은 자료의 검토로부터 발생한다. 때때로 사례연구의 시작에 일시적인 가설을 가질 수도 있지만, 이러한 기대는 연구가 진행됨에 따라 다

시 변경되기 쉽다.

* 탐색성(heuristic): 사례연구는 연구중인 현상에 관한 독자의 이해를 보여준다. 이들은 새로운 의미의 발견을 초래할 수 있고, 독자의 경험을 확대할 수 있거나 알려진 것을 확증할 수 있다(Merriam, 1988, p.13).

이외에 사례연구의 중요한 특징 중의 하나는 근거이론이나 실태조사(survey)와 같은 질적 연구방법이나 양적 연구방법과는 반대로, 사례연구의 구체적인 지침이 사실상 없다는 것이다(Meyer, 2001, p.329). Eisenhardt(1989)와 Yin(2009)이 연구전략으로서 사례연구에 유용한 통찰력을 제공하지만, 사례연구설계에 많은 의사결정의 여지를 남겨두고 있는데, 이것은 사례연구의 장점이면서 단점이기도 하다. 사례연구는 자료수집절차와 설계를 연구문제에 맞추어 만들 수 있다는 것이 장점이며, 특히 실증적 연구방법으로부터 비판의 여지를 많이 남겨두어서 빈약한(poor) 사례연구가 많다는 것이 단점이다. 사례연구가 다소 느슨한 연구설계라는 사실은 다룰 필요가 있는 선택의 여지가 많다는 것을 의미한다(Meyer, *op cit.*, p.330). 사례연구는 자료의 분석과 연구의 지침이 되는 개념적 범주나 이론의 이용에 개방적이지만, 근거이론이나 민속지학과 같은 다른 해석적 연구방법은 이론적 관점이 직접자료로부터 등장하고 직접자료에 근거한다는 것을 전제하고 있다는 것이 사례연구와의 큰 차이점이다(*ibid.*, p.331).

다양한 사례연구에 공통적인 것은 맥락적으로 풍부하고도 다양한 경험적 원천의 분석에 기초해서 상세하고도 전체론적인(holistic) 지식의 생산을 강조한다는 것이다(Tellis, 1997). 사례연구는 다양성과 복잡성의 여지를 남겨두며, 따라서 너무 단순한 연구설계를 피하고자 한다. 따라서 사례연구(case study)라는 단어는 많은 의미를 가진다. 사례의 가장 단순한 아이디어는 서술된 현상이 일반적인 범주의 현상이라는 것이다. 즉, 특정한 사례나 상황의 서술은 더욱 일반적으로 그 현상에 관한 결론을 도출하기 위해 이용된다. 특정한 사례는 새롭고도 독특할 것이지만, 그 사례는 여전히 일반적인 현상의 한 예다(Myers, p.74).

사회과학에 적용가능한 다소 좁은 사례연구의 정의는 그것이 단일의 사회단위에 관한 상세한 연구라는 것이다. 즉, "사회단위는 대개 하나의 물리적 장소에 위치하며, 그 단위를 구성하는 사람들은 그것의 일부가 아닌 다른 사람들과 차별화되고 있다. 요컨대, 단위는 식별하는 것을 용이하게 하는 분명한 경계를 가진다"(Payne · Payne, 2004, p.31). 사례연구는 사회과정, 조직, 집합적 사회단위의 연구일 수 있다.

위의 정의와 마찬가지로 Merriam-Webster사전(2009)도 사례연구를 "환경과 관련된 발달의 요인을 강조하는, (사람이나 공동체와 같은) 개별단위에 대한 심층적 분석"이라고 정의하고 있다. 이 정의의 특징은 첫째, 이 정의에서 사례연구라고 정의할 수 있는 결정적인 요인은 개별 단위 경계의 설정이라는 것이다. 즉 사례연구는 방법론이 아니라 단위의 경계 구분에 의해 결정된다(Flyvbjerg, 2011; 이명석 역, p.443). 둘째, 이 정의는 사례연구가 철저하다는 것을 규정한다. 사례연구는 단위비교 연구보다 연구단위에 대한 더 상세하고, 더 풍부하고, 더 완전하고, 더 많은 변화를 다루는 즉, 심층분석을 수행한다. 셋째, 사례연구는 발달적 요인을 강조한다. 사례가 전형적으로 시간이 흐름에 따라 진화하고, 때로는 특정시간, 특정장소에서 발생하는 구체적이고 상호연계된 일련의 사건을 구성하고, 이러한 모든 것들이 전체로 볼 때 하나의 사례를 구성하게 된다는 것을 의미한다. 마지막으로 사례연구는 환경과의 관계 즉, 맥락에 초점을 맞춘다. 개별단위의 경계를 그리는 것은 사례로 간주될 것과 사례의 맥락으로 간주될 것을 결정한다(*ibid.*; 상게서, p.444).

한편, Yin(2009)은 사례연구를 다음과 같이 두 부분으로 정의하고 있다(신경식 · 서아영 옮김, pp.45-46).

(1) 사례연구(case study)는 ① 실생활에서 벌어지는 현재의 현상에 대해 조사하는 실증적인 연구이다. ② 특히, 현상과 정황 사이의 경계가 명확하게 구분되지 않을 때 사용할 수 있는 연구방법이다.

(2) 사례연구조사(case study research)는 ① 현상에 대한 다수의 변수들을 다룰 수 있다. ② 다양한 자료원으로부터 증거를 수집하고 이러한 증거들을 수렴시켜 새로운 결과를 도출한다. ③ 자료수집과 분석의 기반이 될 수 있는 이론적 명제를 먼저 개발하는 것이 바람직하다.

Yin의 정의의 첫 번째 부분은 사례연구의 범위를 구체화한다. 사례의 실제생활맥락은 흥미로운 현상이 그 맥락에서 벗어나서는 연구되지 않는다는 것을 의미한다. 사례연구에서는 맥락으로부터 흥미로운 현상을 분리하는 것은 사실상 매우 어렵다. 왜냐하면 맥락 그 자체가 이야기의 한 부분이기 때문이다. 또한 사례연구에서 연구자는 상황에 대해 통제하지 않는다. 이것은 실험실실험과 같은 다른 연구방법의 이용과 대조된다. 실험실실험에서는 전체 아이디어가 연구자가 특정한 변수들의 통제를 유지하고 현상으로부터 맥락을 분명하게 분리하는 것이다.

Yin의 정의의 두 번째 부분은 자료수집과 자료분석전략을 구체화한다. Yin은 복수의 증거원천, 이러한 자료를 혼합하는 것, 연구를 지도하기 위해 연구문헌으로부터 이론명제를 이용하는 것 등을 지지한다.

Yin의 정의는 사례연구가 대개 한 개 이상의 조직의 연구를 지지한다는 의미에서 광범위하면서도 실증적 방법론을 적용하는 사례연구만을 지지한다는 의미에서 너무 편협하다. 대부분의 실증적 연구자처럼, Yin은 이론적 명제나 가설의 사전개발(prior development)을 권고하고 있다. 그는 또한 사례연구설계의 품질이 네 개의 설계검정(구성타당성, 내적 타당성, 외적 타당성, 신뢰성)에 주목함으로써 판단될 수 있다고 주장한다. 그러나, 연구에서 명제나 가설의 이용을 필요로 하지 않는 해석적 사례연구와 비판적 사례연구와 같은 다른 유형의 사례연구도 있다. 또한 이러한 다른 유형의 사례연구는 그들의 품질평가의 일부로서 타당성이나 신뢰성이라는 단어를 이용하지 않는다.

따라서, Yin(2009)의 저서가 사례연구에 관해 가장 유용한 저서의 하나로 간주될 수 있고, 그것이 대부분의 사례연구자들에 의해 널리 인용되고 있지만, 그의 사례연구정의는 주로 실증적 연구자에게 적합하며, 해석적 연구자에게 완전히 적합한 것은 아니다. 한편, Myers(2009)는 사례연구의 정의를 다음과 같이 제안하고 있다.

사례연구(case study research)는 맥락적으로 주제를 연구하기 위한 시도가 이루어지는 한 개 이상의 조직으로부터 경험적 증거를 이용한다. 증거의 대부분은 면접과 문서에서 나오지만, 복수의 증거원천도 이용된다(Myers, p.76).

이 정의에 관해 세 가지 중요한 요점은 언급할 가치가 있다(*ibid.*, pp.76-77).

(1) 연구되고 있는 주요한 현안과 주제가 다른 것일지라도, 이 정의는 사례연구가 기업이나 조직을 거의 항상 포함한다는 사실에 주목한다. 가장 공통적인 연구사례는 명시적인 조직적 주안점을 가지고 그 조직의 이야기를 말한다.

(2) 이 정의도 민속지학적 연구와 사례연구를 구별하고 있다. 사례연구는 심층적 사례연구조차도 참여관찰이나 현장연구를 포함하지 않는다. 회계학의 사례연구에서 경험적 증거의 대부분은 면접과 문서로부터 나온다. 한편, 민속지학적 연구는 현장의 자료로부터 광범위하게 의존한다. 현장연구는 민속지학의 특징이다.

(3) 마지막으로, 이 사례연구의 정의는 철학적으로 중립적이다. 즉, 그것은 사례연구가 좋은 연구라고 간주되는 것에 관한 실증적, 해석적, 비판적 관점에 따라 실시될 수 있다는 사실을 고려한다.

이상과 같은 사례연구의 정의 이외에도 Merriam(2009), Stake(1995, 2000), Smith(2017) 등을 포함해서 다양한 정의들이 있는데, 이러한 정의들의 공통분모는 다음과 같다.

사례연구는 연구의 대상인 사례를 가져야 한다. 사례는 ① 하나의 부서, 기업, 산업, 국가 등과 같이 하나의 분석단위에 국한된 연구를 주로 의미한다. 사례의 범위가 광범해질 수도 있지만, 하나의 단위는 특히 현장연구(fieldwork)가 현장에서 사회적 활동에 관한 일반연구를 포함하여, 이 현장연구라는 용어가 내포하는 것보다 더 좁다는 것을 의미한다(Smith, 2017, p.168). ② 복잡한 기능단위이어야 하고, ③ 다양한 방법으로 자연스러운 맥락에서 조사되어야 하며, ④ 현재이어야 한다.

사례연구는 특히 다음과 같을 때 유용하다(Smith, 2017, p.73).

* 고려중인 사나리오가 복잡하다. 즉, 변수가 많고, 이들 중에서 계량화할 수 없는 것도 많고 변수들의 상호관계가 불분명하여, 공식적인 모형화가 쉽지 않다.
* 실제실무를 검토할 기회가 발생하며, 사건에 반응하여 실무의 변화가 있다.
* 사건과 맥락의 상호작용이 과정과 결과에 중요하며, 잠재적으로 독특한 상황을 제공한다.

Stake(2000)는 사례연구에 중요한 것은 조사방법이 아니라, 연구대상이 사례라는 점을 지적하고 있다. 연구의 형태로서 사례연구는 개별사례에 대한 관심에 의해 정의되지, 이용되는 조사방법에 의해 정의되지 않는다는 것이다. Yin(2009)과 같은 연구자들은 사례연구를 구성하는 기법과 방법을 더 많이 강조하기도 한다.

사례는 상대적으로 제한적인 대상이거나 과정일 것이다. 그것은 이론적일 수도 있고 경험적일 수도 있으며, 또는 이론적인 것과 경험적인 것을 겸비할 수도 있다. 최소한 사례는 시간과 공간에 특정한 현상이다. 따라서 사례는 시간의 경과에 따라 변할 것이다. 사례의 경계와 초점까지도 연구과정을 통해 변한다는 것이 사례연구방법의 특징이다.

일반적으로 사례연구는 사례가 가지고 있는 복잡성을 충분하게 이해하고자 할 때, 특정한 사례에 대한 깊은 이해와 사례가 갖는 의미를 얻고자 할 때, 시간에 따른 변화의 양상 즉, 어떠한 현상의 변화과정을 살펴볼 때, 이용하는 연구형태라고 볼 수 있다(Merriam, 1998; 김진희 외, p.252).

제2절 사례연구의 역사적 배경

사례연구의 기원은 다양한 학문분야에서 찾아볼 수 있다. 그러나 사례연구가 체계화되기 시작한 것은 법학분야에서 시작되었는데, 1870년경부터 미국 Harvard대학교 법학대학원(Law School)에서 법원의 판례가 대학원교육에 활용되었다고 한다(권순달, p.1360). 이러한 사례연구는 법학분야에서 체계화되기 시작하였다. 특히 형량이 어떻게 결정되었는가를 발견하기 위하여 개별적인 판례를 분석하기도 하였는데, 이러한 판례연구는 예비 법관들을 교육시키기 위해 활용되기도 하였다. 한편, 사례연구는 의학분야에서도 크게 발전하고 있다. 의사는 환자를 대상으로 병력을 조사하고 추적하여 진단과 치료에 활용하고 있다(상게서).

경영학에서도 미국 Harvard 대학교 경영대학원(Business School)에서 사례연구가 실시되고 있으며, 회계학술지에서 사례연구는 Hägg · Hedlund(1979)에서부터 엿볼 수 있다.

방법론적으로 고전적인 사례연구는 해석적, 민속지학적, 현장연구의 전통과 연결되어 있다(David, 2006). 이들은 통계적 일반화를 생성하는 것을 목적으로 하는 연구의 실험적, 양적, 연역적 연구전통과는 매우 다르다.

Johansson(2003, p.6)에 의하면, 사회과학에서 (연구목적) 사례연구의 제1세대는 1900년대에 인류학에서 처음으로 나타났다. 초창기에 자료수집의 압도적인 방법으로서 참여관찰에 의한 현장연구(민속지학)의 형태로 체계적인 이방인 문화의 조사가 등장하였다. 사례연구방법의 또다른 원천은 의학, 사회사업학, 심리학내에서 개인에 관한 서술에 의해 제공되었는데, 사례조사(case work), 사례역사(case history)라고도 하였다. 초창기 사례연구의 제1세대는 사회학의 Chicago학파에서 정점에 도달하였는데, 여기서 인류학자의 현장연구방법(field study method)이 나중에 현대사회의 도시연구에 적용되기도 하였다(Platt, 1992; van Maanen, 2011).

제2차 세계대전이후에, 논리실증주의가 과학철학을 지배하였고, 사회과학은 실증주의와 계량적인 방법을 선호하였다. 실태조사, 통계방법, 여론조사, 실험 등이 과학적인 것으로 간주되었으며, 질적 사례연구는 비과학적인 것으로 비판받기도 하였다.

1950년대에 논리실증주의가 서서히 퇴조하였지만, 사회과학내에서는 자연과학의 방법론이 여전히 득세하고 있었다. 이 기간에, 사회과학의 모형에 근거한 연구가 실증적 방법론에 많이 의존하였다. Winch(1990), von Wright(1971)와 같은 과학철학자들은 사회과학에 대한 자연과학의 방법론적 영향을 비판하기도 하였다. 1960년대 후반에, 사례연구방법의 제2세대가 등장하기 시작하였다(Johansson, pp.6-7).

사례연구의 제2세대내에서 첫 번째 유형의 방법은 근거이론(grounded theory)이었다. 이 방법론은 양적 자료분석방법과 사회학의 Chicago학파로부터 질적 현장연구방법을 결합하였다(Glaser · Strauss, 1967). 그 결과는 자료를 분석하기 위해 상세한 절차를 이용하는 것에 근거한 귀납적인 방법론이었다. Yin(2009)은 실험적 논리를 자연스러운 연구의 분야로 이전하고는 그것을 질적 방법과 결합하였다. 오늘날, 사례연구방법에 관해 많은 글이 발표되고 있다. 사례연구방법은 절충주의와 실용주의의 방향으로 발전하였다. 이 발전을 Patton(2014)이 특히 지지한 바 있다.

제3절 사례연구의 종류

1. 연구방법론에 의한 분류

실행연구처럼, 사례연구도 방법론의 측면에서 실증적, 해석적, 비판적 형태를 취할 수 있다. 이러한 세 가지 유형은 연구에 대한 세 가지 주요한 철학적 방법론(실증적 방법론, 해석적 방법론, 비판적 방법론)에 상응한다.

사례연구도 연구자가 살고 있는 세계와 그가 지식을 어떻게 인지하는가에 관한 철학적 가정(존재론, 인식론, 방법론 등에 관해 제2장을 참조)에 의해 영향을 받을 것이다. 사례연구는 이론을 검정하기 보다는 이론을 정립(build theory)하는 경향이 있다는 점에서 귀납적 추론을 따르는 경향이 있다(Andrade, 2009를 참조). Eisenhardt(1989)와 Eisenhardt · Graebner(2007)는 사례연구로부터 이론을 구성하는 것을 논하였는데, 특히 Eisenhardt(1989)는 그 이론구성 과정을 전반적으로 개관하면서 귀납적 접근방법을 보여주고 있다(〈도표 15-1〉을 참조).

〈도표 15-1〉 **사례연구로부터 이론구성의 과정**

시작 → 사례선택 → 도구와 프로토콜의 조성 → 현장진입 → 자료분석 → 가설설정 → 문헌조사 → 연구마감

자료원: Eisenhardt(1989, p.533).

그러나 사례연구에 연역적 접근방법을 추구하는 연구자도 있으며, 확증적 사례에 대한 연구통찰력이 그러한 예이다(Johnston et al., 1999). 최근에, Bitekine(2008)은 사례연구에서 질적 자료를 이용하여 이론검정을 제안한 바 있다. 이 연구자는 가설이 연역적 논리와 일치하게 검정되도록 선험적으로 공식화되는 의학으로부터 사례연구설계를 빌려왔다. 그는 생생한 사회적 과정으로부터 충실한 자료가 이론의 설명력에 대한 중요한 통찰력을 생성할 수 있다고 주장한다(p.177). 귀납적 사례연구는 연역적 조사보다 덜 일반적이지만, 사례연구가 제공하는 능력과 기회에 대한 또다른 접근방법을 제공한다.

연구방법론측면에서 Berry · Otley(2004)는 실증적 사례방법과 구성적 · 주관적 사례방법으로 구분하여 살펴보고 있다. 실증적 사례방법은 양적 사례연구에 속하고, 구성적 · 주관적 사례방법은 질적 사례연구에 속한다.

여기서는 사례연구를 실증적, 해석적, 비판적 사례연구로 나누어 살펴보기로 한다.

첫 번째 유형인 실증적 사례연구는 실증적 사회과학의 요건을 충족하고자 한다. 이 종류의 연구는 실증적 조건으로 정당화된다. 즉, 사례연구는 현실세계에서 가설이나 명제를 검정하거나 정제(refining)하기 위한 방법으로 간주된다. 이 접근방법의 대표적인 경우가 Yin(2009)[3]인데, 그는 명제의 중요성을 논하고 구성타당성(construct validity), 내적 타당성, 외적 타당성, 신뢰성을 강조하고 있다. 타당성과 신뢰성에 대한 관심은 사례가 실증적 연구의 기대된 품질기준을 충족한다는 것을 보증하기 위한 시도를 표상한다. 사례연구가 주로 탐색적인 것으로 간주되고, 대규모 실태조사와 통계적 일반화를 통해 차후의 검정을 위한 가설을 생성하기 위해 이용되는 것은 이러한 방법론적 관점에서 비롯된 것이다(Scapens, 2004, p.261). 여기서는 일반적으로 이론이 사례자료수집에 선행하지만, 사례연구로부터 이론이 구성될 수도 있다(Eisenhardt, 1989). Yin은 준실험적 방법과 복수사례설계를 선호하는 경향이 있지만, 회계의 많은 사례연구가 복잡한 현상에 관한 단일사례연구의 특징을 가지고 있다(Berry · Otley, p.236). 우리나라 회계학술지에 발표되는 사례연구의 대부분이 실증적 사례연구에 속한다.

두 번째 유형인 해석적 사례연구는 기본적인 해석적 · 구성적 인식론, 즉 사회구성주의를 철학적 배경으로 한다(Baxter · Jack, 2008, p.545). 방법론적으로 고전적 사례연구는 해석적, 민속지학적, 현장연구의 전통과 관련이 있다(Dyer · Wilkins, 1991). 고전적 사례연구는 통계적 일반화를 하고자 하는 실험적 · 양적 · 연역적 연구전통과는 다르다(Ghauri · Gronhaug, 2005, p.171).

여기서는 실재가 사회적으로 구성되고 주관적인 것으로 간주되며, 주관적인 인간의 의미생성의 중요성을 인식하고 있지만, 객관성개념을 즉시 거부하지는 않는다. 여기서는 상대주의가 아닌 다원주의가 주체와 객체의 순환적인 역동적 긴장에 초점을 두면서 강조되며(Miller · Crabtree, 1999, p.10), 이 사례연구의 장점중의 하나는 참여자가 자신의 이야기를 말할 수 있으면서, 연구자와 참여자 사이의 밀접한 협력이다(Crabtree · Miller, 1999). 이 이야기를 통해서 참여자들은 자신들의 실재관을 서술할 수 있으며, 이로 인해서 연구자는 참여자의 행위를 더 잘 이해할 수 있다(Baxter · Jack, *op cit.*). 해석적 사례연구는 사람들이 현상에 부여하는 의미를 통해 그 현상을 일반적으로 이해하고자 하며, 회계를 조직적 · 경제적 · 사회적 맥락안에서 해석하고자 한다. 여기서는 회계실무의 내용, 과정, 맥락을 이해하는데 특히 적합하며(Berry · Otley, p.239), 회계실무의 사회성에 관한 풍부하고도 심오한 이해를 제공하고자 한다. 해석적 사례연구의 주안점은 특정한 상황, 조직, 문화, 개인의 복잡성을 이해하는 것이지만, 이러한 국지적 이해는 보편적인 이론이나 모형과 관련될

3) 이의 초판은 1994년에 출간된 것으로 실증적 방법론에 입각해서 사례연구를 살펴보고 있다.

수도 있다(Willis, 2007, p.241).

해석적 사례연구는 서술적 사례연구처럼 충실한 자료원천을 수집하고 분석하지만, 더 나아가서 자료를 수집하기 전에 상정한 이론적 가정을 예시하거나, 지지하거나, 도전하기 위해 또는 개념범주를 개발하기 위해 서술적 자료를 이용하기도 한다(Merriam, 1988, p.28). 그리고 자료로부터 이론을 생성하는 것은 대부분의 가설과 개념이 자료로부터 나올 뿐만 아니라, 연구과정동안 그 자료와 관련해서 체계적으로 만들어진다는 것을 의미한다(Strauss · Corbin, 1990, pp.5-6). 행위자들이 자신들의 경험에 부여할 수 있는 의미의 해석을 제공하고, 나아가 연구자가 (행위자와 연구자에게 의미가 될 수 있는) 해석을 부여하면서, 인간이 행동하고 현상이 발생하는 조건을 이해하는 해석학적 과정은 이러한 방법에 중심적이다(Llewellyn, 1993).

해석적 사례연구에서는 장기간 현장에서 머물면서 연구대상을 (참여)관찰한다는 특징을 가진다(김석웅, 2016, p.107). 영국 회계학자 Scapens의 사례연구들(1987, 1990, 1993, 2004)은 주로 해석적 사례연구와 관련있다.

세 번째 유형인 비판적 사례연구는 현재의 실무에 대한 비판적 성찰을 포함하고, 당연시되는 가정을 문제시하며, 한 명 이상의 비판적인 사회이론가(예를 들면, Marx, Braverman, Habermas, Foucault, Bourdieu 등)의 이론들에 입각해서 현상태를 비판한다.[4] 비판적 사례연구는 조직에서 권력의 본질과 배분에 관한 견해를 가지고 있으며, 이 사례연구는 회계자료와 실무가 광범위한 사회적 고려사항도 반영하는 권력의 지위를 유지하는 수단으로서 작용하는 방식과 관련이 있으며, 이러한 권력문제가 회계실무의 변화를 어떻게 유도하는가에도 관련이 있다. Jönsson · Macintosh(1997, p.375)는 많은 비판이론 연구자들이 이론의 예시로 이용되는 사례로서, 회계시스템이 어떻게 착취적이고 강압적인 사회질서의 통제도구의 일부인가를 보여주는 것을 목표로 한다고 주장한 바 있다.

비판적 사례연구의 경우도 해석적 사례연구처럼, 실증적 기준으로 그 연구의 질을 정당화하지 않는다. 사회적 실재와 무관한 객관적 실재를 의미하는 타당성과 신뢰성과 같은 단어들은 해석적 연구나 비판적 연구에서 이용되지 않는다.

실증적 사례연구는 우리나라의 경우 오늘날 가장 보편적이다. 그러나 해석적 사례연구가 서구에서도 지난 1990년대이후부터 등장하고 있으며, 비판적 사례연구도 증가하고 있다.

4) 이들에 관한 구체적인 예는 다음을 참조. 김석웅(2014).

2. 평가목적에 의한 분류

사례연구를 이용하는 목적 가운데 평가와 관련하여 사례연구를 다음과 같이 다섯 가지로 분류하기도 한다(Scapens, 1990, p.265; 2004, p.259; Ryan et al., 2002, p.143; 구치모 외 공역, pp.212-213),

첫째, 서술적 사례연구(descriptive case studies). 이 사례연구는 실태조사에 의해 이미 발견된 주제와 경향을 상세하게 살펴보기 위해 가끔 이용된다(Lee et al., 2007, p.170). 이 사례연구는 실무에서 이용되는 회계시스템, 기법, 절차를 서술한다. 상이한 기업에서 실무의 유사성을 서술하기 위해 또는 상이한 회계실무를 서술하기 위해 많은 기업들이 사례로 선택될 수 있을 것이다. 서술적 사례연구는 연구자들이 관리회계실무의 서술을 제공하고자 하였기 때문에, 1980년대에 특히 유용하였다(Scapens et al., 1987을 참조). 그 당시와 그 이후, 이러한 연구들은 최상의 실무를 결정할 가능성을 제공하는 것처럼 보였으며, 이러한 최상의 실무들은 때때로 성공적인 기업에 의해 채택되는 실무로서 그리고 때때로 가장 공통적인 실무로 간주되었다. 그러나 이러한 연구들은 무엇이 최상의 실무와 성공적인 기업을 구성하는가에 관한 중요한 문제를 회피하고 있다. 그럼에도 불구하고, 이러한 연구들은 현재의 회계실무의 본질에 관한 정보를 제공하는데 유용하다.

둘째, 예시적 사례연구(illustrative case studies). (특히 북미의) 관리회계연구에서, 사례연구는 특정한 기업에 의해 개발된 새롭고도 혁신적인 실무를 예시하기 위해 이용되고 있다. 예를 들면, Kaplan(1986, 1998)은 회계연구자가 혁신적인 기업의 실무를 연구함으로써 많은 것을 배울 수 있다고 주장하였다. 이러한 사례연구는 실무에서 달성되고 있는 것에 관한 예시를 제공한다. 그러나 이러한 혁신적인 기업의 실무들이 어떤 의미에서 다른 기업의 실무보다 우수하다는 함축된 가정이 있다. 예시적 사례연구는 이 가정에 정당화를 제공할 수 없으며, 이 가정의 타당성을 검정할 수 없다.

셋째, 실험적 사례연구. 회계연구자는 회계실무가에게 도움이 될 수 있는 새로운 회계절차와 기법을 종종 개발한다. 그러나, 때때로 연구자의 권고를 수행하는 것이 어려울 수 있다. 실험적 사례연구는 실행문제를 검토하고 잠재적 장점을 평가하기 위해 이용될 수 있을 것이다. 이러한 사례는 연구자들이 정교한 관리회계기법을 개발하고 있었던 1970년대에 매우 도움이 되었을 것이다. 이들 중에서 어떤 것도 실무에서 사용된 적은 없었다. 실험적 사례연구는 제안된 기법을 실행하는 것의 어려움을 지적하였을 것이다. 그러나 최근에, 연구자들은 새로운 기법의 실행과 이용을 탐구하기 위해 사례연구를 실시하고 있다. 예를 들면, De Haas · Algera(2002)는 새로운 기법이 목표일치행동을 자극하기 위해 어떻게 이용될 수 있는가를 검토하기 위해 네덜란드 철강회사의 실험적 사례연구를 이용하였다.

넷째, 탐색적 사례연구(exploratory case studies). 사례연구의 비판가들은 사례연구가 탐색적 연구에 유용할 수 있지만, 결과를 일반화하기 위해서는 대규모 연구가 필요하다고 가끔 주장한다. 이러한 비판가들은 특정한 회계실무에 대한 가능한 이유를 탐색하고, 이후에 실태조사방법과 양적 기법을 이용하여 검정될 수 있는 가설을 연구자가 생성할 수 있도록 하기 위해 이용되는 탐색적 사례연구를 염두에 두고 있는 것 같다. 따라서 탐색적 사례연구는 이후의 연구를 위한 주제를 찾기 위해 광범위한 실태조사에 앞선 예비조사로 실시되는 경향이 있다(Lee et al., 2007, p.170). 즉, 연구후반의 단계에서 엄격한 경험적 검정을 위한 아이디어와 가설을 생성하고자 하는 예비조사를 표상한다. 궁극적인 연구의 목적은 회계실무에 관한 일반화를 생성하는 것이다. 이 관점에서 탐색적 사례연구는 연구에서 첫 번째 단계일 뿐이다. 연구의 중요한 가설검정단계는 나중에 온다. 이 유형의 사례연구는 사례가 작은 표본만을 대표하기 때문에, 사례연구가 오로지 탐색적이고 일반화될 수 없다고 주장된다.

다섯째, 해설적 사례연구(explanatory case studies). 해설적 사례연구는 관찰된 회계실무의 이유를 설명하고자 한다. 이 연구의 초점은 특정한 사례에 있다. 이론은 일반화를 생성하기 보다는 그 특정성을 이해하고 설명하기 위해 이용된다. 연구자가 이론으로 관찰된 실무의 설득력있는 설명을 제공할 수 있는 한, 그 이론은 유용하다. 만약 이용가능한 이론들이 만족할만한 설명을 제공하지 않는다면, 다른 사례연구에서 이용될 수 있는 새로운 이론을 개발하거나 이 이론을 수정하는 것이 필요할 것이다. 이 연구의 목적은 사례에 관해 좋은 설명을 제공하는 이론을 생성하는 것이다. 해설적 사례연구는 사례가 계량적인 방법에 대한 보조물로 간주되지 않는 특정한 현상에 관한 상세한 이해를 도출하고자 한다(*ibid.*).

이러한 사례연구의 상이한 유형간의 구분이 반드시 명확한 것은 아니다. 예를 들면, 어떤 실무가 혁신적인 것으로 간주되어야 하는지, 예시적 사례연구의 대상으로 간주되어야 하는지 그리고 어떤 것이 서술적 사례연구의 기존절차와 기초로 간주되어야 하는지는 분명하지 않을 것이다. 궁극적으로, 분류를 결정하는 것은 연구자의 의도이다. 나아가, 설명과 탐색의 구분은 다소 애매모호하다. 예를 들면, 해설적 연구는 회계실무에 관한 이후의 설명의 기초를 형성할 최초의 사상을 생성하는 것과 관련이 있을 것이다. 이러한 애매성에도 불구하고, 상기의 분류는 연구자가 자신들의 연구에 부여하는 상이한 강조와 사례연구의 용도 범위를 보여준다.

한편, Stake(1995)는 연구자들이 사례를 연구하는데 상이한 목적을 가진다고 주장한다. 그는 다음과 같은 세 가지 형태의 사례연구로 분류하고 있다.

첫째, 본질적(intrinsic) 사례연구는 연구자가 특정한 사례를 더 잘 이해하고자 할 때의 사례연구이다. 이것은 주로 그 사례가 다른 사례를 표상하기 때문이거나, 어떤 특별한 특징이나 문제를 예시하고 있기 때문에 선택된 것이 아니라, 사례가 흥미롭게 되는 독특함이나 평범성 때문이다(Creswell, 2007; Stake, 2000). 연구자의 역할은 추상적 이론을 이해하거나, 검정하거나, 새로운 이론이나 근거이론의 설명을 개발하는 것이 아니라, 그 사례가 무엇이든간에, 특정한 사례의 본질적 측면을 더 잘 이해하는 것이다. 사례는 다른 사례에 적용가능할 아이디어를 자극하거나 발견사항(findings)을 생성할 것이지만, 본질적 사례연구는 이러한 목적으로 실시되지 않는다. 어떤 중요한 것이 그곳에서 발생하였기 때문에 사례연구를 실시할 필요가 있다는 것이다(Berg · Lune, p.335).

요컨대 본질적 사례연구는 연구자가 구체적인 사례가 갖는 특성과 현상에 대해서 흥미를 느끼거나 더 많은 이해를 하기 위해서 실시하는 경우를 의미한다.

둘째, 도구적(instrumental) 사례연구는 사례연구의 실시가 사례와 관련된 문제에 대한 통찰력을 제공해 주거나 관련된 이론적 설명을 개선하는 데 도움을 주고자 하는 목적을 가지고 실시되는 연구이다. 도구적 사례연구에서 연구자는 하나의 현안이나 관심사에 초점을 두며, 관심의 대상을 예시하기 위해 하나의 사례를 식별한다(Creswell, 2007). 이러한 상황에서, 사례는 지지역할을 하면서 이차적으로 중요하게 된다. 도구적 사례연구는 가끔 깊이있게 조사되며, 모든 측면과 활동이 상세하게 규명되지만, 사례 그 자체를 단순히 상세하게 설명하지는 않는다. 그 대신에, 이의 의도는 연구자가 외부의 이론적 문제, 현안, 문제를 더 잘 이해하도록 도와준다. 도구적 사례연구는 다른 사례의 대표로 간주될 수도 있고 안 될 수도 있다. 그러나 조사자는 어떤 다른 연구관심에 관한 자신의 이해가 좋아질 것이라고 생각하기 때문에 연구용으로 특정한 사례를 선택하게 된다(Berg · Lune, *op cit.*).

Stake(2000)도 연구자들이 가끔 복수의 관심을 가지기 때문에, 본질적 연구와 도구적 연구간에 명확한 구분선은 없다는 점을 지적하고 있다.

셋째, 집합적(collective) 사례연구는 복수사례연구, 사례간연구, 비교사례연구, 대조적인 사례연구라고도 한다(Gerring, 2006; Merriam, 1998). 그리하여 집합적 사례연구는 광범위한 맥락에 관해서 이론화할 수 있는 개선된 능력이나 더 좋은 이해, 통찰력을 가능하게 할 의도로, 여러 가지 도구적 사례의 외연적 연구를 포함한다. Yin(2009)은 복수의 사례가 개별사례에서 발견된 통찰력을 반복하기 위해, 또는 대조적인 상황을 표상하기 위해 선택될 수 있을 것이라고 주장한다. Yin(2009: 신경식 · 서아영 옮김, p.110-115)은 목적에 관계없이, 복수사례연구가 더 자주 고려되며, 전반적인 연구는 더욱 견고한 것으로 간주된다는 점을 지적하고 있다.

요컨대, 도구적 사례연구는 여러 사례를 포함하는 복수 사례연구의 형태로 실시되어 사례간의 공통점이나 차이점 등을 추출하여 어떠한 현상, 집단, 일반적인 상황에 대해 더 많은 이해를 하기 위해 실시된다.

3. 이용목적에 의한 분류

사례연구가 이용되는 측면에 따라 교육사례와 연구사례, 집중적(intensive) 사례연구와 외연적(extensive) 사례연구로 분류하기도 한다.

교육에서 사례연구는 학생들이 기업과 관련이 있는 이론과 원칙을 더 잘 이해할 수 있게 한다는 면에서 학생에게 큰 도움이 된다. 사례연구는 강사가 만들고자 하는 원칙이나 특별한 요지를 예시한다. 사례연구는 이론이 실무적 적용성을 가진다는 것을 보여준다. 경영대학(원)에서 가장 유명한 이 유형의 사례연구는 Harvard 경영대학원에서 발간되는 Harvard사례일 것이다. 이러한 사례는 강사와 학생이 함께 탐구하는 실제상황을 서술한다. 교육사례의 목적은 학생이 스스로 논의 문제에 대한 정확한 답을 구한다는 것이다. 학생은 많은 사례를 공부하기 때문에, 그들은 현재의 기업문제와 해결책 및 그러한 해결책이 어떻게 실시되는가를 더 잘 식별할 수 있다(Myers, 2009, pp.70-71).

그리하여 사례연구를 가르치는 목적은 학생들을 위한 것이다. 사례연구의 주제는 대부분의 강사에게 이미 잘 알려져 있는 이론이나 더욱 일반적인 요지를 예시하기 위해 설계된다. 교육사례의 목적은 학생이 배우는 것을 도와주는 것이다. 따라서 연구를 위한 사례연구방법은 교육목적으로 사례자료를 개발하기 위해 채택한 방법과는 매우 다르다는 것을 인식하는 것이 중요하다. 사례를 가르치는 것은 대개의 경우 특정한 교육목적을 가지고 있기 때문에, 이 사례들은 주대상에 관해 불완전하게 서술한다. 이 사례들은 학생들이 문제점을 발견하기 위한 기법을 훈련하기 위한 일시적인 자료를 포함할 수도 있지만, 사례연구자가 주장할 유형에 관해 완전한 설명과는 거리가 멀다. 사례를 가르칠 때 사례 그 자체는 현실생활에 기초할 수도 있으나 가상적일 수도 있다(Brownell, 1995, p.61).

이와는 대조적으로, 연구사례는 학생이 아닌 주로 연구자를 위해 작성된다. 연구사례는 특정한 이론이나 명제의 적용가능성에 관해 다른 연구를 설득하기 위한 경험적 증거로 이용된다. 만약 사례가 연구논문의 일부로서 처음 게재되었다면, 연구논문이 만드는 특정한 요지는 그 논문을 검토하는 사람들(말하자면, 동일한 분야의 다른 전문가들)에게 새로울 가능성이 있다. 그리하여 연구사례의 목적은 특정한 분야에서 지식에 기여하는 것이다. 교육사례와 연구사례가 〈도표 15-2〉에 비교되어 있다(Myers, *op cit.*, p.71).

〈도표 15-2〉 **교육사례와 연구사례의 비교**

교육사례	연구사례
주로 학생을 위해 작성	주로 연구자를 위해 작성
기존이론이나 원칙을 예시하기 위해 설계	기존이론을 탐구/검정하거나 새로운 이론에 기여하기 위해 설계
강사를 위한 사례노트와 더불어 교육사례로서 스스로 발표	학술지, 정기총회, 책 등에 연구논문의 일부로 발표

자료원: Myers(2009, p.71).

본서는 연구사례의 이용과 관련이 있기 때문에 교육사례의 이용을 다루지 않는다. 연구사례를 작성할 때는 교육사례를 작성할 때와는 다른 기술과 지식을 필요로 한다. 예를 들면, 사례작성자는 교육사례를 작성하기 위해, 교과과정에서 이용되는 교재와 읽을 거리와 같이 교과과정에 친숙할 필요가 있다. 사례가 예시하도록 설계되는 이론이나 지침은 사례 그 자체의 작성에서 명시적으로 언급될 수도 있다. 일반적으로, 교육사례를 작성할 때는 연구문헌을 거의 인용하지 않을 것이다. 이것은 교육사례의 목적이 학생들이 자신들을 위한 적용가능한 이론이나 원칙을 발견하는 것이기 때문이다. 교육사례작성의 핵심사항 중의 하나는 학생들이 학습하도록 격려되고 영감을 받는 방식으로 사례를 작성할 필요가 있다는 것이다(*ibid.*, p.72).

연구사례를 작성하기 위해, 저자는 주제에 관해 상세한 지식을 가질 필요가 있다. 저자는 특정한 주제에 관한 최근의 연구에 친숙하고 언급할 필요가 있다. 저자는 또한 연구주제와 직접 관련이 있는 사례를 작성할 필요가 있다. 사례는 이야기가 그럴듯하고 연구논문이 그 분야의 지식에 새로운 기여를 할 수도 있다는 점을 다른 연구자에게 설득하는 방식으로 작성할 필요가 있다. 사례는 또한 동료연구자들이 그 이야기를 재미있다고 생각하는 방식으로 작성할 필요가 있다.

연구사례는 다른 유사한 상황에서 적용할 관련특징, 요소, 현안들을 발견하기 위해 연구주제의 탐색적 국면에서 이용될 수 있다. 이 방식으로 사례연구는 특정한 주제에 관한 연구의 초기단계에서 이용된다. 연구사례는 주제에 관한 방대한 문헌이 이미 있을 때, 설명적 연구에서 이용될 수도 있다. 이 방식으로, 사례연구는 이론을 검정하기 위해, 인과적 설명을 전개하기 위해, 이론들을 비교하기 위해 이용될 수 있다. 연구사례가 탐색적 방식에서만 이용될 수 있다는 것을 주장하는 것은 잘못이다. 그리하여 사례연구는 특정한 주제에 관해 연구의 모든 단계에서 적용가능하다. 사례연구의 핵심적인 특징은 그것이 이용되어야 하는 연구과정에서 시기가 아니라 무엇이 연구되는가이다. 무엇(what)은 연구자의 측면에서 통제가 없고 모든 것이 즉시 발생할 수 있는 현재의 실제상황이다. 실제상황은 가끔 혼란스럽지만, 혼란스러운 실제상황을 다룰 수 없는 기업에 관한 이론은 아마도 무가치할 것이다.

사례연구는 현재의 실제생활조직에서 실제사람으로부터 경험적 증거를 이용한다. 특정한 주제는 폭넓게 변한다. 그러나 사례연구의 특징은 어떻게(how)와 왜(why)라는 문제에 주안점을 둔다는 것이다. 사례연구자는 특정한 기업의사결정이 어떻게 그리고 왜 이루어졌는가 또는 기업과정이 현재의 방식대로 어떻게 그리고 왜 작동하는가를 이해하고자 한다. 실행연구와는 달리, 사례연구자는 어떤 상황에 고의적으로 개입하는 것이 아니라, 최소한 첫 번째의 경우에 그것을 단순히 서술하고자 한다. 그리고 앞에서 언급한 바와 같이, 교육사례와는 달리, 이 사례작성의 일차적 청중은 특정한 학문의 학생이 아닌 동료연구자들이다. 사례작성의 목적은 사례연구가 지식에 대한 기여라는 것을 동료연구자에게 설득해야 한다(*ibid.*, p.73).

Stoecker(1991)는 집중적 사례연구와 외연적 사례연구 사이에 주요한 차이가 있다고 주장한다. 그는 Harré(1979)가 주장한 사회과학에서 두 가지 연구설계(집중적 사례연구와 외연적 사례연구)를 이용하고 있다.

집중적(intensive) 사례연구는 충실하고(thick), 전체론적이고(holistic), 맥락적인(contextualized) 서술(Geertz, 1973)을 제공하여 내부로부터 단일사례를 이해하고자 하며, 한 개 또는 일부 사례에서 가능한 한 많은 것을 발견하는데 초점을 두는데 반하여, 외연적(extensive) 사례연구는 많은 사례를 비교(반복)하여 일반화가능한 이론구성을 검정하거나 생성하고자 하며, 사례들간에 공통적인 양상과 속성을 구하는데 초점을 두고 있다(Eriksson · Kovalainen, p.118).

고전적 사례연구라고도 하는 집중적 사례연구는 질적 · 민속지학적 연구전통을 이용하여, 특정한 맥락에서 문화적 의미와 의미생성 과정의 설명 뿐만 아니라 사례의 해석과 이해를 강조한다. 이의 주요한 목적은 내부로부터 사례를 이해하고 탐구하는 것이며, 사례에 포함된 사람으로부터 이해를 전개하는 것이다. 그러나, 이것이 사례가 이론을 설명하기 위해 이용될 수 없다는 것을 의미하지는 않는다. 오히려, Dyer · Wilkins(1991)이 주장한 바와 같이, 집중적 사례연구는 이론적으로 정통하며, 이론을 개발할 수 있다. 그러나 이의 주된 관심은 사례 그 자체에 있지, 사전에 주어진 이론적 명제에 있지 않다.

외연적 사례연구는 양적 · 실증적 연구에 더 많이 의존하며, 이론을 개발하고, 설명하고, 검정할 목적으로 선택된 맥락에서 공통 양상, 메카니즘, 속성을 구하는데 초점을 두고 있다. 현실생활의 사례와 이들의 상세한 서술은 관심 그 자체의 초점이 아니다. 사례는 특정한 현상을 탐구하고, 다른 맥락이나 이론으로 일반화될 수 있거나 검정될 수 있는 이론적 명제를 개발하는데 이용할 수 있는 도구로 간주된다. 그러나 이것이 모든 단일 사례연구들이 사례 그 자체의 내부 작용에 관심이 있을 것이라는 것을 의미하지 않으며, 어떤 현상에 일차적인 초점을 가질 수 없거나, 모든 복수사례연구가 이론검정을 목표로 할 것이라는 것을 의미하지는 않는다(Eriksson・Kovalainen, p.119).

이외에 Willis(2007, pp.242-243)는 사례연구를 민속지학적 사례연구, 미시민속지학적 사례연구, 상황분석, 역사적 사례연구, 역사적 조직사례연구, 생애사 사례연구, 심리학적 사례연구, 사회학적 사례연구, 교육적 사례연구 등으로 구분하기도 한다.

사례연구를 특히 방법론적으로 살펴볼 때, 고전적 사례연구는 해석적・민속지학적・현장연구의 전통과 연결되어 있다(David, 2006).

제4절 사례연구의 연구과정

사례연구의 연구과정 또는 설계란 연구자가 사례를 선택해서 자료를 수집하고, 분석하고, 해석하는 일련의 과정을 체계적으로 실시할 수 있도록 하는 일종의 계획이다. 이러한 과정에서 사례연구자의 역할이 중요하다.

1. 사례선택과 사례연구자의 역할

1) 사례선택

적절한 사례를 선택하는 것은 사례의 성패를 좌우하기 때문에 매우 중요하다.

Yin(2009)에 의하면, 사례연구설계는 ① 연구의 초점이 어떻게(how)와 왜(why)의 질문에 답하는 것일 때, ② 연구에 포함된 사람들의 행동을 조작할 수 없을 때, ③ 맥락적 조건이 연구대상인 현상과 관련이 있다고 믿기 때문에 맥락적 조건을 다루고자 할 때, ④ 현상과 맥락 사이의 경계가 분명하지 않을 때 고려해야 한다.

한편, Cooper・Morgan(2008)은 사례선택동기를 다음의 네 가지 중의 하나라고 주장한다.

① 극단적/이탈적 — 사례는 조직내에서 환경변화를 이용하기 위해 이용된다. Berry et al.(1985)는 급격한 변화기간에 국립석탄위원회(National Coal Board)에 관한 그들의 연구가 이러한 예를 제공하고 있다. 이와 마찬가지로 Lys・Vincent(1995)는 논란

의 여지가 많은 인수기간동안 그 과정과 결과를 검토하고 있다.

② 최대변이(maximum variation) — 사례는 다른 것이 변동하는 동안, 어떤 것에 관해 배울 기회를 제공한다. Merchant · Manzoni(1989)는 상이한 기술기반과 성장률을 가진 여러 산업에서 기업사례를 선택하여 이러한 예를 제공하고 있다. 모든 사례에 대해 예산목표의 달성가능성을 검토함으로서, 그들은 예산편성과정에 대한 새로운 통찰력을 제공할 수 있다.

③ 비판적 — 사례가 이론의 반증가능성을 촉진하기 위해 의도적으로 선택된다. 그리하여 Preston(1989)은 전에는 아무 것도 존재하지 않았던 정교한 관리통제시스템을 실시하는 조직에 어떤 예를 제공하고 있다. 회계발전의 동기와 혜택은 기존이론과는 달랐다.

④ 패러다임적 — 사례는 이론에 대한 특정한 기여를 하기 위해 선택된다. Tinker · Neimark(1987)은 기업의 연례보고서에서 비재무적 메시지의 유의성을 나타내기 위해 General Motors에 관한 장기적 연구를 이용하여 사례연구를 하였다.

이러한 분류는 사례선택을 위한 일반체계로 간주되어야 한다. 실제결과는 상이하거나 중복적인 범주를 시사하였다. 그리하여 이탈적 사례선택동기인 Lys · Vincent(1995)는 이론의 반증형태로 비판적인 결과를 제공하였다. 즉, 그들의 연구는 주당이익을 최적화하기 위해 회계방법을 선택하는데서, 인수회사(AT&T)의 행위가 기존이론과는 맞지 않았다는 것을 시사한다(Smith, 2017, p.169).

일반적으로 실증적 방법론을 적용해서 사례연구를 하는 연구자들은 Yin(2009; 신경식 · 서아영 옮김, p.94)에 의하면, "대표사례를 선택하고자 하는 함정"에 빠질 수 있다. 이러한 연구자들은 그들의 결과를 일반화하는 것에 관심이 있기 때문에, 사례가 정확하게 선택된다면 더 큰 모집단으로 일반화하기 위해 이용될 수 있는 표본으로 간주한다. 그러나 이러한 연구에서 선택된 사례가 무엇을 대표하는가가 항상 분명한 것은 아니다. 이 사례가 모집단의 어떤 측면을 대표하는 것으로 간주되는가? 특히 탐색적 사례연구에서 연구가 완성될 때까지 이 질문에 답하는 것은 가능하지 않을 것이다. 이것은 대표사례의 선택에 문제를 발생시킬 수 있다(Scapens, 2004, p.261).

한편, 해석적 사례연구는 이론을 개발하고 확대하기 위해 이용된다. 그리하여, 사례의 선택은 더 큰 모집단으로 일반화하기 보다는 이론개발의 필요성을 반영해야 한다.[5] 연구자는 연구에서 다룰 문제에 초점을 두어야 한다. 연구문제는 그 연구의 기초를 이루는 이론체계

5) 사례연구에서 일반화가능성(또는 이전가능성)의 문제는 p.486를 참조.

와 더불어 연구될 사례의 특징을 정의할 것이며, 연구자는 그러한 특징을 나타내는 사례를 선택하고자 해야 한다. 실증적 사례연구자가 대표적 사례를 모색하는데 반하여, 해석적 사례연구자는 비판적이거나 극단적인 사례를 찾는 것이 도움이 된다고 생각할 것이다(*ibid.*).

잘 정립된 이론이 있고 주요한 연구현안이 분명하게 정의된 곳에서, 사례를 선택하는 것이 도움이 될 것이다. 즉, 연구에서 다루어진 현안이 연구되고 있는 조직에서 표면으로 그러한 현안을 제기하는 일부 중요한 사건에 의해 주안점으로 되는 사례에 해당한다.

연구자가 광범위한 환경을 다루기 위해 이론을 확대하기를 원하는 상황에서는 극단적 사례를 선택하는 것이 적절할 것이다. 예를 들면, 이러한 사례는 매우 크거나 매우 작은 기업 또는 전적으로 다른 산업상황에 속하는 기업으로서 연구하는 것을 포함할 것이다. 이러한 사례연구는 기존이론이 광범위하게 상이한 환경에서 해설을 제공하기 위해 확대될 수 있는 정도를 지적할 것이며, 이 이론이 훨씬 더 넓은 경우에 적용되어야 한다면 수정될 필요가 있는 정도를 식별할 것이다(*ibid.*, p.262).

이 논지는 이용가능한 이론이 거의 없는 상황으로 확대될 수 있다. 여기서 탐색적 사례연구는 이론개발의 과정을 시작하기 위해 이용될 수 있을 것이다.[6] 연구를 위한 특정한 사례의 선택은 상대적으로 중요하지 않을 것이다. 필요한 것은 연구자로 하여금 이론개발의 과정을 시작할 수 있게 하는 관련사례이다. 연구를 실시하기 전에 이들이 무엇이어야 하는가를 규정하는 것은 실제로 어렵지만, 아마도, 사례는 이 연구가 핵심적인 현안에 주안점을 둘 수 있도록 하기 위해 가능한 한 복잡한 현안을 피한다는 의미에서 하나이어야 한다. 그럼에도 불구하고, 그러한 탐색적 사례가 연구되었을 때, 연구자나 다른 연구자에 의해 추가 사례들이 연구되기 때문에 최초의 이론은 정제되고 확대될 수 있다. 이것은 복수의 사례연구라는 현안으로 가져간다.

한편, Cooper・Morgan(2008)은 ① (계량화가능하지 않는 변수를 포함해서) 많은 변수가 포함되는 복잡하고도 역동적인 현상, ② 일상적이면서 유의적인 활동에 관한 상세한 것들을 포함한 실제의 실무(예를 들면, 회계규제의 변경), ③ 맥락이 중요한 현상 등이 있을 때 사례연구가 유용하다고 주장하고 있다(p.160).

사례연구프로그램에서, 복수의 사례연구는 반복과 이론개발이라는 두 가지 목적으로 이용될 수 있다. 많은 유사한 사례들이 이론적 설명을 반복하기 위해 선택될 수 있을 것이다. 이와는 달리, 다른 사례들이 그 비교로부터 시사점을 도출하거나 더욱 광범위한 상황으로 이론을 확대하기 위해 선택될 수도 있다. 개별사례들의 차이는 이론적 확대가 원하는 방향

6) 여기서는 설명의 과정을 시작할 탐색적 사례연구에 관해 말하고 있다. 어떤 의미에서, 연구의 목적은 사례를 설명하는 것이기 때문에, 그것은 여전히 해설적 사례이다. 이것은 실증적 연구자들의 해설적 사례와는 다르다.

에 의해 결정될 것이다. 이러한 복수사례의 목적은 광범위한 상황을 설명할 수 있는 풍부한 이론체계를 개발하는 것이다. 복수사례연구와 현장연구 사이의 차이를 인식하는 것이 중요하다. 일부 연구자들은 현장연구를 일련의 사례연구로 부르고 있지만,[7] 이들의 설명은 대개의 경우 연구된 일단의 조직전체의 횡단면적 분석에 기초하고 있다. 그러나 전자의 경우, 각 사례는 분리해서 분석되며, 설명은 사례의 특정한 상황으로부터 도출된다. 그리고 이론은 모든 사례를 포괄하기 위해 확대된다.

이상적으로, 연구되는 사례의 선택은 연구를 위한 이론체계와 연구문제의 명확한 구체화를 따라야 한다. 그리고 연구자는 적절한 사례를 선택하는 데서 위에서 제기된 점들을 이용할 수 있다. 그러나 특히 시간과 자원이 매우 제약되어 있는 연구에서 실제로 다른 문제들이 등장할 수도 있다. 연구자는 쉽게 접근할 수 있는 사례를 이용해야 할 것이며, 이것은 이론체계나 연구문제의 일부 수정을 필요로 할 것이다. 나아가, 연구가 진행됨에 따라, 처음부터 예상되지 않았던 문제들이 등장할 수도 있다. 이것은 연구자가 의도된 연구문제를 다룰 수 없을 것이기 때문에 어떤 문제를 표상할 수 있거나, 새롭고 잠재적으로 더욱 흥미로운 현안들이 다루어질 수 있기 때문에 기회가 될 수 있을 것이다. 모든 사례에서 연구자는 연구가 진행됨에 따라 연구문제를 수정하고 이론체계를 정비하고 개발할 준비가 되어 있어야 한다. 나중에 지적되는 바와 같이, 사례연구는 연구문제를 정의하고, 이론체계를 선택하며, 그리고 사례연구를 실시한다는 단순한 선형과정을 따르지 않는다. 사례가 진행됨에 따라 적응해야 하는 연구자로서 사례연구는 가끔 훨씬 더 혼란스럽다(*ibid*., p.263).

2) 사례연구자의 역할

사례연구를 선택하는 데서 사례연구의 대상자에 비하여 사례연구자의 역할을 고려하는 것이 중요하다. 사례에 포함된 연구자에게 일련의 가능성이 있다. 즉, 연구자가 사례에 직접 포함되지 않는 것은 연구자가 외부자인 경우뿐이다. 그밖의 모든 가능성에서, 연구자는 사례에 영향을 줄 수 있는 잠재력을 가진다. 일반적으로 사례연구자의 업무는 그들의 사례연구가 회계실무의 이해를 확대한다는 것을 다른 사람에게 설득하는 것이다(Humphrey · Scapens, 1996b, p.122). 구체적으로 사례연구자의 역할을 살펴보자(Scapens, 2004, p.263).

(1) 외부자(outsider)

여기서 연구자는 발표된 보고서와 기타 2차적인 원천 등과 같이 쉽게 이용가능한 증거에

7) 또는 소규모(mini) 사례연구.

의지한다. 연구자는 어떠한 접촉도 하지 않으며, 따라서 사례참가자에게 영향을 줄 수 없다. 그러나 여기서조차도, 결과적인 사례연구는 여전히 주관적이다. 즉, 연구자는 증거를 선택하고 해석한다. 다른 모든 유형의 사례연구처럼, 결과물은 연구자의 해석이다. 역사적 사례연구가 가끔 외부자로서 연구자의 가장 좋은 예이다(*ibid.*, p.264).

(2) 방문자(visitor)

이것은 아마도 사례연구자의 가장 공통적인 이미지일 것이다. 즉, 이것은 사례장소를 방문하고 연구대상자를 면접하는 사람의 이미지이다. 연구자가 연구되고 있는 현안에 직접 포함되지 않을지라도, 이러한 현안에 관해 질문을 하는 행위는 연구대상자에게 영향을 줄 수 있다. Scapens가 사례연구에서 채택하고자 한 것이 이 역할이며, 현안을 논하는 것이 사례에서 개인들에게 줄 수 있는 영향을 의식하는 것이다(*ibid.*).

(3) 촉진자(facilitator)

연구자는 사례장소에 밀접하게 포함된다. 명시적으로 현안을 제기하고, 충고를 하며, 평가하기 위해 연구의 대상자에게 옵션을 공개한다. 그러나, 연구자는 해결을 제공하는 것이 아니라, 연구대상자로 하여금 문제의 본질을 인식할 수 있게 하며, 그들이 그들 자신의 해결안을 발견하도록 도와준다(*ibid.*).

(4) 참여자(participant)

사회학적 연구에서 고전적 접근방법은 연구자가 실제로 연구되고 있는 조직에서 일하는 것이었다. 참여자로 일함으로써 연구자는 회사의 일상적인 업무에 대한 통찰력을 얻을 수 있다. 이러한 초기연구의 일부에서 연구자들은 회사내부에서 함께 일하는 사람들에게 연구과제를 공개하지 않았다. 그들은 단순히 회사의 종업원들이었다. 그러나 그들은 그들의 경험을 상세하게 기록하였다. 그러나 이제는 이 유형의 연구에 제약을 가하는 엄격한 윤리규정(예를 들면, 비밀누설방지나 사전승인 등)이 있다(*ibid.*).

(5) 행위자(actor)

실행연구에서 연구자는 연구의 주제에서 새로운 기법이나 절차를 도입하는 핵심적인 실시자이다. 따라서, 연구자는 사례에 개입하며, 연구되고 있는 현안에서 적극적 참여자이다. 핀란드에서 일단의 회계연구자들이 현대관리회계기법의 실시를 연구하기 위해 이러한 접근방법을 이용하고 있었다. 그 연구방법을 관여주의적(interventionist) 접근방법 또는 구성적 접근방법(constructive approach)이라고 한다(Kasanen et al., 1993을 참조)(*ibid.*).

연구자가 행위자이고 의도적으로 사례에 개입할 때, 연구과정이 사례연구에 영향을 준다는 것은 매우 분명하다. 그러나 연구자가 다른 역할을 가지고 있을 때라도, 그는 사례에서 독립적이라고 말할 수 없다. 연구과정은 연구자가 외부자인 경우를 제외하고 항상 사례에 영향을 줄 잠재력을 가지며, 모든 유형의 사례연구에서 결과물은 연구자의 해석을 표상하며, 따라서 불가피하게 주관적이다. 그리하여 사례연구가 중립적이고 객관적인 과정일 수 없다는 것을 이러한 연구자가 인식하는 것이 중요하다. 실행연구(말하자면, 연구자의 포함)에 관해 가끔 표현되는 우려는 상당한 정도로 모든 사례연구에 적용되며 연구자는 사례연구를 실시하고 결과를 작성할 때 이것을 명심해야 한다.

2. 사례연구의 실시단계

여기서는 사례가 선택되고 사례에 접근할 수 있다고 가정하고, 구체적으로 사례연구를 실시할 때 주요한 단계를 살펴본다. 이러한 단계는 논리적인 순서로 연결될 수 있지만, 사례연구는 복잡하고 상호작용적이며, 단순히 선형적인 과정이 아니라는 점을 감안해야 한다. 사례연구의 과정에서 연구자는 이러한 단계를 상이한 순서로 개별단계간의 상이한 상호작용을 거치면서 여러 번 반복해야 한다. 그러나 사례연구의 주요한 요소를 논할 수 있도록 다양한 단계를 살펴보는 것이 유용할 것이다(Scapens, 2004, pp.265-272).

1) 준비단계

특히 사례연구에서 첫 번째 단계는 가능한 한 연구문제를 분명하게 구체화하는 것이다. 이것은 대개의 경우 선행연구의 검토와 관련해서 실시될 것이다. 그리고 연구문제가 연구방법(론)을 포함한 연구설계를 구성할 것이다. 연구문제는 이용가능한 자원과 시간을 감안하여 실행가능한 계획을 제공하기 위해 충분히 논의되어야 한다. 연구문제를 구체화하고 나서는, 적절한 사례연구방법의 유형을 선택하고, 사례에서 연구자의 역할에 관해 결정하는 것이 가능할 것이다.

이제, 연구문제가 구체화되었고 사례의 본질과 연구자의 관련정도가 결정되었다고 가정하면, 연구에서 살펴볼 사항을 검토하기 위해 그 사례와 관련된 이론을 검토해야 한다.

사례연구에서 이론의 이용여부에 관해서는 무이론, 단일이론, 복수이론 등의 세 가지 유형이 있다(Dobson, pp.285-286).

① 무이론(No theory)의 경우는 근거이론을 이용할 경우가 하나의 예가 될 수 있을 것이다. 여기서는 이미 정의된 기존의 이론은 연구를 오염시킬 잠재성이 있으며, 따라서 자료로부터 (새로운) 이론이 등장하도록 해야 한다고 주장한다. 여기서는 연구를 시작하기 전에 너무 많은 문헌연구를 하는 것은 이론을 개발할 잠재성을 파괴할 가능성을 증가시킬 우려가 있다고 주장된다(Glaser · Strauss, 1967, p.253).

② 단일이론(Single theory)의 경우는 Alvesson(1996)이 주장한 바 있다. 그는 이용중인 이론이 해석자 개인과 그의 정치적-윤리적 입장에서 확고해야 한다고 주장하였다(p.15). 그는 연구자가 지적으로 익숙하고 감정적으로 선호를 느끼는 이론을 주로 이용하는 것이 중요하다고 주장한다(p.206). 이 단일이론유형은 복수이론유형과는 대립적이다.

③ 복수이론(Multiple theories)의 경우는 Walsham(1993)이 주장한 바 있다. 그는 이론이 더 이상 필요없을 때는 폐기되어야 하는 하나의 발판(scafford)으로 이용되어야 한다고 주장한다. 이 견해는 최상의 이론과 같은 것은 없으며, 오로지 세상을 보는 상이한 방식(이론)이 있다고 주장한다. Walsham(1993)은 해석적 전통에서 정확한 이론과 부정확한 이론이 있는 것이 아니라, 세계를 보는 재미있는 방식과 재미없는 방식이 있으며(p.6), 최상의 이론은 없고 앞으로도 없을 것이라고 주장한다. 연구자의 탐색은 최상의 이론이 아니라 개선된 이론에 대한 것이어야 하며, 우리 시대의 현안과 관련이 있는 이론에 관한 것이어야 한다고 주장한다(p.478).

사례연구에서 선행이론의 검토는 연구자가 사례에 접근하는 방식을 결정할 것이다. 연구자는 선행이론의 구속을 전혀 받지 않는 사례연구를 시작해야 한다고 주장되기도 한다. 대부분의 연구자는 자신의 과거경험, 선행연구 등의 영향을 받을 것이다. 그리하여 대부분의 사례연구에는 선행이론이 있을 것이다. 연구를 다른 사람들에게도 의미있게 하기 위해서, 연구자는 사례연구를 형성하는 이론을 분명히 해야 한다. 선행이론의 검토이외에, 사례연구가 진행됨에 따라 다른 이론이 도입되기도 하고 새로운 이론이 개발되기도 한다. 연구자는 이러한 것들이 발생할 수 있도록 충분히 유연해야 한다(*ibid*., p.265).

2) 증거수집단계

선행이론의 검토로 사례연구에서 찾아야 할 증거유형을 파악할 수 있을 것이다. 각 연구문제와 이의 요소들을 다시 고려하고 각각의 경우에 필요한 증거를 확인하는 것이 도움이 될 것이다. 사례연구가 진행됨에 따라, 연구자는 사례를 설명하는데 중요한 것으로 보이는 증거에 지속적으로 주의를 기울어야 하며, 사례에서 현안과 이론이 등장할 수 있도록 준비해야 한다. 대부분의 사례에서 복수의 증거원천을 이용하는 것이 필요하다. 이에는 ① 인공물(artefacts: 문서와 같은 유형의 항목들이다, ② 설문지, ③ 면접(interviews): 사례연구와 가장 관련이 많은 증거유형인 면접에는 구조화면접, 반구조화면접, 비구조화면접 등의 형태가 있다. 연구자는 연구과정 전체에 그 적합성을 최적화하기 위해 면접할 사람을 선택할 것이다. 그리하여 Barrett et al.(2005)은 자신들이 면접목적을 어떻게 선택하였고 질문을 어떻게 결정하였는가에 관해 보고하고 있다(Smith, 2017, p.74). ④ 모임과 행동의 관찰(observing actions and meetings): 모임에 참가하는 것은 중요한 증거원천일 수 있지만, 모임의 참가를 허용받는 것이 어려울 것이다. ⑤ 행동결과의 평가: 사례의 장소에서 연구자나 연구대상자가 행동을 하더라도 그 결과의 증거가 매우 중요하지만, 조직 자체의 정보시스템에 의존하는 것이 필요하다.

연구자가 수집한 모든 증거는 나중에 분석해서 살펴보기 위해 질서정연한 방법으로 기록되어야 한다. 연구자가 증거를 공식적으로 수집하면서도, 비공식적 증거를 아는 것도 중요하다. 예를 들면, 회계시스템의 이용에 관해 경영자를 면접할 때, 우연한 논평, 신체몸짓 등을 통해 생산직원과 회계직원 사이의 관계에 관한 단서를 얻을 수도 있다. 연구자는 적절한 방식으로 비공식적 단서를 추적할 준비가 되어 있어야 한다. 예를 들면, 추가질문을 하는 것, 다른 경영자를 면접하는 것, 모임을 관찰하는 것 등. 탐구할 새로운 현안을 주장하는 것 이외에도, 비공식적 증거는 상이한 정보원천의 신뢰성에 관해 알려 줄 수 있다(Scapens, *op cit.*, pp.266- 268).

3) 증거평가단계

계량적인 경험적 연구를 평가할 때, 연구자는 그 증거의 신뢰성과 타당성에 관심이 있다(Ryan et al., 2002, 제6장을 참조). 신뢰성은 증거가 증거를 이용하는 사람과 독립되는 정도를 가리키며, 타당성은 자료가 어떤 의미에서 현실세계를 진실하게 반영하는 정도이다. 그러나 사례연구에서 신뢰성과 타당성의 개념들은 적절한 것 같지 않다. 신뢰성은 독립적, 일반적인 조사자를 의미하고, 타당성은 객관적인 실재를 의미하는데, 이 둘은 대부분의 사례연구에서 무의미하다. 연구자의 해석과 연구자와 주제와의 관계는 모든 사례연구의 본질적인 요소이다. 그리하여 신뢰성과 타당성이외의 기준이 사례연구에 필요하다(*ibid.* p.268).

계량적 연구에서 신뢰성이 독립적이고 중립적인 관찰자를 필요로 하는데 반해서, 사례연구에서는 연구자가 적절하고 신뢰가능한 방법과 절차를 채택하고 있다는 것을 아는 것이 중요하다. 이것을 절차적 신뢰성(procedural reliability)이라고 한다. 연구는 분명하게 구체화된 연구문제를 다루는 좋은 연구설계를 가져야 한다. 좋은 연구설계에 따라 실시되어야, 연구자는 사례연구의 결과를 신뢰할 수 있고, 다른 사람도 원칙적으로 실시된 것을 검토할 수 있을 것이라는 점을 보여줄 수 있다.

타당성문제를 논하는 데서, 내적 타당성과 외적 타당성을 구별하는 것이 일반적이다(Ryan et al., 2002를 참조). 내적 타당성은 사례연구내에서 적절한 통제의 이용과 관련이 있는데 반하여, 외적 타당성은 그 연구결과기 다른 상황으로 일반화될 수 있는 정도와 관련이 있다. 그러나 통계적 일반화는 특히 그 목적이 관찰된 현상을 이론적으로 정통한 설명을 하는 사례연구에서 분명히 문제가 있다. 연구자는 기존이론의 지식을 가지고 사례에 접근할 것이며, 그 관찰이 기존이론과 일치하는지의 여부를 검토할 것이며, 일치하지 않는다면 이론이 수정될 것이다. 그러나 만약 이론이 관찰을 설명한다면, 다른 연구자들도 유사한 조건 및 상이한 맥락에서 그 연구를 반복하고자 할 것이다. 따라서 사례연구를 통해 이론이 개발되고 수정되며, 이론이 계속해서 현재의 관찰을 설명하는 한, 이론이 유지된다.

그리하여 사례연구에 표본추출의 논리보다는 반복과 확장의 논리를 적용하는 것이 더 적절하다. 이것은 사례연구를 이론이 관찰을 설명하기 위해 이용되는 방법으로 간주한다는 것을 의미한다. 설득력있는 설명을 제공하는 이론은 다른 사례연구에 이용되는데 반하여, 설명하지 않는 이론은 수정되거나 기각될 것이다. 사례연구에 기초한 연구프로그램의 목적이 모든 관찰을 설명할 수 있는 이론을 생성하는 것인데 반하여, 개별사례연구의 목적은 특정한 사례환경을 설명하는 것이다. 사례연구가 새로운 맥락에서 이론을 적용하고자 하기 때문에, 이론은 수정될 가능성이 있으며, 이 과정을 통해 이론이 일반화된다. 이러한 과정을 이론적 일반화라고 서술할 수 있을 것이다.[8] 그러나, 상이한 일반화형태에 대한 혼란의 잠재성으로 일부 사례연구자는 이 용어를 피하고자 한다. Lincoln・Guba(1985)에 의하면, 유일한 일반화는 일반화가 없다는 것이다(pp.110-128). 그 대신에, 그들은 하나의 맥락에서 다른 맥락으로 연구결과의 이전가능성(transferability)과 상이한 맥락의 비교가능성 정도에 관한 적합도(fittingness)에 관해 말하고 있다(Flick, 1998, p.234).

이제 내적 타당성을 살펴보자. 사례연구에서 이 기준은 맥락적 타당성(contextual validity)이라는 개념으로 대체되는데, 이것은 사례연구증거와 도출된 결론의 신빙성(credibility)를 가리킨다. 이것은 다음과 같은 여러 가지 요소를 수반할 수 있다(*ibid*., pp.269-270).

첫째, 각 증거의 타당성은 동일한 현안에 관한 다른 종류의 증거와 비교하여 평가해야 한

8) 다른 형태의 일반화에 관한 논의로는 Lukka・Kasanen(1995)을 참조.

다. 다른 연구대상자를 면접하거나, 기록을 검토하거나, 관찰을 할 수도 있을 것이다. 복수의 증거원천을 수집하는 이러한 과정을 혼합(triangulation) 특히 자료혼합이라고 한다.

둘째, 특정한 증거원천의 타당성은 이러한 원천에 관한 다른 증거를 수집하여 평가해야 한다. 만약 특정한 원천에 관해 왜곡이 나타난다면, 연구자는 그 원천으로부터 증거의 타당성을 평가할 수 있을 것이다. 이외에, 증거는 다른 연구방법을 이용하여 수집할 수도 있을 것이다. 특정한 현안에 관해 설문지, 면접, 관찰, 문서 등을 결합해서 증거를 수집하는 것을 방법혼합(method triangulation)이라고 한다.

셋째, 연구자는 또한 그 자신의 증거해석의 타당성을 평가해야 한다. 연구대상자에게 증거와 해석을 제공하는 것은 연구자 자신의 해석을 확증하는데 도움이 될 수 있다. 그러나 특히 개별정보제공자의 비밀이 유지되어야 하는 부분에서는 이러한 확증이 어려울 수 있다. 연구자들은 개별연구자가 연구에 가져오는 편향을 피하기 위해 팀을 구성해서 연구하기도 한다. 상이한 학문적 배경, 관심분야, 연구경험 등을 가지는 많은 연구자들을 이용함으로써, 개별연구자의 개인적 특성에 의해 편향되기 보다는 합의된 사례해석에 도달하는 것이 가능할 것이다. 이것을 연구자혼합(researcher triangulation)으로 서술할 수 있을 것이다.

마지막으로, 특정한 사례를 연구하기 위해 다른 이론이나 다른 방법론도 이용할 수 있을 것이다. 이것은 사례를 해석하는데 고려할 다양한 통찰력을 열어줄 것이다. 개별연구자가 이론혼합(theory triangulation)을 이용하여, 다른 이론들을 이용하는데 반하여, 개별연구자가 다른 방법론을 채택하는 것은 더욱 어려울 것이다. 그러나 만약 상이한 연구자들이 다른 방법론을 이용하여 동일한 현안에 접근한다면, 그들이 최소한 각자의 연구결과를 논하는 것은 가능할 것이다. 일부는 그러한 방법이 상이한 방법론의 공약불가능성(incommensurabliity) 때문에 무익할 것이라고 주장할 것이다. 그러나 만약 다원적 태도를 취하고, 개방적인 방식으로 다른 연구결과가 나왔다면, 그러한 방법론적 혼합을 통해 더욱 풍부한 이해[9](rich understanding)를 도출하는 것이 가능할 것이다.

요컨대, 전통적으로 경험적이고 본질적으로 계량적인 연구자들은 신뢰성, 타당성, 일반화가능성을 말하는데 반하여, 사례연구자들은 절차적 신뢰성, 맥락적 타당성, 이전가능성 등을 고려해야 한다(*ibid.*, p.270).

9) 사례연구에서 풍부성(richness)의 개념은 애매모호하다고 주장되고 있다(Ahrens · Dent, 1998). Ahrens · Dent(1998)는 풍부성이 현장연구에서 어떻게 실현될 수 있는가의 문제는 아직 직접적으로 논의되지 않고 있다고 말한 바 있다(p.1). 일반적으로 풍부성은 풍부한 통찰력과 같이 회계의 기능에 관한 우리의 이해를 심화시킨다는 것이다(Hopwood, 1983, p.296).

4) 양상의 식별과 설명단계

사례연구가 진행됨에 따라, 많은 자료를 수집, 정리, 분석해서 다양한 주제와 양상(pattern)을 식별해야 한다. 다양한 주제와 현안을 연결하기 위해 모형(도표, 흐름도 등)을 준비하는 것도 도움이 될 것이다. 이 방식으로 연결고리를 찾을 수 있을 것이며, 추가조사를 위한 준비를 할 수 있을 것이다. 많은 증거가 수집됨에 따라, 모형을 확대하고, 새로운 연결을 추가하고, 초기에 수집한 증거를 재해석하는 것도 가능할 것이다.

모형이 시사하는 양상은 사례를 서술하고 설명하는데 이용될 것이다. 일반적인 설명이론은 필요없기 때문에, 설명을 하는 것은 사례에서 발견된 양상이다. 그러나 사례에서 관찰된 양상은 다른 사례(선행이론)에서 발견된 양상과 관련될 수도 있다. 따라서 어떤 사례를 설명하기 위해 개발된 양상모형은 기존이론과 항상 비교해야 한다(Scapens, 1990, p.275).

만약 기존이론이 사례에서 관찰된 양상과 모순된다면, 이러한 모순에 대한 설명을 확인하기 위해 증거를 수집하는 것이 필요할 것이다. 이 방식으로, 이론은 새로운 상황에 맞도록 확대될 수 있다. 원칙적으로 양상모형은 새로운 증거가 수집됨에 따라 무한히 확대될 수 있다. 그러나 모든 개별사례에서, 연구자는 연구를 위한 경계를 선택해야 한다. 이 불가피성은 모든 설명이 부분적이며 미래에 발전할 수 있다는 것을 의미한다.

5) 보고서작성단계

사례연구의 최종단계는 사례와 그 설명을 외부인에게 설득력있는 보고서를 작성하는 것이다. 이것은 연구자가 관련상황에 관해 잘 이해하고 있고, 그 설명이 건전한 추론에 기초하고 있다는 것을 독자에게 설득하기 위해 사례의 상황을 규정할 뿐만 아니라, 충분한 증거를 제공하는 것을 의미한다. 이외에, 보고서는 다른 사례연구에서도 이용할 수 있는 이론적 시사점을 도출해야 한다. 이것은 더 큰 모집단으로 통계적 일반화를 의미하는 것이 아니라, 다른 사례를 연구하는데 도움이 될 이론적 일반화를 의미한다(*ibId.*, p.276).

제5절 사례연구와 회계학연구

회계학연구에서 사례연구의 이용은 회계학에서 실증주의, 경험주의, 도구주의 등의 전통문제에 기인하는 상당한 발전과 논쟁의 주제이었는데, 공식적으로 회계학술지에서 이를 본격적으로 논하기 시작한 것은 Hägg · Hedlund(1979)이었다.[10] 특히 해석적 방법론을 적용한 해석적 연구의 경우, 해석적 방법론에 해당하는 이론이나 연구방법을 소개한 이론적인 일부의 경우를 제외하고는 대부분이 사례연구라 할 수 있다.

사례연구는 광범위한 회계학분야에서 이용되고 있는 바, 특히 관리회계(Parker, 2012; Scapens, 2004)와 공공부문회계(Llewellyn · Northcott, 2007)에서 널리 수용되고 있다. 사례연구가 감사, 재무회계연구에서 이용되고 있는 제한적인 방식에 관한 비판이 있지만(Armstrong, 2008; Humphrey, 2008; Parker, 2012), 그 용도와 가치에 관한 강력한 예도 있다(Cooper · Morgan, 2008; Malsch · Salterio, 2016).

회계맥락에서 적용된 사회이론이나 회계이론이 사례에 입각한 연구의 구성을 추진하는 방식과 사례연구비교나 특정한 사회이론의 이용을 통해 회계이론을 개발할 수 있는 능력은 고려할 가치가 있는 주제이다. 회계사례연구를 통해 나타나는 이론적 통찰력을 높일 수 있는 회계전문직의 실무 및 정책 측면의 능력도 논의할 가치가 있다(Lee · Humphrey, 2017, 175).

사례연구도 앞에서 살펴본 바와 같이 그 철학적 배경에 따라 실증적 사례연구, 비판적 사례연구, 해석적 사례연구 등으로 나누어 살펴볼 수 있지만, 여기서는 해석적 사례연구를 중심으로 일부를 살펴본다. 우리나라 회계학의 사례연구는 대부분 실증적 사례연구에 속한다.

해석적 사례연구에서도 적용한 이론, 적용한 연구방법에 따라 다양한 사례연구가 있다. 상징적 상호작용론을 적용한 해석적 사례연구에서 Boland · Pondy(1986), Czarniawska-Joerges · Jacobsson(1989) 등을 간단히 살펴보았는데, 여기서는 회계의 상징에 공통적인 이해가 어떻게 주어지는가에 관한 연구로 유도할 수 있을 것이며, 사람들의 상호작용에 의미를 부여하기 위해 회계의 상징이 어떻게 등장하는가에 관한 연구로 유도할 수 있을 것이다.[11]

구조화이론을 적용한 해석적 연구로는 Roberts · Scapens(1985)가 최초이지만, 이것은 개념적 연구이었고, 경험적인 해석적 사례연구인 Capps et al.(1989), Roberts(1990), Scapens · Roberts(1993), Dirsmith et al.(1997), Granlund(2001), Buhr(2002), Conrad(2005), Jack(2007), Jayasinghe · Thomas(2009) 등을 간단히 살펴보았다.[12]

일상생활방법론(ethnomethodology)을 적용한 해석적 연구로는 Tomkins · Groves(1983)이 좋은 예이다. 이것은 이론적 연구로서 경영자와 참모가 어떻게 의미를 부여하는가와 그들의 일상경험에서 회계에 관한 그들의 경험적 의미에 관한 해석적 사례연구를 유도하고

10) 이후에 Scapens(1990), Llewellyn(1992), Laughlin(1995), Otley · Berry(1994), Humphrey · Scapens(1996a, b), Humphrey(2001) 등에서 사례연구와 관련된 논의가 지속되고 있다.

11) 여기서의 사례연구로는 제6장 상징적 상호작용론을 참조.

12) 여기서의 사례연구로는 제7장 구조화이론을 참조.

있다. 경험적인 사례연구로는 Jönsson(1982, 1992, 1996, 1998), Westerdahl(2001), Sopanah et al.(2013) 등을 간단히 살펴보았다.[13)]

행위자연결망이론을 적용한 해석적 사례연구에서 Robson(1991, 1992), Preston et al.(1992), Chua(1995), Briers · Chua(2001), Jones · Dugdale(2002), Dechow · Mouritsen(2005), Llewellyn · Northcott(2005), Quattrone · Hopper(2005), Chua · Mahama(2007), Gendron et al.(2007), MacKenzie(2009) 등을 간단히 살펴보았다.[14)]

제도이론을 적용한 해석적 사례연구에서 Covaleski · Dirsmith(1988a), Bealing(1994), Lapsley(1994), Petterson(1995), Johnsen(1999), Soin et al.(2002), Modell(2003), Dillard et al.(2004), Hopper · Major(2007), Tuttle · Dillard(2007) 등을 간단히 살펴보았다.[15)]

해석적 연구방법을 적용한 해석적 사례연구에서 우선 실행연구(action research)을 적용한 해석적 사례연구로는 회계교육의 경우, Hand(1998), Paisey · Paisey(2005), Cunningham (2008), Hazelton · Haigh(2010), 관리회계의 경우, Jönsson(1992), Seal et al.(1999), Johansson · Baldvinsdottir(2003), 기타의 경우, Baker(2000), Sunding · Odenrick(2010) 등을 살펴보았다.[16)]

민속지학(enthrography)을 적용한 해석적 사례연구에서 Dent(1991), Jönsson(1982), Berry et al.(1985), Llewellyn(1993, 1998) 등을 간단히 살펴보았다.[17)]

근거이론(grounded theory)를 적용한 해석적 사례연구에서 Covaleski · Dirsmith(1983)를 필두로 해서, Gibbins et al.(1990), Goddard(2004), Nixon(1998), Parker(2002) 등을 간단히 살펴보았다.[18)]

제6절 소결

사례연구는 오래전부터 존재해 왔으며, 오늘날, 심리학, 인류학, 사회학, 역사학, 법학, 정치학, 교육학, 경제학, 경영학, 회계학, 의학 등 다양한 학문분야의 저서와 논문에서 큰

---

13) 여기서의 사례연구로는 제8장 일상생활방법론을 참조.
14) 여기서의 사례연구로는 제9장 행위자연결망이론을 참조.
15) 여기서의 사례연구로는 제10장 제도이론을 참조.
16) 여기서의 사례연구로는 제12장 실행연구를 참조.
17) 여기서의 사례연구로는 제13장 민속지학을 참조.
18) 여기서의 사례연구로는 제14장 근거이론을 참조.

부분을 차지하고 있다. 경험세계에 대하여 우리가 알고 있는 거의 대부분이 사례연구를 통해 생산되었으며, 대부분 학문분야의 가장 가치 있는 고전적 연구의 상당수도 사례연구이다. 그러나 사례연구가 광범위하게 사용되며 권위있는 저술을 생산하는 것과 동시에, 연구방법으로서의 사례연구는 학계에서 일반적으로 저평가되거나 무시되는 현상이 발견된다(Flyvbjerg *op cit.*; 이명석 역, p.444).

실증적 연구자들은 실제연구로 유도하는 아이디어의 원천으로서 사례연구를 하는 경우를 제외하고는 사례연구에 관심이 별로 없는데 반하여, 비판적 연구자와 해석적 연구자들은 사례연구방법을 자주 이용한다. 그들의 경우, 이것은 여러 가지 장점을 가지고 있다(Willis, pp.239- 240).

① 그것은 진실한 상황에서 풍부하고, 상세한 자료를 수집할 수 있게 해 준다.
② 그것은 총체론적이고 따라서 우리가 인간행동에 관해 알 수 있는 것의 대부분이 사회적 맥락에서 체험(lived experience)으로 가장 잘 이해된다는 아이디어를 지지한다.
③ 실험적 연구와는 달리, 그것은 사전에 결정된 가설과 목표없이도 실행될 수 있다.

이러한 모든 장점은 실증주의의 예측과 통제라는 목적이외의 다른 연구목적을 수용할 때만 도움이 된다. 해석적 연구자들은 그들의 사례연구에서 보편성을 발견하려고 하지 않는다. 그대신에 그들은 연구하고 있는 맥락의 풍부하고 충실한 이해(verstehen)를 추구한다.

Cooper・Morgan(2008)은 불확실성, 불안정성, 독특성, 가치갈등 등의 상황을 이해하기 위해 사례연구를 실시할 수 있으며, 새로운 지식을 생성하고 이론을 개발하기 위해 사례연구를 실시할 수 있다고 주장한다.

1970년대후반 Hägg・Hedlund(1979)가 사례연구를 주장한 이후로 사례연구는 회계학에서 이용되는 보편적인 질적 연구방법 중의 하나이다. 그것은 사례연구의 주요한 장점 중의 하나가 표면타당성(face validity)이라는 것의 보편성이다. 표면타당성은 조직에서 경험적 연구에 기초한 잘 작성된 사례연구가 대부분의 연구자가 식별할 수 있는 실제이야기를 표상한다는 것을 의미한다. 이것은 특히 모든 사람이 이미 기업이나 그 제품에 친숙한 유명한 조직의 경우이다. 대부분의 사례는 또한 사례가 다른 기업에 현재의 중요한 현안을 다루려는 한 개 이상의 기업의 시도를 보여준다는 것을 의미하는 현재의 이야기이다(Myers, 2009, p.80).

사례연구의 또다른 장점은 그것으로 연구자가 혼란한 현실생활상황의 맥락안에서 이론을 탐구하거나 검정할 수 있다는 것이다. 그러나 이러한 상황은 실증적 이론처럼 단순, 명확하지는 않다. 예를 들면, 동일한 상황에 관해 복수의 타당한 해석이 있을 수 있거나, 최고

경영자(CEO)가 특정한 행위를 실시하는 많은 이유가 있을 수도 있다. 이러한 종류의 복잡성은 사례연구방법의 경우처럼, 연구자가 그 행위에 더욱 근접할 수 있는 연구방법에서 나타날 수 있다(*ibid.*).

한편 사례연구의 문제점은 다음과 같다.

① 사례연구가 연구의 엄격성이 떨어진다는 것이다. 그동안 많은 사례연구에서 연구자들이 체계적인 연구절차를 따르지 않았거나 연구의 결과와 결론에 영향을 줄 수 있는 모호한 자료들과 개인적으로 편향된 시각들을 드러냈다는 점을 부인할 수 없다(유기웅 외, p.95).

② 연구대상인 사회적 실재의 본질에서 나온다. 사회시스템은 자연현상이 아니기 때문에, 사회시스템을 인간과 독립해서 이해할 수 없으며, 연구자를 중립적인 독립된 관찰자로 간주할 수 없다. 사회적 실재는 연구자에 의해 해석되어야 하며, 사례연구는 사회적 실재의 해석을 표상한다. 객관적인 사례연구와 같은 것은 없다. 따라서 사례연구는 연구자의 편향 문제를 제기하게 된다. 상이한 배경, 경험 등을 가진 연구자들의 팀을 이용하고, 연구자의 해석을 연구대상자에게 되돌려줌으로써 증거의 수집과 평가에서 그러한 편향을 줄이는 것은 가능할 것이다. 그러나, 사례연구는 객관적인 표상이 아닌 연구되고 있는 사회시스템의 해석을 제공한다는 것을 인정해야 한다(Scapens, 1990, p.277).

③ 연구하기를 원하는 특정한 기업이나 기업집단에 접근하는 것이 어려울 수 있다는 것이다. 이것은 기업들이 스스로 연구의 가치에 관해 회의적일 수 있기 때문이다. 사실상, 그들은 연구자가 면접에서 그들의 귀중한 시간을 너무 많이 소모할 뿐만 아니라, 결과가 노골적이고, 달갑지 않은 평판을 유도할 수 있다는 것을 우려할 것이다. 기업이 원하지 않는 것은 나쁜 홍보관계이다. 이러한 이유로, 때때로 적합한 기업을 발견하고 사례연구를 허가해 주는 기업을 발견하는 데 수개월이 걸릴 수 있다. 기업에 접근해서 내부정보를 얻어서 공개하는 것은 연구자의 윤리문제와도 직결된다(*ibid.*).

④ 연구자가 그 상황을 통제할 수 없다는 것이다. 실제로, 이것은 만약 연구하고 있는 기업이 연구중반에 다른 기업에 의해 갑자기 인수된다면, 그것에 관해 할 수 있는 것은 거의 없다. 이와는 달리, 만약 핵심적인 후원자(예를 들면, 최고운영책임자)가 면접을 하고 있을 때 사임한다면, 연구를 지속하기 위해 기업내에 인맥이 없다는 것을 발견할 수도 있을 것이다.

⑤ 특히 젊고, 미숙한 연구자가 가장 중요한 현안에 주안점을 주는 것이 어려울 수 있다는 것이다. 연구의 맥락이 연구자가 원하는 것보다 더 크거나 적을 수 있기 때문에, 실

제의 위험은 미숙한 연구자가 모든 것이 관련성이 있다고 생각할 것이라는 점이다. 그러므로 그러한 사람은 최종분석에서 대부분의 자료가 무관한 것으로 판명나는 수많은 자료를 가지고 분석하게 된다.

⑥ 그것이 숙련된 연구자의 경우라 하더라도 너무 많은 시간을 소모한다는 것이다. 접근하는데 시간이 소모되고, 경험적 연구를 실시하는데 시간이 소모되며, 작성하는 데 더 많은 시간이 소모된다. 출발부터 마칠 때까지 사례연구는 시간소모적이다.

이외에 사례연구의 문제점으로 Flyvbjerg(2011: 이명석 역, pp.445-460)는 다섯 가지 문제점(오해)을 열거하면서 사례연구의 신뢰성과 유용성을 체계적으로 손상시키는 이러한 문제점(오해)을 해명하고 있다. 이러한 다섯 가지 문제점(오해)는 다음과 같다.

① 일반적으로 이론적인 지식이 사례에 대한 구체적인 지식보다 가치있다.
② 개별 사례를 토대로 형성된 이론을 일반화할 수 없다. 따라서 사례연구는 과학발전에 기여할 수 없다.
③ 사례연구는 전체 연구과정 초기단계의 가설형성에 가장 유용한 반면, 다른 방법들은 가설검증과 이론구성에 더 적합하다.
④ 사례연구는 검증에 대한 편향, 즉, 연구자의 선입견을 확증하는 경향을 갖는다.
⑤ 특정적인 사례연구를 요약하여 일반적인 명제나 이론을 도출하는 것은 어렵다.

사례연구는 이론적 이해 뿐만 아니라 건전한 방법론적 이해를 필요로 한다. 연구는 또한 분명한 연구문제를 가져야 하며, 연구자는 증거를 수립할 때와 결과를 종합할 때 매우 잘 조직되어야 한다. 그러나 가장 중요한 것은 연구자가 사례에 관한 그의 해석이 연구의 주제에 대한 실제적인 통찰력을 제공한다는 것을 독자에게 설득시킬 수 있는 좋은 언어기술을 필요로 한다는 것이다(Scapens, 2004, p.276).

사례연구는 단순히 하나의 개인이나 조직에 관한 연구를 실시하는 것 이상의 의미를 가진다. 이 방법은 단순한 상황부터 복잡한 상황까지 다룰 수 있는 잠재력을 가지고 있다. 이 연구방법은 현상이 발생하는 전후맥락에 의해 어떻게 영향을 받는가를 고려하면서도 연구자가 왜(why)와 어떻게(how) 유형의 질문에 답할 수 있다. 사례연구는 사례에 대한 통찰력을 제공할 수 있으며, 이로 인해서 연구자는 사례를 살펴보고 다양한 원천으로부터 자료를 수집하고 자료에 집중할 수 있다.

참고문헌

권순달(1998), "사례 연구", 서울대학교 교육연구소 편, **교육학 대백과사전**, 하우동설, pp.1359-1365.

김석웅(2014), **회계학의 비판적 방법론**, 교육과학사.

_____(2016), "질적 방법론과 회계학연구", **국제회계연구**, 65, pp.89-119.

김진희 · 김영순 · 김지영(2015), **질적연구여행**, 북코리아.

유기웅 · 정종원 · 김영석 · 김한별(2012), **질적 연구방법의 이해**, 박영사.

Ahrens, T. and J. Dent(1998), "Accounting and Organizations: Realizing the richness of field research", *Journal of Management Accounting Research*, 10(1), pp.1-39.

Alvesson, M.(1996), *Communications, Power and Organizations*, Berlin: de Gruyter.

Andrade, A.D.(2009), "Interpretive Research Aiming at Theory Builiding: Adopting and Adapting the Case Study Design", *The Qualitative Report*, 14(1), pp.42-60.

Armstrong, P.(2008), "Calling out for more: Comment on the future of interpretive accounting researh", *Critical Perspectives on Accounting*, 19(6), pp.867-879.

Barrett, M., D.J. Cooper and K. Jamal(2005), "Globalization and the Coordination of Work in Multinational Audits", *Accounting, Organizations and Society*, 30(1), pp.1-24.

Baxter, P. and S. Jack(2008), "Qualitative Case Study Methodology: study design and implementation for novice researchers", *The Qualitative Report*, 13(4), pp.544-559.

Berg, B.L. and H. Lune(2012), *Qualitative Research Methods for the Social Science*, 8th ed., Boston: Pearson.

*Berry, A.J., T. Capps, D. Cooper, P. Ferguson, T. Hopper, and E.A. Lowe(1985), "Management Control in an Area of the NBC: Rationales of Accounting Practices in a Public Enterprise", *Accounting, Organizations and Society*, 10(1), pp.3-28.

*_________ and D.T. Otley(2004), "Case-Based Research in Accounting", in Humphrey, C. and B. Lee(eds), *The Real Life Guide to Accounting Research*, Amsterdam: Elsevier, pp.231-255.

Bitekine, A.(2008), "Prospective case study design: qualitative method for deductive theory testing", *Organizational Research Methods*, 11(1), pp.160-180.

Bricker, R.J., K. Borokhovich and B. Simkins(2003), "The impact of accounting research on finance", *Critical Perspectives on Accounting*, 14(4), pp.417-438.

*Brownell, P.(1995), *Research Methods in Management Accounting*, Coopers & Lybrand Accounting Research Methodology Monograph No.2, Melbourne: Coopers & Lybrand and Accounting Association of Australia and New Zealand.

*Burchell, S., Clubb, C., Hopwood, A.G, Huges, J. and J. Nahapiet(1980), "The Roles of Accounting in Organizations and Society", *Accounting, Organizations and Society*, 5(1), pp.5-27.

*Cooper, D.J. and W. Morgan(2008), "Case Study Research in Accounting", *Accounting Horizons*, 22(2), pp.159-178.

Crabtree, B.F. and W.L. Miller(eds.)(1999), *Doing Qualitative Research*, 2nd ed., London: Sage.

Creswell, J.(2007), *Qualitative Inquiry and Research Design: choosing among five traditions*, 2nd ed., London: Sage; 조흥식 · 정선욱 · 김진숙 · 권지성 공역(2010), **질적 연구방법론: 다섯가지 전통**, 학지사.

David, M.(ed.)(2006), *Case Study Research*, London: Sage.

De Haas, M. and J.A. Algera(2002), "Demonstrating the effect of the strategic dialogue: participation in designing the management control system", *Management Accounting Research*, 13(1), pp.41-69.

Demski, J.S., N. Dopuch, B. Lev, J. Ronen, G. Searfoss and S. Sunder(1991), *A Statement on the State of Academic Accounting*, Statement to the Research Director of the American Accounting Association, Sarasota, FL: AAA.

Dobson, P.J.(2001), "Longitudinal Case Research: A Critical Realist Perspective", *Systemic Practice and Action Research*, 14(3), pp.283-296.

Dyer, W.Jr and A. Wilkins(1991), "Better stories, not better constructs, to generate better theory: a rejoinder to Eisenhardt", *Academy of Management Review*, 16(3), pp.613-619.

*Eisenhardt, K.(1989), "Building Theories from Case Study Research", *The Academy of Management Review*, 14(4), pp.532-550.

__________ and M.E. Graebner(2007), "Theory Building from Cases: Opportunities and Challenges", *Academy of Management Journal*, 50(1), pp.25-32.

Eriksson, P. and A. Kovalainen(2008), *Qualitative Methods in Business Research*, London: Sage.

Flick, U.(1998), *An Introduction to Qualitative Research*, London: Sage.

Flyvbjerg, B.(2011), "Case Study", in Denzin, N.K. and Y.S. Lincoln(eds.), *The Sage Handbook of Qualitative Research*, 4rd ed., Thousand Oaks, CA: Sage. pp.301-316; 이명석 역(2014), "사례 연구", 최욱 외 공역, **질적연구 핸드북**, 아카데미프레스, pp.443-465.

Geertz, C.(1973), *The Interpretations of Culture*, New York: Basic Books; 문옥표 역(1998), **문화의 해석**, 까치글방.

Gerring, J.(2006), *Case study research: Principles and practices*, Cambridge: Cambridge University Press.

Ghauri, P. and K. Gronhaug(2005), *Research Methods in Business Studies; a practical guide*, Englewood Cliffs: Prentice-Hall.

Glaser, B.G. and A.L. Strauss(1967), *The Discovery of Grounded Theory: Strategies for Qualitative Research*, New York: Aldine Publishing Company; 이병식 · 박상욱 · 김사훈 옮김(2011), **근거이론의 발견**, 학지사.

*Hägg, I. and G. Hedlund(1979), "'Case Studies' in Accounting Research", *Accounting, Organizations and Society*, 4(1/2), pp.135-143.

Harré, R.(1979), *Social Being*, Oxford: Blackwell.

Hopwood, A.G.(1983), "On Trying to Study Accounting in the Contexts in Which it Operates", *Accounting, Organizations and Society*, 8(2/3), pp.287-305.

____________(1987), "The archaeology of accounting systems", *Accounting, Organizations and Society*, 12(3), pp.207-234.

Humphrey, C.(2008), "Auding research: A review across the disciplinary divide", *Accounting, Auditing and Accountability Journal*, 21(2), pp.170-203.

*__________ and R. Scapens(1996a), "Methodological themes: theories and case studies of organizational accounting practices: limitation or liberation?", *Accounting, Auditing and Accountability Journal*, 9(4), pp.86-106.

________________________(1996b), "Rhetoric and case study research: response to Joni Young and Alistair Preston and to Sue Llewellyn", *Accounting, Auditing and Accountability Journal*, 9(4), pp.119-122.

Johansson R.(2003), "Case Study Methodology", A keynote speech at the International Conference, *Methodologies in Housing Research*, Stockholm.

Johnston, W., M. Leach and A. Liu(1999), "Theory testing using case studies in business-to-business research", *Industrial Marketing Management*, 28, pp.201-213.

*Jönsson, S. and N. Macintosh(1997), "CATS, RATS and EARS: Making the Case for Ethnographic Accounting Research", *Accounting, Organizations and Society*, 22(3/4), pp.367-386.

Kaplan, R.S.(1986), "The role for empirical research in management accounting", *Accounting, Organizations and Society*, 11, pp.429-452.

*__________(1998), "Innovation action research: Creating new management theory and practice," *Journal of Management Accounting Research*, 10, pp.89-118.

Kasanen, E., K. Lukka and A. Siitonen(1993), "The constructive approach in management accounting research", *Journal of Management Accounting Research*, 5, pp.243-264.

*Lee, B., P.M. Collier and J. Cullen(2007), "Reflections on the use of case studies in the accounting, management and organizational disciplines", *Qualitative Research in Organizations and Management*, 2(3), pp.169-178.

*_____ and C. Humphrey(2017), "Case Studies in Accounting Research", in Hoque, Z., L.D. Parker, M.A. Covaleski and K. Haynes(eds.), *The Routledge Companion to Qualitative Accounting Research Methods*, London: Routledge, pp.163-183.

Lincoln, Y.S. and E.G. Guba(1985), *Naturalistic Inquiry*, Beverly Hills, CA: Sage.

Llewellyn, S.(1993), "Working in Hermeneutic Circles in Management Accounting Research:

some implications and applications", *Management Accounting Research*, 4(3), pp.231-249.

*__________(2007), "Case studies and differentiated realities", *Qualitative Research in Accounting and Management*, 4(1), pp.53-68.

__________ and D. Northcott(2005), "The average hospital", *Accounting, Organizations and Society*, 30(6), pp.555-583.

Lukka, K. and A. Kasanen(1995), "The Problem of Generalizability: anecdotes and evidence in accounting research", *Accounting, Auditing and Accountability Journal*, 8(5), pp.71-90.

Lys, T. and L. Vincent(1995), "An analysis of value destruction in AT&T's acquisition of NCR", *Journal of Financial Economics*, 39(2), pp.353-378.

Malsch, B. and S.E. Salterio(2016), "Doing good field research: Assessing the quality of audit field research", *Auditing: A Journal of Practice and Theory*, 15(1), pp.1-22.

Merchant, K.A. and J.F. Manzoni(1989), "The achievability of budget targets in profit centers: A field study", *The Accounting Review*, 64(3), pp.539-558.

Merriam, S.B.(1988), *Case study research in education: A qualitative approach*, San Francisco: Jossey-Bass; 허미화 역(1994), 질적 사례연구법, 양서원.

__________(1998), *Qualitative research and case study application in education*, San Francisco: Jossey-Bass.

__________(2009), *Qualitative Research: A guide to design and implementation*, San Francisco: Jossey-Bass.

Meyer, C.B.(2001), "A Case in Case Study Methodology", *Field Methods*, 13(4), pp.329-352.

Miller, W.L. and B.F. Crabtree(1999), "Clinical Research: A multimethod typology and qualitative roadmap", in Crabtree, B.F. and W.L. Miller(eds.), *Doing Qualitative Research*, 2nd ed., London: Sage, pp.3-29.

Myers, M.D.(2009), *Qualitative Research in Business and Management*, London: Sage.

*Otley, D. and T. Berry(1994), "Cast study research in management accounting and control", *Management Accounting Research*, 5(1), pp.45-65.

Parker, L.D.(2012), "Qualitative management accounting research: Assessing deliverables and relevance", *Critical Perspectives on Accounting*, 23(1), pp.54-70.

Patton, M.Q.(2014), *Qualitative evaluation and research methods*, 4th. ed., Thousand Oaks, CA: Sage.

Payne, G. and J. Payne(2004), *Key Concepts in Social Research*, London: Sage.

Platt, J.(1992), "'Case study' in American methodological thought", *Current Sociology*, 40(1), pp.17-48.

Preston, A.(1989), "The taxman cometh: Some observations on the interrelationship between accounting and inland revenue practice", *Accounting, Organizations and Society*, 15(5/6),

pp.389-413.

Reiter, S.A. and P. Williams(2002), "The structure and progressivity of accounting research: The crisis in the academy visited", *Accounting, Organizations and Society*, 27(6), pp.575-607.

Roberts, J. and R. Scapens(1985), "Accounting systems and systems of accountability—understanding accounting practices in their organisational contexts", *Accounting, organizations and society*, 10(4), pp.443-456.

Ryan, B., R. Scapens, M. Theobald and V. Beattie(2002), *Research Methods and Methodology in Finance and Accounting*, 2nd. ed., London: Thomson; 구치모·최종서·박기정 옮김(2006), **회계학과 재무론의 연구방법론**, 신영사.

*Scapens, R.(1990), "Researching Management Accounting Practice: the role of case study methods", *British Accounting Review*, 22(3), pp.259-281.

*__________(2004), "Doing Case Study Research", in Humphrey and Lee(eds), *The Real Life Guide to Accounting Research: a behind the scenes view of using qualitative research methods*, Amsterdam: Elsevier, pp.257-279.

___________ and M. Bromwich(2001), "Management accounting research: the first decade", *Management Accounting Research*, 12(2), 245–254.

___________, D. Cooper, D. & J. Arnold(1987), *Management accounting: British case studies*, London: Chartered Institute of Management Accountants.

___________ and J. Roberts(1993), "Accounting and control: a case study of resistance to accounting change", *Management accounting research*, 4(1), pp.1-32.

*Smith, C., Whipp, R. and H. Willmott(1988), "Case-Study Research in Accounting: methodological breakthrough or ideological weapon?", *Advances in Public Interest Accounting*, 2, pp.95-120.

Smith, M.(2017), *Research Methods in Accounting*, 4th ed., London: Sage.

Stake, R.E.(1995), *The art of case study research*, Thousand Oaks, CA: Sage; 홍용희·노경주·심종희 역(2000), **질적 사례연구**, 창지사.

__________(2000), "Case Studies", in Denzin, N.K. and Y.S. Lincoln(eds.), *Handbook of Qualitative Research*, Thousand Oaks, CA: Sage, pp.435-454.

Stoecker, R.(1991), "Evaluating and rethinking the case study", *The sociological review*, 39(1), pp.88-112.

Strauss. A. and J. Corbin(1990), *Basics of Qualitative Research: Grounded theory procedures and techniques*, London: Sage; 김수지·신경림 옮김(1996), **근거이론의 이해**, 한울아카데미.

Tellis, W.(1997), "Introduction to case study", *The Qualitative Report*, 3(2), http: www.nova.edu/QR/QR.3-2/tellis.html.

Tinker, A.M. and M.D. Neimark(1987), "The role of annual reports in gender and class contradictions at General Motors: 1917-1976", *Accounting, Organizations and Society*, 12(1), pp.71-88.

Tomkins, C. and R. Groves(1983), "The Everyday Accountant and Researching his Reality", *Accounting, Organizations and Society*, 8(4), pp.361-374.

van Maanen, J.(2011), *Tales of the Field: On Writing Ethnography*, 2nd ed., Chicago: University of Chicago Press.

von Wright, G.H.(1971), *Explanation and Understanding*, Ithaca, New York: Cornell University Press.

Walsham, G.(1993), *Interpreting Information Systems in Organizations*, Chichester: Wiley.

Willis, J.W.(2007), *Foundations of Qualitative Research.* London: Sage.

Winch, P.(1990), *The Idea of a Social Science and its Relation to Philosophy*, 2nd ed., London: Routledge; 박동철 편역(2011), **사회과학의 빈곤**, 모티브북.

Yin, R.K.(2009), *Case Study Research: Design and Methods*, 4th ed., Thousand Oaks, CA: Sage; 신경식·서아영 옮김(2011), **사례연구방법**, 한경사.

해석적 방법론에서 주로 사용하는 자료수집방법에는 면접, (참여)관찰, 문서수집 등이고, 분석방법에는 대화분석, 서사분석, 담론분석, 내용분석 등이다.

제4부 자료수집 · 분석방법

제16장
자료수집 · 분석방법의 의의

자료(data)는 datum의 복수형으로 단 하나의 정보나 사실을 datum이라고 한다. 일반적으로 연구자료(research data)는 특정한 연구문제를 해결할 목적으로 연구자가 의도적으로 수집한 자료이다. 질적 연구분야에서는 연구자료를 일차연구자료와 이차연구자료로 구분하지만, 이외에도 자료와 연구자료, 자연적으로 발생하는 연구자료와 연구자가 생성한 연구자료, 공개적으로 이용가능한 연구자료와 개인목적의 연구자료, 원래의 연구자료와 전사한(transcribed) 연구자료 등으로 구분하기도 한다(O'Reilly · Kiyimba, p.131). 질적 연구에서는 주로 일차연구자료를 수집해서 분석한다. 이하에서 자료는 대부분 연구자료를 의미한다.

적절하게 수집된 질적 자료는 자연스러운 상황에서 자연스럽게 발생하는 일상적인 사건에 초점을 둔다고 주장하며, 현실생활(real life)이 어떠한가에 관해 확실하게 파악할 수 있다고 주장된다. 전화나 우편을 통하기 보다는 특정한 상황과 밀접하게 연결되어 자료가 수집되었다는 사실에 의해 연구에 대한 신뢰가 지탱된다(Miles · Huberman, 1994, p.10).

질적 자료는 사회세계와 특히 주요한 행위자들의 언어에서 행위와 사건에 부착된 의미에 관한 풍부한 서술을 제공하고, 예측할 수 없는 관계를 탐구하는 것을 촉진하고, 연구자가 유도한 왜곡과 추론적 비약을 감소시키기 때문에 매력적이라고 간주되고 있다(Lukka · Kasanen, 1995; Vaivio, 2008; Covaleski · Dirsmith · Samuel, 2017, p.387).

대부분의 연구자는 자신들의 연구목적을 위해 다양한 자료수집방법을 이용하여 경험적 자료를 수집한다. 각 자료수집방법은 구체적인 지식과 기술을 필요로 한다. 여기서 연구의 일반목적, 연구접근방법, 연구문제 등은 어떤 종류의 경험적 자료가 연구에서 가장 유용한가를 결정하는 기준이 되어야 한다.

원래의 원천으로부터 그리고 구체적으로 연구과제를 위해 연구자 자신이 직접 수집하는 새로운 자료를 일차자료(primary data)라고 한다. 연구자는 일차자료를 수집히면서, 새로운 자료로 연구문제에 새로운 통찰력을 생성하는 것을 목적으로 한다(Farquhar, p.68). 연구자는 면접하거나 (참여)관찰함으로써 그리고 참여자에게 어떤 다른 방식으로 (예를 들면, 일기, 이야기를) 작성하게 하고, 도출하고, 제시하도록 요구함으로써 연구과제를 위한 경험적 자료를 수집할 수 있다(Eirksson · Kovalainen, p.76). 따라서 이를 연구자가 생성한 자료(researcher-generated data)라고도 한다(O'Reilly · Kiyimba, p.77).

어딘가에 존재하는 경험적 자료를 보통 이차자료(secondary data)라고 한다. 이에는 구체적인 수집활동이 없이 존재하는 텍스트자료(예를 들면, 서류, 일기, 메모, 이야기)와 가시적 자료(예를 들면, 비디오기록, 텔레비전프로그램, 영화) 등이 있다. 질적 연구에서 이들은 연구자의 행위와 의도와는 무관하게 존재하기 때문에, "자연적으로 발생하는 자료"(naturally occurring data)라고 할 수 있다(예를 들면, Silverman, 1993).

여기서는 연구자가 일반적으로 이용할 수 있는 질적 연구자료의 원천에 관해 살펴볼 것이며, 다양한 유형의 자료를 수집하는 방법(면접과 관찰)에 주로 초점을 둘 것이다.

성공적인 질적 연구는 전문적으로 실시된, 세심한 자료수집을 통해 얻어진 신뢰가능하고 타당한 경험적 증거로 구축되고 있다(McKinnon, 1988). 한 두 번의 면접만을 하는 단순하고도 피상적인 장소방문은 장기간의 현장방문을 수반하는 사례연구나 현장연구와 구별되어야 한다(Vaivio, 2008, p.75).

연구자료는 다양한 경험적 자료로 구성될 수 있으며, 연구설계도 자료의 수집을 설계한다는 것을 의미한다. 즉, 어떤 유형의 자료를 어떤 방법으로 수집할 것인가?, 어떻게 접근을 할 것인가?, 어떻게 분석을 할 것인가? 등. 여기서 생각할 필요가 있는 문제는 자료의 기록 및 기록할 상황과 관련이 있다. 연구기간동안 또는 자료수집기간에만 연구일기를 이용할 것인가? 연구노트를 작성할 것인가? 또는 연구자 자신의 기록에 의지할 것인가? 등. 자료수집의 설계도 연구에서 이용할 다양한 자료들에 의지하면서 다양한 설계를 포함할 수 있다(Eriksson · Kovalainen, p.29).

방법선택에 수반된 복잡성과 그 방법의 배후에 있는 철학적 사고로 인해서 방법을 경험적 자료의 분석을 위한 실무적 도구와 경험적 자료의 분석을 위한 체계로 동시에 보게 되는 상황으로 된다. 이러한 방법을 보는 방식은 사회과학과 경영학, 회계학의 연구에서는 해석적 방법들이 전형적이다. 자료수집과 자료분석과정은 서로 밀접하게 관련되어 있으며 얽혀있다.

대부분의 해석적 회계학연구의 경우에 경험적 자료와 연구문제를 위한 장소와 원천은 조직, 기업, 회계사무소(법인)이다. 해석적 연구에서 현장에 접근하고 협상할 수 있다는 것은 실증적 연구보다 훨씬 더 결정적이다. 참여관찰, 공개면접 등은 방법론적으로 밀접한 접촉을 필요로 하며, 조직, 기관, 기업, 집단 등에 접근할 수 있어야 한다.

연구에 참여하기 위한 협조와 동의를 확보하는 것은 해석적 연구자가 자료를 수집할 때 직면하는 도전 중의 하나이다. 기업과 같은 기관에 접근하는 것은 문제점이 많을 수 있다.

왜냐하면 (기업의 관점에서) 연구는 종업원의 시간을 소모하며, 공장의 보건-안전규제(공장에서의 사례연구)로부터 정보누설까지 많은 방식에서 안전문제를 노출할 수 있다. 따라서 연구자는 산업스파이로 행동한다는 오해를 불식시키기 위해 피면접자에게 연구의 독립성을 설명해야 할 것이다(Vaivio, 2008, p.75). 이러한 문제는 연구윤리에 속한다.

연구자료수집의 형태와 설계는 연구의 이론적 배경 및 방법과 상호 검토할 필요가 있으며, 연구자료를 분석하고 해석하기 위한 계획은 방법선택, 연구설계 등과 보조를 맞출 필요가 있다(Flick, 2002).

자료수집방법을 선정할 때 주의할 점은 다음과 같다(유기웅 외, p.178-179).

첫째, 각 수집방법은 각각의 장단점을 갖고 있기 때문에, 어떠한 수집방법을 사용할지는 연구문제와 연구상황에 따라 달라진다(Maxwell, 2005). 관찰은 연구참여자의 실제 삶에 들어가서 그곳에서 일어나고 있는 복잡한 상황을 종합적으로 이해하는 데 도움을 준다(Merriam, 2009). 면접은 관찰을 통해 수집될 수 없는 연구참여자의 사고, 감정, 의도와 관련된 자료를 수집하는 데 도움을 준다(Patton, 2014). 이외의 자료수집방법인 문서수집은 연구자가 연구참여자에게 미치는 영향 없이, 연구참여자가 이미 만들어 놓은 각종 자료를 연구문제와 관련해서 수집하게 된다. 이러한 세 가지 방법의 특성을 고려하여 연구문제를 해결하는 데 가장 적합한 방법을 연구자가 선정한다.

둘째, 하나의 자료수집방법을 사용하기 보다는 복수의 자료수집방법을 사용하는 것이 바람직하다(Maxwell, 2005). 복수의 자료수집방법을 사용하는 것을 혼합방법(triangulation)이라고 한다. 하나의 자료수집방법만을 사용할 경우 부정확한 자료 혹은 연구자의 편견에 치우친 자료가 수집될 수 있기 때문에, 혼합방법을 이용하면 이것을 방지하고 의미있는 자료를 수집할 수 있다.

자료는 숫자나 언어(말과 글)로 표현된다. 질적 분석에서는 숫자보다는 언어로 표현된 것의 내용을 분석하고, 언어를 통해 세계를 해석한다. 그러나 언어는 특정한 시간과 공간의 사회적 · 역사적 조건의 영향을 받기 때문에, 외부의 구체적인 객관적 실재를 표상하는 수동적 거울이 아니다. 오히려 언어는 우리가 살고 있는 환경을 구성하는데 적극적으로 도와주기도 하고, 억제하고 제한하기도 한다(Chwastiak · Young, 2003, p. 534).

언어는 조직연구자에게도 중요하다. 무엇보다도 우리가 면접에서 사람에게 질문을 하고 그 질문에 답하는 것도 언어를 통해서이다. 언어는 또한 조직의 구조에 중심적이다. 조직에서 사람은 자신의 일상적인 업무를 수행하기 위해 모임에서, 전화로 말하는 것에 의존하기 때문이다. 조직에서 사람이 정보, 기술, 서비스, 자원을 교환하고, 서로간의 상호작용을 통해 그들의 상황을 의미있게 하는 것도 언어를 통해서이다. 나아가 경영자의 업무에서는 구어적 상호작용이 큰 비중을 차지하고 있다. 다양한 연구의 결과가 시사한 바와 같이, 예를 들면, Mintzberg(1973)의 연구는 구어적 접촉, 대면, 전화상의 접촉 등이 경영자 활동의 67%와 시간의 75%에 달한다고 보고하고 있다. 다른 연구도 경영자 시간의 57-89%가 구어적 상호작용에서 소비된다는 것을 보여주고 있다(Boden, 1994). 언어에 초점을 두는 조직연구자의 역할은 이러한 상호작용에서 언어와 행위의 관계에 관한 본질을 탐구하는 것이다(*ibid.*, p.520).

말과 글로 표현된 언어자료를 분석하는 방법에는 내용분석, 대화분석, 서사분석, 담론분석 등 많은 분석방법이 존재한다. 내용분석은 텍스트의 내용 및 텍스트내에서의 빈도(예를 들면, 단어와 표현의 수) 등과 많은 관련이 있지만, 대화분석, 서사분석, 담론분석은 텍스트의 형식, 구조, 의미와 많은 관련이 있다(Eriksson · Kovalainen, p.90).

Johnson · Duberley(2000, p.59)는 실증적, 언어학적, 해석적 접근방법이라고 부르는 텍스트분석에 대한 세 가지 접근방법을 식별하고 있다. 이들의 각각에서 텍스트의 본질, 연구자의 역할, 연구방법 등이 텍스트에 관한 전통적인 견해와 후기구조주의적인 견해를 구분, 비교해서 더욱 상세한 방식으로 변한다. 실증적 접근방법에서 텍스트의 본질은 객관적이고, 연구자의 역할은 외부자의 역할이다. 언어학적 접근방법에서 텍스트는 새로운 것으로 간주되며, 연구자의 역할은 외부자의 역할이다. 이 접근방법은 언어와 실재의 관계, 말하자면 언어가 실재를 어떻게 생산하는가를 조사하는 것이기 때문에 실증적 접근방법과 다르다. 해석적 접근방법에서는 텍스트가 주관적인 것으로 간주되고, 연구자의 역할은 내부자의 역할이다.

모든 지식주장은 담론, 텍스트이며, 인간이 만든 산물이고 그것에 표현을 부여하는 언어로부터 불가분하다(Arrington · Francis, 1989, p.4).

여기서 우선 텍스트자료의 본질을 살펴보자.

Atkinson · Coffey(1997)에 의하면, 우리 사회의 많은 사회생활은 오늘날 글로 작성된 텍스트에 의해 중재되고 있다. 사실상, 사회는 글로 작성된 법률과 규제가 없이는 기능하지 않을 것이며, 금융시스템도 화폐이전에 관해 글로 작성된 법률과 규제가 없이는 작동하지 않을 것이며, 교육시스템도 책이 없이는 기능하지 않을 것이다. 이것은 다양한 유형의 텍스트가 관련있는 연구자료를 제공하는 이유이다.

연구목적에 이용되는 텍스트자료에는 연구과제를 위해 수집하는 텍스트(예를 들면, 면접을 전사한 것, 글로 작성된 이야기)와 연구과제를 하기 전에 이미 존재하는 텍스트(예를 들면, 연례보고서)가 포함된다. 첫 번째 유형의 텍스트를 일차자료라 하고, 두 번째 유형의 텍스트를 이차자료라고 한다.

양적 자료를 재분석하는 전통은 잘 확립되어 있지만, 질적 연구에서는 이차자료를 분석하는 연구문화는 별로 없다(Corti · Thompson, 2004). 전통적으로 이차자료분석은 다른 연구자가 선행연구를 위해 수집한 자료의 분석으로 이해되고 있으며(Heron, 1989), 기존의 질적 자료의 이용을 필요로 한다(Heaton, 2008). Heaton(2008)은 질적 연구에서 이차자료분석은 공개적으로 이용가능한 자료를 공유하는 공식자료, 연구자들간에 공유하는 비공식자료, 연구자 자신의 자료의 재이용 등 세 가지 양상으로 접근할 수 있다고 주장한 바 있다.

일차자료이외에, 이차자료도 질적 연구에 좋은 기회를 제공한다. 예를 들면, 사례연구중심의 회계학연구에서 발간된 텍스트는 인공물(artefacts)로 연구된다(Ryan et al., 2002). 이러한 텍스트에는 공식보고서, 회의록, 비공식기록, 개인적인 노트와 메모 등과 같은 유형의 항목들도 포함된다(Eriksson · Kovalainen, p.89).

한편 텍스트를 이해하는 또다른 방식은 후기구조주의에 의한 것인데, 여기서는 모든 인간행동이 텍스트로 취급된다. 이것은 예를 들면, 면접이 텍스트로 전사될 때, 면접받은 개인과 그의 사회적 상황과는 분리되며, 그 자체로 인공물이 된다는 것을 의미한다. 이러한 견해에 의하면, 텍스트는 텍스트와 연구에서의 역할에 관해 보다 일반적인 실증적 · 실재론적 견해와는 다른 여러 가지 특징을 가진다(예를 들면, Coffey · Atkinson, 1996). 후기구조주의에 입각한 텍스트의 특징은 ① 텍스트가 사회세계를 투명하게 반영하거나 은폐하는 것은 아니다. ② 텍스트가 투명하지도 않고 모든 독자가 읽는 것도 아니지만, 텍스트는 다양한 해석이 가능하다. ③ 모든 텍스트는 간텍스트성(inter-textualities)를 통해 다른 텍스트와 관련이 있다.

텍스트의 생산과정이 연구의 관련부분이 될 수 있다. 그러나, 후기구조주의적 방식으로 텍스트에 관해 생각하고, 텍스트를 작성한 사람이나 면접받은 사람으로부터 텍스트를 분리된 것으로 취급하는 것은 가끔 유용하다. 이를 실시함으로써, 텍스트를 만든 사람이 아닌 텍스트 자체의 형식과 구조 및 의미에 더 집중할 수 있다(*ibid.*, p.90).

자료수집과 자료분석의 명확한 구분이 양적 연구에서는 일반적으로 이루어지지만, 이러한 구분이 질적 연구자에게는 문제가 있다. 예를 들면, 해석학적 관점에서, 연구자의 전제는 자료의 수집에 영향을 줄 것이다. 정보제공자에게 제기된 질문은 대개 연구자가 받을 답을 주로 결정할 것이다. 분석은 자료에 유의적인 방식으로 영향을 줄 것이고 자료는 분석에 영향을 줄 것이다. 그러므로 자료분석국면을 자료수집국면과는 분명하게 다른 것으로 생각하는 것은 다소 단순한 것이다. 가끔 질적 연구과제에는 다양한 국면들간에 반복적 활동이 있다(Myers, 1997). 그러나 자료분석국면은 자료수집단계를 논리적으로 따라간다고 생각하는 것이 유용할 것이다. 자료의 분석과 해석의 대부분은 연구과제의 마지막 기간에 발생하는 경향이 있다(Myers, 2009, pp.165-166).

제17장 자료수집방법에서는 면접, (참여)관찰, 문서수집 등을 살펴보며, 자료분석방법에

는 기호학(대화분석, 담론분석, 내용분석), 서사분석, 해석학 등이 있지만(Myers, 2009, pp.163-222), 제18장에서는 대화분석, 담론분석, 서사분석, 내용분석 등을 살펴보며, 해석학의 경우는 제3장 제3절 철학적 배경의 해석학에서 간단하게 살펴본 바 있다.

참고문헌

유기웅 · 정종원 · 김영석 · 김한별(2012), 질적 연구방법의 이해, 박영사.

Arrington, C.E. and Francis, J.R.(1989), "Letting the Chat out of the Bag: Deconstruction, Privilege and Accounting Research", *Accounting, Organization and Society*, 24(1), pp.1-28.

Atkinson, P. A. and A. Coffey(2004), "Analysing documentary realities", in Silverman, D.(ed.), *Qualitative research: Theory, method and practice*, 2nd ed., London: Sage, pp.56-75.

Boden, D.(1994), *The Business of Talk*, Cambridge, U.K.: Polity Press.

Chwastiak, M. and J.J. Young(2003), "Silences in Annual Reports", *Critical Perspectives on Accounting*, 14, pp.533-552.

Coffey, A.J. and P. Atkinson(1996), *Making Sense of Qualitative Data*, London: Sage.

Corti, L. and P. Thompson(2004), "Secondary analysis of archival data", in Seale, C., G. Gobo, J. Gubrium and D. Silverman(eds.), *Qualitative Research Practice*, London: Sage, pp.327-343.

*Covaleski, M.A., M.W. Dirsmith and S. Samuel(2017), "Analyzing and Interpreting Qualitative Data in Management Accounting Research", in Hoque, Z., L.D. Parker, M.A. Covaleski and K. Haynes(eds.), *The Routledge Companion to Qualitative Accounting Research Methods*, London: Routledge, pp.387-404.

Eriksson, P. and A. Kovalainen(2008), *Qualitative Methods in Business Research*, London: Sage.

Farquhar, J.D.(2012), *Case Study Research for Business*, London: Sage.

Flick, U.(2002), *An Introduction to Qualitative Research*, London: Sage.

Johnson, P. and J. Duberley(2000), *Understanding Management Research: an introduction to Epistemology*, London: Sage.

Heaton, J.(2008), "Secondary analysis of qualitative data: An overview", *Historical Social Research*, 33(3), pp.33-45.

Heron, D.(1989), "Secondary data analysis: Research method for the clinical nurse specialist", *Clinical Nurse Specialist*, 3(2), pp.66-99.

Lukka, K. and A. Kasanen(1995), "The Problem of Generalizability: anecdotes and evidence in accounting research", *Accounting, Auditing and Accountability Journal*, 8(5), pp.71-90.

Maxwell, J.A.(2005), *Qualitative research design: An interactive approach*, 2nd ed., Thousand Oaks, CA: Sage.

McKinnon, J.(1988), "Reliability and validity in field research: some strategies and tactics", *Accounting, Auditing and Accountability Journal*, 1(1), pp.34-64.

Merriam, S.B.(2009), *Qualitative Research: A guide to design and implementation*, San Francisco:

Jossey-Bass.

Miles, M.B. and A.M. Huberman(1994), *Qualitative data analysis: An expanded sourcebook*. London: Sage.

Mintzberg, H.(1973), *The nature of managerial work*, New York: Harper & Row.

Myers, M.D.(1997), "Qualitative Research in Information Systems", *MIS Quarterly*, 21(2), pp.241-242. http://www.qual.auckland.ac.nz.

__________(2009), *Qualitative Research in Business and Management*, London: Sage.

O'Reilly, M. and N. Kiyimba(2015), *Advanced Qualitative Research*, London: Sage.

Patton, M.Q.(2014), *Qualitative evaluation and research methods*, 4th. ed., Thousand Oaks, CA: Sage.

Ryan, B., R. Scapens, M. Theobald. and V. Beattie(2002), *Research Methods and Methodology in Finance and Accounting*, 2nd ed., London: Thomson; 구치모 · 최종서 · 박기정 옮김(2006), **회계학과 재무론의 연구방법론**, 신영사.

Silverman, D.(1993), *Interpreting Qualitative Data: methods for analysing talk, text and interaction*, London: Sage.

Vaivio, J.(2008), "Qualitative Management Accounting Research: rationale, pitfalls, and potential", *Qualitative Research in Accounting and Management*, 5(1), pp.64-86.

제17장

자료수집방법

제1절 면접

1. 질적 면접의 의의

보편적인 자료수집기법 중의 하나인 면접(interview)은 질적 연구자를 위한 핵심적 수단 중의 하나이며, 사회과학조사의 많은 비율은 면접자료에 의존한다(Roulston et al., 2003; Bryman · Cassell, 2006, p.41). 이러한 면접은 특히 현장연구와 민속지학적 연구를 실시하는데 널리 이용되고 있으며, 양적 연구에서도 실태조사를 설계하기 전에 예비자료를 수집하기 위한 예비연구로 이용되기도 한다(Qu · Dumay, 2011, p.238).

일반적인 의미에서 면접은 어떠한 정보를 주고받는 언어적 소통과정으로 간주된다. 이러한 면접은 질적 연구방법의 전통에서도 보편적으로 널리 활용되어 왔다. 질적 연구에서 면접은 특정한 의미를 도출해내는 연구의 수단이며 중요한 자료수집방법의 기술이라고 할 수 있다. 면접은 상호작용적 만남이며 면접참여자들은 질문과 응답을 둘러싸고 활발하게 지식을 구성해낸다(Fontana · Frey, 2005).

회계학문헌에서 면접은 사람의 생각, 인지, 태도, 가치, 경험 등이 특정한 회계실무 및 효과와 관련이 있기 때문에 이들을 탐구하여 어떤 영역내에서 회계와 관련된 정보와 의미를 도출하기 위해 이용된다. 이러한 접근방법으로 인해 회계연구자는 쉽게 관찰가능하거나 측정가능하지 않는 현안에 관한 정보를 얻기 위해 관찰가능한 실무와 측정가능한 것을 초월할 수 있다(Patton, 2014).

회계학연구에서 실시되는 대부분의 면접은 질적 연구의 일부이지만, 면접이 질적 연구설계에만 국한되지는 않는다. 면접은 양적 연구설계의 일부로 이용되기도 한다. 질적 연구와 양적 연구에서 면접을 이용할 때 주요한 차이는 탐구의 목적이다. 양적 연구의 면접은 ① 객관적인 실재를 명확히 하고(Ahrens · Chapman, 2006), ② 그러한 실재의 존재를 확증하거나 반박하기 위해 자료를 수집하는 것이다. 이에 반해서 질적 연구의 면접은 사회적 실재가 연구참여자에 의해 어떻게 표현되는가에 대한 통찰력을 구하는 것에 초점을 둔다. 여기서 (현장)면접은 특정한 연구문제에 관한 지식을 확증하거나 반박하기 위해 자료를 수집하기 보다는, 연구문제의 이해와 개발에 기여하기 위해 이용된다. 즉, 면접과 연구문제는 연구가 진전됨에 따라 서로간에 공동구성하며 피면접자는 연구문제에 관해 의미를 생성하는데서 참여자로서 그리고 경험적 자료의 원천으로서 이바지한다(DiCicco-Bloom · Crabtree, 2006; Mahama · Khalifa, 2017, p.322). 질적 면접은 일반화가능한 결과를 만들기 위해 자료를 수집하는데 초점을 두는 대신에, 참여자의 경험과 그러한 경험의 해석에 관한 맥락적인 심층적 설명에 초점을 둔다(Doody · Noonan, 2013). 회계연구자는 맥락이 특정한 회계실무에 의해 설명되거나 설명하는 중요한 변수로 간주될 때 특히 유용하다고 생각한다(예를 들면, Chua · Mahama, 2007; Dent, 1991).

전통적인 면접자는 과학적이고 중립적인 언어를 사용하며, 중립성을 유지하고 객관성을 확보하려고 노력하였다. 그러나 이는 도달하기 어려운 신화로 간주된다. 면접에 대한 이러한 전통적인 실증주의적 관점은 일대일로 이루어지는 인간 상호작용의 복합성, 특이성 및 비결정성을 과소평가한 경향이 있다. 그리하여 이러한 실증주의적 관점은 공감적 · 감정이입적 면접으로 대체되어 왔다. 공감적 · 감정이입적 면접이란 면접자가 특정한 입장을 취하는 것을 가리킨다(곽영순, p.305).

질적 연구에서 면접이 보편적으로 이용되고 있고 매우 간단한 것처럼 보여서 이 방법을 가볍게 취급하기 쉽지만, 좋은 면접자료를 수집하는 것은 실제로 어렵고 많은 노력을 필요로 한다. 일반적으로 면접은 일련의 질문과 응답으로 짜여진 대화로 구성되어 있다. 대개의 경우, 면접자가 먼저 말을 하고 질문을 하며, 피면접자는 두 번째로 말을 하고 답변을 제공한다. 그러나 질적 면접은 일상의 대화와도 유사한데, 여기서 면접대상과 피면접자의 구분이 그렇게 분명하지는 않다. 면접자가 면접상황의 실재를 생성하기 때문에 면접은 편향적이어서 중립적인 방법이 아니다. 그리하여 면접은 특정한 상호작용적 에피소드에 근거한 상황적(situated) 이해를 생성한다. 면접은 인종, 계급, 성 등을 포함해서 면접자의 개인적 특성에 영향을 받는다(Denzin · Lincoln, 1998, p.36). 따라서 면접은 정태적인 사건이 아니라 면접자와 피면접자가 의미를 공동으로 만드는 적극적이고, 동태적인 과정이다(Bryman · Cassell, p.42).

면접은 대부분 대면적으로 발생하지만, 전화상으로나 컴퓨터를 이용한 온라인상에서도 발생할 수 있다. 대부분의 면접은 두 사람(면접자와 피면접자나 참여자)간에 실시되지만, 두 명 이상의 참여자집단으로 이루어진 면접(특히 표적집단면접)도 일반적이다.

면접을 이용하는 일반적인 이유는 기발표된 형태에서는 발견하기 어려운 정보를 수집하는데 효율적이고 실무적인 방식이기 때문이다. 그러나 사람의 관점에서 보는 것처럼, 사람의 경험을 연구하는 목적 또는 선택한 주제에 관한 지식의 사회적 구성과 같은 다른 이유도 있다.

질적 면접은 자료수집과정에서 다른 사람의 생각과 마음을 밝혀낼 수 있다는 점에서 참여자의 내적 상태를 이해해 내는 탁월한 접근방식이다(Patton, 2014). 면접은 연구자가 시간적, 공간적 제약으로 인해 직접 관찰하기 어려운 정보까지 수집할 수 있다. 과거에 경험했던 내용이나 그로 인해 느꼈던 감정과 생각은 연구자가 직접 눈으로 확인할 수 없는 정보이기 때문이다. 이처럼 질적 연구에서 사용되는 면접은 참여자의 경험과 생각을 이해하고, 그의 의미구조를 밝혀내기 위해 사용하는 특별한 대화를 의미한다(Spradley, 1979). 따라서 질적 면접은 일상에서 벗어나 특정 주제와 관련하여 연구주제에 대한 정보를 생산한다는 목적을 수행하기 위해 연구자가 만든 인위적인 성격의 대화라는 점에서 일상적 대화와는 구분된다(김진희 외, p.220).

질적 면접은 객관적 실재라기 보다는 참여자의 개인적 특성, 문화적 배경, 선입견 등 참여자의 주관에 의해 이루어진다. 질적 면접에 의해 만들어진 자료는 의미를 어떻게 해석하는지, 왜 그렇게 생각하는지 등을 확인할 수 있는 근거가 된다. 연구주제, 목적 등과 관련하여 이를 충족할 수 있는 경험을 구성하는 것이기에 이러한 질적 면접은 자료의 형태, 면접의 초점, 연구자와 참여자의 관계에 있어서 다음과 같은 주요한 특징을 가지고 있다(상게서, p.221).

첫째, 질적 면접의 자료는 형태적인 측면에서 유동적이고 개방적인 특징을 갖는다. 질적 면접의 자료는 참여자의 진술내용 즉, 구술자료 뿐만 아니라 참여자의 표정, 몸짓, 태도 등 비언어적인 자료까지 모두 포함된다. 면접은 연구참여자의 관점에서 해석된 주관적 경험과 사건에 대한 정보를 제공한다. 면접과정 중에 참여자가 진술하는 내용은 하나의 사건을 결코 가치중립적으로 해석하지 않으며, 자신이 갖고 있는 가치관이나 문화, 신념을 바탕으로 사건을 해석하고 이해하여 의미를 재현해내는 것이다.

둘째, 질적 면접의 자료는 참여자의 실제 경험으로부터 전개되는 주관적 서술이기 때문에 연구자는 참여자의 주요 관점을 이해할 수 있어야 한다. 즉, 개인의 주관적 시각으로부터 해석을 들을 수 있다는 점에서 면접은 연구상황에 따라 다른 초점을 발견할 수 있다. 참여자의 경험에 대한 생각이 어떻게 재현되고 있는가에 따라, 혹은 어떤 대화가 진행되었는가에 따라 동일한 참여자라고 하더라도 다른 이야기가 도출될 수 있다는 것이다. 면접의 초점과 시각의 변화에 따라 다른 주제가 발견될 수 있다. 이처럼 면접자료의 주관적 성격은 연구의 초점이 연구참여자의 실제 경험을 바탕으로 하고 있다는 점에서 가치를 두고 있다.

셋째, 일반적으로 자신의 마음속에 있는 생각을 타인과 공유한다는 것은 어색하고 어려운 일이다. 그러므로 질적 연구자는 연구참여자가 자신의 이야기를 자연스럽게 표현해나갈 수 있도록 돕기 위한 일정한 면접기술을 가지고 면접의 한계와 어려움을 극복해야 한다. 특히, 연구자와 연구참여자 간의 언어적인 소통을 전제로 한다는 점에서 공감대를 형성하고 친밀한 관계(rapport)를 유지하려는 노력이 필요하다(상게서, pp.222-223).

학술연구에서 질적 면접은 연구수단이며, 이의 목적은 해당연구에 경험적 자료를 생성하는 것이다. 동료, 경영자, 회계담당자 등과의 일상적인 대화와는 달리 좋은 질적 면접자는 최소한 질문의 일부를 미리 작성하고는 특정한 방식으로 결과를 분석하고 보고한다. 면접자도 자신의 연구문제 및 주제와 관련있는 특정한 현안에 관해서 면접에 집중한다.

면접에 의한 연구는 면접자가 자신의 역할을 어떻게 수행하느냐에 따라 성공 여부가 달려있다고 할 수 있다. Kvale(1996)이 제시한 성공적인 면접을 위해 면접자가 갖추어야 할 10가지 조건은 다음과 같다.

① 면접의 핵심내용에 정통해야 한다. ② 면접내용을 구조화해야 한다. ③ 면접의 질문은 쉽고 단순하고 짧아야 한다. ④ 피면접자에게 생각할 시간을 주어야 한다. ⑤ 피면접자의 이야기에 경청한다. ⑥ 피면접자가 중요하다고 생각한 것에 대해 반응한다. ⑦ 면접자가 찾으려고 하는 것을 질문한다. ⑧ 피면접자의 응답에 일관성이 없을 때를 대비한다. ⑨ 피면접자가 이전에 응답한 것을 기억한다. ⑩ 피면접자의 진술의 의미를 명확히 한다.

연구에서 면접을 경험적 자료를 수집하는 당연한 방법으로 간주하기 보다는 질적 면접의 장단점을 잘 고려해야 한다. 어떠한 경우라도 면접을 이용하는 이유를 제시해야 하며, 나아가 다음과 같은 특정한 면접유형을 이용한 이유를 제시해야 한다.

2. 면접연구의 유형

Silverman(1993)은 실증주의적(positivist), 감성주의적(emotionalist), 구성주의적(constructionist)이라는 세 가지 유형의 면접연구를 제시하고 있다. 이들은 면접을 연구방법으로 간주하는 Alvesson(2003)의 신실증주의적(neopositivistic) 견해, 낭만주의적(romanticist) 견해, 국지주의적(localist) 견해에 각각 상응한다. 그리고, 사실을 연구하는 (신)실증주의적 견해는 구조화면접에 상응하고, 의미에 초점을 두는 낭만주의적 견해는 비구조화면접에 상응하며, 사회적 구성을 강조하는 국지주의적 견해는 반구조화면접에 상응한다(Qu · Dumay, pp.239-240).

1) 실증주의적 면접연구

실증주의적(자연주의적 또는 실재론적) 면접연구유형은 사실에 관심이 있다. 이는 그것들이 많은 정보문제를 가지고 있기 때문이다(Stake, 1995, 2000을 참조). 예를 들면, 어떤 사람이 조직변화의 과정을 연구할 때, 이 과정에서 무엇이 발생하였는가에 관해 가능한 한 정확한 정보를 수집하고자 할 것이다. 그는 누가 포함되었는가, 어떤 방식으로, 무엇이 발생하였는가, 다양한 당사자들에 대한 이들의 결과는 무엇인가 등에 관해 동일한 질문을 참여자에게 할 것이다. 그의 분석은 이 과정에서 무엇이 발생하였는가의 진실한 모습에 관해 참여자들간에 검토하고 면접의 답변을 종합하는데 초점을 둘 수 있을 것이다.

2) 감성주의적 면접연구

감성주의적(또는 주관주의적) 면접연구유형은 면접을 참여자의 진정한 경험으로 가는 노정(pathway)으로 간주한다. 이 경우에는 사람이 조직변화의 과정을 어떻게 경험하는가를 연구할 것이다. 면접질문은 정보에 초점을 두는 것이 아니라 사람의 인지, 이해, 관점, 감성에 초점을 둘 것이다(Eriksson · Kovalainen, p.79).

3) 구성주의적 면접연구

구성주의적 면접연구유형은 면접자와 피면접자 간에 발생하는 상호작용을 통하여 의미가 어떻게 생성되는가에 초점을 둔다. 여기서는 상호작용이 초점에 있지만, 면접은 연구자가 대화의 다른 당사자처럼 다소 적극적인 역할을 할 수 있는 일상의 대화와 유사하다. 만약 면접자가 구조화면접의 경우처럼 다소 소극적이라면 상호작용이 적다는 것은 분명하다. 이러한 종류의 면접에서 중요한 것 중의 하나는 상호작용이 어떻게 진행되는가에 따라 다방면으로 흘러갈 수 있는 대화의 선도자로서 연구자가 사전에 계획한 질문을 이용한다는 것이다.

실증주의적 면접연구유형과 감성주의적 면접연구유형이 질문내용(what question)에 더 관심이 있고, 구성주의적 면접연구유형은 질문방법(how question)에 관심이 있다고 한다. 그러나 Holstein · Gubrium(1994)은 많은 경우에 최상의 연구는 이 두 질문유형을 결합하여 실시된다는 점을 지적하고 있다.

3. 질적 면접의 유형

연구방법과 연구질문이 면접의 이용에 관한 연구자의 선택에 영향을 줄 수 있다. 연구자의 연구에 어떤 유형의 질적 면접과 어떤 유형의 면접질문이 적절한가에 관한 결정이 포함된다. 연구자료를 수집하는 다른 방법의 경우처럼, 연구의 목적상 면접이 경험적 자료를 수집하는 최상의 방법인가를 자문해 보아야 한다. 질적 면접의 유형에는 구조화면접, 반구조화면접, 비구조화면접이 있다. 이외에 심층면접, 표적집단면접, 프로젝티브 면접 등이 있다.

심층면접은 구조화되지 않은 직접 면접법으로 숙달된 면접자에 의해서 응답자의 숨겨진 의도나 신념, 태도, 느낌 등을 조사하는 개별면접 형태로 진행된다(Gill, 2009를 참조).

표적집단(focus group)면접은 개별면접과는 달리 특정한 집단을 대상으로 실시하는 면접이다. 이 면접은 일정한 목적을 갖고 모인 집단에게 일정한 토의주제를 제공하고 집단면접 속에서의 상호작용을 관찰, 기록한 내용을 분석하는 것이다(김진희 외, p.227). 오늘날까지 질적 연구자들이 실시하는 면접의 대부분은 (사람이나 전화상으로) 개별적인 일 대 일 면접이지만, 표적집단면접도 이용될 수 있다. 표적집단면접은 마케팅연구에서 가장 일반적으로 이용되지만, 거의 모든 학문분야에서 이용될 수 있다.

프로젝티브(projective) 면접은 원래 경영학의 마케팅 기법의 하나로 개발된 것이다. 여기서는 자료를 수집하는 과정에서 연구목적을 밝히지 않는 방법으로, 면접참가자가 가지고 있는 동기나 신념, 태도나 느낌이 올바르게 표현될 수 있도록 구조화되지 않은 간접법에 의하여 조사하는 방법을 말한다(박휴용, p.160). 회계학에서는 별로 이용되지 않는다.

일반적으로 면접은 구조화면접(structured interview), 반구조화면접(semi-structured interview), 비구조화면접(unstructured interview)으로 구분된다(유기웅 외, pp.188-189). 그러나 이러한 세 가지 유형간의 경계는 일반적인 생각보다는 더 복잡하며, 면접은 상이한 접근방법의 연구자에 의해 상이하게 이해되고 있다(O'Reilly · Kiyimba, p.80).

이하에서는 구조화면접, 반구조화면접, 비구조화면접을 살펴본다.

1) 구조화면접

구조화면접(structured interview)은 연구자가 사전에 면접 진행에 활용하기 위해 준비하는 면접지침이 매우 구체적으로 조직되어서 진행되는 면접형태를 말한다. 구조화면접은 연구자가 면접지침에 준비된 모든 질문들을 순서대로 정확하게 하는 것이기 때문에 연구자 이외에 연구대상자에 대해서 지식과 경험이 없는 다른 개인을 활용하여 면접을 실시할 수 있다(신경림 외, 2004). 따라서 면접 대상자가 많은 경우에 유용하게 이용될 수 있는 면접유형이라고 할 수 있다. 구조화면접은 일종의 문서화된 면접지(설문지)를 바탕으로 진행되는 구두질문형태로 이해할 수 있다.

그러나 구조화면접은 사전에 준비된 질문에 대한 답변만을 얻을 수 있으며, 참여자가 갖는 생각이나 질문내용에 대한 다른 해석이나 독창적인 생각을 개진할 수 있는 가능성이 없는 한계점이 있다. 구조화면접은 다수의 연구참여자들이 가지고 있는 경험의 대략적인 경향성을 파악하거나, 질적 자료를 계량화하여 분석할 의도를 가지고 있을 때 사용할 수 있다.

구조화면접은 모든 중요한 질문이 설문지에 포함되어 있다는 것을 확신하기 위해 미리 상당한 계획을 세워야 한다. 그리하여 구조화면접은 면접하는 동안 즉흥적인 수정을 할 필요가 없기 때문에 면접자의 역할을 최소화한다.

구조화면접은 좋은 질문을 만드는데 충분한 노력을 하였다면, 면접이 그 상황의 일부 실재를 포착해야 할 것이다. 사실상, 올바른 질문조합이 있다면, 이들은 우편조사, 전화면접, 인터넷조사 등의 형태로도 이용될 수 있을 것이다(Willis, p.245). 이러한 구조화면접은 사실에 관한 정보(예를 들면, 무엇이 발생하였는가, 언제, 어떻게 발생하였는가, 누가 포함되었는가)를 수집할 때 효율적이다. 이들은 또한 체계적인 방법으로 참여자가 제공한 정보를 비교할 수 있는 것이 중요할 때, 여러 명의 면접자들에 의해 발생한 다양성을 줄이는 것이 필요할 때도 유용할 것이다(O'Reilly · Kiyimba, *op cit.*, p.81). 그리하여 면접마다 일관성을 유지할 필요가 있다.

구조화면접은 연구에 이용할 수 있는 시간과 경비가 제한되어 있거나, 비숙련면접자에 의존해야 할 때, 좋은 방안이 될 수 있다. 이 면접의 중요한 단점은 면접자가 참여자의 특정한 관심사에 반응할 융통성을 별로 가지고 있지 않다는 것과, 제기된 질문이 연구되고 있는 사회적 맥락에 가장 관련성이 많은 현안에 초점을 두고 있다는 보증이 없다는 것이다. 일부 질적 연구자들은 구조화면접이 부자연스럽고 제한적이기 때문에, 질적 연구에서 이용되어서는 안된다고 주장한다(*ibid.*, p.82).

구조화면접을 실시하기 위한 훈련에서 일단의 면접자들이 사용해야 할 지침들은 다음과 같다. 이 지침들에서 하지마라를 삭제하면, 해석적 면접의 핵심을 보여준다.

* 긴 연구설명에 포함되지 마라. 감독자가 제공하는 표준적인 설명을 이용하라.
* 연구서론, 질문순서, 질문단어(question wording)에서 벗어나지 마라.
* 다른 사람이 면접을 방해하게 하지 마라. 다른 사람이 응답자를 위해 답을 하게 하거나 질문에 관한 그의 의견을 제시하게 하지 마라.
* 답을 제시하거나 답에 동의하거나 반대 등을 하지 마라. 응답자에게 문제의 주제에 관해 개인적 견해를 주지마라.

* 질문의 의미를 해석하지 마라. 질문을 반복하고 감독자나 훈련에서 제시된 지침을 주어라.
* 답의 범주를 더하는 것과 같은 임기응변을 하지 마라. 그렇지 않다면 단어배열을 변경하라(Fontana · Frey, 1998, p.52)

이것은 질문을 하고 응답을 구하는 것에 대한 실증적인 접근방법을 기본적으로 정의하고 있다. 그러나 많은 사람의 면접을 수반하는 과제가 있으면, 훈련된 면접자가 필요하게 된다. 원하는 자료, 면접자와 피면접자의 수, 과제의 예산 등에 따라, 구조화면접을 어떻게 실시해야 하는가에 관한 의사결정을 해야 한다.

구조화면접의 주요한 장점은 면접들간에 일관성이 있다는 것이다. 그러나 주요한 단점도 있다. 만약 사전에 준비한 질문에 집착한다면, 정의상, 면접도중에 새로운 종류의 질문을 할 수 없을 것이다. 따라서 면접자가 질문할 준비가 되어 있을 때 피면접자가 줄 새로운 통찰력을 놓칠 우려가 있을 것이다(Myers, 2009, p.124).

참여자에게 일단의 질문에 응답을 선택하도록 요구하는 구조적(structured)이고 표준적인(standardized) 면접은 실증적 연구자에게 일반적인 방법이다. 이러한 유형의 면접을 실시할 때, 면접자는 사전에 준비한 질문을 이용하며, 질문의 순서나 단어의 배열에 융통성이 거의 없다. 구조화면접은 참여자가 나타내는 반응이 자유응답식(open-ended)일 때 질적인 것으로 간주된다(Eriksson · Kovalainen, p.81).

2) 반구조화면접

반구조화면접(semi-structured interview)은 말 그대로 구조화면접과 비구조화면접의 중간형태를 말한다. 반구조화면접은 탐구될 현안을 정의하는 것을 도와주는 특정한 주제를 중심으로 조직되지만, 면접과정에서 나타나는 흥미롭고 기대치 않은 주제를 탐구하는데 유연성을 허용하고 있다(Gill et al, 2008). 즉, 반구조화면접에서는 연구자가 면접지침, 또는 면접질문지를 사전에 준비하기는 하지만, 구조화면접에서처럼 엄격하게 질문이 결정되어 있지는 않으며, 참여자의 반응에 따라서 캐묻기와 같은 추가적인 질문의 가변성을 어느 정도 허용하고 있다. 연구자가 우선적으로 개방형 질문을 던짐으로써 참여자가 스스로 자신의 경험을 정리, 구성하여 이야기할 수 있도록 한다. 그리고 연구자가 연구주제 및 목적과 관련하여 확인해야 할 것에 대한 지시어 등을 포함함으로써, 연구자가 면접진행 중에 짚고 넘어가야 할 부분을 누락하지 않도록 해야 한다. 만약 면접자가 면접을 할 때마다 유사한 질문으로 시작한다면, 면접들간에 일관성이 있을 것이다(Myers, 2009, p.124).

면접지침을 설계하고 수정하며, 실제로 면접을 실시할 때 유연성은 반구조화면접을 이용하는 데서 성공의 가장 중요한 관건일 것이다. 피면접자에게 자신들의 생각을 설명할 수 있는 자유의 정도를 허용하고, 그들이 가졌다고 느낀 특별한 관심과 전문기술분야를 강조하고 어떤 반응을 더욱 상세하게 질문받을 수 있게 하며, 특히 분명한 모순을 드러내어 해결할 수 있게 하기 위해 반구조화면접이 선택된다(Horton et al., 2004, p.340).

반구조화면접은 연구참여자의 답변의 내용과 형식이 비교적 제한을 덜 받기 때문에 참여자 자신이 이야기하고자 하는 내용을 제시할 수 있고, 자신이 가지고 있는 지식과 정보를 보다 심층적이고 폭넓게 제공할 수 있다. 그러나 여전히 연구자가 가지고 있는 연구주제에 대한 의도나 편향된 가치가 면접내용을 제약할 가능성을 내포하고 있는 형태이다. 그러므로 다른 질적 연구의 방법에서도 중요하지만, 특히 반구조화면접을 실행하는 경우에는 연구자의 편향이 중요하게 강조된다(신경림 외, 2004). 그러나, 반구조화면접은 연구의 목적에 부합하는 정도를 확인할 수 있는 동시에, 참여자의 자유로운 경험제공 가능성도 함께 열어두고 있다는 점에서 오늘날 질적 연구의 전통에서 일반적으로 많이 쓰이는 면접유형이다.

많은 질적 면접이 질문내용(what question)과 질문방법(how question)을 연구하기 위해 이용될 수 있는 반구조화면접에 해당하며, 회계학연구에서도 일반적으로 이용되고 있다. 반구조화면접은 반구조화면접을 실시할 때, 주제, 현안 등에 관해 사전에 준비한 개요를 가지고 있어야 하지만, 각 면접에서 질문의 순서가 다를 가능성도 있다. 이의 중요한 장점은 면접의 분위기가 논쟁의 여지가 있고 비공식적이지만, 자료가 다소 포괄적이면서 체계적이라는 것이다(Eriksson · Kovalainen, p.82).

이 유형의 면접은 만약 연구자가 최소한 다소 숙련된 면접자라면, 대개의 경우 잘 작동한다. 가장 도전적인 현안은 모든 주제가 다루어지고 동시에 더욱 심층적인 반응을 찾을 준비가 되어 있다는 것을 확신할 필요가 있다는 것이다. 그러나, 사전에 계획된 질문에 너무 밀접하게 있다는 것은 참여자가 제기하고 있는 것으로부터 중요한 주제를 방해할 수 있다. 이 양식은 어느 정도까지 체계적이지만, 참여자가 자신에게 반응하고 동일한 질문의 다양한 해석에 반응하기 때문에, 경험적 자료를 비교하는 것은 어려울 것이다.

반구조화면접은 면접의 위험을 최소화하면서, 구조화면접과 비구조화면접의 장점을 가장 잘 활용하려는 면접유형이다. 이것은 면접자에게 구조를 주면서도 즉흥성도 준다. 그리하여 이것은 면접자에게 사전에 준비한 질문이 일부 초점을 제공하면서도 대화 도중에 발생하는 중요한 통찰력을 제공할 기회도 준다. 반구조적인 질적 면접은 경영학을 비롯한 회계학에서 가장 일반적으로 이용되는 면접이다(Myers, *op cit.*, p.125).

3) 비구조화면접

질적 면접은 본질적으로 가끔 비구조적, 비공식적, 개방적, 서사적이다. 비구조화면접(unstructured interview)은 어떤 주제를 집중적이고 광범위하게 탐색하여 심층적 면접이라고도 하며, 민속지학(이나 근거이론)을 이용할 때 주로 이용하는 방법이므로 민속지학적(ethnographic) 면접이라고도 하는데, 참여자의 관점에서 탐색하는데 특히 유용하다. 특히 참여관찰에서 수집된 대부분의 자료는 현장에서 진행되는 비공식적인 면접을 통해 수집되므로, 비구조화면접과 참여관찰은 대개는 함께 이루어진다. 비구조화면접의 핵심은 응답자를 설명하려고 하기 보다는 이해하려고 한다는 점이다(곽영순, p.307). 비구조화면접에서는 면접의 범위, 내용, 흐름 등에 관한 생각이나 질문을 미리 결정하지 않는다(DiCicco-Bloom · Crabtree, 2006; Mahama · Khalifa, 2017, p.323).

비구조화면접은 여러 가지 방식에서 구조화면접과 다르다(Fontana · Frey, 2000). 첫째, 질문할 핵심개념이나 유도질문(guiding question)을 가지고 있더라도 매우 적으며, 공식적, 구조화면접도구를 이용하지 않는다. 둘째, 대화를 어떠한 방향으로도 마음대로 변경할 수 있다(Eriksson · Kovalainen, p.82).

비구조화면접에서는 연구자와 참여자간의 면접진행이 주로 일상적인 대화의 형식으로 이루어지게 되며, 연구참여자의 답변 내용에 따라서 이어지는 적절한 질문의 내용과 형태가 변할 수 있도록 한다. 그럼으로써 연구에 필요한 정보획득이라는 의도적 활동으로서 면접에서 면접지침은 대화의 주제에 대한 최소한의 정보만을 가지고 있거나, 면접지침 자체를 준비하지 않은 채, 질문할 커다란 주제들을 연구자가 머릿속으로만 구상한 채, 면접을 진행하게 된다(유기웅 외, p.190).

비구조화면접의 가장 큰 장점은 참여자가 이야기하는 형식과 내용에 대해서 제약을 거의 두지 않으며 실제 면접이 진행되는 구체적인 상황에 맞추어서 자연스럽게 진행될 수 있도록 하기 때문에, 참여자가 자연스러운 일상적 조건에서 가지고 있는 풍부하고 실질적인 의미나 경험을 확보할 수 있다는 것이다(신경림 외, 2004). 그러나, 비구조화면접의 실시를 위해서는 무엇보다도 연구자가 연구주제에 대한 해박한 이해력과 숙련된 면접기법을 갖추고 있어야 하며, 상황에 따라 유연하게 대처할 수 있는 풍부한 경험과 면접기술을 가지고 있어야 한다.

비구조화면접은 시간제한이 별로 없으며, 피면접자는 원하는 대로 말할 자유가 있다. 예를 들면, 서사면접에서 핵심적인 사상은 피면접자가 자유롭게 말하게 하는 것이다. 질문은 피면접자의 기억을 상기시키기 위해 이용된다. 그러나 만약 피면접자가 대화 도중에 말을 멈추고, 휴식을 한다면, 면접자가 즉석에서 새로운 질문을 할 준비가 되어 있어야 한다. 면접마다 일관성을 유지할 필요는 없다.

이러한 유형의 면접은 참여자가 말하는 것에 상당한 정도까지 의존한다. 비구조화면접에서 주요한 목적은 서사를 생산하는 것이다. Hytti(2003)는 자신의 연구에서 기업가들의 정체성을 연구하기 위해서 그들의 생애사(life history)를 구성하도록 촉구하였다. 비구조화면접은 대부분 사전에 계획되지만, 반구조화면접도 현장연구의 과정에서 동시적으로 발생한다. 비구조화면접의 경우에, 참여자는 면접을 하고 있는지도 모를 것이다. 이 두 경우에, 대화는 참여자가 정의한 맥락에서 등장한다. 이것이 연구자가 주제를 미리 정하지 않은 이유이다.

비구조화면접의 장점은 비구조화면접으로 인해서 피면접자가 자유롭게 말할 수 있고, 피면접자가 중요하다고 생각하는 것들을 면접자에게 말할 수 있어서 새로운 통찰력을 생성할 가능성이 있다는 것이다. 그러나 이것은 주요한 단점이기도 하다. 만약 피면접자가 수다스럽지 않다면, 말을 별로 하지 않을 것이다. 그리고 피면접자가 수다스럽더라도, 주제와 관련없는 말을 많이 하면, 불필요한 자료를 수집하게 될 우려도 있다.

그리고 비구조화면접의 경우, 각 면접이 독특하기 때문에 각 면접의 모든 구체적인 사상을 다루는 상세한 분석을 하기 위해서는 많은 시간을 이용할 준비가 되어 있어야 한다. 나아가, 이러한 유형의 면접을 이용하는 것이 새로운 연구질문을 생성하기 위한 좋은 근거를 제공하지만, 이것은 여러 번의 분석과 여분의 시간을 필요로 한다.

면접과정의 결과를 불안정하게 하는 다음과 같은 문제가 발생할 수도 있다(Smith, 2017, p.158).

- 질문용어가 명확하지 않으면, 피면접자에게 혼란이나 오해를 초래할 수 있다. 면접자와 피면접자가 상이한 용어해석을 하거나, Houghton(1987, 1988)과 Hronsky · Houghton(2001)이 회계문헌에서 제기한 의미측정과 같은 문제를 피면접자들에게 강조할 때 혼란이나 오해가 초래될 수 있다.
- 피면접자들의 기억문제로 인해서 즉각적인 반응을 신뢰할 수 없을 수 있다. 이것은 이러한 조사양상에 대해 너무 지나친 요구를 하는 질문과 연관이 있을 것이다.
- 일관성없는 방식으로 질문을 하거나 시간에 따라 그리고 피면접자에 따라 특정한 면접자가 다르게 행동할 수도 있다. 질문의 표준화, 지침, 훈련수준에도 불구하고, 면접자간에 중요한 차이가 존재할 수도 있다. 말하자면, 지나치게 호의적인 태도나 적대적인 태도가 특정한 피면접자집단과 연결된다면, 면접자간의 비일관성과 면접자 자신의 비일관성으로 편향된 결과가 나올 수 있다.
- 반응의 기록과 처리에서 문제가 발생할 수도 있다. 이것은 특히 자유응답식 질문 때 발

생한다. 여기서 면접자는 피면접자가 말한 것을 급히 적는 과정에서 반응을 오해하거나 윤색할 수도 있다.

- 무반응의 편향이 발생할 수 있다. 우편조사의 경우처럼, 무반응의 편향이 발생할 수도 있지만, 피면접자가 없는 경우가 피면접자의 거절과 혼합된다. 대면 면접은 반복면접을 필요로 할 수도 있으며 이들의 성공은 면접자의 성, 복장규정, 비위협적 태도 등에 달려있을 것이다.

Parker(2008)는 면접과정에서 침묵의 중요성을 강조한 바 있다. 침묵으로 인해서 피면접자는 불안하기 때문에, 긴 휴식을 취함으로써, 면접자는 피면접자에게 그렇지 않은 경우보다 더 많이 말할 뿐만 아니라 생각할 기회를 준다. Parker는 설명을 격려하기 위해 최소한의 언급만 할 것을 주장하였다.

면접자의 경우 특별한 문제는 윤리문제와 관련해서 발생한다. 첨부설명서(covering letter)가 우편조사에서 연구의 목적을 나타내고 있으며, 우편 자체의 반환이 묵시적인 참여동의를 구성하지만, 면접상황은 상이하다. 일부 윤리강령은 피면접자가 반응의 내용을 검증하기 위해 면접을 완성할 때 서명할 것을 주장하기도 한다. 다루어야 할 중요한 점들은 다음과 같다.

- 면접자들은 자기자신, 자신들의 신분 그리고 자신들이 대표하는 사람과 면접의 목적을 명확하게 식별해야 한다.
- 피면접자는 자신이 왜 그리고 어떻게 참여하기로 선택되었는가를 알아야 한다.
- 반응의 기밀성과 익명성이 강조되어야 한다.
- 피면접자가 자신들의 협조를 자유로이 거부할 수 있도록 자발적인 참여가 중요하다.
- 피면접자가 면접자에게 질문할 기회도 있어야 한다. 만약 면접자가 지침을 벗어난다면, 면접자는 검토중인 면접문제를 드러나게 할 것이기 때문에, 조심할 필요가 있다. 이러한 드러남은 이후의 피면접자로부터의 반응의 타당성을 위협할 것이다.

Morgan · Symon(2004)은 전화와 이메일의 면접과 관련된 문제점을 논하면서, 면접자에게 가시적인 단서의 부재와 비언어적 행동에 대한 접근이 없다는 점을 강조하고 있다. 그들은 인터넷을 통해 실시되는 면접을 전자면접(electronic interviews)이라고 부르고 있으며, 다루어야 할 새로운 문제들을 강조하고 있다.

- 일대일의 면접을 녹음할 때, 자주 직면하는 기술적 문제를 소프트웨어 문제가 대체한다.

- 반응의 풍부성(richness)이 제한될 수 있다.
- 반응의 익명성은 솔직함을 증가시킬 것이지만, 부정직의 기회도 제공할 수 있다.
- 반응자가 더 이상 상호작용의 긴급성을 인식하지 않기 때문에, 적시성이 문제로 될 수 있다. 반응은 오랫동안 수집될 수 있으며, 이메일의 메모(reminder)를 필요로 할 것이다.

제2절 관찰

1. 관찰의 의의

관찰은 인간, 기계, 전기, 전자 등의 수단에 의해 경험적 자료를 수집하는 방법이다. 연구자는 관찰대상인 사람과 직접 접촉을 할 수도 있고 안 할 수도 있다. 관찰기법은 양적 연구방법 뿐만 아니라 질적 연구방법의 일부일 수 있다(Spradley, 1980; Gubrium · Holstein, 1997).

질적 연구에서 관찰은 어떤 특정한 현상과 행위에 대한 심층적인 이해를 목적으로 수행하는 구체적인 자료수집 방식이다. 이는 자연적인 상황에서 관찰가능한 현상과 행위에 대한 체계적인 기록을 포함하는 자료수집방법이라고 할 수 있다. 연구자의 관찰이 중심을 이루는 민속지학(ethnography)을 유사한 의미로 사용하기도 한다. Spradley(1980)는 다른 문화권의 삶을 이해하는 민속지학연구는 참여관찰을 통해 그 근원적 진술을 이끌어낼 수 있다고 한 바 있다. 따라서 질적 연구에서의 관찰은 연구주제와 관련한 현장상황에서 연구참여자들의 경험과 행위, 그 모습들을 깊이 있게 이해하고 주요 현상을 포착하기 위해 연구자가 체계적인 방식으로 면밀하게 살펴보는 행위를 의미한다. 이처럼 질적 연구의 관찰을 통해 수집될 수 있는 정보들은 관찰현장의 환경, 관찰대상의 행동과 상호작용, 현장의 감성적 환경, 공식적 혹은 비공식적 상호작용, 비언어적인 의사소통 등이다(Patton, 2014; 김진희 외, p.269).

이러한 질적 연구에서의 관찰은 연구자에게 직접적인 경험을 제공한다(Atkinson · Hammersley, 1994). 관찰을 통한 직접적인 경험은 연구자가 연구현상과 대상을 이해하는 데 도움을 준다. 직접적인 경험의 제공은 연구대상, 장면, 현장상황에 대해 연구자가 보다 구체적이고 정확하게 현장상황을 기술할 수 있다는 점에서 유익하다. 현장에서 어떤 현상이 주목해 볼 만한지, 참여자들의 행동에는 어떤 특징이 있는지, 어떠한 대화가 이루어지는지 등 연구자의 관점에서 직접적으로 감지할 수 있다.

관찰로 인해서 연구자는 현장에서 일어나는 현상에 대해 개방적인 관점을 가질 수 있다. 관찰경험이 없다면, 연구현상과 대상에 대한 사실과 연구결과에 대해 사전적 이해와 선입견에 의해 왜곡해서 바라볼 수 있다. 이러한 점에서 관찰은 연구자가 가질 수 있는 편견을 줄이고 열린 관점을 제공해 줄 수 있다. 관찰은 연구자가 연구참여자들의 일상적 경험에 대해 새로운 시각으로 현상을 이해하고 접근하는데 도움을 준다.

연구현상과 대상에 대한 연구자의 인상과 이해에 있어서 관찰은 연구상황과 인물들에 대한 이해와 발견을 돕는다. 면접에서 얻을 수 없는 정보는 관찰을 통해 발견할 수 있기 때문이다. 연구참여자가 면접을 통해 진술할 수 없는 내부적인 갈등이나 민감한 문제들을 연구자의 관점에서 현상을 이해하고 발견함으로써 보완된 정보를 수집할 수 있다. 또한 관찰을 통해 참여자의 개인적 주관과 인식에 기반을 둔 진술내용을 보완해주거나 면접을 통해 언어로 형언하거나 구체화시키지 못하는 문제들에 대한 종합적인 이해를 가능하게 해준다(김진희 외, pp.270-271).

2. 관찰의 종류

관찰방법은 여러 가지 기준에 의해 분류할 수 있다. Eriksson · Kovalainen(p.86)은 다음과 같이 네 가지 차원으로 분류하고 있다.

① 참여관찰과 비참여관찰: 이것은 연구자가 연구하고 있는 상황의 일부인가의 여부에 달려 있다.
② 방해(obtrusive)관찰과 비방해관찰 또는 변장(disguised)관찰과 비변장관찰: 이것은 연구참여자가 자신이 관찰되고 있다는 것을 알고 있는지의 여부에 달려있다.
③ 자연스러운 상황의 관찰과 인공적인 상황의 관찰: 이것은 행위가 자연스러운 상황이나 인공적인 상황에서 발생하고 있는 곳에서 관찰되는지의 여부에 달려있다.
④ 구조적 관찰과 비구조적 관찰: 이것은 검토일람표(checklist)가 관찰대상을 결정하는지의 여부에 달려있다.

이외에도 관찰은 연구자의 위치에 따라 내부자적 관찰과 외부자적 관찰로 나눌 수 있고, 관찰기간에 따라 장기관찰과 단기관찰로도 나눌 수 있다. 이 중에서 참여관찰, 비참여관찰, 내부자적 관찰, 외부자적 관찰을 살펴보자.

1) 참여관찰

참여관찰은 경험적 자료를 수집하기 위해 가장 많이 이용되는 방법 중의 하나이며, 민속지학적 연구방법에서 널리 이용되고 있으며, 인류학에 그 뿌리를 가지고 있다(제13장을 참조). 민속지학적 전통에서, 이러한 자료수집은 현장의 자연스러운 상황에서 발생하며 비구조적인 수집형태를 취한다. 참여관찰은 연구자가 현장에서 행위자들과 상호작용을 하고 대면접촉을 하면서, 그들의 일상적인 의례를 관찰하고 참여하며, 의사소통의 코드와 행위양상을 배우고, 그들과 관계를 맺는다, 참여관찰은 행위자의 세계를 살펴보고, 경청하며, 상당한 정도까지 참여하는 과정이다. 따라서 연구행위의 양식은 현장의 행위자들과 밀접한 관계를 맺는 것이다. 이것은 현장상황과 밀접한 친밀성을 가지고 연관관계를 맺으려는 연구자의 노력의 일부이다. 이 목적으로 참여관찰에서는 연구자가 행위자의 일상세계에 밀접하게 들어가고, 충실한 서술을 하며, 관찰되는 집단과 조직에서 발생하는 의미생성을 이해할 수 있도록 현장에 장기간 체재하게 된다(Parker, 2017, p.341).

참여관찰은 해석적 연구에서 가장 핵심적인 연구방법으로서 ① 관심있는 현상에 대하여 알려진 사실이 없을 때, ② 현장의 상황, 활동, 사람, 의미를 기술하고자 할 때, ③ 참여자가 직접적으로 언급하기 싫어하거나 말하지 않게 되는 사건들을 직접 이해할 필요가 있을 때, ④ 참여자가 면담상황에서 연구자에게 거짓말을 할 때, ⑤ 참여자 자신 역시 자신의 일상적인 삶의 과정에 어떤 특징이 있는지를 설명하지 못할 때, 효과적이다(김영천, 2011, p.270).

참여관찰은 현장에 진입하는 방법, 참여자로서 연구자의 역할, 현장노트의 작성, 현장자료의 분석 등으로 이루어진다. 참여관찰은 관찰이 자연스러운 현상이라는 것을 보장하기 위해 연구자가 문화의 일부로 인정받을 필요가 있기 때문에, (적게는 몇 주에서 많게는 몇 년이라는) 상당한 기간동안 집중적인 연구를 필요로 한다(Eriksson · Kovalainen, pp.86-87).

참여관찰의 특징은 연구자와 참여자 사이의 상호작용이다. 주요한 연구대상자가 다양하게 연구에 참여하고, 연구자는 그들과 지속적으로 상호작용한다(Willis, p.207). 특히 Jorgensen (1989)에 의하면, 참여관찰의 기본 특성은 ① 내부자 관점에 특별한 관심, ② 일상적 삶의 세계가 연구의 토대, ③ 이론화 작업, ④ 개방적인 연구과정, ⑤ 심층사례연구, ⑥ 참여관찰자의 능력 중요, ⑦ 다양한 정보획득 방법의 사용 등이다.

참여관찰은 연구자가 연구대상자를 관찰할 뿐만 아니라 그들의 활동에 어느 정도 참여할 때다. 주된 아이디어는 연구자가 연구대상자들과 대화를 하고 내부로부터 그들의 신념과 활동에 관해 이해하려는 시도로 그들과 상호작용을 한다는 것이다. 예를 들면, 인류학자는 가끔 연구대상자들과 동일한 공동체나 마을에 가서 살 것이다. 이 아이디어는 사회와 문화에 몰입함으로써 더 나은 이해를 할 수 있다는 것이다. 즉 그들은 그 사람들의 입장에서 사물을 보기 시작할 것이다.

물론 관찰과 참여관찰이 완전히 다르지는 않다. 질적 연구자는 어떤 상황에서는 오로지 관찰자로 끝나는데 반하여, 다른 상황에서는 사람들과 상호작용을 한다. 그리고 내부로부터 사람의 활동을 관찰하려고 시도하고 참여하고 있을 지라도, 연구자는 여전히 외부자로 간주될 것이다. 연구자가 아무리 열심히 원주민과 같이 생활하고 일원이 되려고 하더라도 여전히 연구자이다. 따라서 이러한 범주들은 엄격한 구별보다는 정도의 문제이다.

그러나 대부분의 질적 현장연구는 관찰보다는 참여관찰을 포함하는 경향이 있다. 질적 연구자가 의미를 이해하는데 관심이 있기 때문에, 사회석 상호작용이 없는 관찰은 특히 도움이 되지 않는다. 연구자가 그들의 문화에서 특별한 사물이나 활동의 중요성이나 의미를 발견해 낸다는 것은 연구대상자에게 말함으로써만 가능하다. 그러므로 여기서는 관찰 그 자체보다는 참여관찰에만 초점을 둘 것이다.

대부분의 현장연구는 친숙하지 않은 장소로 이동하게 된다. 현장연구는 대개의 경우 상이한 문화나 하위문화를 가지는 사람을 관찰하는 것을 포함한다. 전통적으로 인류학에서, 현장연구는 서구인이라는 연구자가 아프리카마을과 같이 연구자 자신과는 완전히 다른 문화에 가는 것을 포함하였다. 그리고나서 연구자는 언어를 배우고 그 사람들의 문화적 믿음과 실제를 이해하고자 할 것이다. 그러나 연구자가 자신의 고향에 있는 은행에서 현장연구를 실시하고, 연구자가 동일한 언어를 말하고 있더라도, 연구자는 여전히 친숙하지 않은 지역에 있는 느낌을 가질 것이며, 연구자는 또한 새로운 단어(은행용어)를 많이 배울 필요가 있을 것이다. 따라서, 모든 현장연구는 대개의 경우 다른 문화나 하위문화의 일원이 되는 것을 배우는 기간인 문화적응의 기간을 포함한다. 이 과정은 연구자의 문화와 연구대상자의 문화 사이의 차이의 정도와 연구자 자신의 적응력에 따라 다소간의 시간이 필요할 것이다(Myers, p.139).

실증적 연구에서는 연구자가 객관적 연구에 필요한 입장을 유지하는 것을 참여가 방해하기 때문에 비참여적인데 반해서, 비판적 연구나 해석적 연구에서는 연구의 맥락에서 참여적이다. 질적 연구의 일부 형태는 부분적으로 연구자(관찰자)가 얼마나 많이 참여하는가 즉, 관여의 정도에 의해서 참여관찰자를 완전한 참여자, 관찰자로서 참여자, 참여자로서 관찰자, 완전한 관찰자로 분류하기도 한다(제13장 민속지학, pp.409-411; 김영천, 2011, pp.274-275를 참조). 비판적 연구도 참여를 좋은 연구의 중요한 요건으로 간주하기도 한다.

최근에 질적 회계학연구자들이 참여관찰을 널리 이용하고 있으며, 참여관찰로 인해서 회계연구자와 참여자가 지금까지 무시하거나 불투명한 회계측면들에 접근하거나 이해할 수 있게 되었다(Parker, 2017, p.341).

회계학에서는 참여관찰을 이용하게 되는 경우[1]는 주로 민속지학, 실행연구, 사례연구, 현장연구(본서의 부록을 참조) 등의 경우이다. 특히 민속지학에서 많이 이용한다.

2) 비참여관찰

(비참여)관찰은 연구현상과 대상, 연구참여자들의 행동에 전혀 관여하지 않는 상태로 객관적으로 관찰을 수행하는 것이다. 따라서 여기서 연구자는 본질적으로 구경꾼(spectator)이다. 그는 관찰현장에서 일어나는 사건과 인물들의 행동을 비디오로 녹화하고, 이것을 토대로 자료를 분석한다. 여기서는 연구자와 연구대상자 사이에 상호작용이 없다. 비참여관찰은 관찰현장에서 느낄 수 있는 현장성과 생생함을 얻기에는 한계가 있지만, 연구자나 관찰자가 현장에 개입함으로써 어색해지거나 인위적일 수 있는 연구참여자들의 태도를 최대한 자연스럽게 있는 그대로 이끌어 낼 수 있다는 장점이 있다(김진희 외, p.272).

3) 내부자적 관찰

연구자의 위치에 따라 연구의 과정과 결과를 구분하는 방법으로 emic(내부적)과 etic(외부적)이라는 개념이 이용되기도 한다. 내부자적 관찰은 연구의 대상이 되는 조직, 문화, 대상의 환경 속으로 연구자가 직접 들어가 내부자가 보고, 듣고, 느끼고, 배우고, 행동하는 과정을 통해 현상을 이해하는 관찰이다. 연구자는 내부환경에서 사용하는 언어와 의미범주를 있는 그대로 사용하게 되며, 연구현상과 대상에 대한 심도있는 의미를 도출해 낼 수 있다(상게서).

4) 외부자적 관찰

외부자적 관찰은 다른 조직이나 대상에서 벌어지는 현상과 비교해서 연구결과를 기술함에 있어 연구자가 외부자적 관점을 통해 객관적인 진술이 가능하도록 하는 관점이다. 연구현상과 대상에 대해 기존과는 다른 해석을 필요로 하거나 다른 범주들을 생성하고자 한다면, 이러한 외부자적 관점을 적절히 적용해야 한다(상게서, pp.272-273).

---

1) 회계학에서 주된 자료수집방법으로 참여관찰을 이용한 경우로는 Ahrens · Mollona(2007), Parker(2003, 2007a,b, 2008), Collier(2008), Akroyd · Maguire(2011), Bezemer et al.(2014), Hayes · Baker(2014) 등이 있으며, 면접, 문서분석, 실태조사 등과 같은 방법과 더불어 참여관찰을 한 경우로는 Tessier · Otley(2012), El-Sayed · Youssef(2015) 등이 있다.

3. 관찰의 장단점

관찰의 한 가지 분명한 장점은 행위가 발생할 때 그 행위를 기록한다는 점인데, 이것은 (면접에서처럼) 사람이 말하거나 행하는 것 또는 사람이 미래에 말하거나 행할 것이라고 생각하는 것을 나중에 서술하는 사람과는 다르다. 어떤 경우에는 관찰된 활동을 그 활동에 관해 작성된 보고서와 비교하는 것이 연구의 초점인 경우도 있다. 특히 만약 연구된 활동이나 행위가 사회적 압력을 받기 쉽다면, 면접이외에 관찰한다는 것은 이것이 실제로 어떻게 발생하는가에 관한 통찰력을 제공할 수 있다.

한편, 관찰은 사람이 행위에 관해 생각하는 것 또는 그 행위를 유발하는 것에 대한 통찰력을 제공하지 않는다. 이 정보는 사람에게 질문함으로써만 구할 수 있다. 사람이 관찰되고 있을 때, 그들이 그것을 알고 있는지의 여부를 고려할 필요가 있는 윤리적 문제가 발생한다. 예를 들면, 은폐된 카메라나 마이크로폰과 같은 고급기술은 소비자, 고객, 종업원, 경영자 등의 구술활동(verbal activities)이나 비구술활동에 관한 경험적 자료를 수집하는 것을 용이하게 한다. 참여자가 모르는 동안 자료를 수집하는 것은 그의 사생활을 침해하고 악용하는 것으로 간주될 수 있다. 이것은 특히 관찰대상인이 그것을 모르고 있지만, 수령한 정보가 그에게 영향을 주는 의사결정을 하기 위해 이용된다면, 특히 문제가 될 것이다(Eriksson · Kovalainen, p.87).

제3절 문서수집

1. 문서의 의의

자료를 수집하기 위해 면접과 관찰을 이용할 뿐만 아니라, 문서(documents)로부터 자료를 수집하는 것도 가능하다. 문서의 수집은 편지, 메모, 일기, 자서전, 내부보고서, 신문, 잡지, 사진 등과 같이 매우 이질적인 일단의 자료원천과 관련이 있다. 이러한 문서들은 사람이 말한 것과 발생한 것을 기록한다. 이것들은 면접과 관찰만으로 얻을 수 있는 것보다 더 풍부한 모습을 만들 수 있는 어떤 증거를 제공한다. 사실상, 때때로 특정한 일과 관련있는 유일한 경험적 자료가 하나 이상의 문서에 수록되어 있는 경우도 있다. 예를 들면, 어떤 사람이 죽었다면, 그를 면접할 수 없지만, 일기와 같이 작성된 일부 기록을 읽을 수 있을 것이다. 문서와 기록은 사람이 남겨두는 글로 작성된 자료이다(Esterberg, 2002, p.121).

여기서는 연구자의 요청에 따라 생산되지 않고, 단순히 결합되고 분석되기를 그곳에(out there) 존재하는 대상인 문서를 강조한다. 그러나 이것이 연구자가 연구하기에 이용가능하다는 사실이 그들에게 일차자료를 수집하는 것보다 다소 적은 시간소비나 취급하기에 더 용이하다는 것을 시사하지는 않는다. 오히려, 연구와 관련있는 문서의 탐색은 실망적이고 매우 긴 과정일 수도 있다. 나아가 일단 이들이 수집되면, 발견되지 않은 자료의 의미를 확인하기 위해서는 상당한 해석기술이 필요하다(Bryman · Bell, p.544).

그러나 문서는 어떤 사람의 사상이나 행동의 역사적 기록 이상으로 사용될 수 있다. 즉, 문서는 어떤 상황에서는 행위자로 간주될 수 있다(Prior, 2003). 예를 들면, 두 기업사이의 계약은 법정에서 강제될 수 있다. 유언은 사람이 죽은 후 법적 강제력을 가진다. 이러한 두 경우에, 문서는 그것을 작성한 사람과는 무관하게 그 자체로 하나의 행위자로 간주될 수 있다(Myers, p.153).

물론, 법정에서는 사람이 그 문서를 작성할 때 자신의 실제의도가 무엇이었는가를 주장할 것이지만, 결국에 재판관은 의미한 것에 관한 명확한 해석을 내릴 것이다. 때때로 법원의 결정이 원래의 작성자의도와는 반대로 간주될 수 있다. 여기서의 핵심은 문서가 사회행동에서 발화(speech)만큼 중요할 수 있다는 것이다(Prior, 2003).

Altheide(1996)는 문서가 문화를 이해하기 위해 연구된다고 말한다. 그는 문화의 많은 부분이 문서로 구성된다는 점을 지적하고 있다. 그는 문서를 "분석을 위해 기록되거나 검색될 수 있는 상징적 표상"(p.2)으로 정의한다. 문화는 오늘날 정보기술혁명 때문에, 문서분석에 이용할 수 있다(Altheide, 1996).

문서는 컴퓨터상에 디지털파일로 저장될 수 있는 것으로 정의되기도 한다(Myers, 2009, p.154). 이것이 문서가 디지털파일로 저장되어야 한다는 것을 의미하는 것이 아니라, 원칙적으로 그것이 저장될 수 있다는 것을 의미한다. 오늘날 많은 자료형태가 디지털형식으로 저장될 수 있다.

많은 유형의 문서가 존재한다. 서면자료 뿐만 아니라, 그림, 사진, 도표, 비디오, 텔레비전 프로그램, 쌍방형 웹사이트, 소프트웨어 등이 있다. 문서는 정태적일 수도 있고, 매일매일 경신되는 블로그처럼 역동적인 상태로 있을 수도 있다.

문서에는 저자와 독자가 있다. 저자는 문서를 작성하는데 반하여, 독자는 문서를 소비한다. 그러나, Prior(2003)가 지적한 바와 같이, 생산자와 소비자 간의 관계는 매우 역동적이다. 문서를 읽는 과정은 수동적인 것이 아니라 능동적이다. 그는 어떤 형태의 문서라도 독자는 오늘날 쉽게 자신의 목적에 맞게 텍스트를 자르고, 붙이고, 편집할 수 있다고 말한다(Prior, 2003, p.16). 예를 들면, 학생들은 가끔 인터넷에서 정보를 복사하고 짜집기하여 글을 쓴다(Myers, p.154).

Payne · Payne(2004)은 문서기법이 민간영역이든 공공영역이든간에 일반적으로 작성된 대부분의 문서(개인서류, 상업기록, 정부 문헌, 법규 등)의 한계를 범주화하고, 조사하고, 해석하고 식별하기 위해 이용된다고 말한다(p.60).

문서는 다음과 같은 특징을 가진다.

* 읽을 수 있다(오늘날 사진, 비디오와 같이 볼 수 있는 것도 있다).
* 우리가 연구자에 의해 만들어진 문서를 가리키더라도 구체적으로 연구의 목적으로 생산되지 않았다.
* 문서는 분석에 이용할 수 있도록 보존된다.
* 문서는 기업연구자의 관심사와 관련이 있다(*ibid.*, p.544).

2. 문서의 실재

상대적으로 최근에 주목을 끌고, 문서의 해석에 시사점을 가지는 하나의 현안은 실재에 관한 지식원천으로서 문서의 지위이다. 그것은 문서가 기본적인 사회적 실재에 관한 어떤 것을 드러내며, 그래서 조직이 생성하는 문서(회의록, 뉴스레터, 직무명세서 등)는 그 조직의 실재의 표상으로 간주된다는 것을 분명히 가정하려고 한다. 달리 말하자면, 이러한 문서가 조직에서 무엇이 진행되는가에 관한 것을 말해주고 그러한 것을 문화로 밝혀내는 것을 도와줄 것이라는 견해가 있을 수 있다. 이러한 견해에 의하면, 문서는 사회적 · 조직적 실재로 나아가는 창구이다(Bryman · Bell, p.559).

그러나 일부 학자는 문서가 이러한 방식으로 간주될 수 있는 정도에 관해서 회의론을 표명하였다. Atkinson · Coffey(2004)와 같은 학자는 문서를 기본적인 실재에 접근하는 방식으로 간주하기 보다는 문서를 그 자체로 독특한 실재수준으로 간주해야 한다고 주장한다. 그들은 문서를 한편으로 생산되는 맥락에 의해서 검토해야 하고, 다른 한편으로 그 함축된 독해성(readership)에 의해 검토해야 한다고 주장한다. 이러한 방식으로 간주될 때, 문서는 달성할 것으로 생각된 것과 작성되는 대상자에게 유의미하다. 문서는 문서가 나타내는 사람과 저자에게 우호적인 인상을 전달하기 위해 작성된다. 문서는 다른 문서에 대한 반응이거나 다른 문서를 가리키기 때문에, 모든 문서는 다른 문서와 연계된 것으로 간주되어야 한다. 다른 문서는 어떤 문서의 집필의 배경이나 맥락의 일부를 형성한다. Atkinson · Coffey는 문서의 상호연계성을 간텍스트성(inter-textuality)이라고 부른다.

3. 문서의 유형

문서를 분류하는 하나의 간단한 방식은 컴퓨터상의 파일의 유형에 의하는 것이다. 예를 들면,

* 주로 텍스트로 구성되는 문서는 텍스트나 단어문서로 저장된다.
* 사진이나 이미지문서는 jpeg양식으로 저장된다.
* 비디오는 DVD양식에 저장되거나 Window오디오/메디아파일로 저장된다.
* 음악이나 오디오는 MP3와 같은 어떤 종류의 오디오양식에 저장된다.

한편, Payne・Payne(2004)은 문서가 세 가지 주요한 범주로 분류될 수 있다고 주장한다. 문서의 소유권이나 이용가능성이 아니라 누가 문서를 작성하였는가에 따라, 개인(personal)문서, 민간(private)문서, 공공(public)문서로 나눈다(p.61).

개인문서는 개인의 편지, 일기, 노트, 초안, 파일, 저서 등이 포함한다. 민간문서는 회의록, 인사기록, 예산, 메모 등과 같이 내부목적으로 민간조직에 의해 생산된 것들을 포함한다. 공공문서는 연례보고서, 매체보고서, 신문기사 등과 같이, 공공소비를 위해 생산된 것들을 포함한다(Payne・Payne, 2004).

Scott(1990)는 정부기관과 민간기관이 만든 관리문서는 사회연구에 이용되는 문서원천 중에서 가장 중요한 범주라고 주장한다(p.59).

한편, Lincoln・Guba(1985)는 서면문서(written documents)와 기록(records)을 구분하고 있다. 문서는 공식적인 거래의 증거가 되며, 결혼증명서, 운전면허증, 은행잔고증명서 등을 포함한다. 한편, 기록은 공식적인 이유보다는 개인적인 이유로 준비되며, 일기, 메모, 편지 등을 포함한다.

Gottschalk(2006)은 역사가들에 의해 이용되는 다양한 유형의 문서를 논하고 있다. 예를 들면, 현재의 기록, 기밀보고서, 공공보고서, 설문지, 정부문서, 의견표명서, 소설, 노래, 민요 등이 있다.

Marshall・Rossman(1989)은 사진, 필름, 비디오테이프 등을 하나의 텍스트로 이용할 것을 주장한다. 인류학자들은 연구대상인 사람들의 사진, 필름, 비디오 등을 이용하고 있다.

만약 어떤 조직의 민속지학이나 사례연구를 실시하고 있다면, 사진이나 비디오가 이야기(story)에 생기를 넣어줄 수 있을 것이다. Ball・Smith(1992)는 질적 자료의 유형으로서 사진의 이용을 논하고 있다.

어떤 방식에서, 사진과 비디오로 획득한 질적 자료는 객관적인 것으로 간주될 수 있다.

사진이미지는 특정한 순간에 연구대상의 객관적인 기록으로 간주될 수 있다. 사진이 (이후에 편집과정을 거치지 않는다면) 거짓말을 하지는 않는다.

그러나 사진과 비디오는 주관적인 것으로 간주될 수도 있다. 사진사가 언제, 어떤 대상을 어떤 각도에서 찍을 것인가를 결정한다. 어떤 사람은 다른 사람보다 사진을 더 잘 찍을 수도 있다. 또한 디지털카메라와 소프트웨어로 사진상의 이미지를 조작할 수도 있다. 오로지 일부 이미지만이 최종 서면보고서에 포함될 것이다. 따라서 이미지를 이용하는 질적 연구자는 영상기록을 선택하고 편집하는데 적극적으로 관여한다. 이미지는 객관적이고도 주관적인 것으로 간주될 수 있다(Harper, 2004).

Hesse-Biber · Leavy(2006)는 영상기록으로서의 이미지와 영상일기로서의 이미지를 개념화하는 것을 구분하고 있다. 만약 일단의 사진을 영상기록의 수집으로 생각한다면, 이러한 사진은 권위감을 고취할 것이다. 이들은 사회세계의 기록으로 취급될 것이다. 그러나 동일한 사진을 영상일기로 생각한다면, 내용만큼 많이 매체에 초점을 둘 것이다. 사진을 찍은 사람과 이의 생산과 편집과정을 고려할 것이며 이들을 메모노트인 것처럼 취급할 것이다.

사진과 비디오를 스스로 찍을 뿐만 아니라, 연구주제에 관련있을 (다른 사람이 기록한) 필름, 비디오 등을 발견할 수도 있을 것이다. 사실상, 주제가 매체에서 주인공이 되는 유명한 사람이나 조직과 관련이 있다면 이것은 가능성이 높다. 필름이나 비디오는 과거의 특정한 사건에 관한 어떤 중요한 통찰력을 제공할 수도 있다. 사회학과 문화학에서 필름과 사진의 이용에 관한 문헌이 증가하고 있다(Denzin, 2004). 그리고 이러한 매체는 경영학이나 회계학의 연구자에게도 매우 유용할 수 있을 것이다.

Denzin(2004, p.240)은 필름이나 사진은 실재의 해석인 이미지를 제공한다는 점을 지적하고 있다. 표상되는 것은 한번만 발생할 수 있기 때문에, 포착되는 실재의 단편은 재생산되지 않는다. 영상문서는 과거에 발생한 사건의 기록이다(Barthes, 1981).

Denzin(2004)은 영상문서를 분석하기 위한 일단의 지침을 제안하고 있다. 이 지침에는 자료를 살펴보고 느끼기, 연구문제를 진술하기, 양상의 탐색을 이용하여 필름, 텍스트, 이미지를 분석하기 등이 포함된다(Myers, pp.156-157).

이외에도 오늘날 전자문서(이메일)와 인터넷을 이용하는 것도 있다.

4. 문서이용방법

회계학에는 질적 연구자가 이용할 수 있는 문서원천이 많이 있다. 이러한 문서에는 기업 연례보고서, 언론사 발표문, 회의록, 회사의 정관, 회사정책과 절차, 웹사이트, 이메일 등이 있다. 이 문서증거는 면접과 현장연구에 의해 제공된 자료를 보완하기 위해 이용될 수 있다.

문서는 면접질문을 만들고, 현장연구를 계획하는 데서 도와줄 유용한 배경정보를 가끔 제공한다.

Scott(1990)는 문서와 같은 연구증거의 질을 평가하기 위해 네 개의 기준을 이용해야 한다고 주장한다. 이러한 기준은 진정성(authenticity), 신뢰성(credibility), 대표성(representativeness), 의미(meaning) 등이다. 그는 이들을 다음과 같이 정의하고 있다(pp. 19-35).

① 진정성: 이것은 의심할 바 없는 원본의 진짜 증거인가?
② 신뢰성: 이것은 오류와 왜곡이 없는 증거인가?
③ 대표성: 이것은 이 종류의 전형적인 증거이며, 그렇지 않다면, 그 비전형성의 정도가 알려져 있는가?
④ 의미: 이것은 분명하고 이해가능한 증거인가?.

Payne・Payne(2004)은 이러한 4개의 기준을 논평하면서 다음과 같이 말하고 있다.

> "진정성은 대상이 현재 그대로라고 주장하는 것을 의미한다. 예를 들면, 히틀러 일기의 유명한 위조는 학자들이 얼마나 오도될 수 있는가를 보여준다.
>
> 신뢰성은 저자를 얼마나 믿을 수 있는가를 가리킨다. 그는 목격자이었는가? 또는 간접적으로 어떤 것을 알게 되었는가? 저자는 정확하거나 잘못된 또는 고의적으로 이기적인 사건형을 적었는가?(p.63)
>
> 대표성은 하위표본(예를 들면, 하나의 편지)이 전체문서를 대표하는 것으로 간주될 수 있는 정도를 가리킨다.
>
> 의미는 문서를 어떻게 해석하고 이해해야 하는가를 가리킨다"(Payne・Payne, 2004).

Platt(2005)는 문서가 진정한 것으로 판단될 수 있는 8개의 기준을 주장한 바 있다. 문서의 진정성은 다음과 같을 때, 문제가 된다.

① 문서가 오류를 가지고 있거나 의미가 있는 것 같지 않다.
② 동일한 원래문서의 상이한 유형이 현재 존재한다.
③ 문서가 내부적 불일치성을 가지고 있다.
④ 문서가 많은 필경사(copyist)를 통해 이전되어 왔다고 알려져 있다.
⑤ 문서가 정확한 것으로 간주된 유형에 기득권을 가진 사람에 의해 이전되어 온 것으로 알려져 있다.

⑥ 이용가능한 유형이 신뢰할 수 없다고 의심되는 이차원천으로부터 도출된다.
⑦ 내용의 형태가 동일한 종류의 다른 경우의 것과 어떤 방식에서 일치하지 않는다.
⑧ 문서가 표준공식이나 문헌형태에 너무 잘 맞는다(pp.217-218).

Prior(2003)는 의미를 위해 문헌을 분석하는 대신에, 문서는 참고하기 위해 분석될 수 있다고 주장한다. 어떤 실체가 문서에서 참고되는가? 그는 문서에서 참고의 연결망이 어떻게 맞물려있는가를 살펴보는 것이 유용하다고 주장한다.

만약 질적 연구과제의 일부로 문헌연구를 실시하기로 계획하고 있나면, Hill(1993)은 첫 단계가 문헌검토를 하는 것이라고 말한다. 문헌목록은 문헌자료의 탐색을 도와주기 위해 이용될 수 있다(*ibid.*).

Hill은 멀리있는 문헌을 방문하기로 계획을 세우고 있다면, 여행계획을 세우기 전에 수집가(curator)와 접촉하는 것이 중요하다고 주장한다. 이것은 접근을 하거나 관련자료를 발견할 때 가질 잠재적 문제를 피할 수 있다(*ibid.*). 문헌에 도착할 때, 첫 번째 사회적 상호작용은 대개의 경우 문헌관리인(archivists)중의 한 명과의 면접이 포함된다. 이 면접은 문헌자원에 접근하기 위해 성공적으로 협상되어야 한다. 면접에 실패하는 연구자는 연구과제를 심각하게 불가능하게 할 것이다(*ibid.*, p.41). 한편, 만약 면접이 잘 된다면, 문헌관리자는 연구과제와 관련된 자료를 찾는데 도움이 될 것이다.

5. 문서이용의 장단점

문서는 상대적으로 싸고 접근하기가 용이하다(Payne · Payne, 2004). 면접이나 현장연구보다는 문서로부터 자료를 얻는 것이 훨씬 더 쉽다. 그러나 문서는 그 자체보다 (면접과 현장연구에 보완적인 것으로서) 추가적인 자료원천으로 이용하는 경향이 있다. 문서는 중요한 사건명세를 제공하고(예를 들면, 어떤 과제가 승인될 때의 정확한 날짜) 다른 원천과 결과를 상호검토할 수 있는데 중요할 수도 있다. 독특한 문헌, 다른 곳에서는 얻을 수 없는 항목에서 어떤 문서가 발견될 수도 있다(Hill, 1993).

문서는 사물을 가시적이고 추적가능하게 한다(Prior, 2003). 예를 들면, 영국에서 연구평가실무(Research Assessment Excercise, RAE)에 관한 보고서는 학과, 교수, 대학의 연구성과를 정부와 기타 이해관계자에게 가시적이게 한다. 기업의 마케팅계획을 서술하는 문서는 특정한 시점에서 시장에서 기업의 위치와 시장에 관한 사고방식을 드러낸다. 만약 유사한 주제에 관해 많은 문서가 있다면, 이들을 결합해서 시간의 경과에 따른 발전을 연구하는 것이 가능할 것이다.

문서를 이용하는 것의 단점은 일부 문서의 경우 접근이 어려울 수 있다는 것이다(예를 들면, 멀리 위치한 문헌속의 문서나 이메일). 또한 특히 원래의 저자에게 접근하기 어려울 경우, 문서의 진정성, 신뢰성, 대표성, 의미 등을 평가하는 것이 간단하지는 않다(Myers, p.161).

제4절 소결

해석적 방법론에서 이용하는 자료수집방법에는 면접, 관찰, 문서 등의 다양한 방법이 있으며, 이들은 해석적 연구에서 단독으로 또는 결합해서 이용될 수 있다. 예를 들면, 회계학에서 사례연구자는 주로 면접을 이용하는 경향이 있지만, 민속지학적 연구자는 현장연구속에서 참여관찰을 광범위하게 이용하면서도, 근거이론가의 경우와 마찬가지로 자료를 수집하기 위해 이러한 기법을 모두 이용하기도 한다. 한 개 이상의 자료수집방법의 선택은 연구주제의 선택, 연구방법, 자료의 이용가능성에 달려있을 것이다. 자료의 이용가능성은 모든 연구의 성공적인 결과에 중요하다. 자료수집방법으로 연구문제를 해결하는데 필요한 모든 정보를 수집할 수 있어야 한다.

참고문헌

곽영순(2009), **질적 연구–철학과 예술 그리고 교육–**, 교육과학사.

김영천(2011), **질적연구방법론 I: Bricoleur**, 제2판, 아카데미프레스.

김진희 · 김영순 · 김지영(2015), **질적연구여행**, 북코리아.

박휴용(2014), **초보연구자를 위한 질적연구방법론**, 전북대학교 출판문화원.

신경림 외(2004), **질적 연구 방법론**, 이화여자대학교출판부.

유기웅 · 정종원 · 김영석 · 김한별(2012), **질적 연구방법의 이해**, 박영사.

Ahrens, T. and C.S. Chapman(2006), "Doing Qualitative Field Studies: Positioning data to contribute to theory", *Accounting, Organizations and Society*, 31(8), pp.819-841.

*__________ and M. Mollona(2007), "Organizational control as cultural practice-A shop floor ethnography of a Sheffield steel mill", *Accounting, Organizations and Society*, 32, pp.305-331.

Akroyd, C. and W. Maguire(2011), "The roles of management control in a product development setting", *Qualitative Research in Accounting and Management*, 8(3), pp.212-237.

Altheide, D.L.(1996), *Qualitative Media Analysis*, Thousand Oaks, CA: Sage.

Alvesson, M.(2003), "Beyond neopositivists, romantics and localists: a reflective approach to interviews in organizational research", *Academy of Management Review*, 28(1), pp.13-33.

Atkinson, P. and A. Coffey(2004), "Analysing documentary realities", in Silverman, D.(ed.), *Qualitative research: Theory, method and practice*, 2nd ed., London: Sage, pp.56–75.

__________ and M. Hammersley(1994), "Ethnography and participant observation", in Denzin, N.K. and Y.S. Lincoln(eds.), *Handbook of Qualitative Research*, Thousand Oaks, CA: Sage, pp.248-261.

Ball, M.S. and G.W.H. Smith(1992), *Analyzing Visual Data*, Newbury Park, CA: Sage.

Barthes, R.(1981), *Camera Lucida*. New York: Hill and Wang.

Bezemer, P., G. Nicholson and A. Pugliese(2014), "Inside the boardroom: exploring board member interactions", *Qualitative Research in Accounting and Management*, 11(3), pp.238-259.

Bryman, A. and E. Bell(2011), *Business Research Methods*, 3rd ed., Oxford University Press.

*__________ and C. Cassell(2006), "The researcher interview: a reflexive perspective", *Qualitative Research in Organizations and Management: An International Journal*, 1(1), pp.41-55.

Chua, W.F. and H. Mahama(2007), "The Effects of Network Ties on Accounting Controls in a Supply Alliance: Field Study Evidence", *Contemporary Accounting Research*, 24(1), pp.47-86.

Collier, P.M.(2008), "Stakeholder accountability", *Accounting, Auditing and Accountability*

Journal, 21(7), pp.933-954.

*Dent, J.F.(1991), "Accounting and Organizational Cultures: A field study of the emergence of a new organizational reality", *Accounting, Organizations and Society*, 16(8), pp.705-732.

Denzin, N.K.(2004), "Reading film: using films and videos as empirical social science material", in Flick, U., E.V. Kardoff and I. Steinke(eds.), *A Companion to Qualitative Research*, 3rd ed., London: Sage, pp.237-242.

__________ and Y.S. Lincoln(eds)(1998), *Collecting and Interpreting Qualitative Materials*, London: Sage.

DiCicco-Bloom, B. and B.F. Crabtree(2006), "The Qualitative Research Interview", *Medical Education*, 40, pp.314-321.

Doody, O. and M. Noonan(2013), "Preparing and conducting interviews to collect data", *Nurse researcher*, 20(5), pp.28-32.

*El-Sayed, H. and A.E. Yussef(2015), "Modes of mediation for conceptualizing how different roles for accountants are made present", *Qualitative Research in Accounting and Management,* 12(3), pp.202-229.

Eriksson, P. and A. Kovalainen(2008), *Qualitative Methods in Business Research*, London: Sage.

Esterberg, K.G.(2002), *Qualitative Methods in Social Research*, Boston, MA: McGraw-Hil.

Fontana, A. and J.H. Frey(1998), "Interviewing, the art of science", in Denzin, N. K. and Y.S. Lincoln(eds.), *Collecting and Interpreting Qualitative Materials*, London: Sage, pp.47-78.

____________________(2000), "Interviewing: From structured questions to negotiated text", in Denzin, N.K. and Y.S. Lincoln(eds.), *Handbook of Qualitative Research*, Thousand Oaks, CA: Sage, pp.645-672.

____________________(2005), "The interview: from neutral stance to political involvement", in Denzin, N.K. and Y.S. Lincoln(eds), *Handbook of Qualitative Research*, Thousand Oaks, CA: Sage, pp.695-728.

Gill, M.(2009), *Accountant's Truth: knowledge and ethics in the financial world*, London: Oxford University Press.

Gill, P., K. Stewart, E. Treasure and B. Chadwick(2008), "Methods of data collection in qualitative research: interviews and focus groups", *British Dental Journal*, 204, pp.291-295.

Gottschalk,, L.(2006), "The historian and the historical documents", in Scott, J.(ed.), *Documentary Research* 1, London: Sage, pp.43-82.

Gubrium, J and J. Holstein(1997), *The New Language of Qualitative Method*, London: Oxford University Press.

Harper, D.(2004), "Photography as social science data", in Flick, U., E.V. Kardoff and I. Steinke(eds.), A *Companion to Qualitative Research*, London: Sage, pp.230-236.

*Hayes, R.S. and R. Baker(2014), "A participant observation study of the resolution of audit engagement challenges in government tax compliance audits", *Qualitative Research in Accounting and Management,* 11(4), pp.416-439.

Hesse-Biber, S. and P. Leavy(2006), *The Practice of Qualitative Research*, London: Sage.

Hill, M.(1993), *Archival Strategies and Techniques*, Newbury Park: Sage.

Holstein, J.A. and J.F. Gubrium(1994), "Phenomenology, ethnomethodology and interpretive practice", in Denzin, N.K. and Y.S. Lincoln(eds.), *Handbook of Qualitative Research*, Thousand Oaks, CA: Sage, pp.262-272.

*Horton, J., R. Macve and G. Struyven(2004), "Qualitative Research: Experiences in Using Semi-Structured Interviews", in Humphrey, C. and B. Lee(eds.), *The Real Life Guide to Accounting Research: A Behind-the-Sciences View of Using Qualitative Research Methods*, New York: Elsevier, pp.339-357.

Houghton, K.A.(1987), "The development of meaning in accounting: An intertemporal study", *Accounting and Finance*, 27(2), pp.25-40.

______________(1988), "The measurement of meaning in accounting: A critical analysis of the principal evidence", *Accounting, Organizations and Society*, 13(3), pp.263-280.

Hronsky, J.J.E. and K.A. Houghton(2001), "The meaning of a defined accounting concept: Regulatory changes and the effect on auditor decision making", *Accounting, Organizations and Society*, 26(2), pp.123-139.

Hytti, U.(2003), *Stories of entrepreneurs: narrative constitution of identities*, Business Research and Development Center, Turkey: the Turku School of Economics and Business Administration.

Jorgensen, D.(1989), *Participant Observation: A Methodology for Human Studies*, London: Sage.

Kvale, S.(1996), *Interview: An Introduction to Qualitative Research Interviewing*, Londno: Sage.

Lincoln, Y.S. and E.G. Guba(1985), *Naturalistic Inquiry*, Beverly Hills, CA: Sage.

*Mahama, H. and R. Khalifa(2017), "Field interviews: Process and Analysis", in Hoque, Z., L.D. Parker, M.A. Covaleski and K. Haynes(eds.), *The Routledge Companion to Qualitative Accounting Research Methods*, London: Routledge, pp.321-338.

Marshall, C. and G. Rossman(1989), *Designing Qualitative Research*, Newbury Park, CA: Sage.

Morgan, G. and G. Symon(2004), "Electronic interviews in organizational research", in Cassell, C. and G. Symon(eds.), *Essential Guide to Qualitative Methods in Organizational Research*, London: Sage, pp.3-33.

Myers, M.D.(2009), *Qualitative Research in Business and Management*, London: Sage.

O'Reilly, M. and N. Kiyimba(2015), *Advanced Qualitative Research*, London: Sage.

Parker, L.D.(2003), "Financial Management Strategy in a Community Welfare Organization: a boardroom perspective", *Financial Accountability and Management*, 19(4), pp.341-374.

__________(2007a), "Boardroom strategizing in professional association: processual and institutional perspectives", *Journal of Management Studies*, 44(8), pp.1454-1480.

__________(2007b), "Internal governance in the nonprofit boardroom: a participant observer study", *Corporate Governance: An International Review*, 15(5), pp.923-934.

__________(2008), *The interview method*, Qualitative Research Colloquium, Centre for Accounting, Governance and Sustainability, Adelaide, University of South Australia.

*__________(2017), "Participant Observation at the Coalface", in Hoque, Z., L.D. Parker, M.A. Covaleski and K. Haynes(eds.), *The Routledge Companion to Qualitative Accounting Research Methods*, London: Routledge, pp.339-353.

Patton, M.Q.(2014), *Qualitative evaluation and research methods*, 4th. ed., Thousand Oaks, CA: Sage.

Payne, G. and J. Payne(2004), *Key Concepts in Social Research*, London: Sage.

Platt, J.(2005), "Evidence and proof in documentary research: 1. Some specific problems of documentary research", in Pole, C(ed.), *Fieldwork*(Vol.II,), London: Sage, pp.215-232.

Prior, L.(2003), *Using Documents in Social Research*, London: Sage.

*Qu, S.Q. and J. Dumay(2011), "The qualitative research interview", *Qualitative Research in Accounting and Management*, 8(3), pp.238-264.

Roulston, K., K. DeMarrais and J.B. Lewis(2003), "Learning to interview in the social science", *Qualitative Inquiry*, 9(4), pp.643-668.

Scott, J.W.(1990), *A Matter of Record: Documentary Sources in Social Research*, Cambridge: Polity Press.

Silverman, D.(1993), *Interpreting Qualitative Data: methods for analysing talk, text and interaction*, London: Sage.

Smith, M.(2017), *Research Methods in Accounting*, 4th ed., London: Sage.

Spradley, J.P.(1979), *The ethnographic interview*, New York: Holt, Rinehart & Winston.

__________(1980), *Participant Observation*, Orlando, FL: Harcourt Brace Jovanovich; 신재영 옮김(2006), **참여관찰법**, 시스마프레스.

Stake, R.E.(1995), *The art of case study research*, Thousand Oaks, CA: Sage; 홍용희・노경주・심종희 역(2000), **질적 사례연구**, 창지사.

__________(2000), "Case Studies", in Denzin, N.K. and Y.S. Lincoln(eds.), *Handbook of Qualitative Research*, Thousand Oaks, CA: Sage, pp.435-454.

*Tessier, S. and D. Otley(2012), "From management controls to the management of controls", *Accounting, Auditing & Accountability Journal*, 25(5), pp.776-805.

Willis, J.W.(2007), *Foundations of Qualitative Research*, London: Sage.

제18장

자료분석방법

제1절 대화분석

1. 대화분석의 의의

대화분석(conversation analysis)은 자연스럽게 주고받는 대화를 분석함으로서 자연적으로 발생하는 상호작용을 면밀히 이해하고자 하는 접근방법이다. 이 접근방법의 관점은 사람들이 사회적 상황에서 행하는 상호작용은 각각 특이성을 지니고 있다는 것이며, 그들이 생산해내는 역동적인 상호작용에 의해 상호작용의 구조가 구성되어 간다는 것이다. 대화분석에서는 사람들이 생성하는 상호작용의 세부적인 면에 초점을 맞추며, 어떠한 개념이나 이론적인 틀을 사용하여 현상을 설명하려고 하는 것이 아니라, 현상을 있는 그대로 묘사하고 해석하고자 시도한다. 따라서 대화분석은 질적 연구방법가운데서도 가장 자연스럽고 구조화되지 않은 방법이라고 볼 수 있으며, 사회적 상호작용을 연구하는 모든 분야에서 광범위하게 활용될 수 있는 접근방법이다(Psathas, 1993; 고문희 외 옮김, 2005, p.vi).

기록문서와는 달리, 구술대화는 비공식적, 반구조적, 비문법적인 경향이 있다. 대화주제를 마치지 않은 채로 두면서, 대화주제가 순간적으로 변할 수 있다. 대화분석은 구술의사소통을 하는 동안에 발생할 수 있는 의미변화를 분석하는데 유용하다.

대화분석은 유능한 행위자의 능숙한 성과나 행위의 유형으로서 사람에 의한 언어의 이용을 살펴보며, 대화분석의 핵심적인 개념은 발화전환(speaking turn)이라는 사상이다. 발화에서 발화전환의 원칙은 모든 대화의 보편적인 특징이라고 주장된다(Myers, 2009, pp.172-173). 따라서 단어의 의미가 상대적으로 간단하다고 가정하는 경향이 있는 내용분석과는 달리, 대화분석은 단어와 숙어에서 고정된 의미의 존재를 가정하지 않는다. 오히려, 이것은 의미가 교환의 맥락에서 형성된다고 가정한다. 이러한 의미를 이해하고 분석하기 위해서, 연구자는 구술의 상호작용에 몰두해야 한다(*ibid.*, p.173).

대화분석은 상호작용중인 대화에 관한 연구이다(Schegloff, 1987). 대화분석은 일반적인 일상적 상호작용에 초점을 두면서 사람이 사회적 작용을 하기 위해 언어를 어떻게 이용하는가에 관심이 있었던 사회학자 Sacks et al.(1974)[1]과 Garfinkel(1967)의 주장하에 개발된 사회학의 일상생활방법론이 그 이론적 배경이 된다. 일상생활방법론에서는 사회질서가 개인행위를 제약하는 기존의 힘으로 간주되는 것이 아니라, 상호작용을 통해 달성되고 상호작용에서 작동되는 것으로 간주된다. 그 이름이 의미하는 것과는 반대로, 일상생활방법론은 연구방법론이 아니라, 사회질서가 달성되는 일상생활에서 이용되는 방법에 관한 이론이다(Bryman · Bell, 2011, p.521).

사회학에 처음 도입한 이후로, 일상생활방법론적 연구는 두 진영으로 분리되었다. 하나는 다소 변경된 형태이지만, 전통적인 사회연구방법 특히 민속지학을 이용하였다(예를 들면, Cicourel, 1968). Sacks et al.(1974)과 주로 연관이 있는 다른 하나는 자연적으로 발생하는 상황에서 담화(talk)의 분석을 실시하고자 하였다. 나아가, 관심의 대상은 담화(talk) 그 자체가 아니라 사회적 상호작용을 통해 그리고 사회적 상호작용에서 발생할 때의 담화이다. 대화분석은 상호작용의 맥락에서 이러한 담화의 조직과 관련이 있다. 이러한 조사를 하기 위해서, 자연적으로 발생하는 대화의 기록과 이후의 사본에서 드러나는 상호작용의 순서에 관한 집중적인 분석의 목적으로 그들의 필사본과 자연적으로 발생하는 대화의 기록을 장려한다. 따라서 대화분석은 다면적인 접근방법이다. 즉, 부분이론, 자료획득의 부분방법, 분석의 부분방법. 대화분석은 자연스럽게 발생하는 상황으로부터 수집한 담화의 분석을 선호한다(*ibid.*, p.521).

상기의 논의는 대화분석이 일상생활방법론으로부터 사회적 상호작용의 과정에서 그리고 그 과정을 통해 사회질서의 생산에 대한 관심을 가지지만, 그 사회질서가 달성되는 기본형태로서 대화를 취한다는 것을 시사한다. 지표성의 요소도 담화가 발생하는 사회적 맥락을 담화가 구성한다는 견해에서 성찰성에 대한 관련성이 드러나지만, 대화분석의 실무자는 단어의 의미가 맥락적으로 근거한다고 주장한다는 점에서 분명하다.

대화분석은 자연스럽게 발생하는 상황에서 담화(talk)가 상호작용 속에서 발생할 때 그 담화를 분석하는 것이다. 이 담화는 상세한 분석이 가능하도록 기록된다. 이러한 분석은 상호작용에서 담화의 기본적인 구조를 밝혀내는 것과 따라서 상호작용을 통한 질서의 달성과 관련이 있다. 그리하여, 대화분석의 중심적인 기조는 일련의 상호작용양상에 관한 상세한 분석을 실시해서 대화를 통해 생산된 사회적 조직활동을 검토하는 것이다(Hutchby · Wooffitt 2008). 그리하여 대화분석은 사회현상에 관한 참여자의 이해를 포함하는 특별한 경험증서

1) 이들의 연구가 대화분석과 연관성이 더 많다.

형태를 우선시하는 내부자중심의 귀납적 방법론이다(Bolden · Robinson, 2011). 대화분석은 상대주의적인 존재론적 입장과 사회구성주의적 인식론에 의해 지지되고 있다(O'Reilly · Kiyimba, p.74). 실무에서 이 방법론적 입장을 취하는 연구자는 지식이 공동으로 구성되고 사회적으로 자리매김된다는 세계관을 취한다.

대화분석가는 자연적으로 발생한다고 생각한 자료를 수집하는 것이 중요하다(Hutchby · Wooffitt, 2008). 자료는 일상적인 것과 제도적인 것의 두 가지 범주로 구분된다. 제도적인 대화가 제도적 목적을 위한 제도적 맥락내에서 발생하는 담화(talk)를 가리키는데 반하여, 일상적인 대화는 일상의 대면적인 상호작용이나 전화상의 상호작용에서 발생하는 것이다(Wooffitt, 2005). 대화분석에 의한 연구논문의 품질을 검토하는 사람들은 모든 부분이 대중에게 투명한 일련의 분석가를 통해 엄격하게 정당화된다는 점에서 그것이 내적 무결성을 가진다는 것이다. 분석은 기록된 자료로부터 수행되지만, 이것은 상세하고도 포괄적인 녹음기록(transcription notation)에 의해 촉진된다(O'Reilly · Kiyimba, p.75).

Heritage(1984, 1987)는 대화분석이 세 가지 기본적인 가정에 의해 지배받는다고 주장하였다(Bryman · Bell, p.522).

* 담화(talk)가 구조화된다. 담화는 불변적인 양상을 구성한다. 즉, 이것은 구조화된다. 참여자는 이러한 양상의 기초를 이루는 규칙을 묵시적으로 알고 있다. 그 결과, 대화분석가들은 그들이 담화하는 것으로부터 화자의 동기를 추론하기 위한 시도나, 그들의 담화를 개인적 특성의 탓으로 돌리려는 시도를 피한다. 대화분석가는 담화에서 드러나는 바와 같이 행위의 기본구조에 향하고 있기 때문에 이러한 정보는 불필요하다.
* 담화가 맥락적으로 만들어진다. 행위는 담화에서 드러나며 따라서 담화는 그 맥락에 의해서 분석되어야 한다. 이것은 우리가 어떤 사람이 담화에 의해서 말하는 것을 이해하고자 해야하며, 따라서 담화는 양상화된 순서를 보여주는 것으로 간주된다는 것을 의미한다.
* 분석은 자료에 근거한다. 대화분석가는 사전적인 이론적 체계를 피하고 그 대신에 담화의 특징과 각각의 경험적 경우에 사회질서의 구성적 성질의 특징이 자료로부터 도출되어야 하다고 주장한다. Heritage(1987, p.258)는 사회행위가 상세하게 작동하고 따라서 상호작용의 구체적인 명세가 일관성있고 효과적인 분석의 전망을 훼손하지 않고 무의미한 것으로 단순히 무시될 수 없다고 가정한다(Bryman · Bell, p.522).

2. 대화분석과 회계학연구

대화분석은 주로 일상생활방법론(ethnomethodology)에서 이용되고 있고, 회계학에서도 일상생활방법론을 적용할 때 대화분석을 이용하지만, 일상생활방법론을 적용한 회계학연구 자체가 매우 적다. 이에는 Tomkins · Groves(1983), Jönsson(1992, 1996, 1998), Westerdahl(2001), Sopanah et al.(2013) 등이 있다(본서 제7장 제3절을 참조).

제2절 담론분석

1. 담론분석의 의의

20세기 철학과 함께 가장 많이 일반화된 말이 담론이다. 담론(discourse)이란 공식적인 주제논의로 간단하게 정의되기도 하고(Gaffikin, p.236), 학적인 체계를 가리키는 언어들을 말하기도 하며, 무엇인가를 주장하는 기회들의 집합(언어)을 의미하기도 한다(Foucault, 1969; 이정우 옮김, pp.176-177). 담론은 가장 간단하게 말하자면, 세계(또는 세계의 어떤 측면)를 이해하고 세계에 관해 말하는 특별한 방식이다(Jorgensen · Phillips, 2002, p.1).

담론은 어떤 것에 관해 어떻게 생각하고 말하는가를 정의한다. 이것은 또한 그것에 부여된 문화적 의미를 생산하고 순환시킨다(Eriksson · Kovalainen, 2008, p.227).

담론은 통상적으로 사회내에서 생성되고 회람되는 일련의 발화나 서사, 의미 작용, 그리고 나아가서 이러한 과정을 통해서 사회 내에서 세밀하게 발현되는 특정한 가치와 권력작용 그리고 제도 차원의 확장되거나 증폭된 효과들을 뜻한다고 할 수 있다(이기형, p.154). 신진욱(2011, p.11)은 담론분석을 상징적 매개를 통한 사회적 행위와 그것의 물질화된 산물인 텍스트를 분석하여, 사회적 관계와 상호작용, 사회구조의 질서와 변동을 이해하려는 접근법이라고 정의한다.

오늘날 회계학문헌에서 가장 일반적으로 담론은 구어나 문어의 경우를 가리킨다(Ferguson, 2007, p.913). 즉, 대부분의 회계학연구는 언어학에서 가장 일반적으로 이용되는 것과 동일한 의미, 즉, 구어(spoken)텍스트나 문어(written)텍스트의 경우를 가리키는 의미로 담론이라는 용어를 이용한다(Fairclough, 2003).

재무세계의 물질측면에 관해서, 회계는 재무세계를 표상하며, 재무세계는 상대적으로 쉽게 수치로 변경된다. 기업의 언어로서 회계는 특수한 담론형태인데 부분적으로 이것은 주로 수치적 표상에 의지할 뿐만 아니라, 부호화(codified)되기 때문이다(Llewellyn · Milne, p.806).

담론분석분야는 다양한 학파와 방법론적 긴장이 많다는 특징을 가진다. 그러나 모든 형태의 담론분석의 기초를 이루는 것은 우리가 말하는 방식이 중립적으로 세계를 반영하는 것이 아니라 세계를 형성하는데 적극적인 역할을 한다는 믿음이다(Spence, 2007, p.857).

담론분석은 텍스트가 구성되는 방식을 살펴보고 그 텍스트가 배태되는 사회적 맥락과 관련이 있다. 담론이라는 단어는 논쟁이나 토론과 같이 왕복을 하는 의사소통을 가리킨다. 모든 언어는 사회적 상호작용으로 취급될 수 있지만(화자/작가 그리고 경청자/독자), 담론분석은 주로 구어나 문어의 텍스트에서 자연스럽게 발생하는 언어의 이용에 초점을 둔다. 따라서 담론분석은 의사소통에서 이용되는 실제 언어의 경우와 관련이 있다(Myers, pp.173-174).

담론분석의 중심적인 논지는 주체가 세계와 관련할 수 있는 유일한 방식은 단어와 텍스트를 통하는 것이라는 점이다. 그리하여 부분적으로 문어와 구어를 통해서 담론이 교섭되고, 대비되고 변화되는 방식을 연구하는 것이 중심적으로 된다(Nielsen · Madsen, 2009, p.848). 담론분석은 텍스트의 설명에서 양상을 식별하고, 상이한 담론적 의미의 사회적 결과를 조사하고 문제시하는 것을 중심으로 한다(*ibid.*, pp.848-849).

담론분석은 언어 그 자체의 연구라기 보다는 언어를 통해 조정되는 사회적 행위에 초점을 둔다. 담론분석과 대화분석은 구어나 문어의 텍스트를 연구하지만, 대화분석은 상호작용하는 가운데 대화의 연구에 초점을 두고, 담론분석은 생산되고 텍스트적으로 조정되는 의미를 탐구한다(Eriksson · Kovalainen, p.228). 담론분석은 대화분석과는 달리, 담화(talk)보다는 의사소통형태에 적용될 수 있는 언어에 대한 접근방법이다. 따라서 이것은 기업정관, 웹사이트, 이메일메시지 등과 같은 다른 유형의 텍스트에 적용될 수 있으며, 이러한 점에서 이것은 대화분석보다 더 융통성이 있다. 나아가 연구면접에서는 담화(talk)가 분석을 위한 정당한 목표가 될 수 있기 위해, 자연적으로 발생하는 담화에 관한 강조를 대화분석이 담론분석보다 더 많이 한다. 그러나 담론분석은 대화분석으로부터 통찰력을 반영하기 때문에 대화분석과 정반대로 취급되어서는 안된다(Bryman · Bell, p.525).

담론을 분석하는데 핵심요소로서 다음과 같은 중요한 단계를 식별할 필요가 있다(Flick, 2007, p.130).

① 연구자의 최초연구문제를 공식화한다.
② 연구자가 연구를 진행함에 따라 실시하는 선택을 성찰하면서, 연구기간동안 생각을 기록하는 연구일기를 시작한다.
③ 자료의 원천을 발견하고 데이트베이스를 만들기 시작한다.

④ (연구자의 분석적 관심에 의존할) 텍스트를 상세히 전사(transcribe)한다.
⑤ 연구자의 분석적 범주를 이용하여, 회의적으로 텍스트를 읽고 질문한다.
⑥ 가능한 한 차이가 있는 많은 부호를 처음으로 포함함으로써 부호화를 시작하고, 연구자 자신이 자료를 잘 알고 있기 때문에 기록을 유지한다.
⑦ 모든 양상을 검토하고 요약부호를 개발하고 일부 예비적 발견에 도달함으로서 자료를 분석한다.
⑧ 다양한 방법으로 타당성과 신뢰성을 성찰한다.
⑨ 글로 작성한다.

2. 담론분석의 종류

담론과 담론분석은 다소 다른 것을 의미하기 위해 이용되지만, 이 용어들의 이용에서 공통적인 것은 사회세계를 구성하는 데서 언어실무의 관련성에 관한 가정이다. 그러나 철학적 관점에서 이것에 접근하는 방식에는 두 가지가 있다(Eriksson · Kovalainen, p.228). 첫째는 언어의 배후에 다른 실재가 없다고 주장하는 담론분석적 연구가 있다. 즉, 담화(talk)와 행위(action)를 구별할 필요가 없다. 둘째, 담화와 행위가 상호관련되어 있지만, 담화의 배후에 또다른 실재가 있다는 것을 가정하는 연구가 있다. (사회)구성주의적 담론개념(전자의 연구유형)과 실재론적 담론개념(후자의 연구유형)이 구분되고 있다(Lock · Willmott, 2006; Phillips et al., 2006을 참조).

이외에, 개념적이고 방법론적인 구분에 따라 미시수준의 담론분석과 거시수준의 담론분석으로 분류할 수도 있다(Alvesson · Karreman, 2000). 거시수준의 담론분석은 사람이 사는 담론세계를 서술하고 비판할 뿐만 아니라, 담론을 사회적 · 역사적 맥락에 연결한다. 미시수준의 담론분석은 사회적 상호작용에 관한 매우 상세한 연구를 수반하는데, 이것은 가끔 대화분석과 유사할 수 있다. 미시수준의 담론분석은 언어학의 관점에서 언어를 연구하지 않지만, 인간행위자의 일상적인 상호작용적 상황에서 그들에 의해 언어가 실제로 어떻게 이용되는가에 초점을 두면서 언어학에 연관을 가지고 있다.

회계학연구에서 이용되는 담론분석의 연구는 후기구조주의적 담론분석(특히 푸코의 담론분석), 비판적 담론분석과 기타의 세 가지 유형으로 나누어 볼 수 있다. 여기서 후기구조주의적 담론분석 특히 Foucaut의 담론분석[2)]과 비판적 담론분석[3)]은 모두 비판적 방법론에

---

2) 후기구조주의(또는 포스트모더니즘) 학자들(Foucault, Derrida 등)이 담론분석을 실시하였는데, 특히 1980년대 이후로, 일부 경영학자들(예를 들면, Burrell, 1988; Deetz, 1992; Clegg, 1994; Knights · Willmott, 1989; Knights · Morgan, 1991)은 프랑스 사회학자이고 철학자이며, 사회비평가인 Michel Foucault의 사상을 이용

해당한다고 볼 수 있는 바, 회계학에서 담론분석의 많은 부분이 비판적 방법론에 해당한다.

하기 시작하였다. Foucault의 저술은 조직의 권력/지식관계, 감시, 경영과 조직에 관한 담론의 역사적 구체성을 연구하기 위해 이용되고 있다.

Foucault의 주요한 저서 중의 하나인 지식의 고고학(1969)은 권력의 계보학에 관한 기본적인 이론적 담론사상을 간단히 설명하고 있다. Foucault의 담론개념은 일부 다른 담론 접근방법과는 대조적으로 언어실제에 관한 미시분석을 하지 않고(Hall, 2001), 다양한 서류자료와 역사자료의 분석에 기초하고 있다. 그리하여 여기서는 개인적 면접이 다른 담론분석의 경우처럼 그렇게 일반적으로 이용되지 않는다(Eriksson · Kovalainen, p.230). Foucault는 담론을 구성하는 규칙을 파악하고자 하였다(Armstrong, 2015를 참조).

Foucault의 담론은 자율적인 대상자를 가능하게 하는 규율실무의 구축에 입각한 권력의 행사를 위한 도구로서 담론의 표상적 속성을 밝혀내고자 한 Foucault의 이론과 접근방법에 특히 의존한다(Foucault, 1969, p.538).

Foucault연구자의 경우, 담론은 의미와 효과를 생성하기 위해 일관성있는 관련 보고서집단으로 구성된다. 달리 말하자면, 담론은 현안이나 주제가 말해지는 방식이다. 나아가, 담론은 사람들이 말하는 대상에 관한 진리를 생산한다(Carabine, 2001, p.268).

Foucault의 주요한 관심은 어떤 주제, 현안, 인공물, 사상 등에 관한 진리의 생산이 사람들이 생산하고 재사용하는 담론에 의해 어떻게 통치되고 정당화되는가에 초점을 두고 있다. Foucault는 지식의 생산은 항상 권력을 가지는 제도화된 담론에서 분리될 수 없다고 주장하였다. 사람이 언명(statement)의 화자가 될 수 있기 전에 그 언명에서 규정된 조건을 준수해야 한다는 이해는 특히 Foucault의 담론이론과 관련이 있다. 달리 말하자면, 제도화된 담론은 인간의 행위수행에 보편화되어 있다. 그러므로 의미는 말하고 있는 사람에서 기원하는 것이 아니라 의미는 담론 그 자체의 규칙에 의해 지배를 받는다(Eriksson · Kovalainen, p.230).

그의 지식개념이 아이디어, 이론, 일상의 가정, 언어, 관례, 실무 등을 포함해서 광범위한 현안을 가리키고 있기 때문에, Foucault는 다소 일반적인 연구탐구를 주장하였다. 경영학연구에서, 이것들은 푸코의 권력/지식 관점에서 인적자원관리실무를 재읽기와 같은 연구과제의 일반적인 공식화를 포함하였으며(Townley, 1993), 품질과 기준이 어떻게 담론적 대상으로 되는가와 같은 더욱 구체적인 질문을 포함하였다(Eriksson · Kovalainen, p.231).

Foucault의 용어에서, 지식은 개인적 노력의 의도적 결과로 간주되는 것이 아니라, 일상의 행위와 상호작용의 효과로 간주된다. 지식의 사회적 구성은 지속적인 활동이고 집단적인 재고적 지식은 (언어와 같은) 제도, 이론, 조직, 문헌, 텍스트 그리고 실무와 인공물과 같은 것으로 나타난다. 이들은 전부 모든 사람이 어떤 것에 관한 지식을 가지기 위한 역사적 기반을 구성한다. 대부분의 시간, 이러한 행위자들은 지식도구를 이용하며, 새로운 것을 생산하지 않는다. 그러나 만약 관례적인 상호작용과 해석이 방해를 받는다면, 사람들은 사회적 상호작용의 과정을 통해 새로운 지식(과 새로운 담론)을 구성한다.

3) 담론이 규제실무로서 모든 언명의 일반적인 영역을 가리키기 위해 이용될 때, 이것은 권력과 관련이 있으며, 언어가 이러한 권력을 반영하기 위해 어떻게 이용되는가와 관련이 있다. 이것을 일반적으로 비판적 담론분석(critical discourse analysis)라고 한다. Wodak(2004, p.199)은 담론을 "근본적으로 언어에 나타나는 바와 같이, 지배, 차별, 권력, 통제의 투명한 관계 뿐만 아니라 불투명한 관계를 분석하는데 관심이 있는 것"으로 정의한다(Gaffikin, p.237). 이러한 비판적 담론분석은 모순을 은폐하거나, 차별을 정당화하고 권력을 남용하기 위해 언어의 선택과 애매성이 이용되는 것을 비판하는 데 초점을 두는 담론분석의 한 형태이다(van Dijk, 1993; Wodak · Meyer, 2009). 과거에는 비판적 담론분석이 정치적 담론에 초점을 두었지만, Fairclough (1993)가 발표된 후, 비판적 담론분석도 오늘날 사회에서 중요한 역할을 수행하는 기업담론에 점차적으로 주목하고 있다(van Leeuwen, 2013, p.46).

비판적 담론분석은 지난 20년동안 주요한 연구분야로 나타났다. 비판적 담론분석은 고전적 수사학, 텍스트언어학, 화용론, 사회언어학 등과 같은 언어학의 전통을 이용하고 있으며, 영국의 East Anglia대학교에서 1970년대와 1980년대에 Fowler, Trew, Kress 등에 의해 수행된 연구의 연속으로 간주될 수 있다(Ferguson, p.919). 이러한 선구적인 학자들의 연구가 비판언어학의 토대를 놓았다(Fowler et al., 1979; Reisigl · Wodak, 2016). 비판적 담론분석은 이데올로기 및 사회문화변화와 관련이 있는 권력자원으로서 언어의 역할을 강조한다(Bryman · Bell, p.538). 비판적 담론분석의 주된 목적은 불평등한 권력관계와 언어이용의 관계를 살펴보는 것이다(Fairclough, 2001). 그리하여 비판적 담론분석은 담론적 실천과 사회적 실천 사이의 연계에 전반적으로 담론분석을 실시하는 방법을 배우는 좋은 방식은 다른 연구자들이 한 담론연구를 읽고, 이것을 스스로 적용해 보는 것이다.

3. 담론분석과 회계학연구

대부분의 논문들은 연구중인 특별한 현안에 현재 포함되는 참여자와의 면접으로부터 문헌과 역사적 설명까지 다양한 자료수집방법에 의존하면서 경험적이었다,

담론분석을 적용한 회계학연구는 많은 부분이 비판적 담론분석과 후기구조주의적 담론분석을 적용하고 있는데 이들은 비판적 방법론에 속하며[4], 앞에 속하지 않는 기타 회계담

주목하여 특정한 담론의 의미를 사회적 갈등과 지배구조의 맥락 속에서 해석하려 하며, 발화된 미시적인 담론에서 경험세계를 상징하는 담론들의 역할과 동력 그리고 사회제도 내에 구조화된 담론들이 구현하는 거시적인 질서까지도 포괄적으로 다루고자 한다(신진욱・이영민, 2009, p.275). 나아가서 이러한 작업은 담론과 권력의 관련성을 강조하여, 다양한 담론 유형간의 권력관계, 나아가 사회구조적 권력이 담론적 실천을 통해 작동하는 양식을 규명하는데 있다는 개입적인 측면을 제기하기도 한다(이기형, pp.157-158). 오늘날 비판적 담론분석은 전통적인 언어학적 담론연구와 달리 사회정치론, 비판이론, 그리고 이데올로기와 유물론적 담론분석 등 다양한 이론들을 포괄하고 이론과 방법의 지형들을 체계화하고자 한다(강진숙, p.181).

비판적 담론분석내에도 일반적인 담론에 대한 접근방법처럼, 택스트지향적인 연구로부터 사회이론을 이용하는 더욱 추상적인 연구까지 많은 접근방법이 있다(Fairclough, 1992; Meyer, 2001).

경영학이나 회계학에서는 주로 Fairclough의 접근방법을 이용한다. 영국의 미디어 연구자 Fairclough와 그의 동료에 의해 개발된 특정한 비판적 담론분석을 이용한다(Fairclough, 1992; Fairclough・Wodak, 1997). Fairclough의 비판적 담론분석은 담론에 대한 텍스트지향과 사회이론지향의 중간에 해당한 것으로 간주되는데, Meyer(2001, p.22)는 이것을 중범위이론의 위치(position)라고 하였다 비판적 담론분석은 언어학적 분석과 이데올로기적 비판을 결합하여 사회적 상호작용의 경우를 분석하는데 초점을 둔다. Fairclough의 비판적 담론분석의 목적은 정치적, 문화적, 인종적, 민족적인 것을 포함한 사회적 불평등과 성의 불평등으로 되는 엘리트, 제도, 집단에 의한 사회권력의 현안을 다루는 것이다(van Dijk, 1993, p.249). 그리하여 Gramsci, Althuser, Foucault, Habermas, Giddens 등의 사회정치이론의 통찰력과 Halliday의 언어학의 방법을 결합하는 언어분석의 기능 접근방법을 개발하여(Fairclough, 1992, p.1), 비판적 담론분석은 사회적・정치적 지배가 개인과 제도의 텍스트와 언어에서 재생산되는 방식에 초점을 둔다(Eriksson・Kovalainen, p.235).

비판적 담론분석은 기존의 담론연구 전통과는 달리, 첫째, 사회정치성에 기반한 거시적 분석경향을 가진다. 즉, 일상생활의 면대면 상호작용에 초점을 둔 미시적 접근이 아니라 사회정치적 담론구조 분석에 강조점이 있으며(신진욱, p.12), 둘째, Adorno, Habermas의 타당성 주장이나 규범논리에 기초한 비판이론에 근거하지만, 강조점은 담론권력이 작동하는 현실적 기제와 그 사회적 기능에 대한 비판적 분석에 있으며, 마지막으로 후기구조주의 담론이론을 계승하면서도 다양한 입장 중에서 담론의 물질성과 사회환경, 행위로서의 담론, 구체적인 상황 맥락을 중시하는 경향을 나타낸다(신진욱, 2011; 강진숙, pp.181-182).

그리고 비판적 담론분석은 담론이 세계화, 경영전략 등과 같은 어떤 현상과 관련해서 어떻게 구축되고 유지되는가를 분석하고자 한다. 비판적 담론분석은 다음을 탐구함으로서 특정한 현상의 의미를 드러내고자 한다(Phillips・Hardy, 2002, p.8).

* 담론이 40-50년전에 비해 다른 의미를 가졌을 때 오늘날 특정한 의미를 어떻게 가지게 되었는가?
* 담론이 다른 담론을 어떻게 이용하고 영향을 주는가?
* 담론이 (논문이나 언론기고와 같은) 텍스트를 통해 어떻게 구축되는가?
* 담론이 사회생활에 의미를 어떻게 부여하고, 어떤 활동을 어떻게 가능하고, 바람직하고, 불가피하게 만드는가?
* 특정한 행위자가 그의 위치와 행위를 정당화하기 위해 담론을 어떻게 이용하는가?

론분석을 회계담론의 내용에 따라 회계담론의 역사적 등장, 회계의 역할과 논리, 회계법인

4) 후기구조주의적 담론분석과 비판적 담론분석은 비판적 방법론에 속하므로, 이러한 담론분석을 회계에 적용한 연구들을 여기서 간단히 살펴보고자 한다.

Hopper et al.(1995)이 주장하는 바와 같이, 편집위원장과 학회장 등과 같은 중요한 문지기들에 의한 실증적 회계이론의 우대와 비실증적 이론의 배제는 회계학계에서 시장에 입각한 주도권을 유지한다. 일부 연구자들은 17세기와 18세기에 서구의 계몽사상에서 등장하였고 오늘날에도 지속하고 있는 근대주의(modernism)에 도전하는 포스트모더니즘(Derrida, Foucault 등을 참조)의 이론으로 전환하였다. 근대주의는 Marx주의의 경우처럼 계급에 입각한 서사나 신고전파경제학의 경우처럼 시장에 입각한 서사처럼, 과학을 통한 진보의 개념에 근거한 역사라는 하나의 거대서사를 생산하고 있다. 포스트모던주의자들은 이러한 사상에 회의적이며, 예술, 정치, 경제 등에 관한 거대서사를 거부하고자 한다. 이들의 존재론은 사회통일체와 일치성에 기초한 이성적 모형을 거부하며, 시장, 계급, 국가문화들 사이에 보편적인 관계에 입각한 실재를 구축하는 모형을 거부한다. 그들은 사회를 단편적, 국지적, 우발적, 다층적인 것으로 간주한다. 말하자면 연결망이나 사회적 상호작용이 의미, 시스템, 실무를 어떻게 생산하는가를 검토하는 대신에, 하위문화, 현대의 의사소통, 소비주의, 매체 등과 연관된 다양한 텍스트, 언어, 담론이 국지적인 실재인지를 어떻게 구축하는가를 탐구한다. 회계는 사회적(계급)관계나 시장관계를 재생산하기 보다는 점차적으로 다양하고 단편화되는 미시적 사회수준에서 의미와 행동에 영향을 주는 텍스트실무로 간주된다. 회계정책이 어떻게 그리고 왜 등장하는가에 관한 거대이론화를 회피하고 있다(Hopper et al., 2015, pp.458-459).

Derrida(1978)는 지식발전에 대한 주류접근방법을 비판하고 주류접근방법을 문제시하기 위해 지적 공간을 새로이 창조하고자 한다. 그는 세계가 텍스트의 근본적인 추론을 문제시하고, 그 텍스트의 내부와 외부에서 다른 의미를 드러내기 위해, 해체될 수 있는 텍스트에 의해 지배된다고 주장한다. Derrida는 체계(frameworks), 특히 하나의 진리에 특권을 부여하는 체계를 해체하고자 한다. 이러한 존재론안에서는 회계가 보편적인 진리를 표상할 수 없다. 즉, 회계의 언어는 다양한 맥락이 다양한 의미와 실무를 발생시킬 수 있기 때문에 불안정하고 무질서하다.

회계의 텍스트와 담론분석의 선구자들인 Arrington · Francis(1989)는 Marx주의의 역사적 결정론이나 실증주의의 관찰신뢰와 과학주의에 근거한 객관적인 지식에 대한 믿음을 거부한다. 그 대신에, 그들은 수사학과 언어가 특정한 정치적 신조(ideology)를 지지한다고 주장한다. 그들은 Jensen(1983)의 실증주의적 회계텍스트, "조직이론과 방법론"을 분석하기 위해 Derrida의 해체원칙을 이용하였는데, 서술적 자료를 이용하여 가설을 과학적으로 검정하는 것에 입각한 가치중립적인 인식론의 주장이 존재론적으로 실증적 회계이론에 특권을 부여하고 인간의 의식이나 상황, 사건, 환경에 따른 다른 실재개념을 거부하였다고 주장하였다. Arrington · Francis는 Jensen의 논지가 언어학적 · 수사학적 도구 그리고 특정한 가치나 도덕률 등에 어떻게 의지하는지를 보여주고 있다. 이 연구는 그것이 의지하는 전제를 위반하고 있다. 그것은 그것이 비난하는 연구처럼 규범적이다.

Lehman(1992)은 담론의 실천에 대한 분석을 통하여 자본주의 사회의 사회적 갈등에 대한 회계의 참여를 연구하고자 하여, 1960년에서 1973년 사이에 *Journal of Accountancy*, *Accounting Review*, *Fortune*지에 나타난 일련의 담론을 평가하기 위하여 1,100개의 담론들을 분석하였다. 여기서는 담론을 하나의 사회적 실천으로 또 사회성을 띠고 있는 것으로 간주한다. 그리하여 담론은 담론주제의 성향과 과거의 사회화 뿐만 아니라 당연한 것으로 여겨지는 미묘한 것들을 반영하는 것으로 여겨진다(Lehman, p.87; 구치모 외 공역, p.140).

한편, 후기구조주의자들은 회계(시스템)이 결과를 예측하는 보편적으로 인정되는 법칙을 따른다는 것을 거부한다. 오히려, 그들은 회계가 어떻게 맥락적으로 결정되는가를 드러내기 위해 해체될 수 있다고 주장한다. 예를 들면, 말레이시아는 Cadbury보고서에서 권고한 보편적인 기업지배구조강령을 채택하였지만, 상세한 텍스트분석으로 실무가 국지적인 인종정치 특히 정치이데올로기에 의해 얼마나 제한받았는가가 드러났다(Yusof et al., 2013). Graves et al. (1996)은 정보의 설계기술이 이제 기업세계를 지배한다고 주장하면서 부호(signs)로서 회계에 집중하였다. 미국의 회계보고서는 수치를 보고하지만, 수치와 회계정책에 의해 표상되는 물질적 실재를 무감각하게 하는 심미적 시각설계도 반영한다. 이 저자들은 기업의 기능을 은폐하고 회사에 정당성을 생성하는 진리주장(truth claims) 및 다른 시각적 실재를 색상그림, 주해(gloss), 새로운 양식, 텔레비전매체기술 등이 구축한다고 주장한다.

내에서의 담론, 기타 등으로 분류해서 살펴본다(Khalifa · Mahama, 2017, pp.258-259).[5)]

Baudrillard(1975)는 Derrida와 Foucault의 존재론과 유사한 존재론(생산률, code of production)을 지지한다. 그는 전자매체, 정보처리, 컴퓨터, 인공두뇌(cybernetic)모형 등에 의해 생성된 부호와 시스템이 우리의 이해를 어떻게 지배하는가에 초점을 두고 있다. Baudrillard는 근대세계를 시간과 공간이 통합하고(implode), 전자매체에 의해 생산된 텍스트가 더 이상 물질적 실재나 경제적 실재를 반영하지 않는 초현실(hyper-reality)에서 활동하는 것으로 간주한다. 일부 연구자는 회계가 물질적 실재나 경제적 실재를 더 이상 표상하는 것이 아니라 현대사회의 조직원리로 되는 부호가 생산한다는 점에서 유사하다고 주장한다(Graham, 2008). Macintosh et al(2000)는 회계이익과 자본이 추상으로서만 존재하는 초현실적 세계금융경제를 표상하는 자유로이 움직이는 부호로 되었다고 주장한다. 예를 들면, 회계의 자본부호는 현재의 시장수익율을 거두는 능력에 불과하며(International Accounting Standards Committee, 1997, p.128; Macintosh et al., 2000), 진리나 공정가치를 표상하는 개념을 구축하려는 노력은 실패한 것 같다고 주장한다. Graham(2008)도 회계수치가 단순히 텍스트적 이미지이지만, 현대사회에서는 강력하다고 주장하면서 회계부호를 검토하고 있다. 예를 들면, 투자자, 채권자, 정부기관 등에 의해 널리 이용되는 연금회계부호는 민간부문과 공공부문, 조직의 법적 정체성, 조직의 공급사슬의 실제기능 등의 경계를 흐리게 한다.

Foucault도 권력과 통제를 이해하기 위해, 텍스트, 담론, 국지적 환경의 중요성을 강조하고 있다. 그러나 그의 존재론은 (문법과 논리의 규칙을 초월한) 규칙에 의해 지배받는 사상과 지식 시스템[한 시대의 사람들이 사물을 바라보는 무의식적인 틀, 즉 공통적인 사고방식을 episteme라고 하는데, Foucault는 각 시대별로 사물을 바라보는 시각이 존재하는데, 그 시각은 언어에 의해 지배된다고 주장하는데(곽영순, p.170), 이러한 episteme나 담론구성]이 어떻게 특정한 시간이나 공간에서 사상을 나타내는가를 강조한다. 권력/지식의 양상(지식계보학)은 사람이 믿는 무엇이 맞고 틀린가, 무엇이 가능한가, 그리고 궁극적으로 사람이 자신을 어떻게 무의식적으로 규율하는가를 결정한다. 권력은 어디에도 있다. 권력은 특정한 장소, 사람, 신조로부터 나오는 것이 아니라 가능성의 조건을 결정하는 일단의 구성의 규칙을 식별하는 고고학적 방법을 통해 가장 잘 연구되는 세속적이고, 당연시 간주되는 국지적 실무에서 유래한다(Foucault, 1969).

회계의 경우에 표준원가와 차이, 예산, 책임회계, 이익중심점, 투자수익율 등에 관한 담론은 인간주관성을 구축하는데 이바지한다. 우리는 표준원가, 예산, 책임중심점, 원가중심점, 이익중심점 등으로 되고, 특히 조직에서 우리 자신에 관한 우리의 이해는 상당한 부분이 이러한 담론에서 나온다고 말할 수 있다(Francis, 1990, p.8). 담론분석에 의한 Foucault의 방법론을 적용한 회계학논문은 김석웅(2014, pp. 425-447)을 참조.

담론분석에 의한 후기구조주의 연구는 회계를 본질적으로 독립적이고 기술적인 것으로 그리는 전통적인 회계학연구에 의해 은폐된 회계에 관해 신선한 견해를 제공한다. 이것은 회계가 어떻게 특별한 세계이미지를 생성하고 유지하며, 무의식적으로 개인을 함정에 빠뜨리는 지식을 재생산한다는 것을 드러낸다. 후기구조주의적 접근방법은 회계의 의미가 어떻게 사회적으로 구성되고 작용하는가를 관찰하기 보다는 회계텍스트와 언어의 분석을 강조한다. 후기구조주의적 접근방법은 회계가 사람을 지배가능하게 하는 것을 당연시하는 지식시스템에 배태된 규율적 실무를 어떻게 구성하는가를 드러내며, 회계전문직이나 회계절차에 의해 생산되는 진리주장(truth claims)을 문제시한다(Hopper et al., 2015, p.461).

그러나 비판가들은 후기구조주의적 이론과 특히 Foucault의 이론이 저항의 역할을 무시하며, 권력/지식시스템을 총체적이고 무의식적으로 인정되는 것으로 그리며, 개혁을 실시할 가능성에 관해 지나치게 비관적이며, 토론을 촉진할 필요성을 넘어서서 규범적 권고를 하려고 하지 않는다. 그들은 이러한 상대주의의 실천가들(말하자면, 무엇이라도 좋다)을 비판한다. 만약 물질적 진리주장이 포스트모던 회계에 의해 생산될 수 없다면, 비판연구자들은 회계정책결정노력을 포기해야 하는가? 우리는 회계세계를 텍스트, 수사학, 담론, 부호, 설계기술에 의해 지배되는 것으로 간주하고, 회계교육과 전문가훈련에서 전통적인 운영양식을 포기해야 하는가? 후기구조주의자들은 텍스트와 담론의 해체가 공익과 더 일치하는 다른 회계정책을 개발하는 것에 대한 서막으로서 실제로 회계가 행하고, 가정하고, 재생산하는 것을 드러낸다고 주장함으로써 반응할 것이다(*ibid.*).

후기구조주의적 회계학연구가 증가하고 있는데, 이는 정치적 이데올로기를 총체화하는 데서 학문적 불신과 대중적 불신의 증가, 특별한 생활유형과 연관된 단편화된 사회집단과의 계급충성의 교체, 공동노동, 가족공동체의 경험보다는 매체, 기업보고서, 새로운 정보기술매체에서 이미지영향의 증가 등의 이유 때문

1) 회계담론의 역사적 등장

일단의 회계담론연구들은 역사적 맥락에서 특정한 회계논리의 등장을 추적하였다. 예를 들면, Zan(2004)은 복잡한 조직을 관리하는 새로운 방식의 맥락에서 새로운 회계담론과 기법의 등장을 추적하기 위해 16세기와 17세기에 베네치아의 국가 조선소의 상황을 이용하였다. 여기서 회계담론이 새롭고도 흥미로우며, 실무적인 것으로 드러났다.

Harris(2005)는 정부회계와 감사의 담론에 관한 최근의 역사를 제시하고 미래연구를 촉진하기 위해 이들을 현재 지배적인 것과 새로운 미래의 주제로 분류하고자 하였다. 여기서 담론은 회계의 세부분야에서 과거에 미래의 관심사를 나타내는 방식으로 이용되었다.

Murphy et al.(2013)은 IASB/FASB 개념체계의 등장을 수반한 도덕적 및 수탁책임 회계담론과 그러한 담론이 기준제정기관의 공식적인 선언으로부터 독특한 정체성을 어떻게 유보하였는가를 연구하였다. 그들은 독특한 실무와 전통에 근거한 경합적인 회계담론의 사상을 추구하였다. 유사한 방식으로, Sanchez-Matamoros et al.(2005)는 18세기 스페인에서 새로운 회계담론의 역사적 등장을 추적하였는데, 그 담론을 통해 정부가 특정한 인구를 관리하고자 하였다. 이들의 관심은 회계담론이 정부조직의 보편적인 담론과는 원래 독립적으로 있었다는 사실에 있었다.

2) 회계의 역할과 논리에 관한 담론

Chambers(1999)는 이 분야에서 학자들로부터 많은 주목을 받은 주요한 논문 중의 하나이다. Chambers는 회계의 과정 및 언어와 유사성을 가진 일곱 분야(수학, 경제학, 법의 판단과 선택, 언어와 소통, 측량, 정치, 윤리)를 살펴보면서, 금융세계와 회계법인의 전문가 부

이다. 이러한 변화를 고려하면, 지식창조, 언어, 담론에 대한 강조가 필요하고 이해가능하다. 그러나 정치경제학자들은 계급분석, 경제조건, 저항 등과 같은 구조적이고 광범위한 현안을 무시한다고 이러한 연구를 비판하고 있다. 예를 들면, Caterpillar연구에 대한 비판을 참조하라(Arnold, 1998; Froud et al., 1998). 만약 후기구조주의의 존재론이 회계통제의 모든 측면을 포착할 수 없다면, 그것은 정치경제접근방법에 의해 보완할 필요가 있을 것이다(Hopper · Macintosh, 1993).

한편, 비판적 담론분석이 회계학연구에 어떻게 이용될 수 있는가의 좋은 예는 원칙(principle)에 입각한 기준의 지지자와 규칙(rule)에 입각한 회계기준의 지지자 사이에 지속된 논쟁의 분석이다. 회계기준을 정립하는데 최상의 방식에 관한 논쟁은 FASB와 IASB간의 권력관계의 은폐된 감정을 가지고 있다. 이것은 담론이 무엇을 말할 수 있는가 뿐만 아니라 누가 그것을 말할 수 있는가를 결정하는 데서 지식의 권력을 드러내는 비판적 담론분석의 핵심이다(Gaffikin, p.237). 비판적 담론분석은 그 방법론적 배경이 비판적 방법론이기 때문에 회계학에 적용된 비판적 담론분석을 적용한 주요한 회계학논문에는 Cooper(1995), Gallhofer et al.(2001), Parker(2002), Spence(2007), Nielsen · Madsen(2009), Seal(2010), van Leeuwen(2013), McPhail · Adams(2016) 등이 있다.

5) AAAJ의 특별호가 부호화된 담론이라는 주제로 간행된 바 있다. 부호화된 담론으로서 회계와 실무의 상호작용이 특히 전문가권력과 관련해서 핵심적인 관심사로 조명되었다(Llewellyn · Milne, 2007).

적절을 노출하는 데서 회계담론의 빈곤과 회계실무에 관한 우려를 제기하였다. Chambers의 논문에 대한 반응은 매우 다양하였다. 일부는 Chambers의 신고전파경제학 개념에 관해 매우 비판적이었다(Tinker, 2005). 일부는 그의 논문에 관한 혼합된 견해를 가졌으며(Amernic, 2005), Chambers의 회계비판에 공감하였다(Lee, 2005).

Chambers의 논문에서 담론이라는 단어의 이용은 이 논문의 논지를 구성한 엄격한 방법론적 접근방법을 나타내는 것이 아니라, 회계언어에 대한 일반적인 불만을 다소 느슨하게 가리키기 위해 이용되었다는 것은 언급할 가치가 있다.

Williams(2004)는 전문직에서 윤리적 담론의 부재가 Enron과 같은 주요한 회계부정을 초래하였으며, 회계학자와 교사의 책임이라고 주장한 바 있다. 그는 이들이 심각하게 사회적 책임을 지는 대신에, 과학적 존경가능성(scientific respectability)이라는 것에 주로 관심이 있었다고 주장하였다.

Sinclair(1995)는 새로운 회계책임개념을 요청하면서, 더 많은 경영통제를 하기 위해 회계를 이용하는 것은 관리자가 회계책임을 진다는 감각을 구성하고 규정하는 과정을 알리는 것 만큼 효과적이지 않다고 주장하였다.

Ezzamel et al(2007)은 특정한 조직분야에서 회계책임의 제도를 구축하는 것을 도와주는 담론실무에 대한 영국의 지역학교경영(Local Management of Schools LMS) 실시의 영향을 검토하고 있다. 이 논문은 교육분야에서 회계책임에 관한 담론을 분석함으로써 회계책임과정의 제도화를 검토하고 있다.

한편 Yamaji(2005)는 사회의식을 일반대중의 마음속으로 이식하는 데서 회계담론의 새로운 역할을 상정하고자 하였다.

회계와 같은 담론에서 은유의 중심성에 대한 Waters-York(1996)의 연구는 회계담론에서 객관성, 정확성, 애매성(ambiguity) 부재 등의 가정을 문제시하였다.

3) 회계법인내에서의 담론

Khalifa et al.(2007)는 지난 10년동안 전문화된 감사담론에 초점을 두고 있다. Khalifa et al.(2007)는 현장연구에 입각해서 KPMG의 두 개의 감사편람에 관한 세밀한 담론읽기와 감사인과의 광범위한 면접을 이용하여, 1997년부터 2005년까지 대형회계법인의 감사방법론의 담론적 변화를 예시하고 있다. 그들은 1990년대 후반에, 감사의 실무부호(practice code)가 변화되고 있었다는 것을 보여준다. 이 회계법인에서 윤리담론의 부재와 결부해서, 이것은 감사전문식의 미래에 관해 중요한 우려를 제기하였다(Whittle et al., 2014).

Khalifa(2013)는 전문가서비스기업에 초점을 두면서, 전문가정체성의 조직을 새로운 계층으로 가능하게 한 회계법인의 담론을 검토하였다. 기업내에서 내부적으로 전공(specialism)을 범주화하고 재편성하며, 상이한 전문가서비스제공자의 유형을 특정한 전공으로 보내기 위해 성적(gendered) 담론이 체계적으로 이용되었다.

4) 기타

회계와 다른 학문간의 접점을 다양한 방식으로 검토하기 위해 담론접근방법을 실시한 연구도 있다. 예를 들면, Oakes · Oakes(2012)는 영국의 예술분야에서 마케팅과 회계의 역할을 검토하였는데, 여기서 회계는 마케팅담론과 중복되고 애매모호한 근대담론으로 주로 간주되었다.

Lim(2000)은 전자통신산업에서 관계의 복잡성을 탐구할 목적으로 회계담론과 전략 사이의 상호작용을 연구하였다. Solomon et al.(2011)은 기관투자자를 살펴보면서, 위험관리와 보고의 담론이 기후변화에 직면하여 지속가능성의 개념을 포착하기 위해 어떻게 결합될 수 있는가를 보여주었다. Frezatti et al.(2014)는 제조의 맥락에서 회계담론을 지지하기 위해 관리회계정보시스템의 존재가 어떻게 중심적이며, 회계의 지지없이 성장과 창업정신의 개념을 설명한 담론으로 대체될 수 없는가를 설명하고자 하였다.

Edwards et al.(1999)은 영국에서 교육개혁의 담론을 분석하였으며, 회계와 예산담론이 국지적인 학교경영에서 경제적 합리성담론과 경영기업체(managerial enterprise)의 일부로 어떻게 촉진되었는가를 분석하였다. Broadbent(2011)는 영국 고등교육의 경영에 관해서, 조직경영자가 조심스럽게 그 경계를 관리해야 하는 경합적이고 중복되는 담론들의 분야(예를 들면, 조직, 자원, 장학 등의 분야)에서 영국대학에 널리 스며들어 있었던 조직경영의 담론을 배치하고자 하였다. 고등교육분야에서, McCoy(1999)는 조직변화와 제도변혁에 초점을 두었으며, 회계담론이 고등교육의 맥락에서 변화를 가져오는데 도구적이었다는 것을 발견하였다.

제3절 서사분석

1. 서사분석의 의의

서사분석(narrative analysis)이나 서사연구(narrative research)는 이야기를 탐구의 대상으로 하며, 다양한 학문 분과에서 연구방법으로 활용[6]되면서 그 용어도 다양하게 쓰인다. 이는 이야기가 인간과 사회의 존재에 필수 요소이자 지적 탐구의 대상임을 보여 주는 것이기도 하다. 사회과학 분야에서 오랫동안 주목받지 못했던 인간의 일상과 경험이 학문적 탐구 대상으로 주목받게 되면서 이를 전달하고 기록하는 이야기에 대한 관심도 높아졌다(이경숙, p.113).

사회과학에서 서사(narrative)를 이용할 때, 이것은 사회구성주의(Berger · Luckmann, 1967)에 존재론적 · 인식론적 근거를 가지는 연구방법을 일반적으로 가리킨다(Eriksson · Kovalainen, 2008, p.210). 그리하여 화자로서 연구자는 서사를 통해 사건들을 지칭하고 지시하는 것이 아니라, 연구자가 서사를 통해 비로소 사건을 구성해낸다는 것이다. 즉, 서사와 사건이 일대일로 대응한다는 지시적 관점을 거부하고 연구자가 다양한 사건들의 연쇄관계 중 하나를 서사로 구성해낸다고 보는데, 특히 이를 서사적 전회(narrative turn)라고 한다(곽영순, p.342).

사회과학에서 서사적 전회가 시작된 것은 1970년대이며, 1980년대말까지 서사분석은 정치학, 인문학, 경제학, 과학학 등 거의 모든 학문에서 이용되었다(Czarniawska, 2017, pp.184-185).

사회과학에서 서사적 전회는 최소한 세 가지 방식으로 정당화되었다. 첫째, 모든 근대주의자들은 서사지식이 현대사회에서 주요한 지식담지자이라고 주장한다. 서사의 일상적인 이용은 널리 보급되어 있다. 둘째, 사회생활의 가장 전형적인 형태로서 규정된(enacted) 서사를 생각하는 것이 유용하다. 생활은 규정된 서사이거나 아닐 수 있지만, 그것을 규정된 서사로 생각하는 것은 풍부한 통찰력원천을 제공한다. 셋째, 서사가 사회과학에서 정당화되는 방식은 공통적인 소통양식으로서 그 역할을 통해서이다. 사람들은 즐기기 위해, 가르치고 배우기 위해, 해석을 요구하고 해석을 하기 위해 이야기를 말한다. 그리하여 사회생활의 학생은 어떤 영역이든 관계없이, 지식의 형태, 사회생활의 형태, 소통의 형태로서 서사에 관심을 가질 필요가 있다(*ibid.*, p.185).

the Concise Oxford 영어사전에서는 서사를 연결된 사건에 관한 구어(spoken)설명이나 문어(written)설명, 즉 이야기로 정의하고 있고(Soanes · Stevenson, 2004), Hinchman · Hinchman(1997)은 서사를 명확한 청중에게 의미있는 방식으로 사건을 연결하는 분명한 일련의 순서를 가지며, 세계와 세계에 관한 사람의 경험에 관해 통찰력을 제공한다고 서술하고 있다. 전통적으로 서사는 일관성있는 줄거리(plot)를 필요로 한다. 이것은 시작, 중간, 결말 등의 선형구조를 가진다(Myers, p.174). Labov(1972)도 서사는 이미 발생한 특정한

6) 서사분석(narrative analysis), 서사연구(narrative research), 서사탐구(narrative inquiry) 등 여러 명칭으로 불리는 서사학(narratology)은 내러티브(narrative), 즉 이야기체에 대한 이론 및 방법론이다(윤태일, 2010; 이경숙, p.113).

사건에 관한 이야기라고 가정한다. 따라서 서사는 전형적으로 관찰가능한 시작, 결말을 가지며, 모든 서사에 공통적인 많은 요소를 포함할 것이다(Loo et al., 2015, p.37). Denzin(1989, pp.37-38)도 서사를 서사자와 그의 청중에게 유의미한 일련의 사건을 말하는 이야기이며, 따라서 서사는 일시적인 생산이며....서사의 내용은 그 말하는 것과는 독립적으로 존재한다고 정의한다.

서사는 역사와 문화를 초월하여, 그리고 매체와 장르의 경계를 초월하여 가장 기본적이고 보편적으로 의미를 전달하는 형식인 동시에 서사는 인간이 세계를 인식하고 경험하는 기본적인 사고체계이기도 하다(김훈순, 2004). 서사는 겉으로 보이는 내용들을 가능하게 하는 이야기의 심층구조라고 할 수 있다(이경숙, p.116).

사회과학에서 서사라는 단어는 연구자가 수집한 경험적 자료를 서술하기 위해 이용된다. 이러한 의미에서, 서사는 면접받고 있는 어떤 사람의 생애사, 그 생애의 중요한 측면이나 특정한 사건에 관한 이야기를 가리킨다. 개인의 서사는 그의 일기, 편지 등을 가리킬 것이다(Chase, 2005). 그리하여 서사분석은 정보제공자의 이야기를 검토하며, 그것이 어떻게 종합되는가, 그것이 이용하는 언어학적 · 문화적 자원 그리고 그것이 경청자를 어떻게 설득하는가를 분석한다(Riessman, 1993, p.2).

한편, 서사는 조직의 서사를 가리킬 수도 있다. Czarniawska(1998)는 조직의 서사가 조직에서 알고 소통하는 주요한 양식이며, 이들의 구축과 재생산은 증명되어야 하고 내용은 해석되어야 한다고 말한 바 있다. 서사분석은 협상을 위해 조직텍스트를 공개할 수 있으며, 그리하여 조직실무와 대화적 관계에 들어갈 수 있다(*ibid.*, p.17).

서사는 연구자가 생성한 이야기일 수도 있다. 이 종류의 서사는 논의되고 있는 주제나 이론과 관련이 있는 것으로 간주되는 사건이나 측면의 재구축이다.

Riessman(1993)은 이야기가 주인공, 핵심사건, 순서, 반응, 최고조(culminating)사건 등을 포함하지만, 모든 서사가 반드시 이러한 양상을 정확하게 따르지는 않는다고 주장한다.

서사는 세계를 의미있게 하는 독특한 방식이다. 서사라는 단어는 이야기를 말하는 사람의 목소리를 강조하며, 그 이야기의 특이성에 초점을 둔다.

McKenna(2007, p.146)는 서사가 정체성을 개발하고, 경험을 표상하며, 과거, 현재, 미래의 삶에 의미를 부여하는 방식이라고 말하고 있다. 그리하여 서사는 인간경험을 의미있게 만드는 중요한 방법이다(Polkinghorne, 1988).[7]

---

7) Elliott(2005)에 의하면 서사는 세 가지 측면에서 담론과 구별된다. 첫째, 서사는 일시적(temporal)이다. 즉, 서사는 시작, 중간, 끝을 가지고 있다. 둘째, 서사는 유의미하다. 서사가 의미를 전달하는 하나의 중심적인 방식은 사건을 결론으로 유도하는 시간순서로 배열하는 것이다. 이것이 서사가 인과적 차원을 가지는 이유이다. 셋째, 서사는 특정한 청중을 위해 생산되기 때문에 사회적이다.

서사분석(narrative analysis)은 담론분석처럼 질적 자료를 분석하고 해석하기 위한 질적 방법이고(Myers, p.174), 사람이 말하는 이야기가 그들의 체험에 대한 통찰력을 제공하는 정도와 그들이 그들의 삶과 세계를 어떻게 이해하고 의미있게 하는가를 인식하는 질적 분석의 한 형태이다(Thorne, 2000). 서사분석은 서사자료에 관한 체계적인 연구이며(Riessman, 2008), 개인이 태어나서 이야기세계로 들어간다는 것을 지지하는 서사이론이 그 기초를 이룬다(Murray, 2003). 서사이론가는 이야기말하기(storytelling)가 보편적인 인간활동이라고 주장하며(Crossley, 2000), 따라서 구술서사(oral narrative)는 많은 사회적 연구의 대상이다.

Riessman(1993)은 서사에 대한 통제가 주로 서사자로부터 연구자에게로 인계되기 때문에 서사분석을 하기 위해서는 원래의 서사를 그대로 두는 것이 중요하다고 주장한다.

서사분석에서는 다음과 같은 질문들을 다룬다(Riessman, 1993, 2003; Loo et al., p.39).

* 서사가 왜 특정한 방식, 특정한 순서로 전개되었는가?
* 어떤 종류의 이야기에 서사자가 자신을 배치하였는가?
* 선호되는 주장이 어떻게 이루어졌는가?
* 정보교환에 관련된 타자의 반응은 무엇이었는가?
* 이것은 연구자의 해석에 어떻게 영향을 주었는가?

특히 서사탐구자는 상징적 상호작용론, 구성주의, 다양한 실재론 등을 포함해서 일단의 상이한 존재론적·인식론적 입장을 가지고 있다(Riessman, 2008). 서사탐구의 방법도 다양하지만, 많은 사람들은 면접이 서사의 경우를 제공하기 때문에, 면접방법을 일차적으로 선택한다(*ibid.*, p.23). 면접방법은 참여자에게 자신의 방식으로 자신의 이야기를 할 수 있게 한다(Crossley, 2000).

서사분석의 핵심에는 인간이 세계를 경험하는 방식이 있다(Connelly·Clandinin, 1990, p.2). 연구기법으로서 경험의 연구는 이야기(stories)를 통한다. 사람이 말하는 이야기와 이러한 이야기가 어떻게 소통되는가 즉, 이야기를 말하기 위해 이용되는 언어를 강조하게 된다.

제1인칭(first-person)의 경험설명이 연구방법의 서사텍스트를 형성한다. 그 설명이 전기, 생애사, 면접, 일기, 편지 등, "우리가 우리 생활을 구성하는 대로"(Clandinin·Connelly, 1998, p.165) 수집하는 자료의 여부에 관계없이, 텍스트는 특별한 학문이나 관점의 기술을 이용하여 분석된다(Merriam, 2009, p.202). 사회학적·사회언어학적 서사분석모형은 서사의 구조와 사회맥락과의 관계인, 이야기를 이해하고, 회상하며, 요약하는 과정을 강조한다(Cortazzi, 1993, p.100). 인류학자들은 이야기서사가 관습, 믿음, 가치, 성과, 서사의 사회적 맥락 등의 문화적 양상 뿐만 아니라 문화간에 어떻게 변하는가에 관심이 있을 것이다(*ibid.*). 문학모형은 문법, 구조론, 서사, 줄거리구조 등을 강조한다. 이외에, 여성주의이론, 비판이론, 포스트모더니즘 등에 구체화된 것들과 같은 이데올로기적 관점은 생애사 서사를 해석하기 위해 이용될 수 있다(Merriam, 2009, p.202). 서사방법에 관한 Riessman(2008)의 최근 저서는 이야기를 분석하기 위한 네 가지 분석적 방법(주제적, 구조적, 대화적, 가시적)에 초점을 두고 있다. Coffey · Atkinson(1996, p.80)이 관찰한 바와 같이, 우리가 이끌어내고 수집하는 이야기를 분석하기 위한 최상의 방법을 위한 공식은 없다. 자료를 서사로 생각하는 장점 중의 하나는 이것이 다양한 분석전략의 가능성을 열어 놓고 있다는 것이다(Merriam, 2009, p.203).

서사분석이 오늘날 얼마나 널리 이용될 수 있는가는 여전히 검정되고 있지만, 서사분석은 널리 이해되며, 회계학연구를 실시하는 비예외적인 방식으로 되고 있는 것 같다(Czarniawska, 2017, p.189).

많은 사회과학자들이 서사방법을 개발하기 위해 광범위하게 연구하였다. 그들은 서사가 아닌 텍스트에 비해서, 이야기들(stories)이 더욱 충실하고 풍부하며, 더욱 강제적이고 쉽게 기억가능하다고 주장한다. 서사는 또한 맥락(context)을 제공한다. 서사연구자들은 이야기가 인간역사에서 가장 오래된 영향력을 갖고 있는 형태이며, 이것이 이야기말하기(storytelling)가 인간들간에 일차적인 의사소통형태 중의 하나인 이유라고 주장한다(Eriksson · Kovalainen, p.210). 나아가, 서사는 우리의 생활과 사회관계를 조직하고, 설명하고, 이해하는 기본적인 수단 중의 하나라고 주장된다(*ibid.*, p.211).

서사에서 사회과학자의 관심은 개인, 집단의 분석, 모든 종류의 경험적 자료를 탐구하기 위한 방법론적 접근방법으로서 서사탐구의 이용, 조직적 · 문화적 서사 등에 있다. 서사연구를 실시하는 중요한 이유는 이야기를 말하고 공유하는 것이 우리가 우리 자신을 이해하고 서로간을 연결시키는데 도움이 되기 때문에 사람은 이야기를 말하는 사람이라는 믿음 때문이다.

그러나, 서사연구에는 심각한 도전도 있다. 이들은 다양한 서사접근방법의 이론적 · 방법론적 다양성과 공존불가능성 등과 관련이 있다. 예를 들면, 서사연구에 대한 실재론적, 구성주의적, 포스트모던적 접근방법들간에도 상당한 차이가 있다. 나아가, 많은 연구자들은 그들의 서사연구결과의 실무적인 시사점을 공식화하기가 어렵다고 생각한다. 이것이 서사연구를 실시하고자 할 때 어떤 종류의 서사연구인가와 그 연구에서 실무적 시사점이 중요한지의 여부를 항상 고려해야 하는 이유이다(*ibid.*, p.211).

2. 서사분석의 종류

서사에는 여러 종류가 있다. 예를 들면, 구술(oral)서사에서는 서사가 한 사람(서사자)에 의해 유의미한 것으로 간주되는 사건의 기록이다. 다른 서사는 유의미한 사건을 조직의 생활에서 서술한다. Harvard의 사례연구가 다소 분명한 결말을 가진 구성을 가지고 있기 때문에 이 범주에 해당할 것이다. 또다른 극단적인 것은 포스트모던한 선행(ante)서사이다. 선행서사는 복수 이야기의 단편들을 바라보면서 단일목소리로서의 거대서사를 거부하는 경향이 있다. Boje(2001)가 많은 종류의 포스트모던 서사분석방법과 경영학에서 포스트모던 서사분석방법을 질적 연구에 적용하는 것에 대해 논의하고 있다.

이외에 거대서사와 개인서사도 있다. 거대서사는 추상적인 사회지식을 주문하고, 설명하고 생산하는 문화적 신념을 세계적으로 공유하는 서사이다. 거대서사는 세계의 역사적 발전에 관해 모든 것을 포괄하는 거대한 이야기에 관한 것이며, 보편적인 진리(universal truth)의 특징을 가진다(Eriksson · Kovalainen, p.212). 거대서사의 대부분은 다소 낙관적이고, 개인이나 소집단의 경험과 사상이 구성될 수 있는 체계를 제공한다. 거대서사가 인간경험의 이질성과 다양성을 무시하는데 반하여, 보통사람의 세속적인 개인이야기는 개인의 경험에 초점을 두며, 인간생활의 세계적 · 추상적 측면 대신에, 인간경험의 다양성과 정서성 및 국지적인 맥락에 초점을 둔다. 개인서사는 그 자신의 생활과정에서 개인이 경험한 사건과 감정의 재수집이다(Riessman, 1993).

서사분석의 종류에도 분류방식에 따라 여러 가지로 구분할 수 있다. 예를 들면, Riessman (2008)은 주요한 서사분석을 네 가지 유형으로 살펴보고 있다.

* 주제적 서사분석(thematic narrative analysis): 여기서의 초점은 서사의 내용이나 말해지는 것에 있다. 공통적인 주제요소가 식별되지만 분석은 근거이론과는 달리 여전히 사례 중심이다.
* 구조적 서사분석(structural narrative analysis): 여기서의 초점은 서사가 어떻게 말해지는가, 구절의 기능을 포함한 서사형태, 담론단위로의 조직화, 기타 구조적 특징에 있다.
* 대화적 서사분석(dialogic narrative analysis): 광범위한 해석적 접근방법이다. 여기서의 초점은 이것이 과거의 언어이용으로부터 어떻게 다양한 목소리가 나오는가와 현재의 대화에서 이것이 어떻게 공동구성되는가를 포함해서, 서사를 형성하는 맥락에 있다.
* 가시적 서사분석(visual narrative analysis): 여기서의 초점은 이미지에 있다. 이미지가 어떻게, 왜 생산되는가 그리고 이미지가 참여자와 더불어 어떻게 만들어지고 해석될 수 있는가에 있다.

한편, Myers(2009)는 실재론적(realist) 서사분석, 구성주의적(constructivist) 서사분석, 비판적(critical) 서사분석으로 구분하고 있다.

* 실재론적 서사분석: 여기서는 서사와 서술되는 사건 사이에 일 대 일의 대응관계를 가정한다. 실재론적 서사는 가끔 상식으로 묘사되며, 실재를 서술적으로 설명하고 때때로 권위적으로 작성된다. 만약 서사가 한 개 이상의 개별적인 경우(사람이나 조직)로부터 나온다면, 그 서사는 전체 모집단을 대표하는 것으로 서술된다.
* 구성주의적 서사분석: 여기서는 서사자가 서사를 단순히 서술하는 것과는 반대로 서사를 통해서 사건을 구성한다고 가정한다. 구성주의적(또는 해석적) 서사는 대개의 경우, 주관적, 단편적 실재관으로 묘사된다. 구성주의적 서사는 서사의 대표성을 주장하는 대신에, 그 특이성을 강조하는 경향이 있다. 예를 들면, Riessman(1993)은 서사분석이 인간행위 기능과 상상을 두드러지게 한다고 말한다. 따라서 이것은 주관성과 정체성의 연구에 적합하다.
* 비판적 서사분석: 여기서는 서사를 말하거나 출간하는 것은 변화를 위한 동력(force)이 될 수 있다고 가정한다. 서사는 해방을 위해 이용될 수 있다. 서사는 또한 권력층이 못 듣게하는 이전에는 침묵을 강요당한 서사를 이끌어내기 위해 이용될 수 있다(Chase, 2005). 예를 들면, 여성주의(feminist) 서사는 이전에는 침묵을 강요당한 여성집단에게 목소리를 부여할 것이다(Riessman, 1993).[8]

3. 서사분석과 회계학연구

서사분석은 인류학, 정보시스템, 심리학, 사회학, 경영학, 마케팅, 회계학 등 많은 학문에서 이용되고 있다. 질적 연구의 자료수집국면은 가끔 서사형태로 작성된다. 마케팅에서 연구자는 소비자의 서사를 살펴보며, 소비자가 그들 자신과 세계에 관한 서사를 어떻게 구축하는가를 살펴본다. 경영학에서 서사는 조직과 조직행위자에 관한 자료를 제시하는 공통적인 방식이다. 경영학자들은 이야기(story)가 조직문화의 측면이나 조직의 의미생성에서 이야기말하기의 역할을 어떻게 상징하는가를 고려한다(Myers, 2009, p.212).

Jönsson(1996)은 언어도구로서 그리고 실재를 재구성할 수 있는 능력으로서 회계의 역할에 초점을 두는 해석적 접근방법을 대표하는 회계학자 중의 한 사람이다. 해석적 방법론을 이용하는 연구자는 이해관계자들이 자신들의 방식으로 상황을 해석하고 이러한 이해에

8) 현실을 합리화하는 것을 비판적으로 분석하는 비판적 서사분석을 회계학에 적용한 예로는 Davie(2005), Maltby · Tsamenyi(2010) 등이 있다.

근거하여 행동한다는 가정을 하면서 회계를 어떻게 이해하고 이용하는가에 집중하고 있다. Jönsson・Macintosh(1997)도 서사가 회계와 같이 안정적이고 확립된 지식분야에서 새로운 탐구분야를 열기 위한 도구일 수 있다는 점을 관찰한 바 있다. 영국의 회계학계에서는 서사가 자발적 공시를 주로 가리키기도 한다(Beattie, 2014).

광범위하게 정의된 회계서사에 대한 연구는 최근에 전산화된 언어학적 기법의 도움을 받은 실증주의적인 경제학에 근거한 대규모 양적 분석(예를 들면, Li, 2010)으로부터, 사회과학의 이론에 의해 지지되는 양적 내용분석(예를 들면, Aerts・Cormier, 2009; Merkl-Davies・Brennan, 2011), 인문학으로부터 담론방법을 이용하는 풍부한 질적 사례연구(예를 들면, Davison, 2008) 등에 이르기까지, 광범위한 분야를 다루고 있다. 전통적인 내용분석연구는 주제, 양, 질 등에 초점을 두는데 반하여, 최근의 질적 사례연구는 인상관리, 이야기말하기(story-telling), 의미생성(sense-making), 의미부여(sense-giving) 등을 검토하고 있다.

회계서사와 관련된 북미의 초창기 회계학논문에는 기업연례보고서와 가독성에 관한 논문(Soper・Dolphin, 1964)과 Smith・Smith(1971), Haried(1972), Morton(1974) 등이 있다. 가독성(readability)은 이해가능성에 대한 단서를 제공할 것으로 기대되었으며, 미국에서의 회계서사는 자발적 공시와 관련해서 연구되고 있으며 주로 실증적 방법론을 이용하고 있다.[9)]

유럽에서 회계서사에 관한 문헌은 북미의 자발적 공시에 관한 문헌과 관련이 있으며, 이들은 그 연구방법론, 연구방법, 주제 등에서 서로 달리한다. 북미는 실증적 방법론을 이용하고, 유럽은 비판적, 해석적 방법론을 이용한다. 유럽 특히 영국에서 회계공시와 관련해서 서사라는 용어의 첫 번째 이용 중의 하나는 *Accounting and Business Research*에 발표된 Adelberg(1979)의 논문에서 나타났으며, 이용자 친화적인 재무보고를 촉진하기 위해 1993년에 상장기업의 가장 좋은 재무공시실무로서 서사보고가 처음으로 도입되었다(Yeoh, p.211).

회계서사연구에는 심리학과 사회심리학, 심리언어학, 사회언어학의 사상들이 회계학연구의 경계선상에 있는 (편향과 같은) 인지적 인식, 기업속성(attribute), 인상관리 등의 이론에 스며들기 시작하였다. 이후에 유럽 특히 영국에서는 서사연구도 현장연구를 중심으로

9) 북미에서는 자발적 공시와 같은 회계서사와 관련된 연구는 주로 기업의 성과와 같은 특정기업의 특징에 객관적인 언어적인 특징을 관련짓는 것이다. 이러한 것은 재무제표에 대해 예측력을 부여할수 있는 잠재력을 가진다. 이러한 논문의 초기 논문 중의 하나는 Frazier et al.(1984)이다. 이것은 회계서사자료를 통계적으로 평가하기 위해 개발된 방법론을 소개하고 있는데, 이것은 내용분석시스템으로 구성되어 있다. 이후에 Li(2008)은 회계서사의 의미론적 및 구문론적 측면을 이용하여 가독성척도로서 언어학적 속성과 기업성과와 시장변수 간의 동세석 연관성을 확립하고자 하였다. 미국에서의 회계서사의 연구(Twedt・Rees, 2012; Sprenger et al, 2014; Humphrey et al., 2011; Hobson et al., 2012; Cianci・Kaplan, 2010; Westphal・Graebner, 2010)는 대부분이 이와 같은 내용이다.

발전하였는데, 현장연구로부터 등장하는 하나의 핵심적인 결과는 회계서사와 관련해서 이야기(story)라는 은유의 이용이다(예를 들면, Holland, 2005). 우선 가독성연구부터 살펴보자.

연례보고서의 가독성연구 대부분은 좋은 의사소통의 결정요소를 식별하고자 한다. 이러한 연구는 규모(예를 들면, Jones, 1988; Baker · Kare, 1992; Courtis, 1995), 산업분류(예를 들면, Courtis, 1995), 수익성(예를 들면, Baker · Kare, 1992; Courtis 1995; 1998; Jones, 1988; Smith · Taffler, 1992a, 1992b; Subramanian et al., 1993) 등과 같은 기업속성으로 연관성검정에서 가독성점수를 이용하였다. 이러한 연구들은 회계서사에서 경영자가 그 표현에서 중립적인지의 여부를 고려하는 인상관리[10)](Aerts, 1994)라는 연구에 속한다(Sydserff · Weetman, 1999, p.460).

기업속성은 이미 발생한 사건원인의 진단과 관련이 있는 인과적 추론의 형태인데, 이의 본질은 문화적 차이에 의해 영향을 받는다. 기업의 연례보고서에서 속성이론을 적용한 첫번째 연구는 Bettman · Weitz(1983)이었다. Aerts(1994, 2005)도 인상관리의 하나의 특별한 형태인 속성이론의 지지자이었는데, 속성이론과 인상관리이론을 결합하여 적용하였다. Brennan · Merkl-Davies(2013)은 인상관리이론을 적용하여 회계서사를 연구한 바 있다.

Beattie · Jones(2000)는 도표(graphs)와 관련해서 Erving Goffman이 주장한 인상관리(impression management)를 적용하였다.

Jones · Shoemaker(1994)는 내용(주제연구)과 가독성에 초점을 둔 회계서사에 관한 초기의 연구를 검토하였다. 여기서 주제연구는 (일반적으로 긍정적/부정적 핵심단어와 같은 핵심단어에 초점을 둔) 형식지향적이거나, (Smith · Taffler, 2000과 같이) 의미지향적이었다.

Sydserff · Weetman(1999)은 가독성공식의 대안으로 문장구성지수(texture index)를 주장하고 있다. 이것은 회계서사의 의사소통적 효과성을 평가하기 위해 수작업적, 이용자중심적인 문장구성지수의 이용을 예시하고 있다. 이 지수는 모두 6개, 논제성(topicality), 상호텍스트성(intertextuality), 결합성(conjunction), 연결성(connectivity), 정보범주의 변경성(shift in information category), 구체성(specificity)인데, 회계서사를 평가하기 위해 텍스트중심과 이용자중심의 텍스트속성을 합한 것이었다.

---

10) 인상관리(impression management)는 사회학자 Irving Goffman이 주장한 것으로, 자신에 대한 타인의 지각에 영향을 미치려는 시도가 무의식적 또는 의식적으로 이루어지는 일련의 과정이며, 실제 혹은 가상의 사회적 상호작용 속에 반영되는 이미지를 통제하고 자기를 바라보는 타인의 지각에 영향을 미치려는 시도가 이루어지는 과정이라고 할 수 있다. 인상관리는 Goffman이 탐구한 일상생활에서 자아의 표현(*The Presentation of Self in Everyday Life*)에서 처음으로 나온 것이지만, 자신의 여러 사회학 저술에서 인상관리와 은폐(concealment)에 관한 이론체계를 개발하였다(Solomon et al., 2013, p.197).

Clatworthy・Jones(2001)은 기업보고서의 구문적 어려움을 조사하기 위해 가독성연구에 초점을 두고 있는데, 심리언어학, 사회언어학의 사상을 이용하고 있다. 특히 이것은 가독성의 변동가능성에 대한 설명변수로서 회계서사(chairman's statement)내용을 탐구하고 있다.

Clatworthy・Jones(2003)은 회계서사(chairman's narratives)를 재무소통의 중요한 매체로 간주하면서, 경영자가 접근하기 쉬운 방식으로 성과를 이용자에게 보고할 수 있게 하면서, 연례보고서에서 중요한 역할을 한다고 주장한다. 이에 의하면 회계서사가 민간투자자와 기관투자자의 투자결정에 중요한 역할을 하지만, 감사를 받지 않기 때문에 인상관리의 영향을 받기 쉽다고 주장한다. 여기서는 성과가 좋은 상위기업과 성과가 나쁜 하위기업의 회계서사에 초점을 두고 분석하여, 성과가 좋은 기업은 자기 탓으로 돌리고 성과가 나쁜 기업은 환경탓으로 돌린다고 주장하면서 회계서사에 대한 감사를 엄격히 할 필요가 있다고 주장한다.

인상관리는 설득의 기술과 관련이 있으며, 은유와 같은 수사학적 도구를 이용한다(Cockcroft・Cockcroft, 2005를 참조). Merkl-Davies가 회계서사에서 인상관리에 관한 일련의 논문(특히, Merkl-Davies・Brennan, 2007, 2011; Merkl-Davies et al., 2011; Merkl-Davies・Koller, 2012등을 참조)을 발표한 바 있다. 이 연구들은 사회학자 Goffman(1959)의 고전적 연구[특히 일상생활에서 자아의 표현(*The presentation of Self in Everyday Life*)]를 이용하고 있다. 이 책은 연극(연출법)에서 아이디어를 채택하고 있다. 최근에 인상관리와 기업의 지배구조 사이의 상호작용(Garcia-Osma・Gullamon-Soarin, 2011)과 이사와 이용자 사이의 대면적 모임에서 인상관리가 탐구되고 있으며(Solomon et al., 2013), Brennan・Merkl-Davies(2013)는 회계서사와 관련해서 인상관리를 경제적, 심리학적, 사회학적, 비판적 관점에서 검토하고 있다. 그들은 인상관리를 보고편향, 이기적인 편향, 상징적 관리, 이데올로기적 편향으로 다양하게 개념화하고 있다.

이야기(story)는 일종의 각색된 서사(emplotted narrative)라고 볼 수 있는데, 재무보고의 기간적 성질은 기업의 연례보고서에서 이야기가 몇 번으로 나누어 제공된다는 것을 의미한다. Jameson(2000)은 회계서사와 관련해서 주주보고서를 투자이야기로 간주한 바 있다. 이와 같이 회계는 이야기, 은유, 기업속성 등을 이용하고, 이것에 대해 일반적인 설명을 제공하고자 한다는 것이 나타나고 있다(Beattie, 2014, p.118)

영국에서는 서사보고의 미래에 관한 논쟁에 이야기 은유가 등장하기 시작하였다. 영국정부는 기업들의 사업모형과 전략으로 시작하면서, 최근에 고도의 전략보고서에 대한 새로운 규정을 승인하였다(영국회사법 2006, 전략보고서와 이사의 보고서 규정2013). 이야기는 핵심적인 속성인 응집성(cohesiveness)을 가지면서 본질적으로 전체론적(holistic)이다. Beattie・Smith(2013)는 사업모형보고와 통합보고에 대한 현재의 영국규정(IIRC, 2013)

이 사업모형이야기를 중심으로 통합적이고 서사에 입각한 보고로 향한 움직임을 알려줌으로써 이야기개념을 공식화한다고 주장한 바 있다.[11)]

의미생성과 의미부여의 개념들은 전략적 변화를 부추길 때, 최고경영자의 역할을 서술하기 위해 Gioia · Chittipeddi(1991)가 도입한 바 있다. 의미생성과정은 해석체계가 어떤 상황의 의미를 생성하기 위해 개발될 때 발생한다. 이 과정은 복잡하고 불확실한 상황과 연관이 있다. 즉, 이것은 단어에서 명시적으로 이해(comprehension)을 포함하고 행동을 유도한다(Weick et al., 2005). 의미부여과정은 한 명의 행위자가 이러한 상호작용에서 보편적인 언어를 이용함으로써 다른 사람의 의미생성에 영향을 주고자 할 때 발생한다(Weick, 1995). 그리하여 언어와 서사는 의미생성과 의미부여에 근본적이며, 다시 의미생성을 포함한다. 이 두 과정은 이야기말하기(story-telling)가 사건과 행동으로 의미를 주입하고, 그것에 의해 회고적인 의미생성(및 의미부여)의 수단을 제공하는 것에 관한 하나의 방법으로 간주될 수 있기 때문에, 가끔 이야기안에 배태된다(MacLean, 2012). 이러한 해석체계가 회계학에 스며들기 시작하고 있다. 예를 들면, Merkl-Davies et al.(2011)은 이사회의장들의 보고서 기만에 관한 조사에서, 기만의 증거를 발견한 것이 아니라, 빈약한 결과에 직면하여, 의장들이 회고적인 의미생성에 몰두한다는 것을 발견하였다.

한편, Bjurklo(2008)은 주문형 정보시스템에서 이용자포함이 여전히 드물며 시간의 경과에 따라 더욱 일반적으로 되어야 한다고 주장하였다. 그러므로 전통적인 회계는 서사와 가시화(visualization)로 구성되는 회계시스템인 서사회계로 보완될 수 있는데, 여기서 이야기(stories)도 가시화로 기능한다.

요컨대, 유럽의 연구흐름은 맥락적인 현장연구방법을 이용하거나 언어를 사회적인 구성으로 간주하는 서서이론과 방법을 채택함으로써 회계서사연구에 사회적 맥락을 도입하고 있다.

서사분석과 관련된 최근의 발표는 다른 문체적(stylistic) 특징을 다루기 위해 단어와 주제를 초월해서 이동하였다. 그리하여 Amernic · Craig(2006, 2008)은 기업보고서에서 수사(rhetoric)의 이용을 검토하고 있다. Beattie et al.(2004)는 다른 서사공시지표를 검토하였다. Aerts(2005)는 공시를 강조하기 위해 성과척도의 선택성을 검토한다. Brennan et al.(2009)은 6개의 서사특징(핵심단어, 금액, 손익계산서금액의 선택성, 핵심단어강화, 성과비교, 애매성)의 분석을 가능하게 하는 모형을 개발하였다. Merkl-Davies · Brennan(2007)은 인상관리의 목적으로 서사조작의 이용에, Jones · Smith(2014)는 이해가능성에 초점을 두고 있다(Smith, 2017, p.125; p.185).

11) 사업모형개념의 정의가 이야기개념을 이용하고 있다(Zott et al., 2011)

제4절 내용분석

1. 내용분석의 의의

내용분석은 심리학, 언어학, 의학, 경영학, 저널리즘, 인류학, 광고학, 마케팅, 역사학 등을 포함해서 많은 탐구분야에서 채택되고 있다. Holsti(1969, p.51)는 내용분석도 의사소통의 내용에서 국제적 차이를 발견하기 위해 다양한 자료로 실시되고 있다고 주장하고 있으며, Lindkvist(1981, p.39)는 내용분석이 자료의 제공자에 관한 결론을 내리기 위해 원래 이용되었다고 주장하였다. 해석학적 도전은 자료의 원래 제공자가 서사에 부여한 의미를 이해하는 것이다(Campbell, 2017, p.354).

내용분석은 그 내용에 따라 자료로부터 반복가능하고 타당한 추론을 하기 위한 연구기법으로 정의된다(Krippendorff, 2012). 여기서 기법은 특히 연례보고서의 환경서사, 위험서사, 기타 서사부분을 부호화(code)하기 위해 회계학연구에서 널리 이용되고 있다(Campbell, *op cit.*). 그리고 추론은 메시지를 보내는 사람, 메시지 그 자체, 메시지의 독자 등에 관한 것이며, 추론과정의 규칙들은 조사자의 관심에 따라 변한다(Weber, 1990).

내용분석은 전통적으로 문헌자료의 분석에 적용되고 있지만, 면접원고의 분석에서도 점차적으로 보편화하고 있다. 특히, 양적 방법이 문헌자료에 적용되고 질적 방법이 면접원고에 적용되고 있다. 양적 방법이 채택되고 있는 곳에서, 이들은 텍스트의 명백한 특성(예를 들면, 단어의 발생빈도, 특정한 주제와 관련있는 단어의 수)에 국한되고 있다. 특정한 단어와 주제를 가리키는 변수의 형태에 의한 양적 결과는 통계분석에도 이용할 수 있다.

최근에, 이 기법들은 실태조사자료를 확증한다는 목적으로 자유응답식의 실태조사반응의 질적 분석에 적용되고 있다. 이러한 적용에서, 내용분석은 이용된 구절의 기본적인 의미와 같은 자료의 잠재적 특성을 검토할 것이다(Holsti, 1969). 내용분석은 제시된 텍스트를 초월하여, 조사자에게 은폐되거나 기본적인 관심의 타당한 의미를 추론하는 것이 가능하다는 믿음에 의존한다(Weber, 1990, pp.72-76). 그리하여 그 자체를 명백한 내용에만 국한하는 내용분석적 절차는 매우 제한적인 가치를 가질 것이다. 그러나 Salancik・Meindl(1984, p.243, n.2)은 표현된 속성이 저자들의 진실한 믿음인지의 여부와는 무관하다고 주장한다.

어떤 의미에서, 모든 질적 자료분석은 분석되는 것이 면접, 현장노트, 문서의 내용이라는 점에서 내용분석이다. 이 내용은 주제와 반복적인 내용양상에 대해 질적으로 분석될 수 있지만, 내용분석은 본질적으로 계량적이다. 이 내용분석형태에서 측정단위는 의사소통 특히 메시지의 빈도와 다양성, 어떤 구절이나 발화(speaking)양상이 이용되는 횟수를 중심으로 하고 있다(Merriam, 2009, p.205). 예를 들면, 환경자료의 공시가 증가하고 있다는 가설은 상이한 시점에서 환경과 관련된 단어가 재무보고서에 등장하는 횟수를 비교함으로써 검정될 수 있을 것이다(Henderson et al., 2004; 김석웅 역, p.38).

질적 연구의 내용분석에서는 의미의 의사소통이 주안점이며, 그 내용분석이 귀납적이다. 처음에는 범주와 변수를 중심으로 연구하지만, 다른 것들은 연구도중에 등장할 것으로 기대된다(Altheide, 1987, p.68). 본질적으로 질적 내용분석은 상황, 장치(setting), 스타일, 이미지, 의미, 미묘한 차이 등이 핵심적인 주제이다(*ibid.*). 이 과정에는 문서의 내용에 관한 관련특징을 포착하는 범주의 구축과 원자료의 동시적 부호화(coding)가 포함된다(Merriam, *op cit.*). 하나의 자료에서 주제를 탐색하기 위한 전략으로서 질적 내용분석은 질적 자료의 분석에서 가끔 채택되는 부호화접근방법의 핵심에 위치한다(Bryman · Bell, p.560).

Altheide(1996)는 질적 내용분석 중에서 민속지학적 내용분석(ethnographic content analysis, ECA)이라는 접근방법을 설명하고 있다(이것은 양적 내용분석과 대조적이다). Altheide의 접근방법은 지금까지 참고한 많은 연구들이 기초한 질적 내용분석종류의 전형적인 것으로 간주되는 어떤 절차의 부호화를 표상한다. 그는 연구자가 문서의 검토로부터 정제되는 주제나 범주를 지속적으로 수정하고 있다는 점에서 전통적인 양적 내용분석과는 다른 것으로 그의 접근방법을 서술하고 있다. 그는 민속지학적 내용분석을 다음과 같이 표현하고 있다.

> 민속지학적 내용분석은 개념발전(자료표본추출, 자료수집, 자료부호화)과 분석(해석) 사이의 반복적이고 성찰적인 운동을 따르고 있다. 이의 목적은 체계적이고 분석적이지만, 엄격하지는 않다. 범주와 변수는 처음에 연구를 지도하지만, 다른 것들은 관련상황, 유형, 이미지, 의미, 차이 등의 지속적인 발견과 지속적인 비교의 경향을 포함해서, 연구 중에 등장할 것으로 허용되고 기대된다(Altheide, 1996, p.16).

그리하여, 민속지학적 내용분석은 양적 내용분석의 경우보다 개념화, 자료수집, 분석, 해석 간의 이동이 더 많다. 양적 내용분석은 미리 정의한 범주를 원천에 적용하는 것을 전형적으로 수반한다. 민속지학적 내용분석은 최초의 범주를 채택하지만, 그러나 이러한 범주의 수정과 새로운 범주의 생성이 발생할 잠재성이 더 많다.

내용분석에서는 공시되는 내용의 양이 보고자나 저자가 부여하는 중요성과 동일하다고 간주한다. 내용분석에서는 특히 단어, 문장, 문단(또는 페이지비율), 주제, 구절 등을 고려한다. 양적 척도에 의해 부호화되는 반응의 범위도 내용다양성의 지표라고 볼 수 있다(Campbell, 2017, p.355). 이것은 전통적으로 문헌자료의 분석에 적용되었는데, 여기서는 이것이 단어의 발생횟수, 특정한 주제와 관련있는 단어의 횟수 등과 같이 텍스트의 분명한 특징에 주로 국한되었다(Smith, 2017). 그러나 내용분석에 대한 두 가지 일반적인 접근방법들이 식별될 수 있다. 즉, 형식지향적인(객관적인) 분석에서는 단어, 개념, 주제의 일상적인 계산을 포함하고, 의미지향적인(주관적인) 분석에서는 조사되고 있는 텍스트에 있는 기본적인 의미를 추론하는데 초점을 둔다(Smith · Taffler, 2000).

일부 사람들은 내용분석의 효용이 주로 의미지향적인 적용에 있다고 주장하면서, 형식지향적인 분석절차의 한계점을 지적하였다(예를 들면, Weber, 1990). 내용분석방법에 관한 최근의 규범적 방법은 단어와 개념 사이의 관계와 이들의 존재를 분석하고 계량화하는 것을 통해 텍스트의 의미를 해석하는 데서 그리고 텍스트내에서 그 메시지에 관한 맥락화된 추론을 하는 것에서 이 방법의 역할에 초점을 두고 있다(예를 들면, Silverman, 1993; Denscombe, 1998; Ahuvia, 2001). 그러므로 내용분석에 관한 유용한 정의는 Krippendorff(2004, p.18)에 의하면, 텍스트로부터 그 이용의 맥락까지 반복가능하고 타당한 추론을 하기 위한 연구기법이다.

내용분석의 잠재적 기여는 이것으로 인해서 연구자가 은폐되거나 기본적인 의미와 메시지에 관해 타당한 추론을 하기 위해 제시된 텍스트의 배후로 갈 수 있다는 것이다(Weber, 1990, pp.72-76, Denscombe, 1998, p.168). 의미와 해석이 사회현상의 이해에 중심적인 사회과학에서 내용분석은 "잠재적으로 가장 중요한 연구기법 중의 하나다"(Krippendorff, 2004, p.xviii).

그러나 이 방법의 장점에도 불구하고, 추론을 할 필요성으로 인해 실무적 어려움이 발생한다. Weber(1990, p.62)가 언급한 바와 같이, 내용분석의 핵심적 현안은 그것이 "부분적으로 기법(art)이며, 연구자의 판단과 해석에 의존한다. 텍스트는 스스로 말하지 않는다.... 연구자가 말해야 한다"는 것이다.

그러므로 내용분석에서 어떤 자료가 등장하는가를 결정하는 데서 연구자의 역할이 결정적이다. Krippendorff(2004, p.81)가 언급한 바와 같이, 자료는 항상 선택된 절차의 산물이며, 특정한 목적에 맞추어져 있다. 그러므로 내용분석은 연구자에 의해 발견되기 보다는 만들어진다. 내용분석은 연구자가 주어진 텍스트에서 탐구되는 현상에 관한 질문에 답하기 위해 선택한 절차로 인한 것이다.

내용분석의 두 번째 핵심적인 측면은 그것이 텍스트에 초점을 두지만, 텍스트의 범위와 의미는 다양하게 해석될 수 있다는 것이다. Krippendorff(2004)는 정의상으로 텍스트라는 단어가 내용분석을 서면자료에 국한하려고 하지는 않는다고 주장한다. 그는 "내용분석이 모든 종류의 동사, 그림, 상징, 의사소통에 관한 자료로부터 추론할 것을 약속하는 연구방법의 레퍼토리로 진화하였다"고 보고한 바 있다(p.17). 그러므로, 책, 잡지, 신문, 사진

등과 같은 모든 텍스트는 예술작품, 이미지, 소리, 부호, 지도, 상징 등과 같은 다른 표현형태처럼, 내용분석자료의 원천으로 간주될 것이다(Liu · Chen, 2005).

내용분석의 세 번째 측면은 추론된 의미가 본질적으로 그 맥락에 의해 결정되고 제한받는다는 것이다. 텍스트, 메시지, 상징 등은 스스로 말하지 않지만, 그 수령자에게 알려주고, 느낌을 불러일으키며, 행동변화를 초래하거나 다양한 종류의 반응을 유도한다. 맥락적 정보로 인해서 독자는 대안으로부터 선택할 수 있고 이용가능한 해석의 범위를 좁힐 수 있다(Krippendorff, 2012). 그래서 텍스트의 의미는 특정한 맥락, 담론 또는 목적에 의해 해석되어야 한다. 또한 텍스트가 특정한 의도로 읽혀지기 때문에 다양한 텍스트독해가 가능하며, Krippendorff(2004, p.3)가 언급한 바와 같이, 해석은 반드시 저자나 이용자의 관점에서 이루어지지 않는다. 이 점은 일단의 텍스트로부터 그들이 선택한 연구맥락까지 특정한 추론을 해야 하는 내용분석가와 특히 관련이 있다. 예를 들면, 연구자가 메시지를 보내는 사람, 메시지 그 자체, 메시지의 청중 등과 관련된 현안을 탐구하는지의 여부에 의해 이러한 추론이 이루어진다(Weber, 1990; Smith, 2017).

요컨대, 내용분석은 두 가지 주요한 차원을 가진다. 텍스트의 형식을 설명하는 것과 텍스트의 의미에 관해 추론하는 것

사회과학연구방법으로서 내용분석의 최대 효용은 두 번째에 있다. 그러나 의미지향적인 내용분석을 실시하는 데서, 연구자들은 텍스트로부터 연구자료를 해석하고 만들기 위해 어떻게 행동하는가, 텍스트의 어떤 형식이 그들의 분석에 포함될 것인가, 그리고 그들의 연구문제의 맥락이 텍스트의 감지된 관련성과 그 의미에 어떻게 영향을 주는가를 인지하고 성찰해야 한다. 만약 이러한 현안이 적절하게 관리된다면, 내용분석은 텍스트의 배후에 있는 연구자를 연구문제와 관련해서 그 의미와 유의성을 탐구하기 위해 제시된 것으로 간주할 수 있다.

2. 내용분석과 회계학연구

회계에서 내용분석에 관한 문헌은 연구방법으로서 광범위하고 많은 적용을 드러내고 있다. Frazier et al.(1984), Smith(2017, p.184)와 같은 저자들은 텍스트로부터 타당한 추론을 하는 것의 유용성으로 인해, 회계활동의 결과를 소통하기 위해 이용되는 보고서, 서사 등을 분석하는데 상당한 잠재력이 제공된다고 주장한다.

Bettman · Weitz(1983), Staw et al.(1983), Salancik · Meindl(1984), Clapham · Schwenk(1991), Abrahamson · Park(1994) 등은 기업성과를 설명하기 위해 주주에게 보낸 편지에서 기업경영자가 만든 인과적 속성을 탐색하기 위해 내용분석방법을 채택하고

있다. Kelly-Newton(1980)은 공식규정에 대한 경영자반응을 검토하는 대체원가주석의 표본에 관한 일반적인 논평을 분석하여 주제의 측정에 내용분석절차를 채택하고 있다. Ingram · Frazier(1980)은 기업환경공시의 내용분석을 실시하고 또한 세 가지 산업간에 기업성과와 서사공시를 연결하는 설명적 연구를 보고하고 있다(Ingram · Frazier, 1983).

Abrahamson · Amir(1996)는 주주에 대한 사장의 편지에 관한 내용분석을 연구하고 투자자에 대한 연례보고서의 본문부분의 중요성을 강조한다.

Bowman(1984)는 회사의 전략적 위험과 불확실성에 관한 문제를 다루는 데서 경영위험의 척도로서 사장의 편지에서 새로운(new)이라는 단어의 발생횟수를 이용하고 있다. 내용분석가에 의해 구성된 것들과는 다른 청중과 목적으로 보고서가 작성되기 때문에 그도 온건한 측정으로서 내용분석의 장점을 강조한다. 측정과정이 자료를 혼란시킬 위험은 거의 없다(Weber, 1990, p.10).

D'Aveni · MacMillan(1990)은 생존기업과 파산기업의 최고경영자들에 의한 수요위기에 대한 차별적인 전략적 반응을 분석하기 위해 주주편지의 내용분석을 이용한다. 성공적인 기업경영은 그 산출환경(예를 들면, 고객욕구와 수요증가)에서 중요한 성공요소에 대한 주안점에 의해 구별되는데 반해서, 파산기업은 위기를 거부하고, 내부를 살펴보며, 단기에 초점을 둔다.

Frazier et al.(1984)에 입각하여, McConnell et al.(1986), Swales(1988) 등은 모두 기업의 연례보고서에서 발견되는 질적 자료가 주가성과를 예측할 수 있는지의 여부를 탐구하기 위해 내용분석 접근방법을 이용한다. 긍정적 언급에 초점을 두는 Bowman(1984)과는 대조적으로, Abrahamson · Amir(1996)은 부정적인 언급에 국한하였다. Tennyson et al.(1990)은 내용분석접근방법을 이용하여 기업의 서사공시와 파산사이의 관계를 탐구하지만, 그들은 통제모형에서 긍정적/부정적 또는 좋은/나쁜 언급을 차별화하지 않았다.

Weber(1990, p.37)는 높은 빈도의 단어간에 공분산으로부터 추론되는 단어범주들이 주제보다 더 신뢰가능하다고 주장한다. 그러나 Krippendorff(1980, p.63)는 많은 내용분석의 경우, 서사에 전달된 은폐된 메시지의 결정에서 이용자 판단을 요구하는 주제단위가 적용하기 어렵지만, 선호할 수 있을 것이다. 동의어, 숙어, 구절 등의 단어를 포함하여, 의미론적으로 동일한 텍스트단위를 가리키기 위해 단어라는 용어가 이용되며(Weber, 1990, p.22), 주제(theme)는 합쳐서 어떤 주제나 현안을 가리키는 다른 의미나 내포(connotation)를 가진 단어의 군집을 의미하기 위해 이용된다(Weber, 1990, p.37). Smith · Taffler(2000)는 형식지향적인(단어에 기초한) 분석과 의미지향적인(주제에 기초한) 분석에 관한 그들의 연구에서 이러한 기본정의를 채택하고 있나. 서사의 질적 내용은 간단한 공식으로 다음의 분석을 위해 양적 변수로 변형된다. 그리하여 단어의 경우

단어변수 = 공통발생의 횟수/서사에서 단어의 총횟수

비율변수가 서사에서 그러한 주제의 중요성을 기초로 하여 각 주제에 대한 서사로부터 계산될 수 있다. 그리하여 만약 어떤 문장이 네 개의 주제를 구성한다면, 각각은 주제점수 0.25가 주어진다. 특별한 주제를 부여한 모든 문장에서 합계한 총점수는 서사내에서 그 중요성을 가리키는 것으로 간주된다(Smith · Tallfer, 2000, p.110).

주제변수 = 주제점수의 합계/보고서에서 문장의 총수

이외에도 많은 학자들은 연례보고서(이사회 회장의 보고서, 사장의 편지, 영업과 재무의 검토)와 기타 회계관련 의사소통의 서사부분을 조사하기 위해 내용분석을 이용하고 있다(Kohut · Segars, 1992; Aerts, 1994; Abrahamson · Amir, 1996; Smith · Taffler, 2000; Clatworthy · Jones, 2001; Short · Palmer 2003; Rutherford, 2005). 이들의 연구관심사는 기업사회보고의 본질(예를 들면, Guthrie · Parker, 1990; Gray et al., 1995), 회사사장과 회장에 의한 회계서사의 정보내용(Kohut · Segars, 1992; Abrahamson · Amir, 1996; Smith · Taffler, 2000), 회계공시의 국제적 차이(Guthrie · Parker, 1990), 인상관리의 이용과 형식(Sydserff · Weetman, 1999, 2002; Metts · Gronskopf, 2003; Stanton et al., 2004; Aerts, 2005), 연례보고서에서 지적자본보고(Petty · Guthrie, 2000; Brennan, 2001; April et al., 2003; Bozzolan et al., 2003; Goh · Lim, 2004; Steenkamp · Northcott, 2007; Nielsen · Madsen; 2009) 등이 있다(Steenkamp · Northcott, 2007, p.14).

이상과 같이 내용분석은 전통적으로 문헌자료의 분석에 적용되었다. 전형적으로 양적 방법들은 대개의 경우 핵심적인 특징(정상적으로 단어발생의 횟수나 특정한 주제와 관련있는 단어의 횟수)의 측정을 통해 문헌자료에 적용되었다. 이러한 결과는 이후의 통계분석을 위해 단어에 기초하거나 주제에 기초한 변수로 변경될 수 있다. 이 연구의 대부분은 이론이 최소한 종속적인 역할을 부여하는 데이터마이닝(datamining)과 유사하였다. 그리하여, Smith · Taffler(2000)는 형식지향적인(단어에 입각한) 분석과 의미지향적인 (주제에 입각한) 분석을 실시하면서 단순한 변수정의를 개발하기 위해 Krippendorff(1980)을 따르고 있다(Smith, 2017, p.185).

문헌서사의 질적 내용은 간단한 공식으로 이후의 분석에 양적 변수로 변경된다. Jones · Shoemaker(1994)는 경험적인 회계서사분석연구를 개략적으로 살펴보고 있으며, 서사원천으로 기업보고서, 이사보고서, 주주편지에 대한 것을 언급하고 있다.

내용분석연구에서 서사를 이용하는 것이 일반적이며, 기업의 사회책임연구로 널리 확대되고 있다(예를 들면, Schreck, 2013; Gray et al., 2014).

내용분석은 부분적으로 기법(art)이며, 연구자의 판단과 해석에 의존하며, 연구자의 편향은 피할 수 없다. 그리고 내용분석은 발생빈도가 단어나 주제에 부여된 강조의 정도를 직접 반영한다고 가정한다. 그러나 이것이 항상 그러한 것은 아니다(예를 들면, Weber, pp.71-73).

제5절 소결

질적 자료의 분석과 해석에 초점을 두는 이유 중의 하나는 질적 연구자가 거의 항상 거대한 양의 자료를 가지고 연구를 종료하게 된다는 것이다. 그렇게 많은 양의 자료가 다 필요한 것은 아니다. 따라서 연구자는 자료를 줄이거나 자료를 관리가능한 형태로 정리할 필요가 있는데, 질적 자료분석의 방법이 도움이 될 것이다. 질적 자료분석방법은 자료의 가장 중요한 측면에 집중하는데 도와줄 것이다.

질적 자료분석에 초점을 두는 또다른 이유는 자료를 연구자와 연구자가 의도한 독자에게 유의미한 것으로 변경하는 것이다. 자료의 양을 단순히 줄이는 것으로는 충분하지 않다. 요지는 연구자가 주제를 이해하고 설명하는 것을 도와주는 통찰력을 찾아내는 것이다. 이를 위해서는 연구자가 자료를 흥미로운 방식으로 해석하는 것이 필요하다. 이것은 다시 질적 자료분석방법이 도와주는 곳이다. 이들은 자료의 의미가 무엇인지, 자료에서 주요한 주제가 무엇인가, 그리고 자료가 연구자가 속해 있는 분야의 지식에 어떻게 기여하는가를 해명하는데 도움을 줄 것이다.

해석적 방법론에서는 사회현상이 사회적으로 구성된다는 사회구성주의에 입각하고 있는바, 이의 기본전제는 우리가 인간의 관점에서 사물을 이해할 수 있을 뿐이며, 언어가 여기서 핵심적인 요소라는 것이다. 오랫동안 확립된 철학적 전통에 따라, 인간이 세계를 이해하는 방식은 언어와 상징에 의한다고 주장되었다(Hines, 1988). 어린 아이가 언어를 습득함에 따라, 사물에 대한 단어를 단순하게 배우지는 않는다. 즉, 어린 아이는 그 단어의 배후에 있는 개념도 배운다. 그래서 아이가 엄마라는 단어를 배울 때, 엄마에 관한 문화적 개념(엄마가 여성이고, 권위를 가지며, 문화와 환경에 따라 사랑스럽게 베푼다는 것)도 배우는 것이다. 아이에게 개념이 설명되더라도 아이는 경험을 통해 더 분명하게 습득한다. 어린 아이는 언어를 통해 문화적 규범과 범주화를 배우고, 사회적 위계도 배우게 된다. 여기서 중요한 점은 우리의 인간이해가 사회적으로 구성된다는 것이다. 엄마를 구성하는 것은 문화에 따라 상이할 수 있으며, 사람의 행동, 언어, 규범, 개념 등을 근거로 우리의 실재가 만들어진다. 이러한 실재는 매우 자연스러운 것처럼 보이며, 많은 경우에 자연법칙과 제도에 의해 지지될 것이다(Cooper, 2013, p.243).

여기서는 자료분석방법으로서 대화분석, 담론분석, 서사분석, 내용분석 등을 살펴보았다. 이들은 실증적 방법론에서는 잘 이용하지 않는 방법으로, 질적 방법론 특히 해석적 방법론에서 주로 이용하는 자료분석방법들이며, 예외적으로 비판적 방법론에서 이용하는 비판적 담론분석과 후기구조주의 특히 Foucault의 담론분석 등은 회계학에서도 많이 이용되고 있다.

자료분석방법을 한 가지만 적용해서 살펴볼 수도 있지만, 자료분석방법들을 결합해서 적용하는 혼합방법(mixed method, triangulation)도 매우 유익할 수 있다. 예를 들면, 서사분석과 담론분석을 결합하는 것도 가능할 것이다. 그러나 경계해야 할 점은 연구자가 수집한 자료가 특정한 자료수집방법들의 이용을 지지한다는 것과 이 방법들이 상당히 일관성있게 이용된다는 것을 확신하는 것이다(Myers, 2009. p.166).

참고문헌

강진숙(2016), **커뮤니케이션과 미디어교육 연구의 주사위: 질적연구방법론**, 지금.

곽영순(2009), **질적 연구–철학과 예술 그리고 교육–**, 교육과학사.

김석웅(2014), **회계학의 비판적 방법론**, 교육과학사.

김훈순(2004), "텔레비전 서사연구의 메타분석", **방송통신연구**, 59, pp.167-197.

신진욱(2011), "비판적 담론분석과 비판적·해방적 학문", **경제와 사회**, 89, pp.10-45.

_____ · 이영민(2009), "시장포퓰리즘 담론의 구조와 기술: 이명박 정권의 정책 담론에 대한 비판적 담론분석", **경제와 사회**, 81, pp.273-299.

윤태일(2010), "'신명의 매체서사학'에 대한 탐색적 고찰", **언론과학연구**, 10(4), pp.307-349.

이경숙(2015), "텔레비전 텍스트의 서사 분석 방법", 한국언론정보학회 엮음, **미디어 문화연구의 질적 방법론**, 컬처룩, pp.111-141.

이기형(2015), "'담론분석'과 담론의 '문화정치'", 한국언론정보학회 엮음, **미디어 문화연구의 질적 방법론**, 컬처룩, pp.143-206.

*Abrahamson, E. and E. Amir(1996), "The information content of the president's letter to shareholders", *Journal of Business Finance and Accounting*, 23(8), pp.1157-1182.

_______________ and C. Park(1994), "Concealment of negative organizational outcomes: An agency theory perspective", *Academy of Management Journal*, 37(5), pp.1302-1334.

*Adelberg, A.H.(1979), "Narrative disclosures contained in financial reports: means of communication or manipulation?", *Accounting and Business Research*, 9(35), pp.179-190.

*Aerts, W.(1994), "On the use of accounting logic as an explanatory category in narrative disclosures", *Accounting, Organizations and Society*, 19(4/5), pp.337-353.

________(2005), "Picking up the pieces: Impression management in the retrospective attributional framing of accounting outcomes", *Accounting, Organizations and Society*, 30(6), pp.493-517.

_________ and D. Cormier(2009), "Media legitimacy and corporate environmental communication", *Accounting, Organizations and Society*, 34(1/2), pp.1-27.

Ahuvia, A.(2001), "Traditional, Interpretive and Reception Based Content Analysis: improving the ability of content analysis to address issues of Pragmatic and Theoretic Concern", *Social Indicators Research*, 54(2), pp.139-162.

Altheide, D.L.(1987), "Reflections: Ethnographic content analysis", *Qualitative Sociology*, 10(1), pp.65-77.

_____________(1996), *Qualitative Media Analysis*, Thousand Oaks, CA: Sage.

Alvesson, M. and D. Karreman(2000), "Varieties of discourse: on the study of organizations through discourse analysis", *Human Relations*, 53(9), pp.1125-1149.

Amernic, J.H.(2005), "A commentary on Professor Chambers' 1999 paper the poverty of accounting discourse", *Accounting Education*, 14(1), pp.19-24.

___________ and R. Craig(2006), *CEO Speak: The Language of Corporate Leadership*, Montreal, Ithaca: McGill Queens University Press,

_________________________(2008), "A privatization success story: Accounting and narrative expression over time", *Accounting, Auditing and Accountability Journal*, 21(8), pp.1085-1115.

April, K.A., P. Bosma and D.A. Deglon(2003), "IC Measurement and Reporting: estabilishing a practice in SA Mining", *Journal of Intellectual Capital*, 4(2), pp.165-180.

Armstrong, P.(2015), "The discourse of Michel Foucault: A sociological encounter", *Critical Perspectives on Accounting*, 27, pp.29-42.

Arnold, J.(1998), "The limits of postmodernism in accounting history: the Decatur experience", *Accounting, Organizations and Society*, 23, pp.665-684.

Arrington, C.E. and Francis, J.R.(1989), "Letting the Chat out of the Bag: Deconstruction, Privilege and Accounting Research", *Accounting, Organization and Society*, 24(1), pp.1-28.

Baker, H.E. and D.D. Kare(1992), "Relationship between annual report readability and corporate financial performance", *Management Research News*, 15(1), pp.1-4.

Baudrillard, J.(1975), *The Mirror of Production*(M. Poster, trans.), St. Louis: Telos Press.

*Beattie, V.(2014), "Accounting narratives and the narrative turn in accounting research: Issues, theory, methodology, method and a research framework", *The British Accounting Review*, 46, pp.111-134.

_________ and M.J. Jones(2000), "Changing graph use in corporate annual reports: a time series analysis", *Contemporary Accounting Research*, 17(2), pp.213-226.

*_________, W. McInnes and S. Fearnley(2004), "A methodology for analysing and evaluating narratives in annual reports: a comprehensive descriptive profile and metrics for disclosure quality attributes", *Accounting Forum*, 28(3), pp.205-236.

_________ and S. Smith(2013), "Value creation and business models: refocusing th intellectual capital debate", *British Accounting Review*, 45(4), pp.243-254.

Berger, P.L. and T. Luckmann(1967), *The social construction of reality: a treatise in the sociology of knowledge*, London: Penguin; 하홍규 옮김(2013), **실재의 사회적 구성**, 문학과지성사.

*Bettman, J.R. and B.A. Weitz(1983), "Attribution in the board room: causal reasoning in corporate annual reports", *Administrative Science Quarterly*, 28(2), pp.165-183.

*Bjurklo, M.(2008), "Narrative Accounting: A New Form of Management Accounting?", *International Studies of Management and Organization*, 38(2), pp.25-43.

Boje, D.M.(2001), *Narrative Methods for Organizational and Communication Research*, London:

Sage.

Bolden, G. and J. Robinson(2011), "Soliciting accounts with why-interrogatives in conversation", *Journal of Communication*, 61(1), pp.94-119.

*Bowman, E.H.(1984), "Content analysis of annual reports for corporate strategy and risk", *Interface*, 14(1), pp.61-71.

Bozzolan, S., F. Favotto and F. Ricceri(2003), "Italian Annual Intellectual Capital Disclosure: an empirical analysis", *Journal of Intellectual Capital*, 4(4), pp.543-558.

Brennan, N.(2001), "Reporting Intellectual Capital in Annual Reports: evidence form Ireland", *Accounting, Auditing and Accountability Journal*, 14(4), pp.423-436.

__________, E. Guillamon-Saorin and A. Pierce(2009), "Impression management: Developing and illustrating a scheme of analysis for narrative disclosures – a methodological note", *Accounting, Auditing and Accountability Journal*, 22(5), pp.789-832.

*__________ and D.M. Merkl-Davies(2013), "Accounting Narratives and Impression Management", in Jack, L., J. Davison and R. Craig(eds.), *The Routledge Companion to Accounting Communication*, London: Routledge, pp.109-132.

*Broadbent, J.(2011), "Disclosures of control, managing the boundaries", *The British Accounting Review*, 43(4), pp.264-277.

Bryman, A. and E. Bell(2011), *Business Research Methods*, 3rd ed., Oxford University Press.

Burrell, G.(1988), "Modernism, post modernism and organizational analysis 2: the contribution of Michel Foucault", *Organizations Studies*, 9, pp.221-235.

*Campbell, D.(2017), "Content Analysis", in Hoque, Z., L.D. Parker, M.A. Covaleski and K. Haynes(eds.), *Routledge Companion to Qualitative Accounting Research Methods*, London: Routledge, pp.354-371.

Carabine, J.(2001), "Constituting sexuality through social policy: the case of lone motherhood 1834 and today", *Social & Legal Studies*, 10(3), pp.291-314.

*Chambers, R.J.(1999), "The Poverty of Accounting Discourse", *Abacus*, 35(3), pp.241-251.

Chase, S.E.(2005), "Narrative inquiry: multiple lenses, approaches, voices", in Denzin, N.K. and Y.S. Lincoln(eds.), *The Sage Handbook of Qualitative Research*, 3rd ed., Thousand Oaks, CA: Sage, pp.651-679.

Cianci, A.M. and S.E. Kaplan(2010), "The effect of CEO reputation and explanations for poor performance on investors' judgments about the company's future performance and management", *Accounting, Organizations and Society*, 35(4), pp.478-495.

Cicourel, A.V.(1968), *The Social Organization of Juvenile Justice*, New York: Wiley.

Clandinin, D.J. and F.M. Connelly(1998), "Personal experience methods", in Denzin, N.K. and Y.S. Lincoln(eds.), *Collecting and interpreting qualitative methods*, Thousand Oaks, CA:

Sage, pp.150-78.

Clapham, S.E. and C.R. Schwenk(1991), "Self-serving attributions, managerial cognition and company performance", *Strategic Management Journal*, 12, pp.219-229.

Clatworthy, M. and M.J. Jones(2001), "The effect of thematic structure on the variability of annual report readability", *Accounting, Auditing and Accountability Journal*, 14(3), pp.311-326.

*________________________(2003), "Financial reporting of good news and bad news: evidence from accounting narratives", *Accounting and Business Research*, 33(3), pp.171-185.

Clegg, S.(1994), "Weber and Foucault: Social theory for the study of organizations", *Organization*, 1(1), pp.149-178.

Cockcroft, R. and S. Cockcroft(2005), *Persuading people: An introduction to rhetoric*, 2nd ed., Basingstoke, Hampshire: Palgrave MacMillan.

Coffey, A.J. and P. Atkinson(1996), *Making Sense of Qualitative Data*, London: Sage.

Connelly, E.M. and D.J. Clandinin(1990), "Stories of Experience and Narrative Inquiry", *Educational Researcher*, 19(5), pp.2-14.

*Cooper, C.(1995), "Ideology, hegemony and accounting discourse: a case study of the National Union of Journalists", *Critical Perspectives on Accounting*, 6(3), pp.175-209.

_________(2013), "A critical perspective", in Jack, L., J. Davison and R. Craig(eds.), *The Routledge Companion to Accounting Communication*, London: Routledge, pp.242-253.

Cortazzi, M.(1993), *Narrative analysis*, London: Falmer Press.

*Courtis, J.K.(1995), "Readability of annual reports: Western versus Asian evidence", *Accounting, Auditing and Accountability Journal*, 8(2), pp.4-17.

___________(1998), "Annual report readability variability: tests of the obfuscation hypothesis", *Accounting, Auditing and Accountability Journal*, 11(4), pp.459-471.

Crossley, M.(2000), *Introducing Narrative Psychology: Self, Trauma and the Construction of Meaning*, Buckingham: Open University Press.

Czarniawska, B.(1998), *A Narrating Approach to Organization Studies*, Thousand Oaks, CA: Sage.

*____________(2017), "An Emergence of Narrative Approaches in Social Sciences and in Accounting Research", in Hoque, Z., L.D. Parker, M.A. Covaleski and K. Haynes(eds.), *The Routledge Companion to Qualitative Accounting Research Methods*, London: Routledge, pp.184-199.

*D'Aveni, R.A. and A.C. MacMillan(1990), "Crisis and content of managerial communications: A study of the focus of attention of top managers in surviving and failing companies",

Administrative Science Quarterly, 35, pp.634-657.

Davie, S.S.K.(2005), "The Politics of accounting, race and ethnicity: a story of a chiefly-based preferencing", *Critical Perspectives on Accounting*, 16, pp.551-577.

*Davison, J.(2008), "Repetition, rhetoric reporting and the 'dot.com'era: words, pictures, intangibles", *Accounting, Auditing and Accountability Journal*, 21(6), pp.791-826.

Deetz, S.(1992), "Disciplinary Power in the Modern Corporation", in Alvesson, M. and H. Willmott(eds.), *Critical Management Studies*, London: Sage, pp.21-45.

Denscombe, M.(1998), *The good research guide*, New York, NY: Open University Press.

Denzin, N.K.(1989), *The Research Act: A Theoretical Introduction to Sociological Methods*, 3rd ed., Englewood Cliffs: Prentice-Hall.

Derrida, J.(1978), *Writing and Difference*, Chicago: University of Chicago Press.

Edwards, P., M, Ezzamel and K. Robson(1999), "Connecting Accounting and Education in the UK: Discourses and Rationalities of Education Reform", *Critical Perspectives on Accounting*, 29, pp.31-53.

Elliott, J.(2005), *Using Narrative in Social Research: Qualitative and Quantitative Approaches*, London: Sage.

Eriksson, P. and A. Kovalainen(2008), *Qualitative Methods in Business Research*, London: Sage.

*Ezzamel, M., K. Robson, P. Stapleton and C. McLean(2007), "Discourse and institutional change: 'giving accounts and accountability'", *Management Accounting Research*, 18, pp.150-171.

Fairclough, N.(1992), *Discourse and Social Change*, Cambridge: Polity Press.

____________(1993), "The marketization of discourse", *Discourse and Society*, 4(2), pp.133-168.

____________(2001), *Language and Power*, London: Longman.

____________(2003), *Analysing Discourse: Textual Analysis for Social Research*, London: Routledge.

____________ and R. Wodak(1997), "Critical Discourse Analysis", in van Dijk, T.(ed.), *Introduction to Discourse Analysis*, London: Sage, pp.258-284.

*Ferguson, J.(2007), "Analysing accounting discourse: avoiding the 'fallacy of internalism'", *Accounting, Auditing and Accountability Journal*, 20(6), pp.912-934.

Flick, U.(ed.)(2007), *The Sage qualitative research kit*, London: Sage.

Foucault, M.(1969), *The Archaeology of Knowledge*, London: Travistock; 이정우 옮김(1992), 지식의 고고학, 민음사.

Fowler, R., B. Hodge, G. Kress and T. Trew(1979), *Language and Social Control*, London: Routledge.

*Francis, J.R.(1990), "After Virtue? Accounting as a Moral and Discoursive Practice", *Accounting,*

Auditing and Accountability Journal, 3(3), pp.5-17.

*Frazier, K.B. and R.W. Ingram and B. M. Tennyson(1984), "A Methodology for the Analysis of Narrative Accounting Disclosures", *Journal of Accounting Research*, 22(1), pp.318-331.

*Frezatti, F., D.B. Carter and M.F.G. Barroso(2014), "Accounting without accounting: informational proxies and the construction of organizational discourses", *Accounting, Auditing and Accountability Journal*, 27(3), pp.426-464.

Froud, J., K. Williams, C. Haslam, S. Johal and J. Williams(1998), "Caterpillar: two stories and an argument", *Accounting, Organizations and Society*, 23(7), pp.685-708.

Gaffikin, M.(2008), *Accounting Theory: Research, regulation and accounting practice*, Sydney: Pearson Education Australia.

*Gallhofer, S., J. Haslam and J. Roper(2001), "Applying critical discourse analysis: struggles over takeovers legislation in New Zealand", *Advances in Public Interest Accounting*, 8, pp.121-155.

Garcia-Osma, B. and E. Guillamon-Saorin(2011), "Corporate governance and impression management in annual results press release", *Accounting, Organizations and Society*, 36(4/5), pp.187-208.

Garfinkel, H.(1967), *Studies in Ethnomethodology*, Englewood Cliffs; Prentice-Hall.

Gioia, D.A. and K. Chittipeddi(1991), "Sensemaking and sensegiving in strategic change initiation", *Strategic management journal*, 12(6), pp.433-448.

Goffman, E.(1959), *The Presentation of Self in Everyday Life*, New York: Doubleday.

Goh, P.C. and K.P. Lim(2004), "Disclosing IC in Company Annual Reports: evidence from Malaysia", *Journal of Intellectual Capital*, 5(3), pp.500-510.

Graham, C.(2008), "Fearful asymmetry: the consumption of accounting signs in the Algoma Steel pension bailout", *Accounting, Organizations and Society*, 33, pp.756-782.

Graves, F., Flesher, D. and R. Jordan(1996), "Pictures and the Bottom Line: the television epistemology of U.S. annual reports", *Accounting, Organizations and Society*, 21(1), pp.57-88.

Gray, R.H., C. Adams and D. Owen(2014), *Accountability, Social Responsibility and Sustainability: Accounting for Society and the Environment*, London: Pearson.

*__________, R. Kouhy and S. Lavers(1995), "Methodological Themes: constructing a research database of social and environmental reporting by UK companies", *Accounting, Auditing and Accountability Journal*, 8(2), pp.78-101.

Guthrie, J. and L.D. Parker(1990), "Corporate Social Disclosure Practice: a comparative international analysis", *Advances in Public Interest Accounting*, 3, pp.159-175.

Hall, S.(2001), "Foucault: power, knowledge and discourse", in Wetherell, M., S. Taylor and

S.J. Yates(eds.), *Discourse theory and practice: A reader*, London: Sage, pp.72-81.

Haried, A.A.(1972), "The semantic dimension of financial statements", *Journal of Accounting Research*, 10(2), pp.376-391.

*Harris, J.(2005), "The Disclosure of Governmental Accounting and Auditing", *Public Budgeting and Finance*, 25(4), pp.154-179.

Henderson, S., G. Peirson and K. Harris(2004), *Financial Accounting Theory*, Sydney: Pearson; 김석웅 역(2005), 재무회계이론, 대명.

Heritage, J.(1984), *Garfinkel and Ethnomethodology*, Cambridge: Polity Press.

__________(1987), "Ethnomethodology", in Giddens, A. and J.H. Turner(eds.), *Social Theory Today*, Cambridge: Polity Press, pp.224-272.

Hinchman, L. P. and S. Hinchman(1997). *Memory, Identity, Community: The idea of narrative in the human sciences*, New York: Suny Press.

*Hines, R.D.(1988), "Financial Accounting: In communicating reality, we construct reality", *Accounting, Organizations and Society*, 13(3), pp.251-261.

Hobson, J.L., W.J. Mayhew and M. Venkatachalam(2012), "Analyzing speech to detect financial misreporting", *Journal of Accounting Research*, 50(2), pp.349-392.

Holland, J.(2005), "A grounded theory of corporate disclosure", *Accounting and Business Research*, 35(3), pp.249-267.

Holsti, O.R.(1969), *Content Analysis for the Social Sciences and Humanities*, Reading, MA: Addison-Wesley.

Hopper, T., M. Annisette, N. Dastoor, S. Uddin & D. Wickramasinghe(1995), "Some challenges and alternative to positive accounting research", in Jones, S., C. Romano & J. Ratnatunga (eds), *Accounting Theory: A Contemporary Review*, Sydney: Australian Harcourt Brace & Company, pp.517-550.

*__________, J. Ashraf, S. Uddin, and D. Wickramasinghe(2015), "Social theorisation of accounting", in Jones, S.(ed.), *The Routledge Companion to Financial Accounting Theory*, London: Routledge, pp.452-471.

__________ and N. Macintosh(1993), "Management accounting as disciplinary practice: the case of ITT under Harold Geneen", *Management Accounting Research*, 4, pp.181-216.

Humphrey, C., K.C. Moffitt, M.B. Burns, J.K. Burgeon and W.F. Felix(2011), "Identification of fraudulent financial statements using linguistic credibility analysis", *Decision Support Systems*, 50(3), pp.585-594.

Hutchby, I. and R. Wooffitt(2008), *Conversation Analysis*, 2nd edition, Cambridge: Polity Press.

Ingram, R.W. and K.B. Frazier(1980), "Environmental performance and corporate disclosure", *Journal of Accounting Research*, 18(2), pp.614-622.

*________________________(1983), "Narrative disclosures in annual reports", *Journal of Business Research*, 11, pp.49-60.

*Jameson, D.(2000), "Telling the investment story: a narrative analysis of shareholder reports", *Journal of Business Communication*, 37(1), pp.7-38.

Jensen, M.C.(1983), "Organization theory and methodology", *The Accounting Review*, 58(2), pp.319-339.

Jones, M.J.(1988), "A Longitudinal study of the readability of the chairman's narratives in the corporate reports of a UK Company", *Accounting and Business Research*, 18(72), pp.297-305.

*________ and P.A. Shoemaker(1994), "Accounting narratives: A review of empirical studies of content and readability", *Journal of Accounting Literature*, 13, pp.142-184.

*________ and M. Smith(2014), "Traditional and alternative methods for measuring the understandability of accounting narratives", *Accounting, Auditing and Accountability Journal*, 27(1), pp.183-208.

Jönsson, S.(1992), "Accounting for Improvement: action research on local management support", *Accounting, Management & Information Technology*, 2(2), pp.99-115.

*________(1996), *Accounting for Improvement*, Oxford: Pergamon.

________(1998), "Relate Management Accounting Research to Managerial Work", *Accounting, Organizations and Society*, 23(4), pp.411-434.

*________ and N. Macintosh(1997), "CATS, RATS and EARS: Making the Case for Ethnographic Accounting Research", *Accounting, Organizations and Society*, 22(3/4), pp.367-386.

Jorgensen, M.W. and L. Phillips(2002), *Discourse Analysis as Theory and Method*, London: Sage.

Kelly-Newton, L.(1980), "A sociological investigation of the USA mandate for replacement cost disclosures", *Accounting, Organizations and Society*, 5(3), pp.311-321.

Khalifa, R.(2013), "Intra-professional hierarchies: the gendering of accounting specialisms in UK accountancy", *Accounting, Auditing and Accountability Journal*, 26(8), pp.1212-1245.

*________ and H. Mahama(2017), "Discourse Analysis in Accounting Research", in Hoque, Z., L.D. Parker, M.A. Covaleski and K. Haynes(eds.), *The Routledge Companion to Qualitative Accounting Research Methods*, London: Routledge, pp.250-264.

*________, N. Sharma, C. Humphrey and K. Robson(2007), "Discourse and audit change: transformation in methodology in the professional audit field", *Accounting, Auditing and Accountability Journal*, 20(6), pp.825-854.

Knights, D. and G. Morgan(1991), "Corporate strategy, organizations and subjectivity: a critique", *Organization Studies*, 12(2), pp.251-273.

________ and H. Willmott(1989), "Power and Subjectivity at Work from degradation to subjugation in social relations", *Sociology*, 23, pp.1-24.

*Kohut, G.F. and A.H. Segars(1992), "The President's Letter to Stockholders: an examination of corporate communication strategy", *The Journal of Business Communication*, 29(1), pp.7-21.

Krippendorff, K.H.(1980), *Content Analysis: An Introduction to Its Methodology*, Thousand Oaks, CA.: Sage.

________________(2004), *Content Analysis: An Introduction to Its Methodology*, 2nd ed., Thousand Oaks, CA.: Sage.

________________(2012), *Content Analysis: An Introduction to Its Methodology*, 3rd ed., Thousand Oaks, CA.: Sage.

Labov, W.(1972), *Language in the Inner City: Studies in the Black English Vernacular*, Philadelphia, PA: University of Pennsylvania Press.

Lee, T.A.(2005), "A commentary on professor Chambers' 1999 paper the poverty of accounting disclosure", *Accounting Education*, 14(1), pp.25-27.

*Lehman, C.R.(1992), *Accounting's Changing Role in Social Conflict*, New York: Markus Wiener Publishing; 구치모 · 김동률 · 서수덕 공역(1996), **회계의 사회적 역할**, 석정.

*Li, F.(2008), "Annual report readability, current earnings, and earnings persistence", *Journal of Accounting and Economics*, 45(2/3), pp.221-247.

_____(2010), "Textual analysis of corporate disclosures: a survey of the literature", *Journal of Accounting Literature*, 29, pp.143-165.

Lim, G.S.Z.(2000), From strategy, to accounting: accounting practice and strategic discourse in the telecommunications industry(PhD). University of Warwick. Retrieved from http://webcat.warwick.ac.uk/record=b1369199-S15.

Lindkvist, K.(1981), "Approaches to textual analysis", in Rosengren, K.E.(ed.), *Advances in Content Analysis*, Beverley Hills, CA: Sage, pp.23-42.

Liu, C. and S. Chen(2005), "Developing Measurement of Digital Capital in Employment Websites by Analytic Hierarchy Process", *Journal of American Academy of Business*, 7(1), pp.278-282.

*Llewellyn, S. and M.J. Milne(2007), "Introduction: Accounting as codified discourse", *Accounting, Auditing and Accountability Journal*, 20(6), pp.805-824.

Lock, J. and H. Willmott(2006), "Institutional theory, language and discourse analysis: a comment on Phillips, Lawrence and Hardy, Dialogue", *Academy of Management Review*, 31(2), pp.477-488.

*Loo, I., S. Cooper and M. Macochin(2015), "Enhancing the transparency of accounting research: the case of narrative analysis", *Qualitative Research in Accounting and Management*, 12(1), pp.34-54.

*Macintosh, N.B., T. Sherer, D.B. Thornton and M. Welker(2000), "Accounting as simulacrum and hyperreality: perspectives on income and capital", *Accounting, Organizations and Society*, 25(1), pp.13-50.

MacLean, M.(2012), "Sensemaking, storytelling and the legitimization of elite business careers", *Human Relations*, 65(1), pp.17-40.

*Maltby, J. and M. Tsamenyi(2010), "Narrative accounting disclosure: its role in the gold mining industry on the Gold Coast 1900-1949", *Critical Perspectives on Accounting*, 21, pp.390-401.

McConnell, D., J.A. Haslem and V.R. Gibson(1986), "The president's letter to stockholders: A new look", *Financial Analysts Journal*, 42(5), pp.66-70.

McCoy, L.(1999), *Accounting Discourse and Textual Practices of Ruling, a Study of Institutional Transformation and Restructuring in Higher Education*, https://tspace.library.utoronto.ca/handle/1807/12792.

McKenna, S.(2007), "Deconstructing a personal academic/practitioner narrative through self-reflexivity", *Qualitative Research in Organizations and Management*, 2(2), pp.144-160.

*McPhail, K. and Adams, C. A. (2016). Corporate respect for human rights: meaning, scope, and the shifting order of discourse. *Accounting, Auditing & Accountability Journal*, 29(4), pp.650-678.

Merkl-Davies, D.M. and N.M. Brennan(2007), "Discretionary disclosure strategies in corporate narratives: incremental information or impression management?", *Journal of Accounting Literature*, 26, pp.116-194.

*________________(2011), "A conceptual framework of impression management: new insights from psychology, sociology and critical perspectives", *Accounting and Business Research*, 41(5), pp.415-437.

________________ and S.J. McLeay(2011), "Impression management and retrospective sense-making in corporate narratives: a social psychology perspective", *Accounting, Auditing and Accountability Journal*, 24(3), pp.315-344.

*________ and V. Koller(2012), "Metaphoring' people out of this world: a critical discourse analysis of a chairman's statement of a defence firm", *Accounting Forum*, 36(3), pp.178-193.

Merriam, S.B.(2009), *Qualitative Research: A guide to design and implementation*, San Francisco: Jossey-Bass.

Metts, S. and E. Grohskopf(2003), "Impression Management: goals, strategies and skills", in Greene, J.O. and B.R. Burleson(eds.), *Handbook of Communication and Social Interaction Skills*, Mahwah, New Jersey: Lawrence Erlbaum Associate, pp.357-399.

Meyer, C.B.(2001), "A Case in Case Study Methodology", *Field Methods*, 13(4), pp.329-352.

Morton, J.R.(1974), "Qualitative objectives of financial accounting: a comment on relevance and understandability", *Journal of Accounting Research*, 12(2), pp.288-298.

*Murphy, T., V. O'Connell and C. O HOgartaigh(2013), *Discourses Surrounding the Evolution of the IASB/FASB Conceptual Framework: What They Reveal about the "Living Law" of Accounting*(SSRN Scholarly Paper No. ID 2150583).

Murray, M.(2003), "Narrative psychology", in Smith, J.A.(ed.), *Qualitative Psychology: A Practical Guide to Research Methods*, London: Sage, pp.111-131.

Myers, M.D.(2009), *Qualitative Research in Business and Management*, London: Sage.

*Nielsen, C. and M.T. Madsen(2009), "Discourses of transparency in the intellectual capital reporting debate: Moving from generic reporting models to management defined information", *Critical Perspectives on Accounting*, 20, pp.847-854.

*Oakes, H. and S. Oakes(2012), "Accounting and marketing communications in arts engagement: A discourse analysis", *Accounting Forum*, 36(3), pp.209-222.

O'Reilly, M. and N. Kiyimba(2015), *Advanced Qualitative Research*, London: Sage.

Parker, L.D.(2002), "Budgetary Incrementalism in a Christian Bureaucracy", *Management Accounting Research*, 13(1), pp.71-100.

*Petty, R. and J. Guthrie(2000), "Intellectual Capital Literature Review: measuring, reporting and management", *Journal of Intellectual Capital*, 1(2), pp.155-176.

Phillips, N. and C. Hardy(2002), *Discourse Analysis: Investigating Processes of Social Construction*, London: Sage.

__________, T.B. Lawrence and C. Hardy(2006), "Discussing 'discourse and institutions': a reply to Lock and Willmott, Dialogue", *Academy of Management Review*, 31(2), pp.477-488.

Polkinghorne, D.E.(1988), *Narrative Knowing and the Human Sciences*, Albany, NY: State University of New York Press.

Psathas, G.(1993), *The Study of Talk-in-Interaction*, London: Sage; 고문희 · 김춘미 · 문진하 · 이명선 옮김(2005), **대화 분석: 상호작용 내 대화연구**, 군자출판사.

Reisigl, M. and R. Wodak(2016), "The discourse-historical approach", in WodaK, R. and M. Reisigl(eds.), *Methods of Critical Discourse Analysis*, 3rd ed., London: Sage, pp.23-60.

Riessman, C.K.(1993), *Narrative Analysis*, Newbury Park, CA: Sage.

______________(2003), "Performing identities in illness narrative: masculinity and multiple sclerosis", *Qualitative Research*, 3(1), pp.5-33.

______________(2008), *Narrative Methods for the Human Science*, Thousand Oaks, CA: Sage.

*Rutherford, B.A.(2005), "Genre Analysis of Corporate Annual Report Narratives: a corpus linguistics based approach", *Journal of Business Communication*, 42(2), pp.349-378.

Sacks, H., E.A. Schegloff and G. Jefferson(1974), "A Simplest Systematics for the Organization of Turn-Taking in conversation", *Language*, 50, pp.696-735.

Salancik, G.R. and J.R. Meindl(1984), "Corporate attributions as strategic illusions of management control", *Administrative Science Quarterly*, 29, pp.238-254.

*Sanchez-Matamoros, J.B., F.G. Hidalgo, C. Alvarez-Dardet Espejo and F Carrasco Fenech (2005), *Govern(mentality) and Accounting: The Influence of Different Enlightment Discourse in Two Spanish Cases(1761-1777)*(SSRN Scholarly Paper No. ID 731105).

Schegloff, E.(1987), "Analyzing single episodes of interaction: An exercise in conversation analysis", *Social Psychology Quarterly*, 50(2), pp.101-114.

Schreck, P.(2013), "Non-financial disclosure and analyst forecast accuracy: International evidence on corporate social responsibility disclosure", *Social and Environmental Accountability Journal*, 33(3), pp.180-181.

*Seal, W.(2010), "Managerial discourse and the link between theory and practice: From ROI to value-based management", *Management Accounting Research*, 21, pp.95-109.

Short, J.C. and T.B. Palmer(2003), "Organizational Performance Referents: an empirical examination of their content and influences", *Organizational Behaviour and Human Decision Processes*, 90(2), pp.209-224.

Silverman, D.(1993), *Interpreting Qualitative Data: methods for analysing talk, text and interaction*, London: Sage.

*Sinclair, A.(1995), "The Chameleon of Accountability: Forms and Discourse", *Accounting, Organizations and Society*, 20(2), pp.219-237.

*Smith, J. and N.P. Smith(1971), "Readability: a measure of the performance of the communication function of financial reporting", *The Accounting Review*, 46(3), pp.552-561.

Smith, M.(2017), *Research Methods in Accounting*, 4th ed., London: Sage.

*________ and R.J. Taffler(1992a), "The chairman's statement and corporate financial performance", *Accounting and Finance*, 32, pp.75-90.

____________________(1992b), "Readability and understandability: different measures of the textual complexity of accounting narratives", *Accounting, Auditing and Accountability Journal*, 5(4), pp.84-98.

*____________________(2000), "The chairman's statement: A content analysis of discretionary narrative disclosures", *Accounting, Auditing and Accountability Journal*, 13(5), pp.624-646.

Soanes, C. and A. Stevenson(eds.)(2004), *Concise Oxford English Dictionary*, 11th ed., Oxford: Oxford University Press.

Solomon, J.F, A. Solomon, N.L. Joseph and S.D. Norton(2013), "Impression management, myth creation and fabrication in private social and environmental reporting: Insights from Erving Goffman", *Accounting, Organizations and Society*, 38, pp.195-213.

*__________________________, S.D. Norton and N.L. Joseph(2011), "Private climate change reporting: an emerging discourse of risk and opportunity?", *Accounting, Auditing and Accountability Journal*, 24(8), pp.1119-1148.

Sopanah, A., Sudarma, M., Judigdo, U. and A. Djamhuri(2013), "Beyond Ceremony: the impact of local wisdom on public participation in local government budgeting", *Journal of Applied Management Accounting Research*, 11(1), pp.65-77.

*Soper, F.J. and R. Dolphin Jr.(1964), "Readability and corporate annual reports", *The Accounting Review*, 39(4), pp.358-362.

*Spence, C.(2007), "Social and environmental reporting and hegemonic discourse", *Accounting, Auditing and Accountability Journal*, 20(6), pp.855-882.

Sprenger, T.O., A. Tumasjan, P.G. Sandner and I.M. Welpe(2014), "Tweets and trades: the information content of stock microblogs", *European Financial Management*, 20(5), pp.926-957.

Stanton, P., J. Stanton and G. Pires(2004), "Impressions of an Annual Reports: an experimental study", *Corporate Communications*, 9(1), pp.57-69.

Staw, B.M., P.I. McKechnie and S.M. Puffer(1983), "The justification of organization-al performance", *Administrative Science Quarterly*, 28(4), pp.582-600.

*Steenkamp, N. and D. Northoctt(2007), "Content Analysis in Accounting Research: the Practical Challenges", *Australian Accounting Review*, 17(3), pp.12-25.

Subramanian R., R.G. Insley and R.D. Blackwell(1993), "Performance and readability: a comparison of annual reports of profitable and unprofitable corporations", *The Journal of Business Communication*, 30, pp.49-61.

Swales, G.S.(1988), "Another look at the president's letter to stockholders", *Financial Analysts Journal*, 44(2), pp.71-73.

*Sydserff, R. and P. Weetman(1999), "A texture index for evaluating accounting narratives", *Accounting, Auditing and Accountability Journal*, 12(4), pp.59-488.

*__________________________(2002), "Developments in Content Analysis: a transitivity index and diction scores", *Accounting, Auditing and Accountability Journal*, 15(4), pp.523-545.

Tennyson, B.M., R.W. Ingram and M.T. Dugan(1990), "Assessing the information content of narrative disclosures in explaining bankruptcy", *Journal of Business Finance & Accounting*, 17(3), pp.391-410.

Thorne, S.(2000), "Data analysis in qualitative research", *Evidence Based Nursing*, 3(3), pp.68-70.

Tinker, T.(2005), "A commentary on Professor Chambers' 1999 The poverty of accounting discourse", *Accounting Education*, 14(1), pp.35-38.

Tomkins, C. and R. Groves(1983), "The Everyday Accountant and Researching his Reality", *Accounting, Organizations and Society*, 8(4), pp.361-374.

Townley, B.(1993), "Foucault, power/knowledge, and its relevance for human resource management", *Academy of Management Review*, 18(3), pp.518-545.

Twedt, B. and L. Rees(2012), "Reading between the lines: an empirical examination of qualitative attributes of financial analysts' reports", *Journal of Accounting and Public Policy*, 31(1), pp.1-21.

van Dijk, T.(1993), "Principles of critical discourse analysis", *Discourse and Society*, 4(2), pp.249-284.

van Leeuwen, T.(2013), "Critical analysis of multimodal discourse", in Chapelle, C.(ed.), *Encyclopedia of applied linguistics*, Oxford: Wiley-Blackwell, pp.1–5.

*Waters-York, L.M.(1996), "Metaphor in accounting discourse", *Accounting, Auditing and Accountability Journal*, 9(5), pp.45-70.

Weber, R.P.(1990), *Basic Content Analysis*, 2nd ed., Newbury Park, CA: Sage.

Weick, K.E.(1995), *Sensemaking in organizations*, London: Sage.

_________, K.M. Sutcliffe and D. Obsfeld(2005), "Organizing and the process of sensemaking", *Organization Science*, 16(4), pp.409-421.

*Westerdahl, S.(2001), "'Between Business and Community': A rural co-op and its accounting practice", *Financial Accountability and Management*, 17(1), pp.59-72.

Westphal, J.D. and M.E. Graebner(2010), "A matter of appearances: how corporate leaders manage the impression of financial analysts about the conduct of their board", *Academy of Management Journal*, 53(1), pp.15-43.

Whittle, A., C. Carter and F. Mueller(2014), "Above the fray: Interests, discourse and legitimacy in the audit field", *Critical Perspectives on Accounting*, 25(8), pp.783-802.

*Williams, P.F.(2004), "You reap what you sow: The ethical discourse of professional accounting", *Critical Perspectives on Accounting*, 15(6), pp.995-1001.

Wodak, R.(2004), "Critical discourse analysis", in Searle, C. et al.(eds.), *Qualitative research practices*, London: Sage, pp.197-213.

_________ and M. Meyer(2009), *Methods of Critical Discourse Analysis*, London: Sage.

Wooffitt, R.(2005), *Conversation Analysis and Discourse Analysis: A Comparative and Critical Introduction*, London: Sage.

*Yamaji, H.(2005), "Accounting discourse as a process of implanting a social consciousness into the public mind", *Critical Perspectives on Accounting*, 16(2), pp.137-150.

*Yeoh, P.(2010), "Narrative reporting: the UK experience", *International Journal of Law and Management*, 52(3), pp.211-231.

Yusof, N., D. Wickramasinghe and M. Zaman(2013), "Historical analysis of Bumi-putere institution and corporate governance in Malaysia", *Asia Pacific Interdisciplinary Research in Accounting Conference*, July, Kobe, Japan.

*Zan, L.(2004), "Accounting and management discourse in proto-industrial settings: The Venice Arsenal in the turn of the 16th century", *Accounting and Business Research*, 34(2), pp.145-175.

Zott, C., R. Amit and L. Massa(2011), "The business model: recent developments and future research", *Journal of Management*, 37(4), pp.1019-1042.

결론에서는 회계학의 해석적 방법론의 연구성과와 특징을 살펴보면서, 이의 시사점 및 문제점, 앞으로의 연구방향 등을 살펴본다.

제5부 결 론

제19장
결 론

본서에서는 우리나라 회계학계에서 아직까지 잘 이용하지 않는 해석적 방법론을 살펴보았다. 우선 제1부 서론의 제2장에서는 연구(research)의 본질을 다시 한번 음미하였고, 회계학방법론을 살펴보았다. 제3장에서는 해석적 방법론의 의의, 역사, 철학적 배경인 현상학, 해석학, 실용주의 등을 간단히 살펴보았으며, 철학적 가정으로 존재론적, 인식론적, 가치론적, 방법론적 가정과 이들의 상호의존성을 살펴보았다. 그리고 해석적 방법론의 연구설계와 연구과정의 특징인 순환성을 살펴보았다. 제4장에서는 해석적 방법론을 회계에 적용한 해석적 회계학연구의 의의, 특징 등을 살펴보았다.

제2부에서는 해석적 방법론에서 주로 이용하는 이론을 살펴보았는데, 대부분은 사회(학)이론들을 이용하고 있다. 제5장에서 이론의 의의를 살펴보았으며, 제6장, 제7장, 제8장, 제9장, 제10장에서 각각 상징적 상호작용론, 일상생활방법론(ethnomethodolgy), 행위자연결망이론(actor-network theory, ANT), 구조화이론(structuration theory), 제도이론(구제도경제학과 신제도사회학) 등을 살펴보았다.

제3부에서는 해석적 방법론에서 주로 이용하는 연구방법을 살펴보았는데, 이에는 관리회계에서 관여주의적 연구(interventionist research)에 포함되는 실행연구(action research), 민속지학(ethnography), 근거이론(grounded theory), 사례연구(case research) 등을 살펴보았다.

제4부에서는 자료수집과 분석방법을 살펴보았는데, 자료수집의 경우, 실증적 방법론의 경우와는 달리 여기서는 주로 면접과 참여관찰이 큰 비중을 차지하며, 문서수집이 보완적으로 이용되고 있다. 그리고 자료분석의 경우에는 언어분석방법을 이용하여 대화분석, 담론분석, 서사분석 등이 많이 이용되며, (질적) 내용분석이 이용되고 있다.

미국에서 활발한 실증적 회계학연구와는 달리 영국에서는 비판적 회계학연구나 해석적 회계학연구와 같이 비실증적 회계학연구가 활발하다. 따라서 영국의 회계학자들은 신고전파 경제학보다는 사회(학)이론에 기초하여 집중적인 사례연구를 실시하는 경향이 있다(Hopper et al., 2001, p.286).

해석적 방법론을 적용하는 회계학연구의 경우에 대부분은 주로 관리회계분야에서 활발하게 이용하고 있으며, 회계현상이 발생하는 현장에 가서 현장의 사람들을 만나서 면접하고 참여관찰하는 현장연구가 공통적인 특징을 가지고 있다는 것을 파악할 수 있다.

우리나라의 회계학계에서는 실증적 방법론 또는 실증주의 패러다임이 주류회계학을 지배하고 있다. 이러한 실증주의 패러다임은 일반화와 보편적인 법칙의 탐구를 목적으로 규칙성과 관계를 탐색하는데 주안점을 둔다. 실증주의 패러다임에서는 새로운 이론의 구성(construction)보다는 기존 이론의 검정(test) 또는 확증(conformation)이 일반적인 연구목표이다. 이론 확증은 연역적인 방식으로 진행되며, 현존하는 문헌의 검토와 현상에 관한 기존 이론들의 검토에서 시작한다. 이를 토대로 특정한 변수들을 선택하고 이것들 사이의 관계를 서술함으로써 가설을 도출한다. 이러한 가설들은 새로운 시각에 입각하여 기존 이론을 확장하거나 수정하며, 기존 지식에서 인식된 격차를 설명하거나, 경합적인 설명들을 검정하기 위한 잠정적 서술인 가설에 기초해서 설계한 도구와 절차에 따라 주로 양적 자료를 수집하고 분석한다. 연구자는 특히 변수들을 조작화하고 이를 측정할 수 있는 측정도구를 활용하여 가설에 대한 통계적 검정을 시도한다. 이를 통해 가설을 채택하거나 기각하며, 그 결과 기존 이론을 수정하거나 확장하게 된다.

한편 해석적 방법론 또는 구성주의(해석주의) 패러다임은 인간이 스스로 해석하고 있는 세계에 참여함으로써 의미를 구성한다는 근본적인 가정에 기초하고 있다. 사회적 실재는 절대적, 객관적, 외부적인 것이 아니며, 무엇이 실재이고 무엇이 의미 있는 것인가에 관한 구성원들의 합의에 의해 도출된다. 현상의 많은 부분은 현상을 둘러싼 집단과 개인들이 의미를 형성하는 행위들로 구성된다. 이러한 의미 형성 행위들은 구성주의자들에게 가장 중요한 관심사이다. 구성주의의 시각에서 보면, 연구자와 연구대상은 상호 연계되어 있으며, 연구자는 맥락의 일부로써 자신의 경험과 관점을 탐구에 투영한다. 해석학은 구성주의 패러다임을 실행하는 대표적인 방법론적 입장이다. 구성주의적 입장의 연구는 심층적이고 풍부한 자료를 수집하고, 분석을 통해 이론을 구성하는 귀납적 접근을 선호한다. 연구자는 사회현상에 참여하고 있는 행위자들의 관점에서 접근하여 의미를 이해하고 해석한다(이기홍, 2013, p.8).

해석적 방법론을 포함한 질적 방법론을 적용한 회계학연구는 1976년에 Hopwood가 *Accounting, Organizations and Society*를 창간한 이후, 발표되기 시작하였다.[1] 이는 *Accounting, Auditing and Accountability Journal*(1988), *Management Accounting Research*(1990), *Qualitative Research in Accounting and Management*(2004) 등이

1) 예를 들면, 다음을 참조. Colville(1981), Boland · Pondy(1983), Tomkins · Groves(1983),

창간된 이후 더욱 촉진되었다.

질적 방법론은 비판적 방법론과 해석적 방법론을 의미하는데, 좁은 의미로는 주로 해석적 방법론을 의미한다. 해석적 방법론을 적용하는 해석적 연구자들은 해석사회학의 원칙을 따르고 있다. 즉, 사건과 사물의 의미와 가치를 생성하는 데서 인간의식의 구성적 역할이 있다고 간주한다. 그들은 이러한 사건과 사물의 해석에 주안점을 두었으며, 회계의 기술적 과정을 단순히 인식하기 보다는 그들의 의미를 파악하고자 하였다. 기능주의자들이 회계시스템을 현재 그대로 구축하는데 반하여, 해석적 연구자들은 이러한 사물들이 인간이 부여한 의미를 가지고 존재할 뿐이라는 점을 보여주었다. 따라서 이들의 인식론적 전략은 회계행위와 연관된 일상생활의 경험을 이해하고 그러한 회계행위에 부착된 사회문화적 · 제도적 의미를 제공하는 것이었다. Gambling(1977)의 회계마술, Colville(1981)의 행동회계, Tomkins · Groves(1983)의 일상회계, Chua(1986)의 해석적 대안, Hopper et al.(1987)의 자연주의 등이 기능주의에서 해석주의로의 전환에 대한 증거라고 볼 수 있을 것이다. 이러한 해석적 방법론은 해석학, 현상학, 실용주의를 철학적 배경으로 행위자 뿐만 아니라 사회적 맥락을 중시하는 방법론이다.

해석적 방법론에서 해석과정은 실제로 의미생성(sensemaking)의 기술이며(Siti-Nabiha, 2009), 이로부터 도출되는 설명은 이론과 관찰의 혼합이다(Humphrey · Scapens, 1996). 질적 연구자는 자료가 분석되고 해석되는 연구도구이며, 수단이다. 연구자의 주관성은 자료의 일부이며, 의미생성과정에 영향을 준다(김석웅, 2016, p.109).

해석학적 전환은 연구자에게 회계를 상징으로 취급하고 회계가 실천되는 방식에 관한 의미를 생성하게 하면서, 특별한 인식론적 전략을 지지한다. 해석적 연구에 의한 분석은 측정, 통제 등과 같은 회계의 다양한 행위에 특정한 의미를 부여함으로써 회계가 사회적으로 구성된 기능이라는 점을 확인시켜 준다.

이상과 같이 해석적 방법론에 의한 해석적 연구는 다음과 같은 특징을 가진다. ① 해석적 연구는 자연주의적(naturalistic)이다. ② 해석적 연구는 서술적이고 맥락적이다. ③ 동태적인 실재와 과정 자체에 대하여 관심을 가진다. ④ 귀납적이다. ⑤ 의미의 파악을 중요시한다. ⑥ 총체적 관점에서 바라본다. ⑦ 연구자의 주관성이 있다. ⑧ 내부자 관점을 중시한다. ⑨ 연구과정의 순환성이 있다.

요컨대 해석적 연구는 사람에 따라 다양한 의미로 해석되고 있지만, 그 근본을 이루고 있는 두 가지 특징은 첫째, 실증적 방법론과 그 연구동향에 대하여 지속적인 비판을 가한다는 점과 둘째, 연구대상에 대하여 자연주의적이고 해석적인 방법을 취한다는 것이다(Denzin · Lincoln, 2011).

한편, 해석적 연구와 같은 질적 연구의 중요한 성과중의 하나는 이론개발과 관련있다.

Keating(1995)은 이론적 목적에 따라 대부분의 질적 연구가 채택하고 있는 현장연구와 사례연구를 범주화하는 체계를 주장하고 있는 바, 이론적 목적을 이론발견, 이론개선, 이론반박연구로 구분하고 있는데, 실증적 연구는 이론을 검정(test)하는데 반하여, 질적(해석적) 연구는 이론을 발견(discovery), 개선(refinement), 반박(refutation)하고자 한다.

이론발견을 목적으로 하는 질적 연구는 18세기의 인류학처럼 미지의 영역에 관한 탐구와 비교할 수 있다. 미지의 현장을 관찰하는 현장연구나 사례연구에서 이러한 목적을 파악할 수 있다. 여기서는 새로운 현상을 관찰해서 풍부하게 서술하여 설명하고자 한다. 선행이론이 없는 곳에서 귀납적이고 탐구적인 발견연구는 경험적 관찰로부터 나타나는 예비이론을 유도할 것이다(Keating, pp.73-77). 이러한 이론발견연구의 결과는 대규모 모집단간에 예비가설의 타당성을 검정하는 실태연구나 집중적인 질적 연구와 같은 곳에서 기본요소(building blocks)로 이용될 수 있을 것이다(Vaivio, *op cit.*, p.72).

이론발견연구가 현장자료로부터 나타나는 통찰력에 의존하지만, 이론개선을 목적으로 하는 질적 연구는 분명한 이론초점과 목적을 가지고 시작한다. 어떤 의미에서 현장에 진입하기 전에 어떤 이론을 사용할지를 결정하지만, 이론은 새로운, 경험적으로 배태된 해석을 통해 발전된다. 일부 이론적 요소가 확증되고 강화되기도 하고, 더욱 구체화되기도 한다. 따라서 이론이 이렇게 경험적으로 실질적인 개선을 해서 설명력을 더 많이 가지게 된다. Keating(1995)에 의하면 이론개선연구들은 다시 특정한 이론을 예시하는 연구[2)]와 기존이론을 구체화하는 연구[3)]로 나눌 수 있다. 현장에서 발생하는 회계실무나 회계현상이 기존의 회계이론과 잘 맞지 않는 것으로 드러날 수 있다. 이 경우를 이론반박연구라 한다(Keating, pp.81-83; Young · Selto, 1993; Macintosh · Scapens, 1990).

회계현상에 해석적 방법론을 적용한 해석적 회계학연구가 맥락, 조직, 통제, 회계, 연구 등의 관점에서 다음과 같이 변화·확대시켰다고 주장되고 있다(Wickramasinghe · Alawattage, p.423).

(1) 맥락의 관점: 기능적인 실증적 연구자들은 맥락을 주어진 현상으로 간주한다. 따라서, 그들은 회계변화를 이해하기 위해 맥락이 어떻게 설명변수가 될 수 있는가를 식별하기를 원하지 않는다. 그러나, 해석적 연구자들은 회계의 기능과 맥락 사이의 상

2) Ansari · Euske(1987)와 Dent(1987)에 관한 Keating(1995, pp.77-79). 예를 들면, 관리회계시스템의 권력효과를 설명하기 위해 특정한 사회이론을 이용하는 사례연구가 여기에 해당할 것이다.

3) Simons(1991)와 Macher(1987)에 관한 Keating(1995, pp.79-81). 여기서는 경험적 검토와 비판적 평가의 순환고리하에서 질적 연구의 이론적 출발이 시작된다. 기존이론의 개념과 인과관계가 구체적인 조직적, 사회적, 제도적 맥락내에서 개선하기 위해 부분적으로 수정되고, 새로운 현장증거에 관한 연구자의 반복적 해석에 비추어 기존이론이 개선된다.

호작용에 관해 이해하고자 한다(Burchell et al., 1980). 해석사회학과 상징적 상호작용론의 사상에 따라, 회계연구자들은 각각의 맥락에서 사례연구를 실시하기 시작하였다. 예를 들면, Rosenberg et al.(1982)는 회계에 관한 노동역할관점에 초점을 두면서, 지방정부 봉사부서의 맥락에서 연구하였다. 그들은 이러한 특별한 조직맥락이 어떻게 대조적인 직업가치, 목표, 정체성을 생성하였는가를 예시하였다. Ansari・Jan(1991)은 회계통제시스템의 역할에 관해서, 어떤 파키스탄기업에서 3명의 소유자들간에 사회적 관계와 권력관계가 특별한 회계실무를 생성하기 위한 공식통제구조와 어떻게 상호작용하였는가에 관해 살펴보았다. 그들은 이 맥락에서 회계가 합리적이라기 보다는 상징적이었다는 점을 발견하였다. 또다른 개척적인 해석적 연구에서, Berry et al.(1985)는 그들이 채탄의 생산문화가 재무통제의 장점을 어떻게 뒷받침하게 되었는가에 관해 일단의 상세한 민속지학적 설명을 하였다는 점에서 그들은 분석이 맥락적이었다고 주장하였다. 따라서 맥락을 중시함으로써 회계는 회계역할의 존재와 역동성을 위한 정당성(legitimacies) 뿐만 아니라 애매성(ambiguities)을 생성하는 이차적 기능으로 되었다(Wickramasinghe・Alawattage p.424).

(2) 사람과 조직의 관점: 실증주의자들은 사람과 조직이 회계의 기능과 관련해서 수동적 역할을 담당하는 것으로 간주하는데 반하여, 해석주의자들은 사람이 그러한 기능에 대해 의미와 가치를 어떻게 생성하는가를 살펴본다. 그 결과, 조직에 대한 (관리)회계의 기여는 사람이 그 목적을 어떻게 생각하는가에 달려있다. 왜냐하면 해석적 연구자에 의하면, 관리회계, 조직 등과 같은 사회적 범주의 독립적 의미가 없기 때문이다. 오히려, 의미는 그러한 사회적 범주에 작용하고, 상호작용하는 개인의 구성물이다. 예를 들면, Chua(1986)는 Boland・Pondy(1983)의 예산연구를 참고하면서, 조직의 사람들이 예산과 조직기능에 대한 예산의 시사점에 의미를 부여하는 일상언어를 예산편성이 생성할 수 있다고 주장하였다. Boland・Pondy(1983)에 의하면, 사람들은 예산을 최고경영자가 사람과 활동을 통제하도록 인도하는 합리적 도구로 간주하는데 반하여, 때로는 예산이 협상과 타협에 기회를 제공함으로써 사람의 일상생활에 연루된다. Ansari・Jan(1991)도 유사한 분석을 제공하면서, 사람들이 자신들의 문화가치에 입각해서 경영자의 통제기대와는 반대로 통제에 대한 가치와 의미를 해석하고 생성한다는 것을 보여주었다. 그리하여, 예산편성이 사람의 상호작용 및 해석과는 독립적으로 작용하는 유일하게 합리적이고 객관적인 관리회계기법이라는 것은 주장될 수 없다. 나아가, 반약 조직의 사람이 이 방식으로 의미와 가치를 생성한다면, 조직은 독립적인 사회적 범주가 될 수 없다는 것이 강조되어야 한다. 오히려, 조직은 상이한 이해관계를 가진 개인들의 집합이다. 그리하여 조직이 아닌 개인

들이 목표를 가진다. 해석적 회계연구자들의 분석초점은 회계를 해석하는 데서 이러한 개인의 역할과 개인의 목표이어야 한다. 즉, 사회적 상호작용이어야 한다(Hopper et al., 1987을 참조).

(3) 통제의 관점: Walker(2016)에 의하면 통제는 회계의 역할에서 중요한 비중을 차지하고 있다. 해석적 관점에 의하면, 통제는 유인제도, 보상시스템, 성과측정 등과 같이 단순히 계량적 공식에 의해서 서술될 수는 없다. 이러한 통제가 그러한 형태에서 지배적 시스템으로 지속하더라도, 그것은 지속적인 협상과 해석을 통해 기능한다. 따라서 통제의 실무는 기능적일 수도 있고 역기능적일 수도 있다. 이러한 측면에 대한 연구증거가 있다. 예를 들면, Rosenberg et al.(1982)는 해석적 입장을 취하면서, 영국의 사회복지사업부서의 전문회계사들이 새로운 금융조치를 시작함으로서, 어떻게 자신들의 신뢰성이 높아졌는가를 보여주었다. 이 경우에, 회계사의 사회복지사업 공무원과의 협상과 타협은 적극적으로 되었으며, 그리하여 신규 임명된 회계사들이 단순히 재무조건에 한정되는 협소한 견해와는 반대로 통제에 대한 더욱 광범위한 관점을 생성할 수 있었다. 이 협상가능한 공간이 더욱 광범위한 통제영역을 생성하여 통제는 개인의 욕구, 기대, 협상으로부터 개발된 실무이었다.

일부 다른 경우에, 통제결과가 역기능적일 수 있다는 것이 보고되었다. 예를 들면, Berry et al.(1985)는 재무통제가 국립석탄위원회에서 노동자를 통제하는데 효과적이지 않다고 보고하였다. 그 대신에, 앞에서 언급한 바와 같이, 지배적인 것으로 해석되고 이해되는 생산문화가 생산통제의 중요성을 강조하였다. 따라서 재무통제는 애매성을 증가시켰고 생산부서는 본부와 다소 동떨어지게 되었다. 이것은 재무통제 시스템의 의도가 아니었다. 오히려, 그것은 사람들에 의한 가치와 의미가 통제시스템에 주어졌기 때문에 발생하였다. 그리하여 통제시스템이 조직목표를 달성할 수 있다는 고전적 주장에도 불구하고(Anthony, 1965), 이들은 실제로 참가자들의 사회적 구성이다.

(4) 회계의 관점: 해석적 회계연구자들의 경우, 회계는 단순히 정부와 전문가 단체와 같은 규제기관이 규정한 것이라기 보다는 일상적인 실무이다(Colville, 1981; Tomkins · Groves, 1983). 규제기관의 경우, 회계는 기준, 개념, 절차에 따라 실천되어야 하며, 실천은 보편적이어야 한다. 예를 들면, 예산통제시스템에서 예산목표는 합리적으로 식별된 기준에 따라, 즉, 시장요건을 이해함으로써 설정되어야 한다. 일단 이러한 요건이 식별되었으면, 예산목표가 설정되고, 예산이 준비되며, 다시 사람들은 시장의 불리한 영향이 없다면 목표를 달성한다. 해석적 연구자들은 회계가 이것처럼 작용할 것이라고 기대하지 않는다. 회계담당자는 회계를 조작하기도 한다.

한편, 회계가 광범위한 조직구성원을 통해 조정될 때, 해석적 연구자들은 그것이 협상의 여지가 있다고 주장한다. 예를 들면, Covaleski · Dirsmith(1986)는 Wisconsin 대학교의 예산편성실무에 관해, 예산목표가 정부가 기대한 공식적이고 가치중립적인 실무라기 보다는 대학교와 정부 사이의 협상의 결과라고 주장하였다. Hopper et al. (1987, p.441)이 보여준 바와 같이, 이 맥락에서 관리회계는 인식과 우선권(priority)을 위해 다른 것들과 경합하는 '간주관적 의미시스템'이라는 것을 보여주었다.

(5) 연구의 관점: 회계실무에서 회계를 이해하기 위해, 해석적 연구자들은 실태조사보다는 사례연구를 실시한다. 그러한 사례연구에서, 연구자들은 면접, 관찰, 문서로부터 수집한 계량자료에 주로 의지함으로써 조직참가자가 실제실무를 해석하는 방식을 탐구한다. 이러한 방법을 통해, 그들은 주관적 판단과는 무관한 사실을 찾는 것과는 반대로 응답자의 해석을 감지한다. 자료가 가치의존적(value-laden)이라는 방법론적 신념에 따라, 해석적 연구자들은 실재가 조직구성원의 주관적 해석을 통해 어떻게 구성되는가를 분명하게 하고자 한다. 그리하여 연구자의 역할은 그에게 해석되고 제시되어 온 것을 보고하는 것이다. 연구자는 보고에서 (Rosenberg et al., 1982; Berry et al, 1985; Covaleski · Dirsmith, 1986의 경우처럼) 이야기하기(stroytelling)의 방법, (Parker · Roffey, 1997; Goddard, 2005의 경우처럼) 근거이론의 방법, (Scapens · Roberts, 1993; Jones · Dugdale, 2002의 경우처럼) 제도이론이나 행위자연결망이론과 같은 사회(학)이론을 이용한다. 여기서는 연구를 어떻게 할 것인가를 상세히 설명하는 것이 아니라 해석적 연구자들이 해야 할 바를 처방하기 보다는 참가자의 관점에서 발생하는 것을 단순히 서술한다는 것을 강조하는 것이다. 요컨대, 이러한 연구자들은 (관리)회계변화를 살펴보는 사회적 · 조직적 실재로서 주관적 판단을 탐구한다.

한편, 해석적 회계학연구는 회계의 이론과 실무에 다음과 같은 시사점을 가질 것이다.

(1) 다양한 회계현상에 대해서 해석적 방법론의 적용을 촉진함으로써 회계현상에 대한 이해의 폭을 넓힐 수 있을 것이며, 회계현상의 과학성을 파악하고자 하는 실증적 방법론에 의해 외면해 온 회계현상의 사회성을 규명할 수 있을 것이다. 따라서 실증적 방법론의 한계를 보완할 수 있다는 점에서 회계학의 발전에도 기여할 수 있을 것이다. 예를 들면, 전통적인 회계학방법론은 주로 신고전파경제학에 입각해서 실증주의를 적용하고 있다. 따라서 이러한 연구에서는 비경제적인 요인들에 대한 고려가 미흡하다. 즉, (균형이론과 같은) 가정의 비현실성 뿐만 아니라 비경제적 요인을 "다른

것들이 일정하다면"이라는 조항에 포함된 제약조건으로만 파악함으로써 역사적 제조건, 문화풍토, 정치사회적 환경이 경제현상에 미치는 영향에 대한 분석에 있어서는 대단히 취약한 면을 보인다. 이에 반해서 해석적 방법론을 이용함으로써 이러한 한계점을 극복할 수 있다.

(2) 해석적 방법론은 조직과 행위자의 생생한 경험인 체험(lived experience)과 과정에 관한 현장연구로부터 귀납적 이론의 구성을 위한 보다 튼튼한 기반을 갖춘 접근방법의 전망을 제시함으로써 일반화가능한 후속의 실증적 조사를 위한 기반을 제공하거나 실증적 연구에서 발견된 통계적으로 유의적인 상관관계가 어떻게, 왜 나타나는가를 조사할 수 있는 방법을 제공할 수 있다(Parker, 2003, p.26).

(3) 연구자의 견해(etic view)와 연구대상자의 견해(emic view)가 다를 수 있는 바, 이는 연구대상자가 처해 있는 경영환경을 어떻게 보아야 할 것인가에 대한 적절한 견해 없이는 그들의 행위를 통해서 표현되는 경영의 실제를 제대로 파악하기 어렵기 때문이다. 이는 경영현상이 왜 그 시기에 그 장소에서 그런 식으로 나타나는지를 이해하는 출발점이 된다. 연구자는 연구대상의 상황 속에 들어가 해석학적 인식론에 근거한 참여관찰방식으로 경영의 실제를 관찰할 수 있다(김효근 외, p.59; 김효선, p.147).

(4) 참여관찰을 통한 연구기간 중 자료수집과 함께 연구자에게 부각되는 발견을 통하여 연구의 방향이 전개된다. 이와 같이 경영(또는 회계)현상의 이면에 얽힌 요소들의 프로세스 메커니즘을 파악하기 위해서는 구체적인 이론의 편견없이 연구진행 과정상 순환적으로 연구질문을 재설계하고 연구자료를 재정립하는 질적 연구방법론을 통하여 가능하다(김효근 외., p.60).

(5) 해석적 방법론은 회계에 부여된 의미가 복잡한 해석과정과 구조 및 객관화된 사회적 실재에 의해 만들어진다는 것을 인식함으로써 회계정보에 다양한 의미가 어떻게 부여될 수 있는가를 살펴볼 수 있을 것이다.

(6) 해석적 방법론에 의한 회계학연구는 종래의 실증적 방법론에 의한 회계학연구와는 근본적으로 다르며, 그 기초에 있는 시대적 · 조직적 · 사회적 맥락을 살펴본다고 할 때, 회계 자체의 이해를 새롭게 하고 회계를 넓게 사회현상 안에서 조망할 수 있는 거시적 관점을 포함하며, 회계학연구의 새로운 지평을 개척할 수 있을 것이다. 즉, 해석적 방법론에 의한 질적 연구는 회계실무가 적용되는 맥락을 어떻게 형성하고 또한 그 맥락에 의해 어떻게 형성되는가에 관한 우리의 인식을 높일 수 있는 잠재력을 가진다(Vaivio, *op cit.*, 79)

(7) 해석적 연구는 회계가 상이한 상황에서 어떻게 이용되고 변형되는가에 관련된 기본적 · 실무적 문제를 다룰 수 있다. 이러한 연구는 기존의 회계이론을 이용할 수 있을

것이다. 동일한 주제분야에서 선행의 사례연구의 결과가 새로운 현장연구의 설계를 위한 견고한 기초가 될 수 있다(*ibid.*).

(8) 양호한 질적 연구는 출발점으로서 최근의 실태조사연구, 예를 들면, 상이한 기법의 현재이용을 살펴보는 연구를 실시할 수 있다. 이것은 예상치 않은, 결론적이지 않은 실태조사결과를 검토할 수 있거나, 추가설명을 필요로 하는 흥미로운 상관관계를 조사할 수 있다(*ibid.*).

(9) 질적 연구는 그 결과를 다른 관련연구의 결과와 비교하고 사례양상(cross case pattern)을 살펴봄으로써 일관성있는 회계이론에 기여해야 한다. 이것은 이론적 일반화를 촉진하며 연구결과의 외적 타당성을 증가시킬 것이다(*ibid.*).

(10) 질적 연구의 외적 타당성과 이론적 통찰력은 질적 연구로부터 등장한 가설을 이용하여 대규모 표본통계연구로 그것을 보완함으로써 더 개선될 수 있다. 이러한 실태조사에서 구성타당성(construct validity)이 높아진다(*ibid.*). 이외에 질적 연구는 사례연구나 현장연구에서 관찰된 자연스러운 상황을 자극하기 위해 설계되는 실험실연구에 의해 보완될 수 있으며, 현장상황에서 발견되지 않은 핵심적 관계를 공식화하는 수리모형이 뒤따를 수도 있다(Modell, 2005; Birnberg et al., 1990; Vaivio, *op. cit.*, p.80).

(11) 해석적 방법론은 회계를 다양한 담론과 제도로 이루어진 관계상황 속에서 규정하며, 그 관계상황 자체를 창조해 가는 회계의 역할을 분석하고 있다. 따라서 이것은 회계를 통한 사회분석이라고 볼 수 있을 것이며, 회계현상의 사회성을 규명함으로써 사회과학으로서 회계학의 위상을 정립하는데 도움이 될 것이다. 그리고 사회과학 방법론의 특징 중의 하나는 학제성(interdisciplinary approach)이라고 볼 수 있는 바, 회계학도 경제적 차원 뿐만 아니라, 사회적, 정치적, 행동적, 환경적 차원에서 연구될 수 있을 것이며, 이들 분야의 다양한 학문들이 상호간에 서로 영향을 주고 받을 수 있을 것이다.

(12) 모든 학문분야에는 나름대로의 방법론이 있으며, 방법론이 다양한 학문일수록 그 학문의 성과도 다양하다고 볼 수 있을 것이다. 회계학의 경우에도 실증적 방법론 이외에 해석적 방법론도 반영함으로써 연구성과와 교육내용을 다양하게 할 수 있을 것이다.

한편, 해석적 방법론의 문제점은 다음과 같다(김석웅, 2016, p.110-112).

해석적 방법론은 전반적으로 비정치적으로 분석하는 경향이 있다. 해석적 연구자들은 광범위한 자본주의사회에서 계급이익을 가동하는 정치의 유의성을 부지불식간에 무시하게 된다. 이 때문에 노동과정이 새로운 (관리)회계시스템과 관련해서 어떻게 조직되는가와 권력관계가 새로운 기술의 효과성에 어떻게 영향을 미치는가와 같은 현안들은 이러한 해석적 방법론내에서 유의미하게 다루어질 수 없다. 나아가 이 진영의 연구자들은 회계시스템의 진화가 발생하는 각각의 역사적 맥락에 자신들의 연구를 자리매김하는데 실패하였다. 본질적으로 이 연구들의 장기적인 경향에도 불구하고, 연구자들은 자신들의 사례연구를 광범위한 역사적 맥락에 자리매김하는 것을 회피하였다. 따라서 해석적 방법론은 비역사적이고 비정치적 성격을 갖는 문제점을 가지고 있다(Wickramasinghe・Alawattage, 2007).

회계학자들의 초기연구부터 최근의 사례연구에 이르기까지, 해석적 방법론을 이용하는 회계학자들은 구조와 의미 사이에 존재하는 관계에 관해 매우 상세하고도 풍부한 통찰력을 제공하였다. 따라서 좋은 사례연구를 읽고 난 후에는 연구대상인 주제와 관련쟁점에 관해서 많은 것을 알고 있는 것처럼 느끼게 되지만, 문제는 관심의 초점이 너무 협소하고 분석이 부분적이기 때문에 결론을 일반화하기가 어렵다는 것이다(Lukka・Kasanen, 1995). 사회과학철학의 관점에서 볼 때, 사례연구의 개성기술적(idiographic)이라는 것은 어느 정도까지 어떤 학문이 이론구성방법론이나 법칙정립적인 방법론을 채택할 필요성을 약화시킬 수 있다. 사회과학에서 이론구성의 귀납법 채택은 보편적이다. 그러나 실무에서 특정한 것(사례연구)으로부터 중범위이론과 같은 높은 수준의 일반화까지 이동하는 것은 매우 어렵다. 이것은 일련의 비슷한 사례연구를 실시하고, 시간의 경과에 따른 반복연구를 수반할 것이며, 어떤 의미에서 방법론의 실행에 따른 비용과 효익의 문제를 발생시킬 수도 있다.

이외에 해석적 방법론은 다음과 같은 이유로 비판받고 있다.

(1) 이 방법론의 이론수용은 행위자 합의의 정도에 의해 결정된다. 이 전제조건은 이 방법론의 가치를 약화시키는 상당한 정도의 주관성에 노출되어 있다. 예를 들면, 실재에서 무엇이 행위자합의의 수용가능한 수준을 보편적으로 구성하는가를 사람들은 어떻게 결정하는가? 이것은 연구자가 행위자의 행위로부터 인식하는 것에 언제 의존하는가?(Chua, 1986, p.619).

(2) 이 방법론은 행위자의 행위를 평가하기 보다는 이해하는 데 주안점이 있기 때문에, 평가차원을 결하고 있다(*ibid.*).

(3) 사회안정을 가정하고 있기 때문에 해석적 연구자가 사회현상을 비판하지 않으며, 사회에서 계급간의 이해갈등을 무시하게 된다(*ibid.*).[4)]

4) 이러한 문제점은 Marx주의의 방법론, Frankfurt학파의 비판이론에 의한 방법론, Foucault의 계보학에 의한 방법론 등의 비판적 방법론에 의해 보완될 수 있을 것이다(Roslender, 1992, p.143).

(4) 오늘날 경험적인 해석적 연구는 집단을 강조하고, 공유된 의미인식에 초점을 둠으로써 간주관성에 주안점을 두고 있다. 해석적 방법론을 회계학에 적용하기 시작한 초창기부터 경험적인 해석적 회계학연구는 사회행위자의 정체성이 별로 중요하지 않다고 가정하였다.[5] 따라서, 해석적 회계학연구에서는 구술사(oral history)연구방법을 적용하는 경우를 제외하고는 개인행위자에 관한 풍부한 서술(이들의 역사, 믿음, 인식)을 제공하지 않았다.

(5) 전형적인 주관주의적 입장은 실재가 완전한 것은 아니며, 주로 인간마음의 투영이기 때문에 본질적으로 개별적인 인간에 의해 해석된다는 존재론적 가정에 입각하고 있다(Morgan · Smircich 1980). 따라서, 개인의 해석들 사이에 수렴의 보증은 없다. 해석의 수는 거의 무한할 것이며, 연구자들은 이 중에서 한 부분만을 포착할 수 있을 것이다. 이러한 견해를 따르는 연구는 특별한 의미를 부여하려는 시도에 대해 피연구자 개인들의 주관성에 특별한 의미를 부여하게 된다.[6] 모든 연구자들은 주관적 의미를 충실하게 기록하고, 서술하고, 표현하고자 한다. 과학적 지식을 확대하는 수단으로서 이러한 의미를 요약하려는 모든 시도는 개인들의 생활세계에 관한 연구자들의 이해의 편파성과 그들의 해석에서 거의 무한한 변이 때문에 실패할 수 있다. 협상된 실재관에 입각한 간주관적 이해의 가능성은 의문시되고 있다(Lukka · Modell, 2010, p.464).

(6) 해석적 방법론은 너무 주관적이어서 상대적이며, 실재의 조건들보다 사람들의 관념, 맥락을 더욱 중요하게 생각하고, 국지적 · 미시적 · 단기적 상황에 초점을 맞추고 있고, 초도덕적이고 수동적이라고 비판되고 있다. 해석적 방법론은 복잡하고 다차원적이고, 행위자 및 연구자와는 독립적으로 존재할 수 없는 무형적 관계, 의미, 이해, 해석 등의 세계를 주로 인식하고 연구한다(Parker, 2003, p.16).

(7) 해석적 방법론을 적용한 해석적 연구가 불분명한 이론이나 복수의 이론으로 시작하는 경우가 있다[7]. 혼란스러운 이론적 혼합의 적용은 어려울 수 있으며, 이를 적용한 경험적 연구도 혼란스러울 수 있다는 것을 시사할 것이다(Vaivio, *op cit.*, p.77).

(8) 해석적 방법론을 적용하는 해석적 회계학연구의 대부분은 사회(학)이론을 이용하는 것이 공통적이지만, 주로 예시적 연구를 반복하게 되어 비생산적이다. 기존의 사회이론에 도전하고 개선하기 위해 현장연구나 사례연구의 통찰력을 이용하여 기존의 사회이론을 개선하거나 반박해야 하며, 회계실무의 상황적 성질을 검토해서 새로운

5) 예를 들면, 다음을 참조. Covaleski · Dirsmith(1986), Nahapiet(1988).
6) 다음을 참조. Morgan · Smircich(1980), Schwandt(2000).
7) 복수의 이론적 안경을 쓴다는 것은 눈먼 봉사로 걷는 것에 불과하다(Vaivio, *op cit.*, p.77).

통찰력을 제공해야 할 것이다(*ibid.*).

(9) 이외에도 해석적 회계연구자들은 그들의 연구결과를 일반화하는 경향이 있을 수 있다. 일부 연구자들은 회계를 독특한 사례연구상황내에서 맥락화된 실무로 제시한 후 연구결과들을 일반화할 수 있다고 주장한다. 질적 회계학연구의 목적은 통계적 일반화가 아니다. 하나의 사례연구가 하나의 표본을 가진 통계적 연구가 아니며, 보편적 일반화를 추구하는 것은 잘못이다. 그러나 질적 연구가 상이한 일반화 즉, 이론적 일반화(Lukka・Kasanen, 1995)에 도달할 수는 있다. 이들은 이론을 경험적 실재와 접촉하게 할 수 있다. 그리하여 이들의 장단점을 노출하고 이들을 수정하고 반박할 수도 있다. 이외에도 탐색적인 질적 연구들은 대규모 모십단에서 더욱 높은 외적 타당성과 보편적 일반화를 추구하는 연구에서 이용하기 위해 최초의 가설을 정립하면서 중요한 이론발견의 역할에 이바지할 수 있을 것이다(Vaivio, *op cit.*, p.78).

해석적 방법론이 실재를 보다 충실하게 표상해야 한다는 요구는 오늘날 해석적 연구자들이 수용하는 바와 같이, 실재에 관한 모든 해석이 연구자의 개념적 장치를 통해 필연적으로 여과되기 때문에 제한받는다. 그러므로 연구자의 해석은 귀납에서 분석적인 것 또는 근거이론 등과 같은 절차들을 이용하여 엄격하게 검정되어야 한다(Denzin, 1970). Silverman(2000)이 주장한 바와 같이, 질적 자료가 설득력있는 이야기를 말하도록 하기 위해, 이것들은 관찰된 상황으로부터 도출할 수 있는 보편적 관계를 낳는 반증가능한 명제를 생성해야 한다.

이상과 같은 해석적 방법론의 문제점을 극복하기 위해 질적 방법론과 양적 방법론을 결합한 Q방법론, 삼각측정(triangulation) 등과 같은 혼합방법(mixed method)이 이용되기도 한다.

사회과학방법론의 철학적 배경이나 가정을 살펴봄으로서 주류회계학연구의 은폐된 가치판단을 인식하는 것을 도와줄 수 있을 것이다. 이것은 해석적 회계학연구가 모든 것을 맥락의존적으로 간주하기보다는 다양한 맥락에서 일반원칙을 탐색하도록 도와줄 것이다. 이것은 또한 비판적 회계학연구가 비판적일 뿐만 아니라 구성적이도록 도와줄 것이다. 세상에서 소득과 부의 분배와 재무적, 자연적, 인적, 지식적 자원의 배분을 개선하도록 도와주는 단 하나의 방법론적 패러다임이 있을 가능성은 거의 없다(van Mourik, p.45).

이론을 선택하는 것은 매우 중요하다. 즉, 이론의 선택은 중요한 것으로 간주되는 쟁점과 요소를 식별하는 것을 도와줄 뿐만 아니라, 다른 것들을 가시적이게 한다. 이론의 선택은 연구되는 문제에 달려있을 것이다. 이론과 자료를 반복하는 것 뿐만 아니라 필요하다면 현재 사용중인 이론을 포기하거나 수정하는 것에 관해서도 성찰성이 필요하다(Hopper et al., 2015, p.469).

본서에 살펴본 회계학의 해석적 방법론에서는 사회현상을 살펴보고 있는 사회(학)이론들이 이용되고 있다. 이러한 이론들은 주관적 존재론, 사회구성주의적(해석적) 인식론, 집중적인 사례연구 등에 기초한 연구방법 등에 믿음을 공유하고 있다. 이러한 것들은 특히 북미의 회계학연구를 지배하는 실증적 회계이론과는 대조적이다. 이론적 혼합방법을 통해 회계학연구를 발전시키기 위한 여지는 상당히 많지만, 이론간에 근본적으로 상이한 가정을 감안하면, 상당한 주의가 필요할 것이다. 사회(학)이론을 이용한 연구에 관한 공통적인 비판은 그것이 회계에 흥미로운 통찰력을 제공하지만, 처방에 취약하다는 것이다. 이 비판은 정당성을 가지지만, 사회(학)이론을 이용한 회계학연구는 회계현상에 대한 이해를 높이고, 광범위한 범위의 지지자들에게 이바지한다. 그리하여 이러한 연구는 사전에 결정된 기술적 해결책을 처방하기 보다는 더 정통하고, 더 민주적인 토론과 선택에 대한 기여로 제시된다. 이것은 결과지향적이기 보다는 과정지향적이다.

본서에서는 회계학에서 이용하는 해석적 방법론을 살펴보았다. 구체적으로 해석적 방법론을 적용할 때 이용하는 다양한 사회(학)이론과 연구방법, 자료수집방법, 자료분석방법 등을 살펴보았지만, 최근에 회계학에도 적용되고 있는 강한 구조화이론(strong structuration theory)이나, 구술사(oral history)방법 등은 살펴보지 못하였으며, 해석적 방법론의 타당성, 신뢰성 등과 같은 질적 평가기준도 제대로 살펴보지 못하였다.

회계학은 사회현상을 대상으로 하는 사회과학에 속한다. 자연현상과는 달리 사회현상은 사람들이 만드는 간주관적인 현상이므로 양적 방법론인 실증적 방법론이외에 질적 방법론이 적용할 여지도 많이 있다. 우리나라의 회계학계에서도 질적 방법론 특히 해석적 방법론을 도입하여 회계현상이 발생하는 현장에서 회계현상을 다양하게 살펴보고 그 의미를 파악하고 해석하는 연구가 필요할 것이다.

참고문헌

김석웅(2016), "질적 방법론과 회계학연구", **국제회계연구**, 65, pp.89-119.

김효근·이현주·문윤지(2003), "한국 경영현상 분석을 위한 연구방법론의 제고-질적연구 방법론을 중심으로", **경영교육연구**, 6(2), pp.47-66.

김효선(2005), "현장연구시의 연구자의 역할", **경영교육연구**, 8(2), pp.145-158.

이기홍(2013), "양-질 구분을 다시 생각한다", **한국사회학**, 47(2), pp.1-30.

Ansari, S.I. and K.J. Euske(1987), "Rational, Rationalizing, and Reifying Uses of Accounting Data in Organizations", *Accounting, Organizations and Society*, 12(6), pp.549-570.

__________ and B. Jan(1991), "Symbolism, collectivism and rationality in organisational control", *Accounting, Auditing and Accountability Journal*, 4(2), pp.4-27.

Anthony, R.N.(1965), *Planning and Control Systems: a framework for analysis*, Cambridge, MA: Harvard University Press.

*Berry, A.J., T. Capps, D. Cooper, P. Ferguson, T. Hopper, and E.A. Lowe(1985), "Management Control in an Area of the NBC: Rationales of Accounting Practices in a Public Enterprise", *Accounting, Organizations and Society*, 10(1), pp.3-28.

Birnberg, J., M. Shields and S. Young(1990), "The case for multiple methods in empirical management accounting research(with an illustration from budget setting)", *Journal of Management Accounting Research*, 2, pp.33-66.

Boland, R.J. and L.R. Pondy(1983), "Accounting in Organizations: A union of natural and rational perspectives", *Accounting, Organizations and Society*, 8, pp.223-234.

*Burchell, S., C. Clubb, A.G. Hopwood, J. Huges and J. Nahapiet(1980), "The Roles of Accounting in Organizations and Society", *Accounting, Organizations and Society*, 5(1), pp.5-27.

Chua, W.F.(1986), "Radical Developments in Accounting Thought", *The Accounting Review*, 61(4), pp.601-632.

*Colville, I.(1981), "Reconstructing 'Behavioral' Accounting", *Accounting, Organizations and Society*, 6(2), pp.119-132.

Covaleski, M.A. and M.W. Dirsmith(1986), "The Budgetary Process of Power and Politics", *Accounting, Organizations and Society*, 11(3), pp.193-214.

Dent, J.F.(1987), "Tension in the design of formal control systems: a field study in an computer company", in Bruns, W.Jr. and R. Kaplan(eds.), *Accounting and Management: Field Study Perspectives*, Boston, MA: Harvard Business School Press, pp.119-145.

Denzin, N.K.(1970), "Symbolic Interactionism and Ethnomethodology", in Doughlas, J.(ed.), *Understanding everyday life*, Chicago: Aldine, pp.261-286.

__________ and Y.S. Lincoln(eds)(2011), "Introduction: The Discipline and Practice of Qualitative Research", in Denzin, N.K. and Y.S. Lincoln(eds), *The Sage Handbook of Qualitative Research*, 4th ed., Thousand Oaks: CA: Sage. pp.1-32; 박종원 역, "들어가기-질적 연구의 학문분야와 실제", 최욱 외 공역(2014), **질적 연구 핸드북**, 아카데미프레스, pp.19-45.

Gambling, T.(1977), "Magic, accounting and morale", *Accounting, Organizations and Society*, 2(2), pp.141-151.

Goddard, A.(2005), "Accounting and NPM in UK local government contribution towards governance and accountability", *Financial Accountability and Management*, 21(2), pp.191-218.

Hopper, T., J. Ashraf, S. Uddin, and D. Wickramasinghe(2015), "Social theorisation of accounting", in Jones, S.(ed.), *The Routledge Companion to Financial Accounting Theory*, London: Routledge, pp.452-471.

__________, D. Otley and B. Scapens(2001), "British Management Accounting Research: Whence and Whither: Opinions and Reflections", *British Accounting Review*, 33, pp.263-291.

__________, J. Story and Willmott, H.C.(1987), "Accounting for Accounting: Towards the Development of a Dialectical View", *Accounting, Organizations and Society*, 12(5), pp.437-456.

Humphrey, C. and R. Scapens(1996), "Methodological themes: theories and case studies of organizational accounting practices: limitation or liberation?", *Accounting, Auditing and Accountability Journal*, 9(4), pp.86-106.

Jones, T.C. and D. Dugdale(2001), "The Concept of an Accounting Regime", *Critical Perspectives on Accounting*, 12(1), pp.35-63.

*Keating, P.(1995), "A framework for classifying and evaluating the theoretical contribution of case research in management accounting", *Journal of Management Accounting Research*, 7, pp.66-86.

*Lukka, K. and A. Kasanen(1995), "The Problem of Generalizability: anecdotes and evidence in accounting research", *Accounting, Auditing and Accountability Journal*, 8(5), pp.71-90.

__________ and S. Modell(2010), "Validation in Interpretive Management Accounting Research", *Accounting, Organizations and Society*, 35(4), pp.462-477.

Macher, M.(1987), "The use of relative performance evaluation in organizations", in Bruns, W. Jr and R. Kaplan(eds.), *Accounting and Management: Field Study Perspectives*, Boston, MA; Harvard Business School Press, pp.295-315.

Macintosh, N.B. and R. Scapens(1990), "Structuration Theory in Management Accounting", *Accounting, Organizations and Society*, 15(5), pp.455-477.

Modell, S.(2005), "Triangulation between case study and survey methods in management accounting research: an assessment of validity implications", *Management Accounting Research*, 16, pp.231-254.

Morgan, G. and L. Smircich(1980), "The Case for Qualitative Research", *Academy of Management Review*, 5(4), pp.491-500.

Nahapiet, J.(1988), "The Rhetoric and Reality of an Accounting Change: a Study of resource allocation", *Accounting, Organizations and Society*, 13(4), pp.333-358.

Parker, L.D.(2003), "Qualitative Research in Accounting and Management: The Emerging Agenda", *Journal of Accounting and Finance*, 2, pp.15-30.

__________ and B.H. Roffey(1997), "Back to the Drawing Board: revisiting grounded theory and the everyday accountant's and manager's reality", *Accounting, Auditing and Accountability Journal*, 10(2), pp.212-247.

Rosenberg, D., C. Tomkins and P. Day(1982), "A Work Role Perspective of Accountants in Local Government Service Departments", *Accounting, Organizations and Society*, 7(2), pp.123-138.

*Roslender, R.(1992), *Sociological Perspectives on Modern Accountancy*, London: Routledge.

Scapens, R.W. and J. Roberts(1993), "Accounting and control: A case study of resistance to accounting change", *Management Accounting Research*, 4, pp.1-32.

Schwandt, T.A.(2000), "Three Epistemological Stances for Qualitative Inquiry, Interpretivism, Hermeneutics and Social Constructionism", in Denzin, N.K. and Y.S. Lincoln(eds.). *Handbook of Qualitative Research*, 2nd ed. Thousand Oaks: Sage, pp.189-214.

Silverman, D.(2000), *Doing Qualitative Research: A Practical Handbook*, London: Sage.

Simons, R.(1991), "Strategic orientation and top management attention to control systems", *Strategic Management Journal*, 12, pp.49-62.

*Siti-Nabiha, A.K.(2009), "Sensemaking in Interpretive Management Accounting Research: Constructing a Credible Account", *International Journal of Qualitative Methods*, 8(1), pp.41-53.

*Tomkins, C. and R. Groves(1983), "The Everyday Accountant and Researching his Reality", *Accounting, Organizations and Society*, 8(4), pp.361-374.

*Vaivio, J.(2008), "Qualitative Management Accounting Research: rationale, pitfalls, and potential", *Qualitative Research in Accounting and Management*, 5(1), pp.64-86.

van Mourik, C.(2014), "Methodology in Financial Accounting Theory", in van Mourik, C. and P. Walton(eds), *The Routledge Companion to Accounting, Reporting and Regulation*, London: Routledge, pp.34-53.

Walker, S.P.(2016), "Revisiting the roles of accounting in society", *Accounting, Organizations and Society*, 49(1), pp.41-50.

*Wickramasinghe, D. and C. Alawattage(2007), *Management Accounting Change: Approaches and perspectives*, London: Routledge.

*Young, S.M. and F.H. Selto(1993), "Explaining cross-sectional workgroup performance in a JIT factory: A critical appraisal of a field based study", *Journal of Management Accounting Research*, 5, pp.300-326.

질적 연구자 특히 해석적 연구자는 해석적 연구를 수행하는 데서 그 무엇보다도 현장을 중시해야 한다. 실증적 방법론을 적용하는 경우처럼, 연구실에서 컴퓨터와 문헌 중심으로 연구를 수행하는 것이 아니라 연구자가 회계현상이 발생하는 현장에 가서 직접 관찰하고 경험(체험)하는 것이야말로 해석적 연구의 핵심이다.

부록

현장연구

부록

현장연구

제1절 현장연구의 의의

현장연구(field research)는 숙달된 연구자가 현상이 자연스럽게 발생하는 현장에서 사람들의 상호작용을 살펴본다는 점에서 다른 연구방법과는 구별된다.

현장연구는 사회과학의 조사전략으로서 1800년대 후반에 문화인류학에서 가장 지배적인 것으로 발전하였으며, 오늘날 사회학, 경영학, 회계학 등의 연구자에 의해서도 이용되고 있다. 회계학에서는 관리회계의 역사에서 유명한 현장연구가 있지만(예를 들면, Hopwood, 1972), 1980년대 이전에 현장연구는 발표된 연구의 5%미만에 불과하였다고 한다(Young, 1999, p.76). 그러나 1980년대 이후 Hopwood(1983)와 Kaplan(1983)의 논문이 현장연구에 대한 관심을 촉구하였고 그후 현장연구에 대한 요청이 지속적이었지만, 학술지에 게재되는 경우는 매우 제한적이었다(Foster · Young, 1997; Shields, 1997).

Kaplan(1983)은 세계적 경쟁으로 미국의 제조환경이 상당히 변하여, 제조성과를 측정하기 위해 이용되는 현재의 관리회계방법은 불충분하고 진부하다고 주장한 바 있다. Kaplan(1983, p.700)은 만약 관리회계가 회사의 정보와 통제시스템의 설계와 평가에서 중심적인 학문이라면, 이 분야는 제조활동의 요약재무척도를 초월할 전망을 확대할 필요가 있을 것이라고 주장하였다. 여기서 Kaplan은 많은 미국기업에서 발생하고 있는 제조기술의 혁신에 관한 지식을 얻기 위해 공장현장에서 많은 시간을 보낼 필요가 있다고 주장하였다.

오늘날 회계학에서는 특히 관리회계분야에서 현장연구가 많이 이용되고 있으며, 이와 관련해서 민속지학, 사례연구를 이용한 논문의 수도 많이 증가하고 있다.[1] 특히 근거이론을

1) 사례연구(case study), 현장연구(field study), 민속지학, 질적연구, 임상연구 등과 같은 용어들이 혼재해서 이용되고 있다. 회계학연구에서 사례연구와 현장연구는 같은 의미로 이용되고 있으며, 민속지학은 의미구성과 해석적 실무에 주안점을 두는 심층적, 장기적 참여관찰을 시사한다(예를 들면, Chua, 1995). 여기서는 현장연구(field study, field research, fieldwork), 사례연구, 민속지학을 유사한 의미를 가진 것으로 간주하며, 특별히 구별하지 않기로 한다.

이용할 때는 현장연구가 필수적이다.

현장연구는 연구자에게 조직현장에 참가하여 자료를 수집하도록 요구함으로써 회계실무에 관한 정통한 지식(intimate knowledge)을 가질 수 있게 한다(Tomkins · Groves, 1983, p.363). 연구자가 회계현상이 발생하는 현장에 참가함으로써 조직참가자들이 회계를 어떻게 이해하는가에 관해서 연구자는 조직의 여러 가지 움직임을 관찰할 수 있고, 조직문서의 다양한 소유형태(메뉴얼, 사내망, 보고서, 파일 등)를 고려할 수 있고, 조직참가자들이 회계를 어떻게 이해하는가에 관해서 공식적으로나 비공식적으로 말할 수 있다(Baxter · Chua, 2006, p.48)

회계학의 현장연구는 회계현상을 서술, 설명하거나 기존이론을 검정하기 위해 실제의 조직상황에서 회계현상을 조사하는 것이다(Atkinson, 1990, p.931)

현장연구는 사례연구와 구별된다. 사례연구는 제한적이고 주로 서술적인 목적에 이바지한다. 사례연구는 논의목적으로 상황의 특정한 문제나 속성에 초점을 두기 위해 설계되는 특정한 시점에서 조직에 관한 서술이다.

현장연구는 사람과의 상호작용과 자연스러운 상황에서 사람들을 관찰함으로써 그들의 세계에 관한 질적 자료를 수집하는 것이라고 정의할 수 있다(Myers, 2009, p.138).

현장연구는 연구실이 아닌 현상이 발생하는 "현장에 간다"는 연구전략을 가지고 있다. 현장연구는 다음과 같은 특징을 가진다(Atkinson · Shaffir, pp.44-45).

질적 연구가 자료수집에 대한 다양한 접근방법을 포함하고 있지만, 현장연구를 통한 참여관찰이 가장 두드러진다. Becker · Geer(1957, p.28)에 의하면, 이러한 연구는 관찰자가 연구대상인 사람의 일상생활에 참여하는 방법...발생하는 것을 관찰하고, 말하는 것을 경청하며, 상당한 시간동안 사람에게 질문하는 것을 포함한다. "자료를 체계적으로 눈에 띄지 않게 수집하는 동안, 연구자와 정보제공자 사이"(Taylor · Bogdan, 1984, p.15)의 사회적 상호작용을 포함하면서, 연구자는 그들의 상징세계에서 관찰된 것들의 지속적인 경험을 기록한다.

현장연구는 관찰자에게 연구대상의 관점에서 세계를 정의하는 것을 배우게 하며, 생활을 인지하는 방식에 관해 이해를 가능한 한 개인적으로 하게 된다. 이 목표를 달성하기 위해, 현장연구자는 전형적으로 참여관찰을 반구조화면접, 생애사, 문헌분석, 다양한 비반응적 척도(non-reactive measures)[2)]와 같은 질적연구의 추가기법으로 보완한다(Webb et al., 1981).

---

2) 비반응적 척도란 연구대상자가 연구대상이라는 사실을 모르는 상태에서 연구대상자로부터 자료를 수집하는 방법을 가리킨다.

Blumer는 자신이 만든 용어인 상징적 상호작용론의 초기지지자이며 주요한 이론가인데, 현장연구는 현장에 있는 사람들에게 가까이 다가가고, 그들이 부딪치는 여러 상황 속에서 조망해 보고, 그들의 문제에 주목하고, 그들이 문제를 어떻게 처리해 나가는지를 관찰하고, 그들의 대화 상대가 되며, 그들의 생활이 흘러가는 그대로를 바라보는 것으로 구성된다(Blumer, 1969, p.37; 박영신 옮김, p.79). 현장연구의 가장 명확하고 중요한 특징은 그것이 현장에서 실시된다는 것이다. 현장연구를 실시하기 위한 일차적 동기는 그것이 연구대상인 행동이 포함된 사람을 이용하여 인간경험을 발굴하기 위한 유일하게 신뢰가능한 방법을 제공한다는 것이다(Atkinson · Shaffir, p.45).

현장연구의 두 번째 명확한 특징은 그것이 대개의 경우 시간소비과정인 행동관찰로부터 도출되는 자료를 주로 수집한다는 것이다. 현장연구에서 관심의 대부분은 관찰과 면접에서 개발된 질적 자료에 초점을 두고 있지만, 가끔 내용분석의 초점인 문헌자료는 주로 양적이며, 현장연구에서 개발된 자료의 중요한 부분일 수도 있다. 관찰과 면접[3]이 사람과의 상호작용을 포함하기 때문에, 현장연구에서 자료를 생성하는데 고려할 중요한 편향문제가 있다.

질적 연구는 연구자와 연구참여자 사이에 현장에서 확립된 일단의 관계를 살펴본다. 이러한 관계가 확립되는 과정은 사전에 정해진 대로 따라가지 않는다. 양적 연구와는 반대로, 연구가 정확하게 실시되고 있다는 것을 보증하기 위해 엄격하게 준수해야 하는 일단의 절차는 없다. 그럼에도 불구하고, 질적 연구자들은 질적 연구의 특징을 이루는 일단의 단계를 식별함으로서 현장연구의 역동성을 나타내고자 한다(*ibid.*).

예를 들면, Shaffir · Stebbins(1991)는 다음과 같은 단계에 초점을 두고 있다. 현장에 들어가기, 요령(the ropes)을 배우기, 관계를 유지하기, 현장을 떠나기. 그러나 연구자들은 현장연구가 달성되는 과정과 역동성을 형성하고 있는데, 두 가지 핵심적인 것 즉, 이들의 성질이 임의적이고, 각 단계는 분석적으로 분리되어 있지만 관계된 업무를 포함한다는 것이 분명히 남아 있다. 단계들이 반드시 순서적이거나 구별되는 것은 아니지만, 때때로 두 가지 이상의 단계에 동시에 속하는 것들에 연구자를 포함하여 다 같이 섞일 가능성이 많다.

사회학자들은 표본추출, 부호화, 신뢰성, 타당성, 개념적 공식화, 가설정립, 증거제시 등

3) 면접과 현장연구의 주요한 차이는 다음과 같이 요약할 수 있다. ① 면접은 어떤 사람을 특히 질문하는 목적을 위해 특정한 시간과 장소를 따로 정하는 것이 필요하지만, 현장연구는 필요하지 않다. 현장연구를 실시하고 있는 동안에 발생하는 대화와 관찰은 언제, 어느 곳에서도 발생할 수 있다. ② 면접하는 동안 어떤 사람과의 면접기간은 상대적으로 짧은데(기껏해야 몇 시간) 반하여, 현장연구는 연구중인 집단이나 조직과의 면접기간이 대개의 경우 길다. ③ 면접은 피면접자가 사실상 무대에서 공연하고 있는 상대적으로 공식적인 경우이지만, 현장연구에서는 연구자가 사람들과 비공식적인 대화를 많이 할 수 있다. ④ 면접에서 정보제공자는 당신이 (공식적인 이야기를) 듣기를 원한다고 그들이 생각하는 것을 당신에게 정상적으로 말하는데 반하여, 현장연구에서는 연구자가 비공식적인 이야기를 듣을 수 있으며, 사람이 실제로 하는 것을 관찰할 수 있다(Myers, p.138).

과 같은 현안들에 관해 양적 분석의 기준을 채택하면서, 일반적으로 질적 연구를 양적 연구에 대한 예비적이고 탐색적인 노력으로 간주하였다. 양적 연구는 엄격하게 검정된 결과와 가설을 생성한다는 것이 일반적으로 인정되었다. 그러나 이 입장이 이 학문내에서 만장일치로 공유되지는 않았다(Atkinson・Shaffir, *op cit.*).

이상과 같은 현장연구의 특징은 다음과 같이 요약할 수 있을 것이다(Chua, 1996, p.210).

① 연구자가 연구대상과 직접적, 심층적, 확대적인 접촉을 가진다. 연구자는 주요한 연구도구이다.

② 복수유형의 자료가 주로 (참여/비참여)관찰, (구조적/비구조적) 면접, 문서조사 등을 통해 수집된다.

③ 연구대상은 자연스러운 상황에서 연구된다. 현장연구자는 현장에서 과정과 결과에 대해 거의 통제하지 않는다.

④ 고도로 구조화된 가설은 현장연구를 실시하기 위해 필요한 전제조건이 아니다. 가설이나 문제와 연구설계는 연구과정에서 변할 수 있다.

회계학 특히 관리회계분야에서 현장연구가 오늘날 많은 지지를 받고 있는데, 관리회계는 개인의 행동에 영향을 주려고 하는 정보를 제공하기 때문에, 관리회계에서 현장연구는 개인적으로나 집단적으로 행동하는 사람이 원가나 생산성 자료와 같은 관리회계정보나 통제나 계획시스템과 같은 관리회계시스템에 어떻게 반응하는가에 초점을 두고 있다. 사람이 상이한 환경에서 어떻게 행동하는가에 주의를 집중하는 현장연구를 실시하는 이유를 구체적으로 살펴보면 다음과 같다(Chua, 1996, pp.210-214).

1. 이것은 실무의 현실세계에 접근을 가능하게 한다.

Burchell et al.(1980)은 우리가 실제의 회계실무에 관해 거의 모른다는 점을 지적하고는 실제의 회계(accounting in action)가 불투명한 채로 있다고 주장한 바 있다(p.22). 그리고 Kaplan(1984)도 경영자행동과 회계정보의 이용에 관한 연구자의 지식은 실제의 의사결정을 연구한 것에 입각하지 않는다고 비판하면서, 회계현상이 발생하는 현장에 가도록 촉구한 바 있다(p.415).

2. 이것은 왜(why)와 어떻게(how)의 복잡한 문제에 답한다.

현장연구의 방법은 우리가 현실세계와 상호작용할 수 있는 유일한 전략이 아니지만, 다른 방법에 비해서 "왜"와 "어떻게"의 복잡한 문제에 대처하는데 적합하다. 이러한 문제는 다양한 형식으로 나타난다. 이들은 때로는 기술적 수준의 문제이며, 결과적인 현장연구는 일단의 회계실무를 서술하는데 초점을 두고 있다. 또한 회계정보가 조직에서 어떻게 이용되는가를 이해하고자 하며(Bruns · McKinnon, 1993; Ansari · Euske, 1987), 조직에서 회계시스템이 왜 그리고 어떻게 변하는가를 조사하고자 한다(Hopwood, 1987; Bhimani, 1993; Chua, 1995). 그리고 회계가 복잡한 조직내외의 과정에 어떻게 영향을 주고 받는가에 관한 대규모 현장연구도 있다(Roberts, 1990; Ezzamel · Bourn, 1990; Miller · O'Leary, 1994).

요컨대, 현장연구는 혼란스럽고 유동적이며, 새롭고, 정치적으로 민감한 과정이나 의사결정의 연구에 특히 적합하기 때문에 이용되고 평가된다.

3. 이것은 실증적 방법론의 대체물이거나 보완물이다.

현장연구는 실증주의의 철학을 수용하거나 거부하는 것과 관련이 있을 것이다. 실증주의는 설명, 예측, 통제 등을 가능하게 하는 보편적인 양상/법칙의 경험적 지식을 추구한다. 그리하여 대규모 표본추출, 통제실험화, 분석적/수리적 모형화 등을 수반하게 된다. 그 결과, 현장연구는 실증적 연구전통내에서 다소 제한적인 기능이 부여된다(다음을 참조, Lukka · Kasanen, 1995). 그리고 이것은 현장검정으로 환원되기도 한다. 여기서 현장은 대규모 표본으로 검정되는 실태조사를 예비조사(pilot test)하기 위해 이용되는 기업이나 경영자의 소규모 표본으로 구성된다.

한편, 현장연구는 이론을 개발하기 위해 또는 탐구되지 않은 분야에서 자료를 수집하기 위해 실시되기도 한다. 여기서는 표본이 소규모이기 때문에 일반화가능성이 제한적이다. 따라서 여기서 현장연구의 역할은 이후에 대규모표본추출에 의해 적절하게 검정될 새로운 연구아이디어를 생성하는 것이라는 묵시적 수용이 있다(Chua, 1996, p.212).

해석적 방법론을 이용할 때, 현장연구는 사람이 자신의 행동과 경험에 의미생성을 하는 과정에 관한 심층적 연구를 가능하게 하는 것으로 간주된다(Preston, 1986; Boland · Pondy, 1983; Boland, 1993 등을 참조).

비판적 방법론을 이용할 때도 많은 회계학연구가 현장연구를 이용하고 있다(이에 관해서는 김석웅, 2014를 참조).

제2절 현장연구의 유형

일반적으로 잘 수행된 현장연구는 (관리)회계문헌에 많은 기여를 하였는데, 이에는 ① 회계실무를 서술하면서 새로운 연구문제를 제기하는 것, ② 이론을 개발하는 것, ③ 다른 연구방법을 이용하여 구하기 힘든 자료로 이론을 검정하는 것, ④ 다른 연구방법을 알려주는 것 등이 있다(Young, 1999, pp.80-81). 일반적으로는 현장연구를 수행하는 기능에 따라 회계실무를 서술하는 현장연구, 이론을 개발하는 현장연구, 이론을 검정하는 현장연구 등으로 나눈다(Atkinson · Shaffir, p.47; Chua, 1996, pp.214-217). 여기서도 세 가지로 나누어 살펴보자.

1. 회계실무를 서술하면서 새로운 문제를 제기하는 현장연구

이것을 유형1의 현장연구라고 하자. 회계실무의 명확하고 충실한 서술은 특히 그 서술이 관습적인 실무나 이론에 도전한다면, 그러한 서술이 그 실무에 대한 관심을 유발할 수 있기 때문에 유용하다. 서술이 차후의 조사와 가설을 개발하기 위한 기준을 제공하기 위해, 그 실무의 환경은 기업의 본질, 서술되고 있는 시스템에서 추구되고 있는 목적, 그 상황이 왜 주목할 만한지 또는 이례적인지의 이유에 관한 일부 논평을 포함해서 명확하게 규정되어야 한다.

이 현장연구는 관찰된 실무의 효과성에 관한 지지입장을 취하거나 관찰된 행동을 설명하는 이론을 검정하거나 개발하려는 어떠한 노력도 하지 않는다. 이 유형의 현장연구의 좋은 예는 Miller · O'Leary(1997)이다. 이것은 대량생산기술로부터 현대제조시스템으로의 변화에 입각해서 자본예산편성실무가 어떻게 변경되었는가에 관한 서술적 연구를 보여준다. 이 연구는 새로운 제조환경에서 기존의 자본예산편성방법의 효과에 관한 새로운 문제를 제기하고 있다.

2. 이론을 개발하거나 문제의 본질을 식별하기 위한 기준으로서 현장연구

이것을 유형2의 현장연구라고 하자. 현장연구는 이론의 개발이나 문제의 식별을 지지하기 위해 관찰을 제공하는데 매우 효과적일 수 있다. 이 종류의 현장연구에서 특히 흥미로운 것은 일부 관찰된 실무의 이유를 설명하는 연구이다. 서술을 지지하기 위한 현장연구처럼, 이 유형의 현장연구는 연구에서 조사되는 의사결정이나 과정의 환경을 정의하고, 서술되고 있는 의사결정이나 과정의 목적을 구체화하는 것에 의해서 정확하다는 것이 매우 중요하다.

이 현장연구는 본질적으로 앞에서 논한 근거이론을 따른다. 이 유형의 현장연구의 좋은 예는 General Motors에서 활동기준원가계산(ABC)시스템의 실시에 영향을 주는 요소를 식별한 Anderson(1995)이다. 이 연구는 1980년대 중반부터 1990년대 초반까지 GM에서 ABC의 실시에 관한 기존문헌에 입각해서 회사내부메모, 제안 등과 같은 문서정보와 직접 관찰, 면접 등을 이용하여 이론을 개발하였다. 이 이론은 조직이 네 가지 실시단계를 거치면서 맥락적 · 조직적 · 기술적 요소들이 어떻게 적용되는가를 보여주고 있다.

3. 이론을 검정하거나 특정한 문제에 대한 해결안을 위한 기준으로서 현장연구

다른 곳에서 개발된 이론을 검정하기 위한 이 현장연구를 유형3의 현장연구라고 하자. 이론과 해결은 대개 특정한 맥락에 의존하기 때문에, 이론이나 해결이 적절한 환경에서 적용되고 있다는 정확한 확신(assurance)을 현장연구가 제공한다는 것이 중요하다. 그러나 그 확신을 초월해서 이 연구는 이론이나 해결의 적용과 기대결과가 실현되었는지의 여부를 주의깊게 서술해야 한다.

이 현장연구는 기존이론을 지지하거나 모순되는 증거를 개발하는데 초점을 두고 있다. 이 유형의 현장연구의 좋은 예는 적시(just-in-time)환경에서 성과에 관한 예측을 검정한 Young · Selto(1993)이다.

세 가지 현장연구유형은 그 현장연구의 환경을 적절하고 신뢰할 수 있게 서술해야 한다. 그리하여 ① 만약 이 연구가 서술적이라면, 우리의 재고적 지식에서 관찰을 적절하게 범주화할 수 있어야 한다. ② 만약 목적이 가설설정 또는 이론개발이라면, 가설을 생성하는 귀납적 과정의 정리, 상황변수, 근거 등이 명확하게 규정되고 이해되어야 한다. ③ 만약 목적이 가설(또는 이론)검정이라면, 검정의 정도와 본질 및 검정장소의 적절성이 분명해야 한다.

현장연구는 그 목적, 연구문제, 방법을 명확하게 정의해야 한다. 이것은 연구를 시작할 때 실행되어야 한다. 독자는 이러한 원래의 체계로 시도되고 있는 현장연구의 유형과 제기되는 문제를 이해할 수 있다. 독자는 다시 이러한 이해로 연구방법이 연구유형 및 고려되고 있는 문제와 일관성이 있는지의 여부를 평가할 수 있다.[4)]

현장연구의 유형을 구체화하였다면, 각 연구유형에서 기대하는 기준을 고려할 수 있다.

---

4) 이 기준을 실험연구문헌에서는 구성(construct) 타당성이라고 하는데, 제기된 문제와 연구의 유형을 감안하여 선택된 방법의 효력(efficacy)과 관련이 있다.

신뢰성과 완전성은 유형1의 현장연구에서 제기할 유일한 기준이다. 유형1의 현장연구의 또다른 기준은 목적적합성인데, 그것은 촉진하는 연구와 흥미에 의해 측정될 것이다. 그러나 목적적합성의 기준이 가장 중요할지라도, 그 성질 때문에, 이 검정은 유형1연구가 처음 보고될 때는 적용될 수 없을 것이다.

만약 현장연구가 일화적 단계를 넘어서서 나아간다면, 현장연구는 유형2의 연구로 나아갈 것이다. 이것은 세 가지 유형 중에서 가장 어렵다. 어려움은 가설설정이 효과적이기 위해서는 장소선정과 연구방법이 주의깊게 선택되어야 한다는 것이다. 그러므로 이 과정은 연속적이어야 한다. 우선, 일단의 서술적 연구들이 연구자의 마음에 일시적 가설을 설정하기 위해 이용된다. 그리고 연구자는 현장연구를 이용하여 체계적으로 이러한 가설을 개발하기 위한 연구방법을 설계해야 한다. 달리 말하자면, 현장연구는 비공식적이거나 서술적 연구로부터 제안되는 가설을 개발하고자 한다. 이것은 여러 가지로 중요하다.

첫째, 장소는 가설설정이 가능한 한 강건하도록 선택되어야 한다. 동질적인 일단의 기업을 이용하여 설정되는 가설은 매우 의심스럽다. 특히 단일 기업의 연구로부터 도출되는 결론을 가설이라고 해서는 안된다.[5] 우리는 단일의 기업에서 단일의 현장연구로부터의 결론을 추가연구를 위한 시사점 또는 예감(hunches)이라고 부를 수 있다. 적은 수의 동질적 기업에 관한 서술적 연구는 가설을 제안하기에 유용하지만, 외적 타당성과 소규모 표본크기로 인한 오도적인 결과와 관련있는 문제점을 피하기 위해, 결론은 모든 차원의 가설과 대립가설을 반영하는 상당한 수의 상이한 기업들의 정보로 형성될 때까지 예비적인 것으로 간주되어야 한다.

둘째, 가설은 잘 설정되고 구체적이어야 한다. 만약 그것이 특정한 환경에 조건적이라면, 각 환경에서 가설의 본질에 관한 구체적인 언명이 있어야 하며, 가설을 설정하는 데서 각 환경이 구체적으로 조사되었다는 증거가 제공되어야 한다. 유형2의 현장연구는 적절한 기업의 수와 다양성으로 잘 계획되고 실행되는 현장연구 프로그램을 필요로 한다.

유형3의 현장연구는 그 목적이 잘 정의되기 때문에 가장 간단하다. 잘 규정된 가설을 검정하는 데는 가설의 범위 및 본질과 일치하는 장소선정이 필요하다. 예를 들면, 만약 가설이 일단의 속성이나 정리(axiom)로 조건적이라면, 이러한 속성의 전부를 반영하는 기업이 발견되어야 한다. 하나의 긍정적인 가설확증은 부정적인 가설검정만큼 정보적이지 않다.

(관리)회계연구에서 가장 많은 주목을 받는 현장연구는 어떤 것에 관한 이론을 개발하거나 검정하기 위해 설계된 현장연구이다. 이러한 이유로 현장연구에서 이론의 역할을 고려하는 것이 유용하다.

---

5) 이 기준을 실험연구문헌에서는 외적 타당성이라고 하며, 연구집단을 초월해서 결과를 일반화할 수 있는 능력과 관련이 있다.

제3절 현장연구에서 이론의 역할

현장연구를 지도하는 데서 이론 및 관련가설의 역할에 관한 논쟁이 있다. 현장연구는 우리가 경험세계를 이해하고 설명할 수 있게 할 이론을 개발하고 검정하기 위한 전략으로 간주되기도 하는데(Chua, 1996, p.214), 일부 저자들은 현장연구자들이 선택적 관찰의 문제를 피하기 위해 선입관이 없는 무이론의 상태로 현장에 들어가야 한다고 주장하기도 한다. 이것은 근거이론접근방법의 지지자들의 입장이다. 원래 현장연구는 열린 해석적 접근방법과 일치하게 명시적인 이론체계없이 시작되었다(Bryman, 1992; Lowe, 2001a, p.339).

그러나 관찰과정을 압도할 모든 것을 관찰할 수는 없을 것이다. 예를 들면, 어떤 연구자가 팀의 성과척도 대 개인의 성과척도의 이용에 관한 조직의 선택을 결정하는 요소를 연구하는데 관심이 있다고 하자. 사회심리학, 사회학, 경제학, 회계학 등의 상당한 연구에도 불구하고, 조직이 개인 대 팀의 보상을 어떻게 그리고 왜 선택하는가와 특히 집단결정보상의 상대적으로 희박한 이용을 무엇이 설명할 것인가에 관해 상대적으로 알려진 것이 거의 없다. 연구자가 이 현안을 특정한 연구관점에서 접근하였기 때문에, 그는 다른 관점에서 그 현안에 접근하는 어떤 연구자가 고려할 중요한 현안을 몰랐을 것이다. 예를 들면, 사회심리학에서, 개인은 그들 자신들이 인식한 보상비율과 다른 조직구성원들의 보상비율을 일치시키기 위해 그들의 개별적인 투입(노력, 기술, 지식)수준을 어떻게 조정하는가와 지분개념에 상당한 관심이 있다. 경제학에는 배분규칙을 강제하고 감시하기 위한 공식적인 정보구조의 이용에 상당한 관심이 있다. 각 경우에, 연구자는 관찰과정을 실천적이게 하기 위해 무엇을 관찰할 것인가를 선택할 것이며, 이러한 선택은 보고결과에 상당한 영향을 줄 수 있을 것이다.

그러므로 중요하다고 생각하는 것은 어떻게, 무엇을 관찰하는가에 영향을 준다. 우리가 중요하다고 생각하는 것의 선택과 따라서 우리가 관찰하는 것은 현장연구를 시작함에 따라 최초의 관찰에 주안점을 두는 가설에 의해 조건을 부여받는다. Popper(1963)는 다음과 같이 주장한 바 있다. "우리가 이론의 본질에서 어떠한 것도 없이, 순수한 관찰만으로 시작할 수 있다는 믿음은 애매모호하다.....25년전에 나는 다음과 같은 가르침으로 강의를 시작함으로서 비엔나의 일단의 학생들에게 동일한 것을 집에 가져오고자 하였다. 즉, 연필과 종이를 잡아라. 주의깊게 관찰하고 당신이 관찰한 것을 적어라!. 물론 그들은 내가 그들에게 관찰하기를 원한 것을 질문하였다. 분명히 관찰하라는 지시는 애매하다. 관찰은 항상 선택적이다. 그것은 선택된 대상, 명확한 업무, 흥미, 관점, 문제를 필요로 한다"(p.46).

예를 들면, 연구자가 기초이론으로서 상황적합이론을 이용하면서, 연구자는 사람이 조직통제에서 중요한 역할을 하는 전략적 성과측정을 발견하고, 기대, 도구성, 결합 등과 관련있는 상황적합모형의 요소에 주안점을 둘 조직과 상황에 관한 가설을 개발할 것이다. 이와는 달리, 이기적인 행동의 본질 및 범위와 관련있는 경제이론을 이용하면서, 우리가 책임회피행동을 관찰할 환경에 관한 가설을 개발하기 위해 대리관점이 이용될 것이다. 이 상황에서, 연구자는 책임회피와 위험공유와 같은 현안에 초점을 둘 것이다. 어느 접근방법에서도, 연구자는 식별하고 관찰할 환경요소에 관해 선택하고 있다.

만약 우리가 현장연구는 개인가치에 의해 영향을 받는다는 견해와 연구자가 세계를 보는 여과장치를 수용한다면, 연구자들은 타자들이 연구자의 편향이 연구과정에 어떻게 영향을 주었는가를 이해할 수 있도록 현장연구를 소통하기 위한 기준을 개발해야 한다. 이것은 연구자가 현장연구로 가져가는 관점(편향)을 구체화하는 것으로 시작한다.

연구자가 이론을 식별하는 과정에 어떻게 영향을 주었는가를 확인하는 것은 특히 중요하다. 왜냐하면, 문헌연구와 실험연구에서 일반화가능성은 관찰된 행동을 설명하기 위해 경합가설을 배제하기 위한 통계력과 잠재력을 의미하지만, 현장연구에서 일반화가능성은 더욱 미묘하고, 다른 사람이 중지한 행동을 이해하는 여행을 시작하려는 타자들의 의지를 반영하기 때문이다. 그러므로, 좋은 현장연구의 요건은 연구자가 가설이나 관점이 관찰에 기준을 제공한 것을 이해하고, 독자에게 명확하게 전달하는 것이다(Atkinson・Shaffir, p.53).

이론이란 관찰에 관한 체계적인 설명이다. Popper(1963)에 의하면, 이론이 유의미하기 위해서는 반박될 수 있어야 한다. 즉, 이론은 우리가 관련된 관찰을 할 수 있을 때, 그 관찰은 이론을 지지하거나 반박하는지의 여부를 우리가 말할 수 있도록 검정가능해야 한다. 우리가 관찰하는 것을 설명하는데 이론이 좋다면, 우리가 관찰해야 하는 것에 관한 가설을 개발하고 검정함으로써 이론이 검정되거나 확대된다. 동시에 경합이론들을 불신하거나 제외할 수 있는 능력에 의해 이론이 검정된다.

Yin(2009)은 현장연구를 하나의 방법으로 간주하는데 반하여, Chua(1996)는 현장연구가 하나의 방법으로 작성되지 않는다고 주장한다. 즉, 양적/질적일 수 있는 현장자료의 수집과 분석을 위한 통일적인 절차들의 복합으로 간주된다. 이것은 일단 이용되면 연구방법이 단순한 방법이 아니기 때문이다 이들은 특정한 철학적・이론적 관점의 영향을 받는 방법이다. 그리고 모든 방법처럼 일단 이론적으로 영향을 받으면, 현장연구는 특정한 결과를 가지는 특정한 방식으로 실천된다(Chua, *ibid.*).

제4절 현장연구의 실시[6)]

현장연구를 실시할 때 질적 연구자는 일종의 연구도구이다. 따라서 현장에의 접근수준이 수집자료의 품질과 본질에 상당한 영향을 줄 것이다. 만약 현장에 참가하고 현장사람들과 밀접한 관계를 맺을 기회가 한정되어 있다면, 수집할 질적 자료는 매우 빈약하게 될 것이지만, 원하는 대로 관찰할 자유가 있다면, 올바른 장소와 올바른 시간에 현장연구를 하는 한, 그 자료는 풍부하게 될 것이다. 여기서는 현장에 접근하고(getting in) 현장에 머무르고(getting on), 현장을 떠나는(getting out) 일련의 과정을 살펴본다(Buchanan et al., 1988; Chua, 1996; Irvine · Gaffikin, 2006 등을 참조).

1. 현장에 접근하기

현장에 접근하기(getting in)에서는 현장연구를 하기 위해 특정한 장소를 선택하고 그 장소에 접근하는 것을 허락받고, 협상과정을 거쳐서 접근에 합의하는 것을 가리킨다(Irvine · Gaffikin, pp.121-125).

좋은 인류학적 현장연구에는 두 가지 요소 즉, 외국문화의 연구와 참여관찰의 장기간(약 1년이상)이 본질적인 것으로 간주되었다. 외부자들이 문화생활을 구성하는 당연한 사회적 규칙과 의미를 더 잘 논증할 수 있다고 생각되었기 때문에, 외래성(foreignness)을 연구하는 것을 강조하게 되었다(Chua, 1996, p.220).

인류학적 현장연구의 이러한 요소들(낯선 지역과 장기간 체류)은 많은 회계현장연구자들에 의해 채택되지 않고 있다. Ferreira · Merchant(1992)가 82개의 현장연구를 검토하여, 오늘날까지 대부분의 현장연구가 장기간에 실시되지 않고 횡단면적이라는 것을 발견한 바 있다. 부분적으로 이것은 철학적 근거, 목적(회계연구자들은 문화적 실무를 이해하고자 하지 않을 것이다)의 차이와 확대된 기간동안 산업조직에 접근하는 것의 어려움 등에 의해 설명될 수 있을 것이다. 그 결과, 회계학의 현장연구는 인류학의 현장연구에서의 장기간과는 반대로 심층현장연구의 정도가 다양하다는 특징을 가지는 경향이 있다. 연구자가 현장에 장기간을 보내는 주요한 연구방법인 민속지학(ethnographies)이 문화인류학의 연구에 가장 근접하게 된다. Preston(1986)과 Chua(1995)의 논문들은 장기간 민속지학의 예인데 반하여, Merchant · Manzoni(1989)의 연구는 복수사례, 횡단면적 설계를 보여준다. 장기간의 설계는 절차적 · 해석적 현안의 연구에 적합한데 반하여, 횡단면적, 복수사례설계

6) 현장연구의 실시는 제13장 제4절 민속지학의 연구과정을 참고.

는 일반적으로 이론검정에 더 유용하다.

문화적 실무에 대한 주안점이 적기 때문에, 이는 많은 회계연구자들이 외국장소에 여행을 하지 않는 이유를 설명해 준다. 그 대신에 그들은 대개의 경우 그들 자신의 나라에서 조직을 조사한다(Patell, 1987; Bruns · Kaplan, 1987). 조직문화현안이 흥미로울 때라도, 동일한 사회에서 조직들이 서로간에 매우 달라서 연구자가 친근하지 않는 조직에 있을 때는 외부자라는 것이 이제 인정된다(Berry et al., 1985; Dent, 1991).

현장연구에서 현장에 오랫동안 접근한다는 것은 결코 쉽지 않다. 접근한다는 것은 일회성 활동이 아니다. 대개의 경우, 상이한 유형의 자료에 대한 접근은 (비서, 보안요원, 감독관에서 관리자까지) 많은 조직수준의 관계자 즉, 문지기(gatekeeper)와 지속적으로 협상해야 한다. 일반적으로 가능한 한 조직계층의 고위직에 있는 개인이나 집단으로부터 접근을 승인받아야 할 것이다. 이것은 이후의 방해를 방지하지만, 연구자가 경영 스파이로 간주되지 않도록 유의할 필요가 있다(Chua, 1996, p.221).

연구내용을 얼마나 말해야 하는가라는 문제는 민감한 자료에 광범위한 접근을 추구하는 연구자에게 특히 중요하다. 조직구성원들은 연구에 관해 무엇을 들어야 하는가? 때때로, 내용전체나 최소한 이의 중요한 부분을 말하는 것이 가능할 것이다. 이러한 환경하에서, 연구자와 연구대상은 자신들의 권리와 책임에 관해서 사전적 기준에 의해 명시적으로 접촉하는 것도 용이할 것이다. 해결할 필요가 있는 현안들에는 수집된 자료의 발표와 최종보고서의 작성이 포함된다. 협상도 소송을 방지하는 것을 도와줄 것이다. 그러나 때때로 이러한 사전적 접촉은 용이하지 않거나 바람직하지 않을 것이다. 예를 들면, 연구자는 현장에 접근한 후에 연구의 주안점을 변경할 수 있거나, 그가 거부되고 있는 접근을 허용받기 위해 내용전체를 말하기 전에 신뢰를 구축할 필요가 있다. 일단 연구자가 그의 약속을 지켜서 신뢰를 받을 수 있다면(예를 들면, 기밀성에 관해서), 이전에 거부되었던 접근이 승인될 것이다. 일반적으로 두 당사자는 가능한 한 초기에 특히 특정한 날짜에 조직의 재산권에 관해서 그들의 상호기대가 무엇인가를 분명히 하고자 한다. 이외에, 윤리적 고려는 기만과 거짓말을 가능한 한 언제라도 피해야 한다는 것을 시사한다. 연구대상과의 장기간의 관계를 유지할 필요가 있을 것이며, 단기적 이득은 그 관계를 훼손할 것이라는 것을 상기하는 것도 중요하다(Chua, 1996, p.221).

Young · Selto(1993)가 발견한 바와 같이, 접근은 매우 신속하게 거부될 수 있으며, 이에 의해 원래의 연구목적이 포기될 수도 있다.

2. 현장에 머무르기

현장에 머무르기(getting on)에서는 현장에서 실제로 자료를 수집하는 활동을 가리킨다. 여기서는 자료를 수집하기 위해, 면접, (참여)관찰, 대화를 하면서 문서도 수집하고 현장노트를 작성하며, 자료를 분석한다(Irvine · Gaffikin, pp.125-132, 135-137).

현장연구는 양적으로 충분하고 질적으로 좋은 자료수집을 가능하게 하는 적절한 현장관계를 유지하는 연구자에게 결정적으로 의존한다. 현장연구자는 완전한 참여자(참여자로서 관찰자)에서 완전한 관찰자까지 많은 역할을 할 것이다(제13장 민속지학을 참조). 완전한 참여자의 역할에서, 연구자의 활동은 전적으로 은폐되어 있다. 이것은 연구자가 일상적인 구성원이지만, 연구를 수행할 목적을 가진 것처럼, 예를 들면, 군대조직(Sullivan et al., 1958), 정신병원(Rosenhahn, 1982) 등과 같은 조직에 참가하는 연구자에 의해 달성될 것이다. 완전한 참여는 그 자신의 조직의 연구자로 되기를 결정하는 조직의 기존구성원을 통해 발생할 수도 있다(Ezzamel · Bourn, 1990; Covaleski · Dirsmith, 1988; Dalton, 1959). 이와는 대조적으로, 완전한 관찰자는 연구되고 있는 연구대상자와는 어떠한 접촉도 하지 않는다. 관찰은 예를 들면, 전적으로 일방적인 거울을 통해 실시될 것이다. 이 역할은 임상과학에서 더욱 보편적인데, 회계연구자들은 잘 하지 않는 역할이다(Chua, 1996, p.222).

현장에 접근한 후에는 현장의 사람들과 상호성(reciprocity)에 입각해서 양호한 신뢰관계를 세우는 것이 필요하기 때문에, 연구자가 현장의 사람으로부터 얻게 되는 정보와 자료에 대해 현장관계자에게 연구결과를 알려주는 것과 같이 보답하는 것도 필요하다(Myers, p.143)

여기서 공통적인 역할은 참여관찰자(participant-observer)의 역할이다. 이것으로 연구자들은 조직구성원들과 다양한 시간을 보낸다. Merchant · Manzoni(1989)의 연구에서, 상호작용은 주로 공식적인 면접에 국한되었다. Preston(1986)과 Chua(1995)의 연구에서, 상호작용은 공식 · 비공식 면접상황과 직접관찰을 모두 포함하였다. 참여관찰의 기간에 관계없이, 현장연구는 자의적으로 다른 사람들의 자신들에 관한 인지를 관리할 필요가 있다. Hammersley · Atkinson(1995)이 지적한 바와 같이, 의복, 성, 나이, 인종, 연설방식, 인지된 전문기술수준 등과 같은 요소들이 접근을 촉진하거나 방해하는 것처럼 인상관리가 중요하다. 접근을 방해하는 연구자의 인상들은 회피되어야 하는데 반하여, 접근을 촉진하는 것들은 격려되어야 한다. 예를 들면, 연구자는 자신의 회계전문기술로 거래할 수 있을 것이며, 전문가로 보여지는 것에 의해서 연구조직에 접근할 수 있을 것이다. 이와 유사하게 학생들은 신참사로 보여지기 때문에 접근할 수 있을 것이다(Chua, *op cit.*).

그러나 인상관리는 명심할 필요가 있는 윤리차원을 가지고 있다. 예를 들면, 현장연구자는 정보를 추출하기 위해 우정을 가장해야 하는가? (회계)전문가는 비위협적인 것으로 인지되기 위해 신참자인 것처럼 가장해야 하는가? 자신에 관해서는 정직하고 솔직하지 않으면서 연구대상으로부터 정직과 솔직함을 기대하는 것이 공정한가? 얼마나 많은 자기공시가 적절한가라는 여기서의 이 현안은 바람직하고 윤리적으로 옹호가능한가?(더 상세한 논의로는 Hammersley · Atkinson, 1995을 참조).

이러한 질문들이 모든 현장연구에서 발생하지는 않는다. 예를 들면, 이들은 Merchant · Manzoni가 실시한 연구에서는 표면화된 것 같지 않다. 이것은 수집된 자료의 유형과 자료수집의 양식에 주로 기인한다. 일반적으로, 민감한 상황의 집중적인 참여관찰의 장기간을 요구하지 않는 횡단면적 현장연구는 여기서 강조되는 문제와 무관하다. 이외에, 민속지학에서도, 기만의 문제가 발생하지 않는다. 현장연구자의 경우, 자료수집을 편향시키지 않기 위해 어떤 사람의 견해나 정치적 공감을 억압하거나 경시할 필요가 있다. 이와 유사하게, 어떤 사람이 좋아하는 사람에게만 말함으로써 자료수집과정을 왜곡할 수도 있다(Chua, 1996, p.223).

1) 과정관리

참여관찰의 오랜 기간동안, 연구자가 분석적 거리를 유지하고, 조사대상조직과 지나치게 친숙하지 않는 것이 중요하다. 이 심리적 거리를 유지하는 하나의 방법은 예를 들면, 오랜 관찰기간동안 현장으로부터 기간을 분산시킴으로서 물리적 거리를 보장하는 것이다. 이러한 분산으로 연구자는 현장노트를 연결할 수 있고 개발되고 검정되고 있는 이론에 의해서 이들을 고찰할 수 있을 것이다. 이들로 인해서 연구자가 감정적으로 부담이 되는 상황(태업, 직장폐쇄 등)에 있음으로써 또는 비타협적인 문지기와 지속적으로 접근을 협상해야 하는 곳에서 생성되는 모든 스트레스를 더 잘 처리할 수 있을 것이다.

특히 현장에서 연구하는 동안 현장노트를 작성해야 한다. 연구자가 현장에서 생각하고 느낀 것을 기록하여, 연구자의 이해가 시간의 경과에 따라 변한다는 것을 알게 된다면, 이러한 현장노트는 나중에 깊은 통찰력의 원천이 될 수 있다. 현장노트는 민속지학적 기록의 주요한 일부가 된다(Spradley, 1980, p.64; 신재영 옮김, p.83). 현장노트는 일과후에 작성해야 하며, Spradley(1980, p.65; 상게서)는 현장연구자가 현장의 사람이 말하는 것을 그대로 기록해야 한다는 점을 강조하고 있다. 현장노트를 상세하게 기록하게 되면, 나중에 모든 자료를 범주화하고 색인작업을 할 수 있으며, 필요할 때 정보를 탐색하는 것을 더욱 용이하게 할 수 있다(Payne · Payne, 2004).

마지막으로, 현장에서 보낸 시간(인류학의 경우는 1년이상이지만, 회계학의 경우는 몇 개월정도)은 자료수집의 기간일 뿐만 아니라, 자료분석을 위한 기간이다. 여러 해에 걸친 현장연구는 상당한 양의 자료를 생성하며, 이것은 다시 효과적인 분석을 위해 많은 자원을 필요로 한다. 예를 들면, 한 시간의 면접은 전사하는데 세 시간이 소요될 수 있을 것이다. 그러므로 자료분석은 현장에서 발생해야 한다. 이것은 또한 추가 자료수집을 결정하는 것을 도와주며, 최초가설의 수정이 필요한지의 여부를 결정하는 것을 도와준다(Chua, 1996, p.223).

2) 자원관리

현장연구는 일반적으로 자원집중적이다. 자원집중의 현안은 세 가지 차원(양, 다양성, 구체성)을 가진다. 즉, 현장연구는 많은 양의 자원을 필요로 하는데, 이것은 유형에서 차이가 있고 그 일부는 구체적인 방법이다. 고급정보기술의 도래에도 불구하고, 1990년대에 현장연구의 실시는 1920년대의 그것과 다르지 않다. 그것은 본질적으로 노동집약적인 활동이다. 연구자는 개념을 개발하기, 양상을 대응시키기, 시계열을 구축하기 등을 통해 관찰하고, 노트작성하고, 질문하고, 분석하는 것을 통해 대량자료를 수집하면서 많은 시간을 보내는 주요한 연구도구이다. 따라서, 현장에서 자료분석을 시작할 필요가 있다. 한 명 이상의 연구자들이 포함되는 곳에서, 연구자들간에 일치성을 보장하기 위해 추가자원을 투입해야 한다(*ibid.*, p.223).

시간은 필요한 유일한 자원이 아니다. 연구자도 사람들이 너무 바빠서 정보를 제공할 수 없거나 정보를 제공하려고 하지 않는 상황에서 요구되는 자료유형을 획득하기 위해 사람사이의 좋은 (경청하기, 질문하기) 기술을 개발하기 위해 훈련받거나 소유할 필요가 있다. 이외에, 만약 접근이 어렵다면, 연구자들은 좋은 현장관계를 지속적으로 유지하는 데서 감정에너지를 소비할 필요가 있으며, 스트레스를 경험할 것이다.

마지막으로, 일부 연구기술은 훈련을 통해 획득될 수 있지만, 현장연구자들은 사람과 현실생활조직에 대한 진실한 관심을 가질 필요가 있다. Buchanan et al.(1988)이 지적한 바와 같이, 현장연구는 모든 사람을 위한 것이다. 오로지 일부가 현장의 사람상호간 그리고 상호작용적인 성질을 적극적으로 향유할 것이며, 불편한 사람들은 연구자와 연구대상자 사이의 더 먼 물리적·심리적 거리를 두는 다른 조사방법을 이용하도록 충고받는다.

그리하여, 현장연구의 자원요건은 양과 유형에서 과소평가해서는 안된다. 그러나 자원집중은 연구자의 적절한 훈련, 지속적인 자료분석, 전사서비스의 현명한 이용, 전자프로토콜분석 등을 통해 효과적으로 관리될 수 있다. 그리고 현장에 있는 것에 대해 (앞에서 논한) 여러가지 좋은 이유가 있다. 이러한 학술석 논지이외에, 현장연구는 연구자로 하여금 다른 조직세계의 풍부한 경험을 얻을 수 있게 하면서도 스트레스가 많은 연구이다(Chua, 1996, p.224).

3) 자료관리

현장연구의 자료관리에 관해서는 세 가지 현안을 간단히 살펴볼 것이다. 내부자설명(insider accounts), 양적자료 대 질적자료의 이용, 삼각측정(triangulation)의 개념.

내부자설명은 항상 자료로 취급해야 한다. 가끔 현장연구의 초기단계에서 조직관계자는 연구자가 사실을 알게 되고, 그 상황에 관한 정확한 이해를 한다는 것에 관심을 가질 것이다. 때때로, 이러한 말하기는 실제이거나 상상이거나, 다른 사람들의 설명에 대꾸하기 위한 의도적인 시도이다. 그들이 그렇게 동기유발되지 않을 때라도, 응답자를 좋아하는지/신뢰하는지의 여부에 관계없이 모든 내부자설명을 자료로 취급하는 것은 중요하다. 현장연구의 오랜기간 동안, 현장연구자가 특정한 조직관계자와 강한 관계, 심지어 우정을 전개하는 것은 이례적인 것이 아니다. 이것은 특히 사람이 현장에서 8-12시간을 보낼 때 예상되는 것이다. 기억해야 할 특징은 모든 내부자설명이 동일한 사건의 다른 설명과 다른 증거유형에 대해 검토되고 재검토되어야 한다는 것이다. 그렇지 않다면, 연구자는 특별한 이해관계가 사람들의 상황구축에 어떻게 영향을 주는가에 관한 적절한 고려없이 특별한 이해관계집단(경영자, 노동조합원, 납품업자, 종업원 등)의 견해를 단순히 재생산할 가능성이 있다(*ibid.*).

Silverman(1989)은 현장연구자가 때때로 두 종류의 편향을 나타내고 있다는 것을 지적하고 있다. 한편으로, 일부는 양적 자료를 수집하고 이용하는 것에 대한 편향을 가진다. 다른 사람들은 모든 질적 자료를 양적 자료로 전환하려는 지나치게 열정적인 경향을 가진다. 두 유형의 편향은 시정될 필요가 있다. 양적 자료는 실증적 과학의 비판이 단순히 보편적 진리에 대한 실증적 과학의 주장을 문제시하기 때문에 배제되어서는 안된다. 계량화는 실증주의와 동일하지 않다. Silverman(1989)이 질문한 바와 같이, 현장연구자들은 왜 자연적으로 발생하는 질적 자료가 본질적으로 순수하고 실재에 더 근접한다고 가정하는가? 현장연구는 동일한 실증적 함정에 빠지고 있지 않는가? 이와 동시에, 양적 자료를 하찮은 것으로 취급해서도 안된다. Marsh(1979)는 최상의 양적 연구는 단순히 상관관계를 통해 인과관계가 확립될 수 있다는 것을 단언하지 않는다고 주장한다. 그것은 타당한 결론에 이르는 유일한 길이 아니며(Miles · Huberman, 1994를 참조), 모든 질적 자료를 양적 자료로 변형하려는 시도는 현장연구를 빈약하고, 비효율적인 실태조사형태로 환원할 것이다(Marshall, 1985). 질적 자료는 양적 자료가 갖지 않는 풍부성(richness)으로 평가를 받아야 한다. 즉, 이 풍부성은 엄격성과 신뢰성을 달성하려는 성급함 속에서 상실될 수 있을 것이다. 따라서 Mason(2002)이 주장하는 것처럼, 양적 자료와 질적 자료는 보완적인 자료유형으로 간주되어야 하며, 이것은 연구대상인 현상에 관해 삼각측정을 하기 위해 결합될 수도 있다(Chua, 1996, p.224).

삼각측정(triangulation)이라는 단어는 어떤 장소를 정확하게 나타내기 위해 복수의 자료원천이 이용되는 항해에서 유래한다. 현장연구에서 삼각측정은 복수유형의 자료(면접, 문헌, 관찰, 질적, 양적 등)를 이용하는 것에만 관련이 있지 않다. 상이한 연구자들간에도 삼각측정이 있을 것이다. 삼각측정을 하는데서, 차이들을 성가신 것으로 간주하지 않는 것이 중요하다. 예를 들면, 만약 A의 사무실에서 실시된 면접으로 한 형태의 사건을 알게 되고, A의 집에서 실시된 다른 면접으로 다른 형태의 사건을 알게 된다면, 하나의 설명이 진실이고 다른 설명은 거짓이라고 단순히 결론을 내려서는 안 되고, 이 차이가 왜 발생하였는가와 이것이 피면접자간에 체계적으로 반복되는지의 여부를 증명해야 한다. 요컨대, 차이점들은 귀중한 자료원천일 수 있다(Chua, 1996, p.225).

처음에는 자료가 다소 혼란스럽게 보이더라도 연구자가 자료수집을 시작하는 즉시 자료분석을 실시하는 것이 좋다(Shaw, 1999, p.64). 자료수집 및 이론개발과 동시에 실시된 자료분석으로 연구자는 연구가 진행함에 따라 연구를 이해하게 된다. 자료의 수집, 분류, 해석이 자료분석을 형성한다. 질적 연구에서는 표준적인 자료분석절차가 있는 것이 아니라, 유연한 자료 의미생성과정이 있다.

상당한 양의 자료에 직면한 질적 연구자는 그 풍부성(richness)을 상실하지 않고도 자료를 분류하고 정리해야 하는데, 질적 자료를 분석하는 것을 도와줄 수 있는 NUDIST[7)]와 같은 컴퓨터 소프트웨어가 개발되어 있다.

3. 현장을 떠나기

현장에 들어가기처럼, 현장을 떠나기(getting out)는 특히 연구자가 나중에 되돌아가기를 원한다면 조심스럽게 협상되고 관리되어야 한다. 현장연구자는 조직에 대한 모든 의무가 완수되었으며, 구체적인 조직의 자료가 연구자들이 이용하도록 제공되고 있다는 것을 확신해야 한다. 일반적으로, 연구자는 조직에게 그들의 결론에 관한 보고서를 제공할 필요가 있다. 이것은 원래 규정된 마지막 날짜이내에 제공되어야 한다. 그것은 또한 학술용어를 피해야 한다. 연구자는 연구자처럼 말하지 않고, 생각하지 않고, 글을 쓰지 않는 일반인들의 한 부분을 차지한다는 것을 명심해야 한다(Chua, 1996, p.225).

Shaffir · Stebbins(1991)도 연구자가 집중적인 현장연구로부터 감정적으로 벗어날 필요성을 지적하고 있는데 반하여, Gallmeier(1991)와 Kaplan(1991)은 이후에 계속 접촉을 유지함으로서 이떻게 이후의 날짜를 김토할 수 있는가를 예시하고 있다.

7) NUDIST(Non-numerical Unstructured Data Indexing, Searching and Theorizing)는 이론을 생성하는 양상과 의미의 탐색과 텍스트분석을 간소화하는 질적 자료분석 프로그램이다(Parker · Roffey, 1997, p.237).

4. 현장연구의 작성

학술적인 글쓰기는 연구과제의 말기에 가끔 순수하게 기술적, 중립적인 사실보고문제로 간주되며, 학술지와 저서에서의 글쓰기가 어떻게 구성되어야 하는가에 관해서 일단의 공동 관습이 전개되고 있다. 일반적으로, 학술논문의 구조는 다음과 같다. 즉, 연구문제의 광범위한 진술, 문헌검토, 상세한 가설/명제의 개발, 연구설계, 결과/발견, 연구의 한계와 결론.

그러나, 이러한 관습의 당연시되는 권위가 도전을 받지 않고 있다. 인류학자와 사회학자들은 민속지학의 글쓰기를 과학과 과학적 방법에 관한 철학적 가정과 연구자의 가치에 의해 정통한 활동으로 오랫동안 간주해 왔다(Hammersley · Atkinson, 1995을 참조). 그러나 1980년대와 1990년대에 포스트모더니즘의 발생은 더욱 급진적인 비판을 초래하였다. 예를 들면, Keller(1992)는 전통적인 학술적 글쓰기 관습의 사회적 · 역사적 기원을 살펴봄으로써 이 관습이 시사하는 객관성의 주장을 해체하고자 하였다. Nencel · Pels(1991), Clifford · Marcus(1986), Geertz(1988)도 과학적 인류학과 문학적 글쓰기 사이의 전통적인 구분이 지속될 수 없다고 주장하고 있다.

당연히, 회계의 현장연구는 이러한 긴장의 일부를 반영하며, 학술적 글쓰기의 관습적 규범을 따르지 않는 민속지학이 존재한다. 예를 들면, 연구자는 고의적으로 첫 번째 사람에 관해 글을 쓰며, 그의 연구가 과거사건들에 관해 격리되어 자세히 이야기하는 것이 아니라는 점을 인지한다. 그 대신에, 그것은 타자들(연구대상자와 나의 동료들)의 해석의 해석에 의해 형성되는 간주관적 구성이다.[8] 이와 유사하게, Pinch et al.(1989)는 자신들의 예산편성 현장자료로 3막 연극을 구성하고자 하였다. 여기서의 요지는 다른 철학적 입장의 올바름이나 다른 것을 토론하는 것이 아니라 존재하는 가능성을 예시하고 현장연구를 실시하는 것과 같이 실행하는 것이 이론중립적인 훈련이 아니라는 것을 강조하는 것이다. 이것을 감안하면, 여기서의 목적은 하나의 최상의 보고서양식을 권고하는 것이 아니라 현장자료에 관한 글쓰기로부터 발생하는 두 가지 현안을 논하는 것이다(Chua, 1996, p.226).

첫째, 학술지와 저서의 공간제약을 감안하면, 많은 양의 자료를 기록하고 가독성있는 텍스트로 어떻게 구성할 것인가? 표, 그림, 분류표 등은 효율적이고 공간절약적인 표현을 위해 질적 자료의 정보내용을 감소시키고 압축하는 공통적인 방법들이다. 그러나 이러한 효율성을 달성하는 데서, 연구자는 교재의 구성이 비선형적인 현상에 대해 각 장의 제목, 주제, 결과 등을 가진 선형적인 양식으로 선형적인 순서를 부여할 수 있다는 것을 상기할 필요가 있다. 조직의 사건들이 단순한 선형적인 양상으로 발생하지는 않을 것이며, 이들이 동

8) 실증주의자들에 의해 생산된 연구구성도 간주관적 판단에 근거한다고 주장된다. 주요한 차이는 이들의 전체적 이미지(montage)가 요약된 수치로 만들어진다는 것이다.

시에 발생할 수도 있고 반복적인 결과를 가질 수도 있다. 이러한 사건들을 질서정연한 선형적인 구조를 가진 서사(narrative)로 정리하는 것은 좋은 맞춤이 아닐 수도 있을 것이다. 이 문제를 극복하는 하나의 방법은 시대순으로 텍스트를 구성하는 것이 아니라 연구자가 자료를 명확히 하기 위해 이용하는 분석적 주제를 중심으로 구성하는 것이다. 그러나 시대순으로 정열하는 것은 그것이 적절할 때 이용할 수 있을 것이며(Schreuder, 1987; Palepu, 1987을 참조), 변화를 조사하는 현장연구자들은 최소한 사건의 시대순서를 작성하는 것이 유용하다고 생각하였다(Chua, 1996, p.226).

둘째, 분석으로 서술에 어떻게 반응하는가? 대개의 경우, 두 가지 전략 중의 하나가 이 문제를 취급하기 위해 이용된다. 예를 들면, Simons(1990)는 두 기업과 최고경영자의 행동을 이론화된 용어로 논의를 진행하기 전에 연구된 이 두 기업의 서술을 나타내고 있다. 기업A는 방어자를 대표하고 기업B는 투기자로 분류된다. 경영통제시스템은 상호작용적인 방법으로 이용되거나 프로그램화된 방식으로 이용된다. 서술과 분석 사이의 이 구분은 Preston(1986)과 Chua(1996)의 연구에서 분명하지 않다. 두 논문에서 분석과 서술을 구분하는 것은 어렵다. 이것은 본질적으로 실증적 과학의 비판에 대한 특별한 해석적 반응을 반영한다. 이러한 비판중의 하나는 자료가 이론의존적이 아니라는 것이며, 그 때문에, 대체적인 이론간에 대조하고 판결하기 위해 단순한 방법으로 이용될 수 없다. 이로부터 나오는, 현장연구의 논지는 서술이 비이론적이 아니거나 분석전(pre-analytic)이 아니라는 것이며, 서술과 분석의 분리는 비이론적이라는 것을 부정확하게 의미할 것이다. 즉, 조직의 특정한 특징을 서술하기로 선택함으로써, 특정한 이론선택이 이미 이루어지고 있다. 따라서 일부 현장연구자들은 고의적으로 서술과 분석을 구별하지 않는다. 이 구분이 이루어지는 곳에서, 연구자는 그러한 글쓰기 전략의 분석적 시사점을 명시적으로 고려한다(Chua, 1996, p.226).

앞에서 현장연구에는 세 가지 연구유형이 있다고 하였다. 상황을 서술하는 서술적 연구, 이론을 개발하는 연구, 이론을 검정하는 연구.

서술적 연구의 경우, 중요한 것은 서술이 유익해야 한다는 것이며, 가능한 정도까지, 연구자가 아닌 연구대상자의 관점에서 사건을 서술해야 한다는 것이다. 연구자는 서술이 정확하다는 어떤 증거형태를 제공해야 한다. 가장 좋은 증거형태의 하나는 서술이 정확하다는 연구대상자로부터의 진술이다.

이론을 개발하는 연구는 가설이나 이론의 기초를 이루는 논리가 관련성(relevance), 충분성, 수용가능성 등의 고전적 논리검정을 충족해야 한다.[9]

---

9) 관련성(relevance)은 이론을 지지하면서 제시된 관찰이나 논지는 그 이론을 확립하는데 관련이 있어야 한다. 귀납적 이론구성에서 특히 중요한 충분성(sufficiency)은 제시된 논지의 비중이 합리적인 의심을 넘어서서 즉, 그럴듯한 다른 가설들을 배제한다는 의미에서 가설을 확립하기에 충분하다는 것을 의미한다. 수용

기존이론을 검정하는 연구는 다음과 같은 검정을 충족해야 한다.

① 검정의 조건이 이론의 기본적인 가정이나 공리와 일치하는가?
② 이 검정은 이론을 지지하는 검정결과와 이 이론에 모순되는 검정결과를 명확하게 좋은 이유로 정의하는가?
③ 이 검정은 이론을 확증하거나 반박할 수 있는 증거를 발견할 수 있는 합리적인 확률을 제공한다는 의미에서 비편향적인가?
④ 이 검정은 이론의 변수를 위한 인공물을 정확하게 정의하고 측정하는가?

5. 현장연구의 평가

평가의 문제는 다시 철학적 차이를 반영하며, 많은 기준이 좋은 현장연구와 나쁜 현장연구를 차별화하기 위해 전개되고 있다(Strauss · Corbin, 1990; Silverman, 1989; Burgess, 1984를 비교하라). 가끔 언급되는 핵심적인 기준중의 하나는 현장연구가 일반화가능한 이론적인 원칙의 검정이나 유의적인 개발에 기여하는 정도이며, 타당성과 신뢰성의 문제이다.

1) 일반화

현장연구의 비판가들은 고비용의 현장연구를 반영하는 현장연구가 상습적으로 작은 표본크기로 인해서 현장연구결과의 일반화가능성이 의심스러우며, 따라서 부적절하다고 불평한다.

일반화의 문제는 가설이나 이론을 귀납적으로 확립하는 현장연구와 관련이 있다. 이론을 귀납적으로 확립하는 현장연구에서, Kaplan(1964)이 연결된 이론이라고 한 것을 유도하는 과정인, 자료를 기록하고 선택된 상황에서 행동모형을 구축하기 위해 자료가 이용된다. 그리고나서 작은 표본크기로 인한 잠재적인 외적 타당성 부족의 문제에 직면하게 된다.

일부 사람은 귀납으로 이론을 개발하기 위해 현장연구를 이용하는 것에 불편해 한다. 그들은 이론을 연역적으로 구성하기 위해 물리과학으로부터 차입한 과학적 방법의 도구와 방법을 이용하는 것을 선호하며, 그리고 대규모 표본을 이용하여 이들을 검정한다. 귀납적인 이론구성에서, 과학적 또는 고전적 접근방법은 관찰된 현상에 대해 경합적인 설명이 있을

가능성(acceptability)은 이 이론을 지지하면서 제시된 증거가 적절하게 개발되고 정확하게 측정되었거나 이 이론을 지지하면서 제시된 주장이 다른 곳에서 개발되었거나 합리적인 사람에 의해 널리 수용되고 있다는 것을 의미한다(Atkinson · Shaffir, p.62).

가능성은 거의 없도록 확증적인 증거를 모으는 것이다. 집중적이고 시간소모적인 현장연구의 본질로 인해서 항상 소규모 표본크기로 되기 때문에, 이론확증에 초점을 두는 과학적 방법에 배경을 가진 사람들은 현장연구가 이론검정에 잘 맞지 않다고 생각한다. 따라서 Yin (2009)과 같은 연구자들은 믿을 수 있는 작업가설이나 이론을 개발하기 위해 현장연구를 이용하는 것이 더 적절하며,[10] 그리고나서 이러한 구성물을 검정하기 위해 문헌연구, 실태조사, 실험 등과 같은 다른 도구를 이용한다고 주장한다.

결국 현장연구는 다른 연구전략처럼 우리가 사는 세계의 이론적 일반화를 생성하고 확대하고자 한다(Chua, 1996, p.227).

2) 현장연구의 평가기준

평가문제는 철학적 차이를 반영하며, 많은 기준들이 좋은 현장연구와 나쁜 현장연구를 차별화하기 위해 주장되고 있다. 핵심적인 기준 중의 하나는 현장연구가 일반화가능한 이론적 원칙의 유의적인 개발이나 검정에 기여하는 정도이다. 그러나 이론은 연구초기에 잠깐 이용되고는 곧 잊혀지는 정당화역할을 수행해서는 안된다. Silverman(1989)은 이러한 실패의 예를 식별하는 것이 불공평할 것이라고 주장한다. 그러나 문헌을 참고하지 않고 연대기적 방법으로 예를 들면, 기원, 조직관여(intervention)의 과정이나 결과와 같은 활동기준원가계산시스템의 실시를 단순히 서술하고자 하는 현장연구는 불충분할 것이다. 이와 마찬가지로 중요한 상황적합이론문헌을 고려하지 않는 통제시스템설계에 관한 현장연구는 의심스러울 것이다. 요지는 다른 연구전략처럼 현장연구도 우리가 살고 있는 세계의 이론적 일반화를 생성하고 확대하고자 한다는 것이다. 현장연구는 단순한 이야기말하기(story-telling)가 아니다(Chua, 1996, p.227).

어떤 연구의 타당성(validity)과 신뢰성(reliability)[11]에 관한 고려가 권고되고 있다(특히 Kirk · Miller, 1986; Silverman, 1989). 타당성에 관한 문제들은 다음과 같이 다양하다. 현장연구가 설득력있는, 논리적인, 이론적으로 일관성있는 자료해석을 제공하는가? 개념적 범주가 경험에 근거하는가? 이 연구는 경합적인 설명에 저항할 수 있는가? 이 연구는 어떤 현상이 발생하기 위한 필요조건만을 구체화하는가? 또는 그것이 필요충분조건을 모두 구비하는가? 신뢰성에 대한 우려는 상이한 질문을 제기한다. 상이한 연구자에 의해 이용되

10) Yin(2009)은 현장연구의 역할이 이론검정이 아닌 이론구성이라는 견해를 신호전달하기 위해 이러한 과정을 분석적 일반화라고 부르고 있으며, 연구에서 대규모 표본추출접근방법을 이용하는 접근방법인 통계적 일반화를 분석적 일반화와 대조하고 있다.

11) 이러한 용어들이 실증적으로 정의되는 경향이 있지만, 비실증주의자들도 이 용어를 이용하며 이들을 다르게 정의하고 있다.

는 동일한 접근방법과 방법들이 동일하거나 유사한 결과를 생산하는가? 시간과 공간에 따라 관찰이 어떻게 안정적인가?(Chua, *op cit.*).

Kirk · Miller(1986)는 현장연구의 타당성과 신뢰성을 고려할 것을 강조하였다. 특히,

* 그것이 일관성있는 자료해석을 제시하는지의 여부.
* 경험적 관찰이 개념적 일반화의 정도를 정당화하는지의 여부.
* 관찰에 대한 경합적인 설명들이 고려되거나 제거되었는지의 여부.
* 결과의 반복가능성. 즉, 상이한 시기의 상이한 연구자가 유사한 결과를 생성하는지의 여부.

Brownell(1995, p.77)은 현장연구에서 내적 타당성, 외적 타당성, 신뢰성의 평가를 위한 체계적인 절차의 개발에 주목할 것을 요청하고 있다. 질적 연구의 본질과 구조화된 실태조사문제가 없다는 것은 dataset이 Likert유형의 다항목척도를 포함하지 않을 것이라는 것을 의미한다. 전통적인 신뢰성평가형태는 가능하지 않기 때문에, 일관성있고 타당한 구성(constructs)의 제시는 연구자에게 매우 중요하다(Smith, 2017, p.164).

모든 현장연구에는 네 가지 중요한 기준이 있다. 이들은 구성타당성, 내적 타당성, 외적 타당성, 신뢰성 등이다(Atkinson · Shaffir, pp.60-62).

(1) 구성타당성

구성타당성(construct validity)은 우리가 측정하기를 원하는 것을 측정하고 있는지의 여부를 묻는다. 구성타당성에 대한 주요한 위험은 관찰 그 자체의 과정을 통한 편향이나 관찰방법에 의해 도입된 편향에 의해 생성된 위험들이다. 구성타당성을 높이기 위해 이용되는 네 가지 공통적인 전략이 있으며, 이들 중에서 하나 또는 몇 개는 모든 현장연구의 일부이어야 한다.

① 연구자는 연구에 고려해야 하는 훈련이나 배경과 예비가설을 분명히 식별해야 한다. 이로 인해서 독자는 어떤 잠재적 관찰편향이 도입되었을 것을 추론하거나 예상할 수 있다.

② 연구자는 관찰양식을 분명히 식별해야 한다. 이로 인해서 독자는 관찰자가 관찰 그 자체의 행위나 관찰과정에의 참여를 통해 관찰과정에 영향을 어떻게 주었는가를 추론하거나 예상할 수 있다. 연구자를 도와주고, 연구대상자에 대한 연구자의 인지에 영향을

주고, 상급자로부터 실제성과를 은폐하려는 욕구는 관찰행위에 의해 유발되고 있는 행동변화로 될 수 있다.

③ 연구자는 동일한 현상에 관해 다른 척도들을 개발해야 하며, 두 자료들은 혼합방법(triangulation)형태로 동일한 결론을 의미한다는 것을 보여주어야 한다.

④ 연구자는 관찰대상자가 정확성과 합리성을 위한 자료를 검토하게 한 결과의 증거를 보여주어야 한다(Atkinson・Shaffir, p.61).

(2) 내적 타당성

내적 타당성(internal validity)은 연구자가 인과관계를 추론하기 위해 이용되는 증거가 완전하다는 것을 보증하기 위한 조치를 취하였지의 여부를 묻는다. 즉, 우리는 피상적인 상관관계를 인과관계로 보고하는 것을 피할 수 있는가? 이 분야에서 대부분의 실제검정은 원인을 추론하기 위해 다음과 같은 세 가지 검정에 의존한다.

① 원인과 결과를 기대하기 위한 논리적 주장이 있는가? 예를 들면, 연구자가 조직에서 원가배분의 역할을 연구하고 있으며, 원가배분이 (이전가격결정환경에서) 회계책임과 (자원배분환경에서) 가격결정을 지지하기 위해 존재한다는 작업가설을 가지고 있다는 것을 가정하라. 이 연구는 Zimmerman(1979)의 논지에 따라, 이러한 환경이 원가배분을 이용하는 이유를 보여줌으로써 시작해야 한다.

② 연구자는 원인과 결과 사이에 일시적 장소에 관한 명확한 증거를 보여야 한다. 그에 의해서 원인이 시간상으로 결과를 선행한다는 명확한 증거를 제공해야 한다. 예를 들면, 연구자는 비재무적 성과척도가 미래재무성과의 예측치이기 때문에, 조직이 행동을 유발하기 위해 비재무적 성과척도를 이용한다는 것을 가정한다. 연구자는 조직구성원이 비재무적 척도상의 성과가 재무성과를 선행한다고 믿는다는 것을 보여주는 어떤 증거를 인용해야 한다.

③ 연구자는 원인이 필요하거나 충분한지의 여부를 인과모형에서 주의깊게 진술해야 하며, 또한 지시된 인과모형과 일치하는 증거를 제공해야 한다(Atkinson・Shaffir, *ibid.*).

(3) 외적 타당성

외적 타당성(external validity)은 결과가 적용되는 모집단을 명확하게 식별하였는지의 여부를 묻는다. 이것은 일반적으로 적은 수의 관찰만을 보고하는 현장연구에서 특히 문제가 된다. 그러므로 표본결과가 더 큰 모집단으로 일반화되는 통계적 일반화의 도구는 현장연구자에게 이용가능하지 않다. 그 대신에 이 접근방법은 더 큰 모집단에 관해 직접 심사숙고하기 보다는 이론을 개발하기 위해 현장연구결과를 이용하는 것이다. 이 연구결과를 제시하는 데서, 연구자는 결과가 안전하게 적용될 수 없는 경계를 구분해야 한다(*ibid.*, pp.61-62).

(4) 신뢰성

신뢰성(reliability)은 연구가 동일한 결과로 반복될 수 있는지의 여부를 묻는다. 과학이 정밀성(precision)을 의미하는 것으로 간주되는 정도까지, 동일한 현상을 연구하는 연구자들은 예를 들면, 동일한 결과에 도달할 것이라고 기대된다. 달리 말하자면, 만약 현장연구의 방법들이 신뢰할 수 있다면, 현장연구자들은 가끔 동일하거나 아마도 유사한 제도, 조직, 공동체의 상이한 특징들을 제공한다는 것은 어떠한가? 그러나 이러한 관심사는 완전히 보증되지 않는다. 첫째, 조직은 사실상 동일하지 않기 때문에, 서술이나 특성화에서 불일치가 발생할 것이다. 요컨대, 제도는 단순히 관습적으로 정의된 동일한 범주내에 있기 때문에 유사하다고 가정될 수 없다. 둘째, 동일한 제도를 연구하는 연구자들은 상이한 질문에 답하고자 하면서 연구에 접근하거나 상이한 이론적 경향에 의해 지도될 것이다. Becker(1970, p.42)에 의하면, "우리는 두 명의 관찰자가 동일한 조직을 상이한 관점에서 관찰하거나 그들이 큰 조직에 속하는 상이한 하부조직을 연구할 때 동일한 결과를 기대해서는 안된다. 우리가 기대할 권리를 가지는 것은 두 개의 서술이 경합가능하고, 한 연구의 결론이 명시적으로나 묵시적으로 다른 연구의 결론과 모순되지 않는다는 것이다."

모든 단계에서 현장연구자는 그 과정과 분석이 결론의 기초를 이루는 자료와 논리의 무결성을 어떻게 보존하였는가를 보여주도록 주의해야 한다(p.62).

Marshall(1985)은 신뢰성을 생성하기 위한 일부 전략을 규정하고 있다.

- 가능한 한 포괄적으로 자료를 보존하거나 공시한다.
- 부정적/이탈적인 사례를 보여주고 설명한다.
- 자료수집과 분석을 마술이 아닌 반공개성(semi-public)을 가지게 한다.
- 상세한 현장일지를 기록한다.
- 구체적인 장소의 발견사항과 다른 상황에서도 적용가능한 발견사항을 구별한다.

Denzin(1989)도 복잡한 현상에 상세하지 않은 통찰력을 주는 빈약한 서술에 경고한다. 그러나 풍부한 서술을 생성하기 위해, 연구자는 그가 현장의 복잡성을 인식한다는 것을 나타낼 뿐만 아니라, 그의 분석이 신뢰가능하다는 것을 나타낼 필요가 있다. 현장연구자들은

Marshall이 전개한 신뢰성의 기준에 주목하지 않고 있다(이러한 것에 대한 Ferreira · Merchant, 1992의 논평을 참조).

제5절 소결

현장연구는 회계에서 한결같지 않은 역사를 가지고 있다. 유럽에서는 이 연구전략을 장기적이고 안정적으로 이용하고 있다. 그러나 북미에서는 지난 20년-30년동안 현장연구가 더욱 널리 실천되고 있지만, 대규모 표본에 의한 가설검정이라는 실증적 방법론의 선호로 인하여 현장연구의 이용이 제한적이다.

현장연구는 연구자에게 조직현장에 참가하여 자료를 수집하도록 요구함으로써 회계실무에 관한 정통한 지식을 가질 수 있게 한다. 연구자가 회계현상이 발생하는 현장에 참가함으로써 조직참가자들이 회계를 어떻게 이해하는가에 관해서 연구자는 조직의 여러 가지 움직임을 관찰할 수 있고, 조직문서의 다양한 소유형태(메뉴얼, 사내망, 보고서, 파일 등)를 고려할 수 있고, 조직참가자들이 회계를 어떻게 이해하는가에 관해서 공식적으로나 비공식적으로 말할 수 있다.

오늘날까지 실시된 현장연구는 연구와 이론생성의 새로운 분야의 발견에서 중요한 기여를 강조하고 있다.

현재와 미래 현장연구자의 도전분야는 많다. 일부의 경우에, 그들은 이론검정, 복수사례과제의 실시, 자료수집과 분석에 관한 공개논의 등을 위한 이 연구전략의 많은 이용에 있다. 아마도 가장 큰 도전은 상이한 철학적 전통에서 오는 현장연구자들이 서로간의 연구를 무시하거나 거부하거나 풍자하는 것이 아니라, 특정한 현장연구와 일반적으로 회계학연구의 핵심을 협동적으로 탐구하고 그리하여 우리를 지속하게 하는 공동체에 기여하는 것이다.

현장연구의 주요한 장점은 그것이 연구대상인 사회집단이나 조직의 태도, 믿음, 가치, 규범, 실무 등에 관한 심층적 이해를 가능하게 한다는 것이다. 내부로부터 사회적 상황에 관한 이해를 한다는 것이 최상의 방법이다.

현장연구의 단점은 어떤 시점에서 소집단이나 한 가지 조직만을 연구할 수 있다는 것이다. 따라서 분석영역이 제한될 수 있으며, 주제도 협소할 수 있다(Manning, 1987). 또한 현장연구는 서술적인 경향이 있고 이론에 기여하는 바가 별로 없다는 것이다(*ibid.*).

참고문헌

김석웅(2014), 회계학의 비판적 방법론, 교육과학사.

*Ahrens, T. and C.S. Chapman(2006), "Doing Qualitative Field Studies: Positioning data to contribute to theory", *Accounting, Organizations and Society*, 31(8), pp.819-841.

Anderson, S.W.(1995), "A framework for assessing cost management system changes: The case of activity based costing implementation at General Motors 1986-1993", *Journal of Management Accounting Research*, 7, pp.1-51.

Ansari, S.I. and K.J. Euske(1987), "Rational, Rationalizing, and Reifying Uses of Accounting Data in Organizations", *Accounting, Organizations and Society*, 12(6), pp.549-570.

Atkinson, A.A.(1990), "Book Review of Accounting and Management: Field Study Perspectives", *Contemporary Accounting Research*, 6(2-II), pp.931-955.

*__________ and W. Shaffir(1998), "Standards for Field Research in Management Accounting", *Journal of Management Accounting Research*, 10, pp.41-68.

Baxter, J. and W.F. Chua(2006), "Reframing management accounting practice: a diversity of perspectives," in Bhimani. A.(ed), *Contemporary Issues in Management Accounting*, Oxford University Press, pp.42-68.

Becker, H.S(1970), *Sociological Work: Method and Substance*, Chicago, IL: Aldine.

__________ and B. Geer(1957), "Participant observation and interviewing: A comparison", *Human Organization*, 16(3), pp.28-32.

*Berry, A.J., T. Capps, D. Cooper, P. Ferguson, T. Hopper, and E.A. Lowe(1985), "Management Control in an Area of the NBC: Rationales of Accounting Practices in a Public Enterprise", *Accounting, Organizations and Society*, 10(1), pp.3-28.

Bhimani, A.(1993), "Indeterminancy and the Specificity of Accounting Change: Renault 1898-1938", *Accounting, Organizations and Society*, 18(1), pp.1-39.

Blumer, H.(1969), *Symbolic interactionism: Perspective and method*, Englewood Cliffs, New Jersey: Prentice Hall, Inc.; 박영신 옮김(1990), 사회과학의 상징적 교섭론, 민영사.

Boland, R.J.(1993), "Accounting and the Interpretative Act", *Accounting, Organizations and Society*, 18(2/3), pp.125-146.

__________ and L.R. Pondy(1983), "Accounting in Organizations: A union of natural and rational perspectives", *Accounting, Organizations and Society*, 8, pp.223-234.

Brownell, P.(1995), *Research Methods in Management Accounting*, Coopers & Lybrand Accounting Research Methodology Monograph No.2, Melbourne: Coopers & Lybrand and Accounting Association of Australia and New Zealand.

Bruns, W.J. Jr. and R.S. Kaplan(1987), "Field Studies in Management Accounting", in Bruns,

W.J. and R.S. Kaplan(eds.), *Accounting and Management: Field Study Perspectives*, Boston, MA: Harvard Business School Press, pp.1-14.

____________ and S.M. McKinnon(1993), "Information and Managers: A Field Study", *Journal of Management Accounting Research*, 5, pp.84-108.

Bryman, A.(1992), *Charisma and Leadership Organizations*, London: Sage.

Buchanan, D., D. Boddy and J. McCalman(1988), "Getting In, Getting On, Getting Out and Getting Back", in Bryman, A.(ed.), *Doing Research in Organizations*, London: Routledge, pp.53-67.

*Burchell, S., C. Clubb, A.G. Hopwood, J. Huges and J. Nahapiet(1980), "The Roles of Accounting in Organizations and Society", *Accounting, Organizations and Society*, 5(1), pp.5-27.

Burgess, R.G.(1984), *In the Field: An Introduction to Field Research*, London: Routledge.

*Chua, W.F.(1991), "Accounting and Organizational Cultures: A field study of the emergence of a new organizational reality", *Accounting, Organizations and Society*, 16(8), pp.705-732.

*__________(1995), "Experts, networks and inscriptions in the fabrication of accounting images: a story of the representation of three public hospitals", *Accounting, Organizations and Society*, 20(2/3), pp.111-145.

*__________(1996), "Issues in Substantive Areas of Research: Field Research in Accounting", in Richardson, A.J.(ed.), *Research Methods in Accounting: Issues and Debates*, Vancouver: The Canadian General Accountants Research Foundation, pp.209-228.

Clifford, J. and G.E. Marcus(1986), *Writing Culture: The Poetics and Politics of Ethnography*, Berkeley, CA: University of California Press.

Covaleski, M.A. and M.W. Dirsmith(1988), "An Institutional perspective on the rise, social transformation, and fall of a university budget category", *Administrative Science Quarterly*, 33(4), pp.562-587.

Dalton, M.(1959), *Men who manage: Fusions of Feeling and Theory in Administration*, New York: John Wiley and Sons.

*Dent, J.F.(1991), "Accounting and Organizational Cultures: A field study of the emergence of a new organizational reality", *Accounting, Organizations and Society*, 16(8), pp.705-732.

Denzin, N.K.(1989), *Interpretive Interactionism*, Newbury Park: Sage.

Ezzamel, M. and M. Bourn(1990), "The Roles of Accounting Information Systems in an Organization Experiencing Financial Crisis", *Accounting, Organizations and Society*, 15(5), pp.399-424.

*Ferreira, L.D. and K.A. Merchant(1992), "Field Research in Management Accounting and Control: a review and evaluation", *Accounting, Auditing and Accountability Journal*, 5(4),

pp.3-34.

Foster, G. and S.M. Young(1997), "Frontiers of management accounting research", *Journal of Management Accounting Research*, 9, pp.63-77.

Gallmeier, C.P.(1991), "Leaving, Revisiting and Staying in Touch: Neglected Issues in Field Research", in Shaffir, W.B. and R.A. Stebbins(eds.), *Experiencing Fieldwork: An Inside View of Qualitative Research*, Newbury Park, CA: Sage, pp.224-231.

Geertz, C.(1988), *Works and Lives: The Anthropologist as Author*, Stanford, CA: Stanford University Press.

Hammersley, M. and P. Atkinson(1995), *Ethnography: principles and practices*, New York: Routledge.

Hopwood, A.G.(1972), "An Empirical Study of the Role of Accounting Data in Performance Evaluation", *Empirical Research in Accounting: Selected Studies*, Supplement to *Journal of Accounting Research*, pp.156-182.

*____________(1983), "On Trying to Study Accounting in the Contexts in Which it Operates", *Accounting, Organizations and Society*, 8(2/3), pp.287-305.

_____________(1987), "The archaeology of accounting systems", *Accounting, Organizations and Society*, 12(3), pp.207-234.

*Irvine, H. and M. Gaffikin(2006), "Getting in, getting on and getting out: reflections on a qualitative research project", *Accounting, Auditing and Accountability Journal*, 19(1), pp.115-145.

Kaplan, A.(1964), *The Conduct of Inquiry: Methodology for Behavioral Science*, San Francisco, CA: Chandler Publishing Company.

Kaplan, I.M.(1991), "Gone Fishing, Be Back Later: Ending and Resuming Research Among Fisherman", in Shaffir, W.B. and R.A. Stebbins(eds.), *Experiencing Fieldwork: An Inside View of Qualitative Research*, Newbury Park, CA: Sage, pp.232-237.

Kaplan, R.S.(1983), "Measuring Manufacturing Performance: A New Challenge for Managerial Accounting Research", *The Accounting Review*, 58(4), pp.686-705.

__________(1984), "The Evolution of Management Accounting", *The Accounting Review*, 59(3), pp.390-418.

Keller, E.F.(1992), "The Paradox of Scientific Subjectivity", *Annals of Scholarship*, 9(1/2), pp.135-154.

Kirk, J. and M.L. Miller(1986), *Reliability and Validity in Qualitative Research*, Newbury Park, CA: Sage.

Lukka, K. and A. Kasanen(1995), "The Problem of Generalizability: anecdotes and evidence in accounting research", *Accounting, Auditing and Accountability Journal*, 8(5), pp.71-90.

Manning, P.K.(1987), *Semiotics and Fieldwork*, Newbury Park, CA: Sage.

Marsh, C.(1979), "Problems with Surveys: methods and epistemology", *Sociology*, 13(2), pp.293-305.

Marshall, C.(1985), "Appropriate Criteria of the Trustworthiness and Goodness for Qualitative Research on Educational Organizations", *Quality and Quantity*, 19, pp.353-373.

Mason, J.(2002), *Qualitative Researching*, 2nd ed., London: Sage.

*Merchant, K.A. and J.F. Manzoni(1989), "The achievability of budget targets in profit centers: A field study", *The Accounting Review*, 64(3), pp.539-558.

Miles, M.B. and A.M. Huberman(1994), *Qualitative data analysis: An expanded sourcebook*, London: Sage.

Miller, P. and T. O'Leary(1994), "Accounting, 'economic citizenship' and the spatial reordering of manufacture", *Accounting, Organizations and Society*, 19(1), pp.15-43.

*____________________(1997), "Capital budgeting practices and complementarity relations in the transition to modern manufacture: A field-based analysis", *Journal of Accounting Research*, 35, pp.257-271.

Myers, M.D.(2009), *Qualitative Research in Business and Management*, London: Sage.

Nencel, L. and P. Pels(1991), *Constructing Knowledge: Authority and Critique in Social Science*, London: Sage.

Palepu, K.(1987), "The Anatomy of an Accounting Change", in Bruns, W.J. Jr. and R.S. Kaplan (eds.), *Accounting and Management: Field Study Perspectives*, Boston, MA: Harvard Business School Press, pp.73-94.

*Parker, L.D. and B.H. Roffey(1997), "Back to the Drawing Board: revisiting grounded theory and the everyday accountant's and manager's reality", *Accounting, Auditing and Accountability Journal*, 10(2), pp.212-247.

Patell, J.M.(1987), "Adapting a Cost Accounting System to Just-in-Time Manufacturing: The Hewlett-Packard Personal Office Computer Division", in Bruns, W.J. Jr. and R.S. Kaplan (eds.), *Accounting and Management: Field Study Perspectives*, Boston, MA: Harvard Business School Press, pp.229-267.

Payne, G. and J. Payne(2004), *Key Concepts in Social Research*, London: Sage.

*Pinch, T.J. M. Mulkay and M. Ashmore(1989), "Clinical Budgeting: Experimentation in the Social Sciences-A drama in Five Acts", *Accounting, Organizations and Society*, 14, pp.271-301.

Popper, K.(1963), *Conjectures and Refutations: The Growth of Scientific Knowledge*, London: Routledge and Kegan Paul; 이한구 옮김(2001), 추측과 논박1,2, 민음사.

*Preston, A.(1986), "Interactions and Arrangements in the Process of Informing", *Accounting,*

Organizations and Society, 11(6), pp.521-540.

Roberts, J.(1990), "Strategy and Accounting in a U.K. Conglomerate", *Accounting, Organizations and Society*, 15(1/2), pp.107-126.

Rosenhahn, D.L.(1982), "On Being Sane in Insane Places", in Bulmer, M.(ed.), *Social Research Ethics: An Examination of the Merits of Covert Participant Observation*, London: Macmillan, pp.42-56.

Schreuder, H.(1987), "Organization, Information and People: A Participant Observation of a MIS-Carriage", in Bruns, W.J. Jr. and R.S. Kaplan(eds.), *Accounting and Management: Field Study Perspectives*, Boston, MA: Harvard Business School Press, pp.146-165.

Shaffir, W. and R.A. Stebbins(1991), *Experiencing Fieldwork: An Inside View of Qualitative Research*, Newbury Park, CA: Sage.

Shaw, E.(1999), "A guide to the qualitative research process: evidence from a small firm study", *Qualitative Market Research*, 2(2), pp.59-70.

Shields, M.D.(1997), "Research in management accounting by North Americans in the 1990s", *Journal of Management Accounting Research*, 9, pp.3-62.

Silverman, D.(1989), "Telling Convincing Stories: A Plan for Cautious Positivism in Case Studies", in Glassner, B. and J.D. Moreno(eds.), *The Qualitative - Quantitative Distinction in Social Sciences*, London: Kluwer Academic Publishers, pp.57-77.

Simons, R.(1990), "The role of management control systems in creating competitive advantage: New perpective", *Accounting, Organizations and Society*, 15(1/2), pp.127-143.

Smith, M.(2017), *Research Methods in Accounting*, 4th ed., London: Sage.

Spradley, J.P.(1980), *Participant Observation*, Orlando, FL: Harcourt Brace Jovanovich; 신재영 옮김(2006), **참여관찰법**, 시스마프레스.

Strauss, A. and J. Corbin(1990), *Basics of Qualitative Research: Grounded theory procedures and techniques*, London: Sage; 김수지・신경림 옮김(1996), **근거이론의 이해**, 한울아카데미.

Sullivan, M.A., S.A. Queen and R.C. Patrick(1958), "Participant Observation as Employed in the Study of a Military Training Program", *American Sociological Review*, 23(5), pp.660-667.

Taylor, S.J. and R. Bogdan(1984), *Introduction to Qualitative Research: The Search For Meaning*, 2nd edition, New York, NY: John Wiley and Sons.

*Tomkins, C. and R. Groves(1983), "The Everyday Accountant and Researching his Reality", *Accounting, Organizations and Society*, 8(4), pp.361-374.

Webb, E.J., D.T. Campbell, R.D. Schwartz, L. Seehrest and J.B. Grove(1981), *Non-reactive Measures in the Social Sciences*, 2nd edition, Boston, MA: Houghton Mifflin.

Yin, R.K.(2009), *Case Study Research: Design and Methods*, 4th ed., Thousand Oaks, CA: Sage; 신경식・서아영 옮김(2011), **사례연구방법**, 한경사.

*Young, S.M.(1999), "Field Research Methods in Management Accounting", *Accounting Horizons*, 13(1), pp.76-84.

___________ and F.H. Selto(1993), "Explaining cross-sectional workgroup performance in a JIT factory: A critical appraisal of a field based study", *Journal of Management Accounting Research*, 5, pp.300-326.

Zimmerman, J.L.(1979), "The Costs and Benefits of Cost Allocation", *The Accounting Review*, 54(3), pp.504-521.

찾아보기

인명

내용

저자소개

• 김석웅

부산대학교 상과대학 경영학과 졸업(경영학사)
서울대학교 대학원 경영학과 수료(경영학석사)
부산대학교 대학원 회계학과 수료(경영학박사)
호주 Monash University, Visiting Professor
한국학술진흥재단 해외파견교수(1998년 1월~1999년 1월)
미국 UC Berkeley(Haas School), Visiting Scholar(2006년 8월~2007년 8월)

• 현재

동의대학교 상경대학 회계학 교수

• 저서

회계학의 비판적 방법론(교육과학사, 2014) 외 다수.

회계학의 해석적 방법론

2017년 8월 23일 1판 1쇄 인쇄
2017년 8월 28일 1판 1쇄 발행

저　자 : 김　석　웅
발행인 : 한　정　주
발행처 : 교육과학사

경기도 파주시 광인사길 71
전화(031)955-6956~8/팩스(031)955-6037
Home-page : www.kyoyookbook.co.kr
E-mail : kyoyook@chol.com
등록 : 1970년 5월 18일 제2-73호

낙장 · 파본은 교환해 드립니다.
Printed in Korea.

정가 32,000 원
ISBN 978-89-254-1200-9